Ottmar Ette / Martin Franzbach (Hrsg.)
Kuba heute

BIBLIOTHECA IBERO-AMERICANA

Veröffentlichungen des Ibero-Amerikanischen Instituts
Preußischer Kulturbesitz
Band 75

Ottmar Ette / Martin Franzbach (Hrsg.)

Kuba heute

Politik · Wirtschaft · Kultur

Vervuert Verlag · Frankfurt am Main

2001

Die Deutsche Bibliothek - CIP-Einheitsaufnahme

Kuba heute : Politik, Wirtschaft, Kultur /
Ottmar Ette, Martin Franzbach (Hrsg.). -
Frankfurt am Main : Vervuert, 2001
   (Bibliotheca Ibero-Americana ; Bd. 75)
   ISSN 0067-8015
   ISBN 3-89354-575-1

© Vervuert Verlag, Frankfurt am Main 2001
Alle Rechte vorbehalten
Umschlaggestaltung: Michael Ackermann
Satz: A. Seibt, P. Langguth, Ibero-Amerikanisches Institut PK
Gedruckt auf säure- und chlorfreiem, alterungsbeständigem Papier.

D. L.: M. 2.040-2002
Printed in Spain by Imprenta Fareso, S. A.

INHALTSVERZEICHNIS

Ottmar Ette
Einleitung: Kuba – Insel der Inseln 9

I Geographie und Stadtentwicklung

Günter Mertins
Jüngere Bevölkerungs- und Regionalentwicklung 29

Axel Borsdorf
Stadtgeographie Kubas 59

Kosta Mathéy
Wandel in der Wohnungspolitik Kubas 83

Hans Harms
Probleme der Stadterneuerung in Kuba 101

II Politik und Gesellschaft

Bert Hoffmann
Außenpolitik, internationale Beziehungen und das Verhältnis
zu den USA. Veränderungen und Kontinuitäten seit 1989 153

Susanne Gratius
Das Verhältnis Europa – Kuba: Der Antagonismus zwischen
wirtschaftlicher Annäherung und politischer Distanz 193

Raimund Krämer
Die Metamorphosen der Macht und die Rückkehr des Caudillo 221

Monika Krause-Fuchs
Die kubanische Sexualpolitik zwischen Anspruch und Wirklichkeit 247

Frank Niess
Ist die kubanische Revolution noch ein Mythos? 271

Peter B. Schumann
Dissident in Kuba – Formen politischer und kultureller Opposition 291

III Wirtschaft

Hans-Jürgen Burchardt
Kubas langer Marsch durch die Neunziger – eine Übersicht
in Etappen 313

Hans-Jürgen Burchardt
Landwirtschaft und aktuelle Agrarpolitik in Kuba....................................337

Knut Henkel
Hightech made in Cuba – ein Hoffnungsschimmer für die
krisengeplagte Wirtschaft..349

Birgit Beier
Tourismus als wirtschaftlicher und gesellschaftlicher Faktor....................371

IV Kultur

Miguel Barnet
Die *novela testimonio*: Schwarze Kunst der Erinnerung 387

Martin Lienhard
Afro-kubanische Oralität und ihre Darstellung in ethnologischen
und literarischen Texten 393

Svend Plesch
Literatur im Zeugenstand? Zur neueren kubanischen *Testimonio*-
Literatur...411

Martin Franzbach
Kleiner Gattungsabriss der kubanischen Literatur seit 1959 445

Hans-Otto Dill
Ein halbes Jahrhundert kubanische Lyrik 465

Diony Durán
Kubanische Erzählerinnen auf der Lauer – Erzählungen von Frauen
im letzten Jahrzehnt des 20. Jahrhunderts 489

Monika Walter
"Was fehlt, ist eine kräftige Brise Verrücktheit ..."
"Casa de las Américas" und die kubanische Kulturpolitik 523

Frauke Gewecke
Kubanische Literatur der Diaspora (1960-2000) 551

Doris Henning
Kuba in Miami: Migration und ethnische Identität 617

Matthias Perl
Die Sprachsituation in Kuba 653

Peter B. Schumann
Der kubanische Film im Kontext der Kulturpolitik 669

Torsten Eßer / Patrick Frölicher
Von der Schlitztrommel zum Synthesizer: 500 Jahre Musik auf Kuba 683

Ineke Phaf-Rheinberger
Avantgardistische Strömungen in der kubanischen Malerei des
20. Jahrhunderts 733

Raúl Fornet-Betancourt
Probleme und Themenfelder der kubanischen Philosophie der
Gegenwart 749

V Deutschland und Kuba

Ralf E. Breuer
Die deutsche Kuba-Politik nach der Wiedervereinigung 773

Matthias Hucke
"Wir sind wahre Nationalsozialisten."
Die deutsche Kolonie auf Kuba 1933-1944 801

Chronologie zur Geschichte Kubas 829

Sachregister 839

Personenregister 845

Abkürzungsverzeichnis 853

Zu den Autoren 857

Ottmar Ette

Kuba – Insel der Inseln

Aus dem Meer der Geschichte der Ciboneyes und der Guanajabibes, die – wie der kubanische Anthropologe Fernando Ortiz einmal ebenso augenzwinkernd wie plakativ bemerkte – "unsere Stein- und Holzzeit" (Ortiz 1978: 94)[1] verkörpern, und denen sich später die Taínos zugesellten, taucht die Insel Kuba in den Reiseberichten europäischer Seefahrer aus der schwankenden Bordperspektive und damit aus der Bewegung, mehr aber noch *als* Bewegung auf. Es war an einem Sonntag, dem 28. Oktober 1492, als Christoph Columbus in seinem Bordtagebuch jene Sätze vermerkte, die sich in das kollektive Gedächtnis aller Kubaner einbrannten und die längst zu einem Bestandteil ihres kollektiven Imaginären geworden sind: "Jene Insel ist das Schönste, was Augen je gesehen haben, reich an sehr guten Häfen und tiefen Flüssen, und der Spiegel des Meeres scheint hier niemals anzusteigen, denn das Gras des Strandes reichte fast bis zum Wasser, was an jenen Orten, wo das Meer wild ist, nicht vorzukommen pflegt" (Colón 1986: 82).

Viele Geschichten Kubas setzen mit diesen Sätzen ein, die weit von Europa entfernt im Westen zugleich den Eintritt des Okzidents in die Neuzeit signalisieren. Die sich anschließende Beschreibung der Insel Kuba hat zweifellos weniger mit der Wirklichkeit einer Insel zu tun, auf der zum damaligen Zeitpunkt nach heutigen, gegenüber Las Casas vorsichtigeren Schätzungen bis zu einer Viertelmillion so genannter Indianer lebten, als mit den literarischen Traditionen des abendländischen *locus amoenus*. Kuba wird erstmals zur Projektionsfläche für bewegte und bewegende europäische Bilder. Denn Columbus alias Colón alias Colombo – der erste Europäer im eigentlichen Sinne – versäumte es nicht, alle Gemeinplätze eines solchen Lustortes von den Höhen bis zu den Auen, von den Wäldern bis zu den Bächlein aufzuzählen, um seinem bald schon gesamteuropäischen Publikum, allen voran aber noch den Katholischen Königen Spaniens, das Eigene im Fremden und zugleich schon das Fremde als Eigentum vorzustellen. Die erste Phase beschleunigter Globalisierung in der Neuzeit beginnt. Aufschlussreich ist, dass

---

[1] Wo nicht anders angegeben, handelt es sich um Übersetzungen des Verfassers (O. E.).

den Attributen der gefundenen und erfundenen Insel – denen Hinweise auf Gold- und Silberminen folgen – Elemente beigefügt sind, die allesamt funktional mit Verkehr, mit Schiffbarkeit, mit Bewegung zu tun haben: Häfen, Flüsse und ein ruhiges Meer weisen die Insel in den Augen des Europäers zuallererst als einen Ort des Transits, als einen Ort jener Bewegung aus, die Kuba in ein geostrategisch wichtiges Mosaiksteinchen der europäischen Expansion verwandeln sollte. Schon auf der ersten Karte Amerikas, die Juan de la Cosa im Jahre 1500 anfertigte, lässt sich die große Bedeutung erkennen, die Kuba im Fadenkreuz der kartographischen und militärischen Eroberung der Neuen Welt zukommen sollte. Dort taucht der Name Kubas umringt von zahllosen und zumeist namenlosen Inseln als eine Abfolge von Kaps, Buchten und Häfen auf, die sich perspektivisch auf einen imaginierten und erahnten Festlandssaum hin öffnen. Kuba erscheint als der am weitesten nach Westen gerückte Vorposten, in den das Wappen Kastiliens und Leóns nicht nur eingezeichnet, sondern förmlich eingerammt ist. Noch bevor die indigene Bevölkerung physisch ausgelöscht wird, ist sie buchstäblich von der Landkarte verschwunden: Nur einige Ortsnamen bewahren auf Juan de la Cosas drei Jahrhunderte später "wiederentdeckter" Karte ihr Andenken. Die "Stein- und Holzzeit" der Antillen dient der europäischen Neuzeit allenfalls zur Beschleunigung ihrer eigenen Entwicklung.

Wenn Kuba als "das Schönste, was Augen je gesehen", bezeichnet wird – eine Formel, die sich im aktuellen kubanischen Roman nicht selten ironisch verfremdet wiederfindet –, dann scheint sich das nur an seinem Rande berührte Eiland in dem an Superlativen reichen Bordbuch des künftigen Admirals der Katholischen Könige gleichsam in die Insel der Inseln dieser Kette der Antillen zu verwandeln. Darüber hinaus überlagern sich in Kuba von Beginn an die Inseln, die Namen und die Bewegungen. Am 23. Oktober hatte Columbus festgehalten, er wolle den Angaben der Indianer folgend "zur Insel Kuba aufbrechen", die "ihrer Größe und ihres Reichtums wegen – wie ich glaube – Cipango sein muss" (ebd.: 79), jene sagenumwobene Insel also, von der einst Marco Polo berichtet hatte. Nicht nur der abendländische Lustort, sondern auch das Bild der reichen asiatischen Insel, die wir mit Japan identifizieren dürfen, prägen sich jener Vor-Insel vor dem Festland auf, die in der Folge die Namen Juana, dann Santiago und Fernandina (zu Ehren des *Príncipe* Don Juan, des Apostels der *Reconquista* und des katholischen Monarchen) erhalten, letztlich aber doch jene indigene Bezeichnung beibehalten sollte, in dem all diese Namen und Vektoren einen Ort zugewiesen bekommen und sich territorialisieren: Kuba.

Kuba – Insel der Inseln

Auf eigentümliche Weise scheint diese Insel der Inseln im europäischen Diskurs unter allen anderen herauszuragen, und dies von Beginn an in solchem Maße, dass Columbus, der das amerikanische Festland auf seiner dritten Reise für eine Insel hielt, seine Männer schwören ließ, dass es sich bei Kuba um *tierra firme*, um Festland also, handele, während er dem Festland entschlossen den Namen "Isla de Gracia" (ebd. 260) gab. So wird Kuba, die größte der Antilleninseln, die in ihrer wirtschaftlichen Entwicklung noch bis Ende des 18. Jahrhunderts weit hinter jener seiner Nachbarinsel La Española alias Hispaniola alias Haiti und Santo Domingo zurückbleiben sollte, unversehens von einer Insel in einen Kontinent verwandelt, in eine eigene Welt, deren Existenz sich gleichsam einem Glaubensakt und einem von der Mannschaft abgeforderten Schwur verdankt. Zwar verzeichnete niemals eine Seekarte Kuba (oder Juana) als einen Kontinent; doch lernen noch heute die kubanischen Schulkinder, dass Kuba keine Insel sei, sondern ein Archipel, eine Gesamtheit größerer und kleinerer Inseln also, die eine Welt für sich bilden. Auch in diesem Sinne präsentiert sich Kuba nicht als eine Insel unter anderen, sondern als die Insel der Inseln.

Die Touristen, die heute Kuba besuchen, erfahren diese Insel-Welt auf eben diese Weise: als ein Archipel, der eine Eigengesetzlichkeit besitzt. Im Zeitalter des Massentourismus verbringen die saisonalen Besucher ihre Ferien auf einer oder mehreren der vielen *Cayos*, die eigens für sie zum (Schnorchel-)Tourismus eingerichtet wurden. Im Zentrum steht meist nicht das Land, sondern dessen Rand: Kuba als Strand und, mehr noch, als Unterwasserwelt. Diese kubanische Inselerfahrung hat dabei einen ebenso geringen Berührungsgrad mit der Lebenswirklichkeit der überwiegenden Mehrzahl der inselkubanischen Bevölkerung wie die jener anderen saisonalen Ex- und Repatriierten, die in den verschiedenen, über die Hauptinsel verstreuten touristischen Zentren ihren preisgünstig gebuchten Urlaub angetreten haben. Die Inseln des Tourismus haben auch vor der Hauptstadt Havanna nicht Halt gemacht und diese ihrerseits in insuläre Zonen eingeteilt, die miteinander kommunizieren, aber mit den um sie gruppierten städtischen Eilanden nur mehr oder minder große Überlappungszonen teilen. Die Stadt verfällt nicht mehr überall, sie zerfällt aber in Zonen historischer Rekonstruktion und Zonen aktuellen Vergessens, in Inseln verschiedener Geschwindigkeiten, in verschiedene Zeit-Räume.

So hat die räumliche Archipelsituation längst die Hauptinsel Kuba erfasst: Sie ist in Inseln sehr unterschiedlicher und gegensätzlicher Lebenswirklichkeiten und Erlebniswelten zerfallen. Hinter dem Namen der Insel verbergen sich viele Inseln. Sie stehen einander nicht kommunikationslos, gewiss aber auch nicht harmlos oder folgenlos gegenüber. Denn zwischen Alltagserfahrung und Erlebnis, zwischen nationaler Inselgesellschaft und internationaler Sun&Fun-Gesellschaft liegen Welten. Ihre Mauern sind nur wenig durchlässig, wohl aber durchsichtig, so dass ein Bewusstsein der jeweils eigenen insulären Lage zwischen Wohlfahrts- und Wohlstandsinseln entstehen kann. Kontinuierliche Reisebewegungen in Raum und Zeit sind kaum mehr möglich: Inselhüpfen wäre die hier wohl angebrachte Metapher.

Die ökonomischen Parameter dieser Situation der Diskontinuität sind weitgehend bekannt, über die kulturellen und mentalitätsgeschichtlichen Folgen für Besucher und Besuchte aber wissen wir wenig. Der Import der Ersten Welt in ein Land der Dritten Welt, das anders als andere mit der kubanischen Revolution nachhaltig für die Herstellung gleicher Lebensverhältnisse für all seine Bürgerinnen und Bürger kämpfte und auch weiterhin zu kämpfen vorgibt, führt soziale, kulturelle, ja monetäre Hybridität vehement vor Augen. Die konkreten Lebensbedingungen werden in Kuba längst nicht mehr ausschließlich durch Zugehörigkeiten (zu Verbänden, zu Institutionen, zur Partei), sondern durch Zugangsmöglichkeiten (zu Touristeninseln, zu Auslandsreisen, zum Dollar oder zum Internet) geregelt: Nicht Sein und Schein, sondern Sein und Erreichen bilden die eigentlichen Gegensätze. Die Unterschiede sind sichtbarer geworden, Privilegien werden zunehmend ostentativ konsumiert. Dass der Gesichtssinn stets mit dem Begehren, mit der *concupiscentia oculorum* verbunden ist, dass sich im Blick nicht nur das Begreifen, sondern auch der Wunsch nach Ergreifen manifestiert, zeigte schon der Blick des Columbus auf "das Schönste, was Augen je gesehen haben". Das Fremde wird nicht notwendig zum Teil des Eigenen, sondern zum Eigentum, und sei es auf Zeit. In Kuba ist der begehrliche Blick zwischen den einzelnen Inseln ein wechselseitiger geworden, abhängig von der jeweiligen Erreichbarkeit. Die Besucher der Insel sind nicht mehr nur Subjekte, sondern auch Objekte dieses Blickes, der sich in einen postkolonialen, nicht aber in einen postdependenten Zusammenhang einordnet. Dies ist weit mehr als eine regionale Variante der "kulturellen Logik des Spätkapitalismus":[2] Es ist die Performanz verschiedener Logiken, die jederzeit Objekte in Subjekte und Subjekte in Objekte, Handelnde in Gehandelte verwandelt, ohne dass in dieser Spielzeit die durchsichtigen Mauern ihre Sichtbarkeit verlören.

---

[2] Vgl. Jameson 1986 (die englischsprachige Erstveröffentlichung stammt aus dem Jahre 1984).

Wie Bewohner der ehemaligen Peripherie längst in den Hauptstädten der ehemaligen Zentren leben, haben die Zentren ihre Exklaven auch in den Zentren der Peripherien errichtet. Zentrum und Peripherie stehen einander längst nicht mehr nur gegenüber, sie haben sich wechselseitig eingenistet. Die dadurch intensivierte Hybridisierung kultureller Erfahrungen kann freilich nicht darüber hinwegtäuschen, dass es sich dabei um unterschiedliche Globalisierungsphänomene handelt: Der "von oben" erfolgenden Globalisierung des Kapitals und des Massentourismus steht eine Globalisierung "von unten", jene der nicht-saisonalen Migration, gegenüber, die im Falle Kubas längst ebenso spektakuläre wie dramatische Ausmaße angenommen hat. Die Folgen sind paradox: Die Migranten sind aus Kuba nicht wegzudenken. Als Insel der Inseln ist Kuba in diesen Prozess einer von "oben" wie von "unten" doppelt beschleunigten Bewegung mehr denn je einbezogen und kein isolierter Archipel.

Die Territorialisierung Kubas als Insel und als Festland, als Archipel und als Insel der Inseln ist von Beginn der europäischen Expansion an überaus prekär. So verwundert es nicht, dass die Beendigung des spanischen Kolonialismus auf Kuba ohne das Eingreifen des kubanischen Festlands nicht vorstellbar gewesen wäre. Auf den ersten Blick liest sich die Geschichte Kubas (wenn auch nicht die kubanische Geschichte) im 19. Jahrhundert wie die Chronik einer historischen Verspätung. Nicht nur gegenüber der Unabhängigkeitserklärung der Vereinigten Staaten und der Unabhängigkeitsrevolution auf der von Frankreich ausgeplünderten Nachbarinsel Saint-Domingue, sondern auch gegenüber der Unabhängigkeitsbewegung auf dem kolonialspanischen Festland erwies sich Kuba als Insel fortdauernder kolonialer Dependenz. Die Abhängigkeit von Sklavenimport und Sklavenwirtschaft nahm weit über die Mitte des 19. Jahrhunderts hinaus nicht ab, sondern weiter zu. Und doch sind die Identitätsbildungsprozesse der kubanischen Bevölkerung bis heute – Kubas Nationalhymne mag dies anzeigen – in jenem Jahrhundert verankert, das die Widersprüche traditioneller kolonialer Systeme auf ihren Höhepunkt trieb. Die Herausbildung einer nationalen Kultur *vor* der militärischen Durchsetzung eines unabhängigen Staates, dessen Gründung sich im Jahre 2002 zum hundertsten Male jährt, darf als die eigentliche Leistung des kubanischen 19. Jahrhunderts angesehen werden. Denn jenseits eines sehr unterschiedlich diskutierten und konzipierten, nicht selten auch verworfenen kubanischen Staates bildete sich die kubanische Kultur als ein zwar im "Kern" auf die Insel Kuba bezogener, sich aber stets de- und reterritorialisierender Entwurf heraus. Projekt und Projektion des künftigen Gemeinwesens sind weder allein der Insel noch allein dem Festland zuzusprechen: Spiegelsymmetrische Strukturen bilden sich heraus, die ideologisch wie ökonomisch, politisch wie gesellschaftlich zugleich antagonistisch und komplementär, in jedem Falle aber immer aufeinander bezogen sind. Kuba als "reine" Insel gibt es nicht.

Von den Gedichten José María Heredias im mexikanischen Exil über die der spanischen wie der kubanischen Literaturgeschichtsschreibung teure Gertrudis Gómez de Avellaneda bis hin zu José Martí, der durch sein Exil in Spanien, Mexiko, Guatemala, Venezuela und vor allem den USA, aber auch durch seinen gleichsam reterritorialisierenden Tod auf Kuba zum Symbol der Verschmelzung von Nation und Staat werden konnte, entwickelte sich eine kubanische Kultur, deren Grenzen nicht mit den Umrissen der Insel zusammenfielen. Ein derartiger, zwischen Territorialisierung und Deterritorialisierung stets oszillierender Entwurf zeigt sich im Selbstverständnis des kubanischen Exils seit dem ersten Drittel des 19. Jahrhunderts und gerinnt in Martís Gedicht *Dos patrias* im tragischen Lebensgefühl des kubanischen Essayisten und Revolutionärs noch zu der vieldeutigen Formel: "Zwei Vaterländer hab' ich: Kuba und die Nacht. / Oder sind eins die beiden?" (Martí 1986: 51).

Ohne das kubanische Exil wären weder die kubanische Nationbildung noch die Staatsgründung selbst, ja nicht einmal der jahrzehntelange Unabhängigkeitskampf von 1868 bis 1878 und von 1895 bis 1898 – der mit guten Gründen auch als Kubas "Dreißigjähriger Krieg" bezeichnet wurde – möglich gewesen. Während dieses ein gut Teil des 19. Jahrhunderts umspannenden Prozesses veränderte sich nicht nur das *räumliche* Bewusstsein der Kubaner – und damit sind nicht nur die führenden Intellektuellen und Unabhängigkeitskämpfer, sondern auch die Arbeiter in den Tabakfabriken Floridas oder die Sklaven auf den Zuckerrohrplantagen der Insel gemeint. Denn nicht minder wandelte sich auch das *zeitliche* Bewusstsein insoweit, als sich am Ausgang des 19. Jahrhunderts Indizien für eine Erfahrung der Gleichzeitigkeit des Ungleichzeitigen häuften. Lateinamerikanische *Independencia* und koloniale Dependenz, organisierte Arbeiterschaft und insuläre, auf den Plantagen und in den Herrenhäusern fortdauernde Sklavenhalterschaft, traditioneller spanischer Kolonialismus und ein sich rasch entwickelnder angloamerikanischer Imperialismus auf der Suche nach neuen Märkten markieren die Pole einer veränderten Raum-Zeit-Erfahrung. Nach einer mit Columbus beginnenden ersten und einer mit den Entdeckungsfahrten der Europäer in der zweiten Hälfte des 18. Jahrhunderts einsetzenden zweiten Phase situiert sich diese neue Raum-Zeit-Erfahrung im Kontext einer dritten Phase beschleunigter Globalisierung gegen Ende des 19. Jahrhunderts. Die kubanische Unabhängigkeit beseitigt diese Erfahrung der Ungleichzeitigkeit keineswegs, sondern verstärkt sie im Zeichen ungleich verlaufender peripherer Modernisierungsprozesse, deren Impulse einmal mehr von außen kommen. Der kubanische *Modernismo* auf der Insel wie im Exil, von José Martí bis zu Julián del Casal und Juana Borrero, ist auch mit seinen Identitätsentwürfen die kreative Antwort auf diese räumlich und zeitlich disparaten Modernisierungsprozesse. Gerade die jung verstorbene und rasch in Vergessenheit geratene Dichterin, die in ihrem Vornamen die alte Bezeichnung der Insel trägt, hat diese Prozesse selbst in ihrem Örtchen Dos Puentes am eigenen Leibe zu spüren bekommen und in eine Körper-Lyrik verwandelt, die ein Kuba jenseits des Territorialen entfaltet.

Bereits gegen Ende des 19. Jahrhunderts entwickelt sich ein Bewusstsein dafür, mit der angestrebten Überwindung des spanischen Kolonialismus nicht nur einen "Rückstand" gegenüber den früher unabhängig gewordenen Ländern Lateinamerikas aufholen zu müssen und damit eine gleichsam "gestaute" Zeit wieder in Bewegung zu setzen. Es bildet sich gleichzeitig die Einsicht heraus, den sich abzeichnenden Entwicklungen Paroli bieten und mit der kolonialen auch andere, zukünftig drohende Abhängigkeiten beseitigen zu können. Klarer als die meisten seiner Zeitgenossen hat dies Martí wenige Stunden vor seinem Tod in Dos Ríos, am Zusammenfluss zweier (tiefer) Flüsse im Osten Kubas, in einem Schreiben an seinen mexikanischen Freund Manuel Mercado im Mai 1895 formuliert, wolle er doch "mit der Unabhängigkeit Kubas rechtzeitig verhindern, dass sich die Vereinigten Staaten über die Antillen ausbreiten und so, mit noch erhöhter Wucht, über unsere Länder Amerikas herfallen" (Martí 1975: 167). Diese berühmten Wendungen, die nicht weniger als die Sätze des Columbus in das kollektive Bewusstsein Eingang gefunden haben und allen Kubanerinnen und Kubanern geläufig sind, verschieben die Raum- und Zeitvorstellungen folgenreich: Ein nationaler Befreiungskrieg gegen eine Jahrhunderte lange koloniale Bevormundung erhält eine (auf die Antillen bezogene) regionale und, mit Blick auf die lateinamerikanischen Republiken und die künftige Hegemonialmacht im Norden, kontinentale Dimension, die unverkennbar zukunftsoffen ist. Kuba wird damit am Ausgang des 19. Jahrhunderts in eine kontinentale Rolle hineinkatapultiert, die weit über die Vorreiterschaft im Bereich der Antilleninseln hinausreicht: Die Insel der Inseln hat begonnen, sich nicht mehr als Objekt aus der Bordperspektive anderer, sondern als internationalen Machtfaktor, als aktives Subjekt der Weltgeschichte zu begreifen.

Ohne diesen entscheidenden Perspektivenwechsel wären weder das zugleich nationalistische und geostrategische Projekt Fidel Castros einschließlich des lateinamerikanischen und afrikanischen "Exports" der Revolution noch Ernesto "Che" Guevaras im Weltmaßstab angelegter Entwurf eines "neuen Menschen" von Kuba aus politisch realisierbar gewesen. Denn so waren seit Beginn des 20. Jahrhunderts die diskursiven Grundlagen für eine kollektive Identität gelegt, die sich quer durch alle ideologischen und künstlerischen Avantgarden stets im Weltmaßstab einzuschätzen und wiederzufinden suchte. Kaum ein anderes Land dieser Größenordnung hat in einem quantitativ wie qualitativ so hohen Maße nicht nur Tabak und Zucker, sondern Musik und Literatur, Ideologien und Kulturtheorien, Tänze und Rhythmen, Revolutionen und Resolutionen, "internationalistische" Ärzte und Lehrer, aber auch Militärberater und militärische Krisen, Edelexilanten, Wirtschaftsflüchtlinge, politisch Verfolgte und *boat people* exportiert, expatriiert oder – genauer noch – *ausgeführt*. Spätestens seit der Wende zum 20. Jahrhundert ist Kuba jene Insel, die sich nicht damit zufrieden gibt, die Rolle einer Insel zu spielen. Es ist, als hätte man sich geschworen, einen Kontinent zu bevölkern.

Die hier skizzierte, in der ersten Phase beschleunigter Globalisierung und damit seit Beginn der Kolonialzeit angelegte und postkolonial, also in der dritten Phase beschleunigter Globalisierung verstärkte Grundstruktur kubanischer Geschichte und kubanischen Selbstverständnisses besitzt heute, in der vierten Beschleunigungsphase der (bisweilen auch elektronisch imaginierten) *globalización*, alle Chancen, sich erneut durchzusetzen und weiterzuentwickeln. Die Globalisierung ist in Kuba kein Strandgut, das von fernen Küsten stammend gesammelt und in einzelne Stücke zerschlagen von seinen neuen Besitzern auf der Insel ausgestellt worden wäre, sondern eine Produktion und Produktionsweise, welche von der stets erneuerten Verfertigung der eigenen (Welt-)Geschichte bis zur Herstellung eigener symbolischer Güter für den internationalen Verbrauch reicht. Kuba spielte innerhalb der Globalisierungsprozesse der Neuzeit nicht nur einen passiven, sondern auch einen aktiven Part, bemühte sich in erstaunlichem Umfang, auf den verschiedensten Gebieten für die Erste, die Zweite, die Dritte und die Vierte Welt zu einem weltpolitischen *global player* zu werden.

Seit Oktober 1492 ist Kuba zunächst passiv, dann zunehmend aktiv in weltumspannende Prozesse eingebunden. Dies gilt gerade auch für deren kulturelle Dimension. "Die wahre Geschichte Kubas", schrieb Fernando Ortiz in seiner bereits erwähnten Studie von 1940, "ist die Geschichte seiner auf's Engste miteinander verflochtenen Transkulturationen" (Ortiz 1978: 93). Der sich von den rassistischen Vorurteilen der kriminologisch ausgerichteten Schule seiner wissenschaftlichen Anfänge lösende Kulturtheoretiker betonte dabei in erster Linie die zentripetalen Einwanderungswellen antillanischer wie kontinentaler Indianer, Spanier, Afrikaner, Juden, Portugiesen, Briten, Franzosen, Nordamerikaner und Asiaten unterschiedlichster Breitengrade nach Kuba, ein wahrer "Hurrikan der Kulturen" (ebd. 94), dem nichts von einer freundlichen "Begegnung der Kulturen" anhaftete. Kein harmonisches oder beschönigendes Bild eines Nebeneinanders oder Miteinanders der verschiedenen ethnischen Gruppen und ihrer Kulturen, sondern ein hochkomplexer, gewaltsamer und noch immer anhaltender Prozess eines stets neue Hierarchien bildenden Durcheinanders geriet damit in den Blick des kubanischen Selbstverständnisses, das sich mehrere Jahrzehnte nach der Staatsgründung verstärkt als (Insel-)Territorium zu denken begann. Doch Fernando Ortiz wählte für die Kubaner zugleich die Metapher der *aves de paso*, der "Zugvögel" (ebd. 95) also, mit der er die umgekehrte Richtung, die zentrifugale und vielleicht mehr noch jedes Zentrum meidende Migration versinnbildlichte. Im Transkulturellen, so ließe sich anmerken, ist das Migratorische, aber auch die Zeitreise stets gegenwärtig.

Aus dieser Perspektive erscheint das wesentlich von Castro entworfene und bis heute beherrschte Projekt der kubanischen Revolution als der sicherlich machtvollste, zugleich aber vielleicht letzte Versuch eines Nationalismus, der sich als Territorialisierung ausschließlich auf die Insel bezieht. Vergessen wir dabei nicht, dass sich dieses totalisierende Projekt auch seinen eigenen Zeit-Raum (und seine eigene Zeit-Rechnung) im rasch eingeführten *Año de la Revolución* schuf. Der Castrismus ist ein Moderne-Projekt, das auf Homogenität und Territorialität setzt und von großen Erzählungen lebt. Zu seinen Charakteristika gehört, dass seine Meistererzählungen vom Meister selbst erzählt werden, der sie variantenreich den jeweiligen Bedingungen anzupassen versteht. Ebenso in der präarealsozialistischen wie in der postrealsozialistischen Phase der Revolution und der Herrschaft Castros tritt der nationale als der inselterritoriale Charakter hervor, auch wenn dieser Aspekt in den Diskursen der "Tricontinental" wie des sozialistischen Internationalismus vorübergehend in den Hintergrund gedrängt wurde. Die im Verlauf der kubanischen Revolution so oft gebrauchte Redewendung *no caben*, des "Nicht mehr Hineinpassens" von Menschen mit grundlegend anderen Ansichten, die Unterscheidung zwischen einem "innerhalb" und einem "außerhalb" der Revolution, die mit den Grenzen des Inselstaates in eins gesetzt werden, der aus der kubanischen Geschichte übernommene Autoritarismus, der die Mechanismen des Ausschlusses stets in territorialer Hinsicht (als Exil-, Gefängnis- oder Lageraufenthalt) ausführt, sprechen eine deutliche Sprache. Die Sprache der herrschenden Sektoren des Exils war nach 1959 die gleiche: Auf dieser Ebene verstand man sich auch ohne Dialog. Bis weit in die achtziger Jahre hinein –und in staatstragenden Bereichen auch bis heute – verschwand aus der kubanischen Geschichte, wer auf der Landkarte der Insel keinen Platz, kein Plätzchen für sich beanspruchen konnte. Politiker und Intellektuelle, die ins Exil gingen, wurden aus Photographien wegretuschiert, aus Literaturgeschichten verbannt, aus dem Kreislauf der Publikationen getilgt. Das Exil reagierte nicht selten mit ähnlichen Gegenmaßnahmen: Die kubanische Spiegelsymmetrie gewann wieder an Bedeutung und beherrschte seit den sechziger Jahren alle diskursiven Register.

Die Folge war eine Verhärtung der territorialen Grenzen, eine Blockade von außen, der eine Blockade von innen entsprach. Die paradoxe Folge dieser Fest-Stellung der räumlichen Grenzen, der verschärften Reterritorialisierung von Insel- und Festlandkuba, bestand in der zunehmenden Feststellung der Zeit, ein Anhalten der Zeit, das wir bis weit in die achtziger Jahre hinein ebenso in La Habana wie in Little Havanna, ebenso im Bereich der politischen Vorhaben wie der Kulturpolitik beobachten können. Der Anspruch der kubanischen Revolution, möglichst gleiche Lebensverhältnisse in der Stadt wie auf dem Land, in den verschiedenen ethnischen wie beruflichen Gruppen zu etablieren, bildete ein Projekt, das auf Homogenisierung innerhalb einer klar umrissenen Territorialität abzielte. Die Begrenztheit dieses Projekts führte zur Ausgrenzung; wie die Ausgrenzung ihrerseits zur zunehmenden Entgrenzung des Territorialen führte, soll später gezeigt werden.

Zuvor aber gilt es, den Formen und Folgen der zunächst schleichenden, dann immer massiver werdenden Verlangsamung der Zeit innerhalb der nun zum *primer territorio libre de América* erklärten Insel wie auch auf manchen der zahlreicher werdenden Inseln des Exils nachzugehen. Das Phänomen ist offenkundig. Die Titel neuerer Buchpublikationen von Beiträgern dieses Bandes über den Inselstaat sprechen eine deutliche Sprache: *Kuba – der lange Abschied von einem Mythos* (Hans-Jürgen Burchardt); *Der alte Mann und die Insel* (Raimund Krämer); *Kuba – im Herbst des Patriarchen* (Hans-

Jürgen Burchardt)³ – und es wäre ein Leichtes, eine solche Titelliste auch außerhalb des deutschsprachigen Raumes nahezu beliebig zu verlängern. Die Uhren in Kuba scheinen anders zu ticken, sie werden nach der Lebenszeit eines charismatischen Caudillo gestellt. Dies hat auch die Präsentationsformen im Ausland verändert, keineswegs nur im wissenschaftlichen Bereich. Reiseführer und Anthologien aller Art präsentieren nicht nur den ergrauten Fidel Castro, sondern auch andere alte Männer, gerne aber auch altgediente Automobile (die ihrerseits nicht selten von Mädchen in aufreizender Pose garniert werden)⁴ auf ihren farbigen Umschlagseiten. Diese Verlagsstrategien sind selbstverständlich Verkaufsstrategien, an denen Kuba nicht nur im Tourismus mitverdient. Längst hat auch die Revolution den Marktwert ihrer historischen Symbole erkannt, eine Domäne, die sich leicht kapitalisieren lässt und der das Exil im Grunde nichts entgegenzusetzen hat. Ist Kuba heute die Insel von gestern?

In jedem Falle ist sie die Insel, die Zeitreisen verspricht und in diesem Falle ihre Versprechen hält. Denn Reisen nach und – von Insel zu Insel hüpfend – auf Kuba sind längst zu Ausflügen in der (oder in die) Zeit geworden, gleichviel, ob die Zeitreisenden mit der Besichtigung revolutionärer Orte und Symbole gleichzeitig ihre eigene Vergangenheit in mehr oder minder nostalgischer Verklärung besichtigen wollen oder nicht. Kubanische Touristikunternehmen bieten auf diesem Gebiet zahlreiche Reisevarianten an. Die Routen werden ständig ausgefeilter.

Doch die Zeitreisen beschränken sich längst nicht mehr auf jene beiden Generationen, für die Kuba weltpolitisch und ideologisch die Insel der Insel, die territorialisierte Utopie schlechthin war. Man darf auch ganz "unpolitisch" wieder in die vorrevolutionäre Zeit reisen, in eine "Vor-Zeit", die Guillermo Cabrera Infantes *Drei traurige Tiger* nur auf Kosten ihrer Ausbürgerung, ihres Verschwindens von der Landkarte Kubas betreten durften. Der enorme Erfolg von *Buena Vista Social Club* hat beileibe kein neues Phänomen geschaffen, sondern eine vorhandene Tendenz und ein erwünschtes Bild massenmedial im wahrsten Sinne des Wortes "unheimlich" verstärkt. Diese "gewimwenderte", in poetische, bewegte und bewegende Bilder

---

[3] Der gleichfalls sehr lesenswerte Band eines weiteren Co-Autors des vorliegenden Buches, Bert Hoffmann (*Kuba*. München: Verlag C. H. Beck 2000), verzichtet zwar auf einen derartigen Titel, ist aber auf der Umschlagseite mit der Farbphotographie eines alten zigarrerauchenden Mannes geschmückt, die im Hintergrund die kolonialspanische Silhouette einer Kirche und eines vorbeifahrenden Oldtimers erkennen lässt.

[4] Besonders eindrucksvoll jüngst in der gerade die erzählerische "Jugend" ins Zentrum rückenden Anthologie von Michi Strausfeld.

gegossene Seite Kubas zeigt die Projektionsfläche der Insel als *Social Club* ebenso alter wie ehrenwerter Männer, welche die *Buena Vista*, den schönen Ausblick auf die Revolution mit dem *visto bueno*, dem Einverständnis derselben in Szene setzen. Schöne alte Welt! Die Zeit scheint stehen geblieben zu sein, ja sogar rückwärts zu laufen: Archäologie einer Revolution. *Son*, *Danzón*, *Chachachá* und *Bolero* lassen nicht nur die Klänge und Rhythmen aus der Jugendzeit der bärtigen Revolutionäre an deren Lebensabend wieder erklingen, der *Son* aus der Zeit *vor* seiner modernisierten Vermarktung unter dem Label der *Salsa* beweist vielmehr, dass er auch noch *nach* deren Höhepunkt bestens zu vermarkten ist und ein weltweites Publikum begeistert. Die Musiker um den über Nacht zum Superstar gewordenen Ibrahim Ferrer wie die Musik der zahlreichen anderen "Rentner-Combos" setzen eine doppelte Zeitlichkeit der Performanz frei, insoweit sich unter der aktuellen *performance* jene einer anderen Zeit verbirgt, die uns auf der Suche nach der verlorenen Zeit wie ein Gegenstand anrührt, der zugleich innerhalb und außerhalb der Zeit geblieben zu sein scheint: ein Stückchen Zeit im Reinzustand. Ihr Versprechen ist es, die verlorene, vielleicht aber auch nur vergangene Zeit in ihrer Unmittelbarkeit erfahrbar zu machen – wobei die anders als die Oldtimer nicht alternden Mädchen auf den Kühlerhauben metonymisch das menschlich – allzu männliche Begehren objektivieren, also weiblich ver*kör*per*n*. Wie heißt es doch in dem von Ferrer komponierten *Son*, der um die Welt ging: *Todo se te ha vuelto un cuento. / Porque no ha llegado la hora fatal.*[5] Kuba heute: eine Insel sich überlagernder Zeitinseln einschließlich der Insel von gestern, aber eben in Echtzeit – *Cuba, the real thing*.

Die *Barbudos* waren einst angetreten, einen Zeitsprung "nach vorne" durchzusetzen und Kuba als "erstes Territorium" in der amerikanischen Hemisphäre in eine neue Ära zu katapultieren: Der *hombre nuevo* sollte die Zukunft einer neuen Menschheit und einer neuen Menschlichkeit männlich verkörpern, also subjektivieren. Auch sie benannten Inseln um: Aus der Isla de Pinos wurde die Isla de la Juventud, die Insel der Jugend. Diese Jugend aber ist in die Jahre gekommen, ihre Zeitreise historisch geworden. Die reterritorialisierende Reise zurück eröffnet die Möglichkeit, von der Zukunft in der Vergangenheitsform zu träumen, aber auch die ungenutzten Chancen zu verstehen, an denen die kubanische Geschichte so reich ist. Jede Auseinandersetzung mit Kuba heute sollte sich dieser doppelten Dimension bewusst sein und in der Vergangenheit die Offenheit der Zukunft zum Vorschein

---

[5] "Alles ist Dir zu einer Erzählung geworden. / Denn die Stunde des Todes ist noch nicht gekommen" (Begleitheft zur CD *Buena Vista Social Club*: 11).

bringen. Das politische Inselkuba, das heute in Havanna an der Macht ist, und das in Miami noch immer vorherrschende Exilkuba stehen für das Kuba von gestern, das noch immer nicht vergangen, aber doch Vergangenheit ist. Es lässt sich aus der Distanz als eine Vergangenheitsform im Präsens mit den Insignien der Macht beschreiben, welche nicht bloß Macht über ein Territorium, sondern mehr noch Macht über die Zeit "ihrer" Menschen ist. Paradoxerweise aber haben die politischen und ideologischen Ausgrenzungen im Umfeld der ausgehenden achtziger und vor allem der neunziger Jahre eine Entgrenzung hervorgebracht, in der eine andere, offene Zukunft wieder denkbar wird. Denn in den Entwürfen des kulturellen Kuba heute liegt das Kuba von morgen, das kein *Play it again, Uncle Sam* sein wird.

Die noch immer verhärteten Grenzen zwischen Exil und Insel sind durchlässiger geworden, nicht weil es eine politische Öffnung auf beiden Seiten, also Risse in der Betonfraktion gegeben hätte, sondern weil sich nach dem realsozialistischen Zusammenbruch in Europa und dem wiederholten, aber nicht fatalen wirtschaftlichen Infarkt auf der Insel im Verlauf der "Spezialperiode in Friedenszeiten" neue Freiräume entwickeln konnten. Im *primer territorio libre de América* selbst zerplatzte die Insel nach einer langen Phase forcierter Homogenisierung in eine Vielzahl unterschiedlicher Inseln, während sich auch im Exil die Eilande topographisch, ideologisch und kulturell vervielfachten. Vor allem aber etablierte sich nun jenseits von *isla* und *exilio*, von *insilio* und *disidencia* eine Diaspora, die sich um die alten Grenzziehungen und Zeitzonen immer weniger kümmerte, ohne doch unbekümmert zu sein. Längst ist es nicht mehr möglich, das Exil auf der Insel und die Insel im Exil zu tabuisieren, ohne auf Widerspruch oder – effizienter noch – Missachtung zu stoßen. *Die Insel der Extreme*, so ein weiterer Buchtitel (Zeuske 2000), ist am Ende des 20. Jahrhunderts erneut in Bewegung gekommen und hat im neuen Jahrhundert weiter an Fahrt aufgenommen. Immer neue Konstellationen der Heterotopie, immer neue "Bindestrich-Identitäten" von den *Cuban-Americans* bis zu den Deutsch-Kubanern beider Deutschlands haben sich herausgebildet und bilden sich weiter heraus. Ist die Insel heute nicht überall?

Kuba ist wohl nicht als postnationales, gewiss aber als transterritoriales Phänomen zu verstehen. Den häufigen Migrationen eines ständig wachsenden Anteils der kubanischen Bevölkerung haftet immer seltener etwas vom tragischen Lebensgefühl eines *juif errant*, eines "Fliegenden Holländers", oder andererseits von der Sorglosigkeit des Globetrotters an. Die Diaspora ist nicht mehr der Freiraum einer negativen Freiheit von "Vogelfreien", die in einem rechtsfreien Raum leben; sie ist aber genauso weit davon entfernt, einen zwangsfreien Raum zu bilden. Der junge kubanische Kulturtheoretiker Iván de la Nuez hat den Begriff der Transterritorialität in seinem schmalen, aber einflussreichen Band *Das ständige Floß* (1998) für den kubanischen Raum fruchtbar gemacht und damit die lange Abfolge kulturtheoretischer Entwürfe, die im 20. Jahrhundert von José Martís *Nuestra América* über Fernando Ortiz' *Contrapunteo cubano* und Roberto Fernández Retamars *Calibán*[6] bis hin zu Gustavo Pérez Firmats *Life on the hyphen*, Antonio Benítez Rojos *La isla que se repite* und *La balsa perpetua* reichen, vervollständigt. Eine neue Konzeption von Zeit und Raum *aus der Bewegung* zeichnet sich ab, die Kuba – wenn auch anders als von Bord der Santa María aus – als Bewegung erkennbar werden lässt.

Kaum ein anderer Raum ist gerade im Bereich kulturtheoretischer Entwürfe so produktiv wie die Karibik. Dafür gibt es Gründe, die im Bereich der Vielsprachigkeit, der Multiethnizität, der Transkulturalität liegen. Transterritorialität, dies dürfte im Verlauf dieser Überlegungen deutlich geworden sein, baut nicht nur auf Transkulturalität auf, sondern beinhaltet stets auch Transtemporalität. Aus heutiger Sicht stellt der Vernetzungsraum der Karibik die vielleicht größte Herausforderung für die zukünftige Weltgesellschaft dar: Nicht die befürchtete Balkanisierung mit dem Alptraum ethnischer Säuberungen, sondern die Karibisierung im Zeichen transkultureller Relationalität hält jenseits aller Illusionen manche Grundelemente für künftige Entwicklungen im Weltmaßstab bereit. Mit der Entfaltung und Propagierung unterschiedlicher kultureller Modelle hat Kuba – dessen Staatsgründung historisch zwischen der Unabhängigkeit Haitis und der fortbestehenden kolonialen Dependenz anderer Teile der Karibik liegt – als Insel, als Archipel und als Festland stets einen gewichtigen Anteil an dieser Produktivität gehabt. Kuba hat jedoch aus seiner spezifischen Situation an der Wende zum 21. Jahrhundert eine neue Dimension kultureller Selbstreflexion entfaltet, die ohne die transterritoriale Entgrenzung nicht möglich gewesen wäre.

Dies bedeutet gerade nicht, dass die Insel der Inseln heute von einer allgemeinen Entgrenzung erfasst worden wäre: Die alten Grenzziehungen bestehen fort, sie sind noch immer ausschließend, aber keinesfalls mehr ausschließlich gültig. Musik, Malerei und Literatur haben die sich bietenden Chancen wohl als erste erkannt und bereits genutzt: Längst wird die kubanische Literatur heterotopisch, an vielen Orten und für viele Orte, geschrieben,

---

[6] Der Essay selbst stammt aus dem Jahr 1969.

ist zu einer Literatur ohne festen Wohnsitz geworden, die sich gleichwohl ihre spezifischen Treffpunkte, ihre Orte des *Encuentro* (so auch der Titel der einflussreichen, von Jesús Díaz in Madrid herausgegebenen Zeitschrift), geschaffen hat. Ausschließungsmechanismen in Insel und Exil bestehen fort, doch haben sie deutlich an Wirksamkeit verloren. Es gibt nicht mehr nur *eine* Logik in spiegelsymmetrischer Ausführung. Die Gleichzeitigkeit des Ungleichzeitigen hat im Verbund mit der Topik des Atopischen neue, plurale Formen des Selbstverständnisses und einer Selbstverständlichkeit geschaffen, die sich aus der Geschichte Kubas entwickeln konnten, ohne auf ihren utopischen Gestus doch ganz zu verzichten. Die Vielzahl an Preisen, die kubanische Autorinnen und Autoren unterschiedlichster Breitengrade im Laufe des vergangenen Jahrzehnts weltweit "einge*heim*st" haben, beweist nicht nur ihren Erfolg, sondern weist auch auf die Tatsache, dass das Heim der kubanischen Literatur und Kultur ganz im Sinne Sigmund Freuds auch im "Un-Heim-lichen" zu suchen ist. *Dos patrias tengo yo*: Kuba – die unheimliche Insel?

Die Insel der Inseln hat im Bereich der Kultur an ihre zeitweise territorial verschüttete Tradition der Bewegung angeknüpft und eine Vielverbundenheit, eine Multirelationalität entwickelt, die im Begriff steht, endlich mehrere Logiken zugleich – und damit (eine) relationale Logik(en) – nicht nur zu tolerieren, sondern zu akzeptieren und zu respektieren. Kaum eine andere Kultur bietet die Gleichzeitigkeit von Moderne und Postmoderne, von Ausgrenzung und Entgrenzung, von Transterritorialität und postnationalem Nationalismus, in höher dosierter konfliktiver Dichte als Kuba heute. Quer zur Globalisierung "von oben" und zur Globalisierung "von unten" haben sich zwischen den so unterschiedlichen Inseln transversale Wissensströme herausgebildet, welche die eigentlichen "tiefen Flüsse", die kulturtheoretischen Verknüpfungen in diesem Meer der Antillen, konfigurieren. Es ist daher kein Zufall, dass dieses Meer, das die Insel umgibt und mit anderen Inseln und Festländern verbindet, zusammen mit dem Äther, dem himmlischen Transportmedium der Zugvögel, den Namen von Zoé Valdés' Protagonistin im *Café Nostalgia* bildet: "Marcela". Diese Marcela, die in weiblicher Form wie der Protagonist von Marcel Proust auf der Suche nach der verlorenen Zeit ist, weiß sich – wie ihre Schöpferin 1959 in La Habana geboren – als Kind der Revolution und als Parzelle der Insel, zugleich aber als (Er-)Zeugnis einer Literatur in ständiger Bewegung. Nicolás Guillén hatte einst ein "Lied für Antillenkinder" geschrieben, dessen erste Strophen aus dieser Perspektive eine neue Bedeutung gewinnen: "Auf dem Meere der

Antillen / fährt ein Schiffchen aus Papier: / fährt und fährt das Schiffchen Schiffchen / ohne Steuer hier. // Von Havanna nach Portobelo, / von Jamaica nach Port of Spain, / fährt und fährt das Schiffchen Schiffchen / ohne Kapitän" (Guillén 1982: 77).

Kuba heute: Das ist die Insel der Inseln in einem Meer, das nicht immer so ruhig und schiffbar war, wie es die Worte des Columbus versprachen. Die Admiräle, die Kapitäne sind nicht von der Bildfläche verschwunden, sie steuern noch immer und geben Namen. Die mentalen Landkarten aber haben sich verändert, sind in einem einzigen Bordbuch nicht mehr zu fassen, sondern bedürfen neuer Logbücher. *Todas las islas la isla*[7] – viele Inseln also, die sich innerhalb eines sich grundlegend verändernden Raum-Zeit-Gefüges überlagern, bekämpfen, verbünden und durchdringen, vielperspektivisch und mit wachsender Offenheit. Doch eine, die doch gestern erst am Horizont aufgetaucht schien und mit dem freudigen Ruf *¡Tierra!*, "Land in Sicht!" begrüßt worden war, ist darunter nicht auszumachen: die Insel der Glückseligen.

---

[7] Vgl. Reinstädler/Ette (2000).

Literaturverzeichnis

Benítez Rojo, Antonio (1989): *La isla que se repite. El Caribe y la perspectiva postmoderna*. Hanover: Ediciones del Norte (überarbeitete Neuausgabe Barcelona: Ediciones Casiopea 1998).

Burchardt, Hans-Jürgen (1996): *Kuba – der lange Abschied von einem Mythos*. Stuttgart: Schmetterling Verlag.

— (1999): *Kuba – im Herbst des Patriarchen*. Stuttgart: Schmetterling Verlag.

Cabrera Infante, Guillermo (1987): *Drei traurige Tiger*. Roman. Aus dem kubanischen Spanisch von Wilfried Böhringer. Frankfurt/M.: Suhrkamp Verlag.

Colón, Cristóbal (1986): *Los cuatro viajes. Testamento*. Edición de Consuelo Varela. Madrid: Alianza Editorial.

Fernández Retamar, Roberto (1979): *Calibán y otros ensayos. Nuestra América y el mundo*. Havanna: Editorial Arte y Literatura.

Guillén, Nicolás (1982): "Un son para niños antillanos / Lied für Antillenkinder" (übersetzt von Erich Arendt). In (ders.): *Gedichte. Spanisch und deutsch*. Auswahl und Nachwort von Dieter Reichardt. Frankfurt/M.: Suhrkamp Verlag, S. 77.

Hoffmann, Bert (2000) *Kuba*. München: Verlag C. H. Beck.

Jameson, Fredric (1986): "El posmodernismo o la lógica cultural del capitalismo tardío". In: *Casa de las Américas* (Havanna) XXVI, 155-156 (März-Juni).

Krämer, Raimund (1998): *Der alte Mann und die Insel. Essays zu Politik und Gesellschaft in Kuba*. Berlin: Berliner Debatte Wissenschaftsverlag.

Martí, José (1975): "Carta a Manuel Mercado". In (ders.): *Obras Completas*. Bd. IV. Havanna: Editorial de Ciencias Sociales, S. 167.

— (1986): "Zwei Vaterländer / Dos patrias" (übersetzt von Ottmar Ette). In: Köhler, Hartmut (Hrsg.): *Poesie der Welt: Lateinamerika*. Berlin: Propyläen Verlag.

Nuez, Iván de la (1998): *La balsa perpetua. Soledad y conexiones de la cultura cubana*. Barcelona: Editorial Casiopea.

Ortiz, Fernando (1978): *Contrapunteo cubano del Tabaco y el Azúcar*. Prólogo y Cronología Julio Le Riverend. Caracas: Biblioteca Ayacucho.

Pérez Firmat, Gustavo (1994): *Life on the hyphen. The Cuban-American way*. Austin: University of Texas Press.

Reinstädler, Janet/Ette, Ottmar (Hrsg.) (2000): *Todas las islas la isla. Nuevas y novísimas tendencias en la literatura y cultura de Cuba*. Frankfurt/M./Madrid: Vervuert/Iberoamericana.

Strausfeld, Michi (Hrsg.) (2000): *Cubanísimo. Junge Erzähler aus Kuba*. Frankfurt/M.: Suhrkamp.

Valdés, Zoé (1997): *Café Nostalgia. La turbulenta y hermosa corazonada de un abismo del que no se podrá volver*. Barcelona: Planeta.

Zeuske, Michael (2000): *Insel der Extreme. Kuba im 20. Jahrhundert*. Zürich: Rotpunktverlag.

I

Geographie und Stadtentwicklung

Günter Mertins

Jüngere Bevölkerungs- und Regionalentwicklung[*]

1. Vorbemerkungen

Kuba ist mit 110.860 km² (davon Hauptinsel: 104.945 km², Isla de la Juventud: 2.200 km² und etwa 1.600, meist unbewohnte kleinere Inseln und Korallenriffe: 3.175 km²) die größte Insel, aber zugleich auch der bevölkerungsreichste Staat in der Karibik (1998: 11,14 Mio. Einwohner).

Die Insel liegt zwischen 19°49' südlicher und 23°17' nördlicher Breite und weist ein wechselfeuchtes Randtropenklima auf. Kennzeichnend sind – bei einer durchschnittlichen Jahresmitteltemperatur von 25,8°C – geringe tages- und jahreszeitliche Temperaturschwankungen. Nicht nur klimatisch entscheidender ist der Wechsel von niederschlagsärmeren und reicheren Monaten: In der feucht-warmen Hauptregenzeit von Mai bis Oktober fallen 80% der mittleren jährlichen Niederschläge von 1.375 mm. Die recht komplexen geologisch-geomorphologischen Strukturen haben kaum Einfluss auf die Bevölkerungsverteilung, sieht man vom El Escambray-Gebirge im mittleren Landesteil und der Sierra Maestra (mit dem Pico Turquino, dem mit 1.972 m höchsten Berg Kubas) im Südosten ab. Etwa 80% der Oberfläche nehmen ebene und leicht hügelige, siedlungsgünstige Flachländer unter 200 m mit einer Hangneigung von weniger als 3° ein.

2. Zur Regionalentwicklung 1959-1989

Zu den für die Regional- und Bevölkerungsstruktur relevanten Entwicklungszielen Kubas nach 1959 zählen vor allem (vgl. Bähr/Mertins 1989; Mertins 1993):

---

[*] Dieser Beitrag basiert zum Teil auf Erhebungen und Auswertungen, die im Rahmen eines von der Volkswagen-Stiftung geförderten Forschungsprojektes zum Transformationsprozeß in Kuba erfolgten. Der Volkswagen-Stiftung sei für die großzügige Förderung an dieser Stelle ausdrücklich gedankt. Zu Dank ist der Verfasser auch dem *Centro de Estudios Demográficos (CEDEM)* der Universität von Havanna verpflichtet, insbesondere Herrn Dr. Rolando García Q. und Frau Dr. Norma Montes R., die die Erhebungen tatkräftig unterstützten, sowie Frau Susanne Klopfer für die effektive Bearbeitung des Zahlenmaterials.

- der Abbau schichtenspezifisch-sozioökonomischer und regionaler Disparitäten;
- die Verringerung des bevölkerungsmäßigen und infrastrukturellen Gegensatzes zwischen dem ländlichen Raum und den Städten, insbesondere die relative Verringerung der Dominanz des "kapitalistischen Wasserkopfes" (Fidel Castro) von Havanna, sowie
- die Verbesserung der medizinisch-hygienischen Versorgung, vor allem im ländlichen Raum.

Erst nach 1970 wurde die Angleichung der Lohn- und Einkommensverhältnisse forciert; noch später, Ende der 70er, Anfang der 80er Jahre, setzten umfangreiche Maßnahmen zur regionalen Wirtschaftsförderung (außerhalb Havannas) und zur "Urbanisierung des ländlichen Raumes" ein (Bähr/Mertins 1989: 8; vgl. Kap. 3.2) und ebenfalls erst nach 1970 gelang im medizinischen Bereich "ein gerade für die ländlichen Gebiete als spektakulär zu bezeichnender Ausgleich der regionalen Disparitäten" (Bähr/Mertins 1989: 6). Bis 1989 waren die sektoralen und regionalen Einkommensunterschiede zwar nicht ausgeglichen, aber auf niedrigem Niveau angenähert worden. Allerdings blieben die Oriente-Provinzen (Holguín, Las Tunas, Granma, Santiago de Cuba, Guantánamo) durch ein unterdurchschnittliches Lohnniveau gekennzeichnet (Tab. 5; Mertins 1993: 246) und stellten noch immer den wirtschaftlich rückständigsten Teil Kubas dar.

3. Jüngere Bevölkerungsentwicklung und räumliche Bevölkerungsverteilung

Die Entwicklung des absoluten und relativen Bevölkerungswachstums sowie der Bevölkerungsdichte in Kuba und seinen Provinzen kann für 1931-1998 den Tab. 1 und 2 entnommen werden (vgl. auch Abb. 2); das Bevölkerungswachstum und die Bevölkerungswachstumsraten der Provinzhauptstädte sind für 1943-1998 in Tab. 3 dokumentiert.

3.1 Natürliche Bevölkerungsentwicklung

Im Gegensatz zu allen anderen Ländern des tropischen Lateinamerikas – und eher vergleichbar dem Prozess in Argentinien und Uruguay – setzte die demographische Transformation in Kuba schon zu Beginn des 20. Jahrhunderts ein: Bereits 1900-1935/39 ging die Sterberate um mehr als ein Drittel zurück (24,8‰-16,2‰), während aber die Geburtenrate – typisch für die zweite Phase des demographischen Übergangs – kurzfristig noch leicht anstieg

(1900/1904: 47,1‰, 1905/1909: 48,1‰), um dann bis 1959 kontinuierlich auf 28,4‰ abzusinken. Zum selben Zeitpunkt lag die Sterberate schon auf dem für Entwicklungsländer recht niedrigen Niveau von 9,7‰ (Gonzáles Quiñones/Ramos Piñol 1996: 33f.; CEDEM/ONE 1995: 106). Die natürliche Wachstumsrate von 1,87% für 1950-1955 war seinerzeit nach Uruguay (1,16%) die niedrigste in Lateinamerika. Also schon vor der Revolution von 1959 nahm Kuba in demographischer Hinsicht eine Sonderstellung unter den lateinamerikanischen Staaten ein. Das Land konnte bereits damals in die Spätphase der demographischen Transformation eingeordnet werden (Bähr/Mertins 1999: 16).

Als Gründe für das frühe Einsetzen des demographischen Übergangs werden die Auswirkungen der hohen europäischen, vor allem der spanischen Einwanderung zu Beginn des 20. Jahrhunderts sowie des nach der Unabhängigkeit einsetzenden US-amerikanischen Einflusses auf die Lebensweise und damit auf das generative Verhalten, insbesondere in den Städten (insbesondere Havanna), angeführt (Luzón 1987: 58; García Quiñones 1996: 19). Der starke Geburtenanstieg zu Anfang der 60er Jahre (Abb. 1) wird auf die zum Teil fast euphorische Erwartungshaltung bezüglich einer deutlichen Anhebung des Lebensstandards nach dem radikalen politischen Wechsel 1959 zurückgeführt (CEDEM/ONE 1995: 5). Der anschließende Rückgang hat in Verbindung mit der niedrigen, aber wegen der zunehmenden Anteile älterer Bevölkerungsgruppen (Abb. 3) ab etwa 1990 sogar wieder leicht zunehmenden Sterberate (Abb. 1; 1999: 7‰; Deutschland 10‰) die nach Barbados (0,5%) niedrigste natürliche Wachstumsrate (0,7% pro Jahr, 1999) in Lateinamerika zur Folge.

In diesem Zusammenhang ist auch auf den enormen Rückgang der Lebendgeburten pro Frau von 4,7 im Jahre 1963 (1953 bereits 3,6!) auf 1,6 im Jahre 1999 hinzuweisen, der gewöhnlich mit der steigenden Benutzung von Antikonzeptiva, aber auch mit der enormen, sozioökonomisch bedingten Zunahme der Abtreibungen erklärt wird (1992: 71 Aborte auf 100 Lebendgeborene; CEDEM/ONE 1995: 20, 114). Diesem Rückgang entspricht auch der der Bruttoreproduktionsrate, die bereits Ende der 70er Jahre unter eins lag (CEDEM/ONE 1995: 111). Damit ist das Erhaltungsniveau der kubanischen Bevölkerung unterschritten und Kuba steht, nachdem der demographische Übergang um 1980 abgeschlossen war, jetzt am Beginn der negativen Phase der natürlichen Bevölkerungsentwicklung, typisch seit den 70er und 80er Jahren für viele europäische Länder.

Folgende Auswirkungen der allumfassenden, seit den 70er Jahren auf hohem Niveau stehenden medizinischen Versorgung verdienen besonders hervorgehoben zu werden: Zum einen die Steigerung der Lebenserwartung um ca. zehn Jahre von 1960/65 (65,1 Jahre) bis 1994/95 (74,8 Jahre), zum anderen aber vor allem eine der mit 0,7% (1999) niedrigsten Säuglingssterblichkeitsraten der Welt. Das wird auch immer wieder propagandistisch ausgenutzt, vor allem da gerade von 1989 bis 1999 – trotz der schwierigen wirtschaftlichen Situation nach der Auflösung des COMECON ab 1990 – eine weitere bemerkenswerte Reduzierung um 0,4% erreicht wurde.

Die hier vorgestellten Durchschnittswerte für Kuba erfahren regional eine zum Teil deutliche Differenzierung. Generell gilt: Mit Ausnahme von Pinar del Río weisen alle westlichen und zentralen Provinzen unter dem nationalen Durchschnitt liegende Geburten- und natürliche Wachstumsraten auf, die fünf Oriente-Provinzen dagegen deutlich höhere (vgl. für 1998 Abb. 6); gleiches gilt für die Säuglingssterblichkeitsrate (Abb. 4). Das manifestiert sich insgesamt in einem signifikant unterschiedlichen Aufbau der Altersstruktur der einzelnen Provinzen (Abb. 5). Als Gründe für diese demographisch-räumliche Differenzierung können angeführt werden, wobei die Faktoren nicht das gleiche Gewicht haben und unterschiedlich zu bewerten sind: Der höhere Anteil der ländlichen Bevölkerung in den Oriente-Provinzen (ONE 1999: VII), das geringere Durchschnittseinkommen und der dementsprechend niedrigere Lebensstandard (Tab. 5), die unterdurchschnittliche infrastrukturelle Versorgung, gerade des ländlichen Raumes, die wirtschaftliche Rückständigkeit (Mertins 1993: 246; Montiel Rodríguez 1996: 248) und vielleicht auch der hohe Anteil schwarzer Bevölkerung (Luzón 1987: 87), die ein kinderfreundlicheres generatives Verhalten aufweist.

3.2 Räumliche Bevölkerungsverteilung, interregionale Migrationen und Emigrationen

Die räumliche Bevölkerungsverteilung in Kuba ist gekennzeichnet durch die seit der Kolonialzeit bestehende Dominanz der Hauptstadt. Zu Beginn des 18. Jahrhunderts lebten ca. 60% der 120.000-140.000 Personen betragenden Inselbevölkerung in Havanna und seinen Vororten *(arrabales)*. Mit Ausnahme der jeweils 12.000-14.000 Einwohner zählenden Zentren des Interior (Puerto Principe = Camagüey, Bayamo, Santiago de Cuba) war die Insel "außerhalb Havannas faktisch menschenleer" (Zeuske/Zeuske 1998: 84). Der infolge des sich ab Anfang des 19. Jahrhunderts schnell ausdehnenden Zuckerrohranbaus enorm gestiegene Sklavenimport (1805-1873: ca. 535.000; Zeuske/Zeuske 1998: 268-277) ließ den Anteil Havannas an der Bevölkerung Kubas in den 60er Jahren des 19. Jahrhunderts auf ca. 10,7% zurückgehen, da ca. 80% der Sklaven auf dem Lande lebten (Marrero 1955: 148). Aber bereits 1899 betrug der Bevölkerungsanteil Havannas schon wieder 18,1%; er stieg bis 1953 auf 21,0%, um danach leicht auf 19,8% in 1998 zurückzugehen, ein für eine Metropole der Dritten Welt einmaliger Vorgang!

Jedoch bestehen nach wie vor große Gegensätze bei der räumlichen Bevölkerungsverteilung in Kuba (Tab. 2): 1998 verzeichnete Havanna fünfmal so viel Einwohner wie die zweitgrößte Stadt, Santiago de Cuba. Das Übergewicht hat sich aber seit 1953 deutlich verringert, als das Verhältnis noch ca. 7,0 betrug. Dass die Bevölkerung Havannas trotz wenig geänderter Wanderungsmuster (vgl. Kap. 3.3) seit den 70er Jahren nur noch langsam gewachsen ist und sich dementsprechend der Hauptstadtanteil an der Gesamtbevölkerung vermindert, "erklärt sich aus einer Überlagerung von deutlich rückläufigem natürlichen Zuwachs sowie einer stets negativen und im Vergleich mit anderen Provinzen ungewöhnlich ungünstigen Außenwanderungsbilanz" (Bähr/Mertins 1999: 20). Die natürliche Wachstumsrate von Havanna liegt mit 3,9‰ für 1998 (Abb. 6; 1996/97: 2,8‰!) deutlich unter dem nationalen Durchschnitt von 6,6‰ in 1998. Das kann auf den im nationalen Durchschnitt höheren Anteil älterer Bevölkerung zurückgeführt werden (Abb. 3, 5) sowie auf die in den meisten Stadtbezirken äußerst unzureichenden baulich-infrastrukturellen Wohnbedingungen, wozu noch die hohen Wohndichten kommen.

Mit 61,4% hat Havanna einen sehr hohen Anteil an den knapp über 1 Mio. kubanischen Auswanderern 1960-1998. Sicherlich befindet sich darunter eine nicht zu unterschätzende Zahl von Zuwanderern, die die Hauptstadt als Sprungbrett für die folgende Emigration nutzte. Sieht man aber den Anteil Havannas an der kubanischen Emigration in Relation zum Bevölkerungsanteil von derzeit knapp unter 20%, so kann daraus gefolgert werden, dass die Bevölkerungsentwicklung von Havanna seit 1960 in erheblichem Umfang durch die Auswanderungen beeinflusst wurde.

In der Bevölkerungsentwicklung der kubanischen Provinzen (Tab. 1, Abb. 2) spiegeln sich neben den differierenden natürlichen Wachstumsraten (Abb. 6) vor allem die Binnenwanderungssalden wider (Abb. 7). Generell lassen sich bezüglich der inter- wie intraprovinziellen Wanderungsbewegungen 1959-1998 in Kuba bestimmte Phasen unterscheiden. Dabei ist zu beachten, dass die Verringerung des bevölkerungsmäßigen Land-Stadt-

Gegensatzes, insbesondere die relative Verminderung der Dominanz Havannas, ein zentrales Entwicklungsziel der kubanischen Revolution darstellt (Mertins 1993: 244).

- Die erste Phase ist gekennzeichnet durch eine starke Land-Stadt-Wanderung, vor allem jedoch auf die Hauptstadt gerichtete Migration, diese hauptsächlich verursacht durch die Übersiedlung von Revolutionstruppen sowie von Revolutionsanhängern und ihren Familienangehörigen. Als Konsequenz schnellte Anfang der 60er Jahre die Wachstumsrate Havannas auf 2,9% pro Jahr (Montiel Rodríguez 1996: 261).
- Danach stellt sich das bereits bekannte Wanderungsmuster wieder ein: Die Occidente-Provinzen Ciudad de La Habana, La Habana und Matanzas weisen stets positive, zum Teil sehr hohe Binnenwanderungsraten auf (vgl. auch Kap. 3.3); Pinar del Río und die wirtschaftlich schwach strukturierten Oriente-Provinzen sind durch zum Teil starke Abwanderungen gekennzeichnet; eine Ausnahme stellt Camagüey dar. Von den zentralen Provinzen schaffen zunächst nur, d.h. bis 1987, Cienfuegos und Ciego de Avila den Übergang zu positiven Binnenwanderungsbilanzen (Montiel Rodríguez 1996: 261/262; Bähr/Mertins 1999, Abb. 3).
- Nach dem Zerfall der Sowjetunion und der Auflösung des COMECON, mit dem Kuba zuletzt 85% seines Außenhandels abgewickelt hatte, begann für das Land die bis dahin schwerste Wirtschaftskrise, die zu verstärkter Migration und zu einer Akzentuierung vorheriger Migrationsmuster führte (Bähr/Mertins 1999: Abb. 19, pp. 24-32): Alle Oriente-Provinzen und Pinar del Río weisen zum Teil hohe negative Binnenwanderungsraten bzw. -bilanzen auf (Abb. 7); in abgeschwächter Form gilt das auch für Villa Clara. Demgegenüber entwickelten sich Matanzas, Cienfuegos, Ciego de Avila und Sancti Spíritus immer mehr als interprovinzielle Wanderungsziele, vor allem bestimmte Gemeinden in diesen Provinzen. Eine herausragende Stellung im Binnenwanderungsmuster nehmen nach wie vor Ciudad de La Habana und – in den letzten Jahren erheblich steigend – La Habana ein (vgl. Kap. 3.3).

Bezüglich der Steuerungsfaktoren der negativen Binnenwanderungsbilanz in den Oriente-Provinzen kann auf die in Kap. 3.1 genannten Kriterien verwiesen werden. In abgeschwächter Form trifft das auch für Villa Clara und Pinar del Río zu. Sieht man hier von den in Kap. 3.3 gesondert behandelten Provinzen Ciudad de La Habana und La Habana ab, so zeichnen sich vor allem die attraktiven Provinzhauptstädte, die Zielorte des internationalen Tourismus sowie die daran unmittelbar angrenzenden Gemeinden und diejenigen mit Einrichtungen der Exportwirtschaft durch positive Wanderungsbilanzen aus (Bähr/Mertins 1999: 28f.; vgl. dazu auch Abb. 7). Das gilt speziell für das Touristenzentrum Varadero und dessen Nachbargemeinde Cárdenas (Provinz Matanzas) als Wohnort vieler Beschäftigter in Varadero (mit der Aussicht auf Dollar-Einnahmen!) und für Morón mit dem Touristenzentrum Cayo Coco (Provinz Ciego de Avila), aber auch für die Gemeinde Moa (Nickel- und Kobalt-Erzbergbau mit -aufbereitung, Provinz Holguín) oder für die Hafenstadt Nuevitas (Provinz Camagüey), wo darüber hinaus ein Kraftwerk und eine Zementfabrik, ferner Betriebe zur Herstellung von Düngemitteln, Draht etc. entstanden, was insgesamt einen "Arbeitskräftemangel in der gesamten Region" verursachte (Hönsch/Hönsch 1993: 89). Die Provinzhauptstädte sind nicht nur wegen ihrer größeren Einwohnerzahl und der damit verbundenen aussichtsreicheren Chancen, Nutzen aus den wirtschaftlichen Reformen zu ziehen (Bähr u.a. 1997: 626f.), bevorzugte Wanderungsziele, sondern auch deshalb, weil es sich um bevorzugte Industriestandorte handelt, zum Beispiel Matanzas (Kunstfaser- und Düngemittelindustrie, Supertankerhafen) oder Cienfuegos als größter Rohzuckerexporthafen Kubas, ferner mit Zement-, Düngemittel-, Textilindustrien etc. (Hönsch/Hönsch 1993: 86f.), ein Musterbeispiel für die planmäßige Förderung eines regionalen Wachstumspols.

Neben der Interpretation der bekannten intra- wie interprovinziellen Wanderungsströme tragen in Kuba die einzelnen Siedlungskategorien erheblich zur Erklärung des Wanderungsverhaltens bei (Tab. 4). Das soll hier nur für die Phase nach 1990 genutzt werden. Ausgangspunkt ist die in der zweiten Hälfte der 60er Jahre eingeleitete "Urbanisierung des ländlichen Raumes" (Bähr/Mertins 1989: 10; Mertins 1993: 249-252). Damit sollte – abgesehen von den agrarstrukturellen Vorteilen, d.h. solchen der Betriebsvergrößerung der Staatsbetriebe *(Granjas Estatales)* und der Landwirtschaftlichen Produktionsgenossenschaften *(Cooperativas de Producción Agropecuaria)* – zweierlei erreicht werden: Umlenkung der Land-Stadt-Wanderung von den kleinen Dörfern, Weilern und Streusiedlungen *(en disperso)* in

- mittlere und größere Dörfer mit einer entsprechenden technischen und sozialen Infrastruktur bzw. in dort oder auf der grünen Wiese geschaffene "neue Siedlungen" *(nuevas comunidades)*, aber auch in

– Gemeinde- und Provinzhauptorte sowie Kleinstädte, die vor allem seit 1976 als Wachstumspole *(polos de crecimiento)* und agropolitane Zentren gefördert wurden.

Generell verlief die Bevölkerungsentwicklung 1981-1995 wie in der vorhergegangenen Epoche (CEDEM 1996: 11), wenn auch in abgeschwächter Form. Die Kategorie mit dem stärksten, aber doch deutlich nachlassendem Wachstum war die der "städtischen" Siedlungen im ländlichen Raum. Der Abwanderungsstrom aus den Weilern und Streusiedlungen hat sich zwar deutlich verringert, aber die Bevölkerung nahm hier weiterhin absolut ab. Betrachtet man jedoch die Angaben für den Zeitraum 1990-1995 (CEDEM 1997: 59f.), so sind die gerade getroffenen Aussagen doch erheblich zu modifizieren: Sowohl die Provinz- als auch (noch stärker) die Gemeindehauptstädte weisen, jeweils insgesamt, 1990-1995 negative Wanderungssalden auf (vgl. Tab. 3), d.h. ihre Zunahme beruhte einzig auf dem natürlichen Bevölkerungswachstum. Ausnahmen bilden zum Beispiel die vorher genannten Provinzhauptstädte bzw. Gemeinden.

Die folgenden Angaben basieren auf einer Mitte 1995 durchgeführten repräsentativen Befragung der Bewohner von 20.747 Wohnungen (CEDEM 1997). Dabei stand das Wanderungsverhalten von Personen, die zum Zeitpunkt der Befragung zwischen 15 und 64 Jahre alt waren, im Mittelpunkt. Die für die Wanderungen 1981-1995 zwischen den Siedlungskategorien relevanten Ergebnisse entstammen den Fragen nach dem Geburtsort, dem jetzigen und dem vorangegangenen Wohnort (CEDEM 1997: 43-47). In diesem Zusammenhang wichtige Ergebnisse sind vor allem:

– Es überwiegt mit 75,0% die Direktwanderung.
– Die Zuwanderer Havannas stammen zu 75,3% aus den Provinz- und Gemeindehauptstädten, d.h. es dominieren deutlich Migranten aus dem städtischen Milieu, die in der Landeshauptstadt weniger Eingewöhnungsschwierigkeiten haben.
– Die Immigranten in die Provinzhauptstädte kommen zu 25,5% aus den Gemeindehauptorten, aber dann folgen mit 23,9% solche aus den Weilern und Streusiedlungen, d.h. die Berührungsängste der Migranten mit der ihnen bekannten ("ihrer") Provinzhauptstadt scheinen weniger gravierend zu sein.
– Personen aus den Weilern und Streusiedlungen machen bei den beiden nächsthöheren Kategorien, d.h. den ländlichen Siedlungen über 200 Einwohnern und den "städtischen" Siedlungen, mit 46,4% bzw. 46,5% den

größten Teil der Zuwanderer aus. Hier überwiegt also deutlich die Wanderung über kurze, meist innergemeindliche Distanzen, verbunden – allerdings unter verbesserten infrastrukturellen Konditionen – mit dem Verbleiben im ländlichen Milieu.

Daraus ergibt sich, dass ein großer Teil der Migrationsströme von einer niedrigen zu der nächsthöheren Siedlungskategorie erfolgt. Ferner ist gerade für die Periode 1990-1995 von Bedeutung:

– Der Rückwandereranteil ist in den beiden untersten Siedlungskategorien (Tab. 4) am höchsten, d.h. in der Zeit der größten Versorgungsengpässe kehren – wahrscheinlich aus Gründen der Ernährungssicherung – viele Personen und Haushalte aus dem städtischen Bereich in ihre Heimatorte im ländlichen Raum zurück; zwischen 1993 und 1995 wird die Zahl von etwas über 30.000 Familien angegeben (*Bohemia* v. 10.9.1999).

– 1989-1995, besonders seit 1993 (Höhepunkt der gravierenden Versorgungsengpässe), haben die meisten Gemeindehauptorte und auch einige Provinzhauptstädte negative Wanderungssalden. Von den Abwanderern gingen sehr viele in ländliche Siedlungen und wurden dort Mitglieder der landwirtschaftlichen Genossenschaften, um damit ihre Subsistenz zu sichern (CEDEM 1997: 37, 48, 174).

– Die Migranten weisen ein deutlich höheres schulisches Ausbildungsniveau auf als die der Jahre 1984-1989, vor allem die aus den Provinz- und Gemeindehauptstädten stammenden.

– Die Altersstruktur der Migranten zwischen 1984-1989 und 1990-1995 ändert sich kaum: 60,2% bzw. 62,4% gehören der Altersgruppe 15-29 Jahre an, d.h. es wandern bevorzugt jüngere Personen. Dabei hat sich der Anteil der Einzelwanderer allerdings deutlich erhöht: 70% in 1990-1995 gegenüber 30% in 1984-1989. Das weist auf die zunehmenden Schwierigkeiten der Arbeits- und Wohnungsfindung vor allem in den Städten hin, die jüngere, besser qualifizierte und flexiblere Personen einzeln eher bewältigen können.

– Die Arbeitsplatzsuche hat als Grund für die Abwanderung gerade in die Städte und besonders nach Havanna 1990-1995 gegenüber 1985-1989 sehr deutlich zugenommen, wenngleich – wahrscheinlich aus Angst vor möglichen Konsequenzen – die Antworten "familiäre Gründe" und "Verbesserung des Lebensstandards" noch überwiegen (CEDEM 1997: 135-139).

Insgesamt kann daraus gefolgert werden, dass die Migrantenstruktur, das Wanderungsmuster und die Wanderungsmotive sich unter dem Einfluss der wirtschaftlichen Krise seit 1990 gegenüber den vorhergehenden Jahren zum Teil stark gewandelt haben.

3.3 Zur Rolle der Provinzen Ciudad de La Habana und La Habana im innerkubanischen Wanderungsprozess

Vorangestellt sei die Bemerkung, dass mit der im Oktober 1976 in Kraft getretenen politisch-administrativen Gebietsreform die Provinz La Habana aufgeteilt wurde in die Provinzen Ciudad de La Habana und La Habana. Die Provinz Ciudad de La Habana umfasst mit ihren 15 *municipios* (Gemeinden, die zum Teil Stadtbezirken entsprechen) die Metropolitanregion Havanna und überwiegend auch deren suburbanen Raum, während die Provinz La Habana fast ausschließlich agrarisch strukturiert ist.

Die Landeshauptstadt ist "bis heute wichtigstes innerkubanisches Wanderungsziel" geblieben (Bähr/Mertins 1999: 29); ihre Anziehungskraft scheint ungebrochen. Die Entwicklung der Binnenwanderungsbilanzen von 1971 bis 1998 belegt das eindeutig (Abb. 7; auch: Bähr/Mertins 1999: 19, 28) ebenso die der Wanderungsbilanzen kubanischer Provinzen mit Ciudad de La Habana 1980-1993 (Bähr 1997: 94f.; Bähr/Mertins 1999: 21), die durchweg negativ sind, wobei die drei Oriente-Provinzen Granma, Santiago de Cuba und Guantánamo die höchsten Werte aufweisen. Sie stellen dann auch mit 47,5% den mit Abstand größten Teil der Immigranten (CEDEM 1996: 26). Entgegen aller Versuche zur Umlenkung der Wanderungsströme auf jeweils intraprovinzielle Ziele und/oder auf Wachstumspole bzw. Entwicklungszentren sowie der infrastrukturellen Verbesserung im ländlichen Raum (Kap. 3.2) war in den 70er und 80er Jahren vor allem die Aussicht auf höhere Verdienstmöglichkeiten (Tab. 5) der entscheidende *pull*-Faktor für die Migration nach Havanna. Daran hat sich mit dem Einsetzen der Wirtschaftskrise (1990) und auch nach dem Beginn der ökonomischen Reformmaßnahmen (1993) prinzipiell nichts geändert. Allerdings treten andere Gründe verstärkend hinzu: In keiner anderen kubanischen Stadt bestehen – trotz aller Kontrollen – so viele legale wie illegale Möglichkeiten, mehr Geld, oft sogar in US-Dollar, zu verdienen als in Havanna, zum Beispiel als Taxifahrer, durch Zimmervermietung, in kleinen Restaurants *(paladares)* sowie mit Imbiss- und Getränkeständen, durch Prostitution, im Tourismusbereich oder über Schwarzmarktverkäufe (Benzin, Baumaterialien, Zigarren, Milch, Fisch etc.) bzw. mit der Ausübung kleinerer handwerklicher Tätigkeiten. Es ist davon auszugehen, dass – US-Dollar-Überweisungen aus dem Ausland eingeschlossen – ca. die Hälfte aller kubanischen Haushalte über Devisen verfügt (Burchardt 1999: 94), wobei der Anteil in Havanna um 10-20% höher liegen dürfte. Die hohe Bevölkerungskonzentration in der Hauptstadt und der erhebliche Touristenstrom weckt so für die Migranten die Hoffnung, in irgendeiner Form an der *dolarización* zu partizipieren.

Zunächst überraschen die starken Wanderungsströme in die zentralen Stadtbezirke Habana Vieja, Centro Habana, Diez de Octubre und Plaza de la Revolución (Tab. 6), sind diese doch durch einen sehr hohen Anteil an desolater Bausubstanz, sehr hohe Wohndichten und entsprechend schlechte Wohnbedingungen charakterisiert (Nickel 1989; Widderich 1997). Aber die Nähe zu den meisten touristischen Einrichtungen sowie zum Geschäftszentrum und die damit steigenden Beschäftigungs- wie Verdienstmöglichkeiten kompensieren anscheinend (zunächst?) die prekäre Wohnsituation. Betrachtet man aber den Binnenwanderungssaldo 1991-1998, so stehen den ca. 292.000 Zuwanderern ca. 202.000 Abwanderer gegenüber, so dass der Binnenwanderungsgewinn nur ca. 90.000 Personen beträgt. Leider gibt es keine Untersuchung über die Abwanderungsgründe, aber die schlechten Wohnbedingungen und enttäuschte Erwartungshaltungen bezüglich der Verdienstmöglichkeiten dürften sicherlich eine entscheidende Rolle spielen. Vor dem Hintergrund der skizzierten Bedingungen sind die Wanderungssalden für die zentralen Stadtbezirke aber trotzdem als hoch zu bezeichnen.

Hohe Wanderungssalden verzeichnen ebenfalls die randlichen Munizipien Habana del Este, Boyeros und Arroyo Naranjo, auf die sich – zusammen mit Cotorro – die staatliche Neubautätigkeit in den 70 und 80er Jahren konzentrierte, allerdings nicht für Migranten, die hier als Mieter bzw. Untermieter unterkommen. Jedoch entstanden nach 1990 in den Munizipien San Miguel del Padrón, Boyeros, Cotorro, Arroyo Naranjo und Lisa auf öffentlichen Flächen wieder informelle Hüttenviertel (*barrios insalubres*: ungesunde Stadtviertel), die zum Beispiel in San Miguel del Padrón Ende der 90er Jahre ca. 5.000 Personen beherbergten. Diese Viertel werden vor dem Hintergrund der allgemeinen Wohnmisere geduldet; eine weitere Ausdehnung ist aber fast ausgeschlossen. Die meisten der Zuwanderer stammen aus den Oriente-Provinzen. Sie wanderten zu einem geringeren Teil direkt dorthin, vielmehr meistens über Zwischenstationen in den zentralen Stadtbezirken Habana Vieja und Centro Habana, die sie überwiegend wegen der zu hohen Wohndichten und der insgesamt schlechten Wohnbedingungen verließen.

Auf die trotz dieser prekären Situation anhaltend hohen Zuwanderungen reagierte die kubanische Führung mit dem Dekret 217 vom 22.4.1997, das die Zuwanderungen nach der Provinz Ciudad de La Habana von einer vorherigen Genehmigung abhängig macht, was gleichzeitig für die intraprovinzialen (= innerstädtischen Wanderungen) gilt. Damit wird auch der Umzug in die zentralen Gemeinden/Stadtbezirke Habana Vieja, Centro Habana, Cerro und Diez de Octubre reglementiert, die alle einen hohen Anteil degradierter Bausubstanz aufweisen. Voraussetzung für eine Zuzugsgenehmigung ist unter anderem der Nachweis, dass das Gebäude bestimmte bauliche und infrastrukturelle Mindestanforderungen erfüllt und für jedes Haushaltsmitglied eine überdachte Wohnfläche von wenigstens 10 m² zur Verfügung steht. Das wirkte sich schon 1997 in einer abrupten Abnahme der Zuwanderer aus, deren Zahl in 1998 weiter zurückging (Tab. 6). Auch wurde 1997 die Binnenwanderungsbilanz mit minus 4.178 Personen erstmals negativ, ein für eine Dritte-Welt-Metropole einmaliger Vorgang! Die noch 1996 für alle Munizipien positive interprovinziale Wanderungsrate weist ebenfalls ab 1997 überwiegend negative Vorzeichen auf (Abb. 8). Presseberichten zufolge (*Granma* v. 14.2.1998), sollen nach Ankündigung des Dekrets etwa 60.000 Menschen versucht haben, ihren Aufenthalt in Havanna zu legalisieren, d.h. dass es trotz aller Kontrollmechanismen hohe illegale Zuwanderungen in die Hauptstadt gegeben hat. Die offiziellen Daten (Tab. 6) dürften so die Zuwanderungen gerade seit Beginn der Wirtschaftskrise nicht wiedergeben, und die demographischen Konsequenzen derselben sind in Wirklichkeit viel ausgeprägter (Bähr/Mertins 1999: 32).

Auch die intermunizipalen Wanderungen in Havanna haben nach Verkündigung des genannten Dekrets erheblich abgenommen. Betrug das Wanderungsvolumen 1993 noch 86.599 Personen, so sank es in 1997 auf 61.151, in 1998 sogar auf 39.444. Bei den Umzügen waren wiederum die schon genannten zentralen Stadtbezirke die begehrtesten Ziele (Tab. 7). Im Vergleich zu den interprovinzialen Zuwanderungen (Tab. 6) ist die Summe der intermunizipalen Umzüge jedoch in den randlichen Munizipien erheblich, zum Teil über 100% höher. Das ist auf die dort gegebenen günstigeren Wohnbedingungen zurückzuführen (Hauserweiterung, Hausneubau auf bereits bebautem Grundstück), sicherlich aber auch auf die angesprochene Entstehung informeller Hüttenviertel. Darüber hinaus lässt sich bei den Umzügen ein ausgesprochener Nachbarschaftseffekt beobachten, d.h. die Wanderungen zwischen benachbarten Stadtbezirken machen einen hohen Anteil aus. Das kann vor allem durch die nach einer gewissen Zeit eintretende Vertrautheit mit der Umgebungssituation erklärt werden, durch persönliche Kontakte in der erweiterten Nachbarschaft usw.

Bei den Binnenwanderungsbilanzen nahm La Habana seit den 70er Jahren unter den kubanischen Provinzen immer einen der vorderen Ränge ein (Bähr/Mertins 1999: 19); für 1996-1998 wies sie dann die mit Abstand höchste Binnenwanderungsrate auf (6,2‰; Abb. 7). Seit den Wirtschaftsreformen 1993-1994 gelten als *pull*-Faktoren für die Migrationen in die fast ausschließlich agrarisch strukturierten Gemeinden der Provinz La Habana, deren Agrarproduktion bei den vorhandenen guten Böden schon immer auf die Versorgung der Hauptstadt ausgerichtet war:

– Die Aussicht auf höhere Einkommen durch den Verkauf von über dem Ablieferungssoll produzierten Mengen auf den landwirtschaftlichen Märkten *(mercados agropecuarios)* der nahen Hauptstadt. Die dort gezahlten relativ hohen Preise versprechen bei niedrigen Transportkosten entsprechende Gewinne, die – nach Abzug von Kapitaldienstleistungen, Rückstellungen etc. – am Ende des Geschäftsjahres anteilmäßig unter die Mitglieder der Produktionsgenossenschaften verteilt werden.
– Der im Agrarsektor der Provinz La Habana gezahlte höhere Tageslohn, zum Beispiel gegenüber den Oriente-Provinzen (Kap. 4), wozu dann meistens noch leistungsbezogene Prämien kommen, die oft in US-Dollars oder in entsprechenden Bonussen ausgezahlt werden.

Darüber hinaus dienen vor allem die hauptstadtnahen Gemeinden der Provinz La Habana als Etappenstandorte auf der Wanderung nach Havanna, von wo aus die Migranten günstige Arbeits- und Unterkunftsmöglichkeiten erkunden. Seit den Zuzugsbeschränkungen für Ciudad de La Habana hat diese Strategie sicherlich zugenommen, worauf die kräftig gestiegene Binnenwanderungsrate hinweist (Abb. 7). Ferner ist seit 1997 die Wanderungsbilanz zwischen beiden Provinzen positiv für La Habana. Nach Ansicht von Experten weichen viele Zuwanderer nach Havanna mit unsicherer Beschäftigung und prekärem Unterkunftsverhältnis vor allem in die angrenzenden Gemeinden der Provinz La Habana aus, um von hier ihre Rückkehr in die Hauptstadt systematisch vorzubereiten.

4. Zur Regionalentwicklung nach 1988

Für Ende der 80er Jahre konnte eine Verringerung räumlich/regionaler wie auch sektoral-berufsgruppenbezogener Disparitäten konstatiert werden (Mertins 1993: 246; Kap. 2). Infolge der Wirtschaftskrise haben beide Disparitätenformen wieder deutlich zugenommen.

Das zeigt sich im regionalen Kontext sehr prägnant. Nimmt man die Abwanderung als einen wichtigen Indikator für eine im Landesvergleich unterdurchschnittliche wirtschaftliche Entwicklung, so bestätigen die Bevölkerungswachstumsraten (Tab. 1, Abb. 2) und die Binnenwanderungsbilanzen (Abb. 7) nach 1990, dass vor allem die Oriente-Provinzen deutlich zu den Verlierern gehören. Als Gründe können – bei einem höheren Anteil ländlicher Bevölkerung und unterdurchschnittlicher infrastruktureller Ausstattung – vor allem die beträchtlich unter dem Landesniveau liegenden durchschnittlichen Löhne angeführt werden (Tab. 5). Das trifft besonders für den Agrarsektor zu, wo statt des Mindestlohns *(norma)* von 10 Pesos pro Tag meistens nur 6-8 Pesos pro Tag gezählt werden und auch die Akkord- bzw. Produktivitätsanreize weitaus geringer ausfallen als in der Provinz La Habana, wo Tageslöhne (ohne Akkordzuschläge) von 20 bis 25 Pesos häufig anzutreffen sind.

Diese regionalen Disparitäten wurden verschärft

– durch die zunehmende "potentielle Arbeitslosigkeit", d.h. die Unterbeschäftigung, die derzeit im Inseldurchschnitt sicherlich bei 30% liegt (Burchardt 1999: 96), im Oriente aber deutlich höher sein dürfte und
– durch eine vor allem im Oriente stärker drohende Marginalisierung, die nach Burchardt (1999: 98) sich gerade "an den sozialen Demarkationslinien des vorrevolutionären Kubas" abzeichnet. Das betrifft insbesondere den Bevölkerungsanteil von Schwarzen und Mulatten (1981: 12,0% bzw. 21,9%), der im Oriente am höchsten ist: Granma 58,1%, Santiago de Cuba 67,5%, Guantánamo 73,3% (*Comité Estatal de Estadísticas* 1984: CXI). Trotz der *de jure*-Gleichstellung aller Rassen in Kuba sind "rassistische Stereotypen und Vorurteile immer noch in der kubanischen Gesellschaft präsent" (Burchardt 1999: 98). Hinzu kommt: Diese Bevölkerungsgruppe ist aufgrund ihrer geringen Auslandskontakte (ihr Emigrationsanteil liegt unter 7%) weitgehend von den Devisenüberweisungen abgekoppelt (Urrutia 1997: 55). Das trifft natürlich besonders für die Oriente-Provinzen zu. Sowohl die regionalen ökonomisch-infrastrukturellen Disparitäten, aber auch die "ethnische Schieflage der materiellen Verhältnisse" (Hoffmann 1996: 151) lassen die Trennungslinie zwischen den beiden Kubas, dem räumlich wie sektorial entwickelteren und dem unterentwickelteren Teil, wieder akzentuierter hervortreten.

Jüngere Bevölkerungs- und Regionalentwicklung 43

Anhang: Abbildungen und Tabellen

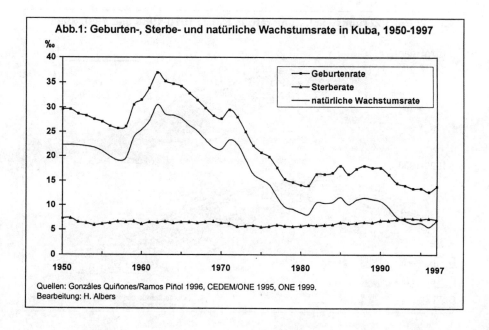

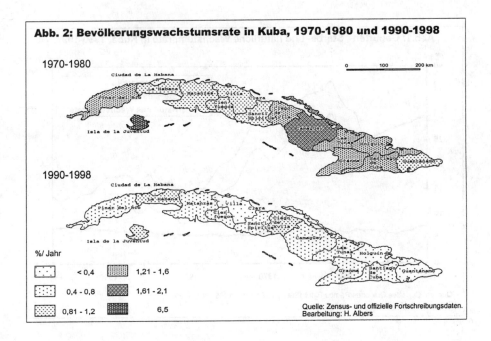

Abb. 2: Bevölkerungswachstumsrate in Kuba, 1970-1980 und 1990-1998

Jüngere Bevölkerungs- und Regionalentwicklung 45

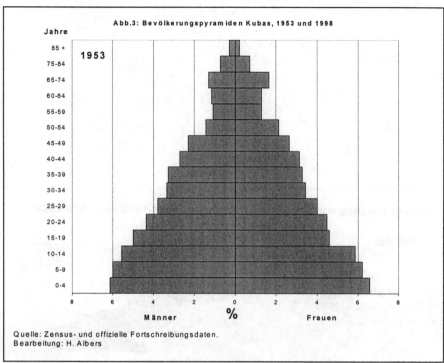

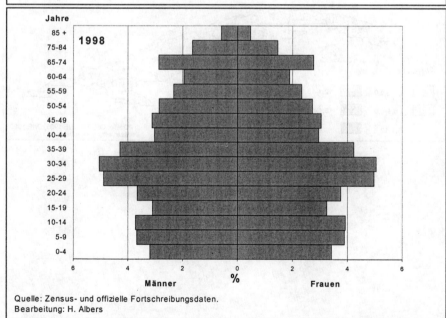

Abb.3: Bevölkerungspyramiden Kubas, 1953 und 1998

Quelle: Zensus- und offizielle Fortschreibungsdaten.
Bearbeitung: H. Albers

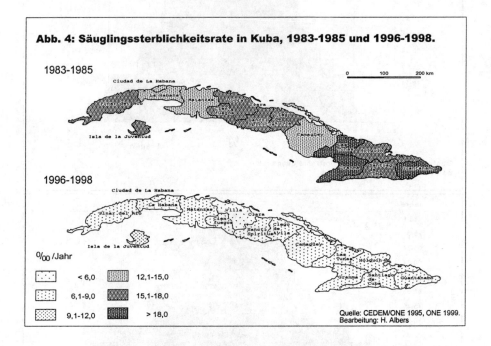

Abb. 4: Säuglingssterblichkeitsrate in Kuba, 1983-1985 und 1996-1998.

Jüngere Bevölkerungs- und Regionalentwicklung

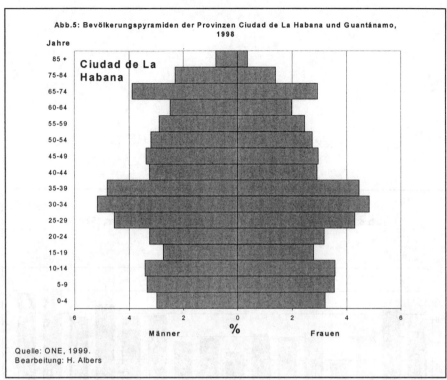

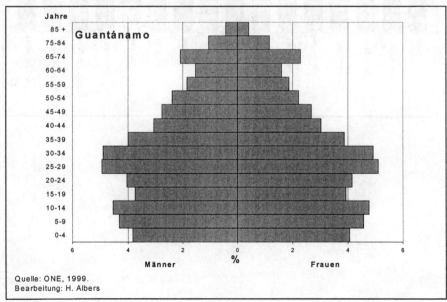

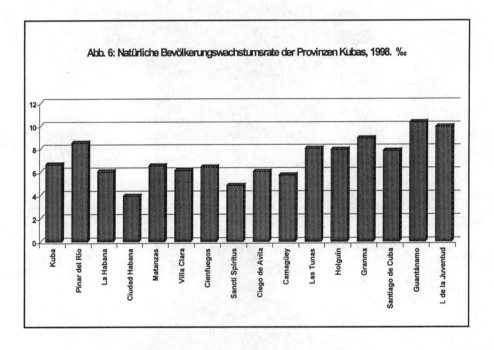
Abb. 6: Natürliche Bevölkerungswachstumsrate der Provinzen Kubas, 1998. ‰

Jüngere Bevölkerungs- und Regionalentwicklung

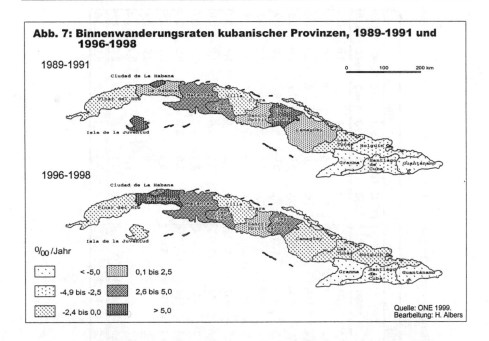

Abb. 7: Binnenwanderungsraten kubanischer Provinzen, 1989-1991 und 1996-1998

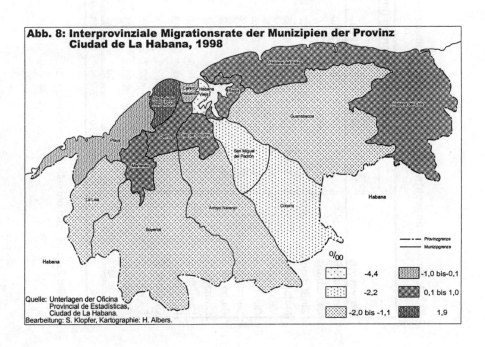

Abb. 8: Interprovinziale Migrationsrate der Munizipien der Provinz Ciudad de La Habana, 1998

Tab.1: Bevölkerungsentwicklung und durchschnittliche jährliche Bevölkerungswachstumsraten in Kuba 1931-1998

Provinzen	Bevölkerung (in 1000)						Wachstumsrate (%)				
	1931	1943	1953	1970	1980	1990	1998	1931/ 1943	1943/ 1953	1953/ 1970	1970/ 1980	1980/ 1990	1990/ 1998
Pinar del Río	282,6	326,0	367,9	547,3	638,4	694,3	729,1	1,2	1,2	2,4	1,6	0,8	0,6
La Habana	320,3	365,9	398,5	524,0	583,4	647,3	692,8	1,1	0,9	1,6	1,1	1,0	0,9
Ciudad de La Habana	728,5	868,5	1.139,6	1.786,5	1.928,4	2.119,1	2.195,3	1,5	2,8	2,7	0,8	0,9	0,4
Matanzas	332,8	356,0	391,0	494,5	557,9	612,3	652,3	0,6	0,9	1,4	1,2	0,9	0,8
Villa Clara	429,8	498,5	546,9	700,0	764,6	810,2	831,8	1,2	0,9	1,5	0,9	0,6	0,3
Cienfuegos	190,1	205,1	220,5	296,8	324,4	366,5	390,9	0,6	0,7	1,8	0,9	1,2	0,8
Sancti Spíritus	206,6	248,1	278,7	366,6	399,6	430,7	457,5	1,5	1,2	1,6	0,9	0,8	0,8
Ciego de Ávila	141,2	161,7	201,4	272,7	318,7	367,5	402,3	1,1	2,2	1,8	1,6	1,4	1,1
Camagüey	225,0	273,7	348,8	541,2	661,7	744,7	780,5	1,6	2,5	2,6	2,0	1,2	0,6
Las Tunas	134,9	183,1	249,4	381,8	433,7	495,1	523,4	2,6	3,1	2,5	1,3	1,3	0,7
Holguín	286,1	376,4	488,1	777,3	910,4	997,7	1.021,9	2,3	2,6	2,8	1,6	0,9	0,3
Granma	214,1	277,7	382,6	641,8	739,4	793,9	825,5	2,2	3,3	3,1	1,4	0,7	0,5
Santiago de Cuba	320,9	373,1	497,7	792,5	911,2	995,4	1.025,0	1,3	2,9	2,8	1,4	0,9	0,4
Guantánamo	140,2	177,5	223,5	416,1	465,7	499,2	510,0	2,0	2,3	3,7	1,1	0,7	0,3
Isla de la Juventud	9,4	9,8	10,1	30,0	56,5	73,3	78,5	0,3	0,3	6,6	6,5	2,6	0,9
Kuba	3.962,5	4.701,1	5.744,7	8.569,1	9.693,9	10.647,2	11.116,8	1,4	2,0	2,4	1,2	0,9	0,5

Quelle: Zensus- und offizielle Fortschreibungsdaten.

Tab.2: Bevölkerungsdichte und relatives Bevölkerungswachstum in Kuba 1931-1998

Provinzen	Bevölkerungsdichte (Ew/km²)							Bevölkerungswachstum (%)					
	1931	1943	1953	1970	1980	1990	1998	1931/ 1943	1943/ 1953	1953/ 1970	1970/ 1980	1980/ 1990	1990/ 1998
Pinar del Río	26,0	30,0	33,9	50,4	58,8	63,9	67,1	15,4	12,9	48,8	16,6	8,8	5,0
La Habana	56,3	64,3	70,0	92,1	102,5	113,7	121,7	14,2	8,9	31,5	11,3	11,0	7,0
Ciudad de La Habana	1.002,1	1.194,6	1.567,5	2.457,4	2.652,5	2.914,9	3.019,7	19,2	31,2	56,8	7,9	9,9	3,6
Matanzas	28,3	30,3	33,3	42,1	47,5	52,2	55,6	7,0	9,8	26,5	12,8	9,7	6,5
Villa Clara	54,1	62,8	68,9	88,1	96,3	102,0	104,7	16,0	9,7	28,0	9,2	6,0	2,7
Cienfuegos	45,5	49,1	52,8	71,1	77,7	87,7	93,6	7,9	7,5	34,6	9,3	13,0	6,7
Sancti Spíritus	30,7	36,9	41,4	54,5	59,4	64,0	68,0	20,1	12,3	31,5	9,0	7,8	6,2
Ciego de Ávila	22,3	25,6	31,9	43,1	50,4	58,1	63,6	14,5	24,6	35,4	16,8	15,3	9,5
Camagüey	15,9	19,3	24,6	38,2	46,7	52,6	55,1	21,6	27,4	55,2	22,3	12,6	4,8
Las Tunas	20,5	27,8	37,9	58,0	65,9	75,2	79,5	35,7	36,2	53,1	13,6	14,2	5,7
Holguín	30,8	40,5	52,5	83,6	98,0	107,4	110,0	31,6	29,7	59,2	17,1	9,6	2,4
Granma	25,6	33,2	45,8	76,7	88,4	94,9	98,7	29,7	37,8	67,7	15,2	7,4	4,0
Santiago de Cuba	52,0	60,5	80,7	128,4	147,7	161,3	166,1	16,3	33,4	59,2	15,0	9,2	3,0
Guantánamo	22,7	28,7	36,1	67,3	75,3	80,7	82,5	26,6	25,9	86,2	11,9	7,2	2,2
Isla de la Juventud	4,3	4,5	4,6	13,6	25,7	33,3	35,7	4,3	3,1	197,1	88,4	29,7	7,0
Kuba	37,0	43,9	53,6	80,0	90,5	99,4	103,8	18,6	22,2	49,2	13,1	9,8	4,4

Quelle: Zensus- und offizielle Fortschreibungsdaten.

Tab.3: Bevölkerungswachstum und durchschnittliche jährliche Bevölkerungswachstumsraten der Provinzhauptstädte Kubas, 1943-1998

Provinzhauptstädte	1943	1953	1970	1980	1990	1998	Wachstumsraten (%)				
							1943/ 1953	1953/ 1970	1970/ 1980	1980/ 1990	1990/ 1998
Pinar del Río	26.241	38.885	75.485	96.393	124.100	148.826	4,0	4,0	2,5	2,6	2,3
Ciudad de La Habana	868.426	1.139.579	1.786.522	1.928.372	2.119.059	2.195.321	2,8	2,7	0,8	0,9	0,4
Matanzas	58.864	63.916	86.596	100.725	115.466	124.050	0,8	1,8	1,5	1,4	0,9
Santa Clara	53.981	77.398	130.241	173.254	197.189	209.800	3,7	3,1	2,9	1,3	0,8
Cienfuegos	52.910	57.991	80.758	102.481	125.000	136.245	0,9	2,0	2,4	2,0	1,1
Sancti Spíritus	28.262	37.741	57.818	71.879	87.388	103.591	2,9	2,5	2,2	2,0	2,1
Ciego de Ávila	23.802	35.178	57.869	74.079	89.018	100.290	4,0	3,0	2,5	1,9	1,5
Camagüey	80.509	110.388	197.700	244.607	286.604	304.095	3,2	3,5	2,2	1,6	0,7
La Tunas	12.754	20.431	53.734	85.065	120.897	135.758	4,8	5,9	4,7	3,6	1,5
Holguín	35.865	58.776	131.056	186.472	232.770	256.425	5,1	4,8	3,6	2,2	1,2
Bayamo	16.161	26.098	71.484	100.418	128.167	142.000	4,9	6,1	3,5	2,5	1,3
Santiago de Cuba	118.266	163.237	277.600	349.987	418.721	439.669	3,3	3,2	2,3	1,8	0,6
Guantánamo	42.423	64.671	120.005	166.828	203.371	207.000	4,3	3,7	3,3	2,0	0,2
Nueva Gerona	2.935	3.291	17.143	30.715	41.267	51.770	1,2	10,2	6,0	3,0	2,9
Kuba	4.701.583	5.744.700	8.569.121	9.693.907	10.647.293	11.116.514	2,0	2,4	1,2	0,9	0,5

Quelle: Zensus- und offizielle Fortschreibungsdaten.

Tab.4: Bevölkerungsentwicklung und Bevölkerungswachstumsrate in Kuba nach Siedlungskategorien, 1970 – 1981 – 1995

	1970 (Zensus)		1981 (Zensus)			1995 (geschätzt)		
	Bevölkerung (in 1000)	%	Bevölkerung (in 1000)	%	Rate 1970-1981	Bevölkerung (in 1000)	%	Rate 1981-1995
Havanna	1.786,5	20,8	1.929,4	19,8	0,7	2.176,6	19,8	0,9
Provinzhauptstädte	1.349,5	15,8	1.751,1	18,0	2,4	2.115,3	19,3	1,4
Gemeindehauptorte	1.486,2	17,3	1.030,2	20,7	2,8	2.418,8	22,0	1,3
Zwischensumme	4.622,2	53,9	5.695,2	58,5	1,9	6.710,7	61,1	1,2
städtische Siedlungen [1]	565,7	6,6	1.016,8	10,5	5,5	1.464,3	13,3	2,6
ländliche Siedlungen (>200 Ew.)	773,1	9,1	1.232,7	12,7	4,3	1.389,4	12,7	0,9
ländliche Siedlungen (<200 Ew.) und Streusiedlungen	2.608,2	30,4	1.778,9	18,3	-3,4	1.414,8	12,9	-1,6
Zwischensumme	3.947,0	46,1	4.028,4	41,5	0,2	4.268,5	38,9	0,4
gesamt	8.569,2	100,0	9.723,6	100,0	1,2	10.979,2	100,0	0,9

Quelle: CEDEM, 1997.
[1] Als Städte in Kuba gelten:
- alle Siedlungen über 2000 Einwohner;
- alle Siedlungen von 500 bis 2000 Einwohner, die an die öffentliche Stromversorgung angeschlossen sind und mindestens drei der folgenden Infrastrukturkriterien aufweisen: öffentliche Wasserver- und Abwasserentsorgung, Asphaltstraßen, ärztliche Versorgung und eine sechsjährige Primarschule;
- alle Siedlungen von 200 bis 500 Einwohner, in denen alle sechs vorstehend genannten Infrastrukturkriterien vorhanden sind.

Tab.5: Abweichungen der durchschnittlichen Jahreslöhne in den
Provinzen Kubas vom Landesdurchschnittslohn, 1975 - 1996

Provinzen	Abweichungen in %					
	1975	1980	1985	1989	1993[1]	1996[1]
Pinar del Río	-6,4	-5,4	-5,9	-3,2	-1,7	-1,5
La Habana	0,0	1,4	2,1	2,1	1,7	-1,0
Ciudad de La Habana	7,4	8,8	4,8	5,3	5,5	3,5
Matanzas	0,0	-0,7	-0,5	-0,5	3,3	9,4
Villa Clara	0,1	0,7	-1,6	-1,6	-2,2	-1,0
Cienfuegos	5,5	2,7	6,4	2,7	2,8	3,0
Sancti Spíritus	-2,8	-3,4	-1,1	0,0	-0,6	-3,0
Ciego de Ávila	0,1	-2,0	-0,5	1,6	1,7	5,4
Camagüey	-1,4	-2,0	-1,6	0,0	-1,7	0,5
Las Tunas	-2,5	-6,1	-2,7	-1,6	-2,8	-3,5
Holguín	-2,7	-3,4	0,5	0,5	-2,2	0,5
Granma	-8,9	-9,5	-8,0	-7,4	-6,0	-6,4
Santiago de Cuba	-4,0	-5,4	-5,3	-3,2	-5,0	-5,4
Guantánamo	-4,0	-10,1	-6,9	-9,0	-11,5	-7,9
Isla de la Juventud	0,0	-6,8	-1,6	-2,7	1,1	-3,5

Quellen: Anuario Estadístico de Cuba 1988 (1989) und 1996 (1998).
[1] Beschäftigte in staatlichen Betrieben

Tab.6: Interprovinziale Wanderungen in die Munizipien der Provinz Ciudad de La Habana und interprovinzialer Wanderungssaldo der Munizipien 1991-1998

Munizipien	1991	1992	1993	1994	1995	1996	1997	1998	Summe	W-Saldo
Playa	3.868	3.831	2.253	3.750	4.612	3.651	930	873	23.768	7.781
Plaza de la Revolución	2.948	2.904	1.873	2.978	3.997	3.147	2.384	1.102	21.333	8.913
Centro Habana	3.415	3.772	2.465	3.449	3.797	4.944	1.178	1.028	24.048	6.696
Habana Vieja	3.260	2.971	1.874	3.172	3.647	3.150	1.047	375	19.496	5.985
Regla	829	762	517	715	774	808	421	258	5.084	1.516
Habana del Este	3.853	3.300	2.486	3.640	5.250	4.523	1.775	1.370	26.197	8.993
Guanabacoa	1.722	2.042	1.181	1.894	2.469	2.137	931	405	12.781	4.199
San Miguel del Padrón	2.729	2.796	2.162	3.199	3.651	3.174	1.113	510	19.334	4.787
Diez de Octubre	3.120	3.202	2.335	3.125	3.725	3.825	1.498	959	21.789	6.024
Cerro	2.378	2.280	1.457	2.349	3.127	2.752	1.307	753	16.403	6.137
Marianao	2.530	2.403	1.623	2.497	3.143	2.480	961	706	16.343	4.802
La Lisa	3.238	2.810	2.016	2.850	2.981	3.153	1.250	757	19.055	4.706
Boyeros	4.279	3.987	2.818	4.155	5.247	4.470	1.680	1.099	27.735	8.191
Arroyo Naranjo	3.633	3.551	2.523	4.672	4.532	3.846	1.473	837	25.067	7.029
Cotorro	2.013	2.099	1.305	1.822	2.254	2.328	946	424	13.191	4.789
TOTAL	43.815	42.710	28.888	44.267	53.206	48.388	18.894	11.456	291.624	90.548

Quelle: Unterlagen der Oficina Provincial de Estadísticas, Ciudad de La Habana.
Bearbeitung: S. Klopfer

Tab.7: Intermunizipale Wanderungen in der Provinz Ciudad de La Habana 1991 - 1998

Munizipien	1	2	3	4	5	6	7	8	9	10	11	12	13	14	15	TOTAL
1 Playa	0	8.851	3.816	2.598	354	3.699	1.040	1.415	4.364	3.381	8.030	6.957	3.192	2.622	717	51.036
2 Plaza de la Revolución	8.264	0	7.505	2.786	628	5.619	1.381	1.940	7.086	6.345	3.047	2.216	2.738	2.617	742	52.914
3 Centro Habana	5.872	9.439	0	8.364	1.146	8.507	2.409	3.316	7.043	6.486	2.306	2.191	2.981	3.773	1.287	65.120
4 Habana Vieja	2.545	3.893	8.859	0	1.387	7.234	2.150	2.726	4.578	3.914	1.600	1.470	1.848	2.315	1.134	45.653
5 Regla	359	877	1.022	969	0	2.885	2.477	1.252	1.394	599	340	536	379	588	377	14.054
6 Habana del Este	3.227	4.522	5.862	4.558	2.848	0	6.087	4.370	4.775	3.196	1.935	1.749	2.244	3.080	1.693	50.146
7 Guanabacoa	900	1.343	1.533	1.354	2.629	6.257	0	3.501	2.955	1.215	582	526	814	1.139	1.372	26.120
8 San Miguel del Padrón	1.533	2.268	3.208	2.231	1.427	5.128	3.699	0	5.737	2.433	1.237	997	1.713	3.405	4.603	39.619
9 Diez de Octubre	4.427	7.338	6.364	4.095	1.134	6.723	2.304	6.169	0	8.893	2.561	2.128	4.923	9.699	1.673	68.431
10 Cerro	3.054	6.163	5.429	3.299	515	3.960	1.122	2.240	7.680	0	2.051	1.560	3.209	3.179	723	44.184
11 Marianao	7.470	3.419	2.323	1.283	272	2.441	574	1.098	2.434	2.325	0	6.644	2.962	2.211	495	35.951
12 La Lisa	5.906	2.390	1.576	740	242	1.749	454	980	1.936	1.770	6.188	0	2.938	1.500	387	28.756
13 Boyeros	3.072	3.060	2.405	1.204	283	2.284	691	1.561	4.572	2.961	2.630	2.710	0	6.747	965	35.145
14 Arroyo Naranjo	2.523	3.000	3.737	1.908	504	3.721	1.127	3.234	8.419	2.993	2.093	1.703	6.972	0	1.769	43.703
15 Cotorro	566	605	1.052	627	242	1.627	1.361	3.513	1.228	643	368	305	886	1.254	0	14.279
TOTAL	49.718	57.168	54.691	36.016	13.611	61.834	26.876	37.315	64.201	47.154	34.968	31.692	37.799	44.129	17.939	615.111

Quelle: Unterlagen der Oficina Provincial de Estadísticas, Ciudad de La Habana.
Bearbeitung: S. Klopfer.

Literaturverzeichnis

Bähr, Jürgen (1997): "Der Verstädterungs- und Metropolisierungsprozeß in Lateinamerika: Gibt es eine Trendwende? - untersucht an den Fallbeispielen São Paulo, Santiago de Chile und Havanna". In: *Passauer Schriften zur Geographie*, 15: 83-98.

Bähr, Jürgen/Mertins, Günter (1989): "Regionalpolitik und Regionalentwicklung in Kuba 1959-1989". In: *Geographische Rundschau*, 41: 4-13.

— (1999): "Die Auswirkungen von Wirtschaftskrise und Wirtschaftsreformen auf das Wanderungsverhalten in Kuba". In: *Erdkunde*, 53: 14-34.

Bähr, Jürgen/Mertins, Günter/Nuhn, Helmut/Widderich, Sönke (1997): "Der wirtschaftliche Wandel in Kuba: Reform oder Transformation?". In: *Geographische Rundschau*, 49: 624-630.

Burchardt, Hans-Jürgen (1999): *Kuba. Im Herbst des Patriarchen*. Stuttgart: Schmetterling Verlag.

Centro de Estudios Demográficos (CEDEM; Hrsg.) (1996): *Resultados de la Encuesta Nacional de Migraciones Internas según Niveles del Sistema de Asentamientos: El caso de Ciudad de La Habana*. Havanna: Centro de Estudios Demográficos.

Centro de Estudios Demográficos (CEDEM; Hrsg.) (1997): *Las Migraciones Internas en Cuba, una Exploración por Niveles del Sistema de Asentamientos Poblacionales*. Havanna: Centro de Estudios Demográficos.

Centro de Estudios Demográficos (CEDEM)/Oficina Nacional de Estadísticas (ONE; Hrsg.) (1995): *Cuba. Transición de la Fecundidad. Cambio Social y Conducta Reproductiva*. Havanna.

Comité Estatal de Estadísticas (Hrsg.) (1984): *Censo de Población y Viviendas, 1981; vol. 16: República de Cuba*. Havanna: Oficina Nacional del Censo.

García Quiñones, Rolando (1996): *La Transición de la Mortalidad en Cuba. Un Estudio Sociodemográfico*. Havanna: Centro de Estudios Demográficos.

Gonzáles Quiñones, Fernando R./Ramos Piñol, Oscar R. (1996): *Cuba: Balance e Indicadores Demográficos Estimados del Período 1900-1959*. Havanna: Centro de Estudios Demográficos.

Hönsch, Fritz/Hönsch, Ingrid (1993): *Kuba. Geographische Länderkunde*. Leipzig: Selbstverlag.

Hoffmann, Bert (1996): "Kubanische Comebacks". In: *Lateinamerika - Offene Rechnungen*. Bad Honnef, pp. 139-158.

Luzón, José Luis (1987): *Economía, Población y Territorio en Cuba (1899-1983)*. Madrid: Instituto de Cooperación Iberoamericana.

Marrero, Levi (²1995): *Geografía de Cuba*. Havanna.

Mertins, Günter (1993): "Das Konzept der regionalen Dezentralisierung in Kuba nach 1959: sozioökonomische und siedlungsstrukturelle Auswirkungen". In: Sevilla, Rafael/Rode, Clemens (Hrsg.): *Kuba. Die isolierte Revolution?* Unkel a. Rhein/Bad Honnef: Horlemann, pp. 241-261.

Montiel Rodríguez, Sonia (1996): "La Población de Cuba. Su Evolución y Características Actuales". In: *Estudios Geográficos*, 223: 245-267.

Nickel, Annegret (1989): "Die Altstadt von La Habana. Wohnsituation und Konzepte der Altstadterneuerung". In: *Geographische Rundschau*, 41: 14-21.

Oficina Nacional de Estadísticas (ONE; Hrsg.) (1999): *Anuario Demográfico de Cuba 1998*. Havanna: Oficina Nacional de Estadísticas.

Urrutia, Lourdes (1997): "Aproximación a un Análisis del Proceso Migratorio Cubano". In: *Papers 52* (Universidad Autónoma de Barcelona), pp. 49-56.

Widderich, Sönke (1997): *Möglichkeiten und Grenzen der Sanierung des Historischen Zentrums von Havanna, Cuba*. Kiel (Kieler Arbeitspapiere zur Landeskunde und Raumordnung 36).

Zeuske, Michael/Zeuske, Max (1998): *Kuba 1492-1902. Kolonialgeschichte, Unabhängigkeitskriege und erste Okkupation durch die USA*. Leipzig: Leipziger Universitätsverlag.

Axel Borsdorf

Stadtgeographie Kubas

Kubas Städte können in mehrerlei Hinsicht Einmaligkeit für sich beanspruchen: Die von den Konquistadoren angelegten Städte gehören zu den ältesten ganz Lateinamerikas, ihre Zentren sind von großen Naturkatastrophen verschont geblieben und sie sind in den letzten 40 Jahren kaum durch Modernisierungen überprägt worden. Ihre Wachstumsrate liegt weit unter denen anderer städtischer Siedlungen in Lateinamerika. In vielen kubanischen Städten ist es also, als ob die Zeit stehen geblieben wäre. Dies gilt vor allem für die Stadtzentren von Havanna und Trinidad, in geringerem Maße auch für Santiago de Cuba und Baracoa. Dennoch, und dies ist eine weitere Besonderheit kubanischer Städte, sind diese auch nach dem Muster sozialistischer Städte überprägt worden: Die Außenviertel bestehen aus monotonen Großwohnanlagen, die in Plattenbauweise errichtet wurden und in ähnlicher Weise auch in Südosteuropa, Ostmitteleuropa oder Russland angetroffen werden können. In Zentrumsrandlage wurde jeweils ein großer Freiraum als *Plaza de la Revolución* geschaffen, der mit Tribüne und über den gesamten Platz verteilten Lautsprechermasten ausgestattet ist. Nur in Managua (Nicaragua) finden sich vergleichbare Anlagen in lateinamerikanischen Städten.

Trotz der den ländlichen Raum bevorzugenden und daher beinahe als antiurban zu kennzeichnenden Entwicklungspolitik der kubanischen Revolutionsregierung kann jedoch konstatiert werden, dass sich auch in Kuba – wie im übrigen Lateinamerika – die Grundzüge der Landeskultur in den Städten widerspiegeln: Städte sind in ganz Lateinamerika "geformter Geist", sind Manifestationen der Kultur des Landes und Kulturerdteils. Die Interpretation der gebauten Umwelt kann daher einen Zugang zum Verständnis des Werdens und des Gehaltes der kubanischen Geisteshaltung in verschiedenen Entwicklungsepochen des Landes bieten.

Dies soll im Folgenden anhand verschiedener geographischer Kriterien und urbaner Strukturelemente versucht werden. Ferner wird die Vielfalt der kubanischen Städte anhand von vier Stadtskizzen veranschaulicht.

1. Die geographische Lage der Städte und das kubanische Städtesystem

Eine Besonderheit Kubas, die die Insel freilich mit den anderen Inseln der Karibik teilt, ist die Lage der alten Siedlungen an der Küste, während ja mit wenigen Ausnahmen die Hauptstädte Mittel- und Südamerikas im Binnenland angelegt wurden. Kolumbus ankerte am 28.10.1492 zuerst in der Bucht von Bariay (von ihm "San Salvador" getauft) unweit von Gibara. Dieses Datum kann als Entdeckungstag der Großen Antillen gelten. Auch Diego Velázquez, der eigentliche Konquistador Kubas, gründete die ersten Städte als Hafenstädte: Baracoa (1512), Santiago de Cuba (1514) und Havanna (1514 oder 1515, im Folgenden auch: Havanna), Puerto Príncipe (1514, aufgegeben und verlegt nach Camagüey) weisen jeweils sehr ähnliche Lagemerkmale auf. Sie wurden an Buchten angelegt, die Schutz vor den Passatwinden boten und leicht zu sichern waren, Lagevorteile, die auch die später gegründeten Zentren von Matanzas (1690) und Cienfuegos (1819) boten. Auch der amerikanische Stützpunkt Guantánamo Bay macht sich einen derartigen Lagevorteil zunutze. Mit Bayamo (1513), Trinidad (1514), Holguín (1524) und Sancti Spíritus (1550) legte Velázquez aber auch erste Städte im Binnenland an: Von den berühmten *primeras siete villas* lagen demnach vier an der Küste, drei im Hinterland. Zeuske/Zeuske (1999: 35) weisen darauf hin, dass es eigentlich acht Städte waren, doch wurde La Sabana (El Cayo) ohne explizite Erlaubnis von Velázquez durch Vasco Porcallo de Figueroa gegründet und war bis Mitte des 16. Jahrhunderts keine legale *villa*.

Die Lagewahl der Städte erwies sich trotz einiger notwendiger Lagewechsel (Havanna, ursprünglich an der Südküste, Puerto Príncipe, s.o.) als sehr geglückt. Die Küstenstädte hatten, abgesehen von Baracoa, dessen Kordillere den Zugang zum Hinterland erschwerte, gute Verbindungen zu ihren Einzugsbereichen. Die zentralen Städte liegen inmitten gut nutzbarer landwirtschaftlicher Flächen und entwickelten sich rasch zu Zentren der Regionalentwicklung. Damit erhielt Kuba bereits im ersten Jahrhundert seiner Existenz als spanische Kolonie ein weitgehend flächendeckendes Netz aus Städten, die in der Folge als Verwaltungsmittelpunkte ausgebaut werden konnten (Fig. 1).

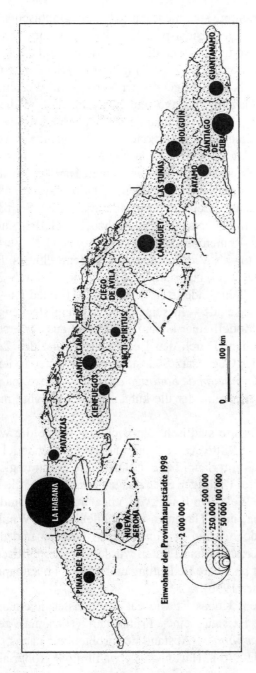

Fig. 1: Die kubanischen Provinzhauptstädte

Quelle: Eigener Entwurf

Die Lagewahl richtete sich nicht nur nach topographischen (Häfen, Flüsse) und administrativen Gesichtspunkten. Ebenso wichtig waren vermutete Goldvorkommen und die Existenz dichterer Indiobevölkerung. In der ersten Kolonisationsphase war die Südküste mit ihrer Ausrichtung zur *Tierra firme* Süd- und Mittelamerikas wichtiger als der Norden und Westen der Insel. Der erste Schwerpunkt lag in Santiago und Trinidad, die, im dichtbevölkerten Südosten der Insel gelegen, die Spanier auf Kuba und die weiteren mittel- und südamerikanischen Eroberungszonen mit Lebensmitteln versorgten. Mit der Schwerpunktverlagerung der spanischen Kolonisation nach Neu-Spanien (Mexiko) und der Proklamation Havannas zum Haupthafen der Carrera de Indias bildeten sich drei hierarchiebildende städtisch-regionale Zentren auf der Insel heraus (Zeuske/Zeuske 1999: 40), die Achse Santiago–Bayamo–Puerto Príncipe vom Südosten in das Viehzuchthinterland und die Achse Havanna–Matanzas–Remedios am Golf von Mexiko. Das Verbindungsglied bildete Sancti Spíritus als Viehzuchtmetropole Zentralkubas. Freilich verlor dieser Zentralteil der Insel, ursprünglich prosperierend durch Goldfunde, bis zum Beginn des 19. Jahrhunderts an Bedeutung. Trinidad ist – trotz der florierenden Zuckerwirtschaft – in seiner Entwicklung steckengeblieben und kann als lebendes Modell einer kubanischen Stadt aus der ersten Hälfte des 19. Jahrhunderts gelten. Durch den Bedeutungsverlust des Zentralteils der Insel konnte sich der Gegensatz Südosten – Nordwesten, oder besser: Santiago/Bayamo *(Gobernación de Santiago de Cuba)* – Havanna *(Gobernación de La Habana)*, entwickeln, der die kubanische Geschichte maßgeblich geprägt hat.

Entscheidend für die städtische Entwicklung wurde die wachsende Bedeutung der Insel seit Mitte des 16. Jahrhunderts im Seehandel zwischen den Kolonien und dem Mutterland, bedingt durch ihre geostrategische Lage, die die Kontrolle von drei wichtigen Seepassagen ermöglichte: die Floridastraße, das Tor zur Neuen Welt, den Kanal von Yucatán, die Verbindungslinie von Porto Belo (Panama) nach Havanna, und schließlich die Windwardpassage, die die Spanier jedoch kaum zu kontrollieren wussten und die daher zum Tummelplatz für Korsaren und Piraten wurde. Die geopolitische Perzeption der Lage Kubas hat bis heute Bedeutung und erklärt die Kubaphobie der US-Amerikaner (Sandner 1996).

Das Städtesystem Kubas ist wie das der meisten lateinamerikanischen Staaten durch die Existenz einer Primatstadt (Havanna) gekennzeichnet (Fig. 2). Der *Primacy-Index* (Abstand der größten zur nächstgrößten Stadt) betrug 1998 noch 4,98 (d.h. Havanna ist etwa fünfmal größer als Santiago de

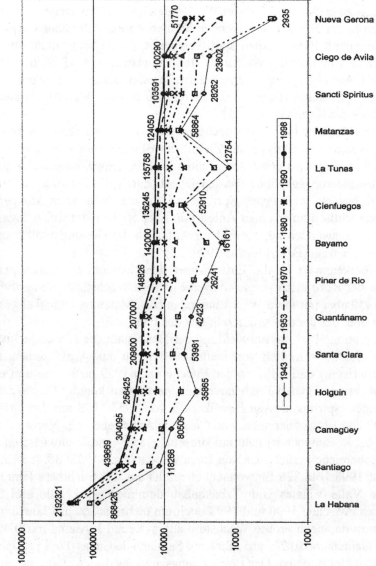

Fig. 2: *Rank-Size*-Diagramm der kubanischen Städte 1943-1998 in logarithmischer Darstellung

Quelle: Eigene Erstellung. Angegeben sind die absoluten Einwohnerzahlen für 1943 und 1998. Der Verfasser dankt Günter Mertins für die Überlassung der statistischen Daten.

Cuba), 1943 lag der Index jedoch noch bei 7,34. 1970, also elf Jahre nach der Revolution, hatte er sich auf 6,43 verringert, um 1990 schon auf 5,06 gesunken zu sein. Damit hat sich das Ungleichgewicht zwischen der größten und den in der Hierarchie folgenden Städten während der über vierzigjährigen Herrschaft Fidel Castros stark verringert. Dies ist vor allem durch das retardierte Bevölkerungswachstum der Hauptstadt seit 1959 zu erklären, während, wie Fig. 3 zeigt, auch die Zuwachsraten der anderen Städte sanken, dennoch aber durchweg in allen Jahrzehnten größere Wachstumsraten aufwiesen als die Kapitale.

Wie Bähr/Mertins (1999) nachgewiesen haben, hat Havanna zwar hinsichtlich seiner Attraktivität als Zielort der Binnenwanderung nicht nachgelassen und bindet bis heute den größten Teil der Binnenwanderung an sich. Die Zuwanderungsgewinne werden jedoch durch die Funktion der Hauptstadt Kubas als wichtigstes Sprungbrett für die Emigration kompensiert. Havanna stellte immer einen Anteil von über 50% bis teilweise sogar über 60% der Auswanderung, obwohl ihr Anteil an der Gesamtbevölkerung nur rund 20% beträgt (Bähr/Mertins 1999: 22).

Bemerkenswert ist die Entwicklung der kleineren Provinzhauptstädte, die vor der Revolution vergleichsweise geringe Wachstumsraten aufwiesen, nach 1959 aber mit ihren Wachstumsraten (von Matanzas einmal abgesehen) seither über der der drei größten Städte des Landes liegen.

Exzeptionell ist die Entwicklung der Hauptstadt der Isla de la Juventud Nueva Gerona – freilich von niedrigem Niveau aus –, die zunächst vom Staatstourismus und selbst in der Epoche nach 1989 noch vom nun einsetzenden internationalen Fremdenverkehr profitieren konnte. Das Wachstum von Sancti Spíritus, dessen Bevölkerung von 1953-1998 um das Dreifache auf 103.245 Einwohner stieg, und Ciego de Avila (ebenfalls Verdreifachung auf 100.290 Einwohner) geht auf die Zuckerrohr- und Viehwirtschaft ihrer Einzugsbereiche zurück, das von Pinar del Río (von 1953: 38.885 Einwohner auf 1998: 148.826 Einwohner) ebenfalls auf das fruchtbare Hinterland, das im Valle Viñales vom Tabakanbau dominiert wird. Alle drei Städte wuchsen zwischen 1990 und 1998 noch um mehr als 2% pro Jahr und wiesen damit das noch größte Wachstum auf, während Havanna mit 0,4% pro Jahr, Guantánamo (0,2% pro Jahr) und Santiago de Cuba (0,6% pro Jahr) die Schlusslichter bildeten. Der Bevölkerungszuwachs dieser Städte lag im letzten Jahrzehnt unter dem nationalen Durchschnitt (0,6% pro Jahr). Dies gilt für die Hauptstadt Havanna bereits seit 1970.

Fig. 3: Jährliche Bevölkerungswachstumsraten (in %) der Provinzhauptstädte Kubas 1943-1998

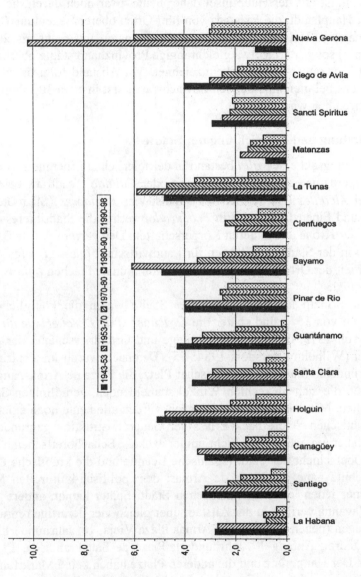

Quelle: Eigener Entwurf des Verfassers

Diese Zahlen belegen klar, dass die das flache Land bevorzugende Regionalpolitik der Revolutionsregierung tatsächlich gegriffen hat. Das Städtenetz Kubas ist auf der Hauptinsel daher heute zwar noch durch die Dominanz der Hauptstadt, die Existenz von fünf Orten oberer Bedeutung (Santiago, Camagüey, Holguín, Santa Clara, Guantánamo mit mehr als 200.000 Einwohner) sowie durch etwa gleichrangige Provinzhauptstädte oberhalb der 100.000 Einwohner-Marke gekennzeichnet. Mit Abstand folgt dann Nueva Gerona, das bei gleichbleibenden Zuwachsraten erst in etwa 30 Jahren diese Marke erreichen wird.

2. Gründung und Entwicklung der Städte

Der Gründungsakt einer *villa* bestand in der feierlichen Ernennung von *vecinos* (Bürgern) und einem *Ayuntamiento* oder *Cabildo* (Stadtrat), bestehend aus zwei *Alcaldes* (Bürgermeistern), meist vier *Regidores* (Stadträte) und Polizei- und Finanzbeamten. Ein *Procurador* vertrat die Stadtinteressen gegenüber der Krone und anderen Körperschaften. Den *vecinos* wurde Bauland *(solares)* in der Stadt und Flächen für Landwirtschaft *(merced)* zugewiesen. Dazu erhielt der Ort Gemeindeland sowie kommunale Flächen *(ejidos, dehesas, propios)*.

Anlageprinzip lateinamerikanischer Städte waren die königlichen Instruktionen von 1513 und später die *Ordenanzas de Descubrimiento y Población* von 1573, die Lagewahl, Anlage und Grundrissschema der Städte vorgaben (Wilhelmy/Borsdorf 1984: 55). Demnach wurde im Zentrum der neu gegründeten Stadt ein quadratischer Platz, die Plaza de Armas, angelegt, von denen die sich im rechten Winkel schneidenden, geradlinigen Straßen ausstrahlten. Mit Ausnahme von Baracoa wurden alle heute noch existierenden kubanischen Städte nach Erlass der Generalinstruktion gegründet. Sie weisen daher ein, wenn auch nicht immer exaktes, Schachbrettschema auf.

Die Oberschicht der Stadt (spanische Beamte und die kreolische Oligarchie) wohnte nahe der Plaza de Armas, dem politisch-kulturellen Mittelpunkt einer jeden lateinamerikanischen Stadt. Später kamen andere Plätze hinzu, Havanna verfügt in der Altstadt über gleich vier derartige repräsentative Anlagen (neben der Plaza de Armas Plaza Vieja, 16. Jahrhundert; Plaza de la Catedral, Anfang 17. Jahrhundert; Plaza de San Francisco, 17. Jahrhundert). Der Hauptplatz und die anderen Plätze haben keine Marktfunktion, sie war immer auf die abseits gelegenen *Mercados* und *Ferias* sowie – falls vorhanden – auf den Hafen beschränkt. Vielmehr ist der Platz einerseits ein

Repräsentationsplatz der spanischen Macht, andererseits ein Kommunikations- und Erholungszentrum der Bürger.

Der französische und englische Einfluss auf Architektur und Städtebau, der in den kontinentalen Staaten nach ihrer Unabhängigkeit so große Bedeutung hatte (vgl. Borsdorf 1998), ist in Kuba, das ja erst 1902 unabhängig wurde, nur in Ansätzen spürbar. In Havanna entstand der Prado als dem französischen Vorbild nachempfundene Flanierstraße der Oberschicht, in Santiago de Cuba der Paseo Martí. Aufgrund der Küstenlage können auch der Malecón in der Hauptstadt und die Alameda (Avenida Jesús Menéndez) in Santiago als derartige Boulevards angesehen werden. Als viel prägender erwies sich der nordamerikanische Einfluss. 1927 waren die nordamerikanischen Investitionen, die 1895 noch 50 Mio. US-Dollar betragen hatten, auf 1,5 Mrd. US-Dollar gestiegen. Die Zuckerproduktion, die Banken und das Transportwesen waren in US-amerikanischen Händen. Kuba war eine ökonomische Kolonie des nordamerikanischen Wirtschaftsimperialismus geworden. Havanna wurde nach den Plänen des US-Amerikaners J. C. N. Forestier ausgebaut (Segre 1985: 18).

Der nordamerikanische Einfluss manifestiert sich im Städtebau in nahezu symbolischer Kraft im *Capitolio Nacional* der Hauptstadt, einer verkleinerten Replik des Washingtoner Kapitols, 1929 unter dem Präsidenten Machado eingeweiht. In der Eingangshalle steht die 14 Meter hohe Statue *La República*, deren Mächtigkeit in einem krassen Missverhältnis zur damaligen inneren Stärke der Republik stand.

Zu den Elementen nordamerikanischer Stadtstruktur zählt auch das Chinesenviertel, ein Element ethnischer Segregation. Die Chinesen, nach der späten Abschaffung der Sklaverei als Lohnarbeiter kontraktiert, wurden nie wirklich integriert. Noch heute erscheint eine Zeitung in chinesischer Sprache. Der nordamerikanische Einfluss verstärkte sich in den zwei Jahrzehnten der Herrschaft Batistas. Hochhäuser, Bungalows, Spielkasinos und breite, autogerechte Straßen künden bis heute von der Dominanz des nördlichen Nachbarn. Auf ein letztes Relikt US-amerikanischer Lebensart auf Kuba sei am Rande noch hingewiesen: der Coppelia-Eispalast, dessen Original in Havannas Stadtteil Vedado an der La-Rampa-Straße steht. Von Kuba aus hat diese *ice-cream*-Innovation viele andere Städte Lateinamerikas erreicht.

Freilich wies Kuba am Vorabend der Revolution gewaltige städtebauliche Defizite auf (alle folgenden Angaben aus Rallo 1985: 16). In den Städten waren 30% der Wohnungen und Behausungen baufällig oder erfüllten die Charakteristika von inner- und randstädtischen Marginalsiedlungen. 50% besaßen keine Sanitäreinrichtungen in der Wohneinheit, 13% keinen Anschluss an die Elektrizität. Auf dem Lande war die Situation noch dramatischer: 90% der ländlichen Bevölkerung, damals 45% der Kubaner, lebte in *Bohíos*, die in Bauweise und Ausstattung der neolithischen Kultur vor Ankunft der Spanier glichen. Nur 10% der ländlichen Behausungen besaßen Elektrizität, nur 2,3% fließendes Wasser. Von den insgesamt 1,5 Mio. Wohneinheiten waren nur 32,6% akzeptabel ausgestattet und erhalten, und von diesen konzentrierten sich 80% in Havanna. 46,6% aller Einheiten, in denen 35% der Bevölkerung lebten, erfüllten nicht einmal die minimalsten Ansprüche an Bewohnbarkeit.

Nach der Revolution erhielten alle großen Städte Kubas städtebauliche Akzente, die aus dem einstigen Ostblock stammten. Es sind dies die großen Aufmarschplätze, in Kuba *Plaza de Revolución* genannt. Büsten oder Halbreliefs der Revolutionäre schmücken die Tribünen, auf denen an den nationalen Feiertagen flammende Reden gehalten und über zahlreiche, an Masten befestigten Lautsprechern in die Menge getragen werden. Umliegende Häuser sind mit Transparenten und politischen Parolen versehen. In Havanna werden die Monumentalbilder der Revolutionäre am Innenministerium ständig gewechselt. Den Mittelpunkt dieses Platzes bildet der in Form des fünfzackigen sowjetischen Sterns ausgebildete Obelisk. In Havanna ist es das Denkmal von José Martí, noch in vorrevolutionärer Zeit von dem Bildhauer Sicre und dem Architekten Maza geschaffen, das die historische Legitimation der Revolution herstellt.

Ein weiteres Element der "sozialistischen Stadt" sind die Neubausiedlungen, die in der aus dem ganzen Ostblock bekannten Plattenbauweise am Rande der großen Städte erbaut wurden. Die Platten wurden oft *in-situ* hergestellt. In ähnlicher Bauweise wurden jedoch auch die Wohngebäude der landwirtschaftlichen Produktionsgenossenschaften errichtet, so dass man in Kuba von einer "Urbanisierung des ländlichen Raumes" (Bähr/Mertins 1989: 10) sprechen kann. In Havanna blieb diese Neubautätigkeit auf die Außenviertel Cotorro und Habana del Este (1.500 Wohneinheiten) beschränkt, andere Städte waren stärker involviert, wobei die Bautätigkeit maßgeblich von staatlichen Baubrigaden *(microbrigadas)*, also von Nicht-Fachleuten, getragen wurde. Gravierende Qualitätsmängel waren die Folge. Freilich sind die kubanischen Neubausiedlungen infrastrukturell wesentlich besser ausgestattet als ihre Vorbilder im ehemaligen Ostblock.

Der Stadtteil, jetzt *Unidad Vecinal* genannt, Habana del Este, der in nur vier Jahren 1963 fertiggestellt wurde, war das erste große Bauvorhaben der

Revolutionsregierung und schuf Wohnraum für 10.000 Einwohner. Das Viertel wurde nach dem von Ebenezer Howard für seine Gartenstädte entwickelten Muster der *Neighbourhoods* geplant und großzügig mit Dienstleistungen, Grünflächen und Sportstätten ausgestattet (Segre/Cárdenas/Aruca 1988: 314).

Das erste Großwohnprojekt, das komplett in der sowjetischen Plattenbauweise errichtet wurde, war der Distrikt José Martí in Santiago de Cuba. Die Erfahrungen aus diesem Projekt wurden auf das ganze Land übertragen, wobei sich das System "Gran Panel IV" durchsetzte und eine unglaubliche Gleichförmigkeit der urbanen und ruralen Bauweise implementierte. Die standardisierte Bauweise erlaubte aber auch gewaltige Beschleunigung der Bautätigkeit in ganz Kuba (Segre 1970). Mathéy geht in diesem Band auf den Wandel in der Wohnungspolitik Kubas noch speziell ein.

Fig. 4: Neubauviertel

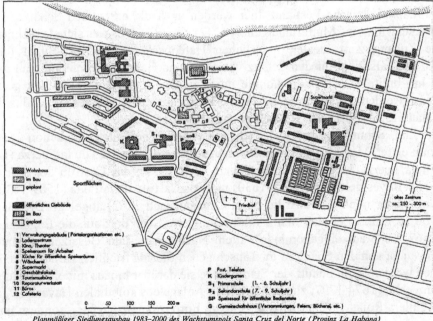

Planmäßiger Siedlungsausbau 1983–2000 des Wachstumspols Santa Cruz del Norte (Provinz La Habana)

Quelle: Bähr/Mertins (1989, S. 11)

Im Folgenden sollen vier typische Städte des Landes näher vorgestellt werden.

2.1 Havanna

Havanna ist, trotz seiner seit 1989 noch akzentuierten Isolation in der internationalen Politik, mit seinen rund 2,2 Mio. Einwohnern (1998) noch immer nicht nur die größte Stadt Kubas, sondern ganz Westindiens, wenngleich es seinen Rang als "Internationale Metropole" (Blume 1968: 115) nach der kubanischen Revolution 1959 eingebüßt hat. Zunächst wurde die Stadt 1515 an der Südküste (bei Batabanó) gegründet, dann an die Mündung des Almendares an der Nordküste verlegt, und schließlich 1519 endgültig in ihrer heutigen Lage am Ausgang der Bolsa-Bucht in der größeren Bucht von Havanna angelegt. Als erste Stadt Kubas erhielt Havanna 1592 das Stadtrecht.

Ausschlaggebend für die Entwicklung der Stadt waren die Lagefaktoren, und zwar sowohl die geographischen als auch die topographischen. Die geostrategischen Lagevorteile gestatteten die Kontrolle wichtiger Schiffspassagen und machten Havanna zum Ausgangspunkt der schwerbeladenen spanischen Schiffskonvois ins Mutterland. Von Havanna aus starteten die spanischen Konquistadoren zu ihren Eroberungszügen auf das mittel-, süd- und nordamerikanische Festland, hier wurden auch die erbeuteten Schätze zur Verschiffung ins Mutterland gehortet. Topographisch erwies sich der schmale Zugang zum idealen natürlichen Hafenbecken der Bolsa-Bucht (ca. 20 km²) als ideal für den Schutz von Stadt und Hafen. Der schmale, nur ca. 1 km breite Flaschenhals konnte durch gegenüberliegende Forts gut gesichert werden. Folgerichtig erfolgt die Verlegung des Sitzes des Generalkapitanats 1553 von Santiago de Cuba nach Havanna.

Zum Schutz vor französischen und englischen Piraten, die schon 1538 zum ersten Mal die Stadt heimsuchten, wurden das Castillo de la Fuerza (La Vieja Fuerza 1538, La Nueva Fuerza 1558-1577), das Castillo del Morro (Tres Reyes del Morro 1589-1630) und das Castillo de la Puna (1589-1630) und später noch das Castillo de la Cabaña (nach 1762) angelegt. Der Bau von La Cabaña erwies sich als notwendig, weil von dort aus die Engländer 1762 die Stadt eingenommen hatten. Nach einem Jahr Besatzung konnte Havanna von den Spaniern im Tausch gegen Florida friedlich zurückgewonnen werden. Zum Schutz der Stadt wurde sie darüber hinaus mit einer Mauer umgeben (1674-1797; zur militärischen Anlage des kolonialen Havanna vgl. Aguilera Rojas 1985), die, anders als in Europa, keine Rechts-, sondern nur eine Schutzfunktion hatte (Fig. 5).

Stadtgeographie Kubas 71

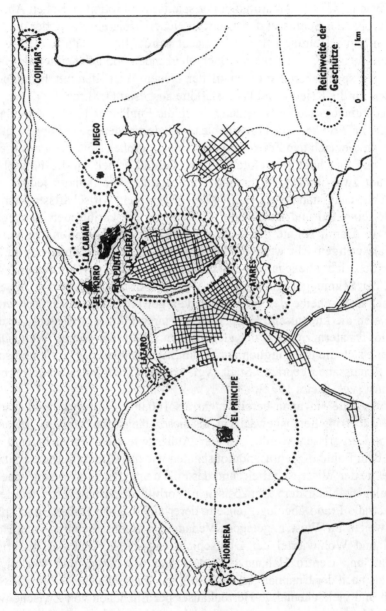

Fig. 5: Die Befestigungen Havannas zu Beginn des 19. Jahrhunderts

Quelle: Aguilera Rojas (1985: 108)

Havanna war der Anlaufhafen der spanischen Flotten zwischen Amerika und Europa, der Schlüssel der Alten zur Neuen Welt, ein Rang, der der Stadt nur von Santo Domingo streitig gemacht wurde. Im 18. Jahrhundert konnte Havanna seinen Konkurrenten jedoch überrunden und galt seither als Haupthafen der spanischen Kolonien in der Neuen Welt, der mit bedeutenden Werften für die Kriegs- und Handelsflotte ausgestattet wurde.

Nach einer erneuten Besetzung durch die Engländer 1762-1763 gelangte Spanien im Frieden von Fontainebleau wieder in den Besitz der Insel und der Stadt, die nach den Zerstörungen zu einem großen Teil wieder aufgebaut wurde und ihre heutige architektonische Gestalt erhielt. In der Folge büßte die Stadt zwar ihr Handelsmonopol mit Spanien ein, konnte jedoch nach dem Sklavenaufstand von Haiti 1791/1792 einen wirtschaftsstrukturellen Wandel einleiten und löste Haiti als Zentrum der karibischen Zuckerwirtschaft ab. Damit konnte der Bedeutungsverlust im internationalen Verkehr mehr als wettgemacht werden. Havanna zog große Kapitalmengen an sich, die freilich nicht alle legal erworben wurden, da neben der "formellen" Wirtschaft der Schmuggel mit Rum und Melasse florierte. Ferner war die Stadt zu einer Drehscheibe des Sklavenhandels geworden. In dieser Zeit entwickelte sich die kubanische Hauptstadt mit ihren Plätzen, Palästen, Geschäften und Theatern zu einer der elegantesten Städte der Neuen Welt. Damit wandelte sich die ursprünglich noch vom Stil andalusischer Gotik und spanischer Renaissance geprägte Stadt (vgl. Prat 1947) zu einer Stätte barocker Baukunst (vgl. Weiss 1972).

1850 zählte Havanna bereits mehr als 160.000 Einwohner und war aus ihrem Mauerring herausgewachsen, als dieser, längst funktionslos geworden, 1863 niedergerissen wurde. An der Außenseite des Mauerringes liegen neben dem Bahnhof Repräsentationsbauten wie das *Capitolio* (heute Sitz der Akademie der Wissenschaften) und das Präsidentenpalais sowie ausgedehnte Parkanlagen. Nach dem französischen Vorbild des Boulevards wurde die Prachtstraße Prado angelegt, jenseits derer sich Centro Habana und später, noch weiter im Westen gelegen, Vedado als Hauptgeschäfts- und Hotelviertel und Wohnviertel der Oberschicht entwickelte. Für das historische Zentrum und Centro Habana bedeutete dies Stagnation und Verfall, vor allem als nach der Unabhängigkeit (1902) das spanische Bürgertum die Stadt verließ und viele ehemalige Herrenhäuser per Einziehen von Zwischenwänden zu Massenquartieren unterer Sozialschichten und des Proletariats verkamen.

Am Ende des 19. Jahrhunderts füllte die Stadt bereits die ganze Halbinsel, Wachstumsspitzen waren nach Süden, Südwesten und Westen vorangetrieben. In diese Richtungen wuchs Havanna auch im 20. Jahrhundert weiter. Zwischen 1899 und 1924 stieg die Bevölkerung von 250.000 auf 600.000 Einwohner an, die städtische Fläche vervierfachte sich und erreichte 1924 ca. 30 km² (Nickel 1989: 16).

Das Regime Batista (1938-1958) bedeutete einen weiteren Wachstumsschub für die städtische Entwicklung, vor allem aufgrund der starken Investitionstätigkeit in der Zuckerexportwirtschaft, dem Ausbau der Industrie und der touristischen Infrastruktur. 1959 konzentrierten sich 65% der Industrieproduktion in der Hauptstadt, heute sind es weniger als 35%. Ein neues Hotelviertel entstand zwischen Centro Habana und Vedado. Am Hafen, an der Eisenbahn und der Hauptausfallstraße entstanden Industrieansiedlungen und Wohnviertel für die Arbeiter. Die Stadt wuchs auf eine Bevölkerungszahl von 1,4 Mio. (1958), die Stadtfläche auf 478 km² an. Dennoch: Der Verfall des Zentrums hielt an. Die *barrios insalubres* – 1958 wurden 13 gezählt – lagen meist in Zentrumsnähe.

Die Revolutionsregierung unter Fidel Castro trug dem Rechnung, indem die Häuser der emigrierten Bevölkerung neu verteilt und neue Großwohnanlagen in Habana del Este und Diez de Octubre errichtet wurden. Zunächst hatte dies eine weitere starke Zuwanderung vorwiegend aus den östlichen Provinzen des Landes zur Folge (1958-1963: jährliche Wachstumsrate 3,4%).

Es war aber eines der erklärten Ziele Castros, die regionalen Disparitäten abzubauen. Darunter wurden nicht die innerurbanen, sondern die interregionalen Ungleichgewichte und der Stadt-Land-Gegensatz verstanden. Vor allem ging es darum, die Dominanz der Hauptstadt, in der 1958 ein Viertel aller Kubaner wohnten, zu brechen. Dies ist auch gelungen, die jährliche Wachstumsrate fiel nach 1965 auf unter 1,1% und liegt damit unter dem Wert für die Gesamtbevölkerung des Landes. Heute ist nur noch jeder fünfte Kubaner ein *Habanero*. War Havanna 1953 noch siebeneinhalb mal so groß wie die zweitgrößte Stadt des Landes, Santiago de Cuba, so erreicht es heute nur noch die fünffache Größe seiner alten Konkurrentin.

Angesichts der Entwicklung anderer lateinamerikanischer Staaten, in denen die Verstädterungsrate vom überproportionalen Wachstum der Primatstadt weit übertroffen wurde, ist dies ein beachtlicher Erfolg der kubanischen Regionalpolitik. Dennoch: Wie Bähr/Mertins (1999) nachgewiesen haben, lag Havanna in allen Jahren der Regierung Castro an der Spitze der Zuwanderungsraten, wobei die Zuwanderung in den letzten Jahren sogar noch zugenommen hat. Entlastet wurde die Hauptstadt aber durch internationale Emigration, wobei Havanna auch als "Sprungbrett" der Auswanderung dient (Bähr/Mertins 1999: 22).

Freilich hatte die Vernachlässigung von Havanna nach 1965 auch zur Folge, dass kaum noch neue Wohneinheiten gebaut und keine Maßnahmen zur Erhaltung oder Verbesserung der alten Bausubstanz mehr geleistet wurden. Dies führte zu einer raschen Degradierung und vielfach sogar zum endgültigen Verfall von Häusern und Straßenzügen. Dafür verantwortlich war auch die Wohnungsnot, die angesichts des natürlichen Wachstums der Bevölkerung und der immer noch beträchtlichen Zuwanderung bald dramatisch wurde. Die Wohnungen waren daher zunehmend überbelegt, in die relativ hohen Stockwerke der Altstadtbauten wurden Zwischendecken *(barbacoas)* eingezogen, auf den Dachterrassen wurde zusätzlicher Wohnraum *(azoteas)* geschaffen, die Innenhöfe wurden unsachgemäß überbaut. Mangelhafte Belüftung, unsachgemäße oder mangelnde Pflege und die klimatischen Bedingungen (Luftfeuchtigkeit, Salzgehalt der Luft) beschleunigten den Verfallsprozess zusätzlich. Diese Degradation ist auch an der Außenfassade ablesbar: Der Putz bröckelt und fällt ab, Schutzkonstruktionen für die Fußgänger werden nötig, Stützpfeiler sollen den Einsturz verhindern. Nickel hat 1989 den Verfall der Altstadt und die Problematik der Stadterneuerung eindrucksvoll dokumentiert. In ganz Havanna waren 1985 40% der Wohnungen eigentlich abbruchreif, weitere 23% sind dringend sanierungsbedürftig. Trotz der Sanierungsprogramme der UNESCO, die die Altstadt zum Kulturerbe der Menschheit erklärt hat, ist die Situation nach wie vor prekär. Die Möglichkeiten und Grenzen der Sanierung des Zentrums von Havanna hat Widderich (1997) aufgezeigt, und Harms widmet sich in diesem Band den Problemen der Stadterneuerung.

Aufgrund der Wohnungsnot wurde staatlicherseits eine Möglichkeit für jungverheiratete Paare geschaffen, die mangels freier Wohnungen noch bei den Eltern wohnen, auch einmal allein zu sein, die sogenannten *posadas* (Stundenhotels) an der städtischen Peripherie.

Andererseits ist Havanna stolz auf seine geringen Umweltprobleme. Der Passat sorgt für eine gute Durchlüftung der Stadt, und angesichts von nur 120.000 Kraftfahrzeugen, die in der Stadt zugelassen sind, kommen Smogprobleme wie in Mexiko-Stadt, Santiago de Chile oder Caracas erst gar nicht auf.

2.2 Santiago de Cuba

Die mit 440.000 Einwohnern (1994) zweitgrößte Stadt der Insel musste schon 1549 die Hauptstadtfunktion an Havanna abgeben. Seither ist Santiago aus dem Schatten der Kapitale nicht mehr herausgetreten, dennoch versteht sich die karibische Hafenstadt als Gegenstück und ewiger Konkurrent zum atlantischen Havanna. Auf den ersten Blick überwiegen die Parallelitäten. Ausschlaggebend für die Lagewahl war der günstig gelegene Hafen am Ende der Bucht von Santiago, die sich meerwärts zu einem schmalen Flaschenhals verengt und von dem imposanten Castillo de San Pedro de la Roca (El Morro) und weiteren Batterien gegenüber (Socapa) geschützt wird. Dieses Fort wurde übrigens vom selben Architekten (Juan Bautista Antionelli) entworfen, der auch für den Morro von Havanna verantwortlich zeichnet. Auch Santiago wurde im unregelmäßigen Schachbrett der frühen Kolonialzeit angelegt, mit einer schönen *Plaza*, an der das Rathaus und die (moderne) Kathedrale gelegen sind.

Der genauere Blick offenbart aber die Unterschiede. Santiago hat trotz seiner Größe bis heute den Charakter einer Mittelstadt. Dafür verantwortlich ist das beschauliche Leben auf den Straßen und der orographische Charakter der topographischen Ortslage. Steil neigen sich die Gassen zur Bucht hinunter, unter den überdachten Gängen vor den Häusern *(corredores altos, pretorios)*, die durch hohe Mauern gestützt wie riesige Treppen die steilen Straßen begleiten, wird Domino, das Nationalspiel der Kubaner, gespielt, aus der Casa de la Trova klingt die Musik der einheimischen Sänger und Bands, in der Casa de Té schlürfen Einheimische ihren Tee oder ihre *infusiones* (Kräutertee), beides oft mit Rum angereichert, von den *Miradores*, den hohen Fenstern der Altstadt aus mit ihren Eisen- *(rejas)* oder Holzgittern *(barrotes)* beobachten die Bürgerinnen das Treiben auf den Straßen.

Mehr noch als in Havanna verdichtet sich die Kubanität in Santiago de Cuba, das daher nach seinem Namensbestandteil oft in Kurzform auch nur "Cuba" genannt wird, eine Bezeichnung, mit der sich Santiago zugleich aber auch als Wahrerin des Kulturerbes beweisen will. In diesem Anspruch und der Stadt, die ihn stellt, zeigt sich ein Teil des Nationalcharakters Kubas, das Leben in Gegensätzen und im Hin und Her eines Sowohl als auch. Santiago, durch militärische Besetzungen und Erdbeben vielfach zerstört, hat weniger koloniale Bausubstanz als die Hauptstadt, dennoch wird die Tradition stärker gepflegt. Die liebevolle Erhaltung der Casa de Diego de Velázquez bildet eine Hommage an die Kolonialzeit, zugleich ist aber nirgends in Kuba die Revolutionszeit so lebendig wie in Santiago, wo Fidel Castro einen ersten

Angriff auf die in der Moncada-Kaserne untergebrachten Truppen Batistas unternahm (1953). Das Museo de la Clandestinidad bewahrt das Andenken an einen Angriff der Revolutionäre 1956, ebenso wie zwei weitere Museen (Frank País, Abel Santamaría), und vor den Toren der Stadt liegt das zum Museum umgestaltete ehemalige Hauptquartier der Castro-Revolutionäre, die Granjita Siboney. Ebenso nah liegt auch das Heiligtum von El Cobre, das einen kubanischen Charakterzug, eigentlich Unvereinbares in sich vereinen zu können, noch deutlicher symbolisiert.

Das Marienheiligtum Nuestra Señora de la Caridad del Cobre nahe der 1529 entdeckten Kupferlagerstätte des Cerro de Cardenillo bei Santiago de Cuba entwickelte sich im Laufe des 17. Jahrhunderts von einem regionalen Verehrungsort der Muttergottes (1613 war die Marienfigur aus dem Meer gefischt worden) zur größten Wallfahrtsstätte des Landes, wobei sich die bald nach der *Conquista* entstandenen Legenden über Jungfrauerscheinungen, die kubanischen Spiritualismus- und afrikanisch-katholischen Synkretismuskulte vermischten. Dieser Synkretismus auf der Grundlage der Yorubakultur, als *Santería* oder *Regla de Ocha* bezeichnet, vereinigt katholisch-christliche und naturreligiöse Elemente, wobei der unter den Konquistadoren noch weit verbreitete Arianismus (vgl. Borsdorf 1999) die Synthese erleichterte. Der Jungfrau von Cobre entspricht in der Regla de Ocha *Ochún*, die Göttin der sexuellen Liebe. Sie vervollkommnet demnach die platonisch-karitative Liebe der katholischen Jungfrau. Die Verehrung der Muttergottes mit ihren mestizischen Gesichtszügen wurde zum Symbol der Mischung zwischen Schwarzen, Indios und Weißen und zum Symbol der religiösen Einheit aller Kubaner. Kulturell ist Santiago und mit der Stadt der ganze Oriente der Insel in "affektiver Perspektive" (Zeuske 1998: 47) der Volksmassen immer wichtiger als die "materialistische" Hafenstadt Havanna im Norden. Es ist kein Zufall, dass die kubanische Revolution aus diesem Land der Freiheit von Santiago de Cuba ausging. Damit hat Santiago seine Kurzbezeichnung "Cuba" ein weiteres Mal legitimiert. Mit dem Bau der ersten Plattensiedlung José Martí bewies Santiago noch einmal seine Synthese aus Tradition und Impulsgebung.

2.3 Trinidad

Unweit des geschäftigen Industriezentrums von Cienfuegos (78 km entfernt) liegt Trinidad am Fuße des Guamuhayagebirges, kurz Escambray-Gebirge genannt. Für den innerinsularen Verkehr bedeutet die Absperrung durch das Gebirge eine gewisse Lageungunst, die jedoch zunächst angesichts des wichtigeren Wasserverkehrs an der kubanischen Küste entlang keine Rolle spielte. Und an diesen war Trinidad durch seinen Hafen Casilda angebunden. Das nahe Umfeld ist durch die Alluvialebenen der Flüsse Tayabo und Agabama geprägt, in denen seit dem 18. Jahrhundert Zuckerrohr angebaut wird. Zu Beginn der Kolonialzeit wurde in den Seifen der Flüsse noch Gold gewaschen, was die frühe Stadtgründung erklärt. Die Stadt wurde bald darauf weiter nach Osten verlegt, wobei Bartolomé de las Casas, der spätere glühende Verteidiger der Indios, die Gründungsmesse las. Sklavenhandel, Schmuggel und Freibeutertätigkeit spanischer Flibustier über den Hafen Casilda bildeten im 17. Jahrhundert die wirtschaftliche Grundlage der Stadt, bedeuteten aber auch eine ständige Bedrohung durch die Engländer auf Jamaica, bevor ab Mitte des 18. Jahrhunderts der Zucker neuen Reichtum nach Trinidad brachte. Rund fünfzig große Zuckermühlen *(ingenios)* entstanden östlich der Stadt im Valle de los Ingenios. Prachtpaläste der Zuckerbarone entstanden in der Stadt (Casa de Iznaga, Palacio Brunet). Alexander von Humboldt weilte 1801 drei Tage lang in der Stadt. Die Rezeption seines Besuchs durch den Bürgermeister, der den preußischen Baron aufgrund seiner vielen Fragen für einen Ignoranten hielt, dokumentiert, wie weit die *Trinitarios* bereits am Beginn des 19. Jahrhunderts, am Vorabend der Unabhängigkeit der spanisch-amerikanischen Kolonien auf dem Kontinent, hinter die großen Zeitströmungen zurückgefallen waren. Aus einer solchen Beharrung konnte natürlich nicht die Kraft für einen wirtschaftlichen und sozialen Neuanfang geschöpft werden.

Zwar brachte die schwarze Revolution auf Haiti ab 1795 noch einmal einen wirtschaftlichen Impuls durch die vielen Flüchtlinge, die bei Trinidad landeten, doch verloren Stadt und Hafen ab 1830 ihre Bedeutung an das neu gegründete und günstiger gelegene Cienfuegos. Der zehnjährige Unabhängigkeitskrieg und Sklavenunruhen mit der Verwüstung der Zuckerrohrfelder brachten die Wirtschaft Trinidads vollends zum Erliegen. 1895 arbeitete nur noch ein *Ingenio*. Die Stadt verarmte, wurde an das entstehende Straßennetz nicht angeschlossen und blieb ohne weitere städtebauliche Impulse. Sie ist daher ein Museum der spätkolonialen kubanischen Stadtstruktur und wurde schon 1950 zum nationalen Monument und schließlich auch zum Kulturerbe der Menschheit (zweite kubanische Stadt neben dem Viertel La Habana Vieja) erklärt. Mit ca. 35.000 Einwohnern hat Trinidad heute nur noch Funktionen als Kreisstadt.

Die Plaza Mayor von Trinidad, wie in allen lateinamerikanischen Städten Ausgangspunkt der Stadtentwicklung und Mittelpunkt bürgerlichen Lebens, gilt als schönster Platz Kubas. Die mit Kopfsteinen gepflasterten Straßen (Schiffsballast) neigen sich zur Mitte, wo größere Steine eine Abflussrinne formen.

Neben den vereinzelten zweistöckigen Villen der Zuckermagnaten säumen die typischen einstöckigen Adobehäuser der Kolonialzeit die Straßen. In den Nebengassen sind noch die alten, mit wenigen und kleinen Fenstern versehenen Gebäude der frühen Kolonialzeit erhalten, die dem Kühlungsprinzip der Wärme-/Kältespeicherung der dicken Wände gehorchen und die nächtliche Kaltluft, die sich im Innenhof *(patio)* sammelt, in die Räume abgeben (vgl. zur Gebäudekühlung in den Tropen Borsdorf/Stadel 1997: 18). In die Gebäude der Hauptstraßen sind jedoch im 18. Jahrhundert große Öffnungen eingefügt worden, die Querlüftung nach portugiesischem Muster und die Gebäudekühlung über Ventilation erlauben. Die bis Straßenniveau hinabreichenden hohen Fenster sind mit Gittervorbauten versehen, die es erlauben, das Geschehen auf der Straße nach allen Seiten zu beobachten. Sie können geöffnet werden und dienen dann als Tore für das Ein- und Ausladen von Waren. Im 19. Jahrhundert wurden die ursprünglich hölzernen *barrotes* vielfach durch schmiedeeiserne *rejas* ersetzt. Die jüngeren Häuser beziehungsweise Umbauten auf älteren Kernen haben vielfach weit vorkragende Dächer, die auf schlanken Eisensäulen ruhen.

2.4 Cienfuegos

Der Niedergang Trinidads ging mit dem Aufstieg der Konkurrenzstadt Cienfuegos einher. Es ist überraschend, dass die für eine Hafenanlage sehr geeignete Jagua-Bucht, in die die drei Flüsse Damají, Salado und Caonoa münden, erst 1819 zu einer Stadtgründung führte, obwohl sich bereits 1560 spanische Siedler, darunter auch Bartolomé de Las Casas, dort niedergelassen hatten. Wegen der Bedrohung durch die Engländer wurde 1738-1745 ein Fort errichtet, Hafenanlagen folgten in den ersten Jahren des 19. Jahrhunderts, und schließlich erteilte der Provinzgouverneur José Cienfuegos dem Franzosen D'Clouet den Auftrag zur Stadtanlage, die im regelmäßigsten Schachbrett Kubas erfolgte. Zu dieser Zeit bestand Bedarf an einem leistungsfähigen Exporthafen, da auf den fruchtbaren Böden des Einzugsgebiets zahlreiche Zuckerrohrplantagen und -mühlen entstanden waren. Die Erhebung zur *Ciudad* erfolgte 1882.

Cienfuegos (1988: 136.245 Einwohner) profitierte von seiner exzellenten Lage, der guten Anbindung an die Verkehrslinien der Insel und vor allem von seinem Hafen. Der Wohlstand des 19. Jahrhunderts spiegelt sich im prächtigen "Teatro Terry" und zahlreichen Bürgerhäusern, die vielfach nach französischem Muster im neoklassizistischen Stil errichtet wurden. Ende des Jahrhunderts galt Cienfuegos als reichste Stadt Kubas, wozu Zuckerrohr, Tabak und Früchte im Hinterland ebenso beitrugen wie die Industrialisierung (ursprünglich Zement-, Schnaps-, Möbelindustrie) und der Hafenumschlag.

Unter der Revolutionsregierung wurde die Industrie mit ausländischer Hilfe modernisiert und ausgebaut, zugleich wurde aber streng darauf geachtet, dass die Pull-Wirkungen der Industrialisierung nicht zu einem übermäßigen Bevölkerungswachstum führten. Die Zementindustrie wurde mit Hilfe der DDR mit moderner Technologie ausgestattet, japanische und tschechische Hilfe steckt im Kraftwerk, spanische in der Fischmehlindustrie, englische in der Düngemittelfabrik. Ferner hat Cienfuegos eine Ersatzteilfabrik, Fischkonservenerzeugung und eine chemische Industrie (Polyäthylensäcke). Freilich ruht inzwischen die Produktion in etlichen Fabriken aus Energiemangel. In Cienfuegos sollte auch das erste Atomkraftwerk mit zwei Blöcken auf der Grundlage sowjetischer Atomtechnologie errichtet werden, ein Vorhaben, das jedoch nach dem Zusammenbruch der Sowjetunion nicht weiter verfolgt wurde. Die riesige Anlage am Rande der Industriezone O'Bourke ist eine gewaltige Industrieruine.

Neben seiner Bedeutung als Industriezentrum ist Cienfuegos auch ein wichtiger zentraler Ort: Schulen für Fischereiwesen, Polytechnik und Krankenpflege sowie für behinderte Schüler, die komplett ausgestattete Universität mit erstklassiger Medizin, aber auch ein Baseballstadion belegen die gute Ausstattung der Stadt. In der Umgebung liegt der eindrucksvolle botanische Garten, der rund 2.000 tropische Pflanzen in möglichst natürlicher Umgebung zeigt.

Der Niedergang von Industrie- und Zuckerproduktion hat diese Funktionen in ihrer relativen Bedeutung gestärkt. Die Zuckerverladestation Tricontinental, eine der größten der Welt, die von 33 Zuckermühlen beliefert wird, befördert die Zuckerkristalle aus einem gigantischen klimatisierten Silo über Förderbänder direkt in die Transportschiffe. Neben Cienfuegos haben nur noch Matanzas und Camagüey vergleichbare, wenn auch kleinere Anlagen.

3. Die kubanischen Städte im kubanischen Regionalplanungsprozess

Die kubanische Revolutionsregierung verfolgte von Beginn an eine Strategie des sozialen und regionalen Ausgleichs. Mittel dazu waren die Veränderung der Eigentumsverhältnisse am landwirtschaftlich genutzten Boden (*reforma agraria* 1959), an städtischem Wohnraum (*reforma urbana* 1960) und an

Industriebetrieben (*nacionalización* 1960*)*, die Veränderung der Einkommensstruktur durch Anhebung der Mindestlöhne und die Angleichung städtischer und ländlicher Löhne, die drastische Verringerung der Arbeitslosigkeit sowie die bessere Versorgung der Bevölkerung mit sozialer und technischer Infrastruktur (Bähr/Mertins 1989: 4). Die Ziele der Regionalpolitik waren der Abbau der sozioökonomischen und räumlichen Disparitäten, die Verringerung des Gegensatzes zwischen Land und Stadt, insbesondere die Verringerung der Dominanz Havannas und die stärkere Dezentralisierung von Verwaltung und Regionalplanung.

Diese Politik hatte erstaunliche Erfolge aufzuweisen, die freilich durch die immer stärkere ökonomische Abhängigkeit von der Sowjetunion erkauft wurden (Borsdorf 1993). Der zuvor auf dem Lande weit verbreitete Analphabetismus verschwand nahezu vollständig. Seit den 70er Jahren konnte die ärztliche Versorgung auf dem Lande auf ein Niveau gehoben werden, das jedem internationalen Vergleich standhält. Die Säuglingssterblichkeit verringerte sich auch in den peripheren Regionen dramatisch, und die regionalen Einkommens- und Wohlstandsunterschiede sind heute fast unerheblich.

Mit einer reinen volkswirtschaftlichen Entwicklungsplanung hätten diese Ziele kaum erreicht werden können. Folgerichtig wurde schon 1960 eine Regionalplanungsinstitution, das *Instituto de Planificación Física (IPF)* der *Junta Central de Planificación (JUCEPLAN)* geschaffen (Fernández Núñez 1985), der neben der Regionalplanung auch die Erstellung von Stadtentwicklungs- und Flächennutzungsplänen oblag.

Bilanzierend kann festgestellt werden, dass sich das kubanische Stadt- und Regionalsystem wesentlich günstiger entwickelte als das anderer lateinamerikanischer Staaten. Wenn es gelänge, die ökonomischen Probleme einer jahrzehntelang auf indirekte Subventionen der Protektionsmacht Sowjetunion durch endogene Regional- und Wirtschaftsentwicklung, rechtliche Reformen und Anreize für risikobereite Unternehmer zu lösen und zugleich die obsolet gewordenen Wirtschaftsboykottmaßnahmen der USA zu beenden, könnte diese Raumstruktur eine gute Grundlage für die Zukunft bieten.

Literaturverzeichnis

Aguilera Rojas, Javier (1985): "La Habana Vieja. Mapas y planos de los archivos de España". In: *Ciudad y Territorio*, 63/64: 99-110.

Aguirre, Yolanda (1985): "Un puerto y una ciudad: San Cristóbal de La Habana". In: *Ciudad y Territorio*, 63/64: 27-39.

Bähr, Jürgen/Mertins, Günter (1989): "Regionalpolitik und -entwicklung in Kuba 1959-1989". In: *Geographische Rundschau*, 41.1: 4-13.

— (1999): "Die Auswirkungen von Wirtschaftskrise und Wirtschaftsreformen auf das Wanderungsverhalten in Kuba". In: *Erdkunde*, 53.1: 14-34.

Blume, Helmut (1968): *Die Westindischen Inseln*. Braunschweig: Westermann.

Borsdorf, Axel (1993): "Kuba – 100% kubanisch? Anspruch und Wirklichkeit der Entwicklungsstrategie Castros". In: *Mitteilungen der Österreichischen Geographischen Gesellschaft*, 135: 191-202.

— (1998): "Vom Casco Colonial zum Barrio Amurallado: Wohnformen in lateinamerikanischen Städten". In: Martina Kaller-Dietrich (Hrsg.): *Recht auf Entwicklung?* Frankfurt am Main: Brandes & Apsel (¡Atención! Jahrbuch des Österreichischen Lateinamerika-Instituts 1), pp. 81-105.

— (1999): "Lateinamerika zwischen Sakrament, Voodoo und Zungenrede. Religionsgeographische Strukturen und Entwicklungen". In: Büttner, Manfred/Richter, Frank (Hrsg.): *Beziehungen zwischen Religion (Geisteshaltung) und wissenschaftlicher Umwelt (Theologie, Naturwissenschaft und Musikwissenschaft). Eine Standortbestimmung.* Frankfurt/M: Peter Lang, Europäischer Verlag der Wissenschaften, pp. 1-22.

Borsdorf, Axel/Stadel, Christoph (1997): *Ecuador in Profilen*. Innsbruck: Selbstverlag des Instituts für Geographie (inngeo – Innsbrucker Materialien zur Geographie 3).

Eckstein, Susan (1978): "Las ciudades en Cuba socialista". In: *Revista Mexicana de Sociología*, 40: 155-180.

Fernández Núñez, José Manuel (1985): "Dos décadas de planificación regional y urbana en Cuba". In: *Ciudad y Territorio*, 63-64: 95-98.

Franzbach, Martin (Hrsg.) (1986): *Kuba; Materialien zur Landeskunde*. Frankfurt/M.: Vervuert (Spanien und Lateinamerika. Materialien zur Landeskunde 1).

Mertins, Günter (1993): "Das Konzept der regionalen Dezentralisierung in Kuba nach 1959: Sozioökonomische und siedlungsstrukturelle Auswirkungen". In: Rafael Sevilla y Clemens Rode: *Kuba. Die isolierte Revolution?* Unkel/Rhein, Bad Honnef: Horlemann, pp. 241-261.

Nickel, Annegret (1989): "Die Altstadt von La Habana; Wohnsituation und Konzepte der Altstadterneuerung". In: *Geographische Rundschau*, 41.1: 14-21.

Núñez Jiménez, Antonio (1965): *Geografía de Cuba*. Havanna: Editorial Pedagógica.

— (1985): "La Habana Vieja: Monumento nacional". In: *Ciudad y Territorio*, 63/64: 55-56.

Prat Puig, Francisco (1947): *El Pre-barroco en Cuba*. Havanna: Burgay y Compañía.

Rallo, Joaquín (1985): "Cuba 1959: 161 centrales y una capital". In: *Ciudad y Territorio*, 63/64: 5-16.

Sandner, Gerhard (1996): "Centroamérica y la geopolítica alemana". In: *Tercer Congreso Centroamericano de Historia*. San José, pp. 1-20.

Segre, Roberto (1970): *Diez años de arquitectura en Cuba revolucionaria*. Havanna.

— (1981): *La vivienda en Cuba: República y Revolución*. Havanna.

— (1985): "El sistema monumental en la Ciudad de Havanna 1900-1930". In: *Ciudad y Territorio*, 63/64: 17-26.

Sevilla, Rafael/Rode, Clemens (Hrsg.) (1993): *Kuba. Die isolierte Revolution?* Unkel a. Rhein/Bad Honnef: Horlemann.

Weiss, Joaquín (1972): *La arquitectura colonial cubana (siglos XVI-XVII)*. Havanna: Editorial Letras Cubanas.

Widderich, Sönke (1997): *Möglichkeiten und Grenzen der Sanierung des Historischen Zentrums von Havanna, Cuba*. Kieler Arbeitspapiere zur Landeskunde und Raumordnung 36. Kiel: Selbstverlag des Geographischen Instituts.

Wilhelmy, Herbert/Borsdorf, Axel (1984): "Die Städte Südamerikas; Teil 1: Wesen und Wandel". In: *Urbanisierung der Erde*, 3/1, Berlin/Stuttgart: Bornträger.

Zeuske, Michael/Zeuske, Max (1998): *Kuba 1492-1902; Kolonialgeschichte, Unabhängigkeitskriege und erste Okkupation durch die USA*. Leipzig: Leipziger Universitätsverlag (Kursus).

Kosta Mathéy

Wandel in der Wohnungspolitik Kubas

1. Die Modernisierung der Wohnungs- und Bodenpolitik

Mit zunehmender Abhängigkeit vom Ostblock hatte sich Kuba die aus dem Realsozialismus bekannten Prinzipien auch in der Wohnungspolitik zu eigen gemacht: Staatliche Versorgung in den Grundbedürfnissen als Teil des Soziallohns beziehungsweise zu nominellen Preisen, wobei die Differenz zu den vollen Kosten durch massive Subventionen aufgefangen wurde. Die Verteilung des Wohnraums erfolgte nach dem Prinzip der Bedürftigkeit, nicht der Zahlungsfähigkeit, wobei die im Ansatz demokratischen Mechanismen durch die bürokratische Administration oft neutralisiert wurden. Wie in anderen sozialistischen Ländern auch, konzentrierten sich die volkswirtschaftlichen Anstrengungen in der (immerwährenden) Aufbauphase auf den produktiven Sektor, zu dem die Wohnungsversorgung allgemein nicht gezählt wurde. Die Konsequenz war eine quantitative Unterversorgung, die in Kuba mit offiziöser Unterstützung durch zahlreiche Selbsthilfe-Aktivitäten kompensiert wurde.[1]

Die auch in anderen Sektoren zu beobachtende Experimentierfreudigkeit der kubanischen Politik, die sicherlich zum Überleben des Regimes nach 1990 beigetragen hat, brachte auch im Wohnungssektor eine Reihe von Neuerungen hervor, deren eindrucksvollste Ausprägung die seit 1971 bekannten (und zwischenzeitlich vorübergehend stillgelegten) Microbrigaden sind: kollektiver Selbsthilfe-Wohnungsbau von Betrieben, deren Kapazität nicht voll ausgelastet ist.[2] Andere Reformen betrafen die fast lückenlose Übereignung bisheriger sozialer Mietwohnungen an die Bewohner und die offizielle Förderung der individuellen Selbsthilfe als Teil des Wohnungsgesetzes von 1984.[3] Die flexible Handhabung der staatlich kontrollierten Wohnungsver-

---

[1] Für eine umfassende Kritik der kubanischen Wohnungspolitik bis Ende der 80er Jahre siehe Hamberg (1990), für eine Analyse des Bereiches Selbstbau siehe Mathéy (1992, 1993, 1997a, 1997b).
[2] Für eine Erläuterung der Arbeitsweise von Microbrigaden siehe Hoffmann (1994); Mathéy (1994); Strümpler de Salazar (1994).
[3] Das Gesetz wurde 1988 novelliert. Siehe Vega Vega (1986); Dávalos Fernández (1990).

sorgung setzt sich auch nach Eintritt der Versorgungskrise *(período especial)* 1990 bis heute fort, auch wenn der Wohnungssektor in den in- und ausländischen Medien wenig Beachtung findet. Im Folgenden sollen die wesentlichen Reformen des Wohnungssektors insbesondere seit 1990 beleuchtet werden.

2. Diversifizierung des institutionellen Rahmens

Mit Beginn der Revolution wurde die allgemeine Verantwortung für den Wohnungssektor dem *Ministerio de la Construcción* zugeteilt, dem heute auch das Institut für Wohnungswesen *(Instituto Nacional de la Vivienda)* und die Baustoff-Industrie *(Industria de Producción de Materiales de Construcción)* zugeordnet sind. Das System war zunächst in hohem Maße zentralistisch ausgeprägt, zumal auch fast alle Finanzen über das Ministerium flossen. Lediglich bestimmte Schlüsselministerien, wie das Zucker- und das Landwirtschaftsministerium, sowie die Armee und die Polizei genossen eine gewisse Autonomie (und ein eigenes Budget) bei der Bereitstellung von Wohnraum für ihr eigenes Personal. Es ist leicht nachzuvollziehen, dass diese große, als Monopol fungierende Zentralverwaltung der Wohnungswirtschaft unter einer gewissen Schwerfälligkeit litt und die in den nationalen Wirtschaftsplänen vorgegebenen Ziele nicht erreichte.

Die bereits erwähnte Privatisierung des Wohnungsparks war eine unter mehreren Maßnahmen, diesem Manko entgegenzusteuern: Inzwischen wohnen 85% der Bevölkerung in den eigenen vier Wänden. Ein anderer Schritt in Richtung Aufteilung von Verantwortlichkeiten und Dezentralisierung waren für die Instandhaltung der Außen- und Gemeinschaftsbereiche in den privatisierten Wohnblocks die Übertragung der Verantwortung an die Gemeinden Ende der 80er Jahre und, kurz zuvor, die neu eingerichteten Sozialen Microbrigaden: Letztere widmen sich speziell der Sanierung sowie Modernisierung des Bestands und der Baulückenschließung. Ein noch weiterführender Schritt war die Gründung von Quartiersbüros für Stadterneuerung *(Talleres de Transformación Integral del Barrio)*, die sich nicht selten mit den sozialen Microbrigaden assoziierten. Gemeinden wie auch die Stadtteilbüros sind sehr viel besser als ein Ministerium in der Lage, aktuelle Notstände zu bewerten und angemessen auf sie zu reagieren, d.h. einen optimalen Nutzen aus ungenutzten lokalen Ressourcen zu ziehen. Das anfängliche Problem, dass diese dezentralen Institutionen kaum über eigene Mittel verfügten, um effizient zu agieren, scheint inzwischen durch höhere Zuweisungen aus der Staatskasse entschärft.

Das 1984 gegründete *Instituto Nacional de la Vivienda*, die Übertragung der Verantwortung an die Gemeinden,[4] erlangte bereits vor dem so genannten *período especial*, also vor 1990, eine operative Unabhängigkeit vom Bauministerium. Es zeichnet seitdem nicht nur für die Weiterentwicklung der Wohnungspolitik verantwortlich, sondern steuert über seine Provinzverwaltungen auch die Verteilung der staatlichen Wohnungsbaumittel und verwaltet die Zuteilung von Wohnraum. Die zentralen Wohnungsbaumittel gelten ausschließlich dem Neubau von Wohnraum, wobei mit der Bauausführung wiederum das Bauministerium beauftragt ist. Seitdem das Institut aus der Vergabe von privaten Vermietungslizenzen (siehe weiter unten) über zusätzliche eigene Deviseneinnahmen in beachtlicher Höhe verfügt, ist sein politisches Gewicht weiter gestiegen. Diese Gelder sind in erster Linie für die Instandhaltung und Reparatur des gegenwärtigen Wohnungsparks gedacht, eine Aufgabe, für die zuvor das Bauministerium und die Gemeinden zuständig waren, die aber allgemein vernachlässigt wurde. Es bleibt abzuwarten, ob diese Mittel ausreichen, angesichts des enormen Nachholbedarfs spürbare Verbesserungen im Wohnungsbestand zu bewirken.

1996 wurde die Verwaltung des *Instituto de la Vivienda* umstrukturiert, wobei als neue Schlüsselinstanz die so genannten *Unidades Inversionistas de la Vivienda* auf Provinz- und Gemeindeebene eingerichtet wurden. Diese sollen in erster Linie eine Koordinationsfunktion auf lokaler Ebene übernehmen zwischen den nunmehr mannigfaltigen Trägern der Wohnungsversorgung, einschließlich der Ministerien, Armee, Polizei, Selbstbauer, NROs etc., die sinnvolle Verteilung der Ressourcen (insbesondere die im Staatsmonopol vertriebenen Baumaterialien) steuern und die qualitative Bauüberwachung wahrnehmen. Die *Unidades* verfügen zurzeit über ein Personal von 2.500 Personen.

Der Vollständigkeit halber sei noch erwähnt, dass es in den historisch bedeutenden Altstadtzentren von Havanna, Santiago de Cuba und Trinidad ebenfalls autonome Entwicklungsbudgets gibt, die direkt aus den lokal erwirtschafteten Tourismus-Einnahmen und der internationalen Zusammenarbeit gespeist werden.[5] Ein Teil dieser Einnahmen fließt in den Ausbau der touristischen Infrastruktur und in die Denkmalpflege, während ein anderer,

---

[4] Vor dem Wohnungsgesetz von 1984 gab es eine Vorgängerorganisation als Abteilung des Instituto Técnico de la Vivienda.
[5] In Havanna, der ältesten Einrichtung dieser Art, verwaltet die *Oficina del Historiador de la Ciudad* dieses Budget. In den beiden anderen Städten steht ein *Arquitecto de Ciudad* der Einheit vor.

nicht zu vernachlässigender Anteil für die Sanierung von Wohnraum und Infrastruktur zum direkten Nutzen der ansässigen Bevölkerung verwendet wird.

Last but not least muss auf die Tätigkeit von Nichtregierungs-Institutionen (NROs) seit etwa 1990 hingewiesen werden, die sich entweder ausschließlich (wie im Fall von Habitat Cuba) oder teilweise (z.B. im Fall des Centro Martin Luther King) der Verbesserung der Wohnraumversorgung widmen. Ihre Tätigkeit wird in der Hauptsache durch Spenden internationaler NROs ermöglicht, zu einem geringeren Anteil aber auch aus privaten nationalen Quellen. Das Ausmaß ihrer Tätigkeiten unterliegt über den Genehmigungsweg der staatlichen Kontrolle und bestimmte Aktivitäten behält sich der Staat alleine vor.

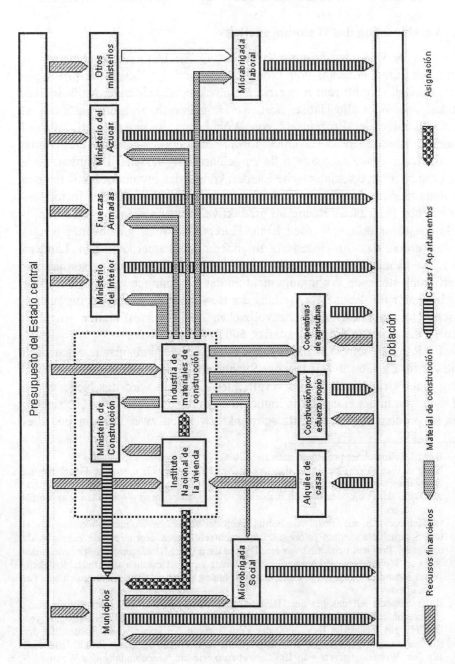

Diagramm 1: Topographie der Institutionen im Wohnungssektor

3. Verringerung des Wohnungsdefizits

Der aktuelle Wohnungsbestand Kubas beträgt 3,1 Millionen Einheiten, was bei einer Einwohnerzahl von 11 Millionen rund 3,5 Bewohner pro Wohnungseinheit[6] ergibt: rein rechnerisch eine akzeptable Menge. Natürlich befinden sich nicht alle Häuser dort, wo sie gebraucht werden; ein nicht zu vernachlässigender Prozentsatz von Wohnungen ist unterbelegt, während andere (insbesondere in Havanna) hoffnungslos überbelegt sind. Deshalb ist 2000 wieder eine Zuzugskontrolle eingeführt bzw. verschärft worden.[7] Wie zuvor auch andere sozialistische Länder, konnte das revolutionäre Kuba den Wohnraummangel nie ganz beseitigen, was zum Teil mit der historisch-politischen Prioritätensetzung im produktiven statt im Konsum- und Reproduktionssektor erklärt werden kann. Fairerweise muss gleichzeitig festgestellt werden, dass im Gegensatz zu anderen lateinamerikanischen Ländern in Kuba niemand auf der Straße leben muss[8] und dass der persönlich zur Verfügung stehende Wohnraum nicht an das Einkommen gekoppelt ist oder als Indikator für die soziale Stellung der Bewohner fungiert (was für ausländische Besucher schwer nachzuvollziehen ist). Nach offiziellen Angaben beträgt das aktuelle Wohnungsdefizit 600.000 Einheiten.

Im Rahmen seiner Sozialfürsorge fühlt sich der kubanische Staat nach wie vor für die Gewährleistung des Rechts auf Wohnung im Sinne der Erfüllung eines Grundbedürfnisses verpflichtet.[9] Deshalb wird der Neubau von Wohnungen in der Hauptsache immer noch durch den Staat selbst betrieben; der so produzierte Prozentsatz schwankt zwischen zwei Dritteln und drei

---

[6] Bzw. 3,7 Einwohner pro Raum nach INV 2000.
[7] Nach Acosta (1998) bestimmt das Dekret Nr. 217 von 1997, dass eine Genehmigung zum Zuzug nach Havanna nur dann erteilt wird, wenn der oder die Bewerber/in nachweisen kann, dass ihm oder ihr dort mindestens zehn Quadratmeter Wohnfläche zur Verfügung stehen.
[8] Obdachlose, z.B. auf Grund von Baufälligkeit der bisherigen Wohnung, werden in Not- und Sammelunterkünften *(albergues)* untergebracht, deren deprimierende Zustände als nationales Problem betrachtet werden. Da praktisch keine Kündigungen oder Enteignungen von Wohnungen vorkommen, gibt es wenig andere Ursachen für Obdachlosigkeit. Wenn Jugendliche und junge Paare keine Wohnung finden, bleiben sie notgedrungen bei ihren Eltern.
[9] Unter Hinweis auf das bei der Habitat-Konferenz in Istanbul 1996 umstrittene Menschenrecht auf angemessenen Wohnraum, dem auch eine aktuelle Kampagne von UNCHS gilt, bekräftigt INV 2000 die Verpflichtung des kubanischen Staates, bei der Durchsetzung dieses Rechtes eine aktive Rolle zu übernehmen. Diese Pflicht leitet sich aus dem Wohnungsgesetz von 1988 ab, ebenso wie die Sozialbindung des Wohnungseigentums, das weder zur persönlichen Bereicherung noch zur Ausbeutung Dritter missbraucht werden darf.

Vierteln aller neu gebauten Wohnungen. Die restlichen Neubauten werden von den Nutzern selbst erstellt *(construcción por esfuerzo propio)*, und zwar fast ausschließlich außerhalb der beiden großen Städte Havanna und Santiago de Cuba – d.h. in solchen Gemeinden, wo weniger verdichtete Bauweise mit maximal zwei Geschossen vorgesehen ist und auch die notwendigen Grundstücke verfügbar sind.[10]

Gegen Ende der 80er Jahre hatten sich die Neubauzahlen aller Sektoren zusammen genommen auf 40.000-50.000 pro Jahr eingependelt, doch mit Beginn des *período especial* schrumpfte dieser Wert schnell auf die Hälfte. Zwar wurde die Anzahl der verfügbaren Bauarbeiter durch die Spezialperiode nicht unbedingt beeinträchtigt, aber Engpässe bei der Lieferung von Baumaterialien brachten endlose Verzögerungen mit sich oder zwangen zur vollkommenen Stilllegung vieler Baustellen. Grund dafür war in der Hauptsache die Energieabhängigkeit des Sektors bei der Zementproduktion und beim Transport, aber auch der Devisenmangel bei Sanitär- und Elektro-Installationen, die z.T. nicht im Lande hergestellt werden. Der Produktionsstau konnte Mitte der 90er Jahre langsam überwunden werden, und die 1996 fertiggestellten Wohnungen erreichten eine Rekordzahl von über 57.000 Einheiten. Ermöglicht wurde dieses Ergebnis durch konsequente Standardreduzierung und einfachere Baumethoden, wie zum Beispiel stabilisierter Lehmbau. Der Billigbau, die sogenannte *vivienda económica,* brachte aber technische Mängel (d.h. geringere Haltbarkeit) und andere Probleme mit sich und wurde bald wieder zurückgefahren. Als Folge fiel die Produktion, gemessen an den fertiggestellten Einheiten in den letzten Jahren, wieder um bis zu 20% ab, aber gleichzeitig verbesserte sich der Standard.[11] D.h., dass das Bauvolumen in etwa gleich geblieben ist.

---

[10] In Havanna und Santiago de Cuba versucht man, die weitere Ausuferung der Städte nach westlichem Muster zu vermeiden. Deshalb sind Neubauten in der Regel nur im Geschosswohnungsbau vorgesehen.

[11] Der Standard einer Wohnung wird offiziell in einer siebenstufigen Skala gemessen, wobei die erste Stufe die höchste Qualität darstellt. Stufen sechs und sieben gelten als unbewohnbar, zur Stufe fünf zählen z.B. Einzelgehöfte in den Bergen. Heutige Neubauten zählen zu 91% zu den Stufen eins bis drei; 7% zur Stufe vier; und 1,2% zur Stufe fünf. Im Jahr 1995 zählten noch 22% aller Neubauten zur Stufe fünf.

Abbildung 1: Fertiggestellte Wohnungen 1986-1999

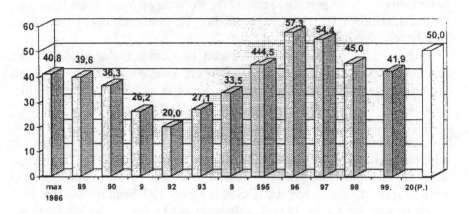

4. Wohnraumerhalt

Die meisten sozialistischen Länder konzentrierten ihre Bemühungen in der Bekämpfung der Wohnungsnot auf den Neubau von Wohnraum, wobei der gleichzeitige Substanzverfall durch Vernachlässigung des Bestandes in der Gesamtbilanz wenig Verbesserung brachte. Die flache Logik "Es fehlen Wohnungen – deshalb müssen neue zusätzlich gebaut werden" scheint auf den ersten Blick plausibel, und quantitative Statistiken über fertiggestellte Wohneinheiten liefern abzählbare Beweise für die Errungenschaften einer erfolgreichen Revolution. Auch in Kuba sind die Folgen dieser einäugigen Politik nicht zu übersehen: Standardisierter Massenwohnungsbau "ziert" die Silhouette auch von Klein- und Mittelstädten, und gleichzeitig bleiben die halbverfallenen Fassaden der historischen Substanz den Touristen wie den Besuchern von Filmen über Kuba (wie *Buena Vista Social Club*) traurig im Gedächtnis. Allerdings hat auch der kubanische Staat das Problem nicht erst heute erkannt. Nach dessen offiziellen Schätzungen ließen sich von dem Defizit der fehlenden 600.000 Einheiten immerhin schon 60% durch Instandsetzung unbewohnbar gewordener Gebäude abbauen – was nicht nur soziale und städtebauliche Vorteile mit sich brächte, sondern auch billiger ist, wenn man die Einsparungen für die schon vorhandene soziale und technische Infrastruktur einkalkuliert.

Der traurigen Optik zusammengefallener Altbauten wird seit Mitte der 90er Jahre durch schnellen Abtransport von Ruinen (insbesondere in Havanna) Rechnung getragen, während gleichzeitig verschiedene Programme, wie die sozialen Microbrigaden oder die gezielte Abgabe von Baumaterialien an die Besitzer von Eigenheimen, den Verfall des Bestandes aufhalten sollen. Allein in den letzten vier Jahren (1996-1999) hat sich die Zahl der reparierten und totalsanierten Wohneinheiten von rund 60.000 pro Jahr auf über 150.000 pro Jahr knapp verdreifacht.[12] Heute, im Jahr 2000, befinden sich 240.000 Wohnungseinheiten in einer mehr oder weniger fortgeschrittenen Phase der Sanierung, die sich jedoch (wegen Material- und Mittelknappheit) typischerweise über mehrere Jahre hinzieht. Um die Fertigstellung dieser Einheiten zu beschleunigen, wurden im gleichen Jahr 60% aller Baumaterialien für die Instandsetzung, und nur 40% für den Neubau eingeplant.

---

[12] Für das Jahr 1999 wird vom Instituto Nacional de la Vivienda (vgl. INV 2000) sogar mit 295 Millionen Sanierungen und Modernisierungen die doppelte Anzahl angegeben, wovon 51% dem Selbsthilfe-Sektor zuzuordnen sind.

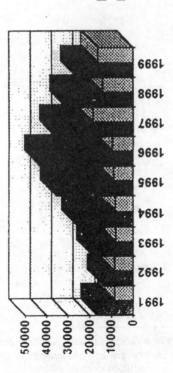

Abbildung 2: Anteil der Selbsthilfe am Wohnungsbau 1991-1996

5. Wohnungen für wen?

Solange Wohnungen Mangelware sind und die Zahlungsfähigkeit oder -bereitschaft als Kriterium ausgeschlossen ist, entscheiden die administrativen Verteilungsmodalitäten für den Einzelnen über die Einlösung seines "Rechtes auf Wohnraum". Für die vom Bauministerium bzw. den Gemeinden erstellten und vom *Instituto Nacional de la Vivienda* kontrollierten Neubauwohnungen gibt es Wartelisten, bei denen eine Kombination verschiedener familiärer Umstände und der Zustand der bisherigen Behausung berücksichtigt werden – auch besondere soziale Verdienste können Pluspunkte bringen. Doch wie schon weiter oben erwähnt, erfasst dieser Sektor weniger als ein Viertel aller Neubauten. Andere Ministerien und Institutionen, die aus eigenen Mitteln ebenfalls Wohnungen erstellen, haben ihre eigenen Zuteilungskriterien und bedienen in der Regel für den Ersteinzug nur ihre eigenen Mitarbeiter. Bei den Microbrigaden entscheidet die Betriebsversammlung über die Zuteilung, obwohl eine Quote von 20% für den allgemeinen Bedarf an die Gemeinde abgetreten werden muss. Bürgern, die nicht den Zuteilungskriterien der staatlichen Institutionen entsprechen, bleibt nur der Weg zum Selbstbau, wenn sie ein neues Haus bewohnen möchten.

Abbildung 3: Anteil unterschiedlicher Institutionen im staatlichen Wohnungsneubau

Año	Total	Micons	%	Minaz	%	Minagri	%	Resto	%
1995	35.358	3.877	11	10.293	29	14.086	40	7.102	20
1996	42.891	7.378	17	11.408	17	14.306	33	9.799	23
1997	35.891	7.315	20	6.947	19	11.987	34	9.642	27
1998	30.762	6.657	22	5.945	19	11.165	36	6.995	23
1999	25.684	6.020	23	5.395	21	7.459	29	7.160	26
2000 (Plan)	33.000	8.642	25	6.451	20	8.582	26	3.756	29

Statistisch gesehen ist der Bezug einer Neubauwohnung aber eher ein Ausnahmefall, wenn eine Familie, aus welchen Gründen auch immer, die Wohnung wechselt. Weitaus häufiger ist der Wohnungstausch, bekannt als *permuta*, der bislang nur durch einen Notar abgewickelt werden konnte und in der Praxis sehr flexibel gehandhabt wurde. Die *permuta* ist keine neue Einrichtung, wie z.B. der sehr humorvolle kubanische Film *Se permuta* aus den 70er Jahren illustriert. Neu ist allerdings, dass mit der größeren Differenzierung bei den Einkommen als Folge der Dollarisierung einige Familien über wesentlich höhere Summen verfügen, die sie als Ausgleichszahlung bei ungleichem Tausch anbieten können. Über lang oder kurz ist eine Gentrifizierung, d.h. sozial-räumliche Segregation der Bewohnerschaft, vorgezeichnet, und eine Häufung von fragwürdigen Machenschaften und Täuschungen, wie Ringtausche unter Einbeziehung von nicht existierenden Einheiten, veranlasste die Regierung, ab September 2000 eine Genehmigung durch das Wohnungsinstitut vorzuschreiben. Der Wohnungsspekulation – ideologisch inakzeptabel – wird auch dadurch vorgebeugt, dass jede Familie nur eine Stadtwohnung (und zusätzlich ggf. eine Ferienwohnung) besitzen darf. Wohnungen können auch verkauft werden, z.B. bei Wegzug oder nach Todesfällen, aber nur zu staatlich festgesetzten Preisen.

Mit dem Aufschwung des Tourismus und der Niederlassung internationaler Firmen wächst auch die Nachfrage von Ausländern nach Wohnungsbesitz in Kuba. Solange es jedoch noch offiziell Wohnungsnot im Lande gibt, steht der Bestand für dieses Klientel nicht zu Verfügung. Anders verhält es sich mit Neubauten, die von verschiedenen Institutionen, wie zum Beispiel dem Entwicklungsbüro zu Altstadtsanierung von Havanna, im Rahmen eines eigens dafür verabschiedeten Gesetzes speziell für den Zweck der Devisenerwirtschaftung erstellt werden *(negocio inmobiliario)*. Die Preise für solche Domizile liegen bei 800 bis 1.000 US-Dollar pro Quadratmeter. Da mit dem Kauf jedoch nicht automatisch ein Aufenthaltsrecht für Kuba erworben wird, ist die Nutzung dieses Wohnungseigentums unter Umständen eingeschränkt.

6. Kosten, Preise und Finanzierung

Wie schon erläutert, zählt der Wohnungsbau zu den Sozialleistungen des kubanischen Staates und wird in großem Umfang subventioniert. Die durchschnittlichen Erstellungskosten einer neuen Sozialwohnung werden mit 15.000 kubanischen Pesos plus 3.000 US-Dollar (für importabhängige Komponenten) angegeben. Unter Berücksichtigung der Zahlungsfähigkeit der Bevölkerung wird der Verkaufspreis der Wohnung *(precio de transferencia)* an die Nutzer aber wesentlich geringer angesetzt und enthält einen Subventionsanteil zwischen 51% und 57%. Typische Preise für eine neue 60 Quadratmeter große Wohnung liegen je nach Qualität zwischen 4.500 und 10.050 Pesos, das sind etwa 20 bis 50 individuelle Monatsgehälter.[13] Da es

---

[13] Dabei ist zu berücksichtigen, dass in den meisten Familien zwei oder drei Gehaltsempfänger leben. Das Rechenexempel leidet natürlich unter der Diskrepanz der Peso-Wirtschaft zum Devisen-Sektor. Umgerechnet in US-Dollar kostet die teuerste Neubauwohnung den Gegenwert von nur 500 Dosen Bier!

seit der Übertragung des Wohnungseigentums an frühere Mieter nach dem Wohnungsgesetz von 1984 praktisch keine Mietwohnungen mehr gibt, und (wie überall) nur sehr wenige Wohnungssuchende über die erforderlichen Ersparnisse für einen Hauskauf verfügen, werden von der *Banco Popular de Ahorro* Kredite angeboten. Diese Darlehen lassen sich übrigens auch für Sanierungsaufwendungen oder den Grundstückserwerb (für Selbstbau) verwenden, und haben Laufzeiten zwischen zehn und 30 Jahren bei 2% oder 3% Verzinsung.[14] Richtwert für die monatliche Belastung galt seit Beginn der Revolution 10% des Familieneinkommens, die neuen Kredite werden aber flexibler unter Berücksichtigung der Belastbarkeit berechnet, so dass Zahlen auch höher liegen können.

Um dem Problem der Unterbelegung vieler älterer Wohnungen zu begegnen, wurde Mitte der neunziger Jahre die Vermietung einzelner Räume legalisiert, und die Lizenz dafür mit einer Abgabe belegt. Die Höhe der Abgabe richtet sich nach der geographischen Lage (d.h. sie ist wesentlich teurer in designierten "touristischen Zonen" wie Varadero und bestimmten Teilen Havannas) und der Kategorie der Mieter. Während bei einheimischen Mietern die Lizenz in nationaler Währung berechnet wird und preislich eher vernachlässigbar ist, beträgt sie bei Vermietung an Ausländer bis zu 200 US-Dollar pro Monat – unabhängig davon, wie viele Tage tatsächlich Miete eingenommen wird. Die Lizenzgebühr geht an das *Instituto Nacional de la Vivienda* für die Finanzierung seiner satzungsgemäßen Aufgaben. Im vergangenen Finanzjahr erwirtschaftete die Vermietungslizenz 8,5 Millionen US-Dollar von den insgesamt 35 Millionen US-Dollar des nationalen Wohnungsbaubudgets; 65% dieser Einnahmen kamen allein aus der Touristenmetropole Havanna.

Ebenfalls ein neues Phänomen ist die Möglichkeit zweckgebundener Projektfinanzierung für den Wohnungsbau aus dem Ausland, z.B. von Gemeinden, Provinzregierungen oder Hilfsorganisationen. Diese können nun direkte Vereinbarungen treffen mit lokalen Gruppen, NROs und Gemeinden in Kuba, und unabhängig von dem Plan des INV Investitionshilfen gewähren.[15] Da die Bauindustrie in diesem Fall unsubventionierte Marktpreise für

---

[14] Die günstigeren Konditionen gelten für Microbrigaden und ländliche Kooperativen. Da die Kredite als Solidarkredite an Gruppen vergeben werden, entfällt die Anforderung nach einer vorherigen Ansparung oder nach Sachwerten als Sicherheit. Die Rückzahlungsquote wird mit 97-99% angegeben (INV 2000).

[15] Ein Beispiel für ausländische Direktförderung an eine Gemeinde ist ein Wohnungsbauprojekt in Santa Cruz del Norte durch den Dietzenbacher Verein MONIMBO in Deutsch-

die Materialien berechnet, kann bei höherem Bedarf auch die Produktion heraufgefahren werden (seit der Krise gibt es noch immer viele ungenutzte Kapazitäten in der Baustoffindustrie, insbesondere Zement- und Ziegelfabriken).

7. Grund und Boden

Einen Bodenmarkt im Sinne der Marktwirtschaft gibt es in Kuba nicht, dennoch wird ein Preis für das Recht der Bodennutzung als Regulativ für eine sinnvolle und nicht verschwenderische Flächennutzung festgesetzt. Im Wohnungssektor sind die Grundstücksgrößen allerdings ohnehin beschränkt, so dass die Preisspannen relativ eng sind. Für den Selbsthilfe-Wohnungsbau liegen diese Werte zwischen sechs Pesos (Provinz) und 33 Pesos (Wohnblock in Havanna) pro Quadratmeter; bei staatlich erstellten Wohnungen wird ein Standardwert von 15% des Gebäudewertes berechnet.

8. Qualität statt Quantität?

Die erste Reaktion auf die Krise, die durch den Zusammenbruch der Wirtschaftsbeziehungen mit dem Ostblock entstand, war eine Suche nach importunabhängigen Technologien. Die bis dahin vorherrschende Beton- und Fertigbauweise wurde zurückgestellt, und individuelle, doch bislang unbeachtet gebliebene Forschungen von Außenseitern zu alternativen Baumaterialien gewannen die ihnen gebührliche Aufmerksamkeit. Fast überall wurde mit dem Recycling von Baumaterialien aus Abrisshäusern begonnen – wie z.B. die Weiterverwendung von alten Hartholzbalken, oder die Beimischung von Schutt als Aggregatstoff für neue Blocksteine.[16] In größerem Umfang umgesetzt wurden zementstabilisierte Lehmbauten, doch bald stellte sich heraus, dass aufgrund der dicker zu dimensionierenden Mauern die Zementeinsparung nicht so groß war, wie erwartet – bei gleichzeitigem Verlust an Wohnfläche. In anderen Klimazonen mit großen Temperaturschwankungen, wo die Mauern ohnehin dicker sein müssen, und von wo die Technologie übernommen wurde, sind die Vorteile offensichtlicher.

Wie schon oben erwähnt, wird inzwischen nicht nur wieder mit besserem Standard gebaut, auch lokale Bautraditionen und konventionelle Materialien

---

land, wobei die Projektabwicklung durch die kubanische NRO Habitat Kuba koordiniert wird.

[16] Mitten in Havanna, im Quartier Cayo Hueso (Centro Habana) wurde zum Beispiel ein Bauhof u.a. für die Herstellung von Betonblöcken aus Abfallschutt eingerichtet.

kommen wieder verstärkt zum Einsatz (vgl. Bancrofft 1994). Der zementintensive Plattenbau der 70er und 80er Jahre ist definitiv passé; kleinteiligere Ziegel und Betonsteine sind wieder das Standardmaterial. In außerstädtischen Gebieten wird statt der klimatisch problematischen Betondecke häufiger wieder ein geneigtes Dach mit größeren Raumhöhen bevorzugt, wobei leichte Microzementziegel die alten Dachziegel ersetzen. Fabrikmäßig vorfabriziert werden fast nur noch standardisierte Deckenelemente, manchmal auch Treppen und Sanitärzellen. Somit ist positiv festzustellen, dass die Krise aus rein ökonomischen Gründen half, eine längst überfällige Abkehr von der Beton-Euphorie des Bauministeriums für den Wohnungsbau einzuläuten. Während heute architektonische Qualitäten anderer Bauweisen in Kuba wieder diskutiert und gewürdigt werden, bleiben zum Beispiel baubiologische Argumente noch unbeachtet.

Ansätze zu qualitativen Verbesserungen sind auch bei der Hausform festzustellen. Für die Zielgruppe der Selbstbauer hat die kubanische Wohnbau-NRO Habitat Cuba das Programm der Nachbarschaftsarchitekten *(arquitectos de la comunidad)* ins Leben gerufen, mittels dessen Bauwillige gegen eine pauschale Gebühr mehrere Beratungen mit einem lokalen Architekten und einen maßgeschneiderten Hausentwurf unter Berücksichtigung auch psychologischer Erwägungen bekommen können. Die Architektenkammer lobt jährlich einen mit 1.000 US-Dollar dotierten nationalen Wettbewerb für den Entwurf von Wohnhäusern aus, doch die vorwiegend ingenieurmäßig orientierte Architektenausbildung über die vergangenen vier Jahrzehnte hat noch nicht wieder das architektonische Niveau verfügbar gemacht, für das eine Vielzahl kubanischer Bauwerke vor und zu Beginn der kubanischen Revolution berühmt waren.[17] Hinzu kommt, dass infolge der aktuell sehr schwierigen finanziellen Situation in Kuba gerade für qualifizierte Berufe viele der begabtesten jungen Architekten des Landes derzeit im Ausland ihr Geld verdienen. Paradoxerweise explodiert seit zwei oder drei Jahren die Anzahl junger (und auch älterer) ausländischer Architekten, die sich für ein fachliches Engagement in Kuba interessieren, aber es schwer finden, geeignete Kanäle für ein solches Vorhaben ausfindig zu machen.

---

[17] Für eine ausgezeichnete Dokumentation beispielhafter neuerer, aber auch kolonialer Architektur in Havanna siehe Martín Zequeira/Rodríguez Fernández (1998). Roberto Segre (1994) und Sergio Baroni (1994) unternehmen eine wertende Darstellung postrevolutionärer Architekturtrends.

9. Resümee

Auch nach 1990 hält Kuba an dem Prinzip des Wohnens als Grundbedürfnis fest, dessen Befriedigung nicht dem Markt überlassen werden kann und einer staatlichen Regulierung bedarf und beachtliche Subventionen rechtfertigt. Nur kleine Segmente, wie die Privatvermietung von Zimmern oder Neubauwohnungen für Ausländer, werden aus diesem System herausgelöst und dienen über Monopolpreise der Devisenbeschaffung. Gleichzeitig werden alle Vorkehrungen getroffen, die private Boden- und Wohnungsspekulation zu verhindern.

Das früher zentralistische Management des Wohnungssektors über das Bauministerium wurde aufgegeben zugunsten einer Vielzahl von Akteuren, die auch Gemeinden, die Bevölkerung und NROs einschließen. Innerhalb dieser Kanäle wurden unterschiedlich ausgeprägte Elemente der Selbstverwaltung eingeführt. Die Verteilung von Baumaterialien ist gesplittet: Für die Grundversorgung regelt das *Instituto Nacional de la Vivienda* die Zuteilung auf die unterschiedlichen Akteure; im Devisensektor gibt es keine Bewirtschaftung und die Produktion wird an die Nachfrage angepasst.

Auch der Zugang zu Wohnungen erfolgt über verschiedene Kanäle: Kommunale Wartelisten nach Bedürftigkeitskriterien, basisdemokratische Verteilung durch die Gruppe im Fall der Microbrigaden, Eigeninitiative (mit gewissen Kontrollinstanzen durch den Staat) beim Wohnungstausch und beim Selbstbau.

Die frühere Konzentration auf den Wohnungsneubau ist überwunden zugunsten verstärkter Anstrengungen beim Erhalt des bestehenden Wohnraums. Anstelle von industrialisiertem Massenwohnungsbau in Trabantenstädten werden wieder kleinteiligere Lösungen mit Bezug auf die lokale Tradition und unter Nutzung der bestehenden Infrastruktur bevorzugt. Gute architektonische Resultate sind aber immer noch eine Ausnahme.

Literaturverzeichnis

Acosta, Dalia (1998): "Habitat-Cuba: Acute Housing Shortage in Havana". In: IPS World News, http://www.oneworld.org/ips2/june98/19-13-091.html.

Bancrofft, Rubén (1994): "Die Entwicklung von neuen Baustoffen und die Wiederentdeckung traditioneller Konstruktionsmethoden in Cuba". In: Mathéy, Kosta (Hrsg.): Phänomen Cuba. Alternative Wege in Architektur, Stadtentwicklung und Ökologie. Karlsruhe: Universität ORL, S. 195-205.

Baroni, Sergio (1994): "Report from Havana". In: Mathéy, Kosta (Hrsg.): Phänomen Kuba. Alternative Wege in Architektur, Stadtentwicklung und Ökologie. Karlsruhe: Universität ORL, S. 21-30.

Coyula Cowley, Mario (1997): "Medio ambiente urbano y participación popular (MAU/PP) en Kuba: contexto nacional". In: Camacho, Luis E. (Hrsg.): Quiénes hacen ciudad? Ambiente urbano y participación popular. Cenca (Ecuador): Ediciones SIAP, S. 123-150.

Dávalos Fernández, Rodolfo (1990): La Nueva Ley General de la Vivienda. Havanna: Editorial de Ciencias Sociales.

Hamberg, Jill (1990): "Cuba". In: Mathéy, Kosta (Hrsg.): Housing Policies in the Socialist Third World. London: Mansell, S. 35-70.

Hoffmann, Dirk (1994): "Die Microbrigade der Kämpfer – Beobachtungen zu Wohnungsbau und Stadtteilsanierung in Bayamo". In: Mathéy, Kosta (Hrsg.): Phänomen Kuba. Alternative Wege in Architektur, Stadtentwicklung und Ökologie. Karlsruhe: Universität ORL, S. 149-160.

INV/Instituto Nacional de la Vivienda (2000): "Informe Nacional de Cuba a Estambul +5". In: http://www.habitat-lac.org/habitat-lac/informe-cuba.htm.

Martín Zequeira, María Elena/Rodríguez Fernández, Edouardo Luis (1998): La Habana – Guía de Arquitectura. Sevilla: Consejería de Obras Públicas y Transportes, Dirección General de Arquitectura y Vivienda.

Mathéy, Kosta (1992): "Self-Help Housing Policies and Practices in Cuba". In: Mathéy, Kosta (Hrsg.): Beyond Self-Help Housing. London: Mansell, S. 181-216.

— (1993): Kann Selbsthilfe-Wohnungsbau sozial sein? Erfahrungen aus Cuba und anderen Ländern Lateinamerikas. Münster: LIT (Kontroversen, Bd. 5).

— (1994): "Microbrigaden: eine rein kubanische Erfindung". In: Mathéy, Kosta (Hrsg.): Phänomen Cuba. Alternative Wege in Architektur, Stadtentwicklung und Ökologie. Karlsruhe: Universität ORL, S. 133-148.

— (1997a): "Self-Help Housing Strategies in Cuba: An Alternative to Conventional Wisdom?". In: Potter, Robert/Convay, Dennis (Hrsg.): Self-help Housing, the Poor, and the State in the Caribbean. Knoxville: The University of Tennessee Press, S. 164-187.

— (1997b): "Self-Help Approaches to the Provision of Housing: The Long Debate and a Few Lessons". In: Gugler, Josef (Hrsg.): Cities in the Developing World. Issues, Theory, and Policy. Oxford: Oxford University Press, S. 280-290.

Segre, Roberto (1994): "Architektur und Städtebau im revolutionären Cuba". In: Mathéy, Kosta (Hrsg.): Phänomen Cuba. Alternative Wege in Architektur, Stadtentwicklung und Ökologie. Karlsruhe: Universität ORL, S. 1-20.

Segre, Roberto/Coyula, Mario/Scarpaci, Joseph L. (1997): Havana – Two Faces of the Antillean Metropolis. Chichester: John Wiley & Sons.

Strümpler de Salazar, Uta (1994): "Die Sanierung eines informellen Wohngebiets durch Soziale Microbrigaden". In: Mathéy, Kosta (Hrsg.): Phänomen Cuba. Alternative Wege in Architektur, Stadtentwicklung und Ökologie. Karlsruhe: Universität ORL, S. 161-174.

Vega Vega, Juan (1986): Comentarios a la Ley General de la Vivienda. Havanna: Editorial de Ciencias Sociales.

Hans Harms

Probleme der Stadterneuerung in Kuba

1. Einleitung

Probleme der Stadterneuerung sind (je nach Definition) so alt wie die Stadt. Brände, Kriege und Naturkatastrophen können kurzfristig zu Zerstörungen und Verfall von Städten führen. Eine andere, mehr alltägliche Situation entsteht durch längerfristige Abnutzungs- und Alterungsprozesse von Gebäuden, Infrastruktursystemen und ganzen Stadtteilen, die zu flächenhaftem Stadtverfall führen können, wenn die Schäden, die durch Vernachlässigung der Reparaturen und Instandsetzung der Baustruktur entstehen, nicht durch gezielte Maßnahmen und Investitionen behoben werden. Diese können kontinuierlich oder in gewissen Zeitschüben durchgeführt werden. Hier liegt eine Herausforderung sowohl für die individuellen Nutzer oder Eigentümer der Gebäude oder Grundstücke als auch für die städtische Gemeinschaft. Es ist eine gesellschaftliche Aufgabe, die eine lokale Planung und Koordinierung vieler Akteure in den betroffenen Gebieten erfordert. Diese städtische oder staatliche Aufgabe, die eine politische Entscheidung für Maßnahmen erfordert, wird heute im allgemeinen als "Stadterneuerung" bezeichnet. Die Dynamik der Stadtentwicklung (ob z.B. Stadtteile kontinuierlich erneuert werden oder verfallen, ob bestehende Baustrukturen durch Abriss und Neubau oder Umbauten verändert werden, oder ob Stadterweiterungen auf anderen Flächen durch Neubau stattfinden) wird von politisch-ökonomischen Prozessen (Wachstums- oder Stagnationstrends) und gesellschaftlich-kulturellen Prozessen (der Wertschätzung und Würdigung alter Baustrukturen oder deren Geringschätzung und kulturellen Abwertung) bestimmt. Bei diesen vielfältigen Prozessen treten Akteure und Interessengruppen auf, die im Rahmen der jeweiligen Organisation der Gesellschaft und des Staates Entscheidungen fällen, Maßnahmen und Investitionen durchsetzen oder nicht. Dabei können kapitalistische privatwirtschaftliche Verwertungsprozesse von Boden und Immobilien (Aufwertung oder Abwertung), staatliche Regulations- und Umverteilungsprozesse sowie auch Nutzungs- und Umnutzungsprozesse der Bewohner, Eigentümer und Nutzer wichtige Rollen spielen. Je nach der Rechtslage und den politischen Kräfteverhältnissen zwischen Eigentümern, Bewohnern und Nutzern und staatlichen Institutionen variieren die Auswirkungen auf die Stadtbevölkerung und auf die sozialen und baulichen Strukturen der Stadt. Stadterneuerung ist Teil der gesellschaftlichen Produktion und Reproduktion von Stadt.

Kuba war eines der ersten Territorien in der Neuen Welt, die von den spanischen Kolonialherren in Besitz genommen wurden, und die letzte Kolonie, die nur nach langen Kämpfen aufgegeben wurde. Die bestehende räumliche Siedlungsstruktur und wirtschaftliche Territorialstruktur wurde durch die spanischen Stadtgründungen zwischen 1512 und 1520 vorbestimmt und war das Ergebnis von fast vier Jahrhunderten spanischer Kolonialherrschaft. Havanna wurde dabei der Hauptausfuhrhafen im spanischen Lateinamerika. Die darauf folgenden 60 Jahre US-amerikanischer Interventionen in Kuba konzentrierten sich neben der Zuckerproduktion auf dem Lande (und der Gewinnung von Nickel) vor allem auf die Entwicklung Havannas.

Die Stadtstruktur Havannas, sowohl der Altstadt als auch der ersten Erweiterungen außerhalb der Stadtmauern, wurde von spanischen Vorstellungen und Planungen geprägt. Die verschiedenen Stadtteile, Architekturen, Gebäude, Straßen, Plätze und Alleen vermitteln das Bild einer über viele verschiedene Epochen gewachsenen Stadt.

Der gegenwärtige Zustand der Gesamtstadt macht einen sehr heruntergekommenen Eindruck, auch wenn mittlerweile eine ganze Anzahl historisch und architektonisch wertvoller Gebäude restauriert oder wieder hergestellt wurden.

> In der Altstadt und in den angrenzenden Stadtteilen sind überall Verfallserscheinungen sichtbar, die von abgebrochenen Balkonen, eingestürzten Fassaden bis zu Teilruinen, die noch bewohnt sind, reichen. Die Wohnverhältnisse werden durch diesen Zustand der Bausubstanz erheblich beeinträchtigt. Durch den rapide voranschreitenden Verfall besteht die Gefahr einer weiteren Verschlechterung der Lebensverhältnisse sowie des Verlustes großer Teile der Stadt (Widderich 1997: 1).

Dies ist der Ausgangspunkt des Beitrags. Als Hintergrund soll zunächst eine skizzenhafte Darstellung der Stadtentwicklung und der Ansätze zur Verbesserung der Stadtstrukturen in Kuba vom Ende der spanischen Kolonialherrschaft bis zum Beginn der Revolution gegeben werden. Danach werden das staatliche Raum- und Stadtplanungssystem, seine Teile und seine Entstehung während drei Jahrzehnten Revolution (von 1959 bis 1989), mit den Ergebnissen, die erreicht wurden, zusammengefasst dargestellt. Dem folgen die neueren Ansätze der Stadterneuerung in der Zeit nach dem

Zusammenbruch des osteuropäischen sozialistischen Blocks, also der "Sonderperiode" *(periodo especial en tiempos de paz)* als Notstandszeit mit den katastrophalen Folgen für den Außenhandel und die Staatsfinanzen Kubas, die für die Stadterneuerung neue Probleme, aber auch neue Möglichkeiten schaffte. Im vorletzten Teil werden dann einige Fallbeispiele auf Quartiersebene für die Weiterentwicklung von Strategien der Stadterneuerung in Kuba vorgestellt und zum Schluss wird ein Fazit mit einigen Folgerungen für die Zukunft gezogen.

Die Stadterneuerungsprobleme in Kuba konzentrieren sich vor allem auf die Hauptstadt Havanna. In den mittleren und kleineren Städten ist die aktuelle Problemsituation bei weitem nicht so gravierend wie in der Hauptstadt. Dies hat mehrere Gründe, auf die noch eingegangen wird.

2. Stadtentwicklung und Ansätze zur Stadterneuerung vom Ende der spanischen Kolonialherrschaft bis zur Revolution 1959

Bereits vor der kubanischen Revolution zeigte Havanna, besonders die historische Altstadt, erhebliche Bauschäden und generell eine heruntergekommene Bausubstanz, vor allem in den Gebieten und Wohngebäuden der unteren Einkommensgruppen. Daneben hatte es jedoch in der Altstadt auch Investitionen in Neubauten, wie einigen Banken, Hotels und wenigen Bürobauten, gegeben. Oft wurden dafür wertvolle historische Bauten abgerissen. Ein Prozess der graduellen Umstrukturierung der Stadt und der Umnutzung alter Stadtteile hatte mit dem Ende der spanischen Kolonialherrschaft begonnen, ähnlich wie in den meisten lateinamerikanischen Metropolen der Zeit (Harms 1995; Gormsen 1986).

Neben der Altstadt gab es weitere Gebiete mit erheblichen Stadterneuerungsproblemen, wie z.B. in Teilen von Centro Habana, einem der ersten großen, sehr dicht bebauten Stadterweiterungsgebiete des ausgehenden 19. Jahrhunderts westlich der Altstadt, auch in älteren Arbeitergebieten an den südwestlichen Ausfallstraßen im Stadtteil Cerro, sowie in hafennahen Gebieten und an der sehr stark verschmutzten Bucht. Zudem hatten sich an der Peripherie seit langem eine Reihe improvisierter, von den Bewohnern gebauter *Shantytowns* oder Hüttenviertel entwickelt, *barrios insalubres* genannt. Verglichen mit anderen lateinamerikanischen Großstädten war der Anteil dieser improvisierten Viertel mit 6% der Stadtbevölkerung jedoch gering.

Havanna ist bis heute die einzige Metropole Kubas. Hier konzentrierte sich die soziale und kulturelle Entwicklung des Landes. Die Primatstruktur zeichnete sich auch durch die ökonomische Dominanz aus, 75% der nationalen industriellen Produktion (außer der Zuckerverarbeitung) befand sich 1959 in Havanna. In der Hauptstadt konzentrierten sich Reichtum, Industrieansiedlungen und staatliche Institutionen bei gleichzeitigem Verfall der alten Stadtviertel und der Arbeiterquartiere. Auf dem Lande war die Situation durch sehr geringe Einkommen, ungenügende Infrastrukturausstattung, fehlende Schulen und generelle Unterentwicklung gekennzeichnet.

Aufgrund der kolonialen Vergangenheit und der bis Ende des 19. Jahrhunderts mit Sklaven betriebenen Landwirtschaft (erst 1886 wurden die Sklaven freigesetzt) existiert in Kuba und in Havanna eine sehr heterogene, von vielen ethnischen Gruppen geprägte Bevölkerungsstruktur. Ihre Verteilung im Land und auf die Stadtteile Havannas war in Abhängigkeit von ihrer sozialen Stellung und Hautfarbe sehr unterschiedlich (es existierte eine starke Segregation). In den ersten drei Jahrzehnten des 20. Jahrhunderts war Havanna schneller und stärker gewachsen als zu jeder anderen Zeit ihrer Geschichte. Nach dem Ersten Weltkrieg kamen Einwanderer und Flüchtlinge aus dem aufgelösten Osmanischen Reich, aus dem kriegs- und krisenzerrütteten Europa und nach dem Spanischen Bürgerkrieg kamen republikanische Spanier. Alle siedelten sich vor allem in Havanna an und veränderten auch die ethnische Zusammensetzung der Stadt.

2.1 Stadterweiterungs- und Modernisierungsboom bis in die 1930er Jahre
Seit Ende der Unabhängigkeitskriege mit Spanien war die Altstadt vernachlässigt worden. Viele Spanier hatten Kuba verlassen. Ihre Wohngebäude wurden an untere Einkommensschichten vermietet. Auf Instandhaltung wurde nicht geachtet. Damit begann der Verfall des historischen Zentrums. Der einmal eingesetzte Degradierungsprozess des Stadtteils veranlasste die noch verbliebenen spanischen Familien und andere, die es sich leisten konnten, in andere Stadtteile umzuziehen. US-amerikanische Immobilieninteressen monopolisierten danach den Infrastrukturausbau und dominierten zusammen mit reichen spanischen Grundbesitzern die Boden- und Grundstücksmärkte und den Wohnungsbau. Die amerikanischen Autoritäten, die seit der Zeit der Besatzung 1898-1902 das Geschehen in Havanna und Kuba bis 1934 (der formalen Unabhängigkeit von den USA) bestimmten, hatten in den Gebieten außerhalb der Altstadt einige Planungsprojekte zur Modernisierung der Stadt gestartet, vor allem den Ausbau der Infrastrukturnetze (Wasser, Abwasser, elektrische Straßenbeleuchtung, Straßenpflasterung und elektrische Straßenbahnen, die nun die Pferdebahn ersetzten). Durch den

Ausbau der Uferstraße *(Malecón)* wurde die Altstadt mit den neu entstehenden bürgerlichen Stadtvierteln und Vororten verbunden. Diese Straße erleichterte zuerst die Entwicklung von Sommerhäusern der Elite und dann ihren völligen Auszug aus der Altstadt und den frühen stadtnahen und höher gelegenen vornehmen Vororten (wie z.B. Cerro). Während dieser Stadterweiterungs- und Modernisierungswelle lag die Produktion der Stadt in den Händen der bereits genannten Akteure, der vorwiegend spanischen Grundbesitzer und der oft amerikanischen Entwicklungsträger, und erfolgte nach den Regeln kapitalistischer Grundstücks- und Immobilienverwertung im Rahmen schwacher städtischer Bauvorschriften. Die Richtung der neuen Stadtentwicklung verlief vor allem entlang der Atlantikküste nach Westen und landeinwärts nach Südwesten. Mit dem Bau der reichen und begrünten Stadtteile Vedado, Miramar und Country Club nahm auch die Rassensegregation und soziale Stratifikation in der Gesamtstadt zu (Segre/Coyula/Scarpaci 1997: 53). (So war es z.B. Schwarzen vor 1959 verboten, im Stadtteil Miramar zu wohnen.) Die Altstadt und die Arbeiterquartiere wurden weiter vernachlässigt, die Wohnungen dort waren stark mit Familien der unteren Einkommensgruppen überbelegt, vor allem seit die Wohlhabenden und Reichen diese Stadtteile verlassen hatten (siehe Abb. 1: Fünf Zentralitäten in Havanna).

Mit der Revolution ab Januar 1959 veränderten sich radikal die Zukunft und die Aussichten für Stadt und Land. Dem Wachstum Havannas wurde Einhalt geboten, es wurde nicht mehr in die Stadt investiert und "Havanna wurde als einzige Stadt in Lateinamerika zum Museum dieser Welle der Modernisierung" (Segre/Coyula/Scarpaci 1997: 85).

3. Entstehung der staatlichen Stadt- und Regionalplanung in drei Jahrzehnten der Revolution

Nach dem Sieg der Revolution wurde mit Energie und Enthusiasmus ans Werk gegangen, um eine neue Gesellschaft und eine neue Realität zu schaffen. Ziel der neuen Regierung war es, die Lebensbedingungen der Bevölkerung zu verbessern, eine sozial gerechtere Gesellschaft zu schaffen und die vorhandenen Disparitäten zwischen Havanna und dem Rest des Landes auszugleichen. Erste Maßnahmen waren die Alphabetisierungskampagnen auf dem Lande und gesellschaftliche Umverteilungen in den Städten über Mietreduzierungen und Lohnerhöhungen.

Abb. 1: Fünf Zentralitäten in Havanna

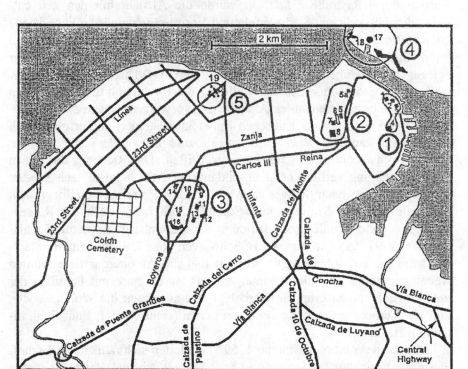

1) Koloniales Zentrum; 2) Erste Republik 1902-1930; 3) Zweite Republik 1930-1958;
4) Serts Vorschlag: Präsidentenpalast 1957; 5) Touristenzentrum 1950.

Quelle: Segre/Coyula/Scarpaci (1997)

Zu Beginn dieser neuen Zeit hatte die Hauptstadt (in ihren damaligen Grenzen) 1,4 Millionen Einwohner oder etwa 25% der Gesamtbevölkerung Kubas (von 6 Millionen). In 14 mittelgroßen Städten zusammen lebten etwa eine Million Einwohner. Die Stadt Havanna wurde von der Revolutionsregierung als Ort der Ausbeutung und des Lasters angesehen, wo die kubanische Bourgeoisie, die ausländischen, vor allem US-amerikanischen Firmen und mafiöse Gruppen ihren Sitz (und ihre repräsentativen Bauten) hatten, um die Reichtümer Kubas für ihre Zwecke zu nutzen und auszuplündern. Stadtplanung und Stadterneuerung waren daher im ersten Jahrzehnt der Revolution kaum als Problem oder als Aufgabe für die neue Regierung angesehen worden, außer zur Verbesserung der Wohnbedingungen der Arbeiter in der

Stadt und der armen Zuwanderer vom Lande in den *Shantytowns* an der Peripherie.

3.1 Erste Maßnahmen: Städtische Reformen, Abschaffung des Immobilienmarkts

Die ersten Programme der neuen Regierung zielten darauf ab, die Lebensbedingungen der Arbeiter zu verbessern und mit dem Neubau von Wohnungen sobald als möglich zu beginnen. Die Spekulation mit Boden und Wohnungen sollte unterbunden werden. Dazu wurden bereits im März 1959 die Wohnungsmieten (um bis zu 50%) auf 10% des jeweiligen Haushaltseinkommens herabgesetzt und Wohnungsräumungen aus Gründen des Mietrückstands eingestellt. Mit den städtischen Reformgesetzen (*reforma urbana* 1960) wurde der Preis für unbebaute städtische Grundstücke auf 4 Pesos pro Quadratmeter festgelegt. Im Effekt war mit diesen Maßnahmen der Boden- und Immobilienmarkt außer Kraft gesetzt worden.

Es folgte 1960 ein Programm für den Abriss der größeren *Shantytowns* (*barrios insalubres*) in Santiago de Cuba und in Havanna in Verbindung mit einem Ansatz, der vorsah, über staatlich organisierte Gruppenselbsthilfe neue Siedlungen mit den Bewohnern zu bauen. Das Ministerium für Öffentliche Aufgaben (*Ministerio de Obras Públicas*) hatte das Programm durchgeführt, zusammen mit dem Ministerium für Soziale Wohlfahrt, das die Voruntersuchungen und die Mobilisierung der Bevölkerung geleitet hatte. In Havanna waren die Bewohner aus drei großen *Shantytowns* in fünf neue Wohngebiete umgesiedelt worden, die mit Schulen, Gesundheitszentren und aller sozialer Infrastruktur ausgestattet wurden. Jede Familie hatte sich mit 24 Arbeitsstunden wöchentlich am Bau beteiligt. Zahlen darüber, wie viele *Shantytowns* in Havanna und den anderen Städten abgerissen worden waren, schwanken erheblich (vgl. Segre/Coyula/Scarpaci 1997: 131). Das Programm wurde jedoch nach einem Jahr aufgegeben und das Ministerium für Soziale Wohlfahrt aufgelöst. Gegner des Selbsthilfeansatzes kritisierten die geringe Produktivität beim Bauen und die weiterhin bestehende soziale Marginalisierung dieser Bevölkerungsgruppe.

Die Kritiker gewannen politisch die Oberhand, z.T. mit der Vorstellung, dass Zentrale Planung mit modernen Technologien und ohne Sozialarbeit die Probleme besser lösen könnte. In dem östlich der Hafeneinfahrt gelegenen Stadterweiterungsgebiet Habana del Este und am Platz der Revolution wurden danach Wohnsiedlungen nach den damaligen internationalen Vorstellungen gebaut. Im hoch zentralisierten Ministerium für Konstruktion (MIN-

CON) wurde die Industrialisierung des Bauens mit standardisierten Einheitstypen meist viergeschossiger Bauten für die ganze Insel geplant. In den 70er Jahren hatte eine Diskussion begonnen, die diese Form der Stadterweiterung an der Peripherie und der Wohnungsproduktion nach Quantität mit Argumenten der Stadtqualität stark kritisierte (Coyula 1994; 1985). Der zunehmende Druck der amerikanischen Blockade, der Invasionsversuch an der Schweinebucht Anfang der 60er Jahre, die Raketenkrise und die Verknappung ökonomischer Ressourcen des Staates, auch durch erhöhte Militärausgaben, führten dazu, dass die Stadtentwicklung in Havanna zunächst nur in sehr geringem Maße weitergeführt wurde. Nur in Habana del Este und in der noch weiter westlich gelegenen Großsiedlung Alamar wurden weiterhin staatliche Wohnungen gebaut.

3.2 Regionalentwicklung und Aufbau der staatlichen Planungsstruktur

Havanna wurde nun bewusst durch eine anti-urbane Politik der dezentralisierten Entwicklung vernachlässigt. Dafür wurde die Entwicklung auf dem Lande und in den mittelgroßen Städten vorangetrieben. Eines der revolutionären Ziele war, die große Ungleichheit der Entwicklung im Lande abzubauen. Dazu wurden nach der Agrarreform von 1963 über 150 neue Dörfer und Wohnungen für landwirtschaftliche Arbeiter der großen Zucker produzierenden Staatsfarmen und für landwirtschaftliche Kooperativen gegründet. (Die Zahl wurde später auf über 300 erhöht.) Neue Schulen und das Gesundheitswesen auf dem Lande wurden aufgebaut, sowie die landwirtschaftliche Produktion diversifiziert und weiterverarbeitende Industrien neu gegründet. Fidel Castro hatte erklärt, dass "Kuba ein Minimum an Urbanismus und ein Maximum an Ruralismus" benötige (Eckstein 1977: 443; Segre/Coyula/ Scarpaci 1997: 221). In Havanna wurde kaum investiert, bis man in den 80er Jahren merkte, dass die Hauptstadt ein produktiver Bereich und ein Ort ist, der nicht länger außer Acht gelassen werden kann.

Wie wurde die Entwicklung außerhalb Havannas gesteuert? Die ersten Verbesserungen alter Wohnquartiere für Arbeiter der Zuckerplantagen und Raffinerien sowie neue Bauprojekte in landwirtschaftlichen Genossenschaften und Staatsfarmen wurden 1959 vom Ingenieurkorps der Rebellionsarmee durchgeführt. Zu der Zeit plante und baute auch das Nationale Wohnungsinstitut (INV) innerhalb von zwei Jahren fast 10.000 Wohnungen (zum Teil mit Geldern der nationalen Lotterie) in vielen Projekten im ganzen Land und auch in Habana del Este. In den ersten Jahren wurden somit einige weniger zentral geplante Experimente von verschiedenen Organisationen durchgeführt.

Die Leitung der Stadt- und Regionalplanung in Kuba lag zunächst (1960) beim Amt für "Physische" oder Raumplanung *(Dirección de Planificación Física – DPF)* im Ministerium für Öffentliche Aufgaben *(Ministerio de Obras Públicas)*, das aus vorrevolutionärer Zeit stammte und "deren Aufgaben sich im wesentlichen aus den traditionellen Bereichen der Stadtplanung, der Bildung der organisatorischen und technischen Basis für die Planung und aus der Beschaffung von Informationen über das jeweilige Territorium zusammensetzen". 1965 wurde aus dieser Einrichtung das Raumordnungsinstitut *(Instituto de Planificación Física – IPF)* (Anders/Beckmann 1999: 42).

Dann wurde die Zentrale Wirtschaftsplanungskommission JUCEPLAN gegründet, und die Raumplanung über das IPF wurde ihr zugeordnet. Damit war die erste Stufe einer Planungsstruktur geschaffen worden, mit der die Entwicklung in den Provinzen und die Wirtschaft des Landes geplant wurde.

Um die strukturellen Unterschiede zwischen Stadt- und Raum- bzw. Regionalplanung in Kuba (als einem sozialistischen Land) und z.B. Deutschland zu verstehen, ist es wichtig festzuhalten, dass in Deutschland Stadt- und Raumplanung als behördliche Planung von Wirtschaftsplanung durch privatwirtschaftlich organisierte Firmen und Investoren getrennt ist. Die behördlichen Pläne, auch die Stadterneuerungspläne, sind im westlichen Europa u.a. als Vorgaben für Investitionen zu sehen. Die Planverwirklichung hat durch privat wirtschaftlich organisierte Firmen und z.T. durch private Haushalte oder Eigentümer zu erfolgen.

> Räumliche Planung und Planverwirklichung sind in Kuba mit der wirtschaftlichen Planung und Entwicklung des ganzen Landes auf allen Ebenen verknüpft, also auch aufeinander abgestimmt und voneinander abhängig. Eine "Arbeitsteilung" in öffentliche Raumplanung und privates Wirtschaften, wie sie die Planungspraxis in der BRD ständig begleitet, gibt es nicht, da die wichtigsten Sektoren der Wirtschaft verstaatlicht sind (Wolff u.a. 1993: 46; nach Widderich 1997: 30).

Diese Verflechtung zwischen (zentraler) Raum- und Wirtschaftsplanung, also zwischen der Lokalisierung der Entwicklungsprojekte und der Investitionsbereitstellung und Durchführung der Projekte prägen den Aufbau des staatlichen Planungsapparates.

3.3 Phasen der Entwicklung des Planungssystems

Hier ist es sinnvoll, die verschiedenen Phasen der Entwicklung dieses Systems und seiner Elemente aufzuzeigen. In der ersten Phase, d.h. in den ersten Jahren der Revolution, wurde der Aufgabenbereich des Ministeriums für Öffentliche Aufgaben, das bisher schon die städtische und regionale Infrastrukturplanung bearbeitete, stark erweitert. Es sollte, im Rahmen des übergeordneten Ziels der Aufhebung der Gegensätze von Stadt und Land, die Landwirtschaft umorganisieren, den agrarischen Raum umstrukturieren und besser mit technischer und sozialer Infrastruktur ausstatten. Dazu war 1959-1960 mit der ersten Agrarreform der Großgrundbesitz verstaatlicht worden. Es gab jedoch keine Zwangskollektivierung der Kleinbauern. Die kapitalistischen Großbetriebe der Zuckerproduktion wurden in Staatsfarmen umgewandelt. Die Mittelstädte wurden als Entwicklungszentren für verarbeitende Industrien und für bisher nicht vorhandene Dienstleistungen vorgesehen. Das Raumplanungsinstitut (IPF) spielte eine wichtige Rolle in der Reorganisation des nationalen Territoriums für die staatliche landwirtschaftliche Produktion. Es plante auch den Grüngürtel für Havanna.

In der zweiten Phase, etwa 1965 bis Ende der 70er Jahre, lagen die Prioritäten auf dem Aufbau einer modernen Landwirtschaft und generell der ländlichen Entwicklung. An erster Stelle lag die Zuordnung der Bodennutzungen und an zweiter Stelle die funktionale und territoriale Organisation der ökonomischen und sozialen Aktivitäten. Mit der Gründung der regionalen oder Provinz-Raumordnungsbehörden *(Direcciones Provinciales de Planificación Física – DPPF)* wurden dann sektorale Pläne der einzelnen Ressort-Ministerien und regionale Entwicklungspläne und Programme auf der Ebene der Provinzen koordiniert. Besonders der Zuckerplan *(Plan Azucarero)* wurde mit der Regionalplanung abgestimmt.

> Ergebnis hiervon war eine neue Bodenordnung, die ökonomische Interessen mit den sozialen und administrativen verband. "In den folgenden Jahren gab es einen großen Investitionsimpuls im Bausektor, auf dessen Basis die Gründung von neuen Gemeinden und große Infrastrukturmaßnahmen durchgeführt wurden" (Sack 1994: 26). Hierunter sind vor allem der Bau von Straßen, Häfen und Energieversorgungsanlagen und der Bau von Gesundheits-, Ausbildungs-, Tourismus- und Sporteinrichtungen zu nennen (Anders/Beckmann 1999: 43).

In dieser Zeit legte das IPF Kriterien und ein System für die Lokalisierung der regionalen Investitionen und Dienstleistungen im Rahmen der nationalen Entwicklungspläne sowie der regionalen Pläne fest. Die Kriterien wurden in den nationalen physischen (oder Raum-) Plan, in die Provinzraumpläne, die städtischen Masterpläne und die Projektzonen aufgenommen.

Probleme der Stadterneuerung in Kuba 111

Die großen Entscheidungen von überörtlicher Bedeutung über die Umstrukturierung der Landwirtschaft, der Regional- und Wirtschaftsentwicklung und der Investitionsplanung für den Ausbau der landesweiten Infrastruktur wurden nun zentral gefällt und über die National- und Provinzpläne von oben nach unten durchgesetzt. Damit war 1965 eine "Institutionalisierung" (wie es auch in Kuba genannt wurde) der politischen Planung und der Verwaltungs- und Entscheidungsstruktur erreicht worden, und zwar geführt von der kurz zuvor neu formierten Kommunistischen Partei Kubas (PCC) und ihres Zentralkomitees. Dies war auch im Rahmen der Eingliederung Kubas in den RGW (Rat für Gegenseitige Wirtschaftshilfe) des Ostblocks geschehen, in dem Kuba "arbeitsteilig" Aufgaben wie die Zuckerproduktion u.a. übernehmen sollte. (Dies hatte auch durch sowjetische Beratung zu einer weniger diversifizierten Landwirtschaft geführt als in den anfänglichen Jahren der Revolution.)

Aber die lokalen Probleme, besonders der Stadterneuerung, bestanden weiter und nahmen zu. Inzwischen hatte sich in den Innenstadtbereichen und vor allem im Baubestand Havannas ein Defizit an Instandhaltung der Gebäude und der Infrastruktur aufgestaut, der ohne (und selbst mit) lokalem Wissen um Details nur schwierig von zentralen Planungsbehörden eingeschätzt und problemadäquat geplant werden kann. Stadterneuerungsprobleme sind typischerweise zum großen Teil lokale Probleme, die das tägliche Leben der Bewohner stark beeinflussen, die lokal analysiert und mit lokalen Maßnahmen, jedoch mit finanzieller Unterstützung der Zentralregierung, angegangen werden müssen. Die Mittel dazu können auf lokaler Ebene allein nicht beschafft werden, da die betroffenen Gebiete generell die ärmeren sind. Hierzu gab es zwar Diskussionen von unten in den Massenorganisationen und auf Stadtteilebene, aber sie wurden in den oberen Entscheidungsebenen der zentralen Planung und der Ministerien nicht wahrgenommen, oder man wollte sie nicht wahrnehmen, weil sie als im "nicht produktiven" Bereich liegend angesehen wurden und sie auch ein Teilen der Entscheidungsbefugnisse und damit der Macht bedeutet hätten. Die Ministerien sahen sich selbst als die wichtigsten Institutionen der revolutionären Macht.

Bereits in den frühen 60er Jahren hatte es Konflikte gegeben, als Forderungen nach Dezentralisierung von Entscheidungen aufkamen. Von 1964-1970 war auch eine große öffentliche Debatte geführt worden, darüber, was der beste Weg zum Aufbau des Sozialismus sei. Die Ideen des französischen Ökonomen Charles Bettelheim, der einen "Marktsozialismus" mit sich finanziell selbst tragenden Staatsbetrieben vorschlug, um damit eine materielle

Basis für das Revolutionsziel der sozialen Gerechtigkeit zu schaffen, standen dem Modell der zentralisierten Ministerien und der orthodoxen sowjetischen Berater gegenüber (vgl. Segre/Coyula/Scarpaci 1997: 135). Mit der Einführung eines neuen politischen Elementes, der "lokalen Macht" *(poder local)* 1966, sollte dann eine Dezentralisierung mit Entscheidungsstrukturen in den Städten und Stadtbezirken erreicht werden. *Poder local* war in jedem *Municipio* (Gemeinde oder Stadtbezirk) eingeführt worden und bestand aus einer Volksversammlung *(asamblea popular)* und einem Ausführungskomitee (dem die Verwaltung unterstehen sollte), seinem Präsidenten, zwei Sekretären und zehn Delegierten, die direkt in Volksversammlungen gewählt wurden. Die Delegierten waren ihren Wählern gegenüber direkt verantwortlich (etwa entsprechend dem Prinzip der räte-republikanischen "direkten Demokratie"), aber die Präsidenten der Ausführungskomitees wurden (entsprechend des Prinzips der "führenden Rolle" der Partei) von der Kommunistischen Partei des Bezirks gewählt. Diese Präsidenten sollten auf nationaler Ebene die Koordination der "lokalen Macht" herstellen! Zu dieser Zeit wurde auch die Verwaltung der Metropole Havanna geschaffen, und zwar mit dem Status einer Provinz. Für dieses Gebiet der Stadt Havanna, als neuem zusammenhängendem Territorium von 15 Munizipien (siehe Abb. 2 und 3), wurde 1963-1964 der erste Masterplan nach der Revolution erstellt.

In der dritten Phase, ab 1976 bis Ende der 80er Jahre, verlagerten sich die Prioritäten von der Regionalplanung auf Stadtplanung. 1976 wurde auf nationaler Ebene eine Gebietsreform durchgeführt, und an Stelle der historischen sechs wurden 14 Provinzen etabliert. Dies war 1975 vorbereitet worden (zunächst nur in der Provinz Matanzas) und führte mit vielen öffentlichen Diskussionen und einer Volksabstimmung zu einer Verfassungsänderung, die die Volksmacht *(poder popular)* als parlamentarische Institution einführte, deren Organisationsstruktur mit den Ebenen Nation, Provinz und Munizip ihre Entsprechung in der Verwaltungsorganisation fand. Mit der Einführung der Gebiets- und Verwaltungsreform waren auch die fünfjährigen nationalen und Provinz-Haushalts- und Wirtschaftspläne eingeführt worden. Mehrere Faktoren haben auf die Stadt- und Regionalplanung entscheidenden Einfluss (vgl. Anders/Beckmann 1999: 43 und Sack 1994: 41):

– *Poder Popular* als Parlamentsform der gewählten Volksversammlungen *(asambleas)* und als Verwaltungsstruktur (die z.T. aus den Ausführungskomitees entwickelt wurde), ist von unten nach oben dreistufig (munizipal, provinzial, national) aufgebaut. Entsprechend hierarchisch sind die einzelnen Ressortverwaltungen der Ministerien von oben nach unten gegliedert. In der Raumplanung sind es auf nationaler Ebene: das *Instituto Nacional de Planificacion Física (IPF)*, auf Provinzebene: die *Direcciones Provinciales de Planificacion Física (DPPF)*, und auf Stadt- oder Munizipebene die *Direcciones de Arquitectura y Urbanismo (DAU)*.

Abb. 2: Havannas 15 Munizipien seit 1976

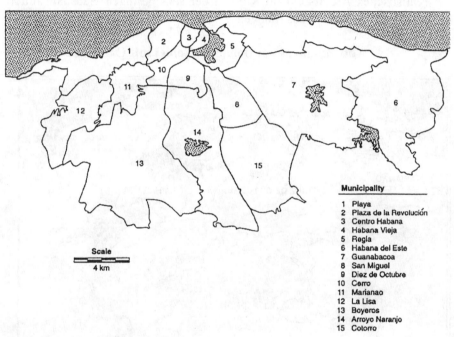

Quelle: Segre/Coyula/Scarpaci (1997)

- Verschiedene Entwicklungspläne, u.a. der *Plan Director Municipal*, also der Stadtentwicklungsplan, gehen aus den Fünf-Jahres-Wirtschaftsplänen hervor. So wird die Raumplanung mit der nationalen Wirtschaftsplanung abgestimmt.
- Im Rahmen der seit der Gründung des *Poder Popular* angestrebten Dezentralisierung und zur Stärkung der unteren Ebene entstand Ende der 80er Jahre eine neue Institution unterhalb des Stadt- oder Stadtteilrates *(Asamblea Municipal)*, nämlich der auf Quartiersebene angelegte *Consejo Popular* (Quartiers-Volksrat). Er soll verschiedene Aufgaben im sozialen und im lokalen ökonomischen Bereich bestimmen und ist darüber hinaus verantwortlich z.B. für die Reparatur von Straßen und Fußwegen,

für die Reparatur von Wohnungen (zusammen mit den sozialen Mikrobrigaden) und für die Kontrolle des Verkaufs von Baumaterialien an die Bevölkerung und anderes mehr. Die finanzielle und materielle Ausstattung der *Consejos Populares* liegt bei den Provinzräten. (Der Tätigkeitsbereich des *Consejo Popular* zeigt eine sehr breite Aufgabenpalette, die mehr einer zu erfüllenden Wunschliste entspricht, als ein realistisches Arbeitsfeld im Kontext der sehr geringen Haushaltsmittel und einer Ökonomie des Mangels.)

Abb. 3: Havanna: Bebautes Gebiet mit Ortsnamen

Quelle: Segre/Coyula/Scarpaci (1997)

3.4 Ergebnisse der dezentralen Regionalentwicklung

Hier soll das positive Ergebnis der Politik der dezentralisierten und egalitären Regionalentwicklung (bis Mitte der 80er Jahre) als eines der Hauptziele der kubanischen Revolution kurz zusammenfassend dargestellt werden:

Ein zentrales Ergebnis [...] war eine mittelfristige und breite Erhöhung des Lebensstandards: Vor allem zwischen 1970 und 1985 hat es in Kuba ein kontinuierliches Wirtschaftswachstum [von durchschnittlich 6,3% pro Jahr, H. H.] gegeben. Dass dieser ökonomische Erfolg im Gegensatz zum restlichen Lateinamerika – dem Kontinent mit den größten Einkommensunterschieden weltweit – gleichzeitig zu einem allgemein steigenden Lebensstandard der Bevölkerung führte, ließ Kuba nicht nur in der Region zum Sinnbild einer gerechteren Entwicklung werden. Bescheidener "Wohlstand für alle" war in Kuba nicht nur eine plakative Parole; die Forderung schien sich der Wirklichkeit immer stärker anzunähern. Dabei wurde zuallererst der öffentliche Sektor massiv ausgebaut. Wie in allen staatssozialistischen Ländern kränkelte allerdings auch in Kuba der private Konsumsektor – es gelang nie, für die Bevölkerung eine Konsumgüterindustrie aufzubauen.

Ein kontinuierliches Wirtschaftswachstum, ein zusammenhängender Auf- und Ausbau vorbildlicher Sozialsysteme, eine relativ nivellierende Lohnpolitik (die maximalen Lohnunterschiede standen z.B. im Jahre 1989 in einer Beziehung 4,5 zu 1) sowie eine exponierte Kultur- und Sportförderung führten schließlich zu einer deutlichen Vereinheitlichung der Gesellschaft: Der Anteil der 40% Ärmsten Kubas am gesamten Volkseinkommen betrug 1953 6,5%, 1986 waren es 26%. Der Anteil der 10% Reichsten im Jahre 1953 lag bei 39%, 1986 bei 20%. Zum Vergleich: In Lateinamerika liegt der Anteil der Reichsten (meist zwischen 5-10% der Bevölkerung, H. H.) am Volkseinkommen bei über 50%. Daten von 1989 belegen, dass auf der Insel die zentralen Strukturmerkmale der Unterentwicklung überwunden werden konnten: Soziale und geographische Disparitäten waren einer ausgeprägten Gleichheit gewichen. Es gab ein ausgeglichenes Bevölkerungswachstum, verbunden mit einer Lebenserwartung, die mit 75 Jahren zehn Jahre über dem lateinamerikanischen Durchschnitt lag. Rund 30% der Bevölkerung waren berufstätig, davon 40% Frauen. [Es gab] ein flächendeckendes Angebot von Kindergärten. [...] Soziale Phänomene wie Unterernährung, Massenarbeitslosigkeit und Massenarmut waren auf der Insel ganz verschwunden (Burchardt 1999: 11-12).

Diese Entwicklung hatte, relativ auf das ganze Land bezogen, zu einer erheblichen Verbesserung der Situation auf dem Lande und in den kleinen und mittleren Städten geführt, auch bezogen auf die Wohnsituation und die Infrastrukturausstattung, während vor allem in Havanna diese Aspekte nicht verbessert wurden. Daher konzentriert sich das aktuelle Stadterneuerungsproblem auch vor allem auf die Hauptstadt.

4. Neue Institutionen (CENCREM, GDIC, Stadtteilwerkstätten) und erste Ansätze zur Stadterneuerung in den 80er Jahren

Erst in den 80er Jahren wurde die Vernachlässigung des baulichen Bestandes und damit Stadterneuerung vor allem in Havanna als Problemfeld und als gesellschaftliche Aufgabe offiziell erkannt und berücksichtigt. Einer der Schritte hierzu war 1976 die Gründung der Nationalen Kommission für

Denkmalspflege und das Gesetz über nationale und lokale Denkmalspflege von 1979, das vom Ministerium für Kultur eingebracht wurde. Danach sollten einzelne, geschichtlich wertvolle Gebäude mit Hilfe von vier verschiedenen Schutzgraden klassifiziert werden. Ein weiterer Schritt folgte 1982 mit der Gründung des Institutes zur Denkmalspflege: *CENCREM (Centro Nacional de Conservación, Restauración y Museología)* – "Nationales Zentrum für Konservierung, Restaurierung und Museumskunde", das nun für Denkmalspflege im ganzen Land verantwortlich und dem Kulturministerium unterstellt ist. Im selben Jahr wird von der UNESCO das Historische Zentrum Havannas (Habana Vieja) in die Liste des Weltkulturerbes aufgenommen. Damit wurde der historische Wert der Altstadt Havannas international anerkannt. Die Kosten für die Restaurierungen wurden jedoch nicht von der UNESCO übernommen (Widderich 1997: 67), lediglich für vorbereitende Maßnahmen, Infrastruktur und die Ausbildung von Fachleuten wurden in Havanna eine Million US-Dollar zur Verfügung gestellt.

Mit der Anerkennung der Denkmalspflege war der kulturellen Vernachlässigung und Abwertung der historischen Bauten ein Ende gesetzt worden, und die Aufforderung zur Erhaltung des kulturellen Erbes und der kulturellen Vielfalt waren in die Verfassung aufgenommen worden. (Vorher hatte die städtische Abrissabteilung mehr Macht gehabt als diejenigen, die historische Bauten erhalten wollten.) Damit war jedoch noch kein Schritt in Richtung auf eine Stadterneuerung im allgemeinen Sinne der Verbesserung des baulich-räumlichen Bestandes und der Wohnungs- und Sozialstruktur gemacht worden. Erst 1987 mit der Gründung der "Gruppe für die Integrale Entwicklung der Hauptstadt" *(GDIC – Grupo para el Desarrollo Integral de la Capital)* wurde dieser Schritt gemacht. Dies fiel in die Zeit der "Korrektur von Fehlern und negativen Tendenzen" *(rectificación de errores y tendencias negativas)* 1986, die in Kuba etwa zur Zeit der Perestroika in den UdSSR begann, aber ein anderes Reformmodell anstrebte: Es verzichtete auf Reformen über den Markt und rief mit moralischen Appellen zur Massenpartizipation zu Entbürokratisierungs- und Anti-Korruptions-Kampagnen auf (Burchardt 1999: 14).

Ein Jahr später wurden die ersten drei "Stadtteil-Transformations-Werkstätten" *(Talleres de Transformación Integral de Barrios)* gegründet, mit dem Ziel einer generellen Verbesserung der baulich-räumlichen Bedingungen in diesen Stadtvierteln und der Verbesserung der Wohlfahrt und Lebensbedingungen der Bewohner. Die ersten drei Zielgebiete dieser Form der Stadterneuerung hatten jeweils spezifische und generelle Probleme. Die Gebiete Atares südwestlich und Cayo Hueso westlich der Altstadt liegen im zentralen Bereich der Stadt mit einer Arbeiterbevölkerung und mit Gebäuden, die meist überbelegt sind und deren Instandhaltung lange vernachlässigt wurde. Das Gebiet La Güinera am südlichen Rand der Stadt ist eine *Shantytown* ohne befestigte Straßen und Wege und z.T. ohne Infrastruktur. Diese "Stadtteilwerkstätten" bestehen personell aus einem interdisziplinären Team, das Architekten, Soziologen, Ingenieure und Sozialarbeiter einschließt. Normalerweise wird eine Person, die im Gebiet lebt und arbeitet und organisatorische Fähigkeiten hat, als Vorsitzende gewählt. Genauere Ziele werden definiert, nachdem lokale Probleme untersucht und eine Bestandsaufnahme der materiellen und baulich-räumlichen Gegebenheiten und der lokalen sozialen Probleme und der menschlichen und professionellen Ressourcen unternommen wurde. Obwohl jeder *Workshop* eigene Ziele entwickelt, werden einige generelle Aspekte berücksichtigt: Verbesserung der Wohnungsbedingungen, Entwicklung der lokalen Ökonomie, Ausbildung von Kindern und Jugendlichen, Entwicklung der Identität des Gebietes oder der Nachbarschaft. Der Ansatz will prinzipiell mit der vorhandenen Bevölkerung Lösungen für die Bevölkerung finden, und es soll keine Verdrängung der vorhandenen Bewohner stattfinden. Die Werkstätten arbeiten mit verschiedenen kubanischen und gelegentlich ausländischen Institutionen zusammen und beraten die seit 1990 bestehenden Quartiersräte *(Consejos Populares de Barrio)* in sozioökonomischen und baulich-räumlichen Fragen. Auf die Erfahrungen der ersten drei Werkstätten aufbauend wurden bis 1996 zehn weitere gegründet (vgl. Segre/Coyula/Scarpaci 1997: 156). Inzwischen bestehen 23 Werkstätten. Die Initiative und Betreuung sowie Koordination der Werkstätten liegt bei der "Gruppe für die Integrale Entwicklung der Hauptstadt". Die "Gruppe" (die mit Unterstützung Fidel Castros gegründet worden war, um Anregungen für Verbesserung und Qualitätssteigerung der Stadtplanung in Havanna zu entwickeln und den oft wenig koordinierten sektoralen Tendenzen der Ministerien entgegenzuwirken), hatte das anfängliche strategische Arbeitspapier für die Gründung der Werkstätten verfasst (Georgina Rey Rodríguez 1988). Das Problem der finanziellen Mittelzuweisung und der materiellen Ressourcen, z.B. die Beschaffung von Baumaterialien, ist von Anfang an prekär gewesen, da die "Gruppe", als gesamtstädtischer *think tank* in gewisser Weise außerhalb der "operativen Planung" steht und keine Mittel zu verteilen hat. Die Stadtteilwerkstätten sind den Quartiersräten *(Consejos Populares)* verwaltungsmäßig zugeordnet. Von dort oder über die *Consejos Municipales* wurden auch einige Mittel wie Baumaterialien, Gehälter der Angestellten und organisatorische Hilfe, z.B. für die sozialen Mikrobrigaden, zugesteuert. Zusätzlich und aus eigener Initiative der Stadtteilwerkstätten gibt es lokale Experimente, wie die lokale Produktion von Baumaterialien, Zusammenarbeit mit meist ausländischen NGOs (Nicht-Regierungs-Organisationen) oder Universitäten. Die "Gruppe" und die Stadtteilwerkstätten bestehen parallel zum System der ökonomischen und räumlichen Stadtplanung und zu den Stadt- und Regional-Verwaltungsstrukturen.

4.1 Probleme der zentralen Ressourcenverteilung für lokale Aufgaben der Stadterneuerung

Dies wirft ein generelles Problem der sehr zentralisierten Mittel- und Ressourcenverteilung, vor allem über das System der ökonomischen Planung in Kuba auf, das im Widerspruch steht zu den seit 1966 geschaffenen, stärker dezentralisierten Verwaltungsstrukturen der lokalen Stadt- und Gemeinderäte *(Consejos de Poderes Populares)* und der neuen Verfassung von 1976 (und einer weiteren Rechtsreform von 1992), die eine "Demokratisierung" auf den unteren Ebenen vorsieht. So wird z.B. auf der untersten Ebene der Stadträte *(Consejos Municipales)* und Nachbarschaftsräte *(Consejos Populares de Barrios)* direkt, nach den Prinzipien der Rätedemokratie, gewählt. Es müssen mindestens zwei Kandidaten (auch Nicht-Parteimitglieder) zur Wahl stehen, und es gibt keine offizielle Parteiliste. Damit ist zwar auf der untersten lokalen Ebene eine stärkere Demokratisierung gegeben, die eine Einbindung und Partizipation der Bevölkerung bewirken soll, jedoch die wichtigsten (ökonomischen) Entscheidungen, um lokale Probleme zu lösen, werden auf dieser Ebene nicht getroffen. Der Kern des Problems liegt darin, dass auf dieser Ebene kaum Mittel zu Verfügung stehen und dass die Entscheidungsmacht der Delegierten hierzu sehr begrenzt ist, weil die wichtigsten Entscheidungen über Mittelverteilung auf der oberen zentralen Ebene, vorwiegend in den Ressort-Ministerien und dem Ministerrat, getroffen werden.

Ein Versprechen der Revolution war gewesen, die Regionen und die Provinzregierungen zu stärken. Die zentrale Planungsbehörde JUCEPLAN, die Ressort-Ministerien, der Staatsrat und Ministerrat spielen bei der Planung, der Ressourcenverteilung und der Investitionen eine wichtigere Rolle als die Provinzen oder Städte.

> Die Revolution hatte eine Art hybrides Modell der Regionalentwicklung, das Elemente der Wachstumspol-Theorie, in der sekundäre Regionalstädte als Entwicklungsmotoren und als Investitionspunkte innerhalb ihres festgelegten Hin-

terlandes dienen, verbunden mit einem Engagement für sozialistische Ideale der Dezentralisierung der Ausbildungs- und Gesundheitssysteme in das Innere der Insel (Segre/Coyula/Scarpaci 1997: 220).

Dies war und ist von größerem Gewinn für die Provinzen als für die Stadt- oder Gemeindeverwaltungen, die keine Befugnis über und keine Mittel für lokale Dienstleistungen erhalten. Die Provinzen sind dafür zuständig. Viele Provinzen (meist die Provinzhauptstädte) sind seitdem mit einer Universität und einem größeren Krankenhaus ausgestattet.

Die Stadt Havanna ist gegenüber den Provinzstädten weiterhin benachteiligt, da das Finanzbudget und die materiellen Ressourcen für Havanna (als 15. Provinz) im Rahmen des nationalen Haushalts festgelegt werden, die Provinzstädte dagegen als dezentrale Wachstumspole mit Arbeitsplatzansiedlungen gefördert wurden, um die Primatstruktur Havannas abzubauen. Die zugewiesenen Mittel der städtischen Finanzhaushalte müssen strikt nach den Titeln ausgegeben werden, die von der Zentralregierung festgelegt wurden. Die so fixierten Haushaltsmittel für die Stadt- und Gemeindeverwaltungen lagen immer weit unter dem, was für die Erfüllung ihrer Funktionen erforderlich war, selbst in den prosperierenden Zeiten der günstigen Handelsbeziehungen zwischen dem Ostblock und Kuba. (Die Gehälter waren immer der einzige hundertprozentig ausgezahlte Haushaltspunkt.)

4.2 Stagnation und "Korrektur von Fehlern" 1986

1986 war ein Versuch gemacht worden, die städtischen Haushalte zu dezentralisieren mit der Hoffnung auf Eigenfinanzierung. Dies hätte jedoch bedeutet, den Stadtverwaltungen einen Prozentsatz der in ihrem Gebiet erhobenen Steuern zu belassen und eine größere Flexibilität beim Transfer zwischen Haushaltstiteln zuzulassen, ohne das Gesamtbudget zu ändern. Ein großes Problem ist auch, dass lokale Regierungen keine eigenen Steuern erheben dürfen und eventuelle Überschüsse oder Einsparungen nicht für die Beschaffung z.B. von Baumaterialien verwenden können, da keine Materialien für diesen Zweck in den Fünf-Jahresplänen zugeteilt werden (vgl. Segre/Coyula/Scarpaci 1997: 172). Auf der anderen Seite gibt es mächtige Staatsunternehmen, die große Mittelzuweisungen erhalten, z.T. um ihre Ineffizienz und die Lohnkosten zu subventionieren. Hier liegt der strukturelle Hauptgrund für die Schwäche und die unzureichende Ausstattung der lokalen Verwaltungen und der gewählten Stadt- und Quartiersräte. Dies bringt Konflikte und Ressentiments mit sich. Dilla bemerkt (1995: 72 nach Segre/Coyula/Scarpaci 1997: 163), dass es keine wirkliche öffentliche Debatte zu der Relation zwischen lokal gewählten Nachbarschafts- oder Gemeinderäten und den oberen Regierungsebenen gibt. Wenn es zu gelegentlichen Dialogen vor Ort kommt, dann wird nur auf konkrete und dringende Fragen eingegangen, ohne auf die tiefer liegenden Ursachen vorzustoßen. Seine Interpretation ist, dass die Stadträte und Stadtverwaltungen grob ausgedrückt damit konfrontiert sind, dass sie Funktionen ausfüllen sollen, ohne Macht über die Mittel dazu zu haben, und dass sie "Nutznießer einer Dezentralisierung von Armut sind".

Mit der Einführung der Diskussionen um die "Korrektur von Fehlern" 1986 hatte der Staat versucht, die wirtschaftliche Stagnation zu überwinden. Man hatte erkannt, dass ein Teil der Probleme mit dem hohen Subventionsaufwand für die zum großen Teil sehr wenig produktiven Staatsbetriebe zusammenhing, und mit einer relativ starren Staats- und Ministerialbürokratie, die im Ressortdenken befangen war. Daher die Appelle der *rectificación* (Berichtigung auch ideologischer Fehler) zur Entbürokratisierung und zur Bekämpfung der Korruption mit einer stärkeren Beteiligung der Bevölkerung. Die Gründung 1987 der "Gruppe für die Integrierte Entwicklung der Hauptstadt" und der "Stadtteilwerkstätten", auch die Wiederbelebung der Mikrobrigaden 1988, waren Schritte in die richtige Richtung, die die untere Ebene stärken sollten, auch für eine Verbesserung der Möglichkeiten zur Stadterneuerung. Jedoch hatte auf der obersten Ebene eine Rezentralisierung der staatlichen Wirtschaftslenkung unter dem Exekutivausschuss des Ministerrats stattgefunden, um die staatlichen Ausgaben stärker zu kontrollieren (vgl. Burchardt 1999: 14).

5. Stadterneuerung in der "Speziellen Periode" ab 1990

5.1 Krise, neue Rahmenbedingungen für die Stadterneuerung und Wendepunkt 1993-1994

Nach dem unerwartet schnellen Zerfall der Sowjetunion und der Auflösung der osteuropäischen Wirtschaftsgemeinschaft RGW (Rat für Gegenseitige Wirtschaftshilfe), mit der Kuba jahrzehntelang rund 85% seines Außenhandels abgewickelt hatte, befand sich Kuba seit 1989/90 in der bisher schwersten Wirtschaftskrise. Der Staatshaushalt, die Leistungen des Wohlfahrtsstaates und auch die Ansätze zur Stadterneuerung fanden sich über Nacht durch diese äußeren Einwirkungen ohne ökonomische Basis. Die Probleme der internen Verteilung hatten sich enorm verstärkt und erschienen zunächst unlösbar. Erst im August 1990 wurde auf die Krise reagiert. Der erste Schritt war die Einleitung des sogenannten *periodo especial en tiempos de paz* (Sonderperiode in Friedenszeiten) – ein Notstandsprogramm mit völliger staatlicher Wirtschaftskontrolle und Rationierung der Lebensmittel. Zur Wiederbelebung des Außenhandels und zur Verbesserung des Staatshaushalts wurde eine Doppelstrategie beschlossen: Zum einen sollten traditionelle Exportgüter (Zucker, Nickel) auf dem Weltmarkt gegen Dollar verkauft werden und zudem neue Branchen über *Joint-Ventures* verstärkt werden, wie vor allem der Tourismus (hierzu wurde die Denkmalspflege ein wichtiger Faktor); zum anderen sollten die Binnenwirtschaft und der Konsum stark gedrosselt werden (was für die Stadterneuerung und die Wohnungsreparaturen extremen Materialmangel bedeutete). Es ergaben sich nun zwei Wirtschaftszweige, eine Dollarökonomie zum Erwirtschaften von Devisen, die dann den anderen Zweig, die interne Wirtschaft und die Sozialsysteme auf Peso-Basis, erhalten und finanzieren sollte. Zur Stärkung der Devisenerwirtschaftung und damit der teilweisen Eingliederung in den Weltmarkt erfolgte 1992 eine Verfassungsänderung, die private ausländische Investitionen durch eine Garantie für ausländisches Privateigentum möglich machte. Dies wurde (obwohl es zunächst dafür nicht vorgesehen war) eine der Voraussetzungen für einen anderen Ansatz zur Stadterneuerung, Die schwierigste Zeit und zugleich der Wendepunkt waren die Jahre 1993-1994. Zwischen 1989 und 1992 fiel das Warenangebot für die Bevölkerung um 35%. Selbst die Grundversorgung war durch extremen Mangel gekennzeichnet. Um überleben zu können, waren nahezu alle Kubaner auf den sich ausweitenden Schwarzmarkt angewiesen.[1]

Die Stadtteilwerkstätten und die Mikrobrigaden, die im Rahmen des Prozesses der "Korrektur von Fehlern" 1986 wiederbelebt worden waren[2] und

---

[1] Für weitere ökonomische und politische Ausführungen dieser Zeit siehe andere Kapitel in diesem Band und Burchardt (1999) sowie Segre/Coyula/Scarpaci (1997, bes. Kapitel 7).

[2] Nach Castros Aufruf dazu im Jahr 1986 war die Zahl schnell gewachsen: Im November 1988 gab es ca. 10.000 Mikrobrigaden mit 38.000 Arbeitern und Arbeiterinnen, die 3.000 Wohnungen fertiggestellt hatten. Das Ziel war 20.000 Wohnungen pro Jahr, das jedoch wegen Baustoffmangel nicht erreicht werden konnte. 1990 arbeiteten etwa 40.000 Personen in den Mikrobrigaden, mehr als zu irgendeiner Zeit zuvor in den 70er Jahren. Der neue Aspekt war, dass die Mikrobrigaden (nicht wie vorher in den peripheren Neubaugebieten, sondern) in den Stadtzentren (vor allem Santiago und Havanna) und dort zur Schließung von Baulücken und für den Ausbau der sozialen Infrastruktur eingesetzt wurden. Bereits 1988, nur zwei Jahre nach ihrer Wiedereinführung, hatten sie in Havanna 64 Kindergärten, zwölf Sonderschulen, vier Polikliniken, 600 Arztpraxen *(médico de la comunidad)*, vier Krankenhauserweiterungen und eine Großbäckerei gebaut (vgl. Mathéy 1994: 136).

sich gerade für die Stadterneuerung als sehr gut geeignet erwiesen hatten,[3] erhielten kaum noch Baumaterialien. Die Transportprobleme wurden fast unlösbar, damit kamen alle Bauarbeiten in den Wohngebieten praktisch zum Stillstand.

Im Sommer 1993 erkannte die Regierung, dass sie zu wenig Devisen besaß, um ausreichend Lebensmittel und Erdöl zu importieren. Der Konsum der Bevölkerung und der öffentliche Transport (dessen Fahrten pro Tag gegenüber 1990 um zwei Drittel zurückgegangen war) konnten jedoch nicht weiter eingeschränkt werden. Es gab eine Devisenquelle, die bisher offiziell noch nicht angezapft worden war, und das waren Geldüberweisungen der Exilkubaner an auf der Insel lebende Familienangehörige.[4] (Dies ist heute in Kuba sicher eine Minderheit, vor allem Zugehörige der früheren Mittelklasse.) Die Revolutionsregierung legalisierte nun 1993 kurzer Hand den Besitz von Dollars und erlaubte die Eröffnung von Dollarkonten für Kubaner. Damit war der US-Dollar offiziell als Zweitwährung eingeführt worden (aber auch das Egalitätsprinzip der Revolution erstmals gebrochen). Weitere Reformen wurden eingeführt: viele Agrarbetriebe wurden in selbstverwaltete Kooperativen umgewandelt (September 1993) und Agrarmärkte wurden wieder zugelassen (Oktober 1994). Die freien Agrarmärkte tragen zur Verbesserung der Versorgung bei, allerdings mit einem erheblich höheren Preisniveau als die stark subventionierten Läden *(bodegas)*, in denen die rationierten Lebensmittel (mit der *libreta*) gekauft werden. 1997 benötigte eine vierköpfige Familie neben dem durchschnittlichen Monatsgehalt in Pesos

---

[3] "In den Stadtkernen boten die auf manuelle Arbeit eingerichteten Mikrobrigaden zudem einen strukturellen Vorteil gegenüber den industrialisierten Baumethoden des MINCONs. Dessen Standardsysteme passten sich nicht der umgebenden kleinteiligen Baustruktur an, und die engen Gassen erlaubten weder den Antransport großer Fertigteilelemente noch das Aufstellen weit ausladender Kräne" (Mathéy 1994: 136).

[4] Kuba hat z.Zt. etwa elf Millionen Einwohner, und in den USA, vor allem in Miami, leben etwa eine weitere Million Kubaner. Das sind zum großen Teil Leute, die in den ersten Jahren der Revolution das Land, meist aus ideologischen Gründen, verlassen hatten und deren in den USA aufgewachsene Nachkommen. Es waren die reiche Bourgeoisie und viele Angehörige der Mittelklasse, vor allem weiße Kubaner mit guter Ausbildung. Sie hatten in Vedado, Miramar und den grünen Vororten gelebt. Nach ihrem Auszug standen zunächst viele ihrer Häuser leer oder waren nur von den früheren, meist schwarzen Hausangestellten bewohnt. In den Jahren danach ließen diese z.T. Angehörige vom Lande zusätzlich in den Häusern wohnen und z.T. verteilten staatliche Institutionen die Wohnungen an Leute aus überbelegten oder zusammengefallenen Häusern der Innenstadt. Dies hatte in den ersten Jahren den *beneficial effect of rupturing the social spatial segregation* (Coyula 1985: 35). Für weitere Informationen zu diesem Thema siehe Susan Eckstein (1977): *The Debourgeoisement of Cuban Cities.*

(etwa 180-200)[5] zusätzlich noch 30 Dollar, um ausreichend Lebensmittel und andere Artikel des täglichen Bedarfs erwerben zu können (Widderich 1997: 28). Kleine Essensläden und Familien-Restaurants *(paladares)* wurden 1995 legalisiert. Bereits 1993 hatte es für etwa 150-200 Berufe oder Beschäftigungen die Möglichkeit gegeben, auf eigene Rechnung zu arbeiten *(trabajo por cuenta propia)*. Darunter auch Bauhandwerker, die zur privaten Reparatur von Wohnungen eingesetzt werden können, falls Baumaterialien noch vorhanden waren oder, über die nun auch für die Bevölkerung zugänglichen Dollarläden, gekauft werden können. Ein rudimentäres Steuersystem wurde 1995 für diese Eigenbeschäftigungen und Kleinstbetriebe eingeführt: Sie müssen eine festgesetzte Monatsrate bezahlen, die unabhängig vom Umsatz ist. Das gilt inzwischen auch für Familien, die in ihrer Wohnung Zimmer an Touristen gegen Dollars vermieten. Für die meisten Vermieter und Selbständigen ist dies unbefriedigend, sie würden lieber nach Umsatz bezahlen, da die Verkaufs- oder Einkommensmöglichkeiten zeitlich stark variieren.

5.2 Auswirkungen der "Sonderperiode" auf die Stadterneuerung und die Schaffung neuer Akteure

Wie wirkt sich dies alles für die Möglichkeiten der Stadterneuerung aus? Die kubanische Bauwirtschaft war durch den *periodo especial* besonders stark beeinträchtigt worden, da sie von der energie-intensiven Zementproduktion abhängt. Fünf der sechs Zementfabriken des Landes mussten 1994 aufgrund des Rückgangs der Ölimporte geschlossen werden, so dass die Produktion um die Hälfte zurückging. Seitdem wird Zement fast nur noch in den prioritären Sektoren Biotechnologie, Pharmazie, Tourismus und für andere Devisen erwirtschaftende Bereiche eingesetzt (vgl. Widderich 1997: 29).

---

[5] Nach Gesprächen des Autors (im September 2000) mit Carlos García Pleyan u.a. muss jedoch festgestellt werden, dass dieser Lohn fast ausschließlich für Essen und Kleidung der Familien ausreichen muss, da z.B. Wohnungs- und Transportkosten minimal sind und Ausgaben für Gesundheit und Schulen nicht anfallen. Um faire Lohnvergleiche anzustellen, müsste man also noch einen "sozialen Lohn" (oder einen gesellschaftlichen Lohn, der die von der Bevölkerung nicht zu tragende soziale Infrastruktur beinhaltet), dazu zählen. Zudem gibt es an vielen Arbeitsplätzen ein einfaches Mittagessen umsonst. Es wurde auch darauf hingewiesen, dass inzwischen der öffentliche Verkehr durch den staatlichen Kauf neuer Busse, die Installation von neuen öffentlichen und privaten Telefonen und die Verlegung von Gasleitungen (vor allem zum Kochen) in vielen Stadtteilen zu einer Verbesserung der generellen Lebensbedingungen geführt hat. Dennoch, die ausgezahlten Löhne sind seit vielen Jahren nicht angestiegen.

Die staatlichen Prioritäten bei der Vergabe von Zement stoßen bei großen Teilen der Bevölkerung auf Kritik, weil für den Bau und die Erneuerung von Wohnungen (im Rahmen der Peso-Ökonomie) praktisch nichts übrig bleibt. Auch die Beschaffung anderer Baumaterialien stellt die Bevölkerung vor schier unlösbare Probleme. Wegen des akuten Baustoffmangels sind 1991/92 alle Mikrobrigaden mit Ausnahme derer, die bei den Rohbauten die oberste Geschossdecke erreicht hatten, beurlaubt worden. In Havanna gab es 1994 20.000 Wohneinheiten, die durch den Baustopp nicht fertiggestellt werden konnten. Um den Diebstahl von Baumaterial zu hindern, werden die meisten Rohbauten Tag und Nacht bewacht (vgl. Widderich 1997: 29).

Lösungen für die Krise des Bau- und Wohnungswesens gibt es kaum. Der *Plan Director* für Havanna von 1990, der fast zeitgleich mit dem *periodo especial* veröffentlicht wurde, ist wegen völlig neuer Rahmenbedingungen bereits weitgehend überholt.

Eine kritische Diskussion hat sich um Sparansätze, wie die *Vivienda de bajo consumo* (Wohnung des niedrigen Verbrauchs) entwickelt, die aus lokalen Materialien gebaut werden, um Transportkosten zu sparen. In diese einfachen zwei- bis dreigeschossigen Gebäude sollen vor allem Leute *(albergados)* aus zusammengefallenen oder stark baufälligen Häusern einziehen. Auf Anweisung der Regierung (1992) sollen 2.000 dieser Wohnungen in Havanna gebaut werden, aber nach Angaben der DPPFAU waren 1994 nur etwa 100 fertiggestellt worden. Die Hauptursache war das Fehlen lokaler Baumaterialien in Havanna.

Weitere Kritikpunkte sind, dass sie zu hässlich seien und das Stadtbild stören würden, geringe Wohnqualität hätten und das Konzept nicht mit zuständigen Stellen vorher diskutiert, sondern von oben erlassen worden sei (vgl. Widderich 1997: 30).

Ende der 80er Jahre traten einige wichtige neue Akteure auf und es entstanden lokale Strukturen, die neue Möglichkeiten für die Stadterneuerung und eine Verbesserung der Wohnqualität in den Stadtteilen schaffen. Die Wiederauflage der Mikrobrigaden wurde bereits angesprochen, die nun vor allem für die Schließung von Baulücken, für die Gebäuderekonstruktion und dringende Reparaturen in den Innenstädten eingesetzt werden. Ebenso wurden die verschiedenen Möglichkeiten angesprochen, dass "lizensierte" Bauhandwerker auf eigene Rechnung arbeiten können und dass Wohnungseigentümer (die genügend Raum und eine Lizenz haben) Zimmer gegen Dollars an Touristen vermieten können. Mit der Dezentralisierung der Verwaltung (1985) in Stadtplanungsämter auf der Stadtteilebene *(DAUs –*

Direcciones de Arquitectura y Urbanismo) und der Wahl von Quartiers-Volksräten *(Consejos Populares)* wurden auch legitime Entscheidungsorgane auf der lokalen Ebene geschaffen. 1988 wurde ein neues Programm, die "Sozialen Mikrobrigaden", eingeführt, die nicht wie die regulären Mikrobrigaden auf der Betriebsebene organisiert sind, sondern auf der Quartiersebene. Sie setzen sich aus Bewohnern und (zum großen Teil) Bewohnerinnen der Quartiere zusammen, in denen sie Bauarbeit leisten. Sie haben die Aufgabe, die Häuser (vor allem die gemeinschaftlich genutzten Teile) und die öffentlichen Räume ihres Blocks oder Viertels nach und nach instand zu setzen. In dringenden Fällen werden auch die individuellen Wohnungen, z.B. in *ciudadelas*, repariert. Nach dem neuen Wohnungsgesetz von 1984 sind die Familien, die über Mietkaufverträge zu Eigentümern ihrer Wohnung wurden, selbst für die Instandhaltung verantwortlich. Die sozialen Mikrobrigaden können für Nachbarn aus dem Viertel einen doppelten Nutzen bringen: zunächst eine effektivere Instandhaltung der Wohngebäude, außerdem bieten sie für Leute, die keine feste Anstellung haben, wie Hausfrauen, Rentner (die als Vorarbeiter und Ausbilder eingesetzt werden können), jugendliche Schulabgänger, u.a. eine Beschäftigung und Ausbildung. Die sozialen Mikrobrigaden sind somit auch ein Weiterbildungs- und Arbeitsplatz-Beschaffungsprogramm. Besonders in der gegenwärtigen Krise mit offener Arbeitslosigkeit können sie eine Zukunftsperspektive (z.B. für Elektriker, Installateure u.a.) bieten. Eine Schwachstelle ist die geringe Attraktivität des Bauhandwerks. Sie führt zu beachtlichen Fluktuationsraten bei den Brigadisten. Die sozialen Mikrobrigaden operierten zunächst in zwei verschiedenen städtischen Kontexten: in den alten Innenstadtgebieten Havannas und in den informellen sanierungsbedürftigen Wohngebieten *(barrios insalubres)* am Stadtrand. Später wurde das Modell auf das ganze Land ausgedehnt (vgl. Mathéy 1994: 141).

5.3 Selbsthilfe im Baubestand

Viele Bewohner in engen und heruntergekommenen Wohnungen haben ihre (nun im eigenen Privatbesitz befindlichen) Wohnungen durch An- und Ausbauten flächenmäßig vergrößert. Dies wurde seit langem in Selbsthilfe und meist ohne Baugenehmigung ausgeführt.[6] Die Bewohner agieren hier selbständig und setzen ihr Interesse an mehr Wohnraum durch. Für das Einholen

---

[6] Selbsthilfe beim Wohnungsbau auf dem Lande und am Stadtrand wurde seit langem ohne Genehmigung und Wissen der Behörden durchgeführt. Weitere Informationen bieten Zschaebitz/Lesta 1988.

von Genehmigungen fehlt z.T. die Transparenz auf der untersten Stadtverwaltungsebene, aber auch das Verständnis für die Notwendigkeit dazu. Die Leute sehen dort nur einen Dschungel von für sie meist nicht durchschaubaren Organisationen: Die *consejos populares* bestehen in einem bestimmten Territorium und haben bestimmte Aufgaben, daneben gibt es die Stadtteilwerkstätten, mit anderen, aber ähnlichen und z.T. überschneidenden oder komplementären Aufgaben. Außerdem wurden 1985 die DAUs als unterste Planungsebene geschaffen. Sie sind die Bewilligungs-, Kontroll- und Sanktionsorgane für bauliche Veränderungen und Neubauten. Ihre Arbeit beschränkt sich wegen schlechter technischer und personeller Ausstattung "auf die bauordnungsrechtliche Prüfung von Vorhaben auf Basis einer veralterten und starren Bauordnung" (Wolff u.a. 1993: 51 nach Widderich 1997: 32). Die DAUs geben keine fachliche Beratung für Bauanträge. Formelle Anträge für Umbauten sollen von einem Entwurf eines zugelassenen Architekten begleitet werden, der die Einhaltung der Bauvorschriften gewährleisten soll. Der Selbstbau der Bewohner *(esfuerzo propio)*[7] ist sehr weit verbreitet und bezieht sich im Gebäudebestand vor allem auf das Einziehen von Zwischendecken *(barbacoas)* und die Errichtung von Dachaufbauten *(azoteas)*, die informell durchgeführt werden. Dies sind meist die einzigen Möglichkeiten, den beengten Wohnraum zu erweitern. Um die mangelnde Beratung der Planungsbehörden auszugleichen, wurde vor kurzem eine neue Institution geschaffen, die *arquitectos de la comunidad* (Architekten der lokalen Gemeinschaft). Das Konzept lehnt sich an den *médico de la familia* an. Diese Architekten sollen im Quartier wohnen, in dem sie arbeiten, als Ansprechpartner für alle, die ein Bauvorhaben durchführen wollen. Sie erstellen professionelle Entwürfe zu staatlich festgesetzten Gebühren. Die Pläne sollen auf die lokalen Möglichkeiten abgestimmt werden (Baumaterialien, Statik, lokale Erfordernisse). Eine Nicht-Regierungs-Organisation (NGO), Habitat-Cuba,[8] hat ein Programm

---

[7] Sowohl im Baubestand als auch improvisierter Neubau am Stadtrand und vor allem auf dem Lande. Bei der Wohnungszählung 1981 wurde zur großen Überraschung der Politiker und Bürokraten im MINCON festgestellt, dass allein zwischen 1981 und 1983 3,7 mal so viel Wohnungen durch die Bewohner selbst gebaut worden waren (dies schließt nicht Wohnungskooperativen ein) als durch die staatlichen Brigaden unter dem MINCON. Das Verhältnis vergrößerte sich noch: 1983 wurde fast das Siebenfache an Wohnungen von individuellen Familien gebaut, verglichen mit der Anzahl der vom Staat gebauten Wohnungen (Coyula 1985: 39).

[8] NGOs verschiedener Art bestehen seit einiger Zeit in Kuba, so z.B. *Naturaleza y Hombre*.

(PAC)[9] entwickelt, das im ganzen Lande *arquitectos de la comunidad* ausbildet. 1994 wurden die ersten Büros in Holguín und in Cienfuegos eingerichtet. Hier bietet sich in der Krise eine Chance, durch angepasste Entwürfe und Verwendung lokaler Baustoffe importierte Materialien zu sparen und auch den sowieso stattfindenden Selbstbau im Bestand durch fachliche Beratung zu verbessern. Das ist zukunftsweisend, weil professionelle und lokal mit den Bewohnern abgestimmte Entwürfe eine bessere Wohnqualität ermöglichen und eine erste Stufe zu einer von unten entwickelten Stadterneuerung sein können.

5.4 Die Problemlage in der Altstadt (Habana Vieja)

Die Altstadt Havannas hat in Kuba und international bezogen auf Probleme der Stadterneuerung besondere Beachtung gefunden. Nachdem 1982 die UNESCO die Altstadt zum Weltkulturerbe der Menschheit erklärt hatte und unter Schutz stellte, waren Anfang der 80er Jahre die ersten größeren Restaurierungsprojekte angelaufen: das Kloster Santa Clara und wichtige historische Gebäude an den fünf alten Plätzen. 1990 hatte sich die Situation mit der Ankündigung des *periodo especial* jedoch grundlegend geändert. Nicht nur wurde die Denkmalspflege zurückgestellt, auch die Lebensbedingungen der Bevölkerung verschlechterten sich erheblich.

Der Stadtteil Habana Vieja ist zwar flächenmäßig das zweitkleinste Munizip in Havanna (siehe Abb. 2), die Bevölkerungsdichte und die Belegungsdichte der Wohnungen ist hier jedoch am höchsten. Dort leben über 100.000 Menschen auf einer Fläche von knapp 4,5 Quadratkilometern. Innerhalb der zwei Quadratkilometer des historischen Zentrums liegt die Bevölkerungsdichte bei 400 Einwohnern pro Hektar. Betrachtet man einzelne Blöcke innerhalb des Gebietes, so ergeben sich Spitzenwerte von 1.200 Ew/ha. (Widderich 1997: 40). Die Bevölkerungszusammensetzung in dem Stadtteil zeigt nur geringfügige Unterschiede zum Landesdurchschnitt: Es gibt weniger Kinder und geringfügig mehr Rentner als im Durchschnitt Kubas. Zwei Drittel der Bevölkerung ist im erwerbsfähigen Alter, hier gibt es deutlich einen Männerüberschuss, vor allem der 15- bis unter 25-Jährigen. Die Haushaltsgröße liegt hier im Durchschnitt bei 3,1 Personen pro Wohnung. Zensusergebnisse von 1981 zeigen jedoch eine breite Streuung der Haushaltsgrößen: Ein Fünftel besteht aus größeren Haushalten von mehr als vier Personen und

---

[9] Im September 1993 hatte in Havanna ein Internationales Treffen über Kooperation zwischen NGOs in Kuba und Europa stattgefunden. Daran nahmen 98 Organisationen vor allem aus Europa teil (Habitat-Cuba 2000: 5).

ein Fünftel aus Einpersonenhaushalten (vgl. Widderich 1997: 62). Ein weiteres Merkmal der Altstadt ist, dass dort der Dienstleistungssektor weiterhin stark vertreten ist, es befinden sich weiterhin einige Ministerien in der Altstadt (Marine, Erziehung, Leichtindustrie). Es gibt hier über 100 staatliche Geschäfte für den Kauf von Lebensmitteln in Pesos mit der *libreta*. Die soziale Infrastruktur ist gut, wie fast überall in Kuba. Schulen, Kindergärten, Arztpraxen, Polikliniken etc. sind vorhanden. Viele verschiedene Gewerbebetriebe und Lagerhäuser befinden sich im Erdgeschoss der Gebäude. Am Hafen liegen Werkstätten z.T. für die Reparatur von Autos und Lastwagen. Wegen des derzeitigen geringen Warenangebots steht ein Teil der Lagerräume *(almacenes)* leer. In der Altstadt bestehen viele Freizeitangebote für die Bevölkerung und für Touristen. Hier mischen sich die beiden Welten mehr als sonst irgendwo auf der Insel.

Der Bauzustand hat sich von 1977 bis 1994 erheblich verschlechtert, in der Zeit sind über 3.600 Wohnungen teilweise oder ganz eingestürzt, das sind mehr als 10% des heutigen Wohnungsbestandes. "Allein zwischen 1990-1993 sind 304 Wohnungen teilweise und 263 vollständig zusammengebrochen. Dabei gab es 24 Verletzte und acht Tote. Im Schnitt fordert der Einsturz der baufälligen Häuser Habana Viejas jedes Jahr ein Menschenleben" (Widderich 1997: 54). Um Todesfälle und Verletzungen zu vermeiden, fordern Inspektoren, die die Bausubstanz überprüfen, immer wieder zum Umzug in Notunterkünfte auf. (Dies geschah 1.500 mal im Zeitraum von 1990 bis August 1994). Die betroffene Bevölkerung leistet jedoch kaum Folge, da sie die extrem schlechten Lebensbedingungen in den Notunterkünften *(albergues)* fürchtet und lieber das Risiko in Kauf nimmt. Inzwischen soll die Situation sich verbessert haben, der leitende Architekt der Sanierung der Altstadt betonte 1999, "seit über zwei Jahren ist kein Haus mehr eingestürzt, wir haben alles Erdenkliche getan, um die Bauten zu sichern. Balkone, Galerien und ganze Fassaden wurden mit Balken abgestützt, die Bewohner ausquartiert und die Gebäude weitestgehend konserviert, bis sie an der Reihe sind, saniert zu werden" (Henkel 1999).

Die Wohnverhältnisse zeichnen sich durch eine sehr hohe Anzahl von Einraumwohnungen in *ciudadelas* aus (bei denen ursprünglich und z.T. zur Zeit noch die Sanitäreinrichtungen gemeinschaftlich genutzt wurden). "Im historischen Zentrum stieg der Anteil der Wohnungen in *ciudadelas* von 46% (1981) auf 57% (1993). Die Bevölkerungszahl und die Wohnungszahl stagnierten aber im gleichen Zeitraum" (Widderich 1997: 58). Die Frage, warum in relativ kurzer Zeit ein Großteil des Wohnungsbestandes degradiert wurde, obwohl kein wesentlicher Bevölkerungszuwachs zu verzeichnen ist und auch keine Immobilienspekulation (die oft große Wohnungen unterteilt, um mehr Profit abzuschöpfen), wird von Widderich mit zwei Hypothesen beantwortet: Zum einen bleiben erwachsene verheiratete Kinder eines Haushalts in der elterlichen Wohnung, da sie keine eigene Wohnung finden. Die elterliche Wohnung wird baulich unterteilt, so dass das junge Ehepaar dann in einem Zimmer lebt, jedoch die sanitären Einrichtungen der Eltern mitbenutzen muss. Die andere Möglichkeit und Hypothese ist, dass bei dem Verlust von durchschnittlich 226 Wohneinheiten pro Jahr in der Zeit von 1981 bis 1989 etwa 2.600 Wohnungen partiell oder total einstürzten, die Bevölkerungszahl aber mehr oder weniger konstant blieb. Es erscheint möglich, dass von den verbleibenden Wohnungen (bei relativ wenig Neubauten) ein Teil der Wohnungen unterteilt wurden, um Opfer der unbewohnbar gewordenen Häuser unterzubringen. Jedoch unabhängig von diesen Erklärungsversuchen ist zweifelsfrei festzuhalten, dass viele Wohnungen in der Altstadt einem fortschreitenden Prozess der Degradierung ausgesetzt sind. Der Anteil der Wohnungen in *ciudadelas* im Munizip La Habana Vieja mit 57% ist im Vergleich mit anderen Munizipien überaus hoch. In Centro Habana beträgt der Anteil 30%, in Cerro 21%, in den Bezirken Plaza de la Revolución und Diez de Octubre jeweils 10% (unveröffentlichte Daten der DAU, nach Widderich 1997: 60). Im Untersuchungsgebiet Atares (auf das später noch eingegangen wird) war der Anteil der Wohnungen in *ciudadelas* 44,5% (Ortega Morales 1996: 117). Im Stadtteil Cayo Hueso, im Munizip Centro Habana gelegen, waren es etwa 20% (Sack 1994: 56, und eigene Berechnung).

5.5 Denkmalschutz und das Büro des Historiador *in Habana Vieja und Habaguanex als Unternehmen*

Bereits in den 70er Jahren, als der Plattenbau für die Wohnungsversorgung in Kuba Hochkonjunktur hatte, gab es Kritik von Architekten und Kulturschaffenden an dem einseitigen technischen Leitbild dieser Zeit. Eine Rückbesinnung auf das kulturelle Erbe Kubas wurde gefordert. In der neuen Verfassung von 1975 wurde der Schutz dieses Erbes verankert. In dem Denkmalschutzgesetz von 1979 wurden vier Schutzgrade zur Sicherung von Einzelobjekten für historisch wertvolle Gebäude festgelegt. 1982 hatte dann die UNESCO die Altstadt in die Liste des Weltkulturerbes aufgenommen und begann, zusammen mit CENCREM, die Ausbildung von Fachleuten. CENCREM hat seinen Sitz in dem aus dem 17. Jahrhundert stammenden Convento de Santa Clara, der zum Teil restauriert und mit modernen Laboreinrichtungen und Werkstätten ausgestattet wurde. Das Vereinte Nationen-Entwicklungsprogramm (UNDP) hatte Kuba zu Anfang mit einer Million Dollar unterstützt. Die Mittel wurden zum Aufbau der Infrastruktur eingesetzt, jedoch nicht, wie oft angenommen wird, zur Finanzierung der Gebäudeerneuerung (vgl. Widderich 1997: 68). CENCREM gehört inzwischen zu den führenden Instituten der Denkmalspflege, Restaurierung und Museumskunde in Lateinamerika. Es bildet Fachkräfte aus aller Welt aus, veranstaltet Kurse zur Weiterbildung und steht in engem Kontakt mit anderen Institutionen dieser Art, besonders mit Mexiko, Quito und anderen historisch bedeutenden lateinamerikanischen Städten.

Nach dem *periodo especial* wurde im Oktober 1993 ein neues Konzept vorgestellt und ein Gesetz erlassen, um die Stagnation aufzuheben und um den Fortgang der Restaurierungen in Habana Vieja zu gewährleisten, ohne die leere Staatskasse zu belasten. Die *Oficina del Historiador* (das Amt des Stadthistorikers), die seit 1938 besteht und seit langem von Eusebio Leal Spengler geleitet wird, bekam die Aufgabe, sich in eine handlungsfähige, finanziell selbst tragende Institution umzuwandeln. Das Büro Eusebio Leals untersteht direkt dem Staatsrat und ist keiner Institution des Planungsapparates Rechenschaft schuldig, muß sich aber an die Regeln der Bauordnung halten. Das Gesetz (*Decreto-Ley* 143) definiert die Hauptaufgaben und Tätigkeiten des Büros (nach Widderich 1997: 69). Die wichtigsten sind nach Artikel 6:

- die Erstellung und Ausführung von Restaurierungsplänen für das Historische Zentrum,
- die Suche nach eigenen Finanzquellen für die Restaurierung der Altstadt, für die Verbesserung der Lebensverhältnisse der Altstadtbewohner sowie für
- die Durchführung der eigenen Arbeit,
- das Schließen von Verträgen mit nationalen oder internationalen Körperschaften (nur Nicht-Regierungs-Organisationen), natürlichen und/oder juristischen Personen zwecks Erfüllung der Ziele des Gesetzes,
- das Tätigen von Bankgeschäften in nationaler Währung oder in Devisen und
- die Erteilung von Genehmigungen für Arbeiten an öffentlichen Freiflächen bzw. für deren Nutzung.

Weitere Tätigkeiten des Büros sind nach Artikel 7:

– Die Durchführung von Im- und Exporten, Käufen und Verkäufen sowie alle anderen marktwirtschaftlichen Operationen, die für die Arbeit erforderlich sind,
– Vereinbarungen mit allen in der Altstadt ansässigen Körperschaften zu treffen.

Artikel 8 bestimmt, dass alle in der Altstadt ansässigen Betriebe, die nicht der *Oficina del Historiador* unterstellt sind, an dieses 5% (Leal 1998) ihrer Einkünfte abtreten müssen. (Im Prinzip bedeutet dies das Recht, eine lokale Steuer zu erheben.) Die Devisen erwirtschaftenden Betriebe (z.B. Hotels, Restaurants, Dollarläden) zahlen die Abgaben in Devisen, die übrigen in nationaler Währung. Das Geld ist für die Durchführung von Restaurierungs- bzw. Konservierungsmaßnahmen bestimmt.

Mit dem Gesetz wurden dem Büro des Stadthistorikers sehr weitgehende Kompetenzen eingeräumt. Der Aufbau eigenständiger Beziehungen zu ausländischen Organisationen und die Verwaltung von Devisen sind im sozialistischen Kuba erst im Zuge der angestrebten Selbstfinanzierung von Betrieben *(autofinanciamiento)* möglich geworden.

Zur Schaffung eigener Finanzquellen gründete die *Oficina* im Januar 1994 die neue Firma Habaguanex S.A., der alle touristischen und gastronomischen Dienstleistungsbetriebe in der Altstadt unterstellt sind, die mit dem Büro zusammenhängen. Nach einem Jahr unterstanden der Firma bereits diverse Museen, drei Cafés, sieben Restaurants, ein Hotel und eine Apotheke u.a., alle im Historischen Zentrum gelegen. Weitere Hotels werden restauriert, andere sind in der Planung. Alle von Habaguanex geleiteten Betriebe verkaufen ihre Produkte und Dienstleistungen ausschließlich gegen Dollars. Ihre Angebote zielen auf Touristen ab, eine vergleichsweise große Gruppe, da 90% der Urlauber, die über den Flughafen Havanna einreisen, das Historische Zentrum besuchen. Die *Oficina del Historiador* plant neben Habaguanex eine zur *Oficina* gehörende Immobiliengesellschaft zu gründen, der die Aufgabe zukäme, restaurierte Gebäude als Büros oder auch Wohnungen an Ausländer gegen Dollars zu vermieten (vgl. Widderich 1997: 70).

Das Büro des Stadthistorikers verfolgt die Strategie, dass restaurierte Gebäude Devisen erwirtschaften müssen, weil die Instandsetzung ohne Devisen zum Kauf von Baumaterialien nicht durchgeführt werden kann. Dazu sind keine *Joint Ventures* mit ausländischen Partnern oder Firmen notwendig. Die Habaguanex unterstehenden Betriebe tragen sich selbst und erwirtschaften das investierte Kapital (nach *Granma*, dt. Ausgabe, Mai 1994) in wenigen Monaten. Dies ist möglich, weil die finanzielle Hauptlast der Sanierung der Import von Baumaterialien und Ausstattungsgegenständen gegen Devisen ist. "Der Faktor Arbeit bildet nur einen untergeordneten Kostenpunkt, weil die Arbeitskräfte zu staatlich festgesetzten Löhnen, die in Nationalwährung ausgezahlt werden, beschäftigt sind. Im Zuge der Umstrukturierung unrentabler Staatsbetriebe drohen massenhafte Entlassungen, so dass auch ein genügend großes Arbeitskräftepotential vorhanden ist" (Widderich 1997: 104).

Habaguanex hatte im ersten Jahr 1994 etwa vier Millionen US-Dollar erwirtschaftet, 1998 waren es rund 30 Millionen. Es wird erwartet, dass die Zahlen bis zum Jahr 2000 auf 50 Millionen Dollar ansteigen. Inzwischen sind auch in anderen Städten, z.B. in Cienfuegos, ähnliche Verträge und Investitionen möglich, wie sie in der Altstadt von Havanna durch das Büro des *Historiador* geschaffen wurden. In Cienfuegos z.B. wurde ein zentraler historischer Bereich von 30 Blocks um den Parque José Martí zum schützenswerten Ensemble erklärt. Im lokalen Denkmalspflegeamt *(Centro Provincial de Patrimonio Cultural)*, das mit Lagerräumen und Werkstätten verbunden ist, wurde dem Autor zwischen alten Plänen und Arbeitsmodellen sowie bei einem ausgiebigen Rundgang durch die Stadt erklärt und gezeigt, dass sowohl die öffentlichen Räume und Straßen als auch die wichtigsten historischen Gebäude (besonders das Teatro Tomás Terry, Schulen mit von klassischen Säulen bestandenen Innenhöfen), Restaurants, Cafés und Hotels auf dem besten Wege sind, hoch qualifiziert erneuert zu werden. Dies alles sei erst möglich seit dem *periodo especial*. (Gespräche des Autors vor Ort und im dortigen Büro am 22.9.2000).

5.6 San Isidro, Arbeiterviertel im südlichen Teil der Altstadt

Es kann in der Altstadt typische Interessenkonflikte "Wohnen *versus* Restaurierung" geben. Das Gesetz 143 fordert bei der Suche nach eigenen Finanzquellen, diese neben der Restaurierung auch zur Verbesserung der Lebensbedingungen der ansässigen Bevölkerung zu verwenden. In der Praxis sind aber in den ersten Jahren bis 1995 zum überwiegenden Teil solche Projekte realisiert worden, die nach der Instandsetzung Dollars erwirtschaften.

Erst in den letzten Jahren werden im südlichen und ärmsten Stadtteil der Historischen Altstadt, San Isidro,[10] Finanzmittel und Materialien für die Erneuerung von Wohnungen und zur Verbesserung der Quartiersstruktur zur Verfügung gestellt. Das lokale Stadtteilbüro des Revitalisierungsprogramms *(Programa de Revitalización Integral del Barrio San Isidro)*, das seit 1996 besteht und zunächst dem Munizip unterstand, wurde im Juli 2000 der *Oficina del Historiador* unterstellt. Dadurch begann eine neue Phase, und es verbesserten sich die finanzielle Lage und die Materialbeschaffung für die Renovierung der Wohnungssituation der Bewohner im Viertel. Bereits vorher (1998) wurde ein Kulturzentrum mit einer Bibliothek und einem kleinen Theater fertiggestellt. Dazu kamen Altenwohnungen, und auf dem großen Grundstück eines zusammengefallenen Gebäudes wird nun geplant, im Erdgeschoss eine Fabrik für traditionelle Fußbodenplatten und darüber Wohnungen zu errichten. Das Projekt wird Arbeit und Wohnungen für Bewohner des Stadtteils schaffen. Das Projektbüro und seine Arbeit wurde auch international anerkannt. Es erhielt 1998 eine Auszeichnung in einem Wettbewerb, der von *HIC (Habitat International Coalition)* und lateinamerikanischen Ländern ausgeschrieben worden war und erhielt auch von der EXPO Hannover eine lobende Erwähnung. (Gespräche des Autors am 26.9.2000 mit dem Architekten Ramón Collado im Büro vor Ort). Die Planer um Eusebio Leal wollen der Arbeit in dem Viertel hohe Priorität einräumen: "San Isidro ist unser Laboratorium, hier versuchen wir Erfahrungen zu machen, die sich eventuell auch in anderen Bereichen nutzen lassen. [...] Wir versuchen in zahlreichen Treffen mit den Bewohnern ein integrales Sanierungskonzept für diese Gebiet zu entwickeln" (Henkel 1999). Das Konzept des *Historiador* umfasst auch andere soziale Hilfen für die Bewohner von Habana Vieja. 1994 wurden Klassenräume für 670 Schüler instandgesetzt, Müllfahrzeuge für die Stadtreinigung angeschafft, und zudem werden auf den Baustellen Jugendliche bevorzugt eingestellt. Sie können eine Lehre als Steinmetz, Stuckateur oder in anderen gefragten und kaum mehr vorhandenen Berufen absolvieren. An der Uferstraße Malecón und in einigen anderen Teilen der Stadt werden Gebäude- und Quartierserneuerungen mit Hilfe des Büros des *Historiador* durchgeführt.

---

[10] Der Stadtteil grenzt direkt an den Hafen an und war das traditionelle Viertel der Hafenarbeiter, Seeleute und kleinen Handwerksbetriebe. Im Laufe des 19. Jahrhunderts wandelte sich das aus 14 Blöcken bestehende Viertel vom Arbeiter- zum Armenquartier, wo Immigranten aus dem verarmten Osten der Insel Zuflucht suchten. Bis heute hat sich daran wenig geändert.

5.7 Quartiers-Untersuchungen in Atares (1990-1994), Gebäudetypen und Bewohner als Akteure

Zum Problem der Stadterneuerung wurden zwischen 1990 und 1994 von einer Gruppe kubanischer Forscher unter Leitung von Lourdes Ortega Morales (Architektur-Abteilung der Universität: ISPJAE/FA) und der externen Koordination von Ulrike Zschaebitz (Technische Universität Hamburg-Harburg, Stadtplanung) Untersuchungen im *barrio* Atares, in Verbindung mit der Stadtteilwerkstatt durchgeführt (Ortega Morales, in: Harms/Ludena/Pfeiffer 1996: 95-134).

Dabei wurden die Baustruktur, Gebäude- und Wohnungstypologien sowie die Bevölkerungsstruktur und die Lebens- und Wohnbedingungen untersucht. Des weiteren wurden detailliert die von der Bevölkerung selbst vorgenommenen Veränderungen analysiert und daraus Möglichkeiten zur Stadterneuerung im Rahmen der Stadtteilwerkstatt ermittelt.

Atares, im Munizip Cerro gelegen, ist eines der drei Gebiete, in denen die ersten Stadtteilwerkstätten eingerichtet worden waren. Teile dieser Untersuchung (vom Autor 1990 initiiert und von der VW-Stiftung unterstützt) sollen hier (zum ersten Mal in deutscher Sprache) zusammengefasst werden, da die Ergebnisse in Bezug auf Baustruktur und Bevölkerungsstruktur typisch für die Probleme der Stadterneuerung in innerstädtischen Quartieren in Kuba und besonders in Havanna sind.

Das Quartier Atares (siehe Abb. 4) hat eine Größe von 28 ha, etwa die Form eines Dreiecks und ist im Osten und im Süden von zwei wichtigen alten Straßen (Monte und Diez de Octubre) und an der dritten westlichen Seite von einer Eisenbahnlinie und einer neueren Straße (Cristina) begrenzt. Die beiden alten Straßen *(calzadas)* waren nach den städtischen Regeln, den *Ordenanzas* von 1866, ausgebaut worden, d.h. auf beiden Seiten der Straßen gibt es eine kontinuierliche Bebauung mit Säulengängen *(portales)* und vielen Läden. Das Innere des Quartiers wurde (nach der Auflösung einer Hacienda, etwa 1740) allmählich besiedelt. Es besteht heute aus 36 Blöcken mit Straßen ohne Vorgärten, kaum Freiflächen und einer relativ kompakten Bebauung. Anfang des 20. Jahrhunderts war der Bahnhof Estación Cristina und die Bahnlinie am Hafen sowie der Fleisch- und Gemüsemarkt an der nördlichen Spitze des Gebietes Atares angelegt worden. Dies brachte viele neue Bewohner in das Quartier, das seit seiner Gründung ein armes Viertel war. Es bestand ursprünglich aus landwirtschaftlichen Arbeitern, freigelassenen Sklaven und Emigranten der armen Ostprovinzen Kubas, später aus Hafen-

Probleme der Stadterneuerung in Kuba 135

und Eisenbahnarbeitern und Leuten, die in den Märkten Beschäftigung fanden.
Die aktuelle Bebauung besteht aus 836 Gebäuden (davon 616 Wohngebäude). Die Bauten bestehen durchweg aus ein bis zwei Geschossen, gelegentlich gibt es auch drei- bis viergeschossige Gebäude. 50% der Gebäude sind nach einer Untersuchung der *Grupo GDIC* in schlechtem Zustand und davon 11% irreparabel. Nach der Volkszählung von 1981, einer weiteren Befragung der GDIC von 1988-1989 und einer aktualisierten Befragung von 1992 leben etwa 12.350 Einwohner in Atares. Diese Bevölkerung ist zu zwei Dritteln in Havanna geboren oder aufgewachsen. Die Haushalte können nach Alter, Einkommen, Schulbildung, Zustand und Ausstattung der Wohnungen sowie deren Überbelegung in drei Gruppen eingeteilt werden (Ortega Morales 1996: 107):

Abb. 4: Stadtteil Atares mit Lage der Wohnungstypen

☐ Microlocalización de Ciudadelas
▨ Edificios de apartamentos
■ Pasajes

ATARES - TIPOLOGIA DE VIVIENDAS

Quelle: Segre/Coyula/Scarpaci (1997)

1. Ältere Ehepaare oder Alleinstehende (um die 60 Jahre alt), meist Rentner, oft mit einem jüngeren Familienmitglied zusammenlebend (zur Sicherung des Erbes für die nächste Generation), geringe Einkommen und unvollständige Primär-Schulbildung. Die Wohnung ist nicht in besonders gutem Zustand, aber sie ist auch nicht überbelegt. Haushaltsgeräte: Radio, TV, Kühlschrank (in Kuba übliche Minimalausstattung).
2. Größere Familien oder Kernfamilien, Einkommen sind im nationalen Vergleich relativ gut, Schulbildung überdurchschnittlich, z.T. Sekundärschul-Abschluss. Die Wohnung ist in technisch gutem Zustand und gut ausgestattet, manchmal mit Telefon. Keine Überbelegung.
3. Größere Familien, Einkommen und Schulbildung sind durchschnittlich. Wohnungen in *ciudadelas*, d.h. meist Einraumwohnungen, ursprünglich (und z.T. heute noch) mit Sanitäreinrichtungen, die kollektiv genutzt werden. Schlechte Belichtung und Beleuchtung, Überbelegung, Eheleute haben wenig Privatheit, z.T. wurden balkonartige Zwischengeschosse *(barbacoas)* in die relativ hohen Räume eingebaut, um den verfügbaren Raum zu vergrößern. Zum Wäschewaschen und -trocknen werden die Höfe und oft engen Zwischenräume genutzt. In einigen Fällen wurden individuelle Küchen und/oder Duschen ein- oder angebaut für den exklusiven Gebrauch der Familie (unterschiedliche Prozentanteile, da dies von Lage und technischen Möglichkeiten abhängt, aber immer angestrebt wird).

Das Durchschnittsalter der Bevölkerung in Atares liegt bei 34,3 Jahren. Auf jede zweite Person im Arbeitsalter kommt ein Rentner. Die Schulbildung der bis zu Dreißigjährigen ist gut, generell Primär- bis Sekundärschule, 3% haben abgeschlossene Universitätsausbildung. 97% der im schulischen Alter Stehenden besuchen die Schule. In Atares dominieren die Großfamilien, bei denen mehrere Generationen in der Nähe oder zusammen wohnen. Danach stehen an zweiter Stelle Kernfamilien mit Kindern, dann folgen Einfamilienhaushalte und zuletzt alleinstehende Ehepaare. Die durchschnittliche Haushaltsgröße besteht aus 3,9 Personen.

Die von Straßen begrenzten Blöcke haben z.T. rechtwinklige, z.T. unregelmäßige Form. Die Grundstücke bestehen im allgemeinen aus schmalen (im Durchschnitt neun Meter breiten) Parzellen mit einer Länge von 25-45 Metern. Das Verhältnis von Breite zu Länge (1:3 bis 1:5) hat die Typologie der Gebäude mitbestimmt. Die Bebauung ist kompakt und besteht aus fast vollständiger Überbauung der Parzelle mit kleinen Innenhöfen.

Das Quartier besteht aus 616 Wohngebäuden mit 3.088 Wohnungen. Innerhalb dieser Gesamtheit können vier Wohnungs- und Gebäudetypen unterschieden werden (die auch typisch für andere Arbeiterwohngebiete in Havanna sind, siehe Abb. 5).

Abb. 5: Wohnungstypologie

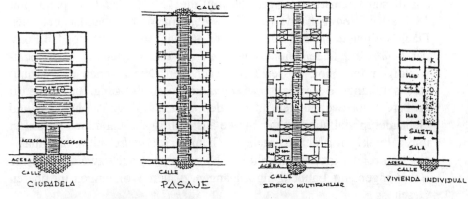

Quelle: Segre/Coyula/Scarpaci (1997)

1. Einzelwohnungshäuser *(vivienda individual)*: (Anteil der Gebäude im Quartier: 67,9%, im Ganzen: 418 Wohneinheiten, durchschnittliche Wohnfläche pro Wohnung: 89 qm, durchschnittliche Fläche pro Einwohner: 22,20 qm). Das Charakteristische an diesem Typ ist, dass pro Grundstück ein Gebäude mit nur einer Wohnung gebaut worden war, das die gesamte Breite des Grundstücks zur Straße hin einnimmt. Dadurch entstehen durchgehende Straßenfassaden. Zur Straße hin liegen Wohnraum, Eingang und oft ein weiterer Raum. Dahinter liegen an einem langen schmalen Gang (oder Hof) eine Reihe von Schlafräumen, deren Anzahl von der Länge des Grundstücks abhängt. Am Ende der Wohnung und der Parzelle liegen die Küche und das Bad. Bei längeren Grundstücken können auch zwei schmale Innenhöfe auftreten. Oft sind diese Wohnungen dann zweigeschossig und im Erdgeschoss mit anderen Funktionen verbunden, z.B. mit einem Laden, einer Werkstatt oder vermieteten Zimmern. Die Wohnung liegt dann im ersten Obergeschoss. (Dieser traditionelle Wohnungstyp ist in Kuba und in Lateinamerika weit verbreitet.)

2. Die *Ciudadela* als Gebäude mit Einzimmerwohnungen (Anteil der Gebäude im Quartier: 18%, im Ganzen: 1.182 Wohneinheiten, durchschnittliche Fläche pro Wohnung: 40 qm, durchschnittliche Fläche pro Einwohner: 9,8 qm.): Dieser Gebäudetyp wurde bereits kurz beschrieben, er stellt den Typ des kollektiven oder Mehrfamilienwohnens dar, der die größte Anzahl von Wohnungen auf kleinster Fläche enthält. Fast die Hälfte (44,5%) des gesamten Wohnungsbestandes in Atares besteht aus diesen Kleinstwohnungen, obwohl die 111 *Ciudadela*-Gebäude nur 18% aller Wohngebäude (und 29% der mit Wohngebäuden bebauten Fläche) einnehmen. Bei der in Atares am häufigsten auftretenden Form der *Ciudadela* liegen die Wohnungen um einen offenen, meist rechtwinkligen Innenhof, dessen Größe von den Dimensionen des Grundstücks abhängt. Bei vielen *ciudadelas* liegen am Eingang zur Straße oft größere Einzelwohnungen oder Läden, so dass dieser Wohnungs- und Gebäudetyp vielfach von der Straße aus nicht wahrgenommen wird. Bei unregelmäßigen Blöcken ergeben sich auch *ciudadelas* mit unregelmäßigen und relativ großen Innenhöfen. Hier bestehen auch zweigeschossige Bebauungen mit Laubengang-Zugängen zu den Wohnungen im oberen Geschoss.
3. Die *Pasaje* kann als Sonderform der *Ciudadela* angesehen werden, die in Atares nicht oft auftritt (Anteil der Gebäude im Quartier: 0,3%, im Ganzen 76 Wohneinheiten, durchschnittliche Fläche pro Wohnung: 53 qm, durchschnittliche Fläche pro Einwohner: 13,3 qm): Dieser Gebäudetyp hat Wohnungen auf beiden Seiten eines Durchgangs, der an beiden Enden Straßeneingänge hat. Die Einraumwohnungen sind gelegentlich besser (d.h. mit kleiner Küche und Dusche) ausgestattet. *Pasajes* können auch zwei-, seltener dreigeschossig sein.
4. Das Apartmenthaus *(edificio de apartamentos)*: (Anteil der Gebäude im Quartier: 13,8%, im Ganzen 760 Wohneinheiten, durchschnittliche Fläche pro Wohnung: 66,55 qm, durchschnittliche Fläche pro Einwohner: 16,63 qm). Dieser Gebäudetyp wurde in den 1940er und 1950er Jahren nach einer neueren Bauordnung gebaut. Er hat drei bis fünf Geschosse und die einzelnen Wohnungen *(apartamentos)* sind individuell mit Küche und Bad ausgestattet und haben einen modernen funktionalen Grundriss.

Der größte Teil des Wohnungsbestandes in Atares wurde in den ersten drei Jahrzehnten des 20. Jahrhunderts gebaut. Die Bausubstanz ist erheblich heruntergekommen und reparaturbedürftig, doch im Vergleich zu anderen

Gebieten aus der Kolonialzeit ist sie in besserem Zustand, da neueren Datums. Mehr als 60% der Gebäude haben Durchfeuchtungsschäden, bei den meisten sind Dachreparaturen erforderlich. Die *ciudadelas* haben den höchsten Grad an Bauschäden, von den 111 Gebäuden sind ein Drittel in relativ gutem und zwei Drittel in schlechtem Zustand.

Die Einzelhauswohnungen sind in bestem Zustand im Vergleich mit allen Wohnbauten im Quartier. Sie sind besser gebaut, weniger überbelegt, und Reparaturen wurden von den Bewohnern öfter und leichter selbst durchgeführt.

Eines der Charakteristiken in innerstädtischen Quartieren (aber auch in peripheren Siedlungen) ist, dass die Wohnungen (und damit Teile des Quartiers) ständig verändert werden. Die Bewohner sind die Hauptakteure bei diesen Veränderungen. Es handelt sich bei diesen Veränderungen um Reparaturen, interne Umbauten, Raumunterteilungen, Verlegung von Leitungen, Veränderungen und Auswechseln von Fenstern und Türen sowie um Erweiterungen und Anbauten. All dies wird meist in Selbsthilfe oder mit Hilfe von lokalen Handwerkern, die sich gewisse Fähigkeiten meist bei den Mikrobrigaden angeeignet haben, über längere Zeiträume durchgeführt. Die Verzögerungen ergeben sich durch Material- oder Geldmangel. Das Ziel der Veränderungen ist immer, die materiellen und baulichen Lebensbedingungen der Haushalte zu verbessern, oder sich im Rahmen der Gegebenheiten der Wohnung, des Gebäudes und des Quartiers mit den Veränderungen in den Haushalten (z.B. der Heirat und zusätzlicher Kinder, oder der Scheidung und Unterteilung einer Wohnung, u.a.) einzurichten. Da immer Wohnungsmangel herrscht und die (z.Zt. meist unwahrscheinliche) Zuteilung einer neuen Wohnung (oder Ersatzwohnung im Falle eines Einsturzes), heißen würde, aus dem Quartier in ein anderes Stadtviertel ziehen zu müssen und damit lokale soziale Kontakte zu verlieren, passt man sich im Bestand oder den Bestand so gut wie möglich an die Familien an (vgl. Zschaebitz/Lesta 1990).

Umzüge *(permutas)* sind zwar auch möglich, jedoch nur über Wohnungstausch, der relativ kompliziert über Zeitungsanzeigen läuft, da ja ein Wohnungsmarkt im kapitalistischen Sinne nicht existiert. Seit dem Wohnungsgesetz von 1984 ist der Status "Mieter" aufgehoben worden. Das Wohnungseigentum wurde vom Staat auf die Bewohner ihrer Wohnungen übertragen, und zwar mittels Mietkauf, d.h. die monatlichen Mieten (angepasst als Prozentsatz der Einkommen) gelten für eine bestimmte Zeit (meist 20 Jahre) als Abzahlung für den Erwerb des Eigentums. Die Wohnungen in den *ciudadelas* und *pasajes* waren (bereits nach dem ersten Städtischen Reformgesetz von 1960) den früheren Eigentümern enteignet worden und gratis zur Nutzung *(usufructo gratuito)* den Bewohnern überlassen worden. Die Begründung war, dass diese Wohnungen menschenunwürdig seien. Geplant war, die Bewohner in adäquate Wohnungen umzusiedeln oder die Kleinwohnungen durch Umbau oder Abriss und Neubau in einen bewohnbaren Zustand zu bringen. Bewohner, die (seit vor der Revolution) in ihren eigenen Wohnungen geblieben waren, wurden nicht enteignet. Die Wohnungen der Eigentümer, die Kuba im Laufe der Revolution verlassen hatten, waren an den Staat gefallen.

Die Veränderungen, die die Bewohner im Wohnungsbestand durchgeführt haben, können in drei große Gruppen eingeteilt werden:

1. Erweiterungen und Funktionsänderungen: Die am häufigsten auftretende Erweiterung ist der Einbau eines Zwischengeschosses oder internen Balkons, *barbacoa* genannt. Er wird z.T. aus Holz, z.T. aus Beton eingebaut, um den vorhandenen Wohnraum zu vergrößern. Meist dient der zusätzliche Raum als Schlafgeschoss und ist durch eine Treppe mit dem darunter liegenden Wohngeschoss verbunden. Die oft über vier bis sechs Meter hohen Räume lassen den Einbau zu. Es entstehen dadurch jedoch häufig Probleme der Belichtung und Belüftung, die dann zum Einbau zusätzlicher Fenster an den Außenwänden führen. Dadurch und durch den Anbau von Außenbalkonen werden Erscheinungsbild und Proportionen der Straßenfronten oft stark verändert. Bei unsachgemäßer Konstruktion können die tragenden Wände geschwächt werden.

   Eine andere Erweiterung erfolgt (meist in den *ciudadelas*) durch Anbau von Küchen, Bädern, Vorrats- oder Eingangsräumen in den meist halböffentlichen Hof oder Gang. Mit dieser "Raum-Aneignung" werden zwischen vier bis acht Quadratmeter für den privaten Gebrauch gewonnen. Diese Erweiterungen sind für den Außenstehenden und von der Straße aus meist nicht sichtbar.

   Als vertikale Erweiterung werden auf den Dächern provisorische Hütten oder permanente Räume *(azoteas)* angebracht. Diese Aufbauten werden meist bei den Apartmenthäusern angebracht und stellen auch eine Aneignung von halböffentlichem Raum dar. Diese Lösung findet sich in Atares weniger häufig, erscheint jedoch in Habana Vieja und anderen älteren Stadtteilen oft.

2. Unterteilungen und Schaffung von privaten Sanitärräumen (wie WC, Dusche, Bad): Zusammen mit der Entstehung neuer Kernfamilien und

auch der Ehescheidung kommt es zur Notwendigkeit einer Separierung der Lebenssphären in derselben Wohnung. Diese räumliche Trennung kann vertikal oder horizontal geschehen. Die Schaffung unabhängiger Wohneinheiten schließt auch die Konstruktion neuer Sanitärräume, oft auf kleinstem Raum, ein. Dadurch werden zusätzliche Wasser- und Abwasserleitungen erforderlich, die bei Improvisationen zu Durchfeuchtungen und anderen Bauschäden führen können.

3. Reparaturen und Modernisierungen: Beides ist oft miteinander verbunden mit dem Ziel einer Verbesserung der baulichen Qualität, oft auch mit der Schaffung einer "zeitgemäßeren" Fassade oder "modernerer" Innenräume. Dies führt zum Austausch von Fenstern und Eingangstüren, zu anderen Materialien und Formaten und zu anderen dekorativen Elementen, auch zu anderen internen Raumaufteilungen und einer Verlagerung der Sanitärräume. Reparaturen werden an Dächern, Wänden, Fußböden, Treppen und Leitungen durchgeführt. Sie dauern oft Jahre und sind z.T. auf professionelle und staatliche Hilfe oder Genehmigungen angewiesen. Modernisierungen dieser Art treten in Atares weniger auf. Sie werden von Architekten und Denkmalspflegern häufig in anderen Quartieren beanstandet, da sie das traditionelle Straßenbild verändern und ein anderes Image "populärer" Ästhetik einführen.

Durch die Umnutzung von Läden in Wohnungen (vor allem an den das Quartier begrenzenden Hauptstraßen) und durch die Transformation von alten Marktgebäuden und Produktionsräumen in Schulen ergeben sich weitere Nutzungsänderungen im Bestand. Bei dieser Art von Veränderungen spielen neben den einzelnen Haushalten als Akteuren auch lokale Institutionen der Regierung und der Verwaltung eine Rolle. In Atares sind dafür zuständig: die Städtische Volksversammlung und der Stadtrat von Pilar-Atares *(Asamblea Municipal del Poder Popular* und *Consejo Popular)*, das Wohnungsamt *(Dirección Municipal de Vivienda)*, das Stadtplanungsamt *(Dirección Municipal de Arquitectura y Urbanismo)*, die Mikrobrigaden und die Schul-, Gesundheits- und Kulturämter *(Direcciones Municipales de Educación, Salud y Cultura)*. Als wichtigste Akteure für das Quartier sind jedoch die Stadtteilwerkstatt und die Mikrobrigaden zu nennen. Zu Anfang der Untersuchung waren die sozialen Mikrobrigaden unter Beteiligung vieler Frauen dabei, neue mehrstöckige Wohngebäude auf leeren Grundstücken in Atares zu bauen. Von der Stadtteilwerkstatt wurden Pläne zur Verbesserung der öffentlichen Räume, zusammen mit Studenten und Lehrenden der Universität, vorgeschlagen und diskutiert. Außerdem wurde das Lokal der Werkstatt für kulturelle Musik- und Tanzveranstaltungen der Quartiersbewohner und zur Verstärkung der lokalen Identität genutzt. Die Architektin der Stadtteilwerkstatt arbeitete auch mit den Bewohnern an der Reparatur und Verbesserung der Wohnungen, vor allem in den *ciudadelas* und bei Notlagen, wie Einsturzgefahr, auch in anderen Gebäuden (Zschaebitz/Lesta 1990).

Mit Beginn der Sonderperiode wurden Bautätigkeiten der Mikrobrigaden wegen Material- und Energiemangel fast eingestellt und die Aktivitäten anderer Institutionen sehr stark reduziert. In der Krise und der Stagnation wurden in den Institutionen und an der Universität andere Lösungen als die bisherigen diskutiert und gesucht. Anstelle von Neubau wurde die Notwendigkeit der Erhaltung und Verbesserung des Bestandes zusammen mit der Bevölkerung als Priorität gesehen. Paradoxerweise ermöglichte erst die Krise eine Veränderung der Mentalität der zentralistischen, technokratischen und sektoralen Ansätze, die die Prioritäten für kapital- und energieintensive Neubauten gesetzt hatten.

Die Ergebnisse der Untersuchungen in Atares (besonders die Gebäudetypologien, die Haushaltsgruppen innerhalb der Bevölkerungsstruktur und die Veränderungen im Baubestand und Transformationen durch die Selbsthilfe der Bevölkerung) lassen sich im Prinzip auch auf andere innerstädtische Arbeiterquartiere in Havanna übertragen, wenn auch die prozentualen Anteile der Gebäudetypen am Bestand und der Haushaltsgruppen innerhalb der Bevölkerungsstruktur der jeweiligen Stadtteile stark variieren. Ähnliche Wohngebäude und deren Transformationen durch die Bevölkerung lassen sich auch in anderen lateinamerikanischen Großstädten, vor allem in armen Mietquartieren in Lima finden, wie eine vergleichende Untersuchung gezeigt hat (Harms 1995). Die Geschichte der spanischen Kolonisierung und der sich daraus ergebenden Stadt-, Quartiers- und Gebäudestrukturen sind ähnlich, auch die Geschichte der Veränderungen in den Städten bis in die späten 50er Jahre durch kapitalistische Immobilien- und Bodenmärkte. Danach hat die Situation in Kuba jedoch eine andere Dynamik und andere Potentiale, auf die noch einzugehen wäre.

6. Fazit und Ausblick

Stadterneuerung im heutigen Sinne von Pflege und Erhaltung, aber auch Erneuerung und Weiterentwicklung des baulichen und sozialen Bestandes war weder im vorrevolutionären noch in den ersten zwei Jahrzehnten des revolutionären Kubas ein Thema und fand auch nicht statt. Erst in den 80er Jahren wurde die völlige Vernachlässigung der gebauten Stadt inklusive technischer Infrastruktur, der Verfall historisch wertvoller Gebäude und die Verschlechterung der Wohnsituation durch Unterlassung von Instandhaltung und Reparaturen als Problem offiziell anerkannt. Darüber, wie das Problem gelöst werden sollte, bestand lange Zeit Unklarheit, es wurden jedenfalls keine relevanten Entscheidungen getroffen. Dass die Lösung des Problems, bei verstaatlichtem Grundbesitz und entmachtetem oder nicht vorhandenem privatem Immobilienbesitz, eine gesellschaftliche oder staatliche Aufgabe wird, stellte wohl ein Dilemma dar.

Mit der Ausschaltung des Immobilien- und Bodenmarktes (1960) wurden die auf privaten Gewinn ausgerichteten Akteure der Produktion und Reproduktion von Immobilien in der Stadt ausgeschaltet. Es waren aber nicht nur die Immobilien-"Spekulanten" (d.h. die auf kurzfristige und hohe Gewinne ausgerichteten Käufer und Verkäufer) und die Übergewinne der Haus- und Grundbesitzer abgeschafft worden, sondern auch die Verantwortlichkeit und die Wertschätzung für die Erhaltung von Bauten generell. Es stellte sich heraus, dass die Akteursgruppen der Spekulanten und Immobilienhändler mit ihren negativen sozialen Praktiken und Aspekten abgeschafft werden können, dass aber die Funktion der Bauinstandhaltung und die Aufgabe der Reparatur von Bauschäden weiterhin bestehen bleibt, wenn nicht die gebaute Stadt als gesellschaftlicher Vermögenswert verloren gehen soll.

Die Verantwortung, dieses gesellschaftliche Vermögen zu erhalten und dafür Investitionen zur Instandhaltung bereitzustellen, wurde von den zentralen Instanzen des Staates und den Hauptakteuren in den Ministerien nicht übernommen. Hierbei mag reduziertes ökonomisches Denken und Prioritätensetzungen in Kategorien von "produktiven" und "nicht-produktiven" Investitionen eine Rolle gespielt haben, sicher auch ideologische Überreaktionen, deren Folgen nicht zu Ende gedacht waren. Der Neubau von Wohnungen wurde noch als staatliche Aufgabe akzeptiert, aber die Bestandserhaltung wurde als nicht-produktive Investition angesehen. Die technologische Faszination des "Neuen", die Nichtachtung und kulturelle Abwertung der "Alten Stadt", industrielle Methoden und zentralisierte Großbetriebe als Problemlöser im Rahmen von *economies of scale*, das Dogma der Vorfabrizierung als "Fordismus" des Wohnungsbaus führten in eine Sackgasse. Diese Einstellung als Teil der "Moderne" war, wie bekannt, nicht nur bei Ökonomen, Ingenieuren und Architekten in Kuba tief verwurzelt, sie war ebenso in anderen sozialistischen und vor allem auch in den kapitalistischen Industrieländern weit verbreitet und lange Zeit die dominante Denkrichtung. Das Problem in den sozialistischen Ländern war die rigorose polit-ökonomische und z.T. diktatorische Durchsetzung dieses Modells (mit Extremen wie in Rumänien unter Ceaucescu). In den meisten kapitalistischen Ländern war diese Form der Bauproduktion und der Produktion von Stadt das eine Extrem in einem breiteren Spektrum, das auch mittlere und kleine Handwerksbetriebe und am anderen Ende den freiwilligen Selbstbau mit den *Do-it-yourself*-Läden einschloss, oder in den Entwicklungsländern die *Shantytowns*, als Selbstbau der vom formellen Wohnungsbau und Wohnungsmarkt Ausgeschlossenen.

Mit den Industrialisierungsmethoden des Plattenbaus für Neubauten und der Vernachlässigung der bestehenden Stadt und des alten Baubestandes waren auch die handwerklichen Fähigkeiten, und in der Ausbildung der Architekten die Sensibilisierung für den Kontext der bestehenden Stadt vernachlässigt worden. In Kuba wie in anderen sozialistischen Ländern kam dazu, dass mit der Vorstellung, "Modernisierung" sei mit "Industrialisierung" gleichzusetzen, auch das Ziel verbunden worden war, aus kleinbürgerlichen Handwerkern und engstirnigen Bauern Industriearbeiter zu machen, die dann die neuen zukunftsorientierten Menschen der staatstragenden Klasse sein würden. Die handwerkliche Produktionsweise und der kleinteilige Handel waren als Überbleibsel und zugleich als Brutstätte des Kapitalismus diffamiert und in den 60er und 70er Jahren aus den Läden der Altstadt und aus dem Straßenbild und den *portales* in Havanna verbannt worden. Die Auflösung der Eckgeschäfte und die Schließung der Handwerkerbetriebe war die Folge dieses rigorosen Denkens.

Bei der Wohnungszählung von 1983 mussten die Regierung, die Techniker und Politiker mit Erstaunen feststellen, dass die Produktion von Wohnungen durch die Bevölkerung in Selbsthilfe *(construcción por esfuerzo propio)* höher war als die staatliche Produktion. Es war auch bekannt geworden, dass die Bewohner selber in großer Anzahl ihre Wohnungen in kleinteiliger Bauweise und über lange Zeiträume erweitert und unterteilt hatten (mit *barbacoa*-Einbauten, *azotea*-Aufbauten und Küchen- und Bad-Erweiterungen besonders in den *ciudadelas*). Diese neue Tatsache hatte zur Folge, dass eine Konferenz unter Fachleuten und Politikern zum Thema Selbsthilfe Wohnungsbau und Stadtplanung vom 14.-16. März 1984 einberufen wurde, um die (für die kubanischen Fachleute) neue Situation zu diskutieren (Zschaebitz/Lesta 1988: 105). Dann wurde das neue Wohnungsgesetz von 1984 erlassen, das die Potentiale dieser Aktivitäten der Bewohner anerkannte und im Gesetzestext als förderungswürdig ansah und die Techniker angewiesen hatte, Formen der Unterstützung unter bestimmten Einschränkungen

Probleme der Stadterneuerung in Kuba 145

und nach bestimmten Regeln auszuarbeiten. Dazu wurden mit dem Gesetz das Nationale Wohnungsbau-Institut *(Instituto Nacional de la Vivienda)* und die städtischen und provinziellen Wohnungsämter *(direcciones provinciales y municipales de vivienda)* geschaffen. Das Problem der Überbelegung in den *ciudadelas* wurde in dem Gesetz nicht behandelt. Diese Wohnungen und Gebäude wurden weiterhin als nicht "würdig" *(viviendas no decorosas)* angesehen, während die Bewohner als "legitim" *(ocupantes legítimos)* bezeichnet wurden. Das Gesetz sieht vor, dass jeder Haushalt über Mietkauf zum Besitzer der eigenen Wohnung wird, in der er wohnt. Eine Ferien-Zweitwohnung (Prinzip: Datscha) wurde auch noch erlaubt. (Bei den *ciudadelas* wird aus den genannten Gründen das Eigentumsrecht allerdings nicht transferiert, obwohl es *de facto* anerkannt ist.) Die Spekulation mit Wohnungen, d.h. der Verkauf und Kauf zu überhöhten Preisen für schnelle Gewinne, sollte weiterhin auf jeden Fall unterbunden werden. Man wollte administrativ sichern, dass die Wohnung Gebrauchsgut bleibt und sich nicht zum Spekulationsgut mit Tauschwert entwickelt.

Im Prinzip war mit der Übertragung der Eigentumstitel auch die Aufgabe der Instandsetzung und die Erneuerung der Wohnungen vom Staat auf die neuen Besitzer übertragen worden, jedoch ohne dafür genügend Baumaterialien oder auch eine adäquate Struktur zur Durchführung dieser dringenden Arbeiten entwickelt zu haben. Erst allmählich wurde auf Stadtteil- und Munizipebene darüber diskutiert und in den *consejos populares* auch Materialien in den Budgets und Verteilungsplänen angefordert. Die neue Struktur der sozialen Mikrobrigaden war ein Schritt in die richtige Richtung, die Wohnungsprobleme im Bestand zu verbessern und hatte auch z.T. Erfolge gebracht. Mit dem Zerfall des sozialistischen Ostblocks in Europa und der Einführung des *periodo especial* in Kuba waren jedoch die gerade in Gang gesetzten Aktivitäten wieder zum Stillstand gekommen. Die Bevölkerung blieb zunächst weiterhin auf sich selbst angewiesen und versuchte auf Haushaltsebene Material "zu organisieren" (da selbst die offiziell vorgesehenen fünf Sack Zement pro Haushalt oft ausblieben).

Mit zunehmendem Tourismus, als einem der wenigen Sektoren, die Dollars einbrachten, wurde die Denkmalspflege immer wichtiger, auch um Touristen anzuziehen. Das Bewusstsein des Verfalls der Altstadt und anderer Teile des gebauten Kulturerbes war bei vielen Intellektuellen und Kulturschaffenden seit langem sehr akut. Mit der offiziellen Einführung des Dollars als Zweitwährung und dem Vorstoß von Eusebio Leal, mit seinen Ideen und dem realen Projekt für die Rettung der Altstadt, war eine Tür geöffnet worden, mit kubanischer Arbeit und Auslandskapitalbeteiligung Baumaterial und Geräte, zunächst aus dem Ausland, zu kaufen und damit einen eigenen Wirtschaftszweig aufzubauen, ohne Gelder oder Subventionen aus den leeren Staatskassen. Gebäude wurden und werden wiederhergestellt und Gewinne für weitere Investitionen in den Altstadtbereich erwirtschaftet, die dann auch z.T. für soziale Zwecke eingesetzt werden können. Andere Stadtteile oder Quartiere versuchen mit analogen Ansätzen über Verbindungen zu Nicht-Regierungs-Organisationen (NRO) an Auslandswährung zum Kauf von Baumaterialien heranzukommen. Dies kann interpretiert werden als die Entwicklung einer lokalen Ökonomie, als Ergänzung und in Kooperation zur Staatswirtschaft oder als eigener Zweig relativ unabhängig von staatlichen ökonomischen Aktivitäten. Es ist eine Frage an die Zukunft, wie weit die Dollarisierung der Denkmalspflege zu Verdrängungs- und Segregationsproblemen in Innenstadtbereichen führen wird. Bis heute ist es dazu noch nicht oder kaum gekommen.

Der Stadthistoriker Eusebio Leal (1998: 22) ist sich der Gefahren bewusst. In einem Interview äußerte er sich kürzlich zu den Hauptzielen der Stadterneuerung in Habana Vieja in folgender Weise:

> Es wäre ein großer Fehler, die Stadt in ein Museum zu verwandeln. Das wichtigste Ziel ist es, die Bewohner innerhalb der Altstadt zu halten. [...] Deshalb müssen wir neue Arbeitsplätze schaffen, die Bewohner in die Erneuerungs- und Restaurierungsarbeiten einschließen und nicht nur, um adäquate Bedingungen für den Tourismus zu schaffen. Das wirklich Wichtige liegt nicht darin, die Fassaden anzumalen, sondern darin, das soziale Leben der Bewohnergemeinschaft zu revitalisieren und möglicherweise auch neue Elemente einzuführen. Ich denke, das schwierigste Problem ist immer die ökonomische Frage. Erneuerung und Restaurierung kosten Geld, eine Menge Geld. Aber wir müssen etwas anderes erreichen, was nicht mit allem Geld der Welt gekauft werden kann: Enthusiasmus und Beharrlichkeit. Anfänglich wurden die Arbeiten nur vom kubanischen Staat finanziert, aber wir haben immer internationale Hilfe der UNESCO und bilaterale Kooperation mit anderen Städten und Provinzen gesucht. Aber ich war immer überzeugt, dass die Hauptanstrengung von uns selber kommen muss, wenn wir das Alte Havanna retten wollen. [...] Natürlich hilft es, dass wir durch ein Sondergesetz das Recht haben, eine Steuer von fünf Prozent auf die Bruttoeinkommen aller ökonomischen Aktivitäten staatlicher und privater Unternehmen innerhalb der Grenzen von Alt-Havanna zu erheben, auch dass wir finanzielle Ressourcen von internationalen Körperschaften direkt einnehmen können, ohne über Zwischenstellen gehen zu müssen. Wir managen unsere eigenen Unternehmen, Hotels, Cafés und wir können die Einkommen in die Restaurierung und Erneuerung investieren. [...] Der wichtigste Aspekt ist, wir investieren nicht nur in die Erneuerung von Kirchen, Klöstern und Museen, sondern wir bauen damit auch Hospitäler auf, erneuern Schulen, unterstützen öffentliche Einrichtungen für ältere Leute und Kranke. Wir haben eine Verpflichtung der lokalen *Community* gegenüber. [...] Im ersten Jahr 1995 haben wir drei Millionen US-

Dollar erwirtschaftet, im dritten Jahr waren es 33 Millionen Dollar und 1998 erwarten wir 44 Millionen Dollar einzunehmen, davon werden 21 Millionen in die Restaurierungsarbeiten und in neue Hotels investiert werden, vier Millionen schenken wir dem Staat und der Rest wird reinvestiert in laufende Ausgaben, wie die Kosten unserer eigenen Baufirma, den Kauf von Geräten oder Ausstattungen für die Hotels. Übrigens sind die Hotels keineswegs völlig neu errichtet, die bereits im Gebiet existierenden wurden erneuert. Dieses Budget stammt aus unseren eigenen Einnahmen, durch Vermieten der Immobilien, durch Einnahmen aus unseren Hotels, Restaurants und anderen Dienstleistungen, die wir anbieten.

Auf die Frage, ob er, wegen der Abhängigkeit von ausländischen Investoren, glaube, die Kontrolle über all die Entwicklungen behalten zu können und gleichzeitig mit der betonten sozialen Strategie fortfahren zu können, antwortete Leal:

Im Hotel- und Immobilienbereich lassen wir Auslands- Investitionen nur in der Form von *mixed enterprises* zu, wobei wir 51% des Kapitalanteils innehaben und die Partner 49%. Außerdem müssen alle Bau- und Entwicklungsprojekte durch die normalen nationalen Verfahren, wie auch dem Masterplan, genehmigt werden. Wir nutzen die Möglichkeiten, das Kapital für unsere Bedürfnisse einzusetzen. Das Kapital zieht den Wagen und wir steuern ihn, und nicht umgekehrt. Bisher konnten wir die Kontrolle behalten und wir haben noch keine Konzessionen gemacht. Der größte Anteil des in Alt-Havanna investierten Kapitals ist unser eigenes, in dem Zusammenhang sehe ich mich zuerst als ein Verteidiger unserer Kultur und erst an zweiter Stelle als Unternehmer und Geschäftsmann (Übersetzung H. H.) (*Trialog* 58, 1998: 22).

Eine wichtige Frage für die Zukunft der "normalen" Stadterneuerung, d.h. der weniger denkmalsbezogenen als vielmehr der sozial orientierten Stadterneuerung der Wohnquartiere, ist, wie weit die neuen Organisationen, z.B. die *arquitectos de la comunidad* zusammen mit den lokalen *consejos populares*, den sozialen Mikrobrigaden und weiteren Selbsthilfe-Zusammenschlüssen von kleineren Bewohnergruppen in Quartieren oder Straßenzügen eine lokale ökonomische Basis aufbauen können, die tragfähig wäre, um Einkommen zu schaffen und den Wohnungsbestand zu verbessern. Dabei könnte zum einen an eine gewisse Subsistenzwirtschaft zur Verbesserung des eigenen Verbrauchs gedacht werden (z.B. über Gärten und Kleinviehhaltung) und zum zweiten an die Möglichkeit der Vermarktung bestimmter Produkte und Dienstleistungen in die Dollarökonomie (z.B. auch als Zulieferer von "natürlichen" und qualitativ guten Nahrungsmitteln an die Touristen-Hotels), um damit die ohne Dollars nicht erhältlichen spezifischen Baumaterialien (wie Dachdichtungsmaterial, Leitungen u.a.) kaufen zu können. Der Touristensektor in Kuba nutzt weiterhin einen großen Teil seiner Dollareinnahmen, um aus dem Weltmarkt, meist den Industrieländern, Waren wie

Getränke und Gemüse einzuführen. Hier sollte das Prinzip angewandt werden, so wenig wie möglich der Dollareinnahmen wieder nach außen abzugeben, also die nach außen gehenden Faktoren zu minimieren, und gleichzeitig sollten die im Land produzierbaren Waren und Güter maximiert werden. Hier könnten auf der Quartiersebene in der Stadt, aber vor allem auf dem Lande, noch viele Möglichkeiten der qualitativen Zulieferung entwickelt werden, besonders wenn die Organisation des Tourismus in der Hand Kubas bleibt.

Auf sich alleine gestellt und ohne Zuschüsse des Staates wäre es für die ärmeren Stadtquartiere wohl nur möglich, auf relativ niedrigem Standard weiterzumachen. Um einer verstärkten Segregation auf der Ebene der Haushalte und in den Quartieren entgegenzutreten, wäre eine gezielte Zulieferung von Baumaterialien zu empfehlen, die über Mittel aus dem staatlichen Tourismus oder anderer Devisen erwirtschaftender Staatssektoren beschafft werden müssten. Die Produktion energiesparender Baumaterialien und anderer lokal herstellbarer Produkte sollte auch mit Hilfe kubanischer Universitäten und ausländischer NROs systematisch entwickelt, koordiniert gefördert und betrieben werden.

Zuletzt und als eine der wichtigsten Aufgaben wäre es nötig, ein Steuersystem einzuführen, das den Munizipien und Stadtteilen mit ihren *consejos populares* und den inzwischen aufgebauten zusätzlichen Strukturen die bisher vorenthaltenen Mittel, vor allem für die Verbesserung der Wohnverhältnisse und des Baubestandes, zur Verfügung stellen würde.

Literaturverzeichnis

Anders, S./Beckmann, R. (1999): *Wohnraumversorgung in La Habana am Beispiel von Las Cañas*. AS-Projektbericht im Studiengang Städtebau/Stadtplanung an der Technischen Universität Hamburg-Harburg.

Bähr, Jürgen/Mertins, Günter (1989): "Regionalpolitik und -entwicklung in Kuba 1959-89". In: *Geographische Rundschau*, 41.1: 4-13.

Burchardt, Hans-Jürgen (1999): *Kuba. Im Herbst des Patriarchen*. Stuttgart.

Coyula, Mario (1985a): "Housing, urban renovation and Popular Power. Some aspects concerning Havana". In: *Trialog*, 6: 35-40.

— (1985b): "Havanna: Vom Verfall zum Generalplan 2000". In: Huismann, Willi/ Kröger, Hans-Jürgen (Hrsg.): *Cuba. Ein politisches Reisebuch*. Hamburg, S. 215-223.

— (1986): "Renovación urbana y Poder Popular: Algunas consideraciones sobre La Habana". In: Harms, Hans/Zschaebitz, Ulrich (Hrsg.): I*nternational Conference – Urban Renewal and Housing for low-income groups in metropolitan areas of Latin America*.

Arbeitsbereich: Städtebau, objektbezogene Stadtplanung im Forschungsschwerpunkt 6 TU Hamburg-Harburg, vol. II, Hamburg. S. 181-198.

— (1994): "Über die Kunst, verloren gegangene Stadtqualitäten wiederzufinden". In: Mathéy, Kosta (Hrsg.): *Phänomen Cuba. Alternative Wege in Architektur, Stadtentwicklung und Ökologie* (Karlsruher Städtebauliche Schriften 2), Karlsruhe, S. 49-54.

Dilla, Haroldo (1995): "Los municipios cubanos y los retos del futuro". In: *Comunidad*, 4: 69-72, Havanna: Instituto de Planificación Física.

Eckstein, Susan (1977): "The debourgeoisement of Cuban Cities". In: Horowitz, I. L. (Hrsg.): *Cuban Commission*. New Brunswick, N.J.: Transaction Books, S. 443-474.

Gormsen, Erdmann (1986): "Interessenkonflikte bei der Stadterneuerung lateinamerikanischer Kolonialstädte". In: Kohut, Karl (Hrsg.): *Die Metropolen in Lateinamerika – Hoffnung und Bedrohung für den Menschen* (Eichstätter Beiträge 18), Regensburg, S. 207-225.

Habitat-Cuba (1999): "Informe anual 1999". Objetivos de trabajo para el 2000 (Selma Díaz).

— (2000): Habitat-Cuba. Sociedad para la Vivienda y el Urbanismo: "Estrategia de Desarrollo".

Harms, Hans (1995): "Innerstädtische Mietquartiere lateinamerikanischer Großstädte im Wandel – Das Beispiel Lima". In: *Jahrbuch Stadterneuerung*. Berlin: Technische Universität, S. 246-268.

(1997): "To live in the city center: housing and tenants in central neighborhoods of Latin American cities". In: *Environment and Urbanization*, vol. 9, no. 2. Oct. 1997, S. 191-212.

(1988): "Dezentralisierung als Programm. Erfahrungen in Lateinamerika". In: *Der Überblick* 4: 12-14.

(2000): Buchrezension: Roberto Segre, Mario Coyula und Joseph L. Scarpaci, *Havana: Two faces of the Antillean Metropolis*. Chichester, U.K./New York/ Weinheim. In: Jahrbuch Stadterneuerung. S. 409-418.

Harms, Hans/Zschaebitz, Ulrich (Hrsg.) (1986a): *Proceedings of International Conference, Urban Renewal and housing for low-income groups in Metropolitan areas of Latin-America*, 12.-17. Febr. 1985, Bd. 24.

— (1986b): *Proceedings of International Conference, Urban Renewal and housing for low-income groups in Metropolitan areas of Latin-America*, 12.-17. Febr. 1985, Bd. 24. – Neue Tendenzen in der Wohnungspolitik und Wohnraumproduktion in Cuba. Ein Überblick über die Entwicklung. Arbeitsbereich: Städtebau objektbezogene Stadtplanung im Forschungsschwerpunkt 6. TU Hamburg-Harburg, Bd. 27, Hamburg.

— (1987): *Nuevas tendencias en la política habitacional y la producción de viviendas en Cuba. Panorama de su desarrollo*. – Neue Tendenzen in der Wohnungspolitik und Wohnraumproduktion in Cuba. Ein Überblick über die Entwicklung. Arbeitsbereich: Städtebau, objektbezogene Stadtplanung im Forschungsschwerpunkt 6. TU Hamburg-Harburg, Bd. 27, Hamburg.

Harms, Hans/Ludena, Wiley/Pfeiffer, Peter (1996): *Vivir en el centro. Vivienda e inquilinato en los barrios céntricos de las Metrópolis de América Latina*. Technische Universität Hamburg-Harburg, AB 1-07 Hamburg. Städtebau, Stadtökologie und Wohnungswesen.

Henkel, Knut (1999): "Habana Vieja – Altstadtsanierung auf Kubanisch. Bemühungen um ein Stück Weltkulturerbe". In: *Neue Zürcher Zeitung*. Nr. 31 (8. 2. 1999), S. 27.

Leal, Eusebio (1998): "Social targets versus economic needs. Which compromises are being accepted for the restoration of Old Havanna?" Interview by Hans-Peter Wagner. In: *Trialog*, 58: 21-22.

Mathéy, Kosta (Hrsg.) (1994): *Phänomen Cuba. Alternative Wege in Architektur, Stadtentwicklung und Ökologie* (Karlsruher Städtebauliche Schriften 2), Karlsruhe.

Nickel, Annegret (1989): "Die Altstadt von La Habana. Wohnsituation und Konzepte der Altstadterneuerung". In: *Geographische Rundschau*, 41.1: 14-21.

Ortega Morales, Lourdes (1996): "La Habana, Barrio de Atares". In: Harms, H./Ludena, W./Pfeiffer, P. (Hrsg.): *Vivir en el "centro"*. S. 95-134.

Rey-Rodríguez, Georgina (1988): *Havanna. Für eine humanere, schönere und funktionellere Stadt* (übersetztes Dokument).

Sack, Kerstin (1994): *Lokale Planung am Beispiel der Stadtteilwerkstatt in Cayo Hueso, Habana, Cuba*. (Unveröffentlichte Diplomarbeit an der Fakultät für Raumplanung der Universität Dortmund).

Segre, Roberto/Coyula, Mario/Scarpaci, Joseph L. (1997): *Two faces of the Antillean Metropolis*. Chichester, U.K./New York/Weinheim.

Widderich, Sönke (1997): *Möglichkeiten und Grenzen der Sanierung des Historischen Zentrums von Havanna, Cuba*. Kieler Arbeitspapiere zur Landeskunde und Raumordnung. Universität Kiel, Geographisches Institut.

Wolff, K. (u.a.) (1993): *Ein steiniger Weg – Stadterneuerung in La Habana/Cuba: Der Barrio Cayo Hueso*. Projektbericht Nr. 26, hrsg. vom Institut für Stadt- und Regionalplanung der TU Berlin. Berlin.

Zschaebitz, Ulrich/Lesta, Francisco (1988): *Construcción por esfuerzo propio en Ciudad de La Habana hasta 1985: Algunos alcances para su estudio tipológico*. Arbeitsbereich Städtebau, objektbezogene Stadtplanung im FSP 6. TU Hamburg-Harburg. Bd. 36, Hamburg.

— (1990): *Actas de Atares. Entrevistas, conversaciones. Rehabilitación urbana de barrios en La Habana, Cuba*. Hamburg, TU Hamburg-Harburg.

II

Politik und Gesellschaft

Bert Hoffmann

Außenpolitik, internationale Beziehungen und das Verhältnis zu den USA. Veränderungen und Kontinuitäten seit 1989

1. Einleitung

Die politischen Umbrüche in Osteuropa 1989/90 stürzten das sozialistische Kuba nicht nur in eine tiefe wirtschaftliche Krise, sondern sie stellten die Regierung Castro auch vor eine fundamentale außenpolitische Herausforderung: die Reintegration Kubas in die Nach-Kalte-Kriegs-Welt bei gleichzeitigem Erhalt des politischen Systems im eigenen Land. Eine überragende Rolle in Kubas Außenbeziehungen kam und kommt dabei den USA zu, der historischen Hegemonialmacht der Insel. In den 90er Jahren hielt Washington an der Embargo-Politik gegen die Insel fest und verschärfte sie wiederholt. Doch im Ergebnis hat die aggressive US-Politik keine Schwächung oder gar den "Sturz Castros" zur Folge gehabt; ganz im Gegenteil dient diese externe Frontstellung der Regierung Castro zur internen Stabilisierung des Systems. Erst mehr als zehn Jahre nach dem Fall der Mauer beginnt sich in Washington ein Kurswechsel abzuzeichnen.

Als Leitlinien der kubanischen Außenpolitik seit 1989 lassen sich vor diesem Hintergrund benennen: Erstens, die fortdauernde Konfrontations- und Embargopolitik der USA anzuklagen und international zu isolieren; zweitens, die wirtschaftliche Reintegration Kubas in die kapitalistische Weltwirtschaft diplomatisch zu begleiten und dafür eine maximale Normalisierung der Beziehungen zu allen Ländern ungeachtet ihrer ideologischen Ausrichtung anzustreben; aber dabei drittens, jeglichen externen Druck auf politische oder wirtschaftliche Reformen im Land zurückzuweisen.

Der vorliegende Artikel wird in einem ersten Schritt den historischen Hintergrund der Beziehungen zwischen Kuba und den USA skizzieren, die zur kubanischen Revolution geführt haben und die die Politik bis heute in zentralem Maße prägen (1.). Es folgt dann (2.) ein knapper Überblick über Kubas Außenpolitik und seine internationalen Beziehungen seit 1959, bevor (3.) auf den Schock von 1989 und seine Folgen eingegangen wird, als Kuba mit den Umbrüchen in Osteuropa seine internationale Einbindung verlor und sich politisch wie wirtschaftlich neu in die Nach-Kalte-Kriegs-Welt eingliedern musste. Im Anschluss wird zunächst die Entwicklung der kubanischen Exilgemeinde zu einem zentralen externen Machtfaktor nachgezeichnet (4.) und in der Folge die Kuba-Politik der USA in den 90er Jahren diskutiert (5.). Das 1996 vom US-Kongress verabschiedete Helms-Burton-Gesetz, das nicht nur das Wirtschaftsembargo verschärft, sondern auch eine umfassende Liste von Bedingungen für eine demokratische Transition in Kuba aufstellt, wird einer gesonderten Analyse unterzogen (6.). In den folgenden zwei Abschnitten wird die Entwicklung der Beziehungen Kubas zu den Staaten Lateinamerikas (7.) sowie die Probleme bei der Integration in supranationale Institutionen und Organisationen der Region (8.) dargestellt. Zum Abschluss (9.) schließlich kommt der Text auf die Beziehungen zwischen Kuba und den USA zurück und analysiert die neue Konstellation, die nach dem Fall Elián und der politischen Krise des kubanischen Exils entstanden ist und die in der im Sommer 2000 vom US-Kongress beschlossenen Lockerung des Embargos für Nahrungsmittel und Medikamente seinen bislang spektakulärsten Ausdruck fand.

Bevor jedoch im Folgenden die Prozesse und Probleme der internationalen Beziehungen Kubas betrachtet werden,[1] ist eine Vorbemerkung unverzichtbar: In Kuba sind Außen- und Innenpolitik, internationale Beziehungen und interne Konflikte, unauflösbar miteinander verwoben. Die Revolution von 1959 und das aus ihr hervorgegangene politische System legitimieren sich ganz zentral über die Verteidigung der nationalen Unabhängigkeit gegen die USA, den "säkularen Feind" der kubanischen Nation, wie es das programmatische Leit-Dokument des jüngsten Parteitags der Kommunistischen Partei Kubas formuliert (PCC 1997: 7). Auch die Notwendigkeit des Einparteiensystems wird von der Regierung Castro explizit aus der Frontstellung gegen die USA abgeleitet (ebd.). Alle innenpolitischen Konflikte erhalten bis heute eine entsprechend internationalisierte Lesart: politischer Pluralismus würde nur der "divisionistischen Arbeit der Yankees" (PCC 1997: 6) in die Hände spielen etc.[2] Wenn von der Außenpolitik und den internationa-

---

[1] Dabei wird auf die Beziehungen Kubas zur EU und zu Deutschland nicht näher eingegangen, da dies in den Beiträgen von Susanne Gratius und Ralf Breuer in diesem Band ausführlich erfolgt.

[2] Nicht nur politische Oppositionelle oder Abweichler in den eigenen Reihen werden als "fünfte Kolonne des Feindes" (*Buró Político del PCC* 1996: 7) attackiert, sondern auch interne soziale Probleme werden als Teil der externen Konfrontation interpretiert: "Die 'Lumpen', das Verbrechen und alle, die das Verletzen der Gesetze und Verstöße gegen

len Beziehungen Kubas die Rede ist, dann ist diese interne Dimension – auch wenn dies im Rahmen dieses Beitrags nicht ausformuliert werden kann[3] – doch immer im Hinterkopf mitzudenken.

2. Das Gewicht der Geschichte: "Die kubanische Revolution ist eine einzige seit 1868 [...]"

Kubas Stellung in der Welt – und auch die Identität der Revolution – ist entscheidend durch das Verhältnis zu den USA geprägt. Das Gewicht der Geschichte für die kubanische Politik ist enorm. Das bereits zitierte Leitdokument des 5. Parteitags, das doch die zentralen Orientierungen für die 90er Jahre geben sollte, widmete rund drei Viertel seiner Zeilen der Geschichte, genauer: der Herleitung und Legitimierung des aktuellen Regierungssystems aus der kubanischen Geschichte (PCC 1997). Der historische Bogen wird dabei weit zurück gespannt: "Die kubanische Revolution, die am 10. Oktober 1868 in La Demajagua begann, ist eine einzige bis in unsere Tage".[4] Die Revolution Fidel Castros verkörpert so nicht weniger als die endlich erreichte nationale Unabhängigkeit, um die Generationen von Kubanern vergeblich gekämpft hatten und um die Kuba am Ende des letzten Jahrhunderts, als es sich schließlich von der spanischen Kolonialherrschaft befreien konnte, durch die Intervention der USA betrogen worden ist.

In Lateinamerika ist Kuba eine "verspätete Nation". Auch nachdem die spanischen Kolonien auf dem Festland bereits die Unabhängigkeit errungen hatten, blieb Kuba das ganze 19. Jahrhundert hindurch die wichtigste überseeische Besitzung Spaniens, die "immer treue Insel", wie es hieß. Erst der 1895 von Kubas Nationalheld José Martí initiierte zweite Unabhängigkeitskrieg brachte ein Ende der spanischen Herrschaft. Bereits lange zuvor hatten allerdings die USA ihre Ansprüche auf Kuba angemeldet. Mehrfach versuchten die USA vergeblich, den Spaniern die Insel abzukaufen; am Ende verlegten sie sich aufs Warten: "Es gibt Gesetze der physikalischen wie der politischen Schwerkraft", so die berühmten Worte von US-Außenminister John Quincy Adams von 1823, "und so wie ein im Sturm vom Baum gerissener Apfel keine andere Wahl hat, als zur Erde zu fallen, so kann auch Ku-

---

die Ordnung fördern, dienen objektiv unseren Feinden" (PCC 1997: 12). Alle Übersetzungen im Text, soweit nicht anders gekennzeichnet, stammen vom Verf.

[3] Die Transformation der Politik im Kuba der 90er Jahre ist Gegenstand des Beitrags von Raimund Krämer in diesem Band.

[4] PCC (1997: 5); in dem Ort La Demajagua begann der erste Unabhängigkeitskrieg, der 1878 mit einer Niederlage der kubanischen Aufständischen endete.

ba, gewaltsam aus seiner widernatürlichen Verbindung mit Spanien gelöst und unfähig, sich selbst zu schützen, nur der Schwerkraft der Nordamerikanischen Union folgen, die kraft desselben Naturgesetzes Kuba nicht von ihrem Busen stoßen kann" (Pérez Jr. 1995: 108). 1898 nun, als sich der Apfel von seinem Baum löste, griffen die USA kurzerhand in den kubanischen Unabhängigkeitskrieg ein. Binnen weniger Monate besiegten sie die spanischen Truppen, verdrängten aber gleichzeitig auch die kubanischen Unabhängigkeitskämpfer, die so genannten *Mambises*, und sprachen ihnen jegliche politische Legitimität ab. Die Friedensverhandlungen wurden nur zwischen Spanien und den USA geführt, ohne jegliche kubanische Beteiligung. Der um seinen Sieg betrogene Unabhängigkeitskampf wurde zu dem nationalen Trauma Kubas. Das Land erlebte den Wechsel von der Kolonialherrschaft Spaniens zu der Dominanz durch die neue Hegemonialmacht USA. In der Folge standen im 20. Jahrhundert alle nationalistischen Kräfte auf der Insel geradezu zwangsläufig in Gegnerschaft zu den USA.[5]

Für vier Jahre blieb Kuba unter direkter US-amerikanischer Militärverwaltung. Bevor 1902 die Republik ausgerufen und erstmals ein Kubaner zum Staatspräsidenten gewählt wurde, hatten die USA einen Zusatz in der kubanischen Verfassung verankert, das so genannte *Platt-Amendment*, das ihnen jederzeitiges Interventionsrecht einräumte und das zum Inbegriff der quasikolonialen US-Herrschaft über die Insel wurde. Zudem gab ein Pachtvertrag den USA die Bucht von Guantánamo im Südosten der Insel als Marinestützpunkt; sie wird von den USA bis heute in dieser Funktion gehalten und stellt die einzige Landgrenze Kubas dar.

In der "Republik des *Platt-Amendments*" griffen die USA chronisch in die kubanische Politik ein. Eine der unseligsten Nebenerscheinungen davon war, dass auch die politischen Kräfte Kubas ihrem jeweiligen Gegner regelmäßig mit möglichen US-Interventionen drohten – und damit den Souveränitätsverlust der nationalen Politik perpetuierten. US-Militär besetzte Kuba erneut zwischen 1906 und 1909, und auch von 1917 bis 1922 waren US-Soldaten in Kuba stationiert. Erst 1934 ließen die USA die Aufhebung des *Platt-Amendments* zu; die massive wirtschaftliche und politische Abhängigkeit von den USA blieb jedoch auch danach bestimmend. Diese Abhängig-

---

[5] Das internationale Standardwerk zu den Beziehungen USA – Kuba ist Pérez Jr. 1990; für einen generellen Überblick über die historische Entwicklung s. Pérez Jr. (1995) sowie auf deutsch Zeuske/Zeuske (1998) und Zeuske (2000); in knapperer Form auch Hoffmann (2000a), Kap. 2. Über das historische Verhältnis Kubas zu den USA und seine Implikationen für heute s. auch Krämer (1998, insbes. S. 71-120).

keit ging mit einer Vielzahl überaus enger Beziehungen auf kulturellem und sozialem Gebiet einher, die in hohem Maße identitätsbildend für die kubanische Nation waren und bis heute sind.[6]

3. Sozialistischer Staat und Kalter Krieg: Neue Freunde, alte Feinde

Nach der Revolution 1959 machte die Vorherrschaft der USA über Kuba einer erbitterten und Jahrzehnte andauernden Konfrontation zwischen beiden Ländern Platz. Diese war für das Kuba Fidel Castros nur zu bestehen, wenn die Insel mächtige Verbündete fand – und dafür gab es in der Ära des Kalten Krieges vor allem eine Option: die Allianz mit der Sowjetunion. Militärisch erreichte diese bereits 1962 in der "Raketen-Krise" ihren Höhepunkt; nach dramatischen Tagen zog die UdSSR die auf Kuba stationierten Atomraketen schließlich ab, im Gegenzug sicherten die USA zu, nicht militärisch auf der Insel zu intervenieren. Wirtschaftlich wäre das Überleben der Revolution Anfang der 60er Jahre ohne die Beziehungen zu den sozialistischen Bruderstaaten kaum denkbar gewesen. Wirtschaftsbeziehungen auf Basis "gerechter Preise" und langfristiger Darlehen wurden kontinuierlich ausgebaut, und 1972 wurde Kuba Vollmitglied des "Rats für gegenseitige Wirtschaftshilfe".[7]

Politisch erlebte die Abhängigkeit Kubas von der Sowjetunion einen Schlüsselmoment, als Fidel Castro 1968 den sowjetischen Einmarsch in Prag guthieß. In den 70er Jahren fand sie dann manifesten Ausdruck in dem so genannten "Prozess der Institutionalisierung" und der Verabschiedung der neuen Verfassung von 1976, die eine weitreichende Übernahme politisch-administrativer Strukturen nach Vorbild der UdSSR bedeuteten. Es ist nur vor dem Hintergrund der kubanischen Geschichte zu verstehen, dass die Abhängigkeit von der Sowjetunion, so tief sie effektiv war, letztlich doch immer als Gegengewicht zu den Machtansprüchen der "eigentlichen" Hegemonialmacht Kubas, den USA, erscheinen konnte.

---

[6] Eine eindrucksvolle Darstellung bietet in dieser Hinsicht das jüngst vorgelegte Werk von Pérez Jr. (1999); bemerkenswerte Aufsätze zu diesem Thema versammelt auch *Encuentro de la Cultura Cubana* (15, 2000).

[7] Das Leitdokument des 5. Parteitags der Kommunistischen Partei Kubas 1997 schrieb dazu: "Dank der gerechten wirtschaftlichen Austauschbeziehungen mit der Sowjetunion und anderen sozialistischen Ländern erreichten wir es, die zunehmenden Auswirkungen der Blockade beträchtlich zu mindern und zu verhindern, dass der US-amerikanische Plan Erfolg hatte, die nationale Ökonomie zu lähmen und unser Volk in den Hunger zu stürzen" (PCC 1997: 7).

Mit der Revolution Fidel Castros war die Karibikinsel 90 Meilen südlich der USA allerdings nicht nur zum Brennpunkt des Kalten Kriegs zwischen West und Ost geworden, sondern sie stand gleichzeitig auch im Zentrum des Nord-Süd-Konflikts. Das revolutionäre Kuba (und seine charismatische Führerfigur) wurde von den einen als Vorbild für radikale Gesellschaftsveränderung und Sozialismus gesehen, von den anderen entsprechend abgelehnt und bekämpft.

So nationalistisch Kubas Revolution auch geprägt war, so sehr betonte sie doch auch ihre internationalistische Mission. Zum einen sollte Kuba durch seine eigene Entwicklung ein Vorbild für die Länder der Dritten Welt sein. Vor allem in Lateinamerika wurde Fidel Castro zu einer Symbolfigur für nationale Unabhängigkeit und Kubas Errungenschaften im Gesundheits- und Bildungssektor wurden von vielen in der Linken als Beleg für die Leistungsfähigkeit und soziale Überlegenheit des sozialistischen Systems angesehen. Darüber hinaus verfolgte die Regierung Castro aber auch eine überaus aktive Außenpolitik.[8] Neben zahlreichen Initiativen auf diplomatischer Ebene und im Rahmen internationaler Organisationen verwandte Kuba auch viel politische Energie und materielle Ressourcen darauf, revolutionäre Bewegungen und sozialistische Regierungen in Lateinamerika und Afrika direkt mit politischer, wirtschaftlicher und militärischer Hilfe zu unterstützen.

Die kubanischen Bemühungen des "Revolutions-Exports" verschlechterten allerdings die Beziehungen zu den Regierungen Lateinamerikas nachhaltig. Deren Bestreben, "ein zweites Kuba" in ihren Ländern mit aller Kraft zu verhindern, wurde im Rahmen der berüchtigten "Doktrin der nationalen Sicherheit" vielfach mit rücksichtsloser Repression und durch offene Militärdiktaturen durchgesetzt. Außenpolitisch verband sich dies mit einem Schulterschluss mit den USA in einer harten Isolationspolitik gegen Havanna. In der Folge wurde Kuba von der Mitgliedschaft in der Organisation Amerikanischer Staaten (OAS) 1964 suspendiert. Mit Ausnahme Mexikos brachen alle Regierungen Lateinamerikas die diplomatischen Beziehungen zu Kuba ab.

---

[8] Grundlegend zur Außenpolitik des revolutionären Kuba vgl. Domínguez (1989); s. u.a. auch Erisman (1985), Mesa-Lago/Blasier (1979) und Weinstein (1979). Für eine umfassende Darstellung von der Insel selbst s. López Segrera (1988). Eine Fallstudie über die Struktur der Entscheidungsprozesse im Bereich der kubanischen Außenpolitik bietet Fernández (1992). Für Kubas Außenpolitik und internationale Beziehungen in den 90er Jahren s. u.a. Ritter/Kirk (1995) (darin aus kubanischer Sicht Suárez Sálazar 1995), IRELA (1998), Alamos et al. (1998).

Kubas militärisches Engagement im Ausland erlebte seine Höhepunkte allerdings in Afrika. Nach der Unabhängigkeit Angolas 1975 entsandte Kuba massive Armeeverbände, um Angolas sozialistische MPLA-Regierung gegen interne Rebellen und Interventionstruppen Südafrikas zu stützen. Insgesamt kamen weit über 200.000 Kubaner als Soldaten im Angola-Krieg zum Einsatz. Militärisch war dies von entscheidender Bedeutung. Als es schließlich 1988 zu trilateralen Friedensverhandlungen zwischen Kuba, Angola und Südafrika kam, wurde nicht nur die MPLA-Regierung bestätigt, sondern konnte auch die Unabhängigkeit Namibias erreicht werden. Ein zweites großes Militärengagement Kubas erfolgte in Äthiopien zur Unterstützung der Regierung Mengistu, zunächst ab 1974 und verstärkt dann 1977/78. Von 1979-82 hatte Kuba den Vorsitz der Bewegung der blockfreien Staaten inne und strebte darin eine Sprecherrolle für die Dritte Welt an. Das Bemühen, eine Art "natürliche Allianz" der blockfreien Staaten mit der Sowjetunion zu propagieren, blieb jedoch ohne nachhaltigen Erfolg.[9]

In Lateinamerika blieben Kubas Beziehungen zu vielen Staaten gespannt, auch wenn 1975 die kollektiven Handelssanktionen der OAS aufgehoben wurden. Mit dem Sieg der sandinistischen Revolution 1979 wurde Nicaragua ein enger außenpolitischer Verbündeter Kubas. Gleichwohl kamen in Nicaragua kubanische Militärs nur als Berater zum Einsatz, nicht jedoch als Kampfverbände. Zu der einzigen militärischen Konfrontation zwischen kubanischen Soldaten und regulären Verbänden der US-Armee kam es 1983 auf der kleinen Karibikinsel Grenada. Als die USA mit einer Invasion die linksgerichtete Regierung des *New Jewel Movement* stürzten, befanden sich 64 kubanische Militärs und 636 beim Flughafenbau beschäftigte Arbeiter (die, wie fast alle kubanischen Männer, auch Armee-Reservisten waren) auf der Insel. 24 von ihnen kamen bei Gefechten mit den US-Truppen ums Leben.

Die Beziehungen zu den USA erlebten unter der Amtszeit Jimmy Carters (1976-1980) ihre einzige Phase von Entspannungspolitik.[10] 1977 wurden "ständige Vertretungen" als Botschaftsersatz in beiden Hauptstädten eingerichtet; die kubanische Regierung entließ alle im Land inhaftierten US-

---

[9] Die Unterordnung der kubanischen Außenpolitik unter die Linie der Sowjetunion kostete Kuba viele Sympathien in der Dritten Welt, als die Regierung Castro 1979 den sowjetischen Einmarsch in Afghanistan unterstützte. 1984 schloss sich Kuba (nach einigem Zögern) auch dem sowjetischen Boykott der Olympischen Spiele von Los Angeles an.

[10] Eine bemerkenswerte Darstellung bietet Wayne Smith, der Leiter der ständigen Vertretung der USA in Kuba in dieser Zeit, in seinem Buch *The Closest of Enemies* (Smith 1987).

Bürger und begann einen Dialog mit moderaten Gruppen des Exils; erstmals reisten in größerem Umfang emigrierte Kubaner aus den USA zu Familienbesuchen auf die Insel und eine ganze Reihe von "technischen" Abkommen – etwa über Fischfangrechte oder Drogenbekämpfung – wurden unterzeichnet. Doch Kubas Militäreinsätze in Afrika sowie die Massenflucht von mehr als 125.000 Kubanern über den Hafen von Mariel 1980 wurden zu einer zunehmenden Belastung. Die Wahl Ronald Reagans im gleichen Jahr brachte dann die Rückkehr zum Kalten Krieg in den bilateralen Beziehungen.

4. Kuba nach 1989: Der externe Schock und die Reaktion der Regierung Castro

Als in der Sowjetunion Gorbatschows Perestroika-Politik begann, ging Kuba innen- und wirtschaftspolitisch mit dem so genannten "Prozess der Korrektur von Irrtümern und negativen Tendenzen" *(rectificación)* bereits 1986 auf Gegenkurs. Außenpolitisch jedoch blieb das Bündnis zunächst unangetastet, und der Abzug der kubanischen Truppen aus Angola sowie Kubas Rolle bei den Friedensprozessen in Zentralamerika passten zu Moskaus neuer Politik der Zurückhaltung. Noch im April 1989 wurde der Besuch Gorbatschows in Havanna mit allen Ehren gefeiert und, auch wenn es hinter den Kulissen bereits gärte, offiziell unter dem Titel *Eine unverbrüchliche Freundschaft* publiziert (Castro/Gorbachov 1989). Nur wenige Monate später allerdings verbot die kubanische Regierung die Einfuhr der sowjetischen Perestroika-Publikationen *Sputnik* und *Novedades de Moscú*, der Bruch wurde unübersehbar.

Der Kollaps der sozialistischen Staaten in Europa und die Auflösung der Sowjetunion bedeuteten für Kuba einen beispiellosen externen Schock. Vielen schien damit *Castros letzte Stunde* – so der Titel eines Bestsellers in den USA (Oppenheimer 1992) – gekommen. Doch in Kuba war der Sozialismus nicht mit sowjetischen Panzern ins Land gekommen, und er brach nicht mit ihrem Abzug zusammen. Der "Domino-Stein" Kuba fiel nicht, aus vielerlei Gründen. Im Hinblick auf die internationale Politik hat hierbei zweifelsohne die Konfrontation zu den USA zentrale Bedeutung. So sei an dieser Stelle lediglich darauf hingewiesen, dass, während die Welt gebannt auf Berlin und Moskau, Budapest, Prag und Bukarest schaute, aus kubanischer Sicht nicht nur diese, sondern auch zwei Ereignisse in Zentralamerika größte Aufmerksamkeit auf sich zogen: Zum einen die US-amerikanische Militärinvasion in Panama im Dezember 1989, die fast zeitgleich zum blutigen Sturz Ceaucescus erfolgte und die mit Nachdruck unterstrich, dass die USA auch weiterhin ihre Politik mit dem massiven Einsatz militärischer Mittel durchzusetzen bereit waren; und zum anderen die Wahlniederlage der Sandinistischen Befreiungsfront in Nicaragua am 25. Februar 1990 gegen eine von den USA maßgeblich unterstützte Opposition, was die Regierung in Kuba zweifelsohne darin bekräftigt haben wird, dass mit einer politischen Öffnung, so kontrolliert sie auch scheinen mag, der Verlust der revolutionären Macht droht.

Beide Ereignisse untermauerten für die Regierung Castro die Virulenz der imperialistischen Bedrohung und boten einen nur allzu plausiblen Hintergrund, in dieser kritischen Situation die unbedingte Geschlossenheit des Volkes im Kampf gegen den äußeren Feind einzufordern und jegliche Opposition als Helfershelfer der USA zu bekämpfen. Bereits zuvor war in Kuba auch das Drohpotential gegen Abweichler in den eigenen Reihen unterstrichen worden, als im Juli 1989 General Arnaldo Ochoa, der ranghöchste Militär des Landes hinter Fidel und Raúl Castro, nach einem vom Fernsehen übertragenen Schauprozess wegen Korruption und Hochverrat hingerichtet wurde.[11] In der Folge kam es zu einer weitgehenden Umgruppierung des staatlichen Sicherheitsapparats. Das Innenministerium wurde einem Armee-General und engen Vertrauten Raúl Castros unterstellt. Und auch Castros Kritik an der Führung der einstigen Bruderstaaten spricht noch im Nachhinein eine deutlich warnende Sprache:

> Wir dürfen niemals in die Irrtümer verfallen, denen die sozialistischen Länder verfallen sind oder die UdSSR. Sie sagten, dass sie den Sozialismus verbessern wollten, und alle Welt war zufrieden, sehr gut, sie wollen den Sozialismus verbessern, was für eine großartige Sache, den Sozialismus zu verbessern. Der Sozialismus musste verbessert werden. Aber er musste mitnichten zerstört werden! Niemals hätte man dem Yankee-Imperialismus die Weltherrschaft schenken dürfen, wie sie das getan haben, ohne einen einzigen Schuss abzugeben![12]

Ideologisch antwortete die Regierung in Havanna auf den Zusammenbruch der verbündeten sozialistischen Staaten mit einer Re-Nationalisierung ihres Diskurses und ihrer Legitimation, wie sie bereits im Prozess der *Rectificación* seit 1986 begonnen worden war. Seinen formalen Abschluss fand

---

[11] Die offizielle kubanische Dokumentation zum Fall Ochoa ist: *Causa Nr. 1: Fin de la Conexión Cubana*, Havanna: Editorial José Martí (1989). Eine bemerkenswerte journalistische Recherche bietet Oppenheimer (1992). Neben Ochoa wurden auch weitere Angeklagte zum Tode oder zu hohen Haftstrafen verurteilt. Innenminister Abrantes, der zu einer Haftstrafe verurteilt worden war, starb im Gefängnis. (Sowohl Ochoa als auch Abrantes waren von verschiedenen Seiten – es sei dahingestellt, ob zu Recht oder Unrecht – Sympathien für eine "kubanische Perestroika" nachgesagt worden.)

[12] Rede zum 40. Jahrestag der kubanischen Revolution am 26. Juli 1993, zitiert nach der deutschen Übersetzung in Hoffmann (1994: 56).

dies in der Verfassungsreform von 1992, die die "unverbrüchliche Freundschaft zur Sowjetunion" und andere explizite Bezüge auf die ehemaligen sozialistischen Staaten abschaffte, die Kommunistische Partei Kubas aber als "die führende Kraft in Gesellschaft und Staat" (Art. 5) bestätigte.[13]

Der Kollaps der sozialistischen Staaten bedeutete für Kuba auch unter militärischen Gesichtspunkten einen gravierenden Einschnitt. Zwar war die Karibikinsel dem Warschauer Vertrag, dem Militärbündnis der sozialistischen Staaten, nie beigetreten, doch hatten die USA seit der Raketenkrise die Sowjetunion als Schutzmacht der Karibikinsel *de facto* anerkannt. Die sowjetische bzw. russische Militärpräsenz endete 1993 mit dem Abzug der seit 1962 auf der Insel stationierten Militärbrigade.[14] Kubas militärische Landesverteidigung basiert seitdem allein auf den nationalen Kräften gemäß der Doktrin des "Kriegs des gesamten Volkes", der zufolge die Armeeverbände (sowie die Sicherheitskräfte des von Militärs geleiteten Innenministeriums) lediglich die "professionelle Avantgarde" darstellen, die durch die Territorial-Milizen, in denen zwei Millionen Kubaner erfasst sind, sowie die Mobilisierung der sozialistischen Massenorganisationen unterstützt werden. Effektives Ziel ist es kaum, einen konventionellen Krieg gegen die USA gewinnen zu können, als vielmehr einem potentiellen militärischen Angriff mit extrem hohen Kosten zu drohen. So weit hierüber Informationen öffentlich geworden sind, entspricht dies in der Tat auch der Einschätzung der US-amerikanischen Militärs.[15]

Dramatisch spürbar waren die ökonomischen Auswirkungen des Zusammenbruchs der sozialistischen Verbündeten. Hatte Kuba 1989 nicht weniger als 85% seines Außenhandels mit den Staaten des RGW abgewickelt, stürzte das Land nun in eine tiefe, alle Bereiche der Gesellschaft erfassende

---

[13] Der PCC wird dabei nicht mehr als "Avantgarde der Arbeiterklasse", sondern als "Avantgarde der kubanischen Nation" definiert (für eine Diskussion der Reform vgl. Azcuy 1995); der vollständige Text der Verfassung von 1976 sowie der reformierten Verfassung 1992 findet sich unter:
http://www.georgetown.edu/LatAmerPolitical/Constitutions/Cuba/cuba1976.html sowie
http://www.georgetown.edu/LatAmerPolitical/Constitutions/Cuba/cuba1992.html

[14] In der Folge und bis heute unterhält Russland lediglich noch die militärische Abhöranlage im kubanischen Lourdes, die für Moskau nicht zuletzt für die Kontrolle der Abrüstungsverträge mit den USA von Bedeutung ist.

[15] Beispielhaft ist ein publiziertes Kuba-Planspiel eines US-Militärs (Demarest 1994), das die Möglichkeit eines Einsatzes der US-Armee auf der Insel erst nach einem Macht- oder Kontrollverlust der Regierung Castro sieht, nicht aber um diesen herbeizuführen ("... it is very unlikely that the US military will in any way contribute to the removal of the dictator or his regime", Demarest 1994: 58).

Krise.[16] Große Teile der Wirtschaft kamen praktisch zum Erliegen, ein rigides Notprogramm, der so genannte *período especial*, wurde verfügt, und für die Bevölkerung wurde eine fast vollständige Rationierung aller Produkte eingeführt. Diese *de-facto*-Kriegswirtschaft in der Binnenökonomie ging einher mit der schrittweisen Reintegration Kubas in die kapitalistische Weltwirtschaft: die Suche nach neuen Handelspartnern, die Öffnung für *Joint-ventures* mit kapitalistischen Auslandsunternehmen, die Forcierung des internationalen Tourismus sowie 1993 die spektakuläre Legalisierung des US-Dollars als faktischer Hartwährung des Landes. Erst diese erhebliche Transformation der kubanischen Ökonomie und ihre Wiedereingliederung in den kapitalistischen Weltmarkt ermöglichte die Kontinuität auf der politischen Ebene.[17]

Zu Kubas wichtigsten Handelspartnern wurden die Staaten der Europäischen Union, Kanada sowie die Länder Lateinamerikas. Zudem ist auch Russland ein bedeutender Partner Kubas geblieben, auch wenn die für Kubas Ökonomie so zentralen Zucker-gegen-Öl-Tauschgeschäfte nun auf Basis des Weltmarktpreises berechnet werden. Eine besondere Rolle spielen China und Vietnam, die beiden wichtigsten noch kommunistisch regierten Länder. Bei wechselseitigen Staatsbesuchen wurden die sozialistischen Gemeinsamkeiten betont, allerdings grenzt sich die kubanische Regierung auch klar von den sehr viel weitergehenden Wirtschaftsreformen beider Länder ab. Trotz einer Reihe von Kooperationen bleibt ihre Bedeutung als Handelspartner für Kuba begrenzt.

---

[16] Anzumerken ist, dass bereits Mitte der 80er Jahre eine ernste wirtschaftliche Krisensituation zu konstatieren ist. Ihren sichtbarsten Ausdruck fand sie in der offenen Schuldenkrise Kubas 1986, nachdem die Devisenverschuldung sich von 2,8 Milliarden US-Dollar im Jahre 1983 innerhalb kürzester Zeit auf 6,1 Milliarden 1987 mehr als verdoppelt hatte. Als die Umschuldungsverhandlungen scheiterten, sah Kuba sich gezwungen, seine Schuldendienstzahlungen einzustellen; die westlichen Gläubiger antworteten mit einer Sperre der Kredite. Carranza (1994: 18) schreibt: "Aus diesen Gründen beschließt die kubanische Regierung 1986, die Wirtschaftsbeziehungen mit den kapitalistischen Ländern auf ein Minimum zu reduzieren und sie stattdessen auf die Länder des RGW, vor allem auf die UdSSR, zu konzentrieren." Es ist nicht zuletzt diese ungelöste Verschuldungssituation gegenüber den westlichen Staaten und die explizite Rekonzentration des Handels auf die sozialistischen Staaten, die das Ausmaß der Krise nach dem Zerfall des sozialistischen Lagers für Kuba noch einmal gravierend erhöhten.

[17] Zur ökonomischen Entwicklung Kubas in den 90er Jahren vgl. den Aufsatz von Hans-Jürgen Burchardt in diesem Band; umfassendes Material bieten CEPAL (1997) sowie Dirmoser/Estay (1997), das zentrale Werk der kubanischen Diskussion ist Carranza/Gutiérrez/Monreal (1995); vom Verfasser selbst zu diesem Thema s. Hoffmann (2000b, 1998 und 1994/96).

Erst mit dem Wegfall der sozialistischen Verbündeten in Übersee 1989/90 erreichte auch das drei Jahrzehnte zuvor verhängte Handelsembargo der USA seine volle Wirkung.[18] Wo die USA Kubas "natürlicher Markt" für fast alle Produkte sind, ist gerade für eine Strategie der ökonomischen Außenöffnung und Neu-Eingliederung in die Weltwirtschaft, wie sie die kubanische Regierung als Antwort auf die Krise einschlagen musste, eine derart massive Beschneidung des potentiellen Markts ein gravierendes Hindernis für jegliche wirtschaftliche Entwicklung.

5. Der Machtfaktor jenseits der Insel: Das kubanische Exil

Miami liegt näher an Havanna als Leipzig an Bonn. Es ist keine Stunde Flugzeit. Schon seit José Martí vor mehr als 100 Jahren die kubanischen Tabakarbeiter in Tampa und St. Petersburg für den Unabhängigkeitskampf in ihrem Heimatland agitierte, gilt Florida als der "natürliche Ort" für Kubaner, wenn sie denn nicht auf der Insel leben; und die berühmtesten Seiten des kubanischen Nationalismus schrieb José Martí in New York. Auch Fidel Castro hatte vor der Revolution in New York und Florida Station gemacht, um von der Exilgemeinde Geld für seine Umsturzpläne zu sammeln. Doch nach der Revolution 1959 verließen nicht einige Hundert oder Tausend Kubaner die Insel, sondern Hunderttausende. Das veränderte alles. Seitdem ist die kubanische Gemeinde in den USA zu einem Machtfaktor ersten Ranges in der Kuba-Politik aufgestiegen.

In den ersten vier Jahren kamen über 200.000, bis Mitte der 80er Jahre insgesamt knapp eine Million Kubaner in die USA. Heute zählen die USA rund 1,2 Millionen Personen kubanischer Herkunft.[19] Die Mehrheit von ihnen ließ sich in und um Miami nieder. Im Unterschied zu anderen Migrationsbewegungen aus Lateinamerika war es in diesem Fall die Ober- und Mittelschicht, mehrheitlich "weiß", gebildet und wohlhabend, die in die USA auswanderte. Zudem standen sie im Kalten Krieg politisch auf der richtigen Seite, weshalb sie in Bezug auf ihren legalen Status und staatliche Unterstützung eine Vorzugsbehandlung erhielten. Die Hoffnung aber, dass "der Spuk in Havanna" bald vorbei sein würde und sie in Kürze zurückkehren könnten, schwand mit der Zeit; was blieb, ist viel Verbitterung. Ihrem

---

[18] Zu der Diskussion um die ökonomischen Folgen und Kosten des US-Embargos vgl. etwa Trueba (1994) und Zimbalist (1994).

[19] Einen guten Überblick in knapper Form über die demographische Entwicklung der kubanischen Gemeinde in den USA seit dem letzten Jahrhundert gibt Lisandro Pérez (2000). Eine hervorragende Sozialgeschichte Miamis bietet Portes/Stepick (1993).

Gefühl nach blieben die Kubaner im "Exil", als Immigranten jedoch erlebten sie eine beispiellose Erfolgsstory. Miami wurde zum Symbol. Was bis dahin ein verschlafener Badeort für betuchte Rentner war, wurde dank des Zustroms der Kubaner zu einer der dynamischsten Metropolen der USA. *Los Cubanos* dominieren längst die Stadt. Die größte Zeitung, der *Miami Herald*, erscheint täglich komplett in einer englischen und einer spanischen Ausgabe. Miami, das erscheint manchen nicht mehr als USA, sondern als "Nord-Havanna", als das kapitalistische Kuba.

Politisch blieb die Mehrheit der Emigranten auf einen unversöhnlichen Anti-Castro-Kurs eingeschworen. Zwar degenerierten die paramilitärischen Übungen immer älter werdender Herren in den Everglades-Sümpfen mit der Zeit zu einer Art martialischer Folklore. Doch darf darüber nicht übersehen werden, dass Exil-Kubaner tatsächlich zahllose Sabotageakte und terroristische Anschläge gegen kubanische Ziele ausführten – oft auch im Auftrag oder in Kooperation mit der CIA. Auch in Miami selbst wurden Exil-Kubaner, die sich der Castro-Regierung gegenüber "zu dialogbereit" zeigten, Opfer von Bombenattentaten. Der wohl blutigste Anschlag exilkubanischer Terroristen, bei dem 1976 ein *Cubana*-Flugzeug in Barbados in die Luft gesprengt wurde und 73 Menschen ums Leben kamen, schockierte die Weltöffentlichkeit. In den 80er und 90er Jahren nahmen derartige Gewaltakte ab. Dennoch zeigte die Serie von Bombenattentaten auf Hotels in Havanna im April 1997, bei der ein italienischer Tourist getötet wurde, dass auch terroristische Aktionen noch immer Bestandteil exilkubanischer Politik sein können.

Politisch bedeutsam wurde aber vor allem eine andere Entwicklung: Die Kubaner nahmen in ihrer großen Mehrzahl die US-amerikanische Staatsbürgerschaft an, wurden zu *Cuban-Americans* – und sie entdeckten ihre Macht im politischen System der USA. Hierfür war überaus hilfreich, dass dem Bundesstaat Florida bei den Präsidentschaftswahlen strategische Bedeutung zukommt. Die Reagan-Regierung förderte zudem den Aufbau einer effizienten und dollarschweren politischen Lobby-Organisation der Hardliner des kubanischen Exils, die *Cuban-American National Foundation* (CANF), die unter ihrem Führer Jorge Mas Canosa zu einer zentralen Instanz in der US-amerikanischen Kuba-Politik wurde. Sie kanalisierte Gelder und Personalentscheidungen, schrieb Gesetzesvorlagen, finanzierte Anwälte und mobilisierte Hunderttausende von Dollars an *fund-raising* für den Wahlkampf von Abgeordneten und Senatoren, damit ihre Anliegen in der Folge freundliches Gehör finden. Auf diesem Anti-Castrismus in Schlips und Kragen, nicht auf den militärischen Aktionen terroristischer Kommandos, ruht seit den 80er Jahren die politische Macht des kubanischen Exils.

6. Ein Feind, auf den Verlass ist: Kuba und die USA

Als nach 1989 der vielfach prophezeite Sturz Castros ausblieb, setzte die exilkubanische Lobby auf eine weitere Verschärfung des US-amerikanischen Embargos gegen die Insel. Politisch geschickt vor den Präsidentschaftswahlen lanciert, wurde das so genannte "Torricelli-Gesetz" (so benannt nach dem Demokratischen Abgeordneten Robert Torricelli; offizieller Name: *Cuban Democracy Act*) von beiden Kandidaten, sowohl dem amtierenden Präsidenten George Bush wie seinem Herausforderer Bill Clinton, unterstützt und 1992 vom US-Kongress beschlossen. Schon in diesem Gesetz war angelegt, was vier Jahre später mit dem Helms-Burton-Gesetz zum Streitpunkt zwischen den USA und der Europäischen Union werden sollte: Die extraterritoriale Anwendung US-amerikanischer Gesetzgebung. Denn das Torricelli-Gesetz erweiterte den Bannstrahl der US-Sanktionen über die Grenzen der USA hinaus auch auf Tochterfirmen US-amerikanischer Unternehmen in Drittländern, so dass nun weder eine Coca-Cola-Niederlassung in Mexiko noch eine General-Motors-Filiale in Großbritannien mit Kuba Handelsbeziehungen unterhalten durften.[20]

Bemerkenswert ist, dass US-Präsident George Bush noch zwei Jahre zuvor gegen einen ganz ähnlichen Vorstoß, das so genannte *Mack-Amendment*, sein Veto eingelegt hatte – nicht zuletzt im Interesse all jener US-Firmen, die über Niederlassungen im Ausland einträglichen Handel mit Kuba trieben, 1991 immerhin für geschätzte 718 Millionen Dollar. Wo sich Bill Clinton im Wahlkampf für eine harte Anti-Castro-Rhetorik *(To put the hammer down on Fidel Castro!)* entschieden hatte, wollte der noch amtierende Präsident dieses Feld nicht seinem Konkurrenten überlassen; wenige Tage vor dem Wahltermin setzte George Bush auf einer Kundgebung in Miami seine Unterschrift unter das Gesetz.

Neben der Ausweitung der US-Sanktionen auf US-Niederlassungen im Ausland richteten sich auch eine Reihe anderer Passagen des Torricelli-Gesetzes gegen die wirtschaftlichen Außenbeziehungen Kubas. So dürfen

---

[20] Dies trug den USA bereits damals internationalen Protest ein, letztlich blieb die Konfliktebene jedoch niedrig: Washington verzichtete auf eine konsequente Durchsetzung des Handelsverbots für US-amerikanische Tochterfirmen in Drittländern; für die Regierungen anderer Staaten bestand damit auch kein zwingender Handlungsbedarf, hierüber einen größeren Konflikt mit den USA zu führen.

unter dem Torricelli-Gesetz Schiffe, die in Kuba vor Anker gehen, in den darauffolgenden sechs Monaten keinen Hafen in den USA anlaufen; ferner sollen Länder, die Kuba im Handel Vorzugsbedingungen einräumen, dafür von Washington bestraft werden. Neben diesen negativen Sanktionen sieht das Gesetz aber auch ein so genanntes "zweites Gleis" *(Track Two)* vor, das durch eine selektive Politik von Kontakt- und Kommunikationsförderung zwischen den USA und Kuba eine Demokratisierung auf der Insel befördern will. Unter anderem hat das Gesetz die Wiederaufnahme des direkten Telefonverkehrs zwischen beiden Staaten ermöglicht – was für den kubanischen Staat heute eine sehr bedeutende Deviseneinnahmequelle darstellt. Gleichwohl ist gerade dieses "zweite Gleis" des Torricelli-Gesetzes von der kubanischen Regierung als besonders gefährliche "ideologische Subversion" immer wieder überaus scharf angegriffen worden (Buró Político 1996).

Es liegt auf der Hand, dass die Bestimmungen des Torricelli-Gesetzes nicht nur Kubas Transport- und Handelskosten erhöhten, sondern auch die von der kubanischen Regierung betriebene Neu-Eingliederung Kubas in den kapitalistischen Weltmarkt grundsätzlich erschweren. Wenn das Torricelli-Gesetz jedoch seinem offiziellen Namen gemäß zum Ziel hatte, *Democracy in Cuba* im US-amerikanischen Sinne herbeizuführen, blieb es zweifelsohne erfolglos. Dennoch konnten sich auch in der Folge diejenigen politischen Kräfte in den USA durchsetzen, die als Ursache für den ausbleibenden Erfolg nicht den Konfrontationskurs, sondern nach wie vor ein "zu wenig" an Konfrontation ausmachten und auf eine weitere Verhärtung der Kuba-Politik drängten.

Als Erklärung hierfür wird oft einzig und allein auf die Macht und den Einfluss der exilkubanischen Hardliner verwiesen.[21] Doch dies ist nur die halbe Wahrheit. Auch die Exil-Kubaner können die Kuba-Politik der USA keineswegs nach Belieben diktieren, sondern sie können nur dann ihre spezifischen Interessen wirksam zur Geltung bringen, wenn diese auf eine gleichgerichtete Grundhaltung im politischen Establishment der USA aufbauen können. Schon bei der Frage der Immigration von Kubanern in die USA etwa ist dies nicht mehr der Fall. So ist es bezeichnend, dass auslösende Momente für die Verschärfung der US-amerikanischen Kuba-Politik nach 1992 jeweils politische Krisen waren, die nicht etwa nur die exilkubanische

---

[21] Beispielhaft für diese Sichtweise schreibt etwa Linkohr (1996), die US-amerikanische Kuba-Politik sei "von verblüffender Einfachheit. Die Beziehungen der Vereinigten Staaten von Amerika zu Kuba waren und sind schlicht Teil ihrer Innenpolitik" (Linkohr 1996: 421): "Dabei geht es um Stimmen, nicht um außenpolitische Vernunft" (ebd.).

Gemeinde, sondern die US-amerikanische Öffentlichkeit insgesamt nachhaltig beschäftigten. Dies war der Fall bei der Flüchtlingskrise vom Sommer 1994, als die kubanische Regierung die Grenzen freigab und mehr als 30.000 Kubaner die Insel auf improvisierten Flößen Richtung USA verließen; als "Vergeltungsmaßnahme" verfügte die Clinton-Regierung eine Einschränkung der erlaubten Geldüberweisungen von in den USA lebenden Kubanern an ihre Verwandten auf der Insel, die seit der Legalisierung des Dollars im Vorjahr zu einer der wichtigsten Devisenquellen des sozialistischen Staats geworden waren.[22] Beigelegt wurde die Flüchtlingskrise schließlich durch ein Abkommen, bei dem die USA sich – wie von der kubanischen Regierung seit langem gefordert – zu einer weitreichenden Änderung ihrer Immigrationspolitik gegenüber Kuba verpflichteten. Die exilkubanische Lobby war bei diesen Verhandlungen schlicht übergangen worden, und ihre Wortführer denunzierten das Immigrationsabkommen lautstark als Verrat und als "Pakt mit dem Teufel", ohne dass sie es politisch verhindern oder auch nur ernsthaft in Frage stellen konnten.

In der Folge dieser "Niederlage" konzentrierten sich die Hardliner in Washington und Miami auf ein anderes Projekt: das Helms-Burton-Gesetz, das seine Namensgeber – der Republikanische Senator Jesse Helms und der Demokratische Abgeordnete Dan Burton – im Februar 1995 formell im Kongress einbrachten. Das Schicksal dieser Gesetzesinitiative war dabei lange Zeit ungewiss. Anfang des Jahres 1996 hing die Vorlage im Vermittlungsausschuss des Kongresses fest; zudem hatte Präsident Clinton wiederholt angekündigt, sein Veto gegen das Gesetz einzulegen. Den Weg zur Durchsetzung des Helms-Burton-Gesetzes ebnete schließlich – wiederum – eine politische Krise, die weit über die *Cuban Community* hinaus in den USA Wirkung zeigte: Der Abschuss von zwei in Florida gestarteten Kleinflugzeugen durch die kubanische Luftwaffe am 24. Februar 1996, bei dem die vier Besatzungsmitglieder, alle kubanisch-stämmige US-Bürger, ums Leben kamen.

Die Flugzeuge gehörten der exilkubanischen Organisation *Hermanos al Rescate* (Brüder zur Rettung), die einst zur Bergung kubanischer Flüchtlinge

---

[22] Für 1994 weist die kubanische Nationalbank in der Zahlungsbilanz einen Betrag von 574,8 Millionen Dollar unter der Rubrik "Laufende Transfers" aus, die, wie ausdrücklich erklärt wird, "hauptsächlich auf Schenkungen und Überweisungen" zurückzuführen sind; dies ist mehr als die Einnahmen durch die gesamte Zuckerausfuhr des Jahres (Banco Nacional de Cuba 1995: 20f.). Eine bemerkenswerte konzeptionelle Analyse der Bedeutung dieser Überweisungen für die kubanische Gesellschaft und die Entwicklung des Landes bietet Monreal (1999).

aus Seenot gegründet worden war und die seit dem Migrationsabkommen zwischen Washington und Havanna eine Provokationsstrategie mit gezielten Verletzungen kubanischen Luftraums verfolgte. Die genauen Einzelheiten des Abschusses der Flugzeuge und insbesondere die Frage, ob er im internationalen Luftraum oder im kubanischen Hoheitsgebiet erfolgte, sind strittig. Sicher ist jedoch, dass die Provokationsstrategie politisch aufging: Nach dem kalkulierten Abschuss der unbewaffneten Cessnas durch die kubanische Luftwaffe hatten die Betreiber des Helms-Burton-Gesetzes keinerlei Mühe, die allgemeine Empörung für sich zu nutzen und binnen nur zehn Tagen ihre Vorlage mit überwältigender Mehrheit durch beide Häuser des Kongresses zu bekommen. Unter dem Druck der Ereignisse legte Präsident Clinton nun aber nicht, wie ursprünglich angekündigt, sein Veto gegen das Helms-Burton-Gesetz ein, sondern unterzeichnete es in einem feierlichen Akt im Beisein der Familienangehörigen der vier getöteten Piloten.[23]

Es ist eine offene Diskussion, ob die Helms-Burton-Initiative auch ohne diesen Zwischenfall Gesetz geworden wäre. Unzweifelhaft ist jedoch, dass der Abschuss der Flugzeuge diesen Prozess enorm beschleunigte, und eine Reihe von Beobachtern weisen der kubanischen Regierung so auch eine Mitverantwortung für die Durchsetzung des Helms-Burton-Gesetzes zu (Whitehead 1996: 5-8 sowie in schärferem Ton Pérez-Stable 1996). Von kubanischen Regierungsvertretern ist dies selbstverständlich zurückgewiesen worden. Bereits direkt nach dem Vorfall hatte Fidel Castro in einem Interview mit dem US-Magazin *Time* (11.3.1996: 22) den Abschuss der Flugzeuge als unumgängliche Notwendigkeit gerechtfertigt, obwohl man sich bewusst gewesen sei, dass dies in den USA politisch ausgeschlachtet werden würde.[24] Dennoch ist nicht zu übersehen, dass der gezielte Abschuss der

---

[23] Nach dem Abschuss der Flugzeuge war Zeitungsberichten zufolge im Kabinett Clintons auch ein Vergeltungsschlag in Form eines einmaligen Raketenangriffs auf die Basis der kubanischen Luftwaffe bei San Antonio de los Baños vorgeschlagen, jedoch schnell verworfen worden (*Miami Herald* 1.10.1995).

[24] Die *Hermanos al Rescate* seien in "extremely serious terrorist actions against our country" verwickelt gewesen, so Castro. "We reported each and every violation [of Cuban airspace – B. H.] to the United States in a diplomatic protest. We warned U.S. officials time and again. We had been patient, but there are limits." – Time: "Nevertheless, the Helms-Burton bill was dormant. The wisdom of the embargo was being openly debated." – Castro: "We realized the incident would be exploited as an issue between Cuba and the U.S. and would become an issue in the American presidential election. But, in addition to these flights, there was also interference by the U.S. Interests Section in our internal affairs. What these people were doing was intolerable. They were giving money and paying the bills of dissidents. They were visiting the provinces and promoting opposition to the government under the pretext of checking on rafters returned from the U.S. And all

exilkubanischen Flugzeuge just an dem Tag, an dem das erste nationale Treffen der Dissidenten-Dachorganisation *Concilio Cubano* geplant war, eine kaum zufällige innenpolitische Drohwirkung hatte. Wo die kubanische Regierung den Oppositionsgruppen vorwirft, im Dienste exilkubanischer und US-amerikanischer Kräfte zu stehen, konnte der innere Konflikt so mit erneuerter Plausibilität als Teil externer Aggression gedeutet werden.

7. *Democracy made in USA*: Das Helms-Burton-Gesetz und seine Folgen

Eines der zentralen Ziele des Helms-Burton-Gesetzes[25] ist es, die Embargo-Politik gegen Kuba gesetzlich so zu verankern, dass sie der Entscheidungsgewalt des Präsidenten entzogen ist. So formuliert das Helms-Burton-Gesetz in seinem ersten Kapitel einen langen Katalog von Sanktionen und Drohungen der USA gegen Kuba, die in vielen Fällen bereits bestehende Maßnahmen bestätigen oder erweitern, diesen bislang von der Exekutive verfügten Sanktionen nunmehr jedoch formellen Gesetzescharakter gibt (§102). In der Folge können diese Bestimmungen nicht mehr vom Präsidenten, sondern nur vom Kongress aufgehoben werden – ein politisch ungleich schwierigerer Prozess. Wo die Außenpolitik in den USA traditionell die Domäne der Exekutive ist, hat hier eine gewichtige Verlagerung der Kompetenzen stattgefunden, die die Spielräume des Präsidenten für einen etwaigen Kurswechsel in der Kuba-Politik empfindlich und dauerhaft beschneidet.

Darüber hinaus umfasst Kapitel I unter anderem folgende Punkte:

– In allen internationalen Finanzinstitutionen (IWF, Weltbank etc.) müssen die USA gegen jede Art von Darlehen, Finanzhilfe oder Aufnahme Kubas stimmen. Wenn Kuba dennoch ein Kredit gewährt wird, sollen die

---

the time we were just watching. It was intolerable. And then there were flights." (*Time* 11.3.1996: 22)

[25] Offizieller Name: "Cuban Liberty and Democratic Solidarity (LIBERTAD) Act of 1996"; als Volltext im Internet unter http://www.state.gov/www/regions/wha/cuba/helms-burton-act.html. Eine thematisch wie politisch breite Diskussion des Helms-Burton-Gesetzes bieten die in IRELA (1996) versammelten Texte. Über die politische Zwangsjacke, die das erste Kapitel des Helms-Burton-Gesetzes der US-Außenpolitik anlegt, schreibt William Leogrande (1997: 214): "Although the trafficking provisions of Helms-Burton [Klagerecht der Alteigentümer gegen Nutzer aus Drittstaaten – B. H.] have received the most press attention because of their potential for diplomatic mischief, the bill's most important title is the one that writes the US economic embargo into law. Apart from his ability to suspend the trafficking provisions of Helms-Burton, Clinton is left with almost no discretion in formulating US policy towards Cuba."

USA die entsprechende Summe aus ihren Beiträgen an die betreffende Institution streichen (§104).
- Das Verbot für den Import von Produkten aus Drittländern, die kubanische Rohstoffe enthalten (z.B. Nickel oder Zucker), wird verschärft (§§108, 110).
- Die US-amerikanische Finanzhilfe für die Nachfolgestaaten der Sowjetunion muss um die Beträge gekürzt werden, mit denen diese Staaten Kuba unterstützen. Als Unterstützung zählt dabei auch Handel zu deutlich günstigeren Bedingungen als sie der Weltmarkt böte (§106).
- Die Finanzhilfe an Russland soll um den Betrag gekürzt werden, den Russland für die Nutzung der militärischen Abhöranlagen im kubanischen Lourdes zahlt (§106 d). Russland hatte für die fortgesetzte Nutzung der Anlage Kuba im November 1994 einen Kredit von umgerechnet ca. 200 Mio. US-Dollar gewährt.
- Sperrung aller US-amerikanischen Finanzhilfe für Staaten, die – sei es über öffentliche Gelder oder über private Firmen – am Bau des kubanischen Atomkraftwerks Juraguá beteiligt sind oder dafür Kredite geben (§111).
- Darüber hinaus legt das Gesetz fest, dass "Bau und Operation jeglicher Atomkraftanlage" in Kuba als auch "jegliche weitere Manipulation des Fluchtwillens von Kubanern, der in einer Massenmigration in die USA resultiert", als "Akt der Aggression" betrachtet wird, auf den die USA eine "angemessene Antwort" geben würden (§101, 4 A).

Während all diese Sanktionen gegen die gegenwärtige kubanische Regierung gerichtet sind, werden im zweiten Teil des Gesetzes die Grundzüge der US-Politik gegenüber den für die Zukunft erhofften kubanischen Regierungen festgelegt (Titel: *Assistance to a Free and Independent Cuba*). Doch gerade hier, wo neben die Peitsche des Embargos das Zuckerbrot in Aussicht gestellter US-Hilfe gelegt werden soll, bestätigt das Helms-Burton-Gesetz schlimmste Befürchtungen. Das Gesetz legt hier fest, dass der Präsident der USA erst dann Schritte zur Aufhebung des Embargos einleiten darf, wenn er zuvor dem Kongress gegenüber nachgewiesen hat, dass in Kuba eine Übergangsregierung *(transition government)* an der Macht ist (§204a). Und was eine Übergangsregierung in Kuba ist, wird in der Folge per US-Gesetz in einer langen Liste von Bedingungen definiert: So muss diese "alle politischen Aktivitäten legalisiert" (§205a, 1) und "die gegenwärtige Abteilung für Staatssicherheit im Innenministerium aufgelöst haben, einschließlich der Komitees zur Verteidigung der Revolution und der Brigaden der schnellen

Antwort" (§205a, 3). Sie muss international überwachte Wahlen versprechen (§205a, 4), sowie den Aufbau einer unabhängigen Justiz (§205a, 6 A) und die Zulassung unabhängiger Gewerkschaften (§205a, 6 C) zusichern. Ferner muss sie nachweislich dafür Sorge tragen, dass private Medien und Telekommunikationsfirmen auf der Insel zugelassen werden (§205b, 2 A), dass das "Recht auf Eigentum gesichert ist" (§205b, 2 C) und dass "angemessene Schritte unternommen werden, um enteigneten US-Bürgern oder -Firmen ihren Besitz zurückzugeben oder sie zu entschädigen" (§205b, 2 D). Schließlich geht es auch um Fidel Castro. Zwar erklärt der Gesetzestext eingangs, dass "in Bezug auf die Wahl des kubanischen Volkes über ihre zukünftige Regierung die USA keine Vorzugsbehandlung oder Einfluss für irgendeine Person oder Organisation ausüben werden" (§201, 10), doch ein paar Absätze weiter heißt es ganz direkt: "Eine Übergangsregierung in Kuba ist eine Regierung, die [...] weder Fidel Castro noch Raúl Castro beinhaltet" (§205a, 7).

Aus Sicht kubanischer Funktionäre, so reformorientiert sie auch sein mögen, beschreibt dieser Katalog von Bedingungen weniger eine Übergangsregierung als vielmehr die Situation nach einem schon ziemlich kompletten Machtwechsel. Doch selbst einer Regierung in Havanna, die all diesen Forderungen entspräche, verspricht das Helms-Burton-Gesetz keineswegs die umgehende Aufhebung des Embargos. Die ganze Formulierung und Konstruktion läuft vielmehr darauf hinaus, dass auch dann die nur schrittweise Aufhebung der Sanktionen der Hebel bliebe, um die kubanische Regierung beständig auf Linie zu bringen – so wie in Nicaragua noch Jahre nach der Abwahl der Sandinisten auch die Regierung von Violeta Chamorro die ökonomischen Pressionen der USA zu spüren bekam (vgl. Leogrande 1997: 215f.).

Denn auch für das, was die USA schließlich nicht mehr nur als "Übergangsregierung", sondern als vollwertige "demokratisch gewählte Regierung" *(democratically elected government)* in Kuba anerkennen würden, gibt das Helms-Burton-Gesetz Washington breiten Spielraum für die Durchsetzung handfester ökonomischer Interessen. So stellt §206 unter dem Titel "Erfordernisse zur Bestimmung einer demokratisch gewählten Regierung" klar, dass eine solche sich keineswegs nur dadurch bestimmt, dass sie demokratisch gewählt worden ist. Vielmehr muss sie sich auch "substantiell auf ein marktwirtschaftliches System zu bewegen, das auf dem Recht basiert, Eigentum zu besitzen und zu genießen" (§206, 3) sowie "vorzeigbare Fortschritte bei der Rückgabe oder Entschädigung konfiszierten US-Eigentums" (§206, 6) gemacht haben.

Der in Spanien lebende kubanische Journalist Luis Manuel García (1997: 34) schreibt dazu: "Auch wenn das Helms-Burton-Gesetz besagt, dass der US-Präsident es aufheben kann, wenn die Insel demokratisiert ist, werden die bis zu diesem Datum erhobenen Eigentumsansprüche auch danach honoriert werden müssen." Da es klar sei, dass die Regierung Castro niemals aufgrund der Entscheidungen von US-Gerichten Restitutionsansprüche zahlen wird, so García weiter, "ergibt sich die widersinnige Situation, dass ein gegen Castro gerichtetes Gesetz nur eben jene 'Übergangsregierung' oder 'demokratisch gewählte Regierung' unter Druck setzt, die auf Castro – zumindest gemäß der Theorie des Helms-Burton-Gesetzes – folgen wird".

Das Helms-Burton-Gesetz diktiert damit langfristig und auch über ein Ende der Castro-Ära hinaus die Ecksteine der politischen Verhältnisse in Kuba. Selbst für viele Kubaner, die entschiedene Gegner der aktuellen Regierung sind, ist dies ungenießbar. "Mit dem Helms-Burton-Gesetz würde Kuba von der Diktatur Fidel Castros in die Vormundschaft des US-Kongresses fallen", kritisierte dies etwa Alfredo Durán (1995: 3), einst Teilnehmer der Schweinebucht-Invasion und heute einer der prominentesten Führer der moderaten Kräfte innerhalb des kubanischen Exils, bei einer Anhörung im US-Senat. "All die Vorgaben in dem Gesetz legen Kriterien für Demokratie in Kuba fest, die zu bestimmen allein das Recht des kubanischen Volkes sein kann".

In seinen politischen Konsequenzen ist dieser zweite Teil des Gesetzes verhängnisvoll. Sollte es in Kuba tatsächlich zu einer politischen Wende im Sinne der Anti-Castro-Hardliner kommen, dann ist das Helms-Burton-Gesetz bereits heute der undemokratische Geburtsfehler der neuen Verhältnisse, so wie es das ominöse *Platt-Amendment* in Kubas erster Republik war. Fürs erste aber tut das Helms-Burton-Gesetz vor allem eines: Es stärkt die rigidesten Seiten des kubanischen Systems. All denjenigen in Kubas Führung und Funktionärsschicht, die begrenzten Mut zu einer eventuellen politischen Öffnung hätten, zeigt es nur einen tiefen Abgrund, aber keinen Raum für einen gangbaren Reformweg.

Der internationale Streit um das Helms-Burton-Gesetz entzündete sich unterdessen an einem ganz anderen Punkt, nämlich an dessen Kapiteln III und IV, in denen die USA die Reichweite der Sanktionen auf Firmen aus Drittstaaten ausweiten. Das Gesetz gibt US-amerikanischen Alteigentümern das Recht, vor US-Gerichten ausländische Firmen zu verklagen, wenn diese sich in ihrem Kuba-Geschäft durch Nutzung ehemals enteigneten Besitzes bereichern (Kapitel III).[26] Im Anschluss (Kapitel IV) formuliert es ein Verbot der Einreise in die

---

[26] Im Original steht der juristisch vage Begriff "traficks", der im folgenden u.a. definiert wird als "entering into a commercial arrangement using or otherwise benefiting from

USA für leitende Angestellte, Eigentümer oder Mehrheitsaktionäre von ausländischen Unternehmen, denen eine derartige Nutzung konfiszierter Besitztümer vorgeworfen wird (§401).

Besonderes Gewicht erhalten diese Kapitel dadurch, dass das Helms-Burton-Gesetz dieses Klagerecht in einer kühnen juristischen Konstruktion auch auf alle Exil-Kubaner ausweitet, die zum Zeitpunkt der Enteignung kubanische Bürger waren und erst nach ihrer Emigration in die USA die US-amerikanische Staatsbürgerschaft annahmen. Diese Klausel verändert die Reichweite des Klagerechts entscheidend, wie der Washingtoner Anwalt Robert Muse bei einer Anhörung vor dem Auswärtigen Ausschuss des US-Senats ausführte: Während von Eigentümern, die zum Zeitpunkt der Enteignung US-amerikanische Staatsbürger waren, maximal 800 Klagen zu erwarten sind, so stehen von in den USA lebenden und nationalisierten Exil-Kubanern durch das Helms-Burton-Gesetz eine Flut von ca. 300.000 bis 430.000 Eigentumsklagen ins Haus (Muse 1996: 1f.). Diese rückwirkende Ausweitung der Zuständigkeit von US-Gerichten für Eigentumsansprüche von Personen, die zum Zeitpunkt der Enteignung Kubaner waren, deren enteigneter Besitz in Kuba liegt und die von einer kubanischen Regierung nach kubanischen Gesetzen enteignet wurden, ist nach internationalem Recht kaum haltbar. Auch die *U.S. Foreign Claims Settlement Commission* hatte vor mehr als 30 Jahren unmissverständlich formuliert: "The principle of international law that eligibility for compensation requires American nationality at the time of loss is so widely understood and universally accepted that citation of authority is scarcely necessary."[27]

Als Präsident Clinton nach dem Abschuss der exilkubanischen Flugzeuge das Gesetz unterzeichnete, konnte er noch auf einem präsidialen Aufschubsrecht (ein so genannter *waiver*) bestehen, mit dem er die Anwendung des Kapitel III, des Klagerechts für Alteigentümer, für jeweils sechs Monate aussetzen kann. Seitdem hat er von diesem Aufschubrecht regelmäßig Gebrauch gemacht, so dass dieser Passus noch nicht zur Anwendung gekommen ist. Dennoch stießen der extraterritoriale Geltungsanspruch des Helms-Burton-Gesetzes und seine Drohungen gegen Firmen aus Drittstaaten international auf lautstarke und fast einhellige Ablehnung. Die EU strengte

---

[27] confiscated property" (§401 b 2 ii), was sehr breite Interpretationsmöglichkeiten erlaubt (vgl. auch Muse 1996).
Claim No. IT-10, 252, Dec. No It-62, zit. in Muse (1996: 6). Eine Analyse des Kapitels III aus der Perspektive des internationalen Rechts bietet auch die Abteilung für internationales Recht der Organisation Amerikanischer Staaten (OAS 1996).

sogar ein Verfahren gegen Washington vor der Welthandelsorganisation WTO an. Am Ende einigte sie sich mit der US-Regierung auf ein *Understanding*, das das Gesetz zwar nicht grundsätzlich infrage stellte, aber seine praktische Wirkung für EU-Firmen entschärfte (ausführlicher hierzu sowie zur deutschen Position vgl. die Beiträge von Susanne Gratius und Ralf Breuer in diesem Band).

Mit dem Helms-Burton-Gesetz ist es der exilkubanischen Lobby gelungen, die Alteigentümeransprüche der enteigneten Kubaner – fürwahr ein minoritäres Anliegen in der US-Gesellschaft – zum zentralen Dreh- und Angelpunkt der US-amerikanischen Kuba-Politik zu machen.

Außenpolitisch war das Helms-Burton-Gesetz für die US-Regierung ein widersprüchliches, aber durchaus wirksames Druckmittel in ihrem Bemühen, die europäischen Staaten zu einer härteren Gangart in ihrer Kuba-Politik zu bewegen. Für das Ziel eines politischen Wandels in Kuba allerdings erscheint es als hochgradig kontraproduktiv, wenn die USA just die Alteigentümeransprüche der Exil-Kubaner ins Zentrum ihrer Politik stellen. Dies schürt geradezu zwangsläufig die auf der Insel weit verbreiteten Ängste vor der ungewissen Zukunft nach einem etwaigen Systemwechsel, und erlaubt es der sozialistischen Regierung, sich als einzige Verteidigerin der Interessen der Bevölkerung zu präsentieren. So hat die Regierung Castro das Helms-Burton-Gesetz mit Macht zu einer Erneuerung ihres Legitimationsanspruchs genutzt sowie als Rechtfertigung zu einem harten Vorgehen gegen Dissidenten, der Beschneidung bisheriger Freiräume und der verschärften Einforderung von Loyalitätsbeweisen von Funktionären, Militärs und Mitgliedern anderer staatlicher oder KP-naher Einrichtungen.

Ein "Bericht des Politbüros" (*Buró Político* 1996), den im März 1996, einen Monat nach Verabschiedung des Helms-Burton-Gesetzes, Fidels Bruder und Armee-Chef Raúl Castro als fulminante Drohrede verlas, leitete eine nachhaltige Verhärtung des intellektuellen und innenpolitischen Klimas ein. Seinen Niederschlag fand dies auch in der Verabschiedung eines "Gesetzes der Bekräftigung der kubanischen Würde und Souveränität",[28] das insbesondere gegen dissidente Journalisten gerichtet ist. Von allen Angehörigen des kubanischen Militärs und Sicherheitskräften des Innenministeriums (einschließlich der Offiziere im Ruhestand) wurde eine öffentliche Loyalitätsbekundung eingeholt, die so genannte *Declaración de los Mambises del Siglo XX*. Und so wie das Helms-Burton-Gesetz explizit Fidel und Raúl Castro von jeglicher "Übergangs-

---

[28] Ley de Reafirmación de la dignidad y soberanía cubana; Ley No 80; *Granma Internacional* (22.1.1997: 4); s. auch *El País* (24.2.1997).

regierung" ausschließt, so enthält diese Erklärung der kubanischen Militärs spiegelbildlich ein Treuebekenntnis nicht nur zu Revolution, Sozialismus und Einparteiensystem, sondern auch ausdrücklich zu dem *"Comandante en Jefe* und dem Minister der Revolutionären Streitkräfte, unsere undiskutierbaren Führer und Leiter".[29]

8. Kuba und Lateinamerika: Normalisierung der Beziehungen und neue Außenpolitik

In Lateinamerika stieß das Helms-Burton-Gesetz auf einhelligen Widerspruch. Im Unterschied zu den USA haben die Beziehungen zwischen den lateinamerikanischen Staaten und Kuba die Kalte-Kriegs-Logik verlassen. In mehreren Ländern geschah dies nicht erst nach 1989, sondern schon seit Anfang oder Mitte der 80er Jahre und war weniger die Folge internationaler oder außenpolitischer Faktoren als vielmehr ein Ergebnis der Innenpolitik dieser Länder, sprich – des Übergangs von Militärdiktaturen zu zivilen, demokratisch gewählten Regierungen. Ein prominentes Beispiel hierfür ist die Wiederaufnahme diplomatischer Beziehungen zwischen Brasilien und Kuba, die im Juni 1986 (und damit früher als in den meisten anderen Ländern des Kontinents) erfolgte und die erst möglich geworden war, nachdem 1985 mit José Sarney wieder ein ziviler Politiker die Regierungsgeschäfte übernommen hatte.[30]

Entscheidend für die Normalisierung der Beziehungen zwischen Kuba und den Staaten Lateinamerikas war der explizite Verzicht Havannas auf jeglichen "Revolutions-Export". Hatte die Regierung Castro zuvor in verschiedenster Form revolutionäre Bewegungen auf dem Kontinent unterstützt, so spielte sie nun insbesondere in Zentralamerika eine konstruktive Rolle bei den Friedensschlüssen zwischen Regierung und Guerillas (Valdés Paz 1992 sowie Paes Leme 1996). Gleichzeitig nahm Kuba in der zweiten Hälfte der 90er Jahre aber wieder seine Politik der Hilfsleistungen an andere Staaten auf, insbesondere durch die Entsendung kubanischer Ärzte. So arbeiten derzeit nach offiziellen Angaben insgesamt 1.751 Ärzte und anderes medizini-

---

[29] Im Original: "Ratificamos nuestra incondicional lealtad al Comandante en Jefe y al Ministro de de las Fuerzas Armadas Revolucionarias, nuestros jefes y guías indiscutibles" (*Granma Internacional* 26.3.1997: 6).

[30] Zu den Beziehungen zwischen Kuba und Brasilien s. ausführlicher Hoffmann (1999).

sches Fachpersonal im Ausland.[31] Eine große Öffentlichkeitswirkung hatten insbesondere die Ärzte, die Kuba in die 1998 vom Hurrikan "Mitch" verwüsteten Staaten Zentralamerikas schickte. Während Kuba dies als solidarische und selbstlose Hilfe leistet, die dem Land keinen finanziellen, sondern lediglich Image- und außenpolitischen Gewinn bringt, arbeiten in anderen Ländern kubanische Ärzte auch in bezahlter Form über Regierungsverträge, die für Kuba eine substantielle Deviseneinnahme bedeuten.[32]

Mitte der 90er Jahre hatten fast alle Länder Lateinamerikas wieder volle politische Beziehungen zu Kuba aufgenommen. Auch wirtschaftlich wurden die Beziehungen ausgebaut. Die Frage der kubanischen Altschulden konnte in einer Reihe von Ländern durch Umschuldungen gelöst werden, und Firmen aus Lateinamerika traten in zunehmendem Maße auch als Investoren in Kuba auf. Wichtigster Handelspartner Kubas auf dem Kontinent wurde Mexiko; Brasilien wurde zum prominentesten Großabnehmer für die in Kuba entwickelte Meningitis-B-Impfung, eines der Exportprodukte des kubanischen Biotechnologie-Sektors.

Mit den Demokratisierungsprozessen in den Ländern Lateinamerikas ging für Kuba einerseits zwar eine spürbare Verbesserung der bilateralen Beziehungen einher, da der anti-kommunistische Extremismus der autoritären Regime fortfiel, andererseits ging von den neuen zivilen Regierungen aber auch ein erhöhter Druck auf eine Demokratisierung in Kuba selbst aus. Dies fand seinen Niederschlag insbesondere in den internationalen Organisationen und Gipfeltreffen (s. nächstes Kapitel). Aber auch bei Parteien und NGOs in Lateinamerika, die mit dem sozialistischen Projekt in Kuba sympathisiert hatten oder es noch tun, blieb der erhöhte Stellenwert von liberalen Menschenrechten und politischer Mehrparteiendemokratie nicht ohne Auswirkungen. Ein Beispiel bietet die wohl stärkste Linkspartei des Kontinents, der traditionell Kuba eng verbundene brasilianische *Partido do Trabalho* (PT, Arbeiterpartei): Als in Kuba 1999 vier prominente Dissidenten zu Haft-

---

[31] Diese teilen sich wie folgt auf: Guatemala 469, Haiti 448, Gambia 154, Äquatorial-Guinea 139, Honduras 123, Venezuela 108, Zimbabwe 104, Belize 105, Paraguay 50, Niger 28, Surinam 10, Kambodscha 10, Burkina Faso 3 (*Granma* 1.8.2000).

[32] Auch der kubanische Spitzensport wurde in den 90er Jahren zu einer Art "nicht-traditionellem Exportprodukt" des Landes; kubanische Athleten, Trainer und Ausbilder wurden mit offiziellen Verträgen in einer Vielzahl von Ländern tätig. Zu einem ernsthaften Problem wurde gleichzeitig aber der *muscle-drain*, wie man – in Anlehnung an den *brain-drain* von Fachleuten anderer Bereiche – die Emigration im Falle von Athleten vielleicht nennen muss. Denn trotz zahlreicher Vorkehrungen der Regierung, die Flucht des sportlichen Humankapitals zu verhindern, kehrten immer wieder Spitzensportler der Insel den Rücken, um als Profis im Ausland ungleich besser zu verdienen.

strafen verurteilt wurden, protestierte nicht etwa nur die Regierung Cardoso, sondern auch 13 Abgeordnete der oppositionellen PT forderten das Außenministerium zu einem formalen Protest auf; und die Menschenrechtskommission des brasilianischen Parlaments verabschiedete eine entsprechende Resolution einstimmig.

Gegen alle externen Forderungen nach Demokratisierung auf der Insel stellt die kubanische Regierung das Bestehen auf der uneingeschränkten nationalen Souveränität und dem allem anderen überzuordnenden Prinzip der Nicht-Einmischung in die inneren Angelegenheiten eines anderen Staates. In der Folge steht sie allen Versuchen der USA, der OAS oder der UNO, Demokratie und Menschenrechte durch externen Druck, Sanktionen oder Interventionen zu bewirken, entschieden entgegen. Dies gilt für den Fall Fujimoris in Peru genauso wie für Haiti nach dem Putsch von General Cédras, als die kubanische Regierung, auch wenn ihnen die Regierung Aristide politisch zweifelsohne näher stand, die Drohungen, das Embargo und schließlich die militärische Intervention der USA scharf verurteilte. Nach der Rückkehr Aristides und der Aufnahme diplomatischer Beziehungen im Januar 1996 begann unter Aristides Nachfolger Préval dennoch – durchaus zum Missfallen der USA – eine intensive Kooperation zwischen beiden Staaten. Regierungschef Préval reiste allein im Jahr 1999 nicht weniger als viermal nach Haiti, so oft wie in kein anderes Land; Kuba entsandte 448 Ärzte auf die Nachbarinsel, startete Hilfsprojekte im Umweltbereich und im Fischfang und vergab 120 Stipendien an Haitianer, um in Kuba Medizin zu studieren (Antonin 1999). Als von Seiten der USA und internationaler Organisationen die Vorwürfe gegen Préval und Aristide wegen undemokratischer Praktiken wuchsen und zuletzt in der Nichtanerkennung der im Mai, Juni und Juli 2000 durchgeführten Parlaments- und Kommunalwahlen gipfelten, rief Préval die Bevölkerung zum Widerstand gegen diese ausländische Einmischung auf. Er und Aristide, der für die Ende 2000 anstehenden Präsidentschaftswahlen kandidiert und als deren sicherer Sieger gilt, werden in jeder derartigen Konfrontation die kubanische Regierung sicherer als jede andere auf ihrer Seite wissen.

Politisch potentiell sehr viel mehr Gewicht haben könnte allerdings die jüngst von Hugo Chávez mit großen Gesten und fulminanter Rhetorik in Szene gesetzte Annäherung Venezuelas an Kuba, zumal Venezuela als Ölland für Kuba auch ökonomisch von großer Bedeutung ist. Der Politik-Stil des einstigen Militärs Chávez, seine Mobilisierung der Massen, das nur begrenzte Bekenntnis zu den formalen bürgerlich-liberalen Institutionen und die Beschwörung des Erbes von Simón Bolívar, sind dem politischen Instrumentarium Fidel Castros durchaus verwandt. Und schließlich: Wo Chávez für die USA als besonderer Problemfall gilt, verbindet auch der gemeinsame Gegner. Im Rahmen der "weichen Diplomatie" Havannas arbeiten inzwischen mehr als hundert kubanische Ärzte sowie sportliches Fachpersonal in Venezuela.[33] Wie weit dieser kubanisch-venezolanische Honeymoon in Zukunft gehen wird, darüber ist nur zu spekulieren. Nicht zu viel gesagt ist allerdings, dass man in Havanna die Hoffnung hegt, mit der Chávez-Regierung in Venezuela zehn Jahre nach der Abwahl der Sandinisten in Nicaragua erstmals wieder so etwas wie einen strategischen Verbündeten in Lateinamerika zu finden. Manche weiten dies auch schon auf das Nachbarland aus und reden von der vermeintlichen "Achse Havanna, Caracas und der kolumbianischen Guerilla FARC" (Márquez 2000). Gleichzeitig – und auch wenn Vicente Fox nach seinem Wahlsieg freundschaftliche Beziehungen zu Kuba versprach – bedeutet die Wahlniederlage der PRI im Sommer 2000 aller Voraussicht nach ein Ende der Sonderrolle, die Mexiko in den Beziehungen Lateinamerikas zu Kuba über Jahrzehnte hinweg innehatte.

9. Die Mühen der Integration: Regionale Institutionen und Gipfeldiplomatie

Kubas Bemühungen um eine Reintegration in die internationale Politik fanden in den 90er Jahren ihre zentrale Bühne zum einen in einer Reihe von Gipfeltreffen im Rahmen der Vereinten Nationen – von der UNCED-Konferenz in Rio de Janeiro 1992 über den Weltsozialgipfel in Kopenhagen 1995 oder den Welternährungsgipfel der FAO in Rom 1996 – und zum anderen in den seit 1990 jährlich stattfindenden Iberoamerika-Gipfeln. Während der von den USA initiierte *Summit of the Americas*, der erstmals im Dezember 1994 in Miami stattfand, Kuba als undemokratisches Land explizit ausschloss, sind bei diesen Iberoamerika-Gipfeln die USA ausgeschlossen, da den Treffen qua Definition ein gemeinsames "iberisches Erbe" zugrunde gelegt wird (so dass neben den Staaten Lateinamerikas auch Spanien und Portugal dabei sind). Ein internationales Großereignis eigener Art war zu-

---

[33] Kurz vor den venezolanischen Präsidentschaftswahlen im August 2000 wurden dort Vorwürfe erhoben, es seien bis zu 1.500 kubanische Agenten in das Land eingeschleust worden. Beide Regierungen dementierten dies umgehend. (Das offizielle Dementi Kubas erschien in *Granma* v. 24.7.2000). Bislang war eine objektive Nachprüfung nicht möglich, und es scheint in der Tat nicht unwahrscheinlich, dass diese "Enthüllung" einer kubanischen Unterwanderung von der Opposition zu Wahlkampfzwecken erfunden wurde.

dem der Papst-Besuch auf der Insel im Januar 1998, der die Aussöhnung der Revolution mit der katholischen Kirche unterstrich.

Für die lateinamerikanischen Staaten ist die Wiedereingliederung Kubas in die regionalen und kontinentalen Institutionen und Organisationen ein erklärtes Politikziel. Doch kollidiert dieses grundsätzliche Interesse nicht nur mit der Isolationspolitik der USA gegen Kuba, sondern es gerät immer wieder auch in Konflikt mit den Verpflichtungen zur liberalen Mehrparteiendemokratie, wie sie in den 90er Jahren von fast allen Regierungen Lateinamerikas angenommen und auch gegenüber anderen Staaten erhoben wurden. So war es eine politische Sensation, als auf dem 6. Iberoamerika-Gipfel in Viña del Mar im November 1996 alle Teilnehmer – d.h.: auch Fidel Castro – ein Dokument unterschrieben, in dem sie sich auf eine gemeinsame Demokratie-Definition einigten, die explizit politischen Pluralismus und die bedingungslose Anerkennung der individuellen Bürger- und Menschenrechte umfasste.[34] Zwar folgten daraus in Kuba keinerlei Schritte in diese Richtung und die Iberoamerika-Gipfel haben keine organisatorische Struktur, um diese einzufordern. Dennoch haben Regierungsgegner inner- wie außerhalb der Insel diese Erklärung mit dem Abkommen von Helsinki verglichen, das die sozialistischen Regierungen in Osteuropa unterzeichneten und das für die dortigen Oppositionsbewegungen ein zentraler Bezugspunkt wurde.

Auch der 9. Iberoamerika-Gipfel 1999, der in Havanna selbst stattfand, markierte einerseits einen Höhepunkt der kubanisch-lateinamerikanischen Beziehungen, zum anderen zeigte er aber auch deutlich ihre Probleme und Konflikte. Denn zuvor hatte eine innenpolitische Verhärtung in Kuba – insbesondere der Prozess gegen vier prominente Dissidenten – starke internationale Kritik hervorgerufen. Mehrere lateinamerikanische Staaten reichten formale Protestnoten ein und die Regierungen von El Salvador und Nicaragua erklärten, aus Protest gegen das politische System Kubas würden sie nicht am Iberoamerika-Gipfel in Havanna teilnehmen. Wenig später folgte die Absage Costa Ricas, und da auch Chile und Argentinien – aus Protest gegen die spanische Regierung wegen der Verhaftung Pinochets – fernblieben, fehlten auf dem Gipfel insgesamt fünf Regierungschefs, ein Novum in der Geschichte dieser Treffen. Der Präsident Mexikos forderte in einer als "hart" gewerteten Rede die kubanische Regierung zur Demokratisierung auf, und ein Teil der anwesenden Staatschefs bestand darauf, in einer Art symbo-

---

[34] Für eine Darstellung der näheren Umstände s. Font (1998: 243-246).

lischem Protest sich öffentlich mit Dissidenten zu treffen – auch dies ein Novum in den Beziehungen zwischen Kuba und den Staaten Lateinamerikas.

Einen besonders schwierigen Fall für die regionale Integration Kubas stellt die Organisation Amerikanischer Staaten (OAS) dar. Hier war in den 60er Jahren, auf dem Höhepunkt des Kalten Krieges, Kubas Mitgliedschaft suspendiert worden. Immer wieder ist in den letzten Jahren aus Lateinamerika eine Wiederaufnahme Kubas in die Diskussion gebracht worden. Doch da die OAS eine "hemisphärische", sprich: Nord-, Mittel- und Südamerika gemeinsam umfassende Institution ist, ist mit Sicherheit ein Veto Washingtons gegen jede derartige Initiative zu erwarten. (Das Helms-Burton-Gesetz verpflichtet den Präsidenten sogar explizit, dies zu tun.) Doch die USA sind nicht das einzige Hindernis. Das andere ist die Verpflichtung der Regierungen Lateinamerikas zur pluralistischen Demokratie, die auf dem 21. OAS-Treffen in Santiago de Chile 1991 ausdrücklich als Bedingung für die Mitgliedschaft formuliert wurde. Später wurde dies auch einstimmig in die OAS-Charta aufgenommen, womit es permanenten und verbindlichen Charakter erhalten hat.[35] Selbst ohne die US-amerikanische Blockade-Politik ist vor diesem Hintergrund eine Reintegration Kubas in die OAS ohne substantielle politische Veränderungen auf der Insel kaum denkbar. Allerdings könnten – und dies ist eine in Lateinamerika weit verbreitete Position – erste Schritte und Verhandlungen bereits mit der derzeit amtierenden kubanischen Regierung begonnen werden, nicht erst nach einem politischen Wechsel.[36]

Wo Kubas wirtschaftliche Öffnung sehr viel weiter geht als die politische, fällt auch die Integration in regionale und internationale Organismen leichter, je stärker sie ökonomisch geprägt sind. Hier waren in den 90er Jahren sichtbare Fortschritte zu verzeichnen. So wurde Kuba, das bei der Lateinamerikanischen Vereinigung für Integration, ALADI, seit 1986 Beobachterstatus hatte, im November 1998 als Vollmitglied aufgenommen. Kuba war auch ein Gründungsmitglied der *Association of Caribbean States* (Vereinigung Karibischer Staaten, ASC), als diese sich 1994 in Cartagena de Indias,

---

[35] Es ist hinzuzufügen, dass die OAS-Staaten diese Demokratie-Klausel in den 90er Jahren auch mehrfach gegen Mitgliedstaaten anwandten (wenn auch in unterschiedlicher Form und mit unterschiedlichen Konsequenzen): Das erste Mal bei dem Staatsstreich gegen die Regierung Aristide in Haiti 1991, 1992 im Fall des "Selbstputsches" von Fujimori, 1993 in Guatemala und jüngst in Paraguay. In der Praxis haben die OAS-Mitgliedstaaten in all diesen Fällen die Werte der politischen Demokratie über das Prinzip der Nicht-Einmischung in die inneren Angelegenheiten eines anderen Staates gestellt.

[36] So etwa der Leiter der OAS-Abteilung im brasilianischen Außenministerium, Conselheiro Douglas Vasconcellos, in einem Interview mit dem Verf. in Brasília (18.3.1998).

Kolumbien, konstituierte. Auch in den folgenden Jahren war die Karibik ein Schwerpunkt der kubanischen Diplomatie, was seinen Höhepunkt 1998 in einer vielbeachteten Reise Fidel Castros auf mehrere Inselstaaten fand und an deren Abschluss die 15 Staatsoberhäupter des CARICOM-Wirtschaftsbündnisses ihre Absicht erklärten, Kuba schon sehr bald als Vollmitglied aufnehmen zu wollen.[37]

An diese Entwicklung schloss sich das Bemühen Kubas an, dem im Jahr 2000 neu zu verhandelnden Lomé-Vertrag beizutreten, über den die so genannten AKP-Staaten (Afrika, Karibik, Pazifik) mit der EU assoziiert sind. Bei den Staaten der Karibik fand dies Unterstützung, und auch in der EU zeigte sich mehrheitlich die Bereitschaft zur Aufnahme Kubas, auch wenn dafür die im Lomé-Abkommen enthaltene Demokratie-Klausel erheblich gedehnt werden müsste. Doch noch vor der Entscheidung der EU zog Kuba im April 2000 völlig überraschend sein Beitrittsgesuch zurück, da von Seiten der EU eine nicht hinnehmbare Einmischung in die inneren Angelegenheiten Kubas drohe.[38]

10. Eine neue Konstellation für die Beziehungen zwischen den USA und Kuba: Der Fall Elián, die Krise des Exils und die Lockerung des Embargos

Seit die USA vor vier Jahrzehnten ihr Wirtschaftsembargo gegen Kuba verhängten, hat dies vielerlei Wirkungen gehabt, nur eine nicht: Castro aus dem Amt zu befördern. Diese beispiellose Erfolglosigkeit hat in den letzten Jahren auch konservative Geister in den USA über eine Änderung der Kuba-Politik nachdenken lassen. Zudem stoßen Handelssanktionen jeglicher Art zunehmend auf Widerstände der exportorientierten Wirtschaft der USA. In dem Land, in dem einst die Maxime "What is good for General Motors, is good for the country" zum sprichwörtlichen Leitmotiv der Regierungspolitik wurde, wird die "Sanktionitis" Washingtons inzwischen als erheblicher Standortnachteil im globalen Wettbewerb beklagt. 1997 lancierten US-amerikanische Unternehmerverbände zu diesem Zweck eine eigene Lobby-

---

[37] taz (31.7.1998): "Die Karibik beendet ihren Kalten Krieg"; zur Gründung der *Association for Caribbean States* vgl. *Institut für Iberoamerika-Kunde Hamburg 1994*, insbes. S. 7-10, 73-81 sowie S. 114-128.

[38] S. hierzu auch den Beitrag von Gratius in diesem Band; eine offizielle kubanische Darstellung über Kubas Beziehungen zur Gruppe der AKP-Staaten bietet die Parteizeitung *Granma* (2.8.2000) unter dem Titel: "¿Qué es el Grupo ACP y cómo Cuba se ha vinculado a él?".

Organisation namens *USA Engage*, die prinzipiell gegen Handelssanktionen als Mittel der Außenpolitik Washingtons eintritt und die aus Kuba einen ihrer prominentesten Fälle gemacht hat (vgl. http://www.usaengage.org). Wo die exilkubanischen Hardliner sich während des Kalten Krieges immer des Rückhalts des konservativen *US-Mainstreams* sicher sein konnten, ist bei diesem nun ein Wandel zu konstatieren: Bei Teilen der US-Gesellschaft und des politischen Establishments geht die Ablehnung Castros von einer symbolisch hoch aufgeladenen Frontstellung, in der das Festhalten am Embargo gleichsam ein anti-kommunistisches Glaubensbekenntnis war, zu einer pragmatischeren Sichtweise über, die in Castro weder militärisch noch ideologisch eine ernsthafte Herausforderung für die USA mehr sieht und die die verfolgte Politik an ihren konkreten Resultaten sowie ihrem Nutzen – und insbesondere dem ökonomischen Nutzen – für die USA misst.

In der Vergangenheit endeten jedoch alle Initiativen zu einer Lockerung der Kuba-Politik spätestens an dem wohlorganisierten Einfluss der Exil-Kubaner und dem fehlenden Willen der US-Politiker, in Konflikt zu diesen zu geraten. Denn Kuba ist in den USA der klassische Fall einer so genannten *intermestic issue*, einer Frage, in der internationale und nationale *(domestic)* Politik scheinbar untrennbar verquickt sind. Noch als im Oktober 1998 eine Gruppe hochrangiger konservativer Politiker um die ehemaligen US-Außenminister Henry Kissinger und Lawrence Eagleburger den bemerkenswerten Versuch unternahmen, in einer parteiübergreifenden Kommission Washingtons Kuba-Politik grundsätzlich auf den Prüfstand zu stellen, lehnte Präsident Clinton diese Initiative schließlich ab, weil sie ihm innenpolitisch mit zu hohen Kosten verbunden schien.

Doch durch den Fall des kubanischen Flüchtlingsjungen Elián González haben sich die Koordinaten der Macht in der Kuba-Politik der USA verschoben. In den sieben Monaten zwischen Eliáns Rettung auf hoher See am 25. November 1999 bis zu seiner Rückkehr nach Kuba am 28. Juni 2000 hat das Gezerre um den Sechsjährigen die Politik zwischen Washington, Havanna und Miami beherrscht. Und im Verlauf dieser Zeit hat sich die kubanische Exilgemeinde innerhalb der US-Politik wie nie zuvor isoliert und politisch diskreditiert und hat als Machtfaktor auf nationaler Ebene schweren Schaden genommen.

Während die Verwandten Eliáns in Miami (und mit ihnen die Mehrheit der Kubaner in der Stadt) den Flüchtlingsjungen in ihrer Obhut behalten wollten und ihn zum Symbol von Freiheit und Anti-Castrismus erhoben, forderte Eliáns leiblicher Vater, der in Kuba lebt, die Rückkehr seines Sohnes zu ihm und auf die Insel – was die Regierung Castro ihrerseits zu einer nationalen Frage hochstilisierte, die in einer gewaltigen politischen Kampagne mit monatelangen Massenkundgebungen verfolgt wurde. Die Regierung in Washington wiederum war bestrebt, den Fall jenseits aller ideologischen Diskussion um das politische System Kubas schlicht als Immigrations- und Sorgerechtsfall zu behandeln – und in dieser nüchternen Sicht war der Fall denkbar klar: Wo die Mutter Eliáns bei der Flucht in die USA gestorben war, stand das Sorgerecht nun einzig und allein dem Vater zu, egal wo dieser lebt.

Als die US-Regierung die Entscheidung der Gerichte auch mit staatlicher Gewalt durchsetzte und mit einem bewaffneten Kommando Elián aus dem Haus seines Großonkels holte, bezichtigten aufgebrachte Exil-Kubaner die US-Regierung der "Gestapo"- und "Castro"-Methoden (was man offenbar für das gleiche hält). Doch außerhalb der kubanischen *Community* war es für viele in den USA schlicht das Durchsetzen von *Law and Order* – vielleicht in der Form martialischer als nötig, aber letztlich der Vollzug einer sehr plausiblen Sorgerechtsentscheidung. Bei den Exil-Kubanern wurde die für den Einsatz verantwortliche Justizministerin Janet Reno zum Hassobjekt Nummer Eins; andere feierten sie als resolute Verfechterin des Rechtsstaats, die den Mut hat, diesen auch über radikale Minderheiten hinweg durchzusetzen. Bezeichnend dafür der Titel eines Kommentars der *New York Times* (25.4.2000): "Reno for President!"

Das politische Debakel der Exil-Kubaner – dies ist zu unterstreichen – liegt dabei nicht erst in dem für sie verlorenen Ausgang des Sorgerechtsstreits um Elián, sondern bereits in der Konstruktion des Konflikts selbst. Denn der Fall Elián stellte die Exil-Kubaner gegen die international üblichen rechtsstaatlichen Normen, nicht die Regierung in Havanna; die Fernsehbilder von brennenden US-Fahnen zeigten die Kubaner in Miami, nicht die in Kuba; der Fall Elián ließ die Exil-*Community* als emotionalisierte und unberechenbare Fanatiker erscheinen, während der Vater Eliáns mit seinem ruhigen Auftreten das Bild eines sorgenden und verständigen Familienvaters abgab, der in der US-Öffentlichkeit viele Sympathien gewann. Der Fall Elián stellte damit die Exil-Kubaner, nicht Castro, gegen traditionelle *family values*, dass ein Kind jenseits aller Politik schlicht zu seinen leiblichen Eltern gehöre; und er stellte die Exilgemeinde gegen den *US-Mainstream* bezüglich der Immigrationspolitik, denn auch kubanische Einwanderer werden längst nicht mehr mit so offenen Armen begrüßt wie noch in den 60er Jahren und auch im Falle Kubas ist man in Washington auf Beschränkung der Zuwanderung statt auf neue Präzedenzfälle von positiver Ausnahmebehandlung bedacht.

Hinzuzufügen ist, dass die Position der Exil-Kubaner im Fall Elián zudem nicht einmal den Versuch machte, bei der Bevölkerung auf der Insel vermittelbar zu sein; wenn letztlich jeder als verantwortungslos erscheint, der in diesem totalitären Staat noch Kinder großzieht, dann wird kein Vater oder keine Mutter dort diese Sicht teilen, ganz egal, wie er oder sie zur Regierung Castros stehen mag. Und schließlich durchzieht die exilkubanische Position auch eine fatale Resignation: Wenn es "Freiheit für Elián" nur in den USA geben kann, dann scheint die Aussicht auf einen politischen Wechsel in Kuba selbst für die Lebensperspektive eines Sechsjährigen abgeschrieben. Nicht zuletzt auch für die Oppositionellen auf der Insel war die Elián-Kampagne der Miami-Kubaner so ein offener Schlag ins Gesicht.

Eine derartige Bankrotterklärung eines etablierten und organisierten politischen Machtfaktors, wie ihn die kubanische *Community* in den USA über Jahre hinweg repräsentiert hat, ist erklärungsbedürftig. Die meisten Versuche, das politische Kalkül der Hardliner im Fall Elián zu benennen, sind wenig überzeugend geblieben. Der Grund dafür dürfte sein, dass ihre Haltung eben keinem übergeordneten, von einer zentralen Stelle aus strategisch überlegtem Kalkül folgte: "Elián" war in Miami eine Chiffre für die Identitätsbestätigung des Exils, und nicht ein rational gewähltes Instrument, um politische Veränderungen (den Sturz Castros etc.) herbeizuführen. Dass der Fall dann zu einem Selbstläufer derartigen Ausmaßes werden konnte, zeigt, wie tief die Identitätskrise ist: Als Immigranten erlebten die Kubaner in Miami eine beispiellose Erfolgsstory, nur wird gerade damit 41 Jahre nach der kubanischen Revolution auch ihre Selbstsicht als "Exilanten" immer fiktiver.[39] Sicher, die Sehnsucht nach der Insel ihrer Geburt ist echt, und auch ihre leidenschaftliche Ablehnung Fidel Castros. Aber selbst wenn es morgen zu dem ersehnten "Sturz Castros" käme: Wie viele würden, Hand aufs Herz, wirklich wieder in Kuba leben? Oder gar die US-amerikanische Staatsbürgerschaft wieder aufgeben?

Zu dieser Identitätskrise kommt eine handfeste politische Krise hinzu: Auch die Exil-Kubaner haben letztlich kein Rezept in der Hand, wie es denn

---

[39] So resümiert auch Michel Forteaux in seinem Aufsatz über die Entwicklung der kubanischen Gemeinde in den USA: "La transition entre l'exilé et l'immigré cubain est par conséquent un processus inéluctable, en dépit des efforts toujours déployés par les plus conservateurs pour maintenir intacte l'illusion d'une 'deuxième nation' cubaine en exil" (Forteaux 1999: 207).

in Kuba zu einem politischen Wechsel kommen sollte – außer weiter zu warten auf einen Zusammenbruch, Volksaufstand oder den Tod Castros. Diese inhaltliche Ratlosigkeit fällt zusammen mit einer personellen Krise ihrer politischen Führung, seit 1997 Jorge Mas Canosa, der allgewaltige Gründer und Präsident der *Cuban-American National Foundation*, gestorben ist. Es fällt in Miami leicht, in allen Tonlagen über die dynastische Erbfolge zu wettern, wenn von Kuba die Rede ist, wo Fidel Castros Bruder Raúl sein designierter Nachfolger ist. Doch man selbst war zu keiner anderen Lösung fähig: Nachfolger Jorge Mas Canosas als Präsident der "Nationalstiftung" wurde niemand anderes als sein Sohn Jorge Mas Santos, der bis zum Tode seines Vaters keinerlei eigenes politisches Profil hatte. Hinter ihm wird seitdem um die Macht gerungen. So waren es im Fall Elián bemerkenswerterweise eben nicht die professionellen *políticos* des kubanischen Exils, die den Gang der Ereignisse bestimmten oder gar planten, sondern eine diffuse *vox populi*, die in Elián und der im Herzen von "Little Havanna" wohnenden Familie seines Großonkels ihre Identifikationsfiguren fand und die mittels der lokalen Medien und einer Phalanx von Anwälten politikfähig wurde. Die exilkubanischen Politiker sprangen auf diesen Zug nur auf; ihr politisches Interesse war dabei primär weder auf Havanna noch auf Washington ausgerichtet, sondern darauf, im Miami-internen Machtpoker ihre erregte Klientel hinter sich zu bringen. Auch als die religiösen Überhöhungen Eliáns immer kühner wurden – selbstverständlich war dem Jungen eine Mariengestalt erschienen, natürlich verkörperte er eine Botschaft der afro-kubanischen Gottheit Elegguá etc. etc. –, redeten die konkurrierenden Politiker den "Freiheit für Elián!"-Kämpfern weiter nach dem Mund, anstatt sie davon abzuhalten, sich immer tiefer in eine Sache zu verrennen, die politisch ins Debakel führen musste.

Und während das Exil mit Elián beschäftigt war, machten andere Druck auf die Politik: die Vertreter der US-Exportwirtschaft sowie der agrarisch geprägten Bundesstaaten, die, wo die Insel 90 Meilen südlich der USA jährlich Lebensmittel im Wert von 700 Millionen Dollar importiert, für eine Öffnung dieses "natürlichen Marktes" der USA sind, ganz gleich, was sie von Fidel Castro halten mögen. Unter dem Druck dieser Interessen nahm im März 2000 der Auswärtige Ausschuss des US-Senats eine Gesetzesvorlage an, die eine Aufweichung des Kuba-Embargos für Nahrungsmittel und pharmazeutische Produkte vorsieht. Lediglich öffentliche Kredite für diese Geschäfte sollen demnach weiterhin verboten bleiben. Selbst Jesse Helms, der ultrakonservative Vorsitzende des Ausschusses und einer der unerschütterlichsten Verbündeten der *Anti-Castro-Hardliner*, rechtfertigte nun diese Lockerung des Embargos: "Jeden Dollar, den diese Länder für Agrarprodukte aus den USA ausgeben, ist ein Dollar, den sie nicht für Terror und Repression ausgeben können!" (ap, 23.3.2000). Die markige Rhetorik beiseite: Mit dieser Argumentation könnte das Embargo letztlich auf ein Verbot von Waffenlieferungen reduziert werden.

Am 20. Juli 2000 votierte dann das US-Repräsentantenhaus mit einer klaren Mehrheit von 301 gegen 116 Stimmen für einen entsprechenden Gesetzentwurf, der für Lebensmittel und Medikamente das Embargo *de facto* aufheben soll; zudem stimmten die Abgeordneten auch für eine Aufhebung des Reiseverbots für US-Bürger nach Kuba.[40] Wann die Vorlagen Gesetzeskraft erlangen können, ist allerdings noch unklar, denn zuvor müssen sie noch die Zustimmung von Senat und Präsident finden. Für beides scheinen die Aussichten im Prinzip gut. Der Senat hatte bereits zuvor eine Vorlage zur Lockerung des Embargos mit 79 gegen 13 Stimmen befürwortet, doch muss deren Text nun im Vermittlungsausschuss mit dem Beschluss des Repräsentantenhauses vereinheitlicht werden. Und auch Präsident Clinton hatte sich zuvor bereits für eine solche Lockerung des Embargos ausgesprochen. Dennoch werden die exilkubanischen *Hardliner* alle Spitzfindigkeiten des Gesetzgebungsverfahrens nutzen, um den Gesetzgebungsprozess nach Kräften zu verschleppen oder doch noch zu verhindern. Und die Konstruktion der von den Abgeordneten beschlossenen Embargo-Lockerung ist in der Tat abenteuerlich: Sie ist als Zusatz zum Haushaltsgesetz formuliert und hebt die bestehenden Embargo-Gesetze nicht auf, sondern untersagt der US-Regierung lediglich, im Haushaltsjahr 2001 öffentliche Gelder für die Durchsetzung dieser Gesetze zu verwenden. So könnte sich auch Präsident Clinton – ganz gegen seine Absicht in der Sache – zu einem Veto veranlasst sehen, wenn er die Gesetzesvorlage als eine unzulässige Beschneidung der Kompetenzen der Exekutive sieht, die einen nicht hinnehmbaren Präzedenzfall schaffen würde. (Und die Gegner jeglicher Aufweichung des Embargos hoffen darauf, dass George W. Bush, dessen Bruder Jeb als Gouverneur von Florida eng mit der exilkubanischen Elite liiert ist, die Präsidentschaftswah-

---

[40] Ein weitergehender Vorstoß des Abgeordneten Charles Rangel, der praktisch das gesamte Handelsembargo aufgehoben hätte, wurde allerdings mit 241 gegen 174 Stimmen abgelehnt. Die offizielle Reaktion Kubas auf die Abstimmung betont, dass eine derartige Lockerung völlig ungenügend sei und der gesamte *bloqueo genocida* wie ein gordischer Knoten durchschlagen werden müsste (s. das Editorial der Parteizeitung *Granma* (24.7.2000): "Lo peor y más difícil está por vencerse todavía").

len in den USA gewinnt und dann für sie auch der direkte Draht ins Weiße Haus wieder besser funktioniert.)

Auch wenn die angekündigte Lockerung des Embargos zum Zeitpunkt der Abfassung dieses Textes also noch nicht als "vollzogen" zu vermelden ist, so setzte die Abstimmung im US-Kongress im Juli 2000 dennoch ein politisches Signal von enormer Bedeutung: Sie machte das parteiübergreifende Abrücken des politischen Establishments der USA von dem bedingungslosen Beharren auf der seit vier Jahrzehnten betriebenen Embargo-Politik offenkundig. "Das ist der Anfang vom Ende einer überholten Politik gegenüber Kuba", erklärte der Abgeordnete Mark Sanford, einer von 60 Republikanern, der gegen die Entscheidung seiner Parteiführung für die Lockerung des Embargos gestimmt hatte. "Wir haben 40 Jahre lang Isolierung versucht – es hat nicht funktioniert" (*New York Times* 21.7.2000). Vor allem ginge es um eine Kuba-Politik, die den Interessen der USA entspricht, nicht denen der Exil-Kubaner, da beide längst nicht mehr so nahtlos im Einklang miteinander stehen wie zur Zeit des Kalten Krieges. Wo die Exil-Kubaner in ihrem *long-distance civil war* (Jatar-Hausmann 1999) mit der Regierung in Havanna befangen sind, sollten die USA, so das Argument, das gegenwärtige Kuba nüchtern sehen und kühler ihre Interessen abwägen.

Sollte die jüngste Initiative des US-Kongresses alle Hürden passieren und Gesetzeskraft erlangen, dann wäre die Kuba-Politik der USA zweifelsohne immer noch konfrontativ, das Helms-Burton-Gesetz bliebe in Kraft und selbstverständlich wäre nach wie vor das Ende der Herrschaft Castros und der kubanischen KP das Ziel Washingtons. Dennoch würde dann mehr als zehn Jahre nach dem Fall der Berliner Mauer auch in der Kuba-Politik Washingtons die alte sozialdemokratische Parole vom "Wandel durch Handel" durchzuschimmern beginnen. Für die kubanische Regierung, die einen politischen Wandel im Sinne Washingtons mit Sicherheit verhindern will und die aus der Frontstellung zu den USA einen guten Teil ihrer innenpolitischen Legitimation zieht, wäre dies eine nicht nur beruhigende Perspektive.

Literaturverzeichnis

Álamos, Pilar/Font, Mauricio/Guilhon Albuquerque, José Augusto/León, Francisco (Hrsg.) (1998): *Integración económica y democratización: América Latina y Cuba*. Santiago de Chile: Instituto de Estudios Internacionales.

Antonin, Arnold (1999): *Haiti, la ofensiva de las quimeras* [Jahresbericht 1999 für die Friedrich-Ebert-Stiftung], Port-au-Prince.

Azcuy, Hugo (1995): "La reforma de la Constitución socialista de 1976". In: Dilla, Haroldo (comp.): *La Democracia en Cuba y el Diferendo con los Estados*. Havanna: CEA – Ediciones CEA (Centro de Estudios sobre América), S. 149-168.

Banco Nacional de Cuba (1995): *Economic Report 1994. August*. Havanna: Banco Nacional de Cuba.

Buró Político del PCC (1996): "Informe del Buró Político (en el V. Pleno del Comité Central del Partido, 23.3.1996)". In: *Granma Internacional*, 10.4.1996, S. 4-8.

Carranza Valdés, Julio (1994): "Die Krise – Eine Bestandsaufnahme. Die Herausforderungen, vor denen die kubanische Wirtschaft steht". In: Hoffmann 1994: 16-41. [Ursprünglich als: "Cuba: los retos de la economía". In: *Cuadernos de Nuestra América*, vol. IX, Nr. 19, Havanna (Juli-Dez. 1992)].

Carranza Valdés, Julio/Gutiérrez Urdaneta, Luis/Monreal González, Pedro (1995): *Cuba – La restructuración de la economía. Una propuesta para el debate*. Havanna: Editorial de Ciencias Sociales.

Castro, Fidel/Gorbachov, Mijail (1989): *Una amistad inquebrantable*. Havanna: Editora Política.

Causa N°1 (1989): *Fin de la Conexión Cubana*. Havanna: Editorial José Martí.

CEPAL [Comisión Económica para América Latina y el Caribe] (1997): *La Economía Cubana: Reformas estructurales y desempeño en los noventa*. Mexiko D. F.: Fondo de Cultura Económica.

Demarest, Lieutenant Colonel Geoffrey B. (1994): "The Cuba Contingency". In: *Military Review*, January 1994.

Dirmoser, Dietmar/Jaime Estay (Hrsg.) (1997): *Economía y reforma económica en Cuba*. Caracas: Nueva Sociedad.

Domínguez, Jorge I. (1989): *To Make a World Safe for Revolution. Cuba's Foreign Policy*. Cambridge, Mass./London: Harvard University Press.

Durán, Alfredo (1995): "Testimony to the U.S. Senate (June 14, 1995)". In: *Cuban Affairs/ Asuntos Cubanos*, II (1-2), Spring/Summer, S. 2-3.

Encuentro de la Cultura Cubana 15 (2000): *Cuba – 170 Años de Presencia en Estados Unidos*. Madrid: Asociación Encuentro de la Cultura Cubana.

Erisman, H. Michael (1985): *Cuba's International Relations. The Anatomy of a Nationalistic Foreign Policy*. Boulder: Westview Press.

Fernández, Damián J. (1992): "Opening the Blackest of Black Boxes: Theory and Practice of Decision Making in Cuba's Foreign Policy". In: Domínguez, Jorge I. (Hrsg.): *Cuban Studies*. Pittsburgh and London: University of Pittsburgh Press, 22, S. 53-78.

Font, Mauricio (1998): "Democracy in Cuba – the international context". In: Álamos, Pilar/ Font, Mauricio/Guilhon Albuquerque, José Augusto/León, Francisco (Hrsg.): *Integración económica y democratización América Latina y Cuba*. Santiago de Chile: Instituto de Estudios Internacionales, S. 233-264.

Forteaux, Michel (1999): "La communauté cubaine aux États-Unis: D''exilé' à 'immigré', une nouvelle identité". In: *Cahiers des Amériques Latines*, 31/32, S. 197-210.

García, Luis Manuel (1997): "De cómo el lobo feroz se hizo cómplice de la Caperucita Roja". In: *Encuentro de la Cultura Cubana*, Madrid, invierno 1996/97, 3, S. 31-37.

Gratius, Susanne (1999): "Kuba als umstrittener Partner der Gipfeldiplomatie". In: Institut für Iberoamerika-Kunde Hamburg (Hrsg.): *Lateinamerika. Analysen–Daten–Dokumentation*, "Lateinamerika in der 'Gipfeldiplomatie' – eine vorläufige Bilanz", Hamburg, Nr. 41, S. 65-71.

Hoffmann, Bert (1997): "Helms-Burton und kein Ende? Auswirkungen und Perspektiven für Kuba, die USA und Europa". In: Institut für Iberoamerika-Kunde Hamburg (Hrsg.): *Lateinamerika. Analysen–Daten–Dokumentation*, Hamburg, Nr. 33, S. 35-50.

— (1998): "Transformation und Kontinuität in Kuba". In: Hopfmann, Arndt/Wolf, Michael (Hrsg.): *Transformation und Interdependenz. Beiträge zu Theorie und Empirie der mittel- und osteuropäischen Systemwechsel*, Münster: Lit-Verlag, S. 261-286

— (1999): *The Cuban Transformation as a conflict issue in the Americas: The Challenges for Brazil's foreign policy. (Beiträge zur Lateinamerikaforschung, Bd. 1)*, Hamburg: Institut für Iberoamerikakunde.

— (2000a): *Kuba*. München: C. H. Beck.

— (2000b): "La economía política de la crisis y transformación en Cuba – breve balance y pautas de interpretación". In: Burchardt, Hans-Jürgen (Hrsg.): *La última reforma agraria del siglo*, Caracas: Nueva Sociedad.

Hoffmann, Bert (Hrsg.) (1994): *Wirtschaftsreformen in Kuba. Konturen einer Debatte*. Frankfurt: Vervuert (2. aktualisierte Auflage: 1996).

Institut für Iberoamerika-Kunde Hamburg (Hrsg.) (1994): *Karibische Vielfalt – Karibische Einheit. Lateinamerika. Analysen–Daten–Dokumentation, Nr. 27*, Hamburg.

IRELA (1996): *Documentación del Seminario: El refuerzo del embargo de EEUU contra Cuba – Implicaciones para el comercio y las inversiones*, Sitges. 8-10 julio. Madrid: Instituto de Relaciones Europeo-Latinoamericanas.

— (1998): *El mundo se abre a Cuba: Avances hacia su plena inserción internacional*. Madrid, 20.5.1998.

Jatar-Hausmann, Ana Julia (1999): *The Cuban Way. Capitalism, Communism and Confrontation*. West Harford, Ct.: Kumarian Press.

Krämer, Raimund (1998): *Der alte Mann und die Insel. Essays zu Politik und Gesellschaft in Kuba*. Berlin: Berliner Debatte Wissenschaftsverlag.

Leogrande, William M. (1997): "Enemies evermore: US Policy towards Cuba after Helms-Burton". In: *Journal of Latin American Studies*, 29, S. 211-221.

López Segrera, Francisco (1988): *Cuba: Política Exterior y Revolución (1959-88)*. Havanna.

Márquez, Iván (2000): "Die große Furcht Washingtons. Zur vermeintlichen Achse Havanna, Caracas und der kolumbianischen Guerilla FARC". In: *junge Welt* (Berlin), 12.8.2000, Auslandsseiten, zitiert nach Internet-Archiv: www.jungewelt.de).

Mesa-Lago, Carmelo/Blasier, Cole (Hrsg.) (1979): *Cuba in the World*. Pittsburgh: University of Pittsburgh Press.

Monreal, Pedro (1999): "Migration und Überweisungen: Anmerkungen zum Fall Kuba". In: Gabbert et al. (Hrsg.): *Lateinamerika. Analysen und Berichte*, "Migrationen", Bad Honnef: Horlemann, 23, S.73-96.

Muse, Robert (1996): "Legal and Practical Implications of Title III of the Helms-Burton Law". In: *IRELA 1996*, o.S.

OAS, Department of International Law (1996): *Helms-Burton Legislation under International Law: A Background Brief.* OAS/Gral. Sec. Cπ/doc. 13/96, July 18.

Oppenheimer, Andrés (1992): *Castro's Final Hour. The Secret Story Behind the Coming Downfall of Communist Cuba.* New York: Simon & Schuster.

Paes Leme, Flávio Abrão (1996): *Convergências das Políticas externas do Brasil e de Cuba para a Crise Centro-Americana* (Dissertação de Mestrado), Pontífica Universidade Católica do Rio de Janeiro, Instituto de Relações Internacionais.

PCC (1997): "El Partido de la unidad, la democracia y los derechos humanos que defendemos, Proyecto para el V. Congreso del Partido Comunista de Cuba". In: *Granma Internacional*, 1.6.1997.

Pérez, Lisandro (2000): "De Nueva York a Miami. El desarrollo demográfico de las comunidades cubanas en Estados Unidos". In: *Encuentro de la Cultura Cubana* 15, S. 13-23.

Pérez Jr., Louis A. (1990): *Cuba and the United States. Ties of Singular Intimacy*, Athens, Ga.: University of Georgia Press.

— (1995): *Cuba. Between Reform and Revolution.* New York: Oxford University Press (2nd edition).

— (1999): *On becoming Cuban. Identity, Nationality, and Culture.* Chapel Hill/London: The University of North Carolina Press.

Portes, Alejandro/Stepick, Alex (1993): *City on the Edge. The Transformation of Miami.* Berkeley/Los Angeles/London: University of California Press.

Ritter, Archibald R. M./Kirk, John M. (1995): *Cuba in the International System. Normalization and Integration.* New York: St. Martin's Press.

Smith, Wayne (1987): *The Closest of Enemies.* New York: Norton.

Suárez Sálazar, Luis (1995): "Cuba's Foreign Policy in the 'Special Period'". In: Ritter, Archibald R. M./Kirk, John M., *Cuba in the International System. Normalization and Integration.* New York: St. Martin's Press, S. 84-104.

Trueba, Gerardo (1994): "Los efectos del bloqueo de Estados Unidos en Cuba – características y perspectivas". In: IRELA: *Cuba. Apertura Económica y Relaciones con Europa*, Madrid, 79-91.

United States Congress (1996): "Cuban Liberty and Democratic Solidarity (LIBERTAD) Act of 1996". In: http://www.state.gov/www/regions/wha/cuba/helms-burton-act.html.

Valdés Paz, Juan (1992): "La política exterior de Cuba hacia América Latina y el Caribe en los años 90 – los temas". In: *Cuadernos de Nuestra América*, Havanna: Centro de Estudios sobre América, vol. IX, no. 19, Julio-Diciembre, S. 108-130.

Weinstein, Martin (Hrsg.) (1979): *Revolutionary Cuba in the World Arena.* Philadelphia.

Zeuske, Michael (2000): *Kleine Geschichte Kubas.* München: C. H. Beck.

Zeuske, Michael/Zeuske, Max (1998): *Kuba 1492-1902 Kolonialgeschichte, Unabhängigkeitskriege und erste Okkupation durch die USA.* Leipzig: Universitätsverlag.

Zimbalist, Andrew (1994): "Magnitud y costos del embargo de Estados Unidos en Cuba y terceros países". In: IRELA: *Cuba. Apertura Económica y Relaciones con Europa*, Madrid, S. 91-97.

Susanne Gratius

Das Verhältnis Europa – Kuba:
Der Antagonismus zwischen
wirtschaftlicher Annäherung und politischer Distanz

Die jeweilige internationale Konjunktur hat lange Zeit eine engere Zusammenarbeit zwischen Kuba und Europa verhindert und sorgte stets für neue Spannungen, oft gerade dann, wenn eine gegenseitige Einigung in greifbare Nähe rückte. Seit dem Ende des 19. Jahrhunderts standen Kuba und Europa im Konfliktfall meist auf unterschiedlichen Seiten: Zur Zeit des kubanischen Unabhängigkeitskampfes gegen Spanien, während der Auseinandersetzung zwischen den beiden Supermächten und, zuletzt, im Kosovo-Krieg. So entwickelten die europäisch-kubanischen Beziehungen bis zum Ende des Kalten Krieges nur eine geringe Eigendynamik und standen im Schnittpunkt von drei multilateralen Problemfeldern: dem Ost-West-Konflikt, dem Nord-Süd-Gefälle und dem Transatlantischen Dialog. Erst nach der Beendigung des Kalten Krieges besteht zum ersten Mal eine wirkliche Chance für eine Normalisierung der europäisch-kubanischen Beziehungen: Um das wirtschaftliche Überleben zu sichern, hat sich Kuba zwangsläufig wieder auf seine europäischen Wurzeln besonnen, während die Europäische Union (EU) zwar noch immer politische Distanz gegenüber dem Castro-Regime wahrt, gleichzeitig aber immer engere Handels- und entwicklungspolitische Beziehungen zum sozialistischen Inselstaat aufbaut.

Beinahe unfreiwillig ist die Europäische Union (EU) in den 90er Jahren zum bedeutendsten außenpolitischen Partner Kubas aufgestiegen. Die EU-Mitgliedsstaaten haben inzwischen nicht nur eine führende Position in der Entwicklungszusammenarbeit und im Außenhandel des Landes, sondern sind seit kurzem auch der bedeutendste Investor Kubas. Damit füllt Europa das außenwirtschaftliche Vakuum, das die ehemalige Sowjetunion zu Beginn der 90er Jahre in Kuba hinterlassen hat. Paradoxerweise hat dieser ökonomische Protagonismus bisher jedoch weder zu einer Intensivierung des politischen Dialogs noch zur Unterzeichnung eines Kooperationsabkommens zwischen der EU und Kuba geführt. Menschenrechtsverletzungen und die Verweigerung demokratischer Grundrechte in Kuba haben dabei eine ebenso große Rolle gespielt wie das Risiko eines Konflikts mit dem bedeutendsten europäischen Bündnispartner USA, der die Beziehungen zu Kuba noch immer als vorwiegend innenpolitisches Problem und extraterritoriale Fortsetzung des Konflikts zwischen dem Castro-Regime und der Opposition in Miami begreift. Der anhaltende Konflikt um den kubanischen Flüchtlingsjungen Elián González, der von den Exilkubanern einerseits und Fidel Castro andererseits politisch ausgeschlachtet und mit Unterstützung der Medien zu einer mediengerechten *soap-opera* hochstilisiert wurde, ist ein deutliches Beispiel für die Fortsetzung der traditionellen Polarisierung im Interesse der Hardliner auf beiden Seiten.

Während die USA auf eine verschärfte Sanktionspolitik setzen, um das derzeitige Regime durch wirtschaftliches Aushungern zu stürzen (und nicht zu reformieren), verfolgt die EU in Kuba seit dem Ende des Kalten Krieges eine Politik der aktiven Wirtschaftskooperation und der politischen Konditionalität, mit dem Ziel, einen graduellen, friedlichen Übergang zur Demokratie zu fördern. Die Strategie der EU gegenüber Kuba unterscheidet sich in vier wesentlichen Punkten von der Sanktionspolitik der USA:

- durch den kritisch-konstruktiven Dialog mit dem Regime auf der Grundlage der Anerkennung der nationalen Souveränität,
- die Ablehnung des US-Embargos und der extraterritorialen Anwendung unilateraler Sanktionen,
- eine enge wirtschaftliche Zusammenarbeit mit Kuba einschließlich Handel, Investitionen und Wirtschaftsberatung,
- eine begrenzte Entwicklungskooperation auf bilateraler und multilateraler Ebene, wobei technische Hilfe bisher nur in Ausnahmefällen gewährt wurde.

Dennoch ist eine Formalisierung der Beziehungen durch die Unterzeichnung eines Kooperationsabkommens nach drei vergeblichen Versuchen am fehlenden politischen Willen beider Seiten gescheitert.

1. Kuba und die Karibikpolitik der EU: erneute politische Sackgasse

Die Entscheidung der kubanischen Regierung vom 26. April 2000, den Anfang Februar gestellten Antrag auf Aufnahme in das Lomé-Nachfolgeabkommen wieder zurückzuziehen, hat alle Hoffnungen auf eine Einbindung Kubas in die Karibik-Politik der EU im Keim erstickt. Diese überraschende Wende in den Beziehungen bestätigt, dass eine europäisch-kubanische Annäherung immer dann scheiterte, wenn sie in greifbare Nähe rückte, was wiederum darauf hinweist, dass der hierfür notwendige politische Wille vor allem von kubanischer Seite nicht vorhanden ist. Dies ist umso bedauerlicher, als diesmal die Chancen für eine Normalisierung der Beziehungen der EU zu Kuba besser standen denn je. Zwei Ereignisse sprachen für eine Aufhebung des traditionellen Sonderstatus Kubas in der europäischen Außenpolitik: die Teilnahme Fidel Castros am ersten Gipfeltreffen EU–Lateinamerika–Karibik in Rio de Janeiro und der mögliche Beitritt des Landes in das Lomé-Nachfolgeabkommen zwischen der EU und 71 (dann 72) AKP-Staaten.

Als sich abzeichnete, dass das Castro-Regime allen Prognosen zum Trotz sowohl der (umgekehrten) Dominotheorie als auch der dritten Demokratisierungswelle[1] standhalten würde, hatte Ende der 90er Jahre ein deutlicher Richtungswechsel in den europäisch-kubanischen Beziehungen stattgefunden: Im Zuge der graduellen Integration Kubas in die karibische Staatengemeinschaft hat sich der Dialog von der bilateralen auf die multilaterale Ebene der Zusammenarbeit zwischen der EU und den 71 AKP-Staaten einerseits und der Karibik andererseits verlagert.

2. Kubas Teilnahme am Rio-Gipfel

Nach dem Motto "Wandel durch Annäherung" versprachen sich Europa, Lateinamerika und die Karibik von der Teilnahme Kubas am ersten Treffen der Staats- und Regierungschefs der drei Regionen, das Ende Juni 1999 in Rio de Janeiro stattfand, einen konstruktiven, aber kritischen Dialog mit dem kubanischen Staatschef. Gleichzeitig diente die Präsenz Fidel Castros auf dem europäisch-lateinamerikanischen Gipfeltreffen auch dem Zweck, zu geringen Kosten außenpolitische Unabhängigkeit von den USA und ein anderes Verständnis von Demokratie und nationaler Souveränität zu demonstrieren (Gratius 1999a). Das Castro-Regime erhoffte sich von der Teilnahme in Rio de Janeiro zweierlei: einerseits eine weitere internationale Anerkennung im Kontext seiner diplomatischen Offensive zur Normalisierung der Beziehungen mit den kapitalistischen Ländern, andererseits eine klare Verurteilung des Helms-Burton-Gesetzes – letzteres eine Rechnung, die nicht aufging.

---

[1] Die von Huntington propagierte dritte Welle der Demokratisierung begann 1974 in Portugal und endete mit den Transformationsprozessen in Osteuropa (vgl. Samuel Huntington, *The Third Wave*, 1991).

Im Vorfeld des Rio-Gipfels gab es keine eigentliche Debatte um Kuba, denn man hatte niemals ernsthaft einen Ausschluss des Landes erwogen. Mit der Teilnahme Kubas wollte Europa bewusst auch ein politisches Signal gegenüber Washington setzen und sich von den *Summits of the Americas* abgrenzen, an denen der Inselstaat als einzige Nation des Kontinents nicht teilnimmt. Die graduelle Einbeziehung Kubas in die europäisch-lateinamerikanischen Beziehungen zeigt, dass Europa und Lateinamerika, sehr zum Missfallen der USA, eine aktive Politik der begrenzten Aufnahme Kubas in die internationale Gemeinschaft betreiben.

Das europäisch-lateinamerikanische Gipfeltreffen hat deshalb nicht nur dazu beigetragen, das Castro-Regime international zu legitimieren, sondern auch ein deutliches politisches Signal gegenüber den USA gesetzt, dass die Isolation nicht die geeignete Strategie des Umgangs mit Kuba sei. Dies bedeutet auch eine *de-facto* Anerkennung des Regimes als eigentlichen Vertreter des Landes, während die schwache interne Opposition in der EU-Politik gegenüber Kuba eine untergeordnete Rolle spielt. Hierin liegt auch ein wesentlicher Unterschied der lateinamerikanischen und europäischen Haltung in der Kuba-Frage zur Position der US-Regierung, die ausschließlich die Opposition (und vor allem die Exilkubaner) als legitimen kubanischen Dialogpartner anerkennt.

Die Wahl der Gesprächspartner impliziert auch ein grundsätzlich anderes Verständnis von Kuba: Aus Sicht der USA handelt es sich um einen so genannten "Schurkenstaat", wobei Fidel Castro gleichgesetzt wird mit anderen, ebenfalls suspekten Staatschefs wie Muhamed Ghaddafi, Sadam Hussein oder Slobodan Milosevic. Aus der Perspektive Europas, Kanadas und Lateinamerikas regiert in Kuba zwar ein undemokratisches, aber im Sinne der nationalen Souveränität durchaus legitimes Regime. Das Dilemma, mit welchen Instrumenten eine externe Demokratieförderung in Kuba betrieben werden sollte, durch Sanktionen oder Dialog, wird auch in Zukunft ein konfliktives Thema in der intra-europäischen und transatlantischen Agenda bleiben, wobei die EU der Politik des "konstruktiven Engagements" stets den Vorzug gab.

3. Die gescheiterte Einbindung in den *post*-Lomé-Prozess

Der kubanischen Teilnahme am Gipfeltreffen vorausgegangen war ein Jahr zuvor die Anerkennung des Landes als Beobachter bei den Lomé-Verhandlungen zwischen der EU und den AKP-Staaten. Kurz vor dem Abschluss der multilateralen Verhandlungen am 1. Februar 2000 stellte die kubanische Regierung dann einen offiziellen Antrag auf Mitgliedschaft im künftigen Kooperationsabkommen zwischen der EU und den AKP-Staaten, das Ende Juni in Cotounou/Benin (ohne Kuba) unterzeichnet wurde. Dabei konnte sich die kubanische Regierung auf den Rückhalt der AKP-Staaten berufen, die einen Tag später eine einstimmige Erklärung für eine Mitgliedschaft Kubas in der Gruppe und im Nord-Süd-Dialog mit der EU verabschiedeten.[2]

Im Rahmen ihrer Politik des Dialogs zwischen Ländergruppen unterstützte die EU prinzipiell diesen Prozess und setzte jetzt nicht nur auf wirtschaftliche Zusammenarbeit, sondern auch auf die Förderung der Integration als Instrument des Wandels in Kuba. Dieser beiderseitige Neuanfang schien in erster Linie ein Ergebnis des jüngsten außenpolitischen Kalküls der kubanischen Machthaber, sich über den Weg der regionalen Integration der EU anzunähern und damit eine bilaterale Grundsatzdebatte über, aus Sicht des Regimes, heikle politische Fragen zu vermeiden (vgl. Granell 1998). Gleichzeitig war mit dieser neuen Außenpolitik auch eine Rückbesinnung auf die karibischen Wurzeln des Landes nach dem Verlust der "sozialistischen Gruppenidentität" verbunden.

Seit Ende der 90er Jahre konzentriert sich die kubanische Außenpolitik verstärkt auf die karibischen Nachbarstaaten, die auch als Handelspartner stärker wahrgenommen werden und inzwischen für 10% des gesamten Export- und Importvolumens des Landes verantwortlich sind. Zurzeit verhandelt Kuba im Rahmen der seit 1993 bestehenden Gemeinsamen Kommission mit der Karibischen Gemeinschaft CARICOM über den Abschluss eines Handelspräferenzabkommens. Darüber hinaus ist Kuba Gründungsmitglied der Assoziation Karibischer Staaten (ACP) und seit Dezember 2000 Vollmitglied der AKP-Staaten (AKP) und einziges Land ohne Kooperationsabkommen mit der EU. Der Schwerpunkt Karibik hat aus kubanischer Sicht drei deutliche Vorteile: Erstens könnte Kuba als größtes Land wieder zu einer politischen und wirtschaftlichen Regionalmacht werden und gleichzeitig einer verstärkten US-Hegemonie entgegenwirken; zweitens kann sich das Land dadurch auf eine karibische Solidarität berufen, die seine Integration in die Region und in das damit verbundene internationale Netzwerk erleichtert; und drittens öffnete die Anbindung an die karibischen Nachbarstaaten eine neue Tür für die Institutionalisierung der Beziehungen zur EU.

---

[2] Am 2. Februar 2000 haben die AKP-Staaten in einer Resolution einstimmig ihren Rückhalt für die Aufnahme Kubas in das künftige Lomé-Abkommen, das im ersten Halbjahr 2000 unterzeichnet werden sollte, zum Ausdruck gebracht (vgl. *Granma*, 03.02.2000).

Diese Tür hat die kubanische Regierung jetzt wieder geschlossen. Auslöser für den freiwilligen Rückzug Kubas aus dem neuen AKP-EU Abkommen war die jährliche Abstimmung innerhalb der UN-Menschenrechtskommission über die diesmal von der Tschechischen Republik eingereichte Resolution gegen Kuba im April 2000. Zum ersten Mal sprach sich die EU einstimmig für eine Verurteilung Kubas wegen Menschenrechtsverletzungen aus und erregte damit den Zorn des Castro-Regimes. Zunächst wurde der für Ende April geplante Besuch der EU-Troika in Havanna abgesagt, dann erfolgte wenig überraschend die Rücknahme des Aufnahmegesuchs in den Lomé-Prozess. In einem Brief an die AKP-Staaten bezeichnet Außenministers Pérez Roque die Haltung der EU gegenüber Kuba als "arrogant und selbstgerecht" und weiteren Beweis dafür, dass die EU "durch den US-amerikanischen Druck noch immer keine eigenständige Politik gegenüber Kuba formulieren kann". Auf dem Aufnahmeantrag zu bestehen, hätte demnach "nur bedeutet, sich zum Opfer inakzeptabler Forderungen seitens der EU zu machen". Der vom Castro-Regime unterstellte Versuch der EU, Kubas Aufnahme in das Lomé-Nachfolgeabkommen an politische, wirtschaftliche und soziale Reformen zu knüpfen, wurde als inakzeptable Einmischung in interne Angelegenheiten verstanden (*Granma*, 29.4.2000).

Im Nachhinein scheint es fraglich, ob die kubanischen Machthaber jemals ernsthaft eine Aufnahme in den Lomé-Prozess erwogen haben oder ob es ihnen vor allem darum ging, die Beziehungen zur AKP-Gruppe zu stärken, gleichzeitig aber die politische Unabhängigkeit, die durch eine Lomé-Anbindung Kubas aus ihrer Sicht hätte gefährdet werden können, zu wahren. Wie so oft, überwogen im Sinne der langjährigen Reformblockade seitens der kubanischen Machthaber beim Kosten-Nutzen-Kalkül die möglichen innenpolitischen Risiken. Statt mit der EU einen Dialog über politisch unbequeme Fragen zu führen, zog es die kubanische Regierung vor, sich – wie in den Beziehungen zu den USA – auch auf Kosten einer stärkeren internationalen Isolierung auf die selbstgewählte Opferrolle zurückzuziehen. Dabei hat der bilaterale Konflikt mit den USA um den Fall "Elián" sicherlich auch eine entscheidende Rolle gespielt und die Empfindlichkeit der kubanischen Machthaber in politisch sensiblen Fragen erhöht.

Dabei schien eine Ablehnung des Antrags seitens der EU diesmal keineswegs sicher. Die Anbindung Kubas an den Lomé-Prozess schien ein entscheidender und erfolgversprechender Strategiewechsel der Machthaber, um ihre Beziehungen mit der EU über zwölf Jahre nach der Wiederaufnahme der gegenseitigen diplomatischen Beziehungen doch noch zu for(nor)malisieren (vgl. Granell 1998). Jetzt kam die EU in Zugzwang. Innerhalb von wenigen Wochen hätten die 15 Mitgliedsstaaten im Ministerrat einstimmig beschließen müssen, ob Kuba trotz politischer Differenzen die Kriterien erfüllt, um dem Nord-Süd-Abkommen beizutreten. Eine Zustimmung der EU hätte auch bedeutet, dass der größte karibische Inselstaat auch von der umfassenden Entwicklungshilfe der EU im Rahmen des Lomé-Prozesses profitieren würde. Schon jetzt trägt die EU mit etwa zwei Dritteln zur kubanischen Entwicklungshilfe bei und ist damit der bedeutendste Partner des Landes. Dabei entfiel der größte Anteil der Gelder in der Periode zwischen 1994 und 1998 auf die humanitäre Hilfe der Europäischen Kommission, die sich als weltweit größter entwicklungspolitischer Partner Kubas profilierte.

Voraussetzung für die Aufnahme des Landes in den Lomé-Prozess war aus Sicht der EU allerdings nicht nur ein intra-europäischer Konsens gewesen, der in Bezug auf Kuba noch nicht zu erkennen war, sondern auch die Revision oder gar Abschaffung des im Dezember 1996 – auf dem Höhepunkt der spanisch-kubanischen Krise – verabschiedeten Gemeinsamen Standpunkts, der ein Kooperationsabkommen mit Kuba von sichtbaren demokratischen Fortschritten abhängig macht[3] und kaum mit der Unterzeichnung eines Kooperationsabkommens vereinbar gewesen wäre. Darüber hinaus hatte die EU im Juni 1998, als sie Kuba als Beobachter bei den Lomé-Verhandlungen akzeptierte, deutlich gemacht, dass dies keineswegs das Tor für eine kubanische Mitgliedschaft öffne, die nach wie vor von bestimmten Bedingungen in Bezug auf die Situation der Menschenrechte, die demokratischen Grundfreiheiten und die Wahrung der marktwirtschaftlichen Prinzipien abhängig sei.

So bleibt es fraglich, ob Kuba aus Sicht der EU die politischen Bedingungen des Lomé-Nachfolgeabkommens erfüllt hätte. Die in Artikel 5 enthaltenen demokratischen Konditionalitäten – *good governance*, demokratische Wahlen, Parteienwettbewerb, Meinungs- und Versammlungsfreiheit – wurden verschärft und sollen künftig restriktiver ausgelegt werden. Vor allem die skandinavischen Länder, die den Menschenrechten eine außenpolitische Priorität einräumen, sowie Großbritannien durch die engen Beziehungen mit den USA, standen einem Abkommen mit Kuba äußerst skeptisch gegenüber. Deutliche Befürworter einer Einigung waren hingegen die wichtigsten europäischen Partnerländer des Inselstaates: Frankreich, Italien, Portugal und Spanien. Da Portugal im ersten Halbjahr 2000 den EU-Vorsitz

---

[3] Vgl. *Gemeinsame Position der EU zu Kuba* (Rat der Finanz- und Wirtschaftsminister, Brüssel, 2.12.1996).

führte und ein erstes Vorgespräch mit dem Vizepräsidenten des kubanischen Staatsrats Carlos Lage im März 2000 nach Aussagen beider Seiten positiv verlief, sprach einiges dafür, dass der "Nord-Süd-Konflikt um Kuba" innerhalb der EU nach dem Besuch der Troika in Kuba diesmal zugunsten des Südens hätte ausgehen können. Diesem internen Abstimmungsprozess bereitete die kubanische Regierung ein abruptes Ende, mit der Begründung, der bevorstehende Besuch der Troika "wäre nur ein Vorwand gewesen, um die Opposition der EU gegen die Aufnahme Kubas in das neue AKP-EU Abkommen zu begründen" (*Granma*, 29.4.2000), eine Einschätzung, die ein Vertreter der Kommission ebenso als "Fehler" bezeichnete wie die Unterstellung, die EU hätte eine Aufnahme Kubas in das AKP-EU Abkommen an Sonderbedingungen geknüpft (*El País*, 29.4.2000). Durch die allmähliche Integration Kubas in die karibische Staatengemeinschaft schien sich innerhalb der EU vielmehr die Überzeugung durchzusetzen, demokratische und marktwirtschaftliche Reformen in Kuba seien eher über eine Einbeziehung des Landes in die biregionale Zusammenarbeit – und insbesondere durch eine Anbindung an den Lomé-Prozess – zu erzielen, als durch politischen Druck. Außenminister Robin Cook hatte nach seinem Gespräch mit Fidel Castro während des Rio-Gipfels die von den meisten Mitgliedsstaaten vertretene pragmatische Position der EU auf den Punkt gebracht: "Je länger Kuba zurückgehalten wird, desto mehr werden sich die wirtschaftlichen Chancen für die gesamte karibische Region reduzieren" (*Financial Times*, 30.06. 1999).

Hätte Kuba den multilateralen Vertrag unterzeichnet, wäre dies im Gegensatz zu einem bilateralen Vertrag keine Initiative der EU, sondern in erster Linie das Ergebnis der Wiederaufnahme Kubas in die karibische Staatengemeinschaft "Cariforum", einer Unterorganisation der AKP-Staaten, gewesen. Die "passive" Rolle der EU, die sich im Falle einer positiven Antwort auf die Bestätigung der Entscheidung der AKP-Staaten beschränken würde, hätte auch den Vorteil einer potentiellen Konfliktreduzierung mit den USA gehabt, die während der kurzen Vorverhandlungsphase EU-Kuba Anfang 1996 die Etablierung eines bilateralen Kooperationsabkommens keineswegs begrüßten (vgl. Nuccio 1999: 16). In diesem Sinne war die einstimmige Unterstützung der UN-Resolution für eine Verurteilung des kubanischen Regimes wegen Menschenrechtsverletzungen durch die EU sicherlich auch ein Zugeständnis a) an die USA und b) an diejenigen Mitgliedsstaaten, die sich gegen eine Normalisierung der Beziehungen zu Kuba ausgesprochen hatten. Dieser Logik folgend wäre die anschließende Bewilligung des kubanischen Antrags auf Unterzeichnung des Lomé-Nachfolgeabkommens ein Zugeständnis an die EU-Südallianz gewesen.

Der Verlauf der gescheiterten Integration Kubas in die Zusammenarbeit zwischen der EU und den AKP-Staaten hat jedoch erneut bewiesen, dass der problematische politische Dialog der größte Stolperstein auf dem Weg zu einer Institutionalisierung der Beziehungen ist, der auch im Jahr 2000 eine Einigung verhinderte. Damit sind die politischen Beziehungen – diesmal auf Wunsch des Castro-Regimes – zum dritten Mal auf einem Nullpunkt angelangt.

4. Der blockierte politische Dialog zwischen Kuba und der EU

Die politischen Beziehungen zwischen Kuba und der EU zeichnen sich durch einen ständigen Wechsel zwischen Annäherung und Distanzierung aus, der von der jeweiligen internationalen Konjunktur abhängig war. Sie wurden durch drei vorwiegend externe Bestimmungsfaktoren geprägt: das internationale System, die Sanktionspolitik der USA und die politische Situation in Kuba. Es lassen sich zwei Perioden der gegenseitigen Beziehungen unterscheiden: die Phase des Kalten Krieges (Polarisierung) und die "postsozialistische" Weltordnung (Öffnung).

Die Zugehörigkeit zu unterschiedlichen ideologischen Blöcken führte bis Ende der 80er Jahre zu einer deutlichen Polarisierung zwischen Kuba und den westeuropäischen Staaten, die zum damaligen Zeitpunkt auch als Handelspartner mit einem Anteil von weniger als 10% an den kubanischen Im- und Exporten unbedeutend waren (vgl. hierzu Grabendorff 1993: 90). Für die politische Eiszeit der 70er und 80er Jahre war weniger die US-Politik verantwortlich, als vielmehr die engen Beziehungen Kubas zu den osteuropäischen Ländern, einschließlich der damaligen DDR. Andererseits bemühten sich sowohl Kuba als auch die damalige EG um einen eigenen "dritten Weg" außerhalb der bipolaren Welt: Die westeuropäischen Länder suchten durch die so genannte Entspannungspolitik mit Osteuropa zwischen beiden Blöcken zu vermitteln, während Kuba als Mitglied der Blockfreienbewegung durch die aktive Unterstützung von linken Befreiungsbewegungen in Afrika den Nord-Süd-Konflikt in den Vordergrund außenpolitischer Unabhängigkeitsbestrebungen stellte. Im Kontext der Wiederaufnahme der diplomatischen Kontakte mit dem damaligen RGW stellte die heutige EU im September 1988 auch die politischen Beziehungen zu Kuba wieder her.

Eine beiderseitige Öffnung zwischen Kuba und Europa war aber erst nach dem Ende des Ost-West-Konflikts und der Befreiung beider Akteure aus ihrer jeweiligen außenpolitischen Abhängigkeit möglich. Die für Kuba überlebensnotwendige Annäherung an die kapitalistischen Staaten und die politische Emanzipation der EU im Rahmen der Gemeinsamen Außen- und Sicherheitspolitik (GASP) schafften die Voraussetzungen für eine allmähliche Intensivierung der gegenseitigen Beziehungen auf der Grundlage einer veränderten gegenseitigen Perzeption: Die EU sah Kuba nicht mehr als sozialistisches Land und Kuba nahm Europa als wirtschaftlichen Aliierten und potentiellen Bündnispartner gegen das US-Embargo wahr.

Dennoch scheiterte die Unterzeichnung eines Kooperationsabkommens wiederholt an der Demokratieklausel, die in allen Abkommen der EU mit Drittstaaten enthalten ist und das bedeutendste europäische Instrument der Demokratieförderung darstellt. Die Castro-Regierung verstand die politische Konditionalität eines Abkommens stets als inakzeptable Einmischung in interne Angelegenheiten (Robaina 1997), die EU hingegen sah in der Bereitschaft zur politischen und wirtschaftlichen Öffnung eine notwendige Voraussetzung für die Institutionalisierung der Beziehungen zu Kuba. Inzwischen lässt sich mit Ernüchterung konstatieren, dass sowohl die Bemühungen um ein bilaterales Abkommen als auch eine Annäherung auf multilateraler Ebene nach drei erfolglosen Verhandlungsansätzen gescheitert sind. Dabei spielten externe Faktoren jedes Mal eine Schlüsselrolle.

Kurz nach der Wiederaufnahme der diplomatischen Beziehungen signalisierte die kubanische Regierung zu Beginn des Jahres 1989 Interesse an einem Kooperationsrahmenabkommen mit der damaligen EG. Nach zwei gegenseitigen Besuchen stellten sich jedoch die politischen Differenzen und die jeweiligen Erwartungen als unvereinbar heraus. Die "Botschaftskrise" im Sommer 1990, als Tausende von Kubanern in den diplomatischen Vertretungen europäischer Länder Asyl suchten, markierte dann den Beginn einer erneuten politischen Distanzierung zwischen Europa und Kuba, die bis 1993 anhielt, als die EU im Zuge der dramatischen Wirtschaftskrise in Kuba ihre Entwicklungshilfe für den Karibikstaat aufstockte. Der damalige Zeitpunkt für eine Formalisierung der gegenseitigen Beziehungen, kurz vor dem Fall der Berliner Mauer 1989, war denkbar ungünstig gewählt, so dass auch die internationale Konjunktur ganz entscheidend zum Scheitern der Gespräche zwischen der EU und dem kubanischen Regime beitrug.

Erst sechs Jahre später machten beide Seiten den zweiten Versuch, ihre Beziehungen zu formalisieren. Unter der spanischen Präsidentschaft der EU gab der Rat im Dezember 1995 grünes Licht für Gespräche mit den kubanischen Machthabern über die Unterzeichnung eines Kooperationsabkommens. Anfang Februar 1996 reiste der damalige Vizepräsident der Kommission Manuel Marín zu ersten Sondierungsgesprächen nach Havanna. Abermals wurde der Dialog durch ein externes Ereignis eingefroren: Der Abschuss von zwei US-amerikanischen Zivilflugzeugen durch die kubanische Luftwaffe und die nachfolgende Verabschiedung des umstrittenen Helms-Burton-Gesetzes in den USA boten wiederum denkbar ungünstige Voraussetzungen für die Etablierung eines Kooperationsabkommens. Es war dabei sicher kein Zufall, dass der außenpolitische Konflikt vom 24. Februar 1996 am selben Tag ausgelöst wurde, als die von den USA unterstützte Oppositionsgruppe *Concilio Cubano* anlässlich des 20. Jahrestags der kubanischen Verfassung eine Protestaktion plante, die von der kubanischen Sicherheitspolizei verhindert wurde (siehe hierzu IRELA 1996). Kurz zuvor hatte der damalige EU-Verhandlungsführer Manuel Marín Gespräche mit Regierungsvertretern und Oppositionellen in Havanna geführt, die bereits erkennen ließen, dass eine Einigung mit dem Regime in politischen Fragen nicht möglich wäre und Kuba die Bedingungen der an alle Kooperationsabkommen der EU gebundenen Demokratieklausel nicht erfüllen würde.

Fraglich bleibt aus heutiger Sicht, ob Kuba und die EU zum damaligen Zeitpunkt ein wirkliches Interesse an einem Kooperationsabkommen hatten. Aus kubanischer Sicht wären die innenpolitischen Kosten eines Abkommens mit der EU durch die Zugeständnisse an die Demokratieklausel höher gewesen als der außenpolitische und -wirtschaftliche Nutzen, schließlich konnte man auch ohne formellen Vertrag mit der EU bilaterale Abkommen mit ihren Mitgliedsstaaten schließen und intensive Wirtschaftsbeziehungen unterhalten. Aus der Perspektive der EU hätte die Etablierung eines Abkommens mit Kuba ohne weitgehende politische Zugeständnisse des Regimes zum einen die eigene Politik der demokratischen Konditionalität in Frage gestellt, und zum anderen das Risiko eines Konflikts mit den USA impliziert. Zudem war, abgesehen vom Demonstrationseffekt der politischen Unabhängigkeit von den USA, kein direkter Gewinn für die EU erkennbar. Bei diesem außenpolitischen Kalkül der EU hat sicherlich der Faktor USA die größte Rolle gespielt: Kurz vor seiner Reise nach Kuba, Anfang Februar 1996, hatte Manuel Marín in Brüssel Gespräche mit US-Vertretern über die jeweilige Kuba-Politik geführt, wobei Washington signalisierte, dass ein Kooperationsabkommen mit dem Inselstaat mit hohen politischen Auflagen verbunden sein müsste (Nuccio 1999: 15f.). So wurde die Demokratieklausel der EU im kubanischen Fall, verglichen mit anderen sozialistischen Ländern wie China oder Vietnam, auch aus Rücksicht auf die US-Politik, bislang sehr rigoros und restriktiv interpretiert. Nach den gescheiterten Verhandlungen über ein mögliches Kooperationsabkommen institutionalisierte der im Dezember 1996 verabschiedete Gemeinsame Standpunkt der EU zu Kuba, der wiederum auf eine spanische Initiative zurückging, die politische Konditionalität. Seitdem ist sowohl die Erhöhung der Entwicklungszusammenarbeit als auch die Unterzeichnung eines Abkommens an sichtbare Zeichen für eine demokratische Öffnung in Kuba gebunden.

Nach dem Scheitern eines bilateralen Abkommens wagten beide Seiten im September 1998 einen Neuanfang im Rahmen des Lomé-Nachfolgeabkommens. Die vielversprechende multilaterale Annäherung scheiterte eineinhalb Jahre später am fehlenden politischen Willen der kubanischen Machthaber. Erneut stand ein externer Konflikt einer Einigung im Wege: der vom Castro-Regime für den innenpolitischen Schulterschluss instrumentalisierte bilaterale Konflikt mit den USA um den Flüchtlingsjungen Elián González. Damit ist die Wiederaufnahme des 1996 eingefrorenen politischen Dialogs zwischen der EU und dem Castro-Regime durch den geplatzten Besuch der Troika wahrscheinlich endgültig gescheitert. Der Rückzug Kubas aus dem Lomé-Prozess war ein unerwarteter Schlag ins Gesicht für diejenigen EU-Mitgliedsstaaten, die sich monatelang für eine Normalisierung der Beziehungen eingesetzt hatten. Die erneute politische Eiszeit zwischen beiden Seiten bestätigt sowohl die zyklische Entwicklung der Beziehungen als auch den Verdacht, dass weder die kubanischen Machthaber noch die EU jemals ein ernsthaftes Interesse an der Formalisierung ihrer Beziehungen gehabt haben.

Es bleibt der Antagonismus zwischen wirtschaftlicher Zusammenarbeit und politischer Distanz. Ob dieser Widerspruch zwischen Handel und Investitionen einerseits und politischer Konditionalität andererseits langfristig aufgelöst werden wird, bedeutet letztendlich auch eine Entscheidung darüber, ob die EU politische Kriterien oder wirtschaftliche Interessen in den Mittelpunkt ihrer Kuba-Politik stellen will.

5. Europäische Wirtschaftsinteressen in Kuba und der Helms-Burton-Konflikt

Die EU ist heute mit Abstand der bedeutendste Handelspartner des einzigen Karibikstaates ohne US-Konkurrenz. 1998 hatten die EU-Mitgliedsstaaten einen Anteil von 50% an den kubanischen Gesamtimporten und nahmen etwas über ein Drittel der Exportprodukte des Landes ab. Mit einem durchschnittlichen Jahresanstieg von 16,4% hat sich die Karibikinsel in den letzten Jahren als bescheidener Wachstumsmarkt für europäische Exporte nach Lateinamerika erwiesen. Der europäische Protagonismus konnte sich am Ende des 20. Jahrhunderts konsolidieren: Die EU hatte 1998 einen Anteil von 51,8% an den kubanischen Gesamtimporten – bei einen Jahreszuwachs von 20% – und nahm 29,6% der Exportprodukte des Landes ab (www: irela.org/datarela). Damit gehört Kuba zusammen mit Argentinien und Brasilien zu den wenigen Ländern der Region, für die Europa noch vor den USA der wichtigste Handelspartner ist. Die Zusammenarbeit im Handelsbereich ist, wie in den meisten Nord-Süd-Tauschbeziehungen, deutlich asymmetrisch: Durch den Exportboom der EU-Mitgliedsstaaten nach Kuba und den geringen Anstieg der europäischen Wareneinfuhren aus dem Karibikstaat verzeichnet Kuba ein wachsendes Handelsbilanzdefizit mit der EU, das sich allein 1998 auf 845 Millionen Dollar belief. Fast die Hälfte des Defizits entfällt auf Spanien, dem mit Abstand bedeutendsten europäischen Handelspartner Kubas, gefolgt von Frankreich und Italien.

Im Bereich der Direktinvestitionen waren die europäischen Länder am Ende der 90er Jahre auf dem kubanischen Markt noch vor Kanada auf einen ersten Rang gerückt. Diese Position der EU als größter Investor in Kuba wird sich voraussichtlich durch die im Dezember 1999 angekündigte 50-Millionen-Investition des französisch-spanischen Unternehmens Altadis in die kubanische Tabakindustrie in den kommenden Jahren konsolidieren. Obwohl die spanischen Direktinvestitionen in Kuba innerhalb der EU 1998 das größte Volumen erzielten, hat Italien nach Kanada mit etwa 370 Millionen Dollar den zweitbedeutendsten Investitionsbestand in Kuba. Angesichts des wachsenden Investitionsvolumens und mit Blick auf das Helms-Burton-Gesetz haben acht der 15 EU-Staaten[4] inzwischen Investitionsschutz- und Förderungsabkommen mit Kuba unterzeichnet.

Seit 1996 werden sowohl die europäisch-kubanischen Wirtschaftsbeziehungen als auch der Transatlantische Dialog durch die extraterritorialen Sanktionen des Helms-Burton-Gesetzes belastet, die wie ein Damoklesschwert ein ständiges Drohpotential für unternehmerisches Engagement in Kuba darstellen. Stand das US-Embargo während des Kalten Krieges aus moralischen Gründen im Kreuzfeuer der europäischen Kritik, kritisiert die EU heute die unilateral verhängten US-Sanktionen gegen Investoren in Kuba, die sich direkt gegen ihre eigenen Wirtschaftsinteressen richten. Zwar

---

[4] Belgien-Luxemburg, Deutschland, Frankreich, Großbritannien, Italien, Österreich, Portugal und Spanien.

wurden europäische Firmen bisher von den in den Titeln III und IV des Gesetzes verhängten Sanktionen verschont, dies beruht jedoch nur auf einer rechtlich unverbindlichen politischen Vereinbarung zwischen der EU und den USA. Bislang hat Bill Clinton alle sechs Monate von seinem Veto-Recht Gebrauch gemacht und die Möglichkeit, in den USA gegen ausländische Unternehmen, die in ehemalige US-Besitztümer in Kuba investieren, zu prozessieren (Titel III), ausgesetzt. Es gibt aber keinerlei Garantie dafür, dass sein Nachfolger im Präsidentenamt diese Praxis fortsetzt. In Bezug auf die in Titel IV enthaltenen Einreiseverbote in die USA für Unternehmer, die "unrechtmäßig" in Kuba investieren, gibt es bislang keine Einigung, da die Sanktionen in den Kompetenzbereich des Kongresses fallen und nicht dem Präsidenten unterstehen. Damit bestätigte das Helms-Burton-Gesetz gleichzeitig den Vorwurf, die Kuba-Politik sei während der Clinton-Administration von der Exekutive in die Legislative verlagert worden (Nuccio 1999).

Der Rechtsstreit zwischen der EU und den USA um das Helms-Burton-Gesetz wurde im beiderseitigen Interesse schnell beigelegt. Als die EU den Fall 1996 vor die WTO-Schlichtungskommission brachte und eine Rechtsverordnung gegen die Akzeptanz extraterritorialer Sanktionen verabschiedete, bemühten sich beide Seiten um einen Waffenstillstand. Zuvor hatte die US-Regierung unter Berufung auf das Helms-Burton-Gesetz durch eine regelrechte "diplomatische Offensive" in Europa aktiv um eine Annäherung in der Kuba-Frage geworben. Das Ergebnis war die Verabschiedung des Gemeinsamen Standpunkts der EU zu Kuba, der von Spanien im Anschluss an Gespräche mit der US-Regierung angeregt wurde und den politischen Druck Europas auf das Castro-Regime – ganz im Sinne Washingtons – verschärfte. Der Gemeinsame Standpunkt bildete die Grundlage für die nachfolgende Einigung im Disput um die extraterritorialen Sanktionen des Helms-Burton-Gesetzes.

Nach längerem Tauziehen vereinbarten die EU und die USA im Mai 1998 während des Transatlantischen Gipfeltreffens in London die politische Kompromissformel des so genannten *Understanding*, das sich nicht nur auf das Helms-Burton-Gesetz, sondern auch auf die aus europäischer Sicht weitaus bedeutenderen extraterritorialen Sanktionen gegen Investitionen in Iran und Libyen bezieht (siehe hierzu Gerke 1998). Im *Understanding* erkennen die USA die bisher getätigten Investitionen der EU in Kuba als rechtmäßig an und verpflichten sich, die Sanktionen für europäische Unternehmen auszusetzen. Im Gegenzug verzichtete die EU auf einen Disput in der WTO und versprach, künftige Investitionen in Kuba genauer zu prüfen und gegebenenfalls von staatlicher Seite nicht zu unterstützen. An diese Regelung hat sich jedoch keiner der Bündnispartner so recht gehalten: Bill Clinton löste sein Versprechen, einen "europäischen *Waiver*" für die Aussetzung der Sanktionen des Titel IV im Kongress zu bewirken, nicht ein, und einige EU-Mitgliedsstaaten – Italien, Großbritannien und Deutschland – haben inzwischen im Rahmen von bilateralen Umschuldungsabkommen neue staatliche Kreditlinien für Kuba bewilligt.

Da das Gesetz angesichts des Widerstands des US-Kongresses nur schwer aus der Welt zu schaffen ist, kann in der Helms-Burton-Frage bis zu einem möglichen Regimewechsel in Kuba allenfalls ein "Waffenstillstand" zwischen der EU und den USA erzielt werden. Der Streit um das extraterritoriale Gesetz hat gezeigt, dass die EU zwar ihre wirtschaftlichen Interessen in Kuba verteidigt, aber um keinen Preis das atlantische Bündnis aufs Spiel setzen würde. Ein weiteres Indiz hierfür ist die Tatsache, dass die EU lediglich gegen die unilateralen Sanktionen Protest angemeldet hat, nicht aber gegen das Gesetz an sich, dessen Titel I und II die Bedingungen für eine demokratische Transition in Kuba – ohne Fidel und Raúl Castro – festlegen und nicht nur eine klare Einmischung in die internen Angelegenheiten des Landes darstellen, sondern gleichzeitig das US-Verständnis von Demokratie als "Imposition" und Export des eigenen politischen Systems offen legen (vgl. Whitehead 1996). Statt diese (sicherlich notwendige) politische Grundsatzdebatte mit den USA über Demokratieförderung und Demokratieexport zu führen, beschränkt sich die europäische Kritik am Helms-Burton-Gesetz somit auf die Verteidigung der eigenen Wirtschaftsinteressen.

6. Die bilaterale Zusammenarbeit mit Deutschland, Frankreich und Spanien

Trotz der Verabschiedung des Gemeinsamen Standpunkts und der einstimmigen Ablehnung der US-Politik gestaltet sich die EU-Außenpolitik gegenüber Kuba vorwiegend national und ist von höchst unterschiedlichen bilateralen Interessenprofilen geprägt (IRELA 2000). Dabei steht die Intensivierung der Zusammenarbeit zwischen Kuba und einzelnen Mitgliedsstaaten auf allen Ebenen in einem deutlichen Widerspruch zur politischen Konditionalität und indirekten Sanktionspolitik der EU. Zahlreiche bilaterale Abkommen ohne politische Vorbedingungen zwischen Kuba und den EU-Mitgliedsstaaten sowie eine rege wirtschaftliche Zusammenarbeit stehen dem Primat der politischen Konditionalität im Rahmen der EU gegenüber.

Selbst innerhalb der Institutionen der EU wird inzwischen offen die Frage diskutiert, wie lange der Widerspruch zwischen fehlendem Kooperationsabkommen auf supranationaler Ebene und der Proliferation von bilateralen Verträgen zwischen Kuba und den europäischen Staaten noch aufrechterhalten werden kann (Granell 1998). Auch aus kubanischer Sicht gestalten sich die bilateralen Kontakte zur EU wesentlich enger und unproblematischer als das eher konfliktive Verhältnis zur Europäischen Kommission – das gilt sowohl für den damaligen Vizepräsidenten Manuel Marín als auch den zuständigen Kommissar Poul Nielson – oder dem ehemaligen NATO-Generalsekretär und heutigen Beauftragten der Gemeinsamen Außen- und Sicherheitspolitik (GASP) Javier Solana, auf den die Kubaner nach dem Kosovo-Krieg ebenfalls nicht gut zu sprechen sind.[5]

Von wenigen Ausnahmen abgesehen sind die bilateralen Beziehungen zwischen Kuba und den EU-Mitgliedsstaaten seit der Beendigung des Kalten Krieges auf politischer und wirtschaftlicher Ebene ausgezeichnet. Dies gilt insbesondere für die wichtigsten kubanischen Partnerländer Spanien und Frankreich, aber auch für die Beziehungen zur Bundesrepublik Deutschland unter der Regierung von Gerhard Schröder, der als damaliger Ministerpräsident von Niedersachsen 1996 nach Kuba reiste und den Grundstein für einen graduellen Richtungswechsel in der deutschen Kuba-Politik legte.

7. Deutschland – Kuba: das problematische Erbe der DDR

Ideologische Differenzen standen 40 Jahre lang im Mittelpunkt der deutsch-kubanischen Beziehungen. Durch die deutsche Teilung bestimmte das Prisma des Kalten Krieges stärker als in allen übrigen EU-Mitgliedsstaaten das unterkühlte Verhältnis zwischen dem sozialistischen Inselstaat und dem kapitalistischen Westdeutschland. Erst 1975, nach zwölf Jahren politischer Eiszeit, nahmen beide Staaten ihre 1963 – als Kuba die DDR offiziell anerkannte – unterbrochenen diplomatischen Beziehungen wieder auf. Sehr intensiv waren hingegen die Beziehungen der einstigen sozialistischen Bruderstaaten: Die damalige DDR unterzeichnete bereits 1962 ein erstes Kooperationsabkommen mit Kuba und wurde nach der Sowjetunion der wichtigste Wirtschaftspartner und Kreditgeber des Landes. Auch im Bereich der technischen und wissenschaftlichen Zusammenarbeit etablierten beide Länder eine

---

[5] Kurz nach seiner Ernennung im Mai 2000 verurteilte der neue kubanische Außenminister und enge Vertraute Fidel Castros, Felipe Pérez Roque, das Verhalten der NATO im Kosovo-Konflikt aufs Schärfste und bezeichnete ihren damaligen Generalsekretär Javier Solana als internationalen "Kriegsverbrecher".

enge Zusammenarbeit: 30.000 Kubaner wurden bis 1989 in der ehemaligen DDR ausgebildet. Darüber hinaus kooperierte die DDR beim Aufbau der effizienten kubanischen Sicherheitspolizei nach dem Vorbild der Stasi.

Nach der deutschen Wiedervereinigung waren die offiziellen Beziehungen auf einem Nullpunkt angelangt. Die damalige Regierung Kohl zeigte keine Bereitschaft, die sieben Kooperationsverträge zwischen Kuba und der DDR, die 1990 ausliefen, zu verlängern und die Entwicklungsprojekte zu beenden. Das wiedervereinigte Deutschland trat das kubanische Erbe der DDR nicht an. Ein parlamentarischer Beschluss von 1993 untersagte aufgrund der Menschenrechtssituation jegliche Entwicklungszusammenarbeit mit Kuba, so dass Deutschland bis 1999 nur sporadische humanitäre Hilfe für den Karibikstaat gewährte. Mit einem Beitrag von lediglich acht Millionen Dollar im Zeitraum 1994-1998 belegte Deutschland lediglich einen sechsten Rang in der europäischen Entwicklungszusammenarbeit mit Kuba. Das distanzierte Verhältnis auf Regierungsebene entsprach jedoch nicht den relativ intensiven Beziehungen auf der Ebene der informellen Diplomatie, getragen von NROs, kirchlichen Einrichtungen und politischen Parteien. Vor allem auf Parteienebene bestehen seit vielen Jahren Kontakte mit kubanischen Partnern, und zwei politische Stiftungen – die FES und die Hanns Seidel Stiftung – sind mit eigenen Programmen direkt in Kuba präsent, obwohl sie dort aufgrund von politischen Differenzen bisher keine Büros eröffneten.

Im Gegensatz zu anderen Ländern der Region engagieren sich deutsche Unternehmen, von wenigen Ausnahmen abgesehen, kaum in Kuba. Deutschland ist für Kuba kein bedeutender Handelspartner, sondern belegte innerhalb der EU lediglich einen vierten Rang in den Im- und Exporten des Landes. Die deutschen Direktinvestitionen in Kuba sind im Vergleich dazu noch unbedeutender. Dies ist zum einen auf die verhältnismäßig geringe Risikobereitschaft der deutschen Wirtschaft und den relativ kleinen kubanischen Markt zurückzuführen, zum anderen auf die bis vor kurzem offene Frage der kubanischen Altschulden mit der ehemaligen DDR, die sich auf etwa 500 Millionen Dollar belaufen und die Beziehungen lange Zeit belastet haben. Im März 2000 zeichnete sich hier eine grundlegende Wende ab: Während des Besuchs von Carlos Lage in Deutschland einigten sich beide Seiten auf ein Umschuldungsabkommen, das voraussichtlich im Mai in Havanna unterzeichnet wird und den Weg für neue Hermes-Kredite freimacht. Damit wäre das wichtigste Hindernis für eine Intensivierung der deutsch-kubanischen Wirtschaftsbeziehungen ausgeräumt. Dies ist vor allem ein Zugeständnis an die potentiellen deutschen Investoren, die im Rahmen einer Kuba-Reise des BDI-Vorsitzenden Hans-Olaf Henkel im Mai 1998 gegenüber Regierungsvertretern ihr Interesse an einer stärkeren Präsenz auf dem kubanischen Markt bekundet hatten.

Seit dem Regierungswechsel von Helmut Kohl zu Gerhard Schröder zeichnet sich auch im entwicklungspolitischen Bereich eine Annäherung zwischen beiden Staaten ab. Das BMZ hat im Dezember 1999 seine jahrzehntelang eingefrorene entwicklungspolitische Kooperation mit Kuba wieder aufgenommen. Nach Angaben der zuständigen Ministerin Heidemarie Wieczorek-Zeul soll dieser Schritt zum demokratischen Wandel beitragen und mit der Doppelmoral der früheren Bundesregierung brechen, die zwar mit Ländern wie China zusammengearbeitet habe, Kuba aber immer außen vor gelassen hätte.[6] Das erste gemeinsame Projekt im politisch unverfänglichen Umweltbereich, das im Jahr 2000 starten wird, soll zur Lösung der Erosionsprobleme in den beiden östlichen Provinzen des Landes, *Granma* und *Las Tunas*, beitragen.

Noch im ersten Halbjahr 2000 wird die entwicklungspolitische und engere wirtschaftliche Zusammenarbeit durch einen Besuch von Ministerin Heidemarie Wieczorek-Zeul in Kuba gefestigt. Die neue Politik der Annäherung an Kuba geht im wesentlichen auf eine Initiative des BMZ zurück, während sowohl das Auswärtige Amt als auch einzelne politische Parteien einer Normalisierung der bilateralen Beziehungen ohne politische Gesten des Castro-Regimes eher skeptisch gegenüber stehen. Solange hier kein deutlicher interner Konsens erkennbar ist, wird trotz der Fortschritte im Bereich der wirtschaftlichen Zusammenarbeit keine grundlegende Änderung der politischen Beziehungen, die zudem das im Vergleich zum außenpolitischen Gewinn unverhältnismäßige Risiko eines Konflikts mit den USA beinhalten könnten, erfolgen. Während die Menschenrechtsverfechter eine Erweiterung des politischen Dialogs zwischen beiden Staaten bisher erfolgreich verhinderten, ist die Lösung der Altschuldenfrage und die damit verbundene Eröffnung neuer Kreditlinien ein wesentlicher Schritt für ein stärkeres wirtschaftliches Engagement deutscher Unternehmer in Kuba. In diesem Sinne hat die graduelle Kursänderung der Kuba-Politik unter der Regierung Schröder auch Zeichen für eine neue, US-unabhängigere Außenpolitik im Rahmen der EU gesetzt.

---

[6] Zit. nach einer Pressemitteilung des BMZ vom 17.12.1999.

8. Politische und entwicklungspolitische Akzente in den Beziehungen Kuba-Frankreich

Machtpolitische Interessen und die Entwicklung eines eigenständigen außenpolitischen Profils standen seit der Präsidentschaft von de Gaulle im Jahre 1959 im Mittelpunkt der französischen Politik gegenüber Kuba. Für Frankreich war Kuba stets ein Symbol für außenpolitische Unabhängigkeit zu geringen Kosten und umgekehrt sah das Castro-Regime Frankreich als seinen wichtigsten europäischen Verbündeten gegen das US-Embargo. Neben den beiderseitigen Emanzipationsbestrebungen im internationalen System teilen Frankreich und Kuba politische Leitbilder wie das Streben nach einer jeweiligen regionalen Vormachtstellung, die Verteidigung des Souveränitätsprinzips, das Festhalten an einem starken Zentralstaat sowie ein tief verwurzeltes Misstrauen gegenüber den USA.

Beide Staaten unterhielten seit Mitte der 60er Jahren im begrenzten Rahmen der Ost-West-Kooperation relativ enge Handelsbeziehungen, die 1975 durch die Unterzeichnung eines Abkommens über wirtschaftliche und technologische Zusammenarbeit institutionalisiert wurden (Lambie 1993). Die politischen Beziehungen beider Staaten verbesserten sich maßgeblich unter der Präsidentschaft von François Mitterrand, dessen damaliger Außenminister und späterer Kommissar für Nord-Süd-Beziehungen Claude Cheysson Kuba 1983 als erster hochrangiger europäischer Regierungsvertreter besuchte. Der bilaterale Interessenkonflikt in Afrika, der die Beziehungen jahrzehntelang belastet hatte, wurde zu Beginn der 90er Jahre mit dem Rückzug der kubanischen Truppen aus Angola überwunden und schaffte die Voraussetzungen für eine weitgehende gegenseitige Annäherung, frei von politischen Konditionalitäten. Diese außenpolitische Linie des konstruktiven Dialogs gegenüber Kuba wurde von den nachfolgenden Regierungen fortgesetzt und vor kurzem durch den Ausbau der wirtschaftlichen und entwicklungspolitischen Zusammenarbeit unter Ministerpräsident Lionel Jospin ergänzt.

Seit dem Ende des Kalten Krieges ist Frankreich für Kuba ein konstanter und verlässlicher Handelspartner: Mit einem Anteil von 21% an den europäischen Gesamtexporten war Frankreich 1998 Kubas zweitbedeutendster Warenlieferant in der EU und stand als Abnehmer für kubanische Produkte an dritter Stelle. Im Bereich der eher bescheidenen französischen Direktinvestitionen in Kuba ist die "Joint-Venture Havana Club-Pernod Ricard" bisher am bedeutendsten.

Während das wirtschaftliche Engagement französischer Unternehmer in Kuba in den nächsten Jahren eher konstant bleiben wird, sind die Perspektiven in der bilateralen Entwicklungszusammenarbeit vielversprechend. Bisher war das Engagement eher bescheiden: Frankreich belegt im Bereich der Entwicklungshilfe mit Kuba seit vielen Jahren einen vierten Platz. Dies könnte sich jedoch bald ändern, denn Kuba wurde 1999 in die im Rahmen der Reform der französischen Entwicklungszusammenarbeit entstandene Präferenzzone "ZSP" aufgenommen. Damit gehört der Karibikstaat in Lateinamerika zu den Schwerpunktländern der französischen Entwicklungshilfe, die nicht politisch konditioniert ist. Die "ZSP" wurde für die Staaten mit einer engen Anbindung an Frankreich, neue asiatische Partner (Kambodscha, Laos, Vietnam) und für die Karibik eingerichtet. Eine französische Expertengruppe, die 1999 auch nach Kuba reiste, hat drei entwicklungspolitische Prioritäten definiert:

– institutionelle Kooperation (Management, Justiz),
– soziale Entwicklung (Gesundheit und Erziehung),
– "klassische" Entwicklungshilfe mit ökologischem Bezug.

Die Einbeziehung Kubas in die Schwerpunktregion der bilateralen Entwicklungshilfe zeigt, dass Frankreich in den kommenden Jahren auf qualitativer und quantitativer Ebene eine größere Rolle in der europäischen Entwicklungspolitik gegenüber Kuba übernehmen will als bisher. Dies steht in einem engen Zusammenhang zum Lomé-Prozess, in dem Frankreich als ehemalige Kolonialmacht in der Karibik einen entscheidenden Einfluss hat und ein deutlicher Befürworter einer unkonditionierten Aufnahme Kubas in das neue Abkommen ist (IRELA 2000).

9. Spanien: traditioneller Partner des Inselstaates

"Más se perdió en Cuba" ist auch heute noch ein spanisches Sprichwort mit nostalgischer Konnotation, das auf die anhaltende Bedeutung Kubas für Spanien hinweist. Die Intervention der USA im kubanischen Unabhängigkeitskrieg 1898 und spätere *de facto*-Annexion der Karibikinsel war für beide Länder ein Verlustgeschäft und schuf ausgerechnet zwischen den Staaten, die sich vormals bekämpften, eine anti-amerikanische Solidarität, die bis heute die politische Substanz der gegenseitigen Beziehungen bildet. Darüber hinaus bestehen zwischen Kuba und Spanien traditionell enge familiäre Bindungen, die damals wie heute, über den politischen Differenzen auf Regierungsebene stehen (Moreno Fraginals 1995: 295).

Als wichtigster europäischer Handels- und entwicklungspolitischer Partner sowie aufgrund der engen kulturellen und politischen Bindungen mit seiner letzten Kolonie hat Spanien als einziger Mitgliedsstaat eine eigenständige Kuba-Politik entwickelt und nimmt eine Schlüsselrolle in der EU-Politik gegenüber der Karibikinsel ein. Letzteres wurde 1995 deutlich, als die Regierung von Felipe González ein Kooperationsabkommen mit dem Inselstaat anregte, und eineinhalb Jahre später, als der konservative Regierungschef Aznar die EU zur Verabschiedung des politisch konditionierten Gemeinsamen Standpunkts zu Kuba drängte. Ebenso wie in den USA ist Kuba in Spanien eher ein innenpolitisches Thema mit einer stark emotionalen Komponente. So bezeichnet man Kuba noch heute als "spanischstes Land Lateinamerikas" (Hernández/Caunedo 1998: 16).

Selbst unter der Franco-Diktatur wurden die diplomatischen und außenwirtschaftlichen Beziehungen zwischen beiden Ländern, unbeachtet des US-Embargos, fortgesetzt. Dies ist neben kulturellen Affinitäten auch darauf zurückzuführen, dass Spanien ebenso wie Kuba regional isoliert und von US-Sanktionen betroffen war. Nach der Transition war der erste demokratische Ministerpräsident des Landes, Adolfo Suárez, auch der erste europäische Staatschef nach 1959, der Kuba einen offiziellen Besuch abstattete. Unter seinem Nachfolger Felipe González (1982-1996) intensivierten sich zwar die Wirtschaftsbeziehungen[7], der politische Dialog erwies sich jedoch trotz ideologischer Berührungspunkte als relativ problematisch. Dies lag vor allem daran, dass Spaniens Integration in die damalige EG im Jahre 1986 auch mit einer außenpolitischen Annäherung an die übrigen Mitgliedsstaaten verbunden war, die Kuba im Kontext der Zentralamerika-Krise meist äußerst kritisch gegenüberstanden. Sowohl die vorsichtig geäußerte Kritik der spanischen Regierung am aus ihrer Sicht langsamen wirtschaftlichen Reformprozess, als auch die Einwände gegen das undemokratische politische System wurden vom kubanischen Regime als Einmischung in interne Angelegenheiten verstanden (vgl. Vázquez Montalbán 1998).

Seit dem Amtsantritt von Ministerpräsident José María Aznar, der im März 2000 für weitere vier Jahre bestätigt wurde, sind die politischen Beziehungen zwischen beiden Ländern merklich abgekühlt. Die konservative Re-

---

[7] 1986 unterzeichneten Kuba und Spanien ein Umschuldungsabkommen. Dies war die Grundlage für das nachfolgende wirtschaftliche Engagement spanischer Unternehmen in Kuba.

gierung vollzog 1996 einen "symbolischen Bruch" mit dem Castro-Regime, als sie intensive Kontakte mit der Opposition in Miami aufnahm, die Entwicklungszusammenarbeit einfror und Gespräche mit den USA über das "Kuba-Problem" führte. Die kubanischen Machthaber verstanden dies als deutlichen Affront und reagierten ihrerseits im November 1996 mit der Nichtanerkennung des neuernannten spanischen Botschafters. Die Stelle blieb bis zum April 1998, als sich die diplomatischen Beziehungen wieder normalisierten, unbesetzt. Seitdem unterhalten beide Staaten zwar reguläre, aber distanzierte politische Kontakte und Spanien ist nicht länger der wichtigste europäische Dialogpartner Kubas. Diese Aufgabe haben als politisch neutrale Partner inzwischen Italien und Portugal übernommen.

Trotz politischer Distanz auf Regierungsebene ist Spanien nach wie vor Kubas bedeutendster Partner auf dem Gebiet der kulturellen, entwicklungs- und wirtschaftspolitischen Zusammenarbeit. Dies ist ein Indiz dafür, dass die Akteure der Zivilgesellschaft – NROs, Kirche, Privatsektor, etc. – unabhängig von den offiziellen Kontakten inzwischen eine tragende Rolle in der spanischen Kuba-Politik spielen. Die Fortsetzung der intensiven Zusammenarbeit zwischen Kuba und Spanien trotz der jeweiligen konjunkturellen Probleme, ebenso wie das amerikanisch-kubanische Verhältnis auf Nichtregierungsebene, ist ein deutlicher Hinweis dafür, dass kulturell und emotional geprägte Außenbeziehungen enger, dauerhafter gleichzeitig aber auch konfliktiver zu sein scheinen als Beziehungen, die ideologisch geprägt (Kuba und Osteuropa) oder von Wirtschaftsinteressen geleitet sind (das Verhältnis Kubas zu Italien und Großbritannien).

10. Europäisch-kubanische Szenarien: Wirtschaftsinteressen oder Demokratieförderung?

Zu Beginn des 21. Jahrhunderts stehen pragmatische außenwirtschaftliche Interessen eindeutig im Mittelpunkt der europäisch-kubanischen Beziehungen. Wird dieser ökonomische Protagonismus Europas auch eine politische Einflussnahme auf eine demokratische Öffnung im Land bewirken? Allem Anschein nach kaum. Trotz ihres wachsenden Engagements in Kuba haben die europäischen Länder mit Ausnahme von Spanien weder geostrategische noch sicherheitspolitische Interessen in Kuba, so dass innerhalb der EU ein stillschweigendes Einverständnis darüber zu bestehen scheint, die politische Einflussnahme von außen weitgehend den USA – und damit den Exilkubanern – zu überlassen. Eine eigentliche Politik der Demokratieförderung in Kuba hat die EU trotz des Gemeinsamen Standpunkts zu Kuba aufgrund von internen Differenzen und des Risikos eines Konflikts mit dem Bündnispartner USA bisher nicht entwickelt.

Seit 1959 bietet Kuba der EU und ihren Mitgliedsstaaten immer wieder die Gelegenheit, außenpolitische Unabhängigkeit von den USA zu demonstrieren, ohne dabei das Risiko einer direkten Konfrontation einzugehen. Es geht deshalb weniger um Kuba, das in der europäischen Außenpolitik kaum eine Rolle spielt, sondern auch um die jeweilige Position der EU und der USA im internationalen System. Dies wurde am noch immer anhaltenden Disput um das unilaterale Helms-Burton-Gesetz deutlich, das zum einen die Konditionen für eine künftige Transition in Kuba vorschreibt – und damit klar gegen internationales Recht verstößt –, zum anderen das US-Embargo auf die Staaten überträgt, die Wirtschaftsbeziehungen zu Kuba unterhalten. Kuba ist seit fast 40 Jahren eines der wenigen konfliktiven politischen Themen im Transatlantischen Dialog zwischen der EU und den USA, denen es bisher nicht gelungen ist, einen gemeinsamen Nenner für eine transatlantische Kuba-Politik zu finden. Obwohl das erklärte Endziel der Kuba-Politik beider Partner die Rückführung des Inselstaates zu Demokratie und Marktwirtschaft ist, sind sowohl die Konzepte – demokratische Reform (EU) *versus* Regimesturz (USA) – als auch die Instrumente – Sanktionen und Druck einerseits, Kooperation und Dialog andererseits –, unterschiedlich und kaum miteinander vereinbar.

Auch innerhalb der EU ist Kuba noch immer ein umstrittenes Thema. Dabei zeichnete sich im Zuge der Lomé-Debatte eine Polarisierung zwischen den Menschenrechtsfundamentalisten des Nordens (Finnland, Großbritannien, Schweden), die eine Normalisierung der Beziehungen zu Kuba blockieren, und den Pragmatikern des Südens (Italien, Frankreich, Portugal, Spanien), die für eine unkonditionierte Annäherung plädieren, ab. Die einstimmige Befürwortung der UN-Resolution gegen Kuba durch die EU war sicherlich auch ein Zugeständnis an die Gruppe der "Blockierer" und nicht zuletzt an die USA, denn der kleine karibische Inselstaat ist nach wie vor ein Symbol für außenpolitische Unabhängigkeit oder Abhängigkeit von der einzig verbleibenden Supermacht. In diesem Sinne war Kuba stets ein Test für die sich herausbildende Gemeinsame Außen- und Sicherheitspolitik der EU und die europäische Selbstdarstellung in der Welt. Eine Normalisierung der Beziehungen zu Kuba würde Washington unter anderem signalisieren, dass die EU eine eigenständige Politik der Demokratieförderung durch positive Anreize wie Zusammenarbeit und Integration verfolgt und sich von dem Modell des "Demokratieexports" durch Sanktionen und Druck distanziert.

Eine Entscheidung gegen den Lomé-Beitritt Kubas hingegen wäre ein Plädoyer für eine Annäherung an die US-Politik und die Akzentuierung der politischen Konditionalität als Strategie der Demokratieförderung gewesen. Der Verzicht der kubanischen Regierung auf einen Beitritt in das neue multilaterale Abkommen hat der EU einen Ausweg aus diesem Dilemma erspart.

Die EU wird sich auch weiterhin für eine Gratwanderung zwischen beiden Optionen entscheiden. Aus europäischer Sicht scheint eine begrenzte Öffnung die beste Strategie, um eine friedliche demokratische Transition – wie im Gemeinsamen Standpunkt festgeschrieben – in Kuba zu fördern. Indem man dem Regime kein externes Feindbild liefert und das Land nicht in die vielbeschworene Opferrolle drängt, entzieht man ihm ein wesentliches Argument der Herrschaftslegitimation am Ende des Ost-West-Konflikts. Gleichzeitig erhofft man sich von der Intensivierung der Wirtschaftsbeziehungen neben unternehmerischen Gewinnen auch einen "*triple down*-Effekt" der marktwirtschaftlichen Prinzipien. Ob eine kausale Beziehung zwischen wirtschaftlicher Öffnung und Demokratie besteht, ist bisher allerdings keineswegs erwiesen, sondern durch die Beispiele China und Vietnam eher widerlegt worden.

Die Integration des Landes in die Karibik-Politik der EU hätte jedoch vermutlich eher zu einer allmählichen "Systemangleichung" zugunsten von Demokratie und Marktwirtschaft geführt als die Isolierung des Inselstaates. Die Aufnahme Kubas in das Nord-Süd-Abkommen zwischen der EU und den AKP-Staaten hätte einerseits die wirtschaftliche und entwicklungspolitische Zusammenarbeit erweitert und zu einer Öffnung des Landes beitragen und andererseits zum ersten Mal seit 1959 einen regelmäßigen politischen Dialog eröffnet, der die Einflussnahme der EU auf eine demokratische Öffnung in Kuba erhöht hätte. Eben dies wollte die kubanische Regierung verhindern und hat sich damit für eine weitere Distanzierung von ihrem wichtigsten außenwirtschaftlichen Partner entschieden. Nach der Episode Lomé scheint eine Fortsetzung des traditionellen Antagonismus zwischen wirtschaftlicher Zusammenarbeit und politischer Distanz auf unbegrenzte Zeit vorprogrammiert.

Anhang: Statistische Angaben
Kubanische Importe, 1995-1998 (in Mio. Dollar und Prozent)

	1995	%	1996	%	1997	%	1998	%
Europäische Union	1.024	38,7	1.111	36,9	1.125	37,9	1,354	51,8
Deutschland	77	2,9	77	2,6	66	2,2	83	3,2
Frankreich	163	6,2	217	7,2	233	7,8	285	10,9
Italien	90	3,4	124	4,1	133	4,0	213	8,1
Spanien	457	17,3	513	17,1	522	17,6	584	22,3
Lateinam./ Karibik	735	27,7	739	24,6	1.119	37,7	450	17,2
Kanada	194	7,3	187	6,2	266	9,0	263	10,0
Russland	261	9,9	508	16,9	314	10,6	77	2,9
Insgesamt	2.649	100,0	3.007	100,0	2.971	100,0	2.613	100,0

Kubanische Exporte, 1995-1998 (in Mio. Dollar und Prozent)

	1995	%	1996	%	1997	%	1998	%
Europäische Union	424	28,5	482	26,0	504	28,1	510	29,6
Deutschland	33	2,2	24	1,3	28	1,6	26	1,5
Frankreich	58	3,9	48	2,6	50	2,8	55	3,2
Italien	49	3,3	34	1,8	17	0,9	12	0,7
Niederlande*	150	10,1	204	11,0	239	13,3	230	13,4
Spanien	87	5,8	119	6,4	112	6,3	130	7,5
Russland	178	12,0	369	19,9	320	17,9	374	21,7
Kanada	234	15,7	294	15,8	255	14,2	227	13,2
Lateinam./Karibik	100	6,7	130	7,0	119	6,6	74	4,3
Insgesamt	1.488	100,0	1.855	100,0	1.791	100,0	1.724	100,0

* Die Bedeutung der Niederlande erklärt sich durch die Wareneinfuhr über Rotterdam.
(Quelle: IRELA, Madrid)

Direktinvestitionen in Kuba 1990-1998 (Schätzungen)

Länder	Anteil in Prozent
Europäische Union	36,6%
Italien	21,9%
Spanien	5,7%
Frankreich	2,8%
Grossbritannien	2,8%
Kanada	34,0%
Lateinamerika	28,7%
Mexiko	25,5%
Andere Länder	0,7%
Gesamt	100%

Quelle: U.S.-Cuba Trade and Economic Council, "Foreign Investment in Cuba. New York 1999, (zusammengestellt vom IRELA, Madrid).

Literaturverzeichnis

Álamos, Pilar/Font, Mauricio/León, Francisco (Hrsg.) (1998): *Integración económica y democratización: América Latina y Cuba*. Santiago de Chile: Instituto de Estudios Internationales.

Caunedo, Silvia/Hernandez, Julio (1998): "España-Cuba: una historia de crisis y reconciliaciones". In: *Meridiano CERI* (Februar), Madrid, S. 16-20.

Font, Mauricio (1998): "Advancing Democracy in Cuba". In: Pilar Álamos/Mauricio Font: *Integración económica y democratización: América Latina y Cuba*. Santiago de Chile: Instituto de Estudios Internacionales, S. 233-265.

Gerke, Kinka (1997): "The Transatlantic Rift over Cuba: The Damage is Done". In: *The International Spectator*, Rom, vol. 32, Nr. 2, S. 27-52.

Grabendorff, Wolf (1993): "The Relationship between the European Community and Cuba". In: Donna Rich Kaplowitz (Hrsg.): *Cuba's Ties to a Changing World, Lynne Rienner.* London: Boulder, S. 89-116.

Granell, Francesc (1998): "Cuba y la Unión Europea: del encuadre latinoamericano al ACP caribeño". In: *Revista Española de Desarrollo y Cooperación,* Madrid, Nr. 3 (Herbst/ Winter).

Gratius, Susanne (1998): "Cuba y Europa: diez años de encuentros y desencuentros". In: *América Latina Hoy,* Madrid/Salamanca, Nr. 18 (März), S. 91-99.

— (1999): "40 Jahre Revolution in Kuba: Die blockierte Rückkehr in die Weltgemeinschaft". In: *Internationale Politik,* Berlin, Nr. 6, S. 35-43.

Hoffmann, Bert (1999): *The Cuban Transformation as a Conflict Issue in the Americas.* In: *Beiträge zur Lateinamerikaforschung Nr. 1.* Hamburg: Institut für Iberoamerika-Kunde.

Instituto de Relaciones Europeo-Latinoamericanas (IRELA) (1996a): *Cuba: Towards a New Crisis?* Madrid: IRELA-Briefing Nr. 1/96.

— (1996b): *La Posición Común de la UE sobre Cuba: debate interno, reacciones y repercusiones.* Madrid: IRELA-Briefing Nr. 8/96.

— (1999): *40 años de revolución en Cuba: transición hacia dónde?* Dossier Nr. 68, Madrid: IRELA.

— (2000): *Revision of the European Policy Towards Cuba: Perceptions and Interests of EU Member States.* Special Report, Madrid.

Lambie, George (1993): "Western Europe and Cuba in the 70s: The boom years". In: Alistair Hennessy/George Lambie: *The Fractured Blockade: West European-Cuban Relations During the Revolution.* London/Basingstoke: Macmillan Press, S. 276-312.

Moreno Fraginals, Manuel (1997): *Cuba/España. España/Cuba: Historia común.* Madrid: Crítica.

Nuccio, Richard (1999): "The USA and Cuba". In: Richard Haas (Hrsg.): *Trans-Atlantic Tensions. The United States, Europe and Problem Countries.* Washington, D.C.: Brookings Institution, S. 7-29.

Perera, Eduardo (1994): "Cuba y la Unión Europea: los factores de estancamiento". In: *Revista de Estudios Europeos,* Havanna, vol. 10, Nr. 40, S. 78-116.

Roy, Joaquín (1998): "La Unión Europea y España ante la ley Helms-Burton". In: *Ibero-Amerikanisches Archiv,* Berlin, Jahrgang 24, Nr. 3-4, S. 213-245.

Vázquez Montalbán, Manuel (1998): *Y Dios entró en la Habana.* Madrid/Buenos Aires/ Mexiko: El País, Aguilar.

Whitehead, Laurence (1996): *The International Dimension of Democratization: Europe and the Americas.* Oxford.

Raimund Krämer

Die Metamorphosen der Macht und die Rückkehr des Caudillo

1. Einleitung

Nach der großen europäischen Wende von 1989 rechneten Freund und Feind mit dem Zusammenbruch des "sozialistischen Leuchtturms" in der Karibik, vor allem aber mit dem Ende der Macht Fidel Castros, des *Máximo Líder* der kubanischen Revolution. Der Zusammenbruch des politischen Systems auf Kuba schien nur eine Frage der Zeit zu sein, und der anschließende Zerfall der UdSSR, des wichtigsten Verbündeten Kubas, bestärkte noch diese Auffassungen. Mittlerweile sind über zehn Jahre vergangen und Fidel Castro ist immer noch an der Macht. Auf den ersten Blick – und mancher Besucher kommt angesichts karibischer Schönheiten zu keinem zweiten – scheint Kuba weiterhin jene Insel zu sein, die in den 60er Jahren zu einem politischen Modell gemacht wurde: mit einer politischen Legende an der Spitze, mit revolutionärer Rhetorik und mit einer leidenschaftlich engagierten Bevölkerung, die bereit ist, im Kampf gegen "den imperialistischen Goliath im Norden" alles zu geben. Zwar bemerkt auch der flüchtige Blick, dass der revolutionäre Lack erheblich blättert, und dies nicht nur in der einfallenden Altstadt von Havanna. Aber die Mischung aus dem mitgebrachten Klischee und der offiziellen Selbstdarstellung gibt so manchem gut betuchten Besucher, den es Ende der 60er Jahre noch in Turnschuhen und mit Che-Poster in der Hand auf bundesdeutschen Straßen umhergetrieben hatte, das leise Gefühl, dass es hier doch "anders" sei und die in Europa vertriebene revolutionäre Idee an den kubanischen Stränden Unterschlupf gefunden habe.

2. Der Jahrhundertzirkel schließt sich

Quo vadis Kuba? ist der Titel so mancher Seminare und Tagungen, die über die Zukunft der größten Karibikinsel durchgeführt werden und zu dieser Frage wurde in den letzten zehn Jahren auch viel geschrieben (vgl. Ritter 1991; Planas 1992; Schulz 1993; Mesa-Lago 1993; Jorge 1994; Mujal-León/Saavedra 1977; Centeno/Font 1996; Domínguez 1993 und 1997 sowie

Krämer 1993, 1995 und 1998). Anstatt sich in spekulative Zukunftsbetrachtungen mit den beliebten (drei) Szenarien zu stürzen, will der Aufsatz einen Blick in die Vergangenheit werfen, wobei der gegebene Rahmen zur Konzentration auf die jüngere Geschichte zwingt. Dadurch wird jedoch das hierzulande gängige Klischee, kubanische Geschichte beginne im Jahre 1959, leider fortgeschrieben. Besondere Aufmerksamkeit soll dabei den kubanischen Eliten und natürlich der Person Fidel Castros geschenkt werden. Vorsichtige Überlegungen über künftige Entwicklungen sollen auch diesen Aufsatz beschließen; sie sind aber – wie alle sozialwissenschaftlichen Prognosen, die die Zukunft betreffen – mit kritischer Distanz zu lesen.

Wenn man die kubanische Entwicklung seit Beginn des Jahrhunderts betrachtet, dann scheint sich am Ende des Jahrhunderts der Kreis zu schließen. Es begann mit der Herrschaft der *Mambí*-Generäle aus dem Unabhängigkeitskrieg, die in den 20er Jahren in das autoritäre Regime von General Machado mündete. Seit Beginn der 30er Jahre beherrschte der schwarze Sergeant Fulgencio Batista die politische Szene Kubas indirekt – als "graue Eminenz" im Hintergrund – und direkt – als gewählter Präsident. Im Jahre 1952 putschte er sich erneut an die Macht. Sein Regime verrohte zusehends und bekam Züge einer von brutaler Gewalt und Vetternwirtschaft geprägten sultanistischen Herrschaft (Domínguez 1998). Die überwiegende Mehrheit der Bevölkerung lehnte Batista ab. Besonders bei den Studenten und in den Gewerkschaften schlug die Ablehnung in Widerstand um. Bewaffnete Aktionen begannen und 1956 nahm die "Bewegung des 26. Juli", M-26, unter der Führung des jungen Anwaltes Fidel Castro Ruz in den Bergen der Sierra Maestra im Osten des Landes den Guerilla-Kampf auf. Dem Sturz Batistas Ende 1958 folgte eine provisorische Regierung, von der einige erhofften, sie bringe dem Land eine "echte Demokratie". Aber in der scharfen, mit irrationalen Zügen versehenen Auseinandersetzung mit den USA verkündete Castro bereits 1962 den "Aufbau des Sozialismus". Kuba wechselte im weltweiten Schach des Kalten Krieges die Seite, jedoch folgte zunächst die Enttäuschung über Moskau. Während der karibischen Raketenkrise im Oktober 1962, die die Menschheit an den Rand einer nuklearen Katastrophe gebracht hatte, fühlten sich Castro und Che Guevara von Chruschtschow verraten und orientierten sich nun am "chinesischen Modell". Der Ende der 60er Jahre geplante "große Sprung", vor allem in der Zuckerproduktion, scheiterte und Fidel Castro begab sich auf den Canossagang nach Moskau. Das sich nun herausbildende politische System wurde in seiner institutionellen Gestaltung eine (karibische) Variante des Realsozialismus, wie er in der Sowjetunion sowie in Ost- und Mitteleuropa entstanden war, und muss trotz Palmen, blauer Karibik und weißer Strände als totalitär angesehen werden. Dieses realsozialistische System löste sich Ende der 80er Jahre schrittweise auf und wandelte sich allmählich (wieder) in ein autoritäres Regime um, in dem der *Caudillo* Fidel Castro die alle und alles beherrschende Figur ist. Sein Charisma, seine Ausstrahlung, gibt dem System trotz bröckelnder Legitimität angesichts des wirtschaftlichen Niedergangs, sozialer Auflösung und selektiver Repression immer noch Stabilität. Ob sich aber aus diesen autoritären Strukturen demokratische entwickeln können, ob auch Kuba den Weg der Transformation zu liberaler Demokratie und Marktwirtschaft geht, das kann heute niemand mit Sicherheit sagen. Die Antwort auf diese Frage ist vor allem mit jener Person verbunden, die heute noch vor Salsa-Musik und Cohiba-Zigarren weltweit das Markenzeichen für Kuba ist – Fidel Castro.

3. Von der Machtübernahme bis zur gescheiterten *Gran Zafra* – die 60er Jahre

In seinem Manifest vom Juli 1957 hatte Fidel Castro als Führer der Partisanenbewegung M-26 in den Bergen der Sierra Maestra an die demokratischen Traditionen anknüpfen wollen und versprach freie Wahlen entsprechend der Verfassung von 1940. Diese sollten innerhalb eines Jahres nach Errichtung einer provisorischen Regierung erfolgen. Im Januar 1959 zog er unter den Begeisterungsstürmen der *habaneros* in die Hauptstadt ein. Im April 1959, nun bereits Ministerpräsident, sprach er von der Verschiebung der Wahlen. Am 1. Mai 1960 wurden dann sowohl die liberale Demokratie als auch die dazugehörigen Wahlen schlichtweg als dekadent deklariert. In der Folgezeit zog Fidel Castro die Legitimierung seiner Herrschaft durch öffentliche Akklamationen vor und lehnte Wahlen ab. Die *Plaza de la Revolución* mit Hunderttausenden von Kubanern, die Castro enthusiastisch zujubelten, wurde zum wichtigsten politischen Raum und zur entscheidenden Legitimationsquelle. Zugleich lehnte Castro jegliche Institutionalisierung der neuen Macht, also zum Beispiel auch rätedemokratische Strukturen, ab. Verweise auf die (reale) äußere Bedrohung sowie die Gefahr der Verbürokratisierung dienten ihm stets als Rechtfertigung dafür. Traditionelle paternalistische Muster wurden – nun in revolutionärer Umhüllung – zur Grundlage der politischen Struktur Kubas. In deren Zentrum stand die Fidel Castro, dessen Machtausübung wohl am besten mit dem von Max Weber entwickelten Konzept der charismatischen Herrschaft beschrieben werden kann. Zwar schälte sich nach heftigen inneren Auseinandersetzungen eine einzige politische Organisation aus drei Parteien beziehungsweise Bewegungen[1] allmählich heraus. 1965 erhielt sie die Bezeichnung Kommunistische Partei Kubas (PCC) und übernahm die politische wie auch die administrative Leitung des Staates. Jedoch blieben die autoritären Weisungs- und Gefolgschaftsbeziehungen, die mit der Person Fidel Castros verbunden waren, weiterhin das zentrale Element dieser Herrschaft. Die Revolution durchlebte ihre "romantische Phase" mit allgemeiner Steuerfreiheit, kostenlosem Telefonieren, der Geburt des von Che verkündeten "neuen Menschen", einer chinesisch geprägten Kulturrevolution, dem ersten Massenexodus und schließlich einem wirtschaftlichen Desaster. Ende der 60er Jahre kam es zu einer ersten schweren Legitimationskrise Castros. Der Versuch, die schwierige wirtschaftliche Lage durch eine Rekordernte im Zuckerrohr, die *Gran Zafra*, im Jahre 1970 zu lösen, misslang und hatte für die anderen wirtschaftlichen Bereiche katastrophale Folgen. Parallel dazu verschärfte sich der Druck auf kritische Intellektuelle (Padilla-Affäre) und gegenüber echten bzw. vermeintlichen Abweichlern in der Partei (Mikrofraktion).[2]

4. Das realsozialistische Modell in den 70er Jahren und die Korrekturbewegung der 80er Jahre

Angesichts des Scheiterns des bisherigen politischen Projekts vollzog Castro 1970 eine politische Neuorientierung, die eine engere Bindung an die UdSSR und die Übernahme des realsozialistischen Systems sowjetischen Typs bedeutete. Die politische Macht wurde nun strukturiert und formalisiert. Diese "Institutionalisierung der Revolution" führte in der Zeit von 1970 bis 1975/76 zur (formalen) Trennung von staatlichen Funktionen und Parteiapparat. Interne Strukturen im Staatsapparat entstanden, die Wirtschaft erhielt ein "System der staatlichen Planung und Leitung" und der Marxismus-Leninismus wurde zur offiziellen Ideologie.[3] Im Dezember 1975 fand dann – 16 Jahre nach der Machtübernahme – der 1. Parteitag der PCC statt.

---

[1] Die drei entscheidenden Organisationen waren zu jener Zeit die Bewegung des 26. Juli (M-26) von Fidel Castro, das Direktorium des 13. März und die Sozialistische Volkspartei (PSP), die Partei der kubanischen Kommunisten.

[2] Die große Auswanderung – ca. 12% der Bevölkerung verließen das Land und gingen vor allem in die USA und nach Spanien – begrenzte sicherlich das Ausmaß der Repression. Jedoch dokumentieren jüngere Arbeiten (Fontaine 1997) den Umfang des staatlichen Terrors und dessen Ähnlichkeiten mit dem sowjetischen Modell, so z.B. die sehr harten Strafen für ehemalige Revolutionäre.

[3] Aus der Vielzahl der Literatur zum Institutionalisierungsprozess sei hier auf LeoGrande (1979); Aziciri (1980); Mesa Lago (1983) und Rabkin (1991) verwiesen.

Mit der Wahl Fidel Castros zum Vorsitzenden des Staatsrates, des gemäß der Verfassung formell höchsten Organs, wurde im Dezember 1976 auf der 1. Tagung der Nationalversammlung der Schlussstein in die übernommene realsozialistische Machtstruktur eingefügt. Artikel 5 der neuen Verfassung erklärte die PCC, ca. 500.000 Mitglieder und Kandidaten gehören ihr an, zur führenden Kraft der Gesellschaft. Deren 1. Sekretär – Fidel Castro – wurde zugleich Vorsitzender des Staatsrates, d.h. Präsident des Landes, und damit ex officio oberster Befehlshaber der Streitkräfte. Als Vorsitzender des Ministerrates (Regierung) steht Castro auch der Exekutive, einschließlich der Wirtschaft, vor. Der PCC wurde ein System von Massenorganisationen wie die Gewerkschaft CTC, der Bauernverband ANAP und der kommunistische Jugendverband UJC zugeordnet. Darüber hinaus wurde mit den "Komitees zur Verteidigung der Revolution" (CDR), offiziell als "Augen und Ohren der Revolution" bezeichnet, ein engmaschiges Informations- und Sicherheitsnetz geschaffen, das zugleich soziale Aufgaben des Staates – zum Beispiel die Verteilung von Nahrungsmitteln – in Wohngebieten übernahm. (Den CDR gehören ca. 5,5 Millionen Kubaner an.) Der Marxismus-Leninismus, mit dem Castro bis dahin recht wenig am Hut hatte, wurde zur herrschenden Ideologie erklärt und entsprechend propagiert. Charakteristisch bei der Herausbildung dieses realsozialistischen Systems war das hohe Maß an Abgeschlossenheit der kubanischen Gesellschaft durch ein festes Informationsmonopol des Staates, auf das bis heute mit Argusaugen geachtet wird. Nicht zuletzt gehörten nun soziale Gleichmacherei und Nivellierung der Lebensbedingungen für die Mehrheit der Bevölkerung und privilegierte Versorgungskanäle für die Funktionärsschicht zu den Merkmalen des sozialen Lebens auf der Karibikinsel.

Das kubanische System der 70er und 80er Jahre als totalitär zu charakterisieren, stößt hierzulande häufig auf Protest, zumindest aber auf Unbehagen – selbst wenn man diese Bezeichnung für die DDR gelten lässt. Zweifellos waren die Grundelemente eines solchen Systems vorhanden, wenngleich einige davon eher in abgeleiteter Form. Juan Linz, der Mitte der 70er Jahre eine produktive Definition für totalitäre Systeme entwickelte,[4] verweist in diesem Zusammenhang darauf, dass weder das weiterbestehende Charisma

---

[4] In idealtypischer Abgrenzung zu demokratischen und zu autoritären Regimes nennt Linz folgende drei Merkmale als konstitutiv für ein totalitäres politisches System: ein monistisches Herrschaftszentrum, eine exklusive Ideologie und die Mobilisierung der Massen. Linz nennt als weitere Merkmale auch die Repression und den Terror, stellt diese jedoch nicht ins Zentrum seiner Definition (Linz 2000: 21ff.).

Fidel Castros noch dessen Anlehnung an die Caudillo-Tradition ein Grund seien, die Institutionalisierung des Regimes in den 70er Jahren nicht als totalitär zu charakterisieren (Linz 2000). Die importierten Strukturen erhielten eine "karibische Färbung", die sicherlich mit zur Attraktivität des kubanischen Modells gerade in Entwicklungsgesellschaften beigetragen hat. Elizardo Sánchez, einer der führenden Vertreter der kubanischen Dissidenten, charakterisierte das politische System in seinem Land als "eine eigenartige Mischung aus osteuropäischem Totalitarismus und lateinamerikanischem Caudillismus".[5]

Ende der 70er Jahre kam es zu einer zweiten Legitimationskrise des Systems. Nach Botschaftsbesetzungen verließen über 120.000 Kubaner über den Yachthafen Mariel bei Havanna im Jahre 1980 das Land (Fernández 1982). Nach diesem Massenexodus in die USA wurden unter anderem auch Zugeständnisse bei der Einführung marktwirtschaftlicher Elemente (z.B. Bauernmärkte) gemacht. Zusammen mit umfangreichen Warenlieferungen aus den RGW-Staaten führten diese Schritte zwar zu einer gewissen Entspannung der Versorgungslage. Jedoch kam es damit (erstmals wieder) zu gewissen sozialen Differenzierungen, die für ein politisches System mit einem solch starken egalitären Anspruch und einem moralischen Fundamentalisten an der Spitze auf Dauer nicht akzeptierbar waren. Mitte der 80er Jahre kam es dann erneut zu einem politischen Kurswechsel. Die *Rectificación*, die Korrekturbewegung, wurde verkündet und sollte das System aus der spürbaren Erstarrung herausführen. Die herrschende Schicht sah bestimmte Privilegien und Fidel Castro "die reine Lehre" gefährdet. 1986 verkündete er, dass "ab jetzt tatsächlich der Sozialismus aufgebaut werde" und stellte damit die elf Millionen Kubaner vor die schwer zu beantwortende Frage, was denn in den vergangenen 25 Jahren gemacht worden sei. Zugleich wurden Elemente einer (sozialistischen) Marktwirtschaft, die Anfang der 80er Jahre vorsichtig eingeführt worden waren, als "kapitalistische Formeln" diffamiert und beseitigt. Auf dem 3. Parteitag der PCC im Jahre 1986 rief Castro zur "Korrektur der Fehler und negativen Tendenzen in Politik und Wirtschaft" auf. Mit der *Rectificación* ging eine Rückbesinnung auf Che Guevara einher, dessen Ideen und Konzepte nun (wieder) zum Leitfaden gemacht wurden. Wieder sollte an die Stelle von materiellen Stimuli, von Effektivitätskriterien und Rechnungsführung "die revolutionäre Moral und Disziplin des neuen Menschen" treten (Eckstein 1994). Zwar machte das offensichtliche Scheitern

---

[5] "Castro muss die Wende begleiten". Interview mit Elizardo Sánchez, in: *Die Zeit*, Nr. 48, v. 20.11.1992, S. 13.

realsozialistischer Planungsmechanismen eine Kurskorrektur sicherlich notwendig, jedoch ist Carlos Mesa-Lago voll zuzustimmen, wenn er vor allem politische Motive für diesen Kurswechsel sieht (Mesa-Lago 1991: 269). Fidel Castro sah in der Orientierung an technokratischen Mechanismen und in der wirtschaftlichen Dezentralisierung sowohl eine Schwächung der führenden Rolle der Partei als auch einen Machtverfall für sich selbst. Castro startete die Korrekturbewegung vor allem, um dem gewachsenen Einfluss der Technokraten zu begegnen und – das darf nicht vergessen werden – um der Perestroijka Gorbatschows zu widerstehen. Die wirtschaftlichen Effekte der Korrekturbewegung waren, abgesehen von einigen Prestigeprojekten, äußerst spärlich. Im Juli 1988 musste Fidel Castro (wieder einmal) feststellen, dass Kuba die schwerste wirtschaftliche Krise seit 1959 durchlebe.[6]

5. "Spezialperiode" in den 90er Jahren – wirtschaftliche *apertura* und politischer *cierre*

Ende der 80er Jahre signalisierte die Führung der UdSSR ihre reduzierte Fähigkeit und sinkende Bereitschaft, durch zusätzliche wirtschaftliche Leistungen die Krise in Kuba zu bereinigen. Diese verschärfte sich ab 1989 erheblich. Mit dem Ende des Kalten Krieges sank der strategische Stellenwert Kubas für die UdSSR fast auf den Nullpunkt. Der Umbruch in Ost- und Mitteleuropa führte zum Versiegen wichtiger Handelslinien und Hilfsquellen. Die wirtschaftliche Lage verschlechterte sich für die Bevölkerung in dieser Zeit geradezu dramatisch (Gunn 1991; Hoffmann 1994). Aber auch die politische Dimension der Krise zeichnete sich deutlich ab. Castro deklarierte die neue Phase als *Período Especial en Tiempos de Paz,* d.h. als einen Notzustand in Friedenszeiten. Der 4. Parteitag der PCC, der nach mehreren Verschiebungen im Oktober 1991 stattfand, bestätigte in gewohnter Einmütig-

---

[6] Produktion, Investitionen, Akkumulationsrate und Arbeitsproduktivität waren seit 1986 deutlich rückläufig. Die Zuckerproduktion reichte nicht mehr aus, um die Exportverpflichtungen gegenüber der Sowjetunion zu erfüllen. Kuba selbst kaufte jährlich 1,5 Mio. Tonnen Zucker zusätzlich auf dem Weltmarkt, um diesen Verpflichtungen nachzukommen. Die Verschuldung gegenüber dem Westen erhöhte sich auf 6,4 Mrd. US-Dollar (1988). Bereits in dieser Zeit kam es im Lande zu spontanen Protesten. Bei Jugendlichen und Intellektuellen wuchsen Enttäuschung und Resignation über die zunehmende Erstarrung des Regimes, die Misswirtschaft und die Privilegien. "Niemand kann das vernichten, aber auch niemand kann das in Ordnung bringen", schrieb resignierend im September 1988 die kubanische Jugendzeitung *Juventud Rebelde.* Und den sozialen Zustand fasste sie in die Worte "Mangel ohne Hunger, Armut ohne Not" (*Juventud Rebelde,* La Habana, v. 4.9.1988).

keit diesen Kurs aus wirtschaftlicher Austerität, ideologischer Fundamentalisierung und politischer Repression. Hoffnungen auf Reformen, die im Vorfeld des 4. Parteitages vielfach geäußert wurden, erfüllten sich nicht.

In den folgenden Jahren konnte man beobachten, wie die politischen Herrschaftsstrukturen (wieder) völlig auf die Person Fidel Castros zugeschnitten wurden.[7] Die Rolle des Zentralkomitees (ZK), dem 150 Mitglieder angehören, ist als Institution demgegenüber marginal und eher von symbolischer Natur. Unter der Losung des "Kampfes gegen die Bürokratie und für mehr Effektivität" hatte Castro 1990 die hierarchische Machtstruktur in der Partei wieder "dynamisiert".[8] ZK sowie Provinz- und Stadtkomitees der PCC wurden reduziert bzw. umstrukturiert. Im Juli 1992 wurde die Verfassung geändert, womit vor allem die konstitutionellen Rechte Castros als Vorsitzender des Staatsrates und Chef der Regierung erweitert wurden.[9]

Ende der 80er/Anfang der 90er Jahre nahmen zwar einerseits die Mechanismen realsozialistischer Prägung ab, aber andererseits blieben typische Herrschaftsmomente totalitärer Systeme, wie die Ideologisierung und Mobilisierung der Massen, noch erhalten. Selektiv wurde gegen politische Gegner vorgegangen, wobei vor allem die "Brigaden der schnellen Antwort" zur Terrorisierung von Andersdenkenden genutzt wurden. Diese "mobilen Eingreiftruppen" bringen in "spontanen Aktionen" vor den Wohnungen von

---

[7] Der 4. Parteitag der PCC wählte Fidel Castro erwartungsgemäß zum 1. Sekretär und seinen Bruder Raúl zu seinem Stellvertreter im 24-köpfigen Politbüro. Der Verlauf des Parteitages, auf dem Castro z.B. keinen schriftlichen Rechenschaftsbericht des ZK vorlegte, sondern in einer mehrstündigen Rede seine "neuesten Gedanken zur Lage" ausbreitete, und die Beseitigung des Sekretariats des ZK zeigen, wie sich Castro institutioneller Bindungen entledigt. Dafür sieht das neue Statut der Partei verstärkt die Einrichtung von "Arbeitsgruppen" beim Politbüro vor. Bereits seit Jahrzehnten praktizierte Castro mittels seiner Arbeitsgruppe, der "Koordinierungs- und Unterstützungsgruppe für den Kommandanten", das faktische Ausschalten der Parteigremien. Dieses wohl einflussreichste Beratergremium besteht aus jüngeren, fachlich hochqualifizierten Parteikadern, die auch in einem persönlich engen Verhältnis zu Castro stehen. Sie reisen in seinem Auftrage durch das Land, sammeln Informationen und bereiten seine Beschlüsse vor, die dann vom Politbüro verabschiedet werden.

[8] Bereits in der Zeit zwischen 1985 und 1987 hatte es massive Auswechslungen in den mittleren und höheren Parteistrukturen gegeben. Im Sommer 1992 kam es erneut zu Veränderungen in den Provinzleitungen der PCC.

[9] Castro steht damit dem neu geschaffenen Nationalen Verteidigungsrat vor, der laut Artikel 101 "sich schon in Friedenszeiten darauf vorbereitet, das Land unter den Bedingungen des Krieges, im Krieg, bei allgemeinen Mobilisierungen und bei Notstand zu führen". Nach Artikel 67 kann dieser Notstand ausgerufen werden, wenn durch Naturkatastrophen "oder andere Umstände [...] die Sicherheit des Landes oder die Stabilität des Staates berührt werden".

Dissidenten "Volkes Wille" zum Ausdruck. Die wirtschaftlichen und sozialen Ergebnisse dieser Politik waren äußerst mager; ja die Misere nahm sogar dramatisch zu.[10] In Havanna, besonders in der mehrheitlich von Schwarzen bewohnten Altstadt, kam es 1993 zu spontanen Revolten. Der bis dahin zögernde Castro gab nun jenen Stimmen sein Ohr, die sich für Reformschritte in der Wirtschaft aussprachen, um sich (auch) der neuen internationalen Lage anzupassen. Im Jahre 1993 erhielten sie von Castro das *Sí* für Reformen. Es begann eine vorsichtige *apertura*, d.h. Öffnung.[11] Ende 1994 wurden jene Bauernmärkte, die noch Mitte der 80er Jahre von Castro selbst hart kritisiert worden waren, wieder eingeführt. Dort können nun Einzelbauern und Genossenschaften ihre Produkte verkaufen, und die Bevölkerung kann die mageren Rationen der *libreta*, der staatlichen Rationierungskarte, ergänzen. Jedoch müssen dafür Preise gezahlt werden, die mit dem durchschnittlichen Monatsgehalt von ca. 300 Pesos kaum zu erreichen sind. Die kubanische Revolution verabschiedete sich auch von einem weiteren Dogma und führte Steuern ein. Das Einschneidendste waren jedoch die "Dollarisierung", d.h. jeder Kubaner konnte nun über US-Währung verfügen und damit in entsprechenden (staatlichen) Geschäften einkaufen, sowie die Öffnung für das Auslandskapital. Besonders im Tourismus werden ausländischen Unternehmen optimale Bedingungen geboten.[12] Die finanziellen Effekte einer solchen Politik für die nationale Wirtschaft sind fraglich. Der ökonomische Gewinn für das Land ist relativ, aber der politische Verlust, besonders der an Legitimation, dagegen groß. Ein wachsender Schwarzmarkt, zunehmende Arbeitslosigkeit, Kriminalität und Prostitution gehören heute wieder zur

---

[10] Nach Verkündung der Spezialperiode wurde der *Plan Alimentario* beschlossen, der die Ernährung der Bevölkerung, speziell der Hauptstadt Havanna, sichern sollte. Dazu wurden die *habaneros* massenweise zur Feldarbeit in die Provinz geschickt. An die Stelle des benzingetriebenen Fahrzeuges traten im Straßenverkehr Fahrräder chinesischer Produktion, man importierte über eine halbe Million, und in der Landwirtschaft tauchte wieder verstärkt das Ochsengespann auf.

[11] Dies war mit *joint-venture*-Unternehmen *(empresas mixtas)* und einer Dezentralisierung des Außenhandels verbunden. Weitere wichtige Reformschritte waren: die Legalisierung des US-Dollars als Währungsmittel im Lande und die Möglichkeit für jeden Kubaner, diese auch zu verwenden; die Erlaubnis zur *trabajo por cuenta propia*, d.h. zur Arbeit kleiner Handwerker in über 120 Berufen, speziell im Dienstleistungsbereich, "auf eigene Rechnung", und die Entwicklung von Genossenschaften *(Unidades de Producción Cooperativa)* in der Landwirtschaft.

[12] Das betrifft Kapitalmehrheit, Gewinntransfer, Qualifikation der Arbeitskräfte und nicht zuletzt die vom Kapital stets geschätzte "soziale Ruhe". Gemanagt wird dies hauptsächlich von hochrangigen Parteifunktionären. Auch das Militär ist dabei. Im Tourismus-Bereich bietet es beispielsweise Jagdausflüge in militärischen Sperrgebieten an.

kubanischen Realität. Viele Kubaner fühlen sich als zweitklassige Bürger eines Landes, in dem für die Währung des offiziell verschmähten Feindes alles möglich ist. Gerade in einer Gesellschaft, die den Gleichheitsanspruch zu einer ihrer Säulen gemacht hat, führt dies immer mehr zu kritischen Fragen und abwinkender Resignation, oftmals zu Ausreise und Flucht, manchmal auch zur politischen Opposition.

Die politische Führung versucht, diesen Entwicklungen entgegenzusteuern. Man rennt der Illusion nach, die "kapitalistischen Geister", die man händeringend ruft, unter Kontrolle halten zu können.[13] Gleichzeitig erscholl in den Medien der Ruf nach "Ruhe und Ordnung", der Kampf gegen "antisoziale Elemente" und "Vandalismus" müsse verstärkt werden. Der im Januar 1999 von Castro gemachten Ankündigung, nun die *medidas más fuertes* gegen Kriminalität, Drogen und Prostitution zu ergreifen, folgten bald konkrete Schritte: eine "Reform" des Strafgesetzbuches, wobei es vor allem um eine Verschärfung der Strafen, einschließlich der Erweiterung jener Fälle, für die Todesstrafe angewandt wird, ging; weiterhin kam es zur Aufstellung von Sondereinheiten der Polizei, vor allem in Havanna, und nicht zuletzt wurden die Gehälter der Polizisten beachtlich erhöht.

6. Die kubanischen Eliten

Im September 1992 wurde Carlos Aldana, Sekretär für internationale Beziehungen und Ideologie und die "Nummer 3" in der kubanischen Hierarchie, zur großen Überraschung politischer Beobachter all seiner Ämter enthoben. Einige Äußerungen über Wirtschaftsreformen hatten ihn in der internationalen Presse zu einem "Gorbatschow der Karibik" gemacht. Drei Wochen später gab *Granma*, das Zentralorgan der PCC, "Versäumnisse in seiner Arbeit" und "schwere persönliche Verfehlungen" bekannt.[14] Einige Jahre später, im Mai 1999, fiel der vorher hochgelobte, junge und oftmals als "Reformer" titulierte Außenminister Roberto Robaina. *Robertico* hatte einst den kommunistischen Jugendverband geleitet, und der *Comandante* machte ihn später –

---

[13] So können z.B. die Arbeiter und Angestellten in den ca. 200 ausländischen bzw. gemischten Unternehmen ausschließlich über eine staatliche Verteilerstelle unter Vertrag genommen werden. Nur politisch Vertrauenswürdige sollen an diese lukrativen Stellen kommen. Die Frage ist, ob hier die politische Elite das jetzige System sichert oder, was eher zu vermuten ist, sich auf das politische Morgen vorbereitet.

[14] Vgl. *Nota del Buró Político* (Granma Internacional v. 18.10.1992).

bar jeglicher internationaler Erfahrungen – zu seinem Außenminister.[15] An seine Stelle trat der 34-jährige Felipe Pérez Roque, der trotz seiner Jugend nicht unbedingt als "reformorientiert" gelten kann. Auch Pérez Roque gilt als enger Vertrauter von Castro. Der plötzliche und tiefe Sturz von solchen Exponenten des Regimes macht deutlich, in welcher sozialen, politischen und auch rechtlichen Stellung sich die kubanischen Eliten befinden. Ihr oftmals unerwartetes Aufsteigen und plötzliches Verschwinden lässt Erinnerungen an die politisch und rechtlich völlig ungesicherte Stellung hoher Würdenträger in orientalischen Despotien aufkommen, wie sie von Karl Wittfogel sehr genau beschrieben wird.

Bei Betrachtungen über die kubanische Elite wird in der Regel auf zwei Kategorien der Nomenklatura verwiesen: Funktionäre in der Kommunistischen Partei und das Militär (LeoGrande 1978 und 1979). Auf diese beiden Gruppen soll hier kurz eingegangen werden. Was die Parteifunktionäre betrifft, so hat Castro in der Vergangenheit mehr als einmal seine Vorbehalte und sein tiefes Misstrauen gegenüber Parteibürokraten zum Ausdruck gebracht. Er ist nicht gewillt, "seine Revolution" jenen gesichtslosen Funktionären, die in allen realsozialistischen Ländern in den 60er und 70er Jahren die Führung übernommen hatten, zu überlassen. So war es nicht zufällig, dass in den 90er Jahren wieder jene an Einfluss gewannen, die einst mit Fidel Castro in den Bergen gekämpft hatten und dem "originären Projekt" persönlich verbunden sind. Jedoch macht deren zunehmende Vergreisung es immer schwieriger bzw. oft unmöglich, sie noch in der praktischen Politik einzusetzen.[16] Jüngere Fachleute und Parteifunktionäre, die in den 90er Jahren eine politische Karriere machten, hatten vor allem eines gemeinsam – die enge persönliche Bindung zu Castro. Exemplarisch dafür steht Carlos Lage Dávila, der 1992 von Fidel Castro zum Exekutivsekretär des Ministerrates gemacht wurde und bis heute dessen wichtigster ausführender Arm ist. (Castro hat es aber bis heute vermieden, ihm offiziell die Stellung eines "Ministerpräsidenten" zu übergeben!) Im Zuge der allgemeinen Verjüngungskuren verringerte sich das Durchschnittsalter der Mitglieder des ZK

---

[15] Als während der Balsero-Krise 1994 diplomatisches Geschick in den Gesprächen mit den USA benötigt wurde, war es dann der wirkliche "erste Diplomat" des Landes, Ricardo Alarcón, der jetzige Präsident der Nationalversammlung, der die Verhandlungen führte.

[16] Zu dieser Gruppe gehören im Politbüro u.a. Raúl Castro, der Bruder Fidel Castros, Ramón Machado, Juan Almeida, Abelardo Colomé und Julio Casas Regueiro. Sie besetzen, sofern sie physisch in der Lage sind, innerhalb des Apparates weiterhin wichtige Funktionen. Ramón Machado ist z.B. verantwortlich für den Parteiapparat und Abelardo Colomé leitet das Innenministerium.

sogar auf 47 Jahre!¹⁷ Nachdem der 5. Parteitag 1997 der PCC relativ ereignislos vorbeigezogen war, kam es danach zu Personalveränderungen in der Partei, speziell auf der Ebene der Provinzen. Diese umfangreichen personellen Veränderungen werden stets als "Entbürokratisierung" und "Verjüngung" umschrieben.¹⁸ Oft wird damit auch die Schuldfrage für die Missstände in der Gesellschaft "geklärt". Zugleich erschwert permanenter Wechsel das eigenständige politisch und fachlich kompetente Handeln von Akteuren, und nicht zuletzt höhlen diese ständigen Umschichtungen und Rotationen die Institutionen aus bzw. verringern deren Wirkung. Da Institutionen allein schon durch ihre schiere Existenz Grenzen für den Willen des Führers darstellen, ist der charismatische Fidel Castro an deren Abbau bzw. Einschränkung stark interessiert. Das erscheint mir wesentlich für das kubanische System in den 90er Jahren.

Die zweite wichtige Gruppe in der kubanischen Elite ist das Militär. Obwohl formal in die Parteistrukturen eingebunden, muss man das Offizierskorps als eine besondere Gruppe mit eigenen Strukturen, Kompetenzen und auch Interessen sehen. Die kubanische Gesellschaft ist in hohem Grade militarisiert.¹⁹ Die entscheidende Rolle des bewaffneten Kampfes beim Sturz Batistas und anschließend bei der Sicherung der Revolution, wie beispielsweise bei der Abwehr der Invasion in der Schweinebucht im April 1961, haben den traditionell hohen sozialen Stellenwert, den das Militär in Süd- und Mittelamerika hat, in der kubanischen Gesellschaft noch verstärkt. Das Prestige des kubanischen Militärs erhöhte sich noch durch dessen "erfolgreiche Bilanz" in Äthiopien und Angola in den 80er Jahren. Im Unterschied zu den Funktionären in der Wirtschaft, die für die Versorgungsmiseren verantwortlich waren bzw. gemacht wurden, standen die "Helden der Schlacht von

---

[17] Diese Veränderungen vollzogen sich auch im Politbüro: Bis 1980 hatte es keinen personellen Wechsel in dem 1965 formierten Spitzengremium gegeben, 1991 waren dann nur noch 5 Mitglieder von 1975 in diesem Gremium. Das Politbüro wurde auf 24 Mitglieder erweitert, wobei man gleichzeitig den Kandidatenstatus abschaffte und damit auch diese Institution verjüngte. Zu der "neuen Generation" gehörten neben dem Mediziner Carlos Lage Dávila Concepción Campa, Yadira García Vera, Maria de los Angelez Garcia und Abel Prieto und damals auch Roberto Robaina, der langjährige Chef des kommunistischen Jugendverbandes UJC.

[18] Im Oktober 1990 wurde mit einer Umstrukturierung des Zentralkomitees sowie der Provinz- und Stadtkomitees der Parteiapparat nach offiziellen Verlautbarungen um 50% reduziert. 5.000 Funktionäre wurden in die Produktion, speziell aufs Land, geschickt.

[19] Ende der 80er Jahre hatten die kubanischen Streitkräfte 165.000 Mann unter Waffen. Hinzu kamen 135.000 Reservisten. Weiterhin müssen die Mitglieder der Territorialmilizen (MTT), zu denen in den 80er Jahren ca. eine Million Kubaner gehörten, berücksichtigt werden.

Cuito Cuanavale" in Angola im glänzenden Licht der kubanischen Öffentlichkeit (Domínguez 1991). Aber da liegt auch die potentielle Gefahr, die sie für Castros Herrschaft darstellen. Innerhalb des streng hierarchisch aufgebauten militärischen Systems mit seinen eigenen Befehlsstrukturen, Interessen und Loyalitäten existiert auch ein Humus für eigenständiges (politisches) Denken und auch für kompetentes und wirksames Handeln. Es ist diese latente Gefahr des Militärs als Institution, um die sich autoritäre Diktatoren und totalitäre Herrscher stets sorgen. Durch institutionelle Alternativen, wie den Aufbau paramilitärischer Milizen, und/oder eine Politik von Zuckerbrot und Peitsche soll dem entgegengewirkt werden. Auch die kubanischen Offiziere waren und sind in die privilegierten Versorgungskanäle des Systems eingebunden. Sie haben ihre eignen Clubs in Havanna und an den Stränden, wo sie mit ihren Familien preiswert das Wochenende verbringen können. Auslandseinsätze halfen in der Vergangenheit, weitere Stufen auf der Privilegienleiter zu erklimmen. Dass dies jedoch allein nicht das Bedrohungspotential beseitigt, und es stets auch der "harten Hand" bedarf, zeigte sich Ende der 80er Jahre. Nach einem Schauprozess, der an jene unrühmlichen der 30er Jahre in Moskau erinnerte, wurde im Juli 1989 der hochdekorierte General Arnaldo Ochoa erschossen.[20] Nach dieser schockartigen "Disziplinierung" des Militärs wurde die politische Kontrolle über diese Institution verstärkt, und zugleich erhielt das Militär die Möglichkeit, sich zu "rehabilitieren". Es begann eine Militarisierung der kubanischen Politik. Militärs wurden in den zivilen und wirtschaftlichen Verwaltungen des Landes eingesetzt. Nachdem das Militär an den "internationalen Fronten" effektives und letztlich erfolgreiches Handeln nachgewiesen hatte, sollten nun die Militärs an der "inneren Front" an die Stelle der abgelösten (zivilen) Parteikader tre-

---

[20] Ochoa hatte als General in den 80er Jahren die 50.000 Kubaner in Angola geführt. Er genoss im Militär und auch in der kubanischen Öffentlichkeit große Popularität. Der "Held von Angola", der in jungen Jahren zur Guerilla Castros in die Berge gegangen war, schuf sich durch Ausstrahlung und mit Geschenken ein ihm loyales Netzwerk im Offizierskorps. Hinzu kamen seine Kontakte zu sowjetischen Militärs, die er während seiner Einsätze in Afrika geknüpft hatte. Zusammen mit zwielichtigen Gestalten des Innenministeriums wurde Ochoa des Rauschgiftschmuggels angeklagt. In abendlichen Fernsehsendungen wurden Ausschnitte dieses obskuren Schauspiels vorgeführt. Die Generalität distanzierte sich öffentlich und schriftlich von Ochoa. In unteren Offiziersrängen kam es jedoch zu Verhaftungen. Die Erschießung Ochoas in den Morgenstunden des 14. Juli 1989 war sowohl im Militär als auch in der Bevölkerung unerwartet. Im Land spürte man die Betroffenheit. Castro persönlich bemühte sich am Vorabend, diese Entscheidung in einer sechsstündigen Fernsehrede zu begründen. Und obwohl Militärs an den Pranger gestellt wurden, fiel kein Wort zum Chef des Militärs, seinem Bruder Raúl.

ten. Immer wieder werden Generäle an die Stelle von geschassten Zivilisten auf Ministersessel gesetzt. Heute stehen in sechs Ministerien Militärs an der Spitze, das gilt auch und besonders für die Zuckerindustrie.[21] Auch in den höheren Parteistrukturen kann diese Militarisierung beobachtet werden: Ein Drittel des Politbüros gehört mittlerweile dem Militär an!

Anfang der 90er Jahre kristallisierte sich eine Allianz von jüngeren Parteifunktionären, Wirtschaftsexperten in parteinahen Instituten und Technokraten heraus, die auf Reformen drängte. Zu dieser reformorientierten Allianz konnten sicherlich auch Teile im Militär gezählt werden. Hinzu kam das kubanische Management in gemischten und ausländischen Betrieben. Diese Allianz war zwar stark an Reformschritten interessiert, jedoch sollten diese – in der Regel – auf den Wirtschaftssektor begrenzt werden. Möglichkeiten im politischen Raum wurden noch am ehesten auf der kommunalen Ebene gesehen (Dilla/Gonzalez/Vincentelli 1992; Hoffmann 1994). Mit der *apertura* erhielten diese Kräfte nach 1993/94 weiteren politischen Raum. In einzelnen Bereichen kam es auch zu Reformen. Castro plädierte nun selbst für "Maßnahmen, die uns zuwider sind". Seine Unterstützung für die reformorientierten Kräfte hielt sich aber in Grenzen. Deren Aktivitäten im In- und vor allem im Ausland wurde von der Spitze zwar skeptisch beobachtet, aber doch toleriert. Im Frühjahr 1996 kam dann der Gegenschlag. Auf dem 5. Plenum des Politbüros wurde die Reformdebatte abrupt beendet und deren Befürworter als "5. Kolonne des US-Imperialismus" diffamiert und schließlich aus ihren Ämtern verjagt. Es war kein geringerer als Raúl Castro, der diese Attacke gegen die "negativen Tendenzen" in der Partei anführte, und es wäre fatal, wollte man diese als eine Reaktion nur einer kleinen Fraktion von "Betonköpfen" interpretieren. Bereits in der Vergangenheit nutzte Fidel Castro seinen fünf Jahre jüngeren Bruder für die "groben Arbeiten". Dadurch erhielt er sich im Lande den Nimbus eines Übervaters, der sich nicht in die Niederungen von scheinbar persönlichen Auseinandersetzungen seiner Funktionäre begab, und für das Ausland blieb er der witzige, tolerante und geistreich plaudernde Staatsmann. Es folgte auf Kuba eine Zeit des Dunkelmännertums, der Verhärtung und gezielten Repression, was sich auch auf dem 5. Parteitag der PCC deutlich zeigte. An die Stelle von *apertura* trat nun die Forderung nach "Einheit und Geschlossenheit"; Uniformträger bestimmten nicht nur optisch das Bild des Parteitages. Die eingeleitete *apertura* war

---

[21] Dazu gehört die Einsetzung des bisherigen Chefs des kubanischen Generalstabes, Divisionsgeneral Ulises Rosales del Toro, als Minister für die Zuckerwirtschaft im Oktober 1997.

zwar für die Wirtschaft, jedoch nicht für die Politik vorgesehen. Ein Überspringen des Reformgedankens von der Wirtschaft in die politische Realität des Landes sollte verhindert werden, und dort, wo es bereits geschehen war, wurde der Funke mit Gewalt unterdrückt und schließlich ausgetreten. In weiten Teilen der politischen Elite finden wir heute zwar eine gewisse Akzeptanz für die ungeliebten Reformen und die wirtschaftliche Öffnung. Aber zugleich ist man schnell bereit, bei einzelnen Reformen, wie etwa bei den Selbständigen im Dienstleistungsgewerbe, die eine besondere politische Brisanz haben und wo die soziale Kontrolle immer schwerer gelingt, auf die Bremsen zu treten. Diese reformunwilligen Kräfte dominieren bis heute das System und ihre zentrale Bezugsperson ist Fidel Castro. Gegenwärtig gibt es in der politischen Elite Kubas weder bei den Militärs noch bei zivilen Parteikadern politisch relevante Kräfte, die ein Reformkonzept formuliert haben bzw. an dessen Umsetzung arbeiten. Die heutige kubanische Elite ist stromlinienförmig in die personalistischen Strukturen eingepasst.[22] Es scheint, dass sie in Nibelungentreue ihr Schicksal mit dem Fidel Castros verbunden sieht. Tägliche Schreckensmeldungen aus den ehemaligen Bruderländern, der Gedanke an Miami und die gebetsmühlenhaft wiederholte Losung von "Sozialismus oder Tod" lassen sie keine Alternative denken, zumindest aber nicht öffentlich formulieren.

7. Die Rückkehr des Caudillo

Auch Kuba hat sich vom Realsozialismus sowjetischen Typs verabschiedet. Die Frage aber ist wohin? Wir finden in Kuba heute weniger ein System mit leninistischen Kommandostrukturen, sondern wieder eine personalistische Herrschaft vor. Castros Macht basiert heute erneut vor allem auf den traditionellen paternalistischen Strukturen, in deren Zentrum er selbst steht. Er hat unter der Losung der "Entbürokratisierung" die realsozialistischen Institutionen und Machtstrukturen, die zum Teil formal weiterbestehen, in ihrer Bedeutung zurückgefahren bzw. ihres früheren Inhalts entleert. Ende der

---

[22] Waren in den 60er Jahren verschiedene Strömungen auszumachen – Kommunisten der PSP, pro-chinesische oder pro-sowjetische Vertreter im M-26 – so ist gegenwärtig keinerlei Auseinandersetzung um ein politisches Reformkonzept zu erkennen. Die Verschärfung des US-Embargos mit dem Helms-Burton-Gesetz im Jahre 1996 wurde mit persönlichen Treuebekenntnissen für Fidel und Raúl beantwortet. Ca. 250.000 Angehörige des Militärs und der Sicherheit erklärten in der *Declaración de los Mambises del Siglo XX* schriftlich ihre Loyalität. Und dies nicht nur gegenüber dem System, der Revolution oder dem Land, sondern ausdrücklich gegenüber Fidel und Raúl als ihren "unzweifelhaften Führern" (vgl. Granma Internacional v. 26.3.1997).

80er/Anfang der 90er Jahre wurden Institutionen realsozialistischer Herrschaft abschafft.[23] Damit gelang es ihm – im Unterschied zur Erstarrung realsozialistischer Systeme in der Sowjetunion und in den mittel- und osteuropäischen Staaten – die politischen Strukturen aufzubrechen und auch zu dynamisieren (Di Palma 1995). Nicht unerheblich war dabei, dass Castro durch diese jüngeren Kräfte (zumindest zu Beginn ihrer Einsetzung) auch an Legitimität wieder gewinnen konnte. Diese oftmals recht unkonventionell auftretenden Politiker wie (ehemals) Roberto Robaina oder der Vorsitzende des Schriftstellerverbandes, Abel Prieto, verschafften Castro gerade bei jenen Jugendlichen und Intellektuellen (wieder) etwas Legitimität, die sich dem Charisma des *Máximo Líder* immer mehr entziehen. Ob dadurch die "kubanische Revolution" doch noch zu Erben kommt, bleibt aber mehr als fraglich.[24]

Diese neue Herrschaftsform, die seit Beginn der 90er Jahre zu erkennen ist, habe ich als spätsozialistische Caudillo-Herrschaft bezeichnet (Krämer 1993). Peter Waldmann charakterisiert die Caudillo-Herrschaft als "Institutionenersatz" sowie als eine "eminent dynamische Herrschaftsform" (Waldmann 1978: 195). Sie entstand Anfang des 19. Jahrhunderts nach der Auflösung der zentralistischen Strukturen des spanischen Kolonialreiches (Lynch 1992). Als ein solcher "Institutionenersatz" verstanden liegt in Castros personalistischer Herrschaft auch jenes Entwicklungspotential, das dieses System zweifellos – zur Überraschung vieler Beobachter – heute aufweist. Es überlebte weniger ein realsozialistisches System in Kuba, sondern dieses mutierte in eine personalistische Diktatur. Der charismatische Führer, der Caudillo, steht wieder bar jeglicher institutioneller Schranken auf der politischen Bühne Kubas. Zwar ist der Bart ergraut und die Zeichen für das Abbröckeln der Wirkung seines Charismas, speziell in der Jugend, sind unübersehbar. Aber angesichts der dramatischen Konsequenzen aus den Umbrüchen in den ehemaligen "Bruderländern" hat die Zukunftsangst bei der Mehrheit der Kubaner, speziell der Eliten, zugenommen. In solchen Zeiten

---

[23] Dazu gehört sicherlich die Ablehnung von Rechenschaftsberichten auf den Parteitagen, also jener von den verschiedenen Parteieinrichtungen vorbereitete Text, der im Realsozialismus geradezu das Evangelium der nächsten fünf Jahre war. Ein weiterer Schritt war die Beseitigung des "Sekretariats des Zentralkomitees". Mit Hinweis auf den Kampf gegen die Bürokratie wurde es auf dem 4. Parteitag aufgelöst, jedoch behielt Fidel Castro den Titel eines 1. Sekretärs!

[24] Gerade bei den jüngeren Generationen, die die überwiegende Mehrheit der kubanischen Bevölkerung darstellen – 60% der Kubaner wurden nach 1959 geboren – zeigen sich Unzufriedenheit und Wertorientierungen, die fern des "revolutionären Projekts" liegen.

hat Castros Charisma noch erhebliche Wirkung als eine politische Kraft, die auch die wachsende Kluft zwischen erstarrtem politischem System und veränderter Gesellschaft überbrücken hilft.

Das politische Bild, das Kuba am Ende des 20. Jahrhunderts bietet, trägt (wieder) die deutlichen Züge autoritärer Herrschaft (Linz 2000: 129ff.; Domínguez 1997). Das wirtschaftliche Unvermögen, selbst die staatlich zugesicherten Rationen zu gewährleisten, die Öffnung für das Auslandskapital und die Touristenströme reduzieren den umfassenden, oder auch totalen politischen Anspruch. Die Schattenwirtschaft, die das Überleben der kubanischen Familien, auch der von Parteifunktionären, sichert, wird geduldet, ja akzeptiert. Der Staat lässt seinem Bürger wieder Nischen, vor allem wirtschaftliche, aber auch religiöse. Aufmärsche von Hunderttausenden zum 1. Mai oder 26. Juli werden aus Kostengründen abgesagt. An die Stelle der marxistisch-leninistischen Ideologie tritt ein messianisch anmutender kubanischer Nationalismus.

Aber zu diesen autoritären Zügen, wie sie z.B. auch für das Franco-Regime in den 50er und 60er Jahren typisch waren, gehört auch ein "begrenzter und unverantwortlicher Pluralismus" (Linz), der keine wirklich autonomen und selbständig auftretenden Akteure als Mitspieler in den politischen Raum lässt. Gegenüber jenen, die den Anspruch formulieren, am politischen Prozess teilzunehmen, und mit eigenen Projekten für eine Reform des Systems auftreten, handelt die kubanische Führung gezielt und kompromisslos mit Härte. Fidel Castro hatte frühzeitig warnend verkündet, dass man keine "polnischen Verhältnisse" gestatten werde. Anfang 1996 hatte sich mit dem *Concilio Cubano*, dem kubanischen Rat, erstmals eine lose Dachvereinigung formiert, der kleinere Gruppen und Bewegungen unterschiedlicher ideologischer Ausrichtung angehören. Die für Februar 1996 beantragte erste öffentliche Veranstaltung des *Concilio* wurde offiziell abgelehnt, Aktivisten verhaftet und zum Teil auch verurteilt. Hartes Durchgreifen gilt sowohl gegen Reformer in der Partei, wie es 1996 mit aller Deutlichkeit geschah, als auch gegen jene oppositionellen Gruppen, die sich in den letzten Jahren gegründet haben.

Gegenwärtig können wir eine Vielzahl von oppositionellen Gruppierungen wahrnehmen – dies vor allem im Internet. Es gibt keine genauen und verlässlichen Angaben, die Zahl soll zwischen 100 und 200 liegen, ihr Rückhalt in der Bevölkerung ist bisher gering.[25] Trotz ideologischer und zum Teil

---

[25] Aus dieser Vielzahl seien hier nur folgende Organisationen genannt: *Partido Social Demócrata Cubano*, von Vladimiro Roca 1995 gegründet, die *Comisión Cubana de De-*

personeller Divergenzen sprechen sich die oppositionellen Gruppen im Lande für einen Dialog aller politischen Kräfte, für einen friedlichen Übergang zu demokratischen Verhältnissen, für die Gewährleistung sozialer Sicherheiten und gegen das US-Embargo aus.[26] Mit besonderer Härte geht das Regime gegen Oppositionelle dann vor, wenn diese ideologisch (oder gar personell) aus der Kommunistischen Partei entstammen. Dies zeigte sich deutlich in der Behandlung des *Grupo de la Disidencia Interna*, der am 17. Juni 1997, im Vorfeld des 5. Parteitages, das Dokument *La Patria es de Todos* veröffentlicht hatte. Die vier Mitglieder der Gruppe – Vladimiro Roca Antúnez,[27] Marta Beatriz Roque Cabello, René Gómez Manzano und Félix Bonne Carcassés – wurden danach fast zwei Jahre in Untersuchungshaft festgehalten und wegen "Anstiftung zum Aufruhr" zu Gefängnisstrafen zwischen drei und fünf Jahren verurteilt, die sie zur Zeit verbüßen müssen. Die Tendenz zur politischen Verhärtung und selektiven Repression erreichte in Kuba am Ende des Jahrhunderts einen traurigen Höhepunkt. Neben den bereits erwähnten Änderungen des Strafgesetzes und der Stärkung der Polizeikräfte gehört dazu auch das Gesetz zum Schutz der nationalen Unabhängigkeit und der Wirtschaft Kubas vom 15. März 1999. Indem es allen "unpatriotischen Kräften" mit dem diffusen und willkürlich zu nutzenden Vorwurf, "die Ziele des US-Embargos und des Helms-Burton-Gesetzes zu befördern", harte Strafen androht, stellt es praktisch ein Damoklesschwert für die gesamte Opposition dar. Und die bisherige Praxis zeigt, dass es als solches gezielt eingesetzt wird.

8. Fidel Castro und sein Kuba

Merklich älter geworden ist der nun 75-jährige Fidel Castro, aber mit den gesichts- und oftmals sprachlosen Führern des Realsozialismus hat er bis heute kaum etwas gemein. In privaten Gesprächen, besonders gern mit US-amerikanischen Journalistinnen, zeigt sich Castro als der gebildete und

---

rechos Humanos y Reconciliación Nacional von Elizardo Sánchez, das *Comité Cubano Pro Derechos Humanos* von Gustavo Arcos, der *Movimiento Cristiano de Liberación* von Osvaldo Payá Sardiñas, die *Corriente Socialista Democrática Cubana*, die *Central Unica de Trabajadores Cubanos* sowie der *Partido Solidaridad Democrática*.

[26] Siehe z.B. die Erklärungen des *Foro Tercer Milenio*, der sich Ende 1999 aus über 20 Organisationen formiert hat, bzw. der *Mesa de Reflexión* mit dem Dokument *Transición hacia la democracia: un proyecto para completar la nación*.

[27] Vladimiro Roca ist der Sohn von Blas Roca, der von 1934 bis 1961 Generalsekretär der Kommunistischen Partei (PSP) und von 1976 bis 1981 Präsident der kubanischen Nationalversammlung war. Er starb im Jahre 1987.

zugleich wissenshungrige Partner. Mit seinem enzyklopädischen Wissen und seinem stillen Witz zieht er sowohl konservative Banker als auch ruhelose Revolutionäre an sich und lässt seinen Gesprächspartnern wenig Chancen, sich seiner Person zu entziehen. Er ist der wortgewaltige Tribun, der mit idealistischem Glauben und eiserner Disziplin, auch gegenüber sich selbst, seit über 40 Jahren seine Insel, und zeitweise nicht nur diese, in ein Paradies auf Erden zu verwandeln sucht. Wort, Glaube und Disziplin kann man als die *Santísima Trinidad* des Machtpolitikers Fidel Castro ansehen.

Das Wort ist, wie es sein Freund, der kolumbianische Schriftsteller Gabriel García Márquez, einmal formulierte, für ihn Beruf(ung) und zugleich das Mittel, den öffentlichen Raum zu erobern, um ihn letztlich zu beherrschen. Seine Biographie zeigt, wie es ihn nicht nur von frühester Jugend in die Mitte dieses Raumes drängte, sondern dass er sich sehr bald selbst als dessen Zentrum verstand. Um dies zu erreichen, bedurfte es in einer politischen Kultur des Mündlichen, wie sie in der gesamten Region dominiert, auch und vor allem der öffentlichen Rede, des gesprochenen Wortes. Fidel Castro hat dafür seine *Plaza de la Revolución* und vor allem das Fernsehen. Mit letzterem erreichten seine magischen Worte bereits sehr frühzeitig ein Millionenpublikum. In seinen öffentlichen Auftritten zieht Fidel Castro geradezu magisch Hunderttausende in seinen Bann. Auf der Straße oder in Betrieben umringen ihn seine Landsleute, reden ihn nur mit "Fidel" an und lassen sich von ihm befragen oder belehren. Castro weiß um diese Magie des gesprochenen Wortes, das weniger Information als vielmehr Vision für die Massen bedeutet. Das Wort ist bei ihm zugleich mit einem tiefen Glauben verbunden. Es ist weniger ein kirchlich gebundener, obwohl er katholisch erzogen wurde, es ist ein Glaube an vermeintlich höhere Werte, denen politisches Handeln primär verpflichtet sei. "Heiliges Opfer" für das Vaterland bzw. für die Menschheit, das hört man beständig in seinen Reden. Er versteht sich in der Tradition antikapitalistischer Prediger wie Félix Varela oder moralisierender Politiker wie Eduardo Chibás, der in den frühen 50er Jahren die Korruption der politischen Klasse anprangerte und dabei auch nicht vor dem Selbstopfer auf dem Altar eines moralischen Rigorismus zurückscheute. In diese Fußstapfen trat Fidel Castro. Vor allem aber ist es der Glaube an sich selbst, an seine historische Bestimmung und seine Fähigkeit, diese zu erfüllen.

Das dritte Element, das jenes Amalgam aus Wort und Glaube bei Fidel Castro erst zu jener festen Legierung machte, war und ist seine Disziplin. Sie erst ließ ihn zu einer der großen Persönlichkeiten des 20. Jahrhunderts werden. Es ist jene Disziplin, die er bei den Jesuiten, zunächst in Santiago, danach in Havanna, gelehrt bekommen hatte, und die ihm dann den Weg durch den politischen Dschungel Kubas bahnte. Disziplin als Forderung an andere, aber vor allem an sich selbst, blieb bis heute sein Credo. Er praktizierte sie im Exil in Mexiko und in den Bergen der Sierra Maestra. Dieser Sinn für Disziplin prägt auch seinen ganzen Politikstil, der ihn in der Vergangenheit oftmals bis an die Grenzen der physischen Belastbarkeit getrieben hat. Ruhelos reist er durchs Land; er kontrolliert und gibt Ratschläge, die bei seinen Hörern zu Anweisungen werden, egal zu welchem Problem. Schlaf findet er kaum. Mit eiserner Disziplin hat er auch von einem Tag zum anderen das Rauchen (kubanischer Zigarren) aufgegeben.

Nimmt man Glaube und Disziplin zusammen und denkt an seine jesuitische Erziehung, so ist man versucht, Fidel Castro als eine karibische Variante des Ignacio de Loyola zu deuten, des spanischen Gründers des Jesuiten-Ordens aus dem 16. Jahrhundert. Die kubanische Revolution demnach ein jesuitisches Projekt? Für Peter Bourne, der mit großer Kenntnis und psychologischer Tiefe eine fundierte Castro-Biographie geschrieben hat, ist Fidel "in erster Linie Jesuit, in zweiter Revolutionär und in dritter Marxist" (Bourne 1986). Nicht nur Castros spitzfindige, rabulistisch geschickte Argumentationen geben Anhaltspunkte für diese Überlegung. Der hohe Stellenwert, den die kubanische Revolution von Anfang an der Erziehung und der Bildung gegeben hat, lässt ebenfalls Erinnerungen an das Konzept der "Gesellschaft Jesu" aufkommen. Die Umwandlung der einst vergeblich angegriffenen Moncada-Kaserne in einen Schulkomplex steht dafür als ein Symbol. Sicherlich sind sein Wertkonservatismus, seine Disziplin und sein geradezu missionarisches Handeln ohne Verweis auf die jesuitische Prägung in den Jugendjahren nicht erklärbar. Jedoch wurden diese auch aus anderen geistigen Quellen dieses Jahrhunderts gespeist, seien es die spanischen Politiker und Philosophen Primo de Rivera und Ortega y Gasset oder Karl Marx und Mao Zedong.

Castro hat bis heute den Willen, in seinem Kuba seine Vision von Gleichheit und Glück umzusetzen, und er bot zeitweise dieses Modell auch weltweit an. Einen Fingerabdruck auf den Seiten der Geschichte zu hinterlassen, ist der Drang vieler Politiker. Bei manchen wird es geradezu eine Zwangsvorstellung, zu denen gehört ohne Zweifel Fidel Castro. Eine Zeile in der Geschichte Kubas zu schreiben, das hat er sehr früh als seine Bestimmung gesehen (und es auch gesagt.) Es ist mittlerweile mehr als eine Zeile geworden, und das Kapitel ist noch nicht abgeschlossen. Es ist die Historie, die sich in seinen Worten und seinem Handeln immer wieder finden lässt. Castros politische Auftritte sind inszenierte Historie. Was auch immer er macht, er denkt vorher historisch und fragt, wie man sich damit seiner erinnern wird. So war es auch vor der Moncada-Aktion, im Jahre 1953, als er den ca. 160 schlecht trainierten und nur mit leichten Gewehren bewaffneten Jugendlichen versprach, dass sie danach Märtyrer seien. So kam es dann auch. Über 60 von ihnen starben bei dieser suizidähnlichen Aktion gegen die modernste Kaserne Kubas, die auch von den kubanischen Kommunisten als Abenteurertum verurteilt wurde. Konsequent beendete Castro, der sich als promovierter Jurist in dem anschließenden Prozess selbst verteidigte, sein mit allerlei historischen Versatzstücken gefülltes Plädoyer mit dem Satz *La Historia me absolverá*, die Geschichte wird mich freisprechen. Ein Satz, der mittlerweile ebenfalls Geschichte geworden ist.

9. Schlussbemerkungen

Heute versucht Fidel Castro, eine wirtschaftliche Öffnung zum kapitalistischen Weltmarkt mit einer Fortsetzung der politischen Abgeschlossenheit zu verbinden. Einige sehen dies als eine karibische Variante der chinesischen Politik (Domínguez 1997). Auch in Kuba soll ein autoritärer Rahmen die wirtschaftliche Modernisierung und eine neue Einbindung in den Weltmarkt sichern. Dabei gehen Zugeständnisse an das Auslandskapital mit Repression gegenüber politischer Dissidenz und autonomer Zivilgesellschaft einher. Um dieses spätsozialistische Caudillo-Regime weiter zu stabilisieren, bedarf es jedoch eines Mindestmaßes an sozialen Leistungen und der ideellen Abschottung dieser geschlossenen Gesellschaft. Beides kann immer weniger geleistet werden. Auch wenn Kuba hinsichtlich der sozialen Leistungen im regionalen Maßstab bis Anfang der 90er Jahre relativ gut abschnitt und im zweiten Aspekt die "Gnade der Geographie" zu haben scheint, so läuft dem *Máximo Líder* doch die Zeit davon. Ende der 90er Jahre nehmen Stagnation, Auflösung und auch spontaner Protest deutlich zu. Fidel Castro scheint aber weiterhin von seiner Fähigkeit, das politische System in seinem Sinne zu führen, tief überzeugt. Der *Caudillo* vertraut in seine rhetorische Kraft, in seine Fähigkeit, mit verschiedenen Fraktionen der politischen Elite und mit den Massen zu reden und manchmal auch zu spielen. Um politisch zu überleben, ist er nun auch wieder zum Nationalismus konvertiert. Castro vertraut auch darauf, dass trotz des fortgesetzten imperialen Anspruchs der USA Globalisierung und Fragmentierung der internationalen Strukturen weiterhin Räume für politische Autonomie, vor allem an der Peripherie, hervorbringen. Es ist ein Machtspiel, das Castro mittlerweile acht Präsidenten der USA und fünf Generalsekretäre der KPdSU überleben ließ. Dies ist eine Erfahrung, die tief sein Bewusstsein, sein Selbstverständnis prägt. Kein Schatten von Bedenklichkeit fällt auf sein politisches Handeln, auch wenn er eine von ihm selbst getroffene Entscheidung vom Tag zuvor gerade verwirft. Es ist seine Revolution und er hat es auch bisher peinlichst vermieden, einen (wirklichen) Nachfolger zu bestimmen. Personelle Machtalternativen, die innerhalb der Herrschaftspyramide entstanden, wurden von ihm stets konsequent ausgeschaltet.

Socialismo o Muerte, Sozialismus oder Tod, wurde Ende der 80er Jahre die neue Formel, mit der Fidel Castro seitdem seine Reden abschließt.[28] Bereits Ende der 80er Jahre hatte sein Bruder und offizieller Stellvertreter Raúl die Insel Kuba als "zweites Atlantis" bezeichnet, das eher im kapitalistischen Ozean untergehen werde als dass sich etwas an der sozialistischen Ordnung ändern würde. "Wir zittern der Zukunft entgegen", schrieb der kubanische Schriftsteller Jesús Díaz, der Anfang der 90er Jahre sein Land verlassen hat und heute in Madrid lebt und arbeitet. Die politischen Möglichkeiten für jene, die den Dialog suchen, sind in den letzten Jahren nicht besser geworden. Kontrolle durch den Staat ist das prägende Merkmal der Gesellschaft, nicht Autonomie gegenüber diesem (Gras Mediaceja 1995). Aber trotz der politischen "Elefanten" auf der Insel und im Exil, die immer wieder im zerbrechlichen Porzellan des kubanischen Dialogs herumtrampeln, muss das Gespräch mit allen weitergehen. Die Kanäle müssen für den Dialog, auch mit den Emigranten, offengehalten werden. Politik braucht einen Raum und in geschlossenen Gesellschaften ist dieser nicht oder kaum vorhanden. Dieser Raum kann auch nicht durch Druck von außen hergestellt werden. Die Erfahrungen Mittel- und Osteuropas haben dies gezeigt. Ein notwendiger und auch möglicher Demokratisierungsprozess in Kuba bedarf auch einer "karibischen Ostpolitik", die von den süd- und mittelamerikanischen Staaten, der Europäischen Union und natürlich auch von den USA getragen wird, und nicht eines verschärften Drucks durch das Embargo, unter dem vor allem die Bevölkerung zu leiden hat. Illusionen über den Einfluss beziehungsweise Druck von außen sollte man sich, auch aus der historischen Erfahrung heraus, nicht machen (Krämer 1995). Aber die internationale Gemeinschaft sollte und sie kann Brücken bauen: das Helms-Burton-Gesetz

---

[28] Sie löste die nicht weniger nekromantische Formel des *Patria o Muerte*, Vaterland oder Tod, ab, die 1960 wiederum aus der antispanischen Losung des 19. Jahrhunderts "Unabhängigkeit oder Tod" hervorgegangen war.

ablehnen, in Kuba investieren, Kontakte herstellen und trotz aller Widrigkeiten pflegen, den wissenschaftlichen Austausch durch Stipendien oder gemeinsame Seminare fördern. Die Welt muss auf Kuba zugehen und darf dieses Land nicht als Paria außen vor lassen. "Die politisch-pluralistische, d.h. demokratische Öffnung ist unausbleiblich", schrieb der auch in Kuba geschätzte Leipziger Historiker Manfred Kossok in einer seiner letzten Publikationen über die Karibikinsel (Kossok 1990). Wie diese konkret gestaltet wird, sollte aus den Erfahrungen der Geschichte heraus den Kubanern in ihrer Gesamtheit überantwortet werden. Über die politischen und sozialen Inhalte einer solchen Transformation müssen die Kubaner – *dentro y fuera de la Isla* – dann selbst diskutieren. Je früher dies passiert, desto besser für dieses Volk. Dabei wäre es zweifellos nützlich, wenn nicht nur einer zu Wort kommt, auch wenn dieser ein Meister des gesprochenen Wortes ist, sondern dass ein Dialog zwischen allen Kubanern auf den Weg kommt, der zu einer nationalen Versöhnung führen kann. Das ist heute ohne jeden Zweifel das Wichtigste in der kubanischen Politik.

Aus dem jugendlichen Revolutionär Fidel Alejandro Castro Ruz, der 1953 einem staunenden Gericht verkündete, dass ihn die Geschichte freisprechen werde, wurde mittlerweile ein alternder Patriarch. Dessen Herbst ist sicherlich gekommen, aber seine Zeit, das sollten wir nicht verkennen, ist noch nicht vorbei. Und es kann – trotz tropischer Hitze – noch ein langer Winter werden. Dass das Schicksal diesen alten Mann auf seiner Suche nach einem Platz in der Geschichte nicht ruhen lässt, mag man als ein menschliches Drama von epischer Größe empfinden; dass ihm dabei ein ganzes Volk folgen muss, ist eine Tragödie, die – so die bescheidene Hoffnung des Beobachters – nicht in einer Katastrophe enden möge.

Literaturverzeichnis

Ackerman, Holly (1996/97): "Protesta social en la Cuba actual: los balseros de 1994". In: *Encuentro*, Nr. 3, S. 125-131.

Azicri, Max (1980): "The Institutionalization of the Cuban State: A Political Perspective". In: *Journal of Interamerican Studies and World Affairs*, vol. 22, Nr. 3, S. 315-344.

Bethell, Leslie (Hrsg.) (1993): *Cub. A Short History*. Cambridge: Cambridge University Press.

Bourne, Peter G. (1986): *Fidel Castro. "Máximo Lider" der kubanischen Revolution*. München: Heyne-Verlag.

Cabrera Infante, Guillermo (1994): *Mea Cuba*. London: Faber and Faber.

Centeno, Miguel A./Font, Mauricio (Hrsg.) (1996): *Toward New Cuba. Legacies of a Revolution*. Boulder: Westview Press.

Dilla, Haroldo/Gonzalez, Gerardo/Vincentelli, Ana Teresa (1992): "Cuba's Local Governments: An Experience beyond the Paradigms". In: *Cuban Studies*, 22, S. 151-170.

Di Palma, Giuseppe (1995): "Totalitarian Exits". In: Chehabi, Houchang E./Stepan, Alfred (Hrsg.): *Politics, Society and Democracy*, Boulder u.a.: Westview Press.

Domínguez, Jorge I. (1991): "Las Fuerzas Armadas cubanas, el partido y la sociedad en tiempo de guerra y durante la rectificación (1986-1988)". In: *Síntesis*, Nr. 15.

— (1993): "The Secrets of Castro's Staying Power". In: *Foreign Affairs*, Nr. 2, S. 97-107.

— (1997): "Comienza una transición hacia el autoritarismo en Cuba?". In: *Encuentro*, 6/7, S. 7-23.

— (1998): "The Batista Regime in Cuba (1952-1958). Was it Sultanistic?". In: Chehabi, Houchang E./Linz, Juan J.: *Sultanistic Regimes*, Baltimore/London: Johns Hopkins University Press, S. 113-131.

Eckstein, Susan E. (1994): *Back From The Future. Cuba Under Castro*. Princeton: Princeton University Press.

Farber, Samuel (1983): "The Cuban Communists in the Early Stages of the Cuban Revolution: Revolutionaries or reformists?". In: *Latin American Research Review*, vol. 18, Nr. 1, S. XXXX.

Fernández, Gerardo A. (1982): "The Freedom Flotilla: A Legitimacy Crisis of Cuban Socialism?". In: *Journal of Interamerican Studies and World Affairs*, vol. 24, Nr. 27, S. 183-209.

Fontaine, Pascal (1998): "Lateinamerika, Heimsuchungen des Kommunismus". In: Courtois, Stephane/Werth, Nicolas/Panné, Jean Louis et al. (Hrsg.): *Das Schwarzbuch des Kommunismus*, München: Piper, S. 711-730.

Gras Mediaceja, Miriam (1995): *El sistema de Gobierno Cubano: Control vs. Autonomía* (memo), Havanna.

Gunn, Gullian (1991): "Cuba in Crisis". In: *Current History*, Nr. 3 (März), S. 101-135.

Hoffmann, Bert (Hrsg.) (1994): *Wirtschaftsreformen in Kuba. Konturen einer Debatte*. Frankfurt am Main: Vervuert.

Jorge, Antonio (1994): "An Objectless Revolution: Cuba's Nominal Socialism as a Personal Project". In: *Journal of Interamerican Studies and World Affairs*, Nr. 1, S. 187-204.

Kaufmann Purcell, Susan (1989): "Kuba auf neuen Wegen?". In: *Europäische Rundschau*, 2.

— (1990): "Cuba's Cloudy Future". In: *Foreign Affairs*, Nr. XX (Sommer), S. 113-130.

Kossok, Manfred (1990): "Das kubanische Dilemma". In: *Weltbühne*, 85.

Krämer, Raimund (1993): "Der alte Mann und die Insel. Kuba auf dem Weg zu einem spätsozialistischen Caudillo-Regime". In: *Berliner Debatte Initial*, Nr. 2, S. 57-66.

— (1995): "Kuba, Demokratisierung und imperiale Macht". In: *WeltTrends*, Nr. 7, S. 92-113.

— (1998): *Der alte Mann und die Insel. Essays zu Politik und Gesellschaft in Kuba*. Berlin: Berliner Debatte Wissenschaftsverlag.

LeoGrande, William M. (1978): "Continuity and Change in Cuban Political Elite". In: *Cuban Studies*, vol. 8, S. 1-31.

— (1979): "Party Development in Revolutionary Cuba". In: *Journal of Interamerican Studies and World Affairs*, vol. 21, Nr. 4, S. 457-480.

Linz, Juan J. (2000): "Totalitäre und autoritäre Regime", hrsg. von Raimund Krämer, PTB 4, Berlin: Berliner Debatte Wissenschaftsverlag.

Lockwood, Lee (1990): *Castros Cuba, Cuba's Fidel*. Boulder: Westview Press.

Lynch, John (1992): *Caudillos in Spanish America (1800-1850)*. Oxford: Oxford University Press.

Matthews, Herbert L. (1970): *Castro. Political Leaders of the Twentieth Century*. Harmondsworth: Penguin Books.

Mesa-Lago, Carmelo (1983): *La economía en Cuba socialista. Una evaluación de dos décadas*. Madrid: Player.

— (1993) (Hrsg.): *Cuba. After the Cold War*. Pittsburgh/London: University of Pittsburgh Press.

— (1991): "La economía cubana en los ochenta: El retorno de la ideología". In: *Síntesis*, Madrid, Nr. 15, S. 243-282.

Mesa-Lago, Carmelo/Fabian, Horst (1993): *Analogies between East European Socialist Regimes and Cuba: Scenarios for the Future*, in: Mesa-Lago 1993: 353-380.

Mujal-León, Eusebio/Saavedra, Jorge (1997): "El postotalitarismo carismático y el cambio de régimen. Cuba en perspectiva comparada". In: *Encuentro*, 6/7, S. 115-123.

Niess, Frank (1992): "Die drei Blockaden Kubas". In: *Blätter für deutsche und internationale Politik*, 8, S. 954-966.

Planas, Richard J. (1992): "Why Does Castro Survive?". In: *World Affairs*, 154 (3).

Rabkin, Rhoda (1990): "Implications of the Gorbachev Era for Cuban Socialism". In: *Studies in Comparative Communism*, Nr. 1, S. 23-46.

— (1991): "Instituciones y política 1970-1986". In: *Síntesis*, Nr. 15.

Ritter, Archibald R. M. (1991): "Perspectivas para el Cambio Económico y Político en Cuba durante los Noventa". In: *Síntesis*, Nr. 15.

Schulz, Donald E. (1993): "Can Castro Survive?". In: *Journal of Interamerican Studies and World Affairs*, Nr. 1, S. 89-117.

Stahl, Karin (1996): "Politische Institutionalisierung und Partizipation im postrevolutionären Kuba". In: Barrios, Harald/Suter, Jan (Hrsg.): *Politische Repräsentation und Partizipation in der Karibik*, Opladen: Leske & Budrich.

Suchlicki, Jaime (1988): *Historical Dictionary of Cuba*. Metuchen, N.J./London: The Scarecrow Press.

Thomas, Hugh (1998): *Cuba: The Pursuit of Freedom*. New York: Da Capo Press.

Waldmann, Peter (1978): "Caudillismus als Konstante der politischen Kultur Lateinamerikas?". In: *Jahrbuch für Geschichte von Staat, Wirtschaft und Gesellschaft Lateinamerikas*, 15, S. 191-207.

Weber, Max (1992): "Die drei reinen Typen der legitimen Herrschaft". In: Weber, Max: *Soziologie, Universalgeschichtliche Analysen, Politik*, Stuttgart: Alfred Kröner Verlag.

Wittfogel, Karl (1962): *Die orientalische Despotie*. Köln.

Zimbalist, Andrew (1993): "Dateline Cuba: Hanging on in Havanna". In: *Foreign Policy*, Nr. 92, S. 151-167.

Monika Krause-Fuchs

Die kubanische Sexualpolitik zwischen Anspruch und Wirklichkeit*

Zu den vielen tiefgreifenden, seit der Revolution 1959 nahezu alle Lebensbereiche der kubanischen Gesellschaft erfassenden Umwälzungen gehören auch nachdrückliche Anstrengungen, um auf dem Gebiet der Sexualität einen einschneidenden Bewusstseins- und Verhaltenswandel herbeizuführen. Ziel ist es, Einstellungen zur Sexualität und Verhaltensweisen in der Partnerschaft sowie allgemein das Verhältnis zur Frau zu verändern; und dies in einem lateinamerikanischen Land mit einem überbetonten und überbewerteten Männerbild, dem *machismo*.

In einem Land mit jahrhundertealtem Erbe an anachronistischen Werten, Mythen, Vorurteilen, Tabus und religiösen Traditionen, die spezielle Rechte für den Mann und lediglich Pflichten für die Frau etablierten, erweist sich dies als außerordentlich schwierig. Denn dieses von Generation zu Generation überlieferte Erbe behauptet sich weiter und wird als naturgegeben betrachtet, auch wenn in Kuba nunmehr ein gesellschaftliches System existiert, das seine politische, wirtschaftliche und soziale Struktur völlig umgestaltete und neu bestimmte. Trotz der seit den 60er Jahren geschaffenen gesetzlichen Grundlagen für die Beseitigung der Ausbeutung und der Diskriminierung auf Grund von Rasse, Geschlecht und Glauben, für die Gleichberechtigung der Frau und trotz des erklärten Vorsatzes, der Definition der Weltgesundheitsorganisation (WHO), wonach Sexualität ohne Unterschied des Geschlechts als Quelle des psychischen, physischen und sozialen Wohlbefindens zu betrachten ist, auch in Kuba Geltung zu verschaffen, klaffen Absicht und Realität auch 40 Jahre später noch weit auseinander. Und das, obwohl in Kuba eine systematische, langfristig angelegte, beharrliche, tiefgründige und vor allem multidisziplinär ausgerichtete Erziehungsarbeit versucht wird.

Die schier unüberbrückbaren Schwierigkeiten bei der Überwindung tradierter Verhaltensweisen erklären sich aus der kolonialen und neokolonialen Geschichte Kubas. Die *Conquistadores* der Insel, durchweg männliche Er-

---

* Dem Beitrag liegt ein noch unveröffentlichtes Manuskript eines Buches zugrunde mit dem Titel: *Machismo? – Nein, danke! Kuba: Sexualität im Umbruch.*

oberer, kamen aus dem tiefmittelalterlichen Spanien mit seiner alles beherrschenden, inquisitorischen, jegliche Sexualität als sündhaft verdammenden katholischen Kirche. Unter dem Vorwand der Bekehrung zum Christentum wurden die Widerstand leistenden Ureinwohner binnen weniger Jahre ausgerottet und durch afrikanische Sklaven ersetzt. Die Kolonisatoren etablierten ihr vom mittelalterlichen Katholizismus und arabisch-islamischen Einfluss geprägtes System ethischer und moralischer Normen, das den Mann als bestimmendes Wesen, als Herrn und Besitzer und die Frau als seine Dienerin bestimmt. Sexualität war gleichgestellt mit Reproduktion, die nur in der Ehe erlaubt war und für die die damit verbundene Lust als Sünde galt. Die Sklaven waren Träger einer ihren heimischen Kulturkreisen entstammenden Denkweise, der zufolge die Stellung des Mannes in gleicher Weise überbewertet war und der Wert der Frau sich aus der Anzahl ihrer männlichen Nachkommen bestimmte. Allerdings hatte für die Afrikaner die Sexualität auch einen hohen Stellenwert als Quelle der Lust und des Wohlbefindens ohne Gewissensbisse, wozu die Frau, im Gegensatz zu der zur Passivität verurteilten Spanierin, spontan und ungehemmt beitrug.

Jedoch brachten es die Unterordnung aller Lebensumstände in der neuen Kolonie unter spanische Gepflogenheiten, der Zwang für die Sklaven zur Übernahme spanischer Sexualnormen und ihre Konzentration in Großplantagen unter Lagerbedingungen mit sich, dass sich auf gegenseitige Achtung und Verantwortungsbewusstsein gegründete Partnerschaften nicht entwickeln konnten und ihre Sexualität unter Reglementierungen und Beschränkungen, durch Verbote und Strafen einen Weg gehen musste, der sich anders gestaltete als in ihrer verlorenen Heimat. So war von Anbeginn unter der kubanischen Bevölkerung die Beurteilung und Realisierung der Sexualität sehr vielgestaltig. Neben- und durcheinander existierten in der Gesellschaft wie auch in der Einzelperson Verklemmtheit, Libertinage, Aberglaube, Ignoranz, Toleranz und Intoleranz, Verantwortungslosigkeit sowie Zügellosigkeit und Scheinheiligkeit. Weder der lange währende Unabhängigkeitskrieg gegen die spanische Kolonialmacht noch die anschließende Etappe des Neokolonialismus durch die Vorherrschaft Nordamerikas veränderten die Stellung der kubanischen Frau wesentlich. Neunzig Meilen vor der Küste der Vereinigten Staaten lag die Insel ab 1898 als Selbstbedienungsladen für billiges Vergnügen. In Havanna, das zur Metropole US-amerikanischer Touristen wurde und als eine der Hochburgen der *Libertinage* in der westlichen Hemisphäre galt, und in Guantánamo, dem Sitz der US-amerikanischen Militärbasis, gingen über 70.000 junge Kubanerinnen der Prostitution nach, als der einzigen Möglichkeit, sich und vielfach ihren Familien den Lebensunterhalt zu verdienen.

Die Situation der Landbevölkerung, insbesondere der auf dem Land lebenden Frauen, war außergewöhnlich schwierig. In ihren *bohíos*, in primitivster Einrichtung ohne Strom und fließendes Wasser, ohne Schulbildung und ohne jegliche ärztliche Hilfe fanden sie keine menschenwürdige Art, ihre Kinder zu gebären, geschweige denn, sie großzuziehen. Mittel zur Schwangerschaftsregulierung waren ihnen weder bekannt noch zugänglich. Die enorme Zahl von nicht selten zwanzig Geburten bei kubanischen Landfrauen ist das Ergebnis katastrophaler sozialer Zustände. Ich lernte eine Frau kennen, die, dreiundvierzigjährig, ihr vierundzwanzigstes Kind geboren hatte, und mir wurde von einer Frau berichtet, die zweiunddreißig Kinder zur Welt gebracht hatte. Die Müttersterblichkeit, insbesondere auch wegen vielfach unsachgemäßen, jeden hygienischen und medizinischen Aspekt vernachlässigenden Versuchen der Schwangerschaftsabbrüche, lag ungemein hoch.

War die Frau das letzte Glied in der Kette der Unterdrückung, so gab die patriarchalische Tradition, der *machismo*, dem Mann trotz aller Armut noch ein Überlegenheitsgefühl. Er war Gebieter der Frau aus Tradition und Erziehung. Allein der Gedanke, der Frau eine gleichberechtigte Stellung oder gar Selbstbestimmung zuzubilligen, fand weder Sprache noch Gehör, es gab ihn gar nicht. All dies spiegelt die in der kubanischen Gesellschaft allgegenwärtige – auch von Frauen akzeptierte – männliche Auffassung über die Wertigkeit der Frau, die die Leichtfertigkeit und Oberflächlichkeit der Partnerbeziehungen charakterisiert, sowie die unter Kubanern verbreitete Ansicht über "den Männern zustehende Bedürfnisse", zu deren Befriedigung die Frau jederzeit zur Verfügung zu stehen hat. So gut wie alle kubanischen Männer brauchen nach außen wie auch für sich selbst die Bestätigung ihres sexuellen Vermögens, um in der Gesellschaft als potente Männer zu bestehen und jeden Verdacht eventueller Andersartigkeit nicht aufkommen zu lassen.

Nahezu alle Knaben werden von frühester Kindheit an auf die ihnen künftig gebührende Rolle als Mann vorbereitet, wobei sich die Überbetonung und -bewertung des Männlichen in der jugendlichen Psyche fest verankert. Es ist die Regel, dass bei der Präsentation von kleinen Jungen, die gerade anfangen, ihre ersten Wörter zu radebrechen, besonderer Wert darauf gelegt wird, allen Besuchern zu zeigen, dass sie den späteren Zweck ihrer Genitalien schon begriffen haben. Als Beispiel sei eine Szene angeführt, die ich wiederholt selbst miterlebt habe: Die Mutter beginnt die Vorführung mit erhobenem Finger mit der Frage: *Pepito, ¿qué es esto?* ("Pepito, was ist das?") *Ededo* ("Definger"). *Y ¿esto?* ("Und das?") *Amano* ("Dehand"). Auf seinen noch unscheinbaren Penis zeigend (man muss bedenken, dass männliche Kleinkinder grundsätzlich unterhalb des Nabels nackt sind, während weibliche immer eine Windel oder ein Höschen, oft sogar noch einen winzigen BH tragen – zu Hause wie auch am Strand), fragt sie: *Y esto, ¿qué es?* ("Und das, was ist das?") *Epiiito* ("Depimmel"). *Y ¿para qué sirve?* ("Und wozu ist der da?"). *Pa-la-chacha* ("Fürsmädchen"). Alle Anwesenden klatschen Beifall und Pepito fühlt sich wie der Held des Tages. Die Vorstellung der kleinen Mädchen gestaltet sich dagegen ganz anders. Kaum können sie stehen, lassen sie Hüften im Takt der lauten Rhythmen schwingen. Sie können noch nicht allein laufen, aber sie halten sich am Laufgitter fest, klappern mit den Wimpern und blinzeln mit den Augen, als wollten sie mit den männlichen Besuchern flirten. Diese klatschen ebenfalls Beifall und sagen begeistert: *¡Miren para esto, qué satica es!* ("Schaut mal hin, was für ein kleines Weibchen!")

Die Vorbereitung der meisten Männer auf die Ehe geschah und geschieht mit Einwilligung der Eltern, nicht selten auf Drängen der Väter, in der Regel durch voreheliche, ab der Pubertät beginnende Sexualpraxis. Eine gleiche Praxis wurde bei der Frau als Sünde betrachtet und von der ganzen Gesellschaft, einschließlich der Mehrheit der Frauen, geächtet. Die Frau sollte als Jungfrau in die Ehe gehen. So gehörte die Jungfräulichkeit nicht selten zum Ehevertrag zwischen Brautvater und Bräutigam.

Wir erfuhren in den 80er Jahren in ausgedehnten Befragungen unter 15- bis 18-jährigen Jugendlichen, dass alle Jungen sexuell aktiv waren. Die Tatsache, dass sich diese jungen Menschen rühmten, bereits mit bis zu fünfzehn Mädchen oder mehr sexuell agiert zu haben, zeigt trotz möglicher Übertreibungen und Imponiergehabe die Wichtigkeit und Gültigkeit dieser Verhaltensnorm. So liegt über der ganzen Gesellschaft, aus unterschiedlichen Quellen gespeist, ein Männlichkeitskult wie ein Schleier. Die Art des Miteinanders und Gegeneinanders der Geschlechter hat in den unterschiedlichen sozialen Schichtungen auch unterschiedliche Formen mit gleicher Wirkung gefunden. In den unteren Schichten zeigt sich die vorherrschende Dominanz des Mannes offen und unverhüllt, während sie sich in den oberen Schichten der sozialen Hierarchie weitaus subtiler, jedoch ebenso effektiv manifestiert.

Dies war die nicht hinterfragte Situation während der 50er Jahre. Erst als im Verlauf der letzten Etappe des Kampfes gegen das Batista-Regime kubanische Männer und Frauen Seite an Seite in den Bergen der Sierra Maestra kämpften, erwarben letztere sich entgegen allen Vorurteilen durch ihre Beteiligung an allen Aufgaben des Kampfes die Achtung, Anerkennung und das Prestige sowohl der Führer der Rebellenarmee als auch der Bevölkerung. Die Beteiligung der Kubanerin geschah in der Zuversicht, dass sich nach einem Sieg neue, bisher in Kuba nie gekannte Möglichkeiten eröffnen würden, das erniedrigende Los der Frauen zum Besseren zu wenden; die Frauen hofften, das im Kampf geborene und bewährte, Gleichheit, Vertrauen und echte Zuneigung begründende Partnerschaftsverhältnis auch in die private Sphäre retten zu können.

Erst vor diesem historischen und soziokulturellen Hintergrund werden die außerordentlichen Schwierigkeiten deutlich, die sich allen Bemühungen um sexuelle Aufklärung und Verhaltensänderung entgegenstellten. Sehr spät erst ist es in Kuba überhaupt möglich geworden, das Thema Sexualität publik zu machen, eine gewisse Toleranz zu wecken und allgegenwärtige Tabus aufzubrechen. Nach dem revolutionären Umbruch waren es in herausragender Stellung nach Emanzipation strebende Frauen aller sozialen Schichten, denen ihr gesellschaftlich entwerteter Status zuwider und unerträglich war, die mit Elan, Idealismus und Rationalität begannen, eine Bewusstseinsänderung bei den Frauen zu wecken. Mit der Gründung der "Frauenföderation Kubas" (FMC) 1960 setzten zunächst noch tastende, danach fordernde Schritte ein. Begünstigt wurden die Anfänge der Aktivitäten der "Frauenföderation Kubas" durch zwei sich gegenseitig ergänzende Trends. Zum einen gab es für die in der Illegalität zu emanzipatorischem Bewusstsein gereiften Frau kein Zurück in die Abhängigkeit, Unterwürfigkeit und Bevormundung, zum anderen konnte und wollte es sich das neue Kuba nicht leisten, bei der sozialen Neugestaltung des Landes auf die Hälfte der Bevölkerung, auf die Frauen, zu verzichten.

Alle Versuche der Lösung eines Problems gebaren neue, komplexere Probleme. Die Ausübung des erstmals geschaffenen formalen Rechts der kubanischen Frau auf Ausbildung, auf Arbeit und soziale Sicherheit scheiterte an ihrer schier lückenlosen sklavischen Abhängigkeit. Gleichberechtigung oder gar Selbstbestimmung bedeuteten zuerst Emanzipation vom Mann, setzten unerlässlich ökonomische Unabhängigkeit voraus. Ökonomische Unabhängigkeit konnte nur erreicht werden, wenn ihr hinreichende berufliche Chancen eröffnet würden. Berufliche Chancen aber setzten entsprechende Arbeitsplätze und auch bestimmte Qualifikationen voraus. Alle diese Vorbedingungen für die Gleichberechtigung der Frau bildeten ein Geflecht von

Wechselwirkungen, weshalb die Emanzipation nur realisierbar erschien, wenn alle Voraussetzungen möglichst gleichzeitig erfüllt werden würden. Und dies sollte in einem von der Monokultur des Zuckerrohrs geprägten Entwicklungsland geschehen, in dem die Mehrzahl der Bevölkerung mit großen Anstrengungen eben ihren Analphabetismus überwunden hatte, in dem außerhalb der großen Städte der bloße Gedanke an Gleichberechtigung die Köpfe noch gar nicht erreicht hatte. Der Arbeitsplatzmangel für Frauen endete erst, als die USA 1962 ein Handelsembargo über Kuba verhängten und alle Dinge des täglichen Bedarfs im Lande selbst hergestellt und vertrieben werden mussten. Es ergab sich die zwingende Notwendigkeit, jährlich annähernd 100.000 Frauen möglichst schnell Grundqualifikationen zu vermitteln und in die Produktion der elementaren Bedarfsgüter einzubeziehen. Dies setzte neben der entsprechenden Ausbildung die Schaffung geeigneter Arbeitsbedingungen, Betreuungseinrichtungen für Kleinkinder, die Verkehrserschließung und die Einrichtung von Internatsschulen für Heranwachsende voraus. Auch für das hierfür in großer Zahl benötigte mindestgeeignete Personal mussten Ausbildung und Einsatz gleichzeitig erfolgen. Die Lösung dieser großen gesellschaftlichen Aufgabe in kürzester Frist war in einer Weise problembeladen – und die Probleme vermehrten sich metastasenhaft –, dass auch weiter entwickelte, reiche Länder in große Schwierigkeiten gekommen wären.

So ließ die Arbeitsdisziplin der Frauen, die nie zuvor in einem Arbeitsverhältnis gestanden hatten, in hohem Maße zu wünschen übrig. Verstärkt wurde dieses Bewusstseinsdefizit durch den Umstand, dass zum ersten Mal in ihrem Leben die Trennung der Kinder und Jugendlichen von ihren Müttern erfolgte. Vorbereitungsprozesse und die Erprobung verschiedener Lösungswege ergaben nur unzulängliche Ergebnisse. Viele Frauen, die ein Arbeitsverhältnis eingegangen waren, sahen sich gezwungen, es wieder zu lösen.

Für viele andere wiederum gestaltete sich die neue Lebenssituation frei von häuslichen Bindungen und elterlichen Tagesverpflichtungen. Der bislang ungewohnte Kontakt mit andersgeschlechtlichen Arbeitskollegen, nicht selten in abgelegenen Arbeitsstätten in wochenlangen, lagerähnlichen Wohnbedingungen, förderten Promiskuität und sexuelle Freizügigkeit bis hin zu Ausschweifungen.

Die erschreckend hohe Zahl der Teenagerschwangerschaften – schon immer als Tradition hingenommenes Problem –, und die hohe Mütter- und Säuglingssterblichkeit rückten die Themen der Aufklärung, der Sexualerziehung, vor allem die Frage der sexuellen Selbstbestimmung der Frau in den Mittelpunkt. Bis 1965 stieg die Geburtenrate kontinuierlich in bedrohlichem Maße an. Es herrschte geradezu ein *baby-boom*. Nicht selten waren gleichzeitig drei Generationen – Großmutter, Mutter und Teenager –, meist ungeplant und ungewollt, schwanger.

Als eine der ersten und wichtigsten Maßnahmen zur Gesundheitsbetreuung der gesamten Bevölkerung bis in die entlegensten, ärmsten Landregionen wurde in nur zwei bis drei Jahren ein Netz kleiner Landhospitäler aufgebaut, erstmals eine Infrastruktur des Gesundheitswesens geschaffen, in der die Sorge um Mutter und Kind Priorität erlangte. Parallel dazu mussten schnellstmöglich Gynäkologen ausgebildet werden, denn durch den Exodus von Spezialisten waren nicht einmal ein halbes Dutzend dieser Fachmediziner im Lande verblieben. Diese Wenigen, die über Monate, oft sogar Jahre in den abgelegenen, am wenigsten entwickelten Provinzen tätig waren, richteten dort das Gesundheitswesen ein und bildeten, sozusagen als Multiplikatoren, gleichzeitig die künftigen Spezialisten aus.

Diese Situation zu Beginn der 60er Jahre fiel zusammen mit den ersten Aktionen der FMC. Deren Besorgnis um die Gesundheitsbetreuung der Frau und des Kindes führte bald zu einer sehr engen Zusammenarbeit zwischen Ärzten und FMC. Auf Initiative der Letzteren wurden ab 1961 die *hogares maternos* (Mütterheime) in allen Landregionen, bis hin zu den entlegensten und nicht selten von der Außenwelt isolierten Gebieten (oft gelangte man nur zu Fuß, auf Maultieren reitend oder mit Booten dorthin), eingerichtet. Hier verbrachten die künftigen Mütter die letzten Tage oder sogar Wochen vor der Entbindung. Sie erhielten dort eine medizinische Grundversorgung, umhegt von einem Arzt und medizinischem Hilfspersonal, eingebunden in Kurse über Säuglingspflege und persönliche Hygiene und sehr bald auch über Geburtenplanung; somit gab es dort die Anfänge einer bewussten, jedoch zunächst noch auf die Fortpflanzung begrenzten Sexualerziehung. Zeitgleich wurden die ersten ehrenamtlichen Gesundheitshelferinnen in Gemeinden, genannt *brigadistas sanitarias*, ausgebildet. Tausende erfassten und erfassen noch heute die in ihrem "microsector" lebenden Schwangeren so früh wie möglich und sie stellen die Erstkontakte her zu dem sie in der Schwangeren- und Sexualberatung betreuenden Personal.

Es war ebenfalls die FMC, die unter Bedingungen starker, zählebiger Vorurteile, Tabus und Machoeinstellungen als erste den Mut aufbrachte, schon 1962 über die Zeitschrift *Mujeres* (Frauen) der Bevölkerung Aufklärung zu bieten über die menschliche Fortpflanzung und andere mit der Sexualität im Zusammenhang stehende Themen. Es gehörte sehr viel Überwindungskraft, ja Avantgardismus dazu, in jener Zeit in Kuba Rechte zu fordern und die Frauen zur Wahrnehmung dieser Rechte zu befähigen, die bislang für sie nicht existierten.

Um dies umzusetzen, war eine enge Zusammenarbeit zwischen FMC und Regierungsstellen nötig. Nur durch diese Arbeitsbeziehungen und Koordination der verschiedensten Aktionen waren spürbare Ergebnisse zu erwarten. Die FMC erkämpfte konsequent das elementare Recht der Frau, selbst zu entscheiden, ob, wann und wie viele Kinder sie gebären will. Auf ihr Drängen gab das Ministerium für Gesundheitswesen seine Einwilligung, allen Frauen, die eine Schwangerschaft nicht auszutragen gewillt sind, unter bestmöglichen medizinischen Bedingungen einen Abbruch zu gewähren, wobei allein der Wunsch der Frau entscheidend ist. Der bislang verbotene Schwangerschaftsabbruch wurde durch eine flexible Interpretation der einschlägigen Vorschriften des Strafgesetzbuches entkriminalisiert. So kann seit 1965 auf Wunsch der Frau eine ungewollte Schwangerschaft in Einrichtungen des Gesundheitswesens abgebrochen werden. Von da an verminderte sich schlagartig die durch unsachgemäße und illegale Schwangerschaftsabbrüche bedingte Müttersterblichkeit.

Als landesweite Begleiterscheinung dieser erleichterten, kostenlosen, schnellen und unbürokratischen Problemlösungsmöglichkeit stellte sich bedauerlicherweise heraus, dass ein Schwangerschaftsabbruch als "normales" Instrument der Familienplanung betrachtet und genutzt wurde. Dies machte wiederum eine umfangreiche Erziehungsarbeit erforderlich, um zu erreichen, dass die Interruptio trotz bester medizinischer Techniken nicht als Planungsmethode, sondern nur als allerletzte, mit Risiken behaftete Möglichkeit angesehen werden muss.

Eine bewusste Einstellung zur Kontrazeption fehlte der kubanischen Bevölkerung noch weitgehend. Breite Anwendung fand in Kuba ein in Handarbeit entwickeltes, weltweit einmaliges Intrauterinpessar. Aus Gründen der US-Wirtschaftsblockade konnten keine handelsüblichen Pessare erworben werden. Medizinisches Hilfspersonal bastelte aus gewöhnlicher Angelschnur, die das Fischereiministerium zur Verfügung stellte, in Anlehnung an den von Ernst Gräfenberg in den zwanziger Jahren entwickelten Silberdrahtring, Nylonringe, die, in die Gebärmutter eingeführt, ähnliche verhütende Wirkung wie das aus Edelmetall fabrizierte Pessar bewiesen. Tausende Frauen bekamen "ihren" Ring.

Dieser und später die Spirale oder das "T" mit Kupfer sind die in Kuba am häufigsten eingesetzten Verhütungsmittel. Orale Ovulationshemmer konnten nur beschränkt angewandt werden. Verständlicherweise beschränkte sich die in jener Zeit beginnende Kontrazeptivempfehlung und -beratung auf die vorhandenen Mittel, also hauptsächlich auf den Nylonring, auf die wenig Sicherheit bietende Knaus-Ogino-Methode (Römisches Roulette) und den *coitus interruptus* unter zusätzlicher Benutzung einer Verhütungscreme. Kondom oder Diaphragma wurden nur selten benutzt. Letzterem stand das Tabu entgegen, wonach das Berühren der eigenen Genitalien für die Frau als ungehörig galt. Diesen Standpunkt hatten nur wenige Frauen überwunden. Auch gab es kaum Ärzte, die bereit waren, diese Methode zu empfehlen.

Die ab 1962 mit ärztlicher Hilfe in der Zeitschrift *Mujeres* veröffentlichten Beiträge über Sexualprobleme behandelten im wesentlichen Fragen der Schwangerschaft und deren Verhütung, der Fortpflanzung, Geburt, Hygiene, Säuglingspflege, Anatomie und Physiologie der Genitalien. Erst zu Beginn der siebziger Jahre trat ein Wandel ein. Die Thematik bezog Fragen der Intimsphäre, der normalen und gestörten Paarbeziehungen, Kontrazeption und Probleme der Pubertät ein.

Diese sehr bescheidene, sich aber langsam systematisierende Sexualerziehung wurde jahrelang von der FMC, unterstützt durch das Gesundheitsministerium oder individuell durch engagierte Ärzte, quasi im Alleingang durchgeführt. Die Erfahrungen der ersten Jahre legten den Verantwortlichen offen, dass ungeregelte, unsystematisch und zeitgleich begonnene Umwälzungen auf allen Ebenen des menschlichen Zusammenlebens und wirtschaftlichen Tuns sowohl die intellektuellen als auch die materiellen Ressourcen des Landes bei weitem überforderten. Jedoch ergab sich unaufschiebbarer Handlungsbedarf in Bezug auf das Verhältnis der Geschlechter zueinander.

Das nationale Bildungssystem hatte in der Aufbruchstimmung und Hektik der ersten nachrevolutionären Jahre die Notwendigkeit der Einbeziehung einer Sexualerziehung in den allgemeinen Erziehungs- und Bildungsprozess noch nicht erkannt. Soweit einschlägige Bemühungen einzelner oder von Gruppen erkennbar waren, verliefen sie unsystematisch, nicht selten gegenläufig, und Tabus, Vorurteile und tief wurzelnde Gewohnheiten stellten auch in den Institutionen der Volksbildung schwer und nur allmählich überwindbare Hindernisse dar. Den von der FMC schon frühzeitig ausgehenden Initiativen fehlte der gewünschte Widerhall.

Als 1971 landesweit das Internatsschulwesen für 12- bis 18-jährige Jungen und Mädchen institutionalisiert wurde, multiplizierten sich die aus mangelhafter oder gänzlich fehlender Sexualerziehung resultierenden Probleme. Obwohl die Hälfte aller kubanischen Heranwachsenden dieser Altersgruppen in Internaten lernten und lebten, die inmitten großer Zitrusplantagen gebaut wurden, wurden die erforderlichen Lehrer und Internatsbetreuer nicht auf ihre wichtige Funktion als Sexualaufklärer und -berater vorbereitet, denn an den Schulen hatte – so stand es lebensfremd im Reglement – Sexualität keine Existenzberechtigung. Sie war verboten.

Den Jugendlichen fehlte das Behütetsein im Elternhaus, die elterliche Zuneigung. So war es nur natürlich, dass sie sich, unterstützt von räumlicher Verbindung und klimatischer Anregung, einander zuwandten auf der Suche nach Liebe und Geborgenheit. Sexuelle Aktivitäten waren unausweichlich, es gab sie durchgängig, in allen hier versammelten Altersstufen, egal, ob mit zwölf oder 18 Jahren, egal, ob gewollt oder gemusst. Vielfach trieb sie die Neugier oder der Druck der Gruppe.

Dass Verbote und Regulierungen, die die natürlichsten Entwicklungsprozesse ignorierten, nicht die erwünschte Wirkung hatten, wurde den Eltern, deren Kinder im Internat ihrem Einfluss entzogen waren, oder den Schülern selbst zur Last gelegt. Die Anzahl der Teenagerschwangerschaften erreichte einen nie zuvor gekannten Höhepunkt, und auch andere sexuelle traumatische Schädigungen häuften sich. Mädchen, die schwanger wurden, mussten die Internatsschule verlassen. Das Ministerium für Volksbildung betrachtete eine schwangere Schülerin als Zumutung für ihre Mitschülerinnen und -schüler. Ihr "negatives" Beispiel habe ansteckende Wirkung. Das dürfe nicht zugelassen werden. Außerdem sei die Schule kein Mütterheim.

In Vorbereitung des II. FMC-Kongresses 1974 zeichnete sich endlich ein Ende des Improvisierens ab, des sprunghaften, unsystematischen Handelns in naiver Begeisterung, wohl schon das Richtige zu tun. Zum ersten Mal in der Geschichte Kubas wurden die Lebensumstände und die Stellung der kubanischen Frau landesweit, in den Provinzen, Kreisen, bis hin zu den letzten Ortschaften umfassend und detailliert analysiert. Die Forderungen der *federadas* (Mitglieder der FMC) nach Unterweisung der Eltern und des Lehrpersonals in Sexualerziehung, um gemeinsam die Kinder und Jugendlichen auf diese Sphäre vorzubereiten, nach Einbeziehung der Ministerien für Volksbildung und Gesundheitswesen sowie aller Medien in den Prozess einer einheitlichen und effektiven, vor allem aber systematischen Aufklärung und Erziehung und nach Erarbeitung und Verbreitung populärwissenschaftlicher Schriften, Bücher oder sonst geeigneter Materialien sowohl für Kinder, Jugendliche als auch Eltern und nach der Erstellung einschlägiger verbindlicher Lehrprogramme für Schulen fanden Eingang in die Beschlüsse des Kongresses. Die Beschlüsse wurden, wie in autoritär verfassten Staaten üblich, verpflichtend und ihr Inhalt zeigte bereits Ansätze eines durchkonzipierten Programms.

Wohl wissend, dass Information und Erziehung allein nicht ausreichen dürften, um einen grundlegenden Wandel in den Einstellungen der Geschlechter zueinander zu bewirken, legte die FMC zeitgleich den Entwurf eines Familiengesetzbuches vor, nicht zuletzt in der Erwartung, dass von einer normativen Fixierung gleicher Rechte und Pflichten von Mann und Frau in Ehe und Familie ein heilsamer Zwang zur Beschleunigung ausgeht. Die landesweite Diskussion zum Familiengesetzbuch wurde für Kuba zu einem aufwühlenden Ereignis und legte erneut die tiefen Widersprüche offen, die noch immer das Verhältnis der Geschlechter zueinander prägten. Man war zwar bereit, die Gleichberechtigung am Arbeitsplatz, im Studium und bezüglich gesellschaftlicher Verpflichtungen anzuerkennen, aber zur Durchsetzung gleicher Prinzipien in der Familie war noch keine Bereitschaft vorhanden. Die Debatte zeigte in ihren Widersprüchen, in ihrem Beharren auf Doppelmoral und *machismo*, wie notwendig es war, die Erziehungsbemühungen mit rechtlichen Vorgaben und Zwängen zu flankieren.

Die politisch und erzieherisch Verantwortlichen nahmen sich nach der aufwühlenden Landesdiskussion auf ihrem Parteitag 1975 der Themen Gleichberechtigung der Frau, der Familienproblematik und der Vorbereitung der jungen Generation auf Liebe, Partnerschaft, Ehe und Familie an. Heraus kam unter anderem ein Beschluss, in dem es heißt:

> Die Epoche der wirtschaftlichen Abhängigkeit, der merkantilen Beziehungen, der an Interessen gebundenen Ehe, der wegen Vorurteilen und Formalismus aufrechterhaltenen Ehe, in der es keine Liebe, keine Achtung gibt, ist vorbei.
> Mann und Frau sind frei und gleichermaßen verantwortlich, wenn sie über ihre Geschlechtsbeziehung entscheiden.
> Diese Freiheit ist aber nicht mit Libertinage gleichzusetzen. [...] Die Partnerbeziehungen [...] gründen sich auf Gleichberechtigung, Ehrlichkeit und gegenseitige Achtung, begleitet von klaren und erhabenen Vorstellungen von der mit den sexuellen Beziehungen verbundenen Verantwortung, denn die Geschlechtsbeziehung bedeutet Ursprung des Lebens, Schöpferin der neuen Generation. [...]
> Um diese Probleme zu lösen, ist es notwendig, einen Plan zu entwickeln, der alle diese Aspekte berücksichtigt, um den Lehrern und Eltern wie dem Hilfspersonal, den Beratern und den die Arbeit unterstützenden Spezialisten mit Hochschulniveau eine umfassende Ausbildung zukommen zu lassen, damit diese wiederum eine in diesem Sinne notwendige Erziehungsarbeit durchführen können.

Es müssen die dazu notwendigen Bücher herausgegeben werden, Illustrationen dafür angefertigt und die Massenmedien entsprechend einbezogen werden.

Dieser Plan soll eine systematische Erziehungsarbeit mit den Kindern beinhalten, angefangen im *círculo infantil* [Kinderkrippe und -garten] und in den ersten Schulklassen, damit sie von klein auf ihre Pflicht im Haushalt erfüllen lernen. Sie sollen die Rechte und Pflichten innerhalb der Familie erfassen und dabei einen realen Überblick vom Ursprung des Lebens und den verschiedenen Entwicklungsetappen kennen lernen, und die gegenseitige Achtung zwischen den Geschlechtern soll ihnen zur selbstverständlichen Maxime werden. Das wird es ihnen ermöglichen, zu stabilen und glücklichen Ehen zu gelangen, auf der Basis einer tiefen Liebe und Ehrlichkeit sowie der Treue [...], in der die korrekt verstandene Mutter- und Vaterschaft die Grundlage der Familie, des wichtigsten Kerns der Gesellschaft, darstellt. [...]

Es ist notwendig, dass alle Instanzen, alle politischen und Massenorganisationen, die mit der Bildung und Erziehung des Individuums, vor allem der Kinder und Jugendlichen zu tun haben, den gemeinsamen Erziehungsplan in Angriff nehmen, der alle Aspekte zur Erlangung einer umfassenden Erziehung enthält (Memoria 1975: 14-18).

Dieser Beschluss stellt gewissermaßen die Geburtsstunde der multidisziplinären "Nationalen Arbeitsgruppe für Sexualerziehung" bei der ständigen Kommission der Nationalversammlung dar, später umbenannt in "Nationales Zentrum für Sexualerziehung" und administrativ dem Minister für Gesundheitswesen unterstellt. Die politische Verantwortung verblieb bei der FMC; ich selbst stand ihr als Direktorin vor. An die AG erging der Auftrag, eine Expertengruppe zu bilden und Projekte auszuarbeiten über Familienplanung, über Sexualerziehung, -beratung, -therapie und die reproduktiven Rechte der Frau.

In Kuba bedeuten Forderungen eines Kongresses der FMC und Parteitagsbeschlüsse zwingende Anleitungen zum Handeln. Damit war die Bildung der Arbeitsgruppe vorgegeben und unausweichlich. Mit ihrer Anbindung an die Nationalversammlung war sie auf höchster Ebene etabliert. Sie hatte damit – dies erwies sich als besonderer Glücksfall für die Überwindung vielfältiger Schwierigkeiten und Widerstände – die besten Bedingungen erhalten, um die im Parteitagsbeschluß zum Ausdruck gekommene Verpflichtung der Beteiligung aller Erziehungsträger durchzusetzen.

Das Ministerium für Gesundheitswesen und die FMC waren die Hauptstützen der Arbeitsgruppe. Der hohe Stellenwert, den die Sexualerziehung als gesamtgesellschaftliche Aufgabe in Kuba hat, wird besonders deutlich durch das nachstehend in Auszügen zitierte Ministerialschreiben des Ministers für Gesundheitswesen aus dem Jahr 1980. In diesem Ministerialschreiben, das für die Angesprochenen Gesetzeskraft hat und das in dieser Form vermutlich sonst nirgends existiert, sind konkret und weitgehend detailliert die Aufgaben der AG und ihre bestimmende Rolle in Sachen Sexualerziehung, -beratung und -therapie dargestellt. Es bildet sozusagen die administrative Grundlage und bestimmt Befugnisse und Verpflichtungen:

> Betrifft: Richtlinien für Sexualerziehung, -beratung und -therapie.
> Die Nationalversammlung [...] hat eine ständige Kommission für die Betreuung der Kinder und die Durchsetzung der Gleichberechtigung der Frau gegründet [...] Bei der Kommission wurde eine Arbeitsgruppe für Sexualerziehung gebildet [...] Die Hauptaufgabe dieser Gruppe ist die Koordinierung der Tätigkeiten, die es ermöglichen, die in den Thesen und Beschlüssen des I. Parteitages der KPK enthaltenen Verfügungen, insbesondere was die volle Durchsetzung der Gleichberechtigung der Frau betrifft, in die Tat umzusetzen.
> Die Arbeit dieser Gruppe konzentriert sich auf die Koordinierung der Tätigkeiten im Rahmen eines Planes, an dem in der gegenwärtigen Etappe das Ministerium für Gesundheitswesen eine wichtige Beteiligung haben wird. [...]
> Folgende Richtlinien werden [...] festgelegt:
> I.
> Die AG wird das Hauptkoordinationselement aller Tätigkeiten sein, die mit Sexualerziehung im Zusammenhang stehen. Die verschiedenen strukturellen und funktionellen Organe des Ministeriums für Gesundheitswesen sollen eine enge Verbindung mit der Gruppe haben. [...]
> II.
> Es wird angewiesen, dass die Funktionäre und Experten, die in irgendeiner Weise mit den hier erwähnten Tätigkeiten in Beziehung stehen, die offiziellen Dokumente bezüglich der Familie und der Sexualität studieren und dass diese in allen Abteilungen, die deren Realisierung unterstützen können, bekannt gegeben werden. [...]
> IV.
> Die Abteilung "Gesundheitserziehung" des Ministeriums für Gesundheitswesen ist engstens mit der AG verbunden. Sie wird von der AG methodisch angewiesen.
> V.
> Die sexualerzieherischen Tätigkeiten, die im Rahmen der Gesundheitserziehung durchgeführt werden oder sich angesichts einer gewissen generellen bzw. Masseninformation ergeben, werden von der Nationalen Abteilung für Gesundheitserziehung in den Provinzen koordiniert.
> VI.
> Diejenigen Angehörigen der mittleren medizinischen Berufe und Spezialisten mit Hochschulbildung des Ministeriums für Gesundheitswesen, die geeignet sind oder eine entsprechende Befähigung erlangen können, sollen angeregt werden, die Programme für Sexualerziehung des Ministeriums für Volksbildung zu unterstützen. [...]
> Die Abteilungsleiter der zentralen Ebene sowie der Provinzen und Kreise werden im Rahmen ihrer Möglichkeiten den Hochschulkadern, die gegenwärtig ge-

eignet sind, Aufgaben in Angelegenheiten der Sexualerziehung, -beratung und -therapie zu übernehmen, die Teilnahme an Foren, Seminaren und anderen einschlägigen Lehrgängen zu ermöglichen. [...]

VII.

Bezüglich Sexualberatung und -therapie wird auf zentraler Ebene eine interdisziplinäre Kommission gebildet, der Mitglieder der Nationalgruppen für Pädiatrie, Gynäkologie und Geburtshilfe, Innere Medizin, Psychiatrie, Psychologie, Urologie, Dermatologie, Endokrinologie und Epidemiologie angehören sollen, sowie Mitglieder der Abteilung Gesundheitserziehung und der AG für Sexualerziehung.

Diese interdisziplinäre Kommission wird sich an der Auswahl und Ausarbeitung der Materialien beteiligen, die zur Unterstützung der Lehrtätigkeit und Masseninformation dienen werden.

Die interdisziplinäre Kommission wird mit den zuständigen Instanzen die Durchführung von Lehrveranstaltungen für Spezialisten mit Hochschulbildung und Personal der mittleren medizinischen Berufe, die in den Bereichen Sexualerziehung, -beratung und -therapie zu tun haben, programmieren und koordinieren.

VIII.

Die Behandlung von Sexualstörungen soll weiterhin im Rahmen der Arbeitspläne der Spezialisten, die z.Z. diese Patienten behandeln, erfolgen. Jedoch die Provinzialleitungen für Gesundheitswesen [...] werden die Bildung multidisziplinärer Gruppen ermöglichen, die sich mit den neuesten Techniken für Sexualberatung und -therapie vertraut machen. [...]

Bei der Auswahl der Spezialisten, die angeregt werden, um Aspekte der Sexualerziehung, -beratung und -therapie in ihre Arbeit aufzunehmen, sind nicht nur ihr Berufsprofil und ihre Bereitschaft zu berücksichtigen, sondern auch Moralfaktoren bezüglich ihres persönlichen Lebens, die Einfluss auf ihre künftige Entwicklung haben können.

Gezeichnet: Minister

(Del Valle 1980: 1-4)

Die AG begann damit, einen Kern ausgewählter, den verschiedenen Fachbereichen angehörender Experten als zukünftige Multiplikatoren auszubilden. Sie zog dafür ausländische, von der WHO und dem UNFPA *(United Nations Fonds for Population Activities)* finanzierte Sexologen hinzu. Die in Intensivkursen ausgebildeten eigenen Spezialisten schulten nachfolgend landesweit Fachkräfte, so dass in kürzester Zeit alle Provinzen des Landes einheitlich und mit ständiger Unterstützung durch die AG Sexualberatungs- und Therapiemöglichkeiten schaffen konnten. Regelmäßige Seminare hielten ein ständiges *feed-back* aufrecht.

Zeitgleich liefen Beschaffung, Auswahl, Übersetzung, Aktualisierung und Adaption für ein genuin kubanisches Konzept von Fach- und populärwissenschaftlicher Literatur für alle Altersgruppen der Bevölkerung. Für

Mediziner und Psychologen stand lediglich das zu der Zeit in der westlichen Hemisphäre als Standardwerk der Sexologie geltende Buch *The human sexual response* von William Masters und Virginia Johnson in fast allen ihren Fachbibliotheken, in einigen auch der *Kinsey-Report* zur Verfügung. In nur wenigen kubanischen Familien gehörte das aus den dreißiger Jahren stammende Werk *Die perfekte Ehe* des Niederländers Theodoor Van de Velde zu den wohlbehüteten Schätzen. Darüber hinaus waren im Buchhandel keine Werke erhältlich.

Das kubanische Verlagswesen, eine Dependance des Ministeriums für Kultur, öffnete dem Vorschlag der Arbeitsgruppe, Fachliteratur zur Sexologie sowie einschlägige populärwissenschaftliche Bücher für Erwachsene, Kinder und Jugendliche zu veröffentlichen, alle Türen. Bevor die Schriften allerdings gedruckt werden durften, mussten sie mehrere Zensurhürden überspringen. "Expertenkommissionen" aus Vertretern der Volksbildung, Medizin, Psychologie, Soziologie, Kultur, der Partei und der FMC, weitgehend Ignoranten dieses Gebietes oder gar erbitterte Gegner, hatten darüber zu befinden, ob der Inhalt dem neuesten wissenschaftlichen Stand und vor allem den ethischen und moralischen Prinzipien der kubanischen Gesellschaft entsprach.

Besonders schwierig gestaltete sich die Debatte über das Thema Homosexualität. Die von den Autoren und der AG geforderte Entkriminalisierung und das Ende der Diskriminierung bis hin zur Anerkennung der Gleichberechtigung Homosexueller stieß auf energischen Protest, Widerstand und Einspruch von Seiten der "Gutachter".

Die Ausbildung der Pädagogen erfolgte ebenso unwissenschaftlich wie hartnäckig nach wie vor nach dem Grundsatz, Homosexuelle zu "Normalen", also Heterosexuellen, umzuerziehen. Früherkennung des Problems, so die Überzeugung der Vertreter der Volksbildung, war der Schlüssel zum Erfolg. Lehrer wurden angehalten, schon ABC-Schützen aufmerksam zu beobachten, um bei eventuell bemerktem "effeminierten" Verhalten kleiner Jungen oder *Mari-macho*-Betragen kleiner Mädchen dem sich anbahnenden "Übel" entgegenzuwirken. Mittels eines rigoros und akribisch geführten Schülerkontrollsystems über die Entwicklung jedes kubanischen Schulkindes – von der ersten Klasse bis zum Abitur – wurde das als nicht seinem oder ihrem Geschlecht angemessene Verhalten im persönlichen Dossier unter der Rubrik "Charakterschwäche" vermerkt. Bei Schulwechsel wussten die neuen Lehrer sofort über den "Makel" Bescheid, was in nicht wenigen Fällen die Aufnahme betroffener Schüler in die Universität vereitelte.

Eine geradezu aggressive Reaktion zur Schwulenproblematik bestätigte sich auch bei der Ausbildung von Familienärzten, die es als approbierte Mediziner ablehnten, selbst aktualisierte, wissenschaftlich fundierte, liberale Argumente zur Homosexualität anzuhören, geschweige denn, ernsthaft darüber zu debattieren.

Bekannt sind die Mitte der sechziger Jahre eingerichteten UMAP-Arbeitslager (*Unidad Militar de Apoyo a la Producción* – Militäreinheit zur Unterstützung der Produktion), in denen mehrheitlich Homosexuelle zur Landarbeit gezwungen wurden mit der Absicht, diese "asozialen, schädlichen Elemente" zu Heterosexuellen umzuerziehen. Die vorherzusehende Erfolglosigkeit sowie die anhaltenden ausländischen Proteste führten letztendlich zu ihrer Auflösung.

Doch noch immer hatte eine 1971 auf dem I. Kongress für Erziehung und Kultur beschlossene Resolution volle Gültigkeit, der zufolge Homosexuelle als Weichlinge, als vertrauensunwürdige antisoziale Elemente galten, denen der Zugang zur Partei, zum Studium und zu Leitungspositionen zu verweigern sei. Diese verbindliche Resolution wurde im ganzen Lande bis Ende der achtziger Jahre rigoros angewendet. Rücksichtslos wurden als Homosexuelle Erkannte oder Verdächtigte aus der Jugendorganisation oder Partei ausgeschlossen und von den Universitäten verwiesen. So wurden viele Homosexuelle, die ihre Orientierung mit Mühe und Not jahrelang verstecken konnten, die sich Anerkennung und Hochachtung erworben hatten, plötzlich als perverse, schwache, verräterische Unmenschen abgestempelt. Es spielten sich dramatische Szenen, persönliche Tragödien ab, nicht selten bis zum Suizid. Die in Kuba herrschende Homophobie stieß auch unter Sympathisanten der kubanischen Revolution auf Widerstand. Jean Paul Sartre soll über die exaltierte Diskriminierung kubanischer Homosexueller entsetzt geäußert haben, was für die Nazis der Jude, sei für Kuba der Homo. Die Zeit war noch nicht reif, sich von atavistischen Auffassungen zu lösen. Erst Ende der achtziger Jahre veranlassten innerer und äußerer Druck die höchsten Instanzen Kubas, eine Revision der aggressiven Politik zur Homo-Problematik in die Wege zu leiten.

Die Schizophrenie der Homoproblematik wird deutlich in den Ausnahmen, die es immer gab. Bekannte und beliebte Maler wie Portocarrero und Cabrera Moreno, Sänger wie "Bola de Nieve" und Pablo Milanés, Schriftsteller wie Miguel Barnet genossen stille, aber auch hämische und spöttische Duldung. Der ehemalige Präsident des ICAIC (*Instituto Cubano de Arte e*

Industria Cinematográficos – Kubanisches Filminstitut) war sogar Mitglied des Zentralkomitees der PCC, die einzige Ausnahme von der Regel.

Entgegen allen Einwänden erschien das erste aufklärende Buch der neuen Serie *El hombre y la mujer en la intimidad* (Mann und Frau intim) von Siegfried Schnabl fast komplett, denn vielen Verboten zum Trotz wurden die meisten der angeordneten Streichungen ignoriert. Wegen der erwarteten Nachfrage musste der Titel bei einer Erstauflage von 50.000 Exemplaren an Mediziner, Psychologen, Soziologen und Pädagogen auf Bezugschein verteilt werden. Der Hunger nach einschlägiger Literatur war ungewöhnlich. In der Druckerei verschwanden ganze Paletten mit druckfrischen Büchern, die zu weit überhöhten Preisen auf dem Schwarzmarkt verkauft wurden. Sogar die Korrekturfahnen wurden gestohlen. Der riesige Bedarf erzwang alsbald eine Neuauflage von diesmal 100.000 Exemplaren. Der Erfolg war so beeindruckend, dass eine spätere, überarbeitete Neuauflage keinerlei Restriktionen mehr unterlag. Das Thema Sexualität war gesellschaftsfähig geworden, in ganz Kuba wurde darüber geredet. Alle Medien, einschließlich *Granma*, beschäftigten sich mit dem Thema. Radio, Fernsehen, die Zeitschriften *Mujeres*, *Somos Jóvenes*, *Bohemia*, *Muchacha* unterstützten landesweit systematisch die Sexualerziehung. Bücher für Kinder und deren Eltern und für Teenager rundeten die Neuerscheinungen ab. Diese Basisliteratur wurde Ende der achtziger Jahre noch durch einige Fachtitel für Mediziner und Psychologen ergänzt, deren Inhalt uneingeschränkt einschließlich der Illustrationen vom jeweiligen Original übernommen wurde.

Die von der AG, inzwischen in "Nationales Zentrum für Sexualerziehung" umbenannt, erarbeiteten Lehrpläne wurden an allen Fakultäten für Medizin, Psychologie, Pädagogik und an den medizinischen Fachschulen, ja sogar an der Nationalen Kaderschule der FMC zwingender Bestandteil der Ausbildung.

Landesweite relevante Untersuchungen über Sexualkenntnisse, -einstellungen und -verhalten von Kindern, Jugendlichen und Erwachsenen, von angehenden Familienärzten sowie auch über die Problematik der Teenagerschwangerschaften bestätigten die aus früheren empirischen Untersuchungen stammenden, hier bereits geschilderten Erfahrungen über die Macht der Traditionen und Macho-Einstellungen aller Schichten der Bevölkerung, einschließlich der höchsten Führungsetagen.

Die befragten angehenden Familienärzte, diejenigen, die in der Sexualerziehung eine zentrale Rolle spielen sollten, unterschieden sich in ihren Einstellungen nicht von denen der Schüler und Studenten. Besorgniserregend kam bei ihnen hinzu, dass sie sich zwar zum größten Teil zutrauten, als Sexualberater zu fungieren, aber so dürftige und vorurteilsbelastete "Kenntnisse" über Sexualität bekundeten, dabei ihre offenbare Ignoranz und Voreingenommenheit als "Wissenschaft" verteidigten, so dass ihre Beratung für ihre Patienten mehr Schaden als Gewinn bedeuten würde.

Ab Mitte der achtziger Jahre wurde auch für Kuba das AIDS-Problem relevant. Die besondere Bedeutung, die ihm von höchster Stelle eingeräumt wurde, zeigte sich darin, dass sich alle aus dem Ausland einreisenden Kubaner zwangsweise einem HIV-Test unterziehen mussten. HIV-Positive wurden ausnahmslos in extra dafür eingerichteten Sanatorien isoliert, einem abgeschotteten, mit eigener Infrastruktur und Versorgung versehenen und akribisch bewachten System, das der allgemeinen Sexualtherapie entzogen ist. (Dem *Statistischen Jahrbuch des Ministeriums für Gesundheitswesen 1998* zufolge gibt es in Kuba derzeit dreizehn Sanatorien für HIV-Infizierte). Fidel Castro hatte die Angelegenheit zur Chefsache erklärt, Informationen wurden nur sehr begrenzt weitergegeben.

Zu Beginn der achtziger Jahre wurde den Verantwortlichen überdeutlich, dass das hochgesteckte Ziel, die Geschlechterbeziehungen in der kubanischen Gesellschaft im Sinne der Gleichberechtigung der Partner und der sexuellen Selbstbestimmung zu verändern sowie eine Kultivierung der sexuellen Verhaltensweisen zu bewirken, weit größerer, zielstrebigerer, vor allem viel weiter gefächerter Anstrengungen als gesamtgesellschaftlicher Aufgabe bedurften. Landesweite Untersuchungen, Pilotprogramme, Bestandsaufnahmen und zahlreiche Beobachtungen hatten offenbart, dass die Persönlichkeitsentwicklung der Heranwachsenden im Bereich Liebe und Partnerschaft gegenüber anderen Persönlichkeitsbereichen wie Bildungsstreben, Liebe zur Arbeit, ja sogar Patriotismus und Verteidigungsbereitschaft zurückgeblieben war. Auch unter den Erwachsenen, in den Familien, lebten die überkommenen Vorstellungen weiter, und die Mehrzahl der Frauen wussten ihre durchaus schon vorhandenen Rechte nicht zu gebrauchen, ja, sie hatten noch nicht einmal ihre Diskriminierung begriffen. Dies belegte eine Studie, die von der FMC gemeinsam mit der Akademie der Wissenschaften erstellt worden war, wonach über achtzig Prozent der berufstätigen Frauen ihre Männer als Bevollmächtigte über sich selbst benannten.

Bei aller Würdigung der bisherigen Bilanz wurden auf einem weiteren FMC-Kongress und PCC-Parteitag 1980 ergänzende Pläne und Aufträge für eine verstärkte neue Etappe beschlossen. Befreit von ideologischen Überlagerungen lauteten die Kernsätze folgendermaßen:

Die kubanische Sexualpolitik zwischen Anspruch und Wirklichkeit 265

Besondere Aufmerksamkeit ist der Familie [...] zu schenken, denn sie hat die primäre Verantwortung bei der Bildung und dem Verhalten der Kinder, Heranwachsenden [...] Sexualerziehung muss von frühester Kindheit an getätigt werden. In der Krippe, im Kindergarten [...] durch pädagogische Aktionen. [Ziel ist die] Befähigung der Eltern [...] zur Bildung der neuen Generation, zur Bildung stabiler, dauerhafter und glücklicher Paarbeziehungen [...] (Memoria 1980: 19f.).

Wie ein roter Faden zieht sich die Auffassung durch die Kongressdokumente, dass das "Nationale Zentrum für Sexualerziehung" hierfür die tragende Rolle und das herausgehobene Beratungsgremium darstellen muss.

Die Vorstellungen von einer Gesellschaft, die partnerschaftlich mit sich im Einvernehmen und in Eintracht lebt und die hierfür konzipierten Maßnahmen fanden Niederschlag in einem vom "Zentrum für Sexualerziehung" erarbeiteten nationalen Komplexprogramm, das die Ministerien für Gesundheit, Volksbildung, Hochschulwesen, Kultur, Justiz und Verteidigung, Kinder- und Jugendorganisationen, die Frauenföderation bis hin zur Union der Journalisten und das Kubanische Filminstitut einbezog. Besonderer Wert wurde darauf gelegt, dass alle Erziehungsträger, Schule, Eltern, Gesundheitswesen, gesellschaftliche Organisationen nicht für sich allein, sondern nur gemeinsam und koordiniert an der Verwirklichung des besagten Programms teilhaben müssen. Hierbei handelte es sich nicht um eine nur zeitlich oder umfänglich begrenzte Kampagne, sondern um ein auf Dauer angelegtes Erziehungsprogramm für das gesamte Land.

So oblag den Ministerien für Volksbildung und Hochschulwesen, ein Projekt für die Ausbildung der Pädagogen aller Ebenen zu entwickeln nach dem Grundsatz, dass das Zentralproblem der Sexualpädagogik die "Erziehung der Erzieher" darstellt. Die Lehrerbildungsinstitute und pädagogischen Hochschulen hatten ihre Lehrpläne und Unterrichtsprogramme so auszurichten, dass Sexualerziehung als Teil der Gesamterziehung erkennbar würde. Entsprechend dem jeweiligen intellektuellen Entwicklungs- und Reifezustand der Schüler sollten entsprechend der Jahrgangsstufe in den Schulbüchern, Lehrplänen und sonstigen Lehrmaterialien Informationen über Fortpflanzung, Anatomie und Physiologie der Genitalien, über Partnerschaft bis zu den Möglichkeiten der Kontrazeption vermittelt werden.

Durch die Medien, Fernsehen und Radio, Zeitungen, Zeitschriften, Filme und Veröffentlichungen des Buchinstituts sollten angesichts ihrer großen flächendeckenden Massenwirkung möglichst regelmäßig Themen aus den Gebieten Sexualerziehung und Partnerbeziehungen verbreitet werden. Sie sollten sozusagen als "Elternschule" wirken.

Wie bisher schon würde auch im Rahmen dieses Komplexprogramms dem Ministerium für Gesundheitswesen die Hauptlast zufallen. Solange das Volksbildungsministerium und seine Pädagogen noch nicht bereit oder fähig waren, die Sexualerziehung als primär pädagogische Aufgabe zu begreifen und zu übernehmen, mussten wohl Vertreter der Medizin einen großen Teil der praktischen und wissenschaftlichen Arbeit leisten.

Nach den populärwissenschaftlichen Veröffentlichungen war die Intimsphäre enttabuisiert worden. Die Menschen hatten erfahren, dass es auch für Probleme und Konflikte in diesem Lebensbereich, mit denen sie vorher lebten und starben, Abhilfe geben kann. Sie wandten sich an die Experten des Gesundheitswesens, deren Qualifizierung nach einheitlichen Vorgaben in Sexualberatung und -therapie, bei Sexualstörungen sowie Ehe-, Partnerschafts- und Familienproblemen landesweit vorangebracht werden musste. Ihnen sollte gewissermaßen eine Doppelfunktion, einmal als Sexualberater und -therapeut und zum anderen als Gesundheitserzieher, also auch im weitesten Sinne als Sexualerzieher, zufallen. In den medizinischen Fakultäten wurde ein zu den obligatorischen Lehrveranstaltungen gehörendes verbindliches Programm eingeführt, das so konzipiert ist, dass die zukünftigen Ärzte befähigt werden, allen Aspekten der menschlichen Sexualität gerecht zu werden.

Das Justizministerium wurde in das Programm einbezogen mit der Aufforderung, die gesetzlichen Garantien der Gleichberechtigung von Mann und Frau und die einschlägige Weiterbildung der Juristen zu vervollkommnen, um deren noch häufigen individuellen Interpretationen Einhalt zu gebieten. In der Rechtspraxis schienen die Richter bei sexuell motivierten Tatbeständen nicht selten überfordert zu sein, sei es wegen ihrer tradierten Auffassungen, sei es wegen ihres Nichtwissens über sexuell bedingte Sachverhalte.

Der seit 1965 nach einer juristisch fragwürdigen Auslegung des Interruptionsparagraphen mögliche Schwangerschaftsabbruch sollte rechtlich und ethisch einwandfrei in einem eigenen Gesetz geregelt werden, um den Frauen zu ermöglichen, nach klaren Regeln, frei von willkürlichen Entscheidungen von Ärzten, einen Abbruch vornehmen zu lassen.

Angesichts der Tatsache, dass bei der erschreckend hohen Zahl der Teenagerschwangerschaften (über 25% der jährlich Gebärenden und 30-40% der Interruptiopatientinnen waren Teenager) viele der minderjährigen Mütter weder emotional noch wirtschaftlich in der Lage waren, ihren ungewollten Kindern ein menschenwürdiges Dasein zu bieten, wurde im Rahmen des Komplexprogramms vorgeschlagen, die Frage der Adoption gesetzlich zu regeln. Dazu wären Bestimmungen zu erstellen, die eine Mutter, die ihr Kind zur Adoption freigibt, d.h. nach geltendem Recht "verlässt", straffrei stellen. Bis dahin wurde eine Mutter, die ihr Kind "verließ", bestraft. Fast nie bestraft hingegen wurde ein Mann, der mit einem minderjährigen Mädchen Geschlechtsverkehr hatte, obgleich dies nach geltendem Recht als Vergewaltigung, mindestens jedoch als sexueller Missbrauch und somit als strafbar definiert war. Auch dies mag als Beispiel praktizierter Doppelmoral gelten.

Auch waren die beschämend unwürdigen Untersuchungen der Jungfernschaft strengstens zu verbieten. Es war Praxis, dass Väter, ihre Töchter im Schlepptau, auch Ärzte bedrohend, diese erniedrigende Untersuchung forderten, weil die Tochter zu spät nach Hause gekommen, mit einem Jungen gesehen worden war oder ein Lehrer Andeutungen gemacht hatte.

Das Ministerium für Kultur, das schon bisher mit der Herausgabe von 730.000 Exemplaren von Büchern zur Sexualerziehung beträchtliche Hilfe geleistet hatte, sollte unter anderem auf die Kunstschaffenden einwirken, die inhaltliche Gestaltung von Theaterprogrammen und anderen Kulturveranstaltungen mehr als bisher mit den neuen ethisch-moralischen Wertvorstellungen in Einklang zu bringen, damit die Kunst als wichtiges Mittel der Persönlichkeitsentwicklung im genannten Sinne wirksam werden könne.

So waren auch das Verteidigungsministerium, die Verteidigungskomitees, die Kinder- und Jugendorganisationen und die Frauenföderation entsprechend ihren Möglichkeiten in das Komplexprogramm einbezogen worden, um durch ihre hohen Mitgliederzahlen und damit enormer Massenwirkung unterstützend zu wirken.

So begann Anfang der achtziger Jahre das bislang größte und komplexeste Sexualerziehungsprogramm, das je in einem lateinamerikanischen Land in Angriff genommen worden ist. Seine Außergewöhnlichkeit fand die Unterstützung der Vereinten Nationen, ihrer Unterorganisationen und anderer internationaler Institutionen und wurde als beispielhaft in Ländern der Dritten Welt empfohlen. Auch in den ehemaligen sozialistischen Ländern fand das kubanische Modell großen Widerhall. Auf jährlich in wechselnden Ländern stattfindenden Kongressen wurde das Kuba-Programm vorgestellt und die aus ihm gewonnenen Forschungsergebnisse und Erfahrungen eingehend diskutiert. Die Akademie der Gesellschaftswissenschaften der DDR veröffentlichte alle Referate Kubas, die auf den biennalen Familienplanungstagungen vorgetragen wurden. Besondere Anerkennung fand das integrale kubanische Programm vor allem dort, wo noch eingeschränkte oder nur punktuelle Versuche der Sexualerziehung, -beratung und -therapie üblich waren. Seine besondere Würdigung erfuhr es durch die Aufnahme der Direktorin des Nationalen Zentrums für Sexualerziehung in die Akademie der Sexualwissenschaften Polens und in den wissenschaftlichen Beirat der WAS *(World Association for Sexology)* in der Absicht, von den Erfahrungen Kubas zu profitieren.

Wirtschaftsembargo, ineffektive Planwirtschaft und fehlende potente Freunde haben die Wirtschaft Kubas existentiell getroffen. Die Lebensumstände, bestimmt von Mangel, Verzicht und zunehmender Armut reduzierten das nationale Komplexprogramm nach anfänglichen Erfolgen auf punktuelle, von Zufällen der Finanzierungsmöglichkeiten oder Spenden abhängige Aktivitäten. Die tragenden Säulen des Programms brachen weg. Verhütungsmittel waren so rar geworden, dass eine gezielte und systematische Versorgung entfiel. Die geplanten Neuveröffentlichungen von Büchern mussten aufgegeben werden. Die Zeitungen konnten Themen zur Sexualerziehung, -beratung und -therapie immer weniger behandeln, da sie, bevor ein Teil von ihnen ganz eingestellt wurde, wegen Papiermangel nur in gekürzter Form erscheinen konnten. Selbst die Versprechen des "Nationalen Zentrums für Sexualerziehung" an die Provinzkommissionen, sie mit Schulungs-, Lehr- und Propagandamaterialien (Broschüren, Plakate, Faltblätter, Lehrfilme, Videos u.ä.) zu versorgen, konnten wegen Papiermangel oder defekter und verschlissener Herstellungsgerätschaften (Drucker, Kopiergeräte, Videokameras u.v.a.m.) nicht eingehalten werden. Die zuvor zu Pflichtveranstaltungen erklärten unerlässlichen landesweiten Fortbildungskurse für Sexualerziehung, -beratung und -therapie konnten nicht mehr systematisch und in der erforderlichen Frequenz durchgeführt werden. Es fehlte an Transport-, Unterbringungs- und Verpflegungsmöglichkeiten für Kursteilnehmer und Dozenten. Hilfe von Freunden aus aller Welt wirkte wie Pflästerchen auf großen Wunden. Auch die wenigen Mittel, die durch sporadische Konsultanten- oder Lehrtätigkeit der inzwischen hochqualifizierten Teammitglieder des "Nationalen Zentrums für Sexualerziehung" im Ausland erbracht wurden, konnten die finanzielle Krisensituation kaum verbessern.

Sexualerziehung ist ein unproduktives Unterfangen, bei dem sicht- und erlebbare Ergebnisse erst nach langer Zeit anfallen. Außerdem ist sie, professionell, multidisziplinär und systematisch durchgeführt, sehr teuer, ohne dass der Erfolg gewiss wäre. In Mangel- und Krisensituationen werden daher derartige Unternehmungen nicht prioritär behandelt, auch wenn von dieser Arbeit in hohem Maße die Lebensqualität der kommenden Generationen abhängt. Die hier und da schon erreichten Erfolge haben sich nicht stabilisieren lassen. Die kurze Zeit hat nicht genügt, das in der langen Geschichte Kubas überlieferte Denken aus den Köpfen zu verbannen. Das Beharrungsvermögen beweist sich als übermächtig, und es wird wohl in Kuba noch eine sehr lange Zeit vergehen, bevor die Grundlagen einer für alle Beteiligten gesunden Sexualität erreicht sind.

Literaturverzeichnis

Código de Familia (1976): Havanna: Editorial Orbe.

Código penal (1987): Havanna: Ministerio de Justicia.

Del Valle, Sergio (1980): *Carta Ministerial de Junio 1980*. Havanna: Ministerio de Salud Pública, S. 1-4.

Kinsey, Alfred C. (1949): *La conducta sexual del varón*. Ciudad de México.

Krause Peters, Monika (1983): *Vorbereitung der jungen Generation auf Liebe, Ehe und Familie in der Republik Kuba* (Dissertation). Rostock.

Krause Peters, Monika/Alvarez Lajonchère, Celestino (Hrsg.) (1981): *Selección de párrafos de los principales documentos oficiales que hacen referencia a la educación, orientación y terapia sexuales* (enthalten sind Auszüge aus den offiziellen FMC- und PCC-Kongressdokumenten, sowie der vollständige Wortlaut des zitierten Ministerialschreibens). Havanna: Editorial Científico Técnica.

Masters, William/Johnson, Virginia (1969): *La respuesta sexual humana*. Havanna: Editorial Científico Técnica.

Memoria (1975): *Memoria Primer Congreso del Partido Comunista de Cuba, Tesis y Resolución* "Sobre la formación de la niñez y de la juventud" *y Tesis y Resolución* "Sobre el pleno ejercicio de la igualdad de la mujer". Havanna: Ed. PCC, S. 14-18.

— (1980): *Memoria Segundo Congreso del Partido Comunista de Cuba, Tesis y Resolución* "Sobre política educacional". Havanna, S. 19f.

Ministerio de Salud Pública de la República de Cuba (1998): *Anuario Estadístico*. Havanna: Ministerio de Salud Pública.

Proyecto de Código de Familia (1974): Havanna: Editorial Orbe.

Schnabl, Siegfried (1979): *El hombre y la mujer en la intimidad*. Havanna: Editorial Científico Técnica.

Van de Velde, Theodoor. H. (1939): *El matrimonio perfecto*. Buenos Aires.

Frank Niess

Ist die kubanische Revolution noch ein Mythos?

1. Die autochthone Revolution

Die kubanische Revolution war von Anbeginn an ein Mythos. Einer, der sich aus vielerlei Gründen wie von selbst um diesen Aufbruch einer unterdrückten und unterentwickelten Gesellschaft aus der politischen Unmündigkeit und der sozialökonomischen Rückständigkeit gerankt hat. Ein Mythos zugleich, den man dann systematisch gehegt und gepflegt hat. Die Revolution zehrte und zehrt noch immer in ihrer Wirkung nach außen, vor allem in ihrer Ausstrahlung auf die Dritte Welt, von einigen singulären Fakten.

Dazu gehört zuvorderst die Tatsache, dass diese Revolution "selbst gemacht" war. Sie entsprang als autochthoner Akt der Befreiung von der Batista-Diktatur und der "Vormundschaft" der USA über die Zuckerinsel dem Freiheitsdrang der Mehrheit der Kubaner. Auch wenn sich diese Mehrheit erst mit dem Erfolg und den ersten wegweisenden Akten der Revolution hinter den Revolutionären zusammengefunden hat.

Anders als bei den Ländern Mittelosteuropas, denen man den Sozialismus nach 1945 mit Hilfe der Roten Armee auf eine ganz andere politische Tradition aufgepfropft hat, war die kubanische Revolution kein "Import-Produkt" aus anderen Ländern. "Diese Revolution", bekräftigte Fidel Castro bei mehr als einer Gelegenheit, "ist ein ursprüngliches Produkt dieses Landes. Niemand hat uns gesagt, wie wir sie zu machen hätten. Und wir haben sie gemacht. Niemand wird uns vorzuschreiben haben, wie wir sie fortzuführen haben. Und wir werden damit weitermachen. Wir haben gelernt, Geschichte zu schreiben. Und wir werden damit fortfahren. Niemand sollte da Zweifel haben" (Halperin 1981: 179). Diese Authentizität der Revolution war der Hauptquell der Mythen, die um die Ereignisse auf der größten Antillen-Insel in den 50er und 60er Jahren entstanden sind.

2. Geschichtsbewusstsein

Es ist unverhohlener Stolz, der aus der Überzeugung Castros spricht, Geschichte geschrieben zu haben und weiterhin zu schreiben. Aus ihrer eigenen Geschichte und ihrer Vorgeschichte, die bis in die Mitte des 19. Jahrhunderts zurückreicht, speist sich der Mythos der kubanischen Revolution. Daher das immense Interesse an Geschichte auf der Insel, das intensiv, mitunter bis zum Überdruss, gefördert wird. Geschichte tritt den Kuba-Besuchern in der Selbstdarstellung der Revolution auf Schritt und Tritt entgegen. "Ihre Geschichte und vor allem ihre Befreiungsgeschichte ist den Kubanern [...] unendlich viele Reden wert" (Hanf 1989: 33).

Wenngleich es zur gebetsmühlenartigen Redundanz, zum Schematismus und auch zur Oberflächlichkeit neigt, ist das historische Bewusstsein in Kuba doch immer noch deutlicher ausgeprägt als in manchen anderen Ländern. Kein hymnisches Lob auf die Helden der "Befreiungsbewegung 26. Juli" ohne devoten Verweis auf die "geistigen Väter" der Revolution wie José Martí (1853-1895). Und keine Beschwörung des gloriosen Guerillakampfs (1956-1958/59) in der südkubanischen Bergwelt der Sierra Maestra ohne *Hommage* an den "Bronzetitan", den Mulatten-General Antonio Maceo, der die spanischen Kolonialtruppen im zweiten kubanischen Befreiungskrieg (1895-1898) das Fürchten lehrte.

Wie durch eine historische Wasserscheide sind die kubanischen Verhältnisse sauber geteilt nach dem tausendfach zitierten Motto: *Antes y después del triunfo de la revolución. Vor* der Revolution herrschten in Kuba elende Verhältnisse. Ausgenommen die Glitzerwelt Havannas, wo die *happy few*, begüterte Kubaner wie dollarschwere Yankees, dem Glücksspiel, der Prostitution, dem Drogenkonsum und dem Alkohol frönten. *Nach* der Revolution waren die Verhältnisse geradezu ins Gegenteil verkehrt, hatten sich die Geldaristokratie und die ihr hörige Unterhaltungsindustrie verflüchtigt, während die unteren Schichten, vor allem die Landbevölkerung, von den ersten Kraftakten der Rebellen profitierten.

Vor der Revolution: Das ist, holzschnittartig, die Zeit der Armut, der Arbeitslosigkeit, der Unterdrückung, Korruption und Würdelosigkeit. *Nachher*: Das ist, nach offizieller Version, die Ära der sozialen Gerechtigkeit, der egalitären Gesellschaft, des sozioökonomischen Fortschritts und der nationalen Unabhängigkeit. Diese Zäsur, so plakativ sie auch erscheinen mag, haben vor allem die älteren Kubaner gläubig internalisiert.

Die historische, auf Mythen angelegte Selbstdarstellung der Revolution ist beispiellos. Sie ist eine Mischung aus politischem Narzissmus, revolutionsgeschichtlicher Denkmalpflege und bisweilen ins Religiöse gesteigerter Ikonographie. Da wird die Yacht "Granma" wie eine überdimensionierte Reliquie in einem Glashaus zur Schau gestellt. Einschusslöcher an der Moncada-Kaserne in Santiago de Cuba, wo die Revolution in einem ersten Anlauf am 26. Juli 1953 begonnen hat, werden alle Jahre wieder sorgsam restauriert. Ganz zu schweigen von dem Panzerzug Batistas, den Che Guevara am Ende des Befreiungskriegs in der Provinzhauptstadt Santa Clara erobert hat. Womit das letzte Hindernis auf dem Weg nach Havanna beseitigt war. Ein imposantes Museumsstück. Entsprechend monströs das Grabmal, das man dem *"Comandante* Che Guevara" dort errichtet hat.

Keine Archivalie, kein Überbleibsel aus dem Befreiungskrieg in der Sierra Maestra ist zu gering, zu schäbig oder zu banal, um als historisches Schaustück der Mythologisierung der Revolution zu dienen. Der geschichtliche Rekurs, der in kaum einer der Reden des *Líder Máximo* fehlt, ist dazu da, die Mythen der kubanischen Revolution wach zu halten.

3. Fidel Castros Charisma

"Nur wenige historische Prozesse haben eine solche Faszination ausgeübt wie die kubanische Revolution" (Mires 1991: 91). Dies ist vor allem einer der "handelnden Personen" zuzuschreiben: Fidel Castro. Er wurde nach eigener Überzeugung 1926 mit einem "politischen und revolutionären Instinkt" geboren (Halperin 1981: 1). Und dieser Instinkt hat ihn, wie es scheint, kaum je im Stich gelassen. Wenn auch der Sturm auf die Moncada-Kaserne am 26. Juli 1953 mit einem militärischen Desaster für die Rebellen unter Castros Kommando endete, so wurde doch seine führende Rolle im Befreiungskrieg (1956-1958/59) und an der Staatsspitze von da an niemals ernsthaft in Frage gestellt.

Diese unangefochtene Position verdankt er seinem Charisma, an das keiner der noch lebenden Revolutionsführer auch nur annähernd heranreicht. Dieses Charisma ist zu einem Gutteil seiner unglaublichen Vitalität, Spontaneität und vielseitigen Kompetenz zuzuschreiben. Seine Arbeitswut ist legendär. Er hat sich schon im Gefängnis auf der *Isla de Pinos* (1953-1955) mit verbissener Disziplin in die verschiedensten Materien eingearbeitet. Bei aller Anomalität der Haft genoss er doch die Ruhe seiner Einzelzelle, "das wertvolle Geschenk der Muße" (Quirk 1996: 61), um sich als "Bücherwurm" begierig all das an politischer Theorie einzuverleiben, dessen er habhaft werden konnte (vgl. ausführlich: Castro 1992: 265 ff.).

Die Fähigkeit, sich rasch mit einem Gegenstand vertraut zu machen (vgl. Halperin 1981: 136f.), hat ihm das Erstaunen und die Bewunderung seiner Umwelt eingetragen. In seinen Reden oder bei anderen Gelegenheiten brilliert er mit seinem detailfreudigen Expertenwissen. Dabei hat er vor allem für die Landwirtschaft seit jeher ein ausgesprochenes Faible. Sein generalistischer Kompetenzanspruch hat aber auch den Nachteil (vgl. Quirk 1996: 437), dass so gut wie kein Bereich des öffentlichen Lebens auf der Insel gegen seine sporadischen Interventionen "immun" ist (vgl. Halperin 1981: 86). Als selbsternannter Nicht-Bürokrat schlechthin fühlt er sich bemüßigt, jederzeit und überall einzugreifen, wo die Entwicklung seines persönlichen Einflusses, vor allem seiner Korrekturen, zu bedürfen scheint. Als sprichwörtliches Arbeitstier neigt er dazu, alles selbst tun zu wollen. Und er beansprucht, immer das letzte Wort zu haben. Fidel Castro hat zwar beteuert, niemals ein Freund "unipersonaler Entscheidungen" gewesen zu sein. Faktisch aber ist er es, der, oft genug im Alleingang, Politik in Kuba macht.

4. Askese und politische Moral

Die Unerbittlichkeit gegen sich selbst, das Desinteresse an materiellen Privilegien und auch der, zumindest äußerlich hervorgekehrte, asketische Lebensstil haben Fidel Castro eine unvergleichliche Glaubwürdigkeit eingetragen. Dass er seinem Familienclan nicht, wie es in der früheren Sowjetunion Usus war, eine kommode Existenz im Luxus-Ghetto bietet, unterscheidet ihn wohltuend von vielen korrupten Dritte-Welt-Regimen. Er hat mit den egalitären Prinzipien auch vor seiner engsten Verwandtschaft nicht Halt gemacht, sondern hat sie wie alle anderen Kubaner den harschen Eingriffen der Revolution in die Eigentumsverhältnisse auf der Insel ausgesetzt. Dies zum Beispiel, als er seinen Vater, einen Großgrundbesitzer, nach den Bestimmungen des Agrarreformgesetzes enteignen ließ. Er hat seine politische Moral stets ohne Rücksicht auf persönliche Interessen vorgelebt.

Was Fidel Castro besondere Bewunderung einträgt, ist seine allem Anschein nach unerschöpfliche Vitalität, die er besonders des Nachts entfaltet. Es heißt, er habe als Kind Angst vor dem Alleinsein im Schlaf gehabt. Und während des Guerillakriegs in der Sierra Maestra hat er auch die Nacht zum Tag gemacht. An diesem unorthodoxen Rhythmus hat er festgehalten, als er an die Staatsspitze gelangt ist. So müssen Diplomaten, ausländische Politiker und Journalisten, die auf eine "Audienz" beim *Máximo Líder* warten, darauf gefasst sein, um Mitternacht in das Allerheiligste der kubanischen Revolution zitiert zu werden. "Nachtgespräche" im wahrsten Sinne des Wortes hat Fidel Castro zum Beispiel mit dem brasilianischen Befreiungstheologen Frei Betto geführt. Ein 15-stündiges Interview, verteilt auf mehrere Nächte, mit dem italienischen Journalisten Gianni Miná (vgl. Miná 1988: 8).

Tagsüber stehen dann oft Exkursionen mit Gästen aus dem Ausland auf Fidel Castros Marathon-Programm: Gelegenheiten, die "Errungenschaften" der Revolution zu präsentieren. Unerwartet taucht er auf Feldern, in Fabriken und Forschungszentren auf, um zuzuhören, sich zu informieren und, unweigerlich, Ratschläge zu erteilen, und sei die Materie, wie im Falle der Biotechnologie, deren Produkte sich als Exportschlager erweisen, noch so kompliziert.

5. Mit der Revolution verheiratet

Mit dieser All-Zuständigkeit und Omnipräsenz verträgt sich kein "geregeltes" Familienleben. Es gibt auch keine bürgerliche Familie, in die der Revolutionsführer dann und wann vor den Strapazen des Regierens flüchten könnte. Die Familie ist zerfallen in die einen, die wie seine Tochter Alina die Insel verlassen haben und vom Exil aus Gift und Galle gegen den "Verbrecher" Fidel versprühen (vgl. Fernández 1999: 38, 323f.), und jene, die wie sein Bruder Ramón im Dienste der Revolution tätig sind.

Das Privatleben Fidel Castros ist tabu. So er denn eines hat. Bemerkenswert, dass ihm sein von Macho-Attitüden nicht ganz freier Umgang mit Frauen keineswegs zum Nachteil gereicht, sondern das Bild des einsamen Patriarchen, der souverän über seine wohl eher seltenen hedonistischen Anwandlungen und seine sporadischen Ausflüge ins Private zu entscheiden pflegt, eher noch stärkt. Er ist eben, platt ausgedrückt, mit der Revolution verheiratet.

"Fidel", wie er trotz seiner hohen Ämter in familiär-kommunistischer Vertrautheit von jedermann genannt wird, ist schon zu seinen Lebzeiten ein Monument und Mythos. Sein Nimbus rührt zu einem Gutteil von seinen Fähigkeiten als "großer Kommunikator" her. "Wenige Führer aus der Zeit nach dem Zweiten Weltkrieg haben so oft und so viele und lange öffentliche Ansprachen gehalten wie er" (Quirk 1996: 8). Er hat keine sonore Stimme, wie man sie von einem Mann seiner Statur erwarten würde. Aber wenn er das erste markante "R" über die Köpfe seines Auditoriums hat rollen lassen, zieht er alle in seinen Bann. Er könnte es nicht, wenn er staubtrockene Sermone halten würde, wie sie im "real existierenden Sozialismus" üblich waren.

Die Rhetorik des Naturtalents Castro ist nah an der sozialen, wirtschaftlichen und politischen Wirklichkeit des Landes. Manchmal sogar zu nah. Dann nämlich, wenn er sich in tausenderlei statistischen Details verliert und jener Tonnenideologie zu huldigen beginnt, die quantitatives Wachstum zum Inbegriff des Fortschritts stilisiert. Fidel Castro hat Zahlen, Daten und Fakten präsent wie kaum ein anderer. Eine Aura von Allwissenheit umgibt ihn, auch eine von Unfehlbarkeit im weltlich-revolutionären Sinne. Er besticht, wenn er am Rednerpult steht, durch sein phänomenales Gedächtnis, seine Eloquenz, sein psychologisches Einfühlungsvermögen, seinen Witz und seine Ironie. Seine Reden sind zwar auch gespickt mit Polemik, Demagogie und Verbalinjurien. Aber der *Comandante en jefe* ist besonders um einen analytischen Stil bemüht.

Dass sich so viele Kubaner noch immer mit ihm identifizieren, ist einer seiner besonders ausgeprägten Fähigkeiten zuzuschreiben: Er ist ein Meister der politischen Didaktik, liefert in seinen Reden Lehrstücke politischen Unterrichts. Ein Beispiel dafür ist der "Nachruf", den er am 28. September 1973 auf den vom Militär gestürzten und ermordeten chilenischen Präsidenten Salvador Allende gehalten hat. Schon am frühen Nachmittag füllte sich der Revolutionsplatz in der Hauptstadt. Fast eine Million Menschen waren versammelt, als der *Líder Máximo* mit seiner Lektion begann. Die Nacht war längst über Havanna hereingebrochen, als er seinen Diskurs über die Geschehnisse in Chile beendete: eine Analyse, die über die Vorgeschichte des Staatsstreichs aufklärte, wie es einem Politikwissenschaftler nicht besser hätte gelingen können. "Von nun an stellte Castro Allende an die Seite der großen Helden wie Ernesto Guevara und José Martí. Der tote Präsident wurde Bestandteil der neuen kubanischen Mythologie" (Quirk 1996: 607).

6. Che Guevaras "magische Aura"

1973 war Che Guevara, der Inbegriff des Guerilleros, schon in den "Pantheon der Helden Lateinamerikas" entschwebt. Der Argentinier mit seiner "magischen Aura" (Taibo II 1997: 167) war zum "Hohepriester der Weltrevolution" geworden (Anderson 1997: 325, 405). Schon sein Äußeres disponierte ihn dazu, war es doch ein Hohn auf bürgerliche Konventionen. Einen Bart hatten sich zwar alle Rebellen ganz bewusst den Befreiungskrieg über wachsen lassen. Demonstrativ zogen sie als *barbudos* im Januar 1959 siegreich in Havanna ein. Und sie verbreiteten das "Flair" des Guerillakriegs um sich, als sie auch die Regierungsgeschäfte im Kampfanzug "in Angriff" nahmen.

Und der chaotische Regierungsstil, der mit vielen Usancen brach, war keine Spezialität des Argentiniers. Zum Idol machte ihn sein verwegener Ausdruck, gepaart mit solchen Insignien der Revolution wie der Mütze mit dem roten Stern. "Er war ein Mann", so erinnerte sich eine Mitarbeiterin des Ministers Che Guevara, "dem die Natur einige besondere Merkmale mitgegeben hatte, er war sehr männlich, hatte schöne Augen, und er sprach mit ihnen" (Taibo II 1997: 378).

Nicht verwunderlich, dass das weltberühmte Foto-Porträt des Che die revolutionären Phantasien vor allem der Studentenbewegungen in aller Welt beflügelt hat. Alle wollten so sein wie der Che: tatkräftig, wagemutig, draufgängerisch, unerschrocken, zielstrebig, kurzum: revolutionär. Den Worten Taten folgen zu lassen: diese Fähigkeit, Theorie und Praxis zu verbinden, trug Che Guevara mystische Verehrung (Anderson 1997: 677f.) in aller Welt ein, vor allem in den Universitätsstädten Europas und der USA. Was andere nur erträumten, ist Che Guevara bis zu einem gewissen Grad gelungen, nämlich soziale Utopien mit politischem Leben zu erfüllen.

Nicht zu vergessen der Heroismus, der den asthmakranken Che Guevara dazu befähigte, erst sich selbst und dann den äußeren Gegner zu überwinden. "Die Symbolkraft Che Guevaras ist ohne den Aspekt des Opfers nicht begreifbar. Ein Mann, der alles besitzt – Macht, Ruhm, Familie und Annehmlichkeiten –, verzichtet auf all dies für eine Idee" (Castañeda 1997: 10). Und setzt sein Leben dafür aufs Spiel, ist hinzuzufügen. Es schien so, als personifizierte Che Guevara jenen "neuen Menschen", den er propagierte, schon in Reinkultur:

> Wenn man Che aus der historischen Perspektive betrachtet und ihn auf einigen Ebenen mit Fidel [...] vergleicht, beginnt man einzusehen, wie übertrieben sein Ruf gewesen ist, wie viel mehr Mythos er enthält als Realität. Natürlich trug seine Persönlichkeit viel zu dem Mythos bei: Er war verwegen, mutig, ehrlich, respektlos, unnachgiebig, ein Kämpfer durch und durch, der sich wieder und wieder bewiesen hatte.

Aber er war zugleich "von unglaublicher Anmaßung besessen". Nicht nur, dass er sich bemüßigt fühlte, nach fünfundzwanzig Monaten des Befreiungskampfs auf Kuba ein Handbuch über den Guerillakrieg mit ubiquitärem Anspruch zu verfassen (James 1997: 170f.). Sondern er schritt auch in zwei Regionen der "Dritten Welt" zur Tat. Im Kongo und später in Bolivien, wo er Revolutionen entfachen wollte. Dabei dilettierte er aus heutiger Sicht wie auf einem Abenteuerspielplatz. Seine völlige Unkenntnis der jeweiligen Verhältnisse kosteten nicht nur ihn, sondern auch eine Reihe gutgläubiger Mitstreiter das Leben.

7. Zwei Krebse in der Höhle

Das Besondere an der kubanischen Revolution, das sie zum Faszinosum für die Linke in Europa machte, war die "Doppelbesetzung" an ihrer Spitze. Sie wurde nicht von einem charismatischen *Comandante* allein angeführt, sondern von zweien, die beide als Lichtgestalten die revolutionären Phantasien der Jungakademiker in Berlin, Paris, Stanford und anderswo belebten. Fidel Castro und Che Guevara waren sich in vielem ähnlich. Vor allem verband sie eine "romantische Abenteurersympathie", wie Che Guevara im Rückblick auf das erste Guerilla-Training mit dem kubanischen Rebellenkommandanten in Mexiko bekundete (vgl. Taibo II 1997: 89).

Die Harmonie zwischen den beiden Matadoren des kubanischen Befreiungskrieges hatte so lange Bestand, wie es um militärische Entscheidungen ging und Fidel Castro der *Comandante en jefe* war, während sich Che Guevara vor allem um die soziale Infrastruktur in den "befreiten Gebieten" kümmerte, indem er Gesundheitsposten und "Schulen" für die Landbevölkerung errichtete. Als es aber darum ging, nach dem Befreiungskrieg in den Bergen nun die "Mühen der Ebene" zu bestehen, Kuba zu regieren und die Gesellschaft zu verändern, taten sich immer mehr Widersprüche und Aversionen zwischen den beiden Kommandanten auf. Abgesehen von ihrer recht unterschiedlichen sozialen Herkunft, Erziehung, Ausbildung, etc. und ihren besonderen Talenten als Schriftsteller der eine, als Redner der andere, machten sich jetzt auch die jeweiligen Temperamente konfliktiv bemerkbar.

> Die Beziehung zwischen Fidel und Che war eine sehr komplexe. Da gab es zum einen eine sehr ursprüngliche wechselseitige Bewunderung, aber zum anderen auch eine unterschwellige Spannung zwischen ihnen. Es gab keinerlei Zweifel an Ches völliger Loyalität gegenüber Fidel. Aber es war in hohen Regierungs- und Partei-Kreisen auch bekannt, dass Che als einziger Angehöriger der politischen Elite in internen Diskussionen es wagte, Fidel herauszufordern, wenn er seine Ansichten nicht teilte (Halperin 1981: 84).

Ein Sakrileg, wenn man bedenkt, dass Fidel Castro in der Regel keine Kritik und keinen Widerspruch verträgt.

Ein puertoricanisches Sprichwort beschreibt die Situation, die fünf Jahre nach dem Sieg der Revolution eintrat: "Für zwei männliche Krebse ist nicht genug Platz in einer Höhle" (James 1997: 285). So endete denn Che Guevaras "kubanische Saga" im Dezember 1964 viel glanzloser, als sie begonnen hatte. Mag sein, dass Fidel Castro wirklich Bolivien als Schauplatz eines Guerillakriegs für Che Guevara "erfunden" hat (vgl. Castañeda 1997: 397, 462), um ihm einen heroischen Abgang zu verschaffen und sich selbst seines Widerspruchsgeistes zu entledigen.

8. Der Mythos Befreiungskrieg

Der erste Versuch Fidel Castros, am 26. Juli 1953 mit gut hundert Gleichgesinnten die zweitgrößte Kaserne des Landes, die *Moncada* in Santiago de Cuba, zu erobern, um die Batista-Diktatur mit ihren eigenen Waffen zu schlagen, war militärisch ein Desaster, politisch aber ein Fanal. Dieses Ereignis allein trug schon lebhaft zur Legendenbildung bei. Noch mehr dann aber der Befreiungskrieg in der Sierra Maestra Ende 1956 bis Anfang 1959.

Schon die Überfahrt der zu allem entschlossenen kubanischen Rebellen mit der nicht sonderlich hochseetüchtigen Yacht "Granma" vom mexikanischen Tuxpán aus sowie die Landung an der Südküste Kubas, unter dem Feuer der kubanischen Luftwaffe, ging als großes Abenteuer in die Annalen ein. Wie die kläglich kleine Gruppe von überlebenden Revolutionären wieder Tritt gefasst und dann nach und nach der Armee Batistas Terrain abgewonnen hat, trotz tausend solcher Plagen wie Hunger, Durst, Schwüle, Nässe, Krankheiten, grenzt schon an ein Wunder.

Dass es eine "Armee von Schatten" war, die der technisch und personell hoch gerüsteten Batista-Armee gegenübergetreten ist und sie wie David den Goliath in die Knie gezwungen hat, ist *per se* schon ein mythenträchtiges Geschehen. "Seit den ersten Tagen der Revolution wurden Legenden über heroische Taten gewöhnlicher Menschen gesponnen [...] Es wurde behauptet und geglaubt, Castro und seine Männer hätten durch bloßen Umgang mit den Bauern deren Liebe und Unterstützung gewonnen" (Quirk 1996: 122). Zum Beispiel, indem sie die Bauern gut behandelten und bezahlten, was sie von ihnen an Nahrungsmitteln erhalten haben. Im Unterschied zu den *Batistanos*, die sich verhielten wie eine Besatzungsmacht im eigenen Land.

Es fällt schwer, in diesem Fall zwischen Wahrheit und Mythos zu unterscheiden. Der Krieg in der Sierra Maestra war keine Idylle, in der sich die einen human, die anderen unmenschlich verhalten haben. Aber es liegt in der Logik des Guerillakriegs, dass er für die Guerilleros nur zu gewinnen ist, wenn sie sich wie die Fische im Wasser bewegen, also immer wieder einmal in der Landbevölkerung "untertauchen" können. Was nur möglich ist, wenn die Rebellen sich die Sympathien der Bauern erworben haben.

Im Nachhinein nimmt sich der Befreiungskampf noch heroischer aus, als er es wohl ohnehin schon war. Scharmützel und kleinere Gefechte wurden von den Rebellen publizistisch und später historiographisch aufgebauscht. "Solche kleinen Feindkontakte wurden später bei der Mythologisierung der Revolution zu großen Schlachten" (Quirk 1996: 126).

Die Revolutionäre bedienten sich außerdem geschickt ausländischer Journalisten, die im Lager der Guerilleros eine Mischung aus Abenteuerlust, Romantizismus und libertären Anwandlungen erlebten und in den schillerndsten Farben darüber berichteten. Zum Beispiel Herbert Matthews von der *New York Times*, der sich im Januar 1957 in die Berge zu Fidel Castro wagte. Noch war Castro für die Weltöffentlichkeit ein Unbekannter. Ein selbsternannter Kommandant, der damals gerade eben 20 Mann befehligte. Das sollte sich nach dem Erscheinen der Matthews-Reportage ändern.

> Auch ohne die Publizität, die ihm und seiner Bewegung zuteil wurde, dürfte Castro Erfolg gehabt haben. Geschaffen hatte Matthews jedoch einen wertvollen Mythos, nämlich den des bärtigen Guerillakämpfers im olivgrünen Kampfanzug und mit seinem Lieblingsgewehr mit Zielfernrohr, den Mythos des Kämpfers, der seine Rebellenarmee über Berge und durch Täler ihrer gebirgigen Hochburg führt (Quirk 1996: 129).

Matthews blieb nicht der einzige Journalist, der das Bild eines heroischen und mythischen Fidel Castro zeichnete. Andere, auch europäische, sollten seinem Beispiel folgen. Mag sein, dass der Zeitgeist das Medieninteresse an Fidel Castro befördert hat. Ende der 50er Jahre, zur Hochzeit des kalten Kriegs, als sich die Supermächte hochgerüstet gegenüberstanden, regiert von alten Männern, nahm der Drang nach einem Ausbruch aus den erstarrten Verhältnissen merklich zu. Und die Sympathie für eine charismatische Gestalt mit politischen Visionen. Die Affinitäten für einen Zeitgenossen wie Fidel Castro waren vorgezeichnet.

9. Zweierlei Personenkult

Die Frage, ob er bestätigen könne, dass es in Kuba keinen Personenkult gebe, hat Fidel Castro mehr als einmal mit Entschiedenheit bejaht. Seine Erklärung dafür: Kuba sei kein Land, in dem man eine absolute Macht mit einem entsprechenden Kult etablieren könne. Das sei mit den Kubanern, schon wegen ihrer Idiosynkrasien, ihrer eigenwilligen Mentalität und ihrem Hang zur Ironie, wäre hinzuzufügen, gar nicht zu machen (vgl. Castro 1992: 297).

In der Tat, so erstaunlich es auch klingen mag: Es gibt keinen Personenkult in Kuba. Zumindest keinen in den bizarren Formen, wie er in den Ländern des "real existierenden Sozialismus" betrieben wurde. Und es gibt keinen Personenkult um Lebende. Fidel Castro hat zwar seinen Bruder Raúl als zweiten Mann in all seinen Funktionen eingesetzt: als stellvertretenden Staatspräsidenten, Ministerpräsidenten, Parteivorsitzenden und Oberbefehlshaber. Aber es sieht nicht so aus, als hätte er jemals eine Familiendynastie nach dem Muster Ceaucescus oder Kim Il Sungs begründen wollen (vgl. Rabkin 1991: 172).

Man sucht in Kuba vergeblich nach Statuen Fidel Castros. Oder nach großen Plakaten mit seinem Porträt. Es gibt keine Gebäude oder Einrichtungen, die nach ihm benannt sind. Auch keine Castro-Straßen oder Castro-Plätze. Stattdessen Denkmäler, Schulen, Wandbilder oder Kliniken, die an die großen Helden der kubanischen Geschichte erinnern sollen: vor allem an den Dichter und Befreiungskämpfer José Martí, der längst zur Ikone, zum inbrünstig verehrten Nationalheiligen Kubas aufgestiegen ist.

> Castro bestritt jedes Streben nach Personenkult in der revolutionären Bewegung. Es sollte keine Statuen geben, meinte er. Aber ein offizieller Kult war nicht notwendig. Das kubanische Volk schuf von sich aus einen Kult für ihn. Sein Name war in aller Munde, sein Bild in jedem Winkel der Insel (Quirk 1996: 239).

Was braucht der *Máximo Líder* einen offiziellen Personenkult, wenn ihm "Untertanen" wie der Journalist Mario Kuchilán ihre tiefe Devotion mit einer Apotheose folgender Art bekunden: "Gott schuf den Menschen nach seinem Bilde. Aber es ist nicht Jesus Christus. Es ist Fidel Castro Ruz" (zit. nach Quirk 1996: 239).

10. Umverteilung von oben nach unten

Was die Beobachter des Zeitgeschehens, die sich schon am kämpferischen Gestus der Revolution berauschten, dann besonders für Fidel Castro und seine Mitstreiter eingenommen hat, war die atemberaubende Geschwindigkeit und Rigorosität, mit der diese den sozialen Wandel im Lande in Angriff nahmen. Mit einem Mietgesetz zum Beispiel (März 1959), das die Kosten für das Wohnen bis zur Hälfte reduzierte. "Die rund 1.500 Verordnungen und Gesetze im ersten Jahr der Castro-Regierung leiteten eine gewaltige Umverteilung ein" (Herzka 1998: 46). Eine der tiefgreifendsten Umverteilungen seit Menschengedenken (vgl. Martínez Heredia 1991: 184). Der Mindestlohn wurde gleich nach dem Sieg der Revolution erhöht, während die Regierung gleichzeitig die Preise für Arzneimittel, Strom und Gas heruntersetzte. Kenner der Materie schätzen, daß in den ersten beiden Revolutionsjahren jeweils 500 Millionen Pesos respektive Dollars von oben nach unten umverteilt worden sind (vgl. Brundenius 1989: 117). Nicht zu vergessen die Agrarreform, die dem "Landproletariat" zu den lange ersehnten Besitztiteln verholfen hat.

11. Egalitäre Gesellschaft

Die ärmsten 40% der Bevölkerung profitierten am meisten von den Umverteilungen "der ersten Stunde". Wenngleich diese Redistribution zugunsten der Unterschicht im globalen Maßstab nicht einmalig gewesen sein mag: Für Lateinamerika war sie doch singulär, zumal der Halbkontinent als Ganzes die Region der Welt mit der größten Ungleichheit ist. "Mitte der achtziger Jahre erhielten die untersten 40% der Bevölkerung in der Einkommensschichtung 26% der gesamten Einkommen. In den lateinamerikanischen Staaten wird der vergleichbare Wert mit weniger als zehn Prozent der Einkommen angegeben" (Brezinski 1992: 33f.). Ganz zu schweigen von dem "sozialen Lohn", den alle Kubaner gleichermaßen in Form von Bildungschancen und Gesundheitsdiensten erhalten. "Tatsache ist, dass es keine gerechtere Gesellschaft in Amerika gibt" (Galeano 1992). Auch wenn die kubanische Gesellschaft nicht klassenlos ist, nicht frei von sozialen Privilegien und Rassendiskriminierungen, gibt es doch kaum eine andere, "in der die sozialen Antagonismen derart abgeschliffen sind" (Hanf 1989: 118).

12. Revolutionstouristen

Kein Wunder, dass das "kubanische Experiment" einer egalitären Gesellschaft, dazu noch im karibischen Ambiente, unter Palmen, die linke Intelligenz in Scharen auf die Tropeninsel lockte. Als wären sie auf der Suche nach dem "verlorenen Paradies" am Ziel angelangt, entstiegen so manche Zeitgenossen in Havanna dem Flugzeug. Nicht wenige Intellektuelle Westeuropas entschädigten sich mit ihren überschwänglichen Sympathien für die kubanische Revolution für die düpierten Hoffnungen auf radikale gesellschaftliche Reformen im eigenen Lande.

Sie projizierten ihre Utopien, die an der Unverrückbarkeit der bürgerlichen Gesellschaft gescheitert waren, auf das "sozialistische Experiment" in Kuba. Sie taten dies um so enthusiastischer, als dieses Experiment offenbar vor dem Abgleiten in das graue Einerlei und die ideologische Starre des Realsozialismus osteuropäischer Prägung gefeit war. Schon dank der kubanischen Mentalität. Havanna wurde zum Mekka der "Revolutionstouristen". Sie pilgerten in großer Zahl auf die Karibikinsel, um die "Revolution in Aktion" in Augenschein zu nehmen. Und, wenn irgend möglich, einem der mythischen Revolutionsführer zu begegnen, zum Beispiel Che Guevara, für Jean-Paul Sartre "der vollkommenste Mensch unserer Zeit" (zit. nach Quirk 1996: 496).

Das Fatale an diesem Revolutionstourismus: Die intellektuellen "Wanderer zwischen den Welten" bekamen in Kuba nur die "Schokoladenseite" der Gesellschaft zu Gesicht. Potemkinsche Dörfer gab es auch in Kuba. Gebetsmühlenartig wurde die soziale Erfolgsstatistik immer und immer wieder vorgetragen. Im Sinne eines platten Determinismus, der die kubanische Gesellschaft nach der Proklamation des Sozialismus im April 1961 quasi zum unaufhaltsamen Fortschritt verurteilt hat. Es war ein rosiges Bild von der kubanischen Revolution, das viele Polit-Touristen mit nach Hause nahmen. Manche steigerten sich in eine Euphorie hinein, die sie kubanischer als die revolutions-begeisterten Kubaner erscheinen ließ. Endlich schien der Mythos Wirklichkeit geworden zu sein. Kritik daran war als reaktionäre Kleingeisterei verpönt.

13. Enttäuschte Liebe

Je leidenschaftlicher sich die Kuba-Sympathisanten auf die Seite der Revolution geschlagen hatten, um so unerbittlicher war ihre Reaktion auf all das, was ihrem Bilde davon widersprach. Wie enttäuschte Liebhaber kehrten manche Kuba-Enthusiasten der "roten Insel" den Rücken, als sie der einen oder anderen Kluft zwischen dem Idealbild der Revolution und der alltäglichen Realität gewahr wurden.

Hans Magnus Enzensberger, der 1967/68 einem Aufenthalt als Gastdozent in den USA eine Visite in Kuba mit der Begründung vorgezogen hatte, dass er vom kubanischen Volk mehr als von amerikanischen Studenten lernen könne, zeigte sich alsbald zutiefst desillusioniert. Er beschrieb die enttäuschte Liebe in einem "Dossier: Revolutionstourismus":

> In Habana habe ich in den Ausländerhotels immer wieder Kommunisten getroffen, die keine Ahnung davon hatten, dass die Energie- und die Wasserversorgung in den Arbeitervierteln der Stadt nachmittags zusammengebrochen, dass das Brot rationiert war und dass die Bevölkerung zwei Stunden lang für eine Pizza Schlange stand; in ihren Hotelzimmern diskutierten die Touristen inzwischen über Lukács (Enzensberger 1972: 174).

1961 schrieb sich Fidel Castro den Marxismus-Leninismus aufs Panier, nachdem er unzählige Male dementiert hatte, diesen Weg einschlagen zu wollen. Aber nicht nur das. 1961 dekretierte er auch einen ideologischen Verhaltenskodex: "Alles innerhalb der Revolution, nichts gegen die Revolution." Damit war den willkürlichen Entscheidungen verkniffener Bürokraten, der Denunziation durch übereifrige "Revolutionswächter" und den Umtrieben hundertfünfzigprozentiger Parteimitglieder Tür und Tor geöffnet. Ganz zu schweigen von der Zensur, die diesen Slogan denkbar restriktiv auslegte. Eines der ersten Opfer dieses Linientreue-Erlasses wurde der junge Poet Heberto Padilla. 1971 wurde er verhaftet. Kaum war das bekannt geworden, bekam Fidel Castro Post aus Europa und Lateinamerika. Illustre Kollegen Padillas wie Gabriel García Márquez und Geistesgrößen wie Jean-Paul Sartre drückten ihr Befremden aus und nahmen für den Schriftsteller Partei. Der kam zwar nach sechs Wochen wieder frei. Aber nicht ohne eine Selbstkritik verfasst und veröffentlicht zu haben, die manche Leser fatal an die abscheulichen Zeugnisse der Moskauer Prozesse erinnerte.

Es war die Zeit, als die Folgen der missglückten Zucker-Rekordernte von 1970 spürbar wurden. Aus maßloser Enttäuschung über die Niederlage in dieser "Produktionsschlacht" blieben viele Arbeiterinnen und Arbeiter wochenlang zu Hause. Um diesen *ausentismo* von bis zu 20% zu beheben, erließ die Regierung ein Arbeitsgesetz, das sogleich bei den prominenten europäischen Kuba-Sympathisanten in Verdacht geriet, der Repression zu dienen und damit dem "Geist" der kubanischen Revolution zu widersprechen. Jean-Paul Sartre, Simone de Beauvoir, Luigi Nono und viele andere kündigten der kubanischen Revolution die Gefolgschaft auf.

> Vorher schon [...] waren die europäischen Kuba-Sympathisanten scharenweise aus Fidel Castros Revolution desertiert. Auch der US-Amerikaner Tad Szulc, der mit seiner Castro-Biographie ein insgesamt wohlwollendes und anerkennendes Buch geschrieben hat, bereitet dem Revolutionsführer ein Scherbengericht. [Er hielt ihm vor:] Castro hat mit der schockartigen Kulturpolitik der Kreativität seines Landes einen tödlichen Schlag versetzt. Noch 1986 war die Insel eine Wüste und Einöde der Ideen und der Herrschaftsbereich einer strikten Selbstzensur. Es kann Generationen dauern, bis Kuba zu José Martís Zeitalter einer freien Kultur zurückfindet (zit. nach Hanf 1989: 181).

14. Ein "Meer von Plagen"

Die Mythen, die sich um die kubanische Revolution gerankt haben, sind verblasst. Zum einen hat die widrige Realität der Außenwelt viele Illusionen, aber auch so manche Ideale zuschanden werden lassen (vgl. Herzka 1989: 128). Kuba sieht sich spätestens seit 1989 einem "Meer von Plagen" ausgesetzt, das den "Tropensozialismus" zu überspülen droht. Aber auch die weniger fremdbestimmte Entwicklung im Inneren ist nicht mehr der Stoff, aus dem die schon längst verwehten libertär-sozialistischen Träume gewesen sind.

Ist die kubanische Revolution noch ein Mythos?

Die Wirtschaftsblockade der Vereinigten Staaten gegen Kuba hat eine anomale Situation geschaffen und im Laufe der letzten drei Jahrzehnte immer weiter zementiert. Sie hat zwar ihr erstrebtes Ziel nicht erreicht, die kubanische Gesellschaft quasi auszuhungern und damit das "sozialistische Experiment" zu destruieren. Aber sie hat einen Milliarden-Dollar-Schaden an der kubanischen Wirtschaft angerichtet und auf diese Weise das Alltagsleben auf der Insel bis an die Grenze des Erträglichen erschwert. Dass ein steter Mangel am Nötigsten und dazu noch der Zwang, dieses Lebensnotwendige oftmals auf illegale Weise zu beschaffen, nicht gerade mythenfreundlich ist, versteht sich wohl von selbst.

Hinzu kam zu Zeiten des Kalten Kriegs der weltpolitisch dekretierte Zwang, dass Kuba sich wohl oder übel auf die Sowjetunion hin orientieren musste. Fidel Castro und Che Guevara waren zwar alles andere als moskauhörig. Sie haben zum Entsetzen der Kreml-Führung mancherlei Unorthodoxes geäußert und praktiziert. Und sie haben auf dem autochthonen Charakter der Revolution beharrt. Aber sie kamen mit Rücksicht auf den "großen Bruder" Sowjetunion nicht umhin, doch Konzessionen zu machen, die der Autonomie der kubanischen Revolution Abbruch taten und ihre Glaubwürdigkeit beeinträchtigten.

So hatte Fidel Castro jahrelang beteuert, kein Marxist zu sein. Im Frühjahr 1958 stellte er kategorisch fest: "Kommunist war und bin ich nicht" (Quirk 1996: 172). Auf der triumphalen Fahrt von der Sierra Maestra nach Havanna, an der Jahreswende 1958/59, "verneinte er deutlich jede Verbindung mit den Kommunisten" (Quirk 1996: 205). Bei seiner USA-Visite im April 1959 beruhigte er die Vertreter des Außenministeriums "durch die Betonung seiner Gegnerschaft zum Kommunismus" (Quirk 1996: 223). Im Juli 1959, als er mit Aplomb vom Posten des Ministerpräsidenten zurückgetreten war, versicherte er: "Ich bin kein Kommunist. Und auch die revolutionäre Bewegung ist nicht kommunistisch" (zit. nach Quirk 1996: 235). Wie Lug und Trug nahm sich dann zweieinhalb Jahre später, im Dezember 1961, das Dementi der Dementis aus, als Fidel Castro, der einstige Bewunderer Robespierres, Napoleons und Franklin D. Roosevelts (vgl. Halperin 1981: 2), zum Marxismus-Leninismus "konvertierte".

Das wirtschaftliche Debakel 1969/70 "erzwang die Wende zum sowjetischen Weg" (Mesa-Lago 1991: 258). Bis Ende der 70er Jahre wurde die Partei zur "präeminenten Institution" auf der Insel, allein ermächtigt zur "ideologischen und politischen Führung der Gesellschaft" (Rabkin 1991:

136). Der Preis für die Übernahme des sowjetischen Wirtschaftssystems mit all seinen Insuffizienzen war hoch.

Die Integration Kubas in den "Rat für gegenseitige Wirtschaftshilfe" (RGW) 1972 und die Unterwerfung unter dessen "internationale Arbeitsteilung" stellten den Mythos der eigenständigen und eigenwilligen Revolution in Frage. Das Bizarre an diesem System: Es verfestigte gerade jene für die "Dritte-Welt"-Länder typische Struktur, aus der Kuba sich herausarbeiten wollte, nämlich jene ökonomisch fatale Rollenverteilung, wonach die "unterentwickelten" Länder als Rohstoffexporteure fungieren, während die Industriegesellschaften des Nordens als Fertigwaren-Lieferanten die *Terms of Trade* zu ihrem Vorteil nutzen.

15. Der "kurze Sommer der Utopie"

Die kubanische Führung hat aber auch selbst dazu beigetragen, die politischen Mythen, die Hoffnungen auf ein Utopia in der Karibik, zu zerstreuen. Zu den Faktoren, die dies mit bewirkten, gehört die Unfähigkeit der *Comandantes*, die Wirtschaft auch nur annähernd so zu entwickeln, wie es aus den vollmundigen Parolen und Prognosen fortschrittsgläubig klang. Daran war vor allem das exzentrische Hin und Her zwischen einem Mehr an rigoroser Planwirtschaft und der Zulassung privatwirtschaftlicher Unternehmen in der Landwirtschaft und im Dienstleistungssektor schuld. Dass noch immer, sogar erklärtermaßen, wie zum Beispiel im Zuge der *rectificación* (Korrektur der Irrtümer, 1986), der Primat der Politik über die Ökonomie, die Einparteiherrschaft etc. gilt, verhindert systemimmanent, dass die Wirtschaft auf einen grünen Zweig kommt und als Modell für lateinamerikanische und andere "Dritte-Welt"-Länder gelten könnte.

Dass der Tourismus mit Brachialgewalt entwickelt wird, weil ideale Voraussetzungen dafür gegeben sind wie Traumstrände und gut ausgebildetes Personal, ist zu verstehen. Aber die unvermeidlichen Begleiterscheinungen wie die Prostitution sind ein Hohn auf den Mythos des "neuen Menschen". Und ein Hohn auf die egalitäre Gesellschaft, deren Modell so Furore machte, ist die Rolle des ideologisch verdammten, aber wirtschaftlich höchst erwünschten Dollars. Seitdem man ihn 1993 legalisiert hat, ist die Tendenz zu einer "sozialen Apartheid" und zu einer "Zweiklassengesellschaft" (Herzka 1998: 104), die vor allem die Schwarzen benachteiligt (vgl. Burchardt 1999: 94, 99), nicht mehr zu verkennen.

Die ursprünglich gefeierte Gleichheit steht nur noch auf dem Papier. Der unterschiedliche soziale Status der Dollar-Besitzer und derjenigen Kubaner,

Ist die kubanische Revolution noch ein Mythos? 287

die nur über lumpige Pesos verfügen, für die man sich kaum etwas kaufen kann, stellt vor allem das "Markenzeichen" der Revolution in Frage: die Würde, die sie den Kubanern wiedergegeben hat.

Machte man all diese Konzessionen notgedrungen, so hat aber die Revolutionsregierung doch auch aus ureigenen Entschlüssen zur Ent-Mythologisierung beigetragen. Vor allem mit ihrer Behandlung von Kubanern, die es an der nötigen Linientreue fehlen lassen. Begonnen hat es mit drakonischen Strafen für vermeintliche Renegaten in den eigenen Reihen wie Huber Matos. Fortgesetzt hat sich der "halbstalinistische" Umgang mit Abweichlern exemplarisch im Fall Padilla. Ein abscheulicher Höhepunkt der Repression war der "Fall 1/1989", der Fall Ochoa (vgl. Niess 1991: 396-398).

Man sollte sich tunlichst vor vorschnellen historischen Analogien hüten. Was aber im Juli 1989 an inquisitorischer Inszenierung gegen den einstigen strahlenden Helden der Nation, General Arnaldo Ochoa, den man jetzt des Drogenhandels beschuldigte, der Weltöffentlichkeit geboten wurde, erinnerte doch fatal an die farcenhaften Schauprozesse unseligen Stalin'schen Angedenkens. Vor allem die kriecherischen Selbstanklagen Ochoas und die geradezu flehentliche Bitte um die Todesstrafe ("Ich verachte mich selbst. Ich habe kein Recht mehr zu leben") waren abstoßende Höhepunkte dieses gespenstischen Prozesses (vgl. Case 1/1989: 55 ff.). Ganz abgesehen von der merkwürdigen Hast, mit der die Regierung die Todesurteile an Arnaldo Ochoa und drei Mitangeklagten im Morgengrauen des 13. Juli 1989 hat vollstrecken lassen (vgl. *Granma, Weekly Review*, July 16, 1989).

16. Entmythologisierung oder: Untergangsprognosen

Schon mehr als einmal hat man in den letzten 40 Jahren das Revolutionsregime von Fidel Castro totgesagt. "Dieses Regime ist am Ende", "Der Herbst des Caudillo", "Adiós, roter Caudillo", "Fidel Castro vor der Pleite", "Fidels letztes Gefecht": So lauteten Schlagzeilen 1990, 1991, 1994 und 1997 (vgl. *Der Spiegel*, 37/1990, S. 172; 33/1991, S. 142; 33/1994, S. 112; *DIE ZEIT*, 12. April 1994, S. 32 und *Der Spiegel* 42/1997, S. 211). Aber Fidel Castro hat diese Untergangsprognosen, die bezeichnenderweise allesamt in Krisenzeiten laut geworden sind, Lügen strafen können. Er hat erfolgreich gegen das "Meer von Plagen" angekämpft, in dem so manche Zeitgenossen das sozialistische Kuba untergehen sahen.

Aber die Zeiten haben sich geändert und mit ihnen der "Tropensozialismus". Seitdem Fidel Castro, der Not gehorchend, manch eines seiner Prinzipien als Ballast über Bord geworfen hat, hat sich auch so mancher Mythos der kubanischen Revolution verflüchtigt. Ein Sozialismus, der zum nach wie vor heroisch proklamierten Überleben das internationale Kapital zu Hilfe rufen und ihm eklatante Konzessionen machen muss, vermag kaum noch revolutionäre Energien zu mobilisieren. Dieser krasse Widerspruch in sich zehrt an der Loyalität der Kubanerinnen und Kubaner. Genauso wie der Mangel an Demokratie und Meinungsvielfalt. Und Besserung ist nicht in Sicht. Trotz des moderaten wirtschaftlichen Aufschwungs 1999. Überdies besteht kaum Aussicht auf politische Reformen. Niederschmetternd, wenn der Vizepräsident von Kubas Staatsrat und damit Stellvertreter Fidel Castros, Carlos Lage Dávila, zu diesem Thema nicht mehr zu sagen weiß als: "Alles Nötige haben wir schon im Januar 1959 abgeschlossen. Unser Ziel ist es, an der Revolution festzuhalten. Wir sind und bleiben Sozialisten" (*Der Spiegel* 13/2000, S. 190).

Die kubanische Revolution entmythologisiert sich selbst. Als Modell für die Dritte Welt ist sie untauglich geworden. Kuba kehrt allem Anschein nach zu der wenig erfreulichen "Normalität" eines Entwicklungslands zurück.

Literaturverzeichnis

Anderson, Jon Lee (1997): *Che. Die Biographie*, München.

Brezinski, Horst, 1992: "Kuba zu Beginn der 90er Jahre – Das Ende eines Entwicklungsmodells?". In: *LAN (Lateinamerika-Nachrichten*, St. Gallen), Nr. 2, Juni 1992, S. 29-55.

Brundenius, Claes (1989): "Development Strategies and Basic Human Needs". In: Brenner, Philip/Leo Grande, William M./Rich, Donna/Siegel, Daniel (Hrsg.): *The Cuba Reader. The Making of a Revolutionary Society*, New York, S. 108-123.

Burchardt, Hans-Jürgen (1999): *Kuba. Im Herbst des Patriarchen*. Stuttgart.

Case 1/1989 (1989): *End of the Cuban Connection*. Havanna.

Castañeda, Jorge G. (1997): *Che Guevara. Biographie*. Frankfurt/M.

Castro, Fidel (1992): *Un grano de maíz*. Havanna.

Enzensberger, Hans Magnus (1972): "Dossier: Revolutionstourismus". In: *Kursbuch* 30, Dezember 1972, S. 155-180.

Fernández, Alina (1999): *Ich, Alina. Mein Leben als Fidel Castros Tochter*. Reinbek bei Hamburg.

Galeano, Eduardo (1992): "A pesar de los pesares". In: *El País*, 31.3.1992, S. 12.

Halperin, Maurice (1981): *The taming of Fidel Castro*. Berkeley/Los Angeles.

Hanf, Walter (1989): *Castros Revolution. Der Weg Kubas seit 1959*. München.

Herzka, Alfred (1998): *Abschied vom Kommandanten?*. Frankfurt/M.

James, Daniel (1997): *Che Guevara. Mythos und Wahrheit eines Revolutionärs*. München.

Martínez Heredia, Fernando (1991): "Cuba: Problemas de la liberación, la democracia, el socialismo". In: *Síntesis* (Madrid), Nr. 15, September-Dezember 1991, S. 181-204.

Mesa-Lago, Carmelo (1991): "La economía cubana en los ochenta: el retorno de la ideología". In: *Síntesis* (Madrid), Nr. 15, September-Dezember 1991, S. 243-282.

Miná, Gianni (1988): *Un encuentro con Fidel*. Havanna.

Mires, Fernando (1991): "Cuba, entre Martí y las montañas". In: *Síntesis* (Madrid), Nr. 15, September-Dezember 1991, S. 91-134.

Niess, Frank (1991): *20mal Kuba*. München.

Quirk, Robert E. (1996): *Fidel Castro. Die Biographie*. Berlin.

Rabkin, Rhoda Pearl (1991): "Cuba. Instituciones y política 1970-1986". In: *Síntesis* (Madrid), Nr. 15, September-Dezember 1991, S. 135-180.

Taibo II, Paco Ignacio (1997): *Che. Die Biographie des Ernesto Guevara*. Hamburg.

Peter B. Schumann

Dissident in Kuba –
Formen politischer und kultureller Opposition

> Mein Kuba ist ja
> hundert Prozent kubanisch,
> und so lad' ich mit meinem kubanischen Geld
> gern auch die Ausländer ein.
> In allen Läden werd' ich kaufen
> mit diesem meinem Geld.
> Denn Kuba ist schön wie ein Spiegel,
> wenn wir nur alles gleichmäßig teilen.
> Morgen reservier' ich mir
> einen Flug in den Süden,
> um endlich Armut zu sehen.
> Und kehr' dann wie ein Kubaner zurück,
> in mein hundert Prozent kubanisches Land.
> (zit. nach Hoffmann 1994: 153)

Das ironische Lied *Hundertprozentig kubanisch* hat seinem Sänger Pedro Luis Ferrer viel Ärger bereitet, dabei wollte er doch nur die Dollarisierung des Landes als besonders negative Erscheinungsform des Tourismus kritisieren. Er meint sogar, dass man diesen Song auch ganz wörtlich als eine Liebeserklärung verstehen kann. Die Gralshüter der reinen Parteilehre mochten jedoch solche Ambivalenz nicht gelten lassen, doch verbieten wollten sie das Lied auch nicht. Also sperrten sie seinen Urheber einfach von allen größeren öffentlichen Auftrittsmöglichkeiten aus. Es war nicht das erste Mal, denn Pedro Luis Ferrer war bei der Kulturbürokratie nie sehr beliebt, weil er nicht nur zur Unterhaltung aufspielen wollte, sondern – anders als Silvio Rodríguez und Pablo Milanés, die Vorsänger der Revolution – seine Texte mit Kritik würzte. Das hat ihn populär und bei den politischen Betonköpfen suspekt gemacht.

1986 nahmen sie ein paar missverständliche Äußerungen von ihm zum Anlass, um ihn aus dem Fernsehen und den großen Konzertsälen zu verbannen. Nur einige seiner musikalischen Ohrwürmer durften vom Radio oder von anderen Sängern verbreitet werden. Auch zahlte ihm das staatliche Musik-Institut, bei dem er – wie alle Musikschaffenden – damals angestellt war, seinen Monatslohn weiter. Die Revolution ließ ihre ungebärdigen Kinder nicht so schnell verkommen. Solche Restbestände humanitären Umgangs mit dissidenten Geistern wurden erst Mitte der 90er Jahre beseitigt, als die neue "ökonomische Effizienz" auch den Kulturapparat heimsuchte.

Seither gibt er "Hauskonzerte" in Innenhöfen, darf mitunter "im kleinen Kreis" von Kulturzentren und Museen oder in den Nebenräumen jener Theater singen, in denen er früher seine großen Auftritte hatte. Er kann seine Lieder sogar auf selbstgefertigten Kassetten verbreiten – das ist nicht legal, aber auch nicht verboten, andere Sänger machen es auch. Selbst eine Auslandstournee wird mitunter gestattet, doch sie ist für Veranstalter riskant, weil nie sicher ist, ob er rechtzeitig das Visum erhält – und das hängt von der politischen Konjunktur ab: Manchmal passt der kritische Barde ins übergeordnete Konzept, wenn Kuba sich nach außen mal wieder als liberales Land darstellen will.

Aber vereinnahmen lässt sich Pedro Luis Ferrer nicht. Er bringt es fertig, zwei Jahre lang zu schweigen, wenn er sich mit den Praktiken der offiziellen Politik nicht mehr identifizieren kann. Und er macht jedem klar, dass er nicht als Abweichler geboren wurde, wenn er in einem Interview sagt:

> Die Staatsmacht ist nicht homogen, sondern repräsentiert verschiedene Tendenzen, von denen die einen demokratischer als die anderen sind. Die bürokratischen Tendenzen haben sehr viel Schaden angerichtet. Es gibt so etwas wie eine Industrie, die einen zum Dissidenten macht, die Leute dazu drängt, für sie ungewöhnliche Positionen einzunehmen. Ich selbst habe mich schon im Lager der Dissidenz wiedergefunden, obwohl ich mich nicht als Dissident bezeichnen würde. Ich bin aber auch kein "Koinzident". Ich bin ein Individuum, das an einem Prozess teilzunehmen versucht, den es auch notwendigerweise kritisiert. Die bürokratischen Tendenzen haben dem Land sehr geschadet, unnötige Feinde geschaffen, Verwirrung im Verständnis von Partei, Staat, Regierung, Fidel Castro gestiftet. Der kubanische Staat kann aber nicht auf der Grundlage überleben, dass er eine Ideologie zur alleingültigen erklärt. Das sind doch keine Staatsfeinde, die nicht wie Fidel Castro denken. Wer nicht Kommunist ist, ist doch nicht automatisch Antikommunist. Wer nicht Katholik ist, ist doch auch nicht anti-katholisch. Nicht Fidelist zu sein, heißt nicht Anti-Fidelist zu sein. Die Leute haben einfach andere Vorstellungen und sind nicht einverstanden damit, wie Fidel Castro das Land regiert.[1]

Vielfältig sind die Formen des von der herrschenden Norm abweichenden Verhaltens in Kuba. Da gibt es das bewusste "Sich-Verweigern", das aber noch einen beschränkten Spielraum in der Öffentlichkeit erlaubt – wie das Beispiel Pedro Luis Ferrers und anderer Kulturschaffender zeigt. Eine

---

[1] Zuerst veröffentlicht als Rundfunkmanuskript (Schumann, 14.4.1998). Die Sendung bildet die Textgrundlage für diesen Beitrag. Ihr entstammen auch alle Zitate, sofern keine anderen Angaben gemacht werden.

oft geübte Praxis ist der schweigsame Rückzug in die innere Opposition, die sich nur unter erhöhtem Druck äußert und dann bis zum offenen Aufbegehren führen kann. Der Betroffene hat mit dem Verlust seines Arbeitsplatzes und mit gesellschaftlicher Marginalisierung zu rechnen, selbst dann, wenn er nur in einem Brief an staatliche Autoritäten seine Sorge über den Zustand des Landes mitteilt. Diesen Weg hat eine ganze Reihe von Intellektuellen, vor allem im Hochschulbereich, gewählt. Wer sich darüber hinaus zum organisierten, aber friedlichen Widerstand bekennt – wie die meisten Menschenrechtsgruppen –, hat härteste Konsequenzen zu erwarten: Er wird oft kriminalisiert, dem "Volkszorn" ausgeliefert und nicht selten ins Gefängnis gesteckt.

Das Regime versucht jede Form von Dissidenz im Keim zu ersticken, weil die Einheitspartei nur eine Wahrheit akzeptieren kann, wenn sie sich nicht selbst aufgeben will, und weil sie fürchten muss, dass aus Widerspruch leicht Widerstand entsteht. Die Praktiken, die sie dabei anwendet, haben viele kritische Köpfe erst zu Dissidenten werden lassen, vor allem dann, wenn sie die Maschinerie des Staatssicherheitsapparats in Gang setzt. Pedro Luis Ferrer nennt das ironisch "eine Industrie", die Dissidenten fabriziert.

> Rolando Sánchez Mejías
> *Toter Punkt*
> Die Bedeutung des Selbstmords liegt nicht in der schönen Kurve der Hand nahe der Schläfe.
> Auch nicht in der Moral oder in der Weisheit, die er in sich bergen mag, der Unterlebende ist allein.
> Der Selbstmord ist der tote Punkt.
> Die vom leeren Spiegel geschlagene Einsamkeit.
> Der Zeiger einer Eisuhr.
> Der Vogel mit der kalten Bewegung in der kalten Luft. [...]
> Es langweilt auf Dauer, den aus Widerwillen gegen die Leere gestürzten Augenblick zu verkünden (Herz, das nicht beherzt genug ist, Glockenschlag des abwesenden Herzens zu sein).
> Weil der Faden um den Hals geschlungen lag.
> Und wegen der Tücke der Schnur.
> Ort, von dem ich zurückkehren würde, um euch zu sagen, dass keine Gefahr bestand.
> Dass auch kein gelobtes Land da war und keine gelobte Zeit.
> Es ist einfach.
> Wie die Tücke der Schnur, einfach, um den Hals herum, der sich feierlich trägt.
> Danach die seitliche Wunde, als hätte der Hals die Bedeutung einer großen Brust.
> Denn auch das Leben ist groß und lässt uns an der genauen Grenze anlangen.
> Dort, wo wir halt machen und nicht todesirre werden.
> Wo ein Ufer im anderen Ufer endet.

Ohne Kampf, ohne Verluste, ohne Fragen von euch noch Antworten von uns.
Wo der Klang eines Gongs mit dem Klang eines anderen Gongs verschmilzt.
(Brovot/Schumann 1995: 19)

Bereits Mitte der 60er Jahre hat die Revolution damit begonnen, ihre Reihen zu schließen, die ideologischen Widersprüche durch Sanktionen zu beseitigen. Zuerst gerieten die Homosexuellen in die Schusslinie, denn sie passten den Eiferern nicht in ihr Weltbild vom klinisch reinen "Neuen Menschen". Also mussten sie aus dem Erscheinungsbild verschwinden. In einer brutalen Kampagne wurden fast alle aus den staatlichen Institutionen entfernt und in Arbeitslager gesteckt, in sog. UMAP, "Militärische Einheiten zur Unterstützung der Produktion". Unter ihnen befanden sich viele namhafte Schriftsteller und Künstler. Kaum war dieser Ausbruch machistischen Wahns zu Ende, wurde der Hochschulbereich ideologisch gesäubert, z.B. von Elizardo Sánchez Santa Cruz, damals Professor für marxistische Philosophie, heute einer der einflussreichsten Dissidenten.

"In der zweiten Hälfte der 60er Jahre – das Projekt Castros dauerte gerade sechs oder sieben Jahre –, begann sich eine Bewegung von Dissidenten der demokratischen Linken an der Universität von Havanna zu manifestieren, zu der auch ich gehörte" – erinnert sich Sánchez.

Aber wir wurden sehr rasch erledigt. Dutzende wurden von den Hochschulen, auch von der Parteihochschule und aus dem Parteiorgan *Granma* entfernt. Eine ganze Reihe von unorthodoxen linken Intellektuellen wurde verfolgt, einige von uns kamen ins Gefängnis, andere wurden in die Produktion geschickt [...]. Die Regierung hat uns alle unterdrückt, und so war die sozialistische Oppositionsbewegung viele Jahre, Jahrzehnte lang zum Schweigen verurteilt.

Zunächst war sie als Opposition gar nicht erkennbar, aber die noch verstreute Kritik von links an der einzig gültigen Doktrin schien die geschlossenen Reihen der Revolution aufzuweichen und musste deshalb radikal eliminiert werden. Viele der Opponenten wurden Dissidenten und manche von ihnen formierten sich ein Jahrzehnt später zusammen mit Elizardo Sánchez zur *Corriente Socialista Democrática Cubana*, der Sozialdemokratischen Bewegung Kubas, einer der Keimzellen der späteren Menschenrechtsorganisation.

Heberto Padilla
Poetik
Die Wahrheit sagen,
wenigstens deine Wahrheit,
und dann
auf alles gefasst sein:

dass man dir die geliebte Seite ausreißt,
dass man mit Steinwürfen deine Tür zertrümmert,
dass die Leute sich versammeln vor deinem Körper
wie vor einem Wunder,
wie vor einer Leiche.
(Padilla 1971: 25)

1970/71 kam der spektakulärste Fall geistiger Unterdrückung hinzu, der Kuba viele Sympathien in der Weltöffentlichkeit kostete und die internationale Linke in Befürworter und Gegner des Fidelismus spaltete: der Fall Heberto Padilla. Eine Jury des Schriftsteller- und Künstlerverbands UNEAC hatte seinen Gedichtband *Außerhalb des Spiels* mit dem Lyrikpreis ausgezeichnet. Diese Entscheidung wollte jedoch der linienbewusste Vorstand nicht so einfach akzeptieren, denn seiner Überzeugung gemäß enthielt das prämierte Buch "ideologische Elemente, die dem Denken der Revolution deutlich entgegengesetzt" waren und "den Selbstausschluss des Autors aus dem kubanischen Leben" ausdrücken (Padilla 1971: 129). Der Band durfte zwar erscheinen, denn noch übte man sich in Demokratie, aber es war das letzte, das Padilla in Kuba publizieren konnte: Er galt als Störfaktor, obwohl er sich selbst eher als Bohemien sah, der sich nicht so einfach einordnen wollte. Im Ausland wurde er rasch zur Galionsfigur intellektuellen Widerstands stilisiert und in Kuba schließlich wegen angeblicher konspirativer Kontakte als "Konterrevolutionär" verhaftet.

Das geschah im März 1971, und das sog. *quinquenio gris*, das "graue Jahrfünft" – wie die Zeit schlimmster Verfolgungen später euphemistisch hieß –, hatte begonnen. Erst auf internationalen Druck und nach einer jener obskuren "Selbstkritiken" wurde Heberto Padilla wieder freigelassen. "Diese Jahre waren äußerst schwierig" – so hat er später resümiert.

Ich habe zu Hause als Übersetzer gearbeitet, habe die schlechtesten bulgarischen Autoren übersetzen müssen, aber auch romantische englische Poesie von William Blake bis Lord Byron für eine hübsche zweisprachige Anthologie, die die Universität 1978 herausbrachte. Man wollte mir einen Gefallen tun. Aber ich wollte weg, ich konnte nicht mehr. Ich habe mich beobachtet und verfolgt gefühlt. Irgendwann ließen sie mich dann gehen: Über Kanada bin ich in die USA gereist. Ich ging, als ich konnte, denn ich wusste, dass es nach dem Gefängnis keine wirkliche soziale Wiedereingliederung in einem kommunistischen Land gibt.

Padilla war nie ein Parteigänger der Revolution wie ein anderer berühmter Schriftsteller des Landes, der Romancier Jesús Díaz. Sein Leben und Werk waren lange Zeit geprägt von der Vision, in Kuba eine politische Alternative und dabei einen "neuen Menschen" zu schaffen. Trotz vieler Entbehrungen und fortgesetzter Enttäuschungen, trotz massiver Eingriffe in sein Werk hat er sich von der Überzeugung nicht abbringen lassen, dass die Verwirklichung seiner Utopie die einzige lebenswerte Gesellschaftsform für Kuba hervorbringen würde. Er hat dafür gekämpft: in der Miliz und auf dem Zuckerrohrfeld, als Studentenführer und Parteisekretär, als Fabrikdirektor und als Filmregisseur. In seinen frühen Erzählungen hat er den stürmischen Umbruch beschrieben und in seinen späteren Romanen präziser als andere darüber nachgedacht, wieso die große Idee von der Umgestaltung des Landes in einem kleinlichen Dogma erstarrte.

Der erste Bruch mit dem System geschah nach der Phase seines entschiedensten Einsatzes für die Revolution. An der gigantischen Erntekampagne von 1969/70 hatte er sich als *machetero*, als Zuckerrohrschneider, beteiligt, war danach zum Parteisekretär der Provinz ernannt worden und musste schließlich sogar das größte Zuckerkombinat der Insel leiten. Nach dem Scheitern der Zuckerernte, für die das gesamte Land monatelang mobilisiert worden war, kehrte Jesús Díaz desillusioniert an die Universität von Havanna zurück. Er wollte wieder als Philosophie-Dozent lehren und zusammen mit Kollegen *Pensamiento Crítico* herausgeben, die für ihr unorthodoxes Denken berühmte Zeitschrift.

Das war 1971: Der "Fall Padilla" machte gerade Schlagzeilen, und die Hetzjagd gegen jede Form ideologischer Abweichung hatte eingesetzt. "Da begann eine neue Geschichte für mich" – so Jesús Díaz.

> *Pensamiento Crítico* stellte das Erscheinen ein, man entzog der Zeitschrift die Möglichkeiten ihrer Herstellung, was einem Verbot gleichkam. Und die Philosophische Abteilung, deren Publikationsorgan *Pensamiento Crítico* war, wurde aufgelöst, denn hier lehrte ja die Gruppe von Leuten, deren undogmatisches Denken Anstoß erregte. Das Gebäude unserer Abteilung wurde sogar abgerissen mit der Begründung, man wolle auf der angrenzenden Freifläche einen großen Neubau errichten, und da störe unser Teil. Er wurde bis heute nicht gebaut [...]. Ich hätte zwar wie andere Kollegen an der Universität in einer untergeordneten Funktion bleiben können, aber die Kräfte, die dort inzwischen herrschten, waren uns feindlich gesinnt, und deshalb entschied ich mich für das Filminstitut ICAIC.

Hier hat Jesús Díaz endlich wieder Zeit, seiner literarischen Neigung nachzugehen. Die erste Fassung des Romans *Die Initialen der Erde* entstand, doch der Staatsverlag lehnte sie ebenso ab wie die anderen, die folgten. Ein Jahrzehnt lang dauerte das Spiel, das praktisch ein fortgesetztes Verbot war. Díaz verfasste inzwischen mehrere Drehbücher und begann als Regisseur – auch nicht ohne Schwierigkeiten – Dokumentar- und Spielfilme zu drehen.

1986 – in einer Phase kulturpolitischer Entspannung – erschien endlich sein erster Roman: eine selbstkritische Aufarbeitung der revolutionären Begeisterung in den 60er Jahren, in der er z.B. über die Hauptperson schreibt:

> Er war so gewieft, dass es ihm gelungen war, den Übergang von der Vorsicht zum Opportunismus unsichtbar zu machen, indem er sich mit erstaunlicher Beweglichkeit zwischen beidem hin- und herbewegte, ohne Spuren zu hinterlassen. Aber es gab zumindest eine Person auf der Welt, die er nicht betrügen konnte, und die trug er in sich. Er begann im Zimmer auf und ab zu gehen, wenn er Mut hätte, könnte er es wagen, den Zusammenhang zwischen dem schlechten Funktionieren des Zentrums und dem bürokratischen, extrem zentralistischen, von der Basis losgelösten Arbeitsstil des Direktors aufzudecken. Er kannte diesen Stil sehr gut, es war auch seiner gewesen, als er noch Studentenführer in der Hochschule für Architektur war (Díaz 1990: 388).

Unter dem Einfluss der Perestroika in der Sowjetunion und in der Hoffnung auf eine ähnliche Entwicklung in Kuba äußerte sich Jesús Díaz zunehmend distanzierter zu den Verhältnissen auf der Insel. Der Fall Ochoa führte 1989 zum endgültigen Bruch: Der verdienstvolle und allgemein hoch angesehene General war wegen angeblicher Verbindungen zur kolumbianischen Drogenmafia angeklagt und in dem größten Schauprozess, den Kuba je erlebte, zum Tode verurteilt worden. Die Hinrichtung war selbst innerhalb der Partei umstritten.[2] 1991 nützte Díaz deshalb ein Stipendium des Berliner Künstlerprogramms des Deutschen Akademischen Austauschdienstes, um Havanna zu verlassen und sich auch öffentlich mit dem Regime auseinander zu setzen:

> Castros furchtbare Parole "Sozialismus oder Tod" enthüllt sich in ihrer ganzen ruchlosen Demagogie, wenn klar ist, dass es in Kuba gar keinen Sozialismus gibt, sondern eine Staatswirtschaft hoffnungsloser Ineffizienz sowie zwei Arten von Marktwirtschaft: eine für die ausländischen Investitionen und eine andere für den Schwarzmarkt, auf dem die Kubaner ums Überleben kämpfen. Während dessen ruft die Presse die Bevölkerung dazu auf, Blätter, Blumen und Samen zu essen. Die wirtschaftliche und soziale Ordnung, zu deren Verteidigung die Verfassung auffordert, ist in ihren Fundamenten zerbröckelt; was Castro mit Blut und Feuer zu bewahren versucht, ist nichts anderes als die politische Ordnung – das heißt, seine persönliche Macht.

---

[2] Der Schauprozess ist in dem semidokumentarischen Spielfilm *Ochoa* von Orlando Leal rekonstruiert worden.

Carlos Varela
Guillermo Tell
Wilhelm Tell
verstand seinen Sohn nicht,
als der eines Tages genug hatte
vom Apfel auf dem Kopf
und sich davonmachte.
Der Vater verwünschte ihn,
denn wie sollte er fortan
sein Geschick beweisen?
Wilhelm Tell,
dein Sohn ist herangewachsen,
er will nun den Pfeil schießen.
Es ist jetzt an ihm, Mut zu beweisen
und deine Armbrust zu gebrauchen.
Wilhelm Tell
wollte dies nicht in den Kopf,
denn wer würde sich schon
einem solchen riskanten Schusse aussetzen?
Und er erschrak, als der Junge sagte:
Jetzt ist es am Vater, sich den Apfel
auf den Kopf zu setzen. [...]
(zit. nach Hoffmann 2000: 169)[3]

Carlos Varela reißt auch heute noch die kubanischen Jugendlichen mit diesem Lied vom uneinsichtigen Übervater zu Begeisterungsstürmen hin, denn sie haben sofort durchschaut, dass die Schweizer Legende einer legendären Gestalt ihrer eigenen Kultur gilt. Den Sänger hat das Lied bei der Bevölkerung populär, aber bei den Kulturbürokraten wenig beliebt gemacht. Sie haben auch ihn in den 80er Jahren eine Zeitlang kaltgestellt, bis der einflussreiche Pablo Milanés ihn zu Auftritten bei seinen Konzerten einlud. Seither ist der Bann gebrochen. Das System hat Carlos Varelas kritische Songs dulden gelernt – und niemals Platten von ihm ediert. Die kamen im Ausland heraus und als kopierfähige Musikkassetten nach Kuba zurück. Er hat inzwischen eine eigene Band und darf mit ihr ins Ausland reisen. Er ist Devisenbringer geworden und versteht es, die Grenzen der Toleranz zu respektieren, denn er will nicht als Dissident verstummen.

Was kann aber ein Künstler machen, den das System an den Rand drängt, indem es seine Werke verbietet? Er kann sich bewusst und etwas außerhalb der Legalität an diesem Rand ansiedeln und sehen, wie die Staats-

---

[3] Dieses Buch enthält nicht nur einen geschichtlichen Abriss und eine Darstellung von Politik, Wirtschaft und Gesellschaft, sondern auch ein ausführliches Kapitel über die kulturelle Entwicklung, besonders über das gespannte Verhältnis von Künstler und Staat.

Lina de Feria
Ich fühle den Tod
Ich fühle den Tod
wie die eiserne Spirale
die bald von ihrem Gitter fällt
vom Salz des Meeres zerfressen
und dann
allein die Vorahnung
einer stummen Dame gleich
die eine Fabel treiben lässt
vom Wind auf dem Gehsteig fortgeweht
unvollendeter Spiegel dessen was nicht ist
die abwesende Nachbarin nicht
noch die sterbliche Mutter
einzig der unwiederbringliche Raum
der in die Leere schallt
wo kein Scharnier kein buntes Fenster bleibt
eine überlebende Baumkrone vielleicht
eine unbemerkte Sense
und über allem
der ferne Rauch der fahrenden Schiffe.
(Brovot/Schumann 1995: 85)

Schon früh – mit zwanzig Jahren – wurde Lina de Feria für ihre Gedichte in dem Band *Das Haus, das nicht existiert* ausgezeichnet. Damals – 1967 – brachte sie den Geist des Widerspruchs und eine intimistische Perspektive in die kubanische Lyrik ein, die in jener Aufbruch-Phase der Revolution weitgehend politisiert war. Später leitete sie den *Caimán Barbudo*, die wichtigste Literaturbeilage Kubas. Das ging jedoch nur eine Zeitlang gut. Nachdem sich 1970 der stalinistische Flügel in der Regierung durchgesetzt und eine Säuberungskampagne eingeleitet hatte, fiel ihr auch die Poetin und Redakteurin zum Opfer.

Sie stigmatisierten gewisse Künstler wegen ihrer politischen, religiösen oder homosexuellen Überzeugung und entfernten sie von ihrer Arbeitsstätte. Unter anderem auch mich, weil ich Gedichte von Heberto Padilla und Belkis Cuza Malé, seiner Frau, veröffentlichte und in einem Beitrag den verfemten Gastón Baquero erwähnte. Zwei Jahre fand ich keine Arbeit, erhielt aber wenigstens eine monatliche Unterstützung. Dann durfte ich bei *Radio Enciclopedia Popular* eine belanglose Tätigkeit verrichten, genauso wie Manuel Díaz Martínez, der kaltgestellt wurde, weil er der Jury angehörte, die Padilla ausgezeichnet hatte. Das war alles schrecklich und schuf eine ganz bestimmte psychologische Disposition. Sie führte dazu, dass ich 1980 bei der Massenflucht in Mariel die Gewaltakte, die sie gegen die Fluchtwilligen veranstalteten, nicht ertragen konnte und einen öffentlichen Akt des Protestes vor der mexikanischen Botschaft unternahm. Er endete damit, dass sie mich für drei Jahre ins Gefängnis steckten.

Zwanzig Jahre dauerte insgesamt das Publikationsverbot für Lina de Feria. Ihre Gedichte konnten nur im Ausland, vor allem in Spanien und Frankreich, erscheinen. So blieb sie wenigstens im internationalen Gedächtnis präsent. Als nun Ende der 80er Jahre die Kulturfunktionäre allmählich damit begannen, die Exilliteratur, die sie lange ignoriert hatten, wieder zu beachten, fanden sie es wohl an der Zeit, auch den Opfern des Dogmatismus eine gewisse Wiedergutmachung angedeihen zu lassen. So durfte Lina de Feria 1991 endlich wieder einen Band mit Gedichten veröffentlichen. *Aus dem Hinterhalt der Jahre* nannte sie ihn und erhielt dafür sogar den Nationalpreis der Kritik. Trotz dieser Anerkennung und eines beachtlichen Verkaufserfolgs ließ man sie 1994 nicht nach Spanien reisen, um an einem Treffen kubanischer Schriftsteller des Exils und der Insel teilzunehmen. Das Stigma der Unbotmäßigkeit scheint ihr immer noch anzuhaften und so dauern die Jahrzehnte ihrer Isolierung auf Kuba fort.

Wer einmal kaltgestellt ist, dem wird es schwergemacht, wieder Anschluss zu finden. Er gilt als ein zweifelhafter, ein "gesellschaftlich unzuverlässiger" Kandidat, der eine Grundversorgung erhält, solange er als ein "leichter Fall" eingestuft wird. Damit kann man aber nur schlecht leben und ist auf die Unterstützung von Verwandten und Freunden angewiesen. Als "schwerer Fall" ist der Betroffene ständiger Beobachtung ausgesetzt und völlig von der Hilfe anderer abhängig.

Raúl Rivero
Todessuite
Soeben sagt man mir, ich sei gestorben.
Zwischen den Zeilen gab die offizielle Presse es bekannt.
Ich dachte nicht, in diesem schönen *Fin-de-siècle-*
Sommer schon zu sterben
doch die Zeitungen in diesem Lande lügen nie.
Also ist das Klopfen meines Herzens falsch
der Pulsschlag und die Luft, die ich einatme.
Die Erinnerungen, die ich habe, sind, sie müssen sein
der letzte Fiebertraum, der Staat kann sich nicht irren
nicht auf so flagrante Weise. [...]
(Brovot/Schumann 1995: 82)

Als Raúl Rivero dieses Gedicht schrieb, lagen mehr als drei Jahrzehnte Sozialismus in Kuba hinter ihm, eine Zeit, die er in seinen Versen oft besungen hatte. Er war das genaue Gegenteil von Lina de Feria: extrovertiert bis zum Exzess, linientreu aus Überzeugung, privilegiert als Schriftsteller und Journalist. Anfang der 80er Jahre beleidigte er im Suff einen hohen Kulturfunktionär. Man stellte ihn daraufhin als Redakteur bei der Propaganda-Zeitschrift *Cuba Internacional* ab und schickte ihn später zu *Unión*, einem der beiden Organe des Schriftsteller-Verbandes UNEAC. Erst mit dem Zusammenbruch des Staatssozialismus begann bei ihm ein allmählicher Bewusstwerdungsprozess.

> Meine gesamte Poesie ist sehr stark mit der Revolution verbunden gewesen. Ich habe sie gefeiert und all ihre Veränderungen aus meiner persönlichen Sicht literarisch begleitet. Ich bin mit meiner Dichtung für die Regierung eingetreten, weil ich von der Idee des Kommunismus zutiefst überzeugt war. Manchmal konnte ich noch nicht einmal meine kritischen Dichterfreunde in der Sowjetunion begreifen [...]. Ich habe blind geglaubt. Und dann hatte ich – ehrlich gesagt – Angst vor der Wahrheit. Ich wollte mich einfach nicht davon überzeugen lassen, dass das alles gescheitert war, denn das hieß ja, dreißig Jahre des Lebens verlieren [...]. Als mir aber immer klarer wurde, dass dieses System ein Desaster war, habe ich mich entschlossen, mich davon zu lösen.

1991 unterschrieb Raúl Rivero das "Manifest der Zehn", einen offenen Brief, in dem zehn Schriftsteller und Journalisten Fidel Castro zu einem nationalen Dialog über die katastrophale Lage des Landes aufforderten. Es war eines der ersten Dokumente dieser Art, das im sozialistischen Kuba erschien, und es war das erste Mal, dass eine Gruppe von Kubanern öffentlichen Protest anmeldete. Bis dahin hatte es nur vereinzelte Formen des Aufbegehrens – wie die Aktion von Lina de Feria – gegeben. Alle Beteiligten waren sich des Risikos bewusst, denn sie kannten ihren Staat nur allzu gut. Auch hatten sie alle ihren Glauben an die Revolution längst verloren, nicht aber die Hoffnung, dass ihr verzweifelter Schritt in die Öffentlichkeit, ihr sachlicher Appell an die Verantwortung wenigstens eine allgemeine Debatte bewirkte. Doch sie mussten bald einsehen, dass ihr Glaube naiv war. Zunächst veranstalteten die Medien eine Verleumdungskampagne gegen sie, dann schlossen die Berufsverbände die Unterzeichner des Manifests aus, was gleichbedeutend mit dem Verlust der Arbeit war. Trotz der Repressalien verstärkten sie ihre Aktivitäten und schlossen sich unter Leitung der Poetin María Elena Cruz Varela zu der Oppositionsgruppe *Criterio Alternativo* (Alternativer Standpunkt) zusammen. Sie stellten sogar beim Innenministerium einen Antrag auf Zulassung, um nicht den Anschein der Illegalität zu erwecken. Doch das half ihnen nichts. Diesmal bekamen sie den versammelten "Volkszorn" zu spüren und zwar in Form eines sog. *Meeting de repudio*, einem in Kuba immer wieder praktizierten Akt der Ausgrenzung. Er richtete sich vor allem gegen María Elena Cruz Varela, den Kopf der Gruppe.

Drei mir bekannte Personen veranlassten mich, die Wohnungstür zu öffnen, sie gaben vor, mit mir reden zu wollen. [berichtet sie] Aber als ich aufmachte, stürzte eine Meute herein und schlug auf die Leute ein, die bei mir waren. Wir hatten gar keine politische Versammlung abgehalten, wie sie später behaupteten, es war bloß ein Treffen von Freunden. Sie zerrten mich an den Haaren die Treppe runter, stopften mir vor dem Haus Papiere in den Mund, ein paar von den Flugblättern, auf denen wir die Kubaner aufgerufen haben, sich uns anzuschließen, und die mit meinem Namen und meiner Anschrift versehen waren. Gerade das hat sie besonders empört, dass es jemand wagte, so etwas öffentlich zu verteilen, auf der Straße, die den Revolutionären gehörte, das waren sie nicht gewöhnt. Dann haben sie mich aufs Polizeirevier gebracht, wo mich zunächst ein Arzt untersuchte und mir eine Bescheinigung über die von den Schlägen verursachten Striemen ausstellte. Ein Polizeioffizier hat sich dann mit mir unterhalten und mir angedroht, dass sie für mein Leben nicht mehr garantieren könnten, wenn ich meine Aktivitäten fortsetzte, denn ich würde mit dem Feuer spielen, und das sei sehr gefährlich.

María Elena Cruz Varela sowie fast alle übrigen Mitglieder der Oppositionsgruppe wurden wenig später "wegen unerlaubter Versammlung" verhaftet und in Schnellverfahren zu Gefängnisstrafen zwischen einem und zwei Jahren verurteilt. Internationale Proteste blieben wirkungslos. Nach ihrer Freilassung blieben sie unter permanenter Beobachtung und erhielten keinerlei Arbeit. Als sie sich auszureisen entschlossen, wurden ihre Anträge zunächst immer wieder abgelehnt. María Elena Cruz Varela musste sich monatelang regelmäßig beim Staatssicherheitsdienst melden und über jeden ihrer Schritte Rechenschaft ablegen. Im Juni 1994 konnte die Dichterin Kuba endlich verlassen. Sie lebt heute in Madrid.

María Elena Cruz Varela
Das Urteil des Wassers
Der das Feuer wollte, setzte ins Wasser
seine verschreckte Nussschale.
Kopf gen Ost. Keine Antwort.
Zahl gen West. Keine Antwort.
Kopf. Zahl. Der Körper im Korb.
Abwärts. Flussabwärts. Schwimmen. Schwimmen. Treiben.
Verzweifelt der Puls. Die Gestik überstürzt. Und das Wasser.
Das braune Wasser das Weidengeflecht zerreißend.
Beim nächsten Stein kommen Fetzen zurück.
Nutzlos jede Mühe. Es ist der Fluss, der befiehlt.
Der Korb und der Körper im Korb. Abwärts.
Flussabwärts. Gleiten. Fliehen. Und fiebern.
Und nie wieder die Strömung herausfordern.
Und nie wieder Hitze. Es ist das Wasser, das befiehlt.
Das braune Wasser. Das grüne Wasser schnalzt zwischen den Fingern.
Tang. Schlick. Schaum, wenn es sich am Flechtwerk bricht.

Das Wasser. Das Wasser und sein Unheil schwappen in den Korb.
Fern. Fern das Ufer. Es ist das Wasser, das befiehlt.
(Brovot/Schumann 1995: 71)

Als einziger der Gruppe der zehn Manifestanten konnte bis heute Raúl Rivero in Kuba bleiben. Er wollte nicht ausreisen, weil er es einfach nicht einsehen mochte, warum ausgerechnet er gehen soll und nicht die Verursacher des Debakels – wie er sagt. Er hat den Weg in die offene Dissidenz, die praktizierte Opposition eingeschlagen und im September 1995 mit *Cuba Press* ein "unabhängiges Pressebüro" aufgebaut. Es gelang ihm, alternative Nachrichten und kritische Berichte über die wirklichen Verhältnisse auf der Insel ins Ausland zu schicken. Von dort wurden sie dann über den Rundfunk wieder nach Kuba eingestrahlt. Sein Beispiel hatte Folgen, denn selbst in entlegenen Provinzen wurden ähnliche Versuche, eine bescheidene Gegenöffentlichkeit herzustellen, gewagt.

Die technischen Schwierigkeiten waren immens, denn der Staat beansprucht nicht nur das Meinungs-, sondern auch das Druckmonopol.

> Wir könnten schon in einer der ausländischen Firmen, die es heute gibt, etwas drucken lassen, denn die verfügen über zahlreiche Vervielfältigungsgeräte. Aber wir dürfen noch nicht einmal für den internen Gebrauch ein Rundschreiben herstellen. Darauf steht eine Strafe von bis zu fünf Jahren Gefängnis "wegen feindlicher Propaganda" – wie es dann offiziell heißen würde. Wir dürfen auch keine Faxgeräte, elektronischen Schreibmaschinen oder Computer besitzen, denn wo sollten wir die herhaben? Ausländische Organisationen wollten uns das alles schenken, aber sie hätten sich damit strafbar gemacht, also habe ich sie um Schreibmaschinen aus den 50er Jahren gebeten, weil wir für die keinen Besitznachweis mehr erbringen müssen. Alles andere ist illegal. Und wir Dissidenten müssen uns vor gewöhnlichen Straftaten hüten, die sie uns gerne anhängen wollen, um uns einzusperren, wenn sie uns schon kein politisches Vergehen nachweisen können.

Sobald diese neue Form dissidenter Organisation ein sichtbares Ausmaß annahm, geriet sie ins Fadenkreuz des Staatssicherheitsapparats. Viele der Journalisten wurden bedroht, zeitweise verhaftet und mitunter ausgewiesen. Die Welle der Repression machte sie paradoxerweise auf der Insel erst bekannt. Mitte August 1997 war der Begründer des staatsunabhängigen Journalismus an der Reihe. Raúl Rivero wurde gleich in die Villa Marista, das Verhörzentrum des Staatssicherheitsdienstes, gebracht, nachdem in seiner Wohnung das gesamte Archiv, ein Fotoapparat, ein Kassettenrecorder, eine Schreibmaschine und sogar das Telefon konfisziert worden waren. Bei seiner Freilassung nach wenigen Tagen wurde er vor die Alternative gestellt, entweder seine journalistische Tätigkeit zu beenden oder das Land zu verlassen. Wieder zog er es vor, in Kuba zu bleiben.

Es bedarf schon einer Portion Mut – oder Verzweiflung –, wenn Kubaner ihre Dissidenz in friedlicher Aktion äußern und sich z.b. mit Gleichgesinnten in Menschenrechtsgruppen zusammenschließen, der wichtigsten und ältesten Organisationsform der illegalen Opposition. Sie entstanden in der zweiten Hälfte der 70er Jahre als Folge der KSZE-Vereinbarungen von Helsinki. Zu ihren Initiatoren gehört Elizardo Sánchez, der einzige von ihnen, der bis heute in Kuba aushält:

> Was in Kuba passiert, ist nichts Neues. Das Gleiche geschah in Osteuropa. In einem totalitären Regime neostalinistischen Zuschnitts ist das Entstehen von oppositionellen Massenorganisationen sehr schwierig. Deshalb sind kleine Gruppierungen nötig, Embryos, die in einem bestimmten Moment wachsen – wie in der Tschechoslowakei, Bulgarien oder Rumänien. Wenn man uns fragt, wie viel seid ihr, dann sagen wir immer: genauso viele wie Sacharow und die Handvoll seiner Mitarbeiter waren oder Vaclav Havel und die paar Dutzend Aktivisten. Wir sind die sichtbare Spitze des Eisbergs und repräsentieren die Ideale von Millionen Kubanern, der großen Mehrheit, die Veränderungen im Land wünscht, aber keine Veränderungen, die uns zurückwerfen, sondern die uns vorwärtsbringen.

Elizardo Sánchez ist – im Gegensatz zu manch anderem Menschenrechtsvertreter, vor allem des rechten Spektrums – ein glaubwürdiger Zeuge. Der heute 56-jährige wurde 1965 Professor für marxistische Philosophie und 1968 wegen mangelnder Linientreue aus dem Lehrkörper entfernt. Auf dem Weg in die Dissidenz organisierte er 1976 eine der ersten Menschenrechtsgruppen. Aus ihr ging 1987 die Organisation mit der etwas umständlichen, aber programmatischen Bezeichnung *Kubanische Kommission für Menschenrechte und nationale Versöhnung* hervor. 1991 schuf er die *Sozialdemokratische Strömung Kubas*, eine politische Plattform, keine Partei, denn die KP beharrt eisern auf ihrem Monopol. Er war eine der treibenden Kräfte, die im November 1995 zum ersten Mal den Zusammenschluss von mehr als hundert Dissidentengruppen unter dem Namen *Kubanisches Konzil* bewirkten. Wegen seiner oppositionellen Haltung gegenüber der Regierung Castro verbrachte er zwischen 1980 und 1992 insgesamt achteinhalb Jahre in kubanischen Gefängnissen. Auch danach wurde er oft bedroht, zusammengeschlagen und kurzfristig verhaftet. Im Dezember 1996 zeichnete die französische Regierung die *Kubanische Kommission für Menschenrechte und nationale Versöhnung* von Elizardo Sánchez mit ihrem Menschenrechtspreis aus. Sein wichtigstes Ziel der letzten Jahre war die strategische Einheit der

Dissidentengruppen, die sich endlich auf vier Punkte verständigen konnten, die er so zusammenfasst:
1. Der Übergang, den wir unterstützen, muss friedlich sein. Es gibt eine deutliche Ablehnung der Gewalt und besonders jeder Form von Terror. 2. fordern wir die Freilassung der politischen Häftlinge, eine bedingungslose Amnestie. 3. stimmen wir darin überein, dass der Übergang streng nach dem Gesetz erfolgen soll, also so ähnlich wie in Spanien oder Chile. Das heißt, die Veränderungen müssen eine rechtliche Basis haben. Und 4. verteidigen wir das Recht aller Kubaner, an den Entscheidungen über das Land mitzuwirken, wo immer sie sich befinden.

Ein Minimalkonsens gewiss, aber es war schwer genug, ihn zu erreichen, weil die reaktionären Kräfte des Exils in Miami bisher durch einen unversöhnlichen Konfrontationskurs jeden Zusammenschluss der zersplitterten Opposition in Kuba verhindert hatten. Nun haben sie erstmals gemeinsame Forderungen aufgestellt, die Frauen und Männer, die das *Concilio Cubano* tragen, von der Revolution desillusionierte Hausfrauen und Büroangestellte, Facharbeiter und Wissenschaftler, Katholiken und Protestanten, Journalisten und Künstler, ehemalige Mitglieder der Kommunistischen Partei und sogar ein "Held der Revolution" wie der 70-jährige Álvaro Prendes. Ihm gelang es 1961 als Jagdflieger während der US-amerikanischen Invasion in der Schweinebucht, mit einer uralten Militärmaschine vier hochmoderne Düsenjäger abzuschießen. Der Fliegeroberst quittierte 1978 den Dienst, um sich ganz der Literatur zu widmen, denn er war mit seinen Memoiren zu einem Erfolgsautor geworden. Als er 1992 sah, dass die Regierung das Land in eine ausweglose Krise steuerte, wandte er sich in einem offenen Brief an Fidel Castro und forderte einen nationalen Dialog und wirtschaftliche Öffnung.

> Das war ein allmählicher Prozess, der durch die Perestroika und den Zusammenbruch Ostdeutschlands eingeleitet wurde und schließlich durch die aktuelle Entwicklung hier im Land, durch die unsere moralischen Werte verloren zu gehen drohen. Das hat mich veranlasst, diesen Brief an den Oberkommandierenden Fidel Castro zu schicken. Darin hat mich die "Sozialdemokratische Bewegung" von Elizardo Sánchez unterstützt. Ich gehöre ihr nicht an, aber ich sympathisiere mit einigen ihrer Mitglieder, weil sie ähnliche Ideen wie ich haben [...]. Eines der Motive meines Briefes bestand darin, die soziale Gerechtigkeit, die wir in mehr als dreißig Jahren des Kampfes errungen haben, aufrecht zu erhalten und weiter zu vervollkommnen.

Ein "Held der Revolution" will die Errungenschaften dieser Revolution in die Zukunft gerettet sehen. Weil er dabei jedoch den Dienstweg nicht einhielt und sich sogar in einen Dissidenten, einen Abtrünnigen verwandelte, hat ihn die Armee ausgestoßen, ihm alle Auszeichnungen aberkannt, die

Rente gestrichen und das Haus, das er für seine Verdienste erhalten hatte, weggenommen. Dabei hatte er noch Glück: Wegen einer lebensnotwendigen Herzoperation ließ man ihn und seine Frau nach Miami ausreisen.

Dem Parteimitglied Vladimiro Roca erging es schlechter. Er ist der etwas aufmüpfige Sohn von Blas Roca, einem der einflussreichsten Spitzenfunktionäre der Kommunistischen Partei. Bis zum Tod seines Vaters Ende der 80er Jahre konnte er es sich leisten, auf den wachsenden Unterschied zwischen Theorie und Regierungspraxis zu verweisen und für eine effizientere Form von Sozialismus in Kuba zu streiten. Dann wurde es ihm allerdings zunehmend schwerer gemacht, seine undogmatische Position zu vertreten:

> Ich habe mich sehr mit dem Denken Gorbatschows identifiziert. Warum gab es überhaupt Repression? Und warum verbarg man das alles? Warum gab es keine Informationsfreiheit? Warum sollte man nicht über das Gute wie über das Schlechte berichten, wenn es zumal mehr Schlechtes als Gutes gab? Mit dieser Politik der Perestroika habe ich mich sehr angefreundet und sah zugleich, wie sich die Regierung immer weiter davon entfernte, sie schließlich völlig ablehnte [...] und mit Hilfe ihres totalitären Wirtschaftsprojekts die Kontrolle über das Volk verstärkte, es völlig davon abhängig machte, was die Regierung bestimmte. Man hat mich z.B. aus meiner Arbeitsstelle rausgeschmissen, aber es war für mich praktisch unmöglich, eine neue Arbeit zu erhalten, denn der einzige Arbeitgeber ist der Staat, die Regierung.

Und die Regierung kontrolliert auch, welcher Kubaner bei den ausländischen Firmen auf der Insel arbeiten darf. Für den Dissidenten mit dem berühmten Vater gibt es keine Chance mehr, seit er sich für die *Sozialdemokratische Bewegung Kubas* entschieden hat. Der Wirtschaftsexperte wurde aus dem staatlichen "Komitee für wirtschaftliche Zusammenarbeit" entfernt und aus der Partei ausgeschlossen. 1997 gründete er zusammen mit Marta Beatriz Roque, Félix Bonne Carcassés und René Gómez Manzano den *Grupo de Trabajo de la Disidencia Interna* (Arbeitsgruppe der inneren Dissidenz). Sie führten eine kritische Analyse des Grundlagenpapiers der KP für den Parteitag im Oktober 1977 durch und kamen darin zu einem vernichtenden Ergebnis über die Regierungspolitik. Nachdem sie dieses Dokument der Auslandspresse in Havanna vorgestellt hatten, wurden sie "wegen konterrevolutionärer Aktivitäten" verhaftet und 18 Monate später zu Haftstrafen verurteilt: Roca zu fünf Jahren Gefängnis, Manzano und Carcassés zu vier, Roque zu dreieinhalb Jahren. Internationale Proteste halfen ihnen ebenso wenig wie die Intervention des Papstes. Rocas Name wurde ausdrücklich von der Liste der freizulassenden Häftlinge gestrichen. Im Frühjahr 2000 wurden alle vorzeitig und unter Auflagen freigelassen – mit Ausnahme von Vladimir Roca.

Dissident in Kuba: das Normen verletzende Verhalten hat in der Notlage der 90er Jahre stark zugenommen. Auch haben die Organisationen Zulauf erhalten, trotz der damit verbundenen Gefährdungen für jeden Einzelnen. Die Dissidentenbewegung ist zu einem Störfaktor in einem verunsicherten System geworden. Sie ist jedoch noch weit davon entfernt, ein Unruhepotential zu sein oder sich gar als eine ernstzunehmende Opposition zu formieren. Für viele an den Rand des Regimes Gedrängte hat sie therapeutische Qualität. Und für ein postrevolutionäres Kuba kann sie als Keimzelle einer künftigen Bürgergesellschaft gelten – jenes Rechtsstaats, von dem Pedro Luis Ferrer singt: "einem Staat des ganzen Volks, mit ideologischer Vielfalt, einer Wirtschaft, in der Arbeiter und Bauern ihre Phantasie frei entfalten können und auch für alle anderen ein Höchstmaß an Freiheit besteht, ein pluralistisches Projekt in einem Staat für das ganze Volk".

Literaturverzeichnis

Brovot, Thomas/Schumann, Peter B. (Hrsg.) (1995): *Der Morgen ist die letzte Flucht. Kubanische Literatur zwischen den Zeiten*. Berlin: Edition Diá.

Díaz, Jesús (1990): *Die Initialen der Erde*. Übersetzt von Wilfried Böhringer. München: Piper Verlag.

Hoffmann, Bert (Hrsg.) (1994): *Wirtschaftsreformen in Kuba. Konturen einer Debatte*. Frankfurt/M.: Vervuert.

— (2000): *Kuba*. München: Verlag C. H. Beck.

Padilla, Heberto (1971): *Außerhalb des Spiels. Gedichte*. Übersetzt von Günter Maschke. Frankfurt/M.: Suhrkamp Verlag.

Schumann, Peter B. (1998): *"Es ist das Wasser, das befiehlt." Dissident in Kuba*. Köln: Deutschlandfunk, 14.4.1998.

III

Wirtschaft

Hans-Jürgen Burchardt

Kubas langer Marsch durch die Neunziger – eine Übersicht in Etappen

1. Die Krise vor dem Absturz

Mehr als dreißig Jahre war die kubanische Revolution für viele Sinnbild für nationale Selbstbestimmung, wirtschaftliche Entwicklung und soziale Gerechtigkeit in Lateinamerika. Bescheidener "Wohlstand für alle" war auf der Insel nicht nur eine plakative Parole; die Forderung schien sich der Wirklichkeit immer mehr anzunähern (Brundenius/Zimbalist 1989). Ein kontinuierliches Wirtschaftswachstum, ein zusammenhängender Auf- und Ausbau vorbildlicher Sozialsysteme, eine nivellierende Lohnpolitik sowie eine staatliche Kultur- und Sportförderung führten außerdem zu einer deutlichen Homogenisierung der Gesellschaft. Daten von 1989 belegen, dass auf der Insel zentrale Strukturmerkmale der Unterentwicklung überwunden werden konnten: Soziale und geographische Disparitäten waren einer ausgeprägten Egalität gewichen. Es gab ein ausgeglichenes Bevölkerungswachstum, verbunden mit einer Lebenserwartung, die zehn Jahre über dem lateinamerikanischen Durchschnitt lag. Soziale Phänomene wie Unterernährung, Massenarbeitslosigkeit und Massenarmut waren auf der Insel ganz verschwunden, rassistische und geschlechtsspezifische Diskriminierungen nur noch latent vorhanden. Kuba sah sich selbst nicht nur als ein wehrhaftes Krokodil vor der nordamerikanischen Küste, sondern auch als das sozialste und friedlichste Land der Region.

Allerdings begann das Krokodil im Laufe der achtziger Jahre an Biss zu verlieren – Kuba hatte mit einer Annäherung an das sowjetische Entwicklungsmodell auch viele von dessen Defiziten übernommen. Zentrale Mängel waren einmal in Bereichen wie Wohnen, Verkehr, Infrastruktur und Umwelt zu konstatieren. Die wachsende Bürokratisierung der Gesellschaft und ihre Erstarrung waren nicht mehr zu übersehen, was "für viele soziale Gruppen eine Erschöpfung der realen Chancen sozioökonomischen Aufstiegs" bedeutete (Espina 1997: 92). Gleichzeitig begann die Wirtschaftsdynamik auf der Insel gefährlich zu erschlaffen. Es stellte sich heraus, dass der Staat zwar gut verteilte, aber schlecht produzierte. Das Wirtschaftswachstum wurde von einem wachsenden Produktivitätsverlust begleitet: "Das klarste Zeichen hierfür war, dass ein immer größerer Teil der Wirtschaftseinnahmen aufgewendet werden musste, um die gleichen Produktionsergebnisse zu erhalten" (Carranza 1996: 17). Diese Schwindsucht der Effizienz hatte fast alle Branchen befallen und lässt sich am besten am Beispiel einer Sanduhr erklären: Bei dem Prinzip des in Kuba vorherrschenden "extensiven Wachstums" fließt aus einer Sanduhr unten immer soviel Sand heraus, wie oben hineingeschüttet wird. Im Falle Kubas bedeutet das konkret, dass nach dem Sanduhrprinzip z.B. aus importiertem Erdöl zum Schluss exportierbarer Zucker wird. Während durch Produktivitätssteigerungen bei der gleichen Menge Sand oben *(input)* mehr Sand unten *(output)* produziert wird, passierte in Kuba das genaue Gegenteil. Um dieses System dennoch am Wachsen zu halten, wurden gewaltige Ressourcen benötigt. Der wichtigste Rohstoff war hierbei der Zucker: Noch 1989 wurde mehr als die Hälfte der kubanischen Binnennachfrage über Importe gesichert, hauptsächlich im Tausch gegen den Süßstoff, der Kuba zum zweitgrößten Zuckerexporteur der Welt aufsteigen ließ. Die günstigen Handelsbedingungen des "sozialistischen Weltmarktes" versüßten der Insel dabei die neue Abhängigkeit von den Bruderländern (Díaz 1988).

Sie ernährten aber nicht nur das Land, sondern hatten auch konkrete Auswirkungen auf die gesamte Wirtschaftsordnung: Die gigantische Dimension der benötigten Ressourcen ließ eine zentrale Steuerung ökonomisch als rational erscheinen. Aus dieser zentralistischen Wirtschaftsplanung wuchs gleichzeitig eine innovationsfeindliche Haltung der Betriebe, die Produktivitätssteigerungen bremste und die Effizienz der kubanischen Binnenproduktion verzögerte. Diese Schwäche des Binnenmarktes zementierte die Funktion des Außenhandels als materielle und die der zentralen Verwaltung als politische Basis des Systems. Eine ökonomische Dynamisierung, qualitatives Wachstum sowie eine Diversifizierung der Produktionsstrukturen wurden durch die eigene Systemlogik ausgeschlossen (Burchardt 1996). Mit der zunehmenden Bedeutung des Außenhandels wuchs auch die seines Verwalters, die des Staates. Da dessen Funktion durch den externen Kapitalzufluss gestärkt wurde und er nur bedingt von internen Steuern abhängig war, erhöhte sich seine Autonomie gegenüber der Gesellschaft, was sich negativ auf seine demokratische Verfasstheit und wirtschaftliche Flexibilität auswirkte.

1986 versuchte dieser Staat dennoch, die sich abzeichnende Stagnation zu überwinden. Er inszenierte eine Art Kulturrevolution, mit der die Bindung zwischen Staat und Gesellschaft gestärkt werden sollte. Mit der so genannten *rectificación*, der "Korrektur von Fehlern und negativen Tendenzen", versuchte die Regierung gleichzeitig, der sowjetischen Perestroika eine Reformalternative entgegenzusetzen, die auf Marktreformen verzichtete und stattdessen eine Rezentralisierung der Wirtschaftslenkung favorisierte. Eine Besinnung auf die "wahren" revolutionären Werte sollte über eine bessere Einbindung des Einzelnen für die Sache der Revolution zu einer Erhöhung der Produktivität führen. Die *rectificación* erzielte im ersten Jahr ihrer Existenz allerdings einen konjunkturellen Einbruch von -3,7%, von dem sich die Wirtschaft bis zum Ende der achtziger Jahre nicht mehr erholte. Das Staatshaushaltsdefizit erreichte neue Rekordhöhen und die Arbeitsproduktivität sank um ca. ein Sechstel (Ritter 1990: 117-149). Die Versorgung der Bevölkerung begann sich langsam, aber spürbar zu verschlechtern. Damit scheiterte die staatliche Erneuerungspolitik in ihren zentralen Anliegen. Wenn sich auch noch nicht die gleichen Risse wie in anderen sozialistischen Ländern zeigten – die kubanische Gesellschaft war Ende der achtziger Jahre eine Krisengesellschaft, die dringender Reformen bedurfte.

2. Von Reformen und anderen Unbekannten

Nachdem der Subventionstropf der sozialistischen Bruderhilfe Anfang der neunziger Jahre zu versiegen begann, verlor Kuba innerhalb von nur drei Jahren 75% seines Außenhandels und fast alle seine Kreditgeber. Der Insel wurde im Grunde über Nacht das ökonomische Fundament weggerissen. Der einstige Garant der kubanischen Entwicklung – die massive sowjetische Wirtschaftshilfe – entpuppte sich als später Januskopf und stürzte die Revolution in die bisher schwerste Krise ihrer Geschichte. Zurück blieb eine chronisch unproduktive Wirtschaft, die ohne Importe nicht überleben konnte und sich auf den Export einiger weniger Rohstoffe wie Zucker und Nickel spezialisiert hatte.

Im August 1990 wurde erstmals auf die sich abzeichnende Außenhandelskrise reagiert: Der so genannte *período especial en tiempos de paz* (Sonderperiode in Friedenszeiten) wurde eingeleitet, ein Notstandsprogramm, das einer Kriegswirtschaft mit totaler Staatskontrolle und Güterrationierung glich. Die Regierung machte damit das, was sie am besten konnte: Sie verglich die Krisensituation mit einem Kriegszustand, bei dem es erst einmal ums pure Überleben ging. Und war die Wirtschaft auch nicht auf Produktivität ausgerichtet, so hatten mehr als dreißig Jahre nordamerikanische Aggression die Revolution doch geschult, sich ökonomisch auf eine solche Situation einzustellen. Damit begann die letzte Dekade des letzten Jahrhunderts in

Kuba unter den gleichen Vorzeichen, die auch die ersten Revolutionsjahre prägten: mit einem rigiden "Kriegskommunismus".

Im Oktober 1991 wurde diese Politik auf dem IV. Kongress der Kommunistischen Partei Kubas PCC konkretisiert (PCC 1992). Die Parteiführung wollte offensichtlich möglichst wenige Konzessionen machen und priorisierte deshalb eine Wiederbelebung des Außenhandels. Dafür wurde eine Doppelstrategie beschlossen und die Wirtschaft aufgespalten: Auf der einen Seite sollte über traditionelle (Nickel) und neue (Tourismus/*Joint-Ventures*) Branchen die Reintegration Kubas in den Weltmarkt erreicht werden. Um alle Ressourcen darauf zu konzentrieren, sollten auf der anderen Seite die Binnenwirtschaft und der private Konsum radikal gedrosselt, die Verteilungsgerechtigkeit und die sozialen Systeme aber aufrechterhalten werden. Die einzige Maßnahme im Binnenbereich war ein Förderprogramm für die Lebensmittelproduktion – der so genannte *plan alimentario* –, um die prekäre Ernährungsfrage zu lösen: Noch 1989 mussten 55% der Kalorien, 50% der Proteine und 90% aller auf der Insel konsumierten Fette über Importe gesichert werden (Figueras 1994).

Kubas Wiedereingliederung in den Weltmarkt wurde mit Eifer angegangen. Schon 1992 erfolgte eine Verfassungsänderung, die dem Privateigentum Einzug in den Tropensozialismus gewährte und den Weg für ausländische Investitionen ebnete. Parallel dazu wurden die Weltmarktbranchen, in denen zur Sicherung einer internationalen Wettbewerbsfähigkeit Reformen dringend notwendig waren, von der Restwirtschaft abgeschottet und durch Marktmechanismen für den Weltmarkt "fit" gemacht. Die bedeutendsten Sektoren sind hier die Biotechnologie, die Telekommunikation, die Öl- und Nickelförderung sowie der Tourismus. Die größte Dynamik entwickelten allerdings die beiden letzteren Branchen – die sowohl von den Produktions- bzw. Besucherzahlen als auch von den Gewinnen bis heute beeindruckende Wachstumsraten ausweisen können.

Während die neuen Dollarsektoren langsam in Fahrt kamen, stürzte die Binnenwirtschaft immer schneller ab. Die kubanische Industrie hörte faktisch auf zu existieren – bis Ende 1993 wurden ihre gesamten Kapazitäten um 80% heruntergefahren (*Granma* 1993). Der Landwirtschaft erging es nicht viel besser. Zwar lief der *plan alimentario* auf Hochtouren: In der besten Tradition des Kriegskommunismus organisierte die Regierung Massenmobilisierungen, um der am Boden liegenden Landwirtschaft wieder auf die Sprünge zu helfen. Doch es war kaum möglich, die gigantischen Staatsfarmen, die plötzlich nur noch über 20% ihrer Maschinen, Düngemittel und

Pestizide verfügten, allein durch mehr Arbeitskraft am Laufen zu halten. Ähnliche Erfahrungen musste die ebenfalls "überzentralisierte" Zuckerproduktion machen. Seit 1991 befand sich die kubanische *zafra* (Zuckerernte) im freien Fall – um sich bis 1995 um rund 60% verringert zu haben: Die damalige Zuckerernte fuhr mit 3,3 Mio. Tonnen das schlechteste Ergebnis der letzten 50 Jahre ein. Die gesamte Dimension des wirtschaftlichen Zusammenbruchs dokumentieren die offiziellen Statistiken über den Konjunkturverlauf: Nach Angaben vom Oktober 1994 war das kubanische Bruttoinlandsprodukt (BIP) zwischen 1990 und 1993 um horrende 54% eingebrochen. Diese Zahl schien offenbar selbst die Revolutionsführung zu erschrecken, und so begann ein Trend, die Inselökonomie etwas gesünder zu schreiben. Er endete mit den seit 1995 wieder veröffentlichten Jahresberichten der kubanischen Nationalbank BNC; danach war die Wirtschaft bis 1993 insgesamt um 40,1% geschrumpft (BNC 1995; *Bohemia* 1994).

Trotz dieser Krise zeichnete sich die Revolution weiterhin durch eine ausgeprägte Sozialstaatspolitik aus. Für alle Beschäftigen wurden Arbeitsplatzgarantien aufrechterhalten und somit Massenarbeitslosigkeit vermieden. Bekanntermaßen wurden auch die öffentlichen Dienste wie Gesundheitsversorgung, Bildung, Rentensystem etc. nicht angetastet. Mit einer totalen und rigiden Rationierung wurde außerdem der Einbruch des Lebensstandards relativ gleich und gerecht verteilt. Doch da die neue Agrarpolitik nicht trug, schmolzen die Lebensmittelrationierungen dahin wie Eis in der tropischen Sonne und der geordnete Rückzug des ersten lateinamerikanischen Wohlfahrtsstaates ging immer mehr an die Substanz, "[...] mit Versorgungsmängeln, die hier und da hart an die Grenze zur Verelendung und offener Not heranreichten" (Niess 1992: 955). Die anscheinend sozial verträgliche Beschäftigungspolitik der Regierung erwies sich außerdem zunehmend als kontraproduktiv. Denn die Arbeitsplätze wurden durch astronomisch hohe Summen subventioniert und schufen ein gewaltiges Staatshaushaltsdefizit. Da sich in den Staatskassen nur noch gähnende Leere befand, wurde das benötigte Geld kurzerhand nachgedruckt und so immer mehr Geld in ein Land geschüttet, in dem es nichts mehr zu kaufen gab. Dieser anschwellende Geldüberhang begann einen Schwarzmarkt zu alimentieren, auf dem 1993 87% der Bevölkerung zwei Drittel ihres Einkommens ausgaben und 60% aller Güter umgeschlagen wurden (Carranza/Urdaneta/Monreal 1995; Gonzáles 1995: 77-101). Da der Devisensektor den einzigen Zugang zu knappen und hochwertigen Waren bot, kristallisierte sich der US-Dollar auf der Insel als heimliche Leitwährung heraus und erfreute sich eines berauschenden

Höhenfluges. Das kubanische Geld verlor dadurch jegliche Funktion als ökonomisches Steuerungsinstrument und als Lohnanreiz. Immer häufiger bestimmten Schwarzmarktaktivitäten und informelle Netze das Familieneinkommen, was sich nicht nur auf die Arbeitsmotivation auswirkte, sondern auch in eine klandestine Geldakkumulation zugunsten einiger weniger mündete. Die gerechte Verteilung der Gesellschaft erodierte und schuf die ersten neuen sozialen Risse im Tropensozialismus.

Die kubanische Regierung war sich dieser Probleme durchaus bewusst. Für sie bestand ihre Lösung dennoch allein in einer wirtschaftlichen Erholung. Stur konzentrierte sie sich auf ihre Weltmarktstrategie, anstatt den negativen Entwicklungen im Lande entgegen zu steuern. Diesen Wettlauf mit der Zeit musste sie zwangsläufig verlieren. Denn die für den Weltmarkt auserkorene ökonomische Basis war viel zu schmal, um schnell genug die überlebensnotwendigen Devisen zu erwirtschaften. Zwar wurden durch die neuen Liberalisierungen immer mehr ausländische Investoren angelockt. Aber der für den Weltmarkt wichtigste Wirtschaftszweig, die Zuckerindustrie, blieb bei solchen Reformen außen vor. Unabwendbar ging ihre Produktion zurück – und mit ihr die Deviseneinnahmen für den kubanischen Exportschlager Nummer Eins. Die Regierung kam darum im Sommer 1993 in eine Zwickmühle: Sie hatte zuwenig Devisen, um ausreichend Lebensmittel und Erdöl zu importieren, konnte aber aufgrund der angespannten Versorgungslage den Konsum kaum stärker einschränken, ohne soziale Unruhen zu provozieren. Der wirtschaftliche Kollaps stand bevor. Die einzigen Quellen, die noch angezapft werden konnten, waren jetzt Geldüberweisungen aus dem Ausland an auf der Insel lebende Familienangehörige. Die Revolutionsführung legalisierte darum kurzum den US-Dollar als Zweitwährung und verkündete für alle Kubaner die Straffreiheit des Devisenbesitzes (Castro 1993). Viele der mehr als zwei Millionen im Ausland lebenden Kubaner schicken seither regelmäßig Geld auf die Insel. Für den so einsetzenden Geldsegen öffneten die vorher nur Ausländern und Diplomaten vorbehaltenen staatlichen Devisenläden weit ihre Pforten. Während alle, die die Währung des Klassenfeindes besaßen, hierüber endlich lang entbehrte Konsumgelüste befriedigen konnten, schöpfte der Staat die harte Währung ab. Mit dieser spektakulären Maßnahme zog die Regierung eine ökonomische Notbremse – die drohende Liquiditätskrise konnte noch einmal abgewendet werden. Allerdings um den Preis, erstmals mit dem Egalitätsprinzip der Revolution brechen zu müssen. Der Anspruch der sozialen Gleichheit wurde offiziell eingeschränkt und die Spaltung der Wirtschaft durch die Existenz zweier zirkulierender Währungen formalisiert.

Bei einer rückblickenden Analyse muss die Politik der Krisenjahre 1990-1993, die hier als "erste Reformetappe" bezeichnet werden soll, im wahrsten Sinne des Wortes als konservativ klassifiziert werden. Denn die Regierung hat nichts anderes versucht, als das alte System zu konservieren. Es sollten einfach über den Außenhandel die Importe, die der kubanische Sozialismus wie Luft zum Leben braucht, auf einem niedrigeren Niveau gesichert werden. Darüber erklärt sich Kubas angestrengter Versuch einer Weltmarktintegration. Die erste Reformetappe war also nicht durch eine zusammenhängende und aufeinander abgestimmte Politik, sondern durch eine auf einzelne Branchen begrenzte Strategie der "quantitativen Systemerweiterung" gekennzeichnet. Mit anderen Worten: Das System hatte sich nicht gewandelt, sondern nur ausgedehnt. Dieser Strukturkonservatismus führte zu einer intern verursachten Verschärfung der Krise, durch die die Volkswirtschaft völlig aus den Fugen geriet: Da waren einmal die makroökonomischen Ungleichgewichte wie Außenhandelsdefizit, Liquiditätsüberhang und Staatshaushaltsdefizit. Dazu kam die Abkoppelung der monetären von der produktiven Sphäre. Die Generalisierung des Schwarzmarktes förderte gleichzeitig eine Umlenkung von Ressourcen und schwächte die Staatswirtschaft. Dies alles mündete in eine Heterogenisierung der Ökonomie, die in der Literatur oft als "duale Wirtschaft" beschrieben wird (Henkel 1996).

3. Der kurze Sommer der Reformen

Die Dollarlegalisierung markierte aber gleichermaßen einen Wendepunkt in der kubanischen Reformpolitik. Offensichtlich setzte sich jetzt selbst auf höchster Entscheidungsebene die Position durch, dass die Binnenwirtschaft ebenfalls einen Beitrag zur Systemstabilisierung leisten musste. Einer neuen, "zweiten Reformetappe" wurde der Weg geebnet. Dazu nötige Strukturveränderungen wurden ab Herbst 1993 umgesetzt. Anfangs ließ der Staat in knapp 200 Berufen aus Dienstleistung und Kleingewerbe familiäre Privatbetriebe zu: Hierdurch sollte der ausgeuferte Schwarzmarkt wieder ans Licht gezerrt und erneut staatlicher Kontrolle unterworfen werden. Außerdem wollte man den Arbeitsmarkt durch zusätzliche Beschäftigungschancen sowie die Versorgungslage durch ein ergänzendes Angebot entlasten. Zeitgleich begann in der Zucker- und Landwirtschaft die größte Landverteilung der Revolution. Die Mehrheit der überdimensionierten Agrarbetriebe wurde entstaatlicht, dezentralisiert und an selbstverwaltete Kooperativen übergeben. Nach dem Scheitern des *plan alimentario* sollte die Landwirtschaft dadurch neue Impulse erhalten. Als nächstes wurden im Herbst 1994 in Kuba erstmals Geld- und Fiskalpolitik als Steuerungsinstrumente eingeführt. Über Preiserhöhungen, Subventionsstreichungen und Steuern wird seitdem versucht, die Geldmenge zu verringern und das Staatshaushaltsdefizit durch neue Einnahmequellen abzubauen.

Doch die neuen Reformen wurden zu spät umgesetzt, um die Situation der Bevölkerung kurzfristig zu verbessern. Die Lebensmittelversorgung wurde unerträglich und führte am 5. August 1994 in Havanna zu den bisher schwersten sozialen Unruhen der Revolution. In dem darauffolgenden Exodus verließen mehr als 30.000 Menschen die Insel; er hinterließ einen tiefen Schock in der Gesellschaft und dynamisierte den Reformprozess: Schon zwei Wochen nach den Tumulten wurden erstmals wieder freie Märkte auf Kuba zugelassen. Auch der Privatsektor wurde jetzt rascher ausgebaut: Privates Kleingewerbe und Landwirtschaft begannen deshalb schnell zu prosperieren und unterstützten durch ihr Angebot die mangelhafte Versorgungslage. 1994 schien ein Wendepunkt für den Umbruch zu werden. Selbst die ökonomische Talfahrt hatte ihr Ende gefunden, die Wirtschaft war erstmals wieder auf bescheidenem Wachstumskurs (Díaz 1998: 27-40).

Der Eindruck, dass das Schlimmste überstanden war, schien sich in den nächsten Jahren zu bestätigen: Vor allem Kubas Devisenwirtschaft begann langsam zu tragen und ließ den Konjunkturmotor anspringen. Die wirtschaftlichen Wachstumsraten verdoppelten sich, um 1996 in stolzen 7,8% zu gipfeln. Die Strategie der Regierung, auf den Primat Weltmarkt zu setzen, schien verspätet – aber nicht zu spät – doch noch aufzugehen. Dementsprechend zeigte sich die Revolutionsspitze zunehmend selbstsicherer. Der kubanische Wirtschaftsminister brachte das geflügelte Wort vom "Wirtschaftswunder Kuba" in Umlauf (Rodríguez 1997)[1] und der Architekt der Wirt-

---

[1] Hinter diesen Fakten verbirgt sich wie immer noch eine ganz andere Realität. Nämlich die des Alltags, den die Bevölkerung erlebt. Als der Wirtschaftsminister vom "Wirtschaftswunder" sprach, griff die Bevölkerung die Phrase auf und witzelte darüber, dass der Papst die Insel dann wohl besuchte, um zu sehen, wie man von Wundern leben kann. Mit der ihnen eigenen Ironie wiesen die Kubaner darauf hin, dass der famose Aufschwung bisher fast völlig an ihnen vorbeigegangen sei. Allen Statistiken zum Trotz haben sich die Lebensbedingungen der Durchschnittsbevölkerung in den letzten Jahren eigentlich nur dahingehend verbessert, dass sie sich nicht weiter verschlechtert haben. Mit Blick auf die ersten Krisenjahre ist das durchaus ein Erfolg. Dennoch gibt es wenig Grund zum Feiern: Denn die genannten Wachstumsraten beziehen sich auf ein um mindestens 40% eingebrochenes BIP. Mit anderen Worten: Selbst wenn es Kuba gelänge, seinen Wachstumsrhythmus der letzten Jahre beizubehalten, würde die Insel ca. im

schaftsreformen Carlos Lage wurde nicht mehr müde zu betonen, dass "die ökonomische Erholung unwiderruflich" sei.

Die Lokomotive des vermeintlichen Aufschwungs ist der Devisensektor. Dabei handelt es sich einmal um die ausländischen Direktinvestitionen, die *empresas mixtas* oder *Joint-Ventures*. Ein neues Investitionsgesetz von 1995 erlaubt außer im Gesundheits-, Bildungs- und Militärsektor ausländische Investitionen in allen wirtschaftlichen Bereichen, billigt erstmals ausländische Kapitalübernahmen von 100% und bietet auch dem Exil Investitionsmöglichkeiten (*Gaceta Oficial de la República de Cuba* 1995). Dank dieser Öffnungspolitik nahm das Volumen ausländischer Direktinvestitionen kontinuierlich zu: Die Anzahl von nur zehn Gemeinschaftsunternehmen 1987 hatte sich bis Anfang 2000 auf 374 erhöht (*Granma* 2000). Die wichtigsten Investoren stammen aus Kanada, Spanien, Frankreich und Mexiko. Der Bärenanteil des Investitionsvolumens konzentriert sich auf den Massentourismus: Mit ihren Stränden, ihrer abwechslungsreichen Vegetation, ihren trotz Zerfall in ihrer Pracht unerreichten Städten wie Havanna, Santiago de Cuba oder Trinidad, ihrem ausgebauten Straßennetz und ihrem für Ausländer auf europäischem Niveau funktionierenden Gesundheitssystem bietet die Tropeninsel beste Voraussetzungen für eine touristische Erschließung. Und all das, wo die wichtigsten Ressourcen wie Sonne und Strand auch ohne Appelle an die sozialistische Arbeitsdisziplin fast täglich garantiert sind. Dies führte zu einem raschen Boom: Zwischen 1992 und 1996 verdoppelten sich die Bruttoeinnahmen und die Besucherzahlen steigen bis heute unverändert um jährlich ca. 20% an. Die Tourismusindustrie hat sich so zu einem Akkumulationsmotor der Devisenwirtschaft gemausert und ihre bisherigen Erfolge veranlassen die Revolutionsführung zu ehrgeizigen Plänen: Besuchten 1999 schon 1.650.000 Gäste die Insel (Rodríguez 1999), hofft man bis zum Jahr 2010 auf zehn Millionen. Neben dem Tourismus floss ein ebenfalls großer Investitionsanteil in den Bergbau; Kuba besitzt mit die größten Nickelreserven der Welt (Díaz 1997: 11-31). Dank der hier durchgeführten Modernisierungen erzielt die Nickelproduktion seit 1995 wieder beachtliche Fördermengen.

Weiterhin verbesserte die Revolutionsführung ab 1995 das Konsum- und Serviceangebot im heimischen Dollarmarkt. Heute hat fast die gesamte Bevölkerung Zugang zu Devisenläden – wenn sie im Besitz der begehrten

---

Jahre 2005 ihr Produktionsniveau von 1989 wieder erreichen. Um es noch drastischer zu formulieren: Die bisherige Entwicklungsdynamik verspricht der Bevölkerung in fünf Jahren den gleichen Lebensstandard wie vor 15 Jahren.

Währung ist. Erfreulicherweise wird ein wachsender Anteil der Dollarwaren auf der Insel selbst hergestellt – und so punktuell die Binnenproduktion angekurbelt. Damit verbunden eröffnete die Regierung 1995 eine Reihe von Umtauschbüros, in denen US-Dollar und Nationalwährung legal und unabhängig von der Person getauscht werden können. Der Tauschkurs pendelte sich bis heute um die Eins zu Zwanzig ein und stabilisierte den kubanischen Peso. 1997 folgte eine Bankreform, die das Banksystem internationalen Standards anpasste. Die Insel verfügt seitdem über ein zweistufiges Banksystem mit einer staatlichen Zentralbank und verschiedenen Geschäftsbanken, bei denen Devisenkonten geführt und Dollartransfers unkompliziert abgewickelt werden können. Dieses Bündel an Maßnahmen führte zu einer deutlichen Steigerung der privaten Geldüberweisungen aus dem Ausland – in Kuba *remesas* genannt. Nach offiziellen Zahlen stieg dieser Geldfluss seit 1995 beachtlich an und versorgt Kuba jedes Jahr mit mehr frischem Kapital (Marquetti 1998: 51-62; Monreal 1999: 73-96).

Verschiedene makroökonomische Indikatoren schienen den Erfolgskurs des Tropensozialismus zu bestätigen: Seit 1994 wurde mit einem rigiden Sparkurs das Staatshaushaltsdefizit abgebaut und bis 1997 auf ein Hundertstel verringert. Zusätzlich existiert seit 1994 mit der staatlichen Steuerbehörde OTAN auf der Insel eine Institution, die über die Durchsetzungskraft und Kompetenz verfügt, um die Wirtschaft statt über direkte Planvorgaben durch indirekte Steuern zu lenken. All diese Erfolge verleiteten selbst internationale Experten dazu, Kuba eine Zukunft als "karibischem Tiger" zu prognostizieren. Doch die Ergebnisse der "zweiten Reformetappe" sind trotz des Wirtschaftswachstums zwiespältig: Die kubanische Währung wurde zwar aufgewertet, das Staatshaushaltsdefizit konnte verringert werden und der allgemeine Lebensstandard begann sich etwas zu stabilisieren. Allerdings nur für einen Teil der Bevölkerung und damit auf Kosten einer wachsenden sozialen Ungleichheit. Dennoch gelang es auch über die neuen Maßnahmen nicht, die Wirtschaft zu konsolidieren – denn die Binnenreformen veränderten nur die Produktionsbasis, ohne die unproduktive Wirtschaftsordnung als Ganzes anzutasten. Somit muss die zweite Reformetappe zwar schon als "qualitativer", aber noch nicht als "konsistenter Reformprozess" bezeichnet werden.

4. Stabile Stagnation auf Kuba – die Wirtschaftskrise trotzt dem offiziellen Optimismus

Mit der voranschreitenden wirtschaftlichen Erholung ließ auch der Reformeifer der Revolution merklich nach. Die Regierung wandte sich wieder vollends von Binnenreformen ab und konzentriert sich seither fast ausschließlich auf den Weltmarkt – bis Anfang 2000 öffneten z.b. drei freie Produktionszonen ihre Pforten für ausländische Investoren. Im Herbst gleichen Jahres wurde diese – offiziell als "Politik der Kontinuität" bezeichnete – Stagnation vom V. Parteikongress der PCC abgesegnet. Im Binnenraum herrscht hingegen eine konsequente Tatenlosigkeit, die höchstens von Bemühungen unterbrochen wird, frühere Liberalisierungen zurückzudrehen. Doch die erzwungene Windstille im Binnenmarkt, die als eine "dritte Reformetappe" bezeichnet werden kann, scheint der Tropeninsel nicht zu bekommen. Die Leitsektoren Zucker und Landwirtschaft dümpeln vor sich hin und trocknen langsam aus. Bis heute ist es nicht gelungen, hier Impulse zur Überwindung der Krise zu setzen. Die Zuckerproduktion befand sich nach einer leichten Erholung 1996 wieder auf zyklischer Talfahrt und konnte bis Anfang 2000 nur auf niedrigstem Niveau stabilisiert werden (Rodríguez 1999).

Und in der Lebensmittelproduktion schaffen es die meisten neuen Kooperativen bis heute nicht, schwarze Zahlen zu schreiben; mit den entsprechenden Konsequenzen für die allgemeine Versorgungslage.[2] Das private Kleingewerbe, das schnell florierte und in dem ca. 40% aller Erwerbstätigen und somit rund ein Sechstel der gesamten Bevölkerung Kubas legal oder informell aktiv waren (Padilla 1997), wurde durch mehrere massive Steuererhöhungen wieder abgewürgt bzw. in die Illegalität gedrängt – der legale Privatsektor schrumpfte bis zur Jahrhundertwende um mindestens ein Drittel. Auch die immer wieder stolz vorgestellte Sanierung der Finanzen erscheint bei einer nüchternen Analyse widersprüchlich. Zwar betrug das Staatshaushaltsdefizit Ende 1999 gerade einmal 2,4% des BIP (Millares 1999). Solch ein geringes Defizit entspricht selbst den Konvergenzkriterien der EU und würde die Insel zu einem würdigen Kandidaten der europäischen Währungsunion machen. Es fällt allerdings auf, dass seither die staatlichen Betriebe "untereinander" um rund vier Milliarden kubanische Pesos verschuldet sind – staatliches Geld, welches meistens nicht über Vorleistungen oder Erlöse, sondern über Kredite gedeckt wurde (Triana 1997: 1-9). Zufäl-

---

[2] Vgl. den Artikel zur kubanischen Agrarpolitik in diesem Band.

lig ist dies die gleiche Summe, um die das Staatshaushaltsdefizit abgebaut wurde. Es hat den Anschein, dass die einstigen Unternehmenssubventionen einerseits nur auf die zwischenbetriebliche Ebene verlagert und andererseits als Bankkredite umdeklariert wurden, so dass es sich bei der Sanierung des Staatshaushaltes mehr um eine statistische Jongliererei als um eine neue Finanzpolitik handelt. Auch das aufgebaute Steuersystem hat bis jetzt keinen nennenswerten Beitrag zur Entlastung des Staatshaushaltes geleistet und begrenzt sich bis heute nur auf eine Besteuerung des wirtschaftlich untergeordneten Privatsektors. Die Bankreform hatte ebenfalls keine Auswirkungen auf den Binnenmarkt. Da es in Kuba weder Kapital- noch Geldmärkte gibt, bieten die Banken bisher weder Geldanlagen noch Kreditvergabe an – mit ausgesprochen fatalen Folgen. So befindet sich heute auf kubanischen Bankkonten ca. dreimal soviel Geld, wie der Staat im gleichen Jahr investiert. Mit anderen Worten: Während einerseits mit allen Mitteln versucht wird, Investitionskapital zu akquirieren, werden andererseits gigantische Geldmengen tot auf Konten liegengelassen, weil der Staat sein Investitionsmonopol nicht aufgeben will. Hier wird besonders deutlich, dass die makroökonomischen Verzerrungen auf der Insel heute zwar einen anderen Namen haben, aber immer noch nicht beseitigt wurden. In Kuba wird es auch langfristig keine wirtschaftlichen Gleichgewichte geben, bis die gesamte Geldmenge vernünftig verknappt und dem Geld eine aktive Rolle als Wertindikator zugesprochen wird. Da dies allerdings nicht allein über monetäre und institutionelle Reformen möglich ist, sondern struktureller Veränderungen der Produktionsverhältnisse bedarf, war die kubanische Geld- und Finanzpolitik der letzten Jahre eher Makulatur als Erneuerung.

Doch die elementarsten Probleme des Tropensozialismus liegen nicht in der Sphäre des Geldes, sondern ganz woanders, denn die Inselwirtschaft leidet weiterhin unter schwindender Effizienz. Ein anschauliches Beispiel dafür ist die Energieversorgung Kubas, die "Achillesferse" der Wirtschaft, da sie zum großen Teil von Importen abhängig ist. Trotz dieser strategischen Schwäche gehört die Insel zu den Ländern mit der höchsten Energieintensität (Energieverbrauch pro Bruttosozialprodukteinheit) der Welt. Kuba hatte schon Ende der achtziger Jahre den vierthöchsten Pro-Kopf-Energieverbrauch Lateinamerikas und konsumierte in relativen Zahlen doppelt so viel Energie wie die USA sowie fast dreimal so viel wie Frankreich (Figueras 1994). Diese extreme Energieintensität ist in den letzten zehn Krisenjahren um gut ein weiteres Viertel gestiegen (Marquetti 1997: 44-67). Das Dilemma der Insel wird jetzt in seiner ganzen Dimension deutlich: Bei einer "nur" stabilen Importkapazität nimmt die Energieversorgung und damit die wirtschaftliche Leistung der Insel kontinuierlich ab. Bei einer leichten Steigerung der Einfuhren kann das jetzige Mindestniveau gerade stabilisiert werden und nur ein überproportionales Importwachstum könnte in Kuba zu einer positiven Wirtschaftsentwicklung führen.

Ein derartiges Wachstum ist aber alles andere als wahrscheinlich, denn auch im Devisensektor erweist sich der karibische Tiger auf den zweiten Blick eher als ein Papiertiger. Zum einen sind die Direktinvestitionen des Auslands als gering zu bewerten. Nach den letzten veröffentlichten Zahlen und offizielle Berechnungsgrundlagen vorausgesetzt, betrug ihre Summe zwischen 1990 und 1995 z.B. gerade einmal 2,3% des im gleichen Zeitraum erwirtschafteten BIP. Zum Vergleich: Während der achtziger Jahre floss auf Kuba jährlich bis zu einem Viertel des BIP in Investitionen – und selbst in den schwersten Krisenjahren lag die staatliche Investitionsrate im Durchschnitt mindestens doppelt so hoch wie die der ausländischen Anleger. Der Grund dafür liegt teilweise in der verschärften US-Blockade, deren neuere Sanktionsmechanismen sich ja besonders auf ausländische Investoren konzentrieren. Er liegt aber ebenso in den Investitionsbedingungen, die im Gegensatz zu ihrem Ruf wesentlich weniger liberalisiert sind als allgemein angenommen. Nicht zuletzt mit Blick auf die Finanzkrisen von Mexiko und Brasilien ist hier als erster Handlungsbedarf aber nicht eine weitere Liberalisierung gefragt, sondern die Aufgabe, über einen nationalen Sparfonds langfristig eigene Investitionsquellen zu erschließen (Figueras 1994: 179-180).

Auch der Außenhandel gibt bei genauerem Hinsehen wenig Anlass zu Optimismus. Zwar ist es der Inselwirtschaft bis Ende 1999 gelungen, ihre Exporte um ca. ein Viertel zu steigern, gleichzeitig haben sich aber die *terms of trade*, also die Tauschverhältnisse für die kubanischen Rohstoffexporte, deutlich verschlechtert (CEPAL 1997; Rodríguez 1999). Derartige Einnahmeverluste kann die Insel bis heute nicht ausgleichen: So ist sie in der zweiten Hälfte der neunziger Jahre immer mehr dazu übergegangen, ihre Importe über kurzfristige Kredite zu finanzieren. Da Kuba aber keinen Zugang zu internationalen Finanzinstitutionen hat, müssen übeteuerte Kredite aufgenommen werden, die neben einem wachsenden Außenhandelsdefizit zu einer hochschnellenden Verschuldung führen. Kuba steuert somit zum Beginn dieses Jahrhunderts auf eine neue Liquiditätskrise zu, die eine ungeahnte Schärfe erhalten könnte, da die Regierung im Gegensatz zu 1993 über keine Spielräume mehr verfügt. Schätzungen gehen davon aus, dass sich die kubanische Devisenschuld mittlerweile auf über 13 Mrd. US-Dollar beläuft; Kuba hätte damit eine der höchsten Pro-Kopf-Verschuldungen Lateinamerikas (*Economist Intelligence Unit* 1999; *Proceso* 1999). Insgesamt wird hier eine Erblast angehäuft, an der vermutlich noch mehrere Generationen zu tragen haben werden.

Selbst die Erfolge der Tourismusindustrie sind auf den zweiten Blick weniger ermutigend. Da diese Branche kaum in den Binnenmarkt integriert wurde, können die zur Gewährleistung internationaler Standards nötigen Güter oft nur über Devisenimporte garantiert werden. Damit wird das eigentliche Ziel der Dollarbeschaffung sabotiert: So fließen bis heute ca. zwei Drittel der gigantisch erscheinenden Bruttoeinnahmen des Tourismus wieder ab, um allein sein Angebot zu sichern. Und der übriggebliebene Gewinn muss dann noch mit ausländischen Investoren geteilt werden (Carranza/Urdaneta/Monreal 1995). Doch der Tourismus Kubas kränkelt noch an einem anderen Leiden: Seine jährlich anschaulich wachsenden Mehreinnahmen werden hauptsächlich nicht durch höhere Produktivität, sondern durch eine einfache Erhöhung der Besucherzahlen erreicht. Es ist im letzten Jahrzehnt kaum gelungen, bessere Dienstleistungen anzubieten oder eine Senkung der Kosten durchzusetzen: Was zählt, ist Masse statt Klasse. Das parallele Anwachsen der Besucherzahlen und der Bruttogewinne ist aber die typische Form jenes "extensiven Wachstums", das den Staatssozialismus überall auszeichnete und sich ebenfalls überall bald erschöpfte. Denkt man dies konsequent zu Ende, scheint es nur noch eine Frage der Zeit, bis der kubanische Fremdenverkehr von der symptomatischen Schwindsucht aller sozialistischen Branchen infiziert wird und an Effizienz verliert. In dem hart umkämpften Geschäft des Karibiktourismus hätte dies fatale Folgen auf die ganze Inselwirtschaft.

Ebenfalls zwiespältig sind die Effekte der enorm gewachsenen Devisenüberweisungen aus dem Ausland. Dank ihnen ist der größte Devisenbringer Kubas heute nicht mehr der Zucker oder der Tourismus, sondern die *remesa*. Kuba hat sich dadurch selbst zu einem Almosenempfänger degradiert, dessen Abhängigkeit von den ausländischen Transferzahlungen permanent steigt. Die Brisanz dieser Entwicklung wird deutlich, wenn man sich ins Gedächtnis ruft, dass die meisten Auslandsüberweisungen aus einem Exil kommen, welches dem sozialistischen Kuba nicht unbedingt freundlich gesonnen ist. Weiterhin wird hierüber eine Kaufkraft alimentiert, die nicht mit Leistung verbunden ist; mit den entsprechenden Auswirkungen auf die Arbeitsmotivation. Dabei wird der Großteil der Auslandsdollars für Konsumbedürfnisse eingesetzt; sie haben deshalb einen geringen Einfluss auf die

Produktionssphäre. Der Geldsegen aus dem Ausland hat der Insel somit eine ökonomische Atempause verschafft, ist entwicklungsstrategisch aber sehr gefährlich. Dazu rückt natürlich die soziale Frage in den Vordergrund: Stimmen alleine die offiziellen Zahlen, wären immerhin mehr als 40% der Bevölkerung von dem neuem Konsum auf Devisenbasis ausgeschlossen; die gesellschaftliche Spaltung zwischen Dollar- und Pesobesitzern beginnt sich zu zementieren (Burchardt 1998: 26-46; Dilla 1999: 227-247; Togores 1999: 82-112).

Zusammenfassend können wir also feststellen, dass die wirtschaftliche Stabilisierung des sozialistischen Kubas groteskerweise einerseits auf dem kubanischen Exil und andererseits auf dem kapitalistischen Weltmarkt basiert. Der berühmte Aufschwung auf der Insel lebt hauptsächlich von Almosen und auf Pump. Die Anfälligkeit der jüngsten Konjunkturentwicklung macht dies deutlich: Nach drei Wachstumsjahren verringerten sich die ökonomischen Zuwächse allein 1997 um zwei Drittel und unterliegen seither starken zyklischen Tendenzen.

Die Inselwirtschaft befindet sich auch in ihrer "dritten Reformphase" nicht auf Konsolidierungskurs, sondern eher im Zustand einer "stabilen Stagnation". Dieser Stagnation kann als nächstes nur eine neue Destabilisierung folgen, wenn nicht schon bald umfassende neue Reformen eingeleitet werden. Ein solches Fazit unterstreicht ein weiteres Mal, dass eine tragende Stabilisierung Kubas nicht allein extern durch den Devisensektor möglich ist. Vielmehr besteht die immer dringlichere Notwendigkeit, den Binnenmarkt aktiv in eine langfristige Entwicklungsstrategie einzubinden.

5. Kuba heute – zurück in die Zukunft

Die Prioritätensetzung der kubanischen Regierung auf den Weltmarkt und die sträfliche Vernachlässigung des Binnenraumes spiegeln eine Wirtschaftspolitik wider, die wir aus vielen anderen Ländern Lateinamerikas kennen. In wichtigen Bereichen unterscheidet sich die Revolution offensichtlich nur wenig von den von ihr heftig angefeindeten Strategien des Neoliberalismus. Der kubanische Sonderweg zeichnet sich deshalb weniger durch eine alternative Wirtschaftspolitik, als vielmehr durch den Erhalt des politischen Regimes und den so genannten *conquistas sociales*, dem Sozialsystem, aus. Doch da letzteres in einer starken Interdependenz zur Wirtschaft steht, scheint es nur noch eine Frage der Zeit, bis sich die aktuelle Wirtschaftspolitik auch in der Sozialpolitik reflektiert.

Umzukehren wäre dieser Trend nur noch durch eine radikale Umorientierung der kubanischen Entwicklungsstrategie. Welche wirtschaftlichen Ziele eine derartige Politik verfolgen müsste, lässt sich prägnant so zusammenfassen: "Stabilisierung der inneren Finanzgleichgewichte, Geldreform, Unternehmensreform, Bankreform und eine Neudefinition der Beziehungen zwischen Plan und Markt" (Carranza 1997: 34). Mit einer Erörterung dieser Aspekte soll die ökonomische Analyse des kubanischen Reformprozesses abgeschlossen werden.

Die osteuropäischen Umbruchsgesellschaften stellen täglich von neuem unter Beweis, dass jede wirtschaftliche Konsolidierung ausgeglichener makroökonomischer Rahmenbedingungen bedarf, in denen die Gesamtwirtschaft eingebettet ist. Eine der wichtigsten Komponenten sind hier die inneren Finanzgleichgewichte, die in Kuba aus zwei Gründen schief liegen: einmal durch eine ungleich verteilte und hochkonzentrierte Geldschwemme, und zum anderen durch ein duales Währungssystem, welches den Arbeitskräfteeinsatz und die Ressourcenlenkung verzehrt. Der Königsweg, um die gigantische Geldmenge zu beseitigen, wäre eine Währungsreform, die die großen Privatbestände an Geld wieder an den kleinen und mittleren Besitz anpasst. Spezialisten sind sich allerdings einig, dass heute eine Währungsreform in Kuba nur noch möglich ist, wenn sie in ein Bündel verschiedener zusammenhängender Maßnahmen eingebettet wird. Hierzu zählt einmal eine "graduelle Preisliberalisierung". "Graduell" bedeutet die Berücksichtigung der realen Kaufkraft der gesamten Bevölkerung, so dass einkommensschwache Gruppen nicht blitzartig ausgegrenzt werden. Eine soziale Marginalisierung dürfte aber nicht primär durch den Erhalt von staatlichen Niedrigpreisen verhindert werden, sondern durch die Umstellung der Preissubventionen auf direkte Einkommensbeihilfen. Zusätzlich müsste eine Preisreform von einer staatlichen Wettbewerbsförderung flankiert werden, die garantiert, dass höhere Preise nicht nur zu höheren Einkommen der Marktanbieter führen, sondern Produktionsimpulse ausstrahlen, die zu mehr Produktion, mehr Angebot, mehr Wettbewerb und letztendlich zu niedrigeren Preisen führen. Hierbei müsste so schnell wie möglich versucht werden, im Binnenmarkt ein einheitliches Preisniveau herzustellen, um die Kluft zwischen subventionierten Niedrig- und freien Marktpreisen abzubauen. Heute kann ein cleverer Geschäftemacher in Kuba die gesammelten Werke Lenins für ein Butterbrot erwerben, das Papier einstampfen und daraus Briefpapier machen, das er mit tausendfachem Gewinn weiterverschachert. Was Lenin zu dieser Neubewertung seiner geistigen Ergüsse sagen würde, sei dahingestellt. Doch eins wird deutlich: Solange es staatliche Niedrigpreise gibt, werden die damit arbeitenden Wirtschaftssektoren den auf Marktbasis arbeitenden Branchen gegenüber immer benachteiligt sein.

Neben einer Währungs- und einer Preisreform beinhaltet eine Geldreform auch die Einführung von "Geld- und Kapitalmärkten". Damit wird ein zentrales Tabu des kubanischen Sozialismus angetastet, nämlich sein alles umfassendes Staatsmonopol auf Investitionen. Auf der Karibikinsel ist es bis heute weder legal, Land, eine Wohnung oder ein Auto zu kaufen – geschweige denn Produktivkapital zu erwerben. Eine partielle Investitionsfreiheit würde aber nicht nur die Produktion stimulieren, sondern auch das Interesse an der eigenen Währung steigern, was zu einer weiteren Aufwertung des kubanischen Peso führen würde. Zu Recht wird bei solchen Vorschlägen darauf hingewiesen, dass das Problem bei Kapitalmärkten weniger in dem "ob", sondern vielmehr in dem "wie" besteht. Um zu verhindern, dass sich über Kapitalmärkte z.B. die kleine Schicht von Geldbesitzern über Zinsen und Spekulationen bereichert, sind hier staatliche Präsenz und Kontrolle gefragt. All dies macht deutlich, dass eine Geldreform einer kompetenten Lenkungsinstanz bedarf, einer funktionsfähigen Institution auf zentraler Ebene. Mit anderen Worten: einer starken und unabhängigen Zentralbank, die die Kredit- und Zinspolitik lenkt. Diese könnte trotz Unabhängigkeit auch auf politische Ziele verpflichtet werden, z.B. auf soziale Aspekte wie eine aktive Arbeitsmarktpolitik, eine Mittelstands- und Genossenschaftsförderung etc. Flankiert werden müsste sie durch eine staatliche Steuerbehörde, die Steuern zu einem effektiven Instrument indirekter Planung für die ganze Wirtschaft werden lässt.

Mit derartigen Währungs-, Preis- und Bankreformen könnte die Geldmenge auf ihren Gleichgewichtswert eingependelt werden, ein erster binnenwirtschaftlicher Produktionsschub würde das Peso-Warenangebot vergrößern und gemeinsam mit der Möglichkeit der privaten Investitionen die Nationalwährung gegenüber dem US-Dollar spürbar aufwerten. Der Wechselkurs würde dadurch zugunsten des Peso auf ein ökonomisches Verhältnis sinken, das die Einführung eines offiziellen Wechselkurses und den Verkauf aller Waren in der Nationalwährung erlaubt. Devisenbesitzer würden dann wie in anderen Ländern zur Bank gehen und ihr Geld in die Landeswährung umtauschen. Und wenn erst alle Waren mit einer Währung gekauft werden können, verlieren die importierten Dollarartikel ihre Exklusivität und die im Land hergestellten Artikel werden konkurrenzfähiger – die Binnenproduktion würde neue Impulse erhalten. So würde die steigende Inlandproduktion mittelfristig die Bedeutung der Importgüter abschwächen, die Nationalwährung weiter stärken und Devisen für wichtigere Importe freisetzen. Die Dualität der Währung – und somit das zweite große Finanzungleichgewicht – wäre aufgehoben, das Ziel einer "ersten Reformphase" erreicht.

Als zweiter Schritt müsste die bisher verschleppte "Unternehmensreform" angegangen werden. Auch in Kuba zweifelt heute kein Ökonom mehr ernsthaft daran, dass die überlebensnotwendige Verringerung der Energieintensität und Produktivitätssteigerungen im Binnenmarkt nur noch durch eine Unternehmensreform realisiert werden können. Hierbei handelt es sich zweifellos um das Herzstück jeglicher Reformbemühungen, denn die Art und Weise, wie die kubanischen Betriebe eines Tages dezentralisiert und/ oder entstaatlicht werden, wird den weiteren sozialen und politischen Charakter der Insel maßgeblich bestimmen. Im schlimmsten Falle werden alle maroden Staatsbetriebe zerschlagen und die wettbewerbsfähigen privatisiert. Die neuen Besitzer wären ein Gemisch aus exilkubanischen und ausländischen Investoren, ehemals leitenden Wirtschaftsfunktionären und neureichen Peso-Millionären, die jetzt endlich frei investieren könnten. Das Ergebnis dieser Privatisierung wäre eine Politik, die an kurzfristigen Gewinnmitnahmen in einzelnen Wirtschaftszweigen und wenig an einer integralen und ausgeglichenen Wirtschaftsentwicklung auf der ganzen Insel interessiert wäre. Diesem – nicht unwahrscheinlichen – Szenario stehen Strategien gegenüber, die in der kubanischen Wissenschaft in unterschiedlichen Varianten diskutiert werden (CEEC 1999; Dirmoser/Estay 1997). Danach wird eine neue Industriepolitik und eine rasche Unternehmensreform gefordert: Die Industriepolitik müsste die überzentralisierte Industrie entflechten und mehr Verantwortung auf die einzelnen Provinzen übertragen, also die unternehmerischen Entscheidungen regionalisieren. Zum anderen müsste sie eine Förderung der einzelnen Branchen auf den technologischen Entwicklungsgrad der Betriebe und die Bedürfnisse des Landes abstimmen, also eine integrale Entwicklung einleiten. Im Grunde geht es um Dezentralisierung und Flexibilisierung, denn das Land ist gezwungen, zu einem Wachstumsmodell zu springen, das bei der Anpassung an Marktänderungen von Imperativen wie Wettbewerbsfähigkeit, Spezialisierung, Technologie und Flexibilität geleitet wird. Bei der Unternehmensreform geht es hauptsächlich um betriebliche Autonomie und um die Gestaltung der gesamtwirtschaftlichen Rahmenbedingungen, denen sich "alle" Betriebe unterordnen müssten. Gerade aus diesem Grunde ist es besonders wichtig, dass vor einer Unternehmensreform in Kuba die Finanzgleichgewichte schon wieder hergestellt sind.

Viele kubanische Spezialisten sind heute zu der Überzeugung gelangt, dass für eine betriebliche Effizienz besonders Marktkonkurrenz und -ressourcenlenkung sowie "harte" Finanzierungskonditionen Effekte wie betriebswirtschaftliche Rationalität und Rentabilität sichern könnten. Dies bringt uns aber zu der zentralen Schlüsselfrage einer Unternehmensreform, der "Eigentumsfrage". Selbst kubanische Reformvorschläge, die die Funktion von Märkten anerkennen, favorisieren hier meist weiter die Dominanz administrativer Staatsbetriebe. Andere Wissenschaftler, die sich mit der Materie beschäftigt haben, kommen hingegen zu dem Resümee, dass der Zielkonflikt zwischen unternehmerischer Marktkompetenz und staatlicher Zentralverwaltung betriebswirtschaftlich nicht lösbar sei (Brus/Laski 1989). Soll in Kuba in Zukunft eine Eigentumsform bevorzugt werden, die Eigentumsverhältnisse mit partizipativer Mitbestimmung und sozialen Komponenten verknüpft, würden Produktionsgenossenschaften diese Funktion wohl am ehesten erfüllen (Burchardt 2000; Denisow/Fricke/Stieler-Lorenz 1996; Sik 1985).

Dies bedeutet im Umkehrschluss aber nicht, dass eine kubanische Unternehmensreform Privateigentum grundsätzlich ablehnen sollte; vielmehr müsste sie die Pluralität von verschiedenen Eigentumsformen sichern. Eine solche Mischung setzt voraus, dass zumindest ein Teil der Staatsbetriebe in neues Eigentum überführt wird. Möglich wären hier der Erhalt strategisch wichtiger Betriebe unter administrativem Einfluss, die graduelle "Entstaatlichung", Kollektivierung oder Privatisierung mittlerer und kleinerer Betriebe nach ihrem ökonomischen Stellenwert sowie die Einrichtung eines reinen Privatsektors durch eine Kleingewerbe- und Mittelstandsförderung. Eine solche Reform müsste mittelfristig die internationale Wettbewerbsfähigkeit der Betriebe auf Kuba fördern und sichern. Erforderlich wären grundsätzlich ein Rückzug von direkter staatlicher Betriebskontrolle und deren Ersetzung durch Marktregulierung, z.B. durch ein neues Steuer- und Zollinstrumentarium, das produktive Kräfte unterstützt, neue aufbaut und sie heranreifen lässt, bis sie internationale Wettbewerbsfähigkeit erlangt haben.

Damit kommen wir zur letzten Reformanforderung, zu der "Neudefinition von Markt und Plan". Damit Kuba bei der Einführung von Märkten nicht die negativen Erfahrungen der postsozialistischen Transformationsgesellschaften wiederholt, müsste die Insel parallel zu einer vollen Entfaltung von Märkten die beschriebenen Geld-, Bank- und Unternehmensreformen durchführen. In dem speziellen Reformmix, wie diese einzelnen Schritte kombiniert werden, liegen die einzigen Chancen, aber auch die größten

Wagnisse, die bis heute dahindümpelnde Binnenwirtschaft aufzubauen und eine tragfähige und ausgeglichene Wirtschaftsentwicklung auf der Insel einzuleiten. In einem ersten Schritt müssten die Marktstrukturen verbessert und ausgeweitet werden, um Marktzugangsbarrieren abzubauen und um das Binnenangebot zu vergrößern. Eine Angebotsausweitung würde von vornherein verhindern, dass die Preise trotz Preisliberalisierungen zu stark steigen. Marktstrukturen bedeuten aber nicht nur die Einrichtung eines Tauschverhältnisses auf der Basis von Angebot und Nachfrage, sondern gleichzeitig Einflussnahme auf Märkte. Dies setzt den Aufbau einer Verwaltung voraus, die das Marktgeschehen überwacht und reguliert, ohne es abzuwürgen. In einer Einführungsphase müsste es sich dabei anfangs um eine Ausdehnung der Konsumgütermärkte handeln, die nach den harten Jahren der Versorgungskrise erst einmal die Präferenzen der Bevölkerung befriedigen und eine stabile soziale Situation für den weiteren Reformverlauf schaffen. Doch schließlich müsste auch eine marktkoordinierte Allokation für Investitionsgüter eingerichtet werden. Hier schließt sich der Kreis zwischen Geld-, Bank- und Marktreform und konkretisiert sich das Zusammenspiel zwischen Markt und Plan. Der Staat als zentrale Planungsinstanz könnte sein Regulierungspotential für die langfristige Formulierung von Entwicklungsstrategien beibehalten, bei der kurz- und mittelfristigen ökonomischen Aktion aber "nur" indirekte Funktionen wie Marktüberwachung, Investitionssteuerung und -förderung, graduelle Wahrnehmung von Unternehmensaufgaben bei öffentlichen Betrieben, Stabilisierungs- und Rückverteilungsaufgaben ausüben sowie die Sicherung des Sozialwesens betreiben. Letzteres ist nicht nur eine moralische Forderung: Sie ist als Stabilisierungselement während der kritischen Phasen des Umbruchs sehr wichtig und bedarf darum während der ersten Reformsequenzen besonderer Beachtung. Die sozialen Systeme sind zum anderen aber ein bedeutsamer Standortvorteil Kubas und sollten deshalb auch als eine Basis für jede weitere Entwicklung verstanden werden und erhalten bleiben. Hier besteht ein zentraler Regulierungsbedarf und ein hohes Gestaltungspotential des Staates, der die sozialen Integrationsprozesse der Gesellschaft sichern muss und der über die Förderung des Gesundheits- und des Bildungssystems gleichzeitig auch nachhaltig in die Zukunft investiert. Die Sicherung der Sozialleistungen, deren Dimension an die Wertschöpfung angepasst werden muss, ohne soziale Exklusion zu provozieren, würde damit zu einer prinzipiellen Aufgabe des Staates werden, in der dieser auch langfristig seinen sozialen Charakter unter Beweis stellen kann.

Der hier geschilderte Fahrplan in die kubanische Zukunft würde schnurstracks zu einem anderen System führen, mit dem soziale Gerechtigkeit, nationale Unabhängigkeit und politische Stabilität durch ein nachhaltiges Wirtschaftsfundament gesichert werden könnten. In den letzten Jahren steht der Reformprozess aber faktisch still – und die Spielräume rein ökonomischer Veränderungen scheinen sich zu erschöpfen. Der sukzessive Verlauf der Transformation weist zusätzlich darauf hin, dass die meisten Reformen in Kuba heute das Ergebnis taktischer und pragmatischer Überlegungen sind, die sich im Spannungsfeld zwischen Strukturkonservatismus und Anpassungszwängen entwickeln, anstatt weitsichtig geplant zu werden. Eine konsistente Reformstrategie steht in Kuba bis heute nicht auf der Tagesordnung. Nicht gebremst wird dagegen während dieser Reformpause die weitere Fragmentierung der Gesellschaft – die Kluft zwischen wirtschaftlicher Benachteiligung der Massen und einem besseren Lebensstandard von wenigen Devisenbesitzern wird immer größer. So marschiert der kubanische Sozialismus heute unbeirrt in eine ganz andere Richtung: Der monetäre Dualismus auf der Insel führt schnurstracks in die gesellschaftliche Spaltung und somit in die politische Destabilisierung (Burchardt 1999).

Noch scheint die Revolution über ausreichend Legitimität zu verfügen; doch ihre Führung steht jetzt in der vollen Verantwortung, aktiv zu werden. Denn die Karibikinsel ist nicht nur Objekt der US-Politik oder des Weltmarktes, sondern ebenso Subjekt ihrer eigenen Zukunft. Auch Kuba steht nicht am "Ende der Geschichte", sondern an einem neuen Anfang: Die größte Herausforderung steht dem System noch bevor.

Literaturverzeichnis

BNC (Banco Nacional de Cuba) (1995): *Economic Report 1994*. Havanna.

Bohemia (1994): *Tendencias de un ajuste*. Nr. 22, S. 30-35.

Brundenius, Claes/Zimbalist, Andrew (1989): *The Cuban Economy. Measurement and Analysis of Socialist Performance*. Baltimore: Westview Press.

Brus, Wlodzimierz/Laski, Kazimierz (1989): *From Marx to the market: socialism in search of an economic system*. Oxford: Clarendon Press.

Burchardt, Hans-Jürgen (1996): *Kuba – Der lange Abschied von einem Mythos*. Stuttgart: Schmetterling Verlag.

— (1998): "¿Deberían leer en Cuba a Bourdieu?" In: *Revista Análisis Político*, Nr. 34, S. 26-46.

— (1999): *Kuba – Im Herbst des Patriarchen*. Stuttgart: Schmetterling Verlag.

Burchardt, Hans-Jürgen (Hrsg.) (2000): *La última reforma agraria del siglo*. Caracas: Nueva Sociedad.

Carranza Valdés, Julio (1996): "Die Krise – Eine Bestandsaufnahme." In: Hoffmann, Bert (Hrsg.): *Wirtschaftsreformen in Kuba. Konturen einer Debatte*. Frankfurt/M.: Vervuert, S. 16-41.

— (1997): "Las finanzas externas y los límites del crecimiento (Cuba 1996)." In: *La economía cubana en 1996: resultados, problemas y perspectivas*. Jahresheft des CEEC, Havanna, S. 34-43.

Carranza Valdés, Julio/Urdaneta Gutierrez, Luis/Monreal Gonzales, Pedro (1995): *Cuba –La restructuración de la economía– una propuesta para el debate*. Havanna: Editorial de Ciencias Sociales.

Castro Ruz, Fidel (1993): "Nuestra revolución no puede ni venderse ni entregarse." In: *Granma*, 28.7.1993.

CEEC (Centro de Estudios de la Economía Cubana) (1999): *Balance de la economía cubana a finales de los 90's*. Jahresheft des CEEC. Havanna.

CEPAL (1997): *La Economía Cubana. Reformas estructurales y desempeño en los noventa*. Mexiko: Fondo de Cultura Económica.

Denisow, Karin/Fricke, Werner/Stieler-Lorenz, Brigitte (Hrsg.) (1996): *Partizipation und Produktivität. Zu einigen kulturellen Aspekten der Ökonomie*. Bonn: Friedrich-Ebert-Stiftung.

Díaz Vázquez, Julio A. (1988): *Cuba y el CAME*. Havanna: Editorial de Ciencias Sociales.

— (1997): "Cuba: medio físico e infraestructura económico." In: *Papers*, Nr. 52, S. 11-31.

— (1998): "Cuba: ajuste en el modelo económica." In: Cuenca, Eduardo (Hrsg.): *Enfoque sobre la reciente economía cubana*. Madrid: Agualarga, S. 27-40.

Dilla, Haroldo (1999): "Comrades and Investors: The Uncertain Transition in Cuba." In: *The Socialist Register 1999*, S. 227-247.

Dirmoser, Dietmar/Estay, Jaime (Hrsg.) (1997): *Economía y reforma económica en Cuba*. Caracas: Nueva Sociedad.

Economist Intelligence Unit (1999): *Country Risk Service (Updater)*; 1st quarter 1999; London.

Espina, Mayra (1997): "Transformaciones recientes de la estructura socioclasista cubana." In: *Papers*, Nr. 52, S. 83-99.

Figueras, Miguel (1994): *Aspectos estructurales de la economía cubana*. Havanna: Editorial de Ciencias Sociales.

Gaceta Oficial de la Republica de Cuba (1995): *Ley de la inversion extranjera*. Havanna, 6.9.1995.

Gonzáles Gutierrez, Alfredo (1995): "La economía sumergida en Cuba." In: *Cuba: Investigación Económica*, Vierteljahreshefte des INIE, Nr. 2, S. 77-101.

Granma (1993): "Marcharemos seguros de alcanzar la victoria." 31.12.1993.

— (2000): "Resultados principales de 1999." 15.2.2000.

Henkel, Knut (1996): *Kuba zwischen Markt und Plan. Die Transformation zur "dualen Wirtschaft" seit 1985*. Hamburg: LIT.

Marquetti Nodarse, Hiram (1997): "Evolucion del sector industrial en 1996." In: *La economía cubana en 1996: resultados, problemas y perspectivas*, Jahresheft des CEEC, Havanna, S. 44-67.

— (1998): "La economía del dólar: balance y perspectivas." In: *Temas*, Nr. 11, S. 51-62.

Millares, Manuel (1999): "Se liquidará el Presupuesto del 1999 con un déficit menor al aprobado." In: *Granma*, 30.12.1999.

Monreal, Pedro (1999): "Migration und Überweisungen: Anmerkungen zum Fall Kuba." In: Gabbert, Wolfgang et al. (Hrsg.): *Lateinamerika. Analysen und Berichte*, Bad Honnef, Nr. 23, S. 73-96.

Niess, Frank (1992): "Die drei Blockaden Kubas." In: *Blätter für deutsche und internationale Politik*, Nr. 8, S. 954-966.

ONE (Oficina Nacional de Estadística) (1998): *Anuario estadístico de Cuba 1996*. Havanna.

Padilla Dieste, Christina (1997): *Nuevas empresas y empresarios en Cuba*. Mexiko.

PCC (Partido Comunista de Cuba) (1992): *IV. Congreso del Partido Comunista de Cuba. Discursos y documentos*. Havanna.

Proceso (1999): *La situación financiera, 'tensa', reconoce el gobierno cubano*, Nr. 183, 4.7.1999a.

Ritter, Archibald, R. M. (1990): "The Cuban Economy in the 1990s: External Challenges and Policy Imperatives." In: *Journal of Interamerican Studies and World Affairs*, Nr. 3, S. 117-149.

Rodríguez, José Luis (1997): "Creció la economía 7,8%." In: *Granma Internacional*, 14.1.1997.

— (1999): "En los resultados de 1999 se aprecia una mejoría, ante todo, en los indicadores de eficiencia económica." In: *Granma*, 29.12.1999.

Sik, Ota (1985): *Ein Wirtschaftssystem der Zukunft*. Berlin: Springer Verlag.

Togores, Viviana (1999): "Cuba: efectos sociales de la crisis y el ajuste económico de los 90's." In: CEEC, *Balance de la economía cubana a finales de los 90's*, Jahresheft des CEEC, Havanna, S. 82-112.

Triana Cordovi, Juan (1997): "El desempeño de la economía cubana en 1996." In: *La economía cubana en 1996: resultados, problemas y perspectivas*, Jahresheft des CEEC, Havanna, S. 1-9.

Hans-Jürgen Burchardt

Landwirtschaft und aktuelle Agrarpolitik in Kuba

Die Landwirtschaft Kubas hat historisch immer eine außergewöhnliche Rolle gespielt. Die Agrarexporte von Tabak, Zucker und Kaffee sowie die Sklavenimporte Kubas waren vor mehr als 150 Jahren die wichtigste Achse des Welthandels und gaben der Expansion des Weltmarktes ihren ersten zentralen Impuls. Denn im 18. Jahrhundert wurde mit der Einführung der Plantagenwirtschaft in Kuba ein auf Rohstoffexporten basierendes Wirtschaftsmodell konsolidiert, das gleichzeitig agrarischen und semi-industriellen Charakter hatte und dessen Strukturen nicht nur die Karibikinsel, sondern auch viele Länder der Region beeinflussten. Dieser koloniale Latifundismus benötigte zu seiner Ausdehnung immer mehr billige Arbeitskräfte; er zeichnete sich also einerseits durch einen "chronischen Arbeitskräftemangel" aus, der schließlich durch die Sklaverei gelöst wurde. Andererseits war die Agrarproduktion primär exportorientiert und führte zu einer "Mangelversorgung durch nationale Lebensmittel". Durch dieses latifundistische Akkumulationsmodell wuchs auf der Insel zwar "eine agrarische, aber keineswegs landwirtschaftlich-bäuerliche Wirtschaftsformation" heran, die ihre besten Anbaugebiete der Exportproduktion unterordnete und alle wichtigen Güter für die Funktionsfähigkeit des Landes importierte.

Auch in der ersten Hälfte des letzten Jahrhunderts gelang es nicht, diese beiden Strukturdefizite des 400-jährigen kolonialen Erbes zu überwinden. So sah sich die kubanische Revolution von 1959 mit dem Problem konfrontiert, auf die Landfrage, die Beschäftigungspolitik und auf die Importabhängigkeit neue Antworten zu finden. Obwohl sich die Revolutionsführung dieser Herausforderung mit großer Ernsthaftigkeit stellte (Aranda 1968; Valdés 1990), hatte sie nie eine glückliche Hand mit ihrer Landwirtschaft. Nach einer kurzen Etappe der Diversifizierung der Agrarproduktion (1960-1962), die auf Kosten einer Reduzierung der Zuckeranbauflächen stattfand, ging sie zu einer massiven Verstaatlichung des Agrarsektors und einer Priorisierung der Zuckerproduktion über. In zwei Agrarreformen 1959 und 1963 wurden erst die großen Landbesitzungen und später die mittelständischen kubanischen Betriebe enteignet und in großflächige Staatsfarmen umgewandelt (Pino 1999: 42-60). Vor allem mit der zweiten Enteignungswelle wurde aber nicht nur eine der Revolution teilweise feindlich gesinnte Schicht entmachtet, sondern auch die bäuerliche Produktions- und Handelskultur außerhalb des Latifundismus eliminiert. Unter dem Motto "Je mehr Staatseigentum, desto mehr Sozialismus" waren 1963 fast 70% der Anbaufläche der Insel verstaatlicht und die meisten der dort Beschäftigten Lohnarbeiter. Im Grunde hat es in Kuba darum faktisch nie eine größere Landverteilung gegeben – statt dessen gingen die Landfarmen der Großgrundbesitzer und der nationalen Landbourgeois in die Hände des Staates über. Mit anderen Worten: Auf den kolonialen und "neokolonialen" Latifundismus folgte fast bruchlos ein staatlicher Latifundismus, der sich von seinen Vorgängern allerdings durch seine sozialen Spezifika unterschied (Valdés 1997). Da es im Gegensatz zu anderen sozialistischen Ländern in Kuba aber keine Zwangskollektivierung gab, blieb rund ein Fünftel der landwirtschaftlichen Nutzfläche kleinbäuerlicher Privatbesitz. Während letzterer immer mehr an Bedeutung verlor, begannen die staatlichen Farmen die Landwirtschaft zu dominieren. Es handelte sich hierbei um gigantische Komplexe mit einer Größe bis zu 28.000 Hektar, die den Mittelpunkt einer in den sechziger Jahren eingeleiteten "Agroindustrialisierung" bildeten.

Der Anbau der zentralisierten Agrarflächen wurde hochgradig mechanisiert, die Arbeitsplätze humanisiert. Es drehte sich um eine fordistisch orientierte Rationalisierungsstrategie, die auf dem Einsatz sowjetischer Technologien beruhte: "Dessen sofortige Konsequenz war der Auf- und Ausbau einer kapitalintensiven Landwirtschaft mit jedem Mal gigantischer werdenden Produktionseinheiten unter einer starken vertikalen Verwaltung" (Figueroa 1996: 11). Diese Agrarproduktion orientierte sich weniger an sowjetischen Vorbildern; sie ähnelte mit ihrem intensiven Einsatz von Maschinen, Pestiziden, Düngemitteln etc. sowie ihren großen Anbauflächen eher der hochkapitalisierten US-Agrarindustrie und der "grünen Revolution" Indiens. Sie wies sich aber gleichzeitig als typisch sozialistische, nämlich extensive Produktionsform aus: Produktionssteigerungen konnten meist nur über höhere *inputs* erzielt werden und der Sektor war immer stärker von chronischer Ineffizienz und Wachstumsschwäche gekennzeichnet; die unrentablen Agrarbetriebe verwandelten sich in ein Subventionsgrab des Staates. Trotz enormer Bemühungen erreichte der landwirtschaftliche Pro-Kopf-Ausstoß Kubas erst Anfang der achtziger Jahre wieder das vorrevolutionäre Niveau. Und obwohl zwischen 1960 und 1990 ein Viertel aller auf der Insel getätigten Investitionen in die Landwirtschaft flossen, blieben deren Ergebnisse unterhalb lateinamerikanischer Vergleichsdaten: So liegt z.B. beim wichtigsten Grundnahrungsmittel Kubas, dem Reis, die Produktivität trotz einer 100%igen Mechanisierung um ein Viertel niedriger als in der Dominikanischen Republik. Solche Defizite spiegeln sich vor allem in der Versorgung wider: Die *libreta*, die schon 1962 eingeführte Lebensmittelrationierung, konnte nie aufgehoben werden und wurde zu einem der Wahrzeichen der Revolution.

Die sozialistische Regierung versuchte, ihre landwirtschaftlichen Misserfolge hauptsächlich durch Importe zu kompensieren. Doch auch diese Politik ging wieder auf Kosten der Landwirtschaft. Denn da der Großteil der Einfuhren mit Zuckerexporten finanziert werden musste, wurden die Anbauflächen für Rohrzucker immer weiter ausgedehnt. 1989 waren nur noch 43% der Agrarproduktion für die nationale Eigenversorgung bestimmt, dies entsprach 0,14 Hektar Anbaufläche pro Kopf. Damit wurde auf der Insel für die eigene Lebensmittelversorgung proportional weniger Fläche kultiviert als in Indien. Seit den achtziger Jahren wurden jährlich rund 50% der Binnennachfrage über Importe gedeckt (Figueras 1994). Kuba wurde in der strategisch wichtigen Ernährungsfrage stark abhängig – eine Bedrohung, die bis heute nicht überwunden ist.

So gelang es der Agrarpolitik der Revolution in ihren ersten dreißig Jahren trotz immensen Subventionierungen und Industrialisierung nicht, die Landwirtschaft der Insel von ihrem unheilsamen Erbe zu befreien und von ihren beiden chronischen Leiden zu heilen: Die Abhängigkeit sowohl von produktiven wie von konsumptiven Importen blieb genauso erhalten wie der Arbeitskräftemangel auf dem Land. Letzterer verschärfte sich sogar weiter, denn während der Revolution hat die Landarbeit deutlich an Prestige verloren und die ländliche Bevölkerung ist auf 25% der Gesamtbevölkerung gesunken.

Als sich Anfang der neunziger Jahre mit dem Zusammenbruch des Sozialismus Kubas Außenhandelskrise anzukündigen begann, wurde eine effiziente Landwirtschaft für die Versorgung der Insel existentiell. Die Regierung sah sich gezwungen, in einem erneuten Versuch die Strukturprobleme ihres Agrarsektors zu bekämpfen und intensivierte ein schon 1989 eingeleitetes landwirtschaftliches Aktionsprogramm, den so genannten *plan alimentario*. Dabei wurden allerdings keine Lehren aus dem Scheitern der bisherigen Agrarpolitik gezogen. Das zentralisierte Produktionssystem wurde nicht reformiert, sondern sogar ausgedehnt – allein zwischen 1989 und 1993 kaufte der Staat rund 10.000 kleinbäuerliche Betriebe auf, der staatliche Landwirtschaftsanteil wuchs auf 83% an (Figueroa 1996). Das Programm sah hingegen vor, die erwarteten Importverluste mit einer Steigerung der landwirtschaftlichen Produktion durch die Anwendung neuer Techniken und den verstärkten Rückgriff auf Arbeitskräfte zu ersetzen. Doch die ehrgeizigen Ziele des *plan alimentario* ließen sich nicht einmal annähernd realisieren: Die für eine mechanisierte Bearbeitung sehr groß angelegten Anbauflächen konnten mit den wesentlich geringeren Mitteln – die nach offiziellen Angaben ab 1992 auf ein Fünftel der bisherigen Einsatzfaktoren abgesunken waren – nicht ausreichend kultiviert werden. Auch die zentralen Planungsinstanzen waren kaum noch in der Lage, das Kommen und Gehen der Massen und die Verteilung der geernteten Lebensmittel zu koordinieren. So erreichte von der landwirtschaftlichen Produktion erwiesenermaßen nur ein Drittel der Erntemenge auch die staatlichen Läden. Ein Drittel verrottete unterwegs oder ging sonst wie verloren, ein Drittel wurde für den Schwarzmarkt abgezweigt. Vier Jahre nach seinem Beginn musste das Programm als einer der größten Misserfolge der kubanischen Wirtschaftspolitik bezeichnet werden, dessen Ergebnis eine hochsubventionierte Landwirtschaft mit stetig sinkenden Erträgen war. Eine kubanische Untersuchung kam zu dem resignierenden Schluss, dass der produktive *output* des *plan alimentario* nur einem Zwölftel von dem entsprach, was vorher investiert wurde: "Mit dem *plan alimentario* scheiterte der Grundpfeiler der staatlichen Wirtschaftsstrategie im Bereich der Binnenökonomie" (Mesa-Lago 1994: 70).

Dieses Scheitern provozierte eine dramatische Versorgungskrise, die aufgrund der Devisenknappheit der Insel auch nicht mehr über Importe abgefedert werden konnte. Spätestens ab 1993 war die Grundversorgung der Inselbewohner nicht mehr gesichert. Die Bevölkerung konnte einer drohenden Mangelernährung nur noch durch das Ausweichen auf einen Schwarzmarkt entgehen, der ebenso rasch wuchs wie die Unzufriedenheit der Kubaner. Die Zuspitzung der Versorgungslage konnte nur noch durch einen grundlegenden Strukturwandel in der Landwirtschaft entschärft werden. Die Zeit war reif für eine neue Agrarreform.

1. Die "Dritte Agrarreform": vom Scheitern zum Pragmatismus

Am 15. September 1993 leitete die Revolutionsführung mit der Publikation eines "Beschlusses des Politbüros des ZK der Kommunistischen Partei Kubas" ein neues Kapitel in der Agrargeschichte Kubas ein. Dort wurde angekündigt, dass die Anbauflächen der Zucker- und der Agrarbetriebe in überschaubare Einheiten aufgeteilt und unbefristet an selbstverwaltete Kooperativen, so genannte *unidades básicas de producción cooperativa*, kurz

UBPCs, verpachtet werden. Fidel Castro begründete die bisher weitreichendste Binnenreform des Transformationsprozesses damit, dass "der Staat mit den großen Agrarbetrieben keinen Erfolg hatte" (*Granma* 1993). Mit dieser gelegentlich als "Dritte Agrarreform" bezeichneten Maßnahme fand in Kuba mit mehr als dreißigjähriger Verspätung eine erste größere Dezentralisierung statt. Der Kooperativierungsprozess wurde angesichts der Versorgungskrise vehement vorangetrieben und war schon 1996 beendet – seitdem kontrollieren die Kooperativen in Kuba insgesamt "42% der Anbauflächen, 90% der Zuckerproduktion und 60% der landwirtschaftlichen Produktion" (Valdés 1997: 185).

Die Regierung wollte mit dieser Dezentralisierung einige der bisherigen Fehlentwicklungen auf dem Lande korrigieren. Konkrete Ziele waren eine signifikante Erhöhung der Agrarproduktion, eine Reduzierung der Produktionskosten, die Eingliederung neuer Produzenten in der Landwirtschaft, die Stabilisierung der Arbeitskräftefluktuation, die Verbesserung des ländlichen Lebensstandards durch Wohnbaumaßnahmen und eine Expansion der sozialen Dienste sowie der Subventionsabbau im Agrarsektor. Grundsätzlich sollten die kleineren Anbauflächen dem gesunkenen Einsatz der Ressourcen gerechter werden und Innovationen und Arbeitsleistung als produktivitätssteigernde Kräfte betonen.[1] Dadurch sollte die Lebensmittelproduktion spürbar angehoben werden und die Importsubstitution letztendlich doch noch zum Tragen kommen. Zusätzlich hatte die Kooperativierung eine wichtige politische Bedeutung. Da sie z.B. ca. 10% der Bevölkerung direkt begünstigte, stabilisierte sie gleichzeitig die Legitimationsbasis der Regierung.

Da die Mitglieder der Kooperativen formal die Nutzung ihrer Landgüter zum großen Teil autonom gestalten können, wurden sie zu den neuen Landbesitzern Kubas: "Die gigantischen Staatsbetriebe wurden im Grunde privatisiert" (Deere 1994: 3). Die Kooperativen haben über alle Produktionsmittel, die sie kaufen und über staatliche Kredite finanzieren, über die eigene Arbeitsorganisation wie auch über die Beschäftigungspolitik ein volles Selbstbestimmungsrecht. Gleichzeitig wurden die Entscheidungsstrukturen innerhalb der Kooperativen demokratisiert.

---

[1] Die den Kooperativen dabei zugeschriebene Funktion "der bestmöglichen Nutzung und Bewahrung des verfügbaren Landes, [...] da sie Eigentümer der Produktion werden", hat eine ungewollt verräterische Note, gesteht sie nicht nur die vorherige Ineffizienz der Produktion ein, sondern lässt zudem darauf schließen, dass die Arbeitnehmer im Tropensozialismus bisher gar nicht Eigentümer ihrer Produktionsmittel gewesen sind.

Im Widerspruch zu diesen neuen Freiräumen hat es sich der kubanische Staat vorbehalten, das letzte Wort über die neuen Kooperativen zu sprechen. Mit dem Recht "der Auflösung jeder UBPC [...] aufgrund von der Regierung festgelegter Interessen" (*Gaceta Oficial de Cuba* 1993: 2) behält sich der Staat starke Interventionsmöglichkeiten vor, die nicht an genaue Kriterien gebunden sind, jederzeit angewendet werden können und wie eine unausgesprochene Drohung im Raum stehen. Weitere wichtige Begrenzungen der kooperativen Autonomie bestehen im staatlichen Weisungsrecht über die Wahl der anzubauenden Agrarkulturen und im staatlichen Monopol über Vermarktung und Preise. Die den Kooperativen vorgeordnete Instanz ist die noch mächtige Verwaltung der ehemaligen Staatsbetriebe; die Allokation und die Kommerzialisierung wird hauptsächlich vom Agrarministerium (MINAGRI) kontrolliert. So waren die Kooperativen bis im Oktober 1994 gezwungen, ihre gesamte Produktion zu staatlichen Niedrigpreisen zu verkaufen. In jenem Monat wurden die Absatzmöglichkeiten der UBPCs leicht erweitert, denn die "Dritte Agrarreform" wurde um die Implementierung von freien Bauernmärkten ergänzt, den so genannten *mercados agropecuarios*, die als eine Weiterführung des Dezentralisierungsprozesses im Agrarsektor angesehen werden können. Auf diesen Märkten dürfen die Kooperativen die nach Erfüllung des Plans überschüssige Produktion zu freien Preisen verkaufen (Carriazo 1994: 14-29).

Aufgrund des Spannungsfeldes zwischen staatlicher Intervention und kooperativer Autonomie sind die UBPCs im Grunde ein Mischsystem, das mit Blick auf die Unternehmensführung, Allokation, Kommerzialisierung, etc. als Hybridsystem zwischen Staatsbetrieb und wirklicher Kooperative bezeichnet werden muss (Rodríguez 1999: 61-81). Dementsprechend sind die bisherigen Ergebnisse der Kooperativen unbefriedigend: Nach aktuellen Schätzungen arbeiteten auch Ende 1999 über die Hälfte der UBPCs immer noch unproduktiv und müssen durch Bank-Kredite und Subventionen über Wasser gehalten werden. Auch bis heute ist es nicht zu einer Stabilisierung der Lebensmittelproduktion in Kuba gekommen. Zu den größten Defiziten des kubanischen Kooperativismus gehören niedrige Rentabilität, hohe Monopolpreise für staatliche Einsatzgüter und Dienstleistungen, niedrige Absatzpreise und fehlende Einkommensanreize, geringe Arbeitsproduktivität und Qualität beim Betreuen der Agrarkulturen, hohe Ernteverluste etc. Die kubanische Wochenzeitschrift *Bohemia* fasste diese Entwicklungen einmal treffend zusammen: "Ein existentieller Alptraum bedroht die UBPCs. Seit ihrer Existenz haben sie mehr Zweifel als Bäuche genährt."

2. Kooperativismus ohne Kooperativen

Die Gründe für die Anlaufschwierigkeiten der "Dritten Agrarreform" Kubas sind vielfältig und sowohl konjunktureller, soziokultureller als auch struktureller Natur. "Konjunkturell" sind die Probleme, die ein Wandel von einer mechanisierten und fremdverwalteten in eine arbeitsintensive und selbstverwaltete Produktionsweise immer verursacht und die einen mehrjährigen Erfahrungs- und Konsolidierungsprozess nötig machen. Dazu gehört z.B., dass mehr als 60% der UBPC-Führer nicht über die nötigen Kenntnisse von betriebswirtschaftlicher Lenkung verfügen. Zusätzlich gibt es immer noch eine ausgeprägte Bevormundung der staatlichen Verwaltung gegenüber der kooperativen Autonomie. Hier spielt nicht nur das Verhalten zwischen Staat und Kooperative eine Rolle. Schließlich erfolgte die Kooperativierung auf Regierungsbeschluss, war also ein von oben vorbestimmter Prozess und keine von unten evolutionär und organisch wachsende Entwicklung. Für einen schnellen Erfolg wäre eine rasche Veränderung der Verhaltensmuster aller Akteure nötig gewesen, die kaum gelingen konnte. Viele Funktionäre verhalten sich immer noch autoritär und versuchen, ihre alten Vollmachten auszuüben.

Das zentrale "soziokulturelle" Problem besteht darin, dass sich viele Kooperativmitglieder weiterhin als Arbeiter und nicht als Unternehmer verstehen. Da in der ersten und besonders in der zweiten Agrarreform die bäuerliche Kultur und Produktionsweise fast völlig eliminiert wurden, waren die meisten ländlichen Erwerbstätigen der Insel bis zur "Dritten Agrarreform" lohnabhängige Arbeiter mit einer relativ hohen technischen Spezialisierung und Arbeitsteilung. Untersuchungen haben gezeigt, dass sie bis jetzt weder in der Lage waren, ein Verständnis für Selbstverwaltung aufzubringen, noch ein Bewusstsein für die in Kuba heute notwendigen ökonomisch rationalen und arbeitsintensiven Produktionsweisen zu entwickeln. Vielmehr hat eine nennenswerte Anzahl von Kooperativmitgliedern bisher erstens keinen Sinn für das Kooperativeigentum entwickelt, sieht zweitens wenige Verbindungen zwischen ihren persönlichen Lebenserwartungen und den wirtschaftlichen Ergebnissen ihrer Kooperative, schätzt drittens die Chancen auf Verwirklichung ihrer persönlichen Wünsche durch die Arbeit in der Kooperative als gering ein und verfügt viertens selten über ein ökonomisches Bewusstsein. Diese "soziokulturellen Blockaden" werden durch den hohen Urbanisierungsgrad der Insel naturgemäß noch verstärkt: Die Bereitschaft, städtische Zonen freiwillig zu verlassen und sich wieder auf dem Land anzusiedeln, ist bei den wenig attraktiven Bedingungen, die die kubanische Landwirtschaft bis heute bietet, verständlicherweise sehr gering.

Die zentralen Probleme der bisherigen Kooperativierung sind aber "struktureller" Art. Hierbei handelt es sich einmal um die staatliche Preispolitik (Bu Wong 1996; González 1998: 4-29). Der Staat kauft die Produkte der UBPCs zu Niedrigpreisen auf, um damit seine Lebensmittelrationierungen in den Städten zu sichern. Die kubanischen Kooperativen ereilt damit das gleiche Schicksal vieler Bauern in der so genannten "Dritten Welt": Aufgrund der schlechten Bezahlung für ihre Produkte subventionieren sie indirekt die Lebensmittelversorgung der Stadtbevölkerung. Das ursprüngliche Ziel bei der Gründung der UBPCs, die Arbeit zu intensivieren und so die Produktivität zu erhöhen, wird von solchen schiefen Verhältnismäßigkeiten augenscheinlich unterminiert. Erschwerend kommt hier noch die ausbleibende Unterstützung von Infrastrukturmaßnahmen dazu, die den Kooperativen den Zugang zu den Bauernmärkten erschließen würde, wie z.B. durch Transport- und Vermarktungshilfen. So ist es vielen UBPCs kaum möglich, zu dieser lukrativen Einkommensquelle aufzuschließen. Ein weiteres strukturelles Problem für die UBPCs ist das Fehlen einer eigenen Interessenvertretung: Die Kooperativmitglieder sind im kubanischen Gewerkschaftsbund CTC organisiert und werden vom Landwirtschaftsministerium verwaltet. Sie haben keine Möglichkeiten eines selbst organisierten Erfahrungsaustausches, ganz zu schweigen von gemeinsamen politischen Stellungnahmen oder gar einer Vertretung in der Öffentlichkeit.

Alle diese und weitere Kritikpunkte werden mittlerweile von verschiedenen Spezialisten offen benannt und diskutiert (Burchardt 2000; EER 1998). Für viele von ihnen ist der Kooperativierungsprozess auf halbem Wege steckengeblieben. Er hat nur die Basis der Produktion reformiert, die kontraproduktiven Rahmenbedingungen aber im vollen Umfang erhalten. Da die Verkoppelung von Produktivität und Einkommen dank der staatlichen Niedrigpreispolitik weiter auf sich warten lässt, ist für sie auch die bisherige Erfolglosigkeit der "Dritten Agrarreform" kein Rätsel: Ohne materielle Anreize entsteht kein Interesse an Produktionssteigerungen. Die ehemals staatliche Landwirtschaft bleibt eines der am wenigsten attraktiven Arbeitsfelder der Insel – in der jetzt schwerer gearbeitet und weniger verdient wird. Dennoch besteht kein Zweifel, dass der Landwirtschaft Kubas Priorität eingeräumt werden müsste:

> Ohne eine Wiederbelebung der Landwirtschaft sowohl für die Binnennachfrage als auch für den Agrarexport und ohne ihre Wirtschaftlichkeit kann man in Ku-

ba weder von einer Überwindung der wirtschaftlichen Krise noch von einer wirklichen Sanierung der internen Finanzen sprechen [...]. Die Basiselemente einer neuen Agrarreform sind die Diversifizierung der ökonomischen Produktionsformen und die der Produzenten, die Verkleinerung der Produktionseinheiten, die Einführung und Generalisierung einer wenig kapital- und stark arbeitsintensiven Landwirtschaft, die Öffnung von Märkten und die Schaffung von neuen Anreizen, um die Masse der ländlichen Arbeitskraft zu stabilisieren und zu vergrößern. Die Autonomie sowie die partizipative und finanzielle Selbstverwaltung sind in der Landwirtschaft dabei zentral für Rationalisierungen und für das Erreichen von Rentabilität. Dies wäre grundsätzlich der Königsweg, um die beiden größten Probleme des Landes zu lösen: das Ernährungsproblem und die Devisenknappheit (Figueroa 1996: 18-19).

Eine Importsubstitution bei Lebensmitteln, die durch strukturellen Wandel – also relativ kostenneutral – möglich ist, könnte durch die Freisetzung jetzt gebundener Devisen die Investitionskapazität der Insel ohne Mehreinnahmen erheblich erhöhen. Sie würde mit der Sicherung der Versorgungslage die Basis für eine langfristige Entwicklung schaffen. Die Existenz einer noch vorhandenen kleinbäuerlichen Landwirtschaft begünstigt eine solche Strategie und mit der Kooperativierung des Agrarsektors wurde ein weiterer wichtiger Schritt in diese Richtung vollzogen: Die neuen Kooperativen könnten zum entscheidenden Träger der kubanischen Wirtschaftsentwicklung werden.

Um diese Potentiale sinnvoll zu nutzen, ist auf der Insel jetzt eine radikale Umorientierung der Agrarpolitik nötig. Dazu zählten nach Auffassung kubanischer Agrarspezialisten einmal die schrittweise Abschaffung der staatlichen Niedrigpreise und die Umschichtung von Lebensmittelsubventionen auf direkte Einkommensbeihilfen. Weiterhin ist der Aufbau einer Infrastruktur nötig, die den UBPCs das Tor zu den Binnenmärkten weit aufstößt. Zu der wirtschaftlichen Selbstverwaltung zählten zusätzlich auch eine partielle Entscheidungsautonomie über Kooperationsabkommen mit dem Ausland sowie die Möglichkeit einer exportorientierten Produktion und Vermarktung durch eine weitere Einschränkung des staatlichen Außenhandelsmonopols. Nicht zuletzt muss überlegt werden, ob es den Kooperativen nicht erlaubt wird, in begrenztem Umfang staatliches Land aufzukaufen, um erwirtschaftete Gelder in der Landwirtschaft selbst zu binden. Die in Kuba sensibel behandelte Eigentumsfrage stellt sich aber nicht nur aus diesem Grund. Gerade die Lehren des jugoslawischen Modells der Selbstverwaltung haben gezeigt, dass das alleinige Nutzungsrecht an Produktionsmitteln (Besitz) der vollen Verfügungsgewalt (Eigentum) unterlegen sein kann. Auch hier ist ein Revisionsbedarf der bisherigen Kollektivierungsstrategie vonnöten, der auf die Überlegung hinausläuft, ob die ländlichen Produktionsgenossenschaften nicht auch Eigentümer ihres Landes werden könnten. Gleichzeitig ist eine größere politische Autonomie der Kooperativen erforderlich. Selbstbestimmung und demokratische Lenkung sind entscheidende Schlüssel für den Erfolg des UBPC-Modells. Wenn kollektiven Besitzern ihre eigene Autonomie und Besitzern, die gleiche unter gleichen sind, demokratische Mitbestimmung fehlt, funktioniert der Kooperativismus nicht. Hier sind einmal der weitere Rückzug des Staates, mehr Rechtssicherheit und der Aufbau eigener Organisationsstrukturen gefragt, was letztendlich in eine breite öffentliche Kultur des Kooperativismus münden müsste. Denn der neue Kooperativierungsprozess darf sich nicht nur an ökonomischen Effizienzkriterien orientieren, sondern muss auch politisch gefördert werden, indem "Selbstverwaltung als alternativer Weg der Sozialisierung" (Valdés 1997: 203) propagiert wird. Eine Schlüsselposition haben hier die Beziehungen zwischen den UBPCs als selbstverwaltete Betriebe und den Kommunen als Gemeindeverwaltung, die zu neuen *local economies* heranwachsen und die Keimzelle einer neuen Demokratisierung der kubanischen Gesellschaft und Wirtschaft sein könnten (Dilla 1996).

Ob der kubanischen Regierung die Reformanforderungen ihrer "Dritten Agrarreform" bewusst sind, ist bis heute nicht auszumachen. In der politischen Praxis beharrt die Regierung auf moralischen Appellen. Den Forderungen der kubanischen Wissenschaft nach einer Aufhebung des Niedrigpreissystems wird entgegengesetzt, dass die Kooperativen schon funktionieren werden, wenn die Bauern erst kollektives Bewusstsein und Gemeinschaftssinn entwickelt hätten. Ein kubanischer Agrarsoziologe antwortete hierauf einmal stellvertretend für viele seiner Kollegen: Wer will, dass die Bauern kooperativen Geist entwickeln, muss erst dafür sorgen, dass sie in echten Kooperativen arbeiten.

Literaturverzeichnis

Aranda, Sergio (1968): *La revolución agraria en Cuba*. Mexiko, Siglo XXI.

Bu Wong, Angel (1996): "Las UBPC y su necesario perfeccionamiento". In: *Cuba: Investigación Económica*, Nr. 2, S. 15-43.

Burchardt, Hans-Jürgen (Hrsg.) (2000): *La última reforma agraria del siglo*. Caracas: Nueva Sociedad.

Carriazo Moreno, George (1994): "Cambios estructurales en la agricultura cubana: la cooperativización". In: *Economía Cubana – Boletín Informativo*, Nr. 18, S. 14-29.

Deere, Carmen Diana (1994): "Implicaciones agrícolas del comercio cubano". In: *Economía Cubana – Boletín Informativo*, Nr. 18, S. 3-14.

Dilla, Haroldo (Hrsg.) (1996): *La participación en Cuba*. Havanna: Centro de Estudios sobre América.

EER (Equipo de Estudios Rurales) (Hrsg.) (1998): *UBPC – desarrollo rural y participación social*. Havanna.

Figueras, Miguel (1994): *Aspectos estructurales de la economía cubana*. Havanna: Editorial de Ciencias Sociales.

Figueroa, Victor (1996): "El nuevo modelo agrario en Cuba bajo los marcos de la reforma económica". In: Equipo de Estudios Rurales (EER): *UBPC – desarrollo rural y participación*, Havanna, S. 1-45.

Gaceta Oficial de la República de Cuba (1993): "Decreto-Ley 142 del Consejo de Estado. Sobre las unidades básicas de producción cooperativa", Nr. 6, 21.9.1993.

González Gutiérrez, Alfredo (1998): "Economía y sociedad: los retos del modelo". In: *Temas*, Nr. 11, S. 4-29.

Mesa-Lago, Carmelo (1994): "Ist Kuba auf dem Weg zur Marktwirtschaft? Probleme und Perspektiven der kubanischen Wirtschaftsreform". In: Hoffmann, Bert (Hrsg.): *Wirtschaftsreformen in Kuba. Konturen einer Debatte*. Frankfurt/M.: Vervuert, S. 67-103.

Pino Santos, Oscar (1999): "La Ley de la reforma agraria de 1959 y el fin de las oligarquías en Cuba". In: *Temas*, Nr. 16-17, S. 42-60.

Rodríguez Castellón, Santiago (1999): "La evolución del sector agropecuario en los noventa". In: *Balance de la economía cubana a finales de los 90. Informe anual del Centro de Estudios de la Economía Cubana*. Havanna, S. 61-81.

Valdés, Orlando (1990): *La socialización de la tierra en Cuba*. Havanna: Editorial de Ciencias Sociales.

Valdés Paz, Juan (1997): *Procesos agrarios en Cuba 1959-1995*. Havanna: Editorial de Ciencias Sociales.

Knut Henkel

Hightech made in Cuba – ein Hoffnungsschimmer für die krisengeplagte Wirtschaft

1. Einleitung

Ende Juli vorletzten Jahres hat das US-Finanzministerium grünes Licht für ein *Joint Venture* zwischen dem Pharmakonzern SmithKline Beecham und dem kubanischen Finlay Institut gegeben. Das angloamerikanische Pharmaunternehmen vermarktet fortan den weltweit einzigen Meningitis-B-Impfstoff. Das Serum *made in Cuba* soll nach den erforderlichen Tests auch in den USA vertrieben werden. Das spektakuläre Geschäft konnte nicht nur den Auftakt bilden für den internationalen Durchbruch der biopharmazeutischen Industrie Kubas, es konnte sich auch positiv auf Forschungsprojekte in anderen Wirtschaftssektoren Kubas niederschlagen.

"Die Basis für einen schnellen wirtschaftlichen Fortschritt in den kommenden Jahren liegt in der kontinuierlichen Entwicklung der Wissenschaft".[1] Mit diesen Worten hatte Ernesto Che Guevara kurz nach der Revolution von 1959 ein zentrales Ziel der Regierung in Havanna umrissen. Rund vierzig Jahre später konnte sich die Prophezeiung des Che, der Ikone der kubanischen Revolution, erfüllen. Kubas Forschungszentren, allen voran die biotechnologischen, warten mit immer neuen Produkten auf, die bei entsprechendem Marketing ihren Platz auf dem Weltmarkt finden. Zum Türöffner konnte dabei das *Joint Venture* mit dem Pharmamulti SmithKline Beecham zur Vermarktung des Impfstoffs gegen die Hirnhautentzündung Typ B werden.[2] Im Gegensatz zu den Kubanern verfügt der Pillenproduzent nämlich über die nötige Marketing-Erfahrung und die weltweiten Vertriebsnetze. Doch weitaus wichtiger als die harten Dollars, die durch die zeitlich begrenzte Abtretung der Marketingrechte ins Land kommen, ist der Werbe-

---

[1] Zitat Guevaras, das in der Eingangshalle des kubanischen Instituts zur Erforschung der Derivate des Zuckerrohrs (ICIDCA) prangt. Dessen Gründung 1963 ging auf die Initiative Guevaras zurück.
[2] Gegen den *Joint-Venture* liefen konservative Kreise der exilkubanischen Gemeinde Sturm. Sie vermuten hinter der Entscheidung aus dem US-Finanzministerium einen Schritt zur Lockerung und langfristigen Aufhebung des seit 1961 bestehenden Handelsembargos gegen die Karibikinsel (*El País*, 8.8.1999).

effekt für Kuba als Hightech-Standort. Sollten andere Unternehmen dem Beispiel von SmithKline Beecham folgen, wäre die Karibikinsel einem zentralen Ziel der Revolution von 1959, der Diversifizierung der Exportpalette und damit der Beendigung der einseitigen Abhängigkeit vom Zuckerexport, einen Schritt näher.

2. **Mit einem Besuch fing alles an – vom Interferon zur biotechnologischen Industrie in Kuba**

Im November 1980 besuchte der US-amerikanische Krebsspezialist Dr. Randolph Lee Clark Havanna. Während seiner Kubavisite traf Dr. Clark, Leiter des Krebsforschungsinstituts der Universität Texas, mit dem kubanischen Staatschef Fidel Castro zusammen und erzählte ihm von der neuen "Wunderdroge" Interferon. Die könne, so Clark, den Durchbruch in der Krebstherapie bringen. Castro wurde hellhörig, woraufhin der US-Krebsspezialist ihm anbot, kubanische Mediziner in die klinische Interferontherapie einzuweihen (Dalton 1993: 126). Castro nahm das Angebot an und wenig später flogen zwei kubanische Ärzte nach Houston.

Doch mit dem Wissen um die therapeutische Anwendung des kostspieligen Medikaments allein gab sich Castro nicht zufrieden. Ihm ging es um die Herstellung von Interferon in Kuba. Der *Máximo Líder* träumte bereits in jenen Jahren davon, Kuba zu einem Standort der Hightech-Forschung zu machen und als medizinische Großmacht zu etablieren (Castro 1990: 34ff.). Über die kubanische Akademie der Wissenschaften wurde der Kontakt nach Finnland, zum Labor von Dr. Kari Cantell, hergestellt. Der lud einige Wissenschaftler aus Havanna ein, um ihnen alles Wesentliche über die Interferonherstellung zu erklären.

Nach deren Rückkehr aus Helsinki am 11. April 1981 begann die Forschungsgruppe mit den Vorbereitungen zur Herstellung des ersten Interferons in Kuba. 45 Tage später, am 28. Mai, war es soweit. Das erste kubanische Interferon war gewonnen und wurde wenig später in Finnland auf seine Qualität und Verträglichkeit geprüft. Mit guten Noten im Gepäck kehrten die kubanischen Wissenschaftler aus dem Labor von Dr. Kari Cantell zurück – Kuba war zum ersten interferonproduzierenden Entwicklungsland auf dem Globus geworden (Bravo 1993: 32).

Mit der Interferonproduktion, die bereits wenig später, im Juni 1981, in der Therapie des Dengue-Fiebers erfolgreich eingesetzt wurde (Limonta 1983: 15-22), ging ein Forschungsboom in Kuba einher. Da Interferon auf konventionellem Wege jedoch nicht in ausreichender Menge hergestellt werden konnte, suchten die Kubaner nach anderen Wegen und investierten in die biotechnologische und genetische Forschung. Sie stampften neue Forschungseinrichtungen aus dem Boden, rüsteten zahlreiche Labors neu aus und schickten die qualifiziertesten kubanischen Wissenschaftler zur Weiterbildung ins Ausland. So zum Beispiel ans renommierte Pasteur-Institut in Paris, das damals zu den ersten Adressen in der Gentechnik zählte.[3]

Für die Koordination der vielfältigen Aktivitäten zeichnete damals wie heute die "Biologische Front", ein Gremium hochqualifizierter Wissenschaftler, verantwortlich. Sie berieten über neue Forschungsansätze, die zentralen Forschungsschwerpunkte in Kuba und deren Perspektiven. Sie stellten aber auch die Investitionspläne der Branche zusammen. Die Konzepte und Vorschläge der "Biologischen Front" wurden direkt an den Staatsrat weitergeleitet, der in der Regel außerordentlich schnell entschied und zügig die nötigen Mittel zur Verfügung stellte. Auf Initiative des Gremiums, deren Vorsitzende die Wissenschaftsministerin Rosa Elena Simeón, eine Virologin, ist, wurden in schneller Folge zahlreiche neue Forschungsinstitute gegründet (Alvarez 1992: 6).

1982 entstand das biologische Forschungsinstitut (CIB), in dessen Labors seit Mitte der achtziger Jahre Interferon auf gentechnischem Wege hergestellt wird. Bereits 1986 war Kuba nach Finnland zum weltweit zweitgrößten Interferon-Produzenten geworden. Das Präparat wurde in Kuba in zahlreichen klinischen Tests untersucht und wird sowohl in der Krebs-, der AIDS-, aber auch der Hepatitis-B-Therapie erfolgreich eingesetzt. Allein im Jahre 1986 wurden 7.000 Patienten mit Interferon behandelt (Simeón/Arxer 1988: 18; Alvarez 1992: 7).

Parallel zur Gründung des CIB bewarb sich die kubanische Regierung bei der UN-Organisation für industrielle Entwicklung (UNIDO) um den Bau eines biotechnologischen Forschungszentrums in Havanna. Doch da sich die UNIDO für den Standort Kuba nicht erwärmen konnte, entschloss sich die Regierung in Havanna, ein eigenes biotechnologisches Zentrum aufzubauen. Zweieinhalb Jahre nach dem Planungsbeginn, am 1. Juli 1986, erfolgte die Einweihung des "Centro de Ingeniería Genética y Biotecnología" (Zentrum für Genetik und Biotechnologie CIGB) im Westen Havannas. Zum damali-

---

[3] Anders als in den USA und Europa wurden die mit der Gentechnik verbundenen Risiken in Kuba nie Thema einer breiten öffentlichen Diskussion. Die Biotechnologie wird in den kubanischen Medien vielmehr vollkommen unkritisch als Hoffnungsträgerin der Revolution dargestellt.

gen Zeitpunkt war das CIGB mit 72.000 Quadratmetern Fläche das weltweit zweitgrößte biotechnologische Forschungszentrum (Feinsilver 1992: 101).

Unterstützung bei der Planung des Mammutprojekts erhielten die Kubaner unter anderem von UN-Spezialisten, so zum Beispiel vom französischen Biotechnologen Dr. Albert Sassen. Der beriet die Kubaner bei der Konzeption und stellte Kontakte für den Einkauf der Hightech-Ausrüstung in den westlichen Industrieländern her (Dalton 1993: 127).

Um das CIGB, das den Kern des Wissenschaftspools im Westen der kubanischen Hauptstadt bildet, entstand eine ganze Reihe neuer Forschungs- und Produktionseinrichtungen. Rund 12.000 Techniker, Laboranten und Wissenschaftler aus unterschiedlichsten Fachrichtungen arbeiten derzeit dort.

Zu den wichtigsten Forschungs- und Produktionszentren neben dem CIGB gehört das Institut Carlos D. Finlay. Im Finlay-Institut, das sich vorrangig der Entwicklung von Impfstoffen widmet, wurde 1985 der Meningitis-B-Impfstoff entwickelt. Ein weiteres wichtiges Institut ist das im September 1987 eingeweihte "Centro de Imunoensayo" (CIE), das den Forschungsschwerpunkt Diagnostik abdeckt. 1991 wurde die Palette der kubanischen Forschungsinstitute mit dem "Centro Nacional de Biopreparados" (Biocen), dem "Centro de Imunología Molecular" (CIM) und dem "Instituto de Química Farmacéutica" (IQF) komplettiert. Außerdem wurde das Institut für tropische Medizin Pedro Kouri umstrukturiert und neu ausgestattet.

Am Biocen, das im Süden der Hauptstadt in der Gemeinde Bejucal angesiedelt ist, werden Biopräparate, also Erzeugnisse ohne synthetischen Anteil hergestellt. Dort wird zum Beispiel der Hepatitis-B-Impfstoff abgefüllt, aber auch das immunsystemstärkende Präparat Trofín hergestellt. Zudem wird am Institut intensiv Allergieforschung betrieben.

Im Institut für Molekular-Immunologie (CIM), mit rund 100 Wissenschaftlern eines der kleineren Institute, werden medizinische Ausrüstungen für die Bereiche Orthopädie, Neurologie, Kardiologie und Neurophysiologie hergestellt. Der Forschungsschwerpunkt des Instituts liegt jedoch in der Krebstherapie, während am Institut für chemische Pharmazeutik (IQF) in erster Linie neue Produkte auf ihre Verträglichkeit getestet werden (BFAI 1996: 7 und *Granma International*, 28.12.1994).

Mit diesen Neugründungen waren die Grundlagen gelegt für Kubas Eintritt ins neue Jahrhundert, das "Jahrhundert der Biotechnologie", wie es der ehemalige Erziehungsminister José Fernández Alvarez einmal formulierte (Fox 1986: 243).

3. Warten auf den Durchbruch: Erfolgreiche biotechnologische Forschung ohne positive internationale Resonanz

Weitgehend unbemerkt von der Allgemeinheit und nur partiell von der Fachwelt registriert, gelang es den kubanischen Instituten binnen weniger Jahre, eine breite Produktpalette auf die Beine zu stellen. Vierzehn Jahre nach seiner Gründung hat allein das CIGB rund 200 Produkte entwickelt, die über deren Tochter Heber Biotec vertrieben werden. Neben dem Hepatitis-B-Impfstoff, Heberbiovac HB, sind es zahlreiche Interferone, ein Epidermiswachstumsfaktor, der bei Verbrennungen erfolgreich eingesetzt wird, eine breite Palette monoklonaler Antikörper, ein preiswerter AIDS-Test sowie zahlreiche Generika, um nur die wichtigsten zu nennen.

Ermöglicht wurde die rasante Entwicklung zum einen durch die hervorragenden Arbeitsbedingungen, die das Institut bietet. Die Ausstattung ist auf dem neuesten Stand der Technik. Spitzentechnologie, die von den Wissenschaftlern benötigt wird, wird umgehend im Ausland eingekauft. Elektronenmikroskope, Massenspektrometer, Tomographiegeräte usw. stammen aus Japan, Deutschland oder den Niederlanden. Materialengpässe, die in anderen Sektoren gang und gäbe sind, gibt es im CIGB genauso wenig wie die leidigen Stromausfälle. Die Wissenschaftler werden mit einem Shuttle-Service zur Arbeit gebracht, arbeiten in klimatisierten Labors und werden in den Kantinen ausgesprochen gut versorgt. Arbeits- und teilweise auch Freizeitkleidung erhalten die Hoffnungsträger der kubanischen Revolution vom Institut gestellt. Freizeitaktivitäten gehören genauso wie die zahlreichen Fortbildungsprogramme zum zentralen Angebot des CIGB. Darüber hinaus winken Dollarprämien für besondere Leistungen.

Diese für kubanische Verhältnisse traumhaften Arbeitsbedingungen sorgen für eine hohe Motivation am Institut. Darüber hinaus arbeiten die Forscher eigenverantwortlich und können sich sicher sein, im Gegensatz zu anderen Kubanern einen Job mit Perspektive zu haben und etwas bewegen zu können, so Ernesto González, Biochemiker am CIGB.[4] Arbeitszeiten von 14 und mehr Stunden sind keine Seltenheit und vor allem in den ersten Jahren wurde quasi rund um die Uhr gearbeitet. Es galt, den Anschluss an die internationale Forschungsspitze herzustellen. Das ist den Kubanern in vielen Bereichen gelungen und teilweise führen sie sogar, wie beim Meningitis-B-Impfstoff, die Weltspitze an.

---

[4] Interview des Verf. mit Ernesto González im CIGB am 29.12.1998.

Auf der anderen Seite stehen die jungen Wissenschaftler des CIGB, wo kaum ein Spezialist älter als 40 Jahre ist, unter einem hohen Erwartungsdruck. Es gilt, möglichst schnell Ergebnisse zu präsentieren, die sich vermarkten lassen. Für Grundlagenforschung bleibt dabei relativ wenig Zeit.

Doch dass spektakuläre Forschungsergebnisse allein noch lange nicht die gewünschten Dollars in die chronisch leere Regierungskasse bringen, mussten die Verantwortlichen in Havanna im Laufe der neunziger Jahre einsehen. In der medizinischen Fachwelt stieß das Tempo, das die kubanischen Wissenschaftler vorlegten, auf Befremden. Zweifel an der ordnungsgemäßen Durchführung der klinischen Tests, an der Einhaltung der international verbindlichen Vorschriften der Weltgesundheitsorganisation (WHO) und anderer Institutionen wurden geäußert. Moniert wurde auch, dass die wissenschaftlichen Erfolge nicht in ausreichendem Maße in den renommierten internationalen Fachzeitschriften präsentiert wurden (Feinsilver 1992: 89ff.).

Während die zügige Durchführung der international verbindlichen klinischen Tests auf das wesentlich einfachere bürokratische Procedere im kubanischen Gesundheitswesen zurückzuführen ist, entsprechen diese allerdings in einigen Bereichen nicht den WHO-Standards. Placebos waren bei klinischen Tests in Kuba lange Zeit verpönt, obgleich international meist verbindlich (Feinsilver 1992: 83). Zudem hielten sich die kubanischen Institute mit der Veröffentlichung von zentralen Daten, Studien und Produktionsbedingungen lange Zeit zurück. Die generell recht zurückhaltende kubanische Informationspolitik wird zumeist mit dem Verweis auf den langen Arm der USA begründet, die die kubanischen Entwicklungsbemühungen hintertreiben könnten.

Diese nicht von der Hand zu weisende Befürchtung scheint auch der zentrale Grund dafür zu sein, dass nach wie vor detaillierte Zahlen über die Exporte des Sektors unter Verschluss gehalten werden. Zwar ist es relativ unstrittig, dass die gesamten Exporte des medizinisch-biotechnologischen Sektors jenseits der 100 Millionen-US-Dollar-Marge liegen,[5] aber in den

---

[5] 1995 sollen die Exporte laut *Economist* vom 7. September 1996 bei 120 Millionen US-Dollar gelegen haben. Einem internationalen Durchbruch wähnten sich die Kubaner bereits 1990/91 nahe, nachdem Brasilien für 120 bzw. 105 Millionen US-Dollar den Meningitis-B-Impfstoff importierte (Feinsilver 1992: 93). Doch in den folgenden Jahren sank der Impfstoff-Export wieder ab. 1993 wurden laut dem kubanischen Sozialwissenschaftler Julio Carranza beispielsweise gar keine Impfstoffe exportiert (Interview des Verf. mit Carranza Valdés am 16.6.1994). Der kubanischen Handelskammer zufolge lagen die pharmazeutischen Exporte nach 1992 immer jenseits der 100 Millionen-US-Dollar-Marke (Guerrero 1996: 94).

offiziellen Exportstatistiken rangiert der Sektor nach wie vor unter der Rubrik sonstige Exporte. Allerdings sind die Kubaner auf dem besten Wege, sich den internationalen Gepflogenheiten sowohl auf rechtlicher wie auf wissenschaftlicher Ebene anzupassen. Nachdem sich Anfang der neunziger Jahre die gewünschten Erfolge nicht von selbst einstellten, begann man, nach eigenen Fehlern zu suchen und den internationalen Markt zu sondieren. Patentrechte, die zuvor in kubanischen Labors als zweitrangig betrachtet wurden, weil Kuba selbst zahlreiche Medikamente kopiert und billig an Entwicklungsländer verkauft hatte, bekamen einen neuen Stellenwert. Medikamente, die zuvor kopiert wurden, werden seitdem immer öfter weiterentwickelt und unter neuem Namen international registriert und patentiert (Feinsilver 1993: 9; Blanco 1994: 50). Kuba, so der kubanische Wirtschaftswissenschaftler Julio Carranza Valdés im Juni 1994 im Interview, sei dazu übergegangen, das internationale Patentrecht zu akzeptieren und den entsprechenden internationalen Verträgen mittlerweile beigetreten. Nicht zuletzt, um dem Kopieren der eigenen Produkte vorzubeugen.

Die traditionell guten Kontakte zur Weltgesundheitsorganisation und zur Panamerikanischen Gesundheitsorganisation, die ein Büro in Havanna unterhält, wurden seit Beginn der neunziger Jahre vermehrt genutzt, um die Standards bei Qualitätskontrollen, klinischen Tests, aber auch bei der Vorstellung der Forschungsergebnisse zu verbessern. In zahlreichen kubanischen Instituten, so dem Biocen, das 1999 teilmodernisiert und erweitert wurde, wird nach internationalen Normen, so der ISO 9002, produziert (*Granma International*, 18. März 1999). Zwar müssen die WTO-Spezialisten den Kubanern die strikte Einhaltung der Normen noch bescheinigen, aber der Wille, internationale Standards zu erfüllen, ist den Behörden in Havanna nicht abzusprechen.

Auch in einem anderen Bereich, der Präsentation der Forschungsergebnisse, hat sich einiges getan. Die kubanischen Wissenschaftler am CIGB sind angehalten, nicht nur regelmäßig zu publizieren, sondern ihre Forschungsergebnisse möglichst in den angesehenen internationalen Periodika zu veröffentlichen und auf internationalen Kongressen vorzustellen. So soll die zumindest teilweise selbstauferlegte Isolation durchbrochen werden. Kein leichtes Unterfangen, denn viele Wissenschafts-Redaktionen haben die kubanischen Kollegen noch gar nicht richtig zur Kenntnis genommen, so Rafael Duarte, Leiter des kubanischen Programms zur Entwicklung eines

HIV-Impfstoffs.[6] Ein weiteres Problem ist es aus Sicht Duartes, dass entscheidende Fachtagungen in den USA stattfinden und kubanische Wissenschaftler embargobedingt Schwierigkeiten haben, an diesen Tagungen teilzunehmen.

Duarte selbst dürfte damit kaum Probleme haben. In der Fachwelt ist der 37-Jährige mittlerweile recht bekannt, denn ihm ist das Kunststück gelungen, Kuba in der AIDS-Forschung unter die fünf weltweit führenden Länder (USA, Großbritannien, Frankreich, Schweiz) zu platzieren. Kuba verfügt seit 1996 über ein AIDS-Serum, das Ende 2000 erneut klinisch erprobt werden soll. Anders als beim traditionellen Verfahren wird das kubanische HIV-Serum nicht auf Basis von abgeschwächten oder abgetöteten Mikroorganismen hergestellt, wie es beispielsweise bei Typhus der Fall ist, sondern auf synthetischem Weg über die Gentechnik, so dass kein Infektionsrisiko besteht. Im Unterschied zu anderen derzeit im klinischen Test befindlichen HIV-Seren soll das kubanische Präparat gegen die sechs wichtigsten HI-Virenstämme Schutz bieten. Bei der Immunisierung der Probanden müssten laut den kubanischen Spezialisten theoretisch Antikörper gegen die sechs verschiedenen Virenstämme gebildet werden. Die Antikörper sollten dann verhindern, dass das HI-Virus in die Zelle eindringt, es blockieren, weshalb man von neutralisierenden Antikörpern spricht. Doch den Beweis für die Wirksamkeit des Serums werden erst die einzelnen Testphasen bringen, die sich noch einige Jahre hinziehen werden (*tageszeitung*, 15.9.1999).

Weitaus schwieriger, als sich den internationalen Standards und Normen anzupassen, ist jedoch die Kommerzialisierung der Hightech-Produkte. Die Kubaner haben zwar mit Heber Biotec, Cimab oder Laboratorios ERON eine ganze Reihe von Kommerzialisierungsfirmen gegründet, doch diese verfügen weder über die nötigen Vertriebsnetze, noch über ausreichende Marketingerfahrung.[7] Summen zwischen 50 und 150 Millionen US-Dollar, die internationale Pharmakonzerne ausgeben, um ein neues Produkt erfolgreich auf dem Markt zu platzieren, liegen für das chronisch klamme Kuba außerhalb jeglicher Möglichkeiten. Für Carranza Valdés ist es ohnehin eine Illusion, sich mit den 25 großen Pharmamultis auf dem internationalen Markt zu

---

[6] Interview des Verf. mit Rafael Duarte im CIGB am 7. Januar 1999.
[7] Das Marketing für die kubanischen Produkte lief bis Anfang der neunziger Jahre nahezu ausschließlich über Messestände und Wissenschaftskongresse in Kuba, so z.B. den Biotechnologischen Kongress in Havanna, der alljährlich im November stattfindet. Seitdem haben Marketingfirmen wie Heber Biotec oder Dalmer Laboratorios sich bemüht, Vertriebsstrukturen vor allem in Lateinamerika aufzubauen, wo die kubanische Medizin einen guten Ruf genießt (Blanco 1994: 50).

messen. Für ihn gibt es nur zwei Ansätze, die es lohnt zu verfolgen. Die eine Möglichkeit besteht darin, Nischen auf dem internationalen Markt zu besetzen, die andere, kubanische Produkte über Kooperationsverträge mit transnationalen Konzernen zu vermarkten.

Bisher haben sich die Kubaner auf die erste Option konzentriert. Barter-Geschäfte mit lateinamerikanischen Staaten wie Brasilien, Kolumbien, Ecuador oder Venezuela, aber auch mit China und verschiedenen afrikanischen Staaten dominierten in den neunziger Jahren den Export des biotechnologischen Sektors. Ohnehin betrachtet sich Kuba als forschendes Entwicklungsland im Auftrag der Dritten Welt, so AIDS-Spezialist Duarte. Für ihn gehört AIDS, ähnlich wie Lepra, Cholera oder Malaria, zu den klassischen Dritte-Welt-Krankheiten, deren Ausmerzung sich die Kubaner zum Ziel gesetzt haben. Auf diesem Wege sind sie schon ein gehöriges Stück weiter gekommen. Ein Kombinationsserum gegen Keuchhusten, Tetanus und Diphtherie befindet sich derzeit genauso wie ein Cholera-Serum in der klinischen Erprobung (*Neues Deutschland*, 29.4.1999). Gleiches dürfte auch für einen Lepraimpfstoff gelten, dessen Entwicklung bereits am 21. Juli 1993 vom Parteiorgan *Granma* vermeldet wurde.

Allerdings verfügt Kuba auch über eine Reihe von Präparaten, deren Absatzperspektiven auf dem europäischen und US-amerikanischen Markt ungleich besser sind. Dies gilt beispielsweise für Ateromixol, auch unter dem Namen PPG bekannt, das den Cholesterinspiegel absenkt. Das Präparat, das auf natürlichem Weg aus dem Wachs des Zuckerrohrs gewonnen wird, hat praktisch keine Nebenwirkungen.[8] Interessant für den internationalen Markt ist auch die rekombinante Streptokinase, ein Medikament, das in der Infarkttherapie mit großen Erfolg eingesetzt wird. Gleiches gilt für die neuen Präparate gegen Vitiligo (Pigmentstörung) oder Schuppenflechte (Psoriasis), die erst auf dem letzten Internationalen Biotechnologiekongress im November 1999 in Havanna vorgestellt wurden.

Wesentlich spektakulärer scheinen hingegen die neuesten Kreationen aus den kubanischen Labors zu sein, die derzeit die klinischen Tests in Kuba und Argentinien durchlaufen. Es handelt sich um monoklonale Antikörper für die Tumortherapie, speziell bei Hirn-, Brust- und Lungenkrebs. Rund ein Jahr wird es noch bis zur Registrierung der Antikörper dauern, die quasi wie eine Anti-Krebsimpfung wirken sollen. Das hofft zumindest der Direktor der Forschungsabteilung am Institut für Molekular-Immunologie, Rolando Pérez

---

[8] Dem Präparat wird eine sexuell stimulierende Wirkung nachgesagt (Bravo 1993: 83), wodurch sich die Absatzperspektiven eher verbessern denn verschlechtern dürften.

Rodríguez, der das Forschungsprogramm für die Entwicklung der Antikörper leitet (*Granma Internacional*, 6.2.2000).

Wenn die klinischen Tests ihm Recht geben, könnten die monoklonalen Antikörper zu einem Exportschlager werden, für deren Vermarktung sich sicherlich ein Pharmariese finden würde. Vielleicht sogar SmithKline Beecham, das nach dem kanadischen Pharmaunternehmen York Medical der zweite internationale Partner der Kubaner zur Vermarktung von biotechnologischen Produkten ist.

Zwanzig Jahre nach der Aufnahme der intensiven Forschungsaktivitäten und Investitionen von schätzungsweise rund einer Milliarde US-Dollar, stehen Kubas Chancen, mit seinen Präparaten auf dem Weltmarkt Fuß zu fassen, besser denn je.[9]

4. Konkurrenz für Siemens und Co.?

Während die biotechnologische Forschung Kubas *peu à peu* von sich reden macht und der alljährlich stattfindende biotechnologische Kongress von Jahr zu Jahr mehr Fachleute auf die Karibikinsel zieht[10], führt ein anderer Hightech-Bereich, der Bau von Diagnosegeräten und medizinischer Ausrüstung, ein Schattendasein.

Zu Unrecht, wie Dr. Raisa Furet Brindon vom nationalen wissenschaftlichen Forschungsinstitut (CNIC) betont, denn die Ingenieure von der Zuckerinsel haben hochwertiges Diagnose- und Therapiegerät im Angebot, das den internationalen Vergleich nicht zu scheuen braucht.[11] Das Prunkstück aus dem kubanischen Programm heißt SUMA *(Sistema ultramicroanalítico)*. Das Ende der achtziger Jahre entwickelte Diagnosegerät kommt im Vergleich mit herkömmlichen Geräten mit zehn Prozent der Menge an Reagenzien aus, wodurch die Untersuchungskosten erheblich gesenkt werden.

---

[9] Neben den humanmedizinischen Erzeugnissen vertreibt Heber Biotec auch Impfstoffe für die Veterinärmedizin. Mit dem Serum gegen die Rinderzecke (Gavac) und jenem gegen die Schweinediarrhöe (Vacoli) hat die Vertriebsgesellschaft bereits gute Geschäfte gemacht (BFAI 1996: 9f.). Darüber hinaus exportiert Kuba in geringerem Umfang genetisch verändertes Saatgut, aber auch Biopestizide.

[10] Ende November letzten Jahres besuchte Robert Huber, Nobelpreisträger für Chemie 1988 und Vorstandsmitglied der Max-Planck-Gesellschaft, den biotechnologischen Kongress in Havanna und zeigte sich, wie viele Kollegen vor ihm, angetan von den kubanischen Forschungseinrichtungen. Dies gilt auch für zahlreiche US-amerikanische Wissenschaftler, die den kubanischen Einrichtungen attestierten, dass sie den Vergleich zu britischen und US-amerikanischen Einrichtungen nicht zu scheuen bräuchten (*Der Spiegel* Nr. 27/1999: 190).

[11] Interview des Verf. vom 7. Juni 1994 mit Dr. Furet Brindon im CNIC.

17 verschiedene Diagnosemöglichkeiten bot SUMA Anfang der neunziger Jahre. Neben HI-Viren lassen sich Hepatitis-B-, Meningitis-, Lepra-, Toxoplasmose- und Herpes-Viren, um nur die wichtigsten Diagnosemöglichkeiten zu nennen, umgehend nachweisen (Bravo 1993: 91). Seitdem haben die kubanischen Techniker SUMA laufend weiterentwickelt und alle zwei bis drei Jahre ein neues Gerät auf den Markt gebracht. Das Diagnosespektrum wurde verfeinert und auch auf den Bereich der Allergien ausgeweitet. 28 unterschiedliche Erkrankungen konnten 1997 über das Analysegerät diagnostiziert werden (*Cuba Foreign Trade*, 5/1997, S. 61).

Doch bisher ist SUMA nur in relativ kleiner Stückzahl ins Ausland abgesetzt worden, vorrangig in die lateinamerikanischen Nachbarländer. Es fehlt, genauso wie in der Biotechnologie, an Vermarktungs- und Vertriebsstrukturen für die Geräte und die tiefgreifende Wirtschaftskrise hat die Produktion zwischen 1992 und 1996 stark abfallen lassen. Zahlreiche Komponenten, die importiert werden müssen, konnten aufgrund von Devisenengpässen nicht geordert werden.

Ein weiteres Hightech-Gerät mit internationalem Vermarktungspotential ist "Diramic". Der handliche Analysecomputer aus den kubanischen Werkstätten erlaubt es, innerhalb von vier Stunden das individuell effektivste Antibiotikum für die Behandlung von Infektionskrankheiten herauszufinden. Weitere Geräte, die in Kuba hergestellt werden und wesentlich günstiger sind als vergleichbare Produkte auf dem internationalen Markt, sind Herz-Kreislauf-Maschinen, Zentrifugen, Elektroenzephalographen, unterschiedliche Tomographen, Sterilisationsgeräte und Elektrokardiographen (Feinsilver 1992: 98).

Die Kommerzialisierung dieser Produkte wurde lange Zeit vernachlässigt. Vorhandenes Informationsmaterial entsprach keineswegs internationalen Standards, und Lieferengpässe waren an der Tagesordnung. Anders als dem biotechnologischen Sektor wurde dieser Produktionssparte keine Priorität eingeräumt, sie erhielt somit nicht die nötigen Ressourcen für die Aufrechterhaltung der Produktion und deren Weiterentwicklung.

Das könnte sich mit der einsetzenden wirtschaftlichen Erholung ändern. Zudem arbeiten die kubanischen Geräteentwickler seit Mitte der neunziger Jahre intensiv mit der WHO und UNICEF zusammen, um die Produkte sowohl marktgerechter zu präsentieren als auch Krankenhäuser in Armutsregionen mit den preiswerten Utensilien auszustatten. Auf diesen Nischenmarkt wird sich Kuba auch weiterhin beschränken müssen, falls es nicht gelingt, internationale Unternehmen aus der Sparte Medizintechnik für die Vermarktung und eventuell auch die Weiterentwicklung zu gewinnen.

5. Soft- und Hardware *hechos en Cuba*

Eng verknüpft mit der Medizintechnik ist die kubanische Computerindustrie, die alle wesentlichen Komponenten und Programme liefert. Rund 10.000 Programmierer gibt es in Kuba und in der Herstellung von spezifischer Software sehen die Verantwortlichen des INSAC (Nationales Institut für automatisierte Systeme und Computertechnik) auch Exportperspektiven.

Ausgesprochen früh war den Verantwortlichen in Kuba klar, welche Vorteile die Datenverarbeitung für die Organisation der Planwirtschaft bot. Bereits Mitte der sechziger Jahre gab der damalige kubanische Industrieminister Ernesto Che Guevara eine Studie in Auftrag, um die Möglichkeiten des Aufbaus einer elektrotechnischen Industrie zu evaluieren. Wenige Jahre später, 1970, wurden die ersten Kleincomputer in Kuba hergestellt. Im Rahmen der RGW-Arbeitsteilung wurden die kubanischen Anstrengungen in diesem Bereich jedoch nicht unterstützt, sondern eher behindert.[12] Damals war nämlich Bulgarien für die Entwicklung der Computerindustrie zuständig. Dem sozialistischen Entwicklungsland Kuba wurde, trotz wiederholter Bitte, die Aufnahme in das multilaterale RGW-Abkommen zur Förderung der Produktion im elektronischen Bereich verwehrt. Erst Anfang der achtziger Jahre erfolgte die Aufnahme, so dass Kuba etwa zehn Jahre warten musste, bis es die Produktion von PCs, Displays und elektronischen Komponenten intensivieren konnte, die dann in den RGW exportiert wurden (Henkel 1996: 68ff.).

Trotz des geringen Interesses von Seiten des RGW begann man in Kuba bereits 1975 mit der Ausbildung von Programmierern und Systemanalytikern. Ein Jahr später wurde das INSAC als Dachorganisation zur Forschung, Entwicklung, Produktion und Wartung im Computerbereich gegründet. 1978 entstand das erste größere Unternehmen (EMCO) zur Herstellung von Kleincomputern. Die kubanischen Prototypen wurden dort in größerer Stückzahl hergestellt, nachdem sie bezüglich ihrer Leistungsfähigkeit mit internationalen Modellen verglichen und verbessert worden waren.

---

[12] Innovative Projektvorschläge Kubas, die dieser Arbeitsteilung widersprachen, fanden jedoch keine, eine verspätete oder stark eingeschränkte Berücksichtigung. Ähnlich wie bei der Computerproduktion erging es den Kubanern beim Aufbau der biotechnologischen Industrie (Henkel 1996: 68ff.).

Nach Kubas Aufnahme in das RGW-Programm im Jahr 1986 wurden die Kapazitäten durch der Gründung von COPEXTEL, dem Kombinat zur Produktion und zum Export elektronischer Technologie, beträchtlich erweitert. Die Ausfuhr in die sozialistischen Staaten kam langsam ins Rollen, doch vier Jahre später, mit der Auflösung des RGW und wenig später der Sowjetunion, stand die kubanische Computerproduktion vor dem Nichts. Das Gros der Kapazitäten lag fortan brach. Für notwendige Importe fehlte das Geld und an den Export von PCs, Komponenten und Automatisierungsausrüstung war nicht mehr zu denken: Es fehlte an den nötigen internationalen Kontakten.

Was blieb, war die Produktion für den nationalen Markt, vor allem für den boomenden Tourismus- und den medizinischen Sektor. Zentrale Zielsetzung der Branche ist es, das Gros der elektronischen Produkte, ob Rechner, Software, Schaltkreise, Antennen, Kontrollelemente usw., in den nationalen Werkstätten herzustellen.[13]

Exportaussichten sieht COPEXTEL hingegen vorrangig in der Software-Herstellung und beim Export medizinischen Geräts, in weitaus geringerem Maße bei der Entwicklung und Produktion von Automatisationsverfahren. Allerdings besteht in diesem Bereich ein *Joint Venture* mit dem spanischen Unternehmen Asturcoex. Ansonsten mangelt es COPOXTEL an geeigneten internationalen Partnern. Das zentrale Problem aus Sicht des kubanischen Unternehmens ist, dass kaum jemand weiß, dass es in Kuba eine elektronische Industrie gibt und dass einige tausend qualifizierte Programmierer zur Verfügung stehen.

Angesichts fehlender Mittel ist die einzige Werbung jene über die Produkte. Verwaltungs-Software aus kubanischer Produktion, die erfolgreich in den Hotels des Landes eingesetzt wird, könnte auch interessant für internationale Hotelbetreiber aus Spanien oder Mexiko sein, so die Hoffnung der kubanischen Techniker (Anleo/Velunza/Bacallao 1994: 3). Gleiches gilt für die medizinische Softwaresparte und damit auch für die kubanischen Diagnose- und Laborgeräte (Pino/Rodríguez/Arrojas 1994: 8ff.).

Angesichts der derzeit hohen internationalen Nachfrage nach Programmierern wäre die Erstellung von Software im Auftrag internationaler Unternehmen eine weitere denkbare Nische. Doch gerade die Vorbehalte der kubanischen Regierung gegenüber der Kommunikations-Revolution behindern die Computer-Freaks auf der Karibikinsel. Internet, E-Mail und freier Informationsfluss stürzen die Regierung in ein Dilemma. Auf der einen Seite

---

[13] Diese Darstellung basiert auf einem Interview des Verf. mit Delina Guitiérrez, der CO-PEXTEL-Presseverantwortlichen, im Juni 1994 in Havanna.

unterstützt sie Jugend-Computerclubs und gibt sich damit ein modernes Image, auf der anderen ist das Internet, der Boommarkt der Zukunft, tabu.

Das Kontrollbedürfnis der Regierung Castro wiegt schwerer als der Modernisierungswille und so kommt es immer mal wieder vor, dass *Internetaccounts* kurzfristig gesperrt werden. Selbst ranghohe Mitarbeiter aus der kubanischen Steuerbehörde (ONAT) mussten sich schon für ihre private E-Mail-Korrespondenz verantworten.

Ohnehin sind Rechner mit direktem Netzanschluss in Kuba Mangelware. Auf 2 bis 5.000 beläuft sich deren Zahl. Im *WorldWideWeb* zu surfen ist somit äußerst schwierig in Kuba. Weitere 20.000 Rechner hängen an nationalen Netzen und verfügen über eine E-Mail-Funktion (*Handelsblatt*, 20.4.1999), nicht gerade viel für das moderne Kuba. Dadurch fehlt nicht nur den Programmierern auf der Insel der internationale Austausch. Allerdings sind sie davon ungleich stärker betroffen, denn Neuerungen im *Web-Side-Design, E-Commerce* und dergleichen bleiben ihnen zumeist verborgen. So können sie sich schwerlich auf dem Laufenden halten, womit ihre langfristigen Perspektiven eingeschränkt sind; im schnelllebigen Computer-Geschäft aber muss man ständig technisch auf dem letzten Stand sein.

6. Innovatives aus Zuckerrohr

Angesichts sinkender Weltmarktpreise für den Zucker und wenig rosiger Perspektiven für deren Erholung hat Peter Baron, Präsident der Internationalen Zuckerorganisation (ISO), in den letzten Jahren wiederholt auf die wachsende Bedeutung der Zuckerrohrderivate hingewiesen. Er rät den rohrzuckerproduzierenden Nationen zur Neuorientierung. Die Forschung im Bereich der Zuckerrohrderivate müsse intensiviert werden, alternative Produkte aus Zuckerrohr zur Marktreife gebracht werden, um die kritische Absatzsituation zu überbrücken.

Dabei sind nur wenige Länder auf die negative Weltmarktentwicklung so gut vorbereitet wie Kuba. Die Schubladen des Forschungsinstituts für Zuckerrohrderivate (ICIDCA) in Havanna sind randvoll mit neuen Forschungsvorhaben, mit bereits entwickelten Produkten und mit Plänen für die Errichtung neuer Pilotfabriken, in denen die industrielle Produktion von Derivaten erprobt werden soll. Das Institut, das bereits 1963 auf Initiative von Ernesto Che Guevara gegründet wurde und derzeit über dreißig Laboratorien und zwölf Pilotfabriken verfügt, hat in den vergangenen drei Dekaden Grundlagenforschung betrieben. Auf Basis des Zuckerrohrs wurden verschiedene

Wachse, Enzyme, Hefen, aber auch biologische Waschmittel, Viehfutter oder Spanplatten hergestellt (Noa/Vasquez 1993: 7ff.).

Diese Forschungsergebnisse, um die so manches rohrzuckerproduzierende Land Kuba beneidet, hätten, so Agustín Cabello, leitender Wissenschaftler am ICIDCA, viel weitgehender genutzt werden müssen, als es in Kuba bisher der Fall ist. Von den 45 Produkten, die im Institut bisher entwickelt wurden, werden die wenigsten in größerem Stile produziert, obgleich einige durchaus vielversprechende Exportaussichten hätten.

Allen voran ist die Papierproduktion zu nennen. Die Papiergewinnung aus dem in großen Mengen anfallenden Zuckerrohrstroh bietet langfristig günstige Perspektiven. Mit der Unterstützung vom UN-Entwicklungsprogramm (UNDP) wird seit 1993 daran gearbeitet, bestehende Einrichtungen zu verbessern und neben normalen Papiersorten auch Hochglanzpapier herzustellen. Doch von der Marktreife ist die kubanische Produktion noch weit entfernt. Zwar lobten die UN-Spezialisten wiederholt die fortgeschrittene kubanische Technologie, die es erlauben würde, Papier in größeren Mengen umweltschonend herzustellen, jedoch fehlt es an den notwendigen Investitionen, um die Produktionskapazitäten zu erweitern und um international für das interessante Verfahren zu werben.[14]

Doch nicht nur Papier ließe sich aus den in großen Mengen anfallenden Zuckerrohrabfällen gewinnen, sondern auch Energie – eine für die an Brennstoffen arme Karibikinsel interessante Perspektive. Nach einer Studie der lateinamerikanischen Energiekommission (OLADE) ließen sich rund 60% des kubanischen Energieverbrauchs allein durch die energetische Nutzung der anfallenden Biomasse erzeugen.

Dem hat die kubanische Regierung nur in engen Grenzen Rechnung getragen. Im 1993 verabschiedeten Energieprogramm wurde als mittelfristiges Ziel des Programms die Steigerung der Nutzung alternativer Energiequellen von einem Äquivalent von fünf auf acht Millionen Tonnen Erdöl anvisiert (CNE 1993: 11). Das Konzept basiert auf der intensiven Nutzung der Bagasse, ein in großen Mengen anfallendes Abfallprodukt aus der Zuckerindustrie, welches getrocknet und gepresst als brikettähnlicher Brennstoff zur Energiegewinnung in den Zuckerfabriken genutzt wird. Energieüberschüsse werden direkt in nationale Versorgungssysteme eingespeist. Allein durch deren Nutzung konnten 1990 29% des nationalen Energiebedarfs gedeckt werden. Dieses Potential gelte es, so das Programm, in größerem Umfang durch die

---

[14] Interview des Verf. mit Agustín Cabello Balbín im Juni 1994 in Havanna.

Neuinstallation von effizienteren Verbrennungsöfen zu nutzen, wobei langfristig spektakuläre Ergebnisse möglich sind.[15] Die Anstrengungen der kubanischen Regierung, dieses Potential zu nutzen, stecken bis dato noch in den Kinderschuhen. Die notwendige Technik muss größtenteils importiert werden, wozu sich die Regierung nur in begrenztem Maßstab hat durchringen können. Demzufolge hinkt das Programm weiter hinter den Zielsetzungen her. "Im gesamten Derivate-Bereich hätte bereits viel früher investiert werden müssen. Diese mangelnde Weitsicht kommt uns jetzt teuer zu stehen", sagt Cabello. Ihm und seinen Forschungsergebnissen wird im Ausland oft mehr Interesse entgegengebracht als im Inland.

Zwar existieren in Kuba durchaus Programme für die weitere Erforschung des Potentials des Zuckerrohrs sowie zur Förderung der bekannten Zuckerrohrderivate, allerdings genießen sie nicht die Priorität, die dem Ausbau des Tourismus oder der Biotechnologie zukommt. Innovatives verstaubt somit in den Schubladen, oder es bleibt in den Maschen des bürokratischen Netzes hängen.[16] "Dabei ließen sich langfristig vielerlei Importe einsparen, wie beispielsweise Seife, Waschmittel oder Papier – wir brauchen nur das nötige Kapital, um die industrielle Produktion voranzutreiben. Ohnehin lassen sich die Potentiale des Zuckerrohrs im chemischen Bereich noch gar nicht abschätzen, vielleicht wird es irgendwann ganze Industriezweige auf dessen Basis geben. Wir stehen noch am Anfang der Forschung im bioche-

---

[15] Der Brennwert von 4,5 Tonnen Bagasse entspricht dem von einer Tonne Erdöl (Pons 1994: 20). Bei einer durchschnittlichen kubanischen Zuckerrohrernte fallen 20-25 Millionen Tonnen Bagasse an. Mit der augenblicklich eingesetzten Technologie werden pro Tonne Bagasse etwa 15-25 Kilowattstunden Strom erzeugt. Würden die finanziellen Möglichkeiten zur Verfügung stehen, wäre es möglich, das bestehende System zu modernisieren und Ergebnisse von 400-600 Kilowattstunden pro Tonne Bagasse zu erreichen. Diese finanziellen Ressourcen stehen jedoch nicht zur Verfügung. Angesichts magerer Investitionsetats werden Verbrennungsergebnisse von 60-80 Kilowattstunden pro Tonne Bagasse angestrebt und nicht in Hightech-Öfen und geschlossene Kreisläufe investiert, so Ramon Pichs Madruga, Wissenschaftler der nationalen Energiekommission (CNE) im Interview mit dem Verf. am 6.6.1994 in Havanna.

[16] Beispielsweise war es 1993 für das kubanische Institut für die Erforschung der Derivate des Zuckerrohrs (ICIDCA) nicht möglich, eine relativ kleine Menge guten Rums auf den Markt zu bringen, um auf diesem Wege einen Teil des Devisenbedarfs des Instituts zu decken. Im Juni 1994, nach einigen Reformen in den betreffenden Ministerien, waren hingegen bereits die Etiketten für die Flaschen fertiggestellt, und seit Dezember 1994 ist der Hemingway-Rum im Handel. Ähnlich wie dem ICIDCA erging es anderen Instituten, die an den übergeordneten Behörden zwischenzeitlich verzweifelten. Die kümmerten sich lieber um die größeren Projekte und vernachlässigten die kleinen.

mischen Bereich", betont Cabello, der sich ein wenig mehr Engagement von der Regierung wünschen würde.

7. Von der Schönheitsoperation bis zur Entziehungskur: Gesundheitstourismus als neuer Wirtschaftszweig

Der bisher prominenteste Gast hat Kubas Kliniken wieder verlassen. Um etliche Kilo leichter und kuriert von seiner Kokainsucht ist Diego Maradona, Argentiniens Ex-Fußballstar, Ende März 2000 zurück nach Buenos Aires geflogen. Ähnlich wie Maradona suchen von Jahr zu Jahr mehr Menschen Linderung für ihre Leiden bei kubanischen Medizinern. 3.500 waren es 1995, die 24 Mio. US-Dollar in die Kassen brachten (*Economist*, 7.9.1996), 1996 schon 5.147 und im Folgejahr wurden über 6.000 Patienten aus dem Ausland in Kuba behandelt, wie die staatliche Agentur Servimed bekannt gab. Rund 46 Mio. DM erwirtschaftete Servimed in jenem Jahr (*Economist*, 1998: 52). Mit offiziellen Zahlen halten sich die Kubaner seitdem zurück, doch der Gesundheitstourismus ist auf dem besten Wege, ein neuer Wirtschaftszweig zu werden. Das belegt auch eine Studie der Weltbank aus dem Jahre 1997, die einigen karibischen Staaten, allen voran Kuba, ein qualifiziertes und preiswertes Potential attestiert, das international konkurrenzfähig ist und nur entsprechend vermarktet werden muss.

Dabei hat Kuba erste Fortschritte gemacht. Patienten mit dem sogenannten Tunnelblick, einer Augenkrankheit, bei der die Sehnerven langsam absterben, fahren auf die Karibikinsel, um sich dort behandeln zu lassen. Die Augenklinik Camilo Cienfuegos in Havannas Stadtteil Vedado hat die weltweit einzige Therapie gegen die "Retinopathia pigmentosa", so der wissenschaftliche Name der Krankheit, entwickelt. Mit dem operativen Eingriff wird die Erblindung zumindest hinausgeschoben, jedoch nicht geheilt, ein Hoffnungsschimmer für viele Patienten aus dem In- und Ausland. Bisher wurden über 10.000 Operationen durchgeführt, wobei das Gros der Patienten aus dem Ausland kommt. Alljährlich sind es zwischen 1.000 und 1.500 Patienten aus dem Ausland, die sich der Behandlung unterziehen und für eine 90%ige Auslastung der Klinik sorgen (Henthorne/Oswald 1998: 228ff.).

Die Augenklinik gehört zu dem Netz der von Servimed gemanagten Kliniken, in denen ausländische Patienten behandelt werden. Dabei handelt es sich um Einrichtungen, die einen Vergleich mit US-amerikanischen Spitälern nicht zu scheuen brauchen und mit modernstem Equipment ausgerüstet sind. Das Personal, Krankenschwestern wie Ärzte, wird nach speziellen Kriterien ausgewählt. Fremdsprachenkenntnisse sind Voraussetzung für die Anstellung, und Service wird großgeschrieben (Henthorne/Oswald 1998: 230). 37 Kliniken und Kureinrichtungen im ganzen Land sind es mittlerweile, die Servimed ganz oder teilweise unterstehen. Zu ihnen gehört auch das Krankenhaus Hermanos Ameijeiras, das unter anderem auf Operationen am offenen Herzen, aber auch auf Herztransplantationen und Kardiotherapie spezialisiert ist. Einer der bekanntesten Patienten ist Nicaraguas ehemaliger Staatschef Manuel Ortega. In der riesigen Klinik, direkt an Havannas Uferpromenade gelegen, sind 112 der 1.400 Betten für internationale Patienten reserviert.

Ausschließlich der internationalen Kundschaft steht hingegen die ehemalige Diplomatenklinik Ciro García offen. Von der Schönheitsoperation bis zur Knieprothese reicht das Angebot der Klinik in Havannas Diplomatenviertel Miramar. Die Zimmer entsprechen internationalen Standards und sind teilweise mit Internet-Anschluss, Satellitenfernsehen u.ä. ausgerüstet.

Durchschnittlich liegen die Preise von Servimed um 50% unter jenen, die in den USA oder Europa zu bezahlen sind. Eine Herz-Bypass-Operation bietet Servimed bereits für 10.500 US-Dollar an, während die gleiche Operation in Boston 27.500 US-Dollar kostet. Derartige Eingriffe lassen sich bisher nur in Lateinamerika vermarkten, wo die kubanischen Kliniken einen ausgezeichneten Ruf haben (*Handelsblatt*, 11.7.1997). Mehrere Staatspräsidenten, so Perus Ex-Präsident Velazco Alvarado, haben sich in Kuba behandeln lassen – ein immenser Werbeeffekt für die kubanischen Kliniken. Anders sieht es in Europa oder den USA aus, wo die Patienten in der Regel gut versorgt werden und die kubanischen Spezialisten keinen so guten Ruf haben wie in Lateinamerika. Die Vertrauenshürden sind jedoch weit weniger hoch bei Kuraufenthalten oder Entziehungskuren, die Servimed ebenfalls anbietet. Eine dreimonatige Entziehungskur wie jene von Diego Maradona kostet den Unterlagen des kubanischen Vermarkters zufolge 13.500 US-Dollar und wird von zwei Kliniken in Holguín und Camagüey angeboten. Kurzentren mit Thermalbädern wurden in Pinar del Río und Matanzas eingerichtet und vervollständigen die Angebotspalette.

Die erwirtschafteten Gewinne fließen, so Dr. Felíx Carrón von Servimed[17], wieder zurück ins Gesundheitswesen und kommen damit der Bevölkerung zugute. Ein Argument, das kubanische Patienten, die oftmals wesentlich schlechter versorgt werden als die Dollar-Patienten, oft nicht gelten lassen wollen. Für Bettzeug und Lebensmittelversorgung im Krankenhaus

---

[17] Interview des Verf. mit Dr. Felíx Carrón vom 12. Januar 1999 in Havanna.

müssen des öfteren die Verwandten sorgen. Allzu oft bekommen die Patienten die Medikamente, die ihnen verschrieben werden, in den kubanischen Apotheken nicht. Offiziell stehen diese ihnen zwar zu, aber immer wieder landen Medikamente aus den staatlichen Apotheken auf dem Schwarzmarkt, wo sie für US-Dollar verkauft werden. Zudem gibt es immer wieder Lieferengpässe auf dem nationalen Markt, während in den Dollar-Apotheken von Servimed die Regale überquellen.

Vom Risiko, dass sich eine Zwei-Klassen-Medizin in Kuba entwickeln könne, will Carrón jedoch nichts wissen. Die Diskrepanz in der Ausstattung zwischen einem Hospital wie dem Ciro García und einzelnen Abteilungen des Krankenhauses Calixto García ist allerdings nicht von der Hand zu weisen. Wenn also der Ausbau des Gesundheitstourismus nicht einher gehen soll mit einem Glaubwürdigkeitsverlust der Regierung, die die gute und unentgeltliche Gesundheitsversorgung schließlich als zentrale Errungenschaft der Revolution preist, dann sind Nachbesserungen in der öffentlichen Gesundheitsversorgung erforderlich.

Generell ist es der kubanischen Regierung mit dem Aufbau des Gesundheitstourismus, der ausgesprochen gute Perspektiven bietet, gelungen, eine neue Devisenquelle zu erschließen, die langfristig vielleicht zu einem neuen Wirtschaftszweig aufsteigen kann.

8. Fazit

Es wäre sicherlich übertrieben, Kuba heute schon als Hightech-Standort zu bezeichnen. Aber das Land verfügt in einigen Bereichen über ein beeindruckendes Potential, das aus vielfältigen Gründen bisher unzureichend genutzt wurde. Dafür ist nicht allein die Regierung in Havanna verantwortlich, sondern auch die innovationsfeindliche RGW-Struktur, der Kuba knapp zwanzig Jahre angehörte. Zehn Jahre nach dem Zusammenbruch des sozialistischen Wirtschaftsbündnisses und der damit einhergehenden ökonomischen Krise beginnt sich die kubanische Wirtschaft langsam wieder zu erholen. Sie hat in vielen Bereichen an Flexibilität gewonnen, sich peu à peu an den internationalen Markt angepasst, und 40 Jahre nach der Revolution sind die ersten Anzeichen einer Diversifizierung in den Exportstatistiken zu erkennen.

Dabei kommen auch die immensen Anstrengungen im Ausbildungs- wie im Gesundheitssektor zum Tragen. Der gute Ausbildungsstand der kubanischen Bevölkerung, ohne den die Erfolge in der Biotechnologie undenkbar wären, kommt der Wirtschaft langsam zugute. Der im Vergleich mit den Nachbarländern hohe Qualifizierungsgrad der Bevölkerung ist das wertvollste Kapital der an Rohstoffen armen Insel. Langfristige Entwicklungspläne, die dem kreativen Potential der Bevölkerung Rechnung tragen, es stärker in Entwicklungsprozesse einbinden und fördern, sind bis dato Mangelware in Kuba und zentrale Herausforderung für die Zukunft.

Dass die Regierung dazu in der Lage ist, hat sie punktuell mit der Entwicklung der biotechnologischen Industrie bewiesen. Auf der anderen Seite hat sie durch die Fokussierung auf diesen Sektor andere relevante Bereiche vernachlässigt, wie das Beispiel der Zuckerrohrderivate eindringlich zeigt. Das Potential, welches in diesem Sektor schlummert, wurde stiefmütterlich behandelt, wofür nicht allein die verkrusteten bürokratischen Strukturen, sondern auch der fehlende Weitblick der Entscheidungsträger verantwortlich sind.

Zwar gibt die Regierung für Bildung und Wissenschaft, gemessen am Gesamthaushalt, beträchtliche Summen aus, aber abseits des medizinisch-pharmazeutischen Sektors werden die Ergebnisse aus den Forschungsinstituten nur unzureichend genutzt. Kooperationen auf internationaler Ebene in Forschung und Entwicklung könnten diese Lücke teilweise schließen, allerdings gestaltet sich der Informationsaustausch zwischen Kuba und dem Rest der Welt oftmals schwierig. Dafür ist vor allem das staatliche Kontrollsystem verantwortlich, aber auch die fehlende Flexibilität in Kuba und teilweise auch bei den potentiellen ausländischen Partnern. Forschungskooperationen, die sich oftmals auch über internationale Fonds fördern lassen, sind deshalb eher selten. Allerdings nimmt das internationale Interesse für derartige Kooperationen zu[18], die neben *Know-how* auch neue Technologien nach Kuba bringen könnten. Zudem könnten über derartige Forschungskooperationen auch Unternehmenskontakte zur Weiterentwicklung und Kommerzialisierung vorhandener Produkte zustande kommen. Angesichts der begrenzten Potentiale im Bereich Marketing sowie Vertrieb und der nach wie vor äußerst angespannten Haushaltslage bieten derartige Kooperationen ein nicht zu unterschätzendes Potential für die Entwicklung des Landes.

---

[18] Im März 2000 unterzeichnete der Deutsche Akademische Austauschdienst (DAAD) einen Kooperationsvertrag mit dem kubanischen Ministerium für ausländische Investitionen. Die Zahl der Stipendien für Austauschstudenten soll signifikant erhöht werden. Zudem soll die wissenschaftlich-technische Zusammenarbeit zwischen beiden Ländern intensiviert werden, wobei ein Schwerpunkt auf der biotechnologischen Forschung liegt (*Granma International* (dt. Ausgabe), März 2000).

Aus eigener Kraft wird die Regierung in Havanna die eigenen Ressourcen nicht in wünschenswertem Maße fördern können. Dazu reichen die bescheidenen Investitionsmittel, die derzeit zur Verfügung stehen, nicht aus. Klare Wirtschafts- und Entwicklungskonzepte, die den Rahmen vorgeben und definieren, welche Kooperationsformen die Unterstützung der Regierung finden, sind Voraussetzung für einen Erfolg in diesem Bereich und damit vielleicht auch für neue Hightech-Produkte aus Kuba.

Literaturverzeichnis

Alvarez González, Elena C. (1992): "A Cuban Experience, Hightech Products". In: *Cuba Foreign Trade*, Nr. 2/1992, S. 4-8.

Blanco, Amadeo (1994): "La Industria Biofarmacéutica en Cuba: Posibilidades y Desafíos". In: *Cuba Foreign Trade*, Nr. 1/1994, S. 46-51.

Bravo, Ernesto Mario (1993): *La Biomedicina en Cuba*. Mexiko-Stadt.

Bundesstelle für Außenhandelsinformation (1996): *Kuba – biotechnische Produkte*. Bonn.

Castro Ruz, Fidel Alejandro (1990): *Die Revolution zu retten*. Havanna: Verlag José Martí.

Comisión Nacional de Energía (CNE) (Hrsg.) (1993): *Programa de Desarrollo de las Fuentes Nacionales de Energía*. Havanna.

Dalton, Thomas C. (1993): *"Everything within the Revolution"*. *Cuban Strategies for Social Development since 1960*. Boulder: Westview.

Feinsilver, Julie M. (1992): "Will Cuba's Wonder Drugs Lead to Political and Economic Wonders? Capitalizing on Biotechnology and Medical Exports". In: *Cuban Studies*, 22. Jahrg., Nr. 22, S. 79-111.

— (1993): "Can Biotechnology Save the Revolution?". In: *NACLA – Report on the Americas*, 26. Jahrg., Nr. 5/1993, S. 7-10.

Fox, Jeffrey C. (1986): "Cuba Plans a Century of Biology". In: *American Society of Microbiology*, Nr. 5/1986, S. 243.

González Anleo Palma, Tomás/Velunza Martínez, Frank/Bacallao Fagundo, Miguel (1994): "Enlace de Red C.R.E. OMRON con Sistema de Gestión Hotelera". In: *CID – Electrónica y Proceso de Datos en Cuba*, Nr. 1/1994, S. 3-5.

Guerrero, Luis C. (1996): "Estado actual y Tendencias de la Industria Farmacéutica Mundial". In: *Cuba Foreign Trade*, Nr. 4/1996, S. 82-95.

Henkel, Knut (1996): *Kuba zwischen Plan und Markt. Die Transformation zur "dualen Wirtschaft" seit 1985*. Hamburg: LIT-Verlag.

Henthorne, Tony L./Oswald, Sharon L. (1998): "Health Tourism: A Niching Strategy for Marketplace Survival in Cuba". In: *Global Development Studies*, Largo/Maryland, 1. Jahrg., S. 220-233.

Limonta Vidal, Manuel/Padron, Guillermo (1992): "Medical Application of High Technology in Cuba". In: Centro de Estudios sobre América (Hrsg.): *The Cuban Revolution into the 1990s. Cuban Perspectives*. Boulder/San Francisco/Oxford, S. 163-173.

Noa Silveiro, Herly/Vazquez Tio, Manuel (1993): *Situación actual y perspectivas de la agroindustria azucarera y sus derivados en Cuba.* Manuskript vom kubanischen Institut zur Erforschung der Derivate des Zuckerrohrs (ICIDCA), Havanna.

Pichs Madruga, Ramon (1992): "Problemas y Opciones del Sector Energético en Cuba". In: *Boletín de información sobre economía Cubana*, 1. Jahrg., Nr. 5/1992, S. 9-18.

Pino Serrano, Juan M./Rodríguez Rubio, Jorge A./Arrojas Cowley, Fernando (1993): "Consideraciones sobre el Desarrollo y Producción de Equipos Médicos de Alta Tecnología". In: *CID – Electrónica y Proceso de Datos en Cuba*, Nr. 1/1993, S. 8-11.

Pons Duarte, Hugo M. (1994): "Azúcar, Energía y Eficiencia: Una Aproximación Cubana". In: *Boletín de información sobre economía Cubana*, 3. Jahrg., Nr. 15/1994, S. 20-24.

Simeón, Rosa Elena/Clark Arxer, Ismael (1988): "El impacto social de las Biotecnologías en Cuba". In: *Cuba Socialista*, 8. Jahrg., Nr. 4/1988, S. 8-25.

Birgit Beier

Tourismus als wirtschaftlicher und gesellschaftlicher Faktor

Zucker, Tabak und Rum, Varadero, Tropicana, Strand und Palmen – diese und viele andere Schlagworte schüren die touristische Neugier auf das karibische "Inselparadies" Kuba, das sich, ursprünglich Geheimtipp, längst als Standardangebot in den Reisekatalogen etabliert hat. Wie sich der Tourismus in Kuba im letzten Jahrzehnt entwickelt hat, wie er sich heute im immer noch sozialistischen Kuba gestaltet und welche Auswirkungen er auf die kubanische Gesellschaft und Umwelt hat, wird im Folgenden zusammenfassend dargestellt.

1. Wirtschaftliche Entwicklung des Tourismus in den 90er Jahren

Historisch kann der Tourismus in Kuba in drei unterschiedliche Etappen eingeteilt werden: Bis zur kubanischen Revolution 1959 diente Kuba als Vergnügungszentrum und Bordell für amerikanische und reiche einheimische Touristen. Nach 1959 brach der internationale Tourismus vollständig zusammen und unter staatlicher Kontrolle wurde ein nationaler Tourismus nach den Maßstäben der sozialistischen Ideologie aufgebaut. Ausländische Touristen in nennenswertem Umfang besuchten Kuba erst wieder ab Mitte der 80er Jahre. Der Zusammenbruch des Ostblocks und damit der Wegfall der wichtigsten Handelspartner für Kuba zu Beginn der 90er Jahre versetzte den internationalen Tourismus jedoch plötzlich in die Rolle, das wirtschaftliche Überleben Kubas mit Deviseneinnahmen garantieren zu müssen. Sein Aufbau wurde von staatlicher Seite rasch vorangetrieben – in der Hoffnung, damit Einnahmen zur Lösung der massiven wirtschaftlichen Probleme zu erzielen.

Die Touristenzahlen, die sich zwischen 1985 und 1990 zwischen 200.000 und 300.000 bewegten, stiegen ab 1991 kontinuierlich an und erreichten 1996 erstmals die Marke von einer Million. Die Tendenz ist weiter steigend.

Tabelle 1:
Ankünfte ausländischer Touristen von 1988 bis 1996 und jährliche Steigerungsrate

Jahr	Besucherzahlen in Tausenden	Steigerungsrate in %
1988	309,2	---
1989	326,3	5,5
1990	340,3	4,3
1991	424,0	24,6
1992	460,6	8,6
1993	546,0	18,5
1994	619,2	13,4
1995	741,7	19,8
1996	1.004,3	35,5

Quelle: García Jiménez (1999: 217)

Etwa 90% der Besucher bereisen Kuba zu Erholungszwecken, nur ca. 1% sind Geschäftsreisende. Bei der Herkunft der Touristen stellen europäische Länder wie Spanien, Italien, Frankreich und Deutschland einen immer größer werdenden Anteil. Eine zweite wichtige Besuchergruppe kommt aus Kanada. Weiterhin erwähnenswert sind lateinamerikanische Touristen aus Ländern wie Mexiko und Argentinien. US-Amerikanern ist der Besuch Kubas wegen der politischen Auseinandersetzungen offiziell nicht erlaubt. Die folgende Tabelle zeigt die Entwicklung in der ersten Hälfte der 90er Jahre, die Graphik schlüsselt für das Jahr 1996 die Herkunftsländer genauer auf.

Tabelle 2:
Anteil der ausländischen Touristen nach Herkunftsländern von 1990 bis 1996

Herkunftsländer	1990	1991	1992	1993	1994	1995	1996
Nordamerika	24,0	21,8	26,1	27,7	26,6	27,8	25,4
Lateinamerika	24,1	27,1	23,0	25,0	22,8	20,2	16,3
Europa	49,6	46,4	47,4	45,1	48,8	50,3	55,9
Sonstige	2,3	4,7	3,5	2,2	1,8	1,7	2,3

Quelle: García Jiménez (1999: 218)

Graphik 1
Herkunftsländer ausländischer Touristen 1996

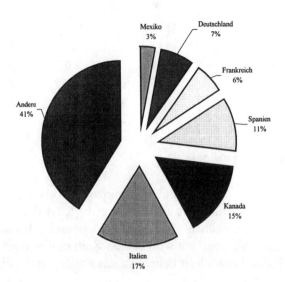

Quelle: García Jiménez (1999: 219)

Die Abhängigkeit der kubanischen Wirtschaft vom expandierenden Tourismusgeschäft erhöhte sich kontinuierlich. García Jiménez (1999) misst dies an zwei wesentlichen Kriterien: Der Tourismus erwirtschaftet erstens mehr als 10% der Export-Einnahmen. Der Talfahrt des Zuckerexports, der sich von den Sonderkonditionen des Handels mit dem Ostblock auf Weltmarktbedingungen umstellen musste, steht hierbei der Aufschwung der Tourismusindustrie gegenüber. Andere kubanische Exportprodukte wie Tabak oder Nickel bleiben auf gleichem Niveau oder können ihr Volumen durch ausländische Investitionen leicht erhöhen.

Tabelle 3:
Anteil an Gütern und Dienstleistungen am Gesamtexportvolumen in Prozent

Güter/Dienst-leistungen	1989	1990	1991	1992	1993	1994	1995
Zucker	65,4	72,6	63,4	48,4	37,8	34,0	26,2
Alkohol. Getränke	0,3	0,2	0,2	0,2	0,4	0,3	0,3
Tabak	0,8	1,2	2,0	2,9	2,8	2,5	2,7
Tourismus	3,3	4,1	10,9	22, 5	36,1	38,7	40,9
Nickel	8,1	6,5	6,5	8,5	7,1	8,9	12,2
Sonstige	22,1	15,4	17,0	17,5	15,8	15,6	17,7

Quelle: García Jiménez (1999: 221)

Der Beitrag des Tourismus zum Bruttoinlandsprodukt (BIP) ist zweitens größer als 5%. Sein Anteil betrug 1998 in etwa 8,3% des BIP. Während das BIP in den Jahren zwischen 1989 und 1996 konstant leicht sank, sind die Einnahmen aus dem Tourismus im selben Zeitraum um ein Vielfaches gestiegen. Auch die durchschnittlichen Tagesausgaben pro Tourist haben sich im Lauf der Jahre erhöht.

Tabelle 4:
Bruttoeinkünfte aus dem Tourismus und durchschnittliche Tagesausgaben pro Tourist von 1990 bis 1996

Jahr	Bruttoeinnahmen aus dem Tourismus in Tausend (USD)	Durchschnittliche Tagesausgaben pro Tourist (USD)
1990	243,4	82,52
1991	387,4	105,30
1992	567,0	135,61
1993	720,0	137,88
1994	850,0	150,28
1995	1.100,0	172,25
1996	1.380,0	187,81

Quelle: García Jiménez (1999: 228)

Tourismus als wirtschaftlicher und gesellschaftlicher Faktor 375

Allerdings stiegen auch die Investitionen Kubas in den Tourismus, wodurch der Reingewinn sank. Verlässliche und genaue Angaben über die tatsächliche Höhe der Investitionen des kubanischen Staates in die Tourismus-Industrie waren leider nicht verfügbar.

Tabelle 5:
Kosten pro eingenommenem Peso in Centavos
von 1991 bis 1997

Jahr	1991	1992	1993	1994	1995	1996	1997
Centavos	72	78	84	80	87	85	81

Quelle: García Jiménez (1999: 228)

Damit erreichte die kubanische Wirtschaft 1996 eine Abhängigkeit vom Tourismus von über 60%, die sich bis 1998 weiter auf knapp 75% erhöhte.

Graphik 2:
Abhängigkeit der Wirtschaft vom Tourismus

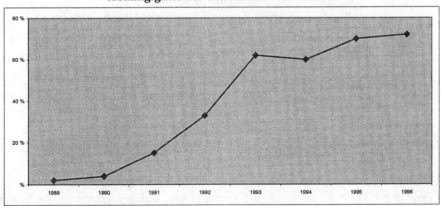

Quelle: García Jiménez (1999: 222)

Im Tourismus wie auch in anderen wirtschaftlichen Bereichen verstärkte sich ab Ende der 80er Jahre das Interesse ausländischer Firmen, in Kuba zu investieren. Zahlreiche Hotels wurden als so genannte *Joint Ventures* gebaut und betrieben, wobei die immer noch staatlichen kubanischen Gesellschaften in der Regel 51% der Anteile halten. Das erste *Joint Venture* wurde 1988 zum Bau des Hotels Sol Palmera in Varadero mit spanischer Beteiligung gebildet. Die Zahl der *Joint-Venture*-Unternehmen stieg bis 1997 auf 212 an. Die Länder, die in Kuba investieren, entsprechen den Herkunftsländern der Touristen; an der Spitze liegt Spanien, gefolgt von Kanada, Italien und Mexiko. Dabei flossen bis 1995 mehr als 2,1 Mrd. US-Dollar nach Kuba. Allerdings stellte die Rechtsunsicherheit bezüglich der Eigentumsverhältnisse ein Hindernis für Investoren dar. Durch eine Verfassungsreform 1992 und das neue Investitionsgesetz von 1995 wurden die Geschäftsbedingungen schrittweise verbessert (Dirmoser/Estay 1997: 166ff.).

Die Organisation des internationalen Tourismus hat sich im letzten Jahrzehnt stark verändert. Die ehemalige staatliche Dachorganisation für Tourismus INTUR hat sich 1995 aufgelöst. Noch unter ihren Fittichen hatten sich Ende der 80er Jahre staatliche Tourismusunternehmen wie die Gesellschaft Cubanacán oder die Gaviota-Gruppe gegründet. Im Lauf der 90er Jahre kamen etliche hinzu, denen bestimmte Aufgabenbereiche im internationalen Tourismus zugeteilt wurden. Sie unterstehen heute dem Ministerium für Tourismus MINTUR. Im folgenden wird eine Auswahl vorgestellt:

Tabelle 6:
Tourismusunternehmen und ihre Aufgabenbereiche

Tourismusunternehmen	Aufgabenbereich
Cubanacán S.A.	größtes Tourismusunternehmen mit Hotels, Restaurants, Geschäften, Autovermietung, Yachthäfen und Zentren für Gesundheitstourismus, spezialisierter Tourismus
Gaviota S.A.	internationaler Tourismus mit etwa zehn Hotelkomplexen
Cubatur	Reiseagentur für Ausflüge und Exkursionen
Gran Caribe	4-5 Sterne-Hotels, Cabaret Tropicana, Restaurant Bodeguita del Medio, Incentivreisen
Horizontes Hoteles	Hotels, Thermaleinrichtungen und spezialisierter Tourismus gehobenen Standards
Isla Azul	Innerkubanischer Tourismus (auch Auszeichnungen für Arbeiter, Hochzeitsreisen), Restaurants, Cafeterias
Empresa del Campismo Popular	Campingplätze für innerkubanischen Tourismus

Rumbos	Ausflugsangebot zu historischen Sehenswürdigkeiten, Museen, Veranstaltungen
Habanaguanex	Angebote im historischen Zentrum von Havanna; Restaurants, Geschäfte
Mercadu	Wissenschaftstourismus: Kurse, Kongresse

Quelle: Aitermoser (1995: 37)

2. Touristenregionen und Tourismusarten

Etwa 70 bis 80% des internationalen Tourismus in Kuba spielt sich, wie auch schon in früheren Zeiten, am berühmten Strandort Varadero sowie in der Hauptstadt Havanna und den östlich davon gelegenen Playas del Este ab, wo die Besucher ihre Bedürfnisse nach Stranderholung, Vergnügungen und Besichtigung kultureller Sehenswürdigkeiten befriedigen. Seit einigen Jahren verstärkt die Regierung ihre Bemühungen, weitere Gebiete für den internationalen Tourismus zu erschließen. Neue Strandressorts entstanden vor allem an der Nordküste, sowohl auf kleinen der Küste vorgelagerten Inseln wie Cayo Coco als auch in auf dem Festland gelegenen Zentren wie Guardalavaca. Dabei handelt es sich vielfach um unberührte Gebiete, die in den 60er bis 80er Jahren meist aus militärischen Gründen gesperrt waren und wo sich Flora und Fauna ungehindert entfalten konnten. Daher wirbt die Tourismusindustrie für diese Gebiete auch mit dem Schlagwort "Ökotourismus". Weitere Erholungs- und Badeorte mit neu gebauten Hotels befinden sich östlich von Santiago de Cuba im Baconao Park sowie auf der Zentralkuba südlich vorgelagerten Insel Cayo Largo. Der Städtetourismus soll zumindest um die Hauptstadt des Ostens, Santiago de Cuba, erweitert werden, das von Europa auch direkt angeflogen werden kann. Eine Reihe von landschaftlich herausragenden Gebieten dienen dem Ausflugtourismus, die, verbunden mit Naturinteresse, ebenso als Ökotourismus vermarktet werden. In der westlichen Provinz Pinar del Río gehören dazu die Karstkegelberge von Viñales, die als Biosphärenreservat anerkannte Sierra del Rosario und die Westspitze Kubas, Península de Guanahacabibes. Im zentralen Kuba wird die sumpfige Zapata-Halbinsel, die Sierra de Escambray, oder auch Topes de Collantes genannt, und der kulturhistorisch einmalige, in kolonialem Stil erhaltene Ort Trinidad an der Südküste dazugezählt. Im Osten der Insel befinden sich Ausflugsziele in der während Revolutionstagen bekannt gewordenen Sierra Maestra, an der Ostspitze, in den Pinares de Mayarí sowie im Nationalpark Alejandro de Humboldt.

Ökotourismus nach kubanischer Definition beinhaltet alle Unternehmungen in naturnahe Gebiete, egal wie ökologisch diese tatsächlich ausgerichtet sind. Die ökotouristischen Aktivitäten reichen von ökologischen Feldstudien über Tagesausflüge zum Wandern bis hin zu Fotosafaris mit Tierbeobachtungen oder Tauchkursen. Diese weite Interpretation kommt dem Bestreben, den Tourismus erheblich auszubauen, entgegen, da damit eine in Europa und Kanada nachgefragte Form des Reisens bedient werden kann. Die enge Definition von Ökotourismus (AG Ecotourism 1995) tritt dabei in den Hintergrund. Sie umfasst Verantwortung gegenüber Umwelt sowie ansässiger Bevölkerung, für die Einkommensmöglichkeiten geschaffen werden sollten, oder gar konkrete Finanzierung von ökologischen Schutzgebieten durch Ökotourismus sowie Umwelterziehung im weitesten Sinne. Die Tourismus-Anbieter setzen die Ressource Natur so gut wie möglich als Werbemittel ein und erschließen sich damit ein aufstrebendes Marktsegment.

Karte 1:
Touristische und Ökotouristische Gebiete Kubas

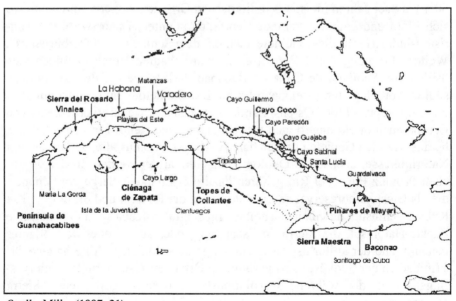

Quelle: Miller (1997: 21)

Bereits seit Anfang der 80er Jahre existierte in Kuba eine Art Ökotourismus unter anderem Namen, welcher der engen Definition erstaunlich nahe kommt. Die Volkscamping-Bewegung *Campismo Popular* stellte mit zahlreichen einfach ausgestatteten Campingplätzen, übers ganze Land verteilt, eine kostengünstige, naturverbundene und im Dienste der Umwelterziehung stehende Erholungsmöglichkeit vor allem für junge Familien und für die Stadtbevölkerung dar. Doch mit den wirtschaftlichen Schwierigkeiten Anfang der 90er Jahre sank das Interesse erheblich. Es entstand die Idee, die vorhandene Infrastruktur für den internationalen Tourismus zu nutzen. Einige wenige Campingplätze wurden nach Umbau und Aufwertung 1994 für ausländische Touristen geöffnet. Die damals neu gegründete Firma Cubamar übernahm dieses touristische Segment von der bis dato zuständigen Betreibergesellschaft *Empresa del Campismo Popular*. Dabei handelt es sich allerdings um ein touristisches Nischenprodukt, das zu den wachsenden Touristenankünften kaum beiträgt.

Ebenso keine Konkurrenz für die auf immer wachsenden Touristenmassen angelegten staatlichen Angebote, aber doch erwähnenswert, sind weitere touristische Nischenangebote. In geringer Zahl und schon in streng sozialistischen Zeiten wurden sogenannte Solidaritätsreisen durchgeführt, etwa organisiert von der Freundschaftsgesellschaft BRD-Kuba und kleinen Kuba-Gruppen, die oft mit kleineren Arbeitseinsätzen verbunden sind und deren Ziel eine Auseinandersetzung mit der kubanischen Gesellschaft und den Idealen der kubanischen Revolution ist. Einzelne Ein-Mann-Veranstalter aus Europa bieten organisierte und recht abenteuerreiche Entdeckungsrundfahrten durch Kuba, teilweise mit dem Fahrrad, an. Bei diesen touristischen Randerscheinungen wird mehr oder weniger ein Kennenlernen von Land und Leuten ermöglicht, was in den offiziellen Tourismusprogrammen von staatlicher Seite bewusst ausgeklammert ist.

Die Regierung trennt den internationalen Tourismus strikt und ganz bewusst von der noch in geringem Umfang stattfindenden innerkubanischen Reiseaktivität sowie von der an Tourismusorten ansässigen kubanischen Bevölkerung. Ein Kontakt ist nicht erwünscht, er soll möglichst auf die im Tourismus Beschäftigten beschränkt bleiben. Die Pauschalreise besorgt vom Transport über die Verpflegung bis zur Unterbringung alles für die Touristen, was sie für ihr Wohlbefinden brauchen. Die dafür vorgesehenen Hotels dürfen nur von ausländischen Touristen benutzt werden, nicht jedoch von kubanischen Urlaubern. Als Individualreise gilt, sich erst in Kuba für ein pauschales Ausflugsangebot zu entscheiden. Wirklich individuelles Reisen ist schon deswegen als schwierig und problematisch einzustufen, da die Kapazitäten im öffentlichen Transportwesen und teilweise auch in der Versorgung mit Lebensmitteln und anderen Gütern des täglichen Bedarfs zeitweise selbst für die eigene Bevölkerung nicht ausreichen. Für individuelle Ausflüge bleibt die Möglichkeit, ein Auto zu mieten oder mit dem Taxi zu fahren, denn gegen Devisen steht genug Benzin zur Verfügung.

Gesundheitstourismus fand nach Kuba schon seit einigen Jahrzehnten aus lateinamerikanischen Ländern wegen der vergleichsweise guten medizinischen Versorgung statt. Obwohl auch der Standard im Gesundheitswesen in den Jahren der Wirtschaftskrise gelitten hat, werden spezielle Behandlungen und Operationen weiterhin durchgeführt und von Teilgesellschaften der großen Tourismus-Firmen als spezielle touristische Dienstleistung angeboten (Miller 1997: 66f.).

3. Auswirkungen des Tourismus auf die kubanische Gesellschaft und Umwelt

Wenn man Wirtschaft, Politik und Gesellschaft langfristig voneinander trennen könnte, dann wäre das Konzept der strikten Trennung des Tourismus vom übrigen Inselleben vielleicht von Erfolg gekrönt. Aber nicht nur unberührte Naturgebiete, sondern auch kubanische Lebensart und Lebenslust und die kulturellen Traditionen, d.h. die spezifisch kubanische Mentalität, gehören zu den Ressourcen, die vom Tourismus zwangsläufig mitgenutzt und nicht minder beeinflusst werden.

Der Standard eines ausländischen Touristen – geräumiges Hotelzimmer, klimatisierter Reisebus, Unterhaltung und Einkaufsmöglichkeiten in den Dollarläden und reichhaltige Verpflegung – unterscheidet sich krass von den kubanischen Lebensverhältnissen, die besonders am Anfang der 90er Jahre von zahlreichen Entbehrungen gekennzeichnet waren. Der Mangel an öffentlichen Transporten schränkte die Mobilität extrem ein. Benzin stand für die oft museumsreifen Fahrzeuge aus den 50er Jahren gegen kubanische Währung kaum zur Verfügung. Tägliche mehrstündige Stromausfälle wegen der unzureichenden Energieversorgung verlangten von den Bewohnern eine gute Haushaltsorganisation. Die Grundversorgung der Bevölkerung über die staatlichen Zuteilungssysteme war längst ungenügend, so dass der Schwarzmarkt und die seit der Legalisierung des Dollars auch für Kubaner offenen, aber überteuerten Dollarläden zu den wichtigsten Versorgungsquellen avancierten. Dollarbesitz hatte sich längst zum entscheidenden Kriterium der Überlebenssicherung entwickelt, während nahezu alle Löhne und Gehälter weiterhin in kubanischen Pesos ausgezahlt wurden. Dessen Schwarzmarktkurs erreichte im Vergleich zur inoffiziellen Zweitwährung, dem Dollar, zeitweise schwindelerregende Höhen. Staatliche Maßnahmen gegen diese Doppelökonomie seit 1994 verringerten kaum die Bedeutung des Dollars für die kubanische Bevölkerung, um den täglichen Bedarf zu decken.

Neben den Überweisungen der Auslandskubaner an ihre Verwandten auf der Insel erweist sich dabei der Tourismusbereich als multiple Dollarquelle. Selbst wenn Kellner, Zimmermädchen, Busfahrer, Touristenführer und andere im Tourismus Arbeitende Löhne weiterhin in kubanischen Pesos bekommen, besteht doch die Chance, über Trinkgelder in Dollar ein Vielfaches des Gehaltes zu erwirtschaften. Wer keine feste Anstellung hat, versucht, legal oder illegal, touristische Dienstleistungen wie Taxifahren, Schuhe putzen, kleine Auskunfts- und Führungsdienste, Souvenirverkauf und dergleichen mehr anzubieten und damit harte Devisen einzunehmen. Die finanzielle Attraktivität dieser unqualifizierten und manchmal entwürdigenden Jobs führt dazu, dass akademisch ausgebildete Fachkräfte aus Berufssparten des Bildungswesens oder der Medizin ihre eigentliche Arbeit ganz oder teilweise aufgeben, um mit einträglicheren Jobs das Überlebensnotwendige zu verdienen. Als die Regierung die unternehmerische Selbständigkeit für einzelne zuließ, schossen kleine Restaurants, sogenannte *paladares*, wie Pilze aus dem Boden. Auch die private Vermietung von privaten Unterkünften an Touristen erfreut sich, obwohl sie häufig in der Illegalität stattfindet, großer Beliebtheit. Die Gesellschaft reagiert damit auf Pauschaltourismus je nach individueller Einstellung mit verschiedenen Verhaltensmustern, die sie insgesamt jedoch grundlegend verändern. Das Verhältnis von Kubanern zu Touristen wird vom Zwang zum Geschäftsabschluss bestimmt und suggeriert ein Bild von Touristen bedrängenden Einheimischen, denen etwas abgekauft oder gegeben wird, sei es aus Mitleid oder um der oft unangenehmen Situation zu entrinnen. Gerade bei den Bewohnern eines Landes, dessen sozialgeographische Indikatoren denen der Industrieländer kaum nachstehen, dessen Bildungsgrad hoch und dessen Kultur reich entwickelt ist, schafft dieses aufgezwungene Verhältnis zwischen Menschen erster und zweiter Klasse – Touristen *versus* Einheimischen – Verbitterung.

Die nach der Machtübernahme Fidel Castros 1959 aus dem Land verbannte Prostitution hat in unterschiedlichen Abstufungen längst wieder Einzug gehalten. Der Umgang der Regierung mit den sogenannten *jineteros* und *jineteras* (wörtlich: ReiterInnen, die von der Welle des Tourismus profitieren) schwankt zwischen drastischer Bekämpfung mit Razzien und Gefängnisstrafen bis zu heimlicher Toleranz, um die Gewerbetreibenden als Anziehungspunkt und Werbemittel für ausländische Touristen zu nutzen (Burchardt 1998/99). Frauen und Männer, die sich Touristen als Begleitung und für weitere Dienstleistungen anbieten, erscheinen wieder deutlich im Straßenbild und lösen in nicht geringer Zahl eine Art "Tourismus" in umgekehrter Richtung, die Heiratsemigration meist kubanischer Frauen, aus.

Die Umwelt leidet unter dem Tourismus durch die Erschließung neuer Ferienressorts und den Ausbau der Infrastruktur in ökologisch sensiblen Gebieten wie etwa Cayo Coco. Sogenannte *pedraplenes*, kilometerlange Steinwälle, die die vorgelagerten Inseln mit dem Festland verbinden, gerieten wegen ihrer negativen ökologischen Folgen für den Brackwasserbereich in die Kritik. Zwar wurden in regelmäßigen Abständen Untertunnelungen eingebaut, um den Wasseraustausch zu gewährleisten, diese konnten jedoch nicht verhindern, dass der Bereich zwischen Festland und Inseln in zwei bzw. mehrere Hälften geteilt wurde und schlimmstenfalls Artenreduktion und Mangrovensterben zur Folge hat.

Karte 2:
Pedraplen vom Festland nach Cayo Coco (Nordküste)

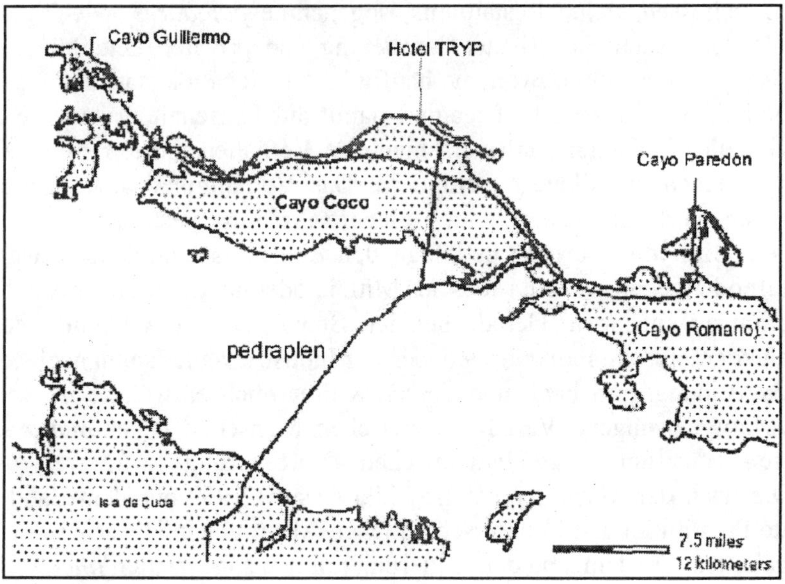

Quelle: Miller (1997: 32)

Um schwerwiegende Beeinträchtigungen zu vermeiden, wurden und werden von qualifizierten kubanischen Umweltexperten Verträglichkeitsstudien erstellt, die als Entscheidungshilfen für verschiedene staatliche Institutionen bei der Erschließung neuer Gebiete dienen. Ob sie bei der Umsetzung tatsächlich berücksichtigt werden, bleibt fraglich, denn diese fällt meist in die Zuständigkeit anderer Entscheidungsträger (Aitermoser 1995). Sorge ist deswegen geboten, weil Kubas Flora zahlreiche endemische Arten aufweist, deren Ausrottung ein unwiederbringlicher Verlust wäre. Von Zerstörungserscheinungen durch Touristenmassen kann in Kuba sicherlich noch nicht gesprochen werden.

Kuba ist es gelungen, innerhalb eines Jahrzehnts den fast zur Bedeutungslosigkeit reduzierten Tourismus zu einem der wichtigsten Wirtschaftsfaktoren des Landes zu entwickeln und letztendlich ökonomisch davon zu profitieren. Den Preis dafür bezahlte es jedoch mit der Spaltung der Gesellschaft in Dollarbesitzer und Nicht-Dollarbesitzer und einer Veränderung der Werte, die im krassen Widerspruch zur sozialistischen Ideologie Kubas steht. Bleibt die Frage, ob die wirtschaftlichen Gewinne, die auch der Bevölkerung während der entbehrungsreichen ersten Hälfte der 90er Jahre über die Runden helfen sollten, ihr Ziel tatsächlich erreicht haben oder ob der Tourismus nicht längst zum Selbstläufer geworden ist und in dieser Form mehr Unheil als Heil anrichtet.

Literaturverzeichnis

AG Ecotourism (1995): *Ökotourismus als Instrument des Naturschutzes? Möglichkeiten zur Erhöhung der Attraktivität von Naturschutzvorhaben.* [Vorläufiger Endbericht (Entwicklungspolitisches Forschungsprogramm des BMZ 93, Forschungsvorhaben Nr. 2)], Berlin/Dresden/Göttingen/Hannover.

Aitermoser, B. (1995): *Naturschutz und Tourismus in Kuba.* Staatsexamensarbeit an der Humboldt-Universität Berlin, Geographisches Institut.

Burchardt, Hans-Jürgen (1997): "Kubas Weg ins neue Jahrtausend". In: *Journal für Entwicklungspolitik,* Jg. 13, Heft 29, S. 149-168.

— (1998/99): "Prostituierte werden verfolgt, doch Kuba wirbt mit sexy". In: *Cuba Journal,* Jahresausgabe, S. 3.

Cárdenas, E. (1997): "Turismo, identidad, sustentabilidad". In: *Contracorriente,* Año 3, Nr. 9, S. 40-55.

Davies, E. (1997): "El turismo como salvación de Cuba". In: *Estudios y perspectivas en turismo,* Buenos Aires, vol. 6, Nr. 1/2 , S. 7-16.

Dirmoser, D./Estay, J. (Hrsg.) (1997): *Economía y reforma económica en Cuba.* Friedrich-Ebert-Stiftung, Caracas: Nueva Sociedad.

García Jiménez, A. (1999): "La economía del turismo en Cuba". In: *Estudios y perspectivas en turismo,* Buenos Aires, vol. 8, Nr. 3/4, S. 213-231.

Miller, M. (1997): *Investment in the New Cuban Tourist Industry.* London.

IV

Kultur

Miguel Barnet

Die *novela testimonio*:
Schwarze Kunst der Erinnerung

Ich sah die Mauern der Festungsanlagen aus der Kolonialzeit Havannas und die Kathedralen mit ihren kraftstrotzenden Türmen und ich dachte an die schweißbedeckten und fieberzerfressenen Arme, die Stein für Stein diese Bauwerke errichtet hatten. Ich lauschte den Geschichten, die mir mein Vater erzählte, von Heldentaten der Kapitäne und Gouverneure, und ich dachte an die verborgene Gebärde und an den kollektiven Wagemut der Menschen hinter den unsichtbaren Mauern der Geschichte. Ich war ein Kind, das sich von anderen unterschied; die Epik der Ereignisse interessierte mich, soweit sie sich in dieser verborgenen Gebärde, in diesem verstohlenen Gemurmel der Menschen ausdrückte, die unter Opfern die wirkliche Alltagsgeschichte geschrieben hatten. Die Phantome konnten nicht in die Reisebeschreibungen oder in die Berichte der leicht enragierten Chronisten Eingang finden. Denn erstens hatten sie die Gabe der Allgegenwart und dann waren sie für das Auge des Satrapen unsichtbar. Das reiche Arsenal an Legenden, Mythen und Sprichwörtern dieser so genannten Leute ohne Geschichte sollte anonym bleiben. Es sollte sich in der Hoffnung wiegen auf ein rächendes Jahrhundert, auf eine Revolution des Willens und auf die Geburt seines Zeugnischarakters. Als treue Wiedergutmachung sollte er ihnen das Licht zurückbringen, bei dem sie für Kaiser und Fürsten unheilverkündende Tage schmiedeten.

Die Lehren der lateinamerikanischen Geschichte geben in den sechziger Jahren der Zeugnisliteratur einen gewaltigen Auftrieb. Ich glaube, dass die kubanische Revolution bei ihrem mächtigen organischen Einfluss mit kräftigem und frischem Saft diese Literaturgattung in ganz Amerika prägte. Durch den Subjektivismus und den bekennenden Realismus hielt die Geschichte als Kompass und Orientierungsstab in die neue Erzählkunst Einzug. Das sind zwei Strömungen, die eine Strategie zur Folge haben, die neue ideologische Tendenzen anregt und provoziert. Die Bezeichnung *novela testimonio* stellt einen Versuch dar, diese eigene Gattung von anderen möglichen Formen zu unterscheiden, etwa von der Zeugnisliteratur und dem Roman, von denen einige platt und plump sind.

Novela testimonio beinhaltet in dieser syntagmatischen Bezeichnung die Verbindung der Stile, die Aussöhnung der Tendenzen und die Verschmelzung der Ziele, die Konfrontation mit den Problemen des amerikanischen Kontextes: Gewalt, Dependenz, Neokolonialismus und Verfälschung der Geschichte durch ständig wiederholte Schemata. Die *novela testimonio* stellt nicht nur die ethnischen, kulturellen oder sozialen Stereotypen in Abrede, sondern verarbeitet auch verschiedene traditionelle Begriffe der Literatur weiter: den Realismus, die Autobiographie, die Verbindung zwischen der Fiktion und der Geschichte, die immer über individuelle und bezeichnende Momente von Randgruppen verläuft. Das bedeutet die erneute Überprüfung einer verkrüppelten und deformierten Deutung der Vergangenheit aus der Perspektive des Klassenkampfes. Die Absicht allein stellt eben den Nerv derartiger Werke dar. Marginalisierte, scheinbare Randgruppen, Deklassierte aus der Optik eines Hohlspiegels, unter Ausspähen aller Winkel, ohne einem Schematismus mit demagogischen und pseudomarxistischen Vorsätzen zu verfallen.

Der Umsturz der traditionellen Werte des Bürgertums fand gewaltsam mit Beginn der kubanischen Revolution statt. Das war meine größte und gewaltigste Erfahrung. Mit dem Meißel wurden wir zu Sprechern einer allwissenden Weltanschauung und unserer Rolle im Leben des Landes. Während die Zeit vor dem Einzug Fidel Castros in Havanna von Überdruss und Angst geprägt war, herrschten später Aufregung und Jubel. Die Identität, diese für uns so tiefe Substanz, die für andere Länder so dunkel und unfassbar ist, enthüllte sich mir in aller ihrer Kraft in den längst vergangenen Jahren meiner Ausbildung als Schriftsteller und Ethnologe. Das Studium unserer traditionellen Volkskultur wich einem vollkommeneren Verständnis von uns selbst. Und die Suche nach einer anteilnehmenden Lyrik führte uns zu neuen und höchsten Instanzen des nationalen Wesens. Aristoteles sagte mit klarem Urteil, dass die Dichtung manchmal wissenschaftlicher als die Geschichte sei. Das hat sich für mich deutlich gezeigt. Ich verstehe die literarische Berufung mit ihrer kommunikativen Funktion als fest verwurzelt in der Identität einer konkreten Kultur, die in meinem Fall eine lateinamerikanische Kultur ist. Ich bin Lateinamerikaner, solange ich Kubaner bin. Wenn mein Werk einiges Echo erreicht hat, dann sicherlich, weil ich ein Bild meines Landes in seiner ganzen Kraft und Glaubwürdigkeit ohne folkloristische Krähwinkelei zu geben versucht habe.

Ich bin kein reiner Schriftsteller. Ich bin so etwas wie eine Mischung aus Falke und Wasserschildkröte. Ich habe die soziologischen und anthropologischen Tendenzen mit den literarischen zu vereinbaren versucht, weil sie meiner Meinung nach in unterirdischen Höhlen zusammengehen und sich in wechselseitiger Freude suchen und nähren. Wenn ich zwischen diesen beiden Strömungen reite, dann kommt es daher, dass meiner Meinung nach jetzt die Zeit gekommen ist, sie freizulassen, ohne dass die eine sich der anderen verweigert.

Die Erinnerung als Teil der Fantasie ist der Prüfstein meiner Bücher gewesen. Danke, vielen Dank, edle und himmlische Göttin der Erinnerung Mnemosyne. Ich möchte die kollektive Erinnerung meines Landes wiedererwecken. Deshalb ziele ich auf die mündliche Rede, auf die Mythen, auf die anthropomorphe Fabelkunst Kubas ab. Alejo Carpentier hat diesen reinen Zustand der Materie in *El reino de este mundo* ("Das Reich von dieser Welt") ausgearbeitet. Ich habe es nicht auf bestimmte Definitionen abgesehen und biete auch keine sozialen Lösungen an. Die sozialen Lösungen sind die obligate Pflicht der Politiker. Ich möchte allein das Herz des Menschen zeigen, den die traditionelle Geschichtsschreibung mit dem Etikett eines sprichwörtlichen Fatalismus versah und unter "die Leute ohne Geschichte" einreihte. Ich habe meiner Meinung nach jedoch bewiesen, dass das Leben der Menschen der so genannten Kultur der Armut (wie sie Oscar Lewis definierte) nicht immer eines Lebenswillens und eines historischen Bewusstseins entbehrt. Und wenn dieses Leben in einem Gefühl der Marginalisierung verankert ist, atmet die Flamme dieses Lebens die Zukunft.

Ich glaube nicht mehr an die Gattungen; so wie auch das Volk nie an sie glaubte. Das Volk sang in Zehnzeilern, in Quartetten; es erzählte in Theater- und Prosaformen; es machte alles von der Wirksamkeit der Botschaft abhängig und kapselte sich nie ein. Ich glaube, dass unsere Völker noch viel in ihrer eigenen Sprache zu erzählen haben, nicht in einer erfundenen Sprache, um davon verraten zu werden.

Das Gleichgewicht des Vermittlers der *novela testimonio*, um mit dieser Sprache zu rechnen, ohne ihre Wesenszüge zu verändern, ist eine notwendige Triebfeder der *novela testimonio* und eine unerlässliche Bedingung. Dieses Gleichgewicht erreicht man nicht mit einem Tonbandgerät oder mit einer abweichenden Verwendung der Computer. Man erreicht es einzig und allein mit einem verfeinerten Gehör, das die Intonation und Musik der Geschichte wahrnehmen kann. Das ist ein notwendiges *Feedback* für die Ebene der Kommunikation und für ein wirkliches Verständnis der Identität. Ich glaube, dass der Schlüssel für diese Kenntnis und diese Strategie in der Sprache liegt. Alle Lebensläufe sind wichtig, aber man muss aus ihnen ihr universelles Klangecho herauszuziehen wissen.

Die *novela testimonio* hat zur Kenntnis und Angleichung der Kollektivseele an die Idee des kubanischen und lateinamerikanischen Wesens, an die Vorstellung vom Unverfälschten, Wahren und Wesentlichen beigetragen. Denn sie gewann den Stolz des Volkes zurück; sie beanspruchte die Werte, die entschwunden waren; sie enthüllte die echte soziale Identität des Volkes.

Die Bilder und die Gestalten, die in der Gattung der *novela testimonio* eine Rolle spielen, erheben den Anspruch, die ethnologischen Aspekte der Geschichte, die sozialen Prozesse und ihre inneren dynamischen Abläufe aufzuzeigen. Sie wollen individuelle Fälle im Dienste kollektiver Verhaltensmuster studieren und wirksame und unparteiliche Schlüssel für die Deutung der Geschichte und nicht für ihre plumpe Beschreibung anbieten. Denn so war es noch in den Handbüchern mit dem Material aus den alten und verstaubten Archiven und den tendenziösen Köpfen der Ewiggestrigen üblich.

Man verstehe mich richtig: Die *novela testimonio* sollte keineswegs der Bericht einer atypischen oder aufsehenerregenden Persönlichkeit, eines sympathischen oder abenteuerlichen Vorbilds sein, das dem Leser eine Quelle des Vergnügens und entbehrlichen Zeitvertreibs bereitet. Sie muss mehr als dieses alles die Darstellung einer verkehrten Welt sein. Die Aufgabe der *novela testimonio*, die festverwurzelte Sprache und den alten historischen Roman wiedereinzulösen, muss dem zeitgenössischen Roman seinen ursprünglichen Erzählcharakter zurückgeben. Diese Tatsache muss wie das Entstehen einer neuen Kultursprache gedeutet werden. Das ist wie die Schlacht gegen eine konkrete Täuschung, die sich auf alteingesessene Klischees stützt.

Wir wissen, dass die Kunst unrein und von Natur aus wandlungsfähig ist; deshalb müssen wir auf ihren klarsten Grund zu gelangen und uns dort zu begegnen suchen. Darin liegt ihre größte Mission. Ich möchte nur eine Triebfeder mehr in dem Resonanzboden meines Volkes sein. Dieses Volk, für das ich schreibe, soll sich in meiner Stimme wiedererkennen. Es soll seine beschwichtigten Dämonen im Wesen der Zeit entdecken. Das ist eine große und ehrgeizige Aufgabe. Als Gedächtnisstütze, Historiker und Geschichtenerzähler stelle ich mich gern und bereitwillig in den Dienst des Volkes. Ich will alles andere sein als ein Geschichtsklitterer der Leute, die selbst nicht über die Gabe des Erzählens verfügen.

Ich möchte hier die Brüder Grimm grüßen und die verflüchtigten Hexen, die mit Pottasche unter den Achseln von den Kanarischen Inseln nach Kuba flogen; ich möchte Changó aus dem Lande Oyó grüßen, Quetzalcoatl und Tezcatlipolca, den "großen Spielbaum" und die ganze galicische "Heilige Sippschaft". Denn ich weiß, dass sie das poetische Symbol der Kultur sind, die uns die Sprache als Erzählstoff gegeben hat. Die lateinamerikanische Kultur breitet heute die Blätter eines großen mythologischen Baumes über alle Länder der Welt aus.

(Aus einem unpublizierten Manuskript übersetzt von Martin Franzbach.)

Martin Lienhard

Afro-kubanische Oralität und ihre Darstellung in ethnologischen und literarischen Texten[1]

1. Einführung

Die ursprünglich von Sklaven afrikanischer Herkunft in Kuba eingeführten und von deren direkten oder indirekten Nachfahren weiter entwickelten Religionen, Weltanschauungen und kulturellen Ausdrucksformen afrikanischer Prägung strahlen heute weit über ihre angestammten Zentren – afro-kubanische Religionsgemeinschaften – hinaus und befruchten seit langem nicht nur die verschiedensten kubanischen Volkskulturen, sondern auch zahlreiche Bereiche der Elite- und der Massenkultur: Theater, Ballett, Film, Literatur, Musik usw. Wir möchten hier der Frage nachgehen, auf welche Weise und mit welchen Mitteln die kubanische Literatur – der wir auch einen Großteil des ethnologischen und folkloristischen Schrifttums zurechnen – versucht hat, sich afro-kubanischer Kultur- und Religionspraxis anzunähern. Im Mittelpunkt stehen dabei zwei afro-kubanische Religionen, die *santería* und der *palo monte*, die über ihre religiöse Relevanz hinaus das Verhalten ihrer Anhänger auch im Bereich des täglichen Lebens und Wirkens weitgehend bestimmen. Die zentralen Riten der *santería* sind auf die Orisha-Religion der Yoruba (Nigeria) zurückzuführen, während die Ursprünge des *palo monte* in den Religionen verschiedener Bantu-Völker des Gebiets Kongo-Angola zu suchen sind. Da sich die Literatur vor allem mit den entsprechenden Oraltraditionen auseinander setzt, möchten wir zunächst kurz auf den Begriff der "Oralität" eingehen.

Wir begreifen die Oralität hier als ein allgemeines Kommunikationssystem, das dem "Mund" (lat. *os, oris*) – bzw. der lebendigen Stimme – eine zentrale Rolle zuweist. Trotz seines einschränkenden Namens verfügt dieses – in Wirklichkeit multimediale – System über Ausdrucksmittel, durch die sämtliche menschlichen Sinne "angesprochen" werden können. Was die

---

[1] Die erste Fassung dieser Arbeit wurde unter dem Titel "El fantasma de la oralidad y algunos de sus avatares literarios y etnológicos" in der Zeitschrift *Les langues néo-latines* (Paris, 2e. tr. 1996 - n° 297), publiziert. Die Rohübersetzung aus dem Spanischen wurde von Mari Serrano angefertigt, der ich an dieser Stelle meinen Dank aussprechen möchte.

Mündlichkeit als Kommunikationssystem kennzeichnet, ist vor allem die Gleichzeitigkeit des Sendens und des Empfangens von Informationen sowie die Vergänglichkeit der übermittelten "Texte". Diese selbst sind entweder, wie im Falle der Oraltradition, bereits im Gedächtnis des Senders latent vorhanden, oder sie werden, in der spontanen Kommunikation, *ad hoc* produziert. In beiden Fällen werden sie jeweils erst in ihrer Performance wahrnehmbar. In diesem Sinne unterscheidet sich die authentische mündliche Performance von anderen, nur scheinbar "mündlichen" Performances: Rezitation eines bereits existierenden "Drehbuchs" (Theater, Oper, klassischer Gesang, Musikshow), audio-visuelle Übertragung einer mitgeschnittenen mündlichen Performance usw.

In Kuba wie im übrigen Lateinamerika hat die Oralität viele ihrer früheren Funktionen an die heute dominanten Kommunikationssysteme – Schrift und Massenmedien – abgeben müssen. Im Leben der gehobenen Schichten spielt sie schon lange eine untergeordnete Rolle, auch wenn sie in rituellen oder festlichen Kontexten vorübergehend wieder zum Zug kommt. In den ländlichen und vorstädtischen oder randständigen Gemeinschaften bewahrt sie jedoch nach wie vor ihre lokale Vorrangstellung und die ihr eigene gemeinschaftsbildende und -erhaltende Funktion. Da die Schrift und die audiovisuellen Medien den Anspruch erheben, das ganze Spektrum der gesellschaftlichen Kommunikation abzudecken, versuchen sie seit geraumer Zeit, auch die Oralität – und die in ihrem Rahmen produzierten Mitteilungen – zu vereinnahmen, wobei letztere ihrer ursprünglichen Funktion entfremdet und sozusagen abgetötet werden.

Von wem, wann und wie werden nun Fragmente afro-kubanischer Oralität durch die kubanische Literatur vereinnahmt? Zu welchem Zweck? Wie wirken sie im neuen Umfeld? Diese und ähnliche Fragen liegen meiner Untersuchung zugrunde. Um ihnen mindestens ansatzweise nachzugehen, habe ich einige Dokumente ausgewählt, in denen die Inszenierung afrokubanischer Oralität eine zentrale – strukturbildende – Rolle spielt. Konkret handelt es sich um eine Reihe von kubanischen Texten des 20. Jahrhunderts, die im weiten Sinne der "Ethnographie" zugeordnet werden können. Ihre Autoren sind Fernando Ortiz, Rómulo Lachatañeré und Lydia Cabrera. Eine journalistische Chronik von Anselmo Suárez y Romero (Ende des 19. Jahrhunderts) wird mir als Einstieg dienen.

In der ethnographischen Literatur spielt die Natur der Beziehung zwischen dem Erzähler und dem beobachteten "Andern" immer eine zentrale Rolle. Die Tatsache, dass ein Erzähler dem "Andern" überhaupt das Wort gibt, bedeutet, dass er ihn grundsätzlich als denkenden Menschen anerkennt. Der Grad oder die Reichweite solcher Anerkennung ist jedoch von Fall zu Fall verschieden. Ausgehend von den Besonderheiten der Texte werde ich versuchen, die Einstellung der Erzähler gegenüber den von ihnen zitierten oder nachgeahmten afro-kubanischen Stimmen kritisch zu hinterfragen.

2. Frühe Ethnographie

Ob sich ein Schriftsteller für die Stimmen "untergeordneter" Gruppen interessiert oder nicht, hängt meist ziemlich direkt von der Entwicklung der lokalen Machtverhältnisse ab. Die Geschichte der kolonialen Kontakte zwischen Europäern oder Kreolen (in Amerika geborene Europäer) und den von ihnen als "andersartig" eingestuften Bevölkerungsgruppen zeigt, dass letztere erst als Menschen mit einem ihnen eigenen Denken wahrgenommen werden, wenn sie von den herrschenden oder hegemonialen Gruppen als Bedrohung empfunden werden. In der Geschichte der spanischen Eroberung Mittelamerikas und des Andenraums war dies praktisch vom ersten Tag der *Conquista* an der Fall. Literarischer Niederschlag der Tatsache, dass man die als reale oder potentielle Gefahr empfundenen Indios möglichst eingehend kennen lernen wollte, sind die zahlreichen Werke, in denen indianische Oraltraditionen – in indianischer Sprache oder in Spanisch – transkribiert wurden. Die Oraltraditionen, die Sprachen und der Diskurs der Sklaven afrikanischer Herkunft wurden hingegen – nicht nur in Kuba – von den zuständigen Behörden und ihren Schreibern oder Schriftstellern lange ignoriert. Erst mit der sprunghaften Zunahme von Sklavenaufständen und der Bildung autonomer Sklavensiedlungen – *palenques* in Kuba – begann man, sich für die "Weltanschauung" der Sklaven zu interessieren. Die ersten Ethnographen, die sich für afro-amerikanische Diskurse interessierten, waren deshalb vermutlich die für die Aburteilung aufständischer Sklaven zuständigen Richter.[2] In Kuba bewiesen die sich um 1830-1840 häufenden Aufstände, dass man die Projekte und Anschauungen der Sklaven nicht mehr länger ignorieren

---

[2] Auch wenn ich nicht über lückenlose Informationen verfüge, kann ich die Transkription von Zeugenaussagen afrikanischer Sklaven seit dem 17. Jahrhundert (Kolumbien) belegen. In Venezuela gibt es analoge Gerichtsakten spätestens seit dem 18. Jahrhundert. In Brasilien, wo schon im 16. Jahrhundert afrikanische "Hexer" vor Gericht befragt wurden, scheinen aufständische Sklaven seit Ende des 18. Jahrhunderts vor Gericht ausgesagt zu haben. In Kuba waren bis vor kurzem keine gerichtlichen Aussagen von Sklaven bekannt. Ein 1996 erschienenes Buch von Gloria García Rodríguez legt aber nahe, dass auch hier das Interesse für die "Stimmen" afrikanischer und kreolischer Sklaven in direkter Beziehung zur Häufung von Sklavenunruhen stand.

konnte, wenn man ein soziales und politisches Desaster vermeiden wollte. Es ist daher nicht erstaunlich, dass die Kultur der Sklaven von diesem Zeitpunkt an auch das Interesse einiger Intellektueller oder Schriftsteller weckte, die sich für die Abschaffung der Sklaverei stark machten.

Das in diesem Zusammenhang vielleicht interessanteste Dokument ist eine journalistische Chronik, die Anselmo Suárez y Romero (ohne Datum) 1853 der Welt des Zuckerrohrs gewidmet hat: *La casa del trapiche* ("Die Zuckermühle"). Der zentrale Textteil wird von einem Inventar der von den Sklaven einer Zuckerfabrik gesungenen Oraltradition eingenommen. Wenn wir dem Verfasser Glauben schenken wollen, thematisierten die Sklaven in ihren Gesängen alles, was die Routine ihres Lebens unterbrach: Leben und Tod der Haustiere, Probleme mit der Zuckermühle, Naturkatastrophen (Überschwemmungen, Trockenperioden, Brände), Arbeitsunfälle, Gefangennahme entflohener Sklaven usw. (Suárez y Romero o.J.: 326f.). Der Verfasser unterstreicht den subversiven Charakter einzelner Gesänge: "Klagen und sogar Spottgedichte und Satiren gegen diejenigen, die oft in Missachtung ihrer Pflichten regieren". Er zitiert auch die Rede eines alten Schwarzen, der seines Sklavenlebens müde ist:[3]

> Ich habe viel gejätet; ich habe fast alle Ländereien der Zuckerfabrik gepflügt; ich habe mehr Rohre geschnitten, als es Blätter an den Stauden gibt; ich habe die Palmbäume wachsen sehen, die knapp über die Gräser ragten, als ich von meiner Heimat kam; ich habe mehrere Kinder, die für mich arbeiten sollen; lass mich ausruhen und, bis ich sterbe, mich am Feuer meiner fensterlosen Hütte wärmen (Suárez y Romero o.J.: 326-327).

Suárez y Romero betont, dass die Sklaven ihre Gesangstexte ständig *à jour* hielten. Er erweist sich damit als scharfsinniger als viele der – zukünftigen – Folkloristen, die meist davon ausgehen, dass Oraltradition nichts anderes als die permanente Wiederholung von archaischen Formen und alten Themen ist. Ohne sich auf Einzelheiten einzulassen, definiert der improvisierte Ethnograph den Aufführungskontext der Gesänge (die kollektive Arbeit), hebt ihre dialogisierte Form hervor (Wechselgesang) und kennzeichnet ihre Sprache, "den rohen Dialekt der Schwarzen in den Zuckerfabriken".[4] Vor dem Hintergrund solcher einigermaßen präziser Beobachtungen mag

---

[3] Die Wiedergabe der – hier stark resümierten – "Lebensgeschichte" eines Analphabeten ist ein zukunftsträchtiger literarischer Fund. Die bekannteste Lebensgeschichte eines (ehemaligen) kubanischen Sklaven ist die *Biografía de un cimarrón* (Der Cimarrón) von Miguel Barnet (1966).

[4] Sicher eine Anspielung auf die Bozal-Sprache, die Umgangssprache der eben erst aus Afrika importierten Sklaven.

das Fehlen von Anspielungen auf die konkrete Herkunft oder Kultur (z.B. *congo, lukumí, arará*) der singenden Zuckerrohrsklaven erstaunen. Dem Verfasser, einem moderaten Anhänger der Abschaffung der Sklaverei, ging es offensichtlich in erster Linie darum, dem Leser ein generelles Bild der Plantagenwirtschaft und ihrer Probleme zu vermitteln. Die kulturspezifischen Weltanschauungen der Afrikaner und ihrer Nachfahren waren aus seiner Sicht belanglos. Wie andere Abolitionisten hatte Suárez y Romero auch kein Gehör für politisch radikale Anschauungen oder Reden der Sklaven. In diesem Sinne stellen dieser und andere "ethnographische" Texte dieses Verfassers[5] zweifellos die zu seiner Zeit größtmögliche Annäherung an die Wortkultur der kubanischen Sklaven dar.

3. Kriminalethnologie und ihre Überwindung: Fernando Ortiz

Eine systematische afro-kubanische Ethnologie beginnt mit *Los negros brujos* ("Die schwarzen Hexer") von Fernando Ortiz (1973 [1906]). Es ist das erste einer Reihe, die ihr Verfasser der afro-kubanischen "Unterwelt" *(hampa)* zu widmen beabsichtigte. Wie der Brasilianer Nina Rodrigues (1900) in *L'animisme fétichiste des nègres de Bahia* folgt Ortiz hier den Prämissen der von Cesare Lombroso[6] begründeten "Kriminalethnologie". Die lombrosianische Schule, stark sozialdarwinistisch geprägt, betrachtete die so genannten Volkskulturen als zusammengewürfelte Überbleibsel eines archaischen oder wilden Kulturstadiums, die dem technisch-wissenschaftlichen und sozialen Fortschritt im Wege standen. Sowohl in Kuba wie auch in Brasilien ging es den Kriminalethnologen insbesondere darum zu beweisen, dass die von ihnen generell als "Hexerei" bezeichnete Kultur der Schwarzen den Nährboden (Ortiz 1973: 224) für ihre ausfernde Kriminalität abgab. Die afroamerikanischen Religionen wurden somit zur Ursache der von Schwarzen begangenen – oder ihnen zugeschriebenen – Morde,[7] Grabschändungen, Diebstähle und Vergewaltigungen erklärt. In typisch sozialdarwinistischer,

---

[5] Vor allem sein wichtiger Roman *Francisco* (1970, verfasst 1838-1839), eine Art fiktionalisierte Ethnographie des Lebens auf einer Zuckerrohrplantage.
[6] Von diesem Autor zitiert Ortiz Werke wie *L'uomo bianco e l'uomo di colore* (Torino 1892) und *El delito* (Madrid 1898).
[7] In *El crimen de la niña Cecilia* ("Die Ermordung des Mädchens Cecilia") zeigt Ernesto Chávez Alvarez (1991), dass die den afro-kubanischen Religionsgruppen zugeschriebenen Kindesopfer in Wirklichkeit nur in den rassistischen Gedanken der Mitglieder der herrschaftlichen Schichten existierten, die in ständiger Angst vor dem endgültigen Aufstand der Schwarzen lebten.

rassistischer Manier resümiert Ortiz seine vermeintlichen Erkenntnisse mit folgenden Worten:

> Der Hexenkult ist sozial negativ im Hinblick auf die Verbesserung unserer Gesellschaft, denn die ihm eigene, absolut amoralische Primitivität trägt dazu bei, das Bewusstsein der ungebildeten Schwarzen in den Niederungen der afrikanischen Barbarei verharren zu lassen (Ortiz 1973: 227).

Als hexenjagender Ethnograph interessiert sich Ortiz folgerichtig für in seinen Augen barbarische Kultobjekte (Schwerte und Beile), für die Volksmedizin (Herstellung von Giften), für die Lüsternheit und die Trancezustände, die seines Erachtens den "Hexentanz" kennzeichnen. Man beachte, dass der zukünftige *maestro*, wenngleich aus anderen Gründen als Suárez y Romero, die verschiedenen afro-kubanischen Religionen (noch) nicht zu unterscheiden versucht. Die Wortkultur der Afrikaner kann in der Kriminalethnologie deshalb nicht anders als durch ihre Abwesenheit glänzen. In den von ihm beobachteten gesungenen und getanzten Riten erkennt Ortiz keinen "Text", keine nennenswerte Aussage:

> Der Tanz beginnt mit einem eintönigen Gesang, bei dem ein Refrain des Hexers vom Chor nachgesungen wird. Wenn der Tanz einmal begonnen hat, vergeht nicht viel Zeit, bis die erotische Erregung sich in ihrer ganzen afrikanischen Rohheit zeigt. Die lasziven Bewegungen des Tanzes folgen dem Trommelklang, und oft hört man einen Schwarzen, der ¡iebbe! oder ¡iebba! ausruft und den Trommler auffordert, das Zeichen zum Beckenstoß zu geben (Ortiz 1973: 82-83).[8]

Das zweite größere Werk von Ortiz (1987 [1916]), *Los esclavos negros* ("Die schwarzen Sklaven"), kann als eine Selbstkritik des Autors von *Los negros brujos* aufgefasst werden. In diesem 1916 erschienenen Buch sucht der ehemalige Kriminalethnologe die Ursachen des Verhaltens der Schwarzen nicht mehr in ihrer "afrikanischen Wildheit", sondern in der von ihnen in Kuba erlittenen Sklaverei. Quellen für diese Geschichte der kubanischen Sklaven sind Archivdokumente und die in kubanischen Romanen des 19. Jahrhunderts nachgelesenen ethno- und soziographischen Beschreibungen des Lebens auf den Zuckerrohrplantagen. Obwohl Ortiz hier die Schwarzen nicht nur als Opfer, sondern auch als handelnde Subjekte ihrer Geschichte versteht, ist er noch nicht in der Lage, ihrem Diskurs nachzuspü-

---

[8] Ein ganz anderes, hervorragend recherchiertes und differenziertes Bild solcher Tänze entwirft Ortiz (1985 [1951]) fast fünfzig Jahre später in *Los bailes y el teatro de los negros en el folklore de Cuba* ("Die Tänze und das Theater der Schwarzen in der kubanischen Folklore").

ren. Diese Aufgabe übernehmen etwas später zwei seiner ehemaligen Schüler, Lydia Cabrera und Rómulo Lachatañeré.

4. Die Entfremdung der afro-kubanischen Oralität: Rómulo Lachatañeré

1936 veröffentlicht Lydia Cabrera in Paris *Contes nègres de Cuba*, die französische Übersetzung von *Cuentos negros de Cuba* ("Die Geburt des Mondes", Frankfurt/M. 1999). Das spanische Original erscheint 1940 in Havanna, zwei Jahre nach der Publikation des ersten Buchs von Lachatañeré (1938), *¡Oh, mío Yemayá!* Beide Werke sind mit einem Vorwort von Ortiz versehen und versuchen erstmals, sich der oralen Erzählkunst der schwarzen Kubaner anzunähern. Sie unterscheiden sich aber wesentlich in den vom jeweiligen Verfasser angewandten literarischen Mitteln. In seinem langen Vorwort zu *¡Oh, mío Yemayá!* nennt Ortiz klarsichtig die Schwierigkeiten, die sich bei der schriftlichen Umsetzung einer "oralen und exotischen Literatur" zeigen:

> Man kann leicht verstehen, dass sich bei der schrittweisen Übertragung der auditiven schwarzen Ausdrucksweise in die rein visuelle der weißen spanischen Schriftsprache Kubas eine gefährliche Vielzahl an Möglichkeiten ergeben, an der archaischen Gedankenwelt Verrat zu üben, einmal abgesehen vom Verlust der ursprünglichen Formen ihrer Klangästhetik (Lachatañeré 1992: XXXII).

Vor dem Hintergrund solcher (ernstzunehmender) theoretischer Vorbehalte nimmt sich das Urteil, dass Ortiz schließlich über die von seinem literarischen Schützling in der Verschriftlichung afro-kubanischer Erzählkunst erreichten Resultate fällt, überraschend positiv aus:

> Ohne sich mit den Techniken der Folklore auseinander zu setzen, hat der Verfasser dieser Handvoll Mythologien einige von ihm gesammelte und mit ziemlichem Geschick in einer einfachen, dem normalen Leser zugänglichen Sprache aufgezeichneten Yoruba-Erzählungen vorgelegt, wobei er oft, anstatt deren Echtheit zu untergraben und sie mit dem Schmuck und dem Putz rhetorischen Bleiweißes zu überpinseln, dem typisch afrikanischen Wort, dem groben Satzbau und der schmucklosen Metapher den Vorzug gegeben hat (Lachatañeré 1992: XXXIII).

In welchem Maße lässt sich heute das Lob des Meisters nachvollziehen? Bereits die Lektüre des ersten *patakí*[9] (Lachatañeré 1992: 5-13), der den Heldentaten des *orisha* Agallú Solá gewidmet ist, lässt erahnen, dass der

---

[9] Afro-kubanische Erzählungen, in denen die Orishas – Yoruba-Gottheiten – die Hauptrolle spielen.

Herausgeber, eben "ohne sich mit den Techniken der Folklore auseinander zu setzen", hier ein mündliches Erzählgenre entfremdet, um daraus ein "literarisches Werk" zu schaffen:

> Die Männerlawine drang in den dichten Wald ein und fällte mit ungestümem Schlag die dichtbelaubten Bäume, zertrampelte mit ihren Fußsohlen das grüne Gras, das auf den Wegen wuchs, entwurzelte die zarten Sträucher, die sich ihrer zerstörerischen Gewalt in den Weg stellten, und erschloss die Wege [...]. Auf diese Weise baute der Mensch sein Verbindungsnetz auf, erweiterte die Grenzen seiner Dörfer, schuf neue Beziehungen und bemächtigte sich schrittweise der wohlbehüteten Geheimnisse des Waldes (Lachatañeré 1992: 5).

Die von Lachatañeré zur Vermittlung einer "mündlichen" Erzählung gewählte literarische Ästhetik fußt offensichtlich auf dem naturalistischen Realismus des 19. Jahrhunderts. Die Handlung wird von einem allwissenden und objektiven Erzähler mit sozio-historischen Abschweifungen und Naturbeschreibungen kommentiert und ausgeschmückt. Die orale Erzählweise der *patakíes*, ihr Rhythmus, ihr Humor, ihre Lebendigkeit und ihr Wortschatz finden keinerlei Entsprechung in der von Lachatañeré vorgelegten schriftlichen Fassung. Wir finden in diesen Erzählungen keine wirkliche Annäherung an afro-kubanische Oralität. Das Lob von Ortiz scheint also in keiner Weise gerechtfertigt. Eines der Kapitel in Lachatañerés Buch – *Cantos o rezos del güemilere* ("*Güemilere*-Gesänge oder -gebete") – beschreitet allerdings einen vollkommen anderen Weg: Hier werden die Texte weder kommentiert noch ausgeschmückt, sondern im Originalton – d.h. in *lukumí* (kubanisches Yoruba) – wiedergegeben.

Wie kann die unterschiedliche Haltung des Vermittlers im Hinblick auf die ihm zur Verfügung stehenden erzählenden bzw. poetischen Texte erklärt werden? Lachatañeré war offensichtlich der Meinung, dass das direkt mit den Geheimnissen der Religion verknüpfte poetisch-liturgische Wort keine Art von Übertragung zulässt. Wie wir aus seiner entfremdenden Verschriftlichung der mündlichen *patakíes* ersehen können, hielt er eine solche im Falle mündlicher Erzählungen hingegen – fälschlicherweise – für unproblematisch. Das Ergebnis zeigt, dass die schriftliche Übertragung oraler Erzählungen Probleme aufwirft, denen er nicht gewachsen war.

In seinem bereits erwähnten Prolog zu *¡Oh, mío Yemayá!* nimmt Ortiz Bezug auf die schriftliche Erhaltung der "überlebenden schwarzen Literatur" und meint, *Contes nègres de Cuba* von Lydia Cabrera (1936) sei "der ernsthafteste und geglückteste Versuch auf diesem rein folkloristischen Gebiet" (Lachatañeré 1992: XXVIII). Ortiz erliegt hier einem offenkundigen Missverständnis: Cabreras Erzählungen sind eine literarische Schöpfung, nicht eine folkloristische Arbeit. Da das Hauptwerk von Lydia Cabrera (1992 [1954]) das erst 1954 publizierte ethnographische Buch *El monte* ("Der Wald" oder "Der Buschwald") ist, werde ich die Wertung der *Cuentos negros* weiter unten zusammen mit jener von *El monte* vornehmen.

5. Die vertikale Ethnographie: Fernando Ortiz

Trotz seines Interesses für die Arbeiten von Lachatañeré und Cabrera beschäftigt sich Ortiz vor 1950 nicht persönlich mit afro-kubanischer Wortkultur. In *La africanía de la música folklórica de Cuba* ("Die Afrikanität der kubanischen Folkloremusik", 1950) und *Los bailes y el teatro de los negros en el folklore de Cuba* ("Die Tänze und das Theater der Schwarzen in der kubanischen Folklore", 1951) räumt er ihr zum ersten Mal einen größeren Platz ein. Erst in diesen beiden Werken werden also die ehemaligen Sklaven oder ihre Nachkommen wirklich zu kulturellen Subjekten. Was hat wohl Ortiz dazu bewogen, seine Betrachtung der Kultur der Afrikaner und ihrer Nachfahren in Kuba neu zu orientieren? Seit Beginn des 20. Jahrhunderts hatten die *Harlem Renaissance* und andere kulturelle und auch politische Bewegungen schwarzer Nordamerikaner die intellektuelle Autonomie schwarzer Gruppierungen unter Beweis gestellt. Die internationalen künstlerischen Avantgardebewegungen der zwanziger Jahre – Dadaismus, Surrealismus usw. – trugen dazu bei, das Interesse für "Schwarze Kultur" international zu fördern. In ihrem Fahrwasser entstand ab etwa 1930 die karibisch-afrikanische Bewegung der *Négritude*, deren Anliegen darin bestand, dem kulturellen Anspruch und den politischen Forderungen der Schwarzen literarischen Nachdruck zu verleihen. In der hispanoamerikanischen *negritud*, der u.a. die kubanischen Dichter Nicolás Guillén und Emilio Ballagas zuzurechnen sind, dominierten zwar meist nationalistische Tendenzen, aber es kann nicht bestritten werden, dass auch sie dazu beitrugen, der Kultur der Schwarzen mehr Gehör zu verschaffen. In diesem kulturellen Klima entstanden u.a. die Ortiz bestens bekannten Frühwerke von Alejo Carpentier (*¡Ecue-Yamba-Ó!*, 1933) und Lydia Cabrera (*Contes nègres de Cuba*, 1936).

Mit seinen beiden um 1950 erschienenen Büchern trägt Ortiz also einem schon seit einiger Zeit bestehenden Interesse endlich Rechnung. Sie enthalten ein breites Inventar poetischer, musikalischer und choreographischer Formen afro-kubanischer Kultur. Wie nähert sich Ortiz in diesen Werken der afro-kubanischen Oralität? Im ersten dieser beiden Bücher geht es ihm vor allem darum, die "Afrikanität" der afro-kubanischen Kultur zu beweisen. Seine Argumentation zeigt, dass er den Sozialdarwinismus endgültig hinter sich gelassen hat und jetzt den Standpunkt des kulturellen Relativismus verteidigt. Seines Erachtens unterscheidet sich die Musik Schwarzafrikas von jener Europas durch die Vorherrschaft des Rhythmus über die Melodie und durch die der menschlichen Stimme über die Instrumente. Dasselbe gilt nach Ortiz auch für die Musik der schwarzen Kubaner. Er liefert zahlreiche kubanische Beispiele musikalischer "Afrikanität", die jeweils aus einer kleinen Partitur, dem Originaltext und dessen Übersetzung aus der *lengua conga* (Bantu-Spanisch)[10] oder dem *lukumí* (kubanisches Yoruba) bestehen. Die Inszenierung dieser Beispiele folgt den Regeln wissenschaftlicher Abhandlungen. Es sind musikalische und verbale "Zitate", welche die wissenschaftlichen Darlegungen des Ethnologen unterbrechen. In sprachlich-literarischer Hinsicht entsteht somit ein vertikaler Dialog zwischen den durch ihre Verschriftlichung "erstarrten" Texten der Lukumí- oder der Congo-Tradition und dem wissenschaftlichen Diskurs des Verfassers. Das ursprünglich mündliche und kurzlebige Wort, herausgerissen aus seinem Aufführungskontext, wird hier zu einem auf die Bedürfnisse der Kultur-Entomologen zugeschnittenen, isolierten und abgestorbenen Präparat.

Die Art und Weise, wie Ortiz mit afro-kubanischer Oralität umgeht, ist auf seine philologische Schulung und Ausrichtung zurückzuführen. Das Anliegen der klassischen Philologie besteht bekanntlich darin, den Urzustand der durch die Tradition geheiligten Texte wiederherzustellen. Es geht dabei in erster Linie darum, solche Texte von später beigefügten und apokryphen Elementen zu befreien. Hauptgegenstand der klassischen Philologie sind die Bibel und die "großen Texte" der griechisch-lateinischen Antike. Ortiz bearbeitet die afro-kubanischen Texte in analoger Weise. Das Wahre oder Ursprüngliche an diesen Texten liegt seines Erachtens in ihrem afrikanischen Substrat, welches am ehesten in liturgischen Gesangstexten, nicht aber in den offenkundig "akkulturierten" Erzählungen der Afro-Kubaner greifbar wird. Es ist in diesem Sinne bezeichnend, dass der kubanische Philologe es nie unternommen hat, sich dem mehr oder weniger spontanen, mündlichen, kurzlebigen und vermeintlich unreinen Wort der afro-kubanischen Erzähl- oder Dialogkunst zu nähern. Sein umfangreiches Werk umfasst keine Transkriptionen von *patakíes*, und schon gar nicht von den Dialogen, die vor, während, nach oder außerhalb einer rituellen Handlung abgewickelt werden. Ortiz unterhält also keinen echten Dialog mit seinen Gewährsleuten, denen er offenbar seine afrikanischen Wörterbücher und

---

[10] Diese Sprache wird in Castellanos (1992, Band IV) ausführlich besprochen.

musikwissenschaftlichen Werke vorzieht. Für ihn zählt weniger die vermischte Tradition der kubanischen Schwarzen als jene – "reine" – der Afrikaner selbst. Merkwürdigerweise scheinen die beiden großen ethnographischen Texte von Ortiz seine bekannte Theorie der Transkulturation zu untergraben. Hauptachse dieser Theorie ist die These, dass in Kuba alle von außen eindringenden Kulturelemente ihrer ursprünglichen Identität verlustig gehen, um in einer neuen, letztlich nationalen Kultur aufzugehen. Die harte Gegenüberstellung von traditionellem afrikanischem und westlich-wissenschaftlichem Diskurs, welche die Werke von Ortiz kennzeichnet, ist sicher nicht angetan, diese These zu untermauern. Mit diesen Bemerkungen soll aber die große wissenschaftliche Pionierleistung von Ortiz keinesfalls abgewertet werden. Es geht hier nur darum, die Grenzen seiner afrikanistischen Philologie aufzuzeigen und die wenig später von Lydia Cabrera in der afro-kubanischen Forschung bewirkte Revolution besser sichtbar zu machen.

6. Eine horizontale Ethnographie: Lydia Cabrera

Ein Vergleich der von Ortiz bzw. Cabrera präsentierten Texte in *lukumí* oder in *lengua conga* läßt sofort eine ganz unterschiedliche Annäherung an die afro-kubanische Oralität erahnen. Während Ortiz sich darauf versteift, das afrikanische Substrat in den kubanischen Texten zu suchen, betont Cabrera, wie wir gleich sehen werden, die außergewöhnliche verbale Kreativität der kubanischen Congos und Lukumíes. Lydia Cabrera, Schülerin und Schwägerin von Ortiz, machte sich zunächst einen Namen als Autorin der *Cuentos negros de Cuba*, einer Reihe fiktiver Erzählungen, die in verschiedener Hinsicht an Geschichten afro-kubanischer Oraltradition erinnern. Dies gilt zunächst für die von der Verfasserin verwendeten Erzählmotive, die meist der kubanischen – wenn auch nicht unbedingt afro-kubanischen – Volkserzählkunst entnommen sind; dann für die Figuren, deren Verhalten oft mit dem aus den *patakíes* bekannten Verhalten der *orishas* – Yoruba-Gottheiten – in Verbindung gebracht werden kann; schließlich auch für die aus dem karibischen Volksspanisch entwickelte und sehr mündlich wirkende Erzählsprache, die in der schriftlichen Erzählkunst Kubas beispiellos ist. Eine Reihe von offensichtlich beabsichtigten kulturellen Unwahrscheinlichkeiten hindern aber den Leser daran, die *Cuentos negros de Cuba* mit Transkriptionen folkloristischer Erzählungen zu verwechseln. In der auf den ersten Blick mythischen – und folglich zeitlosen – Erzählung *Taita Hicotea y taita Tigres* [sic] ("Väterchen Schildkröte und Väterchen Tiger", Cabrera 1989: 71) beispielsweise wird der Leser unvermittelt mit der Erwähnung eines historischen Datums vor den Kopf gestoßen. In anderen muss er sich fragen, ob die ihm vorgelegten Gesangstexte wirklich einer afro-kubanischen Tradition angehören, oder ob sie nicht vielmehr das Produkt einer dadaistischen Inspiration der Autorin sind. Der überbordende karnevaleske Humor, der die meisten Erzählungen kennzeichnet, lässt dem Leser ohnehin kaum die Möglichkeit, diese Erzählungen – im Sinne der Folkloreforschung – ernst zu nehmen. Obwohl – oder vielleicht gerade weil – Lydia Cabrera in den *Cuentos negros* nicht einfach eine Reihe von Transkriptionen oraler Erzählungen liefert, ist es ihr hier erstmals in der kubanischen Literatur gelungen, afrokubanische Oralität wirklich fühl- oder erlebbar zu machen.

Dasselbe gelingt ihr auch wieder in ihrem ethnographischen Hauptwerk *El monte* (1954). Der Aufbau dieses Buchs ist auf den ersten Blick nicht leicht zu verstehen. Manche an wissenschaftliche Monographien gewöhnte Leser haben sich an seiner scheinbar mangelnden Logik gestoßen. Die Autorin selbst beschreibt das ihrer Argumentation zugrundeliegende Vorgehen wie folgt:

> Die angewandte Methode – falls man im Fall dieses Buches überhaupt von einer Methode sprechen kann! – haben mir meine Gewährsleute mit ihren Erklärungen und Ausschweifungen – die übrigens nicht voneinander zu trennen sind – aufgezwungen. Sie sind unfähig, sich irgendeinem Plan anzupassen, und ich bin ihnen immer auf dem Fuß gefolgt, darauf achtend, weder ihre Meinungen noch ihre Worte zu verfälschen und sie nur in jenen Punkten zu erklären, in denen sie für den Laien vollkommen unverständlich wären (Cabrera 1992: 7).

Lydia Cabrera also folgt ihren Gewährsleuten, nicht aber den Regeln und Ansprüchen der wissenschaftlichen – oder akademischen – Ethnographie. Statt ihre eigene Rede mit Zitaten ihrer Gewährsleute zu illustrieren, entwirft sie einen Dialog *tous azimuts*, in dem ihre eigene Stimme nicht (viel) mehr als eine unter vielen zu sein scheint. Geht man von der Tatsache aus, dass *El monte* vor allem eine ausufernde Ansammlung von Aussagen ihrer schwarzen Freunde ist, kann man Lydia Cabreras Werk auf weiten Strecken als frühes Beispiel einer Ethnographie anerkennen, in der die Selbstdarstellung – "Autoethnographie" – der untersuchten Volksgruppe die Hauptrolle spielt. Es muss allerdings gleich hinzu gefügt werden, dass Lydia Cabrera, auch wenn sie behauptet, ihren ausschweifenden Gewährsleuten zu folgen, als Herausgeberin die absolute Kontrolle über die endgültige Montage des von ihr veröffentlichten Textes ausübt. Es ist übrigens nicht anzunehmen, dass ihre Freunde, falls sie sich zum Schreiben eines Buchs entschlossen hätten,

El Monte geschrieben hätten [...]. Folgender Ausschnitt erlaubt, sich ein annäherndes Bild des Textes zu machen:[11]

[Bei echten Trancezuständen] geschieht es nie, wie es leider bei vielen Gelegenheiten vorgekommen ist und noch immer vorkommt, dass die Polizei einen Trommelrhythmus unterbricht und an Omós, die wirklich von ihren Heiligen besessen sind, Hand anlegt [...]. Dass eine Yemayá, ein Oggún, ein Changó, eine Oyá[12] wie Vögel ausreißen und úmlo! úmlo! schreien [...]. Niemand kann sich daran erinnern, dass jemals einem besessenen (sich im Trancezustand befindenden) Ngángámbombo[13] ¡kuísa jalele masoriale! ("Flieh, der Polizist ist hinter dir her!") zugerufen worden ist. "Die Polizei drang in das Haus eines Santeros ein [...]. Die Patrouille führte sämtliche Personen, die sich gerade im Trancezustand befanden, in den Hof hinaus. Und dorthin gingen sie alle, weitersprechend in ihrer Sprache [lukumí], ohne dem allem irgendwelche Bedeutung zuzumessen [...]. Denn das waren wirkliche Gottheiten! [...]. Yemayá [Meeresgottheit der Yoruba] tanzte und grüßte ¡okuó yumá!. Sie wurden gefragt, wie sie hießen. – ¡Yánsa jekuá jei! – ¡Alafia kisieco! Man ließ sie sofort in Ruhe. Diese Schwarzen sollen abhauen! Lákue lákua boni, sagte Yemayá und bedankte sich. Und Oberleutnant Pacheco: "Schon gut, schon gut, ich versteh dich nicht; geh aber endlich weg! Schnell, macht euch alle aus dem Staub!" (Cabrera 1992: 39-40).

Der Leser hat sicher den humoristischen Grundton der wiedergegebenen Geschichte goutiert. Der Humor und die Ironie, die viele der von Cabrera direkt oder indirekt zitierten Aussagen prägen, sind nicht nur literarisch ansprechend, sondern enthalten auch eine wichtige Information. Der Humor ist in den afro-kubanischen Kulturen immer präsent, auch inmitten der feierlichsten Ritualpraktiken, wird aber in der wissenschaftlichen Ethnographie – wie etwa bei Ortiz – mit keinem Wort erwähnt. Die feine Ironie, welche auch die Erzählrede der Verfasserin selbst kennzeichnet, beinhaltet deshalb keine Geringschätzung ihres Untersuchungsgegenstands, sondern kann vielmehr mit dem für bestimmte afro-kubanische Ritualmomente typischen ironischen Dialog – Austausch von *puyas* (Sticheleien) – in Verbindung gebracht werden.

Die Erzähllogik, die nicht nur dem zitierten Ausschnitt, sondern *El monte* im allgemeinen zu Grunde liegt, kann mit der Logik der afrikanischen *palabre* – das Ritualgespräch der Dorfältesten unter dem heiligen Baum – verglichen und wahrscheinlich mehr oder weniger direkt auf die von Lydia

---

[11] In dieser Passage bezieht sich die Verfasserin auf den Unterschied zwischen echten und simulierten Trancezuständen von Praktizierenden der Orisha-Religion.

[12] In Wirklichkeit Personen, von denen die erwähnten Orishas oder Heilige gerade Besitz genommen haben.

[13] Priester des *palo monte*, einer kubanischen Bantu-Religion.

Cabrera mit ihren Gewährsleuten abgehaltenen *palabres* zurückgeführt werden. Da wir diese nicht direkt beobachten können, wissen wir oft nicht, wer gerade das Wort führt. Die Erzählerin unterlässt es nämlich oft, die Sprecher mit ihrem Namen einzuführen. Abgesehen davon, dass viele ihrer eigenen Aussagen ohnehin von indirekten Zitaten ihrer Gewährsleute gespickt sind, wird ihre Stimme von jenen ihrer Gesprächspartner im Text oft nicht klar abgegrenzt. Um die Arbeit des Lesers noch zu erschweren, führen gewisse (anonyme oder identifizierbare) Stimmen ihrerseits andere (meist anonyme) Stimmen ein. Das so entstehende und nicht immer auflösbare Stimmengewirr ist auch ein Sprachengewirr: Wir hören Standardspanisch, verschiedene spanische Soziolekte, *Bozal* (behelfsmäßige Sprache der eben erst in Kuba eingetroffenen Afrikaner) und mehrere afro-kubanische Sprachen (in unserem Textausschnitt: das kubanische Yoruba und die kubanische Congo-Sprache). Die Gewährsleute mischen in dieser literarischen *palabre* mit allen möglichen Rede- oder Gesangsgenres mit: traditionelle Erzählungen und Gesänge, Anekdoten aus dem gemeinschaftlichen oder persönlichen Leben, Witze, theologische, historische oder philologische Überlegungen. Manchmal transkribiert Lydia Cabrera die entsprechenden Aussagen mit allen ihren phonetischen Eigenheiten und der sie begleitenden Gestik; oft begnügt sie sich aber mit einer Zusammenfassung in ihrer eigenen – mündlichkeitsnahen – Sprache. Es kommt auch vor, dass sie den Ablauf eines rituellen Vorganges oder das Schema eines *patakí* so aufzeichnet, wie sie sie in den handgeschriebenen Notizbüchern eines *santero* (Santería-Priester) oder eines *tata nganga* (Palo-Monte-Priester) vorgefunden haben mag. Besonders kennzeichnend für Lydia Cabreras Transkriptionen ist der häufige Wechsel des verwendeten Registers. In *El monte* mag die Präsentation eines *patakí* im Stil einer typisch schriftlichen Zusammenfassung beginnen, dann Sprachfetzen oraler Provenienz einbeziehen und schließlich in hemmungsloser Gestik enden. Insgesamt soll gesagt werden, dass Lydia Cabreras Buch ein faszinierendes Bild der sprachlichen und kulturellen Heterogenität Kubas entwirft. Mit seiner weitgespannten Polyphonie und seiner Komik ist *El monte* auch ein überzeugendes Beispiel dessen, was Bachtin "karnevalisierte Literatur" nannte.

7. Literatur und Ethnographie

Vor wenigen Jahren fragte sich der brasilianische Anthropologe Roberto DaMatta (1993), was eigentlich literarische und ethnographische Texte unterscheidet. Seines Erachtens interessiert sich die Literatur in allererster

Linie für das Individuum innerhalb der Gesellschaft. Dadurch, dass sie gesellschaftliche Vorkommnisse unter dem Gesichtspunkt ihrer Verknüpfung mit Einzelschicksalen darstellt, macht sie sie zu einzigartigen, unwiederholbaren Ereignissen. Im Gegensatz dazu beschäftigt sich die Ethnographie mit der Praxis ganzer soziokultureller Gruppierungen. Gesellschaftliche Praktiken werden von ihr deshalb als Realisierungen bestimmter Bräuche präsentiert. Wenn wir diese Überlegungen auf Lydia Cabreras Werk anwenden, kommen wir zum Schluss, dass nicht nur ihre Erzählungen, sondern auch ihre ethnographischen Arbeiten der Literatur zuzurechnen sind. Unabhängig davon, ob sie im Text namentlich erwähnt werden oder nicht, sind ihre Gewährsleute nämlich stets individuelle Figuren. Ihre Aussagen und ihre Gestik erscheinen selten als wiederholbare und direkt mit den Regeln des afro-kubanischen Brauchtums verknüpfte Äußerungen, sondern werden meist einem bestimmten Gesprächskontext zugeordnet.

Noch ist die zumindest in diesem Sinne literarische Ethnographie von Lydia Cabrera für viele Vertreter der akademischen Ethnographie eine Provokation. Die von einer politisch konservativen Anthropologin erfundene "dialogische Ethnographie" fußt auf der revolutionären Absage an die u.a. von Ortiz praktizierte vertikale Beziehung zwischen dem Ethnologen und seinen Gewährsleuten, zwischen seinem schriftlich-akademischen Diskurs und der mündlichen Rede der Mitglieder der von ihm untersuchten Gesellschaft. *El monte* zeigt einen möglichen Weg zu einer horizontalen, demokratischen Beziehung zwischen den Hauptakteuren – *le même et l'autre* – des ethnographischen Kommunikationsprozesses. In Cabreras Hauptwerk ist kein unüberbrückbares Gefälle zwischen der Rede der Ethnographin und jener ihrer Gewährsleute auszumachen. Insgesamt wird der wissenschaftliche Text von der sanften Gewalt der afro-kubanischen Mündlichkeit untergraben und nähert sich, im positiven Sinne, der Literatur – einer offenen und flexiblen Art und Weise, die Realität (schriftlich) zu erfassen. Der ideale Leser von *El monte* ist deshalb nicht derjenige, der die Wahrheit über die afro-kubanischen Kulte sucht, sondern derjenige, der weiß oder vermutet, dass es eine solche gar nicht gibt. Ohne es direkt auszusprechen, hinterfragt Lydia Cabrera mit ihrem Vorgehen die akademische Ethnographie. Obwohl sie nie den Anspruch erhoben hat, die größte Autorität in afro-kubanischen Angelegenheiten zu sein, ist ihr ethnographisches Oeuvre, das außer *El monte* zahlreiche weitere, im Exil geschriebene Werke umfasst,[14] dennoch bis

---

[14] Die wichtigsten dieser Werke figurieren weiter unten in der Bibliographie.

heute die reichste schriftliche Quelle zur Erforschung und die umfassendste Anleitung zum Verstehen afro-kubanischer Oralität.

Literaturverzeichnis

Barnet, Miguel (1966): *Biografía de un cimarrón*. Havanna: Academia de Ciencias de Cuba/Inst. de Etnología y Folklore.

Cabrera, Lydia (1936): *Contes nègres de Cuba* [trad. Francis Miomandre]. Paris: Gallimard (dt. Übersetzung: *Die Geburt des Mondes. Schwarze Geschichten aus Kuba*. Frankfurt/M. 1999).

— (1940): *Cuentos negros de Cuba*. Havanna: La Verónica.

— (1973): *La laguna sagrada*. Madrid: Ediciones R.

— (1980): *Yemayá y Ochún. Kariocha, Iyalorichas y Olorichas*. Nueva York: CR, 2da. ed.

— (1984): *Vocabulario congo (el bantú que se habla en Cuba)* [español-bantú], prólogo de Isabel Castellanos, Miami: Colección del Chicherekú.

— (1986a): *Anagó. Vocabulario lucumí (el yoruba que se habla en Cuba)* [1970][lucumí-español], Miami, Universal, 2da. ed.

— (1986b): *Reglas de congo: Mayombe palo monte* [1979]. Miami: Ed. Universal, 2da. ed.

— (1988): *La lengua sagrada de los ñáñigos* [carabalí-castellano]. Miami: Colección del Chicherekú.

— (1989): *Cuentos negros de Cuba* [1940]. Prólogos de Rosario Hiriart y Fernando Ortiz Barcelona: Icaria.

— (1992): *El monte* [1954]. Miami: Ediciones Universal, 7a. ed.

Chávez Alvarez, Ernesto (1991): *El crimen de la niña Cecilia*. Havanna: Ed. de Ciencias Sociales.

DaMatta, Robero (1993): "A obra literária como etnografia: notas sobre as relações entre literatura e antropologia". In *Conta de mentiroso: sete ensaios de antropologia brasileira*, Rio de Janeiro: Rocco, S. 35-58.

García Rodríguez, Gloria (1996): *La esclavitud desde la esclavitud. La visión de los siervos*. Mexiko: Centro de Investigación Científica "Ing. Jorge L. Tamayo, A. C.".

Lachatañeré, Rómulo (1992): *El sistema religioso de los afrocubanos* ("¡Oh, mío Yemayá!", 1938, S. XXV-XXXVI und S. 1-91; "Manual de Santería", 1942, S. 93-146; "El sistema religioso de los lukumí y otras influencias africanas en Cuba", 1939-1946 e inéditos, S. 147-360; "Artículos", 1936-1943, S. 361-414), Havanna: Editorial de Ciencias Sociales, Col. Echú Bi.

Ortiz, Fernando (1965): *La africanía de la música folklórica de Cuba* (1950). Havanna: Editora Universitaria.

— (1973): *Hampa afro-cubana. Los negros brujos (apuntes para un estudio de etnología criminal)* (1906). (Prólogo Alberto N. Pamies). Miami: Universal.

— (1978): *Contrapunteo cubano del tabaco y el azúcar*. Prólogo de B. Malinowski. Ed. Julio Le Riverend, Caracas, Bibl. Ayacucho, no. 42.

— (1985): *Los bailes y el teatro de los negros en el folklore de Cuba* (1951). Havanna: Letras Cubanas.

— (1987): *Los negros esclavos*. Havanna: Ed. de Ciencias Sociales [1ra. ed.: "Hampa afrocubana: los negros esclavos. Estudio sociológico y de derecho público", *Revista Bimestre Cubana*, Havanna 1916].

Rodrigues, Nina (1935): *O animismo fetichista dos negros bahianos* ["L'animisme fétichiste des nègres de Bahia", Bahia 1900], Rio de Janeiro: Civilização Brasileira, 2a. ed.

Suárez y Romero, Anselmo (1970): *Francisco*. Ed. E. Castañeda, Havanna: I.C.L.

— (o.J.): "La casa del trapiche" (1853). In: *Costumbristas cubanos del siglo XIX*, ed. S. Bueno. Caracas: Biblioteca Ayacucho, no. 115, S. 325-329.

Svend Plesch

Literatur im Zeugenstand?
Zur neueren kubanischen *Testimonio*-Literatur

Einst als ein repräsentatives Stück einer "neuen Welt der Literatur in der Karibik" (Franzbach 1984) begrüßt, wird die zeugnisablegende *Testimonio*-Literatur Kubas selbst (nicht erst heute) als Bestandteil und Zeugnis von "Geschichte" gesehen. Sie ist von der Literaturkritik seit den sechziger Jahren mit Aufmerksamkeit beobachtet worden und sie hat insofern parallel zum eigenen Korpus ihre eigene Historiographie hervorgebracht. Im Folgenden werden aktuelle Entwicklungen dieses Teils der kubanischen Literatur ("auf der Insel") betrachtet: ihre andauernde Präsenz, ihr Aufschwung und ihre vieldiskutierte Krise und die nicht nachlassende Aufmerksamkeit der Literaturkritik für die *Testimonio*-Literatur.

Vor mehr als dreißig Jahren veröffentlichte der Kubaner Miguel Barnet sein Buch *Biografía de un Cimarrón* (1966; "Biographie eines entlaufenen Sklaven"),[1] das seither den Status eines Gründungstextes zugeschrieben bekommt und wohl in keiner Betrachtung zum *Testimonio* fehlt. In der (inzwischen durchaus umfangreichen) Sekundärliteratur wird gerade für die *Testimonio*-Literatur häufig die Frage nach ihrer Konstitution als eigenes *género* (Genre/Gattung) mit entsprechendem Korpus und seriellen Merkmalen und einer eigenen Geschichte gestellt. An dieser parallel zur Veröffentlichung der Texte verlaufenden literaturkritischen Diskussion haben *Testimonio*-Autoren selbst einen nicht geringen Anteil. Sie wirken so auf doppelte Weise an der Entfaltung dieses Literaturzweiges mit – ein Phänomen, das früher und zeitgleich zur *Testimonio*-Literatur auch von Autoren der "neuen lateinamerikanischen Erzählkunst", der *nueva narrativa latinoamericana*, bekannt ist. (Mit Blick auf die kubanische Literatur möge hier der Hinweis auf Alejo Carpentier und sein Konzept des Real-Wunderbaren in Lateinamerika genügen.) Neben der (literatur)kritischen Selbstreflexion der Autoren, die der *Testimonio*-Literatur u.a. selbst als Zeugnis ihrer Existenz(berechtigung) dient, findet sich auch für diesen Zweig (in erneuter Parallele zur neuen la-

---

[1] Wenn nicht ausdrücklich anders gekennzeichnet, stammen alle Übersetzungen spanischsprachiger Originalzitate vom Verf.

teinamerikanischen Erzählkunst) das Medium des Autoren-Interviews (vor allem in Zeitschriften), in dem das erklärende Autor-Wort Zeugnis und Begründung des literarisch Neuen liefert, wo die etablierte Literaturkritik mit den üblichen Kategorien und Perspektiven zunächst kaum Zugang zu den literarischen Innovationen zu finden oder zu vermitteln scheint oder vermag.

Inzwischen ist längst klar, dass Miguel Barnet mit seinem *Cimarrón* das *Testimonio* nicht entdeckt hat. Aber er hat diesem Zweig der kubanischen (und hispanoamerikanischen) Literatur wichtige Begründungen geliefert, die zu dessen Konsolidierung und Popularisierung gerade am Ende des "romantischen" siebten Jahrzehnts des 20. Jahrhunderts beitrugen. Er selbst hatte bereits 1965 über das Buch *Los hijos de Sánchez* ("Die Kinder von Sánchez") von Oscar Lewis geschrieben, das längst als einer der Vorläufer-Texte der "neuen" *Testimonio*-Literatur gilt. Im berühmten Vorwort von *La canción de Rachel* (1969; "Das Lied der Rachel") bringt Barnet seinen eigenen Begriff ins Gespräch: *La novela testimonio: socio-literatura*,[2] der *Testimonio*-Roman als Sozioliteratur. An dieser Kategorie und den von ihm notierten Grundzügen hält Barnet seitdem fest, wo immer er (bei vielen Gelegenheiten) auf das Thema *Testimonio* und seine eigene, zwischen Anthropologie und Fiktion angesiedelte Konzeption des literarischen Textes zurückkommt (Barnet 1988: 106-118; 1983).

> Das *Testimonio* (literarische Zeugnis) ist immer die dokumentarische Stütze des Romans gewesen. Andererseits erkläre ich, dass ich kein reiner Romancier bin. Wenn ich zwischen den Strömungen von Anthropologie und Literatur hin und her galoppiere, dann aus der Überzeugung, dass sie Hand in Hand gehen sollten, statt sich einander zu verweigern. Ich bin vielmehr der Überzeugung, dass sie einander ergänzen. Ich strebe weder nach der Definition von Kategorien, noch biete ich Lösungen für die Gesellschaft. Mein einziger Wunsch ist, des Menschen Herz zu zeigen. Jenes Menschen, den die bürgerliche Geschichtsschreibung mit dem Zeichen eines sprichwörtlichen Fatalismus versah, wenn sie ihn in die Reihe der Geschichtslosen stellte (Barnet 1998 [1983]: XX).[3]

Seit Beginn der zeitgenössischen Diskussion über die *Testimonio*-Literatur betreibt sie die Suche nach den Ursprüngen und nach den Gat-

---

[2] Vgl. zu den Annahmen in Barnets Vorwort Franzbach (1984: 154); außerdem sehr ausführlich Walter (1992).

[3] "El testimonio siempre ha servido de apoyatura documental de la novela. Por otra parte, aclaro, que no soy un novelista puro. Si ando a caballo entre las corrientes antropológicas y literarias, es porque creo que ya es hora de que ellas vayan de la mano sin negarse la una a la otra. Por el contrario estoy convencido de que se complementan. No aspiro a definiciones categóricas, ni ofrezco soluciones sociales. Lo único que deseo es mostrar el corazón del hombre. De ese hombre que la historiografía burguesa marcó con el signo de un fatalismo proverbial, inscribiéndolo entre 'la gente sin historia'".

tungsmerkmalen des *Testimonio*. Für den ersten Problemkreis kann hier der kubanische Essayist und Literaturkritiker Ambrosio Fornet stehen, der in der dokumentarischen Literatur, die während der kubanischen Unabhängigkeitskriege des 19. Jahrhunderts geschrieben wurde, bereits Paradigmen und Kontinuitätslinien vermeintlich homologer Texte aus der zweiten Hälfte des 20. Jahrhunderts erkennt. Der von ihm geprägte Begriff einer *literatura de campaña*, Kriegszugsliteratur (vgl. Fornet 1967; 1977), findet bis in die jüngste Zeit Verwendung auf die Schriften aus den Tagen der Unabhängigkeitskriege.

Zum Gattungsproblem des *Testimonio* findet sich eine umfangreiche Zahl von Texten, die seit den sechziger Jahren einen "neuen" Literaturzweig und dessen professionelle wie allgemeine Rezeption beeinflusst haben. In der "frühen" Einrichtung (1970) des speziellen Preises für *Testimonios* innerhalb der Preise der ausstrahlungsstarken kubanischen Kultureinrichtung "Casa de las Américas" lässt sich der Versuch sehen, dem *Testimonio* (unter dem akuten Druck seiner explosionsartig wachsenden Präsenz?) einen (offiziellen) Platz im Gefüge literarischer Gattungen und Genres zuzuweisen:

> Die Casa hat das Genre [*Testimonio* – S.P.] nicht geschaffen; vielmehr sah sie sich gezwungen, es zur Kenntnis zu nehmen. Jedoch hat sie es damit legitimiert und ihm einen neuen Bezugsrahmen geschaffen.[4]

Die vorausliegende Debatte führten 1969 Angel Rama, Isidora Aguirre, Hans Magnus Enzensberger, Manuel Galich, Noé Jitrik und Haydée Santamaría (vgl. *Conversación en torno al testimonio* 1995). Die von Manuel Galich erarbeitete Grundlegung für den neuen Literaturpreis stellte zwei Kriterien heraus: die "Dokumentation der lateinamerikanischen Realität" und das "unabdingbare literarische Niveau der jeweiligen Werke" (Galich 1995: 124f.). Die Grundlagen des ausgelobten Preises wurden weit verbreitet und haben späterhin die *Testimonio*-Texte und die Debatten beeinflusst. Im Einzelnen grenzen die von Manuel Galich aufgeführten Charakteristika das *Testimonio* in einer Folge von Differenzierungen von der Reportage, der fiktionalen Erzählkunst, dem Bericht über Forschungsergebnisse und der Biographie ab. Damit wurden Grundzüge bezeichnet, die in der Folge auch die literaturkritische Betrachtung des *Testimonio* als eine hybride Textsorte prägen sollten.

---

[4] "La Casa no 'creó' el género, más bien se vio forzada a tomarlo en consideración, pero, al hacerlo, lo legitimó y le proporcionó un nuevo marco de referencia" (Barnet 1969a: 110).

Die Suche nach einer begründenden Historisierung des *Testimonio* zeigt sich de facto in der Reflexion in der *Casa de las Américas* über den Preis in der Kategorie *"Testimonio"*, bei der Oscar Lewis und (schon) Miguel Barnet einer spezifischen Traditionslinie zugeordnet werden; ähnliches gilt schon für die Berufung der ersten Juroren: der Argentinier Rodolfo Walsh, der 1957 *Operación Masacre* veröffentlicht hatte; der Mexikaner Ricardo Pozas, Autor von *Juan Pérez Jolote. Biografía de un Tzotzil* (1952); der Kubaner Raúl Roa, selbst Autor testimonialer Texte und anerkannter Intellektueller und Politiker. Preisträgerin der ersten Auflage des *Premio "Testimonio"* war María Éster Gilio mit ihrem Text über die Guerilla der uruguayischen Tupamaros. Sie erfüllte die bei der Auslobung vorgegebenen Kriterien, indem ihr Thema einen (der zeitgenössischen kubanischen Kultur-/Politik) zentralen Bereich berührte und gerade die epische Dimension solcher "Kriege von unten" herausstellte. Auf dem zweiten Platz *(mención)* findet sich der Kubaner Víctor Casaus mit *Girón en la memoria* ("Girón in der Erinnerung"), das (in offenkundiger Paraphrase von Pablo Nerudas weltbekanntem *Spanien im Herzen*, 1937) den Abwehrkampf in der Schweinebucht (Playa Girón, 1961) mit den Stimmen seiner Protagonisten dokumentarisch darstellt.

In diesen und allen anderen Fällen erscheint die (Selbst-)Bestimmung der *Testimonio*-Literatur auf den soziokulturellen Kontext der Epoche, insbesondere die historisch konkrete Situation Kubas, bezogen und ihr sinnstiftendes Anliegen in der Artikulation der "revolutionären" Diskurse des Kontinents begründet, z.B. der Guerrilla-, Gewerkschafts- oder Minderheiten-Bewegungen. Ein solches Anliegen steht sichtbar in Übereinstimmung mit der kontinentalen, lateinamerikanistischen Seite des kulturellen Projekts Kubas und schafft Grundlagen eines Dialogs: zwischen kubanischen und anderen lateinamerikanischen "Projekten" ebenso wie zwischen der "Literatur" und der "Gesellschaft" Kubas, wenigstens bis zum Ende der sechziger Jahre, also vor Beginn jenes "grauen Jahrfünfts" *(quinquenio gris*, Fornet 1995), in dem auch die kubanische Kultur sich in eine enge Beziehung zum sozialistischen Lager und zu dort etablierten Regeln (Stichwort "sozialistischer Realismus") eingebunden finden sollte.

Interessanterweise finden sich gerade in den beginnenden siebziger Jahren zwei Texte, die sich den ästhetischen Eigenheiten der *Testimonio*-Literatur zuwenden. Ein kurzer Aufsatz von Lucila Fernández fand bei seinem Erscheinen ein relativ geringes Echo, wird aber später regelmäßig zitiert, wenn Überblicke der Entwicklung der *Testimonio*-Literatur gegeben werden. Der Aufsatz beschreibt und systematisiert Charakteristika der kubanischen *Testimonio*-Literatur und arbeitet drei thematische Hauptlinien heraus: revolutionärer Kampf, historisch-kulturelle Traditionen und Erfahrungen der Übergangsperiode zum Sozialismus (vgl. Fernández 1978; Pogolotti 1973). Der zweite Text sollte unter den kulturellen und akademischen Intellektuellen Kubas von erheblichem Einfluss sein in seinem Beitrag zur Erhellung der zeitgenössischen Literaturverhältnisse in Lateinamerika: die Arbeit von Carlos Rincón, *El cambio actual de la noción de literatura en Latinoamérica* (1978; "Der gegenwärtige Wandel des Literaturbegriffs in Lateinamerika"). Die umfassende Konzeptualisierung besonders der zeitgenössischen lateinamerikanischen Erzählkunst greift ausdrücklich auf Miguel Barnet zurück und stellt den besonderen Impuls seines Werks heraus. Innerhalb seiner übergreifenden sozio-ästhetischen Wertung verweist Rincón auf Beispiele wie Miguel Barnets *Biografía de un Cimarrón* und Julio Cortázars *Libro de Manuel* (1979), um das von der neuen Erzählliteratur ausgelöste Ende des Autor-Demiurgen oder die angestrebte Aufhebung der Grenzen von Fiktion und Realität anzuzeigen.

In der innerkubanischen Diskussion über die *Testimonio*-Literatur markiert das Kolloquium über kubanische Literatur (Havanna 1981) einen wichtigen Punkt. Die *Testimonio*-Literatur erfährt doppelte Präsenz: durch den Beitrag Miguel Barnets, der elf Jahre zuvor sein bis dahin letztes *Testimonio* veröffentlicht hatte, und durch Víctor Casaus, der 1979 den Preis "Pablo de la Torriente Brau" des Schriftstellerverbandes UNEAC in der Kategorie *Testimonio* erhalten hatte für sein Buch über den kubanischen "Revolutionär" Pablo de la Torriente Brau *Pablo, con el filo de la hoja*.[5] Beide Autoren

---

[5] Nicht nur die nach außen (Lateinamerika) orientierte "Casa de las Américas" arbeitete seit den siebziger Jahren an der Förderung des Genres *Testimonio*; auch der kubanische Schriftsteller- und Künstlerverband UNEAC lobt ab 1975 einen eigenen Preis "Pablo de la Torriente Brau" in der Sparte *Testimonio* aus und gibt damit Impulse, das Genre "nach innen" schauen zu lassen, auf kubanische Themen. Nach Auskunft der UNEAC wurden die Preise wie folgt vergeben: 1975: *Bajando del Escambray* von Enrique Pérez Loeches; 1976: *Un teatro de sus protagonistas* von Francisco Garzón Céspedes (dieses Buch erhielt die *Mención*, den 2. Preis, da der Hauptpreis 1976 nicht vergeben wurde); 1977: *El apartheid: Una caracterización del imperialismo* von Juan Hernández; 1978: *De la patria y del exilio* von Jesús Díaz [Jury: Lisandro Otero, Marta Rojas, Antonio Benítez Rojo]; 1979: *Con el filo de la hoja* von Víctor Casaus; 1980: *En el hocico del caimán* von Alipio Rodríguez Rivera; 1981 und 1982: Preis nicht vergeben; 1983: Preis nicht ausgelobt; 1984 Preis nicht vergeben; 1985: Preis nicht ausgelobt; 1986: Preis nicht vergeben; *mención* (2. Preis) für *Tendremos la tierra* von Amir Valle [Jury Miguel Barnet, Marta Rojas, Jaime Sarusky]; 1987: Preis nicht ausgelobt; 1988: *En el nombre de Dios* von Amir Valle [Jury Emilio Comas, Álvaro Prendes, Enrique Cirules]; 1989: Preis nicht ausgelobt; 1990: *Un siglo de compañía* von Juan Carlos Pérez [Jury Miguel Barnet,

nehmen eine deutlich verteidigende Haltung ein angesichts einer Situation "gewisser Geringschätzung, die sich häufig gegenüber diesem Genre äußert" (Casaus 1988: 379). Barnet erhebt das Genre zu einer Endsumme *(soporte totalizador)* der Information und zum ideologischen Medium, das "den Massen ihren Identitätssinn zurückgegeben hat" (Barnet 1988: 378). An gleicher Stelle überdenkt Barnet die Funktion des *Testimonio*-Autors nicht ohne Widersprüchlichkeit: Dessen Sprecherstandort verlegt er grundsätzlich unter "die Menschen ohne Geschichte" und doch bleibt er nicht ohne Züge des vermeintlich "toten" Autor-Demiurgen, der mehr ist als nur der Repräsentant der Massen. Damit überträgt (auch) er dem vermeintlich randständigen Genre *Testimonio* zentrale bewusstseinsbildende (ideologische) Funktionen und dem Autor oder Vermittler des *Testimonio* eine Verantwortung, die an aufklärerische Vorstellungen allgemeinmenschlicher Repräsentation in der Literatur anzuknüpfen scheint.[6]

Wenige Jahre später veröffentlicht Barnet *La fuente viva* (1983/1998; Die lebendige Quelle), ein Text, der ausführliche Überlegungen zum *Testimonio* und zum *Testimonio*-Roman enthält. Auf seine Weise wird Barnet hier zum "zeugnisablegenden" Kritiker des *Testimonio*, der die Leistungsmöglichkeiten dieser Schreibform vor allem im Prozess der Aneignung der mündlichen Information der "Zeugen" überprüft. Insgesamt dürfte Miguel Barnet der kubanische *Testimonio*-Autor sein, der am meisten zur Selbstreflexion des Genres beigetragen hat. Auch dies begründet, dass in den vergangenen Jahrzehnten die immer größer werdende Sekundärliteratur zum *Testimonio* dem Werk Miguel Barnets zumeist breiten Raum eingeräumt hat.[7]

Víctor Casaus, Galo Carvajal]; 1991-1997: Preis nicht ausgelobt; 1998: *Con el Ché: los andares de la vida* von José Mendoza Argudín.
Auch für den "Premio David" der UNEAC sind Auslobungen in der Kategorie *Testimonio* bekannt. Der Preis wurde vergeben wie folgt: 1985: *La mañana del siguiente día* von Juan Carlos Pérez [Jury Francisco López Sacha, Jaime Sarusky, Osvaldo Navarrro]; 1987: *La furia de los vientos* von Pedro Junco [Jury Félix Guerra, Alberto Batista Reyes, Minerva Salado].
Von diesen Titeln sind nicht alle als veröffentlicht nachweisbar, obwohl dies zu den Zusagen des Preises gehört. [Im Literaturverzeichnis am Ende dieser Arbeit erscheinen deshalb nur die bibliographisch ermittelbaren Titel.]

[6] Vgl. Barnet 1998: 378: "Tenemos que ser la conciencia de nuestra cultura, el alma y la voz de 'los hombres sin historia'."

[7] Beispielhaft sei hingewiesen auf die Autoren Abdeslam Azougarh; John Beverley; Martin Franzbach; Carlos Rincón; Elzbieta Sklodowska; Antonio Vera León; Monika Walter.

Ein gewichtiges Indiz für die Bedeutung der Diskussion um die *Testimonio*-Literatur im offiziellen Literaturbetrieb war das Rundtisch-Symposium, zu dem 1983 die Direktion Literatur des kubanischen Kulturministeriums einlud. Die Eingangsfrage der Diskussion markiert den Stand der zeitgenössischen Diskussion: "Ist das *Testimonio* ein eigenes literarisches Genre oder nicht?" Nachdem immerhin dreizehn Jahre vergangen waren, seit für das *Testimonio* eine eigene Kategorie beim Literaturpreis der "Casa de las Américas" eingerichtet worden war, mag dieser Ausgangspunkt bezeichnend sein für eine Distanz zwischen einer institutionalisierten Konvention literarischer Schreibformen und dem tatsächlichen Entwicklungsstand der *Testimonio*-Literatur aus der Sicht ihrer Autoren und Kritiker, die in repräsentativem Umfang das Wort ergreifen: Dora Alonso, Miguel Barnet, Alberto Batista Reyes, Víctor Casaus, Enrique Cirules, Renée Méndez Capote, Noel Navarro, Lisandro Otero, Álvaro Prendes, Fernando Rodríguez Sosa, Marta Rojas u.a.[8] Hinsichtlich des Funktionsverständnisses der *Testimonio*-Literatur scheint die Distanz eher gering, zeigen die Autoren doch Zustimmung zu einer Dienstbarkeit des *Testimonio* als Vehikel sozialer Intentionen.[9]

Der kreative Dialog zwischen der *Testimonio*-Literatur und ihren Kritikern entwickelt sich in den achtziger Jahren weiter, innerhalb und außerhalb Kubas. In ihm spiegeln sich zum einen die Nähe der *Testimonio*-Literatur bzw. ihrer Autoren zu einem immer spannungsreicher werdenden sozialen Prozess, zum anderen aber auch die (nicht nur postmodernen) Perspektivenwechsel der zeitgenössischen Literaturkritik. Als ein Beispiel aktueller und produktiver Annäherung an die *Testimonio*-Literatur auf narratologischer und semiotischer Basis sei genannt die Zusammenstellung von René Jara und Hernán Vidal (1986), *Testimonio y literatura*. Kritiker wie Héctor Mario Cavallari, Ariel Dorfman oder Renato Prada Oropeza legen hier besonderes Augenmerk auf Probleme der Intertextualität, der Referentialität und der narrativen Besonderheiten, z.B. der Erzähler oder der Wert (und Zuverlässigkeit) des dokumentarischen Materials. Im Zentrum ihrer auf die *Testimonio*-Literatur bezogenen Studien stehen Fragen nach der aktuellen Beziehung von Literatur und Gesellschaft, von Literatur und Geschichte. Ein paralleles

---

[8] Teile der Debatte sind abgedruckt worden in der Zeitschrift *Revolución y Cultura*, Havanna, (septiembre-octubre 1983) Nr. 133-134. Hier wird der in *Letras. Cultura en Cuba*. 5., Havanna 1988, S. 339-363, veröffentlichte Nachdruck verwendet.

[9] An anderer Stelle ist verschiedentlich auf das juristische Bedeutungsfeld von *testimonio* im Sinne von Zeugenschaft hingewiesen worden. In solcher Lesart wird naturgemäß der Aspekt der Wahrhaftigkeit der Aussage (als Pflicht des Informanten und des Vermittlers) und der abgeleiteten Urteile herausgestellt (vgl. z.B. Sebková 1982).

literaturwissenschaftliches Interesse findet sich z.B. mit Blick auf den historischen Roman (vgl. Jitrik 1986).

Zu Beginn der neunziger Jahre meldet sich erneut Víctor Casaus, zugleich prominenter kubanischer Autor und Kritiker der *Testimonio*-Literatur, zu Wort und gibt einem Sammelband den programmatischen Titel eines seiner früheren Essays *Defensa del testimonio* (1990; "Verteidigung des *Testimonio*") und spielt dabei wohl auch mit dem juristischen Bedeutungsfeld des Genrenamens. Neben die historische Rückschau und die Bekräftigung der sozialen Verantwortung der *Testimonio*-Literatur tritt die Betrachtung der Wechselbeziehung von *Testimonio*-Literatur und Kino, die für Casaus (ähnlich wie für Barnet) bei der Umsetzung eigener literarischer *Testimonios* in die Sprache des Films interessant wurde.[10] Als Schriftsteller wie als Förderer des *Testimonios* aktiv, ist Casaus außerdem maßgeblich an der Gründung des Kulturzentrums "Pablo de la Torriente Brau" beteiligt, das im Kontext der *Testimonio*-Literatur die Schaffung eines Archivs der mündlichen Literatur Kubas zu seinen Hauptaufgaben zählt.

Bei einer weiter greifenden Betrachtung fällt auf, dass in Kuba sowohl die Produktion als auch die Erforschung der *Testimonio*-Literatur auf eine Reihe von wissenschaftlichen und kulturellen Einrichtungen und Institutionen zurückgreifen können. In einer Überlagerung literarisch-künstlerischer, ethnographischer, ethnologischer und anthropologischer Interessenfelder stellen sich deutlich günstige Bedingungen für diesen besonderen Zweig der Literatur her. Dies geht über den engen akademischen Rahmen der Universitäten mit philologischen Bereichen und der (ehemaligen) Akademie der Wissenschaften (die inzwischen in ein Ministerium umgewandelt wurde) hinaus. Bereits benannt wurden zentrale Institutionen wie das Kulturministerium (und nachgeordnete Strukturen auf Provinz- u.a. Ebenen), der Schriftstellerverband UNEAC und die "Casa de las Américas" (Havanna), an deren Seite die "Casa del Caribe" (Santiago de Cuba) tritt. Besondere Bedeutung für die Erforschung der zeitgenössischen *Testimonio*-Literatur besitzen das "Centro Cultural Juan Marinello" (Havanna) und die von Miguel Barnet gegründete Stiftung "Fundación Fernando Ortiz" (Havanna).[11] Letztere setzt mit ihren

---

[10] Víctor Casaus hat *Girón en la memoria* verfilmt; auch Barnets Buch *Canción de Rachel* war als Film in Kuba erfolgreich (*La bella del Alhambra*; Die Schöne aus dem Alhambra); bekannt ist auch eine Adaptation für das Theater. Auch *Gallego* wurde verfilmt. Hans Werner Henze hat *Biografía de un Cimarrón* zur Grundlage eines Rezitals gewählt.

[11] Zahl und Tätigkeitsfelder der Stiftungen im Bereich der Kultur haben sich seit den achtziger Jahren in Kuba erheblich erweitert. Weitere bekannte Beispiele sind die Stiftungen, die das Erbe von Alejo Carpentier oder Nicolás Guillén "verwalten", oder auch die Stif-

Forschungen und Publikationen eine Linie fort, die der bedeutende kubanische Anthropologe und Philologe Fernando Ortiz Anfang des 20. Jahrhunderts begonnen hat. Ortiz war nicht nur Barnets akademischer Lehrer, sondern auch von entscheidendem Einfluss für die Ausrichtung von Barnets eigener *Testimonio*-Literatur. Nach vielfältigen Äußerungen Barnets ist für seine Vorstellungen und für seine Praxis von *Testimonio*-Literatur gerade das Wechselverhältnis von mündlicher Literatur, ethnographischer Forschung und schriftlicher Literatur entscheidend gewesen.

In diesem Zusammenhang von Einfluss und Wirkung hat Martin Lienhard (1997) die Charakteristika und Unterschiede zweier wichtiger kubanischer Autoren herausgearbeitet: Fernando Ortiz und Lydia Cabrera. Sein europäischer Beitrag zum eigentlich kubanischen Dialog (veröffentlicht in der Zeitschrift der UNEAC, *Unión*) ist zugleich ein Element der in den achtziger und neunziger Jahren sehr intensiv (im Rahmen der Debatten über die Postmoderne) geführten Diskussion über alternative Literaturen in ganz Lateinamerika, in der gerade die *Testimonio*-Literatur auf ihre Eignung für eine Reformulierung literaturkritischer Maßstäbe und Methoden überprüft wurde.[12] Teil der Suche nach einer Legitimation der Stimme der/des Anderen und seiner Wahrhaftigkeit/Glaubwürdigkeit wird eine Vielzahl von anthropologischen Fallstudien, die gerade die Form des *Testimonio* annehmen. Martin Lienhards eigene Arbeiten ließen sich hier anführen, z.B. zum andinen Raum in *La voz y su huella* (1990; "Die Stimme und ihre Spur"). Mit Blick auf die benannte Diskussion schreibt Carlos Rincón in *Mapas y pliegues*:

> Innerhalb der internationalen Postmoderne-Debatte stellte das Problem der Formen der Aneignung des Anderen sehr schnell den Absolutheitsanspruch der westlichen Geschichtskonzeption in Frage. Es förderte die Semiotiken der Differenz und verlieh der Universalität der europäisch-nordamerikanischen Kultur eine Dimension historischer Relativität. Bezeichnendes Symptom hierfür war [...] die Autoritätskrise der Anthropologie, wie sie von der postmodernen Anthropologie mit der Analyse des literarischen Charakters ethnologischer Texte und

---

tung, die der *cantautor* Pablo Milanés, einer der seit den sechziger Jahren erfolgreichsten und populärsten Vertreter der kubanischen *nueva trova*, zur Förderung junger Musiker und Künstler eingerichtet hat. Eine kritische Bilanz dieser und anderer kulturpolitischer Reformen (besonders seit Beginn der 'Ausnahmeperiode', *período especial*) wäre schon heute lohnend; sie zu ziehen, muss einer späteren Arbeit überlassen werden.

[12] Bekanntlich finden sich mit ähnlicher Perspektive Annäherungen an die kanonisierten Erzähl-Texte des lateinamerikanischen *Boom* und *Postboom*, z.B. bei Mignolo 1996.

ihrer Formen der Erschaffung des Anderen und seiner Kultur zum Thema erhoben wurde (Rincón 1996: 119).[13]

Die Sicht auf das *Testimonio* als eine Textsorte, an der sich grundsätzliche Problematisierungen literaturwissenschaftlichen Selbstverständnisses entwickeln lassen, könnte schon auf Barnets *Biografía de un Cimarrón* angewendet werden. Rincón bezieht sich jedoch auf später erschienene Texte, für die er herausstellt, ihnen gebührte

> eine hervorragende Rolle in bedeutsamen Angelegenheiten – [in] der Debatte über die Autoritätskrise der Anthropologie, die Diskussionen über Multikulturalität und die "Lokalisierung" der "universellen" Diskurse, zum Beispiel. Es handelt sich um Texte aus der Feder herausragender Frauen (Rincón 1996: 120).[14]

Rincón bezieht sich auf *Testimonios* von Rigoberta Menchú und Helena Valero aus den achtziger Jahren. Hierbei ist augenfällig, dass diese Texte die Sicht einer anderen "Klasse" und einer anderen "Rasse" ausdrücken *und* die Geschlechterfrage artikulieren – zu einem Zeitpunkt also, an dem (in den vergangenen beiden Jahrzehnten) die Frage nach der Geschlechterdifferenz in das Zentrum der Literatur und ihrer Erforschung zu rücken schien. Im Zuge dieser Entwicklungen wurden auch die Studien zur *Testimonio*-Literatur von den Studien zur Geschlechterproblematik und zur Legitimität der Stimme der Frau bereichert. Bei Texten wie dem von Rigoberta Menchú drängt sich die Perspektivenerweiterung zusätzlich auf, verdoppelt sich doch die weibliche Dimension des Textes durch die "Informantin" und die "Vermittlerin". Jean Franco markiert mit Blick auf diese Konstellation die besondere Spannung von: "Distanz und Dialog aus verschiedenen Positionen: Intellektuelle/Aktivistin, Ausländerin/Ureinwohnerin, Schriftlichkeit/Mündlichkeit, Mittelschicht/Arbeiterklasse"[15] (Franco 1988: 90), in der die von der

---

[13] Mit besonderer Aufmerksamkeit für die Studien zur Subalternität in den USA schreibt Rincón: "Dentro del debate posmoderno internacional, la cuestión de las formas de apropiación del Otro pusieron muy pronto en cuestión el absolutismo de la concepción occidental de historia, promovieron las semióticas de la diferencia e introdujeron una dimensión de relatividad histórica acerca de la universalidad de la cultura euro-norteamericana. Síntoma notable de ello ha sido, entre nosotros, la crisis de la autoridad antropológica, tematizada por la antropología postmoderna con el análisis del carácter literario de los textos etnológicos y sus formas de producir al Otro y su cultura" (Rincón 1996: 119).

[14] "[...] un papel protagónico en asuntos de gran alcance – el debate sobre la crisis de la autoridad antropológica, las discusiones del multiculturalismo y la 'localización' de los discursos 'universales', por ejemplo. Se trata de textos debidos a extraordinarias mujeres."

[15] "[...] distancia y diálogo desde posiciones diferentes – intelectual/activista, extranjera/indígena, escritura/oralidad, clase media/clase trabajadora".

Kritik vielbeachtete Wechselbeziehung zwischen dem mündlichen Erzähler des *Testimonio* und dem Erzähler der Schriftform/Vermittler des Textes des Anderen gesteigert wird. Die mit der Geschlechterproblematik befasste lateinamerikanistische Literaturkritik (von der hier nur Jean Franco, Françoise Pérus oder die Kubanerin Luisa Campuzano genannt seien)[16] hat sich längst auch dem *Testimonio* von Frauen zugewandt und dabei einen frischen Blick auch auf die frühen Texte des Genres entfaltet, z.B. *La favela* (1965; "Das Elendsviertel") der Brasilianerin Carolina María de Jesús oder den *Testimonio*-Text der Kubanerin Aida García Alonso, *Manuela la mexicana* (1968; "Manuela, die Mexikanerin"), der den zweiten Preis "Casa de las Américas" noch in der Kategorie "Essay" erhielt; schließlich auch der Text der Mexikanerin[nen] Elena Poniatowska [/Josefina Bórquez] *Hasta no verte, Jesús mío* (1969), um nur drei Beispiele der reichen *Testimonio*-Literatur und -kritik von Frauen zu erwähnen.[17]

In gleichem Maße, wie besonders in den letzten zehn Jahren früher vom literarischen Kanon marginalisierte Diskurse eine eigene Autorität (der Schriftlichkeit) erlangten, haben sich auch in der Sekundärliteratur eine Vielzahl von Studien mit Fragen der "Subalternität", der Marginalität oder anderen Kennzeichen für "das Andere" befasst. Zwei Texte haben im Zusammenhang mit dem *Testimonio* besonders starkes Echo erfahren: die von John Beverley und Hugo Achugar (1992) erarbeitete Zusammenstellung *La voz del otro: testimonio subalternidad y verdad narrativa* und das Buch von Elzbieta Sklodowska (1992) *Testimonio hispanoamericano. Historia, poética*. Im ersten Buch grenzen eine Reihe von Studien die Besonderheiten des Genres *Testimonio* ein, das selbst in der Einführung von John Beverley eine Definition erfährt. Diese ist vielleicht die von der späteren Kritik am häufigsten zitierte, wohl weil sie zugunsten einer definitorischen Weite die Ambiguität des *Testimonios* betont:

> das *Testimonio* ist eine "authentische" Form der subalternen Kulturen und ist es nicht; es ist "mündliche Erzählkunst" und ist es nicht; es ist "dokumentarisch" und ist es nicht; es ist Literatur und ist es nicht [...] (Beverley 1992: 10).[18]

Das Buch von Elzbieta Sklodowska (1992) bietet eine detaillierte Rekonstruktion der Geschichte und der Begrifflichkeit der *Testimonio*-Literatur

---

[16] Hingewiesen sei beispielhaft auf Campuzano (1999), Franco (1986, 1994) und Pérus (1989).
[17] Eine Pionierrolle hat wohl die Arbeit von Randall (1983) eingenommen.
[18] "[...] el testimonio es y no es una forma 'auténtica' de cultura subalterna; es y no es 'narrativa oral', es y no es 'documental', es y no es literatura [...]".

sowie eine begründete und nützliche Typologie der später so häufig untersuchten testimonialen Modelle Esteban Montejo/Miguel Barnet und Rigoberta Menchú/Elizabeth Burgos.

Den Aporien John Beverleys wäre aus der literaturwissenschaftlichen Diskussion hinzuzufügen, dass die *Testimonio*-Literatur eine "neue" Form der Literatur sei und das sie dies nicht sei. An ihrem (Wieder-?)Aufleben in den vergangenen drei Jahrzehnten wie auch an der literaturkritischen Diskussion hat die kubanische *Testimonio*-Literatur einen wichtigen Anteil. In jüngster Zeit wurde diese Diskussion auf Kuba bei dem Kolloquium *El testimonio a las puertas del siglo XXI* ("Das *Testimonio* am Beginn des 21. Jahrhunderts") ein weiteres Mal aufgenommen, das vom "Centro Cultural Pablo de la Torriente Brau" veranstaltet wurde.[19] Erneut wird die Eigengeschichte der *Testimonio*-Literatur und ihr gegenwärtiger Zustand thematisiert, vor allem mit Blick auf die (bezweifelbare?) Zukunftsfähigkeit des Genres, die aus der Beobachtung von Aufschwung- und Niedergangsphasen abgeleitet wird.[20] Unbestreitbar ist (für Kuba) eine mehr als zwanzigjährige Blütezeit des Genres, die sich in einer so großen Zahl von Veröffentlichungen niederschlägt, dass sie an dieser Stelle unmöglich vollständig besprochen werden können.[21]

Bereits vor der Veröffentlichung von Barnets *Cimarrón* hatte das testimoniale Schreiben kulturpolitische Anerkennung erfahren. Ernesto Ché Guevara hatte 1961 in der Zeitschrift *Verde olivo* begonnen, seine testimonialen Berichte zu veröffentlichen, die später zusammengefasst als Buch *Pasajes de la guerra revolucionaria* ("Episoden aus dem Revolutionskrieg") er-

---

[19] Ergänzend seien als Beispiele aus einer an dieser Stelle unmöglich vollständig referierbaren jüngeren Sekundärliteratur genannt Ochando Aymerich (1998), Guggelberg (1996), Rodríguez-Luis (1997).

[20] "En el caso de Cuba, la versión dominante de antes del 59 marginó muchos puntos de vista. Después de la Revolución y gracias al Premio Casa, sobre todo, se revelaron esas voces, gentes que habían vivido los momentos de la guerra revolucionaria, que con preferencia se relataban. Por eso es muy significativo que ningún testimonio cubano de la etapa haya trascendido fuera del país, excepto los escritos del Che y la obra de Barnet, que, a mi juicio, no son exactamente testimonios. ¿Por qué aquel boom no alcanzó prominencia internacional teniendo en cuenta, además, el interés que despertaba todo lo proveniente de la joven Cuba revolucionaria, en tanto que testimonios de otros autores latinoamericanos, que hoy son considerados clásicos del género, eran lanzados con éxito fuera de sus respectivas fronteras y, en gran medida y precisamente, gracias a la Casa de las Américas?" (Azougarh in Martínez 1999: 22).

[21] García Álvarez (1985: 107f.) schätzt die *Testimonio*-Produktion auf ca. 100 Titel in zwanzig Jahren. Eine ausführliche Bestandsaufnahme findet sich auch in Bunke (1988).

schienen. Seine Argumentation ließ sich als Aufruf lesen, Zeugnisse der jüngeren Vergangenheit zusammenzutragen:

> Wir haben nicht die Absicht, diese fragmentarische Geschichte aus Erinnerungen und einigen Notizen allein zu verfassen; vielmehr streben wir an, dass dieses Thema von einem jeden behandelt wird, der es erlebt hat. [...] Unsere einzige Forderung ist, dass der Erzähler sich strikt an die Wahrheit hält [...], dass er, nachdem er einige Seiten in der ihm möglichen Art und Weise und entsprechend seiner Bildung und Einstellung geschrieben hat, sich der ernsthaftesten Selbstkritik unterziehe, und dass er jedes Wort streiche, das sich nicht auf ein tatsächlich wahres Ereignis bezieht oder auf dessen Wahrhaftigkeit der Autor nicht uneingeschränkt vertraut (Guevara de la Serna 1963: 5f.).[22]

Diese Aufforderung zur Abgabe von "Zeugenaussagen" richtete sich an die (siegreichen) Teilnehmer am Revolutionskrieg. In der Folge werden in den sechziger Jahren eine Reihe testimonialer Berichte über individuelle Kriegserfahrungen[23] veröffentlicht. Wenige Beispiele mögen genügen: die Sammlung *Días de combate* (1970), *Haydée habla del Moncada* (1967) von Haydée Santamaría, die sich (als prominente Teilnehmerin) dem Thema des Revolutionskrieges widmete, oder *Asalto al Palacio Presidencial* (1969), die Erinnerungen beteiligter Revolutionäre um Fidel Castro an den Angriff auf den Präsidentenpalast und andere Aktionen (Faure Chomón, Julio García Olivera oder Enrique Rodríguez-Loeches), oder *La batalla del Jigüe* (1976) von José Quevedo Pérez. Die realen Überlebenskämpfe des "revolutionären Kubas" sind später häufig durch die *Testimonios* von Beteiligten dokumentiert worden. Augenfälligstes Thema ist hier die zurückgeschlagene Invasion in der Schweinebucht (1961), über die *Testimonios* vom schon erwähnten Víctor Casaus oder von Álvaro Prendes, hier *En el punto rojo de mi colimador* (1973) und *Piloto de guerra* (1981), in Kuba eine breite Rezeption erfahren haben. Besondere Beachtung beim kubanischen Publikum fanden auch solche *Testimonios*, die von Erfahrungen einzelner im Kalten Krieg der USA gegen Kuba "außerhalb der Insel" berichteten, wie zum Beispiel das *Testimonio* von Marta A. González, *Bajo Palabra* (1969). Sie berichtet von der

---

[22] "No es nuestro propósito hacer solamente esta historia fragmentaria a través de remembranzas y algunas anotaciones; todo lo contrario, aspiramos a que se desarrolle el tema por cada uno de los que lo han vivido. [...] Solo pedimos que sea estrictamente veraz el narrador [...] que, después de escribir algunas cuartillas en la forma en que cada uno lo puede, según su educación y su disposición, se haga una autocrítica lo más seria posible para quitar de allí toda palabra que no se refiera a un hecho estrictamente cierto, o en cuya certeza no tenga el autor plena confianza".

[23] "Numerosos relatos fueron publicados en la revista *Verde Olivo*. [...] incluídos en la revista *Santiago* [...] y muchos otros todavía dispersos en periódicos y revistas" (Fernández 1978: 368).

Emigration in die USA (1962) und von der Rückkehr ein Jahr später,[24] wodurch das Thema des Hier und Dort (Insel vs. Emigration/Exil) in die *Testimonio*-Literatur auf Kuba Eingang fand. Für diese Texte wurde die Bezeichnung *testimonios inmediatos* (Sklodowska 1992: 102; unmittelbare *Testimonios* oder *Testimonios* ohne Vermittler) geprägt, in der die Autoren selbst ihre persönlichen Erfahrungen aufschreiben.

In den siebziger Jahren wurden in Kuba eine Reihe von bemerkenswerten "mittelbaren *Testimonios*" (Sklodowska 1992: 102; *Testimonio* mit Vermittler) zu sozio-historischen Themen veröffentlicht, bei denen jeweils ein Herausgeber die "Zeugenaussagen" zusammenstellt und organisiert, wie z.B. *Girón en la memoria* (1970; "Die Schweinebucht im Gedächtnis") von Víctor Casaus, *Aquí se habla de combatientes y bandidos* (1975; "Hier reden wir von Kämpfern und von Banditen") von Raúl González de Cascorro, oder *¡Compañía atención!* (1976; "Kompanie, Achtung!") von Héctor Zumbado und Arnaldo Tacoronte. Selbstverständlich erschienen auch über die beiden emblematischen Figuren der kubanischen Revolution, Camilo Cienfuegos und Ernesto Ché Guevara, die wenige Jahre zuvor verstorben waren, solche mittelbaren (apologetischen) *Testimonios*, z.B. *Hablar de Camilo* (1970; "Von Camilo sprechen"), von Guillermo Cabrera oder *Con la adarga al brazo* (1973; "Mit dem Schild am Arm"), von Mariano Rodríguez Herrera.[25]

---

[24] "[...] 'Escribe algo... ¡Anda! ¡Algo sobre el exilio!' Así nos decían entre bromas y veras muchos de los que formaron el ámbito de nuestras amistades en Miami. También, medio en bromas y medio en serio, contestábamos que allí no se podía arriesgar uno a decir verdades porque podríamos terminar presos. La razón era contundente. Y las risas hacían que se aplazara para 'el regreso', cualquier testimonio veraz de la realidad que todos vivimos" (González 1965: 9).
Es liegt nahe zu fragen, ob und wie sich auch in der kubanischen Literatur der "Diaspora", außerhalb der Insel, das *Testimonio* (besonders das mit zeitgeschichtlicher oder tagespolitischer Thematik) hat durchsetzen können. Eine Antwort hierauf bleibt späteren Untersuchungen überlassen.

[25] Als Beispiele einer starken thematischen Grundlinie des kubanischen *Testimonios*, der "Revolution", seien in Auswahl erwähnt: *Con las milicias* (1962) von César Leante, *Amanecer en Girón* (1969) von Rafael Pino, *Guantánamo Boy* (1977) von Rigoberto Cruz, *Tiempo de revolución* (1976) von Quintín Pino Machado, *El que debe vivir* (1978) von Marta Rojas (über den Angriff 1953 auf die Garnison Moncada in Santiago de Cuba), oder von Carlos Franqui (der längst andere Wege außerhalb Kubas eingeschlagen hat) die Interviewsammlung *El libro de los doce* (1969), in der die Erinnerungen von zwölf "Aufständischen" versammelt sind, z.B. Juan Almeida, Celia Sánchez, Haydée Santamaría, Camilo Cienfuegos, Ernesto Guevara, Vilma Espín.
Selbst das Simulakrum, die (apologetische) Nachstellung von Episoden der Revolution, findet sich als Grundlage von Texten, die wie bei Katiuska Blanco 1993 die Verwebung von Reportage und *Testimonio* behaupten, hier über die legendäre Fahrt der "Granma":

Die erwähnten Texte mögen genügen, um einen Eindruck zu vermitteln, wie vielfältig sich die kubanische Produktion jener *Testimonios* in den sechziger und siebziger Jahren darstellt, die der eigenen revolutionären Geschichte zeitgleich ihren treuen Bericht liefern will. Daneben finden sich auch andere Themen wie z.B. Fallstudien mit ethnologischem, anthropologischem oder soziologischem Interesse. Erinnert sei an *Conversación con el último norteamericano* (1973; "Gespräch mit dem letzten Nordamerikaner") von Enrique Cirules,[26] oder *Julián Sánchez cuenta su vida* (1970; "J. S. erzählt sein Leben") von Erasmo Dumpierre. Besondere Erwähnung verdient selbstverständlich der *Testimonio*-Roman von Miguel Barnet, der mit *Canción de Rachel* (1969b; "Das Lied der Rachel") sein Werk und seine theoretischen Überlegungen erweiterte, und natürlich die Reichweite testimonialen Erzählens.

Die erwähnten Titel belegen hinreichend den Versuch, die (quasi zeitgleich ablaufende) "Geschichte" aus der Perspektive ihrer (vermeintlichen) Protagonisten zu erzählen, und damit zur Legitimierung der kubanischen Revolution und zu ihrer Geschichtsschreibung beizutragen: sofort, noch/schon in der Nähe zu den Ereignissen.[27] Im Zusammenklang mit dem Alphabetisierungsprojekt der Revolution, deren eigenem Diskurs und der reklamierten Vertretung der "Unterdrückten dieser Erde" haben in diesen *Testimonios* Menschen eine (mehrschichtige) Bildungsarbeit geleistet, die bis dahin keine eigene Stimme in der Literatur besaßen. Bei genauer Betrachtung des in Kuba seit den sechziger Jahren veröffentlichten *Testimonios* wird deutlich, dass die Umwandlung des historisch-sozial und politisch ausgerichteten mündlichen Berichts aus der Position der (früheren) Marginalität in eine Schriftlichkeit des (neuen) Zentrums zwei gegenwartsorientierte Rich-

---

"[...] se entrelazan la crónica y el testimonio, la documentación gráfica y la investigación, para ofrecer 'en uno mismo de hacer y de sentir' la continuidad de dos generaciones".

[26] Enrique Cirules hat auch weiterhin *Testimonios* veröffentlicht, z.B. 1993 *El imperio de La Habana* über die Mafia in Kuba in den Jahren vor der Revolution.

[27] Diesem Bemühen, in dem sich vermutlich subjektives Engagement und Staatsraison überlagern, gehorchen bis in jüngste Zeit auch Veröffentlichungen, die bei "öffentlichem Bedarf" (vorgeblich uneingeschränkt?) den Blick in Archive und damit auf testimoniale Beweise und Zeugenaussagen zulassen. Zeitgemäß tritt vor und neben die Buchform die der massenmedialen Präsentation von "Zeugenberichten" in Radio, Fernsehen und Presse. Im Zusammenhang mit dem "Fall" des "Flüchtlingskindes" Elián González (1999/2000) und seiner massenmedialen Behandlung in den USA lässt sich dies z.B. an der kubanischen "Aufdeckung" jener Kampagne "Peter Pan" ablesen, bei der zu Anfang der sechziger Jahre Tausende kubanischer Kinder von ihren Eltern allein in die USA verschickt wurden. So wichtig diese Aufdeckung ist: warum erst vierzig Jahre danach? (vgl. Torreira Crespo/Buajasán Marrawi 2000).

tungen hervorbringt: eine affirmativ-apologetische, die sich positiv in den Diskurs der (neuen) Macht einschreibt, wenn es um (das neue) Kuba geht, und eine "subversiv-exemplarische", die sich der Kritik der (kapitalistischen) gesellschaftlichen Realität außerhalb Kubas, im restlichen Lateinamerika zuwendet und der Legitimation von Versuchen, diese "Verhältnisse umzustürzen". Dem *Testimonio* wird so gleichzeitig nach außen eine Repräsentations- und Verteidigungsaufgabe für das sozio-politische Projekt des revolutionären Kubas zugewiesen wie eine innere Funktion im Kontext kollektiver (ideologischer) Bewusstseinsbildung. Die (veröffentlichte) *Testimonio*-Literatur ist insofern grundsätzlich Teil eines institutionalisierten Diskurses und sie repräsentiert und rekonstruiert eine kollektive Geschichte. Als Beispiel eines derartigen Funktionsverständnisses sei Víctor Casaus zitiert, der für Kuba von der "Rückgewinnung des nationalen Gedächtnisses" spricht und davon, dass die *Testimonio*-Literatur "mitwirkt an dieser gesamtgesellschaftlichen Aufgabe [...] und dem Volk die Poesie seiner eigenen Sprache zurückgibt" (Casaus 1990: 58).[28] Im Gegensatz dazu gelte für alle anderen Länder, "die der imperialistischen Unterdrückung unterworfen sind [i.e. Lateinamerika? – S. P.], dass die *Testimonio*-Literatur effizient an der Aufgabe teilhat, das wahre Gesicht des Volkes zu zeigen" oder eine anklagende Funktion ausübt (Casaus 1990: 57f.).[29] Wenngleich die Logik dieser Opposition nicht ganz klar wird, da in beiden Fällen der Bezugspunkt des literarischen Schaffens das "Volk" sein soll, belegt ihre Formulierung allein schon die präskriptive Aufspaltung der ideologischen Funktion des *Testimonios* in Abhängigkeit von der Referenz auf je unterschiedliche, historisch konkrete Gesellschaften. In diesem Zusammenhang sei erinnert, dass gerade in den siebziger Jahren (für einige Beobachter eher ein ganzes "graues Jahrzehnt" als nur ein "graues Jahrfünft", wie es Fornet getauft hatte) die *Testimonio*-Literatur ihre (verlegerische) Aufschwungphase zu teilen hatte mit einem parallelen Hoch der (neuen) Kriminalliteratur. Beiden Bereichen scheint gemeinsam (gewesen) zu sein, dass sie sich einer gewollten Entschärfung der Literatur relativ einfach zur Verfügung stellten, indem sie mehrheitlich

---

[28] "[...] el testimonio colabora a esa tarea de toda la sociedad ['la recuperación de la memoria nacional'] [...] para entregarle al pueblo la poesía de su propia habla". ("Defensa del testimonio").

[29] "En los países sometidos a la opresión imperialista, el testimonio colabora eficazmente en la tarea de mostrar el rostro verdadero del pueblo y mantener vivas [...] las tradiciones y costumbres que integran las culturas nacionales, avasalladas [...]".

klare Antinomien formulier(t)en und der Selbstvergewisserung der Revolution eine literarische Stimme gaben.

In den achtziger Jahren hat das kubanische *Testimonio* mit einer Vielzahl von publizierten Titeln eine Art Kontinuität und außerdem eine Erweiterung seiner Themen und Perspektiven gefunden. Es finden sich weiterhin Berichte über die Revolutionskämpfe, wie z.B. von Juan Almeida Bosque, einem der noch lebenden *Comandantes de la Revolución*, mit *La única ciudadana* (1985; "Die einzige Bürgerin"). Spätere Ereignisse von unterschiedlichen Kriegsschauplätzen (Escambray, Angola) bringt Osvaldo Navarro zu Papier in *El caballo de Mayaguara* (1984; "Das Pferd [Der Held] von M."). Alipio Rodríguez Rivera, der einer der ersten Ärzte war, die das Gesundheitsprogramm der Revolution auf dem Land und in den abgelegenen Zonen Kubas umsetzten, veröffentlicht *En el hocico del caimán* (1985; "In der Schnauze des Kaimans").[30] Seine "unerhörte" Erfahrung erzählt er in der ersten Person und er gibt dem *Testimonio* der Revolution, das so oft von der kriegerischen Seite berichtet, ein ziviles Element mit eigener epischer Dimension bei. Eine andere Stimme, die mehr Interesse verdiente, als sie bislang fand, bringt der schmale Band *Recuerdos secretos de dos mujeres públicas* (1985; "Geheime Erinnerungen zweier allgemein bekannter Frauen [Straßendirnen]") von Tomás Fernández Robaina zu Gehör. Er montiert die Stimmen zweier Prostituierter (der vorrevolutionären Zeit) und lässt sie ihre Geschichte erzählen.

Die Abundanz der literarischen Produktion des *Testimonio* in Kuba steht bis heute in einem auffälligen Missverhältnis zum Maß ihrer geringen Bekanntheit außerhalb der Insel. In jüngeren Betrachtungen haben Azougarh oder Amir Valle nach den Ursachen gefragt: "Warum hat kein einziger Titel [der kubanischen *Testimonio*-Literatur] Transzendenz [Wirkung außerhalb Kubas – S. P.] erlangt?" (Martínez 1999: 22).[31] Sie nehmen Miguel Barnet und Ernesto Che Guevara aus dem Gesamtbild einer üppigen Textproduktion heraus, deren Faktenaufbereitung und Neuaneignung von Historie über Kuba hinaus interessant und aufschlussreich sein sollten. Eine erschöpfende Antwort auf die eigene Frage geben weder Azougarh noch Valle, der aber zumindest vermutet, für eine internationale Ausstrahlung des Genres hätte es

---

[30] *Caimán* (Kaiman) ist eine nicht selten verwendete Metapher für Kuba, die zunächst auf einen ähnlichen Umriss von Geographie und Körperbau, vielleicht auch auf den "Lebensraum" Wasser anspielt. Mit der Revolution von 1959 wird auch auf Konnotationen wie Kraft, Unbändigkeit u.a. abgestellt, z.B. im Titel der Kulturzeitschrift *Caimán barbudo* oder in einer Unzahl von politischen Karikaturen.

[31] Vgl. das ausführliche Zitat in Fußnote 20.

eines Schreibens "vom Standpunkt der Zerrissenheit aus" (Valle in Martínez 1999: 22) bedurft:

> Immer sehen wir die zu erzählende Geschichte als ein gesellschaftliches Faktum von Massen: Das Ereignis wird entpersonalisiert, Gefühle gibt es nicht. Das internationale Publikum, an das Kuba nicht gewöhnt ist, verlangt gerade das von einem [Autor]: Nähe. Natürlich gibt es bei uns auch in jeder Hinsicht bemerkenswerte Ausnahmen: Ich denke z.B. an Barnet, der den Galicier lebendig erscheinen lässt, wie er auch den Farbigen lebendig werden ließ, und er schickt sich nicht an, "Die Geschichte" zu erzählen (Valle in Beatriz Martínez 1999: 22).[32]

Zwischen diesen Zeilen Amir Valles aus dem Jahr 1999 lässt sich ein entschiedener Wandel von Interesse und Perspektive bei Autoren der jüngeren Generation und der Kritik lesen, hatte doch Barnet selbst auch und vor allen Dingen die Biographie des *Cimarrón* Esteban Montejo konzipiert als ein

> Buch, [das] nicht mehr leistet als die Erlebnisse zu erzählen, die viele Menschen seiner Nationalität teilten. [...] Unsere größte Befriedigung ist es, diese in einem echten Teilnehmer des geschichtlichen Prozesses Kubas zu reflektieren (Barnet 1986: 7).[33]

Dieser Standpunkt Barnets, der sich nicht nur in diesem Vorwort findet, stellt (nach üblicher Lesart) das "gesellschaftliche Faktum" an die erste Stelle.

Amir Valle, selbst Erzähler der jungen Generation und Autor des *Testimonios En el nombre de Dios*, zielt hingegen auf eine Verinnerlichung der

---

[32] "Siempre vemos la historia a contar como un hecho social, de masas: se despersonaliza el hecho, no hay sentimientos. El público internacional al que Cuba no está acostumbrado todavía te pide eso: cercanía. Entre nosotros hay, por cierto, muy dignas excepciones en todo sentido: creo, por ejemplo, que Barnet pone al gallego a vivir, como puso al negro a vivir y no se mete a contar la Historia".

[33] "[...] libro [que] no hace más que narrar vivencias comunes a muchos hombres de su misma nacionalidad [...] Nuestra satisfacción mayor es la de reflejarlas a través de un legítimo actor del proceso histórico cubano". Über die Kontextualisierung und Problematik der (nachträglich re-)formulierten literarischen Programmatik Barnets für das *Testimonio*/die *Novela testimonio* hat Elzbieta Sklodowska ausführlich geschrieben. Hingewiesen sei auch auf Paschen (1993).
Am isolierten Zitat ließe sich (spekulativ und ergänzend) auch eine andere Lesart aufbauen (gerade angesichts der jüngsten Debatte Barnet/Zeuske; vgl. Walter 2000): Barnets Formulierung ist mehrdeutig. Er spricht von einem "légitimo actor del proceso histórico cubano". Das lässt sich in der juristischen Bedeutung von *testimonio* problemlos auch lesen als "rechtmäßiger Kläger im Prozess der kubanischen Geschichte". Letztlich ist nicht einmal die Lesart "echter Schauspieler" völlig abwegig, – womit das durch Zeuske inkriminierte "Verschweigen" Barnets in anderem Lichte erschiene.

Ereignisse und (ohne ausführliche Darlegung) auf eine Literarisierung des testimonialen Textes, auf eine ausgefeilte Schreibart im Interesse kommunikativer Effizienz. Im Hintergrund seiner Perspektive wirkt auch der Blick auf den Markt, auf den Leser außerhalb der Insel, die als Herausforderung für kubanische Autoren erkannt werden, die sich bislang beinahe nur an ihr einheimisches Publikum, die kubanische Literaturkritik und den inseleigenen Diskurs halten mussten. Azougarh zielt in das Zentrum der Debatte:

> Heute, vierzig Jahre nachdem sich eine offizielle Stimme konstituiert hat, die sich aus den zuvor testimonialen Stimmen speist, werden wir gewahr, dass die Alternative darin liegen muss, den Standpunkt zu verändern, und dieser Standpunkt müsste in einen Dialog treten, müsste sich selbst überprüfen an der gegenwärtigen offiziellen Stimme. Alle Welt spricht von einer Krise des Genres. Ich spreche von einer Krise der Thematik (Azougarh in Martínez 1999: 22).[34]

Azougarh erwägt hier eine in Kuba zu wandelnde Beziehung zwischen der "eigentlich" grenzüberschreitenden, transgredierenden und ("juristisch") anklagenden Stimme des *Testimonio* und dem offiziellen Diskurs. Für Kuba und die sechziger Jahre ist die innovative Kraft des *Testimonios* für die Legitimierung einer (zuvor) marginalen und (nunmehr) hurra-optimistischen Stimme hinreichend belegt. Das *Testimonio* erfüllte in jenem historischen Kontext Funktionen des Zusammenhalts und der (Re-)Formulierung der nationalen Kultur und Geschichte; es war so Teil eines Projekts, das sich im Prozess der Umschichtung symbolischer Kapitale auch die Stimmen der Marginalität aneignete und sie offizialisierte. Für die neunziger Jahre stellt sich demnach eine andere Beziehung zwischen offiziellem Diskurs und den "Rändern" dar. Die kubanische Gesellschaft durchläuft parallel zu ihrer Ökonomie eine tiefgreifende Krise, die auch ihre Struktur, deren Elemente und Beziehungen nachhaltig verändert. Im Zuge dessen werden auch Brüche und widersprüchliche Diskurse wahrnehmbar, die auch zur Thematisierung "anderer" Lebenserfahrung führen müssten. Der Dichter und Journalist Félix Guerra, der an der skizzierten jüngsten Debatte zum *Testimonio* teilhat, äußert sich nicht ohne Schärfe zu diesem Punkt:

> Genau das fehlt dem Genre. Eine Entgiftung, damit die offizielle Geschichte höheres Prestige erlangt. Und in den von ihr beanspruchten Raum müssen die kleinen Geschichten einbezogen werden, damit sie sich nicht erschöpft. Denn die Geschichte einer Nation ist nicht [nur] die Geschichte von vier Männern, die

---

[34] "Ahora, cuarenta años después de la constitución de una voz oficial nutrida de las voces antes testimoniales, nos percatamos de que la alternativa ha de ser matizar el punto de vista y este punto de vista tiene que dialogar, tiene que revisarse con la actual voz oficial. Todo el mundo habla de la crisis del género. Yo hablo de la crisis de la temática".

Transzendenz erreicht haben, sondern die aller [ihrer] Bürger. Deshalb denke ich sehr wohl, es gibt eine Krise des Genres: wo immer es Auslassungen gibt, herrscht Krise (Guerra in Martínez 1999: 23).[35]

Möglicherweise kann das *Testimonio* seine Krise mit denselben Mitteln klären, derer es sich bei seiner Konstituierung bediente, dank der Fähigkeit zu "sprechen", dank der Möglichkeit literarisch zu handeln, dabei sich selbst zum Gegenstand zu werden und den Grundsatz der Wahrhaftigkeit aufrechtzuerhalten. Möglicherweise kommt es auch zu einem Abgesang auf das Genre, zu einem Abschied in komischer Gestalt? Im Schlüsseljahr 1989 hat Luis Manuel García das Buch *Las aventuras eslavas de don Antolín del Corojo y crónica del Nuevo Mundo según Ivan el Terrible* ("Die slawischen Abenteuer von Antonchen dem Untersetzten und Chronik der Neuen Welt nach Iwan dem Schrecklichen") als *Testimonio* veröffentlicht. Ein *Testimonio*? Eher die (Auto-)Parodie des Genres, für dessen Traditionslinien bekanntlich auch die Chroniken der Neuen Welt seit dem ausgehenden 16. Jahrhundert befragt worden sind. Unübersehbar ist schon im "merkwürdig" inkongruenten Buchtitel das (typisch kubanische?) Spiel mit der Ironie, das hier Elemente der "großen Erzählungen" aufs Korn nimmt und sich verschiedenartiger imperialer Diskurse zu bedienen scheint.

Im Jahr 1999 wurde der Preis der UNEAC in der Sparte *Testimonio* vergeben für *Un siglo de compañía* ("Ein Jahrhundert Gesellschaft") von Juan Carlos Pérez Díaz. In diesem von der Vermittlerinstanz hochgradig "bearbeiteten" Text erfolgt eine Überführung des *Testimonios* in den Roman, die in der Linie der *novela-testimonio* eines Miguel Barnet zu liegen scheint. Das Buch handelt von Guatemala; es besteht aus drei Teilen, deren Klammer vom zentralen Thema "Liebe" gebildet wird, das im Leben der Protagonisten verfolgt wird. Die Schreibweise scheint einen deutlichen Einfluss von Gabriel García Márquez zu zeigen, insbesondere von *Crónica de una muerte anunciada* (1981; "Chronik eines angekündigten Todes"). Auf vorangestellte Paratexte wird ebenso verzichtet wie auf dokumentarische Quellenangaben oder das "unvermeidliche" Vorwort, in dem der Herausgeber den Dokumentencharakter und die Wahrheitstreue seiner Wiedergabe beschwört.

---

[35] "Y eso le hace falta al género. Esa desintoxicación, para que tenga más prestigio la historia oficial. Y hay que ir incluyendo esas pequeñas historias también en el espacio que ella ocupa, para que no se agote. Porque la Historia de una nación no es la de cuatro hombres que lograron la trascendencia, sino la de todos los ciudadanos. Así que sí, creo que hay crisis en el género: siempre que hay omisión, hay crisis".

In der Folgezeit ist der Preis der "Casa de las Américas" in der Kategorie *Testimonio* zweijährlich vergeben worden: beinahe immer an kubanische Autoren.[36] Enrique Cirules gewann den Preis 1993 für *El imperio de La Habana* ("Das Reich von Havanna"). In diesem gründlich dokumentierten Buch über die kubanische Mafia rekonstruiert Cirules eine vergangene Geschichte, vielleicht mit mehr journalistischer Berufserfahrung als mit literarischem Geschick. Eine ähnliche Vorliebe der Jury für die (diskurskonforme) Rekonstruktion von Geschichte mag 1995 (neben momentaner politischer Konjunktur) die Entscheidung für *El sueño africano del Che* ("Chés afrikanischer Traum") des *comandante* William Gálvez getragen haben, mit dem die üppige kubanische Literatur zu Ernesto Ché Guevara erweitert wurde. Im Kontrast hierzu mögen die Entscheidungen von 1997 stehen. Der *Testimonio*-Preis wurde vergeben an *Rita Montaner. Testimonio de una época* (Rita Montaner. Zeugnis einer Epoche) von Ramón Fajardo Estrada und den zweiten Preis, die *mención*, erhielt Daisy Rubiera Castillo für *Reyita, sencillamente* ("Reyita, ganz einfach"). Beiden Texten ist gemeinsam, dass sie eine Frau als "Subjekt" des *Testimonios* wählen (in einer Atmosphäre, in der auch das *Testimonio* ein deutlich stärkeres Interesse für Frauen zeigt).

Der preisgekrönte Text über Rita Montaner rekonstruiert absichtsvoll auch eine Epoche und einen speziellen Raum der kubanischen Kultur, indem das Leben der Sängerin nachgezeichnet wird, die in ihrer Zeit als *La Única* (die Einzigartige) zu einem Mythos der kubanischen Musik geworden war. Dieses "vermittelte *Testimonio*" (Sklodowska) nutzt das Textmuster der Biographie. Estrada Fajardo wählt ein Subjekt, das gerade *nicht* der epischen Sphäre gesellschaftlicher Umwälzung (als Teil der Revolution oder ihrer Traditionslinien) angehört; Rita Montaner ist (zumindest für die älteren Kubaner) Teil einer kulturellen Identität, die sich (entgegen voluntaristischen Annahmen oder ideologischen Lehrsätzen) sowohl auf individueller wie überindividueller Ebene *nicht* kongruent zu den gesellschaftlichen Veränderungen definiert oder definieren lässt.[37] Die Erforschung des biographischen

---

[36] Im Jahr 1991 wurde der Preis der "Casa de las Américas" an den Brasilianer Marcos Pellegrini vergeben für das Buch *Wadubari* über die Yanonami-Indios der Amazonasregion.

[37] In ähnlicher Ausrichtung mag auch das Buch von Isidoro Díaz Vidal *Testimonio de un Jockey* (1999; Zeugnis eines Jockeys) zu lesen sein. Die Veröffentlichung in einer eigenen Reihe *Testimonio* beim Verlag für Gesellschaftswissenschaften weist aber eher auf die Einbindung in ein offizielles teleologisches Interesse hin: mit "historischem Abstand" die Vergangenheit des vorrevolutionären Kubas in ihren negativen, inzwischen zum Guten hin überwundenen Zügen zu zeichnen.

privaten Raums der Diva kapitalisiert diesen zugunsten des virtuellen öffentlichen Raums kultureller Identität. Signalisiert die offizielle Bewertung dieses Textes durch die Preisverleihung möglicherweise Verschiebungen in den Denkmustern (zumindest) des staatlichen Kulturbetriebs? Neben diese Auslegungsmöglichkeit tritt die Beobachtung, dass der Text in seiner freundlichen Sicht auf Vergangenes auch Übereinstimmungen zeigt mit Zügen eines sogenannten *Postboom*, der lateinamerikanischen "postmodernen" Erzählliteratur, wo er nicht nur mit musikalischen Intertexten arbeitet und Referenzen zum Musik-Theater herstellt, sondern als Protagonisten auch legendäre Sänger der Karibik "zurückgewinnt". Gerade in der Literatur der spanischsprachigen Karibik finden sich seit den achtziger Jahren gehäuft narrative Texte mit ähnlichem Interesse, z.B. der Roman *Bolero* des Kubaners Lisandro Otero über den "mythischen" Benny Moré oder der in Paraphrase zu Oscar Wilde benannte Text *La importancia de llamarse Daniel Santos* ("Die Bedeutung, Daniel Santos zu heißen") des Puertoricaners Luis Rafael Sánchez, der vom Autor als "Roman" definiert wird, und dabei in Analogie zum *Testimonio* eine Vielzahl von Dokumenten und Quellen über das Leben des Daniel Santos zusammenträgt, einer anderen Legende des karibischen Boleros.

Schon im Titel des Buches *Reyita, sencillamente* wird ausdrücklich auf die Abwesenheit von Prestige hingewiesen, indem die Protagonistin mit ihrem Rufnamen, dem Diminutiv Reyita (anstelle des Namens María de los Reyes) erscheint, und das Adverb zusätzlich Einfachheit des Umgangs (und eine Charakterisierung der Gestalt) vorschlägt. Vermittlungsinstanz dieses *Testimonios* ist die Tochter der Protagonistin, die unter Zurücknahme ihrer eigenen Emotionalität selbst als Zeugin des Zeugnisses fungiert. Reyita, die hochbetagte Protagonistin, ist farbige Frau, Spiritistin und Seherin. Ihr Bericht, ihre Meinungen nehmen "unerhörte" Themen auf: den Rassismus in Kuba, den harten Lebensalltag, die soziale Marginalität. Es ist nicht erstaunlich, auf dem Rücktitel des Buches den Hinweis auf die Kontinuität von Barnets *Biografía de un Cimarrón* zu lesen.[38] Der Unterschied beider Texte ist jedoch unübersehbar: Barnets Text gestaltet (ausschnitthaft) die histori-

---

[38] Abdeslam Azougarh (Juror beim Preis der "Casa de las Américas" 1997, Kategorie *Testimonio*): "*Reyita*... es una obra que va más allá del testimonio de una mujer, de una mujer negra. Creo que *Reyita*... es la continuación lógica de la *Biografía de un Cimarrón* que es un hombre del siglo XIX. Reyita dice lo que él no dijo ni pudo decir y lo hace, además, desde la perspectiva de una mujer negra. Este libro va más allá de una lectura intrínseca testimonial, acaba con muchas ideas preconcebidas y con muchos estereotipos. Es una obra imprescindible". In: Rubiera Castillo 1997: o.S. (Rücktitel).

sche Exemplarität eines realen *Cimarrón* als typischer Vertreter jener Sklaven, die in der Flucht ihren humanen Freiheitsanspruch verwirklichen, der wiederum als genuines Element kubanischer nationaler Identität erscheinen soll; Daisy Rubiera hebt die Intimität hervor, den privaten Raum und die Singularität jener Frau, die auf ihre (andere) Weise eine "Einzigartige" ist. Genregerecht behauptet jedoch auch der Prolog (diesmal einer dritten Stimme) zu *Reyita* ausdrücklich Repräsentativität der bezeugten Alltäglichkeit: "Ihr Leben ist weder einzigartig noch andersartig [...]" (Rodríguez Calderón 1999: 9). Damit wird *Reyita* (noch oder gerade in der Differenz) in eine Verhandlung mit jenem verallgemeinernden Logos gebracht, der gerade für das kubanische *Testimonio* Begründung und Bestandteil seines Wahrheitsanspruchs war (und ist).

Das Buch *Reyita* zeigt Gemeinsamkeiten mit den Erinnerungen an das *Favela*-Leben der Carolina María de Jesús oder an das schon erwähnte Buch *Manuela la mexicana*. Es ist aber auch ein neuartiger, transgredierender Text, betrachtet man die Protagonistin und die Vermittlungsinstanz "Herausgeberin-Komplizin",[39] die hier (anders als z.B. bei Burgos 1983 oder Viezzer 1977) nicht nur die gebildete Vermittlerin zwischen *Testimonio*-Stimme und Leser ist, sondern auch selbst zur Quelle und Zeugin wird. Insofern nimmt dieser Text sowohl hinsichtlich der Thematik als auch der diskursiven Strategie eine Ausnahmestellung im kubanischen *Testimonio* der neunziger Jahre ein. Er hat zugleich teil an dessen sich verändernder Ausrichtung, in der neben den "gesamtgesellschaftlichen" Anspruch der Revolutionsthematik eine zweite Linie hin zur Individualisierung des Berichts tritt.

Im Jahr 1999 wurde der Preis der "Casa de las Américas" in der Kategorie *Testimonio* an keinen der eingereichten Texte vergeben.

Außerhalb der preiswürdigen Zone finden sich in den neunziger Jahre noch eine Reihe weiterer *Testimonio*-Texte, die sich der Rekonstruktion von Vergangenem zuwenden, oft mit journalistischen Mitteln. Erwähnt sei *Seguidores de un sueño* (1998; "Die einem Traum folgen") von Elsa Blaquier Ascaño. Die Autorin stellt hier sogenannte *crónicas biográficas* (biographische Reportagen) über die Mitkämpfer Ché Guevaras in Bolivien zusammen, zu denen sie sich veranlasst sah "durch die Gespräche mit einigen Kindern von Gefallenen, die [sie] Ende 1996 während einer Zusammenkunft [geführt hatte], bei der es um Informationen über den Stand der Suche nach den

---

[39] Diese Formulierung paraphrasiert die bekannte Idee eines Julio Cortázar und Mario Benedetti vom *lector-cómplice*, vom Leser-Komplizen.

sterblichen Überresten ihrer Väter" ging (Blaquier Ascaño 1998: 13).[40] Dieser Text gehört tatsächlich eher in den Bereich der Reportage; möglicherweise hätte z.B. eine andere Gestaltung der Erzählerstimme dem Text einen anderen Grad an Gegenwärtigkeit und Beteiligung verliehen, der dann auch stärkere Züge des *Testimonio* auswiese, z.B. bei den Fakten über die Suche nach den (inzwischen bekanntlich gefundenen und nach Kuba überführten) Überresten der *Guerrilleros* in Bolivien. Der Text bietet dem Leser vor allem eine Zusammenstellung von Daten und Fakten. Etwas Ähnliches findet sich im Buch von Carmen Suárez León *Yo conocí a Martí* (1998; "Ich habe Martí kennen gelernt"), das sich im Untertitel selbst als *Testimonio* anbietet. Die Herausgeberin hat hier Zeugnisse aus Periodika verschiedener Epochen zusammengestellt, die von "Zeugen" stammen, die den kubanischen Nationaldichter und Nationalhelden José Martí persönlich kannten. Die zusammengestellten Texte aus den ersten drei Jahrzehnten des XX. Jahrhunderts sind von ganz unterschiedlicher Qualität, in Abhängigkeit vom Bildungsstand der "Zeugen" und/oder der Anpassung an die pragmatischen Erfordernisse der jeweiligen Publikation. Beide zuletzt besprochenen Bücher verweisen auf die Regelmäßigkeit, mit der (auch) über den Weg des *Testimonios* das nationale "Gedächtnis" (Geschichtsbewusstsein) der Ikonen José Martí und Ernesto Ché Guevara (re-)produziert wird.[41]

Zu den jüngst veröffentlichten *Testimonios* zählt *La aventura de los suecos en Cuba* (1999; "Das Abenteuer der Schweden in Kuba") von Jaime Sarusky, einem bekannten Journalisten und Romancier. Auszüge aus diesem Buch waren vorab in Zeitschriften veröffentlicht worden und nach Aussage des Autors liegen dem Text langjährige Forschungen (seit 1972) zugrunde. Die Publikation des Buches sei (laut den vorangestellten Danksagungen) jetzt möglich geworden durch die Unterstützung seitens schwedischer Institutionen. Im diskursiven Vorgehen des "Herausgeber-Vermittlers" dieses *Testimonios* überlagern sich die Erfahrungen des Journalisten und des Erzäh-

---

[40] "[...] la conversación con algunos de los hijos de los caídos, durante una reunión sostenida a fines del año 1996 para recibir información sobre la marcha de la búsqueda de los restos de sus progenitores".

[41] Interessanter für das zeitgeschichtliche Interesse mögen jene *Testimonios* erscheinen, in denen die zu Wort kommen, die in der "zweiten Reihe" agierten, z.B. beim Aufbau staatstragender Strukturen wie Manuel Piñeiro, *el Gallego* oder *Barbarroja*, dessen *cuentos* jüngst von Jorge Timossi veröffentlicht wurden – zwar im Verlag für Gesellschaftwissenschaften, aber nicht ohne literarischen Anspruch: "¿son efectivamente cuentos o son relatos testimoniales en los que la realidad se fundó con la ficción de forma tan natural como sucedió en la vida de su protagonista?" (Timossi 1999: 7).

lers und der Text zeigt in der Realisierung einer quasi anthropologischen Fallstudie eine Reihe der "klassischen" Strukturelemente des *Testimonios*. Sarusky, bekanntermaßen ein findiger und fündiger Autor im Feld "seltener", andersartiger "Fälle", begründet im genreüblichen Prolog in eigener ironischer Weise seine Motivation, seine Qualifikation und seine Legitimation für die Erarbeitung dieses *Testimonios*:

> Ich leugne nicht, dass es einen Faktor gab, der mein Interesse für dieses Thema ganz sicher stimuliert hat: dass Schweden mir weder fremd noch unbekannt war, denn ich trage die Erinnerungen in mir an meine Erlebnisse in jenem Land aus der Frühlings- und Sommerzeit 1957, die für mich eine angenehme Unterbrechung meines Studiums der Soziologie und der französischen Gegenwartsliteratur an der Sorbonne war. Insofern war es vielleicht so etwas wie eine "fröhliche Erinnerung", die mir für die Erforschung dieser Gruppe Ansporn, Willen und guten Mut gegeben hat (Sarusky 1999: 12).[42]

Hier scheint der Spieltrieb die Motive zu überlagern, die traditionell dem *Testimonio* Grundlagen gegeben haben, wie die Herstellung von Gerechtigkeit, die Konstitution der "anderen" Stimme, die Konstruktion einer nationalen Erinnerung. Spielwunsch und soziologische Ausbildung scheinen dominierend bei der historischen Rekonstruktion der schwedischen Ansiedlung Omaja, gelegen in Bayate de Miranda im Osten Kubas. Sarusky trägt hier den Diskurs eines sozialen Mikrosystems vor, das von schwedischen Einwanderern aufgebaut wurde, und das seine eigenen kulturellen und Gruppenmerkmale aufweist. Im konkreten Beispiel führt Sarusky das (bislang an den "großen Erzählungen" orientierte) *Testimonios* heran an die "kleinen Erzählungen", die sich aus sich selbst speisen, aus der eigenen "kleinen Geschichte" und den ihr entspringenden Individualitäten. Die Spannung erwächst hier aus der gelungenen Verflechtung von Einzelstimmen und der impliziten Wechselrede der diversen privaten Siedler-Geschichten.

In der jüngeren literaturwissenschaftlichen Diskussion über die sich wandelnden Gattungseigenheiten des *Testimonio* finden inzwischen die Verschiebungen in der Themenwahl besondere Aufmerksamkeit. Herausgestellt werden insbesondere die Zurücknahme der früher zu beobachtenden Überbetonung des sozialen Bezugsfeldes oder seine Besichtigung in Retrospektive

---

[42] "No niego que había un factor que con seguridad estimulaba mi interés en el asunto, simplemente que Suecia no me era ajena ni desconocida, ya que guardaba recuerdos de mis vivencias en dicho país durante la primavera y el verano de 1957, en lo que fuera un grato paréntesis en mis estudios de Sociología del Arte y Literatura Francesa Contemporánea que seguía en la Sorbona. Así que, de algún modo, lo que podríamos llamar la memoria placentera, impulsaba la voluntad y el buen ánimo de emprender la investigación sobre esa comunidad".

oder die Verwendung als eine Art Szenerie für den Vortrag des interiorisierten Diskurses der *(Testimonio)*-Informanten. Alfredo Alonso Estenoz und Julio Rodríguez Luis haben in der Zeitschrift *Unión* festgestellt:

> Es hat nicht nur einen thematischen Wandel gegeben. Auch die von der Literaturkritik besonders beachteten Aspekte haben sich geändert. Während ursprünglich der gesellschaftliche Bezug im Zentrum des Interesses stand, hat sich dieses Interesse inzwischen auf rein diskursive Fragen hin verändert (Alonso Estenoz 1999: 26).[43]

Aber auch hier verbietet sich jede Verabsolutierung. Für einige Kritiker wird der äußere, gesellschaftliche Bezug so wichtig, dass sie bei seiner Überprüfung eine der wesentlichen Grundlagen des *Testimonios* in Frage stellen: dessen Wahrheitsanspruch. In diesem Zusammenhang ist die jüngste, scheinbar zufällige Kontroverse zwischen Miguel Barnet und Michael Zeuske besonders bedeutsam. Der deutsche Historiker, ausgewiesener Spezialist in karibischer, insbesondere kubanischer Kolonial- und Unabhängigkeitsgeschichte und Fragen der Sklaverei, hat in kubanischen Archiven wichtige Fakten zum Leben des historischen Esteban Montejo gefunden, Barnets Informanten und *Cimarrón*. Er hat jenen Teil der Lebensgeschichte in Grundzügen rekonstruiert, der in Barnets Buch nicht mehr verfolgt wird, das Leben in der "Republik" nach 1902, in den ersten Jahrzehnten des 20. Jahrhunderts. In seiner Antwort auf die "Entdeckung" des Historikers verteidigt Barnet vehement eine Mythologie der Befreiung, die ein Recht auf Auswahl habe bei der Formung eines Symbols. Diese Kontroverse, die von Monika Walter (2000) kürzlich überzeugend analysiert wurde, hat nicht nur die literaturkritische Aufmerksamkeit auf das testimoniale Schreiben (zurück-)gelenkt. Sie stellt auch die Fragen (neu) nach der kommunikativen Stärke des Genres, nach seiner häufig zu beobachtenden narrativen Schwäche und nach den Eigentümlichkeiten des mündlichen Erzählens.

Die Konfrontation der Instanzen von Informant und Vermittler-Herausgeber des *Testimonios* mit der "Wahrheit" der Fakten vollzieht sich als Teil der unterstellten Krise des Genres. Sie lässt sich auch für einen weiteren kanonisierten *Testimonio*-Text nachvollziehen, *Me llamo Rigoberta Menchú* von Elizabeth Burgos (1983; "Ich heiße Rigoberta Menchú"). Sie zeigt sich als Polemik um das Buch des nordamerikanischen Anthropologen David Stoll, *Rigoberta Menchú y la historia de todos los pobres de Guate-*

---

[43] "La transformación no ha sido solamente temática: ha ocurrido también en los aspectos que la crítica prioriza. Si en los orígenes el referente externo ocupó el centro de interés, éste se desplazó hacia cuestiones puramente discursivas".

mala ("R. M. und die Geschichte aller Armen Guatemalas"), in dem Teile des Berichts der Friedensnobelpreisträgerin und seine Verfertigung in Zweifel gezogen werden.[44] In beiden Kontroversen wird nicht nur die Wahrhaftigkeit der konkreten Berichte in Frage gestellt; ihre weiterreichende Dimension betrifft die Repräsentativität des zeugnisablegenden Individuums für soziale Gruppen oder größere Entitäten, hier Sklavenflucht – Freiheit, Kampf guatemaltekischer Indios, Findung und Formung nationaler Identität. Insofern zeigt die literarische Kontroverse ihre ausgeprägt ideologische Dimension. Bei Barnet wird das deutlich in dem Glaubensbekenntnis zu seinem *Cimarrón*: "Ich glaube, dass Menschen, die diese mythische Dimension besitzen, unangreifbar werden, *noli me tangere*" (Barnet 1997: 282).[45] Von einem Beteiligten an der Entstehung des *Testimonios* von Rigoberto Menchú, Arturo Taracena, liest sich der scharfe Kommentar zu David Stoll:

> Ja, er sagt, er hätte nichts gegen Rigoberta, aber er hat zehn Jahre nichts anderes getan als zu suchen, wie er sie bei einer Unwahrheit ertappen könnte. Das Problem liegt darin, dass Stolls Buch noch ein Produkt des Kalten Krieges ist (Taracena in Aceituno 1999: 214).[46]

Wie Monika Walter im Dialog mit Elzbieta Sklodowska herausgearbeitet hat (Walter 2000: 37),[47] zeigen sich in der (mit dem *Testimonio* befassten) Literaturkritik einerseits eine Tendenz zur ideologischen Problematisierung des *Testimonios* und andererseits die der Solidarisierung von Intellektuellen und "Subalternen". Jenseits solcher Opposition erscheint eine Reihe von Fragen als problematisch, z.B. nach der Repräsentation und der Sinnkonstitution des Genres *Testimonio* in seinem (unterstellten?) Allgemeinheitsanspruch oder nach der Fähigkeit zur Schaffung totalisierender und zeitgemäßer Symbole vom Standpunkt eines Teils, eines Randes der Gesellschaft oder des Mikro-Diskurses einer Gruppe aus. Verlockend ist hier die Vertei-

---

[44] Zu dieser Kontroverse um die Wahrhaftigkeit des *Testimonios* von Rigoberta Menchú und neuen Informationen über dessen Entstehung vgl. Taracena in Luis Aceituno (1999).
[45] "I believe that when the people possess that mythical dimension, they become *noli me tangere*, untouchable" ("The Untouchable Cimarrón"). Barnet antwortet hier auf Zeuske (1997).
[46] "Sí, él dice no tener nada contra Rigoberta, pero se pasó diez años tratando de ver dónde la agarraba en una mentira. El problema es que el libro de Stoll es un producto aún de la Guerra Fría".
[47] "Los estudios testimoniales están desgarrados hoy día entre una crítica del carácter ideológico del proyecto testimonial, caracterizado por una conciencia netamente premoderna – según Sklodowska [...] y una crítica ampliamente matizada del ideologema testimonial como espacio de solidarización entre los intelectuales y subalternos [...]".

digung des Repräsentanten gegen die Repräsentation, wie sie Monika Walter am Ende ihres wichtigen Artikels zur *Cimarrón*-Kontroverse vornimmt:

> Ich stimme für eine neubestimmte und neubelebte Popularität des Esteban Montejo, in der mehr denn je seine eigene Kunst Beachtung findet, sein Leben zu erzählen und das in seiner Geschichte eingeschriebene Wissen, mehr als die Botschaften, wie man die Gelegenheiten nutzt, indem man rebelliert, sich widersetzt, riskiert, sich bescheidet (Walter 2000: 37).[48]

Gegen die Versteinerung durch jegliche Kanonisierung von Text und/ oder Vermittler wird hier die Neubewertung der narrativen Fähigkeiten des Informanten selbst gestellt, seiner eigenen Strategien zur Auswahl und Dramatisierung von Informationen, in denen sich Lebenserfahrung, Kultur und Ideologeme überlagern, seiner Fähigkeit schließlich, die eigene Mündlichkeit zu handhaben und in einem fremdbestimmten Kontext zu sprechen. Aus der Diskussion lässt sich eine Tendenz zur Entmythisierung der ikonisierten historischen/literarischen Subjekte des *Testimonios* ablesen, die von einer Aufwertung neuer Subjekte begleitet wird, deren Perspektive, wie Azougarh mit Blick auf das kubanische *Testimonio* feststellt, sich als Stimme des Anderen (wieder-)herstellt, in der Bestimmung einer konfliktiven Beziehung von "Zentrum" und "Rand", von offiziellem kubanischem Diskurs und Teilen der Gesellschaft, denen das *Testimonio* zur Beurteilung des Zentrums dient, ohne sie (und ihr *Testimonio*) zu einem Element des offiziellen Diskurses zu machen:

> [...] vierzig Jahre nach dem Sieg der Revolution beginnt die [...] Sicht von einer Aufgabe des *Testimonios*, den offiziellen Diskurs zu legitimieren, an Stärke zu verlieren, und das lässt sich wiederum erklären mit der gegenwärtigen Situation Kubas und der Welt. Im Kuba der Gegenwart wie in jedem anderen Land gewinnt eine Sicht an Stärke, nach der das *Testimonio* sich abseits der offiziellen Schrift zu stellen hat oder gar in eine Opposition zu ihr (Azougarh 1999: 33).[49]

Über eben diesen Blick auf das Genre, über die Suche nach "anderen" testimonialen Stimmen vollzieht sich in Kuba die aktuelle literaturkritische Bestandsaufnahme einer Krise des Genres in seiner herkömmlichen Gestalt.

---

[48] "Yo opto por una popularidad redefinida y vitalizada de Esteban Montejo por la cual queda dignificado más que antes su propio arte de contar su vida y el saber inherente a su narración, sobre los mensajes de aprovechar las oportunidades rebelándose, oponiendo, jugando, conformándose [...]".

[49] "No obstante, cuarenta años después del triunfo de la Revolucíon, la validez del criterio antedicho, que legitima el discurso oficial, empieza a debilitarse, lo cual es explicable, una vez más, por la situación actual de Cuba y del resto del mundo. Vuelve a tener validez, en la Cuba actual como en cualquier otro país, el criterio según el cual el testimonio ha de inscribirse al margen de la escritura oficial e incluso por oposición a ésta".

Azougarh, Valle oder Alonso Estenoz, sie alle stimmen bei Unterschieden im Detail darin überein, dass die Fähigkeit zur testimonialen Wiedergabe der kubanischen Realität heute auf die Erzählkunst der neuesten Autoren übergegangen zu sein scheint und dass sich die wahrsprechende Kraft und die Kompositionsstrategien des *Testimonios* aufgehoben finden in den Texten des *Postboom*, jedoch eher als eine testimoniale Art des Erzählens, denn als Um- oder Fortschreibung des Genres *Testimonio*. Zum Beleg führen sie die sogenannten *novísimos* an, jene jüngste Generation kubanischer Erzähler, die in den letzten Jahren verlegerisch einen ausgesprochenen Boom ausgelöst und erfahren haben (vor allem) mit Erzählungen, die gesellschaftliche Widersprüche offen legen, deren Spuren im geistigen Universum der Figuren und in einer niedergehenden und niederdrückenden städtischen Geographie. In dieser "neuesten Erzählkunst" wird das Erscheinen eines neuen, fiktionalen Gegendiskurses gesehen, der gerade durch die Nutzung bekenntnishafter Elemente aus der alltäglichen Lebenserfahrung des heutigen Kubas teilhat an einer Neubestimmung der Beziehung von Literatur und Gesellschaft.

Das kubanische *Testimonio* selbst und seine Kritik haben in den letzten vierzig Jahren ein enges Beziehungsgeflecht wechselseitiger Beeinflussungen entwickelt. Die literaturkritische Forderung nach einer Selbsterneuerung des Genres ist als Symptom lesbar für die Alternativen, vor die sich das Genre angesichts geänderter literarischer und gesellschaftlicher Bedingungen gestellt sieht. Kuba ist ein Territorium von bemerkenswerter sozialer Vitalität, in dem sich dieser Widerstreit von (nicht nur literarischen) Alternativen auf vielfältige Weise ausdrückt und sich die Symptome solchen Widerstreites auch weiterhin ablesen lassen (werden) am Grad des Sprechens oder des (Ver-)Schweigens seiner *Testimonios*.

Literaturverzeichnis

Primärliteratur: Testimonio-*Texte*

Asalto al Palacio Presidencial (1969): Havanna.

Días de combate (1970): Havanna.

Almeida Bosque, Juan (1985): *La única ciudadana*. Havanna.

Barnet; Miguel (1966): *Biografía de un Cimarrón*. Havanna: Instituto de Etnología y Folklore.

— (1969a): "La novela testimonio: socio-literatura". In: *Unión*, Havanna (Dez. 1969) 4, S. 99-123.

— (1969b): *La Canción de Rachel*. Havanna: Instituto del Libro.

— (1981): *Gallego*. Madrid: Alfaguara.

— (1986): *La vida real*. Madrid: Alfaguara.

Blanco, Katiuska (1994): *Después de lo increíble*. 2. Aufl., Havanna: Casa Editora Abril.

Burgos Debray, Elisabeth (1983): *Me llamo Rigoberta Menchú*. Havanna: Casa de las Américas (Premio Casa de las Américas. Testimonio, 1983).

Cabrera, Guillermo (1970): *Hablar de Camilo*. Havanna.

Casaus, Víctor (1970): *Girón en la memoria*. Havanna: Casa de las Américas.

— (1979): *Pablo, con el filo de la hoja*. Havanna: Unión. (Premio UNEAC. Testimonio, 1979).

Cirules, Enrique (1973): *Conversación con el último norteamericano*. Havanna.

— (1993): "El imperio de La Habana", In: *Unión*, Havanna (Premio Casa de las Américas. Testimonio, 1993).

Cruz, Rigoberto (1993): *Guantánamo Boy*. Havanna.

Díaz Vidal, Isidoro (1999): *Testimonio de un Jockey*. Havanna: Editorial de Ciencias Sociales.

Dumpierre, Erasmo (1970): *Julián Sánchez cuenta su vida*. Havanna.

Fajardo Estrada, Ramón (1993): *Rita Montaner. Testimonio de una época*. Havanna: Casa de las Américas (Premio Casa de las Américas. Testimonio, 1997).

Fernández Robaina, Tomás (1985): *Recuerdos secretos de dos mujeres públicas*. Havanna.

Franqui, Carlos (1969): *El libro de los doce*. Havanna.

Gálvez, William (1995): *El sueño africano del Che*. Havanna: Casa de las Américas (Premio Casa de las Américas. Testimonio, 1995).

García, Luis Manuel (1989): *Las aventuras eslavas de don Antolín del Corojo y crónica del Nuevo Mundo según Iván el Terrible*. Havanna.

García Alonso, Aída (1968): *Manuela la mexicana*. Havanna: Casa de las Américas.

Gilio, María Éster (1970): *La guerrilla tupamara*. Havanna: Casa de las Américas (Premio Casa de las Américas, Testimonio, 1970).

González, Marta A. (1965): *Bajo Palabra*. Havanna: Venceremos.

González de Cascorro, Raúl (1975): *Aquí se habla de combatientes y bandidos*. Havanna.,

Guevara de la Serna, Ernesto ("Ché") (1963): *Pasajes de la guerra revolucionaria*. Havanna: Unión.

Jesús, Carolina María de (1965): *La favela*. Havanna.

Leante, César (1962): *Con las milicias*. Havanna.

Lewis, Oscar (1965): *Los hijos de Sánchez*. Havanna.

Navarro, Osvaldo (1984): *El caballo de Mayaguara*. Havanna.

Pellegrini, Marcos (1991): *Wadubari*. Havanna: Casa de las Américas (Premio Casa de las Américas. Testimonio, 1991).

Pérez Díaz, Juan Carlos (1999): *Un siglo de compañía*. Havanna: Unión (Premio UNEAC. Testimonio, 1999)

Pino, Rafael (1969): *Amanecer en Girón*. Havanna.

Pino Machado, Quintín (1976): *Tiempo de revolución*. Havanna.

Poniatowska, Elena (1969): *Hasta no verte, Jesús mío*. Havanna: Casa de las Américas.

Pozas, Ricardo (1969): *Juan Pérez Jolote. Biografía de un Tzotzil*. Havanna: Casa de las Américas.

Prendes, Álvaro (1973): *En el punto rojo de mi colimador*. Havanna.

— (1981): *Piloto de guerra*. Havanna.

Quevedo Pérez, José (1976): *La batalla del Jigüe*. Havanna.

Rodríguez Herrera, Mariano (1973): *Con la adarga al brazo*. Havanna.

Rodríguez Rivera, Alipio (1985): *En el hocico del Caimán*. Havanna.

Rojas, Marta (1978): *El que debe vivir*. Havanna.

Rubiera Castillo, Daisy (1997): *Reyita, sencillamente*. Havanna: Instituto Cubano del Libro (Premio Casa de las Américas. Testimonio, 1997, Mención).

Santamaría, Haydée (1967): *Haydée habla del Moncada*. Havanna.

Sarusky, Jaime (1999): *La aventura de los suecos en Cuba*. Havanna: ASDI [Agencia sueca de Coooperación Internacional para el Desarrollo]/Editorial Arte y Literatura.

Suárez León, Carmen (1998): *Yo conocí a Martí. Testimonio*. Havanna.

Timossi, Jorge (1999): *Los cuentos de Barbarroja*. Havanna: Editorial de Ciencias Sociales.

Valle, Amir (1990): *En el nombre de Dios*. Havanna.

Viezzer, Moema (1977/1978): "Si me permiten hablar ...". Testimonio de Domitila, una mujer de las minas de Bolivia. México: Siglo XXI.

Walsh, Rodolfo (1970): *Operación Masacre*. Havanna: Casa de las Américas.

Zumbado, Héctor/Tacoronte, Arnaldo (1976): *Compañía, ¡atención!*. Havanna.

Andere Quellen

"La Casa de las Américas y la 'creación' del género testimonio" (1995): In: *Casa de las Américas*. Havanna, XXXVI (Juli-Sept.), Nr. 200, S. 120-121.

"Conversación en torno al testimonio" (1995): In: *Casa de las Américas*. Havanna, XXXVI (Juli-Sept.), Nr. 200, S. 122-124.

Aceituno, Luis: "Rigoberta Menchú (1999): libro y vida. Arturo Taracena rompe el silencio". In: *Casa de las Américas*. Havanna (Jan.-März), Nr. 214, S. 129-135.

Alonso Estenoz, Alfredo (1999): "El testimonio desde (y más allá de) la Casa de las Américas". In: *Unión*. Havanna, X (Jan.-März), Nr. 34, S. 24-26.

Azougarh, Abdeslam (1996): "La recepción de *Biografía de un Cimarrón*". In: *Unión*. Havanna, VIII (Apr.-Juni), Nr. 23, S. 92-93.

— (1999): "Del testimonio a la novela testimonial. Deslindes necesarios". In: *Unión*. Havanna, X (Jan.-März), Nr. 34, S. 27-34. [Beitrag zum Kolloquium "El testimonio a las puertas del siglo XXI", Centro Cultural "Pablo de la Torriente Brau", Havanna].

Azougarh, Abdeslam/Fernández Guerra, Ángel Luis (Hrsg.) (2000): *Acerca de Miguel Barnet*. Havanna: Letras Cubanas.

Barnet, Miguel (1986): "Introducción". In: ders., *Biografía de un Cimarrón*. Havanna: Ciencias Sociales.

— (1988): "Comunicación e identidad: la novela testimonio". In: *Letras, cultura en Cuba. 5*, Havanna: Pueblo y Educación, S. 373-378. (Ponencias, Coloquio sobre literatura cubana. Havanna, 22.-24. Nov. 1981; ursprünglich: Havanna 1981, S. 106-118).

— (1997): "The Untouchable Cimarrón". In: *New West Indian Guide/Nieuwe West-Indische Gids*, LXXI, Nr. 3-4, S. 281-289 [nach Walter 2000, S. 38].

— (1998): *La fuente viva*. Havanna: Letras Cubanas.

Beverley, John (1978): *Del Lazarillo al sandinismo: estudios sobre la función ideológica de la literatura española e hispanoamericana*. Minneapolis: The Prisma Institute (hier besonders: "Anatomía del testimonio").

— (1992): "Introducción". In: Beverley/Achugar 1992: 7-18.

— (1993): "¿Posliteratura? Sujeto subalterno e impasse de las humanidades". In: *Casa de las Américas*, Havanna, 33 (Jan.-März) Nr. 190, S. 13-24.

Beverley, John/Achugar, Hugo (Hrsg.) (1992): *La voz del otro: testimonio, subalternidad y verdad narrativa* [Themenheft] *Revista de crítica literaria latinoamericana*. Lima: 15 (2do semestre) Nr. 36 [Beiträge von John Beverley, Doris Sommer, Cynthia Steel, Antonio Vera León, George Yúdice u.a.].

Blaquier Ascaño, Elsa (1998): *Seguidores de un sueño*. Havanna: Ediciones Verde Olivo.

Bunke, Klaus (1988): *Testimonio-Literatur in Kuba. Ein neues literarisches Genre zur Wirklichkeitsbeschreibung*. Pfaffenweiler: Centaurus.

Cairo Ballester, Ana (1993): *La Revolución del 30 en la narrativa y el testimonio cubanos*. Havanna: Letras Cubanas.

Campa, Román de la (1996): "Latinoamérica y sus nuevos cartógrafos: discurso poscolonial, diásporas intelectuales y enunciación fronteriza". In: *Revista Iberoamericana*, Pittsburgh, (Julio-Dez.) Nr. 176-177, S. 697-718 (Themenheft "Crítica cultural y teoría literaria latinoamericanas").

Campuzano, Luisa (1999): "Testimonios de mujeres subalternas latinoamericanas: Jesusa, Domitila y Rigoberta". In: *Unión*, Havanna, X (Jan.-März) Nr. 34, S. 42-51.

Casaus, Víctor (1988): "Defensa del testimonio". In: *Letras, cultura en Cuba. 5* [Vorwort und Zusammenstellung Ana Cairo Ballester], Havanna: Pueblo y Educación, S. 379-386. (Beitrag zum "Coloquio sobre literatura cubana". Havanna, 22.-24. Nov. 1981).

— (1990): *Defensa del Testimonio*. Havanna: Letras Cubanas.

Dill, Hans-Otto u.a. (Hrsg.) (1994): *Apropiaciones de realidad en la novela hispanoamericana de los siglos XIX y XX*. Frankfurt/M.: Vervuert/Madrid: Iberoamericana.

Fernández, Lucila (1978): "El testimonio en la Revolución". In: *Universidad de La Habana*. Havanna (Jan.-März) Nr. 207, S. 185-191.

Fornet, Ambrosio (1967): *En blanco y negro*. Havanna: Instituto Cubano del Libro.

— (1977): "El ajuste de cuentas: del panfleto autonomista a la literatura de campaña". In: *Casa de las Américas*, Havanna, 16 (Jan.-Febr.) 100, S. 49-57.

— (1995): *Las máscaras del tiempo*. Havanna: Ed. Letras Cubanas.

Franco, Jean (1988): "Si me permiten hablar: la lucha por el poder interpretativo". In: *Casa de las Américas*, Havanna, 29 (Nov.-Dez.) Nr. 171, S. 88-94.

— (1994): *Las conspiradoras. La representación de la mujer en México*. México: FCE.

Franzbach, Martin (1984): *Kuba: Die neue Welt der Literatur in der Karibik*. Köln: Pahl-Rugenstein (hier besonders: "Die Memoiren- und Testimonioliteratur", S. 152-162)

— (1994): "Entre la novela y el testimonio: Miguel Barnet". In: Dill, Hans-Otto (1994), S. 327-337.

Galich, Manuel (1995): "Para una definición del género testimonio". In: *Casa de las Américas*, Havanna (Juli-Sept.) Nr. 200, S. 124-125.

García Álvarez, Alejandro (1985): "El testimonio: su divulgación en Cuba revolucionaria". In: *Revista de la Biblioteca Nacional "José Martí"*, Havanna (tercera época) 27, Nr. 1, S. 107-108.

Guggelberg, George M. (Hrsg.) (1996): *The Real Thing. Testimonial Discourse and Latin America*. London: Durham.

Iznaga, Diana (1989): *Presencia del testimonio en la literatura sobre las guerras por la Independencia Nacional (1868-1898)*. Havanna: Letras Cubanas.

Jara, René/Vidal, Hernán (Hrsg.) (1986): *Testimonio y Literatura*. Minneapolis, Minnesota: Institute for the Study of Ideologies and Literature.

Jitrik, Noé (1986): "De la historia a la escritura: predominios, disimetrías, acuerdos en la novela histórica latinoamericana". In: Balderston, Daniel (Hrsg.): *The historical novel in Latin America* (o.O.): Hispamérica, S. 12-30.

Lienhard, Martin (1990): *La voz y su huella*. Havanna: Casa de las Américas. (Premio Casa de las Américas. Ensayo, 1989).

— (1997): "El fantasma de la oralidad y algunos de sus avatares literarios y etnológicos". In: *Unión*, Havanna, IX (Juli-Sept.) Nr. 28, S. 23-27.

Martínez, Mayra Beatriz (1999): "Literalidad y literariedad del testimonio: meditaciones de fin de siglo" (Conversatorio sobre el testimonio). In: *Unión*, Havanna, X (Jan.-März) Nr. 34, S. 16-23.

Mignolo, Walter D. (1991): "Escribir la oralidad: la obra de Juan Rulfo en el contexto de las literaturas del 'Tercer Mundo'". In: Rulfo, Juan: *Toda la obra*, Madrid: Archivos/FCE (Colección Archivos).

Ochando Aymerich, Carmen (1998): *La memoria en el espejo. Aproximación a la escritura testimonial*. Rubí (Barcelona): Anthropos.

Paschen, Hans (1993): "La 'novela testimonio' – rasgos genéricos". In: *Iberoamericana*, Frankfurt/M., Nr. 51/52, S. 38-55.

Pérus, Françoise (1989): "El *otro* del testimonio". In: *Casa de las Américas*, Havanna, 29 (May-Juni) 174, S. 134-137.

Pogolotti, Graziella (1973): "Los distintos modos de la autenticidad". In: *Universidad de La Habana* (Jan.-Aug.) Nr. 198-199, S. 203-207.

Randall, Margaret (1983): *Testimonios*. San José, Costa Rica: Alforja.

Rincón, Carlos (1978): *El cambio actual de la noción de literatura y otros estudios de teoría y crítica latinoamericana*. Bogotá: Instituto Colombiano de Cultura. (Colección Autores Nacionales). [Der titelgebende Aufsatz findet sich in einem gekürzten Nachdruck in Azougarh/Fernández Guerra 2000: 11-30].

— (1996): *Mapas y pliegues*. Bogotá: Colcultura.

Rodríguez Calderón, Mirta (1997): "Algo para empezar" (prólogo). In: Rubiera Castillo, Daisy (1997), S. 9-11.

Rodríguez-Luis, Julio (1997): *El enfoque documental en la narrativa hispanoamericana. Estudio taxonómico*. México: Fondo de Cultura Económico.

Sebková, Ivana (1982): "Para una descripción del género testimonio". In: *Unión*, Havanna, Nr. 1, S. 126-134.

Sklodowska, Elzbieta (1990): "Hacia una tipología del testimonio hispanoamericano". In: *Siglo XX/20th Century*, Boulder, Col., 8 (1990-1992), Nr. 1-1, S. 103-120.

— (1992): *Testimonio hispanoamericano. Historia y poética*. New York u.a.: Peter Lang.

— (2000): "Miguel Barnet y la gente sin historia". In: Azougarh, Abdeslam/Fernández Guerra, Luis (Ausw., Vw.): *Acerca de Miguel Barnet*, Havanna: Letras Cubanas, 2000: 31-38 [ursprünglich in: *Plural*, México] (May 1984).

Stoll, David (o.J.): *Rigoberta Menchú y la historia de todos los pobres de Guatemala*. (o.O.), [nach Taracena in Aceituno: 1999].

Torreira Crespo, Ramón/Buajasán Marrawi, José (2000): *Operación Peter Pan. Un caso de guerra psicológica contra Cuba*. Havanna: Editora Política.

Vera León, Antonio (o.J.): *Testimonios. Reescrituras. La narrativa de Miguel Barnet*. (o.O.): Princeton University Press.

Walter, Monika (1992): "Miguel Barnet: *Biografía de un Cimarrón*". In: Roloff, Volker/ Wentzlaff-Eggebert, Harald (Hrsg.): *Der hispanoamerikanische Roman*, Bd. 2, Darmstadt: Wissenschaftliche Buchgesellschaft, S. 120-131.

— (2000): "Testimonio y melodrama: en torno a un debate actual sobre *Biografía de un cimarrón* y sus consecuencias posibles". In: Reinstädler, Janett/Ette, Ottmar (Hrsg.): *Todas las islas la isla*, Frankfurt/M.: Vervuert/Madrid: Iberoamericana, S. 25-38.

Zeuske, Michael (1997): "Der *Cimarrón* und die Archive. Ehemalige Sklaven, Ideologie und ethnische Gewalt in Kuba." In: *Grenzgänge*, Leipzig, IV, 8, S. 122-139.

Martin Franzbach

Kleiner Gattungsabriss der kubanischen Literatur seit 1959

1. Einleitung

Die kubanische Kulturrevolution führte auch zu einem Nachdenken über die Möglichkeiten und Grenzen der klassischen Grundgattungen: Epik, Lyrik, Dramatik. Die Veränderungen der Klassen- und Produktionsverhältnisse, die bis zum heutigen Tage anhalten, und der Funktionswandel der Literatur mündeten in zahlreiche Experimente und hybride Erzeugnisse innerhalb der traditionellen Grenzen; die *novela-testimonio* und der sozialistische Kriminalroman sind nur zwei Beispiele für Mischformen innerhalb eines Genres. Der Anspruch einer Kultur für die Massen sollte auch auf dem Bildungssektor die Grenzen zwischen Arm und Reich abmildern und eines Tages vielleicht sogar aufheben. Die Etappen dieser Entwicklung liefen in über vier Jahrzehnten nicht ohne Widersprüche und Konflikte ab (Dill/Ille 1986).

Im Folgenden soll der Versuch unternommen werden, einen Einblick in die Gattungsvielfalt, aber auch Gattungsproblematik, der kubanischen Literatur zu geben. Die Aufgabe wird dadurch erschwert, dass ein großer Teil der kubanischen Literatur heute außerhalb der Insel publiziert wird. Nach welchen Kriterien kann man von der Einheit einer Literatur sprechen, wenn kubanische Autoren mit Blick auf das Zielpublikum ihre Werke schon auf Englisch und Französisch verfassen? Ist nicht gerade unter dem Gattungsaspekt der Bruch zwischen der Literatur vor und nach 1959 nicht so stark wie beim Themen- und Funktionswandel der Literatur?

Wenn kubanische Identität als historisch entstandene Summe verschiedener Eigenschaften definiert wird und wenn die Literatur universal ist, erübrigt sich die Diskussion, ob ein Werk außerhalb oder auf der Insel publiziert ist. Zweifellos handelt es sich hierbei um eine politische Kontroverse, die den Kampf der Ideologien widerspiegelt. Zudem hat der in Mexiko lebende Essayist Rafael Rojas in einem brillanten Essay *Insularidad y exilio de los intelectuales cubanos* (1994: 16-25) darauf hingewiesen, dass Exodus und Rückkehr der kubanischen Intellektuellen in einer Jahrhunderte langen Pendelbewegung immer eine Konstante in der kubanischen Geschichte gewesen seien. Für den Gattungsaspekt bedeutet das eine Erweiterung des Kanons der Schriftsteller und Werke, aber auch eine größere Schwierigkeit bei der Differenzierung.

Die Gattungsfrage hängt eng mit der Kanonbildung zusammen, denn berühmte Schriftsteller wie Alejo Carpentier, Guillermo Cabrera Infante, José Lezama Lima, Virgilio Piñera oder Eliseo Diego haben innerhalb ihrer Gattungen als *opinion-leader* wesentlich zur Erweiterung und Originalität ihrer Gattungen beigetragen. Ein Kriterium für ihren literarischen Rang ist gerade diese gattungssprengende Kreativität.

2. Die Polyvalenz des Romans

Roman und Erzählung mit ihren zahlreichen Untergattungen (historischer Roman, Neopikareske, *Testimonio, novela-testimonio,* Krimi, Science Fiction, Kinder- und Jugendbuchliteratur u.a.) bilden die Achse der Prosagattungen. Zieht man Literaturkritik und Essay hinzu, ergibt sich ein formal und thematisch überwältigendes Panorama. Wenn nach einem bekannten Wort Stendhals der Roman ein Spiegel ist, der auf der Straße spazieren geht – wobei der Spiegel auch ein Konkavspiegel sein kann –, dann hängt diese Perspektive mit der unterschiedlichen Aneignung von Realität zusammen.

Der Romancier Alejo Carpentier (1904-1980) hat trotz aller surrealistischen Einflüsse mit seinem Begriff des *real maravilloso* (wunderbare Wirklichkeit) im Vorwort zu dem Kurzroman *El reino de este mundo* (1949; "Das Reich von dieser Welt") einen theoretisch originellen Beitrag zur lateinamerikanischen Literatur geleistet. Für Carpentier nimmt "das Wunderbare" in dem mythischen Denken der Indios und der Schwarzen Gestalt an. Das archaische Bewusstsein verwandelt sich in ein Element der Wirklichkeit Lateinamerikas, weil die Wahrnehmung des Wunderbaren einen echten Glauben an Wunder voraussetzt. In seinen historischen Romanen hat Carpentier mit zunehmendem Alter die didaktische Funktion vertieft, zweifellos ein wesentliches Merkmal des kubanischen Romans nach 1959.

Im Romanwerk von Reinaldo Arenas (1943-1990) ist es das Spiel mit der Realität, das Wunden verbirgt, aber auch im Dienste der *re-escritura* (Um-Schrift) steht. Arenas sieht diesen Begriff folgendermaßen: "Ich sehe in der Um-Schrift einen Ausdruck der verschiedenen Realitäten, die es in der Welt gibt" (zitiert nach Soto 1990: 47).

Ottmar Ette (1992) hat den zyklischen, autobiographischen und didaktischen Charakter dieser Prosa hervorgehoben. Wie nur wenige hat Arenas das Leben und seine Insel geliebt. Überzeugender als die erudite und eloquente

Prosa des Boom-Autors Carpentier klingt daher sein Abschiedsbrief an das kubanische Volk in seinen Memoiren *Antes que anochezca* (1992; "Bevor die Nacht hereinbricht"): "Das kubanische Volk im Exil und auf der Insel ermahne ich, dass es weiterhin für die Freiheit kämpft. Meine Botschaft ist keine Botschaft der Niederlage, sondern des Kampfes und der Hoffnung. Kuba wird frei sein. Ich bin es schon" (Arenas 1992: 34).

Das Werk Arenas' wäre ohne das integre Vorbild des Patriarchen José Lezama Lima (1910-1976) nicht denkbar. Als Symbol einer ganzen Generation hat der legendäre Gründer der avantgardistischen Gruppe und Zeitschrift *Orígenes* (1944-1956) dem lateinamerikanischen Roman und der Weltliteratur neue Dimensionen eröffnet. Zeitlich noch vor dem Bestseller *Cien años de soledad* (1967; "Hundert Jahre Einsamkeit") von Gabriel García Márquez liegt *Paradiso* (1966; "Paradies"), ein Werk, das zusammen mit dem Romanfragment *Oppiano Licario* (1977) als Bildungskosmos den Übergang zum Epos markiert. Eloísa Lezama Lima spricht von einem Gedicht-Roman, aber diese unbeholfenen Klassifizierungsversuche zeigen nur, dass dieser Text sich jeder Einordnung entzieht. Die neobarocken Elemente, die Severo Sarduy (1937-1993) und Arenas weiterentwickelten, spiegeln die beiden Pole wider: Lebensfreude und *Memento mori*.

Guillermo Cabrera Infante (*1929), der in London im Exil lebt, hat in seinem Romanwerk – vor allem in dem viel bewunderten Roman *Tres tristes tigres* (1967; "Drei traurige Tiger") – der kubanischen Sprache eine Biegsamkeit, Esprit, Witz, Satire und Ironie gegeben, wie sie seither nicht wieder erreicht wurden. Sein viel nachgeahmter und parodierter Stil ("ein Versuch, die menschliche Stimme im Flug zu erhaschen", Cabrera Infante) verbindet ludische und horazische Elemente ("lachend die Wahrheit sagen").

Inhaltlich sind alle diese geschichtsträchtigen Texte auf eine ewige Utopie ausgerichtet. Aber dieses Land Nirgendwo fanden Cabrera Infante und Arenas am wenigsten auf der Insel; Lezama Lima zog sich ins innere Exil zurück und allein Carpentier spielte sein maskenreiches Leben zwischen Diplomat und Schriftsteller zwischen den Kontinenten.

Es ist nur allzu natürlich, dass Revolutionen historische Romane als "kollektive Erinnerung", Rechtfertigung und Gewissensüberprüfung im *main-stream* führen. Ereignisse von epischer Größe wie der Kampf der Guerilla in der Sierra Maestra, die Alphabetisierungs-Kampagne, die Abwehr der Konterrevolutionäre in der Schweinebucht und in der Sierra del Escambray, Leben und Tod Che Guevaras, das kubanische Engagement in Afrika und andere Zeitereignisse haben vor allem die Romanautoren auf der Insel immer wieder herausgefordert.

Die Deutung der Geschichte steht im Kreuzfeuer der ideologischen Auseinandersetzungen. Das wird besonders bei einer Kultfigur wie José Martí deutlich, dessen hagiographische Verehrung und literarisch-politische Instrumentalisierung selbst von Nicolás Guillén in seinen Epigrammen kritisiert wurde:

Martí, debe de ser terrible	Martí, es muss schrecklich sein,
soportar cada día	jeden Tag soviel diffuse
tanta cita difusa,	Zitate, soviel Literatur
tanta literatura	zu ertragen.
En realidad, sólo Usted y la Luna	In Wirklichkeit, nur Sie und der Mond

(Guillén 1974: 326)

Die großen kubanischen Exilromane sind bisher ausgeblieben, obwohl ein Teil der Autoren sich inzwischen ständig im Ausland aufhält: Cabrera Infante, Jesús Díaz, Eliseo Alberto, Lisandro Otero, Carlos Victoria, Manuel Pereira, Zoé Valdés, Daína Chaviano u.a. Es scheint, dass sie wie der Riese Antaios im griechischen Mythos die Berührung mit der kraftspendenden Heimaterde brauchen.

Die Zahl der Autorinnen, die den Roman als boomendes, publikumsbreites Vehikel pflegen, hat zugenommen. In dem üppigen Prosawerk von Zoé Valdés (*1959, seit 1993 im Exil in Frankreich) und ihrer Nachahmerinnen sind die Traumata einer ganzen enttäuschten Generation kommerzialisiert. Es ist die erbarmungslose Abrechnung mit einer Gesellschaft des *doble discurso* (doppelten Diskurses) und der Maskenträger, die mit ihrem Dogmatismus jedes Lebenszeichen zu ersticken droht.

Voller Verallgemeinerungen, aber angereichert mit verkaufsfördernder freizügiger Erotik, ergießt sich dieser *stream-of-consciousness* auf ein internationales Publikum, das sich am Leichenfleddern des kubanischen Tropensozialismus labt. Die *literatura light* bedient Klischees, trägt aber nichts zum Dialog unter Kubanern bei. Thematisch zu heterogen sind die Romane der Schriftstellerinnen (Zoé Valdés, Mayra Montero, Daína Chaviano u.a.), aber in der Radikalität und Unerbittlichkeit ihrer Fragestellungen gehen ihre Texte mehr zu Herzen als die mancher Autoren.

Die Heldengeneration dagegen beschließt ihr Lebenswerk mit Memoiren und *Testimonios*, die im idealen Fall Spiegel einer Epoche sind und das Ego und seinen Ehrgeiz zurückstellen. Nicolás Guillén, Méndez Capote, Abel Prieto, Miguel Barnet, Lisandro Otero, Fernández Retamar u.a. haben sich schon ganz oder etappenweise in dieser Gattung versucht. Das Heer der *Testimonios* – selbst aufgezeichnet oder einem Gegenüber erzählt – ist Legion. Tagebücher – häufig noch unpubliziert –, Chroniken und Kriegsaufzeichnungen (nach den Vorbildern von Che Guevara, Martí, Máximo Gómez u.a.) begleiten sie. Über ihren Wert und ihre Dauer mag die Geschichte entscheiden.

Aber mit der hybriden Gattung der *novela-testimonio* hat sich Miguel Barnet (*1940) schon einen Platz im "Pantheon der Unsterblichen" erschrieben. Ursprünglich ausgehend von ethnologischen (Fernando Ortiz, Lydia Cabrera) und soziologischen (Oscar Lewis, Ricardo Pozas) Vorbildern, schuf Barnet mit der *Biografía de un cimarrón* (1966; "Lebensgeschichte eines entflohenen Negersklaven"), *La canción de Rachel* (1969; "Das Lied der Rachel"), *Gallego* (1981; "Galicier") und *La vida real* (1986; "Ein Kubaner in New York") viel nachgeahmte Vorbilder für eine "Geschichte der Leute ohne Geschichte".

Nach Barnet ist die *novela-testimonio* die geeignete Gattung, um wichtige Problembereiche der lateinamerikanischen Gesellschaft darzustellen: Gewalt, Dependenz, Neokolonialismus und Geschichtsklitterung. Dieses Genre stelle nicht nur die ethnischen, kulturellen und sozialen Stereotypen in Frage, sondern verwende auch traditionelle Elemente der bürgerlichen Literatur: Autobiographie, Realismus, Interaktion zwischen Fiktion und Geschichte. Der lehrhafte Charakter dieser interdisziplinären Gattung ergibt sich aus ihrer Perspektive von unten nach oben: Der Mensch in seinen Widersprüchen kann als Subjekt der Geschichte zu deren Veränderung beitragen. Fatalismus und Defätismus gehören in das Reich kleinbürgerlichen Bewusstseins.

Der Zwittercharakter dieser Gattung zwischen Roman und *Testimonio* stellte für ihren Förderer Alejo Carpentier kein Problem dar: "Miguel Barnet bietet uns einen einzigartigen Fall in unserer Literatur, den eines Monologs, der sich jedem Mechanismus literarischer Schöpfung entzieht und sich trotzdem aufgrund seiner poetischen Entwürfe in die Literatur einschreibt" (Carpentier 1968: 33). Barnet selbst hat sich als "Ethnologe von Beruf, Schriftsteller von Berufung und im angeborenen Wesen seines Herzens als Dichter" (Barnet 1981: 4) bezeichnet und damit der Diskussion um die Gattungszugehörigkeit ein Ende bereitet.

Die Tetralogie Barnets ist der Versuch, die Identität des kubanischen Volkes an vier Vertretern zu verdeutlichen: den Schwarzen, den auf Kuba geborenen Weißen, den europäischen Einwanderern und den kubanischen

Emigranten in den USA. Das individuelle Schicksal erhielt aus dem Munde der Betroffenen eine paradigmatische Dimension.

Zwar ist die Glaubwürdigkeit mancher Aussagen der *oral history* in neuester Zeit umstritten – zumal Barnet keinerlei Tonbänder und Primäraufzeichnungen offen legt –, und der Akzent scheint sich vom *Testimonio* zur Fiktion zu verschieben, es bleibt aber die Kritik an bestimmten Aspekten des Kapitalismus, der nach Barnet lediglich die Freiheit des Konsums und der Mobilität bietet.

In der Ich-Form gewann in der kubanischen Literatur nach 1959 auch der neopikareske Roman an Beliebtheit. Ohne die subversive und systemkritische Kraft seiner spanischen Vorbilder aus der Zeit des habsburgischen Frühkapitalismus bot er trotzdem reiche Möglichkeiten an Satire, Selbstkritik und Humor. War im Spanien des *Siglo de Oro* der *pícaro* ein Antiheld, so wird er in der revolutionären Neopikareske ein Held des Alltags, um die materiellen Engpässe und den Überlebenskampf zu meistern. Zwar ist nicht wie im *Lazarillo de Tormes* (1554) oder bei Quevedo der Hunger der Protagonist und statt der Diener vieler Herren gibt es nur die immer ärmlicheren Diener einer einstmals hoffnungsreichen Revolution, aber das Grundschema der spanischen *Picaresca* mit der fintenreichen Hauptfigur schimmert immer wieder bei Samuel Feijóo, Gustavo Eguren, Félix Luis Viera, Luis Manuel García und anderen Autoren durch. Der lehrhafte Charakter hält sich im Rahmen des Möglichen. Im Mittelpunkt steht die ingeniöse kreolische Erfindungskraft, die in schwierigsten Situationen Auswege findet oder sich mit *choteo* (Selbstironie) über den tristen Alltag hinwegtröstet.

Der sporadisch auch international bekannte kubanische Kriminalroman war wie die *Testimonio*-Literatur eine staatlich geförderte und gehätschelte Gattung. Mittlerweile hat ihr u.a. wegen ihres systemaffirmativen Schematismus das Totenglöcklein geläutet. Als "umgeschriebener" Kriminalroman feiert er neuerdings in Spanien fröhliche Urständ.

In allen sozialistischen Ländern waren Inhalte und Formen einer fortschrittlichen Unterhaltungsliteratur ein ungelöstes Problem. Der Krimi schien Divertissement und lehrhafte Tendenz miteinander zu vereinen; es kam nur auf die richtige Mischung an. Der ideologische Zweck der Gattung ging schon aus dem ersten Ausschreibungstext des Innenministeriums hervor: "Sie werden ein Anreiz für die Vorbeugung und Wachsamkeit gegen alle antisozialen oder gegen die Volksmacht gerichteten Aktivitäten sein" (Cristóbal Pérez 1979: 5-6).

Der Kriminalroman ist ein typisches Produkt des "Grauen Jahrfünfts" (1971-1975), das Mittelmaß und Linientreue prämierte, nachdem durch den "Fall Padilla" ein Exempel gegen kritische Intellektuelle statuiert worden war. Spätestens nach dem Exodus der 130.000 *marielitos* – meist in die USA – im Jahre 1980, darunter viele Jugendliche, zeigten sich die Grenzen dieser Politik.

Im frühen kubanischen Krimi haben die Massenorganisationen den Detektiv ersetzt. Die Volksmacht, verkörpert in den Komitees zur Verteidigung der Revolution, steht dem Delinquenten gegenüber. Spionagefälle und gemeine Verbrechen bilden die Inhalte. Die *casos de espionaje*, die häufig auf realen Begebenheiten beruhten, waren ein spannendes Leseterrain mit hohen Auflagen. Sie sollten das nationale Selbstbewusstsein stärken, da der karibische David sich immer gegen den Goliath im Norden durchsetzte. "Wir sind ein armes, aber würdiges Land", hieß die gängige Parole. In den Texten, die gemeine Verbrechen – wie Mord, Diebstahl, Unterschlagungen u.a. – darstellten, ging man von der Meinung aus, dass diese Untaten als Gradmesser für das Verhältnis von kleinbürgerlich-kapitalistischem und revolutionärfortschrittlichem Bewusstsein eine wichtige gesellschaftsverändernde Bedeutung hätten. Die Ethik und Moral des guevaristischen "neuen Menschen" bildeten die idealistische Folie.

Kommen die schlechten Romane dieser Gattung mit ihren SchwarzweißSchemata auch dem sozialistischen Realismus bedenklich nahe, so bieten die besten Beispiele dieser Gattung von Luis Rogelio Nogueras (1945-1985), Daniel Chavarría (*1933) und Leonardo Padura Fuentes (*1955) doch eine spannende, differenzierte, charakterenstarke Lektüre. Durch die volkstümliche Sprache, die realistischen Situationen und Figuren aus allen Bevölkerungsschichten erfreuten sich diese Bücher reger Resonanz.

Nach den weltpolitischen Veränderungen in den 90er Jahren und der rigorosen Einschränkung des kubanischen Büchermarkts suchten die bekanntesten kubanischen Krimiautoren Chavarría, Justo Vasco und Padura Fuentes ihr Heil auf dem spanischen Buchmarkt. Die Anpassung an kapitalistische Gattungsmuster ging Hand in Hand mit einer Selbstkritik an der bisherigen inselkubanischen Produktion. Die Überdidaktisierung und das Freund-FeindSchema seien Hauptursachen für die Stereotypisierung der Gattung nach gut zwei Jahrzehnten gewesen (Chavarría/Vasco 1995: 7). Wenn auch die jetzt umgekehrte Kritik am kubanischen System weiterhin die politische Tabuszene respektiert (mit der sakrosankten Figur des *Líder Máximo* an der Spitze), so finden sich doch eine Fülle mythenzerstörender Details und sogar ein

Kommissar (Mario Conde bei Padura Fuentes), der seinen Hut nimmt, um die innere Freiheit zu wahren. Diese Entscheidung beruht auf einem schmerzlichen Vergleich zwischen den Privilegien der alten und neuen Machtelite und dem eigenen miserablen Lebensstandard.

Was sich in den Romanen von Zoé Valdés in Zorn äußerte, endete bei Padura Fuentes in Resignation:

> Denn du weißt, dass wir eine Generation von Gesteuerten sind, und das ist unsere Sünde und unser Verbrechen. Zuerst befahlen uns unsere Eltern, dass wir gute Studenten und gute Menschen würden. Danach befahl man uns in der Schule [...], und man schickte uns danach zur Arbeit, denn wir waren alle gut, und man konnte uns zur Arbeit schicken, wohin man wollte. Aber keinem kam es in den Sinn, uns zu fragen, was wir machen wollten [...] Vom Kindergarten bis zum Friedhofsgrab, das uns erwartet, hat man alles ausgewählt, ohne uns je zu fragen, nicht einmal, woran wir sterben wollten [...] Man sagte uns, dass wir – historisch betrachtet – gehorchen müssten (Padura Fuentes 1998: 23-24).

In den 90er Jahren wurde eine andere Prosagattung aus der Taufe gehoben: der sozialistische Science-Fiction-Roman. Zwar blühte er als fortschrittsoptimistische und utopienfördernde Gattung in der Sowjetunion und in den anderen sozialistischen Ländern schon seit den 50er Jahren, aber für Kuba war er ein Novum. Gegenüber dem von den USA propagierten "Krieg der Sterne" verteidigten die Autoren die Sorge um einen bewohnbaren Planeten, auf dem der Sozialismus die Ausbeutung des Menschen durch den Menschen beendet habe. In dem kurzen Frühling dieser Gattung erschienen so originelle Titel wie die *Fábulas de una abuela extraterrestre* (1988, "Fabeln einer außerirdischen Großmutter") von Daína Chaviano (*1957), die heute in den USA lebt.

Noch schneller als die Kriminalliteratur überlebten sich diese Textprodukte, da die politisch erwünschte Ausrichtung und die mäßigen Talente der Autoren bei allem anfänglichen Enthusiasmus nicht mit der literarischen Qualität Schritt hielten. Es bewahrheitete sich auch hier das Diktum Walter Benjamins: "So steht es um die Ästhetisierung der Politik, welche der Faschismus betreibt. Der Kommunismus antwortet ihm mit der Politisierung der Kunst" (Benjamin 1966: 44).

3. Erzählliteratur

Wer einen Blick in die Fülle der kubanischen Erzählanthologien diesseits und jenseits des Atlantiks wirft, kann sich einen Begriff von der Beliebtheit dieser Gattung und der Plejade der Talente machen. Eine vor wenigen Jahren in den USA erschienene zweibändige Anthologie (Hrsg. Julio E. Hernández-

Miyares, 1996) berücksichtigt allein über 200 Autoren. Es fällt sehr schwer, in diesen Urwald thematische Schneisen zu schlagen und spezifische kubanische Erzählprosa zu bestimmen. Die großen Vorbilder sind zweifellos Alejo Carpentier, Calvert Casey (1924-1969, Selbstmord in Rom), Onelio Jorge Cardoso (1914-1986), Reinaldo Arenas, Guillermo Cabrera Infante, José Lezama Lima, Lino Novás Calvo (1905-1983) und Félix Pita Rodríguez (1909-1990). Bei vielen besteht ein enger Wechselbezug zwischen Roman- und Erzählwerk.

Bestimmte Erzählbände wie *Los años duros* (1966; "Die harten Jahre") von Jesús Díaz oder *El niño aquel* (1980; "Jenes Kind") und *El lobo, el bosque y el hombre nuevo* (1991; "Der Wolf, der Wald und der neue Mensch") von Senel Paz leiteten thematische Paradigmenwechsel ein, fassten gesellschaftspolitische Entwicklungen zusammen oder deuteten sie voraus. Der erwähnte Band von Jesús Díaz (*1941), einem der prominentesten Exilautoren, bildete das Vorbild für eine ganze Reihe von Erzählungen mit dem Thema Gewalt ("Man oktroyierte uns die Gewalt") (vgl. Norberto Fuentes, Heras León, Benítez Rojo, Joel James, Juan Leyva usw.). Am unerreichten Vorbild Hemingway mit seinen sparsamen Dialogen und der retardierten Spannung geschult, spiegelte diese Literatur das Heldenbewusstsein einer Generation wider, die dem Tod mehr als einmal ins Auge geschaut hatte.

Senel Paz gab mit den sieben Erzählungen seines Erstlings *El niño aquel* (1980) die Antwort auf diese Heroen aus der Perspektive eines Kindes mit der "Literatur der Alltäglichkeit". Es war eine neue Sicht des Individuums, Verlagerung der Handlung von der Stadt aufs Land, fernab von allen Parolen und großmäuligem Triumphalismus, abseits von Kollektivgeschrei, historischen Kompromissen oder Opferkult um den "neuen Menschen". In den 90er Jahren rief Senel Paz nach dem Zusammenbruch des sozialistischen Staatenbunds in Europa zur Neubesinnung über sozialistische Werte auf, forderte zu Dialog und Vernunft und Überwindung von Berührungsängsten auf. Sein Prosatext vom Wolf, vom Wald und vom "neuen Menschen" erreichte in der Verfilmung als *Erdbeer und Schokolade* Oscarreife, internationale Verbreitung und heimste ansehnliche Preise ein.

Stärker noch als der Roman lebt die Kurzprosa bei aller Vielfalt der literarischen Vorbilder (aus Lateinamerika sind hier Borges und Cortázar zu nennen), vor allem in der jüngeren Generation, vom ikonoklastischen Brechen von Tabus, von Mythenzerstörung und dem Sturm auf die Bastille der ewigen Ja-Sager und Fähnleinschwenker. Ob es sich um Drogen, Alkoholexzesse, Sexualität, Familienrituale oder Maskendiskurse handelt, immer findet die beweglichere Kurzprosa Wege, um das Bild von einer monokausalen, dirigistischen Gesellschaft zu durchbrechen.

Thematisch anders haben sich die Erzähler in der Diaspora orientiert. Hier sind Cabrera Infante (*Vista del amanecer en el trópico*, 1974; "Ansicht der Tropen im Morgengrauen") und Reinaldo Arenas mit seiner überbordenden Phantasie die viel bewunderten Vorbilder. Es überwiegen die *Testimonios* mit ihrem Schwanken zwischen Anklage, Erinnerung und Nostalgie, Folklore und Costumbrismus mit ländlichen und familiären Interieurs, humoristische, phantastische und absurde Erzählungen. Die Suche nach der verlorenen Identität und die Neuorientierung mit allen Schattierungen an Desillusionierung bilden eine Konstante.

In dieser Gattung dominieren Erzählerinnen: auf der Insel Mirta Yáñez, Marilyn Bobes, Aida Bahr, Ena Lucía Portela und viele jüngere, im Ausland Uva A. Clavijo, Achy Obejas, Zoé Valdés u.a. Sie bringen die erotische Thematik in die Texte ein, die auch eine indirekte Kritik an patriarchalischen Herrschaftsstrukturen ist.

4. Essays und Literaturkritik

Die kubanische Essayistik und Literaturkritik auf der Insel und im Ausland ist nicht unbedingt arm an interessanten Titeln, aber nur wenige kubanische Theoretiker haben die internationale Diskussion mit ihren Ideen belebt (Carpentier, Lezama Lima, Fernández Retamar, Desiderio Navarro und einige andere). In den politisch und kulturell konträr angelegten Zeitschriften *Casa de las Américas* (Havanna) und *Encuentro de la Cultura Cubana* (Madrid) kann man einen Einblick in den aktuellen Stand dieser Gattungen erhalten. Die Institutionen mit ihrer Cliquenbildung haben in den seltensten Fällen zu einer Hebung des Niveaus oder zu annähernder Autonomie beigetragen.

In beiden Gattungen hat Roberto Fernández Retamar, der Direktor der *Casa de las Américas* und der gleichnamigen Zeitschrift, der internationalen Forschung wichtige Impulse gegeben. In seinem Buch *Para una teoría de la literatura hispanoamericana y otras aproximaciones* (1975, erweitert 1995, "Für eine Theorie der hispanoamerikanischen Literatur und andere Annäherungen") hat er Prolegomena für eine spezielle, Lateinamerika angepasste Literaturtheorie formuliert, in der selbstverständlich auch europäische und nordamerikanische Einflüsse den emanzipierten Diskurs bereichern. Sein berühmter Essay *Calibán* (1971) ist ein engagiertes Plädoyer für die Einheit von Denken und Handeln bei Intellektuellen und für eine selbstbewusste

Verteidigung autochthoner Identität. Mythenkritik und Schaffung neuer Mythen halten sich die Waage in einer schwierigen politischen Situation und scheinbaren Euphoriephase der sozialistischen Bewegung in der Welt.

Weniger politisch, aber ideen- und philosophiegeschichtlich fundiert lesen sich die Essays Lezama Limas (*La expresión americana*, 1957) und Cintio Vitiers (*Ese sol del mundo moral. Para una historia de la eticidad cubana*, 1975). Auch sie kreisen um die ewigen Urfragen der subjektiven und nationalen Identität: Woher kommen wir? Wo stehen wir? Wohin gehen wir?

Eliseo Alberto, der Sohn des berühmten Lyrikers Eliseo Diego (1920-1994), ist Verfasser des wohl besten Essays der kubanischen Gegenwartsliteratur: *Informe contra mí mismo* (1997; "Rapport gegen mich selbst"). Es ist eine von Trauer getragene Bilanz der Rolle und Situation der kubanischen Intellektuellen seit dem Sieg der Revolution, eine Geschichte von Verrat, Opportunismus, von Verzweiflung, Tod und Verschweigen, aber auch von Menschlichkeit, Hoffnung und Verteidigung von Utopien. Ergänzend dazu hat Iván de la Nuez die Situation der kubanischen Literatur im Angesicht von Globalisierung, Neoliberalismus und Postmoderne nach dem Fall der Berliner Mauer analysiert: *La balsa perpetua. Soledad y conexiones de la cultura cubana* (1998; "Das ewige Floß. Einsamkeit und Verknüpfungen der kubanischen Kultur").

Es ist kein Zufall, dass viele der besten kubanischen Essayisten und Literaturkritiker im Exil leben, wo sie leichteren Zugang zu Informationen haben und sich besser am internationalen Diskurs beteiligen können. Essay und Literaturkritik leben wie keine andere Gattung von der Möglichkeit der freien Meinungsäußerung ohne vorgegebene Zwänge.

Es bleibt abzuwarten, welche Impulse für die Literaturkritik von den *Gender Studies* ausgehen. Hier bemühen sich im In- und Ausland lebende kubanische Schriftstellerinnen und Philologinnen in regelmäßigen Treffen seit Jahren um eine stärkere Präsenz frauenspezifischer Fragestellungen. Als eine der wenigen verbindenden intellektuellen Unternehmungen dieser Art arbeiten Mirta Yáñez, Marilyn Bobes, Diony Durán, Ana Cairo Ballester, Nara Araújo, Madeline Cámara, Ruth Behar und andere in Kuba, in den USA und in Europa an dieser Aufgabe. Ohne Dialog gibt es kein Verständnis.

5. Kinder- und Jugendbuchliteratur

Der Aufbau einer eigenständigen Literatur für Kinder und Jugendliche, die im Idealfall von diesen selbst gestaltet wurde, ist ein wesentliches Verdienst der kubanischen Kulturrevolution. Die staatliche Förderung durch Literaturpreise deutete zwar auf einen regimekonformen Erwartungshorizont hin, aber es blieben genug Freiräume, das Gleichgewicht zwischen Unterhaltung und Belehrung zu nutzen. Literarisches nationales Vorbild war José Martí mit *La edad de oro* (1889; "Das Goldene Zeitalter"), ein Buch für Kinder und Erwachsene, das die fortschrittsgläubige Ideologie des Bürgertums, Ethik und Moral im ausgehenden 19. Jahrhundert vermittelte.

Klassiker der kubanischen Kinder- und Jugendbuchliteratur wie Renée Méndez Capote mit ihren seit 1959 viel verlegten autobiographischen Werken vermitteln ein klassenbewusstes Bild der Vergangenheit mit Überwindung der Privilegien in einer Revolution, die für die junge Generation unter Opfern erkämpft wurde.

Neben historisch-costumbristischen Texten brillierten die Erzählbände des Altmeisters Onelio Jorge Cardoso (1914-1986). Wie jedes gute Kinder- und Jugendbuch sind sie auch für Erwachsene gedacht. In einer Gesellschaft, in der viele erst jetzt den Zugang zu Lesen und Schreiben erhielten, erfüllten sie eine wichtige Funktion.

Als klassische Domäne der Schriftstellerinnen blühte die Gattung in den 60er, 70er und 80er Jahren auf (Mirta Aguirre, Dora Alonso, Mirta Yáñez u.a.), ganz zu schweigen von dem entzückenden Kinderbuch von Nicolás Guillén *Por el mar de las Antillas anda un barco de papel* (1978; "Auf dem Meere der Antillen fährt ein Schiffchen aus Papier"). Die kubanische Kinder- und Jugendliteratur transportiert gattungsübergreifend (Poesie, Theater) auch Utopien und Evasionen und dürfte unter diesem Aspekt noch zu überraschenden Ergebnissen führen.

6. Das Labyrinth der Poesie

Noch fragwürdiger erscheint jede Gattungsunterteilung bei der Lyrik. Aus gutem Grund genoss sie deshalb von Aristoteles bis Sartre einen Sonderstatus. Das auch in der kubanischen Literaturgeschichte weitverbreitete Generationen- und Gruppenprinzip wird mit Vorliebe auf die Poesie angewendet. So spricht man – ausgehend von der Gruppe *Orígenes* (Lezama Lima, Gastón Baquero, Eugenio Florit, Ángel Gaztelu u.a.) – von einer "Generation der 50er Jahre" (Suardíaz, Oliver Labra, P. A. Fernández, Fernández Retamar, César López, Arrufat, Díaz Martínez u.a.), von der ersten (Nogueras, Rodríguez Rivera, Raúl Rivero u.a.) und zweiten (R. M. Rodríguez, Bobes u.a.) Gruppe des *Caimán Barbudo*.

Um die Anthologien gruppieren sich ständig neue Cliquen *(piñas)* und Gruppen von *novísimos*, die im Moment des Erscheinens schon wieder von anderen überholt werden. Es gibt keine "Generationen der Erbsünde" und keine "Generationen der Unschuld". Die "Gnade der späten Geburt" ist häufig eine Last, die sich weniger in Generationen als in institutionellen Konflikten auswirkt. Die chronologische Einteilung mit ihren Paradigmenwechseln hat sicherlich ihre Vorteile, aber Brüche in der dichterischen Entwicklung, innere und äußere Emigration, Themenwechsel und andere außerliterarische Phänomene lassen sich schwer mit einer Zeiteinteilung erfassen.

Noch unpragmatischer erscheint eine thematische Gliederung, die häufig auch die individuelle Entwicklung der Schriftsteller unterbricht. Wenn man den Schwerpunkt auf die Intention der Lyrik legt, kommt man auf die klassische Einteilung in *poesía pura* (reine Lyrik), *poesía circunstancial* (Gelegenheitslyrik) und *poesía comprometida* (engagierte Lyrik) zurück.

Begibt man sich in das Dickicht der Lyrikanthologien, stellt man schnell fest, dass die Revolution zu einer starken Politisierung und gesellschaftlichem Engagement in dieser Gattung geführt hat. Zwar war auch die *Orígenes*-Gruppe nicht so unpolitisch, wie sie gelegentlich dargestellt wird, aber erst der Aufbau einer neuen Gesellschaft inspirierte zu neuen Formen und Themen, beispielhaft verkörpert in der Lyrik von Guillén, Fernández Retamar, César López, Nogueras, Nancy Morejón, Reina María Rodríguez, Vitier, Oliver Labra, Raúl Rivero, Barnet u.v.a.

Die subversive Kraft – gerade der Lyrik – hat immer wieder den Reinlichkeitsaposteln zu schaffen gemacht. Es ist kein Zufall, dass Heberto Padillas Sammelband *Fuera del juego* (1968; "Außerhalb des Spiels") Intellektuelle in aller Welt polarisierte. Wie wenig die kubanischen Kulturfunktionäre aus dieser Affäre gelernt haben, zeigt das Beispiel des auf der Insel lebenden oppositionellen Lyrikers Raúl Rivero (*1945). Seine im Ausland verlegten Gedichte gehören zu dem Besten, was in dieser Gattung gegenwärtig auf der Insel geschrieben wird.

Nach der Unterzeichnung eines Protestbriefs (1991) mit Plädoyer für Meinungs-, Presse- und Versammlungsfreiheit und nach der Gründung einer illegalen Presseagentur *(Cuba Press)*, ist er alltäglichen und allnächtlichen Einschüchterungsversuchen *(actos de repudio)* ausgesetzt. Verschiedene Male verhaftet und mit Ausreiseverbot belegt, bleibt die Feder seine einzige Waffe.

Im Vorwort zu seiner Anthologie *Herejías elegidas* (1998; "Ausgewählte Ketzereien") hat der kubanische Literaturkritiker José Prats Sariol die folgenden Unterscheidungsmerkmale aufgeführt: Gedichte, in denen das Beschreibend-Erzählerische in der dritten Person dominiert, Gedichte ironisch-satirisch-humoristischen Gehalts, Gedichte im Spannungsverhältnis zwischen Tradition und Aktualität, Ich-Poesie, in der intim-lyrische, autobiographische Elemente überwiegen (Rivero 1998: 15-16).

Als Beispiel mag das berühmte Gedicht *Preguntas* ("Fragen") gelten, das auf Kuba in Abschriften zirkuliert:

Por qué, Adelaida, me tengo
que morir
en esta selva
donde yo mismo alimenté
las fieras
donde puedo escuchar hasta mi voz
en el horrendo concierto de la calle.

Warum, Adele, muss ich sterben
in diesem Urwald,
wo ich selbst
die wilden Tiere nährte,
wo ich sogar meine Stimme hören
  kann
in dem entsetzlichen Konzert der
  Straße?

Por qué aquí donde quisimos árboles
y crecieron enredaderas
donde soñamos ríos
y despertamos enfermos
en medio de pantanos.

Warum hier, wo wir Bäume wollten,
und es wuchsen Schlingpflanzen,
wo wir Flüsse erträumten,
und wir wuchsen krank
inmitten von Sümpfen auf?

En este lugar al que llegamos
niños, inocentes, tontos
y había instalada ya una trampa,
una ciénaga
con un cartel de celofán
que hemos roto aplaudiendo
a los tramposos.

An diesem Ort, zu dem wir
als Kinder, Unschuldige, Dumme
  gelangten
und wo schon eine Falle, ein Sumpf
  errichtet war
mit einem Plakat aus glasklarer Folie,
das wir mit Applaus für die
Schwindler zerbrochen haben.

Por que me tengo que morir
no en mi patria
sino en las ruinas de este país
que casi no conozco.

Warum muss ich sterben,
nicht in meinem Vaterland,
sondern in den Ruinen dieses Landes,
das ich fast nicht kenne?

(Rivero 1998: 74)

Dieses Gedicht spiegelt anschaulich die Desillusionierung vieler Intellektueller wider, von denen die wenigsten mit dieser engagierten Haltung auf der Insel geblieben sind. Sehr viele gingen in die Vereinigten Staaten, wo heute die beste kubanische Frauenlyrik geschrieben wird (Alina Galliano, Carlota Caulfield, Laura Ymago Tartakoff, Magali Alabau, Juana Rosa Pita, Lourdes Gil, Iraida Iturralde, Maya Islas u.v.a.).

Spätestens in der zweiten Generation mischen sich dann allerdings die Sprachen, wie in dem folgenden *Code-switching* von Gustavo Pérez-Firmat (*1949 in Havanna), der im Alter von elf Jahren die Insel verließ:

> Soy un ajiaco de contradicciones.
> I have mixed feelings about everything.
> Name your tema, I'll hedge:
> name your cerca, I'll straddle it
> like a cubano.
> I have mixed feelings about everything.
> Soy un ajiaco de contradicciones.
> Vexed, hexed, complexed,
> hyphenated, osygenated, illegally alienated,
> psycho soy, cantando voy:
> You say tomato,
> You say potato,
> I say Pototo [ein kubanischer Komiker, Anm. d. Verf.].
> Let's call, the hole
> un huevo, the thing
> a cosa, and if the cosa goes into the hueco,
> consider yourself at home,
> consider yourself part of the family.
> Soy un ajiaco de contradicciones,
> un potaje de paradojas,
> a little square from Rubik's Cuba
> que nadie nunca acoplará.
> (Cha-cha-cha).

(Hospital 1988: 157)

Die Bestimmung der Identität – auch in ihrer afrokubanischen Thematik – bleibt ein zentrales Thema der kubanischen Lyrik über die Grenzen hinweg. Miguel Barnet brachte das Problem in dem Fernández Retamar gewidmeten Gedicht *Revolución* auf eine epigrammatische Formel:

Entre tú y yo	Zwischen dir und mir
hay un montón de contradicciones	gibt es eine Menge Widersprüche,
que se juntan	die sich verbinden,
para hacer de mí el sobresaltado	um aus mir den Erschreckten zu machen,
que se humedece la frente	der sich die Stirn benetzt und dich erbaut.
y te edifica.	

(Barnet 1993: 74)

Zur Lyrik gehören schließlich auch die Liedtexte, die ihre Poesie in ein größeres Publikum tragen. Die Texte von Pablo Milanés, Silvio Rodríguez, Carlos Varela, Pedro Luis Ferrer und vielen jüngeren Sängern sind teilweise um den Erdball gegangen und haben ein Bild vom Reichtum der kubanischen Lyrik und Musik vermittelt. Sie knüpfen an überall propagierte Parolen an, spinnen sie weiter, zeigen Widersprüche auf und zeichnen Utopien am Horizont. In der Form einer volkstümlichen *guaracha*, einem burlesken Lied mit ironischer Färbung, hat Ferrer Spott, Wut und Trauer einer ganzen Generation zum Ausdruck gebracht:

Como que mi Cuba es	Da mein Kuba
cubana ciento por ciento	hundertprozentig kubanisch ist,
mañana reservaré	werde ich morgen
pasaje en el aeropuerto	ein Ticket auf dem Flughafen reservieren.
Quiero viajar hasta el Sur	Ich will bis in den Süden reisen,
a conocer la pobreza	um die Armut kennen zu lernen
y volver como cubano	und als Kubaner
ciento por ciento a mi tierra.	hundertprozentig in mein Land zurückzukehren.

7. Das Theater als moralische Anstalt

Die institutionellen Veränderungen nach dem Sieg der Revolution kamen besonders dem Theater zugute. Allein 1959 kamen 48 Werke kubanischer Autoren zur Aufführung, mehr als in den vorhergegangenen sechs Jahren. Eine Fülle von Theatergruppen entstand bis in den entferntesten Winkel des Landes hinein. Der 1961 gegründete Nationale Kulturrat mit seiner Sektion Theater und Tanz koordinierte und förderte die Initiativen. Nach der Gründung des Nationaltheaters entstand die Nationale Kunsthochschule, die ihrerseits 1976 durch das "Instituto Superior de Arte" (ISA) ersetzt wurde. Dadurch war eine Professionalisierung gewährleistet, die bis zum heutigen Tage durch zahlreiche regionale, nationale und internationale Theaterfestivals gestützt wird. Theaterzeitschriften wie *Conjunto* (seit 1964) und *Tablas* (seit 1982) dokumentieren diese Entwicklung.

In der heutigen sehr schwierigen Situation lauten die Schlagworte Selbstfinanzierung und Autonomie. Die internationalen Kontakte, besonders zu Spanien und Lateinamerika, wurden ausgebaut und zahlreiche Kooperationsverträge ratifiziert. Es blieben als große Problemkreise: die Pflege des kulturellen Erbes im Vergleich zur Avantgarde, Projektfülle bei geringeren Möglichkeiten der Realisierung und die Folgen der Kommerzialisierung des Theaters für alle Beteiligten einschließlich der Zuschauer.

Das kubanische Theater vor 1959 hatte in Virgilio Piñera (1912-1979) seinen prominentesten Vertreter. Nach dem Sieg der Revolution wurde er bei den Hexenjagden gegen Homosexuelle 1961 kurzzeitig verhaftet. Sein Leben danach als Schwuler, Atheist und Antikommunist hat er selbst als Tod auf Raten bezeichnet. Lange bevor das existenzialistische und absurde Theater im Nachkriegseuropa *en vogue* war, hat Piñera mit *Electra Garrigó* (1941 verfasst, 1948 uraufgeführt) das kubanische Theater aus den Fesseln des Provinzialismus befreit und die Tür zum Welttheater geöffnet. Die Krise und Auflösung der bürgerlichen Familie war sein großes Thema, das er bis zu Szenen von masochistischer Sprachlosigkeit trieb. Gerade unter den heutigen Umständen auf der Insel sind seine Stücke von beklemmender Aktualität.

Seine literarischen Spuren sind bei Antón Arrufat, Rolando Ferrer, Humberto Arenal, Ramón Ferreira, José Milián u.a. zu verfolgen. Die unerbittliche Kritik an bürgerlichen Institutionen verhüllt nur mühsam die Kritik an totalitären Herrschaftsformen. Schon in den 60er Jahren zeichneten sich Verbote von Stücken und die Wirkungen der ungeschriebenen Zensurgesetze ab, die bis in die Gegenwart kritische Autoren mit der Schere im Kopf operieren lassen.

Der heute auch international bekannteste kubanische Dramatiker José Triana (*1931) verließ das Land 1980, nachdem er seit 1971 zum Schweigen verurteilt war. Seine Themen, sein Stil und seine kritische Meinung vertrugen sich nicht mit den Literaturpäpsten des "Grauen Jahrfünfts", das in Wirklichkeit ein graues Jahrzehnt war.

Mit *La noche de los asesinos* (1965; "Die Nacht der Mörder") feierte Triana einen Welterfolg in über 30 Ländern mit Übersetzungen in 19 Sprachen (sogar Sanskrit). Auch hier stehen Familienprobleme, Strukturen und Rituale im Mittelpunkt; aber das Theater Trianas ist weniger pessimistisch als das Piñeras. Es ist langsam gereift und von einem großen Kinderglauben an das Gute im Menschen und an die Humanität getragen.

Es ist kein Zufall, dass die Hauptvertreter des absurden Theaters – Triana, Manet, Ariza – alle ins Exil in die USA und nach Europa gingen. Denn den Gralshütern der reinen Lehre war die politische Sprengkraft dieser Stücke nicht entgangen. Von diesem Aderlass sollte sich das inselkubanische Theater bis heute nicht mehr erholen.

In der Tradition Brechts, Augusto Boals, des *Living Theatre* und des *Teatro Campesino* der *Chicanos* bildeten sich auch in Kuba Kollektivtheater aus, zu deren Pionieren das *Teatro Escambray* gehörte. In der unwegsamen, von einer Konterguerilla von 1961 bis 1965 verunsicherten Sierra del Escambray wollte es gemeinsam mit den Bauern Themen des Alltags wie Machismo, Schwarzmarkt, Aberglauben, Alkoholismus, Familienprobleme u.a. im Sinne der Erziehung zum "neuen Menschen" auf der Bühne sinnlich erfahrbar machen. Zwar sind als *work in progress* viele dieser Stücke inzwischen vergessen, aber auf internationalen Tourneen der 70er Jahre haben sie noch Begeisterungsstürme entfacht (z.B. Roberto Orihuela 1977, *Ramona*). Die Erfahrungen gingen in viele *Conjuntos* ein, wenn sich auch die lehrhafte Absicht bald erschöpfte.

Zwar milderten Musik- und Tanzeinlagen gelegentlich die allzu penetrante didaktische Anlage mancher Stücke, so dass vor allem die Gefahr eines Theaters im Sinne des sozialistischen Realismus' im "Grauen Jahrfünft" gebannt wurde, dennoch kann man bis in die 80er Jahre hinein zahlreiche Agitationsstücke mit ihren positiven und negativen Helden, revolutionärer Verklärung und Verteufelung angenommener Gegner ausmachen.

Am populärsten bis zum heutigen Tage sind Musicals und Singspiele in einer Mischung aus *Opera buffa* des 19. Jahrhunderts, nordamerikanischen und europäischen Musicals und leichter lateinamerikanischer Folklore. Das Theater Héctor Quinteros (*1942) lebt von dieser Mischung, selbst wenn in den 90er Jahren mit Humor und Ironie auch die materielle Notlage der Bevölkerung in der "Sonderperiode" glossiert wurde (*Te sigo esperando*, 1996). Es versteht sich von selbst, dass dies im Rahmen des politisch Schicklichen geschah, mit leichtem Stolz auf Durchhaltevermögen und Opferbereitschaft der Bevölkerung, die für einige Stunden die Mühen der Ebene vergaß.

Auch die Welt der *Santería* erlebte in der Tradition des costumbristischen Theaters eine Renaissance. Eingeleitet von dem Klassiker *Santa Camila de La Habana Vieja* (1962) von José Manuel Brene (1927-1990) erreichte sie ihren frühen Höhepunkt mit *María Antonia* (1967) in der Aufführung des *Grupo Taller Dramático* und *Conjunto Folklórico Nacional*. Die Schwarze María Antonia, die Züge einer karibischen Carmen trägt, eine der begehrtesten Frauenrollen des kubanischen Theaters, scheitert schließlich an einer Welt des Aberglaubens, des Machismo und entfremdeter Arbeit. In ihrer widersprüchlichen Haltung gegenüber den afrikanischen Göttern, die sie zugleich verehrt und verabscheut, rettet sie ihre Freiheitsideale in den Tod. Eros und Thanatos symbolisieren die beiden Pole, vereinigen sich aber im tragischen Schluss wie ein Zwillingspaar.

Die junge Avantgarde verteilt sich in vielen Gruppen über die ganze Insel. Reinaldo Montero, Abilio Estévez, Alberto Pedro Torriente, Carmen Duarte, Joel Cano, Víctor Varela u.a. sind einige ihrer Vertreter, die teilweise auch international erfolgreich sind.

Schwieriger noch haben es die kubanischen Dramatiker, die in den USA und in Europa zu überleben versuchen. Von Ausnahmen wie José Triana abgesehen, sind einige von ihnen ganz verstummt, andere versuchen sich in Gattungen außerhalb des Theaters oder haben sich dem Medienbetrieb verschrieben. In Miami und New York hat sich eine Infrastruktur herausgebildet, selbst wenn die Theatertruppen häufig nur von kurzlebigem Zusammenhalt sind. Im "Ollantay Center for the Arts" in New York hat das kubanische Exiltheater ein Dokumentationszentrum gefunden.

Matías Montes Huidobro (*1931), René R. Alomá (1947-1986), Pedro R. Monge Rafuls, José Abreu Felippe und Julio Matas Graupera sind einige seiner Hauptvertreter. Exil- und Identitätsprobleme stehen im Mittelpunkt ihrer Stücke. So lassen in *Exilio* (1988) von Montes Huidobro zwei Ehepaare und ein Freund die verschiedenen Formen des Exils in New York vor und nach 1959 Revue passieren.

Das kubanische Theater in den USA hat langfristig nur Chancen, wenn es das englischsprachige Publikum für sich gewinnt. Daher kommt dem Theater der *Cuban-Americans* erhöhte Bedeutung zu. María Irene Fornés und Manuel Martín Jr., die allerdings schon vor dem Sieg der Revolution in die USA übersiedelten, konfrontieren in ihren Stücken die alte und junge Generation in ihren Gegensätzen und Vorurteilen. Schon der Titel *Sanguivin (= Thanksgiving) en Union City* von Martín Jr. deutet auf Verständnisprobleme zwischen dem kubanischen und nordamerikanischen *way of life*. Es bleibt abzuwarten, was von diesen Stücken bei aller Zeitgebundenheit überleben wird. Auf jeden Fall gehören auch diese Autoren zur globalisierten kubanischen Literatur.

Literaturverzeichnis

Adler, Heidrun/Herr, Adrián (Hrsg.) (1999): *De las dos orillas. Teatro cubano*. Frankfurt/M./ Madrid: Vervuert.

Alberto, Eliseo (1997): *Informe contra mí mismo*. Madrid: Alfaguara.

Alvarez Borland, Isabel (1998): *Cuban-American literature of exile. From person to persona*. Charlottesville/London: University Press.

Arenas, Reinaldo (1992): *Antes que anochezca*. Barcelona: Tusquets.

Barnet, Miguel (1981): "Entrevista". In: *Granma*. 24.5., S. 4.

— (1993): *Con pies de gato*. Havanna: Unión.

Benjamin, Walter (1966): *Das Kunstwerk im Zeitalter seiner technischen Reproduzierbarkeit*. Frankfurt/M.: Suhrkamp.

Bunke, Klaus (1988): *Testimonio-Literatur in Kuba. Ein neues literarisches Genre zur Wirklichkeitsbeschreibung*. Pfaffenweiler: Centaurus-Verlagsgesellschaft.

Carpentier, Alejo (1968): "Busca e indagación del tiempo ido". In: *Arte y Literatura*. 139, S. 33.

Chavarría, Daniel/Vasco, Justo (1995): *Contracandela*. Barcelona: Thassàlia.

Cristóbal Pérez, Armando (1979): *La ronda de los rubíes*. Havanna: Letras Cubanas.

Dill, Hans-Otto/Ille, Hans-Jürgen (1986): "Zur Kulturrevolution in Kuba". In: Dill, Hans-Otto (Hrsg.): *Literatur im Spannungsfeld von Kunst, Geschäft und Ideologie. Autor, Leser, Buch in Frankreich und Lateinamerika 1960 bis 1980*. Köln: Pahl-Rugenstein Verlag, S. 340-362.

Ette, Ottmar (Hrsg.) (1992): *La escritura de la memoria. Reinaldo Arenas: Textos, estudios y documentación*. Frankfurt/M.: Vervuert.

Franzbach, Martin (1994): "La realidad y su expresión en la novela policíaca cubana". In: Dill u.a. (Hrsg.): *Apropiaciones de realidad en la novela hispanoamericana de los siglos XIX y XX*. Madrid: Vervuert, S. 461-472.

Hospital, Carolina (Hrsg.) (1988): *Cuban American writers: los atrevidos*. Princeton, N.J.: University Press.

López Sacha, Francisco (1994): *La nueva cuentística cubana*. Havanna: Unión.

Padura Fuentes, Leonardo (1998): *Paisaje de otoño*. Barcelona: Tusquets.

Pereira, Armando (1995): *Novela de la Revolución cubana (1960-1990)*. México, D.F.: UNAM.

Pérez-Firmat, Gustavo (1994): *Life on the hyphen. The Cuban American way*. Austin: University Press.

Prats Sariol, José (1983): *Nuevos críticos cubanos*. Havanna: Letras Cubanas.

— (1988): *Por la poesía cubana*. Havanna: Unión.

Rincón, Carlos (1978): *El cambio actual de la noción de literatura en Latinoamérica y otros estudios de teoría y crítica latinoamericana*. Bogotá: Instituto Colombiano de Cultura.

Rivero, Raúl (1998): *Herejías elegidas (Antología poética)*. Madrid: Betania.

Rodríguez Coronel, Rogelio (1986): *La novela de la Revolución cubana (1959-1979)*. Havanna: Letras Cubanas.

Rojas, Rafael (1994): "Insularidad y exilio de los intelectuales cubanos". In: *Plural*. 274, S. 16-25.

Soto, Francisco (1990): *Conversación con Reinaldo Arenas*. Madrid: Betania.

Hans-Otto Dill

Ein halbes Jahrhundert kubanische Lyrik

Kubas Lyrik der ersten Hälfte des 20. Jahrhunderts war mehrstimmig und vielgestaltig, auch wenn sie nicht herausragende Dichterpersönlichkeiten in solcher Breite wie Chile, Mexiko oder Argentinien hervorbrachte. Sie geriet in den 50er Jahren in eine Krise. Die afrokubanische Lyrik mit Nicolás Guillén hatte ihre Mission erfüllt, afrikanische Folklore, Musik, Tanz und Lied in die Nationalkultur einzubringen. Zwar gab es nach wie vor die Rassendiskriminierung, gegen die sie angetreten war, doch hatte sie für eine dauerhafte Sensibilisierung für dieses Thema gesorgt. Die soziale und politische Dichtung von Pita Rodríguez und Pedroso hatte ihren Impetus verloren, als die sozialistische und die Gewerkschaftsbewegung in der Nachkriegszeit bedeutungslos wurden, zumal den Hauptpart im Widerstand gegen Batista die kleinbürgerlich-intellektuellen Castristen spielten. Die *poesía pura* von Mariano Brull, Emilio Ballagas und Eugenio Florit und der Transzendentalismus José Lezama Limas waren wegen ihres Elitarismus, der miserablen Bildungssituation und mangelhafter kultureller Infrastrukturen marginalisiert.[1] Infolge mafioser Verhältnisse, politischer Repression, Zensur und Isolierung von der avantgardistischen Weltkunst und Weltliteratur und aus wirtschaftlichen und politischen Gründen gingen viele Lyriker ins äußere oder innere Exil. So war der Literaturbetrieb unter Batista beträchtlich eingeschränkt.

Aus der Krise wurde die Lyrik 1959 durch den kulturellen Aufschwung gerissen, den die Revolution mit Alphabetisierung, Verlagsgründungen und Literaturpreisen brachte. Die Dichter fanden Tätigkeitsfelder in Kultur, Bildung und Presse, Publikationsorgane und Leser (Cohen 1970: 17). Schon 1960 brachten Fernández Retamar und Fayad Jamís die Anthologie *Poesía joven de Cuba* ("Junge Poesie Kubas") mit neun Autoren heraus.

---

[1] Die Gegensätze zwischen beiden Richtungen dürfen aber nicht übertrieben werden: Der Purist Emilio Ballagas publizierte beispielsweise 1934 ein *Cuaderno de poesía negra*.

1. Die engagierten Dichter und die Revolution

Die politischen und sozialkritischen Dichter, meist Altkommunisten, erweckten die obsolete engagierte Lyrik unter umgekehrten Vorzeichen – der Beseitigung der früher eingeklagten sozialen Defizite durch die Revolution – in enthusiastischen, apologetischen Dichtungen, meist Hymnen und Oden, zu neuem Leben. Nicolás Guillén (1902-1989), Begründer und Haupt der *poesía negra*, einziger weltbekannter Dichter Kubas, Präsident des Schriftsteller- und Künstlerverbandes UNEAC, meldete sich aus dem Exil mit *Tengo* ("Ich habe", 1964) zurück. Der Band gibt das Faszinosum der Ankunft in der Heimat mit ihren brodelnden Menschenmengen und Massendemonstrationen wieder: "Buenos días, tractor. / Azúcar, buenos días. / Poetas, buenos días. / Desfiles, buenos días". / ("Guten Tag, Traktor. / Zucker, guten Tag. / Poeten, guten Tag. / Aufmärsche, guten Tag"). Zu dieser Politlyrik, die sich mit Romanze, *Décima*, Son und Freivers formal in alten Geleisen bewegte, setzten seine *Poemas de amor* (1964) einen erotischen Kontrapunkt.

Angel Augier (*1910) handelte obligate Themen sozialistischer und Revolutionslyrik wie den sowjetischen Weltraumflug (*Gagarin*, 1962), das Heldenleben des Guerrillero Camilo Cienfuegos (1962), Reiseerlebnisse in der Sowjetunion (*Do svidanya*, 1966-1969) oder die Besichtigung von Castros Schiffsreliquie *Granma* (1976) in traditioneller Form ab. Doch variiert sein Poem *Isla en el tacto* ("Insel im Takt", 1965) eigenständig den tradierten kubanischen Inselmythos unter Einschluss der Geschichte der Zuckerrohrschnitter und der politischen Insurrektionen. Die Literaturwissenschaftlerin Mirta Aguirre (1912-1980) behandelte in *Canción antigua a Che Guevara* ("Altes Lied auf Che Guevara", 1970) mit Anklängen an Sor Juana de la Cruz und Neruda politische und weltanschauliche Themen. Manuel Navarro Luna (1894-1966), Avantgardist mit kühner Sprache und schockierenden Themen und Milieus, verherrlichte, beeinflusst von Majakowski, Whitman, Lorca und Neruda, Geschehen und Protagonisten der Revolution in wortgewaltigen *Odas milicianas* ("Milizionärsoden", 1962) mit bezeichnenden Titeln: *Playa Girón; Trabajo, Estudio y Fusil* ("Arbeit, Studium und Gewehr"); *Oda al Primero de Mayo* ("Ode an den 1. Mai"). In *La Llama* heißt es: "hay que vestirse de cuchillo / y que vestirse de ametralladora" ("Mit Messern muss man sich kleiden / und mit Maschinengewehren"). Félix Pita Rodríguez (*1909) beklagt in Whitman'schen Langversen die Geldspenden des New Yorker Kardinals Spellman für die *contras* und die Erdrosselung des Alphabetisators Conrado Benítez durch letztere in *Las crónicas* (*Poesía bajo consigna*; "Dichtungen unter Losungswort", 1961), schwungvollen Agitpropgedichten, in denen er gegen freudianische Dichter wettert: "Esta crónica es para vosotros / poetas de las angustias metafísicas, / buceadores de las abismales hoyas del subconsciente, / cazadores de imágenes inquietantes / en las cavernas delirantes del sueño". ("Diese Chronik gilt euch / Poeten der metaphysischen Ängste / Taucher in Abgründe des Unbewussten, / Jäger beunruhigender Bilder / in den fiebernden Höhlen des Traums)".

Hiermit sind die Transzendentalisten um José Lezama Lima gemeint, den auch Guillermo Cabrera Infante und Pablo Armando Fernández in *Lunes*, dem Kultursupplement der Zeitung *Revolución*, als Mann im Elfenbeinturm, Kleriker und elitären Autor angriffen.[2]

2. Die Transzendentalisten und die Revolution

Die Transzendentalisten hatten die Revolution verhalten begrüßt, sie verstanden sie als Absage an korrupte Regimes, Abschaffung sozialer Nöte und kulturell bedeutsames Unternehmen. José Lezama Lima (1910-1976), ihr Haupt, Herausgeber von Zeitschriften wie *Orígenes* (1944-1956), beeinflusst von Mallarmé, Valéry, Góngora und Ramón Jiménez, übernahm Kulturfunktionen als Direktor der Literatur-Abteilung des Nationalen Kulturrates und Vizepräsident der UNEAC.

Nach der Revolution erschienen die Lyrik-Bände *Dador* ("Spender", 1960), *Poesía completa* (1970) und die *Fragmentos a su imán* ("Fragmente an seinen Magneten", posthum), in denen Ängste, Todesvisionen und Einsamkeitssyndrome hörbar werden: Doch schrieb er im Wesentlichen von der Revolution unbeeindruckt weiter. Seine Grundpositionen: Thematisierung metaphysisch-ontologischer Fragen, Ignorieren des politisch-sozialen Kontextes, Metonymisierung der kubanischen Kulturlandschaft, Rekurs auf kreolische Vergangenheit, Zentrierung auf Kindheits-, Paradies- und kubanischen Insel-Mythos; Barockismus, Fragmentarismus, Allegorisierung und Verrätselung.

Eliseo Diego (1920-1994) hatte in *La calzada de Jesús del Monte* (1949) seine Kindheit in einer alten Straße Havannas mit ihrer kulturell-menschlichen Substanz rekonstruiert. *Por los extraños pueblos* ("Durch die seltsamen Dörfer", 1958) waren Visionen kubanischer Dörfer zwischen Tristesse und Idylle. Neue Werke zeigen eine unpathetische Identifikation mit den

---

[2] Rogmann moniert, "mit welcher Gleichgültigkeit dieser Dichter die gesellschaftlichen Probleme seines Kontinents ignoriert" (Rogmann 1978: 251).

sozialen Errungenschaften der Revolution aus christlichem Ethos. In *El oscuro esplendor* ("Der dunkle Glanz", 1966) werden Alltagserlebnisse zu verhaltenen, dem Gegenstand sich behutsam nähernden Miniaturen. Hauptthemen: Zeit, Vergänglichkeit, Kindheit; Haus, Familie, Alter, Tod; Historie Kubas und Amerikas.

Cintio Vitier (*1921), geschult an Juan Ramón Jiménez, Florit, Lezama Lima und an der *poesía concreta*, zeigt sich von allen *Orígenes*-Leuten am meisten von der Revolution beeinflusst. Er begann mit hermetischen, surrealistischen Gedichten (*Escrito y cantado*, "Geschrieben und gesungen", 1954-1959) voll chaotischer, die Bildung des Lesers auf anspruchsvolle Weise herausfordernder Literatur-Metaphern. Der Katholik Vitier bevorzugt biblische Themen mit ethischen Fragestellungen und problematisiert Kommunikationslosigkeit, Gleichgültigkeit und Entfremdung in der urbanen Konsumgesellschaft. *Testimonios* ("Zeugnisse", 1959-1996) erweitern die traditionelle christliche Kommunion um die soziale Dimension. Die aus christlicher Ethik erfolgende Identifizierung mit den einfachen Menschen, die sich in Bekenntnisdichtungen (auf das "Volk", auf den Tod Guevaras) äußert, wird mit teilweiser Verarmung der einst hochartifiziellen Sprache erkauft. Die Revolution rettete ihn vor der Sterilität des Formalismus (Cohen 1970: 56), brachte aber auch poetischen Substanzverlust.

Vitiers Ehefrau, Fina García Marruz (*1923), Schülerin von Juan Ramón Jiménez, publizierte 1970 *Visitaciones* ("Heimsuchungen"). Auch Octavio Smith (*1921) meldete sich nach der Revolution zu Wort (*Crónicas*, 1974). Dulce María Loynaz (1901-1997), *Orígenes* verbunden, wurde im postrevolutionären Kuba nach Erhalt des Cervantespreises 1992 wieder publiziert (*Antología lírica* und das religiöse Prosapoem *La novia de Lázaro*, "Lazarus' Braut", beide 1993). Padre Angel Gaztelu (*1914), Autor der transzendentalistischen Dichtungen *Gradual de Laudes* ("Lautengradual", 1955), veröffentlichte nach 1959 nur kirchenhistorische Werke. Die Haltung der *Orígenes*-Dichter zur Revolution reichte so von Resignation über Akzeptanz bis zur Partizipation.

3. Die Generation von 1959

Die in den 30er Jahren geborenen Lyriker kehrten 1959 aus dem Ausland zurück und wurden im Bildungswesen, in Verlagen und der Presse tätig. Literarisch unterschieden sie sich von den Puristen, Transzendentalisten, der *poesía negra* und *poesía social*, die stark an die kubanisch-hispanische Tradition, französischen Symbolismus, *poésie pure* und Surrealismus gebunden waren, durch ihr gebrochenes Verhältnis zur hispanischen Literatur. Beeinflusst sind sie entsprechend ihren Exilländern von der angelsächsischen oder französischen Literatur des 20. Jahrhunderts, von *camp*-Dichtung, Protestlied und Surrealismus. Mit ihren Gruß- und Bekenntnisgedichten trafen sie die Stimmung der Massen, die die Revolution begeistert begrüßten.

Rolando Escardó (1925-1960) schrieb Gedichte (*Libro de Rolando*, "Rolands Buch", 1961), die unter Einfluss von Vallejo und Verlaine die psychischen Ängste und sozialen Nöte des armen Exilanten alptraumhaft evozieren. Luis Marré (*1929) verfasste anekdotenhaft-kolloquiale, metaphernreiche Kindheits- und Provinzreminiszenzen über Armut und Leiden als Rimbaudsche Prosa-Poeme oder bäuerliche *Décimas* (Zehnsilbner mit kompliziertem Reimschema). Er zollte in *Canciones de 1965* oberflächlicher aktueller Politlyrik Tribut, wenn er den toten Kennedy als *autor spiritus* der Girón-Invasion denunziert und die Arbeiter mythisiert.

Der früh verstorbene José A. Baragaño (1932-1963), im Pariser Exil Surrealist geworden, kam nach originellem Frühwerk mit seinen Lobgesängen auf die Revolution (*Himno a las milicias y sus poemas*, 1961) über Gemeinplätze nicht hinaus. Der Maler Fayad Jamís (1930-1988) publizierte 1954 von Lezama Lima und Rimbaud beeinflusste, durch kraftvolle Symbolik intensive Gedichte. Nach Rückkehr aus dem Pariser Exil schrieb er *Por esta libertad* ("Um dieser Freiheit willen", 1962), agitatorisch-revolutionäre Bekenntnislyrik in chaotischen Aufzählungen: "tractores arados machetes patria o muerte / árboles y caminos y más árboles" ("Traktoren Pflüge Macheten Vaterland oder Tod/ Bäume und Wege und noch mehr Bäume").

Roberto Fernández Retamar (*1930) zeigte sich nach Rückkehr aus den USA betroffen über eigene Inaktivität während der Diktatur: "Nosotros, los sobrevivientes, / ¿A quiénes debemos la sobrevida? / ¿Quién se murió por mí en la ergástula? / ¿Quién recibió la bala mía?" ("Wir, die Überlebenden, / Wem danken wir das Überleben? / Wer starb an meiner statt im Verlies, / Wen traf meine Kugel?)". *Con las mismas manos* ("Mit den gleichen Händen", 1962) behandelt revolutionäre Thematik mit bis zur Simplizität gehender Schlichtheit (*Un miliciano habla a su miliciana*, "Ein Milizionär spricht mit seiner Milizionärin"), wobei die Einheit von Persönlichem und Politischem durch verkrampfte Symbolik hergestellt wird (*Con las mismas manos de acariciarte estoy construyendo una escuela*, "Mit den gleichen Händen die dich streicheln bau ich eine Schule").

Pablo Armando Fernández (1930) interessierte sich nach der Rückkehr aus den USA unter dem Einfluss von Lezama Lima, T. S. Eliot, Whitman,

Dylan Thomas und Juan de la Cruz mehr für Metaphysik als für konkrete Realität (Cohen 1970: 26). Er thematisierte abstrakte Wesenheiten und Befindlichkeiten (Einsamkeit, Vergessen), biblische Motive und eigene Kindheit (der Dichter in den Tagen seines Vaters, in *Himnos*, 1962), wobei der Gegensatz Gemeinschaft versus Einsamkeit durch die Revolution versöhnt scheint (*Toda la poesía*, "Alle Dichtung", 1961). *Libro de los Héroes* ("Buch der Helden", 1963) enthält Epitaphe für Märtyrer der Revolution, die unter Berufung auf die Bibel und afrokubanische Götter in kosmische und historische Kontexte eingebunden werden.

Die Dichtungen der Anfangsjahre waren meist öffentliche, laute Ansprachen an die Menge, Äquivalente stundenlanger Castroreden auf der Plaza de la Revolución vor jubelnden Massen. Sie waren zugleich Abkehr vom Elitarismus und Hermetismus der Transzendentalisten.

An die Generation von 1959 schlossen sich Übergangslyriker mit unterschiedlichen Handschriften an.

Armando Alvarez Bravo (*1938), von spanischer und angelsächsischer Literatur beeinflusst, zeigt in *El azoro* ("Das Gespenst", 1964) die Spur Lezama Limas in hochartifizieller Sprache, extravaganten Metaphern und metaphysischer Allegorisierung. In *Boy on a dolphin* symbolisiert der delphinreitende Jüngling, der griechische Antike und Mythologie assoziiert, Zeitlosigkeit über Wandel hinweg, dessen sich das lyrische Ich in *Sobre un retrato* ("Über einem Porträt") beim Betrachten einer Fotografie bewusst wird.

Luis Suardíaz (*1936) bewahrte sein spätes Buchdebüt, als schon der Konversationalismus die Lyrik beeinflusste, vor deklamatorischer Revolutionseuphorie. Seine Dichtungen erinnern die Jugend in Camaguey: *Los que se van, los que se quedan* ("Die, die fortgehn, die, die bleiben", 1955), reden von den "Jungen meines Dorfes", die in öden Straßen verdämmern, als das lyrische Ich zu kurzem Besuch einkehrt. Sein unpathetischer *Huracán de septiembre* (1958) mit dem Sturmwind als Gleichnis der kommenden Revolution beschwört mit Mallarmé, Rimbaud und Vallejo avantgardistische Vorbilder.

Das Curriculum von Manuel Díaz Martínez (*1936) ist schon völlig von der Revolution geprägt. Überdrüssig vorrevolutionärer Einsamkeit und provinzieller Verlorenheit (*Soledad y otros temas*, "Einsamkeit und andere Themen", 1957), wurde er Diplomat in Osteuropa. Er verrät als erster Einflüsse osteuropäischer Autoren (Attila Josef, Nezval). Seine Beschreibung der Rückkehr aus der "großen Welt" in die "kleine Welt" von Santa Clara nimmt Züge des Konversationalismus vorweg, von dem ihn seine Ironie und Formperfektion trennen.

Doch nicht die leisen Transzendentalisten und Neotranszendentalisten gaben den Ton an, sondern die wohlfeile Polit-Rhetorik mit vielen Nachahmern in Zeitungs- und Wandzeitungsgedichten und Lyrikwettbewerben. Es überwog deklamatorische, epigonale Heldenepik und stereotype Hagiographie mit Anrufungen Martís, Castros oder Guevaras, doch beschränktem Formenarsenal, die massenweise fabriziert und in hohen Auflagen ediert wurde. Die Lyrik geriet so erneut in die Krise.

4. Konversationalismus als Antipoesie und Exteriorismus

Aus der Sackgasse wurde die Lyrik durch eine literarische Opposition herausgeführt, den Konversationalismus, der sich in Lateinamerika als Antipoesía Nicanor Parras (*Poemas y antipoemas*, "Gedichte und Antigedichte", 1956) oder Exteriorismus Ernesto Cardenals (*Hora 0*, "Stunde Null", 1960) gerierte, wozu auch der Uruguayer Mario Benedetti (*Poemas de la oficina*, "Gedichte aus dem Büro", 1956), der Mexikaner Jaime Sabines (*Recuento de poemas*, "Gedichte Nachzählen", 1962) sowie die Kubaner Tallet und Florit (*Conversación a mi padre*, "Unterhaltung mit meinem Vater", 1949) gehören (Fernández Retamar 1971: 345-346.). Der Konversationalismus verwarf die Klischees und die verbrauchte Technik von Spätromantik, Modernismo und Surrealismus, verpönte Symbole, Metaphern, Anspielungen, Rhythmus, "poetische" Sprache, Reim und die von der papiernen Revolutionsrhetorik trivialisierte Schriftsprache, pflegte unpathetische, gesprochene Alltagssprache, Gespräch und allgemeinverständliches, explizites Sagen. Freier Vers, Segmentierung durch Zeilenfall *(Enjambement)*, Wort- und Satzwiederholung, anaphorische Reihungen und "chaotische Enumerationen" sind seine formalen Merkmale. So setzte sich die Lyrikergeneration, die nach der Revolution debütierte, von der Heroendichtung ab.[3]

Die mit *Lunes de Revolución* verbundene Gruppe *Los Novísimos* (Miguel Barnet, Belkis Cuza, Nancy Morejón, Isel Rivero, Mercedes Cortázar und Heberto Padilla) artikulierte in der Anthologie *Novísima poesía cubana* (1962) ihr Lebensgefühl, ihre Ansicht von Liebe, ihre Vorliebe für Pop-Musik, Jazz, europäisch-nordamerikanische Filme, Existentialismus, Frank-

---

[3] "Después de haber caído en el ingenuo error, aproximadamente cuando los acontecimientos de Playa Girón, de que la única finalidad del poeta es cantar la revolución, han vuelto al punto de vista personal", so Cohen (1970: 36) über die Überlebenden der Generation von 1959.

furter Schule und Marxismus. Heberto Padilla (1932-2000) scherte in *El justo tiempo humano* ("Die rechte menschliche Zeit", 1962) aus der Hymnik aus. Der Band in metaphernarmen Freiversen enthält ein Poem über die Kindheit Blakes, Reminiszenzen an das USA-Exil, die Kindheit und Reisen durch West- und Osteuropa, drückt Betroffenheit über die Invasion von Playa Girón aus. Miguel Barnet (*1940) behandelt in *La Piedrafina y el pavorreal* ("Der Feinstein und der Pfau", 1963), dem ersten gelungenen Versuch exterioristischer Dichtung Kubas, schnörkellos und metaphernarm politische und persönliche Themen.

Auch Frauenstimmen melden sich zu Wort. Belkis Cuza (*1942) erreichte nach Kindheitsevokationen (*El viento en la pared*, "Der Wind an der Wand", 1962) den Durchbruch mit *Cartas a Ana Frank* ("Briefe an Anne Frank", 1964), intimen Gesprächen mit Anne Frank als imaginärer Adressatin. In einem Poem über die mexikanische Dichterin Sor Juana artikulierte sie weibliches Emanzipationsstreben. Das tat auch Nancy Morejón (*1944), die nach ihrem Debüt (*Mutismos*, "Verschwiegenheiten", 1962) an Fina García Marruz geschulte Liebesgedichte (*Amor, ciudad atribuida*, "Liebe, Befugte Stadt", 1964) publizierte, die modernes jugendliches Lebensgefühl unkonventionell lyrisieren.

Doch zogen erste Konflikte mit der sich herausbildenden Kulturbürokratie auf: Eine projektierte *Segunda novísima poesía* kam nicht zustande, Isel Rivero und Cortázar verließen Kuba, *Lunes de Revolución* wurde eingestellt. Aber die jungen Dichter verstummten keineswegs, weil ihr Bedürfnis nach Verständigung über ihren Alltag, nach gleichberechtigtem Dialog im Konversationsstil ohne Großversammlungen und donnernde Ansprachen stark war. Die von Jesús Díaz 1966 mitgegründete Zeitschrift für junge Literatur *El Caimán barbudo* setzte den Kolloquialismus als Waffe gegen Revolutionsrhetorik und verbrauchte Literatursprache ein und bekämpfte die Übermacht der großen politischen Themen (USA-Blockade, Bodenreform, Bildungsreform). Im *Caimán barbudo* erschien 1966 das Manifest *Nos pronunciamos*:

> Una literatura revolucionaria no puede ser apologética. [...] No renunciamos a los llamados temas no sociales [...] El amor, la muerte, son circunstancias que afectan a todos. [...] Nos pronunciamos por la integración del habla cubana a la poesía. [...] Consideramos que toda palabra cabe en la poesía, sea carajo o corazón. Rechazamos la mala poesía que trata de justificarse con denotaciones revolucionarias, repetidora de fórmulas pobres y gastadas. [...] rechazamos la mala poesía que trata de ampararse en palabras "poéticas" (zitiert nach Merino 1986: XVI). (Eine revolutionäre Literatur kann nicht apologetisch sein. [...] Wir verzichten nicht auf die sogenannten nichtsozialen Themen. [...] Die Liebe, der Tod

sind Umstände, die jeden betreffen. Wir sind für die Integration des gesprochenen Kubanisch in die Poesie. Wir sind der Ansicht, dass jedes Wort in die Poesie hineinpasst, sei es Scheiße oder Herz. Wir weisen die schlechte Dichtung zurück, die sich mit revolutionären Losungen rechtfertigt, armselige und verbrauchte Formeln wiederholt. [...] Wir weisen die schlechte Dichtung zurück, die sich hinter "poetischen" Worten versteckt.)

Man strebte also weder nach *poesía social* noch nach *poesía pura*; Lezama Lima galt als Symbolfigur unangepassten Schreibens, doch poetisch war der erudite, hermetische und elitäre Dichter ihr Antipode. Am meisten sind sie von den *beatniks* um Allen Ginsberg geprägt.

Dem Manifest des *Caimán barbudo* folgte ein beispielloser Aufschwung konversationalistischer Lyrik. 1967 war eine Sternstunde der Lyrik mit einer Vielzahl von Bänden im Geiste des Manifests.

Cabeza de zanahoria ("Möhrenkopf") des 23-jährigen Rogelio Nogueras (1944-1985) poetisiert in Alltagssprache Kindheit, Jugend, Schule, erste Liebe. Straßenszenen, Kinderspiele, Geburtstag, eine Beerdigung. Epitaphe verweisen auf die Vorbilder Rimbaud, Breton, Nerval, Pavese, Vallejo. In *Vivir es eso* ("Das ist leben") beschreibt Díaz Martínez das "arme" Paris seines Studentenalltags in Konterstellung zur in lateinamerikanischer Literatur üblichen Idealisierung dieser Stadt. *Richard trajo su flauta y otros argumentos* ("Richard kam mit seiner Flöte und andere Themen") von Morejón betreibt Introspektion des eigenen Ich bei Hervorhebung weiblicher Perspektive, Evozierung der Familie *(La cena)* und Beschreibung jugendlicher Geselligkeit. Morejón, beeinflusst von Guillén, Lezama Lima, Eliseo Diego und den Surrealisten Breton und Eluard, schreibt mit der Unbekümmertheit *(desenfado)* dieser "antifeierlichen" Lyrikergeneration. Barnets *La sagrada familia* ("Die Heilige Familie") aus dem gleichen Jahr enthält Familienporträts (von Großeltern, Geschwistern), Meditationen über vergilbte Fotos, beschreibt Familienszenen und Familienstreit zwischen Revolutionären und Konservativen, Gläubigen und Atheisten.

Víctor Casaus (*1944), als Übersetzer und Herausgeber der Gedichte Brechts verantwortlich für dessen intensiven Einfluss auf die kubanischen Lyriker, schrieb Gedichte in Brechtnachfolge. *Poética* aus seinem 1967er Band *Todos los días del mundo* ("Alle Tage der Welt") ist ein Programm des Konversationalismus. In diesem Jahr macht auch der Nachdichter David Chericián (*1940) auf sich aufmerksam.

Die Lyrik von 1967 – keiner der Autoren ist älter als dreißig Jahre – ist eine durch die besonderen Verhältnisse Kubas domestizierte Variante der zeitgleichen *Onda mexicana*, die die Pop-Jugendkultur in Alltag und Freizeit antitraditionalistisch-ikonoklastisch verherrlichte. Sie hat enge Beziehungen zur Musikszene von Jazz, Rock und Lied, die die Freizeit der Dichter füllte und zum Ambiente vieler Gedichte und Seitenthema der Gedankenlyrik wurde. Auch im Lied, der Lyrik eng verbunden, vollzog sich ein Generations- und Stilwechsel. Das traditionelle Lied vertraten Sänger, Texter oder Dichterkomponisten, die populäre Überlieferungen wie die verbreiteten, von halb-analphabetischen Bauern verfassten, hochkompliziert reimenden Zehnsilbner *(décima guajira)* oder den rhythmischen, onomatopoetischen afrokubanischen Son pflegten. *Cuatro cuerdas* ("Vier Saiten", 1960) und folgende *décima*-Bände von Jesús Orta Ruíz, genannt El Indio Naborí (*1922), waren die volkstümliche Variante der Revolutionshymnik. Der Kneipensänger Carlos Puebla (1917-1989) aus der *Bodeguita del Medio* kritisierte nach anfänglichen Revolutionsliedern den Mängelalltag in konversationalistischen, spritzigen Guarachas, Sones und Boleros (*Hablar por hablar*, "Reden um zu reden", 1984).

Diese Traditionalisten wurden verdrängt von der *Nueva Trova Cubana*, die ein modernes, jugendliches Publikum bediente und an Popmusik, Chanson, Song, Protestlied und den kubanischen *filín*-Gesang anknüpfte. Sie meditierte über Zeit und Vergänglichkeit, kultivierte soziale, historische und philosophische Themen, verzichtete in Liebesliedern auf den Machismo der vorrevolutionären *Trova* zugunsten emanzipatorischen Partnerverständnisses, reagierte empört auf weltpolitische Geschehen wie Vietnamkrieg, Pinochetputsch und andere Protesttopoi. Öffentliches Auftreten am Malecón, in Fabrikhallen, Stadien und Kneipen, direkter Dialog mit dem Publikum sind ihr Markenzeichen. Sie wurde vom neuen "Centro de la Canción Protesta" der *Casa de las Américas* und konversationalistischen Lyrikern des *Caimán barbudo* (Nogueras, Casaus, Félix Contreras) am 1. Juli 1967 mit einem Konzert gegründet. Auf diesem trat Silvio Rodríguez (*1946), mit Pablo Milanés (*1943) Hauptvertreter der *nueva trova*, erstmals öffentlich auf. Das neue kubanische Lied war wie die Lyrik von Brecht, Vallejo, Gelman, Hikmet und Majakowski beeinflusst. "Mit der *nueva trova* fand sich das kubanische Lied wieder mit der geschriebenen Poesie zusammen" (Casaus/Nogueras 1984: 50).

Doch publizieren 1967 auch ältere Autoren im Konversationsstil, so César López (*1933), der in *Primer libro de la ciudad* mit einem imaginären Adressaten über politische, moralische und literarische Probleme des Intellektuellen in der Revolution dialogisiert, oder Roberto Branly (1930-1980) in prosaisch-laxen Gedichten mit dem bezeichnenden Titel *Poesía inmediata*

("Unmittelbare Dichtung"). Auch Suardíaz' (schon 1966 erschienener) Band *Haber vivido* ("Gelebt haben"), der ironisch und wortgewandt sowohl gegen die *poesía pura* als auch die amerikanische Trivialliteratur polemisiert und ikonoklastisch die biblische Schöpfung und andere Mythen in Frage stellt, hat konversationalistische Züge.

Selbst Guillén gibt sich in *El gran zoo* ("Der große Zoo", ebenfalls von 1967) kolloquial. Experimentierfreudig führt er reale oder imaginäre Zootiere (die eingegitterten Flüsse Mississippi und Amazonas, das Karibikaquarium) vor, die er wegen Wesensähnlichkeiten ironisch mit Menschentypen oder politischen, historischen oder existentiellen Phänomenen assoziiert. Diese durchgängige Allegorisierung ist der direkten Wirklichkeitsreflexion und Metaphernfeindlichkeit der Konversationalisten diametral entgegengesetzt, antizipiert spätere Lyrik.

Vorerst wurde die kolloquiale Antipoesie durch neue, individuelle Töne bereichert, so in *Papel de hombre* ("Rolle des Menschen", 1969/70) von Raúl Rivero (*1945), einem Gedichtband in freien Versen, mit thematischen Ausweitungen, gedanklichem Reichtum und sprachlicher Differenziertheit. Noch perfekter ist *Poesía sobre la tierra* ("Dichtung auf Erden", 1972) zu lateinamerikanischer Gegenwartsthematik mit Zweiteilung in Revolutionsgedichte und *Poemas personales*. Antiheroisch ist *Mambí particular*, über den Ahnen, der weder in der Vor- noch in der Nachhut kämpfte ("Ich vollbrachte keinerlei Heldentat [...] Ich weiß, weder mein Name noch mein Porträt erscheint in den Geschichtsbüchern"). Guillermo Rodríguez Rivera (*1943), Mitbegründer des *Caimán barbudo*, ist in *Cambio de impresiones* ("Austausch von Eindrücken", 1966) und *El libro rojo* ("Das rote Buch", 1970) Konversationalist. Weitere Vertreter: Jorge Fuentes, Antonio Conte, Félix Contreras, Domingo Alfonso und Roberto Díaz.

5. Der Fall Padilla

Die Entwicklung des alltagskritischen Konversationalismus fand ihr abruptes Ende, als Heberto Padilla in dem 1968 mit dem UNEAC-Preis ausgezeichneten Lyrik-Band *Fuera del juego* ("Außerhalb des Spiels") Kritik an den politischen Verhältnissen übte, wobei er von direkter Realitätsreflexion zu Anspielungen überging. Zum Skandalon für Sicherheitsleute und Parteiideologen wurde sein Konzept vom Schriftsteller als ungehorsamen, von staatlichen Strukturen unabhängigen Kritiker, seine Ablehnung von Zensur und politischem Zwang, seine Hinweise auf Stalin'sche Straflager. Als Symbolfiguren nennt er den vom griechischen Obristenregime eingekerkerten kommunistischen Lyriker Jannis Ritsos, den ungerührt von revolutionärem Getöse weiterschreibenden Lezama Lima und den von den Nazis gehenkten Tschechen Fucik.

Mit alledem verstieß er gegen die realsozialistische Kulturpolitik, die sich mit der Annäherung an die Sowjetunion in Kuba etablierte, was ihm Gefängnis, demütigende Selbstbezichtung, Schreibverbot und Exil einbrachte. Der Band, in seiner poetischen Potenz oft zugunsten seiner politischen Sprengkraft unterschätzt, signalisiert durch Ironie, Anspielungen, Parabeln, Symbolismen und Ambiguität über den taktischen Zweck des Unterlaufens der Zensur hinaus den Übergang zu indirektem, metaphorisierendem Schreiben. Von einem so harmlosen Phänomen wie der Lyrik ging somit eine kultur- und außenpolitische Katastrophe aus, ein kubanischer "Fall Biermann", der Distanzierung bei Autoren in aller Welt, auch bei Sympathisanten wie Vargas Llosa oder Sartre, auslöste. Im Westen war ideologisierende Abwertung der Insellyrik gegenüber der Exilpoesie die Folge (Eitel 1983: 20), im Osten wurde dazu geschwiegen.

Schlimm waren die Folgen für die Insellyrik, die man durch das abschreckende Exempel ihres kritischen Impetus beraubte. Lezama Lima und Virgilio Piñera wurden isoliert und tabuisiert. Für Eitel ist Fernández Retamar, der Leiter der *Casa de las Américas*, der intellektuelle Urheber des "Falles Padilla", ein Dogmatiker mit dem "Bemühen, unliebsame Tendenzen in der zeitgenössischen Produktion abzuwerten und verbindliche Normen für eine realistische Poetik festzusetzen" (Eitel 1983: 211).

6. Neoromantischer *Tojosismo* versus Konversationalismus

So heilsam der Konversationalismus gegen Revolutionsrhetorik und altbackene neoromantische Reimerei war, so hatte er sich doch als Stilrichtung verbraucht. Seine Schlichtheit erschien in den Augen von Dichtern und Lesern, Absolventen der Universitäten mit guten Kenntnissen der Weltlyrik, als antiliterarisch. So kam es zu neuen Tendenzen der Ästhetisierung und Lyrisierung.

Gegen den Kolloquialismus opponierte in den 70er Jahren eine verächtlich *tojosismo* genannte Richtung (benannt nach der schmutzig-grauen, unscheinbaren kubanischen Feldtaube).[4]

---

[4] "La Tojosa o Tojosita, especie la más chica, torneada, preciosa e inocente de nuestras *Palomas*". In: Pichardo, Esteban: *Novísimo o Diccionario provincial casi razonado de vozes y frases cubanas*. (Reprint) Havanna 1953: Editorial Selecta, S. 518.

Diese wandte sich gegen die Kunstlosigkeit, Unsinnlichkeit und Urbanität des Konversationalismus und propagierte im Rückgriff auf die kubanische Provinzromantik des 19. Jahrhunderts die Darstellung des Landlebens. Der analytische Charakter der Lyrik des Kolloquialismus wurde zugunsten sinnlicher, sich an Auge und Ohr wendende Dichtung abgelehnt, die Landschaft, Fauna und Flora beschreibt und zu Strophe und Reim zurückkehrt, zu *décima, cuarteta, soneto, versos medidos y ritmados, o simplemente versos libres [...]* (Rodríguez Núñez 1982: 22). Die meisten *tojosistas* kamen vom Lande. Auch um 1950 geborene Vertreter der *Tercera Generación de la Revolución* (Roberto Manzano, Alex Pausides, Soleida Ríos, Ramón Fernández Larrea) gehören dazu.

Sie reflektierten die tradierten Entfremdungen, zwischen Stadt und Land, zwischen Hauptstadt und Provinz, zwischen Urbanem und Landleben, zwischen Städter und Guajiro. Das ländliche Element mit Palmen, heimischen Früchten und tropischer Landschaft, die tabakbauenden Vegueros, viehzüchtenden Rancheros und einfachen Bauern *(guajiros)*, in der Romantik Symbol nationaler Identität, waren in der urbanisierten Lyrik abwesend.

Der Hauptvertreter des *Tojosismo*, Osvaldo Navarro (*1946), evoziert in *De regreso a la tierra* ("Zurück zur Erde", 1974) autobiographisch Kindheitserinnerungen an Leben, Sterben, Arbeit und das raue Wesen der Bauern. *Los días y los hombres* ("Die Tage und die Menschen", 1974) lyrisieren Alltagsphilosophie, Seelenzustände, Mentalität und Sprechweise der Landleute in der *décima guajira. Espejo de Conciencia* ("Gewissensspiegel", 1980), an das altkubanische Poem *Espejo de Paciencia* ("Geduldsspiegel") anspielend, ist eine Geschichte Kubas in Freiversen, Terzinen und anderen Strophen aus moderner *Guajiro*-Perspektive. Dieser patriotische Grundton findet sich auch bei Navarros Generationsgenossen. Tojosist ist auch Jesús Cos Causse (*1945), der unter Rekurs auf afrokaribische Legenden regionalistischen Stolz auf die Vaterstadt Santiago mit einem von der Sklaverei geprägten Geschichtsbild und afroantillischem Identitätsbewusstsein vereint *(Con el mismo violín*, "Mit der Violine selber", 1970).

Der *tojosismo*, der "sehr wenig gute Bücher, jedoch exzellente Gedichte erbrachte" (Arango 1983: 10), klang in den 80er Jahren ab. Nur die Nostalgie des Exilanten brachte noch mitten in der Postmoderne ein Buch wie *Primavera lírica* ("Lyrischer Lenz") zustande, eine Orgie ruraler *Décimas* und Sonette von Oscar Pérez Moro (Miami 1996).

7. Die neoklassizistische *poesía nueva* der 70er Jahre

Die *novísimos*, die sich Mitte der 70er Jahre als Neoklassizismus, *realismo nuevo* oder *posconversacionalismo* durchsetzten, sind nach der Revolution sozialisierte Lyriker. Sie behandeln ethische wie politische Themen, nehmen die Didaktik wie den Patriotismus der Konversationalisten und Tojosisten zurück, geben Visionen in oft neosurrealistischer Weise (Eitel 1983: 215). Statt Kollektiv- oder Massendichtung artikulieren sie Gesellschaftliches auf individuelle Weise. Häufig taucht das Wort "personal" auf (Eitel 1983: Anm. 19). Interpersonale Kommunikation, Revolution und Liebe – als privates Weltverhältnis wie als konfliktiver Geschlechterkampf – sind Hauptthemen. Insgesamt ist die Lyrik loyal zur Revolution und sozial engagiert.

Wesentlich ist die Rückkehr zu Metrik, Strophen, Reim, Blankvers und Rhythmus, wichtiger noch die Wiederkehr von Metapher, Symbol, Metonymie, die "stilistische Öffnung zu tropologischen und metrischen Formen" (Prats Sariol 1980: 90). Statt der direkten, expliziten Sprache der Konversationalisten wird die *potencialidad de asociaciones y sugerencias* freigesetzt (Diego 1981: 28). Das Gedicht wird geschönt, die Schmucklosigkeit der Konversationalisten aufgegeben. Viele *poéticas* reflektieren die neue Funktion des Dichters.

Die Vorbilder entstammen zeitgenössischem Avantgardismus und peninsularen Quellen (vor allem aus dem *Siglo de oro*). Von den Transzendentalisten werden die poetisch präsenten Eliseo Diego und Cintio Vitier dem in Ungnade gefallenen und schwierigen Lezama Lima vorgezogen. Die Revolutionshymniker und die Konversationalisten schreiben fast unverändert weiter, so dass die literarische Landschaft vielfältiger wird.

Chericián, der *Arbol de la memoria* ("Baum der Erinnerung", 1971) noch in kolloquialem Freivers schrieb, erweist sich in *Hacia la humana primavera* ("Dem Menschenfrühling entgegen", 1983, erschienen 1987) – persönlichen, politischen und impressionistischen Reisedichtungen – mit gereimten Elfsilbnern und Bevorzugung des Sonetts als konsequenter Neoklassizist. Sein Hauptschaffen liegt auf anderem Gebiet: Seine Gedichte für Kinder (*Caminito del monte*, "Bergweglein", 1979; *Dindorindorolindo*, 1980) überzeugen durch ihre Psychologie und differenzierte, nicht "verkindlichende" Sprache.

Große Würfe gelangen Nogueras mit *Las quince mil vidas del caminante* ("Die fünfzehntausend Leben des Wanderers", 1977) und *Imitación de la vida* (Nachahmung des Lebens, 1981), die mit virtuoser Sprachbeherrschung und spielerischem Umgang mit der poetischen Tradition Brecht, Drummond de Andrade, Baudelaire und Guillén (in *El gran Zoonetto*) parodieren, Fragmente von Gedichten anderer Poeten einmontieren und eine "apokryphe Anthologie" im Borges-Stil mit erfundenen Dichtungen von (von Nogueras erfundenen) Poeten aller Zeiten und Länder samt einer *Defensa de la metáfora* bieten.

Späten Erfolg erreichte Francisco de Oraá (*1929) mit *Ciudad ciudad* ("Stadt Stadt", 1979), neosurrealistischen traum- und alptraumhaften, gar nicht *mainstream*-konformen Visionen Havannas aus der Perspektive eines von Einsamkeiten, Ängsten und der Allgegenwart des Todes eingekreisten urbanen Individuums. In ungewöhnlicher Syntax und Metaphorik, in chaotischem Gemenge von unregelmäßig rhythmisierten Satzfetzen und suggestiven Anspielungen wird über Vergangenheit, Vergänglichkeit, Revolution, Verzweiflung und Hoffnung meditiert. In *Haz una casa para todos* ("Bau ein Haus für alle", 1986), Sonetten und Prosapoemen über die Häuserbauer Havannas, erscheint dank sprachlicher Meisterschaft und subjektiver Aufrichtigkeit trotz Mythisierung der Arbeiter der Optimismus unaufgesetzt. Casaus, von Vallejo und Brecht beeinflusst, noch in *Entre nosotros* ("Unter uns", 1977) patriotischer Thematik der Revolution und Geschichte Kubas verhaftet, schrieb mit *Amar sin papeles* ("Liebe ohne Papiere", 1980) persönliche, thematisch auf die Karibik ausgeweitete Dichtung, die starke Literarisierung und Formenvielfalt von hyperlangen Versen bis zum Epigramm aufweist.

Eliseo Diego verwendet unterschiedlichste Verstypen unter starker Nutzung von Allegorie, Metapher und Gleichnis und mit intertextuellem Bezug in *Los días de tu vida* ("Die Tage deines Lebens", 1977). In *A través de mi espejo* ("Durch meinen Spiegel", 1981) und *Inventario de asombros* ("Erstaunlichkeiten-Inventar", 1982) stellt er auf der Höhe sprachlicher Meisterschaft religiöse, philosophische und existentielle Fragen, simuliert den Dialog mit anderen Schriftstellern und problematisiert das Schreiben in metaliterarischer *mise en abyme*.

Díaz Martínez bleibt in *Mientras traza su curva el pez de fuego* ("Während der Feuerfisch seine Bahn zieht", 1984) und *Poesía inconclusa* ("Unvollendete Dichtung", 1985), Gedichten auf die Eltern und an die Ehefrau, nostalgischer Dichter der Zärtlichkeit, des Familiären und Intimen. Seine Sonette und Prosapoeme zeigen den Einfluss des spanischen *Siglo de Oro* (Lope, Quevedo, Góngora), Nerudas und Rokhas, andere sind "absurde Poesie" (*La cena*, "Das Abendmahl").

Suardíaz' eigenwillige, das Politische streifende Dichtungen (*Todo lo que tiene fin es breve*, "Alles was endlich ist, ist kurz", 1983) entstehen aus zufälligen Beobachtungen auf der Straße, der Reise oder dem Anblick einer Frau (*Como quien vuelve de un largo viaje*, "Wie jemand, der von langer Reise zurückkehrt", 1975). Er entdeckt – wie auch Joaquín G. Santana (*1938) in *A favor del aire* ("Der Luft ausgesetzt", 1983) –, Osteuropa mit seinen Menschen, Kulturen und Traditionen für die gemeinhin auf Paris und New York fixierte lateinamerikanische Lyrik. Auch Barnet konfrontiert in *Carta de noche* ("Nachtbrief", 1982) Reiseerlebnisse mit kubanischer Landschaft, Historie und Kultur: Ihn interessiert nicht Osteuropa, sondern die klassischen westeuropäischen Pilgerorte der Literaten Lateinamerikas – Venedig, Madrid, Paris –, deren Mythen er aus der Sicht des Anderen dekonstruiert.

Pablo Armando Fernández spielt auf die Gegensätzlichkeit von Person und Revolution schon im Titel von *Campo de amor y de batalla* ("Feld der Liebe und der Schlacht", 1984) an, das eine persönlich gehaltene "Suite für Maruja" enthält. Marré fixiert surrealistische Traumgebilde in *Para mirar la tierra con otros ojos* ("Das Land mit anderen Augen sehen", 1977), Jamís setzt sich von propagandistischer Lyrik ab (*Abrí la verja de hierro*, "Ich öffnete das Eisengitter", 1973). Retamar wird individuell – trotz des trivialen und obsoleten Titels – in *Palabras de mi pueblo* ("Worte meines Volkes", 1980) sowie *Juana y otros poemas personales* ("Juana und andere persönliche Gedichte", 1981).

Der Konversationalismus besteht in modernisierter Form fort: Rafael Alcides (*1933) bleibt ihm nach dem frühen konversationalistischen *La Pata de perro* ("Hundefuß", 1967) auch in *Agradecido como un perro* ("Dankbar wie ein Köter", 1983), sehr abstrahierenden, intellektuellen, oft humoristischen Gedichten, treu.

Politische Gedichte werden jetzt weniger auf die kubanische Revolution als vielmehr zu weltpolitischen Anlässen verfasst. Retamar schreibt *Cuaderno paralelo* ("Parallelheft", 1973), tagebuchartige Reportage-Gedichte über eine Reise in das kriegszerstörte Vietnam. Viele Protestgedichte und -lieder von Silvio Rodríguez und anderen richteten sich gegen den Putsch in Chile. Gegen die US-Intervention in Granada schreibt Morejón ihr *Cuaderno de Granada* ("Granadaheft", 1984) in klassizistischen Redondillas und Romanzen, mit einer *Elegía a Maurice Bishop* im Stil der Elegien Guilléns. Demgegenüber führt Alberto Rocasolano (*1932) in *Porque tenemos héroes*

("Warum wir Helden haben", 1982) noch die patriotisch-revolutionäre Lyrik weiter. Eine Tendenz zur Entpolitisierung ist unübersehbar.

8. Subjektivität und Experiment: die 80er und frühen 90er Jahre

Bald ist man des obsoleten Neoklassizismus, vor allem seiner gebundenen Sprache, auch infolge der Kenntnis avantgardistischer Entwicklungen außerhalb Kubas müde. Zudem stand seine Formenstrenge der durch kulturelle Normierung unterdrückten, sich nunmehr entfesselnden Subjektivität junger Poeten im Wege, die statt tradiertem Sonett und *Décima* experimentelle Lyrik schreiben. Die Poesie dezentralisiert sich, geht fort von Macht und Massen, vom Platz der Revolution und der Hauptstadt hin zu den Provinzstädten bzw. zum *barrio* ("Stadtviertel"). Typisch: *Gente de mi barrio* ("Leute aus meinem Viertel", 1976) von Reina María Rodríguez (*1952) und Barnets *Vedado* (1982).

Alvarez Bravo war den neuen Tendenzen mit *Relaciones* ("Berichte", 1973) voraus. Unter Untertiteln wie "Die Materie der Tage" oder "Die Spuren von so viel Leben" philosophiert er über Zeit und Vergänglichkeit. Auf hochgradige Intertextualität und moderne Montagetechnik verweisen Zitate von Roland Barthes, Octavio Paz, Lezama Lima, Drummond de Andrade, Robbe-Grillet, Trakl und Freud – für Kuba neue, kosmopolitische Modelle! (vgl. Prats Sariol 1984: 150).

Avantgardistisch ist Gulléns Umgang mit Pasticcio und Parodie in *La rueda dentada* ("Das Zahnrad", 1972), Mischung von Strophen auf Guevara und Ho Chi Minh und provokatorisch sinnlichen Liebesgedichten, elegischen Todesgedanken und nostalgischen Aktualisierungen von Romantik, Symbolismus und Modernismo des 19. Jahrhunderts. Noch weiter geht er in *El diario que a diario* ("Die Zeitung, die täglich ...", 1972), eine satirischironische, tradierte Interpretationen und klischierte Sichtweisen karikierende, oft dadaistisch-humoristische Darstellung der Geschichte Kubas aus ungewohnter und verdrehter Perspektive "von unten" unter Berücksichtigung von Negersklaverei und Revolutionen – Komplement zu Lezama Limas Inselmythos, der die Schwarzen ignorierte. Innovativ die Kollage von hyperbolischer Fiktion und Dokument (Reklameslogans, Bekanntmachungen), Prosa und Reim, verballhornten Zitaten à la Borges von Gonzalo de Berceo, Darío und Martí und der Kontrast dantescher Terzinen zu ihrem frechem Inhalt.

Thematische wie strukturelle Innovation unter dem Einfluss der audiovisuellen Massenmedien zeigt sich erstmals in *Enigma de las aguas* (1982) von Raúl Hernández Novás (1948-1992).

Die stark aufkommenden Lyrikerinnen, die Emanzipation vor allem als sexuelles Sich-Ausleben und gleichberechtigte Partnerbeziehung beschreiben, und erste *Gay-* und Lesbenliteratur geben die jakobinische Prüderie der ersten Revolutionsjahre auf. In Zoé Valdés' (*1959) *Vagón para fumadores* ("Raucherabteil", 1989) inszeniert ein hemmungslos sich aussprechendes Ich die Entdeckung des eigenen Körpers und zeigt freizügige Sexualität in meist körperlichen Partnerbeziehungen vor. Sie protokolliert Gedanken- und Erlebnisfragmente (Liebesnächte, Reiseimpressionen, Frankreichaufenthalte, Begegnungen mit Freunden) als Bewusstseinsstrom im dominierenden Präsens. Weibliche Selbstfindung in interpunktionslosem Bewusstseinsstrom betreibt auch Lina de Feria (*1945), die in *Espiral en tierra* ("Spirale auf Erden", 1991) und *Los rituales del inocente* ("Die Rituale des Unschuldigen", 1996) die Kulturalien ihrer Generation (jugendliche Gegenkultur, Beatles, *nueva trova*) als Versatzstücke einsetzt.

Marilyn Bobes (*1955) verabschiedet sich von ihren in weiblichen Jamben gleitenden braven Liebesgedichten, von Neoklassizismus, *tojosismo* und literarischem Nationalismus (*La aguja en el pajar*, "Die Nadel im Heuhaufen", 1979) in *Revisitaciones y homenajes* ("Wiederheimsuchungen und Hommagen", 1998). Deren Innovationen sind kosmopolitische Intertextualität und Parodien in Glossen und Hommagen (zu Quevedo und Sor Juana), *Citas* und *Analogías* (zu Marguerite Duras, T. S. Eliot, Juan Rulfo und Eliseo Diego) sowie die lyrische Exegese eines *Paradiso*-Kapitels Lezama Limas, was auf Vorbilder außerhalb realistischer Dichtung und sprachliche Experimentierlust hinweist.

Reina María Rodríguez (*1952) entdeckt in *Para un cordero blanco* ("Für ein weißes Lamm", 1984) den weiblichen Körper, Gesicht und Extremitäten auch mit ihren Hässlichkeiten. Ihre langen, kommalosen Sätze mit Zwischenräumen zur Wort- und Sinn-Isolierung, die exklusiv vom Ich handeln und dessen Begierden ohne Scham aussprechen, sind surrealistische Traumprotokolle. Sie mischt auch lyrische Passagen mit massenmedialjournalistischen Formen wie Flashback, Memorandum, Kommuniqué, Satellitenübertragungen und medial visualisierten Katastrophen.

Die vorhergehende Lyrikerinnen-Generation ist zurückhaltender und älteren Modellen der Hochkultur und Frauenliteratur (Gabriela Mistral, Alfonsina Storni) verpflichtet: Carilda Oliver Labra (*1924) artikuliert in Sonetten, *décimas* und Freivers weibliche Befindlichkeit nicht monologisch, sondern dialogisch und ohne militanten Feminismus (*Sonetos*, 1990; *Guárdame el tiempo*, "Bewahr mir die Zeit", 1995).

Es fällt auf, dass Guillén, Pedroso und Tallet nie zur afrokubanischen Lyrik zurückkehrten. Deren Seinsgründe entfielen: Der Antirassismus stieß in der veränderten Gesellschaft ins Leere; die Lied- und Tanzfolklore mit Son und Rumba, Substrat des Afrokubanismus, wurde mit dem Ende sozialer und kultureller Ausgrenzung der Farbigen Bestandteil der integrierten Volkskultur Kubas. Dieses Erbe wurde von den jungen Lyrikern nicht angetreten, die eher von westlicher Pop- und Trivialkultur, einer Gegen- und Freizeitkultur, begeistert waren, die ihrem Lebensgefühl mehr entsprach als die Afrofolklore.

Anders steht es mit der afrokubanischen Religion und Mythologie. Ihr Kult ging im Zusammenhang mit der wissenschaftsorientierten Bildungsreform stark zurück, wurde aber von Lyrikern als identitätsstiftende Kulturalie in ihre Dichtungen hineingenommen. Die Afrokubanerin Nancy Morejón, beeinflusst von Guillén und den *négritude*-Dichtern Césaire und Senghor, bezieht sich auf die afrokubanische Mythologie bei der Bewusstwerdung der eigenen Identität als Frau und Negerin (*Mujer negra*, "Schwarze Frau", 1975). In ihrer Kindheit und Familie, die sie lyrisch rekonstruiert, spielt die afrokubanische Welt eine große Rolle. Afrokulturalien fungieren als Metonymien afrokubanischer Identität, was eine metaphorische, auf ihrer Funktion beruhende Verwendung (Morejóns Berufung auf Elegguá als Gott der Wege) nicht ausschließt.

Stärker als bei der Schwarzen Morejón finden sich afrokubanische Gottheiten, afrokubanisches Vokabular, afrokubanische Ritualformeln und historische Bezüge zur Sklaverei bei dem Weißen Miguel Barnet, der seine Kenntnis als Ethnologe einbringt (Oriki-Gedichte in *Isla de Güije*, 1964, *Dice Ifá y otros poemas* in *La sagrada familia*). Die weißen Poeten Marré (*La muchacha del río*, "Das Mädchen vom Fluss", 1977) und Pablo Armando Fernández setzen das afrokubanische Pantheon als Substitut oder Komplement europäisch-griechischer Götterwelt ein. Dies ist patriotisch-national, im Sinne kubanischer Kulturidentität, gemeint, bedeutet keine Renaissance afrokubanischer Lyrik. Doch auch als nationales lyrisches Symbolarsenal setzte sich die Afromythologie nicht durch, ihre Verwendung war rückläufig im Zusammenhang mit dem Rückgang nationalpatriotisch-revolutionärer Lyrik. Doch die Präsenz griechischer Mythen (Sisyphus, Ödipus) nahm unter Einfluss von Psychoanalyse, Surrealismus und Transzendentalismus zu.

Einzig der dem afrokubanischem Milieu entstammende ehemalige Bauarbeiter Eloy Machado (genannt "El Ambia", *1940) verfasste mit *Camán Lloró* ("Camán weinte", 1984) neuartige afrokubanische Lyrik, die afrikanische oder afrikanisch klingende, semantisch nicht in ihren Denotaten identifizierbare Wortfolgen, Ritualformeln ähnlich, in den spanischen Text schiebt. In diesen Gedichten sind nicht allegorische Afrogötter wichtig, sondern die Denk- und Sprechweisen und das Milieu der Neger und Mulatten der Mietskasernen *(solares)*. Poetologisch haben Machados unregelmäßige, fragmenthafte Freiverse nichts mit Afrofolklore zu tun, schließen in ihrer Faktur an Konversationalismus und postmoderne Dichtung an. Sein Neoafrokubanismus ist jedenfalls sowohl moderner als auch authentischer als die virtuosen, aber gekünstelten altafrokubanischen Verse des weißen Exilanten José Sánchez-Boudy (*Acuará Ochún de caracoles verdes*, 1987).

9. Die lyrische Postmoderne der 90er Jahre

Die neuen Tendenzen mündeten in den 90er Jahren in eine absolut neue Lyrik. Im Zusammenhang mit dem Untergang des Realsozialismus und dessen katastrophalen Folgen für die Insel erfolgte der seit 1959 größte Bruch in der Lyrik (Fowler 1999: 12).

Zunächst lebte die *poesía social* auf, die nun die kubanischen Zustände, vor allem die wirtschaftlichen Mängel, den mühseligen Alltag und die allgemeine Sprach- und Kommunikationslosigkeit kritisierte (Rodríguez Núñez 1985: 30), wobei thematische Tabus und Selbstzensur abgebaut wurden.

Die größte Wende jedoch war die Formierung der postmodernen, sich an Lezama Lima orientierenden Lyrik, die sich vehement gegen die von der Partei der Lyrik zugewiesenen didaktisch-aufklärerische Aufgabe wandte und ideologiefreies Dichten und Pluralität propagierte (Fowler 1999: 17). Sie lehnte sozialkritische und überhaupt politische und engagierte Literatur ab.

Ihre Hauptspitze richtete sich gegen die normative, dogmatische Kultur- und Literaturpolitik der Partei. Erstmalig wurden explizit in der Zeitschrift *Casa de las Américas* (Fowler 1999: 13) für die Kulturpolitik verantwortliche Spitzenpolitiker einschließlich Castro mit ihren *discursos propiamente ideológicos* kritisiert, *como Fidel Castro* [mit seinen alles vermeintlich Konterrevolutionäre verbietenden *Palabras a los intelectuales*], Osvaldo Dorticós, Ernesto Che Guevara [mit seiner Verachtung der Intellektuellen] *y Carlos Rafael Rodríguez*, ferner die dogmatischen Kulturpolitiker und -theoretiker Portuondo, Marinello, Aguirre und Retamar sowie die offiziellen Vorbilder und nationalen Traditionsliteraten Guillén und Pita Rodríguez. Auch der Konversationalismus mit seiner Dialogizität und Kommunikativität sowie eine Dichtung fertiger Antworten wird abgelehnt (José Ponte: *Sin combate, sin pérdidas, sin preguntas de ustedes ni respuestas de nosotros*,

"Ohne Kampf, ohne Verluste, ohne Fragen von euch noch Antworten von uns").

Guevaras Menschenbild wird destruiert, seine Vergötterung der Persönlichkeit des Revolutionärs als Übermenschen abgelehnt, stattdessen ein seiner selbst ungewisses, politisch abstinentes, unbevormundetes Individuum als distanziertes, nicht partizipatives lyrisches Ich postuliert. Die neuen Modelle anstelle revolutionärer Barden sind marginalisierte, häretische oder verfemte Schriftsteller mit gebrochener Persönlichkeit und Biographie wie Artaud, Celan, Genet (Ricardo Alberto Pérez dichtet: *Genet es símbolo de todo lo prohibido / que asalta mi afán intelectual (humano), mi rebeldía*; ("Genet ist Symbol alles Verbotenen / das mein intellektuelles (menschliches) Sehnen, meinen Aufruhr anspringt")), Pound (Rogelio Saunders: *Vater Pound*), Nietzsche (Sánchez Mejías *N* über den wahnsinnigen Nietzsche), Pasolini, Thomas Bernhardt, Beckett, Gérard de Nerval (Sánchez Mejías *Punto muerto*, Toter Punkt, über den Selbstmord Nervals, 1997). Dazu kommen Lezama Lima, Mallarmé, Octavio Paz, der unpolitische Borges und der kubanische Transzendentalist Virgilio Piñera. Juan Carlos Flores polemisiert gegen das Verbot der Lektüre Piñeras und die verordnete Lektüre von Pita Rodríguez und Guillén (*Nos decían que no, que no nos acercáramos / nos mandaban a leer a Pita y a Guillén*; "Sie sagten uns nein, wir sollten uns ihm nicht nähern, / sie befahlen uns, Pita und Guillén zu lesen"). Dies bedeutet auch radikales Abwenden von nationalen und Hinwendung zu kosmopolitischen Vorbildern. Theoretische Modelle sind anstelle der Marxisten Portuondo, Retamar und Aguirre der französische sprachwissenschaftlich orientierte Strukturalismus, Poststrukturalismus und Dekonstruktivismus, Barthes, Derrida, Heidegger, Nietzsche, Deleuze, Wittgenstein.

Die Themen und fiktiven Gedichtwelten sind absolut neuartig, auf neue, Padilla übertrumpfende Art *fuera del juego*, das Gegenteil der offiziell propagierten optimistischen Vision einer heilen Welt: Grenzzustände der Person wie Selbstmord, Wahnsinn, Tod, Schiffbruch, Vorliebe für makabre Orte (Gefängnis, Krankenhaus, Irrenhaus), Verehrung von marginalisierten Personen, Ablehnung des nationalen kubanischen Ambientes und Sehnsucht nach Kosmopolitischem, Entdeckung von Körper und Sex bei wenig Liebeslyrik, häufige Verwendung ontologisch-existentieller Kategorien.

Wichtiger als die Inhalte ist die Faktur: Collage, *Assemblage*, Montage, Verschachtelung der Bilder *(castillo tropológico)*, Mischung verschiedener Texturen, prosaische, oft journalistische Sprache und wissenschaftliche Termini, Einschub von Statistiken und fremdsprachlichen Wörtern, Metapoesie, *mise en abyme*, visuelle Poesie und vor allem: lyrische Performance. Am extremsten ist wohl die sprachexperimentelle Behandlung des Wortes als Körper, die Erfindung asemantischer Wortkörper, deren ahispanische Struktur und Aussprache auf die lautlich konstituierte Wortkörperlichkeit verweist (*Taltx* und *Lraza* in einem Gedicht von Herrara Veitia). Es gibt keine distinkten Genres, die Texte sind keine Gedichte im traditionellen Sinn. Die Autoren, meist Literaturwissenschaftler, verarbeiten strukturalistische Sprachphilosophie. Die Erudition und Kryptik der Texte überfordern Kritik (López Lemus 1998: 284) und Leser.

Vorläuferin ist die kubano-argentinische Literaturwissenschaftlerin Basilia Papastamatíu (*1935) mit einer Dichtung mit dem ungewöhnlichen Titel *¿Qué ensueños envuelven?* ("Welche Verzauberungen hüllen ein?", 1984). Neben dem lyrischen *stream of consciousness* ohne oder mit regelwidriger Interpunktion, Ambiguität und gleitenden Inhalten ist die Behandlung von Text als Sprachlaboratorium innovativ. Die Autorin verbaut Wörter als körperliche, phonetisch-rhythmische Materialen parallel zu oder fast unabhängig von den Inhalten (Vieta 1986: 198). Charakteristisch sind ungewöhnliche Positionierungen von früher poetisch missachteten Wortklassen wie Präpositionen und Konjunktionen im Satz. Selbstredend werden à la Borges Fremdtexte (von Montemayor, Garcilaso de la Vega, Sarmiento) glossiert. Gegenüber dieser Textbehandlung treten die Inhalte – "jedes Gedicht ist ein kleines *Guernica*" (García Marruz 1985: 174) – relativ zurück.

Exponent der neuen Richtung ist die Gruppe *Diáspora(s)*, die sowohl über offizielle Zeitschriften als auch informell per Fotokopien ihr Publikum sucht. Über ihre Mitglieder sind wenig biographische Data erhältlich. Ihr erster öffentlicher Auftritt erfolgte 1998 in einer lyrischen Performance mit einem Manifest gegen den herrschenden literarischen Diskurs der Revolution und für ästhetischen Pluralismus. Hauptvertreter von *Diáspora(s)* sind: Rolando Sánchez Mejías (*1960) mit *Discurso de los párpados de arena* ("Diskurs der Sandwimpern") und bereits zitierten Gedichten, sowie Caridad Atencio (*1963) mit *Los viles aislamientos* ("Die schmählichen Absonderungen", 1996). Letztere sieht weibliche Emanzipation in der sprachlichen Gleichheit, der Schaffung eines männlich-weiblichen Texthermaphrodits. Emilio García Montiels (*1972) Gedicht *cartas desde Rusia* ("Briefe aus Russland",) beschreibt die Malaise und Frustration der jungen Dichter angesichts einer gescheiterten Revolution: *Yo deseaba un viaje, un largo y limpio viaje para no pudrirme / como veía pudrirse los versos ajenos / en la noria falaz de las palabras* ("Ich wünschte eine Reise, eine lange und saubere Reise um nicht zu verfaulen / so wie ich verfaulen sah die Verse der Anderen / in der trügerischen Tretmühle der Wörter"). – Weitere Vertreter der Richtung sind Angel Escobar (*1957), Agustín Labrada (*1964) und Damaris Calderón (*1967).

10. Insellyrik und Exillyrik

Ab 1989 erfolgte auf Grund der Wirtschafts- und Verlagskrise nach dem Fall der Berliner Mauer eine Desinflation der Lyrik. Die Publikation kam fast zum Erliegen. Ein Überblick über die meist fotokopierte Produktion ist unvollkommen. Schwierig ist die wirtschaftliche und oft auch psychische Situation der Autoren. Raúl Rivero lebt in Isolation und innerem Exil. Viele Lyriker gehen aus wirtschaftlichen wie politischen Gründen ins Ausland. Eliseo Diego siedelte bei zunehmender Vereinsamung und Depression nach Erhalt des "Premio Juan Rulfo" (1993) nach Mexiko über. Padilla (†2000), Cuza, Valdés oder Chericián befinden sich außer Landes, werden literarhistorisch ein Teil der Dissidenten-, Exil- oder Diasporaliteratur.

Die Zensur ist beträchtlich gelockert, literarische Kritik an der Gesellschaft und Ideologie geduldet. Doch solange sich nicht der Spielraum demokratischer Institutionen und der Meinungsfreiheit ausweitet, die Zivilgesellschaft keine Fortschritte macht, solange auch die wirtschaftliche Mangelsituation weiterbesteht, wird der Lyriker-Exodus weitergehen. Über ihn vor allen Dingen stellt sich, allerdings als Einbahnstraße, die Verbindung zwischen Insel- und Exillyrik her. Beide sind nicht unabhängig voneinander, zumal sie den kulturellen Folgen der Globalisierung gleichermaßen ausgesetzt sind. Die Anthologien von Insel- und Exilliteratur zeigen ähnliche poetische Strukturen (López Lemus 1998: 283). Doch sie unterscheiden sich durch ihre sozialen und kulturellen Ambientes und damit in ihren Thematisierungen.

Literaturverzeichnis

Arango, Arturo (1983): "Tres preguntas iguales y una respuesta diferente". In: *La brújula en el bolsillo*. Mexiko: Editorial Espirales, 5, S. 1-14.

Casaus, Víctor/Rogelio Nogueras, Luis (Hrsg.) (1984): *Silvio: que levante la mano la guitarra*. Havanna: Letras Cubanas.

Cohen, John Michael (1970): *En tiempos difíciles. Poesía cubana de la revolución*. Barcelona: Tusquets.

Diego, Eliseo (1981): "Poesía cubana contemporánea". In: *Plural*. 122, S. 22-29.

Eitel, Wolfgang (1983): "Mythen, Träume, Reportagen. Tendenzen der kubanischen Lyrik seit 1959". In: *Lateinamerika-Studien*. 3, t. 1, München, S. 209-220.

Fernández Retamar, Roberto (1971): "Antipoesía y poesía conversacional en América Latina". In: *Panorama de la actual literatura latinoamericana*. Caracas/Madrid: Fundamentos, S. 331-347.

Fowler, Víctor (1999): "La tarea del poeta y su lenguaje en la poesía cubana reciente". In: *Casa de las Américas*. 215, S. 11-25.

García Marruz, Fina (1985): "Basilia Papastamatíu". In: *Casa de las Américas*. 150, S. 173-176.

López Lemus, Virgilio (1998): "Tres décadas de poesía cubana (1970–1980–1990)". In: *Continente sul sur*. 9, S. 281-292.

López Morales, Eduardo (1984): "Contribución crítica al estudio de la primera generación poética de la Revolución Cubana". In: *Casa de las Américas*. 147, S. 12-36.

Merino, Antonio (o.J.): "La poesía es un hueso que hace sonar la historia". In: *Nueva poesía cubana (Antología 1966-1986)*. Madrid: Orígenes, S. I-LV.

Prats Sariol, José (1980): *Estudios sobre poesía cubana*. Havanna: Ediciones UNIÓN.

— (1984): "Convocar a la exigencia". In: *UNIÓN*. 4, S. 146-151.

— (1988): *Por la poesía cubana*. Havanna: Ediciones UNIÓN.

Rodríguez Núñez, Victor (1982): "Hacia una nueva poesía cubana". In: *Plural*. 135, S. 20-30.

— (1985): "En torno a la (otra) nueva poesía cubana". In: *UNIÓN*. 4, S. 12-35.

Rodriguez Rivera, Guillermo (1984): "En torno a la joven poesía cubana". In: Ders.: *Ensayos voluntarios*. Havanna: Letras Cubanas, S. 101-142.

Rogmann, Horst (1978): "José Lezama Lima". In: Eitel, Wolfgang (Hrsg.): *Lateinamerikanische Literatur der Gegenwart in Einzeldarstellungen*. Stuttgart: Kröner, S. 251-264.

Vieta, Ezequiel (1986): "Meteorito, ovni o nueva poesía". In: *UNIÓN*, 1. S. 197-204.

Diony Durán

Kubanische Erzählerinnen auf der Lauer – Erzählungen von Frauen im letzten Jahrzehnt des 20. Jahrhunderts

Die von Frauen geschriebene kubanische Literatur hat eine lange Tradition, die mindestens bis ins 19. Jahrhundert zurückgeht. Auch Kuba, das dem hispano-amerikanischen Romantizismus die Prosa und Poesie von Gertrudis Gómez de Avellaneda gegeben hat, ist eingeschrieben in die bereits traditionellen Koordinaten eines sozialen und literarischen Prozesses, der einzelne feminine Figuren von hoher Qualität inmitten einer Literatur hervorbringt, die vom männlichen Logos regiert wird. Genau mit dieser Tradition und der historischen Reproduktion dieser Wertehierarchie haben die kubanischen Schriftstellerinnen noch im 20. Jahrhundert zu kämpfen, um ihren Platz im nationalen literarischen Prozess zu finden, sowohl im Bereich der Veröffentlichungen als auch in der Literaturkritik. Blickt man am Ende des ausgehenden 20. Jahrhunderts zurück, so wird die Parallelität der kubanischen und der lateinamerikanischen Literatur in einer nahezu klassischen Bewertung der femininen Schreibkunst offensichtlich. Einsam, sinnlich, skandalös für ihre Zeit, sind Delmira Agustini, Alfonsina Storni, Juana de Ibarbourou, Gabriela Mistral, Dulce María Loynaz "deplazierte" Stimmen, deren Anerkennung durch die Literaturkritik zwischen Qualität und zeitgenössischem Publikumserfolg liegt; Frauenstimmen auch, die sich häufig maskiert gaben in Metaphern von Natur, Bäumen, Zweigen, Flüssen, mit denen sie ihre Schreibkunst begründeten und Gehör suchten.

Die vergangenen einhundert Jahre bedeuten viel für den Umbruch der weiblichen Rede und für ihre Bewegung aus einer wohlwollend geduldeten Randzone hinein in klar definierte Zentren von Akademie und Markt, und vor allem hin zu einem nach dieser Literatur verlangenden Leserpublikum; immer besser erforscht, werden diese Prozesse in einer Komplexität und zum Teil Zerrissenheit verständlich, die eine andere Sicht auf Literaturgeschichte ermöglicht und erzwingt.

Die Schreibkunst von Frauen in Kuba teilt in vielem die Umstände und, wenn auch vielleicht mit gewisser Verzögerung, die Entwicklungsschritte, die für das weibliche Schreiben an anderen Orten festgestellt werden können, darunter die Durchführung einer "archäologischen" Arbeit zur historischen Aneignung "aller" weiblichen Vertreter der Literatur. Ein Indiz sind zahlreiche kritische Arbeiten, Beiträge auf Kolloquien, Sammelbände und Monographien, die in Kuba und über seine Frauenliteratur seit den achtziger Jahren in ständig größerer Zahl entstanden. Sie erweitern den literaturkritischen Raum, zwingen zu neuem Nachdenken über die nationale Literatur und implizieren den Vorschlag einer Neubewertung der in der Geschichte durch den männlichen Logos dominierten kulturellen Bereiche. Als Teil einer Perspektive, die inzwischen auch die Massenmedien und die Bildende Kunst einschließt,[1] leisten jüngere theoretische Arbeiten zur Literatur kubanischer Autorinnen eine archäologische Rettungsaktion und Neufeststellung literarischer Gattungsfolgen; sie benennen das "Fehlen" oder die Seltenheit von Literatur, die von Frauen geschrieben wurde (Campuzano 1996), und sie ergeben, dass "die weibliche Kritik in Kuba noch viel zu tun hat" (Araujo 1996). Bezeichnenderweise bedienen sie sich in dieser Debatte einer Bildsprache, deren Kraft die Kritik zuweilen in die Nähe scheinbar unbeherrschter Polemik brachte. Das ist der Fall im Vorwort von Mirta Yáñez zur Anthologie *Estatuas de sal* ("Salzsäulen"), in dem es mit diesem provokativen Blick heißt:

> [...] die kubanischen Erzählerinnen haben, wie Lots Weib aus der Bibel, trotz der Gefahr, zur Salzsäule zu erstarren, die Augen geöffnet, und sie schauen [...] und erzählen (Yáñez 1996: 38).[2]

Jüngst griff Zaida Capote das mythische Bild von der Jungfrau auf, die dem Minotaurus als Opfergabe angeboten wird. Sie wählt als Hauptperson nicht Ariadne, die für sie erst in zweiter Linie in Verbindung mit Theseus agiert, sondern die anonyme Frau aus Kreta, die ins Labyrinth gestoßen wird. Sie erklärt ihre Sichtweise so:

> Wenn wir damit einverstanden sind, dass das Problem des sexuellen Geschlechts auch ein Problem des Zugangs zu und der Ausübung von Macht ist, dann stimmen wir auch darin überein, dass die Kritik ein Paradigma aufstellen kann, das aufhört, die Literatur der Frauen auszuschließen. Gerade das hat bei uns ohne Zweifel stattgefunden; über einen langen Zeitraum hinweg waren die Texte von Autorinnen – wie die im Labyrinth gefangene Jungfrau des Minotaurus – Opferlämmer. Es ging hier nicht um das Überleben eines Volkes, wie auf

---

[1] Zur Information über die Entwicklung der Gender-Studien von und über Frauen in Kuba und die grundlegenden Beiträge in dieser Diskussion vgl. Durán (2000).
[2] Die spanischsprachigen Originalzitate werden, sofern nicht ausdrücklich anders ausgewiesen, in eigener Übersetzung wiedergegeben.

Kreta, sondern um die Bestätigung einer Kritik, die ein monolithisches Bild der Nation und ihrer Literatur geben wollte und deshalb die Existenz dieser anderen Schreibkunst gering schätzte oder von ihr überhaupt keine Kenntnis nahm. Und solcher Kritik, ähnlich der, die Elaine Showalter als repressiv bezeichnet hat, müssen wir uns entgegenstellen (Capote 1999: 43).

In der gleichen Richtung analysiert Amir Valle den "didaktischen Feminismus" in den von Frauen geschriebenen Erzähltexten in Kuba. Wesentlich optimistischer allerdings stellt er fest, dass "Eva aufhört, Rippe zu sein". Indem die kubanische Autorin diese didaktische Perspektive verlässt, nimmt sie erst ihren Platz als Autorin ein und macht ihr Schreiben unabhängig (Valle 1999: 45). Diese Beispiele seien Indiz für den Verlauf der Debatte, der anhaltenden Auseinandersetzungen um die kubanische Literatur und besonders um das Genre Erzählung; sie zeigen gleichzeitig, wie in jüngster Zeit die biblische Vorstellungswelt und die klassische Antike für die Legitimierung des Platzes der schreibenden Frau in Kuba reklamiert werden. Sühneopfer und neugierig, opferbereit im Risiko, die Welt unabhängig vom Mann zu erkennen, einer Eva der Aufklärung gleich; eine derartige Bildfindung deutet auf überzeugende Weise Mythen der Weltliteratur um und führt sie als Waffen im Streit um einen eigenen Platz auf den Feldern der nationalen (und damit auch internationalen) Literatur.

Das Genre Erzählung erfuhr in den achtziger Jahren einen Boom, der in manchem dem der "neuen lateinamerikanischen Romankunst" der sechziger Jahre zu ähneln scheint: In der Wechselwirkung von Autoren und Kritikern wird ein Teil der zeitgenössischen Literatur als neu behauptet und organisiert, werden Schriftsteller entdeckt und publiziert, werden Schemata von verschiedenen Generationen und thematischen Gruppierungen konstruiert.[3] Es entstand eine Art externe Kraft, die auf das Genre der Erzählung einwirkte, die zugleich versuchte, der aktuellen Verlagskrise zu begegnen und einem neuen Diskurs den Weg zu ebnen; im literarischen Schaffen erarbeitet von denen, die später, z.B. bei Salvador Redonet oder Francisco López Sacha, die *Novísimos* ("die Neuesten") genannt wurden und die in ihrer großen Mehrzahl Männer waren. Der Genuss, mit dem die Kritiker die "neue" Erzählkunst organisierten, ließ ihnen wenig Raum zu fragen, ob es sich wirklich um Geschichten von spürbarer Qualität handelte, vergleichbar mit der kubanischen Tradition der Kurzgeschichte, die sich auf einen Alejo Carpentier, José Lezama Lima, Virgilio Piñera, Guillermo Cabrera Infante oder

---

[3] Zum Beispiel wären zu erwähnen: Redonet (1993; 2000); Redonet/López Sacha (1994; 1997); Garrandés (1997).

Severo Sarduy berufen kann. Oder ob die "neue" Erzählkunst nur auf eine geänderte und sich rasant verändernde Wirklichkeit mit einem Themawechsel antwortete, der spürbar von einer Literatur abwich, die als erbaulich oder unkritisch und damit obsolet empfunden wird. Ob diese Erzählkunst gerade deshalb zu einem kuriosen, aufmerksamkeitsheischenden Ort wurde, der es erlaubte, die "kleine" Geschichte aus dem täglichen Leben inmitten der tiefen Krise der "großen" Geschichte kennen zu lernen, die sich für Kuba und seine Bewohner in der "Sonderperiode" *(período especial)* zeigt, die das Land seit Ende der achtziger Jahre durchlebt.

War es eine Verwirrung der Literaturkritik und des Marktes angesichts fehlender Bücher, dass Erzählungen als repräsentativ analysiert wurden, die in den Zeitschriften auftauchten, ohne schon überprüfbar das mehr oder weniger solide Werk eines Schriftstellers am Anfang seiner Laufbahn zu sein? In zuvor undenkbarem Tempo veränderte sich die kubanische Literaturlandschaft in den neunziger Jahren. Schien die Veröffentlichung literarischer Texte in der bis dato geregelten Weise zunächst beinahe unmöglich geworden zu sein, so fanden Autoren und Institutionen immer rascher eigene, neue Wege in die Welt: Verlagskooperationen oder Verlage in anderen Ländern, literarische Wettbewerbe nicht nur in der spanischsprachigen Welt, sondern auch im fremdsprachigen Ausland, z.B. Frankreich, wo kubanische Erzähler mehrfach den Juan-Rulfo-Preis des französischen Rundfunks gewinnen konnten.[4] So war es leichter, Verlage für die Veröffentlichung kubanischer Erzählungen zu gewinnen, als man es unter den gegebenen Umständen erwartet hatte. Ein Beispiel dafür ist die neugeschaffene Veröffentlichungsreihe *Colección Pinos Nuevos*, die mit Unterstützung eines argentinischen Verlages in den letzten zehn Jahren (neben Autoren und Texten anderer Genres und Gattungen) viele zuvor unveröffentlichte junge Erzähler herausgegeben hat. Außerdem erschienen innerhalb und außerhalb Kubas eine Reihe von Anthologien. Unter ihnen genießt *Estatuas de sal* (Yáñez/Bobes 1996) bis heute den Ruf der ersten und für die Entstehung einer "neuen Serie" der kubanischen Frauen-Erzählung grundlegenden Anthologie. Einer der Gründe mag sein, dass hier auf Kuba schreibende Autorinnen vorurteilsfrei neben im Ausland lebende kubanische Autorinnen gestellt werden.

---

[4] Das bekannteste Beispiel ist vermutlich Senel Paz, der 1990 den Internationalen Juan-Rulfo-Preis von Radio France International gewann mit *El bosque, el lobo y el hombre nuevo*, der Vorlage für den vielbeachteten Film *Fresa y chocolate* ("Erdbeer und Schokolade").

Inzwischen hat die Diskussion subtil auch andere Richtungen gewonnen; sie kann und soll Befürchtungen und Widersprüche reflektieren, wie sie z.B. von Víctor Fowler ausführlich in einer seiner jüngsten Betrachtungen zum Genre Erzählung dargelegt werden:

> Gerade angesichts der riesigen Langeweile in der Mehrzahl unserer Periodika, der Unmenge abgeschmackten und wenig bemerkenswerten Materials, das veröffentlicht wird, tritt mit größter Deutlichkeit die absolute Normalität einer Literatur zu Tage, die uns viele ihrer Kommentatoren beharrlich für einzigartig und spektakulär erklären wollen. Die gigantische Umwälzung, die das Verschwinden des ehemaligen "sozialistischen Lagers" für das Leben in diesem Land bedeutete, der gewaltsame Übergang zur allgemeinen Verarmung, der unmittelbar darauf begann, zusammen mit dieser anderen Gewalt, die mit dem Dollar und all seine Masken über uns gekommen ist, hat zu einer weltanschaulichen Verwirrung der Kubaner geführt, zu einem Wechsel der Denkmuster und der Bewertungsweise der Realität, der Stellung, die das Individuum in bezug auf seine nächste Umgebung und die Gesamtheit des Lebens einnimmt. [...]
> Die heutige Gegenreaktion auf die Nachgiebigkeit, mit der sich unsere Erzählkunst an die Gesetze des Marktes angepasst hat, zeigt eine tiefe Wahrnehmungskrise auf, des Sinnes für die Wirklichkeit und das Schreiben, wobei sich gleichzeitig die erschreckende Verletzlichkeit des intellektuellen Feldes und seine Ambivalenzen entwickeln. Wohin gehen wir? Wie und worüber sollen wir sprechen? Für wen? Wo endet das Spiel und wer bestimmt dessen Grenzen? Der Autor, der Verleger, der Politiker, der Markt? (Fowler 1999: 38).

Dieses Fragment gehört zu einem ausführlichen Artikel, der die Grundzüge der gegenwärtigen Situation umreißt und gleichzeitig vielleicht die Zwischenbilanz eines Fragenden ist, um den Wandel der kubanischen Literatur auch im Detail zu erfassen; denn diese muss ihren Weg finden weg von einem dreißig Jahre andauernden verlegerischen und kommerziellen Protektionismus unter dem Dach des offiziell zuständigen "Instituto Cubano del Libro" (Kubanisches Institut für das Buchwesen) und dessen Massenauflagen und heraus aus der fast tödlichen Gefahr für Schreiben, Lesen und Vermarktung inmitten der extremen Papier- und Publikationskrise seit ca. 1990. In diesem Sinne handelte es sich nicht nur um einen Wertewandel, der auch eine Verwirrung der ideologiebeladenen Moral hervorbringt, sondern auch um einen ökonomischen Wandel, der die individuelle Handlungsfreiheit der Schriftsteller in Bezug auf Förderung und Veröffentlichung nachdrücklich neu bestimmt. Folglich war und ist für den Eintritt in den internationalen Buchmarkt, so schwierig er auch gewesen sein mag, der Austritt aus dem offiziellen Protektionismus eine unabdingbare Voraussetzung, um sich innerhalb der Regeln zur Kommerzialisierung des Buches auf dem europäischen und lateinamerikanischen Markt einzurichten.[5] Die neue Fähigkeit, sich an den internationalen Markt anzupassen, und die Leichtigkeit, mit der diese Anpassung sich vollzieht, zeigt sich als Bestandteil eines längeren Lern- und Anpassungsprozesses, zu dem sich die Autoren in ihren Beziehungen zum offiziellen Literaturbetrieb und zu ihren kubanischen Lesern seit dem sogenannten "grauen Jahrfünft" (zu Beginn der siebziger Jahre) auf vielfältige und immer neue Weise gezwungen sahen.

Innerhalb eines kurzen Zeitraums veränderte sich die Situation für die im Lande lebenden kubanischen Intellektuellen seit Beginn der neunziger Jahre dramatisch. Sie verfügten nicht (mehr) über die Gewissheit des utopischen Diskurses der sechziger Jahre, über die Publikumsgunst der Erzähler des Booms oder über die "Kulturverlage" (im Gegensatz zu den "kommerziellen"), die jenen als Stimme dienten. Und es fehlte fast allen die Sicherheit der Etabliertheit, die nur wenige kubanische Schriftsteller erreichten, unabhängig davon, ob sie im Lande selbst oder im Ausland lebten.[6] Sehr stark vereinfachend ließe sich sagen, dass die neue kubanische Literatur zwar zu spät für den verlegerischen Wettbewerb des Booms der sechziger Jahre auftritt, früh genug jedoch, um sich den aktuellen (ökonomischen und publizistischen) Möglichkeiten und Bedürfnissen der europäischen Verlage am Ende des 20. Jahrhunderts zu öffnen.

Gleichzeitig ist in Kuba eine Veränderung im Erzählmodus zu beobachten: hin zu den "kleinen" Geschichten, zum Feuilleton und der konfidentiellen Literatur (Tagebücher, Memoiren etc.), in der Parallelen zur postmodernen Literatur sichtbar werden.

Auf jeden Fall wird deutlich, dass heute jede Betrachtung der kubanischen Literatur auf ein engmaschiges Netz soziokultureller, ideologischer,

---

[5] Zu diesem Aspekt meint Leonardo Padura: "Ich glaube aber, dass es für die kubanische Literatur günstig war, andere Räume zu suchen. Das zwingt die Schriftsteller anzuerkennen, dass der Wettbewerb existiert, dass eine bestimmte Art der Literatur auf dem Markt funktioniert oder auch nicht, und dass man gegen eine Wand anschreiben muss, um sie überwinden zu können. Unsere Literatur hat es sich in den Sechzigern und den Achtzigern in der absoluten Güte der kubanischen Verlage bequem gemacht, wo die Arbeit des Verlegers/Herausgebers manches Mal so aussah: Er war die Person, die sich mit dir hinsetzte und das Buch durchging, um dir zu sagen, was du zu tun hattest. [...] Deshalb denke ich, dass der Wettbewerb der kubanischen Literatur helfen kann, qualitativ besser zu werden" (Guerra Naranjo 1999: 77).

[6] An diesem Punkt lohnt es sich, auf den "Kanon" von Harald Bloom (Bloom 1995: 565) hinzuweisen, in dem immerhin sechs der achtzehn ausgewählten Schriftsteller im Lateinamerika des 20. Jahrhunderts Kubaner sind: Alejo Carpentier, Guillermo Cabrera Infante, Severo Sarduy, Reinaldo Arenas, Nicolás Guillén, José Lezama Lima.

politischer und ökonomischer Bedingungen und Vorurteile stößt, das generell auch in anderen nationalen Literaturen auftritt, das aber im Falle Kubas besonderes Interesse findet. Die Rezeption gibt der neuen kubanischen Erzählkunst häufig den testimonialen Wert von zeitgeschichtlichen, "wahren" Zeugnissen, von politischer (oppositioneller) Stellungnahme, hierbei gelegentlich auch in einem kuriosen Widerspruch zum eigenen Postulat der Ablehnung jeglicher ideologisierender und parteiischer Literatur. Dies gilt insbesondere für das Genre Erzählung, für die Eigenheiten der Schreibkunst, ihre Autoren, die Rezeption und eine ausdrücklich problematische Beziehung zur Wirklichkeit. Möglicherweise geht hier die Erzählung auch den Entwicklungen des Romans voraus, wenn sie in ihrem fragmentarischen Diskurs die auseinandertreibenden Teile des sozialen Raumes und dessen (ursprünglich) totalisierenden Diskurses erfasst.

In diesem Kontext reagiert die Erzählung kubanischer Autorinnen in einem doppelten Sinne. Als Verteidigung gegen die frühere Nichtbeachtung ihres Schreibens durch die Kritik, die Literaturgeschichtsschreibung und das Verlagswesen, wobei sie der dominierenden männlichen Redeweise vom Standpunkt geschlechtlicher Differenz aus gegenübertritt; und als andersartige Schreibweise, wenn sich die von Frauen verfasste Kurzgeschichte als ein (oft unspektakulärer) Alternativdiskurs gibt, der eine andere Wertehierarchie, eine andere Subjektivität aufbaut und eine Rand-Zentrum-Debatte führt. Damit reproduziert sie eine international geläufige Entwicklung (deren Einfluss genauer zu untersuchen wäre), insbesondere die der spanischsprachigen ("abendländischen") Welt, der sie selbst auch angehört. Während sie diese Notwendigkeit schriftstellerischen Bekräftigens in Kuba in einen Gesamtzusammenhang der Nationalliteratur stellt, errichtet sie einen appellativen Textraum neu.

Die inzwischen immer größere Zahl von Erzählungsbänden kubanischer Autorinnen, die in den letzten zehn Jahren des 20. Jahrhunderts herausgegeben wurden, bezeugt (und begründet immer neu) den Stellenwert des Genres für Literaturkritik, Markt und Publikum. Der gegenwärtige verlegerische Boom der kubanischen Erzählung sollte den Blick auf ihre Traditionen nicht verstellen, der eventuell durch ihre eher disperse Verbreitung in Zeitschriften und in einigen Anthologien erschwert wird. Als Salvador Bueno, der bekannte Kenner der kubanischen Literatur, 1953 *La Antología del cuento en Cuba (1902-1952)* publizierte, erschien darin eine einzige Geschichte von Lydia Cabrera (1900-1991), die im Jahr zuvor in *El Monte*, dem Hauptwerk ihrer anthropologisch-literarischen Studien zur afrokubanischen Kultur, veröffentlicht worden war. Luisa Campuzano hat daran erinnert, dass bei der Herausgabe einer Anthologie über die Erzählung in der Zeit der Revolution auch zwanzig Jahre später nur eine einzige Geschichte der als Journalistin und Romanautorin[7] bekannten Dora Alonso (1910-2001) aufgenommen wurde. Das Panorama der Anthologien hat sich seit damals nicht spürbar verbessert und sie sind weiterhin kaum tauglich, den Weg der Erzählung von Frauen mit Genauigkeit historisch aufzuarbeiten. Jedoch illustrieren sie das Schicksal der Erzählerinnen, geben sie doch in der vorgeblichen Subjektivität der jeweiligen Herausgeber Zeugnis, wie (auch) Anthologien als Beherrschungsinstrument der Literatur benutzt werden, wo behauptet wird, die Aufnahme oder Nichtaufnahme von Autorinnen in eine Sammlung sei an Qualitätsmaßstäbe gebunden – und letztlich wird doch nur ein vorgefundener Kanon tradiert, der wiederum die Publikation von Einzelwerken beeinflusst. Ein Beispiel der Auslassung wäre Esther Díaz Llanillo (*1934); 1966 veröffentlicht sie den schmalen Band *El castigo* ("Die Strafe") und erscheint danach nur noch gelegentlich in Anthologien und erst mehr als dreißig Jahre später erreicht sie eine breitere Aufmerksamkeit von Publikum und Kritik mit *Cuentos antes y después del sueño* (1999; "Geschichten vor und nach dem Traum").

Angesichts solcher Umstände ist es schwierig, chronologische Gruppen oder gar "Generationen" von Schriftstellerinnen nach Erscheinungsdaten aufzustellen. Kritische Distanz scheint angebracht, wenn Literaturkritiker eine "Reihe" von jungen Erzählerinnen der achtziger Jahre zusammenstellen und eine Hierarchisierung nach Generationen durchführen, Erzähler/Innen fortlaufend ordnen und die Aufnahme zeitgenössischer Ästhetiken zum Maßstab nehmen. Dies geschieht bislang kaum in differenzierten Monographien, eher in schlagwortprägenden Vorworten oder in kürzeren und zeitnahen Arbeiten, z.B. in grundlegenden Aufsätzen aus jüngerer Zeit, wie *Los violentos y los exquisitos* ("Die Gewaltsamen und die Erlesenen") von Arturo Arango; oder von Salvador Redonet, dem die Prägung des Etiketts *novísimos* für die sich abzeichnende "Generation" kubanischer Autoren zugeschrieben wird (Redonet/López Sacha 1994).

Das Interesse an der Definition und anthologischen Präsentation einzelner Gruppen konzentriert sich auffällig auf die männlichen Autoren und hier besonders auf solche, die "neue" Themen, Typen und Phänomene berühren

---

[7] Vgl. Campuzano (1996, S. 361): "1975 erschien *El cuento cubano en la Revolución. Antología* im Verlag Unión des Schriftstellerverbandes. Unter den siebzehn vorgestellten Autoren befand sich nur eine Frau: Dora Alonso."

(z.B. López Sacha 1994): Gewalttätige, "frikkies" (Freaks), Träumer, Rocker und andere. Ergebnis ist eine nach Generationen, Gruppen oder Themen gegliederte Chronologie, über die man streiten kann, vor allem, weil weibliche Vertreter entweder völlig fehlen oder aber bestenfalls am Rande erwähnt werden.[8]

Eine vollständige Untersuchung des literarischen Feldes würde wesentlich profundere Resultate ergeben. In diesem (Bourdieuschen) Sinne haben die jungen Erzähler ein Charisma erreicht, das ihnen augenblicklich den Weg ins Zentrum der Aufnahmebereitschaft und hin zur Veröffentlichung ihrer Texte ebnete. Zum großen Teil deshalb, weil sie ihre Repräsentationsstrategie darauf richteten, sich als Schriftsteller vorzustellen, die etablierte literarische Modelle umstürzen und eine übergreifende Diskussion begründen könnten. In fast allen Untersuchungen und Präsentationen zur kubanischen Erzählung der *novísimos* sind ähnliche Behauptungen wie die von López Sacha zu finden, der selbst Erzähler und einer der aktivsten Begleiter des besprochenen Genres ist:

> Das war kein Werk des Zufalls. In den achtziger Jahren wurde das letzte Gefecht [sic!] gegen ein ästhetisches und ideologisches Programm geschlagen, dass als höchste Wahrheiten die unmittelbare Widerspiegelung, den positiven Helden, die offensichtliche Tendenz, das optimistische Ende und andere Klischees postulierte, die in der Kunst der siebziger Jahre anerkannt waren. Die Generation, die damals begann, Geschichten zu schreiben und zu veröffentlichen, musste sich den Weg mit neuen Kriterien zur Bewertung der Wirklichkeit ebnen und die Erzählkunst auf andere Art und Weise ausüben. Es gab einen Prozess zur Wiedergewinnung der Spannungszonen in einer Geschichte, des Fabulierens und sogar der klassischen Erzählkunst. Die neuen Erzähler kämpften um eine höheres Maß an literarischer Autonomie, sie legten der Gesellschaft Probleme dar und entdeckten für die Gattung versteckte oder von der Tradition wenig bearbeitete Winkel. [...] Man kann sagen, dass die Engel schwer gearbei-

---

[8] "Es wäre nicht unsinnig, zu behaupten, dass die sogenannte Generation der Achtziger – die dreißigjährigen – sich inzwischen schon als die vorletzte [zweitjüngste – Anm. d. Verf.] betrachten können, [...] Fünfzehn Engel bilden den vorliegenden Band – obwohl ich sagen müsste: vierzehn [in Bescheidenheit zieht sich der Herausgeber als Erzähler von der Summe ab. – Anm. d. Verf.] – mit einer Reihe von Erzählungen, die die verschiedenen Wege zeigen, die die kubanische Erzählung gegenwärtig gehen kann. Die überwiegende Mehrheit der Autoren ist nicht mehr als dreißig Jahre alt und repräsentiert den Reichtum auf dem Gebiet der neuen Generation. Es sind, wenn man so sagen will, die neuesten [jüngsten – Anm. d. Verf.] kubanischen Erzähler. Die anderen – zwischen sie hat Salvador Redonet auch mich gestellt – sind nicht älter als fünfundvierzig Jahre alt und hier aufgenommen, um die Linien zu zeigen, die im vergangenen Jahrzehnt zu wachsen begonnen haben und die heute ihre Reife erreicht haben" (López Sacha 1994b: 7).

tet haben, um die Erzählung von all ihren scholastischen Krankheiten zu befreien (López Sacha 1994b: 6f.).

Das Zitat zeigt deutlich genug das messianische (Selbst-)Gefühl, das sich aus dem Auftauchen junger und vorgeblich grenzenloser Talente speist: unter denen jedoch nicht eine Frau benannt wird. So bleibt die feminine Schreibkunst als Zone eines grenzensprengenden Diskurses in der Benennung sozialer und literarischer Brüche von den Offenbarungen des vermeintlich Neuen ausgeschlossen; wegen der historischen Spannung, in die sie sich selbst einschreibt? Mit Geschick und Treffsicherheit antwortete Zaida Capote, die sich mit der Problematik der Geschlechterdiskurse ausführlich befasst hat:

> Eines der Rätsel in der mittelalterlichen Scholastik bestand darin herauszufinden, wie viele Engel auf eine Nadelspitze passten. Ein anderes bestand darin, zu erraten, welches Geschlecht die Engel hatten. Heute können wir über diese byzantinischen Diskussionen lachen, denn wir haben endlich die Antworten gefunden. Es waren fünfzehn Engel. Und es waren Männer (Capote 1999: 38).

In Wirklichkeit hat Kuba selbstverständlich auch mehr als fünfzehn Erzählerinnen (und unter ihnen gewiss nicht "einen" Engel). Die Darstellung hier kann sich nur auf die herausragenden Namen und Texte konzentrieren, die in den neunziger Jahren publiziert wurden. Sehr bekannte und technisch brillante Erzählerinnen werden auch dann Erwähnung finden, wenn sie in dieser Dekade keine (neuen) Bücher veröffentlichten und "nur" in Erzählungs-Anthologien erschienen. Dies wäre der Fall bei Mirta Yáñez,[9] einer der wenigen Schriftstellerinnen, die in fast allen jüngeren Anthologien Platz findet. Ihre Erzählungen werden als literaturgeschichtlicher Bruch mit den sogenannten "Geschichten von der Gewalt"[10] betrachtet, da sie seinerzeit die Erfahrungen verschiedener Generationen und die Perspektive des Heranwachsenden neu in die zeitgenössische kubanische Erzählung einführte, und sie hat ihr narratives Spektrum in den nach 1975 erschienenen Büchern stetig erweitert. Zuweilen verfassten diese Autorinnen auch Geschichten für Kinder; zwar wird dieser Bereich hier nicht behandelt, doch würde dieses Thema zweifellos weitere, spezifische Untersuchungen verdienen. Im Vorblick

---

[9] Mirta Yáñez (*1947), *Todos los negros tomamos café* (1975; "Wir Schwarzen trinken alle Kaffee"); *Havanna es una ciudad bien grande* (1980; "Havanna ist eine ziemlich große Stadt"), *El diablo son las cosas* (1988; " Der Teufel steckt in den Dingen").

[10] Dieses Korpus von Erzähltexten, publiziert von 1966 bis zum Ende des Jahrzehnts, berichtet über die Ereignisse dieser Jahre, wie den Kampf gegen die Tyrannei Batistas in der Sierra Maestra und in den Städten, den Kampf in Playa Girón, die Konfrontation in der Escambray. Die herausragendsten Autoren dieser "Serie" sind Jesús Díaz, Manuel Cofiño, Julio Travieso, Norberto Fuentes, Hugo Chinea, Eduardo Heras León.

lässt sich die thematische und erzähltechnische Breite der Erzählungen kubanischer Autorinnen herausstellen, angefangen von testimonial-konfidentiellen Texten über Kriminalgeschichten bis hin zur Science-Fiction.[11]
Die in den neunziger Jahren erschienenen Erzählbände wenden sich den unterschiedlichsten Themen zu. Erzählerinnen mit langer Erfahrung im Schreiben von Fernsehserien, Lyrik, Romanen oder Erzählungen nehmen sie ebenso auf wie junge Anfängerinnen. Autorinnen verschiedener Generationen erscheinen für den Leser zeitgleich, unterschiedlichste Ansichten und Literaturprojekte ("Generationen"?) existieren nebeneinander. Anlässlich des Erscheinens von Ena Lucía Portelas[12] *El pájaro: pincel y tinta china* ("Der Vogel: Pinsel und Tusche") in Spanien, verfasst von der bislang jüngsten in diesem Jahrzehnt publizierten Erzählerin, schrieb die spanische Zeitschrift *Qué leer*: "Während ihres Aufenthaltes bei uns [...] stellte sie fest, dass man, obwohl wirklich eine junge Generation kubanischer Autoren existiert, nicht von einem gemeinsamen literarischen Projekt sprechen kann" (*Qué leer* 2000: 15).

Auch wenn ein "gemeinsames literarisches Projekt" nicht besteht, lassen sich bei aller (gewollten?) Unterschiedlichkeit auch Übereinstimmungen beobachten. Es gibt z.B. in allen Geschichten einen stark nachdenklichen, intimistischen Aspekt, der dazu führt, gerade Individualbiographien zu überdenken und zu erinnern, eine Stimme aus der Gegenwart, die immer wieder die Vergangenheit untersucht, auch wenn sie sich verschiedener erzählerischer Verkleidungen bedient. Häufig findet sich ein Bild: das der abgeschlossenen Kindheit und der forschenden Ankunft im reiferen Leben. Be-

---

[11] Als Beispiele wären in Auswahl zu nennen: Nancy Robinson Calvet (*1935), *Colmillo de jabalí* (1973; "Wildschweinhauer"); Evora Tamayo (*1940), *Cuentos para abuelos enfermos* (1961; "Geschichten für kranke Großeltern"), *Fumando en pipa y otras costumbres* (1983; "Pfeife rauchen und andere Gewohnheiten"); Ana María Simo (*1943), *Las fábulas* (1962; "Die Fabeln"); Nora Macía (*1944), *Los protagonistas* (1977; "Die Hauptfiguren"); Excilia Saldaña (1946-1999), *Kele-Kele* (1987); Rosa Ileana Boudet (*1947), *Este único reino* (1988; "Dieses einzige Reich"); Chely Lima (*1957), *Monólogo con lluvia*. (1980; "Monolog mit Regen"); *Tiempo nuestro* (1980; "Unsere Zeit"); Daína Chaviano (*1957), *Los mundos que amo* (1979; "Die Welten, die ich liebe"), *Amoroso planeta* (1982; "Amouröser Planet"), *Cuentos de hadas para adultos* (1986; "Märchen für Erwachsene").

[12] Ena Lucía Portela (*1972), *El pájaro: pincel y tinta china* (1997; "Der Vogel: Pinsel und Tusche"; als Langerzählung vom Schriftstellerverband UNEAC mit dem Jahrespreis 1997 in der Kategorie Roman ausgezeichnet); *Una extraña entre las piedras. Cuentos* (1999; "Eine Fremde zwischen Steinen". Erzählungen). Sie gewann 1999 den Juan-Rulfo-Preis des französischen Rundfunks mit der Erzählung "El viejo, el asesino y yo" (2000; " Der Alte, der Mörder und ich").

zeichnenderweise stützt sich diese Perspektive immer wieder auf Bilder, die aus Geschichten und Märchen für Kinder herrühren:

– Ich bin eine Erwachsene, Peter Pan. Vor langer Zeit schon bin ich gewachsen.
– Du hast mir versprochen, nicht zu wachsen, Wendy.
– Ich konnte es nicht verhindern (James Mathew, *Peter Pan*).[13]

Mit diesem Zitat markiert Mylene Fernández Pintado den Konflikt ihrer Erzählung, in der ein junges Mädchen seine erste sexuelle Erfahrung macht, im Konflikt mit dem familiären (Vor-)Urteil vom "Verlust der Jungfräulichkeit". Rückblickend auf ihre Kindheit sichtet die Hauptheldin die Bücher ihrer Bibliothek. Sie besteht darauf, ihre Erfahrung als Schritt in ein anderes Alter und zu einer neuen Denkweise zu erleben: "[...] Ich weinte, weil ich die Seiten der Gebrüder Grimm verlassen hatte, um nunmehr, nicht eben mit Behagen, in die von Henry Miller einzutreten [...]" (Fernández Pintado 1998: 25).

Gina Picart Baluja (1994) zeichnet eine Alicia, die

[...] verloren in einem Wald voller Kreuze, Karos und Herzen das rotschwarze Schicksal befragte. Sie studierte lange Zeit jede Kombination. Im Zentrum des Bildes fühlte sie die bösartige Rückstrahlung des Kreuzasses: von ihm weg und zu ihm hin führten alle möglichen Wege, alle Routen. Wie ein gefährlicher Bauchnabel zog er alles auf sein Zentrum zu. Das Schwarz regierte. Alicia war untröstlich und versank endgültig im Gestrüpp des dunklen Urwaldes (Picart 1994: 64).

Die Bibliothek der Kindheit erscheint auch als Epigraph des Buchs von Ena Lucía Portela, die *Alicia en el país de las maravillas* ("Alicia im Wunderland") sagen lässt: "Du solltest nicht scherzen – sagte das Mädchen –, denn Scherze machen viel zu traurig" (Portela 1999: 7).

Eine Art kultureller Pakt vereint diese jungen Erzählerinnen, die einen geheimen Dialog zu führen und eine gemeinsame Bibliothek zu nutzen scheinen. Zu Beginn des Buchs von Anna Lidia Vega Serova kann man lesen: "In der Jugend waren wir integer und der Terror und Schmerz der Welt drangen völlig in uns ein."[14] Ein gewisser dunkler Ton scheint sie alle anzuziehen, als würden sie vor den Eingang ihrer Bücher ähnliche Worte setzen

---

[13] Einleitendes Zitat zur Erzählung von Mylene Fernández Pintado (*1963), "El oso hormiguero" (Der Ameisenbär). In: *Anhedonia*, S. 20 (1998; David-Preis der UNEAC, Kategorie Erzählung). Sie hat zuvor Erzählungen in Zeitschriften und Anthologien veröffentlicht.

[14] Anna Lidia Vega Serova (*1968), Malerin und Autorin, hat bislang zwei Erzählbände veröffentlicht: *Catálogo de mascotas* (1998; "Katalog der Talismane") und *Bad Painting* (1998; Premio David der UNEAC 1997, Kategorie Erzählung).

wollen wie Dante vor das Tor zu seinem *Inferno*. Es ist aber nicht Dante, sondern Henry Miller, der angerufen wird beim Übergang vom Stand der Unschuld zu dem der Eroberung des Wissens um das Leben und die Erotik. Sicher entspringen die expliziten intertextuellen Bezüge der andauernden Notwendigkeit, einen Perspektivwechsel zu markieren hin zu dem Ort, von dem aus sich die Erzähl-Stimme aus der Zerrissenheit erhebt. Deutlich wird ein Nachdenken über die Literarizität der Texte, wobei im Übergang der urteilende Blick angerufen wird, der "alle" Seiten beleuchten kann. "Die Zeit, / die kommt, nicht geht, / und die nicht steht", schreibt Virgen Gutiérrez in einem Abschnitt ihres Buches, wobei sie Humberto Ak'abal zitiert,[15] während sich Nancy Alonso auf die Apokalypse beruft und damit eine Diskussion – gegen einen Pakt des Schweigens – mit der unsichtbaren, göttlichen Zensur beginnt, die durch ihre Schriften mit besonderer Leidenschaft herausgefordert wird:

> Und als die sieben Donner das Ihre gesprochen hatten, begann ich zu schreiben, und ich hörte eine Stimme vom Himmel, die mir sagte: Versiegele in dir, was die sieben Donner gesprochen, und schreibe es nicht auf! (*Apokalypse*, Kap. 10).[16]

Diese Bezugnahme auf andere Texte dient vorrangig der Markierung von Brüchen und Distanzen; in der Schaffung einer eigenen Stimme, einer persönlichen und auf das eigene Geschlecht bezogenen Logik, einer Generationsposition, einer "anderen" Sichtweise auf die private und öffentliche Welt; in einem beharrlichen Beurteilen, das auch den Kodex für das eigene Erzählen aufstellt, das Wechselwirkungen verschiedener Zonen und die Möglichkeit des (eigenen) Wachsens und Schreibens etabliert und hierbei die Selbstreflexion der Alicia-Figur in ihrer Zwiesprache mit sich selbst nachzuahmen scheint.

> Als ich Märchen von Feen las, habe ich mir niemals vorgestellt, dass solche Dinge wirklich geschehen, und jetzt bin ich hier, mitten unter ihnen! Ich denke, jemand sollte ein Buch über meine Abenteuer schreiben [...] Das glaube ich wirklich! Und wenn nicht, dann schreibe ich es selbst, wenn ich einmal groß bin [...] Aber ich bin es ja schon! – sagte sie traurig –. Ich kann nicht mehr größer werden als ich jetzt bin, solange ich hier bin! (Carrol 1999: 39).

---

[15] Virgen Gutiérrez (*1945), *Cuentos virginales* (1998; "Jungfräuliche Erzählungen"; Soler-Puig-Preis 1997), S. 47. Dichterin und Essayistin, die bislang Erzählungen, Geschichten in Zeitschriften und Anthologien publizierte. Der erwähnte Erzählband ist der erste, den sie als Buch veröffentlicht.

[16] Nancy Alonso (*1949), *Tirar la primera piedra* (1997; "Den ersten Stein werfen"; Erwähnung [2. Preis] beim David-Preis der UNEAC), S. 6. Dieses ist ihr erstes veröffentlichtes Buch.

Eine köstliche Welt der Spiegel, Spiele und Rätsel, die Alicia ermöglichen, groß zu sein in einer kleinen und schimmernden Welt, "in der sich am Ende des Tunnels der wunderbarste Garten auftun würde, den man sich je erträumt hat" (Carrol 1999: 15). In ihren Geschichten benutzen die Schriftstellerinnen ihren eigenen "Zaubertrank" der Fiktionen, lassen sich wachsen oder schrumpfen, um in die jeweils gesuchte Welt zu gelangen. Sie passen diesen Welten ihre Stimme an in der Absicht, die Vision vom Garten der Erinnerungen zu erhalten und in ihn einzudringen, oder sie gehen durch den Spiegel, vertrauensselig und kampfesmutig zugleich, vielleicht getragen von dem ewigen und heimlichen Wunsch, selbst Königinnen zu sein.

1. Durch die Welt und durch den Spiegel

Bei aller Unterschiedlichkeit der hier behandelten kubanischen Schriftstellerinnen gibt es (mindestens) eine Konstante: den Bezug zum (unmittelbar umgebenden, realen) Raum und in der Verlängerung zur Welt, in der die Ereignisse ihrer Erzählungen stattfinden. Gemeint ist nicht allein eine Beschreibung und Semantisierung der Chronotopoi. Zu bemerken ist das "Erinnern" an andere Welten, wie Umberto Eco sie als "kulturelle Konstrukte" beschreibt, sowohl an die möglichen als auch an die realen oder gegenwärtigen Welten (vgl. Eco 1989: 218). Auffällig in diesem Sinne ist, dass der Handlungsort der Geschichten vorzugsweise die Stadt ist, wenn es um das Heute geht. Das Land bleibt praktisch unberührt von den Erzählungen über (historisch konkret bestimmbares) Gegenwärtiges, vermutlich als unmittelbare Folge der Lebenserfahrung der Autorinnen, die selbst in Städten (vor allem Havanna) wohnen und nicht selten eine akademische Ausbildung genossen. Das "Land" erscheint in Metamorphosen: durch die afrokubanische Mythologie verwandelt, versetzt in die Epoche des Unabhängigkeitskrieges, in die Zeiten der Legende, in eine Art "Es war einmal", dargestellt nach den Regeln des "Phantastischen", wie etwa in Gina Picarts Titelerzählung in *La poza del ángel*. Die Brücke zur Vergangenheit erst sucht eine Welt, die im Dorf oder in einer Provinzstadt Gestalt findet, und zwar gerade durch traditionell wirkende Erzählungen mit ausführlichen, erklärenden Dialogen und einer allwissenden Erzählinstanz in der ersten oder dritten Person. "Die Großmutter in der Küche bewacht die Kaffeekanne auf dem Feuer und sieht sie von Zeit zu Zeit scharf durch ihre Brille an", ist die erste "Erinnerung", mit der Iris Dávila ihr Buch eröffnet.[17] Aida Bahr benutzt (als gäbe es eine Konvention für das Thema Haus, Familie und Kindheit) die Erzählungen eines Mädchens, das sieht, wie "die Großmutter beginnt, durch das Haus zu laufen", oder eine "[...] große, alte und dicke Negerin. Sie war weiß gekleidet, vom Kopftuch abwärts [...]".[18] Die Erzählstimme hat eine doppelte Funktion: als jemand, der als teilnehmende Figur die Handlungen der Erwachsenen wahrnimmt, und als eine im Heute–Danach sprechende Truhe voller Erinnerungen. In der gleichen Richtung, nur in direkter Weise, ohne sich zu "verkleinern", rekonstruiert eine Figur bei Virgen Gutiérrez die Vergangenheit bei der Rückkehr in die Provinz:

– Zurückkommen an den selben Ort, nach so vielen Jahren: der Calixto-García-Park, mit seinen Bäumen vor den breiten Wegen, die Stadt des ersten Schreis, der zarten Hoffnungen.
– Ich erinnere mich an jenen ausgelassenen Nachmittag, als das Yareyal-Viertel "frei von Analphabetismus" erklärt wurde (Gutiérrez 1998: 9).

Virgen Gutiérrez erschafft eine konfidentielle Erzählstimme mit starkem auktorialen Akzent, die aus der aktuellen Perspektive des Erwachsenseins über eine fast vierzig Jahre zurückliegende Vergangenheit spricht. Die Strategie, das eigene Maß zu verändern, kleiner zu werden, um sich in die beschriebene Zeit zu versetzen, oder zu wachsen für den Blick zurück, beeinflusst hier nicht substantiell das melancholische Erzählen von der vergangenen Welt, das auch moralische, sentimentale Urteile und mancherlei Ablehnung einschließt. Die verschiedenen Strategien der Veränderung von Größe und Stimme sind in den Geschichten von Virgen Gutiérrez nur Verkleidungen, die in der Regel keiner Problematisierung dienen, außer vielleicht dort, wo das Schicksal eine Brücke zum Unvorhergesehenen (und Unvorhersehbaren) schlägt.

Bei den drei zuletzt genannten Erzählerinnen bieten die Werte und Emotionen, in denen sich die Erinnerungen bewegen, kaum soziale und zeitgeschichtliche Festlegungen. Gezeichnet wird eine vergangene Epoche, die vermeintlich keine moralischen Ableitungen für eine Gegenwart anbietet.

---

[17] Iris Dávila (*1918), *Intimidades* (1998; "Intimitäten"), S. 9. Die Autorin ist eine in Kuba sehr bekannte Journalistin und Verfasserin von Hörspielen, sie hat außerdem Theaterstücke geschrieben und Geschichten für Kinder publiziert. Ihre Arbeiten sind in Zeitungen und Zeitschriften zu finden. *Intimidades* ist ihr erster Erzählband.

[18] Aida Bahr (*1958), *Espejismos* (1998; "Luftspiegelungen"), S. 9 und 12. Erzählerin und Drehbuchautorin für den Film, hatte Aida Bahr zuvor zwei Erzählbände publiziert: *Hay gato en la ventana* (1984; "Da ist eine Katze am Fenster") und *Ellas de noche* (1989; "Frauen bei Nacht").

Die Erinnerung lässt an einer "überwundenen" historischen Etappe teilhaben, die Kuba hinter sich gelassen haben soll, oder an einer biographischen Etappe, deren persönliche Erinnerungen die Figuren in ihrer Gegenwart oder mit dem Erwachsensein überwunden glauben. Bei den Schriftstellerinnen, die ihre Geschichten in vergleichbarer Weise in Städten der kubanischen "Provinz" ansiedeln, lassen sich auch Unterschiede der Generationszugehörigkeit und der regionalen Erfahrungen feststellen, auf die an dieser Stelle jedoch nicht ausführlich eingegangen werden kann.

In den eben dargestellten Beispielen findet die Problematisierung des Raumes ihre Bezugspunkte innerhalb Kubas, vielleicht in der Antinomie (Haupt-)Stadt vs. (restliches) Land, Zentrum vs. Peripherie in einem für Lateinamerika oft beschriebenen Sinn. Die Dimensionen von Raum und Ort des Erzählten werden in anderen Texten auf eine wesentlich stärker semantisierte, "spektakulärere" Weise spannungsvoll aufgefasst und dargestellt und die Interpretation des Lesers zwischen zwei kulturelle Konstrukte geführt: wo eine mögliche (fremde) Welt der realen (eigenen) Welt gegenübergestellt wird. Vorgeführt wird die Entgegensetzung benennbarer Räume: des eigenen, nationalen, karibischen "Hier" und des schimmernd-lockenden "Dort", des "Nordens". Die hier zu betrachtenden Autorinnen sind nicht die ersten, die dieses Thema in der zeitgenössischen kubanischen Erzählkunst aufgreifen. Erinnert sei beispielsweise an die international wohl bekannteste Erzählung von Senel Paz *El bosque, el lobo y el hombre nuevo* ("Der Wald, der Wolf und der neue Mensch"), verfilmt und bekannt geworden als *Fresa y chocolate* ("Erdbeer und Schokolade"). Auch dort wird (neben anderen, nicht minder aufmerksamkeitsheischenden Themen) die Problematik des Anderen und Fremden als Konflikt von Hier und Dort gezeigt und das Dort liegt jenseits des Meeres, außerhalb Kubas.

Hier zeigt sich eine Besonderheit von Ana Luz Garcías[19] *Heavy Rock*, die ihre Geschichten aus einer realen und historischen Spannungszone schöpft: Guantánamo. Die "unüberwindliche" Trennlinie zwischen der Bevölkerung und der US-amerikanischen Militärbasis verwandelt die Ereignisse in den Erzählungen in besondere Formen der Verhandlung eines viel umfassenderen und allgemeineren Problems. Der erzählerische Raum umfasst beide (auf derselben Insel nebeneinander liegende) Räume, deren geophysische Eigen-

---

[19] Ana Luz García Calzada (*1944), *Heavy Rock* (1995). Vor diesem Buch veröffentlichte sie einen Roman und zwei weitere Erzählungen: *Desmemoria del olor* (1989; "Fehlerinnerung des Duftes"; auch in *Heavy Rock*, 1999, S. 49-55) und *Y los ojos de papá* (1990; "Und die Augen von Papa").

heiten den Konflikt der Erzählungen vorantreiben. Ana Luz García erzählt im Ton vorgeblicher Objektivität, sie beschreibt beinahe trocken die Situationen und vermeidet explizite Bewertungen. Die Gewalt jeder einzelnen Flucht auf das Territorium der US-Militärbasis wird in sich selbst zur Bewertung des Vorgangs und ihre implizite, negative Bewertung ergibt sich aus der Gegensätzlichkeit der Charaktere und Funktionen der Personen. Die (sehr reale, gemäß staatlicher Verordnung "unversöhnliche") Gegensätzlichkeit des "Hier" (Kuba, Guantánamo) und "Dort" (Militärbasis Guantánamo, USA) stellt die Figuren der Erzählungen immer wieder auf die Grenze und bringt sie in die Grenzsituation einer definitiven Entscheidung über das "illegale Verlassen des Landes". Die Figuren (und die Leser) erfahren dies als Akt der Gewalt, bei dem zwei Realitäten einander gegenüberstehen: einerseits die gegenwärtige, nationale, kubanische oder zum Teil die lokale Wirklichkeit Guantánamos, in der Gründe und Konsequenzen für persönliche Flucht-Entscheidungen zu finden sind, und auf der anderen Seite die Realität des als Ausweg vermuteten, erhofften oder beschworenen Nordens, der Vereinigten Staaten von Amerika. In anderen (auf Kuba) veröffentlichten Fiktionen bislang so (noch) nicht zu finden, manifestiert sich der erzählerische Diskurs hier "einzigartig" in einer Zone des "Verbotenen" (Foucault 1999). Er kompromittiert sich nicht mit der Bewertung von Handlungen der Figuren, aber er benennt und akzeptiert die Ereignisse als "Desiderat", als Konflikt zwischen den Grenzsetzungen von Reiseverboten und -beschränkungen und den persönlichen Gründen sie zu umgehen.

Als vorletzte Erzählung bietet *Heavy Rock* einen Text, in dem diese Desiderata aufgehoben scheinen. *Manzanas* ist die rückblickende Erzählung eines Kindes. Besonders die aktantiale Funktion Kindheit–Unschuld–Aufrichtigkeit wird zur Legitimierung der Figurenmeinung und für die Zeichnung "des Anderen" genutzt. Der Gegen-Raum (hier die Militärbasis Guantánamo und die Vereinigten Staaten) erscheint als ein Ort der Frustration und des Schreckens, zu dem das Kind vom trunksüchtigen Vater gebracht und auf immer von der Mutter getrennt wird:

> Jetzt kommt Papa herein und sieht mich an – sagt das Kind – mit diesen Augen, die ich so gut kenne, und beide Hände so, als würde er eine Schale mit Äpfeln tragen, er sieht mich an und lacht und taumelt und ich schäme mich für ihn und für dieses Gesicht, das er auch in jener Nacht hatte, als er mich auf allen Vieren durch die Hintertür schleichen ließ, damit uns Mama nicht hörte (García 1995: 63).

Ein andersgeartetes narratives Verfahren findet Nancy Alonso in ihren sieben Erzählungen in *Tirar la primera piedra* ("Den ersten Stein werfen").

Der Titel verweist auf die semantische Aufladung dieses Buches, auf eine Schreibweise, die "Geschichten erzählen" will, um gegen das Schweige-Gebot von Göttern und Engeln zu reden und Zeugnis abzulegen, um die Erinnerung an Gesehenes zu bewahren: "Und endlich erfuhr ich die Antwort auf die Frage: Ja, die Spur dieser Geschichte wird bleiben, weil ich hingehen und sie aufschreiben werde" (Alonso 1997: 79). Dieses bislang einzige Buch von Nancy Alonso erscheint als eine Entsakralisierung der hauptstädtischen Welt. Die Titel der Erzählungen[20] sind (als Zitate und Paraphrasen) intertextuelle Bezugnahmen zur biblischen Geschichte, die wie kurze Inschriften gerade auf die moralischen Urteile weisen, die als Fokus der Erzählungen wirken. Die interne Struktur der Erzählungen baut auf die ideologiebeladene räumliche Entgegensetzung: Kuba vs. Ausland. Der Text verbindet verschiedenste Varianten von "Kuba verlassen" oder "dableiben", inmitten von Ereignissen, die den zeitgenössischen moralischen Wertewandel zur Sprache bringen, die ökonomische und soziale Krise, die Spaltungen der Familie und der Freundeskreise, die Ausreisen über den Hafen Mariel, die Epoche der Floßflüchtlinge *(balseros)*, die staatlichen Kampagnen "internationalistischer" Solidarität. Die Geschichten scheinen erzählt zu werden mit einem verzweifelten Willen, die Risse des revolutionären sozialen Projekts zu heilen. Dem passen sich die Anekdoten ebenso detailliert an wie die Personen. Deren aktantiale Funktionen erscheinen eher starr, auch wenn sich vielfältige Versuche der Autorin finden, Nuancen und Widersprüche zu zeichnen, über eine Individualisierung und die Einbindung von Gefühlswelten in die funktionalen Beziehungen zwischen den Personen und in ihnen selbst, sowie zu den Ideologemen und den widerstreitenden Räumen.

Die suggerierten Bilder bei Nancy Alonso weisen auf einen Vergleich zwischen denen, die das "revolutionäre Projekt" verlassen, sei es innerhalb des Landes *(insilio)*, oder indem sie in ein anderes Land umsiedeln *(exilio)*, und jenen, die sich weiterhin in einer spannungsvollen Position von gleichzeitiger Loyalität und Kritik halten. Die Geschichten münden auf eher geradlinige und "realistische" Weise in Lösungswege, die zugleich den einfachen Antworten der Schwarzweißmalerei entfliehen und eine eigene Meinung begründen wollen. Ein Beispiel: Eine Frau reist als "Internationalistin" an

---

[20] Der Band *Tirar la primera piedra* (1997; "Den ersten Stein werfen") enthält neben der gleichnamigen Titelgeschichte die Erzählungen "La paja en el ojo del ajeno" (Der Strohhalm im Auge des Anderen), "No renegarás" (Du sollst nicht abschwören), "Ofrecer el corazón" (Das Herz anbieten), "Falsos profetas" (Falsche Propheten), "Diente por diente" (Zahn um Zahn) und "El séptimo trueno" (Der siebente Donner).

die Universität von Addis Abeba und erfährt dort aus dem Briefwechsel mit einer Freundin, dass diese nach Mexiko geht, während sie selbst, die eine ungeschminkte Sicht vom Leben in Afrika und vom Internationalismus entwickelt, nach Kuba zurückkehrt, denn "du wirst verstehen, dass wir Kubaner hier sehr gut wissen, was wir tun müssen" (Alonso 1997: 61).

Eine wesentlich stärkere Zuspitzung findet das Thema auf den vielleicht dramatischsten Seiten des Buches. In *No renegarás* wird der innere Konflikt Raquels darlegt, die in der erzählten Welt dem gängigen Muster einer arbeitenden Kubanerin entspricht, wo sie an den gesellschaftlichen revolutionären Aktivitäten teilnimmt und gleichzeitig Hausfrau, Mutter und Ehefrau ist. Hier ist sie außerdem eine konkrete Frau in einer psychischen Krise, die ihren Arbeitsplatz verloren hat, und die gleichzeitig mit einer sozialen und einer familiären Krise fertig werden muss. Im Zustand ausweglos er Verzweiflung nimmt sie sich das Leben. Nancy Alonso findet hierfür einen der erzählerisch gelungensten Schlusspunkte dieser Erzählungen. Zugleich wird die Schwierigkeit deutlich, parallel das verzweifelte innere Ringen der Person und die ideologiebeladene Außensicht in einer schlüssigen Erzählperspektive zu zeigen; nicht jeder Leser wird die gefundene Lösung überzeugen, eine ausgleichende und vermittelnde Erzählstimme, die sich außerhalb des Erzählten und "allwissend" in der dritten Person äußert.

> Und in der Essenz ihres Seins fand sich der letzte Grund für jene Entscheidung: Sie war immer überzeugt gewesen vom messianischen Sinn ihres Lebens, davon, ihren Nächsten die Bedürfnis zu vermitteln, zu wachsen; im tagtäglichen Versuch, dies zu erreichen gegen alle Widrigkeiten, war ihr Beispiel die beste Form, auch die anderen mitzureißen. Was blieb noch übrig, wenn ihr dieser blinde Glauben, der ihr Schicksal bestimmt hatte, fehlte! [...] Mit dem Tod würde Raquel verhindern, dass die Verzweiflung in den anderen aufkeimte, wenn nicht mehr mit ihrem Leben, dann mit dessen Ende (Alonso 1997: 93).

Der Text der Erzählung erzwingt beim Leser so auch eine messianische Interpretation von Raquels individueller Lösung, die sie (noch immer) auf einer höheren allgemeinen Ebene zu legitimieren sucht; indem sie selbst hier die "anderen" einbezieht, verleiht sie noch dem eigenen Verzweiflungstod einen überindividuellen Erlösungsaspekt, der sich selbst unmittelbar als diskurskonform entlarvt.[21]

---

[21] An dieser Stelle kann nicht ausführlich auf das (lohnende) Motiv von Sterben und Tod in den Erzählungen eingegangen werden. Die klischeehafte Übereinstimmung der zitierten Erzählung mit dem patriotischen Diskurs ist offenkundig, heißt es doch auch in der allenthalben intonierten Nationalhymne "[...] que morir por la Patria es vivir [...]" (für das Vaterland sterben heißt leben).

In Nancy Alonsos Erzählungen zeigt sich ein fast konstanter, impliziter Bezug zur inneren Welt als Ort der (immer weniger leichten?) Gläubigkeit und des widerständigen Beharrens auf der Redlichkeit der eigenen Handlungen, tragischer- wie überraschenderweise bis hin zum Tod. Dieses von der Figur gewollte Nicht-Sein sucht anscheinend die Pole der Antinomie zu annullieren und eine überraschende und metaphysische Antwort zu geben, in der man gleichzeitig nicht mehr ist und doch fortlebt: in der vermeintlichen Dauerhaftigkeit der Utopie, ihrer unterstellten Perfektheit und im unwandelbaren moralisch kategorischen Imperativ; naheliegend ist hier die Assoziation zu Carpentiers Diktum, wie der Einzelne im verbesserbaren Reich dieser realen Welt zu handeln habe.

In vielen Erzählungen wird der unmittelbare Bezug auf die widerspruchsvolle Realität Kubas zu einem dominierenden Schreibprinzip, das sich in ähnlicher Weise auch bei einer Vielzahl anderer literarischer Produktionen innerhalb und außerhalb der Insel wiederfindet. Die Politisierung der Frage, ob (und wie) man auf kubanischem Nationalgebiet wohnt oder nicht, bringt eine Vielzahl (nicht nur erzählerisch) verschiedener Antworten hervor.

In zwei Erzählungen des Buchs *Alguien tiene que llorar* ("Jemand muss weinen") behandelt Marilyn Bobes[22] das Thema der Ehe von Kubanerinnen mit Ausländern. Es erscheint (realitäts- und klischeegerecht?) als ein Weg, um finanzielle Absicherung im (individuellen und familiären) Leben zu finden. Die Konfrontation zweier Welten wird zum tragenden Strukturelement dieser Erzählungen,[23] wo sie (jenseits unmittelbarer finanzieller Interessen) zeigen, wie bald der kulturelle Unterschied die Möglichkeit der Verwirklichung von Menschen erschwert – und vielleicht unmöglich macht. Hier liegt in Erinnerung an die schon erwähnte Idee Umberto Ecos die Vorstellung nahe, dass sich in den individuellen Figuren auch zwei kulturelle Konstrukte gegenüberstehen, das Europas und das Amerikas, insbesondere Kubas. Diese quasi uralte Antinomie existiert bekanntlich seit 1492, dem Moment des "Aufeinandertreffens der Kulturen", und sie bestimmt insofern die "weltan-

---

[22] Marilyn Bobes (*1955), *Alguien tiene que llorar* (1995; "Jemand muss weinen", Premio Casa de las Américas 1995, Kategorie Erzählung.) Tätig als Journalistin, Dichterin und Erzählerin, hat Marilyn Bobes zunächst verschiedene Gedichtbände publiziert und dafür bedeutende Preise erhalten. 1994 erreichte sie den Zweiten Preis im III. Erzählerwettbewerb "Magda Portal" in Peru. 1998 erhielt sie den Juan Rulfo-Preis des französischen Rundfunks.

[23] Marilyn Bobes, *En Firenze con el doctor Schnabl* (S. 45-47; "In Florenz mit Doktor Schnabl") und *Pregúntaselo a Dios* (S. 61-69; "Fragen Sie das Gott").

schaulichen" Aspekte der lateinamerikanischen Literatur seit Jahrhunderten. Beim Blick auf die Texte kubanischer Autorinnen zeigt sich hier die Verbindung jenes vielfältig behandelten Themas mit einer Vision der nationalen bzw. regionalen Besonderheit, die sich auch einer vermeintlich "typisch" kubanischen Teleologie des Sexus bedient.

> Jacques Dupuis und Iluminada Peña liebten sich zum ersten Mal in einer strahlenden Suite des Hotels Nacional. Sie fand es schön, vielleicht nicht ganz so gut wie mit Bebo, aber einfühliger. Obwohl er schnell fertig war, umarmte er sie lange und hielt sie eine ganze Weile an seinen Körper geschmiegt. Mit der Zeit sollte Iluminada erfahren, dass man so etwas *tendresse* nennt. Das war es, was Jacques am meisten gefiel: die *tendresse* (Bobes 1995: 66).

Marilyn Bobes beweist in diesem Buch eine Beherrschung verschiedenartiger Erzähltechniken, die den einzelnen Geschichten überdurchschnittliche literarische Qualitäten verleiht. Die in den zeitgenössischen *Gender-Studies* oft als typisch herausgestellte konfidentielle Schreibweise findet auch hier auf verschiedene Situationen, Themen und Probleme Anwendung. Insbesondere in der erwähnten Erzählung *Pregúntaselo a Diós* ("Fragen Sie das Gott"), wechselt die Autorin mit großem Geschick zwischen zwei Raum-Zeiten und zwei Erzählinstanzen, einer intradiegetischen, in der ersten Person, und einer extradiegetischen, in der dritten, und sie erweitert über diese unterschiedlichen "Sichtweiten" die Konflikt- und Bedeutungsebenen.

Durchaus unterschiedlich zeigt sich in den Texten von Frauen die Gestaltung der Frauenfiguren. Nicht alle sind Seherinnen, wie es ein kommerziell erfolgreiches Muster empfehlen könnte. Die von Marilyn Bobes als Iluminada Peña erschaffene Figur ist aufgrund ihres Bildungsniveaus und ihres Lebens intellektuell gerade *nicht* in der Lage, selbst eine tiefere Problematik, die "allgemeine" Dimension ihrer persönlichen Reise nach Frankreich zu erfassen. Dagegen wurde die reflektierende Frauenfigur in *Mare Atlánticum* von Mylene Fernández Pintado mit allen Möglichkeiten versehen, das Universum ihrer eigenen Gefühle und die Widersprüche ihrer "Reise" nach Madrid zu verstehen. Ihre Darstellung zeigt eine Alternative beim Thema der "Kubanerinnen, die dem *bloqueo* [dem US-Embargo] entfliehen, indem sie per Heirat ins Exil gehen" (Fernández Pintado 1999: 54). Es ist ein Text, der eine gespaltene Gefühlswelt beleuchtet, der die Bestandsaufnahme einer wahren Liebe offen legt, für deren Verwirklichung eine der Seiten ihren Lebensraum und ihre kulturellen Wurzeln verlassen musste.

> Wir haben versucht, eine Insel aufzubauen, gleichweit entfernt inmitten des Atlantiks, die etwas haben möge vom Prag Nerudas und Kunderas, den Kirschen Kiarostamis, dem Morgen Cat Stevens' und unserem Abscheu vor der Zwiebel.

[...] Wir haben eine Insel errichtet, aber wir können sie nicht bewohnen. Wir haben uns von den Unterschieden, die uns ergänzen, entfernt und erreichen nicht die Harmonie, die uns einander nahe bringt (Fernández Pintado 1999: 55).

Die Struktur der Erzählung baut ausdrücklich auf den kulturellen Unterschied, gerade weil dieses Paar versucht, sich einen eigenen emotionalen Raum zu schaffen und sich sowohl gegen politische Markierungen als auch gegen kulturelle Stereotype zu verteidigen. Die Erinnerung und die Sehnsucht nach Havanna, die jene kubanische Frau in der Fremde hat, verwandelt diese Stadt in ein Sinnbild, das in dieser tagebuchartigen Reflexion weder mit Folklorismus noch mit der typisch kubanischen Art nationaler Übertreibung zu tun hat. Vielmehr hat es mit einem individuell "eigenen Vaterland" zu tun, das in der Figur entsteht gegen die Unbehaustheit, aus Erinnerungen an die Jugend, aus der Musik von Silvio Rodríguez, der Intimität und den geteilten Erfahrungen: "Dieses Havanna, das vor lauter Sehnsucht nach ihm keine alltäglichen Widrigkeiten mehr zeigt, und die Gewissheit, dass ich nicht von hier bin" (Fernández Pintado 1999: 52). Mylene Fernández Pintado erarbeitet ein eigenes Ritual, vermutlich im stillen Dialog mit der Literatur der Insel und der "Diaspora", die so häufig die kubanische Hauptstadt als literarischen Ort reklamieren. In dieser Erzählung Fernández Pintados erscheint Havanna weder als ein besonders verdorbener Ort noch als patriotisch besonders bedeutsam; Havanna ist "lediglich" der intellektuelle und gefühlsmäßige Fixpunkt für die reale und fiktionale "Reise" der Protagonistin.

Im Erzählungsband von Mylene Fernández Pintado wird besonders die Reise gen "Norden" als Wanderung des Begehrens, als ein Prozess der Gefühlsbestimmung thematisiert. Vier Erzählungen[24] berühren die Reisen nach Miami und nach New York, jeweils nach einem analogen Schema der Gegensätzlichkeit von Werten, ungeachtet deutlicher Abstufungen. In *Cosas de muñecas* ("Puppensachen") findet sich ein klischeehaftes Extrem, den Unterschied "Hier – Dort" durch den Mund eines (dem Norden) angepassten und goldgräberischen Mädchens zu kennzeichnen: "Ich halte diese Leute nicht aus, die amerikanischer sein wollen als Clinton. Ich bin tatsächlich durch und durch Kubanerin. Ich mag schwarze Bohnen und ordentlich bumsen" (Fernández Pintado 1999: 67). An anderer Stelle, in *El vuelo de Batman* ("Batmans Flug"), findet sich die Sicht auf New York als kosmopolitischer

---

[24] Mylene Fernández Pintado, *El día que no fui a Nueva York* ("Der Tag, an dem ich nicht nach New York ging"), *El vuelo de Batman* ("Batmans Flug"), *Cosas de muñecas* ("Puppensachen") und *Vampiros* ("Vampire").

und gleichgültiger Ort, "wo dich niemand interessiert und sich niemand für dich interessiert" (Fernández Pintado 1999: 63). Oder auch als eine vom Mythos gesättigte Stadt, "der Gipfel von allem, ein Cocktail von Worten" (*El día que no fui a Nueva York* ["Der Tag, an dem ich nicht nach New York ging"], S. 50), als Ort des Begehrens. Eine erträumte Stadt, deren Greifbarkeit gerade in ihrer Virtualität liegt, in der Entscheidung, sie in der Traumwelt zu behalten:[25]

> [...] Was macht man, wenn die Träume wahr werden? Wo soll ich meine Phantasie lassen, meine Geschichten über New York, gesammelt, um sie gut zu bewahren? Wie soll ich die Stadt erhalten, die ich mir in meinem Kopf und in meinem Herzen vorgestellt habe? (Fernández Pintado 1999: 50).

Una extraña entre las piedras ("Eine Fremde unter den Steinen"), die Titelgeschichte des Buches von Ena Lucía Portela, zitiert die Verse[26] der kubanischen Schriftstellerin Lourdes Casal, die vor einigen Jahren in den Vereinigten Staaten starb. Die Erzählung greift das Leben einer kubanischen Schriftstellerin auf, die vierzig Jahre lang in New York lebt. Hierbei geht die Perspektive auf die subjektive Ebene der Figur über, die rückblickend von ihrer Reise erzählt und die ihre Randständigkeit bejaht – beginnend mit dem Titel der Erzählung und dem vorangestellten Gedicht. Die Protagonistin erfasst ihre "ewige" Position auf dem Rand, auf der Grenze; sie gehört "wirklich" weder zur einen noch zur anderen Welt – New York oder Havanna –, sie ist lesbisch und sie zeigt eine ikonoklastische und gleichzeitig widersprüchliche Sensibilität.

> Ich wollte mich der Stadt bemächtigen, sie in mir aufnehmen. Denn ich war ohne alles in die Stadt gekommen. Ich wollte Wurzeln schlagen, die nicht wie kleine Teufel erscheinen sollten. Mir eine Vergangenheit errichten, wie man sie den Durchreisenden gab, mir ein paar weniger apokryphe Ahnen erfinden als die, die ich in der traurigen Nacht Amerikas verloren hatte (Portela 1999: 114).

---

[25] Sei es Zufall oder intertextueller Rückgriff: Das Muster "Erhalten der Vision durch Verzicht auf ihre Verwirklichung" ist (auch in der kubanischen Literatur) nicht neu; schon das Paris des ausgehenden 19. Jahrhunderts wurde dem herausragenden kubanischen Modernisten Julián del Casal zum wirklichen Problem und er schützte seine Vorstellung des kulturellen Mittelpunktes der zeitgenössischen Welt, indem er (der literaturgeschichtlichen Legende nach in Madrid, also fast angekommen) auf die Reise nach Paris und die persönliche Erfahrung verzichtete und umkehrte.

[26] Vgl. Portela (1999: 117f.): "[...] Eine Fremde unter den Steinen, \ selbst unter der lieblichen Sonne dieses Sommertages, \ wie auf ewig, bleibe ich Fremde, \ auch wenn ich in die Stadt meiner Kindheit zurückkehrte, \ trage ich diese Marginalität in mir, die immun ist gegen jede Wiederkehr", wie Lourdes Casal es in *Para Ana Veldford* ("Für Ana Veldford") ausdrückt.

Ena Lucía Portela, die für sich die "Notwendigkeit, vor den Stoffen der kubanischen Exilautoren zu fliehen", unterstreicht (*Qué leer*, S. 15), interpretiert auf besondere Weise jene Alternative von Gehen oder Bleiben, die sich in fast allen Bänden der besprochenen Erzählerinnen wiederfindet. In die Welt hinausgehen, in (hier:) New York leben, ihre Liebe (hier:) zur schönen Nepomorrosa in ständiger Spannung halten und schließlich (jenseits horazischer Axiome) schreiben, "nicht mehr, um zu unterhalten oder mich selbst zu unterhalten und nebenher Eingang in die *Hall of Fame* zu finden. Ich schreibe, um nicht verrückt zu werden" (Portela 1999: 118).

Der aggressive und verletzende Stil von Ena Lucía Portela eliminiert affirmative Übertreibungen und festgelegte Ansichten. Sie verzichtet auf die kommerziell erfolgversprechende Mixtur von Erotik, Geschlechter-Differenz und/oder politischem Nonkonformismus. Sie schafft einen vorurteilsfreien und zugleich gewaltsamen Zugang zur inneren Welt ihrer Protagonistin, die sich für das "dort" (Exil) entscheidet. In der Erzählung überlagern sich eine Vielzahl von Codes, sie ist geprägt von starker Autoreferentialität und deutlicher Intertextualität. Möglicherweise ist sie auch ein sich über viele Details konstituierender, geheimer Dialog mit dem Erzählband von Sonia Rivera Valdés,[27] einer Kubanerin, die in den Vereinigten Staaten lebt. Portelas Text eröffnet damit eine Möglichkeit des intertextuellen Dialogs von Texten und zwischen Schriftstellerinnen der Insel und der "Diaspora". Eine Reise, die sich nicht auf antinomische Begriffe stützt, weil die Struktur der Geschichte selbst, ihr Dialogismus und ihre literarische Referentialität einen Kommunikationsraum eingenommen haben, der das Stereotyp der Stadt und seine ideologisierte Semantik überwinden will.

In diesem Bemühen scheinen die Geschichten konkave und konvexe Spiegel zu durchqueren, in denen Gesichter auftauchen, sich differenzieren, sich ähnlicher werden oder sich in ein Spiel der Verschiebungen und Entdeckungen der Intimität der Figuren begeben, die sich der Erfahrung des Auszugs in die Welt aussetzen.

Die Erforschung anderer Welten wird in einigen Geschichten von Anna Lidia Vega Serova zu einer aufreibenden Sinnsuche. Die Autorin, in Peters-

---

[27] Sonia Rivera Valdés, *Las historias prohibidas de Marta Veneranda* (1997; "Die verbotenen Geschichten von Marta Veneranda"; Außerordentlicher Preis für hispanische Literatur aus den USA, Premio Casa de las Américas 1997). Den intertextuellen Dialog führt Ena Lucía Portela mit der o.g. Erzählung und der letzten aus dem Buch von Rivera Valdés, *La más prohibida de todas* ("Die Verbotenste von allen"), deren Titel selbst auf seinen femininen/feministischen Intertext in der hispanischen Literatur verweist.

burg geboren, ruft Russland als Chronotop für einige ihrer Erzählungen auf, ein denkbar "anderes" Land, das sie von Kuba aus ihrem Schreiben einverleibt; wie auch politische Literatur, Kriminalliteratur oder Themen von Kampf oder Solidarität, ja selbst den Mauerfall in Berlin. Sie beschwört eine Welt am Abgrund herauf, die sich in Figuren voller Psychosen und verwickelter Komplizenschaft ihre Stimme sucht:

> Aber ich habe nie zuvor gesehen, wie froh man leben kann, und obwohl in Odessa alles in einem Irrenhaus endete, weil ich mir die Pulsadern aufschneiden wollte, bereue ich nichts, denn ich konnte die Welt hinter den Vorhängen sehen, wo zottige Tiere umherstreifen, wo Vögel mit silbernen Augen mit den Flügeln schlagen, wo irgendetwas heult und Glocken klingen ("Naturaleza muerta con hierba" in *Bad Painting*, Serova 1998: 11f.).

Die beredte Formulierung "die Welt hinter den Vorhängen sehen" könnte von der Literaturkritik als ein Motto für die Erzählungen der Anna Lidia Vega Serova benutzt werden. Sie stellt in ihren bislang zwei Büchern ein persönliches Bestiarium für Situationen "hinter dem Vorhang" zusammen. Ihre Zonen der Marginalität mögen nicht so bildreich heruntergekommen scheinen wie z.B. in Ena Lucía Portelas Erzählung *Al fondo del cementerio* ("Am Ende des Friedhofs"). Und doch wird auch hier das Unaussprechliche, das (gesellschaftlich) Nichtbenennbare, das Anstößige, das Periphere durchforscht. Damit finden sich bei beiden Autorinnen Züge des *Postboom* oder der postmodernen Erzählkunst, die seit den siebziger Jahren in Lateinamerika zu beobachten sind. Verzweifelte, Verrückte, Neurotiker und für anormal gehaltene Personen erstürmen die vierundzwanzig Geschichten der zwei Bücher Vera Serovas. Obsessionsartig erscheint die Vater-Sohn-Problematik. Deren überindividuelle Semantik wird offenkundig, wo Figuren (und Erzählinstanzen) urteilen, z.B. *Lobo* (Wolf) – wie auch bei anderen Personen ist sein Name eine Maske: "Nie hat ihn jemand gefragt, ob er etwas sein wollte, und das einzige, was er wollte, war, ein anständiger Mensch zu sein" (*Triple escorzo*, Serova 1998: 13). Die Erzählkunst von Anna Lidia Vera Serova durchstreift viele Welten, nicht nur die äußeren Geographien, sondern auch die inneren, hinter Vorhang und Spiegel. Sie entwickelt dabei (in welchem intertextuellen Dialog?) eine scharfzüngige Art zu schreiben und zeigt viel Geschick für den Einsatz der Stimme eines Kindes oder eines Jugendlichen, die in den meisten ihrer Geschichten zu Protagonisten werden.

Von den jungen Schriftstellerinnen machte Adelaida Fernández de Juan[28] als Erzählerin auf sich aufmerksam mit einem kleinen Buch, das bezeichnenderweise die Erinnerung an eine Reise nach Afrika ist: *Dolly y otros cuentos africanos* ("Dolly und andere afrikanische Geschichten"). Eine legale Reise ohne Konflikt mit dem offiziellen, zeitgenössischen Kuba: als medizinische Assistentin im Rahmen der "internationalistischen Solidarität", deren politisch unterstellte, epische Transzendenz in diesen Erzählungen hinter die Epik des Alltags in persönlicher Bewährung zurücktritt. "Reise" ist auch hier die Begegnung mit neuem, weil anderem Leben. Sie wird zur Erforschung einer anderen Welt, deren kulturelle Unterschiede in den Erzählungen ebenso aufscheinen wie die uneingrenzbare, den menschlichen Gefühlen entspringende Fähigkeit zu Verständigung und Ausgleich, die politische und ideologische Differenzen auslöscht. Ironie und kubanischer Witz sind in diesen Texten stets gegenwärtig, die z.B. zeigen, wie schwer es sich reist, wenn Vorurteile und Misstrauen die zwischenmenschlichen Beziehungen verzerren:

> Die Ägypter aus dem Krankenhaus bildeten eine sehr sympathische Gruppe, sie ähnelten uns ein wenig, nicht nur körperlich, sondern auch, weil sie sehr herzlich waren und sogar mal schlecht über den anderen redeten. [...] Sie waren die ersten Opfer unseres Argwohns. Wir übten uns darin, spitze Fragen zu stellen, die Antworten gut zu interpretieren, um die Spionage aufzudecken, die jene gewisslich führten, weil sie bestimmt versuchen würden, sich bei uns einzuschleichen, uns umzudrehen, und wir mussten schließlich stets wachsam sein (Fernández de Juan 1994: 16).

Die beiden Erzählbände der Autorin sind durch eine sprudelnde und beharrlich weibliche Art des Schreibens gekennzeichnet, die sich des "Gender"-Diskurses wohl bewusst und spöttisch bedient. Der Alltag in Havanna scheint Schwierigkeiten und Größe zu vereinen, vor allem aber eine heterogene Welt des Zusammenlebens und der Entwurzelung, in der sich die Reise auf kleine Räume beschränkt, z.B. in *Clemencia bajo el sol* ("Gnade unter der Sonne") auf den Wohnblock, wo Cuqui und Jekaterina die einzigartige Erfahrung machen, wie sich eine Kubanerin und eine Russin über Sprachbarrieren hinweg kennen lernen und einander verstehen:

> Jekaterina hatte keinen Schimmer vom Spanischen, das bemerkte ich an jenem Tage. Sie wollte sich bei mir bedanken und wusste nicht wie. Ich legte die Süßigkeit auf den Tisch und nahm ihre Hände. Cuqui, sagte ich, und du? Sie war

---

[28] Adelaida Fernández de Juan (*1961; Ärztin) veröffentlichte bislang *Dolly y otros cuentos africanos* (1994; "Dolly und andere afrikanische Geschichten") und *Oh vida* (1999; "Oh Leben"; Preis der UNEAC 1998, Sparte Erzählung).

verzweifelt, die Ärmste. Da legte ich ihre Hand auf meine Brust und wiederholte: Cuqui. Das tat ich mehrere Male, bis dieses intelligente Miststück verstand und sagte: Cuqui. Dann tat sie das gleiche mit meiner Hand auf ihrer Brust, und sagte Jekaterina, Jekaterina (Fernández de Juan 1999: 10).

Eine pathetische Erzählung, die ungeschminkt die kleine, aber so oft sich wiederholende Geschichte der Ausländerin erzählt, die, verheiratet mit einem Kubaner, eine neue, ihr fremde Kultur kennen lernen und begreifen muss. In *Viaje a Pepe* ("Reise zu Pepe"), der Schlusserzählung von *Oh vida*, ist die "Reise" eine Taxifahrt durch die Stadt, auf der zwanghaften Suche nach der Adresse eines Freundes in Spanien, die zur Überraschung des Taxifahrers Daniel mit der an ihn gerichteten Frage endet: "Entscheide du, Daniel: Wo wollen wir jetzt hin?" (Fernández de Juan 1999: 85) und mit der unterschwelligen Aufforderung, sich nun auf eine Reise zu einander und sich selbst zu begeben.

Die Überschreitung historisch-konkreter Zusammenhänge führt drei Autorinnen dazu, phantastische Geschichten zu erzählen. Dabei plündern sie oftmals literarische Traditionen, erkennbar als die von Carlos Fuentes, Franz Kafka, Jorge Luis Borges oder Julio Cortázar. Zu nennen sind Gina Picaret Baluja, Esther Díaz Llanillo und die hier als Beispiel gewählte María Elena Llana.[29] Sie unternehmen Reisen durch das für den Alltag Ungewöhnliche und doch Erkennbare, die sich stark anzulehnen scheinen an die Idee des Phantastischen bei Cortázar. "Wie lange konnten wir die Zeit totschlagen, in unserem eigenen Hause isoliert von der Welt?", heißt es in einer der Geschichten von María Elena Llana (1998: 99), in der sie die Parabel (re-)formuliert von den verschiedenen Zimmern des Hauses, in denen sich je eigene Welten, Szenen von Festen, Wirbelstürme, Augenblicke verschiedenen Lebens eingeschlossen finden, die alle unmöglich mit einem Kunstgriff festzuhalten sind, denn "die Welt" befand sich draußen und entschied unbarmherzig: "Aber die Kinder sind erwachsen geworden und keines von ihnen hat sich in einer Zeit der Elektroakustik noch für ein Projekt der raumgewordenen Phantasien interessiert" (Llana 1998: 31).

Soleida Ríos, wie Marilyn Bobes bislang vor allem als Lyrikerin bekannt, hat in kurzer Folge drei Erzählbände veröffentlicht, die alle eine Überschreitung der Schubladen-Grenzen der literarischen Genres suchen, auf die schon die jeweiligen Buchtitel nachdrücklich hinweisen: *El texto*

---

[29] María Elena Llana (*1936), Journalistin und Erzählerin, veröffentlichte *La Reja* (1965; "Das Gitter"), *Casas del Vedado* (1983; "Häuser des Vedado-Viertels") und kürzlich *Castillos de naipes* (1998; "Kartenhäuser").

sucio (1998; "Der schmutzige Text"), *El libro Cero* (1999; "Das Buch Null") und *El libro de los sueños* (1999; "Das Buch der Träume"). In ihnen allen verfolgt sie ein ähnliches Abenteuer: die Träume von anderen zu erforschen und aufzuschreiben. Insbesondere das letzte Buch nimmt die flüchtige Reise des Unbewussten auf, die Minuten einer "kleinen" Geschichte, von der Autorin auf folgende Weise beschrieben:

> Ohne Bedenken öffne ich die Türen dieses Buches, um vom kollektiven Unbewussten Zeugnis abzulegen, um die Träume vor dem Vergessen zu retten. Da sich die Literatur so oft ihrer Mittel und Visionen bedient hat, gebührt ihnen jetzt ein eigener, wohlverdienter Platz. Warum auch nicht? Bei all ihrer Flüchtigkeit, ihrer Zusammenhanglosigkeit und ihrer allumfassenden Fähigkeit: der des Fluges (*El libro de los sueños*, Ríos 1999b: 9f.).[30]

Von der Macht des Fluges spricht die Autorin und sie verleiht ihren Erzählungen die Fähigkeit Abenteuer zu bestehen, um Zeit-Räume *(Chronotopoi)* durchstreifen zu können, ohne Grenzen, ohne Regeln und Demarkationen. Sie versucht nicht, sich den Welten zu stellen, sie zu vergleichen, sondern das grenzlose Gebiet von Schlaf und Traum zu erfassen, das ihre Erzählungen auf poetische Weise wahrnehmen, und in denen Soleida Ríos die vorgeblich von Freunden "geborgten" Geschichten (in Aufhebung des *Testimonios*, des literarisch gefassten Zeugnisses von wirklichen Ereignissen?) nur "bezeugt" und rekonstruiert (und vielleicht "kompiliert").

2. "Weißt du, mein Kind, dass du mit mir durch die ganze Spiegelwelt gereist bist?" (Carrol 1999: 280)

Aus den hier vorgestellten Erzählbänden ergibt sich ein facettenreiches Bild der Schreibkunst kubanischer Autorinnen am Ende des 20. Jahrhunderts, in dem sich Generationsaspekte und die Vielfalt literarischer Verfügung über Themen und Probleme überlagern. Es entsteht aus dem Nebeneinander deutlicher Unterschiede im Individualstil, den Erzählstrategien und den literatur- und gesellschaftsbezogenen Ansichten der Autorinnen. Das Panorama belegt die parallele, gemeinsame Suche und Bestimmung eines eigenen, kubanischen weiblichen Diskurses, der seinen Ort in der nationalen Literatur und (noch nicht mit gleichem Nachdruck) innerhalb der zeitgenössischen Weltliteratur sucht.

Das Motiv der Reise findet in fast allen besprochenen Bänden ausführliche Behandlung. Es scheint geeignet, die Besonderheiten der Antinomie des

---

[30] Soleida Ríos (*1950), Lyrikerin und Erzählerin, veröffentlichte nach verschiedenen Lyrikbänden in jüngster Zeit die o.g. Erzählbände.

öffentlichen und des privaten Raumes zu nutzen und einen von den Autorinnen in der außertextlichen Wirklichkeit wahrgenommenen Konflikt von Werten zu artikulieren: als weibliches Problem und als ein bei weitem nicht nur weibliches Problem oder Problem der Geschlechter. Über den Platz der besprochenen Autorinnen und ihrer Texte im (nicht nur kubanischen?) Geschlechter-Diskurs wird die weitere Forschung noch Wichtiges zu sagen finden. Für die untersuchten Texte zeigt sich: Die Auseinandersetzung mit Defiziten, Tabuisierungen und Grenzziehungen führt zu einer Hyperbolisierung gerade des Raumes, bei der die messbaren drei Dimensionen, durch welche die Geographie benennbar und begehbar wird, überlagert werden von der vierten, schwer messbaren Dimension der Psyche, der Suche nach dem Anderen. Mit ihnen tritt (bislang) Ungesagtes und Verschwiegenes, die Kehrseite des Diskurses, von der Bachtin sprach, in den Raum literarischer Kommunikation. Dieser andere Raum erhält seine Konturen vielleicht bei einem Flug oder wenn eine Katze in diesen Erzählungen geduckt durch ein Dorf streift, wo eine Stadt durchwandert wird, phantastische Welten oder Träume, Afrika, die Vereinigten Staaten von Amerika oder Frankreich, Havanna oder Moskau, Bars oder Räume an Rändern und an Abgründen. Die vielfältig erfassbare Spannung zwischen einer kulturellen Welt und der anderen, zwischen ideologischen, politischen und individuell-intimen Determinanten schließt auch das Ungesagte als einen "anderen" Ort ein. Ein Wunsch-Raum, der sich in den besprochenen Texten auch durch Negationen ausdrückt, als Symptom einer streitbaren, nonkonformistischen zutiefst persönlichen Schreibkunst der Autorinnen. Interessanterweise sind es gerade die jüngsten Schriftstellerinnen, jene die gerade erst ein oder zwei Bücher veröffentlicht haben, die solch antinomische Beziehungen durch die Hinwendung zu vermeintlich neuen Stoffen problematisieren. Ihre Entdeckung der Marginalität und ihre Loslösung vom bislang "herrschenden" Diskurs und von vielfältigen Klischees und Vorurteilen (die nicht unabhängig betrachtet werden sollte vom sich zeitgleich wandelnden männlichen Diskurs) bringt Fiktionen hervor, die auch Teil einer außerliterarischen (politischen, ideologischen und kulturellen) Debatte über "die einen" und "die anderen", über "Äußeres" und "Inneres" sind.

Die Stimme dieser weiblichen "Reisenden" ist in starkem Maße testimonial und bekennend, wo sie einen Pakt mit der "wirklichen Realität" suchen, während sie gleichzeitig die Bewältigung dieser Realität über Symbologien und Sinnentwürfe anstreben. Die erzählte Reise wird auf dieser Ebene zu einer Suche nach Werten und nach dem (anderen?) Zentrum. Sie geht fast immer auf verinnerlichte Art und Weise vor sich und sie erkundet eine Gefühlslandschaft, die bis zur Verzweiflung den Widerstreit im Konflikt stehender, gelegentlich paradoxer Welten erleidet, und die versucht, das Begehren als eine Geographie der Sicherheit, des Kontaktes und Zentrums einzugrenzen.

In der Unterschiedlichkeit der Autorinnen bleibt die gegenwärtige kubanische Literatur und Kultur als ein Kreuzungsraum voller Divergenzen und Assoziationen wahrnehmbar. Es zeigt sich die kreative Vielfalt, mit der die weiblichen Stimmen Kubas von der Welt, zu der sie gehören, Zeugnis ablegen. Sie schaffen sich ihre eigene literarische "Reise", einen (möglicherweise fiktiven) Raum, der zur Erfüllung wird in einer Schreibkunst, die Teufelsaustreibungen betreibt und Fesseln löst und die, vor allem anderen, im Jetzt einen "anderen" Ort der Verwirklichung bietet: für AutorInnen und LeserInnen.

Literaturverzeichnis[31]

Primärliteratur: Erzählende Literatur von kubanischen Autorinnen[32]

Alonso, Nancy (1997): *Tirar la primera piedra*. Havanna: Letras Cubanas.

Aymerich, Aymara/Rodríguez Puerto, Elvira (2000): *Deseos líquidos*. Havanna: Casa Editora Abril (*).

Bahr, Aida (1984): *Hay gato en la ventana*. Havanna.

— (1989): *Ellas de noche*. Havanna.

— (1998): *Espejismos*. Havanna.

Bobes, Marilyn (1995): *Alguien tiene que llorar*. Havanna: Casa de las Américas.

Boudet, Rosa Ileana (1998): *Este único reino*. Havanna.

— (2000): *Potosí 11, dirección equivocada*. Havanna: Unión (*).

Chaviano, Daína: (1979): *Los mundos que amo*. Havanna.

— (1982): *Amoroso planeta*. Havanna.

— (1986): *Cuentos de hadas para adultos*. Havanna.

Dávila, Iris (1998): *Intimidades*. Havanna.

Díaz Llanillo, Esther (1966): *El castigo*. Havanna.

---

[31] Die nach der Eintragung mit (*) markierten Quellen sind erst nach der Erarbeitung dieses Aufsatzes erschienen bzw. zugänglich geworden. Sie werden trotzdem aufgeführt, um dem Leser diese aktuellen Informationen zur Verfügung zu stellen.

[32] Berücksichtigt werden ausschließlich Buchpublikationen der im Aufsatz erwähnten narrativen Texte. Erzählungen, die in Anthologien, Zeitschriften, Zeitungen oder informellen Publikationsformen erschienen, können hier nicht im Detail aufgeführt werden.

— (1999): *Cuentos antes y después del sueño*. Havanna: Letras Cubanas (Colección Cemí).

Fernández, Olga (1989): *Niña del arpa*. Havanna: Unión.

Fernández de Juan, Adelaida (1994): *Dolly y otros cuentos africanos*. Havanna.

— (1999): *Oh vida*. Havanna: Unión.

Fernández Pintado, Maylene (1999): *Anhedonia*. Havanna: Unión.

García Calzada, Ana Luz (1989): *Desmemoria del olor*. Guantánamo.

— (1990): *Y los ojos de papá*. (o.O.).

— (1995): *Heavy Rock*. Guantánamo: Oriente.

— (1999): *Minimal son*. Havanna: Unión.

Gutiérrez, Virgen (1998): *Cuentos virginales*. Santiago de Cuba: Oriente (Colección Heredia).

Lima, Chely (1980a): *Monólogo con lluvia*. Havanna.

— (1980b): *Tiempo nuestro*. Havanna.

Llana, María Elena (1965): *La Reja*. (o.O.).

— (1983): *Casas del Vedado*. (o.O.).

— (1998): *Castillos de naipes*. Havanna: Unión.

Macía, Nora (1977): *Los protagonistas*. Havanna.

Picart Baluja, Gina (1994): *La poza del ángel*. Havanna: Unión.

Portela, Ena Lucía (1998): *El pájaro: tinta china y pincel*. Havanna: Unión (Premio Nacional de Novela, UNEAC 1997).

— (1999): *Una extraña entre las piedras*. Havanna: Letras Cubanas.

— (2000): "El viejo, el asesino y yo". In: *Revolución y cultura*. Havanna, época IV (Jan.-Febr.), Nr. 1, S. 46-52.

Ríos, Soleida (1998): *El libro Cero*. Havanna: Unión.

— (1999a): *El texto sucio*. Havanna: Unión.

— (1999b): *El libro de los sueños*. Havanna: Unión.

Robinson Calvet, Nancy (1973): *Colmillo de jabalí*. Havanna.

Saldaña, Excilia (1987): *Kele-Kele*. Havanna.

Simo, Ana María (1962): *Las fábulas*. Havanna.

Tamayo, Evora (1961): *Cuentos para abuelos enfermos*. Havanna.

— (1983): *Fumando en pipa y otras costumbres*. Havanna.

Vega Serova, Anna Lidia (1998): *Catálogo de mascotas*. Havanna: Letras Cubanas (Colección Cemí).

— (1998): *Bad Painting*. Havanna: Unión.

Vian, Enid (1998): *El corredor de tardes y otros cuadros casi contados*. Havanna: Letras Cubanas.

Yáñez, Mirta (1975): *Todos los negros tomamos café*. Havanna.

— (1980): *La Habana es una ciudad bien grande*. Havanna.

— (1988): *El diablo son las cosas*. Havanna.

— (1997): *Narraciones desordenadas e incompletas*. Havanna. [Ungeordnete und unvollständige Erzählungen; Zusammenstellung/Neuausgabe von in o.g. Büchern Mirta Yáñez' veröffentlichten Erzählungen – d. Verf.]

Primärliteratur: Anthologien kubanischer Erzählungen

Bueno, Salvador (Hrsg.) (1953): *Antología del cuento en Cuba (1902-1952)*. Havanna: Ministerio de Educación, Dirección de Cultura, Editorial del Cincuentenario.

Garrandés, Alberto (Hrsg.) (1997): *Poco antes del 2000*. Havanna: Letras Cubanas.

López Sacha, Francisco (Hrsg.) (1999): *Islas en el sol*. Havanna: Unión.

o. V. (1975): *El cuento cubano en la Revolución. Antología*. Havanna: Unión.

— (1997): *Toda esa gente solitaria. Cuentos cubanos sobre el SIDA*. Madrid: Ediciones La Palma.

Redonet, Salvador (Hrsg.) (1993): *Los últimos serán los primeros. Antología de cuentos cubanos*. Havanna: Letras Cubanas.

— (1999): *El ánfora del diablo. Novísimos cuentistas cubanos*. Havanna: Ediciones Extramuro (*).

Redonet, Salvador/López Sacha, Francisco (Hrsg.) (1994): *Fábula de ángeles. Antología de la nueva cuentística cubana*. Havanna: Letras Cubanas.

Yáñez, Mirta (Hrsg.) (2000): *Cuentistas Cubanas Contemporáneas*. Salta, Argentina: Editorial Biblioteca de textos universitarios (*).

Yáñez, Mirta/Bobes, Marilyn (Hrsg.) (1996): *Estatuas de sal: Cuentistas cubanas*. Havanna: Unión.

Sekundärliteratur und andere Quellen

Araujo, Nara (1996): "La escritura femenina y la crítica feminista en el Caribe: otro espacio de identidad". In: Yáñez, Mirta/Bobes, Marilyn, S. 373-384.

Bloom, Harold (1995): *El canon occidental*. Madrid: Anagrama (Colección Argumentos).

Bourdieu, Pierre (1997): *Las reglas del arte. Génesis y estructura del campo literario*. Madrid: Anagrama.

Campuzano, Luisa (1996): "La mujer en la narrativa de la revolución: ponencia sobre una carencia". In: Yáñez, Mirta/Bobes, Marilyn, S. 351-372.

Capote, Zaida (1999): "La doncella y el minotauro". In: Montero, Susana/Capote, Zaida (coord.): *Con el lente oblicuo. Aproximaciones cubanas a los estudios de género*. Havanna: Instituto de Literatura y Lingüística, Academia de Ciencias de Cuba, S. 38-50.

Carroll, Lewis (1999): *Las aventuras de Alicia*. Madrid: Anaya.

Durán, Diony (2000): "El otro habla: la escritura feminina en el cuento cubano". In: Reinstädler, Janett/Ette, Ottmar (Hrsg.): *Todas las islas la isla. Neue und neueste Tendenzen in der Literatur und Kultur Kubas*. Frankfurt/M.: Vervuert, S. 59-67.

Eco, Umberto (1998): *Los límites de la interpretación*. Barcelona.

Foucault, Michel (1999): *El orden del discurso*. Madrid: Tusquets.

Fowler, Víctor (1999): "Para días de menos entusiasmo". In: *La Gaceta de Cuba*. Havanna: Unión de Escritores y Artistas de Cuba (Nov.-Dez.), Nr. 6, S. 34-38.

Guerra Naranjo, Alberto (1999): "Sin máscaras con Leonardo Padura". In: *Unión*. Havanna, (Jan.-März), Nr. 34, S. 75-80.

López Sacha, Francisco (1994a): "Vaivenes del péndulo: Tendencias actuales del cuento en Cuba". In: *Revolución y Cultura*. Havanna (Juli-Aug.), Nr. 4, S. 12-17.

— (1994b): "La pelea cubana entre los ángeles y los demonios" [Vorwort]. In: Redonet, Salvador/López Sacha, Francisco, S. 5-7.

— (1999): "El cuento cubano una vez más" [Vorwort]. In: *Islas en el sol*. Havanna: Unión, S. 9-28.

Qué leer. Madrid, 4 (März 2000), Nr. 42.

Redonet, Salvador (1994): "Entre paréntesis (1983-1987)". In: ders., *Vivir del cuento*. Havanna: Unión, S. 103-113.

Rivera Valdés, Sonia (1997): *Las historias prohibidas de Marta Veneranda*. Havanna: Casa de las Américas (Premio extraordinario Casa de las Américas, Literatura hispánica en EE.UU.).

Valle, Amir (1999): "Eva deja de ser costilla". In: Montero, Susana/Capote, Zaida (coord.): *Con el lente oblicuo. Aproximaciones cubanas a los estudios de género*. Havanna: Instituto de Literatura y Lingüística, Academia de Ciencias de Cuba, S. 45-50.

Yáñez, Mirta (1996): "Y entonces la mujer de Lot miró ..." [Vorwort, datiert "1994"]. In: Yáñez, Mirta/Bobes, Marilyn, S. 7-43.

Monika Walter

"Was fehlt, ist eine kräftige Brise Verrücktheit."
"Casa de las Américas"
und die kubanische Kulturpolitik

Es ist die Zeit der Retrospektiven. Die "Casa de las Américas" und ihre gleichnamige Zeitschrift[1] feiern ihr vierzigjähriges Bestehen, ein für lateinamerikanische und insbesondere kubanische Verhältnisse geradezu biblisches Alter. Der seit 1986 amtierende Direktor der Institution und langjährige Chefredakteur von CASA, Roberto Fernández Retamar, sprach mit typisch kubanischem Sprachhumor von einem ständigen Überlebenskampf "zwischen dem Schwert und der Wand" (Fernández Retamar 1998: 228). Aber es bedurfte im Falle der *Casa* niemals offizieller Jubiläen, um mit reichlichem Lobeswort bedacht zu werden. Fast alle, die in der lateinamerikanischen Kultur Rang und Namen haben, sind zumindest einmal hier als Autoren aufgetreten: Maribel Alegría, Jorge Amado, Miguel Angel Asturias, Mario Benedetti, Frei Betto, Julio Cortázar, René Depestre, Paulo Freire, Eduardo Galeano, Gabriel García Márquez, George Lamming, Augusto Monterroso, Pablo Neruda, Antonio Skármeta, Leopoldo Zea und so viele andere.

Aus dieser Fülle von Namen nur einige auszuwählen, erweist sich also als äußerst bedenkliche Aufgabe. Vielleicht ist Julio Cortázar die aussagekräftigste Stimme, hat er doch wie wenige andere Intellektuelle des Kontinents um eine dauerhafte, aber niemals konformistische Verbundenheit mit Kuba und der *Casa* gerungen, wie der 1984 in der Doppelnummer 145/146 veröffentlichte Briefwechsel eindrucksvoll offenbart. In einer Rede von 1980 situiert er die Institution in einem internationalen Rahmen:

> Die Arbeit von "Casa de las Américas" hat eine Bedeutung erlangt, die kein Lob auszuschöpfen vermag und die weit über ihr kurzes institutionelles Leben hinausreicht. In erster Linie haben ihre Publikationen und Aktivitäten einen dauerhaften und sehr wichtigen Platz in allen Rezeptionszentren von Kultur in der ganzen Welt erworben, selbst in denjenigen, deren ideologische Ausrichtung nicht mit der kubanischen übereinstimmt, aber die heutzutage nicht länger das

---

[1] Im Text wird die Institution "Casa de las Américas" abgekürzt in Majuskeln CASA zitiert, die Zeitschrift durch die Kursivsetzung *Casa*.

Niveau und den Wert der intellektuellen und künstlerischen Produktion ignorieren können, die Casa weiterträgt und anregt (Cortázar 1980: 4).[2]

Für die Vielzahl angesehener Literaturkritiker und Kulturtheoretiker, die in *Casa* veröffentlichten – von John Beverley, Jean Franco, Fredric Jameson, Francine Masiello, Mary Luise Pratt bis zu Angel Rama –, sei hier stellvertretend der Peruaner Antonio Cornejo Polar zitiert:

> *Casa* ist schon seit langer Zeit ein Ort, den niemand übergehen kann, auch nicht im Falle des Widerstreits, weil hier, auf ihren Seiten, die Probleme einer Gesellschaft und einer Kultur, eben diejenigen von unserem Amerika verhandelt und vertieft werden (*Casa* 1995: 9).[3]

Für die Kubaner soll sich an dieser Stelle Senel Paz äußern, ein gerade für die heutige Kultursituation Kubas bedeutsamer Autor:

> Die Zeitschrift *Casa* ist für mich, für meine Generation und für alle noch Jüngeren eine Zeitschrift, die wie Gott selbst immer schon da gewesen ist, sie existiert, seitdem ich meinen ersten Fuß in jenes Gefilde setzte, das wir Literatur oder Kultur nennen [...] Mit *Casa* haben wir gelernt, Kubaner und Lateinamerikaner zu sein und darüber Stolz zu empfinden (Sarusky 1995: 146).[4]

Doch auch dort, wo eher sachliche Distanz überwiegt, wird trotz aller kritischen Einwände immer der Gesamtleistung der Institution Respekt gezollt, so im Falle der Amerikanerin Judith Weiss und der Niederländerin Nadia Lie, die beide Monographien über die Zeitschrift *Casa* geschrieben haben. Für Weiss spielt *Casa* seit 1965 "die Rolle eines ideologischen Gewissens für die lateinamerikanischen Künstler und Intellektuellen" (Weiss 1977: 11). Lie differenziert ihr Urteil weitaus mehr und hebt die "Ambivalenz", die "Doppelbödigkeit" und "eine gewisse diskursive Heterogeneität" in den Schreibformen der Zeitschrift hervor (Lie 1996: 238).

---

[2] "La labor de la Casa de las Américas asume una significación que ningún elogio podría abarcar, y que sobrepasa largamente su breve vida institucional [...] En primer lugar, sus publicaciones y actividades han ocupado un lugar permanente y muy importante en todos los centros de recepción de cultura del mundo, incluso en algunos cuya línea ideológica dista de ser la de Cuba pero que ya no pueden ignorar la calidad y la validez de la producción intelectual y artística que la Casa vehicula y estimula."

[3] "Casa es desde hace tiempo un lugar que nadie puede dejar de transitar, incluso en caso de desacuerdo, porque allí, en sus páginas, discurren y se ahondan las problemáticas de una sociedad y una cultura, las de nuestra América."

[4] "La revista Casa, para mí, para mi generación y para los que son más jóvenes que nosotros, es una revista que, como Dios, ha existido siempre, existe desde que [...] puse el primer pie en eso que llamamos literatura y cultura [...] Con la Casa toda, hemos aprendido a ser cubanos, a ser latinoamericanos, y a estar orgullosos de ello."

Wie sehen sich die kubanischen Mitstreiter von Institution und Zeitschrift selbst? Roberto Fernández Retamar zog 1995 in einem Interview mit Jaime Sarusky eine umfassende Bilanz, die wesentliche kulturpolitische Konflikte der letzten Jahrzehnte anspricht:

> In dem langen Zeitraum, in dem ich größere Verantwortung getragen habe, sind bekanntlich drei besonders harte Diskussionen geführt worden: Die Polemik gegen *Mundo Nuevo*,[5] der Offene Brief an Neruda[6] und der so genannte "Fall Padilla". Keine von ihnen ist von Casa ausgegangen [...] Obwohl etwas beschädigt, hat *Casa* jene Zeit mit Würde durchgestanden, die Ambrosio Fornet auf den gleichen Seiten das "Graue Jahrfünft" (1971-1975) nennen sollte; wir haben nicht eine einzige der Lobeshymnen auf den sozialistischen Realismus veröffentlicht, mit denen die sowjetischen Presseagenturen Kuba überschwemmt haben [...] Man sagt, *Casa* war eine Zeitschrift von größter Bedeutung in den sechziger Jahren. Das ist richtig. Man sagt weitaus weniger, dass sie auch in den siebziger, den achtziger und noch in den heutigen Jahren bedeutsam geblieben ist (Sarusky 1995: 144f.).[7]

In einem noch unveröffentlichten Text von 1999 sieht Retamar den weiteren Fortbestand der Institution und ihrer Medien gleichermaßen mit Realitätssinn wie mit utopisch anmutendem Optimismus:

> Heute steht die Revolution nicht auf der Tagesordnung, weder auf unserem Kontinent noch in der übrigen Welt [...] Aber die Umgangsformen werden nicht immer dieselben sein. Die Blockaden werden enden [...] und die "Casa de las Américas" wird das Haus aller Amerikas sein (Fernández Retamar 1999: 15f.).[8]

---

[5] *Mundo Nuevo* wurde 1966 von dem Uruguayer Emir Rodríguez Monegal in Paris als bedeutendste literaturkritische Plattform nicht allein der intellektuellen Gegner der Kubanischen Revolution, sondern auch der Verteidiger der ästhetischen Standards eines europäischen Autonomie-Konzeptes von Literatur gegründet. Neben Carlos Fuentes, Octavio Paz, Mario Vargas Llosa als Autoren bildete vor allem Jorge Luis Borges das literarische Paradigma der Zeitschrift.

[6] Protestschreiben gegen Nerudas Teilnahme an der PEN-Club-Sitzung in New York 1966, die als Verrat an der lateinamerikanischen Befreiungsbewegung ausgelegt und sogar von Autoren wie José Lezama Lima und Alejo Carpentier unterzeichnet wurde.

[7] "En el largo período del que soy responsable mayor, se sabe que hubo tres discusiones particularmente rudas. La polémica con *Mundo Nuevo*, la carta abierta a Neruda y el llamado "caso Padilla". Ninguna de las tres nació en Casa [...] Aunque con alguna lastimadura, *Casa* atravesó dignamente lo que Ambrosio [Fornet; Anm. d. Verf.] bautizaría en estas mismas páginas como "el Quinquenio Gris" (1971-1975); no publicó *ni uno solo* de los materiales laudatorios del realismo socialista con que nos inundaban las agencias de prensa soviéticas radicadas en Cuba [...] Se dice que Casa fue una revista capital de la década de los 60. Es cierto. Pero se dice mucho menos que siguió siéndolo de la de los 70, la de los 80 y lo que va de los 90".

[8] "Hoy, la revolución no está en el orden del día, ni en nuestro continente ni en el resto del mundo [...] Pero los usos no serán siempre así. Los bloqueos terminarán [...] y la Casa de

Luisa Campuzano, langjährige Leiterin des Literaturforschungszentrums (CIL) und heute verantwortlich für das "Frauenforschungsprogramm" der CASA, kommt in ihrem durchaus selbstkritischen Rückblick letztlich zu ähnlich positiven Schlussfolgerungen:

> Am Ende dieses langen Weges werden wir uns fragen müssen, worin sich die Zeitschrift eigentlich geändert hat. Und von einer nun langfristigen Perspektive betrachtet, fällt die Antwort ganz einfach aus: In nichts, in nichts Wesentlichem hat sich die Zeitschrift geändert (Campuzano 1996: 233).[9]

Auch wenn jeder Vorbehalt gegenüber eventueller schönfärberischer Rhetorik hier völlig unangebracht ist, stellt sich doch zumindest eine gewisse Verwunderung ein. Über alle diese Jahrzehnte hindurch, in denen die linken Gesellschaftsexperimente Lateinamerikas gescheitert oder in Krisen geraten sind, in denen schließlich das gesamte sozialistische Lager in die historische Vergangenheit gestürzt ist und die Kubanische Revolution bis zum drohenden Kollaps von diesen dramatischen Wenden tief gezeichnet wurde – soll sich gerade in der bedeutendsten kontinentalen Stimme innerhalb der linken Kulturdebatten seit den sechziger Jahren "nichts Wesentliches" geändert haben? Könnten CASA und ihr wichtigstes Medium tatsächlich über eine strategische Zauberformel verfügen, die beiden eine solche, heute etwas seltsam anmutende unbeschädigte Kontinuität gesichert hat?

Eine leise Skepsis verstärkt sich noch, wenn man unter den begeisterten Bewunderern von *Casa* keinen Geringeren als den kubanischen Kulturminister Armando Hart Dávalos entdeckt, der beispielsweise anlässlich des 35. Jahrestags der wohl berühmtesten Rede von Fidel Castro, der *Worte an die Intellektuellen* (1961), in *Casa* 204 einen Beitrag veröffentlichte, in dem zunächst die außerordentliche Aktualität des Textes für die gesamte kubanische Kulturpolitik hervorgehoben wird:

> Als das Kulturministerium geschaffen wurde, verstand ich meine Verantwortlichkeit als Anwendung jener Prinzipien, wie sie einst Fidel in *Worte an die Intellektuellen* formuliert hatte. Ich hatte endgültig die Schwächen und Irrtümer zu

---

las Américas lo será de las Américas todas." Für die Übersendung des unveröffentlichten Manuskriptes danke ich Roberto Fernández Retamar an dieser Stelle besonders herzlich.

[9] "Llegados, pues al fin de este largo camino, tendríamos que preguntarnos en qué ha cambiado la revista. Y contemplado desde la que ahora en vez de corta es una larga perspectiva, la respuesta es bien sencilla: en nada, la revista no ha cambiado en nada sustancial."

vermeiden, die mit der Umsetzung dieser Politik entstanden waren (Hart Dávalos 1991: 130).[10]

Als Lehrbeispiel für eine richtige *instrumentación* dieser Politik hebt Hart dann die Tätigkeit der CASA hervor:

> Am Beispiel der CASA ist der geschlossenste und reinste Kern der politischen Praxis zu erkennen, wie sie in den Anfangszeiten der Kubanischen Revolution in Bezug auf die Kunst entstanden ist. Hier können die jungen Leute die unverfälschte Quelle für die Anwendungsprinzipien und den politischen Stil studieren, wie er in *Worte an die Intellektuellen* konzipiert worden ist (Hart Dávalos 1991: 124f.).[11]

Mit seiner Perspektive stellt Armando Hart das eigene Handeln als Kulturminister wie die Aktivitäten der CASA in die durchaus konfliktreiche Wirkungsgeschichte der *Worte*, die bis heute als Schlüsseltext kubanischer Kulturpolitik gelten können. Der Rückblick auf die sechziger Jahre verdeutlicht gleichzeitig die Entstehungsgeschichte der "Casa de las Américas". Hart Dávalos, selbst eines der Gründungsmitglieder der "Bewegung 26. Juli", beauftragte als damaliger Bildungsminister seine Kampf- und Lebensgefährtin Haydée Santamaría damit, die Möglichkeiten der Gründung einer solchen Institution zu erkunden. Allerdings waren weder die Gründungsidee noch die Namensgebung originäre Erfindungen der Kubanischen Revolution. Beide stehen in der Nachfolge jener panamerikanisch ausgerichteten Organisationen, die sich ihrerseits, und aus höchst unterschiedlichen, gleichermaßen liberal-humanistischen wie konservativ-reaktionären Beweggründen, auf die ganzheitlichen Amerika-Visionen eines Simón de Bolívar oder eines José Martí beriefen. Selbst ein Diktator wie Fulgencio Batista suchte sich mit durchsichtigen propagandistischen Zielen in die geistige Nähe Martís zu stellen, indem er beispielsweise die Errichtung eines "Monumento a Martí" beförderte (Ette 1991: 124f.). Das später als kulturelle Begegnungsstätte so berühmt gewordene, am Malecón gelegene Haus im späten Art-Déco-Stil war 1959 Sitz der "Sociedad Colombista Panamericana" gewesen, einer

---

[10] "Cuando se creó el Ministerio de Cultura [...] entendí que se me había situado en esta responsabilidad para aplicar los principios enunciados por Fidel en *Palabras a los intelectuales* y para desterrar radicalmente las debilidades y los errores que habían surgido en la instrumentación de esa política."

[11] "En el ejemplo de la Casa está el núcleo germinal más definitivo y puro de la práctica política en cuanto al arte de los tiempos iniciales de la Revolución Cubana. Aquí los jóvenes cuentan con la fuente más autóctona para estudiar cómo se aplicaron y desarrollaron los estilos políticos concebidos en *Palabras a los intelectuales*."

Gesellschaft, die eng mit der "Panamerikanischen Union" in Washington zusammenarbeitete und dort die Zeitschrift *Américas* herausbrachte.[12]

Die gleiche *Unión* hatte bereits seit Anfang der dreißiger Jahre die Gründung von sogenannten "Casas de las Américas" in lateinamerikanischen Ländern angeregt, aber nirgendwo war das Vorhaben greifbare Wirklichkeit geworden. Jahrzehnte später hat Haydée Santamaría von den panamerikanischen Täuschungsmanövern dieser Organisation gesprochen (Sarusky 1988: 4), die wenig mit José Martís Idee von *Nuestra América* zu tun hatten, die sie als Zusammenwirken unabhängiger und gleichberechtigter Nationen mit gerechten und solidarischen Gesellschaftsstrukturen entworfen sah (Sarusky 1988: 5). Doch auch die im April 1959 gegründete "Casa de las Américas" hatte in den ersten Jahren keineswegs schon ein eigenes und unverwechselbares Kulturprojekt. Als Partnerorganisation für Kubas kulturelle Außenkontakte mit dem Subkontinent gedacht, war CASA in den ersten Jahren der spektakuläre Aufstieg zu einer der bedeutendsten kontinentalen Kulturinstitutionen und einem hervorragenden Ort der Popularisierung und Erforschung der lateinamerikanischen Literaturen kaum anzusehen. Die Kunst- und Photogalerien waren noch nicht eingerichtet, die Forschungszentren zu den Literaturen, dem Theater und der Musik des Kontinentes und der Karibik noch nicht gegründet, ihre später so berühmt gewordenen Theater- und Liederfestivals ebenso wie die künftigen internationalen Kulturkongresse noch nicht veranstaltet.

Ebenso wenig war der "Fondo Editorial" bereits gegründet, mit seinen später so bekannt gewordenen Buchreihen wie der *Colección* zum Literaturpreis, *La honda* für die Gegenwartsliteratur, *Pensamiento de nuestra América* für die Ideengeschichte, *Valoración múltiple* mit literaturkritischen Porträts von berühmten lateinamerikanischen Autoren und vielem mehr. Der Literaturpreis (auch er schon Mitte der fünfziger Jahre geplant, doch niemals realisiert) wurde zwar im Jahre 1960 erstmals ausgeschrieben, aber nach Bezeichnungen wie "Hispanoamerikanischer Literaturwettbewerb" erhielt er erst fünf Jahre später seinen heutigen Namen "Premio Casa de las Américas". Bald wurde er nicht allein für Werke in spanischer Sprache, sondern auch für portugiesisch-, französisch-, englischsprachige und kreolische Texte der Karibik sowie für Arbeiten in den indigenistischen Sprachen des Kontinents vergeben.[13] Der Gattungskanon wurde über die klassischen literari-

---

[12] Vgl. zur Geschichte der "Sociedad Colombista Panamericana" *Diccionario* (1984, 1: 975).
[13] Vgl. die ausgezeichnete Chronik des *Premio* von Casañas/Fornet (1999).

schen Formen Poesie, Roman, Theater, um den Essay, die Kinderliteratur und vor allem seit 1970 um das *Testimonio* erweitert, ein bald viel diskutierter Sammelbegriff für neue Formen dokumentarischer und halbfiktiver Erzählliteratur.

Ebenso wenig war der Zeitschrift *Casa* im Gründungsjahr 1960 anzusehen, dass sie über Jahrzehnte hindurch "die große linke Zeitschrift des Kontinentes und eine der großen spanischsprachigen Zeitschriften" (Campuzano 1996: 217)[14] werden sollte. Eher zufällig hatten sie zwei ehemalige Mitarbeiter der Zeitschrift *Orígenes* um José Lezama Lima gegründet – Antón Arrufat und Fausto Masó, die in Castros Rede unter die später so heftig diskutierte Kategorie der "nicht naturgemäß Revolutionären" fielen (Franzbach 1986: 94). In der ersten Zeitschriftennummer betonte die Redaktion in einem Text mit dem Titel "Wie wir es machen" deshalb deutlich das Suchprofil des publizistischen Unternehmens:

> Diese Zeitschrift glaubt, vielleicht etwas naiv, an die Existenz eines hispanoamerikanischen Lebenskonzeptes. Diese Zeitschrift ist eine ungewisse und wagnisreiche Hoffnung auf die Möglichkeit, die Wirklichkeit zu verändern [...] Wir wagen die Behauptung, dass wir alles vom Unbekannten erhoffen (CASA 1960, 1: 2).[15]

"Das Unbekannte" sollte sich indessen, wie Haydée Santamaría in ihrem Interview mit Jaime Sarusky zur Geschichte der Institution sagte, als eine ebenso harte wie enorm produktive Herausforderung erweisen: Mit der Embargo-Politik der USA und dem Austritt Kubas aus der "Organisation der lateinamerikanischen Staaten" (OAS) im Jahre 1962 emanzipierte sich CASA endgültig von ihren panamerikanischen Vorläufern, sie gewann nun ein unverwechselbares Profil als bedeutsame Kommunikationsstätte lateinamerikanischer Kulturschaffender, als wichtiger Ort linker Theoriedebatten, vor allem jedoch als Medium einer internationalen Neubewertung der lateinamerikanischen Literatur. Gleichzeitig jedoch bewahrt CASA selbst mit seinem Anschluss an das Kulturministerium im Jahre 1976 einen halbautonomen Status, einen "nicht staatlichen Charakter", den Hart immer wieder im Vergleich zu anderen bedeutenden Kulturinstitutionen Kubas wie dem "Instituto Cubano del Arte y la Industria Cinematográficos", dem "Instituto

---

[14] "La gran revista de izquierda del Continente y una de las grandes revista de lengua española."
[15] "Esta revista cree, tal vez ingenuamente, en la existencia de una concepción de la vida hispanoamericana. Esta revista es una esperanza, incierta y riesgosa, de la posibilidad de cambiar la realidad [...] Nos arriesgamos a afirmar que debemos esperarlo todo de lo desconocido."

del Libro" sowie dem Schriftstellerverband UNEAC herausgehoben hat (Hart Dávalos 1986: 15).

Wie aber passt die breite Akzeptanz unter den lateinamerikanischen Intellektuellen gerade in den ersten Wirkungsjahren von *Casa* mit dem Ausspruch des Kulturministers von ihrer exemplarischen kulturpolitischen Rolle zusammen? Bei der Suche nach der vermuteten Zauberformel der Institution gilt es zunächst, Castros *Worte an die Intellektuellen* genauer zu lesen, um aus diesem kulturpolitischen Schlüsseldokument genauer jene Grundsätze hervorzuheben, die Armando Hart als Castros "politischen Stil" charakterisierte. Die Rede war konzipiert als programmatische Zusammenfassung einer ganzen Reihe von Diskussionen und Debatten mit Intellektuellen über ihr künftiges Verhältnis zur Kubanischen Revolution, die sich schon damals, mit der Verstaatlichung der Kommunikationsmedien, der Demokratisierung von Bildungsmöglichkeiten sowie der Alphabetisierungskampagne als radikale Kulturrevolution zu erkennen gab. Erst kürzlich hat der Schriftsteller Abel Prieto, seit 1997 Kulturminister Kubas, diese kulturrevolutionäre Dimension der Entwicklung seit 1959 noch einmal zusammengefasst:

> Die Revolution hat in drei Jahrzehnten mehr für die Kultur getan als die lateinamerikanischen Republiken in den fast 200 Jahren ihrer Unabhängigkeit: Sie schuf Galerien, Theater, Kunstschulen und eine mächtige Verlagsindustrie. Sie beseitigte den Analphabetismus und verwandelte das Buch in einen alltäglichen Gegenstand im Leben aller Kubaner (Prieto 1998: 94f.).[16]

Die gesamte kulturpolitische Argumentation Castros gegenüber den Rechten jener "Gruppe der Künstler und Intellektuellen, die nicht naturgemäß Revolutionäre sind", spiegelt sich nun in einem Satz wider, der wohl einer der am meisten zitierten Sätze des *Máximo Líder* geworden ist: "Das bedeutet: Innerhalb der Revolution: jedes Recht; gegen die Revolution nichts" (Franzbach 1986: 94; Castro 1977: 17).

Zunächst fällt eine gewisse Ambivalenz in der rhetorischen Konstruktion des Satzes auf, denn in der sehr massenwirksam polarisierenden Formulierung sind gleich zwei Antinomien untergebracht: das eher apodiktisch wirkende, auf ideologische Grundsatzentscheidungen zielende Gegensatzpaar von Pro und Contra und die beweglichere und weniger eindeutigere Entgegensetzung der Raummetaphern des Innen und Außen. Der ambivalenten

---

[16] "La Revolución hizo más por la cultura en tres décadas que las Repúblicas de América Latina en casi 200 años de independencia: creó galerías, teatros y escuelas de arte, y una poderosa industria editorial, y liquidó el analfabetismo, y logró que el libro se convirtiera en una presencia cotidiana en la vida de todos los cubanos."

Verschiebung innerhalb der Satzkonstruktion entspricht eine offenkundig bewusst geplante rhetorische Biegsamkeit der Aussage. Durch sie konnte dieser Satz zu einer idealen strategischen Formel werden, die gleichzeitig dem strategischen Revolutionsbegriff bei Castro entspricht. Castro sprach immer wieder von der Revolution als einer "Kunst, Kräfte zu vereinen, Kräfte zusammenzuschmieden [...]" (Lie 1996: 98).[17]

In *Worte an die Intellektuellen* geht es also zum einen um eine flexible Bündnispolitik insbesondere mit den Schriftstellern um die Zeitschrift *Lunes* (1959-1961) unter der Leitung von Guillermo Cabrera Infante, der 1965 Kuba verlassen wird. Zum anderen zielt Castro auf die neuen Funktionen von Kultur innerhalb der gesellschaftlichen Veränderungen Kubas seit 1959. Die Aussage "innerhalb der Revolution alles" enthält dabei eine im Vergleich zur damaligen kulturpolitischen Praxis der sozialistischen Länder neuartige Offenheit und Breite der Dialogmöglichkeiten mit revolutionären und nicht-revolutionären Haltungen der Intellektuellen und über die formalen Freiheiten ihrer künstlerischen Experimente, die kühn und provozierend gegen den fragwürdig gewordenen Alleinanspruch eines sozialistischen Realismus gesetzt werden.

Zugleich aber enthält die schillernde Raummetapher des "innerhalb" keine eindeutig abrufbaren und so auch nicht einzuklagenden Kriterien, die das Recht auf Einbeziehung oder das Verdikt der Ausschließung für den einzelnen Beteiligten wirklich hätten durchschaubar machen können. In dem ebenso flexibel wie willkürlich gehaltenen Ermessensspielraum der Formel ist in der Tat der ganze politische Stil Fidel Castros enthalten. In ihm spiegelt sich eine in der damaligen Zeit herausfordernd wirkende Andersheit der Kubanischen Revolution wider, die mehr als bloße politische Exotik der Differenz darstellt. Bis heute ist in der besonderen historischen Konstellation der Kubanischen Revolution, die die Faszination einer Mythenerzählung ausströmte, möglicherweise auch die Lösung jenes Rätsels zu suchen,

> das weiterhin das theoretische Nachdenken herausfordert, trotz aller Beschädigungen und Deformationen, die der geographische Fatalismus, der ökonomische Realismus und der politische Zentralismus im kubanischen Sozialismus hinterlassen haben (Herlinghaus 2000: 34).[18]

---

[17] "Arte de unir fuerzas, de aglutinar fuerzas ..."
[18] "... que sigue desafiando la reflexión, a pesar de los estragos y deformaciones que el fatalismo geográfico, el realismo económico y el centralismo político no han dejado de causar a lo largo del socialismo cubano."

Ist es vielleicht auch die Lösung des "Rätsels" der "Casa de las Américas"? Bei der Suche nach einer Antwort ist in besonderem Maße zu bedenken, dass jedes revolutionäre Experiment im 20. Jahrhundert zugleich Stellung zu einem übergreifenden Moderne-Diskurs bezieht. In der Sentenz von Castro geht es im Grunde um eine doppelte Rebellion: Einerseits richtet sie sich gegen die fehlgeschlagenen oder halbgescheiterten Pseudomodelle von bürgerlicher Modernisierung in Lateinamerika. Andererseits orientiert sie auf eine "Antimoderne", die gleichermaßen als Erfüllungsprojekt der Gerechtigkeitsträume eines José Martí wie als Kontrapunkt eines so genannten "real existierenden Sozialismus" ausgegeben wird. "Innerhalb der Revolution alles" richtet sich deutlich gegen die stalinistische Pervertierung des Gegenmodells sozialistischer Entwicklung in Europa. So bedeutet die Kubanische Revolution in der Tat eine Herausforderung an die Universalansprüche bürgerlicher und antibürgerlicher Modernisierungsprojekte Europas und erhebt von nun an Lateinamerika zum Paradigma einer Geschichtsrebellion der sogenannten Dritten Welt. Gegen das Modell der bürgerlich-parlamentarischen Demokratie gerichtet, setzt die Kubanische Revolution auf ein eigenes Konzept der realen Beteiligung der gesamten Bevölkerung, das sich kritisch gegen die bürgerlichen Demokratie-Traditionen abzuheben sucht. Allerdings entwickelte die Kubanische Revolution damit kein anderes Modell von sozialistischer Demokratie. Dass sich in Castros kulturpolitischer Formel auch ganz bestimmte grundlegende Besonderheiten der politischen Machtstrukturen verdichten, bekräftigt Fidel Castro noch 1988 in einem Interview für den amerikanischen Fernsehsender NBC: "Wir akzeptieren Opposition innerhalb der Revolution, wir akzeptieren sie nicht gegen die Revolution. Alles übrige ist nur Legendenbildung nach einem Schema, genannt Demokratie" (Habel 1993: 145). Castros Absage ist eng verbunden mit dem Verdrängen einer Pluralität der demokratischen Kräfte aus den mittleren und Oberschichten des Bürgertums, die die Revolution durchaus unterstützt hatten. Die Revolution als Massenbewegung, in der insbesondere seit 1961 ganz auf ein neues und sozialistisches Konzept von "Volk" gesetzt wurde, brachte politische und kulturelle Praxisformen hervor, die der Repräsentanz dieser Klassen "als bedeutsamer Subjekte der lateinamerikanischen Geschichte" (Castro-Gómez/ Mendieta 1998: 89) nur unzulänglich entsprachen. Ein großer Teil der Konflikte zwischen bürgerlichen Schriftstellern wie Cabrera Infante, Lezama Lima, Severo Sarduy "innerhalb der Revolution" hat in dieser Anfangskonstellation zumindest eine ihrer Wurzeln. Gleichzeitig verteidigt Castros Formel ausdrücklich die Schaffensfreiheit der Intellektuellen, bindet sie jedoch an eine Demokratisierung von Kultur, die auf die umfassende Bildung und Kreativität des *pueblo* orientiert. Armando Hart hat diese kulturelle Demokratisierung einmal so definiert:

> Um die Demokratie in der Kultur zu erreichen, kann nicht nur die Schaffensfreiheit der Intellektuellen gefordert, sondern muss auch in grundlegender Weise die gleiche Möglichkeit für die gesamte Bevölkerung angestrebt werden (Hart Dávalos 1983: 17).[19]

Diese gegenseitige Annäherung – an die oralen Erzähltraditionen für die einen, an die hohe Schriftkultur für die anderen – ist in der dialogischen Erzählform des *Testimonio* zumindest angestrebt worden.

Der politische Stil Castros entspricht gleichzeitig einem neuartigen sozialistischen Revolutionsbegriff, der in seiner Rede "Selbstkritik der Kubanischen Revolution" von 1962 unmittelbar mit einem Vermögen zur gemeinschaftlichen "Selbstkontrolle" *(saber rectificar)* verbunden wird (Castro 1976, 1: 247). Dieses keineswegs dogmatische Revolutionsverständnis ist jedoch untrennbar von Fidel Castros Führungscharisma, das sich von Anbeginn und bis heute jedem demokratischen Grundprinzip öffentlicher Kontrolle entzogen hat. Vielmehr inszenierte Castro das eigene Charisma zunächst als Dynamisierungsschub radikaler gesellschaftlicher Veränderungen, seit den siebziger Jahren indessen zunehmend als kritische Gegeninstanz zu bürokratisch-konservativer Inkompetenz des Parteiapparates. Die inneren Paradoxien der Castro'schen Formel "innerhalb der Revolution alles; gegen die Revolution nichts" spiegeln also bereits die Widersprüche der Machtpraxis wider: Auf der einen Seite steht die neuartige Beweglichkeit gegenüber den intellektuellen Spielräumen der Mitstreiter, auf der anderen Seite die unerbittliche Strenge gegenüber den Gegnern, die eben nicht den obersten Grundsatz der Revolutionsideologie beachten: "Gegen die Revolution nichts, weil die Revolution auch ihre Rechte hat, und das erste Recht der Revolution ist das Existenzrecht" (Franzbach 1986: 94; vgl. Castro 1977: 18).

Was bedeutet es nun in diesem Zusammenhang, wenn Hart die CASA als Lehrbeispiel für die produktive Anwendung von Castros politischem Stil lobte? Das eigentliche kulturelle und kulturpolitische Projekt von CASA kristallisierte sich in den sechziger Jahren und wurde besonders in der Nummer 26 von *Casa* deutlich, die ausdrücklich auf die politische Isolierung Kubas reagierte: "Während in Washington die Teilungspolitik verstärkt

---

[19] "Para alcanzar la democracia en la cultura no se exige solamente la libertad creadora del intelectual, se requiere de la manera esencial la posibilidad de libertad creadora de toda la población."

wurde, arbeiteten wir für eine sich gegenseitig bereichernde Kommunikation unter den nationalen Kulturen" (*Casa* 1964, 26: 2)[20] Ein solches Projekt einer kubanischen Politik der kulturellen Kommunikation, in der auch die Literatur als Kommunikationsphänomen neu definiert erscheint, wurde mit einer umfassenden Vorstellung der Vertreter eines "Neuen Lateinamerikanischen Romans" eröffnet: mit Julio Cortázar, Carlos Fuentes, Ernesto Sábato, Severo Sarduy, Mario Vargas Llosa sowie mit einem programmatischen literaturkritischen Essay *(Zehn Probleme für den lateinamerikanischen Schriftsteller)* von Angel Rama, dem damals wohl bedeutendsten Moderne-Denker Lateinamerikas, und mit literaturkritischen Texten unter anderem von Antón Arrufat, Ambrosio Fornet, Roberto Fernández Retamar. Mitte der sechziger Jahre war der Augenblick günstig, um *Casa* in eine Plattform der politischen Solidarisierung und der intellektuellen Debatte in Lateinamerika zu verwandeln. Fasziniert von der doppelten Andersheit des kubanischen "Modells", hatten sich die Mehrzahl der lateinamerikanischen Schriftsteller und viele bekannte Intellektuelle aus Europa dem Inselland zugewandt. Prototyp einer solchen Begeisterung war insbesondere Jean-Paul Sartre, der in der rebellischen Haltung der jungen *barbudos*, der *enfants terribles* (Sartre 1961: 90), seine eigene Abneigung gegenüber jedem vorgefassten Denkschema innerhalb der europäischen Linken geradezu ideal verkörpert sah.

Lateinamerikas Kulturelite war überdies frustriert von rechten und populistischen Modernisierungsexperimenten, die sich wenig oder immer nur zögernd der indigenistischen Ausdrucksvielfalt der ländlichen Oralkulturen geöffnet hatten. Um so mehr begrüßte sie jetzt eine Revolution, die sich durch eine spezifische *cubanía* auszeichnete und die Suche nicht länger allein nach den europäischen, sondern vorrangig nach den afrikanischen Wurzeln zu einem kulturpolitischen Grundsatz erhoben hatte. Seit 1959 bekam die Frage des kontinentalen Sozialismus eine bis dahin völlig unerwartete Dimension. Allerdings war die Linksorientierung lateinamerikanischer Intellektueller wie Mario Vargas Llosa, Octavio Paz, Julio Cortázar, Angel Rama außerordentlich heterodox. Sie einte keineswegs eine ähnliche politische Grundgesinnung, sondern höchstens der sentimentale Glaube an eine möglicherweise endlich erfüllbare Utopie. Typisch für diese vielschichtige und konfliktreiche Haltung ist sicher Julio Cortázar, der in einem Brief an Retamar in einer der "Situation des lateinamerikanischen Intellektuellen" gewidmeten Ausgabe von 1969 das Bekenntnis zur Kubanischen Revolution

---

[20] "Mientras en Washington se acrecentaba la política de división, nosotros trabajábamos por la comunicación, mutuamente enriquecedora, de la culturas nacionales."

deutlich mit seinen Vorbehalten gegenüber einer "Revolutionierung" der Literatur zur sozialistischen Massenkultur verband:

> Ich begriff, dass der Sozialismus [...] die einzige Tendenz der modernen Zeit war, die auf der wesentlichen Tatsache des Menschsein, auf dem so elementaren Ethos beruhte, das diejenigen Gesellschaften leugneten, in denen ich bislang gelebt hatte [...] Doch auch auf die Gefahr hin, die Katechisten und Propagandisten der Kunst im Dienste der Massen zu enttäuschen, bleibe ich weiterhin dieses *Cronopio*, das für die eigene Freude und das persönliche Leiden schreibt, ohne das geringste Zugeständnis, ohne "lateinamerikanische" oder "sozialistische" Verpflichtungen, wie sie als pragmatische *Apriori* verstanden werden (Cortázar 1967: 8-10).[21]

Was Cortázar hier verteidigte, war weniger ein geschichtsfernes Konzept von künstlerischer Autonomie als vielmehr die unverwechselbare Eigenart, die Literarizität von Literatur, und diese stand in den Debatten um die Politisierung der Intellektuellen und die Revolutionierung ihres Schaffens in der Tat auf dem Prüfstand.

Die Castro'sche Formel hatte mit der vorrangigen Verteidigung des Existenzrechtes der Revolution – "die Existenz der Revolution oder nichts" (Castro 1977: 18) – auch die heikle Hierarchie von Politiker und Intellektuellen berührt, die mit jeder aufkommenden Krise neu gesichert werden musste. Eine solche Krise des kubanischen Revolutionsmodells in Lateinamerika kündigte sich mit dem Tod von Che Guevara und dem Scheitern seiner Guerilla-Bewegung in Bolivien 1967 an (Castro-Gómez/Mendieta 1998: 90). Hinzu kamen ökonomische Schwierigkeiten Kubas, die zu einer wirtschaftlichen wie ideologischen Annäherung an das sozialistische Osteuropa führten. Diese Situation musste unweigerlich die Konkurrenz der Machtdiskurse dramatisieren. Solche Konkurrenz wurde innerhalb der Kultur als Konflikt zwischen zwei kulturpolitischen Diskursen ausgetragen. Sie waren nicht antinomisch als Pro und Contra entgegengesetzt, bewegten sie sich doch zunächst noch alle "innerhalb der Revolution". Es ging auch nicht einfach um mögliche Diskursvarianten, sondern um grundlegend andere Ausdeutungen dessen, was Hart später eine dogmatische oder intelligent-flexible "Umsetzung" des politischen Stils genannt hat.

---

[21] "Comprendí que el socialismo [...], era la única corriente de los tiempos modernos que se basaba en el hecho humano esencial, en el ethos tan elemental como ignorado por las sociedades en que me tocaba vivir [...] A riesgo de decepcionar a los catequistas y a los propugnadores del arte al servicio de las masas, sigo siendo ese cronopio que [...] escribe para su regocijo o su sufrimiento personal, sin la menor concesión, sin obligaciones "latinoamericanas" o "socialistas" entendidas como *a prioris* pragmáticos."

Die Debatte um spezifisch bürgerliche Konzepte des Intellektuellen (das kritische Gewissen der Gesellschaft) und der Kunst (die unaufhörliche ästhetische Subversion), wie sie nicht allein Vargas Llosa, Paz oder Cortázar in der Nachfolge eines europäischen Avantgarde-Projektes verkündeten, wurde in *Casa* bis 1965 entscheidend von Antón Arrufat geprägt, einem bedingungslosen Verfechter der Autonomie-Idee. Dann übernahm Roberto Fernández Retamar die redaktionelle Leitung und versuchte von nun an, die Zeitschrift auf eine schwierige Gratwanderung im Offenhalten von Optionen zu führen, in der die sich wandelnden Spielräume zwischen "revolutionären", antibürgerlichen und "naturgemäß revolutionären", bürgerlichen Intellektuellen und ihrer Kunst anders und radikaler als bisher erkundet wurden. Es kam indessen das Jahr 1968 und mit ihm eine entscheidende kulturpolitische Wende. Bis dahin zeichnete sich *Casa*, wie Nadia Lie richtig hervorhebt, durch eine "bemerkenswerte Ambivalenz im diskursiven Funktionieren" aus (Lie 1996: 17). Durch eine enorme strategische Beweglichkeit schien es Retamar – insbesondere mit der Durchführung des internationalen "Congreso Cultural" im Januar 1968 – zunächst zu gelingen, einen offenen kulturpolitischen Diskurs zu kanonisieren. In ihm sollten die Aktionsmöglichkeiten "innerhalb der Revolution" nicht im voraus nach sozialistischen und bürgerlichen Mustern hierarchisiert, sondern in einer Pluralität der Experimentierfelder aufgefangen werden, was auch die Bündnisbreite mit den anwesenden Lateinamerikanern und Europäern sicherte. Einhellig lobten Teilnehmer wie der Franzose Michel Leiris oder der Martinikaner Aimé Césaire das liberale Diskussionsklima dieses Kongresses (Lie 1996: 190).

Im gleichen Jahr wurde der Literaturpreis der UNEAC an den Dichter Heberto Padilla vergeben, der Preis der CASA ging an den Romancier Pablo Armando Fernández, der Cabrera Infante nahe stand, sowie an den Dramatiker Virgilio Piñera, der sich selbst in der Nachfolge des absurden Theaters sah. Alle ausgezeichneten Autoren gehörten zum Mitarbeiterkreis um die Zeitschrift *Lunes*, die eben die "nicht naturgemäß Revolutionären" repräsentierte. Diese waren nun wieder kraftvoll auf die literarische Szene getreten. Die Preispolitik bestimmter Vertreter der kubanischen Kulturinstitutionen, die sich entschieden an der literarischen Qualität der prämierten Texte orientierte, rief eine dramatische Gegenreaktion hervor, die sowohl aus den inneren Vorgängen Kubas als auch aus außenpolitischen Ereignissen wie dem gescheiterten Prager Demokratie-Experiment zu erklären ist. Von einigen Kubanern mit Preisen bedacht, wurde Padilla von anderen wie Lisandro Otero und José Antonio Portuondo als konterrevolutionär stigmatisiert. Die

"Affäre Padilla" spitzte sich zu, als Padilla im März 1971 für einige Wochen wegen angeblicher konterrevolutionärer Aktivitäten ins Gefängnis kam. Dieser Vorgang provozierte einen "Offenen Brief" an Fidel Castro, der von Intellektuellen wie Jean-Paul Sartre, Julio Cortázar, Mario Vargas Llosa, Juan Goytisolo, Jorge Semprún unterzeichnet worden war. Aber Castro reagierte darauf nicht als Bündnisstratege, sondern als Machtpolitiker, der ganz nach dem willkürlichen Ausschließungsverfahren seiner Formel "gegen die Revolution nichts" verfuhr. Ohne jede sprachliche Zurückhaltung wurden die plötzlich zu konterrevolutionären Gegnern gewordenen Autoren als "intellektuelle Ratten" abgestempelt (Lie 1996: 210). Zum endgültigen Bruch mit einer Reihe bislang als links oder sympathisierend geltender lateinamerikanischer Autoren der *nueva novela* kam es jedoch erst durch die Inszenierung einer öffentlichen Selbstkritik von Heberto Padilla und anderer Autoren. Damit schien auch das bisherige kulturpolitische *Casa*-Projekt der großzügigen Bündnisstrategie endgültig gescheitert. Autoren wie Mario Vargas Llosa und Juan Goytisolo sagten sich endgültig von ihrer linken Orientierung los, andere gingen auf kritische Distanz und dritte blieben bei einer kritischen Verbundenheit wie Angel Rama und Julio Cortázar. Roberto Fernández Retamar blickt 1993 in *Angel Rama y la Casa de las Américas* auf diese dramatische Wende zurück und spart nicht mit harter Kritik an solcher "simplen Karikatur jener letzten Reden, wie sie die Opfer der schrecklichen Prozesse im Moskau der dreißiger Jahre hielten, was indessen nicht alle von uns damals wahrnahmen" (Fernández Retamar 1993: 57).[22]

Wie zog sich *Casa* damals aus der Affäre? Die Situation war denkbar schwierig. Gegen die offenkundigen weltweiten Diskrepanzen der Linken und die beginnenden Auflösungserscheinungen des realen Sozialismus schien das bisherige Konzept flexibler Dialogbereitschaft nicht länger durchsetzbar. Gewonnen hatte zunächst eine dogmatische Auslegung der Castro-Formel, wie sie in den Dokumenten des *Primer Congreso Nacional de Educación y Cultura* vom April 1971 in fataler Weise hervortrat. Deutlich gegen den liberaleren Kulturdiskurs von CASA gerichtet, steht in der *Declaración*:

> Die kulturellen Medien können nicht den Rahmen für die Ausbreitung von falschen Intellektuellen hergeben, die Snobismus, Extravaganz, Homosexualismus und andere soziale Verirrungen als Ausdrucksformen revolutionärer Kunst auszugeben suchen, obwohl sie den Massen und dem Geist der Revolution fern stehen [...] Die Kultur einer kollektivistischen Gesellschaft ist eine Massenaktivität

---

[22] "[...] mera caricatura de los últimos discursos pronunciados por las víctimas de los espantosos procesos de Moscú de los años 30, lo que no todos percibimos en aquel momento."

und kein Monopol einer Elite [...] Die Kultur kann nicht pseudolinken Bourgeois dienen, um sich in das kritische Bewusstsein der Gesellschaft zu verwandeln. Das kritische Gewissen der Gesellschaft ist das Volk selbst (*Política Cultural* 1977: 51, 53, 61).[23]

Alle Befürchtungen bürgerlicher und undogmatisch-revolutionärer Intellektueller vor dem Aufkommen eines Massendiskurses, der jede kritische Funktion von Kulturschaffen als Eliteprivilegien verunglimpfte, schienen jetzt bestätigt. Mehr als zehn Jahre später sprach sich Fernández Retamar in seiner Schlussrede des *Kolloquiums über kubanische Literatur 1959-1981* entschieden gegen jede Privilegierung bestimmter Formen revolutionärer Literatur aus: "Es existiert nicht nur eine Literatur der Kubanischen Revolution, sondern, wenn sie wirkliche *Literatur* und wirklich *revolutionär* ist, dann ist sie vielfältig, reich und anspruchsvoll" (Fernández Retamar 1983: 53).[24]

In einer Rezension zu dem wichtigsten kubanischen Revolutionsroman *Die Initialen der Erde* (1987) von Jesús Díaz wird Ambrosio Fornet jene dogmatischen Jahre das "graue Jahrfünft" nennen (Fornet 1987: 150). In diesem Kontext ist hervorzuheben, dass Padilla in seiner Selbstbezichtigungsrede ausdrücklich Roberto Fernández Retamar und Ambrosio Fornet "wegen ihres revolutionären Verhaltens" (Lie 1996: 225) von Anschuldigungen ausnahm und damit tatsächlich die Ausnahmestellung der *Casa* und ihrer Mitarbeiter in der Deutung der Castro'schen Grundformel unterstrich. Die Kursivsetzung in Retamars Zitat drückt in der Tat eine kulturpolitische Strategie aus, in der revolutionäre Verbundenheit und Kritikfunktion der Intellektuellen niemals voneinander getrennt waren. Auch ein spezifischer *fidelismo* ist bis heute die Voraussetzung des *Casa*-Diskurses geblieben. Noch im Jahre 1997 unterstreicht Retamar in einem Vorwort zu einem Memoirenband von Armando Hart dessen politisches Bekenntnis: "Ich wurde *fidelista*, weil Fidel fähig ist, mit Würde und Talent die ethischen und demo-

---

[23] "Los medios culturales no pueden servir de marco a la proliferación de falsos intelectuales que pretenden convertir el esnobismo, la extravagancia, el homosexualismo y demás aberraciones sociales en expresiones del arte revolucionario, alejados de las masas y del espíritu de nuestra Revolución [...] La cultura de una sociedad colectivista es una actividad de las masas, no el monopolio de una élite [...] Los medios culturales no pueden servir de burgueses seudoizquierdistas de convertirse en la conciencia crítica de la sociedad. La conciencia crítica de la sociedad es el pueblo mismo."

[24] "No solo existe una literatura de la Revolución Cubana, sino que cuando ella lo es de veras – *literatura* de veras y *revolucionaria* de veras – es multiforme, rica, exigente."

kratischen Paradigmen zu verteidigen und zu verkörpern, die in der patriotischen Tradition liegen" (Hart Dávalos 1997: 11).[25]

Diese Anerkennung des Führungscharismas Castros ist keineswegs mit opportunistischer Gefolgschaft gleichzusetzen, wenngleich sie durchaus das grundlegende Fehlen von öffentlicher Kritik und Kontrolle der Machtinstanz Castro widerspiegelt. Solcher *fidelismo* ist vielmehr die Bedingung für eine fortwährende, den ständigen sozialen Veränderungen angepasste Kritikfähigkeit. Sie markiert zugleich die unsichtbare Grenze zwischen "Innen" und "Außen", jenseits derer intellektuelle Bewegungsfreiheit eben nicht länger das Einfordern einer ständig notwendigen kollektiven Selbstkritik bleibt, sondern in konterrevolutionäres Dissidententum umschlägt und die selbst von Parteitagen geforderte "intellektuelle Kühnheit" zum politischen Verrat wird (Castellanos 1990: 96).

Wenn also vom liberalen oder toleranten Kulturdiskurs der *Casa* die Rede ist, dann ist sie in keinem Augenblick mit der grundsätzlichen Opposition der Gruppe um die Zeitschrift *Lunes* gleichzusetzen. Es geht ihr vielmehr immer, wie Hart richtig hervorgehoben hat, um eine intelligente, eben der Vielschichtigkeit von Kulturprozessen angemessene *instrumentación* der kulturpolitischen Formel, wie sie Castros *Worte an die Intellektuellen* vorgeben haben. Allerdings konnte sich auch *Casa* während der "grauen" fünf Jahre nicht bestimmten Ritualen von Selbstkritik entziehen, die die Vertreter eines dogmatischeren Gegendiskurses in der UNEAC, in der Akademie der Wissenschaft, dem Verlagswesen, aber auch in anderen Medien wie der Armee-Zeitschrift *Verde Olivo* zu Beginn der siebziger Jahre verfochten. Nicht allein wurde nun das Verhältnis von politischer und kultureller Elite schärfer hierarchisiert, zugleich konnte damit die Frage nach der ideologischen Geschlossenheit der Kulturschaffenden weitaus willkürlicher instrumentalisiert werden.

Hier eröffnete sich ein ambivalenter Machtspielraum, in dem das exemplarisch großzügige Diskussionsklima dramatisch gefährdet war, das *Casa* in den sechziger Jahren selbst gefördert hatte. Julio Cortázar reagierte 1971 auf diese neuen Tendenzen in *Literatur in der Revolution und Revolution in der Literatur: einige zu überwindende Missverständnisse*:

> Wenige werden an meiner Überzeugung zweifeln, dass Fidel Castro oder Che Guevara die Muster unseres authentischen lateinamerikanischen Schicksals geprägt haben: Aber in keiner Weise bin ich zu dem Zugeständnis bereit, dass die

---

[25] "Me hice fidelista porque fidel ha sido capaz de defender y materializar con dignidad y talento los paradigmas éticos y democráticos revelados en esa tradición patriótica."

Gedichte der Menschlichkeit oder *Hundert Jahre Einsamkeit*[26] im Bereich der Kultur minderwertigere Antworten als die Antworten der Politik sind. (Nebenbei bemerkt, was würde von alledem Fidel Castro denken? Ich glaube, ich täusche mich nicht, wenn ich mir seines Einverständnisses wie desjenigen des Che hierbei durchaus sicher bin.) (Cortázar 1971: 44).[27]

Selbst Cortázar erweist sich hier als *fidelista* und trennt den aufkommenden Dogmatismus einer politischen Elite in Kuba vom beweglicheren Machtort Castros. Tatsächlich mobilisierte Castro, entsprechend den Paradoxien des "innerhalb [...] gegen", einmal die ausschließenden Kräfte, dann wieder den flexiblen Kontrapunkt. *Casa* jedenfalls "endete keineswegs 1971", musste jedoch Padillas Selbstkritik veröffentlichen, allerdings in einem *Suplemento*, "um sie von der eigentlichen Zeitschrift abzutrennen", wie Retamar in einem privaten Brief an Nadia Lie 1992 klarstellte (Lie 1996: 220). In der Rubrik "Wortwörtlich" wurden mehr als zuvor Mitteilungen und offizielle Verlautbarungen anderer Kulturinstitutionen veröffentlicht; die Stellungnahmen in den *Editoriales* versuchten, die inneren Textdifferenzen der einzelnen Hefte in einer geschlosseneren Gesamtposition der Redaktion zu verallgemeinern. Außerdem vermied *Casa* von nun an ausdrücklich, die Verantwortung für die jeweiligen Positionen der veröffentlichten Beiträge zu übernehmen.

Was jedoch viel schwerer wog als die Publikation beispielsweise von Materialien des "unglückseligen Kongresses für Bildung und Kultur", so das Urteil von Luisa Campuzano (1996: 224), war der Verzicht auf eine Meinungsvielfalt der Diskurse, die bislang gerade die ungewöhnliche Dialogfähigkeit der kubanischen Kulturpolitik mit heterodoxen Positionen über den Subkontinent hinaus symbolisiert hatte. *Casa* konnte sich also nicht den neuen Zwängen eines plötzlich mächtig gewordenen Gegendiskurses des "grauen Jahrfünftes" entziehen, aber es blieb, wie Lie unterstreicht, "eine gewisse diskursive Heterogenität erhalten, aber nun als inneres Phänomen";

---

[26] Von César Vallejo und Gabriel García Márquez.
[27] "Pocos dudarán de mi convicción de que Fidel Castro o Che Guevara han dado las pautas de nuestro auténtico destino latinoamericano; pero de ninguna manera estoy dispuesto a admitir que los *Poemas humanos* o *Cien años de soledad* sean respuestas inferiores en el plano cultural, a esas respuestas políticas. (Dicho sea de paso, ¿qué pensaría de esto Fidel Castro? No creo engañarme si doy por seguro que estaría de acuerdo, como lo hubiera estado el Che.)"

in den einzelnen theoretischen und ideologischen Diskursen werden nun die jeweiligen Gegenmodelle verdeutlicht.[28]

Innerhalb der eingeschränkten Dialogfähigkeit hat *Casa* also seine frühere intellektuelle Gratwanderung fortgesetzt. Grundsätzlich wurde der Riss zwischen Kuba und einigen bedeutenden Intellektuellen Lateinamerikas und Kubas, der mit der konterrevolutionären Stigmatisierung eines bürgerlichen Autonomie-Konzeptes einherging, durch die neue Aufwertung der Literaturkritik kompensiert. Ihr oblag nun, die Literarizität von Literatur, den Nachweis eines eigenen Begründungszusammenhanges der Kultur und ihrer Theorien, überhaupt eine notwendigerweise unabhängige, wenn auch nicht mehr autonome Kritikfunktion des Denkens zu verteidigen. Es ging um die Sicherstellung einer Eigenmacht von Kultur innerhalb eines verengten Verständnisses ihrer sozialen Funktionalität, um die Bewahrung experimenteller Sprach- und Formenvielfalt vor dem drohenden Diktat einer Vorbildrolle von "sozialistischem Realismus". Es ist auffallend, dass in der gleichen Zeitschriftenausgabe, die die Stellungnahmen zum "Fall Padilla" veröffentlichte, auch ein zukunftsweisender Text des Kolumbianers Carlos Rincón erschien: "Zu einem Schlachtplan für den Kampf um eine neue Literaturkritik in Lateinamerika". Rincón sucht darin die "Selbsterklärungen" lateinamerikanischer Autoren als idealistische Selbstauslegungen und keineswegs als gültige Urteile durchschaubar zu machen, so den Satz "Wir sind alle barock" von Alejo Carpentier oder den Begriff des "magischen Realismus" von Miguel Angel Asturias. Ohne unmittelbaren Dialog mit den Schriftstellern etablierte sich hier ein neuartiger kritischer Diskurs.

Diese Neubestimmung der lateinamerikanischen Literatur ging in *Casa* mit der Suche nach der kulturellen Identität, der theoretischen Begründung seiner eigenen historischen und kulturellen Andersheit einher. "Gibt es eine lateinamerikanische Kultur?" Mit dieser berühmt gewordenen Frage beginnt 1971 Retamars Essay *Calibán*, der als Paradigma des *Casa*-Diskurses nach dem "Fall Padilla" gelten kann. Nach Auskunft Retamars "in wenigen Nächten ohne Schlaf und mit wenig Essen" niedergeschrieben, hat *Calibán* wie wenige andere Texte Kontroversen unter den Lateinamerikanern ausgelöst, auf die der Autor selbst bis in die neunziger Jahre in zahlreichen Kommentaren geantwortet hat.[29] *Calibán* war zunächst als Metapher für die Radikalisie-

---

[28] "[...] cierta heterogeneidad discursiva sigue presente, pero ahora como fenómeno interno: tanto el discurso teórico como el discurso martiano llevan dentro de sí su contramodelo, con el cual siguen dialogando."

[29] Beispielsweise Fernández Retamar (1986 und 1992).

rung der Lebens- und Denksituation jener lateinamerikanischen Intellektuellen in den sechziger und siebziger Jahren gedacht, die weiterhin linksorientiert blieben. Radikalisierung meinte für Retamar einen doppelten Bruch: zum einen mit dem eigenen bürgerlichen Selbstverständnis als ständiger Sprach- und Denksubversion der Gesellschaft, zum anderen mit mentalen Abhängigkeiten von westlich-europäischen Denkmustern und Sprachmodellen. Anders ausgedrückt: Mit dem eigenen "mentalen Kolonialismus", der bislang die Selbsterfindung des Kontinentes durch die Europäer seit dem 16. Jahrhundert für die Lateinamerikaner selbst schwer durchschaubar gemacht hatte.

Die Grenzen der *Calibán*-Metapher sind von Retamar selbst später weitgehend offengelegt worden: Da ist das manichäische Weltbild, das im Grunde auf eine gefährliche Zuspitzung eines Für oder Wider zwischen Wilden und Zivilisierten, Kolonisierten und Kolonialherren, Revolutionären und Konterrevolutionären zusteuerte, eine polemische Tendenz, die auch zu dem eher karikaturesken Bild des "kolonialen" Jorge Luis Borges führte. In *Adiós a Calibán* wird Retamar 1993 mit dem ihm eigenen historischen Selbstbewusstsein und viel Ironie diese "rauen Zeilen über Borges" zurücknehmen (Fernández Retamar 1993: 117). Kritisch ist heute auch die Essentialisierung des lateinamerikanischen Andersseins zu sehen, deren ontologisches Wesen angeblich die Literatur in besonders privilegierter Weise auszudrücken vermochte.

Mit der Identitätsdebatte war deutlich eine umfassende Revision der eigenen Denkkonzepte und Denkinstrumente verbunden, die *Casa* zu einer Plattform neuester Theorieansätze und Methodendebatten werden ließ. Einen Höhepunkt dieser Bemühungen bildet 1984 die Gründung der literaturtheoretischen Zeitschrift *Criterios*, in der bis heute Desiderio Navarro in einer unglaublichen Übersetzungsarbeit neueste Texte der Literatur- und Kulturtheorie aus aller Welt umgehend in Kuba bekannt macht. Allerdings: Als *Casa* ihr vierzigjähriges Bestehen mit einer Sondernummer zur kubanischen Gegenwartsliteratur und zur aktuellen Literaturkritik feierte, wurde darin noch einmal die exemplarische Bedeutung von *Casa* für die gesamte theoretische Diskussionsatmosphäre im Lande hoch gewürdigt, allerdings scharf von der heutigen Realität in den übrigen Institutionen abgesetzt:

> Die einsame und hingebungsvolle Arbeit von Desidero Navarro in der schon unverzichtbaren Zeitschrift *Criterios* ist eine der großen Oasen innerhalb der Wüste der kubanischen Kulturkritik [...] Wie weit sind wir doch von jenen paradigmatischen Seiten entfernt, die Roberto Fernández Retamar, Graziella Pogo-

lotti, Roberto Friol oder Ambrosio Fornet geschrieben haben (Zurbano Torres 1999: 39f.).[30]

Bleiben wir zunächst beim Paradigmatischen. Auf einen Begriff gebracht, besteht die einzigartige Diskursleistung von *Casa* nach 1971 darin, einen bestimmten kritischen Denkhabitus verteidigt zu haben. Zwar hatte sich das Projekt, innerhalb der kulturpolitischen Paradoxien Kubas eine wirkliche Streitkultur zu entwickeln, als Illusion erwiesen. Niemals opportunistisch, aber immer taktisch biegsam (Lie nennt Retamars Haltung "instabil"), bewahrte *Casa* indessen nicht allein eine Meinungsvielfalt, sondern förderte ein besonderes Bewusstsein für die Heterogenität der Kulturdebatten und Theorieansätze. Gegen die "gescheiterten Experimente anderer sozialistischer Länder" (Fernández Retamar 1969: 8f.) wurde ein vielschichtiges, an den theoretischen Standards der internationalen Entwicklung und einer heterodoxen Marxismus-Tradition orientiertes Konzept der Funktionalität von Kultur gesetzt. So blieben wesentliche Denkvoraussetzungen für einen antidogmatischen Gegendiskurs bewahrt, vor allem jedoch war ein Gegengewicht gegen ein bestimmtes Urteilsmonopol der anderen Kulturinstitutionen gesichert.

Halten wir fest: Die Diskursleistung der Zeitschrift erschöpft sich somit keineswegs in ihren besonderen taktischen Fähigkeiten, einen solchen dauerhaften Gegendiskurs innerhalb der widerspruchsvollen Kulturpolitik zu entwickeln. Dieser Diskurs bezieht sich, anders als in den übrigen sozialistischen Ländern, nicht allein auf vereinzelte subversive Theorieentwürfe wie diejenigen von Gramsci, Bachtin oder Lotman, sondern auf eine dauerhafte publizistische Vermittlerposition. Es ist eine Position, die überdies die offizielle Unterstützung des Kulturministers selbst findet. Der *Casa*-Diskurs hat wesentlichen Anteil gleichermaßen an der Kanonisierung der lateinamerikanischen Literatur innerhalb der weltliterarischen Standards wie innerhalb der eigenen historischen und kulturellen Topographie des Kontinentes. Folgenreich ist die Kritik von *Casa* am Eurozentrismus und damit an der Allgemeingültigkeit der westlichen Denkmodelle von Moderne: Mit ihr wird der eigene epistemologische Ort bereits fassbar, von dem aus die Fragen an die Theoriebildung zu stellen sind: eine unerlässliche Voraussetzung für die heutigen kulturtheoretischen Konzepte von "peripherer" (Beatriz Sarlo) oder

---

[30] "La labor dedicada y solitaria de Desidero Navarro [...] en la ya imprescindible revista Criterios, es uno de los grandes oasis en el desierto del pensamiento crítico cultural cubano [...] ¡Cuán lejos estamos de aquellas páginas paradigmáticas que escribieran Roberto Fernández Retamar, Graziella Pogolotti, Roberto Friol o Ambrosio Fornet!"

"hybrider" Modernität (Néstor García Canclini) in Lateinamerika. Die Debatte um die Funktionalität von Kultur und den Statuswechsel von Literatur ist ebenfalls in ihrer Tragweite keineswegs allein auf die Absage an ideologische Instrumentalisierung einer sozialistischen Literatur zu beschränken, sondern berührt ebenso die lebenspraktischen Einbindungen von Massenkultur in den heutigen Informationsgesellschaften.

Doch zeigt sich im desillusionierten Rückblick des Jahres 1991, dass der Denkhabitus von *Casa* den dogmatischen Gegendiskurs keineswegs neutralisiert oder gar überwunden hat. Offenkundig sicherte der zweite Teil der berühmten Formel "gegen die Revolution nichts" den Primat des politisch-ideologischen Machtdiskurses, gegen den Castro ebenso vehement zu Felde zog wie er ihn stillschweigend duldete. So hat nicht nur Hart ein breites Kunstkonzept entworfen, auch der heutige Kulturminister Abel Prieto spricht trotz aller "Rückfälle und Irrtümer" von einem "kubanischen Kulturprogramm",

> das auf dem unantastbaren Respekt der Spezifik künstlerischen Schaffens beruhte, Feind jeden Sektarismus' und jeden Dogmas ist und ein offenes, plurales Klima schuf, in dem von den offiziellen Kulturinstitutionen der Revolution eine kritische, reflexive, beunruhigende Kunst, eine unerlässliche Kunst der Ketzerei und des Zweifels gefördert worden ist, von den *Erinnerungen an die Unterentwicklung* bis zu *Erdbeer und Schokolade*.[31] Dennoch jagt man weiterhin dem Dissidenten, dem tropischen Solschenitzyn nach, ohne der Originalität unseres Kulturprozesses wirklich auf den Grund zu gehen (Prieto 1998: 94).[32]

Aber gegen diese eindrucksvollen Beispiele von "Ketzerei" steht in den neunziger Jahren auch eine Atmosphäre, wie sie sich in einem Dokument der UNEAC *Die kubanische Kultur von heute: Themen zu einer Debatte* offenbart:

> Die Umstände, in denen wir leben, führen zu verhärteten Positionen extremer Intoleranz, zur Obsession, in jedem als kritisch oder ambivalent eingeschätzten Werk Phantasmen zu sehen (*Casa* 1992, 188: 174).[33]

---

[31] Von Edmundo Desnoes und Senel Paz.
[32] "[...] basado en un respeto impecable a la especificidad de la creación, enemigo del sectarismo y del dogma, fundó un clima abierto, plural, donde se ha promovido oficialmente, por las instituciones oficiales de la revolución, el arte crítico, reflexivo, inquietante, el arte de la herejía y de la duda imprescincible, desde *Memorias del subdesarrollado* [...] hasta *Fresa y Chocolate* o *Guantanamera*. Se sigue a la caza del disidente, del Solzhenitzsin del trópico, sin analizar a fondo la orginalidad de nuestro proceso cultural."
[33] "Las circunstancias en que vivimos tienden a reforzar posiciones de intolerancia extrema, a ver fantasmas en cualquier obra considerada crítica o ambigua."

Auch *Casa* vermochte nicht den Weggang kubanischer Intellektueller wie René Vázquez Díaz, Manuel Díaz Martínez oder Jesús Díaz zu verhindern. Dennoch hat der brasilianische Theologe Frei Betto *Casa* zu Recht "eine Insel des Widerstands und der Intelligenz" (*Casa* 1995, 200: 7) genannt, und diese Metapher ist in vielfältige Widerstandsrichtungen auszulegen. Eine solche Insel ist CASA bis heute als Begegnungsort jener linksorientierten Intellektuellen, die trotz der Krise um Padilla und die Dogmatisierung der Kulturpolitik kritische Mitstreiter von *Casa* geblieben sind. "Insel" bedeutet auch Zufluchtsort für eine Reihe von Autoren, die, wie Mario Benedetti oder René Depestre, aus den Diktaturen im Cono Sur oder in der Karibik für Jahre nach Kuba ins Exil gingen und in der CASA arbeiteten. Als "Insel" werden Institution und Zeitschrift ebenso von einer jungen kubanischen Intelligenz wahrgenommen, für die Senel Paz gesprochen hat.

Wie also ist Luisa Campuzanos Schlussfolgerung letztlich zu bewerten, dass "sich *Casa* in nichts Wesentlichem" geändert habe? Hier ist die Frage nach dem eigenen Standort aufgeworfen. Nadia Lie hat leider erst in den letzten Zeilen ihres Buches auf "den problematischen Status" der heutigen Kuba-Forschung hingewiesen, die "zu einer Befragung der eigenen Arbeit als bestimmter Lektürepraxis" führen müsse (Lie 1996: 275). Worauf also zielt meine eigene Lektürepraxis der Texte von *Casa* aus den letzten vierzig Jahren? Weniger geht sie von einem vordergründig politischen oder ideologischen Anliegen aus, das allein auf die endgültige Demontage eines überholten politischen und gesellschaftlichen Experimentes ausgerichtet ist. Vielmehr ist sie von einem Forschungsinteresse bestimmt, das ebenso über das höchst unergiebige Konfliktfeld von *castristas* und *anticastristas* hinausführen möchte, wie es die Etikettengegensätze von links und rechts, sozialistisch und postsozialistisch meidet, und stattdessen die Fragen zu Revolution und Kulturpolitik in dem "übergreifenden Diskurs von Modernisierungsprozessen und Modernitätskonzepten situiert" (Herlinghaus 2000: 2).

Retamar hat 1991 seinen *Calibán*-Essay in den Umkreis einer Modernedebatte gestellt, wie sie für ihn vor allem Angel Rama repräsentiert hat. Für den Uruguayer war die literarische Modernität Lateinamerikas als kulturelle Identitätssuche des Kontinents und wachsende Intensität eines Dialogs zwischen Erzählliteratur und den Weltbildern und Ästhetiken der indigenistischen Regionalkulturen definiert. Zugleich knüpft Retamar an Ramas Diskussion um José Martís Konzept einer "anderen Moderne" an, "die vom Projekt der heutigen kubanischen Revolution erfüllt werden könnte" (Fernández Retamar 1991: 11). Diese Erfüllungsvision kubanischer Gegenmoderne markiert endgültig die Grenzen der *Calibán*-Metapher. Aber die "Dinosaurier" Fernández Retamar und *Casa* wären nicht das, was sie immer waren, wenn sie nicht eine neue Metapher für die gewandelten Bedingungen einer globalisierten Welt finden könnten.

In einem Ausblick auf das kommende Jahrtausend fragt Retamar nach der Zukunft des Literaturpreises der CASA und meint ebenso nachdenklich wie optimistisch:

> Ich möchte die Fragen in der Schwebe halten, in der Gewissheit, dass sie beantwortet werden. Wir haben es verstanden, wir selbst und andere zu sein, in zuweilen sehr komplexen Bewährungsproben haben wir gelebt und überlebt [...] Wir besitzen noch mehr: das Recht, vielleicht die Pflicht, erneut von vorn zu beginnen (Fernández Retamar 1999: 145).[34]

Die Rückkehr zu den Anfängen? Einen ähnlichen Gestus gibt es in Fidel Castros Rede anlässlich des vierzigsten Jahrestages der Kubanischen Revolution. Darin bekräftigt er den Gründungsmythos der Revolution (vgl. Gewecke 1990), indem er an "jenen unglaublichen Sieg", "das militärische und politische Wunder", "das irreal anmutende Schicksal" des Sieges von 1959 erinnert und der jungen Generation die Lektüre der Bücher Che Guevaras empfiehlt. Castros politisches Testament setzt gegen das "Vergeudungsmuster" der Konsumgesellschaften die mythische Überhöhung von Selbstaufopferung und Selbstbescheidung, das er selbst immer mit seinem Führungscharisma verbunden hat. Ein Überlebenskonzept, das im Grunde allein mit globalen Krisen "in den kommenden vierzig Jahren" rechnet (Castro 1999: 3, 5, 11).

Mit Retamars Neubeginn könnte jedoch eine Rückkehr zu der faszinierenden Denkoffenheit des Beginns gemeint sein. Der Uruguayer Mauricio Rosencof hatte vielleicht einen solche Idee im Sinn, als er in einem Interview äußerte:

> Was Casa de las Américas fehlt, ist eine kräftige Brise Verrücktheit [...] sie sollte Dinge machen [...] neue verrückte Sachen, was weiß ich! Die geliebten Freunde von Casa de las Américas verstehen sich durchaus darauf und haben

---

[34] "Quiero dejar las preguntas en el aire, con la certidumbre de que serán bien respondido. Si hemos sabido ser los mismos y otros; si hemos vivido y sobrevivido a través de pruebas a menudo bien complejas [...] Tenemos más: el derecho, y probablemente el deber, de volver a empezar."

eine ausreichende Dosis Verrücktheit, um endlich loszulegen (Fernández Retamar 1998: 229).³⁵

Casa ist durchaus als "Insel" eines neuen Alternativdenkens denkbar, das radikal gegen einen völlig anachronistisch gewordenen dogmatischen Kulturdiskurs im eigenen Land angehen sollte, aber auch gegen verdrängte Problemzonen des eigenen Diskurses. Um nur ein Beispiel zu nennen: Trotz aller kulturpolitischen Rhetorik zum *pueblo* ist gerade die Sphäre der Kreativität und des alltäglichen Kulturgebrauchs der so genannten einfachen Leute, der aus theatralisch-musikalischen und mündlichen Formen schöpft, im bisherigen Literaturbegriff "völlig unterbewertet geblieben" (Zurbano Torres: 1999: 40), wie es selbstkritisch in der schon zitierten vierzigsten Jubiläumsausgabe heißt. Eine solche Denkalternative könnte auch, jenseits immer noch vorausgesetzter Zuordnungen, die Leerstellen heutiger postmoderner und postkolonialer Theorien aufzeigen. Einen Ansatz für einen solchen, auf die veränderten Theorieprobleme einer globalisierten Welt der neunziger Jahre hin geöffneten Denkgestus hat Retamar in *Calibán in dieser Stunde unseres Amerika* (Fernández Retamar 1991: 40) entwickelt und dabei bereits das kritische Bewusstsein und die Desillusionierungserfahrung der letzten Jahrzehnte einbezogen. Doch würde ein solcher radikaler Neubeginn voraussetzen, sich ein Kuba ohne das entscheidende Strukturprinzip von Castros Charisma vorzustellen. Bislang ist der kritische Habitus von *Casa* nicht von ihrem *fidelismo* zu trennen. Auch in diesem Sinne trifft Luisa Campuzanos Einschätzung durchaus zu. Sind also Institution und Zeitschrift "Casa de las Américas" nur innerhalb jener Grundformel von Kulturpolitik denkbar, die sie mit so viel mutiger List und Intelligenz auszuschreiten vermochten, deren innere Paradoxien sie jedoch bislang niemals ernsthaft durchbrochen haben? Zuweilen träumt Roberto Fernández Retamar davon, "die 'Casa de las Américas' zu tanzen" (Fernández Retamar 1991: 116) – poetischer lassen sich die Widersprüche kaum umschreiben, in denen sich ihre Mitstreiter heute bewegen.

---

³⁵ "[...] en Casa de las Américas lo que hace falta es un viento de locura [...] tendría que hacer cosas.¡ Locuras, crear cosas nuevas, locas, no sé! Los entrañables compañeros de la Casa de las Américas sabrán y tendrán la cuota de locura suficiente para que la desaten."

Literaturverzeichnis

Campuzano, Luisa (1996): "La Revista Casa de las Américas: 1960-1995". In: *Nuevo Texto Crítico*, VIII, 16/17, S. 215-237.

Castellanos, Orlando (1990): "Conversación con Roberto Fernández Retamar". In: *Casa*, XXXI, 181, S. 91-105.

Castro, Fidel (1976) : *Obras escogidas* (1953-1962). Havanna: Editorial Fundamentos.

— (1977): "Palabras a los intelectuales". In: *Política cultural de la Revolución Cubana. Documentos*. Havanna: Editorial de Ciencias Sociales, S. 4-47.

Castro-Gómez, Santiago/Mendieta, Eduardo (Hrsg.) (1998): *Teorías sin disciplina. Latinoamericanismo, poscolonialidad y globalización en debate*. San Francisco: University of San Francisco.

Cortázar, Julio (1967): "Carta". In: *Casa*, VIII, 45, S. 5-12.

— (1971): "Literatura en la Revolución y Revolución en la literatura: algunos malentendidos a liquidar". In: Collazos, Oscar/Cortázar, Julio/Vargas Llosa, Mario: *Literatura en la Revolución y Revolución en la literatura*. Mexiko: Siglo Veintiuno, S. 38-78.

— (1980): "Discurso en la constitución del jurado del Premio Literario Casa de las Américas 1980". In: *Casa*, XX, 119, S. 3-8.

"Declaración del Primer Congreso Nacional de Educación y Cultura" (1977). In: *Política cultural de la Revolución Cubana. Documentos*. Havanna: Editorial de Ciencias Sociales, S. 51-64.

Diccionario de la literatura cubana (1984), Havanna: Editorial Letras Cubanas, 2 Bde.

Ette, Ottmar (1991): *José Martí. Teil I: Apostel-Dichter-Revolutionär. Eine Geschichte seiner Rezeption*. Tübingen: Max Niemeyer-Verlag.

Fernández Retamar, Roberto (1971): "Calibán". In: *Casa*, XI, 68, S. 79-95.

— (1983): "Al final del *Coloquio sobre literatura cubana 1959-1981*". In: *Casa*, XXII, 131, S. 48-55.

— (1986): "Calibán revisitado". In: *Casa*, XXVII, 157, S. 152-159.

— (1991): "Calibán en esta hora de Nuestra América". In: *Casa*, XXXII, Nr. 185, S. 103-117.

— (1992): "Adiós a Calibán". In: *Casa*, XXXIII, 191, S. 116-122.

— (1993): "Ángel Rama y la Casa de las Américas". In: *Casa*, XXXIV, 192, S. 48-63.

— (1998): *Recuerdo a*. Havanna: Ediciones Unión.

— (1999): "El derecho y el deber de volver a empezar". In: *Casa*, XXXIX, 214, S. 143-145.

— (o.J.): *Casa de las Américas: Balance y perspectivas*. S. 1-20, unveröffentlichtes Manuskript.

Fernández Retamar, Roberto u.a. (1969): "Diez años de revolución: el intelectual y la sociedad". In: *Casa*, X, 56, S. 7-48.

Fornet, Ambrosio (1987): "A propósito de *Las iniciales de la tierra*". In: *Casa*, XXVIII, 164, S. 148-153.

Franzbach, Martin (1986): *Kuba. Materialien zur Landeskunde*. Frankfurt/M.: Vervuert.

Gewecke, Frauke (1990): "Mythen als Begründungs- und Beglaubigungsrede: das Beispiel der Kubanischen Revolution". In: *Iberoamericana*. 14, 2/3, S. 75-95.

Habel, Janette (1993): *Kuba. Die Revolution in Gefahr.* Köln: ISP.

Hart Dávalos, Armando (1986): *Cambiar las reglas del juego. Entrevista de Luis Báez.* Havanna: Editorial Letras Cubanas.

— (1991): "Treinta y cinco años de *Palabras a los intelectuales*". In *Casa*, XXXVII, 204, S. 134-147.

— (1997): *Aldabonazo.* Havanna: Instituto Cubano del Libro.

Herlinghaus, Hermann (2000): "Revolución y Literatura en América Latina en el siglo XX". In: Valdés, Mario J./Kadir, Djelal (Hrsg.): *Latin American Literary Cultures: A Comparative History.* Vol. III, Oxford/Mexiko/São Paulo [noch nicht erschienen].

Lie, Nadia (1996): *Transición y transacción. La revista cubana Casa de las Américas, 1960-1976.* Gaithersburg/Leuven: Ediciones Hispamérica/University Press.

Prieto, Abel (1998): "Ser (o no ser) intelectual en Cuba". In: *Encuentro de la cultura cubana.* 10, S. 93-94.

Sartre, Jean-Paul (1961): *Sartre on Cuba.* New York: Ballantine Books.

Sarusky, Jaime (1995): "Roberto Fernández Retamar: desde el 200, con amor, en un leopardo". In: *Casa*, XXXVI, 200, S. 136-147.

Weiss, Judith (1977): *Casa de las Américas. An Intellectual Review in the Cuban Revolution.* Chapel Hill/Madrid: Castalia.

Frauke Gewecke

Kubanische Literatur der Diaspora (1960-2000)

Kubanische Literatur, verfasst und publiziert außerhalb Kubas: Literatur des Exils oder Literatur der Diaspora? Der seit Mitte der 90er Jahre in Spanien ansässige kubanische Literaturkritiker Iván de la Nuez spricht mit Blick auf die seit 1990 in Europa lebenden kubanischen Autoren von einer "Diaspora der kubanischen Kultur", trage der Terminus "Diaspora" doch der Tatsache Rechnung, dass viele ausreisten, ohne für sich den Status eines "Exilanten", der eine Rückkehr unmöglich machen würde, zu reklamieren: "Sie ziehen in die Welt, mag ihre Verbannung nun endgültig sein oder nicht" (Iván de la Nuez 1998: 30). Zudem sei festzustellen, dass sich das Zentrum kubanischer Lebenswirklichkeit außerhalb Kubas heute nicht mehr auf Miami reduzieren lasse, denn "die Punkte auf der Weltkarte", auf die sich die kubanische Diaspora verteilt, "haben sich fast bis ins Unendliche vervielfacht" (29). Doch Iván de la Nuez fügt hinzu: "Man muss aber berücksichtigen, dass dieser Terminus in ideologischer Hinsicht genaugenommen beschönigend für ein anderes Wort steht, das dem kubanischen Staat aufs äußerste missfällt: *Exil*" (30).

Der hier anklingende Konflikt zwischen der faktischen Positionierung ("Diaspora") und der subjektiven Befindlichkeit ("Verbannung"/"Exil") gewinnt eine zusätzliche Dimension bei einem Autor wie dem Lyriker und Literaturkritiker Gustavo Pérez Firmat, der bereits Anfang der 60er Jahre als Kind in Begleitung seiner Eltern von Kuba in die USA emigrierte, in Miami aufwuchs und 1977 die US-amerikanische Staatsbürgerschaft annahm. In seiner 1995 zunächst in englischer Sprache unter dem Titel *Next Year in Cuba. A Cubano's Coming of Age in America* publizierten, sodann von ihm selbst – nicht ohne Schwierigkeiten, wie er gesteht – ins Spanische übertragenen Autobiographie (Pérez Firmat*[1] 1995/1997) identifiziert er sich nicht

---

[1] Die mit * markierten Autorennamen verweisen auf die entsprechend ihrem Publikationsdatum aufgelistete Primärliteratur im Anhang. Wurde nicht die erste, sondern eine spätere Ausgabe konsultiert, werden bei Zitaten im Text beide Daten angegeben; im Anhang erscheint dann der entsprechende Hinweis in eckigen Klammern unter dem Datum der Erstausgabe. Textauszüge wurden grundsätzlich von der Verf. übersetzt; liegt von einem

mehr als Kubaner, sondern als *Cubano Americano*, "Geboren in Kuba, *Made in the U.S.A.*" (iii), denn, so führt er aus: "Für uns Immigranten und Exilanten kommt fast immer ein Moment, in dem wir beginnen, uns nicht über den Ort, an dem wir geboren sind, sondern über den Ort, an dem wir leben, zu definieren" (x). Doch auch Pérez Firmat, der nach eigenem Zeugnis den Übergang vom "Exil" zur "Ethnizität" und damit vom Exilanten zum Angehörigen einer (in den USA lebenden) ethnischen Minderheit vollzogen hat (Iván de la Nuez 1998: 63), mag auf das Epitheton des "Exilanten" nicht verzichten, und so beansprucht er für sich – womit er in seinen Identitätsbehauptungen andernorts mancherlei Widersprüche offenbart – nicht den "Status", wohl aber die "Seinsweise" des Exilanten (178) als "Lebensform" (177), "Wesensmerkmal" (25) und "Identitätszeichen" (178).

Der von Iván de la Nuez angeführte kulturgeographische Aspekt der "Zerstreuung" oder *transterritorialidad* kubanischer Autoren und kubanischer Literatur ebenso wie der von Gustavo Pérez Firmat illustrierte sozialpsychologische Aspekt der Sozialisation und Identitätsbildung machen deutlich, dass für die außerhalb Kubas von Autoren kubanischer Herkunft verfasste und publizierte Literatur heute – und wie zu zeigen sein wird, bereits in den 60er Jahren – nicht in jedem Fall von "Exilliteratur" gesprochen werden kann. Die zweifellos bei der Mehrheit der Autoren anzutreffende "Bestandspflege" der *cubanidad* geschieht hier aus einer "diasporischen" oder einer "ethnischen" Perspektive; um diese von der "Exilperspektive" abzugrenzen und zu klären, wann Literatur der kubanischen Diaspora als "Exilliteratur" zu verstehen ist, bedarf es zunächst einer Bestimmung der Kategorien "Exil" und "Exilliteratur", die auch eine erste thematische Annäherung an die hier zur Diskussion stehende literarische Praxis erlaubt.

"Exil" als historisches Faktum wird verstanden als Emigration, "direkt oder indirekt hervorgerufen durch Divergenzen zwischen der Person, die das Exil erleidet – Exilant oder Exilanten – und der Institution, die es verursacht – eine Regierung, eine bestimmte Politik, eine führende Minderheit usw." (Abellán 1987: 45) und damit als "radikaler und extremer Ausdruck einer politischen und gesellschaftlichen Marginalisierung" (46).[2] Als soziokultu-

---

behandelten Werk eine deutsche Übersetzung vor, wurde der entsprechende Titel im Text in Klammern und in Kursivdruck angegeben.

[2] Die in der Forschung zumeist vollzogene Trennung von freiwillig erfolgender "Emigration" und unfreiwillig erfolgendem "Exil" sowie die gemeinhin übliche Differenzierung von politischer und wirtschaftlicher Motivation erscheinen nicht opportun, da die Grenzen zwischen freiwilliger und erzwungener, aus wirtschaftlichen und politischen Erwägungen stattfindender Migration nicht in jedem Fall klar auszumachen sind. Entspre-

relles Faktum gilt für das "Exil" neben der physisch-geographischen Trennung vom Herkunftsland die Trennung auch von der angestammten Gemeinschaft und vertrauten Lebensformen sowie die Aufgabe, sich in dem neuen, möglicherweise als fremd erfahrenen soziokulturellen Umfeld des Aufnahmelandes zurechtzufinden und eventuell neu zu orientieren. Für den im Exil Lebenden gilt mit Blick auf das Herkunftsland, dass er die "Haltung eines Dissidenten" (Abellán 1987: 48) eingenommen hat, und mit Blick auf das Aufnahmeland, dass er "an einem Ort lebt und die Wirklichkeit eines anderen Ortes erinnert oder projiziert" (Seidel 1986: ix).

"Exilliteratur" ist – und dies gilt als das entscheidende Kriterium – Literatur, die aus der Exilsituation heraus entstanden und primär durch diese motiviert ist: eine Literatur, die häufig stark autobiographische Züge aufweist, mag sie doch dazu dienen, vor dem Hintergrund der je individuellen Geschichte, möglicherweise transzendiert auf die Ebene kollektiver oder allgemein menschlicher Erfahrung, Wirklichkeits- und Konfliktbewältigung zu leisten. Aus dieser Begriffsbestimmung sowie der skizzierten "Phänomenologie des Exils" ergibt sich eine Typologie der "Exilliteratur", die sich auf eine Reihe von Themen und Topoi, mannigfaltig variiert, reduzieren lässt: (1) mit Blick auf das Herkunftsland – und die Vergangenheit – die schmerzvolle Erfahrung des Verlusts eines vertrauten Lebensraums und des Bruchs mit einer Kontinuität, in die der individuelle Lebensentwurf eingebettet war; und (2) mit Blick auf das Aufnahmeland – und die Gegenwart wie die Zukunft – die gleichermaßen schmerzvolle Erfahrung von Heimatlosigkeit und Entwurzelung, möglicherweise auch, bei Erleben eines Kulturkonflikts oder Kulturschocks, der kulturellen Entfremdung und des Identitätsverlusts. Die weitere Ausdifferenzierung der genannten Themenbereiche mag jeweils in zwei Richtungen erfolgen: (1) mit dem Gestus des Protests vorgebrachte Kritik an den Verhältnissen im Herkunftsland, welche das Exil bewirkten, oder mit dem Gestus der Resignation verknüpfte Erinnerung an das verlorene Territorium und die verlorene Zeit, möglicherweise nostalgisch verklärt als verlorenes Paradies; und (2) Isolierung von der fremdkulturellen Umgebung und Rückzug auf eine "Realitätsparzelle" (Mayer 1972: 78), die eigenkulturelle Werte und Verhaltensmuster weitgehend bewahrt, oder Neuorien-

---

chend dem Selbstverständnis der Exilkubaner gilt zweifellos "Exil" als "Akt der politischen Vertreibung oder der ideologisch motivierten Selbstausbürgerung" (Hermand 1972: 10); die bei manchen *de facto* ausschlaggebenden beruflichen oder wirtschaftlichen Erwägungen sind, da durch die politische und soziale Entwicklung in Kuba nach 1959 bedingt, für die Bestimmung ihres Status als "Exilant" oder "Emigrant" irrelevant.

tierung über eine zumindest partielle Assimilation an die Fremdkultur und Entwicklung einer neuen Identität wie eines neuen Lebensentwurfs – womit nun aber die Identität als "Exilant" aufgegeben und das Terrain der "Exilliteratur" verlassen wird.

1. Die erste Generation des Exils: der Blick zurück im Zorn

Die Geschichte des kubanischen Exils und der kubanischen Exilliteratur reicht weit in das 19. Jahrhundert zurück, als sich im Süden Floridas bereits erste Enklaven, gestützt auf eine florierende Tabakindustrie, herausbildeten und in Mexiko oder in New York und anderen Städten Nordamerikas Intellektuelle wie José María Heredia, Cirilo Villaverde und José Martí sich aus Opposition gegen die Kolonialmacht Spanien politisch und schriftstellerisch betätigten.[3] Heredia, Villaverde und Martí begriffen sich als Exilanten, nicht jedoch alle der in den *comunidades* von Tampa und Key West lebenden Kubaner, die sich – sofern sie aufgrund des mit dem zweiten Jahrzehnt des 20. Jahrhunderts einsetzenden Niedergangs der Tabakindustrie nicht nach Kuba zurückkehrten – zunehmend als Immigranten verstanden und ihre vitalen Interessen und Energien nun nicht mehr auf die zurückgelassene Heimat, sondern auf die US-amerikanische Gesellschaft projizierten, konkret: auf die problematische Eingliederung in die US-amerikanische Arbeitswelt.

Während der Diktaturen von Gerardo Machado und Fulgencio Batista erfolgte erneut ein politisch motivierter Exodus von Intellektuellen in die USA, darunter viele, die – wie Roberto Fernández Retamar, Edmundo Desnoes und Pablo Armando Fernández – sich nach dem Triumph der Revolution 1959 mit dieser identifizieren und nach Kuba zurückkehren sollten. Gleichzeitig ergab sich ein im Wesentlichen wirtschaftlich motivierter Zuzug kubanischer Migranten in die etablierten Enklaven, vornehmlich in Florida, mit der Folge, dass, so der Sozialwissenschaftler Gerald E. Poyo, bereits während der ersten Hälfte des 20. Jahrhunderts "Kubaner in den Vereinigten Staaten in einem fortschreitenden Prozess zu Immigranten bzw. An-

---

[3] Als paradigmatisch für die in den USA verfasste und publizierte kubanische Exilliteratur dieser Zeit gilt die patriotische Lyrik José María Heredias, insbesondere sein 1825 verfasster, unter den kubanischen *independentistas* überaus populärer *Himno del desterrado*, in dem der Autor die Exilsituation selbst zum Thema macht und die Erfahrung von Verlust und Entwurzelung durch eine Projizierung der unerfüllten Sehnsüchte auf die nostalgisch verklärte Heimat zu kompensieren sucht (zur kubanischen Exilliteratur des 19. Jahrhunderts allgemein vgl. Ette (1989); Cortina (1993); Luis (1996) [überarbeitet in 1997, Kap. 1]).

gehörigen einer ethnischen Minderheit wurden und demzufolge eine kubanisch-amerikanische Lebenspraxis und Identität entwickelten" (1992: 87).
Eine ganz neue Dimension gewann die kubanische Emigration nach dem Sturz Batistas infolge der zunächst herrschenden politischen Instabilität und den ersten unter Fidel Castro verfügten sozioökonomischen Strukturveränderungen, 1961 ideologisch fundiert durch Castros Bekenntnis zum Sozialismus und schließlich zum Kommunismus. In einem ersten Migrationsschub verließen zwischen Januar 1959 und Oktober 1962, als aufgrund der "Raketenkrise" die direkten Flüge in die USA unterbrochen wurden, annähernd 250.000 Menschen die Insel. Eine zweite Emigrationswelle, die annähernd 300.000 Kubaner erfasste, folgte von Dezember 1965 bis April 1973 über die so genannten *freedom flights*. Manche emigrierten nach Puerto Rico oder nach Mexiko, Mittel- und Südamerika; die überwiegende Mehrheit aber ließ sich in den USA nieder, vorzugsweise in Miami bzw. dem Dade County, wo sich eine prosperierende ethnische Enklave etablierte und "Little Havana", *downtown* Miami, zur "Hauptstadt" des kubanischen Exils avancierte (zum kubanischen Exil in Miami vgl. den Beitrag von Doris Henning).[4]

Die Autoren der ersten Generation des Exils spiegeln in ihrer gesellschaftlichen Positionierung die sozioökonomische Struktur der ersten Emigrationswelle: Sie waren vor ihrer Ausreise von Beruf vornehmlich Anwälte und Richter, Hochschullehrer und Journalisten. Die persönliche Erfahrung des Exils ist für sie Anlass, zur Feder zu greifen und sich als Literaten zu betätigen, um vorrangig, als Augenzeugen und Chronisten, Zeugnis abzulegen. Die zwischen 1960 und 1975 erschienenen Texte fiktionaler Prosa – etwa 30 Erzählbände und 35 Romane[5] – nähern sich somit häufig dem *testimonio* an, wobei der je unterschiedliche Grad der Fiktionalisierung die autobiographischen Bezüge in der Regel leicht erkennen lässt. Die erzählte Zeit umfasst zumeist die ersten Jahre, seltener die ersten Monate nach dem Sturz des Batista-Regimes, wobei in den meisten Fällen ein deutlicher Bezug zu den historischen Ereignissen und Personen hergestellt wird. Thematisiert wird in zahlreichen Texten die dramatische, häufig in kleinen Booten unter dem Beschuss der kubanischen Küstenwache unternommene Flucht ins Exil

---

[4] Vgl. hierzu insbesondere Portes/Rumbaut (1990, Kap. 1); Pedraza (1992); García (1996, Kap. 1).
[5] Méndez y Soto (1977, Kap. 7); Menton (1978, Teil 4); Fernández Vázquez (1980). Der folgende Überblick konzentriert sich auf die Romanproduktion, denn die meisten Erzählbände innerhalb der *narrativa antirrevolucionaria*, so urteilt Menton mit Recht, "verdienen unter literarischem Aspekt keine ernsthafte Betrachtung" (1978: 227). Zu Lyrik und Theater vgl. Teil 2 und 3 der vorliegenden Untersuchung.

(Díaz-Versón* 1961; Sánchez Torrentó* 1965; Alonso* 1967; Núñez Pérez* 1966; González* 1971; Gómez-Kemp* 1972) sowie die gefahrvolle Teilnahme an "konterrevolutionären" Aktionen in Kuba selbst (Viera Trejo* 1965; Alonso* 1967; Fowler* 1967; Entenza* 1969; Juan* 1971) oder aus dem Exil heraus (Cobo Sausa* 1965; Landa* 1967; Villa* 1968), wobei der gescheiterten Invasion von Playa Girón (April 1961) besondere Aufmerksamkeit geschenkt wird.[6] Das zentrale Anliegen der Autoren aber ist die Schilderung der aktuellen politischen und gesellschaftlichen Situation in Kuba, der die eigentliche, häufig nur rudimentär entwickelte Handlung untergeordnet ist und die nicht selten in langen Exkursen des Erzählers oder der agierenden Personen entfaltet wird.

Nahezu allen Texten gemeinsam ist ein virulenter Antikommunismus: Kuba wird von der "wilden roten Bestie" geknechtet, die Kubaner sind "Opfer des kommunistischen Satanismus" (Márquez y de la Cerra* 1972: 10). Aus der Perspektive der Protagonisten – sehr häufig Gegner des Batista-Regimes, die aktiv an der Guerilla beteiligt waren[7] – enthüllt sich der Verlauf, den die Revolution nehmen sollte, als Verrat an der Revolution selbst.

---

[6] In diesem Zusammenhang üben zahlreiche Autoren heftige Kritik an dem mangelnden finanziellen Engagement der vermögenden Kreise innerhalb des kubanischen Exils in Miami, ganz besonders aber an den USA, da die von der CIA gegebene Zusage, die exilkubanische Invasionsbrigade durch Luftangriffe auf die insularen Verteidigungslinien zu unterstützen, nicht eingehalten wurde. Das Scheitern der Invasion war für die Exilkubaner in den USA eine einschneidende – und mit Bitterkeit hingenommene – Enttäuschung, war man doch zunächst davon überzeugt, dass Fidel Castro mit Hilfe der USA alsbald gestürzt werden würde und die Rückkehr nach Kuba somit unmittelbar bevorstünde.

[7] Sympathisanten oder Repräsentanten des Batista-Regimes stehen selten im Mittelpunkt der Handlung. Ein Beispiel ist der erste, 1960 erschienene postrevolutionäre kubanische Exilroman, *Enterrado vivo* von Andrés Rivero Collado, in dem die Position des Protagonisten (und Sprachrohrs des Autors) von einem ehemaligen Offizier der Armee Batistas, der gegen die Guerilla der Sierra Maestra gekämpft hatte, eingenommen wird. Thematisiert wird die unmittelbar nach dem Sturz Batistas einsetzende Verfolgung von Angehörigen der regulären Armee, deren Prototyp – im Kontrast zum *guerrillero* – als "aufrechter Soldat, pflichtbewusster Mensch, Ehrenmann und Christ" (Rivero Collado* 1960: 74) geschildert wird. Eine ähnliche Haltung vertritt auch Salvador Díaz-Versón, der während der Republik zeitweilig den Posten des Polizeichefs von Havanna und Chefs der militärischen Gegenspionage bekleidete, und der in seinem 1961 publizierten Roman *...ya el mundo oscurece... (Novela histórica de la revolución de Cuba)* in einer Art Epilog einen Priester, ganz offensichtlich das *alter ego* des Autors, kommentieren lässt: "Das Batista-Regime hatte Defizite und Fehler, aber es respektierte das Privateigentum, die internationalen Verträge, die Freiheit und die Religion. Zwar kam es auf Seiten einiger seiner Repräsentanten zu Exzessen, doch diese waren eine Begleiterscheinung der bewaffneten Auseinandersetzung..." (Díaz-Versón* 1961: 225).

So das mit besonderer Emphase vorgebrachte Fazit der Protagonistin in dem 1974 erschienenen Roman *Raíces al viento* von Anita Arroyo:

> Das war das ungeheure Problem von uns allen, die wir die Augen geöffnet hatten und voller Entsetzen die Wahrheit sahen, ohne sie akzeptieren zu wollen, weil sie so absurd war, die unglaubliche, die ungeheuerliche, die ungeschminkte Wahrheit: Die geliebte, die gepriesene, die vergötterte Revolution, die das ganze Volk herbeigesehnt und unterstützt hatte, war Kommunismus, ganz einfach K o m m u n i s m u s , KOMMUNISMUS. Der Betrug war ungeheuerlich, der Verrat unglaublich, wahnwitzig: Wir verloren alle den Verstand! (Arroyo* 1974: 25).

Verantwortlich für die beschworene Pervertierung der Revolution – und damit auch Desillusionierung der Handlungspersonen – sind alle Repräsentanten der Staatsgewalt, sämtlich "Abenteurer von der übelsten Sorte" (Viera Trejo* 1965: 5): unfähige und korrupte Funktionäre, die ihre Position ausschließlich zur persönlichen Bereicherung nutzen, sowie fanatische Politkader und Vertreter der Sicherheitsorgane, denen zwar gelegentlich als "rechtschaffene Kommunisten" ein guter Wille bescheinigt wird (Cobo Sausa* 1965: 223), die aber von den meisten Autoren nur als machtbesessen, skrupellos und grausam geschildert werden. Um nur ein Beispiel zu zitieren:

> Sie töteten, um gottgleich ihre Macht auszuüben; sie töteten aus Verachtung und Hass, nicht aus Liebe, jener Liebe, die sie vorgeblich einer zukünftigen Menschheit entgegenbrachten; sie töteten, weil das für sie die einzige Möglichkeit war, ihr eigenes leeres Dasein zu rechtfertigen, das sie so mit Tod und Lügen füllten (Villa* 1968: 87-88).

Die zentrale Zielscheibe beißender Kritik aber ist Fidel Castro: der "große Verräter" und "Satrap der Insel" (Arroyo* 1974: 34, 216), der übelste "Unterdrücker und Tyrann Amerikas" (Landa* 1967: 18), der "mächtige rote Pirat, der die Republik durch einen Überfall in seine Gewalt brachte" (Díaz-Versón* 1961: 128). Er wird geschildert als gemeine und brutale Bestie, unberechenbar und paranoid – möglicherweise, wie ein Autor (Fernández Camus* 1962: 135) zu verstehen gibt, infolge einer Syphiliserkrankung in bereits fortgeschrittenem Stadium –, ein machtbesessener und skrupelloser Despot, "ein Mann mit einer putschistischen und faschistoiden Gesinnung" (Landa* 1967: 202). Und obgleich er, wie bisweilen hervorgehoben wird, nur als Instrument des internationalen Kommunismus gelten kann, ist er, gewissermaßen als *master criminal*, für das "Teufelswerk" der *comunización* Kubas und der Revolution verantwortlich und somit "eine diabolische Ausgeburt der Hölle und der Pestilenz" (Linares* 1965: 293).

Kritik wird im Detail an bestimmten sozioökonomischen Strukturveränderungen der ersten Jahre geübt, insbesondere der auf eine Kollektivierung des Grundbesitzes abzielenden (zweiten) Agrarreform, an Fehlplanungen und Misswirtschaft im Industriesektor und der sich daraus ergebenden Versorgungskrise. Ein besonderes Anliegen der Autoren aber ist die Schilderung der politischen Repression: Verlust der demokratischen Rechte und Verfolgung politisch Andersdenkender, als Farce inszenierte Gerichtsverfahren und Massenexekutionen, Misshandlung und psychische Folter in Gefängnissen, Straf- und Umerziehungslagern. Ein allgemein vorherrschendes Klima der Verunsicherung und des Misstrauens, der Angst vor Bespitzelung und Denunziation bewirkt eine Polarisierung und Spaltung nicht nur der Nation, sondern auch der Familie – bei einer Vielzahl von Autoren das zentrale Handlungsmotiv. So führen der Schwund des gegenseitigen Vertrauens und die Aufkündigung der familiären Solidarität, welche der dem Staat bzw. der Revolution gebührenden Solidarität nachzuordnen ist, zu einer Situation, in der jeder des anderen Feind ist; und es kommt zum Verrat am Bruder (Fowler* 1967), Verrat am Ehepartner (Alonso* 1967; Fowler* 1967) und – als besonders symptomatisch für die Vergiftung der familiären Beziehungen erachtet – zum Verrat an den Eltern (Díaz-Versón* 1961; Alonso* 1967; Márquez y de la Cerra* 1972), begangen von Kindern, die als "von der Revolution angestrebtes Vorbild" (Márquez y de la Cerra* 1972: 45) einer Gehirnwäsche unterzogen und pervertiert wurden, verführt "durch die arglistige und heimtückische Predigt zur Propagierung von Hass, Diktatur und Niedertracht" (Díaz-Versón* 1961: 11). Kuba unter Fidel Castro, so das Fazit mancher Romane, ist somit nichts anderes als "ein riesiges, auf allen Seiten von Wasser und Spitzeln umgebenes Gefängnis" (Márquez y de la Cerra* 1972: 101), "ein finsteres und trostloses Konzentrationslager" (Díaz-Versón* 1961: 97), "beherrscht von skrupellosen Mördern und geistig beschränkten Analphabeten, die alles zerstört haben, was in 60 Jahren Republik geschaffen wurde" (Núñez Pérez* 1966: 64). Oder, entsprechend der Zukunftsvision Díaz-Versóns, welche bereits der Titel seines 1961 erschienenen Romans, ...*ya el mundo oscurece*... ("Die Welt verfinstert sich"), suggeriert:

> Eine ewigwährende Nacht scheint immer mehr vom Geist der Menschen Besitz zu ergreifen, während ihre Schatten – Reiter auf dem Monster des Kommunismus – alle ethischen, moralischen und kulturellen Werte der gegenwärtigen christlichen Zivilisation verschlingen. Die Welt hüllt sich in Dunkel. [...] Die Welt verfinstert sich!... (Díaz-Versón* 1961: 7).

Die literarischen Zeugnisse der ersten Generation des postrevolutionären Exils erfüllen vorrangig eine "exorzistische und therapeutische" Funktion (Binder 1993: 233). Als Dokument einer individuellen Erfahrung verraten sie die Enttäuschung und Verbitterung ihrer Autoren, die sich in ihrer Mehrzahl mit den ursprünglichen Zielen der Revolution identifiziert hatten, und als aktualitätsbezogene politische Aussage verraten sie einen didaktischen Impuls, der nun jene, die von der Revolution marginalisiert wurden, in die Position einer politisch-moralischen Gegenrepräsentanz und damit in die Rolle des einzig wahren, das Epitheton des "*Konter*revolutionärs" vehement zurückweisenden Revolutionärs befördert. An ihrem Anspruch, zu dokumentieren und aufzuklären, müssen sich die Autoren nun aber messen lassen. Und hier erweisen sich die Texte in ihrer Mehrheit als Streit- und Schmähschriften: eine von Bitterkeit, Empörung, Zorn und nicht selten offenem Hass diktierte, pathetisch oder bisweilen auch lamentierend vorgetragene Abrechnung mit dem Regime Fidel Castros, die jede, eine objektive Reflexion fördernde Distanz zum historischen Geschehen vermissen lässt. Das fiktionale Geschehen ist häufig nur Vorwand für wortreiche Diskussionen und Exkurse, die sich nicht selten in agitatorischer und polemischer oder schlicht diffamatorischer Rhetorik erschöpfen; die Handlungsfiguren sind reduziert auf Träger von Ideologien; das Weltbild der Protagonisten (und des Autors) ist manichäistisch geteilt in das "Reich der Guten" und das "Reich der Bösen". Die geschilderten Ereignisse in ihrem historischen Zusammenhang zu diskutieren wird kaum ernsthaft versucht; und die den meisten Texten zugrundeliegende elitäre, bisweilen auch rassistische Perspektive zu verschleiern, gelingt in der Regel nicht – insbesondere dann nicht, wenn es zu erklären gilt, warum das Volk hinter der Revolution steht, denn das Volk ist für die meisten Autoren eine dumme und verblendete, verführbare und manipulierbare Masse, die sich in einem Anfall kollektiven Wahns in frenetischen Beifallsbekundungen erschöpft, wenn sie sich nicht als "wilde, unablässig nach Blut und Tod lechzende Meute" (Rivero Collado* 1960: 101) von den *barbudos* instrumentalisieren lässt.

Nur wenige Romane sind von dieser Kritik auszunehmen: etwa *Territorio libre* von Luis Ricardo Alonso oder *El cielo será nuestro* von Manuel Cobo Sausa. Alonso gelingt es, über seinen Protagonisten, einen hohen Ministerialbeamten in der Castro-Administration, den Prozess der Desillusionierung in seinen verschiedenen Etappen – "Zuerst der Zweifel. Dann Enttäuschung und Verbitterung. Schließlich die Rebellion" (Alonso* 1967: 35) – überzeugend nachzuvollziehen und insbesondere die revolutionäre

Rhetorik etwa über die im Schulunterricht wie in Presse und Rundfunk ausgegebenen Parolen – "Vitaminpillen für die staatsbürgerliche Moral" (47) – zu entlarven. Cobo Sausa ist seinerseits in der Schilderung der historischen Zusammenhänge um Objektivität bemüht und reflektiert beispielsweise über die Frage, inwieweit die in den historischen Prozess involvierten Parteien überhaupt über einen autonomen Spielraum verfügten, wobei der Erzähler/ Kommentator die Einsicht vermittelt:

> Das Schicksal der kleinen Völker ist, genaugenommen, bisweilen tragisch. Die Kubaner, die den Kommunismus in Kuba durchgesetzt haben, bedürfen der Rückendeckung durch die Russen, ohne deren offenen Beistand sie sich nicht hätten halten können; und da sie den sowjetischen Imperialismus in Anspruch nehmen, mussten auch jene Kubaner, die für die Befreiung ihres Vaterlandes von der Diktatur kämpfen, die Hilfe eines fremden Landes in Anspruch nehmen, das genauso mächtig oder noch mächtiger ist als die Russen. Doch dadurch mussten beide Gruppen die Entscheidung über ihr Schicksal in fremde Hände legen, die selbstverständlich stets den eigenen Interessen den Vorrang geben (Cobo Sausa* 1965: 196).[8]

Bereits Anfang der 70er Jahre hatte sich die Literatur der ersten Exilgeneration erschöpft. "[...] es gibt nichts mehr zu sagen. Nach einer gewissen Zeit wiederholt sich alles", so das Verdikt des Literaturkritikers Solomon Lipp (1975: 296). 1972 aber erschienen drei Romane, die in mehrfacher Hinsicht einen Neubeginn markierten: *El sitio de nadie* von Hilda Perera (*1926), *Perromundo* von Carlos Alberto Montaner (*1943) und *Los cruzados de la aurora* von José Sánchez-Boudy (*1928).

Während in den zuvor publizierten Texten mit wenigen Ausnahmen, etwa *Territorio libre* von Luis Ricardo Alonso und *No hay aceras* von Pedro Entenza, ganz in der Linie des traditionellen Realismus die Handlung linear-chronologisch von einem allwissenden Erzähler entfaltet wurde, verwenden Perera, Montaner und Sánchez-Boudy neuere narrative Techniken, die mittlerweile durch die lateinamerikanische *nueva narrativa* der 60er Jahre in der spanischsprachigen Literatur etabliert waren: etwa die Fragmentierung von

---

[8] Dass nicht nur die Primärtexte, sondern auch über sie referierende Sekundärtexte, verfasst von Exilkubanern, bisweilen eine ausgesprochen parteiische und nicht selten polemische Perspektive verraten, zeigt das Beispiel von José Sánchez-Boudy, selbst Autor mehrerer Romane und Verfasser einer *Historia de la Literatura cubana (en el exilio)*, der die "harte Linie" des kubanischen Exils in den USA vertritt und in seiner Literaturgeschichte die US-amerikanischen "Liberalen" – dazu gehört nach Sánchez-Boudy selbstverständlich auch John F. Kennedy, der auf infame Weise Kuba an die Russen "verkaufte" (1975: 70) – des Marxismus verdächtigt und der Cobo Sausa – eben aufgrund seiner durchaus differenzierten Darstellungsweise – gleichermaßen eine "linke Gesinnung" unterstellt (64).

Handlung, Ort und Zeit durch achronologisches Erzählen und den vielfachen Wechsel der Perspektive über die Verwendung der erlebten Rede und des inneren Monologs.[9] Und auch der Umgang der Autoren mit den bekannten Themen und Motiven eröffnet eine neue, differenziertere und profundere Sicht der geschilderten Realität. So führt in *El sitio de nadie* von Hilda Perera der Topos der "verratenen Revolution", entwickelt aus der Perspektive der Bourgeoisie, auch zu einer Kritik an denen, welche, gänzlich unbelehrbar, auf ihren vormaligen klassenspezifischen Privilegien beharren und die – hier zum ersten Mal benannten – positiven Aspekte der von Castro verfügten Maßnahmen nicht erkennen wollen. In *Los cruzados de la aurora* von Sánchez-Boudy vermeidet der Autor direkte Verweise auf konkrete historische Ereignisse – ohne dass er deshalb aber auf die bekannte anticastristische Rhetorik verzichtet –, um über eine Vielzahl von Handlungspersonen aus unterschiedlichen historischen Epochen das Beispiel der kubanischen Revolution in den universalen Kontext des Kampfes um Freiheit und gegen Tyrannei zu stellen, wobei der einst auf Geheiß Calvins in Genf verbrannte spanische Theologe Miguel Servet als Erzähler fungiert, der die Einheit des Werkes garantieren und gleichzeitig die postulierte Parallele zwischen Calvin/Genf und Castro/Havanna illustrieren soll. In dem Roman *Perromundo* von Montaner, der den in der gesamten Exilliteratur präsenten Topos der politischen Gefangenen und der infrahumanen Haftbedingungen in Straf- und Umerziehungslagern thematisiert, sind konkrete Verweise auf den historischen Hintergrund der kubanischen Revolution weitgehend ausgespart, so dass sich hier ein zwar die anticastristische Haltung des Autors verratendes, aber von vordergründiger Polemik unbelastetes Psychogramm eines seiner Menschenwürde wie seiner Integrität beraubten Gefangenen entfaltet.

1971 bzw. 1972 waren die Romane von Sánchez-Boudy und Hilda Perera *finalistas* des renommierten spanischen Literaturpreises "Premio Planeta", und Pereras *El sitio de nadie* sowie *Perromundo* von Montaner wurden in den angesehenen spanischen Verlagen Planeta und Ediciones 29 publiziert. Zuvor waren die meisten Texte exilkubanischer Autoren entweder in Miami oder innerhalb der spanischsprachigen Welt in unbedeutenden Verlagen und

---

[9] Montaner, der von der Kritik mit höchstem Lob bedacht wird, geht in seinem Bemühen um Innovation noch sehr viel weiter als Perera und Sánchez-Boudy, indem er nicht nur die Grenzen zwischen den Gattungen verwischt – so integriert er in seine Prosa einen Theatertext –, sondern zusätzlich die Schriftzeichen variiert (einschließlich Kursivdruck, Versalien, Fett- und Zwei-Spalten-Druck): ein Verfahren, das zwar unterschiedliche Perspektiven und Bewusstseinsebenen signalisiert, jedoch gänzlich überflüssig ist und eine nur vordergründige "Modernität" unter Beweis stellt.

kleinen Auflagen, nicht selten durch die Autoren selber finanziert, veröffentlicht worden, so dass ihre Rezeption im wesentlichen auf die kubanische Exilgemeinde beschränkt blieb. Nun aber wurde die außerhalb Kubas verfasste Literatur als integraler Bestandteil der hispano-amerikanischen Literatur auch außerhalb des kubanischen Exils anerkannt; ein Umstand, der durch zwei Faktoren begünstigt wurde: das bereits während der 60er Jahre gewonnene Prestige zweier außerhalb Kubas lebender kubanischer Autoren – Severo Sarduy und Guillermo Cabrera Infante –, die sich nicht in den USA, sondern in Europa niedergelassen hatten, sowie der mittlerweile unter europäischen und lateinamerikanischen Intellektuellen eingetretene Wandel in der Perzeption und Bewertung der kubanischen Revolution, der sich auf den sogenannten "Fall Padilla"[10] gründete, jedoch auf eine kubanische Kulturpolitik zurückzuführen ist, welche bereits Anfang der 60er Jahre innerhalb der insularen Intellektuellenkreise zu ersten Konflikten geführt hatte.

2. Die erste Generation der Diaspora: der Blick aus der Distanz

Der Sturz Batistas wie auch die zunächst eine sozialistische Revolution einleitende Politik Fidel Castros wurde von der überwiegenden Mehrheit der kubanischen Schriftsteller und Künstler mit Enthusiasmus begrüßt und es bildete sich, wie Lisandro Otero 1971 rückblickend für die ersten zwei Jahre

---

[10] Nur kurz seien die wichtigsten Fakten in Erinnerung gerufen: 1968 war der Gedichtband *Fuera del juego* von Heberto Padilla ebenso wie das Theaterstück *Los siete contra Tebas* von Antón Arrufat von der *Unión Nacional de Escritores y Artistas Cubanos* (UNEAC) mit einem ersten Preis ausgezeichnet worden, doch hatte sich das Direktionskomitee der UNEAC, auch wenn es einer Publikation beider Texte zustimmte, von der Entscheidung der Jury distanziert mit dem Argument, "dass die Preise für Werke vergeben worden waren, die auf Elementen basierten, welche in offenem Widerspruch zum Gedankengut der Revolution stehen" (zitiert nach Montes Huidobro 1973: 403). Als Padilla 1971 wegen "konterrevolutionärer" Aktivitäten inhaftiert wurde und nach seiner Entlassung aus dem Gefängnis öffentlich Selbstkritik übte, erhob sich international Protest gegen eine so "peinliche Farce der Selbstkritik, [die] an die unseligsten Momente des Stalinismus, dessen vorgefertigte Urteile und Hexenjagden, erinnert", wie es in einem (u.a.) von Carlos Fuentes, Mario Vargas Llosa, Jean-Paul Sartre, Italo Calvino und Hans Magnus Enzensberger unterzeichneten offenen Brief an Fidel Castro hieß (zitiert nach Vargas Llosa 1983: 166). Die "Selbstkritik" Padillas vor einer Versammlung der UNEAC, in der er seine Frau, die Lyrikerin Belkis Cuza Malé, ebenso wie zahlreiche befreundete Literaten einer gleich ihm defätistischen Haltung gegenüber der Revolution bezichtigte, erschien in voller Länge in *Casa de las Américas* 65-66 (1971). Zu den näheren Umständen der "Affäre" und der damit zusammenhängenden unter lateinamerikanischen Autoren geführten Diskussion um die Rolle des Schriftstellers im gesellschaftlichen Prozess vgl. Menton (1978: 136-149); Franzbach (1984: 165-173); Gewecke (1987).

feststellen konnte, eine "einheitliche Front von Intellektuellen" (1971: 94). Der Staat dankte es ihnen, denn, so der chilenische Schriftsteller Alberto Baeza Flores, der sich am Kampf gegen Batista beteiligt, Kuba jedoch bereits 1960 als *disidente* verlassen hatte:

> Nie zuvor waren in der Geschichte Kubas der Schriftsteller und der Künstler so umworben worden, nie zuvor waren ihnen solche materiellen Vorteile geboten worden wie unter dem Regime Castros, der sie brauchte. Nie zuvor war so viel veröffentlicht worden. Nie zuvor war ihnen eine solche Resonanz und Publizität gewährt, nie zuvor ein so hohes Ansehen und Gewicht verliehen worden (1970: 76).

Einige wenige unter den bereits etablierten Autoren verweigerten von Anbeginn die Gefolgschaft: unter ihnen Gastón Baquero (1918-1997) und Lydia Cabrera (1900-1991), die 1959 bzw. 1960 – Baquero nach Madrid, Cabrera nach Miami – emigrierten.[11] Lydia Cabrera war seit den 40er Jahren durch linguistische und kulturanthropologische Studien, vor allem aber durch zwei Erzählbände, *Cuentos negros de Cuba* (1940) und *Porqué... Cuentos negros de Cuba* (1948), (neben Nicolás Guillén) als die bedeutendste Vertreterin des *afrocubanismo* hervorgetreten. Die Emigration, zunächst nur als vorübergehend begriffen ("ich verabschiedete mich für kurze Zeit"), war für sie gewiss eine traumatische Erfahrung (Hiriart 1989: 14); und so publizierte sie in den ersten zehn Jahren ihres Exils kein weiteres Werk. Doch der dann veröffentlichte dritte Erzählband, *Ayapá. Cuentos de Jicotea* (Cabrera* 1971), steht ebenso wie das essayistische Werk außerhalb der eigenen Exilerfahrung. Er wahrt die thematische Kontinuität und reproduziert über Fabeln der oralen, in Afrika wurzelnden Tradition die mythisch-magische Weltsicht des Afrokubaners, gepaart mit einer schlicht utilitaristischen Lebensphilosophie, die, Teil einer gesamtkaribischen Tradition, dem in Sklaverei und materiellem Elend lebenden Farbigen nur dann eine Überlebenschance suggeriert, wenn er – wie die Titelfigur, eine Schildkröte – körperliche Unterlegenheit mit Heuchelei und Rücksichtslosigkeit kompensiert.

---

[11] Zu diesem Kreis gehörte auch Lino Novás Calvo (1905-1983), der bereits in den 40er Jahren als Erzähler hervorgetreten war und mit seinem berühmtesten Band, *La luna nona y otros cuentos* (1942), unter dem Einfluss US-amerikanischer Autoren die kubanische Erzähltradition erneuert hatte. 1960 ging er in die USA und publizierte zunächst in Zeitschriften, sodann zusammengefasst in dem Band *Maneras de contar* (Novás Calvo* 1970) Erzählungen, in denen das gesamte thematische Spektrum der ersten Exilgeneration vertreten ist, in denen die Konfrontation von Opfern und Tätern, gezeichnet in der unerbittlichen Perspektive der Vergeltung, aber auch in die Kreise des kubanischen Exils in den USA getragen wird.

Gastón Baquero hatte sich gleichermaßen bereits in den 40er Jahren im Umfeld der Zeitschrift *Orígenes* als Lyriker einen Namen gemacht, hatte sich dann aber ausschließlich dem Journalismus gewidmet. In seinem Madrider Exil kehrte er zur Lyrik zurück und schuf nun erst – insbesondere mit dem Band *Memorial de un testigo* (Baquero* 1966) – das eigentliche Fundament seines Werkes, das ihn zum bedeutendsten kubanischen Lyriker außerhalb Kubas machen sollte. Baquero hielt in Interviews oder Statements nicht zurück mit Kritik an der kubanischen Revolution; und die Erfahrung des Exils bedeutete für ihn gewiss auch einen Bruch in der eigenen lebensweltlichen Kontinuität. So schrieb er 1993 in einem Brief an den in Kuba lebenden Lyriker Eliseo Diego:

> Für mich ist die Vergangenheit ganz einfach tot. Ich lebte in einer Welt und in der Nähe von Menschen, die ich nicht wiedersehen werde. Versteht mich richtig: Es ist nicht so, dass ich nicht zu Euch zurückkehren wollte, ich will nicht in die Vergangenheit zurückkehren. Vor langer Zeit habe ich mich dazu bekannt, dass ich die Bindung an einen Stamm und Wurzeln gekappt habe. Ich lebe nicht, ich treibe dahin. Ich sagte: "Ich lebe nicht mehr in Spanien. / Ich lebe jetzt auf einer Insel. / Auf einer Insel, / die Einsamkeit heißt."[12]

Doch Baqueros dichterisches Werk rekurriert nicht auf die konkrete persönliche Erfahrung, sondern reflektiert in einer diese transzendierenden universalen Perspektive die existentielle Angst des vereinzelten, aus seinen metaphysischen Zusammenhängen herausgerissenen Menschen. Damit stellt sich Baquero in eine spätestens seit der Romantik in Europa etablierte Tradition: der Dichter nicht als "Fremder" und "Exilierter", sondern als "Fremdling", als "existentiell Verbannter" (Vordtriede 1968: 559):

> Wie es scheint, bin ich allein,
> man könnte sagen, ich bin eine Insel, taubstumm, steril.
> Wie es scheint, bin ich allein, der Liebe beraubt, und irre umher [...]
>   Wie es scheint, bin ich allein inmitten dieser kalten
>   Falle des Universums,
> wo die Schwere der Sterne, die unwägbare Schwere der Ariadne,
> so belanglos ist wie die Schwere des Blutes
> oder das blinde Fließen des Marks zwischen den Knochen;
> wie es scheint, bin ich allein, und ich sehe, wie es Gott einerlei ist,
> ob sich das Leben die Hülle eines Menschen oder die Schale
>   eines Krustentieres borgt,
> und ich sehe voller Zorn, dass Pergolesi kürzer lebt als die einfältige Schildkröte
> und dieser Lichtstrahl nichts erhellen will
> und die Sonne nicht einmal ahnt, dass sie unser zweiter Vater ist.[13]

---

[12] Abgedruckt in: *Encuentro de la cultura cubana*, 3 (1996/97, S. 10-11; hier S. 10).
[13] "Silente compañero", aus: *Memorial de un testigo* (Baquero* 1966/1998: 124f.).

Unter den sich mit der Revolution identifizierenden Intellektuellen ergab sich ein erster Konflikt im Zusammenhang mit *Lunes de Revolución*, der seit März 1959 wöchentlich erscheinenden Kulturbeilage der Tageszeitung *Revolución*, Organ der "Bewegung des 26. Juli". Die Beilage war zunächst ein Forum für junge, nach dem Sieg der Revolution in Erscheinung tretende einheimische Literaten ebenso wie für die breit gefächerte politischideologische Diskussion. Da die Redaktion aber für die kubanischen Leser auch hinsichtlich der vor 1959 in Europa wie in Lateinamerika erschienenen Literatur ein Defizit sah und sich zwar dem Sozialismus, jedoch keiner orthodox-dogmatischen Linie verpflichtet fühlte, publizierte *Lunes* Essays von Marx und Engels, Castro und Guevara, aber auch von Trotzkij und literarische Texte von Jean-Paul Sartre und Albert Camus ebenso wie von Vladimir V. Majakovskij und Isaak Babel, Marcel Proust und Jorge Luis Borges. Auslöser des Konflikts war der von Guillermo Cabrera Infante (*1929), Gründer und Chefredakteur von *Lunes*, organisierte Protest gegen das Verbot des von seinem Bruder Sabá und Orlando Jiménez Leal gedrehten Films *P. M.*, der nach Art des *free cinema* das Nachtleben vorwiegend der farbigen Bevölkerung in Havanna dokumentierte: Zeugnis eines, wie die Zensurbehörde befand, dekadenten, von der Revolution sehr bald überwundenen Aspekts der kubanischen Wirklichkeit, das nur der feindlichen Propaganda dienen würde.[14]

Mitte Juni wurde Carlos Franqui, ein enger Ratgeber Fidel Castros und Herausgeber von *Revolución*, zusammen mit Cabrera Infante und den anderen Mitgliedern der *Lunes*-Redaktion im Beisein aller namhaften Intellektuellen Kubas vor eine aus altgedienten Mitgliedern des kommunistischen *Partido Socialista Popular* bestehende Kommission zitiert. Und nach zwei weiteren Sitzungen wurde der Konflikt – offiziell – dadurch beigelegt, dass Fidel Castro, der an allen Sitzungen teilgenommen hatte, mit seinem berühmten – allerdings im Konfliktfall wenig hilfreichen – Diktum "innerhalb der Revolution, alles; gegen die Revolution, nichts" den Rahmen für die künftig geltende Kulturpolitik festlegte. Im November musste *Lunes* ihr Erscheinen einstellen, nach offizieller Verlautbarung aufgrund von Papiermangel. Doch es war offensichtlich, dass bei diesem ersten Konflikt zwischen Intellektuellen und der Regierung sich innerhalb dieser eine dogmatische Linie durchgesetzt hatte und die Intellektuellen fortan stärker in die

---

[14] Dieser Film war für Cabrera Infante Ausgangspunkt für seinen 1967 publizierten Roman *Tres tristes tigres*, der seinen Ruhm als herausragender Vertreter der lateinamerikanischen *nueva novela* begründen sollte.

"revolutionäre Pflicht" genommen werden würden. Guillermo Cabrera Infante wurde, wie auch andere Mitarbeiter von *Lunes*, dadurch neutralisiert, dass er ins Ausland geschickt wurde: in sein "erstes Exil mit offizieller Genehmigung" (Cabrera Infante* 1992: 48) als Kulturattaché an die kubanische Botschaft in Brüssel – bis er 1965 emigrierte.

Aus der Gruppe von Intellektuellen, die sich im Umfeld von *Lunes* formiert hatte, verließ bis zur Mitte der 60er Jahre eine Reihe von Schriftstellern zunächst nur vorübergehend, schließlich endgültig das Land: neben Cabrera Infante etwa Juan Arcocha (*1927), der erst als Korrespondent nach Moskau, sodann als Kulturattaché an die kubanische Botschaft in Paris geschickt wurde, wo er sich 1965 absetzte;[15] sowie Calvert Casey (1924-1969), der sich aufgrund seines biographischen Hintergrunds und seiner homosexuellen Neigungen zeit seines Lebens marginalisiert sah und 1969 in Rom Selbstmord beging.

Geboren in den USA, jedoch aufgewachsen in Kuba, fühlte sich Calvert Casey dem kubanischen Kulturkreis zugehörig und gab seine US-amerikanische Staatsbürgerschaft auf. Nachdem er während der Batista-Diktatur wieder längere Zeit in den USA gelebt hatte, kehrte er 1958 nach Kuba zurück, um sich sogleich mit den Zielen der Revolution zu identifizieren, ohne sich jedoch jemals völlig integriert zu fühlen. Hierzu das Zeugnis des mit ihm befreundeten spanischen Schriftstellers Vicente Molina Foix: "Der Umstand, dass er sich von einer breiten, auf einen moralischen Wandel abzielenden Bewegung, mit der er sich selbstverständlich auf ideologischer Ebene solidarisierte, ausgeschlossen fühlte, bewirkte, dass er sich noch isolierter fühlte, als er es von Natur aus immer schon war" (1969: 40). So war das zentrale Thema der unter dem Titel *El regreso* 1962 in Havanna veröffentlichten Erzählungen bereits die Entfremdung des in einer repressiven, überdies absurd anmutenden, kafkaesken Welt marginalisierten Individuums: ein Thema, das auch seinen einzigen nach der Emigration publizierten Band, *Notas de un simulador* (Casey* 1969) – er enthält neben vier *cuentos* den im Titel benannten Kurzroman –, beherrscht. In zwei Erzählungen lassen sich über das in der Exilliteratur gängige Motiv des "nicht vollzogenen Abschieds" (Schumm 1990: 10) Bezüge zur konkreten Situation des emigrie-

---

[15] 1962 veröffentlichte Arcocha in Kuba den Roman *Los muertos andan solos*, in dem er für die Revolution Stellung bezog. Nach der Aufgabe seines Postens an der kubanischen Botschaft in Paris veröffentlichte er (u.a.) den Roman *La bala perdida* (Arcocha* 1973), in dem er seine dort gemachten Erfahrungen vor dem Hintergrund der Ereignisse in Kuba selbst in überaus kritischer Perspektive und mit bissig-sarkastischem Humor verarbeitete.

renden Autors herstellen, doch sind diese Bezüge nur vordergründig relevant, verweist doch die geschilderte Situation als Chiffre der existentiellen Unsicherheit und Bindungslosigkeit auf eine generelle Befindlichkeit des Autors, die diesen schließlich in den Selbstmord trieb.

Der jüngste der Intellektuellen, die bei *Lunes de Revolución* mitarbeiteten, der jedoch früher als alle anderen Kuba verließ, war Severo Sarduy (1937-1993). Ende 1960 ging er mit einem staatlichen Stipendium zum Kunststudium zunächst nach Madrid, dann nach Paris, wo er sich nach Ablauf seines Stipendiums niederließ, ohne sich als "Exilant" zu erklären, denn, so Sarduy in einer undatierten, postum veröffentlichten Notiz: "[...] ich betrachte mich nur als ein 'Gebliebener' [...] Ich blieb einfach, von einem Tag auf den anderen. Vielleicht kehre ich morgen zurück..."[16] Sarduy hielt sich im politisch-ideologischen Streit zwischen Befürwortern und Gegnern der kubanischen Revolution anders als Guillermo Cabrera Infante zurück; mit diesem gemeinsam aber beförderte er den Roman der kubanischen Diaspora an die Spitze der experimentellen Avantgarde der lateinamerikanischen *nueva narrativa*. Sarduy und Cabrera Infante verbindet vielerlei: auf ästhetischer Ebene der radikale Bruch mit den Konventionen des traditionellen Realismus, Sprachneuschöpfung und Sprachmagie, schließlich Absage an eine mimetische Funktion von Literatur, welche nunmehr in selbstreferentieller Funktion als autonomes System die Form selbst zum Inhalt macht; auf thematischer Ebene ein besonderes Interesse an dem Ambiente von Nachtklubs und Bordellen, an Sängern, Transvestiten und Homosexuellen, an Maskierung und Verwandlung von Identität und Geschlecht, an Erotik und Sexualität.

Sarduys erster Roman, *Gestos* ("Bewegungen"; Sarduy* 1963), in Kuba verfasst, jedoch erst nach der Ausreise (vermutlich in einer überarbeiteten Fassung) in Spanien publiziert, ist trotz seines experimentellen Charakters aufgrund seiner Thematik noch Teil der insularen Tradition der *Novela de la Revolución*. Geschildert wird, in einer achronologisch und nur fragmentarisch entwickelten Handlungssequenz, die Atmosphäre der Subversion vor

---

[16] Abgedruckt in: *Cuadernos Hispanoamericanos* 563 (1997, S. 8-11; hier S. 10). In Paris lebt auch Eduardo Manet (*1930), der sich wie Severy Sarduy politischer Polemik enthält, der nun aber, anders als Sarduy, nicht mehr in spanischer, sondern in französischer Sprache schreibt. Er veröffentlichte Theater und Prosa, u.a. die Romane *Rhapsodie cubaine* (Manet* 1996) und *D'amour et d'exil* (Manet* 1999), in denen vor einem konkreten kubanischen Erfahrungshorizont die schmerzvolle Erfahrung des Exils – "Der Exilant ist ein Gefangener seiner Nostalgie, seiner ohnmächtigen Wut" (1999: 29) – thematisiert wird.

dem Sturz Batistas, dies über die Aktivitäten einer Mulattin, die tagsüber als Wäscherin und nachts als Nachtklubsängerin arbeitet und die, bis kurz vor Romanende namenlos, jeder psychologischen Charakterisierung entbehrt. Der zweite Roman, *De donde son los cantantes* ("Woher die Sänger sind"; Sarduy* 1967), ist ein breit angelegtes Fresko, in dem beständig ihre Identität wechselnde Figuren eine Wanderung oder Wallfahrt unternehmen, die sie auf den Spuren der spanischen, afrikanischen und chinesischen Wurzeln kubanischer Identität vom spanischen Mittelalter in das vorrevolutionäre Kuba führt: eine *quête* von geradezu epischen, allerdings ironisch gebrochenen Dimensionen.

In seinen nachfolgend publizierten Romanen entfernte sich Severo Sarduy weitgehend vom geographisch-kulturellen Zentrum Kuba. Gleichzeitig verstärkte sich der experimentelle Charakter seiner Fiktionen, die phantastische und geradezu anarchistische Züge annehmen, entsprechend dem in *Cobra* entwickelten ästhetischen Konzept: "eine Ordnung auseinandernehmen und ein Chaos zusammenfügen" (Sarduy* 1972: 20). Mit seinem vorletzten Roman, *Cocuyo* (Sarduy* 1990), kehrte Sarduy in das Kuba seiner Kindheit zurück und lieferte eine überaus amüsante, von dem extrem experimentellen Gestus der früheren Romane weitgehend befreite Initiationsgeschichte in der Tradition des spanischen Schelmenromans.

Severo Sarduy wurde mit den sieben Romanen, die er neben zahlreichen Lyrik-, Theater- und Essaybänden veröffentlichte, von der Kritik nur unzureichend rezipiert.[17] Guillermo Cabrera Infante hingegen gelang es, sich mit nur einem Roman, *Tres tristes tigres*, als herausragender Vertreter der lateinamerikanischen *nueva novela* zu profilieren: ein Umstand, der zweifellos in dem innovativen Charakter des Textes und dem von allen Kritikern konstatierten Lesevergnügen begründet liegt, der möglicherweise aber auch damit zusammenhängt, dass sich Cabrera Infante – von Seiten der meisten lateinamerikanischen Schriftsteller zunächst mit heftigem Widerspruch bedacht, nach dem "Fall Padilla" dann aber mit wachsender Zustimmung – als Wortführer der Gegner Fidel Castros im Exil profilierte. Er lieferte durchaus interessantes Insiderwissen insbesondere aus seiner Zeit als Chefredakteur von *Lunes de Revolución*. Doch zumeist erging er sich in einer aggressiven Po-

---

[17] So ist Sarduy, um nur ein Beispiel aus dem deutschsprachigen Raum zu nennen, in dem von Volker Roloff und Harald Wentzlaff-Eggebert herausgegebenen zweibändigen Werk *Der hispano-amerikanische Roman* (Darmstadt: Wissenschaftliche Buchgesellschaft 1992), in dem in Einzeldarstellungen 45 Romane von insgesamt 40 Autoren vorgestellt werden, nicht vertreten.

lemik, inspiriert durch einen glühenden Antikommunismus und Hass auf Fidel Castro, der ihn jeden Sinn für historische Relationen verlieren ließ; etwa wenn er "bekannte": "Ich sehe und bekenne mich als ebenso schuldig des Hasses gegen Castro wie ein Jude gegen Hitler: unbeugsam, unerbittlich, endgültig" (Cabrera Infante* 1992: 240). Und diese Polemik reproduziert allzu häufig nur allzu bekannte Stereotype – etwa wenn Fidel Castro zum "Tyrannen", zur "Bestie" (273ff.) oder zum "Ungeheuer von Havanna" (232) mutiert –, kommt aber gelegentlich auch in einer Diktion daher, die den in *Tres tristes tigres* entfalteten Wortwitz erkennen lässt – etwa wenn Cabrera Infante seine Kritik am Regime Fidel Castros analog zum Krankheitsbild der *gastroenteritis* über das Krankheitsbild einer *castroenteritis* entwickelt (231).

In Kuba hatte sich Cabrera Infante zunächst noch in den 50er Jahren mit Filmkritiken einen Namen gemacht; und der Film sollte – wie bei Sarduy die Malerei – Cabrera Infantes fiktionale Prosa über die Verwendung einer spezifischen Schreibweise ebenso wie über intertextuelle Bezüge stark beeinflussen. 1960 veröffentlichte er in Havanna einen Erzählband, *Así en la paz como en la guerra*, von dem er sich später distanzierte: eine Sammlung von *cuentos* unterschiedlicher Länge, unter denen insbesondere die kurzen, *viñetas* genannten Momentaufnahmen ein eindrucksvolles Bild von der unter Batista herrschenden Repression und Gewalt vermitteln. 1964 wurde sein Romanmanuskript *Vista del amanecer en el trópico* mit dem prestigeträchtigen spanischen Literaturpreis "Premio Biblioteca Breve" des Verlags Seix Barral ausgezeichnet; doch erst drei Jahre später, nach Cabrera Infantes definitiver Ausreise aus Kuba, wurde der Roman, in wesentlichen Zügen neu konzipiert, nunmehr unter dem Titel *Tres tristes tigres* veröffentlicht.

Tres tristes tigres ("Drei traurige Tiger"; Cabrera Infante* 1967) erzählt aus der Perspektive wechselnder Ich-Erzähler, was einer Reihe von Freunden im vorrevolutionären Havanna der Bars und Nachtclubs widerfährt: eine Collage von Handlungsfragmenten, die über die gemeinsame Erfahrung von Freundschaft und erotischer Liebe, aber auch von Falschheit und Verrat, miteinander verknüpft sind. Cabrera Infante bedient sich ähnlicher experimenteller narrativer Techniken wie Severo Sarduy, doch übertrifft er diesen noch in seinem Wortwitz, der, gepaart mit Ironie und Parodie, dem Roman karnevaleske Züge verleiht, was wiederum das Faktum unterstreicht, dass nach Cabrera Infante (wie nach Sarduy) die Gattung des Romans weder an literarische Konventionen, noch an außerliterarische Vorgaben gebunden ist: "ein seinem Wesen nach verbales Universum, dessen Spielregeln oder Lektüre einzig und allein auf der Freiheit dieses verbalen Universums gründen, auf seiner absoluten Unabhängigkeit von jeder wie auch immer gearteten Realität, ausgenommen jener, die durch Worte erschaffen wurde" (Ortega 1974: 190).

1997 wurde Guillermo Cabrera Infante mit dem spanischen "Premio Cervantes" geehrt, dem bedeutendsten Literaturpreis, der in der spanischsprachigen Welt einem Autor für sein Gesamtwerk zuteil werden kann. Betrachtet man nun aber die lange Liste der von ihm veröffentlichten Titel, so ist festzuhalten, dass sein (im engeren Sinne) literarisches Œuvre überaus schmal ist und zudem keinesfalls die thematische Variationsbreite der Romane eines Severo Sarduy aufzuweisen hat: "eine wahnwitzige Wiederholung einiger weniger Themen oder Realitäten" (West 1996: 147), wie sie sich nach *Tres tristes tigres* in der fiktionalen Autobiographie *La Habana para un Infante difunto* (Cabrera Infante* 1979) offenbart. Unter den essayistischen Werken wurde von der Kritik insbesondere der aus kurzen Fragmenten und Vignetten komponierte Band *Vista del amanecer en el trópico* ("Ansicht der Tropen im Morgengrauen"; Cabrera Infante* 1974) hervorgehoben: eine durch die Einbeziehung fiktionaler Elemente in ihrer Suggestivkraft überzeugende Betrachtung der Geschichte Kubas, interpretiert als eine Spirale von Gewalt und Gegengewalt. Allerdings mochte Cabrera Infante auch hier nicht auf die ihm zur Obsession gewordene anticastristische – dem Werk abträgliche – Polemik verzichten, indem er von der Revolution und der Zeit danach nur ein Horrorszenario entwirft und Fidel Castro schlicht als "den größten Mörder, den Kuba je hervorgebracht hat" (231) betitelt.[18] Und ganz in der Linie dieser Obsession veröffentlichte Cabrera Infante schließlich 1992 in einer ersten, später erweiterten Fassung unter dem Titel *Mea Cuba* seine gesammelten, seit 1968 – das Jahr, in dem er sich als *disidente*

---

[18] Umfangreiche Passagen dieses Bandes, die von der Zeit vor 1959 handeln, waren ursprünglich in den Roman *Tres tristes tigres*, so wie er unter dem Titel *Vista del amanecer en el trópico* der Jury des "Premio Biblioteca Breve" vorgelegen hatte, integriert. Die damit ganz im Sinne der Revolution erfolgte Situierung des fiktionalen Geschehens in einen – wiederum ganz im Sinne der Revolution interpretierten – real-historischen Zusammenhang eliminierte Cabrera Infante bei der Überarbeitung des Manuskripts aus Gründen der Ästhetik, aber auch, wie er in von ihm selbst verfassten biographischen Notizen sagt, aus Gründen der politischen "Selbsteinkehr": "[C. I. erkennt], dass das Buch ein Betrug ist, dass zu dem Zeitpunkt, als er es verfasste, sein politischer Opportunismus, eine Form von pikaresker Blindheit, stärker war als seine literarische Vision – und er betreibt einen antirealistischen Revisionismus, indem er die wahren Helden des Proletariats vom marxistischen Manichäismus erlöst [...]" (abgedruckt in Pereda 1979: 233-256; hier S. 249).

offenbarte – in Zeitungen und Zeitschriften in Europa wie in Lateinamerika publizierten Artikel und Essays, die er selbst "obsessiv" (Cabrera Infante* 1992: 19) nannte und zu seinem politischen Vermächtnis erklärte (17).[19]

In seinen Artikeln, Essays und Interviews wendet Guillermo Cabrera Infante wie die erste Generation des Exils den Blick zurück "im Zorn". In seinen Romanen ist der Blick zurück, auf das Havanna der 50er Jahre gerichtet, von Nostalgie geprägt, doch ist das Bedauern um eine Welt, die verloren ist, nicht an die Exilspektive – und das hieße in diesem Fall: an eine politisch motivierte Kritik – gebunden. Einer solchen Kritik enthält sich Cabrera Infante – wie Severo Sarduy – in seinem rein fiktionalen Werk; doch vergleicht man gerade die Perspektive der beiden Autoren, so ergibt sich ein gravierender Unterschied. Beide suchen der Essenz der *cubanidad* nahe zu kommen. Für Cabrera Infante gilt, wie der Literaturkritiker Alan West zutreffend feststellte: "In dem Maße, wie er sich von der Insel entfernte, verengten sich seine Perspektive und seine fiktionale Welt" (1996: 147). Für das Gesamtwerk Sarduys aber gilt jene Perspektiverweiterung, die der "Blick von außen" auf die eigene Kultur dem im Exil – oder in der Diaspora – Lebenden auch als Bereicherung und Chance offenbart, oder, wie Severo Sarduy selbst in einem Interview erklärte:

> Indem ich mich von Kuba entfernte, begriff ich, was Kuba war, oder zumindest stellte ich mir in aller Deutlichkeit die Frage: *Was ist Kuba?* Während ich dort war, konnte ich sie mir nicht so richtig stellen, und ich glaube, dass niemand in Kuba selbst diese Frage völlig sachgemäß beantworten könnte, denn wenn man sich innerhalb des eigenen Umfeldes befindet, ist das Umfeld für sich genommen nicht definierbar (Rodríguez Monegal 1977: 272).

3. Die Kinder des Exils: die ethnische Perspektive

Im Gefolge der US-amerikanischen Bürgerrechtsbewegung und der Aktivitäten der in den USA lebenden *Hispanics*, der gegen ihre Diskriminierung und

---

[19] Die Bände rein fiktionaler Prosa, die Cabrera Infante nach seinen beiden Romanen, *Tres tristes tigres* und *La Habana para un Infante difunto*, veröffentlichte, unterliegen in gewisser Weise dem Prinzip des *recycling*: Die beiden Erzählsammlungen *Delito por bailar el chachachá* (1995) und *Todo está hecho con espejos* (1999) enthalten vorwiegend Texte, die bereits zuvor erschienen waren; und der 1996 als "Roman" publizierte Titel *Ella cantaba boleros* enthält einen Auszug aus *Tres tristes tigres*. Als produktiver und origineller erweist sich Cabrera Infante über seine zahlreichen Sammelbände mit Essays, Chroniken und Vignetten (oder auch "Stilübungen") zum Film – zuletzt *Cine o sardina* (1997) –, zur Musik, zur Ästhetik sowie zur Kulturgeschichte der Zigarre in Kuba, verfasst in englischer Sprache (*Holy Smoke* 1985).

Marginalisierung kämpfenden *Chicanos* oder *Mexican Americans* ebenso wie der um die Unabhängigkeit ihres *de facto* von den USA annektierten Landes kämpfenden Puertoricaner, vollzog sich während der 70er Jahre in Kreisen des kubanischen Exils ein Wandel, der sowohl in der politisch-ideologischen Auseinandersetzung als auch in der literarischen Praxis seinen Niederschlag fand. Zwar blieben die politisch konservativen Kreise, zentriert auf Miami, gegenüber Fidel Castro auch weiterhin unversöhnlich, Kuba und zumindest die Möglichkeit einer Rückkehr fest im Blick; doch äußerte sich das Exil, mittlerweile auf dem gesamten Territorium der USA präsent, in seiner politisch-ideologischen Ausrichtung nicht mehr als homogene Gruppe, richtete sich der Blick vieler nunmehr auf die Lebenswirklichkeit in den USA, dies in der Perspektive nicht mehr des Exilanten, sondern der des Immigranten. Die Protagonisten der hieraus entstehenden neuen literarischen Praxis sind die "Kinder des Exils", die bereits in den USA geboren wurden oder – in ihrer Mehrheit – als Kinder oder Heranwachsende in Begleitung der Eltern in die USA emigrierten, dort die entscheidende Phase ihrer Sozialisation erlebten und, von der Möglichkeit einer Rückkehr nicht mehr überzeugt oder diese auch nicht mehr in Erwägung ziehend, antraten, sich in dem neuen soziokulturellen Umfeld – gewiss nicht ohne Konflikte – einen die Vergangenheit mit der Gegenwart versöhnenden Platz zu erobern.[20]

Die wichtigste der Anfang der 70er Jahre entstandenen, diese Generation in ihren Grundannahmen und Perspektiven verkörpernden Gruppen formierte sich in New York um die Zeitschrift *Areíto* (1975-1984) und Lourdes Casal (1938-1981), Lyrikerin, Erzählerin und herausragende politische Aktivistin im Kontext einer Neuorientierung des Exils gegenüber der kubanischen Revolution. Ziel der Zeitschrift war zunächst eine "Neubewertung [...] der Kubanischen Revolution und dessen, was [für die jungen Kubaner in den Vereinigten Staaten] hinsichtlich der Werte, der Traditionen und der Geschichte als 'kubanisch' galt". Konkret bedeutete dies mit Blick auf die in den USA lebenden Kubaner ebenso wie mit Blick auf die gesamte US-amerikanische Öffentlichkeit die Propagierung eines den objektiven Gegebenheiten entsprechenden und der verzerrenden Perspektive des konservati-

---

[20] Der kubanische Soziologe Rubén Rumbaut – ihm folgt Gustavo Pérez Firmat (1999a) – spricht im Zusammenhang mit denen, die noch in Kuba geboren wurden, von einer *one-and-a-half* oder *"1.5" generation* als einer "distinktiven Kohorte insofern als sie in vielerlei Hinsicht am Rande der alten wie der neuen Welt stehen und keiner der beiden Welten voll und ganz angehören" und bezeichnet als *second generation* diejenigen, die bereits in den USA geboren wurden und "somit voll und ganz ein Teil der 'neuen' Welt geworden sind" (zitiert nach Pérez Firmat 1999a: 4).

ven Exils widersprechenden Bildes von der kubanischen Revolution, die Sympathie oder sogar eine Identifizierung mit derselben nicht ausschloss und auf eine Annäherung der beiden Pole ebenso wie auf eine Normalisierung der Beziehungen zwischen den USA und Kuba abzielte.[21] Als zweiten Schritt verfolgte man eine Klärung und Neubewertung der eigenen Situation als Angehörige einer ethnischen Minderheit im Kontext der US-amerikanischen *mainstream*-Gesellschaft ebenso wie im Verhältnis zu den anderen in den USA lebenden *Hispanics*, von denen sich die kubanische Exilgemeinde bis dahin stets distanziert hatte.[22] Aus dieser Positionierung resultierte nun die neue, sich insbesondere für die literarische Praxis als innovativ erweisende Perspektivierung: Statt sich im Bemühen um die Bestimmung der *cubanidad* mit nostalgisch verklärtem Blick zurück in einem objektiv nicht mehr gegebenen Kuba einzurichten, sollte es das Ziel sein, "unsere nationale Identität *in ihrem aktuellen Kontext in den Vereinigten Staaten* wiederzugewinnen und entsprechend auszurichten".[23]

Die Zeitschrift *Areíto* war ein wichtiges Forum für die jüngere Generation der in den USA lebenden Kubaner ebenso wie für Autoren aus Kuba selbst und bewirkte zum ersten Mal eine Annäherung zwischen insularer und

---

[21] Eine erste Annäherung ergab sich über die Kuba-Reisen, die durch die Initiative von Lourdes Casal und durch den *Círculo de Cultura Cubana* in New York organisiert wurden; dazu gehörte die "Brigada Antonio Maceo", die vor allem denen, welche als Kinder kurz nach der Revolution mit ihren Eltern in die USA emigriert waren, die Möglichkeit geben sollte, das Kuba nach der Revolution aus eigener Anschauung kennen zu lernen. Berichte dieser "Kinder des Exils", die dem *Grupo Areíto* nahestanden, über die Probleme, mit denen sie sich als Heranwachsende in der fremdkulturellen Umgebung der US-amerikanischen Gesellschaft konfrontiert sahen, erschienen in dem Band *Contra viento y marea*, der 1978 in Havanna von der Casa de las Américas mit dem *Premio Extraordinario* "La Juventud en Nuestra América" ausgezeichnet und publiziert wurde.

[22] Die Distanzierung auf beiden Seiten basierte im wesentlichen auf zwei Faktoren: Zum einen vertraten die öffentlich in Erscheinung tretenden kubanischen Exilgruppen extrem konservative politische Positionen, die von den anderen *Hispanics* nicht geteilt wurden; zum andern rekrutierten sie sich – anders als etwa die Mehrheit der Chicanos und der *Nuyoricans*, der in New York lebenden Puertoricaner – zumindest bis 1980 vorwiegend aus den Mittelschichten und waren – nicht zuletzt aufgrund der massiven finanziellen Unterstützung, die den Kubanern als "politischen Flüchtlingen" von Seiten der US-Behörden zuteil wurde – materiell weitaus besser gestellt, viele von ihnen sogar so erfolgreich, dass man mit Blick auf das kubanische Exil in den USA von einer *Cuban success story* gesprochen hat (Pedraza 1992: 235; vgl. auch den Beitrag von Doris Henning in diesem Band).

[23] Die Aussagen zum Ziel der Gruppe finden sich in dem in *Areíto* 1 (4) (1975) abgedruckten "Editorial: un recuento de nuestro primer año" (zitiert nach Luis 1997: 304f.; Hervorhebung durch F. G.).

extraterritorialer kubanischer Literatur.[24] Sie blieb stets Sprachrohr einer Minderheit, doch beflügelte sie eine Entwicklung, die eine neue Literatur entstehen ließ: verfasst von Autoren, welche sich nun nicht mehr als Kubaner, sondern als *Cuban Americans* begriffen, und ausgestattet mit Merkmalen, aufgrund derer sie sich nun nicht mehr in jedem Fall als "Exilliteratur", sondern als *ethnic literature*, als Ausdruck einer ethnischen Minderheit in Konkurrenz zur US-amerikanischen *mainstream*-Literatur identifizieren lässt.

Die thematischen Schwerpunkte der literarischen Praxis der jüngeren Generation, die sich in zunehmendem Maße des Englischen bedient, ergeben sich zunächst aus der besonderen Situation des Kulturkonflikts, der sich für sie anders gestaltete als für die erste Generation des Exils. Die Elterngeneration war, auch wenn sie sich insbesondere durch das Streben nach beruflichem Erfolg bestimmte und sich an diesem förderliche Verhaltensweisen der US-amerikanischen Gesellschaft angepasst hatte, dem Konflikt zumeist ausgewichen, indem sie die als essentiell erachteten Werte und Traditionen bewahrte und insbesondere in der Homogenität wie Stabilität garantierenden ethnischen Enklave von Miami ihr "Kuba in Amerika" zu reproduzieren suchte. Für ihre in den USA heranwachsenden Kinder aber war der Konflikt unausweichlich, da sie sich in zwei Räumen bewegten, die für sie eine unterschiedliche Sozialisation vorsahen und die sie gleichermaßen beanspruchten und unter Druck setzten: im privaten Raum über die Sozialisationsinstanz der Familie die Vermittlung der traditionellen kubanischen Werte und Kodizes, im öffentlichen Raum über die Sozialisationsinstanzen Schule und Universität die Forderung oder auch die Verlockung, sich den Vorgaben der US-amerikanischen Gesellschaft als *melting pot* anzupassen und vielleicht sogar für sich den *American Dream* zu verwirklichen. Aus dem Konflikt zwischen den zwei miteinander konkurrierenden kulturellen Zentren mochte sich nun ein Identitätskonflikt ergeben, der bei der jüngeren Generation umso virulenter in Erscheinung trat, als diese bei ihrer Ankunft in den USA als Kinder oder Heranwachsende – im Gegensatz zur Elterngeneration – noch nicht auf einen gesicherten Bestand stabiler Identitätsbausteine vertrauen und über die möglicherweise identitätsstiftende Erinnerung an die Heimat nur auf einen

---

[24] Symptomatisch für diese Annäherung war, dass der Gedichtband von Lourdes Casal mit dem programmatischen Titel *Palabras juntan revolución* (Worte verbinden Revolution) 1981 den "Premio de la Casa de las Américas" für Lyrik erhielt und im selben Jahr von der "Casa de las Américas" (postum) veröffentlicht wurde.

beschränkten, für den Identitätsfindungsprozess möglicherweise wenig relevanten Ausschnitt aus der kubanischen Realität zurückgreifen konnte.

Die Problematik der Identitätsfindung, vom Identitätszweifel und Identitätsverlust über den Versuch eines Identitätsmanagements hin zur neuerlichen Identitätsgewissheit, ist eine thematische Konstante der literarischen Praxis dieser "Kinder des Exils" – ein Topos, der, verknüpft mit dem Motiv der Erinnerung und Spurensuche, nachgerade zur Obsession wird. "Ich schreibe, um zu erfahren, wer ich bin" (Pérez Firmat* 1995/1997: x), so der bereits zitierte, als Sprachrohr für diese Generation geltende Gustavo Pérez Firmat (*1949); und derselbe Pérez Firmat macht in seiner Lyrik wie in seiner Autobiographie auch deutlich, dass sich für die Autoren seiner Generation Selbstdeutung und Selbstvergewisserung ebenso wie Selbstdarstellung und Selbstbehauptung als ein äußerst prekärer Balanceakt erweist,[25] in dem die "Seinsweise" des Exilanten als subjektive Befindlichkeit mit der objektiven Positionierung als *Cuban American* beständig in Konflikt gerät.

In der Lyrik ist diese subjektive Befindlichkeit, assoziiert mit dem Exil als vornehmlich existentieller Metapher, vielfach Gegenstand einer mit Schmerz und Verzweiflung oder auch Frustration und Resignation vollzogenen Introspektion: Trennung und Verlust des Zentrums, Erosion und Desintegration des Ich, Erfahrung der Fremdheit und Entfremdung von der Welt, variiert in Einzelgedichten und Gedichtbänden mit den signifikanten Titeln *Exile* oder *Exilio*, *Transplantado* ("Verpflanzt"), *Distante* ("Fern"), *Nostalgias arrebatadas del naufragio* ("Dem Untergang entrissene sehnsuchtsvolle Erinnerungen") und *Versos del exilio* ("Verse aus dem Exil"; Uva A. Clavijo [*1944]), *Disgregaciones* ("Spaltungen"; Luis F. González Cruz [*1943]), *Instantes volados* ("Gesprengte Augenblicke"; Xavier Urpí [*1955]), *Tiempo robado* ("Geraubte Zeit"; Omar Torres [*1945]), *Sola... Desnuda... Sin nombre* ("Allein... Nackt... Namenlos"; Maya Islas [*1947]).[26] Um der als defizitär empfundenen Gegenwart zu entkommen und den Identitätszweifeln oder der Identitätsverwirrung entgegenzuwirken, unternimmt das lyrische Ich eine Zeitreise in die Vergangenheit, die an jenem Ort lokalisiert wird, der als *Isla-patria* einst vertrautes und sicheres Zentrum war und der nun über die Erinnerung als *Isla-refugio* zurückgewonnen werden soll. So heißt es in dem Gedicht *Isla* ("Insel") von Luis F. González Cruz:

---

[25] Vgl. hierzu einführend und zusammenfassend Gewecke (1996: 215f.).
[26] Für die Lyrik konnte im Anhang nur auf die wichtigsten Anthologien verwiesen werden: Hospital* (1988); Lázaro* (1988; 1991); De la Hoz* (1994); Lázaro/Zamora* (1995).

> Alle wissen es: Ursprung, Beschaffenheit, Geschichte
> Aufeinanderfolge von Rassen und Menschen
> von Unterdrückten und Unterdrückern.
> Unbeugsame Insel...
> ... MEINE INSEL.[27]

Die Erinnerung mag über die Wiedergewinnung der Insel als Zufluchtsort dem lyrischen Ich Trost sein und das psychische Überleben sichern im Hier und Jetzt. Dieser Fluchtpunkt aber bleibt statisch, eingefroren wie in einer Zeitkapsel, in der die Realität ausblendenden Distanz verklärt mit dem Gestus der Nostalgie, nach José Luis Abellán "der grundlegende oder wesensmäßige Gemütszustand eines jeden Exilanten" (1987: 55).

Doch nicht alle Autoren kehren in die Vergangenheit zurück, um in ihr das verlorene Paradies wiederzufinden und sich in diesem einzurichten, denn die Erinnerung mag sich als trügerisch erweisen, der Traum vom Paradies eingeholt durch die Wirklichkeit – wie etwa in dem Gedicht *The exile* von Pablo Medina (*1948):

> Er kehrte zurück zu zwei Fuß hohem Gras
> ums Haus herum, ein Seil hing
> von der Eiche herab, nirgendwo Hunde.
> Das Jahr hatte weder geendet noch begonnen,
> die Sonne hatte den Regen hinweggegähnt,
> und Würmer verdorrten auf dem Boden.
> Erinnerungen zogen herab von den Bäumen: Zuckerrohrfelder,
> das Räucherhaus und das dort hängende Fleisch,
> eine Brise von Orangen und Bambusrohr, Singen im Morgengrauen.
> "Bleibst du bei mir?"
> Die Stimme kam vom Fluss. Der Jasmin
> blühte im Garten, er versteckte sich,
> schwitzte unter dem Mond,
> wollte sagen Ja, Ja und mehr.
> Überall im Hof lagen Steine, die nach Zeit rochen.
> Er nahm einige auf, warf sie in den Brunnen
> und horchte auf das Wasser, das sie verschlang.
> Es machte ihn kleiner. Er ging durch das Tor hinaus
> und schloss es hinter sich, wischte sich den Schweiß von der
> Stirn, spürte, wie seine Füße fest auf die Straße aufsetzten
>
> (Hospital* 1988: 66)

Das zitierte Gedicht signalisiert die Haltung dessen, der wohl suchend den Blick zurückwendet, bereit, der das Paradies verheißenden Stimme zu folgen. Aber diese Stimme bleibt ohne Widerhall und so wendet sich das Sub-

---

[27] Zitiert nach Muñoz (1988: 24).

jekt ab, um – nicht ohne einen Verlust zu erleiden, jedoch von Angst befreit – einen neuen Weg zu beschreiten, der nunmehr jene Gewissheit verspricht, die ihm die Erinnerung verwehrte. Die Vergangenheit als nicht bewohnbarer Ort bringt das Subjekt in die Gegenwart zurück: eine Gegenwart, die Orientierung und Sicherheit verspricht. Die Erinnerung erweist sich als untaugliches Medium oder sogar als Falle, wie in dem Gedicht *Returning* ("Rückkehr") von Elías Miguel Muñoz (*1954), in dem das Sprecher-Ich aus der Perspektive der Vergangenheit (= Kuba) die Erfüllung seiner Wünsche – in Verkennung der Realität – auf ein Leben im "Norden" projiziert und die Desillusionierung ebenso wie den Selbstbetrug voraussieht:

> So konnten wir von den Dingen reden,
> die wir verloren hatten,
> Dinge, die wir nie besaßen.
> So dass wir später,
> unter dem nördlichen Himmel,
> beginnen konnten, von der
> Rückkehr zu träumen
> (Hospital* 1988: 140)[28]

Auf der Bühne etablierte sich zunächst in Miami, wo zahlreiche Theatergruppen ganz im Sinne einer die Integration der Exilgemeinde fördernden Institution ein ausschließlich kubanisches Publikum bedienten, ein extrem anticastristisches Theater; dies sowohl in der Linie des volkstümlichen *teatro bufo*, das burleske Elemente der Tradition mit aktuellen politischen Ereignissen und Polemik verknüpfte,[29] als auch in Produktionen, die einen dezidiert künstlerischen Anspruch vertraten, häufig aber auf parodistische Elemente des *teatro bufo* zurückgriffen. Repräsentativ für die hier bezeugte unversöhnliche Haltung gegenüber der kubanischen Revolution sind zwei Autoren, die noch der ersten Generation des Exils angehören und insbesondere ab den 70er Jahren eine rege Aktivität entfalteten: José Sánchez-Boudy etwa mit *La soledad de la Playa Larga (Mañana, mariposa)* (Sánchez-Boudy*

---

[28] Ergänzend seien hier für die Lyrik neben den zitierten Autoren einige weitere herausragende Autoren genannt: José Kozer (*1940); Pío E. Serrano (*1941); Magaly Alabau (*1945); Octavio Armand (*1946); Felipe Lázaro (*1948); Alina Galliano (*1950); Lourdes Gil (*1950); Orlando González Esteva (*1952); Carlota Caulfield (*1953); Ricardo Pau-Llosa (*1954).

[29] Bezeichnend sind etwa die folgenden Titel: *A Pepe Salsa le llegó la novia en balsa* (Pepe Salsas Freundin kam auf einem Floß); *Cuca la balsera llegó a la sagüesera* ("Cuca, die Flößerin, kam nach 'Little Havana'"); *En los 90 Fidel sí revienta* (In den 90ern ist's mit Fidel vorbei); *A Cuba me voy hoy mismo, que se acabó el comunismo* (Noch heute geh ich nach Kuba, denn mit dem Kommunismus ist es aus).

1975) und Matías Montes Huidobro (*1931) mit *Ojos para no ver* (Montes Huidobro* 1979). Bei Sánchez-Boudy wird die von ihm thematisierte Invasion von Exilkubanern in Playa Girón ohne jede Verfremdung dargestellt, ist die angestrebte Identifizierung des Publikums mit den Handlungsfiguren bereits in den Text eingeschrieben – so werden, wie in einer Regieanweisung präzisiert, die das Stück beschließenden Verse "Heute sind wir Würmer, morgen ein Schmetterling, / nimm dich in acht, Soldat, wenn die Zeiten sich ändern", die auf das von kubanischer Seite offiziell für das Exil verwandte Epitheton (und auf den Untertitel) verweisen, von den (wenigen) überlebenden Handlungsfiguren und dem Publikum gemeinsam gesungen (Sánchez-Boudy* 1975: 79f.). Montes Huidobro hingegen war daran gelegen, seine Abrechnung mit dem Kommunismus und speziell Fidel Castro, leicht verfremdet, in einen universalen Zusammenhang zu stellen; doch ist auch hier der kubanische Kontext für den Zuschauer klar erkennbar, ist die auf diesen zugeschnittene politische Aussage, die ganz auf der denunziatorischen oder diffamatorischen Linie der Romanproduktion dieser ersten Generation liegt, für denselben Zuschauer nachvollziehbar – etwa dort, wo Montes Huidobro seinen Tyrannen als blutrünstiges Monster auftreten lässt, das stets von dem Wahn besessen ist, selbst Opfer der von ihm geschaffenen, die Menschen verschlingenden Todesmaschinerie zu werden, und jeden potentiellen Konkurrenten skrupellos über die Klinge springen lässt, denn, so sein politisches Credo:

> Ist das Verbrechen nicht der sicherste Weg, um das eigene Leben zu schützen? Und wenn ich töte, warum soll ich mir Sorgen machen um den Toten, der mich nicht töten kann? Ist der Tod nicht vor sich selber sicher? Bin ich nicht der, der hier das Messer führt? Bin ich nicht der, der die Schweine kastriert? [...] Ist nicht die Kastration der anderen die Garantie für die Sicherheit meiner eigenen Hoden? (Montes Huidobro* 1979: 22).[30]

---

[30] Montes Huidobro, der bereits seit Beginn der 50er Jahre in Kuba als Autor von Stücken vornehmlich in der europäischen Tradition des symbolistischen und expressionistischen Theaters hervorgetreten war und 1961 ins Exil ging, ließ sich aufgrund einer ihm angebotenen Hochschuldozentur in Hawaii nieder, blieb aber der "harten Linie" der kubanischen Exilgemeinde von Miami verpflichtet. Er profilierte sich auch als Theaterkritiker, insbesondere mit seiner Monographie zum (insularen) kubanischen Theater *Persona, vida y máscara en el teatro cubano* (1973), die kenntnisreich thematische Traditionslinien aufzeigt, in der Wertung der Autoren allerdings von einer dezidiert polemischen Haltung geleitet ist. Montes Huidobro publizierte neben Lyrik und Erzählungen auch mehrere Romane: u.a. *Desterrados al fuego* (Montes Huidobro* 1975), wo die Exilsituation selbst thematisiert wird, und *Esa fuente de dolor* (Montes Huidobro* 1999), eine Art Bildungsroman, angesiedelt in den 50er Jahren.

Das zentrale Thema der ab Mitte der 70er Jahre vorzugsweise in New York uraufgeführten Theaterstücke ist nun aber wie in der Lyrik derselben Generation die Exilsituation selbst, wobei allerdings in der Regel auch hier auf den Gestus des Protests gegenüber dem Kuba Fidel Castros nicht verzichtet wird. Bei Manuel Martín Jr. (*1934) steht in *Swallows*, 1980 uraufgeführt, im Mittelpunkt der Handlung noch die Erinnerung an die in Kuba von den Protagonisten erlittene Verfolgung, die ihr Exil herbeiführte. In dem 1988 uraufgeführten Stück *Union City Thanksgiving* (sp. *Sanguivin en Union City*; in: Espinosa Domínguez* 1992) desselben Autors sind die handlungsgenerierenden Konflikte hingegen primär durch die Anpassungsschwierigkeiten motiviert, mit denen sich die Exilanten in dem ihnen fremden kulturellen Milieu der angloamerikanischen Gesellschaft konfrontiert sehen.

Die überzeugendste Darstellung der psychischen Befindlichkeit des im Exil in existentieller Not lebenden Individuums lieferte Iván Acosta (*1943) mit seinem 1977 im New Yorker *Centro Cultural Cubano* uraufgeführten Stück *El súper* (Acosta* 1982), das im Gegensatz zum Rest des kubanischen Exiltheaters über die Verfilmung in der Regie von León Ichazo und Orlando Jiménez Leal von einem breiteren Publikum auch der angloamerikanischen Öffentlichkeit rezipiert wurde. Der Protagonist, der anders als in den meisten exilkubanischen Stücken nicht der Mittelschicht bzw. den Intellektuellenkreisen angehört, lebt mit seiner Familie als Hausverwalter in einem New Yorker Mietshaus sozial marginalisiert, da er sich den Anforderungen der neuen Lebenssituation verweigert. Das Stück reflektiert, gänzlich unsentimental und über Mittel der Komik und epischen Verfremdung zudem unterhaltsam, die den Exilanten kennzeichnende retrospektive Haltung, die in einer nostalgisch verklärten Vergangenheit, aus der New Yorker Perspektive nun nicht mehr auf Kuba, sondern auf Miami als Reproduktion und Hort ebendieser Vergangenheit projiziert, den verlorenen Seinsgrund zurückzugewinnen sucht.

Die Erinnerung ist auch zentrales Motiv in dem Stück *If You Dance the Rumba* von Omar Torres, der die besondere Bedeutung und Konfliktivität der *memoria* im Kultur- und Identitätskonflikt der Elterngeneration wie der "Kinder des Exils" herausarbeitet. So bestätigt ein Vertreter der Elterngeneration: "Wir leben rückwärtsgewandt. Immer mit dem Blick zurück, denn wir müssen unsere Erinnerung leben, um leben zu können, um all dies hier durchstehen zu können." Und das Dilemma der jüngeren Generation, die über keine eigenen identitätsstiftenden Erinnerungen mehr verfügt, wird deutlich, wenn ein Vertreter dieser Generation den Alten entgegenhält: "Ihr habt Wurzeln, wir haben nichts [...] Wir gehören nicht hierher, wir gehören nicht dorthin, wir gehören nirgendwohin. Wir treiben ziellos umher. Wir sind keine Kubaner, wir sind keine Amerikaner, wir sind nichts".[31]

Der hier zum Ausdruck gebrachten pessimistischen Einstellung, die für den Exilkubaner ein Gelingen des im Kulturkonflikt notwendigen Identitätsmanagements nur über den Rückbezug auf die Vergangenheit und die *cubanidad* suggeriert, stellt Dolores Prida (*1943) in ihren vielfältigen, hinsichtlich der zentralen Perspektive jedoch konstant bleibenden Produktionen ein gänzlich anderes, zudem die *Hispanics* in den USA in ihrer Gesamtheit in den Blick nehmendes Konzept gegenüber. "[...] die meisten meiner Stücke", so äußerte sie rückblickend auf einem Symposium, "handelten davon, wie es ist, ein *Hispanic* in den Vereinigten Staaten zu sein; sie handelten von Menschen, die versuchen, zwei Kulturen, zwei Sprachen und zwei Denkweisen miteinander zu versöhnen und zu einem spezifischen Ganzen zu formen: Stücke, die darauf abzielen, eine bestimmte Zeit und einen bestimmten Ort, ein Hier und Jetzt, zu reflektieren" (Prida 1989: 182). Das Hier und Jetzt, die konkrete Situation des um ein Austarieren der zunächst als Gegensätze empfundenen Kulturtraditionen bemühten Individuums, wird von Dolores Prida vielfach in Szene gesetzt, wobei sie – etwa in dem 1977 uraufgeführten Stück *Beautiful Señoritas* (Prida* 1991) – auf die Tradition des US-amerikanischen Musicals ebenso wie auf die Popkultur der *Hispanics* und die *soap opera* rekurriert oder – wie in der 1981 uraufgeführten "Zweisprachigen Fantasie" *Coser y cantar* (Prida* 1991) – in der Ausgestaltung des Handlungsraums, des psychologischen Konflikts und der sprachlichen Mittel ausgesprochen innovative und eigenwillige Lösungen findet. So präsentiert sie in *Coser y cantar* den Kulturkonflikt über die Konfrontation von zwei Frauen, "Ella" und "She", die, liebevoll-ironisch skizziert, für die miteinander konkurrierenden, kritisch in den Blick genommenen Kulturtraditionen stehen, wobei nun aber die eine jeweils das *alter ego* der anderen verkörpert und das Stück sich somit, wie von der Verfasserin in einer Anmerkung präzisiert, als "ein einziger langer Monolog" (Prida* 1991: 49) enthüllt.

Die bewusste, wenn auch nicht ohne Konflikte ausgehandelte Annahme einer hybriden, in der aktuellen Lebenswelt angesiedelten und die verschiedenen Kulturtraditionen in einem beständigen Balanceakt aufeinander beziehenden Identität ist die zentrale Aussage in Dolores Pridas Theaterstücken

---

[31] Das Stück wurde nicht veröffentlicht; zitiert wurde nach Watson-Espener (1984: 39 und 38), die ihrerseits aus einem undatierten Manuskript zitiert. Zur diesbezüglichen Diskussion in Torres' Roman *Fallen Angels Sing* vgl. Anmerkung 34.

und damit reiht sie sich ein in die Romanproduktion dieser zweiten Generation, die eben diesen Konflikt, wenn auch nicht in jedem Fall mit demselben versöhnlichen, und das heißt: die antagonistischen Pole versöhnenden Ergebnis, zu ihrem zentralen Thema macht.

Bei Roberto G. Fernández (*1951) wird in zwei Romanen, *Raining Backwards* (Fernández* 1988) und *Holy Radishes!* (Fernández* 1995), der Kultur- und Identitätskonflikt über die Konfrontation von erster und zweiter Exilgeneration wie auch über die Konfrontation von bereits seit den 60er Jahren in den USA etablierten Exilkubanern und Neuankömmlingen und damit über eine Vielzahl von Handlungspersonen entfaltet, die sich im Umfeld der Enklave von Miami, zwischen Anpassung und Verweigerung, ihrer psychischen Integrität zu vergewissern suchen. Dabei wird die Erinnerung oder (Re-)Konstruktion einer die Gegenwart mit existentieller Gewissheit ausstattenden Vergangenheit zum zentralen Handlungsmotiv, denn, so konstatiert eine der Handlungsfiguren in *Raining Backwards*: "An dem Tag, an dem wir vergessen, sind wir alle tot" (Fernández* 1988/1997: 34). Doch die Erinnerung erweist sich nicht mehr in jedem Fall als tragfähiges und tröstendes Refugium, sie muss stets aufs neue rekonstruiert oder aber neu erfunden werden.

Beide Romane weisen eine höchst fragmentarisierte, hybride Struktur auf und auf die fundamentale Hybridität der aufgezeigten Konstruktionen von Identität verweist auch die Sprache, über die ein spezifischer, das Standard-Englisch unterlaufender Code entwickelt wird. Der Blick des Autors auf seine fiktionale Welt ist kritisch und bisweilen respektlos, dann wieder liebevoll-spöttisch oder auch lakonisch distanziert,[32] und seine Handlungsfiguren, skurril oder bisweilen auch grotesk, verwickelt er in Abenteuer, die aberwitzig anmuten und den Umgang mit der Vergangenheit in vielfach gebrochener Perspektive illustrieren: etwa wenn in *Raining Backwards* Mirta, eine bereits in die Jahre gekommene, in der Vergangenheit lebende Frau

---

[32] Der kritisch-ironische Blick auf die kubanische Exilgemeinde in Süd-Florida ist das beherrschende Element in zwei bereits zuvor publizierten Romanen, die Fernández noch in spanischer Sprache verfasste, allerdings kunstvoll mit Englisch und *spanglish* versetzt: *La vida es un special* (1981) und *La montaña rusa* (1985). Besonders in dem letztgenannten Roman lässt Fernández deutlich eine Distanz zum politisch-ideologischen "Grundmuster" der Exilgemeinde in Miami erkennen – eine Haltung, die er in einem Interview mit Wolfgang Binder bekräftigte: "Ich dachte, es war an der Zeit, hier und da ein bisschen Humor und ein bisschen Satire einzubringen und die Menschen ein wenig Abstand gewinnen zu lassen von dieser Euphorie – dem Antikommunismus, dem Anti-dies und Anti-das, Castro und all diesen Kampagnen" (Binder 1995: 13).

die Zuwendung ihres jüngeren, über keine eigene Erinnerung an Kuba verfügenden Liebhabers mit ihren *memories* bezahlt oder die Großmutter Nelia, gänzlich unangepasst an die neue Umgebung, die Rückreise nach Kuba und damit in die Vergangenheit in einem kleinen Boot antritt, aber mangels einer aktualisierten Seekarte im Polareis verschwindet; wenn in *Holy Radishes!* selbst die Angloamerikanerin Mrs. James B., um der demütigenden Gegenwart ihrer Ehe mit einem ungeliebten und gewalttätigen Mann zu entrinnen, sich über den Erwerb alter Fotos eine neue Vergangenheit und eine neue Familie – und sogar eine "Drei-Generationen-Familie" (Fernández* 1995: 202) – erfindet oder schließlich der Emigrant Bernabé, um seine materielle Misere abzuwenden, für sich eine jüdische Identität schafft, sich beschneiden lässt und, um sich als Überlebender eines Konzentrationslagers auszugeben, sich eine Nummer in den Unterarm tätowieren lässt, denn, so seine Rechtfertigung: "Dies hier ist Amerika. Alles ist vorgefertigt, sogar die Vergangenheit" (194).

Die nachfolgend kurz vorgestellten Romane präsentieren sich als fiktionale Autobiographien, zentriert auf Protagonisten der zweiten Generation. Der Titel des Romans von Elías Miguel Muñoz, *Los viajes de Orlando Cachumbambé* ("Die Reisen des O. C."; Muñoz* 1984), benennt bereits die zentrale Thematik: Die Reisen, die der Protagonist im real-geographischen Raum unternimmt, stehen als Metapher für seine Identitätssuche und diese erweist sich für den Titelhelden, wie sein Name suggeriert,[33] als ein Balanceakt, ein beständiges Pendeln und Schwanken zwischen zwei Welten. Seine Reisen führen Orlando Cachumbambé von seinem selbstgewählten Standort, einer kalifornischen Universität – sie steht für sein Streben, in der US-amerikanischen Gesellschaft zu reüssieren –, in das Haus der Großeltern und (in Begleitung der Großmutter) in die kubanische Enklave von Union City in New Jersey – "wo man wie in Kuba lebt" (Muñoz* 1984: 67), wie ihm dort versichert wird. Und damit werden die Reisen im real-geographischen Raum auch zu einer Zeitreise, die jedoch enttäuscht. Denn der Protagonist, der als Jugendlicher die Ausreise aus Kuba herbeigesehnt und zwecks rascher Anpassung an die neue Umgebung die Erinnerung an die Vergangenheit verdrängt hatte – "Jene Welt würde der Vergangenheit angehören, einer Vergangenheit, die ich im entferntesten Winkel meines Gedächtnisses verstecken würde" (39) –, muss sich auf die Erinnerung anderer stützen: eine mediatisierte Erinnerung, die ihm nur den Weg in eine Fiktion eröffnet, eine

---

[33] *Cachumbambé* bezeichnet im kubanischen Spanisch "Wippe".

Welt der "*Science-fiction*, dieser Kolonien, die auf feindlichen und fernen Planeten entstehen, nur dass der Planet hier bereits bewohnt war" (67). Orlando Cachumbambé bricht am Ende des Romans erneut zu einer Reise auf, die ihn, der nunmehr über die Wiedergewinnung der Erinnerung vor dem Hintergrund der Gegenwart den eigenen Spuren folgt, zu einer Identitätsgewissheit im Hier und Jetzt führen wird. Auch die Protagonisten der Romane von Omar Torres, *Fallen Angels Sing* (Torres* 1991), und Virgil Suárez (*1962), *Going Under* (Suárez* 1996), brechen am Ende auf zu einer Reise, die sie jedoch nicht zu demselben Ziel wie Orlando Cachumbambé gelangen lässt. Bei Torres ist der Protagonist und Ich-Erzähler ein Schriftsteller, der auf der Suche nach seiner Identität und beruflichen Erfüllung eine groteske, bisweilen surreal anmutende Reise unternimmt, die ihn zunächst von Miami nach New York führt, wo er zwischen die Fronten der dort agierenden exilkubanischen Gruppen gerät und eintaucht in die Santería- wie in die Homosexuellen-Szene, und die ihn schließlich nach Kuba zurückkehren lässt in der Absicht, Fidel Castro zu töten, um über eine politisch motivierte Tat – sein Scheitern ist vorprogrammiert – sich seiner selbst zu vergewissern.[34] Nach Kuba zurückzukehren ist auch das Ziel des Protagonisten in dem Roman von Suárez; und auch er, der den Weg schwimmend zurückzulegen sucht, wird bei dem Versuch der Rückkehr scheitern. Denn: Nachdem er, ein vermögender und gänzlich in die US-amerikanische Gesellschaft integrierter Geschäftsmann, über eine Bewusstseinskrise die Entfremdung von seinen Wurzeln erkannt und diese über die Erinnerung zurückgewonnen hat, ist seine Entscheidung für die Rückkehr ein nur regressiver Akt, mit dem er seiner Identität als *Cuban American* eine Absage erteilt.[35]

In zwei weiteren fiktionalen Autobiographien, Pablo Medinas *The Marks of Birth* ("Das Schattenparadies"; Medina* 1994) und Cristina Garcías (*1958) *Dreaming in Cuban* ("Träumen auf kubanisch"; García* 1992), wird der Kultur- und Identitätskonflikt dieser zweiten Generation über eine

---

[34] *Fallen Angels Sing* ist eine erweiterte Fassung des 1981 unter dem Titel *Apenas un bolero* in spanischer Sprache publizierten Romans und ein hybrider Text, der Gedichte und Fragmente eines Theaterstücks einschließt. In diesem Theaterstück wird die hier bereits zitierte Diskussion zwischen Vertretern der ersten und zweiten Generation um den Stellenwert der Erinnerung aus *If You Dance the Rumba* in nahezu identischer Diktion wieder aufgenommen (Torres* 1991: 111).

[35] Ein Jahr nach *Going Under* publizierte Virgil Suárez eine Autobiographie, mit der er sich bereits über den Titel, *Spared Angola. Memories from a Cuban-American Childhood* (Suárez* 1997), als Mitglied dieser zweiten Generation von *Cuban Americans* identifizierte.

Familienchronik entfaltet. Und in beiden Romanen ist es der Akt des Schreibens als Fixierung der Erinnerung, der es ermöglichen soll, nicht nur die Vergangenheit einzuholen, sondern sie auch für die Gegenwart nutzbar zu machen, um so den "Kindern des Exils" zu einer ausbalancierten Identität zu verhelfen.[36] Bei Medina wird den Jüngeren eine solche Hilfestellung durch die Großmutter Felicia zuteil, die dem Enkel autobiographische Notizen hinterlässt, welche sie einst verfasste, um dem eigenen Identitätsverlust entgegenzuwirken; bei García ist es die junge Protagonistin selbst, die auf einer Reise nach Kuba das Leben (wiederum) der Großmutter sowie anderer Familienmitglieder recherchiert und dokumentiert, um so über die Rekonstruktion der nur fragmentarisch erhaltenen Familiengeschichte – und der Geschichte Kubas seit den Anfängen der Republik – die eigene fragmentierte Identität wieder auf einen Kern der Identitätsgewissheit zurückzuführen, und die in Kuba erkennt: "Früher oder später aber würde ich nach New York zurückkehren müssen. Ich weiß jetzt, dass ich dorthin gehöre – nicht *anstatt* hierher, sondern *mehr* als hierher" (García* 1992/1993: 236).[37]

Cristina García, die mit ihrem ersten Roman 1992 für den innerhalb der US-amerikanischen *mainstream*-Literatur begehrten "National Book Award" nominiert wurde,[38] reflektiert die spezifisch weibliche Perspektive dieser in den USA aufgewachsenen zweiten Generation des Exils und reiht sich damit

---

[36] Pablo Medina verfasste mit seinen 1990 publizierten *Exiled Memories. A Cuban Childhood* (Medina* 1990) eine Autobiographie, die nach seiner erklärten Absicht jenen "Kindern des Exils", welche in den USA geboren wurden (und werden) und über keine eigene Erinnerung mehr verfügen, den (mediatisierten) Rückbezug ermöglichen soll. So heißt es in der Einleitung: "Wenn sie [die alten Familienmitglieder] starben, würden sie die Mythen und Geschichten, mit denen ich groß geworden war, mit sich nehmen. Das, so dachte ich, durfte nie geschehen. Und wer war besser geeignet als ich [...], unsere Vergangenheit für die Generationen aufzuzeichnen, die sie nie erlebt hatten?" (Medina* 1990: x).

[37] Der Figur der Großmutter kommt in zahlreichen Texten der "Kinder des Exils", so auch bei Elías Miguel Muñoz in seinem Roman *Brand New Memory* (Muñoz* 1998), eine zentrale Bedeutung zu, denn im Gegensatz zur Elterngeneration, deren Identität durch die Exilsituation wenn nicht verwirrt, so doch bedroht ist, vermag sie den Enkeln über die geteilte Erinnerung jene Identitätsgewissheit zu vermitteln, die diesen hilft, eine der Gegenwart angemessene "unverbrauchte" Erinnerung zu konstruieren, auf die Elías Miguel Muñoz im Titel seines Romans verweist.

[38] 1997 veröffentlichte Cristina García einen zweiten Roman, *The Agüero Sisters* ("Die Schwestern Agüero"; García* 1997), in dem sie, nun allerdings weniger erfolgreich, das Schicksal zweier Schwestern – die eine wächst in Kuba auf, die andere in Miami – mit einer Kriminalgeschichte – dem Mord an der Mutter, begangen vom Vater – verknüpft und gleichermaßen über die schriftlich fixierten Erinnerungen einer Handlungsperson – hier des Vaters – eine Rekonstruktion der kubanischen Geschichte seit der Unabhängigkeit liefert.

ein in die Gruppe jener Autorinnen karibischer Herkunft, die – wie Julia Alvarez aus der Dominikanischen Republik, Judith Ortiz Cofer aus Puerto Rico, Edwidge Danticat aus Haiti – auf dem US-amerikanischen Buchmarkt auch außerhalb des engeren Leserkreises der *Hispanics* oder *Latinos* erfolgreich sind.[39] Und sie wiederholte den Erfolg eines Oscar Hijuelos (*1951), der mit seinen Eltern bereits vor 1959 aus Kuba in die USA emigriert war, der 1990 mit seinem Roman *The Mambo Kings Play Songs of Love* ("Die Mambo Kings spielen Songs der Liebe"; Hijuelos* 1989) den "Pulitzer Prize" gewann und der sich mittlerweile, ohne das "Etikett" eines "ethnischen" Autors anzunehmen, als US-amerikanischer Autor begreift. Doch Hijuelos hat in seinem preisgekrönten Roman über den Entwurf des Lebenswegs zweier Brüder, die als kubanische Musiker in den USA erfolgreich sind, dann aber in Vergessenheit geraten, gleichermaßen den Kultur- und Identitätskonflikt mit dem unverzichtbar erscheinenden Rückgriff auf die identitätsstiftende oder auch identitätsverweigernde Erinnerung an die Heimat thematisiert und damit vertritt er wie Cristina García und die anderen "Kinder des Exils" jene "ethnische" Perspektive, die ihre Zugehörigkeit zu beiden Kulturen signalisiert und sie als *Cuban Americans*, als *hyphenated Americans* oder "Bindestrich-Amerikaner", ausweist. Und *Life on the hyphen* bedeutet, wie Gustavo Pérez Firmat in seinem gleichnamigen Essay betont, nicht die Erfahrung von Trennung, sondern das Leben auf beiden Seiten des

---

[39] Die in den USA schreibenden *Latinas* profitieren zweifellos von dem anhaltenden *boom* des *women writing*, vertreten sie doch zumeist eine dezidiert weibliche, nicht selten auch feministische Perspektive. Ihre Literatur ist zu sehen vor dem Hintergrund ihrer spezifischen Sozialisation und Geschlechtsrollenorientierung in den USA, die sie mit den traditionellen patriarchalischen Verhaltensmustern ihrer Herkunftsländer in Konflikt geraten und eine neue, liberale, Geschlechtsidentität gewinnen ließ. So zeichnet sich ihre Literatur – und dies gilt für den Roman ebenso wie für die Lyrik und das Theater – dadurch aus, dass der Prozess der Spurensuche die (weiblichen) Protagonisten in der Gegenwart einer ausgehandelten bikulturellen Identität ankommen lässt. Die Konflikte ergeben sich vorrangig im Kreis der Familie, welche die neue Rollenorientierung zu akzeptieren nicht bereit ist; und sie sind dann besonders virulent, wenn die neu erworbene Geschlechtsrolle nicht nur als Ausdruck einer kulturellen, sondern auch einer sexuellen Identität von den traditionalen Mustern abweicht. Diesen letztgenannten Aspekt illustriert aus der lesbischen Perspektive Achy Obejas in den Erzählungen *We came all the way from Cuba so you could dress like this?* (Obejas* 1994) und in der fiktionalen Autobiographie *Memory Mambo* (Obejas* 1996). Doch ergibt sich der Familienkonflikt auch für den *gay*, dargestellt von Elías Miguel Muñoz in den Romanen *The Greatest Performance* (1991) sowie *Crazy Love* (Muñoz* 1989), wo der Autor, wie er andernorts äußerte, über die Geschichte eines in den USA lebenden Musikers kubanischer Herkunft die Problematik einer "multiplen – sexuellen, ethnischen, sprachlichen und künstlerischen – Ambiguität" zu entfalten sucht (zitiert nach Alvarez Borland 1998: 109).

"Bindestrichs", womit ein intermediärer Raum benannt wird, der dem Konzept der *frontera/border* entspricht, wie es etwa von der Chicana Gloria Anzaldúa oder dem in New York lebenden Puertoricaner Juan Flores entwickelt wurde. Doch so ganz konfliktlos, wie Pérez Firmat das "Leben auf dem Bindestrich" konzeptionell zu fassen sucht, scheint dieses auf der Ebene der existentiellen Befindlichkeit vieler Angehöriger der *hyphenated generation* nicht zu funktionieren; etwa wenn Elías Miguel Muñoz zwar für sich einräumt, dass "das Exil inzwischen weniger eine Sehnsucht nach der verlassenen Heimat [...] als eine Lebensweise ist, eine Realität, die an zwei Ufern verankert ist und durch beide genährt wird", gleichzeitig aber betont: "[...] ich bin ein Produkt des schmerzlichen Exils meiner Großeltern und meiner Eltern. Mit ihren Augen sehe ich in der Ferne den kubanischen Himmel. Ihre Entwurzelung ist auch meine. Ihre Erfahrung betrifft auch mich ganz direkt" (Muñoz 1988: 18); oder wenn in Cristina Garcías *Dreaming in Cuban* die Protagonistin – und, wie sich am Ende herausstellt, die Verfasserin des Romans, den der Leser in Händen hält –, von der Tragfähigkeit der Erinnerung nicht mehr überzeugt, diese in die Projektionsfläche ihrer dichterischen Schöpfungskraft verwandelt: "Mit jedem Tag verblasst Kuba ein bisschen mehr in mir, verblasst meine Großmutter ein bisschen mehr in mir. Und wo unsere Geschichte sein sollte, gibt es nur mehr meine Phantasie" (García* 1992/1993: 138).

4. Die Kinder der Revolution: Verzerrung oder Erweiterung der Perspektive?

Ende der 70er Jahre kam es auf Seiten der USA zu einer vorsichtigen Öffnung gegenüber Kuba, die in die Einrichtung diplomatischer Interessenvertretungen mündete, und auf Seiten Kubas zu einer Einladung zum "Dialog", gerichtet an das kubanische Exil in den USA. Der *diálogo* bewirkte in Kuba nicht nur die Freilassung von nahezu 4.000 politischen Gefangenen, sondern auch die Rückkehr zahlloser Exilanten, die besuchsweise als Touristen einreisen durften – allein 1979 kamen mehr als 100.000 –, was jedoch in der Exilgemeinde in den USA ebenso wie in Kuba selbst erhebliches Konfliktpotential freilegte. Die unversöhnlichen und politisch aktivsten Kreise des Exils hielten eine Rückkehr in das Land, das sie als politische Flüchtlinge verlassen hatten, für moralisch unvertretbar und schreckten nicht vor Mordanschlägen auf prominente Vertreter des *diálogo* zurück. Und in Kuba stieß die ungewohnt versöhnliche Haltung Fidel Castros gegenüber jenen, die bis dahin als "Verräter an der Revolution" verteufelt worden waren und nunmehr als "Kubanische Gemeinde im Ausland" gleichsam in den Schoß der Nation zurückgeholt wurden, bei vielen auf Unverständnis.

Noch konfliktiver waren die direkten Auswirkungen dieses Touristenbooms. Zwar war der Zustrom an US-Dollars für die marode kubanische Wirtschaft ein höchst willkommener Anreiz, boten die mitgebrachten Geschenke den unter der Mangelwirtschaft leidenden Kubanern eine zumindest vorübergehende Befriedigung elementarer Bedürfnisse; doch sollte sich die Anwesenheit der als Touristen privilegierten und nicht selten präpotent auftretenden Exilanten für die aufgrund der herrschenden Unterbeschäftigung, Arbeitslosigkeit und Verknappung an Nahrungsmitteln wie Konsumgütern bei manchen ohnehin nur noch schwach ausgebildete *moral revolucionaria* als ausgesprochen katastrophal erweisen. Denn die Rückkehrer demonstrierten mit ihren Geschenken, vielfach Symbole der US-amerikanischen Konsumgesellschaft, und ihren Erzählungen, vorzugsweise Exempel der exilkubanischen *success story*, was der Kapitalismus zu bieten hatte, der ihnen zudem in Kuba mit ihren Dollars den Zugang zu Hotels, Restaurants und Geschäften ermöglichte, welcher den Kubanern ohne Dollars verwehrt war. Die unmittelbare Folge war ein Anwachsen der latent herrschenden Unzufriedenheit, dies insbesondere unter den Jüngeren, die die Zeit vor der Revolution nicht mehr erlebt hatten und die Errungenschaften derselben als selbstverständlich hinnahmen, die den Zwängen und Konventionen des Alltags dadurch zu entrinnen suchten, dass sie sich eine Subkultur schufen, welche sich – wenig offensiv – vorrangig in Hippykleidung und langer Haartracht, in Drogenkonsum und freizügiger Sexualität manifestierte, von offizieller Seite aber als "konterrevolutionäre" Verhaltensweisen "antisozialer Elemente" über Razzien vielfach bekämpft wurde. Für diese "Kinder der Revolution" zeigte sich, dass die Mythen der Revolution, die als "Begründungs-" und "Beglaubigungsrede" den Bestand derselben sicherten, an Tragfähigkeit eingebüßt und ihren Legitimationscharakter weitgehend verloren hatten.[40]

Der Unmut insbesondere unter den Jüngeren entlud sich in einer Weise, die niemand vorhergesehen hatte. Nachdem Ende März 1980 zunächst eine kleine Gruppe von Kubanern die Absperrungen vor der peruanischen Botschaft in Havanna durchbrochen und um politisches Asyl ersucht hatte, gab Fidel Castro wenige Tage später über Rundfunk bekannt, dass die Absperrungen geräumt und die Wachen abgezogen würden, woraufhin innerhalb

---

[40] Vgl. hierzu ausführlicher Gewecke (1992).

von 48 Stunden mehr als 10.000 Menschen in die Botschaft strömten, um ihre Ausreise zu erzwingen. Etwa 7.500 wurden nach Costa Rica ausgeflogen, von wo sie zum Teil in die USA, zum Teil auch in europäische Aufnahmeländer weiterreisen konnten. Den Zurückgebliebenen wurde zugesichert, dass sie die Botschaft verlassen und über den westlich von Havanna gelegenen Hafen Mariel ausreisen könnten – dies ohne Repressalien, so hieß es offiziell, doch kam es vielfach zu Zwischenfällen, bei denen organisierte Gruppen die Ausreisewilligen öffentlich beschimpften und drangsalierten.

Die Zusammensetzung dieser dritten großen Emigrationswelle unterschied sich wesentlich von allen vorangegangenen Migrationsschüben. Eine erhebliche Zahl der Emigranten waren jüngere, alleinstehende Männer, darunter viele Farbige, in ihrer Mehrheit gelernte oder ungelernte Arbeiter, und – so behauptete die Propaganda – eine beträchtliche Zahl von psychisch Kranken, Kriminellen und anderen "asozialen Elementen" wie Drogenabhängigen, Homosexuellen und Prostituierten. Für Fidel Castro war der Massenexodus eine willkommene und bewusst einkalkulierte Entlastung, entledigte man sich doch jener, die nicht in die Revolution integriert waren. Für die Migranten aber sollte sich erweisen, dass sie in den USA ebenso unerwünscht waren wie in Kuba. Die US-Regierung verweigerte ihnen zunächst den Status als "politische Flüchtlinge" und konzentrierte die große Zahl derer, die in den USA keine Angehörigen besaßen, in Sammellagern; die US-amerikanischen Medien stigmatisierten sie nach nur anfänglichen Sympathiebekundungen als Kriminelle und Unruhestifter oder auch nur als Opportunisten, die nicht aus politischen, sondern aus rein wirtschaftlichen Gründen Kuba verlassen hatten; und die kubanische Exilgemeinde, bis dahin überwiegend der weißen Mittelschicht zugehörig, war um ihres Ansehens in der US-amerikanischen Öffentlichkeit willen sorgsam darauf bedacht, sich von den *marielitos* zu distanzieren.[41]

---

[41] Die negativen Schlagzeilen in der US-amerikanischen Presse wurden zusätzlich dadurch genährt, dass es in den Sammellagern, wo Tausende über Monate ohne jede Zukunftsperspektive ausharren mussten, vielfach zu gewalttätigen Protesten kam; dass Tausende von *marielitos*, die unter den erschwerten Bedingungen einer anhaltenden wirtschaftlichen Rezession und ohne Ausbildung keine Arbeit fanden, obdachlos waren und in Wohngebieten mit überwiegend exilkubanischer Bevölkerung die Kriminalitätsrate überproportional anstieg – allein in Miami während des Jahres 1980 um 66%; dass schließlich Tausende von kriminellen *marielitos* in US-amerikanischen Gefängnissen saßen und die von der US-amerikanischen Regierung angestrebte Rückführung – knapp 3.000 Kriminelle und psychisch Kranke wurden nach zähen Verhandlungen von Kuba zurückgenommen – vielfach durch gewalttätige Aufstände zu verhindern suchten (vgl. hierzu insbes. García 1996, Kap. 2).

Unter den *marielitos* befand sich eine Reihe von Intellektuellen, die – wie Reinaldo Arenas (1943-1990) und Reinaldo García Ramos (*1944) – in Kuba bereits publiziert hatten, doch zunehmend marginalisiert worden waren oder die – wie Carlos Victoria (*1950), Juan Abreu (*1952), Roberto Valero (1955-1994) und Miguel Correa (*1956) – im Exil ihre ersten Texte veröffentlichten und die sich aufgrund der gemeinsamen Erfahrung als *Generación de Mariel* definierten. Ihr Blick zurück auf das Kuba, das sie verlassen hatten, war wie jener der ersten Generation des Exils wiederum ein Blick zurück "im Zorn", der für die meisten keine nostalgische Verklärung zuließ, vermochten sie doch, anders als manche "Kinder des Exils", nicht mehr auf einen als paradiesischen Urzustand erlebten – oder nur erinnerten – Lebensabschnitt vor der Revolution zurückzublicken. Und wie die ersten im postrevolutionären Exil publizierten Romane sind auch ihre Texte geprägt durch einen aggressiven und militanten Gestus des Protests: Protest gegen politische Unterdrückung und Verfolgung, gegen Bespitzelung und Ausgrenzung, gegen ein Ambiente, das als provinziell und erstickend empfunden wurde und das den Anspruch auf individuelle Freiheit und Kreativität in Opposition zu offiziellen Normen unterdrückte, mochte sich dieser Anspruch manifestieren in der Wahl der Kleidung oder Haartracht, in der literarischen Praxis oder auch – ein für die *Generación de Mariel* zentrales Motiv – in der Ausübung nicht sanktionierter sexueller, und das hieß konkret: homosexueller Praktiken.[42]

Nur drei Autoren – Roberto Valero, Carlos Victoria und Reinaldo Arenas – seien hier kurz mit repräsentativen Texten vorgestellt.[43] Roberto Valero

---

[42] Ein wichtiges Publikationsorgan schuf sich die "Generación de Mariel" unter der Federführung von Reinaldo Arenas mit der 1983 in New York gegründeten Zeitschrift *Mariel*. Entsprechend der selbstauferlegten "Verpflichtung", unentwegt Anklage zu erheben gegen das Kuba Fidel Castros, enthielt die Zeitschrift Sektionen, für die die Leser aufgefordert wurden, in eigenen Beiträgen über ihre Erlebnisse zu berichten; und in einer weiteren Sektion, "Die Kubaner und die Homosexualität", wurden regelmäßig Beiträge abgedruckt, in denen ebenjener Aspekt behandelt wurde, der sich für viele Mitglieder der "Generación de Mariel" nicht nur in Kuba, sondern auch im US-amerikanischen Exil in der konkreten Lebenserfahrung als äußerst konfliktiv erwies (zur Zeitschrift vgl. Ette 1985).

[43] Zu den anderen genannten Vertretern der "Generación de Mariel" können nur einige wenige bibliographische Hinweise gegeben werden. Reinaldo García Ramos ist zweifellos der bedeutendste Lyriker dieser Generation; er publizierte (u.a.) den Band *Caverna fiel* (García Ramos* 1993). Miguel Correa verarbeitete in *Al norte del infierno* (Correa* 1984) die beiden zentralen thematischen Konstanten der "Generación de Mariel" (wie auch der ersten Exilgeneration); der Text, der als Roman oder als Sammlung von Erzählungen gelesen werden kann, ist, wie Reinaldo Arenas in seinem Vorwort treffend be-

erzählt in seinem Roman *Este viento de cuaresma* (Valero* 1994) aus ständig wechselnder Perspektive und in scheinbar unzusammenhängenden, in ihrer (fiktionalen) Realität überdies nicht eindeutig zu verortenden Episoden die Kindheit und Jugend des Protagonisten, dessen Flucht in die peruanische Botschaft und Ausreise in die USA, wo er zunächst – "erneut als Opfer" (147) – ausgegrenzt wird, schließlich aber als Schriftsteller Erfüllung findet. Doch der Leser, der bereits am Wirklichkeitsgehalt mancher Episoden zweifeln mochte, wird in diesem "Roman, der eine reine Farce ist", wie der Text präzisiert (187), am Ende ent-täuscht, denn der Protagonist Jaime Valdés hatte Kuba nie verlassen, sondern befindet sich auf der einzig (?) realen Ebene der Gegenwartshandlung im Gefängnis, wo er von einem Sicherheitsoffizier, der ihn als Spitzel zu gewinnen sucht, einem Verhör unterzogen wird.

Die Absicht des Autors mag gewesen sein, im Umfeld der Ereignisse um die peruanische Botschaft das Klima der Unsicherheit und Furcht um das Gelingen der Ausreise über die Schilderung einer Zeitreise zu illustrieren, die den Protagonisten nicht nur hinsichtlich der erlebten Wirklichkeit, sondern auch hinsichtlich seiner Identität auf ein höchst unsicheres Terrain führt. Doch die unzähligen metaliterarischen Statements, welche diverse Erzähler und "Autoren" abgeben, sowie die verschiedenen, zueinander in Konkurrenz tretenden Romananfänge und Schlusskapitel – allein drei Kapitel tragen die Überschrift "Heute beende ich den Roman" – vermögen die skizzierte (mögliche) Absicht des Autors kaum zu stützen, tragen sie doch wenig dazu bei, die der Handlung unterlegte psychische Verfasstheit des Protagonisten – "die Angst und der innere Zwang zu entkommen" (61) – zu veranschaulichen. So erscheint der extrem experimentelle Charakter des Romans nur beschränkt handlungsmotivierend; und dies gilt gleichermaßen für die höchst metaphernreiche, bisweilen barock anmutende Schreibweise, die auch die Ebene des Trivialen und Vulgären nicht verschmäht: etwa in der

---

merkt, "das Buch der Entwurzelung und zugleich der Repression" (12). Unter den Veröffentlichungen von Juan Abreu erscheint besonders erwähnenswert der zusammen mit seinen gleichermaßen im Exil lebenden Brüdern José Abreu Felippe (*1947) und Nicolás Abreu Felippe (*1954) verfasste Band *Habanera fue* (Abreu* 1998). Wie in einer "Vorbemerkung" erklärt, enthält er drei voneinander unabhängige Versuche, den durch einen Autounfall erfolgten Tod der Mutter literarisch zu verarbeiten: Versuche, in denen neben den üblichen Schmähreden gegen Fidel Castro das vorrevolutionäre Kuba als Paradies und Schlaraffenland stilisiert, bei Juan Abreu nun aber zusätzlich ein geradezu orgiastisches Szenario der Gewalt geliefert wird, welche sich – im Kontext der geschilderten Exilsituation unzureichend motiviert – gegen die Person richtet, die den Unfalltod der Mutter verursacht hatte.

detaillierten Schilderung sexueller Praktiken, ganz besonders aber in den zahlreich eingestreuten Hasstiraden, gerichtet gegen das kubanische Territorium – "widerlich und ekelerregend" (44) –, gegen Fidel Castro – "Scheißtyrann" (21) – und gegen das kubanische Volk in seiner Gesamtheit – "ein Volk von Schwächlingen, kastriert von einem dümmlichen Macho, der mit der Faust das Rednerpult traktiert, während seine Knechte beim Anblick von so viel Männlichkeit ejakulieren" (69).[44]

Roberto Valero hätte sich an den Rat eines seiner diversen Erzähler halten sollen, den dieser einem anderen Erzähler (dem Protagonisten?) erteilt: "Vergiss die originellen Einfälle, vergiss die literarischen Techniken und dummen Spielchen, denn du bist weder ein Vargas Llosa noch ein Cabrera Infante, spiel dich nicht auf, du bist auch kein Arenas" (49). Vielleicht wäre ihm dann mit seinem Roman das gelungen, was derselbe Arenas in seinem Vorwort zum Roman "mit großem Enthusiasmus" (8) dem Leser als "lebendiges *Testimonio* der kubanischen Realität" (7) anempfiehlt. Gelungen ist dies hingegen Carlos Victoria mit *La travesía secreta* (Victoria* 1994), einer Art Bildungsroman, in dem über den Zeitraum von etwa fünf Jahren die Entwicklung des jugendlichen Protagonisten Marcos Manuel Velazco nachgezeichnet und gleichzeitig ein anschauliches Bild von diesen "Kindern der Revolution" vermittelt wird, die sich jenseits staatlich verordneter Lebensentwürfe individuelle Freiräume zu schaffen suchen. Mit liebevoll-kritischer Ironie und Distanz schildert der Autor, wie sich sein Protagonist auf der Suche nach Identität und Selbstbehauptung zunächst mit jenen identifiziert, die sich im wesentlichen über den Widerstand gegen die offiziellen Normen definieren:

> Marcos lächelte zufrieden, machte die obersten zwei Knöpfe seines Hemdes auf und stolzierte los, während er im Geiste zu präzisieren suchte, wer und was er in der vergangenen Zeit geworden war. Seine Gedanken wirbelten aufgescheucht im Kreis, doch wenn nicht gerade verirrte Einfälle miteinander kollidierten, konnte er noch versuchen, seine Person und seine Position zu definieren: Marcos Manuel Velazco, ein nonkonformer Poet, ein verkanntes Genie, ein hochherziger und romantischer Geist, ein junger Mann, der wenig Erfolg in der Liebe hat, dafür aber eine üppige Haarpracht, ein geblümtes Hemd, ausgewaschene (wenn auch geliehene) Jeans und ein Paar derbe Stiefel besitzt; von der Universität relegiert, weil er eigene Ideen hatte und, was noch schlimmer war, diese

---

[44] Anticastristische Polemik findet sich zudem in zwischengeschalteten, von der Handlung unabhängigen Kapiteln – sie machen etwa ein Drittel der Gesamtzahl der Kapitel aus –, in denen unter der stets wiederkehrenden Überschrift "Das Volk hat das Wort" Anekdoten und Witze reproduziert werden, in denen Fidel Castro in der Regel als gemein oder nur dumm charakterisiert wird.

auch laut äußerte; Verfasser mehrerer unveröffentlichter Gedichtbände und eines unvollendeten Theaterstücks; kurzum, nichts Weltbewegendes; doch heute Abend zufrieden, denn er war nicht nur leicht angetrunken, sondern konnte auch ohne Hemmungen und Scheu die für ihn in diesem Augenblick wichtigste Zierde zur Schau stellen: seine moderne Erscheinung eines Jugendlichen, der "in" ist, seinen verwegenen Habitus eines kubanischen Pseudohippy (292).

Marcos erkennt sehr wohl, dass es ihm letztlich nicht gelingen kann, sich über eine "Gegen-Kultur" zu definieren, die als "passiver Widerstand" gegenüber der als "abgenutzt" erachteten offiziellen Kultur (295) sehr wohl für andere gelten mag, nicht aber für ihn, der seine Inkonformität nicht in sterile Passivität, sondern in eine Kreativität des Handelns – und das schließt den Dialog mit den Herrschenden nicht aus – umzusetzen sucht.

Victorias Protagonist, der über einen Kreis von Schriftstellern, Theatermachern und Künstlern in endlosen Gesprächen, Monologen und Briefen sein Projekt einer identitätsstiftenden Praxis zu realisieren sucht, scheitert an ebendiesem Kreis Gleichgesinnter, denn diese, die gleich ihm nonkonform sind, flüchten sich – aus Opportunismus, aus Furcht vor möglichen Repressalien oder auch nur aus Resignation – in eine Welt der Verstellung und des Scheins. "Alles ist Theater", so lautet das Leitmotiv des Romans; alle Akteure tragen Masken, und hinter jeder Maske kann sich ein Denunziant verbergen, denn, so der Protagonist, "die Geschichte Kubas ist die Geschichte der Angst" (62). Carlos Victoria zeichnet ein pessimistisches Bild von einer Revolution, die zwar Missstände der Vergangenheit behoben, aber neue Deformationen hervorgebracht hat und die es insbesondere nicht verstand, gerade der Generation, der sie eine Zukunft versprach, die Möglichkeit zu geben, diese Zukunft selbstbestimmt zu gestalten. Noch radikaler in seiner Sicht der kubanischen Wirklichkeit ist Reinaldo Arenas, der bekannteste und produktivste unter den Autoren der *Generación de Mariel*, der bereits vor seiner Emigration mit zwei Romanen international Aufsehen erregt hatte und der nach seiner Emigration aufgrund der in Kuba erlittenen Inhaftierung – ebenso wie Angel Cuadra (*1931) und Armando Valladares (*1937) – in Europa als "Dissident" vermarktet wurde,[45] dessen Œuvre aber erst nach

---

[45] Franzbach (1984: 173-179). Arenas wurde 1974 als Homosexueller wegen "Erregung öffentlichen Ärgernisses" zu einer Gefängnisstrafe verurteilt, nach deren Verbüßung er 1975/76 in einem Umerziehungslager interniert war. Angel Cuadra und Armando Valladares verbüßten langjährige Haftstrafen aufgrund "konterrevolutionärer Aktivitäten"; bekannt wurden beide vor allem durch ihre "Gefängnislyrik" (Cuadra* 1977; Valladares* 1976).

seinem Tod 1990 aufgrund der zahlreichen postum erschienenen Titel eine angemessene Würdigung erfahren konnte.

Reinaldo Arenas ist, versucht man einen Grundtenor seines Werkes zu benennen, provokant und respektlos, in seinem Spott und seiner Kritik scharf, böse und sarkastisch, in der Sprachgebung poetisch, bisweilen hyperbolisch-maßlos, halluzinatorisch. Ein zentrales Thema ist die Unterdrückung des Individuums über die Skizzierung jeweils in sich abgeschlossener, doch in ein Kontinuum eingebetteter Lebensläufe in der autobiographisch fundierten *Pentagonie*: Unterdrückung des Heranwachsenden durch das jede Kreativität und (auch sexuelle) Selbstverwirklichung erstickende familiäre und gesellschaftliche Umfeld im vorrevolutionären Kuba in *Celestino antes del alba* (1967) und *El palacio de las blanquísimas mofetas* (1980),[46] Unterdrückung des Schriftstellers und Homosexuellen im kommunistischen Kuba der 70er Jahre in *Otra vez el mar* (Arenas* 1982); schließlich die alle Lebensbereiche umspannende Entwürdigung des Menschen in einem bisweilen kafkaesk, bisweilen karnevalesk anmutenden totalitären System in *El asalto* (Arenas* 1991) und *El color del verano o Nuevo "Jardín de las Delicias"* (Arenas* 1991) – zwei Romane, die sich einer gattungsspezifischen Klassifizierung entziehen, wobei insbesondere der letztgenannte Roman, den Arenas erst kurz vor seinem Tod beendete, hinsichtlich der höchst experimentellen narrativen Techniken wie auch hinsichtlich seiner Vision Kubas als Summe seines Gesamtwerks gelten kann.[47]

Ein zweiter zentraler Themenbereich im Werk von Reinaldo Arenas ist das Exil: Exil als konkrete Lebenserfahrung und als Metapher der menschlichen Existenz, verknüpft mit einer kritischen Sicht der kubanischen Exilgemeinde in den USA,[48] die in dem Roman *El portero* (Arenas* 1989) um so

---

[46] *Celestino antes del alba* wurde 1965 von der UNEAC ausgezeichnet, aber erst 1967 veröffentlicht; für die 1982 in Spanien publizierte "endgültige Fassung" änderte Arenas den Titel in *Cantando en el pozo*. Der zweite Teil der "Pentagonie", *El palacio de las blanquísimas mofetas*, gleichermaßen in Kuba verfasst, wurde über Freunde des Autors im Manuskript außer Landes geschmuggelt und erschien zuerst in einer französischen und einer deutschen Übersetzung (1975 bzw. 1977), bevor er 1980 in Caracas im spanischen Original veröffentlicht wurde.

[47] Reinaldo Arenas' Gesamtwerk umfasst neben zwei Bänden mit Erzählungen, drei Lyrikbänden, einem Band mit fünf Theaterstücken, zwei Essaybänden und einer Autobiographie insgesamt zehn Romane, darunter *El mundo alucinante* (1969) – der Titel, der ihm erste internationale Aufmerksamkeit bescherte.

[48] Die Problematik des Exils, häufig im konkreten, als feindlich erlebten Umfeld der kubanischen Exilgemeinde in Miami entfaltet, ist eine Konstante im Werk der "Generación de Mariel", etwa bei Carlos Victoria – in seinem Roman *Puente en la oscuridad* (Victoria* 1994) und seinen unter dem Titel *El resbaloso y otros cuentos* (Victoria* 1997) publi-

eindrücklicher artikuliert wird, als sich diese Exilgemeinde über die Erzählerfigur gewissermaßen selbst dekuvriert. Erzählt wird die Geschichte von Juan, "einem jungen Mann, der vor Kummer verging" (17), der (über Mariel) von Kuba in die USA emigriert war, sich den neuen Lebensbedingungen jedoch nicht anzupassen wusste und schließlich in der untergeordneten Position eines Portiers in einem luxuriösen Apartmenthaus in Manhattan eine Anstellung fand. Doch Juan ergibt sich nicht tatenlos seiner Trauer und Verzweiflung, denn er ist überzeugt von einer Mission; und diese sieht er darin, für sich und die Bewohner des Hauses, denen er täglich die Tür öffnet, eine weitere, zugleich magische und metaphysische, Tür zu finden: "eine breitere und bis dahin unsichtbare oder unzugängliche Tür; eine Tür, die zu ihrem eigentlichen Leben führte und damit [...] zur 'wahren Glückseligkeit'" (19f.). Geschildert wird ein burleskes, bisweilen surreal-groteskes Universum, in dem eine Galerie karikaturesk überzeichneter, wahnwitziger Figuren defiliert, in dem die Haustiere der Bewohner sich als vernunft- und sprachbegabte Wesen erweisen und – da nur sie gleich Juan ihre Unfreiheit erkennen – im Verbund mit diesem dessen Suche zu einem (voraussichtlich) guten Ende führen. Als Erzählerfigur agiert ein kollektives "Wir", das sich als kubanische Exilgemeinde in den USA zu erkennen gibt – "wir sind eine Million Menschen" (17) – und das beständig versichert, die Geschichte Juans wahrheitsgetreu als *Testimonio*, "Dokument" und "wahre Geschichte" wiederzugeben, aber ebenso bemüht ist, sich von dem Vorhaben Juans – "seinen wahnwitzigen Reden, die definitiv weder Hand noch Fuß hatten" (39) – zu distanzieren. In den vielfachen, bisweilen an den Leser gerichteten Kommentaren der Erzählerfigur dekuvriert sich dieses Kollektiv nun in zweifacher Hinsicht: Zum einen repräsentiert es einen effizienten Überwachungsapparat, der über Abhöranlagen, eine reichhaltige Dokumentensammlung und ein weitreichendes Netz von Informanten jede Bewegung und jeden Gedanken Juans registriert; zum andern erweist es sich in seiner vorgeblich fürsorglichen Haltung gegenüber dem Neuankömmling schlicht als heuchlerisch und präpotent, etwa wenn es heißt:

---

zierten Erzählungen – sowie Guillermo Rosales (?-1993) in seinem Roman *Boarding Home* (Rosales* 1987). (Guillermo Rosales hatte Kuba bereits vor der Öffnung des Hafens von Mariel verlassen; dennoch zählte er, den mit Reinaldo Arenas und Carlos Victoria eine enge Freundschaft verband, zur "Generación de Mariel", da sich diese nicht allein über die äußeren Umstände des Exodus, sondern wesentlich über die gemeinsame Erfahrung definierte.)

[...] wir waren es, die ihm in dieser neuen Welt den Weg ebneten, und wir waren zu jedem Zeitpunkt bereit, "ihm zur Hand zu gehen", wie man dort sagt, von wo wir geflohen sind.

Seit seiner Ankunft – und da war er reichlich abgezehrt – gaben wir ihm materielle Unterstützung (mehr als zweihundert Dollar) und "organisierten" ihm (noch so ein Ausdruck von dort) schnell die *Social Security* (es tut uns leid, aber für diesen Begriff haben wir im Spanischen keine Entsprechung), damit er Steuern zahlen konnte, und nur wenig später gelang es uns, ihm eine Anstellung zu verschaffen. Natürlich konnte das keine Anstellung sein wie wir sie haben, nach zwanzig oder dreißig Jahren harter Arbeit. [...]
Was hätten wir denn Ihrer Meinung nach tun sollen? Sollten wir ihm unsere Swimmingpools offerieren? Sollten wir ihm einfach so, nur wegen seines guten Aussehens (und in der Tat war er nicht hässlich, wie keiner von uns dunklen Typen, alle nicht so wie diese schwabbeligen, farblosen und unförmigen Gestalten, von denen es hier so viele gibt), sollten wir ihm also wegen seines guten Aussehens unsere Häuser in Coral Gables öffnen, ihm unseren Jahreswagen überlassen, damit er unsere Töchter erobert, die wir so sorgsam erzogen haben, und ihn schließlich das süße Leben leben lassen, ohne dass er zuvor den Preis kennen lernt, den man in dieser Welt für jeden Atemzug zu zahlen hat? Das nun wahrlich nicht (18f.).

Über den effektvollen Kunstgriff der Erzählerfigur spiegelt Arenas in *El portero* die distanzierte oder auch feindliche Haltung des in den USA etablierten kubanischen Exils gegenüber den *marielitos*, schließlich galt es, wie es an einer anderen Stelle des Romans heißt, auf jeden Fall eines zu verhindern: "unser Ansehen als ernstzunehmende und mächtige Gemeinschaft in diesem Land aufs Spiel zu setzen" (160).

Isolation oder auch nur Mangel an Anerkennung traf, so die erst jüngst geäußerte Klage des in Miami lebenden und publizierenden Carlos Victoria, in besonderem Maße die Autoren: "Im Exil in den Vereinigten Staaten sind wir, um einen englischen Terminus zu verwenden, *outsider* gewesen." (1999/2000: 72) Und bitter fährt Victoria fort: "[...] die Arbeit eines Schriftstellers ist einsam und undankbar und die eines Schriftstellers, der keine Anerkennung findet, ist ganz besonders einsam und undankbar" (73). Über einen Mangel an Anerkennung können nun diejenigen unter den kubanischen Autoren kaum klagen, die seit Anfang der 90er Jahre[49] Kuba verließen,

---

[49] Bereits 1980/81 emigrierte eine Reihe von bekannten Autoren der älteren Generation: u.a. César Leante (*1928), der in seinem Roman *Calembour* (Leante* 1988) die Desillusionierung einiger zunächst mit der Revolution identifizierter Intellektueller während der Zeit bis 1961 thematisiert; José Triana (*1931), der in Kuba zunächst als einer der bedeutendsten Theaterautoren hervorgetreten war und der in seinem Pariser Exil mittlerweile auch Lyrik (*Miroir aller retour. Sonnets et poèmes à Saint-Nazaire*; Triana* 1996) und Erzählungen (*Les cinq femmes*; Triana* 1999) veröffentlichte; Antonio Benítez Rojo (*1931), der auf dem spanischen Buchmarkt bislang nur durch die Neuauflagen bereits in

sich vornehmlich in Europa (seltener: in Lateinamerika) niederließen und in spanischen Verlagen publizieren, haben diese doch in jüngster Zeit der (exil-)kubanischen Literatur zu einem ausgesprochenen *boom* verholfen.

Als international erfolgreichste Autorin ist hier die in Paris lebende Zoé Valdés (*1959) zu nennen, die seit ihrem ersten, 1995 erschienenen Bestseller *La nada cotidiana* ("Das tägliche Nichts"; Valdés* 1995) neben Lyrik und Kurzgeschichten sechs Romane (davon zwei Kurzromane) publizierte. Bereits der Titel des Romans *La nada cotidiana* verweist auf die zentrale Aussage: die Leere und Frustration, welche die Protagonistin – sie, die (wie die Autorin) im Jahr des Triumphs der Revolution geboren wurde, steht für eine ganze Generation – angesichts der geistigen und materiellen Armut erlebt im alltäglichen Kampf um das Überleben auf einer Insel, "die das Paradies errichten wollte und die Hölle schuf" (Valdés* 1995/1998: 20). Zoé Valdés bedient sich bekannter Topoi des "weiblichen Schreibens". Über eine weibliche Erzählerfigur, erkennbar als *alter ego* der Autorin – und, wie sich am Ende des Romans herausstellt, die Verfasserin desselben –, wird ein weiblicher Lebenslauf skizziert, der die Protagonistin über einen schmerzhaften Identitätsfindungsprozess – und über den Akt des Schreibens – aus der Abhängigkeit von Elternhaus und (erstem) Ehemann zur Selbstfindung und Selbstbehauptung gelangen lässt: eine *éducation sentimentale*, die sich im wesentlichen als *éducation sexuelle* erweist – oder, wie die Kritikerin Helena Araújo vermerkt, als Handbuch für den Leser, "um langandauernde Erektionen oder spektakuläre Orgasmen zu erzielen" (1999: 114).

Mit ihrem dritten im Exil publizierten Roman, *Te di la vida entera* ("Dir gehört mein Leben"; Valdés* 1996), verfolgte Zoé Valdés nun ein weitaus ambitionierteres Projekt. Unter dem deutlichen Einfluss von Guillermo Cabrera Infante wird über den Lebenslauf einer 1934 in der Provinz geborenen und in Havanna in bescheidenen Verhältnissen lebenden Frau der Unterschicht ein Panorama Kubas von den 50er Jahren bis hin zur Mitte der 90er

---

Kuba publizierter Werke in Erscheinung trat (*La isla que se repite* [Essay], 1998; *El mar de las lentejas* [Roman], 1999; ein weiterer Band seiner "Trilogie" über die Karibik, die Erzählungen *Paso de los vientos*, ist angekündigt); sowie Heberto Padilla (1932-2000), der im Exil neben weiterer Lyrik den halb-autobiographischen Roman *En mi jardín pastan los héroes* (*In meinem Garten grasen die Helden*; Padilla* 1981) veröffentlichte. Leante, Benítez Rojo und Padilla verließen Kuba als Dissidenten; dies gilt nicht für Edmundo Desnoes (*1930), der seit 1979 mit einer offiziellen Ausreisegenehmigung in den USA lebt und der mit seiner Anthologie *Los dispositivos en la flor. Cuba: literatura desde la revolución* (Desnoes* 1981) den bei weitem breitesten Überblick über die zwischen 1959 und ca. 1980 innerhalb wie außerhalb Kubas publizierte Literatur kubanischer Autoren vermittelt.

Jahre entworfen, welches das Havanna vor der Revolution als eine von Lebenskraft und Lebensfreude überschäumende Metropole, das Havanna nach der Revolution hingegen als eine alles Leben erstickende tote Stadt präsentiert und schließlich für die Herrschaft von Fidel Castro, "Größe *Extra Extra Large*" oder schlicht "XXL" genannt, eine Erklärung liefert: Die US-amerikanische Mafia war es, die seiner Revolution letztlich zum Sieg verhalf, und nur ihrer Unterstützung verdankt er es, dass er sich immer noch an der Macht hält, vermittelt er doch inzwischen nur den Eindruck eines Menschen, "der geistig zurückgeblieben ist oder der aufgrund von Verkalkung bereits an Hirnerweichung leidet" (Valdés* 1996/1997: 199).

An den Erfolg von Zoé Valdés vermochten andere exilkubanische Autorinnen anzuknüpfen: etwa Daína Chaviano (*1957) mit ihren beiden Romanen *El hombre, la hembra y el hambre* (*Havanna-Blues*; Chaviano* 1998) und *Casa de juegos* (Chaviano* 1999). Auch hier ist die kubanische Wirklichkeit – und das ist im besonderen die der in Trümmern, Dreck und Ratten verkommenden Altstadt Havannas – geprägt durch Hunger und Hoffnungslosigkeit. Beidem zu entrinnen gelingt nur mit Hilfe von Dollars und das heißt konkret über den Schwarzmarkt und das Geschäft mit den (europäischen) Touristen, wobei es den stets wohlgeformten, betörend-sinnlichen Frauen vorbehalten ist, sich an diesen, in der Regel hässlichen, tumben und nur auf billigen Sex versessenen Zeitgenossen, als Prostituierte schadlos zu halten. Und auch hier wird die weibliche Identitätssuche zu einer Reise in die Welt bizarrster hetero- und homosexueller Erfahrungen, wobei die Autorin bei der mittlerweile als Zeichen von "Modernität" obligat erscheinenden Überblendung verschiedener Zeit- und Realitätsebenen auch einen Ausflug in die Welt der *santería* unternimmt, indem sie die Libido der *orishas* in "kathartischer" Funktion (1999: 167) in den Dienst der sexuellen und gesellschaftlichen Befreiung ihrer Protagonistinnen stellt.[50]

---

[50] Auf Erotik oder Pornographie – die Grenzen, so sie denn überhaupt bestehen, sind gewiss schwer auszumachen – scheint kaum eine der (in Spanien) aktuell publizierenden exilkubanischen Autorinnen verzichten zu wollen. Marcia Morgado (*1951) verweist bereits im Titel ihres Romans, *69 Memorias eróticas de una cubanoamericana* (Morgado* 1998), auf das, was den Leser erwartet: die Schilderung einer schier endlos scheinenden, rein additiven Abfolge erotischer Abenteuer der sexuell hyperaktiven Protagonistin, wobei die Autorin bemüht ist, sämtliche sprachlichen wie moralischen Konventionen zu desavouieren. Yanitzia Canetti (*1967) entfaltet in ihrem Roman *Al otro lado* (Canetti* 1997) immerhin ein tragfähiges Handlungsgerüst, über das die Protagonistin, durch einen Gefängnisaufenthalt traumatisiert, die Erinnerung und damit die Gewissheit ihrer Identität zurückzugewinnen sucht; doch die Erinnerung, die zu reaktivieren der Protagonistin gelingt, evoziert (im zweiten Teil des Romans) vorrangig die reiche sexuelle Erfahrung,

Zoé Valdés wie Daína Chaviano wurden aufgrund der ästhetischen Qualitäten ihrer Romane, ihres hyperbolisch-surrealen und spöttisch-respektlosen Spachgestus, von der Kritik mit viel Lob bedacht. Doch ist Jesús Díaz zuzustimmen, wenn er den Erfolg von Zoé Valdés – und dies gilt gleichermaßen für Daína Chaviano – damit erklärt, dass sie der Erwartungshaltung des europäischen Lesepublikums entspricht; und diese lässt sich nach Díaz auf wenige Komponenten reduzieren: "eine Dosis Feminismus, eine Dosis Sex, eine Dosis Entfremdung, eine Prise Lezama Lima" (Maspéro 1998: 103).[51] Männliche Autoren haben sich gleichermaßen einiger der inkriminierten Komponenten bedient: etwa derselbe Jesús Díaz (*1941) und Eliseo Alberto (*1951), die beiden bedeutendsten unter den aktuell publizierenden Autoren dieser Generation. Auch sie verbinden in ihren Texten Erotik mit Nostalgie, eine unverhüllte, bisweilen provokant vulgärsprachliche Schilderung sexueller Praktiken mit einer höchst komplexen Konstruktion ihrer Geschichte(n), wobei gleichermaßen – auch dies eine offenbar unverzichtbare Komponente – das Havanna der 90er Jahre in seinem materiellen Elend und

---

über die schließlich Identität zur Gewissheit wird: "Ich begründete Nationen von Spermen und ovulierte, bis ich ausgetrocknet war. Ich habe stets Lust empfunden, wenn mich die süßsauren Säfte anderer ölen. [...] Ich zögerte nicht, an jeder Tür zu klopfen, um auf der anderen Seite meinem Ich zu begegnen, das mir öffnete und mich zum Eintreten aufforderte" (187f.). Marcia Morgado und Yanitzia Canetti ergänzen mit ihren Erstlingsromanen die von Zoé Valdés so erfolgreich initiierte Traditionslinie exilkubanischen "weiblichen Schreibens"; dies gilt jedoch nicht für Mayra Montero (*1952), die in Puerto Rico aufwuchs, häufig der puertoricanischen Literatur zugerechnet wird, sich aber nach eigener Aussage als Kubanerin (oder als *caribeña*) begreift. Zwar widmete auch sie sich dem "erotischen Roman" – zuletzt mit dem Roman *Púrpura profundo* (Montero* 2000), der im Februar 2000 den Preis "La sonrisa vertical" des Verlags Tusquets erhielt –, doch erweist sie sich bei der Schilderung sexueller Praktiken im Vergleich zu den genannten Autorinnen als ausgesprochen zurückhaltend, verzichtet sie zudem auf die übliche Verquickung von Sex und Politik. Dies gilt gleichermaßen für ihre anderen Romane, die wie *Púrpura profundo* nicht in Kuba, sondern in anderen Regionen der Karibik, etwa – wie ihr erster großer Erfolg, *Tú, la oscuridad* ("Der Berg der verschwundenen Kinder"; Montero* 1995) – in Haiti, angesiedelt sind, aber auch für ihren bislang einzigen Roman, der in Kuba spielt, *Como un mensajero tuyo* ("Wie Aida Caruso fand"; Montero* 1998): die Rekonstruktion einer vorgeblich historisch verbürgten Liebesbeziehung zwischen einer Kubanerin afro-chinesischer Abstammung und Enrico Caruso, der – historisch verbürgt – 1920 im Teatro Nacional von Havanna auftrat und, durch die Explosion einer Bombe während der Aufführung von *Aida* verschreckt, mehrere Tage verschwand.

51 José Lezama Lima (1910-1976) erweisen nahezu alle exilkubanischen Autoren dieser Generation ihre Reverenz, galt er ihnen doch – zu Recht – als ein Autor, der sich allein seiner Ästhetik verpflichtet fühlte, und – zu Unrecht – als heimlicher Dissident. Doch bei manchen Autoren, wie etwa Zoé Valdés, mag der Eindruck entstehen, dass der Literat Lezama einzig über das berühmte 8. Kapitel seines Romans *Paradiso* als "Altmeister" der Erotik rezipiert wurde.

moralischen Verfall als Symbol für die Revolution stilisiert wird. Doch bei Díaz und Alberto werden die benannten Komponenten zu einem strukturierten *testimonio* verdichtet, in dem der Gestus des Protests oder der Kritik über die Erinnerung funktional eingebunden ist: "das Medium der Erinnerung als Ästhetisierung der ideologischen Desillusionierung" (Rojas 1997: 228).

In Jesús Díaz' Roman *La piel y la máscara* ("Die Haut und die Maske"; Díaz* 1996) wird diese "Desillusionierung" auf zwei sich immer wieder überlappenden Ebenen enthüllt: in der Realität des Romans über die Konfrontation einer Reihe von Schauspielern mit ihrem Regisseur, der, international bekannt, jedoch von den offiziellen Stellen als ideologisch wenig zuverlässig erachtet, im Havanna der 90er Jahre einen Film dreht und sich aufgrund des herrschenden Mangels wie aufgrund der drohenden Zensur mancherlei Problemen gegenübersieht; und in der Fiktion des Films über die Geschichte einer Kubanerin, die vor Jahren in die USA emigrierte und ihre beiden Söhne zurückließ und die nach Kuba zurückkehrt, um die Vergangenheit einzuholen, jedoch erfahren muss, dass einer der Söhne bei dem Versuch, in einem Boot nach Miami zu gelangen, ums Leben kam. Die Vergangenheit erweist sich als uneinholbar und selbst die Gegenwart lässt eine Aussöhnung mit der eigenen Geschichte nicht zu, was der Verlauf der kubanischen Revolution – und der Film – erklärt. Denn dieser ist nach dem Zeugnis des Regisseurs der

> Abgesang auf eine Revolution, deren nun schon weit zurückliegende Erfolge ich begeistert beklatscht hatte, zu deren Gräueltaten, Exzessen und Absurditäten ich sträflich geschwiegen hatte und der gegenüber ich nicht als Richter, sondern als Zeuge auftreten wollte, als jemand, der sich von dem weiten und schwierigen Terrain des Unwiderruflichen aus artikuliert (23).

In seinem 1998 publizierten Roman *Dime algo sobre Cuba* (Díaz* 1998) nahm Jesús Díaz das Thema des Exils in den USA und der *balseros*[52] wieder auf, um eine höchst bizarr anmutende Geschichte zu erzählen. Ein über Mexiko illegal in die USA eingereister Kubaner namens Stalin Martínez verbringt sechs Tage auf dem Dach des Hauses, in dem sein bereits vor Jahren nach Miami emigrierter Bruder Lenin lebt, um unter der sengenden Sonne hungernd und verdreckt das Aussehen eines *balsero* zu gewinnen und schließlich vom Bruder vor der Küste in einem kleinen Boot ausgesetzt zu werden, da er als *balsero* seine Situation in den USA problemlos zu legali-

---

[52] Das Schicksal dieser *balseros* wurde vielfach im Roman thematisiert: etwa von J. Joaquín Fraxedas (*1950) in *The Lonely Crossing of Juan Cabrera* (Fraxedas* 1993) und Alexis Díaz-Pimienta (*1966) in *Prisionero del agua* (Díaz-Pimienta* 1998).

sieren hofft. Kritik richtet sich gegen das kubanische Exil ebenso wie gegen das Kuba Fidel Castros, ohne dass hier den inzwischen gängigen Topoi Neues hinzugefügt wird. Innovativ aber ist der Roman in seinem parodistischen Gestus und der liebevoll-spöttischen Distanz, mit der sämtliche Klischees der *cubanidad* – und der exilkubanischen Literatur – reproduziert werden.

Auch Eliseo Alberto bedient sich in seinem Roman *Caracol Beach* (Alberto* 1998) mancher Topoi, die für die Literatur dieser jüngsten Generation der kubanischen Diaspora charakteristisch sind. "Ich wollte", so erklärte er in einem Interview, "gewissermaßen unterschwellig das Thema der Diaspora und ihre Äußerungsformen behandeln, die Entwurzelung, die Zerrissenheit [...]" (Martínez 1998: 1F) Handlungsräume sind Kuba und Angola ebenso wie ein imaginärer Ort in den USA, an dem sich disparate Lebensläufe kreuzen, deren Linien, für den Leser voraussehbar, unerbittlich und unabwendbar in eine Katastrophe münden. *Caracol Beach* ist – und Eliseo Alberto verweist explizit auf den Einfluss, den Gabriel García Márquez auf ihn ausübte (Alberto* 1998: 10) – die "Chronik eines angekündigten Todes": die letzte Nacht im Leben eines in die USA emigrierten Kubaners, der in Angola als Soldat an einem Krieg teilnahm, welchen er nie begriff, und der, in dem Wahn, den Tod seiner Kameraden verursacht zu haben, jedoch unfähig, den eigenen ersehnten Tod selbst herbeizuführen, sich auf den Weg macht, seinen Mörder zu suchen. Kuba – *Cubita La Bella* – wird vielfach nostalgisch evoziert: Für das Mädchen Laura, das in den USA aufwuchs und keine eigene Erinnerung mehr an die Heimat besitzt, ist Kuba "ein Piano, auf dem jemand jenseits des Horizontes spielt" (234); und für Beto, den *soldado*, der seinem Wahn zu entfliehen sucht, ist Kuba, assoziiert mit der Mutter und den Göttern der *santería*, der einzige, nur mehr in der Erinnerung zugängliche Fluchtpunkt, der ihm trotz der erlebten Armut und existentiellen Not Sicherheit suggeriert.

Eliseo Alberto verzichtet in seinem Roman auf jenen Gestus des Protests, der für die exilkubanische Literatur seiner Generation charakteristisch ist. Kritik äußerte er in seiner ein Jahr zuvor publizierten Autobiographie *Informe contra mí mismo* ("Rapport gegen mich selbst. Ein Leben in Kuba"; Alberto* 1997): unter den mittlerweile überaus zahlreich erschienenen Autobiographien (exil-)kubanischer Autoren[53] der überzeugendste Text, da sich

---

[53] Neben den von der Kritik bisweilen als "emblematisch" bezeichneten Texten von Reinaldo Arenas (*Antes que anochezca* ["Bevor es Nacht wird"; Arenas* 1992]), Gustavo Pérez Firmat (*Next Year in Cuba. A Cubano's Coming of Age in America* [Pérez Firmat* 1995]) und Eliseo Alberto seien hier nur die wichtigsten Autobiographien und *testimo-*

Alberto der Polemik enthält, seine durchaus ungeschminkte Kritik an Fehlentwicklungen der Revolution in jeweils historischer Perspektive begründet und über den Abdruck von (fiktiven) Briefen aus Kuba und dem Exil andere, ihm auch widersprechende Stimmen zu Wort kommen lässt. *Informe contra mí mismo* ist ein Zeugnis der Desillusionierung, des "Scheiterns der Utopie der Rebellion" (80); Zeugnis aber auch einer Aporie: der des Exils, vornehmlich in Miami, das nichts anderes ist als eine "sentimentale Illusion" (45), "pathetisches Labyrinth einer Nostalgie, die sich – was schließlich ein jeder der Rasse schuldig ist – über einen *criollismo*, eine einschlägige sentimentale Folklore, Ausdruck verschafft" (114).

Den Titel seiner Autobiographie erklärt Alberto im Prolog mit dem Hinweis darauf, dass er einst dem kubanischen Nachrichtendienst als Informant gedient und über seine Familie[54] berichtet habe; und so beginnt sein einem Akt des Exorzismus assoziiertes Bekenntnis mit dem Satz: "Den ersten gegen meine Familie gerichteten Bericht verlangten sie von mir Ende 1978." Indem der Verlag – vermutlich ohne den Autor zu konsultieren – diesen Satz auf der Banderole, die den Umschlag des Buches schmückt, reproduzierte, verriet er ein strategisches Konzept, das von einem Kubaner außerhalb Kubas publizierte Literatur unter dem Aspekt der Abrechnung zu vermarkten sucht. Doch der Text selbst, in dem sich die im Prolog geäußerte Selbstbezichtigung des Autors sehr schnell nur als Vorwand für die eigene Erinnerungsarbeit erweist, taugt nicht als Zeugnis eines unversöhnlichen Dissidenten. Zwar wurde das Buch in Kuba offiziell verboten, musste Alber-

---

nios genannt: von Heberto Padilla *La mala memoria* (Padilla* 1989); von Nivaria Tejera (*1930; N. T. verließ Kuba bereits 1965) *J'attends la nuit pour te rêver, Révolution* (Tejera* 1997); von Jorge Masetti (*1955; J. M. wurde in Argentinien geboren, wuchs jedoch in Kuba auf) *El furor y el delirio. Itinerario de un hijo de la Revolución cubana* (Masetti* 1999); von Norberto Fuentes (*1943) *Dulces guerreros cubanos* (Fuentes* 1999); von Lisandro Otero (*1932; L. O. lebt gegenwärtig mit einem offiziellen Ausreisevisum in Mexiko) *Llover sobre mojado (Una reflexión personal sobre la historia)* (Otero* 1999); von Carlos Alberto Montaner *Viaje al corazón de Cuba* (Montaner* 1999; ein historisches *testimonio*, das vorgibt, eine "totale Synthese" der kubanischen Revolution zu liefern [Klappentext]).

[54] Eliseo Alberto – sein vollständiger Name ist Eliseo Alberto de Diego y García Marruz – entstammt einer berühmten kubanischen Literatenfamilie. Er ist der Sohn von Eliseo Diego (1920-1994) und Neffe von Fina García Marruz (*1923) sowie Cintio Vitier (*1921), die der avantgardistischen Dichtergruppe "Orígenes" angehörten und neben José Lezama Lima als bedeutendste Autoren die ältere Generation kubanischer Lyriker im 20. Jahrhundert repräsentieren.

to selbst Sanktionen hinnehmen,[55] doch war ihm auch bewusst, dass er ebenso in Exilkreisen, insbesondere in Miami, auf vehemente Kritik stoßen würde, denn, so Alberto in dem bereits zitierten Interview, "man betrachtet mich dort als Castro-Kommunisten, weil ich nicht sage, dass Fidel kleine Kinder frisst" (Martínez 1998: F1). Sein Ziel war es, mit seiner "Selbstbezichtigung" – nach eigener Aussage "ein versöhnliches Buch" (ibid.) – den bis heute unversöhnlichen Gegensatz zwischen den Parteien zu überwinden. Denn, so sein an beide Seiten gerichteter Vorwurf:

> Sie sind beide in dieselbe Falle gegangen: Aus Vorsicht und um sich ja keine Blöße zu geben, verherrlichen oder bagatellisieren sie die Errungenschaften des revolutionären Prozesses, nehmen aber die Argumente der Gegenseite nicht zur Kenntnis und verweigern sich schließlich aufgrund ideologischer Prinzipien dem Dialog (Alberto* 1997: 24).

Einen solchen Dialog zu fördern, war das Ziel unterschiedlicher Initiativen. So wurden seit 1994 mehrere Kongresse veranstaltet, auf denen Kubaner beider "Ufer" zu Wort kamen, wurden Anthologien publiziert, in denen in Kuba wie außerhalb Kubas lebende Autoren vertreten sind.[56] Und Jesús Díaz gründete 1996 mit *Encuentro de la cultura cubana* eine Zeitschrift, intendiert, wie er in einem Interview äußerte, als "demokratische Stätte der Begegnung, wo die Antagonismen endlich überwunden werden" (Maspéro 1998: 101).

Die sichtbarsten Zeichen für einen möglichen Dialog aber ergeben sich aus der literarischen Praxis, denn die thematische Fokussierung ebenso wie der Sprachgestus mancher Texte, die in Spanien publiziert wurden, jedoch von Autoren stammen, welche weiterhin in Kuba leben, zeigen eine Übereinstimmung mit der Literatur der Diaspora, die eine inhaltliche Bestimmung derselben gewissermaßen unterläuft. Nur drei Autoren seien kurz vorgestellt. In den Erzählungen *Trilogía sucia de La Habana* (Gutiérrez* 1998) und dem Roman *El Rey de La Habana* (Gutiérrez* 1999) von Pedro Juan Gutiérrez (*1950)[57] ist das nur grob skizzierte Handlungsgerüst Vorwand für

---

[55] Der Autor war wie viele andere Schriftsteller und Künstler seit Ende der 80er Jahre mit offizieller Genehmigung ausgereist und lebte in Mexiko, kehrte aber regelmäßig nach Kuba zurück. Nach der Veröffentlichung seines *Informe* wurde ihm entsprechend einer ministeriellen Verfügung für den Zeitraum von fünf Jahren die Einreise nach Kuba verwehrt (Martínez 1998: F1).

[56] Zu nennen sind für alle Gattungen Desnoes* (1981); Behar/León* (1994); für die Lyrik De la Hoz* (1994); Lázaro/Zamora* (1995); für das Theater Espinosa Domínguez* (1992); Adler/Herr* (1999).

[57] Die einzige verfügbare biographische Information wurde dem Klappentext beider Bücher entnommen; danach arbeitet der Autor als Journalist in Havanna.

die detaillierte Schilderung einer gänzlich verkommenen, von Huren, Zuhältern, Bettlern und Kriminellen bevölkerten Stadt – "das apokalyptische städtische Panorama am Ende des Jahrtausends" (Gutiérrez* 1999: 115) –, in der jeder mit jedem kopuliert – oder als Voyeur masturbiert – und Sexualität stets mit brutaler Gewalt verknüpft ist, wobei der Autor in der Darstellung sexueller Praktiken, die den Liebesakt auf eine rein mechanische Manipulation und die Frauen auf ihre Geschlechtsorgane reduzieren, mit seinem obszön-aggressiven Sprachgestus und der besonderen Vorliebe für pervertierte oder auch morbide Formen der Sexualität einschließlich der Nekrophilie gezielt auf Schockeffekte setzt.

Pedro Juan Gutiérrez konnte zumindest in Spanien einen beachtlichen Verkaufserfolg erzielen, lässt er sich doch – wie werbewirksam auf der Banderole des Umschlags der 4. Auflage seiner *Trilogía sucia* (1999) hervorgehoben – vermarkten als "eine Art karibischer Bukowski oder kubanischer Henry Miller", "genauso radikal wie Reinaldo Arenas und weitaus schärfer als Zoé Valdés". Abilio Estévez (*1954)[58] erregte mit seinem Roman *Tuyo es el reino* ("Dein ist das Reich"; Estévez* 1997) nicht nur in Spanien, sondern auch international Aufsehen; so wurden die Übersetzungsrechte mittlerweile in 13 Länder verkauft, wurde sein Werk in Frankreich zum besten ausländischen Buch des Jahres 2000 gekürt. Der Roman, historisch angesiedelt in den letzten Monaten vor dem 1. Januar 1959, bietet, ganz in der Tradition eines Reinaldo Arenas, ein halluzinatorisch anmutendes, extrem fragmentarisiertes Panorama einer schier endlos erscheinenden Zahl bizarrer Gestalten und Lebensläufe, präsentiert aus einer Vielzahl von Erzählperspektiven, unter denen sich schließlich am Ende des Romans als die zentrale Perspektive die eines 11-jährigen Jungen enthüllt, identifiziert mit dem Autor des Romans, der die eigene Kindheit zu rekonstruieren sucht: aus nachzeitiger Perspektive bewertet als einzig reale Erfahrung, enthüllt sich ihm doch die Zeit danach nur als "armselige Variation" des zuvor Gelebten und letztlich nur als "Vorwand, um Erinnerungsarbeit zu leisten" (320).

Bei Abilio Estévez treten die politischen Ereignisse der historischen Zeit in den Hintergrund; bei Leonardo Padura Fuentes (*1955), dessen Tetralogie

---

[58] In Kuba gilt Estévez als einer der bedeutendsten zeitgenössischen Theaterautoren. In Spanien erschienen im Anschluss an den Erfolg seines ersten Romans, publiziert von demselben Verlag, der Erzählband *El horizonte y otros regresos* (Estévez* 1998) sowie ein Nachdruck seines bereits in Kuba veröffentlichten Gedichtbandes *Manual de tentaciones* (1999).

"Die vier Jahreszeiten"[59] in der Gegenwart, konkret: im Jahre 1989, spielt, ist die politische und sozioökonomische Wirklichkeit, evoziert in kritischer Perspektive, hingegen ständig präsent. Seine Romane folgen dem Schema des Kriminalromans, der ja in der kubanischen Literatur nach 1959 zu einer Gattung mit ganz spezifischen Merkmalen entwickelt wurde, und so ist der Ermittler auch folgerichtig ein Mitglied der staatlichen Sicherheitsorgane. Doch Padura Fuentes steht auch in der Tradition von Dashiell Hammett und Raymond Chandler und so ist der *teniente* Mario Conde auch ein Zeitzeuge, der angesichts der desolaten Versorgungslage, angesichts von Inkompetenz und Korruption in höchsten Regierungskreisen, angesichts von Angepasstheit und Opportunismus auch in Intellektuellenkreisen von der eigenen Motivation wenig überzeugt ist. Mario Conde ist nicht mehr der revolutionäre Held jener Krimis und (Anti-)Spionageromane, die von der offiziellen Kulturpolitik als didaktisch wertvoller Beitrag zu einer *literatura revolucionaria* gefördert wurden. Er ist ein Skeptiker, "traurig und einsam und sentimental" (Padura Fuentes* 2000: 142), der der eigenen Entfremdung – "dem schmerzhaften Empfinden, nicht dazuzugehören, fremd und anders zu sein" (Padura Fuentes* 1997: 17) – dadurch zu entkommen sucht, dass er nostalgisch eine Vergangenheit beschwört, in der er als Student seine ersten (an der Zensur gescheiterten) schriftstellerischen Versuche unternahm. Seine kritische Perspektive nährt sich aus der ihn umgebenden Realität und seinen Berufserfahrungen, "zehn Jahre, in denen er sich in den Kloaken der Gesellschaft gewälzt hatte" (Padura Fuentes* 2000: 56), aber auch aus der Erkenntnis des persönlichen Scheiterns, "dieser langen Kette von Irrtümern und Zufällen, die sein Dasein geprägt hatten" (2000: 28). Und so beschließt er im letzten Teil der Tetralogie, aus dem Polizeidienst auszuscheiden und einen Roman zu schreiben:

> [...] er würde eine Geschichte der Frustration und der Illusion schreiben, eine Geschichte der Ernüchterung und des Scheiterns und des Schmerzes, den die Erkenntnis hervorruft, dass man sich, selbstverschuldet oder nicht, sämtliche Wege versperrt hat. Das war sein entscheidendes Generationserlebnis, das so tief verwurzelt war und so gut genährt wurde, dass es mit den Jahren immer überwältigender wurde, und er kam zu dem Schluss, dass es der Mühe wert war, aufgeschrieben zu werden als einzig wirksames Mittel gegen das Schlimmste

---

[59] Die einzelnen Bände, von denen bislang drei in Spanien erschienen, entstanden, entsprechend einer Anmerkung des Autors (Padura Fuentes* 1998), in dieser Reihenfolge (in Klammern die vom Autor angegebene jahreszeitliche Zuordnung): *Pasado perfecto* (Winter [Padura Fuentes* 2000]), *Vientos de Cuaresma* ("Frühling"; der Roman, der den Preis der UNEAC erhielt, erscheint in Spanien vermutlich 2001), *Máscaras* ("Sommer" [Padura Fuentes* 1997]), *Paisaje de otoño* ("Herbst" [Padura Fuentes* 1998]).

aller Vergessen und als gangbarer Weg, um ein für allemal zum diffusen Kern jenes unmissverständlichen Missverständnisses zu gelangen: Wann, wie, warum und wo hatte alles begonnen, den Bach runterzugehen? Wie viel Schuld (wenn überhaupt) hatte jeder von ihnen? Wie viel er selbst? (Padura Fuentes* 1998: 26).

Etwa 1,2 Millionen Menschen kubanischer Herkunft leben heute in den USA; und eine wachsende Zahl kubanischer Autoren lebt und schreibt heute in Mexiko, Caracas und Lima, in Madrid, Barcelona und auf den Kanarischen Inseln, in Paris, Wien und Stockholm.[60] Für viele gilt die exilspezifische Erfahrung von Verlust, Entfremdung und Entwurzelung, nach Edward W. Said "die fundamentale Traurigkeit des Bruchs, [die] nie überwunden werden kann" (1984: 49). Die in dieser Perspektive verfasste Literatur, die der "ersten Generation des Exils" ebenso wie die vieler Vertreter der "Kinder der Revolution", reproduziert die eingangs erstellte Typologie einer "Exilliteratur", die mittlerweile bei einer ganzen Reihe von Autoren Gefahr läuft, denselben Eindruck zu vermitteln, den der fünfte von Zoé Valdés im Exil publizierte Roman, *Café Nostalgia* (1997), bei dem spanischen Literaturkritiker Miguel García-Posada hervorrief: "dass die Behandlung des kubanischen Stoffes [...] einen gewissen Sättigungsgrad erreicht hat" (1997: 22).[61] Dies gilt nun aber nicht für jene Autoren, die hier als "erste Generation

---

[60] Als wichtigste kulturelle Zentren gelten neben Miami Madrid und Barcelona, da eine Reihe hier ansässiger Verlage sich intensiv um die (exil-)kubanische Literatur bemüht. René Vázquez Díaz (*1952), der in Schweden lebt, vermag kaum auf eine gut funktionierende Infrastruktur vor Ort zurückzugreifen, veröffentlichte aber mehrere Bände mit Theaterstücken, Lyrik und Erzählungen, sowie Romane, darunter der zuerst in schwedischer Sprache publizierte Titel *La Isla del Cundeamor* (Vázquez Díaz* 1995) sowie *La era imaginaria* (Vázquez Díaz* 1987) – der Roman, der dem Autor internationale Aufmerksamkeit bescherte und der sich vor allem durch seinen überaus experimentellen Charakter auszeichnet sowie die Tatsache, dass die Kritik an der kubanischen Revolution über polyphone Stimmen geäußert wird, die auf einer ersten Interpretationsebene Kindern zuzuordnen sind.

[61] Diesem Umstand wird durch einige Autoren mittlerweile dadurch Rechnung getragen, dass sie die Handlung ihrer Romane außerhalb Kubas und des exilkubanischen Milieus ansiedeln und auf die bekannten Topoi des "kubanischen Stoffes" verzichten. In Manuel Pereiras (*1948) Roman *Toilette* (Pereira* 1993) wird über den Protagonisten und Ich-Erzähler, der in Frankreich als "Verbannter" und "Fremder" lebt und (neben einer grotesken Kriminalgeschichte) im wesentlichen seine Erfahrungen in französischen Toiletten referiert – wobei er so ganz nebenbei eine (ironisch gebrochene) Kulturgeschichte derselben liefert –, zwar noch das Exil thematisiert; doch bleibt die Herkunft des Protagonisten, von dem der Leser nur erfährt, dass er "in den Tropen" geboren wurde, im Dunkeln, bleiben auch Hinweise auf die Motive seines Exils ausgespart. In José Manuel Prietos Roman *Enciclopedia de una vida en Rusia* (Prieto* 1998) ist der Protagonist (durch einen einzigen Hinweis im Text) zwar als *cubano* ausgewiesen; doch ist dieses

der Diaspora" und als "Kinder des Exils" apostrophiert wurden und die dem Verlust des vertrauten Lebensraums und dem möglicherweise drohenden Verlust von Identität mit einer neuen Perspektive entgegentreten. Edward W. Said sieht einen solchen Verlust als unhintergehbar; doch er beschwört auch eine "erlösende Sicht des Exils", denn die Erfahrung des Exils (wie der Diaspora) "ist eine Erfahrung, die man erleidet, um Identität oder sogar das Leben selbst auf einer reicheren, bedeutungsvolleren Stufe neu zu definieren" (1984: 53). Für Severo Sarduy etwa – und dies gilt gleichermaßen für einige Vertreter der jüngeren Generation – boten Ferne und Distanz die Chance, sich vor dem Hintergrund einer neuen Lebenserfahrung aus einer anderen, privilegierten Perspektive Kuba und der *cubanidad* anzunähern. Oder, wie es Said formuliert:

> Die meisten Menschen kennen im wesentlichen eine Kultur, einen Lebensbereich, eine Heimat; Exilanten kennen derer mindestens zwei und diese Vielzahl der Perspektiven bewirkt ein Bewusstsein von gleichzeitig existierenden Dimensionen: ein Bewusstsein, das – um einen Ausdruck aus der Musik zu entlehnen – *kontrapunktisch* ist (Said 1984: 55).

Diese Feststellung gilt in besonderem Maße für die "Kinder des Exils", die als *hyphenated Americans* oder "Bindestrich-Amerikaner" einen intermediären Raum besetzen, nach Homi K. Bhabha

> jenen Zwischenraum zwischen klar definierten Identitäten, [der] die Möglichkeit einer kulturellen Hybridität eröffnet, welche ihrerseits Raum schafft für Differenz ohne angenommene oder verordnete Hierarchie (Bhabha 1997: 4).

Kann nun, so sei abschließend gefragt, mit Blick auf Kuba heute noch von *einer* Nation und von einer kubanischen *National*literatur gesprochen werden? Die Nation wird verstanden als eine Gesellschaft, die sich im Bewusstsein und Willen ihrer Mitglieder als Identität stiftende und Loyalität fordernde Gemeinschaft manifestiert, zu begreifen als Projekt und Postulat oder, um die berühmte Formel Ernest Renans aufzugreifen, als "täglich wiederholtes Plebiszit".[62] Ein solches Plebiszit würde gewiss bei dem überwiegenden Teil der außerhalb Kubas lebenden Kubaner dann zu einer Absage an das nationale Projekt führen, wenn die eingeforderte Loyalität aufgerufen ist, er-

---

Faktum in dem Roman, der – neben einem kritischen Blick auf das post-kommunistische Russland – über die (Un-)Möglichkeit des Romanschreibens reflektiert, gänzlich unwichtig. Und der bislang letzte veröffentlichte Roman von Jesús Díaz, *Siberiana* (Díaz* 2000), handelt von einer Liebesgeschichte zwischen einem Kubaner und einer Russin, angesiedelt in Sibirien und gänzlich losgelöst vom kubanischen Kontext.

[62] Vgl. hierzu Gewecke (1996: 211 und passim).

scheint diese doch unvereinbar mit der Haltung eines "Dissidenten", die ihr Verhältnis zum Kuba Fidel Castros charakterisiert. Hinsichtlich der Frage nationaler (kultureller) Identität mag hingegen durchaus ein für beide "Ufer" gleichermaßen geltendes Konzept angenommen werden, dies unter der Voraussetzung, dass kulturelle nationale Identität als eine multiple Identität gesehen wird, welche der interkulturellen Hybridität moderner Gesellschaften ebenso Rechnung trägt wie der durch Migrationsprozesse geförderten transkulturellen Vernetzung.[63]

Eine solchermaßen definierte nationale Identität kann sehr wohl das Konzept einer Nationalliteratur fundieren. Und so haben sich kubanische Autoren innerhalb wie außerhalb Kubas für *eine* kubanische Literatur oder Kultur ausgesprochen: außerhalb Kubas etwa Jesús Díaz – "es gibt nur eine kubanische Kultur" (Maspéro 1998: 101) – und Eliseo Alberto – "eine multiplizierte und nicht dividierte, eine eher divergierende als konzentrische Kultur" (Alberto* 1997: 306) – und in Kuba selbst etwa der Theaterkritiker Rine Leal, der anlässlich der Publikation der Anthologie *Teatro cubano contemporáneo* (Espinosa Domínguez* 1992), die auch Texte exilkubanischer Autoren enthält, aus der inselkubanischen Perspektive postuliert:

> Entscheidend ist, dass wir dieses "andere" Theater als Teil unseres Theaters, als Ausdruck unserer Kultur begreifen und, was noch wichtiger ist, seine Entwicklung im Kontext der Entwicklung unseres Theaters und nicht als etwas Fremdes erforschen müssen. [...] Es handelt sich um ein und dieselbe Dramatik, die unter unterschiedlichen Bedingungen realisiert wird.[64]

Doch um diese hybride und dezentrierte *eine* Kultur zu konzeptualisieren, bedarf es des Dialogs, wie Rine Leal betont, und der Aufgabe essentialistischer Positionen. Das "Schwellenkonzept" der Nation, so schreibt Homi K. Bhabha unter Bezug auf seine durch inter- und transkulturelle Hybridität charakterisierte Vorstellung der *DissemiNation*, "würde gewährleisten, dass keine politische Ideologie für sich transzendente oder metaphysische Autorität beanspruchen könnte" (1997: 148). Zu einem solchen Verzicht ist die "harte Linie" des Exils nicht bereit; und so wird von einem ihrer Wortführer, Gustavo Pérez Firmat, das Konzept *einer* Literatur, in dem insulare und außerinsulare Literatur miteinander in einen Dialog treten können, ebenso abgelehnt wie die Konzepte von Ethnizität und Diaspora, denn beide, so Pérez Firmat, "stehen für ein schwaches Exil, eine Kubanität von geringer Intensi-

---

[63] Vgl. hierzu Welsch (1997) und Schulte (1997).
[64] Der Beitrag erschien zuerst in *La Gaceta de Cuba* (Havanna, Sept.-Okt. 1992); zitiert wurde nach dem Nachdruck in *Encuentro de la cultura cubana*, 4/5 (1997, S. 199).

tät" (1999b: 136f.). Für Pérez Firmat gilt es, die Haltung des "Dissidenten" gewissermaßen als "Seinsgrund" des Exilanten beständig und unversöhnlich zu beschwören, auch wenn er selbst längst zum *Cuban American* mutiert ist und für sich eine Rückkehr nach Kuba ausschließt. Und so heißt es bei ihm emphatisch: "Gegen das schwache Exil das harte Exil, das dauerhafte Exil; gegen die Kubanität von geringer Intensität die konvulsive Kubanität, das donnernde Ja: 'Yes: in thunder'" (137). Eliseo Alberto hingegen, dem von denselben Exilkreisen sein "samtenes Exil oder Exil von geringer Intensität" (Alberto* 1997: 194) zum Vorwurf gemacht wird, entwirft im Zusammenhang mit seiner Autobiographie ein versöhnliches, vielleicht aber auch allzu optimistisches Bild:

> Ich weiß, dass die Veröffentlichung dieses Buches viele auf der Insel oder im Exil, die beiden Ufer des Konflikts, verärgern mag. In jedem Fall, so meine ich, haben sie die Wahl, es nicht zu lesen. Für mich bestand die Notwendigkeit, es zu schreiben. Wenn irgendein Landsmann in irgendeinem Winkel der Welt sich in einer dieser Seiten wiederfindet und sich über meine Erinnerungen selbst erinnert, dann werde ich mich nicht allein fühlen. Nur das Vergessen ist unverzeihlich. Früher oder später werden wir Kubaner im Inselschatten einer Wolke wieder zusammentreffen.[65]

Literaturverzeichnis

Primärtexte

1960 Rivero Collado, Andrés: *Enterrado vivo*. México: Dinamismo.

1961 Díaz-Versón, Salvador: *...ya el mundo oscurece...: novela histórica de la revolución de Cuba*. México: Botas.

1962 Fernández Camus, Emilio: *Camino lleno de borrascas*. Madrid: Gráficas Orbel.

1963 Sarduy, Severo: *Gestos*. Barcelona: Seix Barral.

1965 Cobo Sausa, Manuel: *El cielo será nuestro*. Medellín: Granamérica.

1965 Linares, Manuel: *Los Ferrández*. Barcelona: Maucci.

1965 Sánchez Torrentó, Eugenio: *Francisco Manduley: la historia de un pescador de ranas*. Coral Gables: Service Offset Printers.

1965 Viera Trejo, Bernardo: *Militantes del odio y otros relatos de la Revolución Cubana* [Miami: AIP ²1965].

1966 Baquero, Gastón: *Memorial de un testigo*, Madrid: Rialp [*Poesía completa*, Madrid: Verbum 1998].

1966 Núñez Pérez, Orlando: *El grito*. San José: Victoria.

1967 Alonso, Luis Ricardo: *Territorio libre*. Oviedo: Richard Grandio.

1967 Cabrera Infante, Guillermo: *Tres tristes tigres*. Barcelona: Seix Barral.

---

[65] Alberto* (1997, Klappentext).

Kubanische Literatur der Diaspora (1960-2000)

1967   Fowler, Raoul A.: *En las garras de la paloma*. Miami: o. V.
1967   Landa, René G.: *De buena cepa*. Miami: Rema Press.
1967   Sarduy, Severo: *De donde son los cantantes*. México: Joaquín Mortiz.
1968   Villa, Alvaro de: *El olor de la muerte que viene*. Oviedo: Richard Grandio.
1969   Casey, Calvert: *Notas de un simulador*. Barcelona: Seix Barral.
1969   Entenza, Pedro: *No hay aceras*. Barcelona: Planeta.
1970   Novás Calvo, Lino: *Maneras de contar*. New York: Las Américas Publishing Company.
1971   Cabrera, Lydia: *Ayapá: cuentos de Jicotea*. Miami: Universal.
1971   González, Celedonio: *Los primos*. Miami: Universal.
1971   Juan, Alejandro: *Fuego*. Miami: Alejandro Toboada.
1972   Gómez-Kemp, Ramiro: *Los desposeídos*. Miami: Universal.
1972   Márquez y de la Cerra, Miguel F.: *El gallo cantó*. Río Piedras: Editorial San Juan.
1972   Montaner, Carlos Alberto: *Perromundo*. Barcelona: Ediciones 29 [Barcelona: Plaza & Janés 1984].
1972   Perera, Hilda: *El sitio de nadie*. Barcelona: Planeta.
1972   Sánchez-Boudy, José: *Los cruzados de la aurora*. Miami: Universal.
1972   Sarduy, Severo: *Cobra*. Buenos Aires: Sudamericana.
1973   Arcocha, Juan: *La bala perdida*. Barcelona: Plaza & Janés.
1974   Arroyo, Anita: *Raíces al viento*. San Juan: o. V.
1974   Cabrera Infante, Guillermo: *Vista del amanecer en el trópico*. Barcelona: Seix Barral.
1974   Henríquez, Enrique J.: *¡Patria o muerte!*. Santo Domingo: Horizontes de América.
1975   Montes Huidobro, Matías: *Desterrados al fuego*. México: Fondo de Cultura Económica.
1975   Sánchez-Boudy, José: *La soledad de la Playa Larga: mañana, mariposa*. Miami: Universal.
1976   Valladares, Armando: *Desde mi silla de ruedas*. Miami: Interbook.
1977   Cuadra, Angel: *Impromptus*. Washington-Miami: Solar.
1979   Cabrera Infante, Guillermo: *La Habana para un Infante difunto*. Barcelona: Seix-Barral.
1979   Montes Huidobro, Matías: *Ojos para no ver*. Miami: Universal.
1981   Desnoes, Edmundo (Hrsg.): *Los dispositivos en la flor: Cuba: literatura desde la revolución*. Hanover: Ediciones del Norte.
1981   Padilla, Heberto: *En mi jardín pastan los héroes*, Barcelona: Argos Vergara.
1982   Acosta, Iván: *El súper*. Miami: Universal.
1982   Arenas, Reinaldo: *Otra vez el mar*. Barcelona: Argos Vergara.
1984   Correa, Miguel: *Al norte del infierno*. Miami: SIBI.
1984   Muñoz, Elías Miguel: *Los viajes de Orlando Cachumbambé*, Miami: Universal.
1987   Rosales, Guillermo: *Boarding Home*. Barcelona: Salvat.

1987	Vázquez Díaz, René: *La era imaginaria*. Barcelona: Montesinos.
1988	Fernández, Roberto G.: *Raining Backwards*. Houston: Arte Público Press [²1997].
1988	Hospital, Carolina (Hrsg.): *Cuban American Writers: los atrevidos*. Princeton: Ediciones Ellas/Linden Lane Press.
1988	Lázaro, Felipe (Hrsg.): *Poetas cubanos en Nueva York*. Madrid: Betania.
1988	Leante, César: *Calembour*. Madrid: Pliegos.
1989	Arenas, Reinaldo: *El portero*. Málaga: Dador/Sociedad Estatal Quinto Centenario.
1989	Hijuelos, Oscar: *The Mambo Kings Play Songs of Love*. New York: Farrar, Straus & Giroux.
1989	Muñoz, Elías Miguel: *Crazy Love*. Houston: Arte Público Press.
1989	Padilla, Heberto: *La mala memoria*. Barcelona: Plaza & Janés.
1990	Medina, Pablo: *Exiled Memories: a Cuban Childhood*. Austin: University of Texas Press.
1990	Sarduy, Severo: *Cocuyo*. Barcelona: Tusquets.
1991	Arenas, Reinaldo: *El asalto*. Miami: Universal.
1991	Arenas, Reinaldo: *El color del verano o Nuevo "Jardín de las delicias"*, Miami: Universal [Barcelona: Tusquets 1999].
1991	Lázaro, Felipe (Hrsg.): *Poetas cubanas en Nueva York: antología breve/Cuban Women Poets in New York: a Brief Anthology*. Madrid: Betania.
1991	Prida, Dolores: *Beautiful Señoritas & Other Plays*. Houston: Arte Público Press.
1991	Torres, Omar: *Fallen Angels Sing*. Houston: Arte Público Press.
1992	Arenas, Reinaldo: *Antes que anochezca: autobiografía*. Barcelona: Tusquets.
1992	Cabrera Infante, Guillermo: *Mea Cuba*. Barcelona: Plaza & Janés/Cambio 16.
1992	Espinosa Domínguez, Carlos (Hrsg.): *Teatro cubano contemporáneo: antología*. Madrid: Centro de Documentación Teatral/Sociedad Estatal Quinto Centenario/Fondo de Cultura Económica.
1992	García, Cristina: *Dreaming in Cuban*. New York: Knopf [New York: Ballantine Books 1993].
1993	Fraxedas, J. Joaquín: *The Lonely Crossing of Juan Cabrera*. New York: St. Martin's Press.
1993	García Ramos, Reinaldo: *Caverna fiel*. Madrid: Verbum.
1993	Pereira, Manuel: *Toilette*. Barcelona: Anagrama.
1994	Behar, Ruth/Juan León (Hrsg.): *Bridges to Cuba/Puentes a Cuba* (= *Michigan Quarterly Review*, 33 [1-2]).
1994	De la Hoz, León (Hrsg.): *La poesía de las dos orillas: Cuba (1959-1993): antología*. Madrid: Libertarias/Prodhufi.
1994	Medina, Pablo: *The Marks of Birth*. New York: Farrar, Straus & Giroux.
1994	Obejas, Achy: *We came all the way from Cuba so you could dress like this?* Pittsburgh/San Francisco: Cleis Press.
1994	Valero Real, Roberto: *Este viento de cuaresma*. Miami: Universal.
1994	Victoria, Carlos: *Puente en la oscuridad*. Miami: University of Miami.

1994	Victoria, Carlos: *La travesía secreta*. Miami: Universal.
1995	Fernández, Roberto G.: *Holy Radishes!*. Houston: Arte Público Press.
1995	Lázaro, Felipe/Bladimir Zamora (Hrsg.): *Poesía cubana: la isla entera: antología*. Madrid: Betania.
1995	Montero, Mayra: *Tú, la oscuridad*. Barcelona: Tusquets.
1995	Pérez Firmat, Gustavo: *Next Year in Cuba: a Cubano's Coming of Age in America*. New York: Doubleday-Anchor [*El año que viene estamos en Cuba*. Houston: Arte Público Press 1997].
1995	Valdés, Zoé: *La nada cotidiana*. Barcelona: Emecé [^{11}1998].
1995	Vázquez Díaz, René: *La Isla del Cundeamor*. Madrid: Alfaguara.
1996	Díaz, Jesús: *La piel y la máscara*. Barcelona: Anagrama.
1996	Manet, Eduardo: *Rhapsodie cubaine*. Paris: Grasset.
1996	Obejas, Achy: *Memory Mambo*. Pittsburgh/San Francisco: Cleis Press.
1996	Suárez, Virgil: *Going Under*. Houston: Arte Público Press.
1996	Triana, José: *Miroir aller retour. Sonnets et poèmes à Saint-Nazaire* [zweisprachige Ausgabe]. Paris: Maison des Ecrivains Etrangers et des Traducteurs de Saint-Nazaire.
1996	Valdés, Zoé: *Te di la vida entera*. Barcelona: Planeta [^{14}1997].
1997	Alberto, Eliseo: *Informe contra mí mismo*. Madrid: Alfaguara.
1997	Canetti, Yanitzia: *Al otro lado*. Barcelona: Seix Barral.
1997	Estévez, Abilio: *Tuyo es el reino*. Barcelona: Tusquets.
1997	García, Cristina: *The Agüero Sisters*. New York: Knopf [New York: Ballantine Books 1998].
1997	Padura Fuentes, Leonardo: *Máscaras*. Barcelona: Tusquets.
1997	Suárez, Virgil: *Spared Angola: Memories from a Cuban-American Childhood*. Houston: Arte Público Press.
1997	Tejera, Nivaria: *J'attends la nuit pour te rêver, Révolution (traduit de l'espagnol cubain par François Vallée)*. Paris: L'Harmattan.
1997	Victoria, Carlos: *El resbaloso y otros cuentos*. Miami: Universal.
1998	Abreu, Los Hermanos [Nicolás Abreu Felippe/José Abreu Felippe/Juan Abreu]: *Habanera fue*. Barcelona: Muchnik.
1998	Alberto, Eliseo: *Caracol Beach*. Madrid: Alfaguara.
1998	Chaviano, Daína: *El hombre, la hembra y el hambre*. Barcelona: Planeta.
1998	Díaz, Jesús: *Dime algo sobre Cuba*. Madrid: Espasa Calpe [^{3}1998].
1998	Díaz-Pimienta, Alexis: *Prisionero del agua*. Barcelona: Alba.
1998	Estévez, Abilio: *El horizonte y otros regresos*. Barcelona: Tusquets.
1998	Gutiérrez, Pedro Juan: *Trilogía sucia de La Habana*. Barcelona: Anagrama [^{4}1999].
1998	Montero, Mayra: *Como un mensajero tuyo*. Barcelona: Tusquets.
1998	Morgado, Marcia: *69 Memorias eróticas de una cubanoamericana*. Barcelona: Casiopea.
1998	Muñoz, Elías Miguel: *Brand New Memory*. Houston: Arte Público Press.

1998   Padura Fuentes, Leonardo: *Paisaje de otoño*. Barcelona: Tusquets.
1998   Prieto, José Manuel: *Enciclopedia de una vida en Rusia*. Mexiko: Consejo Nacional para la Cultura y las Artes.
1999   Adler, Heidrun/ Herr, Adrián (Hrsg.): *Kubanische Theaterstücke*. Frankfurt/M.: Vervuert.
1999   Chaviano, Daína: *Casa de juegos*. Barcelona: Planeta.
1999   Fuentes, Norberto: *Dulces guerreros cubanos*. Barcelona: Seix Barral.
1999   Gutiérrez, Pedro Juan: *El Rey de La Habana*. Barcelona: Anagrama.
1999   Manet, Eduardo: *D'amour et d'exil*. Paris: Grasset.
1999   Masetti, Jorge: *El furor y el delirio: itinerario de un hijo de la Revolución cubana; edición a cargo de Elizabeth Burgos*. Barcelona: Tusquets.
1999   Montaner, Carlos Alberto: *Viaje al corazón de Cuba*. Barcelona: Plaza & Janés.
1999   Montes Huidobro, Matías: *Esa fuente de dolor*. Sevilla: Algaida.
1999   Otero, Lisandro: *Llover sobre mojado: una reflexión personal de la historia*. Madrid: Libertarias/Prodhufi.
1999   Triana, José: *Les cinq femmes* [Übers. von Alexandra Carrasco]. Paris: Actes Sud.
2000   Díaz, Jesús: *Siberiana*. Madrid: Espasa Calpe.
2000   Montero, Mayra: *Púrpura profundo*. Barcelona: Tusquets.
2000   Padura Fuentes, Leonardo: *Pasado perfecto*. Barcelona: Tusquets.

Sekundärtexte

Abellán, José Luis (1987): "El exilio como categoría cultural: implicaciones filosóficas". In: *Cuadernos Americanos*. Nueva Epoca, 1, S. 42-57.

Adler, Heidrun/Herr, Adrián (Hrsg.) (1999): *Zu beiden Ufern: kubanisches Theater*. Frankfurt/M.: Vervuert (sp.: *De las dos orillas: teatro cubano*. Madrid: Iberoamericana 1999).

Alvarez Borland, Isabel (1998): *Cuban-American Literature of Exile: From Person to Persona*. Charlottesville-London: University of Virginia Press.

Araújo, Helena (1999): "Scientia sexualis o ars erotica?". In: *Encuentro de la cultura cubana*. 14, S. 109-118.

Baeza Flores, Alberto (1970): "La cultura cubana en la encrucijada de su decenio conflictivo: 1959-1969". In: Montaner, Carlos Alberto (Hrsg.): *Diez años de revolución cubana*. San Juan: Editorial San Juan, S. 71-84.

Barquet, Jesús J. (1998): "La generación de Mariel". In: *Encuentro de la cultura cubana*. 8/9, S. 110-125.

Baur, Sigrid (1997): *Kubanische Exilliteratur in den USA: Autoren der ersten und zweiten Generation: revolución – exilio – comunidad*. Heidelberg (Magisterarbeit).

Bertot, Lillian D. (1995): *The Literary Imagination of the Mariel Generation*. Miami/Washington: Cuban American National Foundation.

Bhabha, Homi K. ([4]1997): *The Location of Culture*. London/New York: Routledge.

Binder, Wolfgang (1987): "Hass, Nostalgie, Satire in Miami und New York: Exilkubaner und ihre Exilliteratur in den USA (1960-1985)". In: Heydenreich, Titus (Hrsg.): *Kuba: Geschichte – Wirtschaft – Kultur*. München: Fink, S. 209-235.

— (1993): "American dreams and Cuban nightmares, or: does Cuba exist? Some remarks on cuban american literature". In: Groupe de Recherche et d'Etudes Nord-Américaines (G.R.E.N.A.) (Hrsg.): *Voix et langages aux Etats-Unis*. Bd. 2: *Actes du colloque des 26, 27 et 28 mars 1993* [Aix-en-Provence]: Publications de l'Université de Provence, S. 223-258.

— (1995): "Interview mit Roberto G. Fernández". In: Binder, Wolfgang/Breinig, Helmbrecht (Hrsg.): *American Contradictions: Interviews with Nine American Writers*. Hanover/London: Wesleyan University Press/University Press of New England, S. 1-18.

Christian, Karen (1997): *Show and Tell: Identity as Performance in U. S. Latina/o Fiction*. Albuquerque: University of New Mexico Press.

Cortina, Rodolfo J. (1993a): "Cuban Literature of the United States: 1824-1959". In: Gutiérrez, Ramón/Padilla, Genaro (Hrsg.): *Recovering the U.S. Hispanic Literary Heritage*. Houston: Arte Público Press, S. 69-88.

— (1993b): "History and development of Cuban American literature: a survey". In: Lomelí, Francisco (Hrsg.): *Handbook of Hispanic Cultures in the United States: Literature and Art*. Houston-Madrid: Arte Público Press/Instituto de Cooperación Iberoamericana, S. 40-61.

De la Nuez, Iván (1998): *La balsa perpetua: soledad y conexiones de la cultura cubana*. Barcelona: Casiopea.

Escarpanter, José A. (1986): "Veinticinco años de teatro cubano en el exilio". In: *Latin American Theatre Review*, 19 (2), S. 57-66.

Ette, Ottmar (1985): "La revista 'Mariél' (1983-1985): acerca del campo literario y político cubano". In: Bremer, Thomas/Peñate Rivero, Julio (Hrsg.): *Hacia una historia social de la literatura latinoamericana II: Asociación de Estudios de Literaturas y Sociedades de América Latina: Actas*. Giessen/Neuchâtel. S. 81-95.

— (1989): "Partidos en dos: zum Verhältnis zwischen insel- und exilkubanischer Literatur". In: *Romanistische Zeitschrift für Literaturgeschichte/Cahiers d'Histoire des Littératures Romanes*, 13 (3/4), S. 440-453.

— (1992): *La escritura de la memoria: Reinaldo Arenas: textos, estudios y documentación*. Frankfurt/M.: Vervuert.

Fernández, Damián J. (1992): *Cuban Studies since the Revolution*. Gainesville etc.: University Press of Florida.

Fernández Vázquez, Antonio A. (1980): *Novelística cubana de la revolución: testimonio y evocación en las novelas cubanas escritas fuera de Cuba: 1959-1975*. Miami: Universal.

Franzbach, Martin (1984): *Kuba: die Neue Welt der Literatur in der Karibik*. Köln: Pahl-Rugenstein.

García, María Cristina (1996): *Havana USA: Cuban Exiles and Cuban Americans in South Florida, 1959-1994*. Berkeley/Los Angeles/London: University of California Press.

García-Posada, Miguel (1997): "Amores y Dolores Cubanos" (Rezension zu: Zoé Valdés, *Café Nostalgia*). In: *El País*, 27. 9. "Babelia", S. 10.

Gewecke, Frauke (1987): "En torno al oficio de escritor y la libertad de creación: la política cultural de Cuba revolucionaria y su repercusión en América Latina". In: Fleischmann, Ulrich/Phaf, Ineke (Hrsg.): *El Caribe y América Latina – The Caribbean and Latin America*. Frankfurt/M.: Vervuert, S. 117-123.

— (1992): "Mythen als Begründungs- und Beglaubigungsrede: das Beispiel der kubanischen Revolution". In: Harth, Dietrich/Assmann, Jan (Hrsg.): *Revolution und Mythos*. Frankfurt/M.: Fischer, S. 266-288.

— (1996): *Der Wille zur Nation: Nationsbildung und Entwürfe nationaler Identität in der Dominikanischen Republik*. Frankfurt/M.: Vervuert, S. 209-239.

González-Montes, Yara (1990): "Bosquejo de la poesía cubana en el exterior". In: *Revista Iberoamericana*, 152-153, S. 1105-1128.

Grimm, Reinhold/Hermand, Jost (Hrsg.) (1972): *Exil und innere Emigration [I]: Third Wisconsin Workshop*. Frankfurt/M.: Athenäum.

Hermand, Jost (1972): "Schreiben in der Fremde: Gedanken zur deutschen Exilliteratur seit 1789". In: Grimm, Reinhold/Hermand, Jost, S. 7-30.

Hiriart, Rosario (1989): Prolog zu: Lydia Cabrera: *Cuentos negros de Cuba*. Barcelona: ICARIA/Sociedad Estatal V Centenario, S. 9-30.

Hospital, Carolina (1986/87): "Los hijos del exilio cubano y su literatura". In: *Explicación de textos literarios*. 15 (2), S. 103-114.

Kanellos, Nicolás (1989): *Biographical Dictionary of Hispanic Literature in the United States: the Literature of Puerto Ricans, Cuban Americans, and other Hispanic Writers*. Westport/London: Greenwood Press.

Leal, Rine (1997): "Asumir la totalidad del teatro cubano" (Erstveröffentlichung in *La Gaceta de Cuba*, Sept.-Okt. 1992). In: *Encuentro de la cultura cubana*. 4/5, S. 195-199.

Lipp, Solomon (1975): "The anti-Castro novel". In: *Hispania*. 58, S. 284-296.

Luis, William (1996): "Latin American (Hispanic Caribbean) literature written in the United States". In: González Echevarría, Roberto/Pupo-Walker, Enrique (Hrsg.): *The Cambridge History of Latin American Literature*. Bd. 2: *The Twentieth Century*. Cambridge: Cambridge University Press, S. 526-556.

— (1997): *Dance between two Cultures: Latino Caribbean Literature Written in the United States*. Nashville/London: Vanderbilt University Press.

Maratos, Daniel C./Hill, Marnesba D. (1986): *Escritores de la diáspora cubana: manual biobibliográfico/Cuban Exile Writers: a Biobibliographic Handbook*. Metuchen/London: The Scarecrow Press.

Martínez, Julio A. (1990): *Dictionary of Twentieth-Century Cuban Literature*. New York/Westport/London: Greenwood Press.

Martínez, Vianco (1998): "Eliseo Alberto: la verdadera inmortalidad es la de los poetas" (Interview mit Eliseo Alberto). In: *Hoy* (Santo Domingo), 29.5., S. 1F-2F.

Maspéro, François (1998): "*Encuentro*, entre la isla y el exilio" (Interview mit Jesús Díaz; Erstveröffentlichung in *Le Monde*, 29.5.1998). In: *Encuentro de la cultura cubana*. 10, S. 101-103.

Mayer, Hans (1972): "Konfrontation der inneren und der äußeren Emigration: Erinnerung und Deutung". In: Grimm, Reinhold/Hermand, Jost, S. 75-87.

Méndez y Soto, E. (1977): *Panorama de la novela cubana de la revolución: 1959-1970*. Miami: Universal.

Menton, Seymour (1978): *La narrativa de la Revolución Cubana* (engl. 1975). Madrid: Playor.

Molina-Foix, Vicente (1969): "En la muerte de Calvert Casey". In: *Insula*. 272-273, S. 40.

Montes Huidobro, Matías (1973): *Persona, vida y máscara en el teatro cubano*. Miami: Universal.

Muñoz, Elías Miguel (1988): *Desde esta orilla: poesía cubana del exilio*. Madrid: Betania.

Ortega, Julio (1974): "Cabrera Infante". In: Ortega, Julio/Matas, Julio/Gregorich, Julio/Rodríguez Monegal, Emir/Gallagher, David: *Guillermo Cabrera Infante*. Madrid: Fundamentos, S. 187-207.

Otero, Lisandro (1971): "Notas sobre la funcionalidad de la cultura". In: *Casa de las Américas*. 68, S. 94-107.

Pedraza, Silvia (1992): "Cubans in exile, 1959-1989: the state of the research". In: Fernández, 1992: 235-257.

Pereda, Rosa Mª. (1979): *Guillermo Cabrera Infante*. Madrid: EDAF.

Pérez Firmat, Gustavo (³1999a): *Life on the Hyphen: The Cuban-American Way*. Austin: University of Texas Press.

— (1999b): "Cuba sí, Cuba no. Querencias de la literatura cubano/americana". In: *Encuentro de la cultura cubana*. 14, S. 131-137.

Portes, Alejandro/Rumbaut, Rubén G. (1990): *Immigrant America: a Portrait*. Berkeley/Los Angeles/Oxford: University of California Press.

Portes, Alejandro/Stepick, Alex (1993): *City on the Edge: the Transformation of Miami*. Berkeley/Los Angeles/London: University of California Press.

Poyo, Gerald E. (1992): "Cubans in the United States: interpreting the historical literature". In: Fernández, 1992: 85-91.

Prida, Dolores (1989): "The show does go on". In: Horno-Delgado, Asunción/Ortega, Eliana/Scott, Nina M./Saporta Sternbach, Nancy (Hrsg.): *Breaking Boundaries: Latina Writing and Critical Readings*. Amherst: University of Massachusetts Press, S. 181-188.

Reinstädler, Janett/Ette, Ottmar (Hrsg.) (2000): *Todas las islas la isla: nuevas y novísimas tendencias en la literatura y cultura de Cuba*. Frankfurt/M./Madrid: Vervuert/Iberoamericana.

Rivero, Eliana S. (1990): "(Re)Writing sugarcane memories: Cuban Americans and literature". In: Alegría, Fernando/Ruffinelli, Jorge (Hrsg.): *Paradise Lost or Gained? The Literature of Hispanic Exile*. Houston: Arte Público Press, S. 164-182.

Rodríguez Monegal, Emir (²1977): *El arte de narrar: diálogos*. Caracas: Monte Avila.

Rojas, Rafael (1997): "La neblina de ayer" (Rezension zu: Eliseo Alberto, *Informe contra mí mismo*). In: *Encuentro de la cultura cubana*. 4/5, S. 225-229.

— (1999): "Diáspora y literatura: indicios de una ciudadanía postnacional". In: *Encuentro de la cultura cubana*. 12/13, S. 136-146.

Said, Edward W. (1984): "The mind of winter: reflections of life in exile". In: *Harper's Magazine*. Sept., S. 49-55.

Sánchez, Yvette (2000): "Esta isla se vende: proyecciones desde el exilio de una generación ¿desilusionada?". In: Reinstädler, Janett/Ette, Ottmar, 2000: 163-176.

Sánchez-Boudy, José (1975): *Historia de la literatura cubana (en el exilio)*. Bd. I, Miami: Universal.

Sarduy, Severo (1997): "Así me duermo ...: exilado de sí mismo: epitafios". In: *Cuadernos Hispanoamericanos*. 563, S. 7-11.

Schneider, Irmela/Thomsen, Christian W. (Hrsg.) (1997): *Hybridkultur: Medien – Netze – Künste.* Köln: Wienand.

Schulte, Bernd (1997): "Kulturelle Hybridität: kulturanthropologische Anmerkungen zu einem 'Normalzustand'". In: Schneider, Irmela/Thomsen, Christian W., 1997: 245-263.

Schumm, Petra (1990): *Exilerfahrung und Literatur: lateinamerikanische Autoren in Spanien.* Tübingen: Narr.

Schwarz, Egon (1973): "Was ist und zu welchem Ende studieren wir Exilliteratur?". In: Hohendahl, Peter Uwe/Schwarz, Egon (Hrsg.): *Exil und innere Emigration II: Internationale Tagung in St. Louis.* Frankfurt/M.: Athenäum, S. 155-170.

Seidel, Michael (1986): *Exile and the Narrative Imagination.* New Haven/London: Yale University Press.

Strausfeld, Michi (2000): "Isla – Diáspora – Exilio: anotaciones acerca de la publicación y distribución de la narrativa cubana en los años noventa". In: Reinstädler, Janett/Ette, Ottmar, 2000: 11-23.

Strelka, Joseph P. (1983): *Exilliteratur: Grundprobleme der Theorie: Aspekte der Geschichte und Kritik.* Bern/Frankfurt/M./New York: Lang.

Vargas Llosa, Mario (1983): *Contra viento y marea (1962-1982).* Barcelona: Seix Barral.

Victoria, Carlos (1999/2000): "De Mariel a los balseros: breve historia de una insatisfacción". In: *Encuentro de la cultura cubana.* 15, S. 70-73.

Vordtriede, Werner (1968): "Vorläufige Gedanken zu einer Typologie der Exilliteratur". In: *Akzente.* 15, S. 556-575.

Watson-Espener, Maida (1984): "Ethnicity in the Hispanic American stage: the cuban experience". In: Kanellos, Nicolás: *Hispanic Theatre in the United States.* Houston: Arte Público Press, S. 34-44.

Welsch, Wolfgang (1997): "Transkulturalität. Zur veränderten Verfassung heutiger Kulturen". In: Schneider, Irmela/Thomsen, Christian W. 1997: 67-90.

West, Alan (1996): "La implacable energía de Caín" (Rezension zu: Jacobo Machover, *El heraldo de las malas noticias: Guillermo Cabrera Infante [Ensayo a dos voces]).* In: *Encuentro de la cultura cubana.* 2, S. 147-149.

— (1997): *Tropics of History: Cuba Imagined.* Westport/London: Bergin & Garvey.

Doris Henning

Kuba in Miami:
Migration und ethnische Identität

> Soy un ajiaco de contradicciones.
> I have mixed feelings about everything.
> Name your tema, I'll hedge;
> name your cerca, I'll straddle it
> like a cubano.
>
> Gustavo Pérez-Firmat

Der Sieg Fidel Castros am 1. Januar 1959 markiert nicht nur den Beginn eines grundlegenden gesellschaftlichen Transformationsprozesses in Kuba, sondern auch in der Region Miami: "This first day of the year marked the beginning of the revolutionary regime in Cuba, as well as the birth of a new social order in Miami" (Portes/Stepick 1993: 101). War Miami 1959 eine verschlafene, ökonomisch daniederliegende Stadt, ist es heute eine aktive, pulsierende Metropole, Drehscheibe für den Handel zwischen Nord- und Südamerika – und nach Havanna die zweitgrößte kubanische Stadt, denn über 600.000 der 1,3 Millionen in den USA lebenden Kubaner wohnen in Miami.[1] Sie haben nicht nur großen politischen Einfluss, sondern insgesamt die "atmosphärische Kontrolle" in der Stadt übernommen (Rieff 1987: 143). Die kubanische Präsenz ist überall in der Stadt sichtbar und spürbar, in der Sprache, der Musik, den Restaurants und Geschäften, den vielen Plätzen, an denen *café cubano* verkauft wird (Didion 1987; Díaz 1994). Miami ist das Herz des US-amerikanischen Kubas, alle anderen Orte mit größeren kubani-

---

[1] Während meines Forschungssemesters 1997/98 verbrachte ich insgesamt sechs Monate in Miami. Auch wenn ich in methodisch strengem Sinne keine teilnehmende Beobachtung durchgeführt habe, sind doch viele Beobachtungen und Eindrücke, die ich während dieses Aufenthaltes sammelte, in den Aufsatz eingeflossen. Die Interview-Zitate im Text stammen aus den lebensgeschichtlichen Interviews, die ich in dieser Zeit mit kubanischen Migrantinnen durchführte. Wenn im Folgenden von Miami die Rede ist, ist damit immer die Großregion Miami gemeint. In der Literatur tauchen auch die Bezeichnungen "Greater Miami"; "Miami Metropolitan Area" bzw. "Miami-Dade County" auf, meist heißt es aber einfach Miami – auch wenn die Großregion gemeint ist. Bezieht sich im Folgenden eine Aussage nur auf die Stadt Miami, wird das ausdrücklich erwähnt.

schen Gemeinschaften, wie Union City/New Jersey oder New York sind politisch und kulturell Satelliten Miamis.

Im Folgenden soll zunächst der Prozess der Migration und der Etablierung der kubanischen Enklave in Miami skizziert und im Anschluss daran die Funktion der ethnischen Identität als ideologischer Grundlage der Diaspora[2] untersucht und deren Veränderung nachgezeichnet werden.

1. Der Verlauf der kubanischen Migration

Die Geschichte der Kubaner in den USA beginnt keineswegs im Jahre 1959. Schon im 19. Jahrhundert, also noch zu spanischen Kolonialzeiten, hatten sich die ökonomischen Beziehungen zwischen den beiden Ländern zunehmend intensiviert und nach der Unabhängigkeit beständig vertieft. Neben dem Austausch von Gütern gab es immer auch einen Austausch von Menschen. Zwischen Miami und Havanna gab es seit langem einen täglichen Fährdienst und seit den 20er Jahren auch eine Flugverbindung, Geschäftsleute und Touristen reisten beständig in beide Richtungen. Es fuhren nicht nur Touristen aus den USA nach Kuba, sondern umgekehrt auch kubanische Touristen in die USA, denn in der kubanischen Ober- und Mittelschicht waren der jährliche Urlaub und Kurzbesuche zum Einkaufen in den USA durchaus verbreitet (Portes/Stepick 1993: 99-101). Und auch schon vor 1959 suchten – je nach politischer Konjunktur – kubanische Unabhängigkeitskämpfer, Revolutionäre und Politiker Schutz in Florida; z.B. warb José Martí um Unterstützung für seinen Kampf bei den kubanischen Tabakarbeitern in Tampa und Key West; die beiden ehemaligen Präsidenten Gerardo Machado und Prío Socarrás liegen auf dem "Woodlawn Park Cemetery" in Miami begraben, auch Fidel Castro verbrachte vor 1959 einige Zeit in Miami. Trotz der intensiven Beziehungen lebten Ende 1958 jedoch nur ca. 70.000 Kubaner in den USA (Pérez 1986: 127). Es gab kleine kubanische Gemeinden in New York, Key West und Ybor City/Tampa (Poyo 1991), Miami hingegen war – trotz seiner geographischen Nähe und verkehrsgünstigen Anbindung – aufgrund seiner ökonomischen Struktur bis dahin kein verlockendes Ziel für Einwanderer.

Der Aufstieg Miamis zur größten kubanischen Stadt außerhalb Kubas und zur drittstärksten Latinogemeinde in den USA nach Los Angeles und

---

[2] Der Begriff "Diaspora", ursprünglich nur für aus dem Heiligen Land vertriebene Juden benutzt, wird heute in der Migrationsforschung allgemein zur Bezeichnung einer ethnischen Minderheit verwandt (Hettlage 1993).

New York begann mit dem Sieg Fidel Castros in Kuba. Allein zwischen 1959 und 1973 emigrierten mehr als eine halbe Million Kubaner in die USA, 1980 kamen weitere 125.000 hinzu; von den heute etwa 1,3 Millionen Kubanern sind 70% in Kuba geboren und mehr als die Hälfte von ihnen lebt in Miami (Boswell 1994; *Miami Herald* 29.12.1998).[3]

Waren es zunächst die unmittelbar mit dem Regime Batistas verbundenen Politiker, Militärs und Günstlinge aller Art, die die Insel verließen, schlossen sich ihnen bald Angehörige der Oberschichten an, oft begleitet von ihren Dienstboten. Bald darauf folgten zunehmend Angehörige der Mittelschichten, Angestellte, Anwälte, Selbständige. In dem Maße, in dem in Kuba die Politik der revolutionären Regierung die Interessen immer neuer Schichten negativ betraf und Privilegien abgeschafft wurden, wandten sich viele der Betroffenen von der Revolution ab und zogen es vor, in die USA zu emigrieren (Fagen/Brody/O'Leary 1968: 100f.). Die Beziehung zwischen den Maßnahmen der Revolutionsbewegung, der sozialen Herkunft und dem Zeitpunkt der Migration spiegelt sich in der sich verändernden sozialen Zusammensetzung der Emigranten.

Von 1959 bis zur Raketenkrise im Oktober 1962, als die regulären Flüge und Fährverbindungen zwischen den USA und Kuba eingestellt wurden, verließen ca. 250.000 Personen die Insel. Die USA erleichterten die Flucht, indem sie allen Kubanern ohne Unterschied Flüchtlingsstatus zusicherten. Diese bevorzugte Behandlung galt – mit einigen Modifikationen – seitens der USA bis 1980, konnte doch die Tatsache, dass so viele Menschen die "rote" Insel verlassen wollten, als Beweis für die Unterlegenheit des Kommunismus dienen. Die Erleichterung der Einreise für die Kubaner hatte somit eine wichtige symbolische Funktion im Kampf gegen den Kommunismus (Pedraza-Bailey 1985: 7; Masud-Piloto 1996: 107), hier verlief die US-amerikanische Heimatfront des Kalten Krieges.

Eine besondere Maßnahme war das *Cuban Children's Program,* das sich der unbegleiteten Minderjährigen annahm, die von ihren Eltern vor der Revolution in die USA in Sicherheit gebracht wurden. Die Gründe dafür waren vielfältig. Viele glaubten Gerüchten, dass die revolutionäre Regierung ihnen die elterliche Gewalt entziehen würde, oder sie wollten verhindern, dass die Kinder sich der Revolution anschlossen. Besonders nach der Schließung der privaten Schulen und Universitäten 1961 fürchteten bürgerliche Eltern die

---

[3] Die zweitgrößte kubanische Migrantengruppe mit 159.000 Personen (1990) lebt im Großraum New York/New Jersey mit Schwerpunkt in Union City/New Jersey (Boswell 1994: 13).

Indoktrinierung ihrer Kinder durch den Staat (Triay 1998). Viele Eltern zogen es vor, ihre Kinder allein in die USA zu schicken, als sie der Gefahr kommunistischer Indoktrinierung auszusetzen. Mit Hilfe der "Operation Peter Pan", die über das US-Außenministerium durch Brian Walsh, einen katholischen Priester aus Miami, koordiniert wurde, wurden in der Zeit von Dezember 1960 bis Oktober 1962 etwa 14.000 unbegleitete Minderjährige in die USA ausgeflogen (Geldorf 1991: 225-238). Was für ein traumatisches Erlebnis die Verschickung für die Kinder bedeutete, wird erst heute allmählich aufgearbeitet (Conde 1999).

Nachdem im Oktober 1962 alle regulären Verbindungen zwischen Kuba und den USA eingestellt worden waren, wurde der bis dahin stetige Strom der Migranten zu einem Rinnsal. Es gab nun nur noch die teure und sehr viel kompliziertere Möglichkeit, über Drittländer auszureisen und von dort aus die Einreise in die USA zu betreiben oder aber das Risiko einzugehen und die Insel illegal zu verlassen und zu versuchen, auf irgendeine Art Florida zu erreichen. Die Zahl der Flüchtlinge betrug infolgedessen zwischen Ende 1962 und 1965 nur noch ca. 74.000 (Portes/Mozo 1986: 36). Externer und interner Druck führten im September 1965 dazu, dass Kuba den kleinen Hafen Camarioca in der Nähe von Varadero öffnete und allen, die Verwandte in den USA hatten, auszureisen erlaubte. Hunderte von Exilkubanern kamen mit Booten nach Camarioca, um Verwandte abzuholen – ein Vorgang, der sich 15 Jahre später in sehr viel größerem Umfang wiederholen sollte. Innerhalb von zwei Monaten verließen 5.000 Kubaner die Insel (Masud-Piloto 1996: 57-70).

Da beide Seiten offensichtlich an einer dauerhaften Regelung der Migrationsfrage interessiert waren, wurden im Oktober Verhandlungen aufgenommen, die schließlich zur Unterzeichnung eines *Memorandum of understanding* führten, in dem die Aufnahme regelmäßiger – von der US-Regierung finanzierter – Flüge zwischen Varadero und Miami vereinbart wurde. Von Dezember 1965 bis April 1973 wurden in diesen so genannten *Freedom Flights* in zwei täglichen Flügen etwa 340.000 Kubaner ausgeflogen (Portes/Mozo 1986: 37). Präferenz hatten dabei diejenigen, die schon Familienangehörige in den USA hatten. Abgewickelt wurden die Ausreisen über die Schweizer Botschaft in Havanna, da zwischen Kuba und den USA seit 1962 keine diplomatischen Beziehungen mehr bestanden.

Hatte die revolutionäre Regierung die Unzufriedenen und erklärte Gegner zunächst gerne gehen lassen – die Emigration wurde gleichsam als Teil eines gesellschaftlichen Reinigungsprozesses betrachtet –, wurde die Ausreise nach und nach erschwert, da neben dem gewünschten Effekt der Externalisierung des gesellschaftlichen Dissens zunehmend die negativen Effekte der massiven Auswanderung sichtbar wurden. Spätestens als die neue revolutionäre Offensive, in deren Rahmen der gesamte private Dienstleistungssektor verstaatlicht wurde (Mesa-Lago 1978), 1968 zu einer neuerlichen Ausreisewelle zu führen drohte, wurde auch der Regierung in Havanna bewusst, dass die Emigration einen gewaltigen *brain drain* bedeutete. Nachdem es schon sehr früh rigide Beschränkungen für die Ausfuhr von Geldvermögen gegeben hatte, danach keine männlichen Jugendlichen im wehrpflichtigen Alter mehr ausreisen durften, wurden nun die Ausreisebedingungen abermals verschärft. So durften Angehörige bestimmter Berufsgruppen, deren Tätigkeit als wichtig für den Aufbau der neuen Gesellschaft erachtet wurde, nicht mehr ausreisen. Schon seit 1968 war es immer wieder zur kurzfristigen Unterbrechungen der Flüge gekommen, bis sie am 6. April 1973 dann von Kuba endgültig eingestellt wurden – obwohl noch 94.000 Menschen auf den Listen der Ausreiseberechtigten standen (Olsen/Olsen 1995: 69; Clark 1975: 85-89).

Der Protest seitens der USA blieb sehr verhalten, auch die US-Regierung war offensichtlich daran interessiert, das kostspielige und intern zunehmend kritisierte Programm beenden zu können. In der US-Bevölkerung war die Kritik an den immensen Kosten und der Bevorzugung einer bestimmten Migrantengruppe lauter geworden. Neben Migrantenvertretungen aus anderen Ländern kritisierten insbesondere Interessenvertreter der Afro-Amerikaner, dass für die kubanischen Migranten umfangreiche Hilfsprogramme aufgelegt wurden, während für die schwarzen Ghettos nichts getan wurde (Masud-Piloto 1996: 63f.; Croucher 1997: 24-60).

Die Einstellung der Luftbrücke zwischen den USA und Kuba führte dazu, dass die Zahl der kubanischen Migranten sich abermals drastisch verringerte. In dem Zeitraum von 1973 bis Ende 1979 migrierten nur 38.000 Personen in die USA (Olsen/Olsen 1995: 76). Die nächste große Welle von Flüchtlingen erreichte Florida 1980. In Kuba hatte sich Ende der 70er Jahre angesichts der fortdauernden ökonomischen Misere und politischer Enge eine zunehmende Unzufriedenheit aufgebaut. Vor allem waren es immer mehr Menschen einfach leid, ein solch beengtes Leben ohne Perspektive auf eine wirkliche materielle Verbesserung unbegrenzt zu ertragen. Sie wollten ihren Anteil am westlichen Konsum, dessen Buntheit ihnen von ihren Landsleuten aus den USA, die seit der Öffnung 1979 die Insel besuchen durften, verführerisch vor Auge geführt wurde; jene Besucher – die *gusanos* (Würmer), wie die Migranten in Kuba apostrophiert wurden – waren seit ihrer Ausreise zu Schmetterlingen geworden (Pedraza-Bailey 1985: 21f.). Die kleine Hafenstadt Mariel wurde zum Ventil für die vielen Unzufriedenen. Nachdem eine Gruppe von Kubanern am 4. April 1980 die peruanische Botschaft in Havanna besetzt hatte, um dadurch ihre Ausreise zu erzwingen, folgten Zehntausende ihrem Beispiel und verlangten ebenfalls, die Insel verlassen zu können. In einer Art Befreiungsschlag wurde am 21. April der Hafen von Mariel geöffnet und Castro stellte allen Ausreisewilligen frei, die Insel zu verlassen. In der Zeit vom 21. April bis 26. September 1980 pendelten unablässig alle verfügbaren und halbwegs seetüchtigen Boote, die die Exilkubaner in Miami organisieren konnten, zwischen Mariel und Key West, um Verwandte und Freunde abzuholen. Allerdings zwangen die kubanischen Behörden viele der Bootskapitäne, auch ihnen völlig Fremde mitzunehmen (Portes/Clark/Manning 1985). Etwa 125.000 Menschen ergriffen die Gelegenheit und verließen innerhalb weniger Monate Kuba in Richtung Miami (Olson/Olson 1995: 78-91).

Angesichts dieses Massenexodus waren auch die USA erstmals wieder bereit, mit Kuba in Verhandlungen über die Regulierung der Einwanderung einzutreten, um ähnliche Ereignisse in Zukunft auszuschließen. Nach Aufnahme der Gespräche wurde der Hafen von Mariel am 26. September 1980 wieder geschlossen. Nach zähen, immer wieder unterbrochenen Verhandlungen wurde 1984 ein Abkommen unterzeichnet, in dem die USA sich bereiterklärten, jährlich eine bestimmte Anzahl von Einreisevisa an Kubaner zu vergeben. Kuba verpflichtete sich im Gegenzug, eine Anzahl krimineller und psychisch kranker *marielitos* zurückzunehmen. 1986 kündigte Castro diesen Vertrag aus Protest gegen die Eröffnung des antikubanischen Radiosenders "Radio Martí". Im November 1987 wurde jedoch ein neues Abkommen unterzeichnet, das ebenfalls Einreisegenehmigungen für jährlich 20.000 Kubaner in die USA vorsah. Absolute Priorität sollten dabei ehemalige politische Gefangene und ihre Familien sowie diejenigen haben, die einen Antrag auf politisches Asyl begründen konnten. Die Zahl von 20.000 Visa wurde allerdings in den folgenden Jahren nie eingehalten, weil die USA die Regelungen sehr restriktiv handhabten (Masud-Piloto 1996: 71-91; Olsen/Olsen 1995: 78-91).

Die neuen Flüchtlinge waren in Miami wenig willkommen. Nicht nur die *Anglos* reagierten ablehnend, sondern auch in der kubanischen Exilgemeinde gab es Ressentiments und Ängste. Mariel bedeutete so in doppelter Hinsicht einen Wendepunkt für die Einheit der kubanischen Diaspora, zum einen für die soziokulturelle Struktur der kubanischen Exilgemeinde, zum anderen für deren Wahrnehmung in den USA. Bis dato hatte das weiße Establishment in Miami die Kubaner fast als ihresgleichen angesehen, als gesetzestreue, strebsame und erfolgreiche Menschen – aber nun kamen Tausende von Neuankömmlingen, von denen viele schon äußerlich nicht gerade wie respektable Bürger aussahen, unter denen sich ein hoher Anteil alleinstehender Männer (70%) befand und von denen viele auch noch schwarz waren (40%) – während das kubanische Exil bis dahin fast weiß war (Bach 1985; Díaz Briquets 1983).

Die große Zahl, ihre soziale und ethnische Zusammensetzung sowie die Tatsache, dass ein hoher Anteil der Neuankömmlinge keine Verwandten in den USA hatte, brachte große logistische Probleme für die Versorgung und Unterbringung der Flüchtlinge mit sich. Viele wurden in Militärcamps oder in provisorischen Zeltlagern zum Teil mitten in der Stadt unter Straßenbrücken und auf Parkplätzen untergebracht, einige landeten auch in Gefängnissen und psychiatrischen Anstalten (Masud-Piloto 1996: 71-91), was bestehende Vorbehalte natürlich verstärkte.

In den US-amerikanischen Medien gab es nur negative Schlagzeilen: "Castro leert seine Gefängnisse und Irrenhäuser", so lautete der Tenor der Berichterstattung (Pedraza-Bailey 1985: 26). Glaubte man der US-Presse, hatte Castro die Gelegenheit genutzt, sich aller Problemfälle zu entledigen. Spätere Untersuchungen relativierten zwar diese Berichte beträchtlich – zwar hatten 26.000 Personen Vorstrafen, größtenteils aber wegen Straftaten wie Schwarzhandel u.ä., nur 4.000 waren wirklich als Kriminelle zu bezeichnen, psychische Probleme hatten etwa 6% (Bach/Bach 1982). Ihr schlechtes Image jedoch wurden die *marielitos* nie mehr ganz los. *Marielito* wurde fast zu einem Schimpfwort und es ist bis heute nicht gerade eine Empfehlung, sich als solcher zu identifizieren (Masud-Piloto 1996: 94-97).

Da die *marielitos* anders als die Migranten vor ihnen trotz gegenteiliger Rhetorik und sicherlich vorhandener Hilfsbereitschaft von der kubanischen Gemeinde nicht gerade mit offenen Armen aufgenommen wurden, verlief auch ihre Integration in die kubanische Gemeinde nicht mehr ganz so problemlos. Diese neuen Flüchtlinge waren anders als die überwältigende Mehrheit der Exilgemeinde, sie kamen eher aus Unterschichten, 70,9% waren Arbeiter und viele hatten keinerlei berufliche Qualifikation (Pedraza-Bailey 1985: 27). Große Vorbehalte gründeten sich jedoch insbesondere darauf, dass die meisten der Neuankömmlinge in der Zeit nach der Revolution aufgewachsen waren. Das machte sie ideologisch verdächtig, denn die Alteingesessenen befürchteten, dass die meisten schon zu sehr vom Kommunismus indoktriniert worden oder gar Agenten Fidel Castros seien. Als echte Kämpfer gegen den Kommunismus galten (und gelten) in Miami die, die Kuba sehr früh verlassen haben, nicht aber die, die lange ausgeharrt hatten. "The arrival of the marielitos created, for the first time, a real generational and ethnic division in the Cuban-American community, a sense of the 'old Cubans' versus the 'new Cubans'" (Olsen/Olsen 1995: 88).

Einprägsam lässt sich an Little Havanna ablesen, welche Veränderungen diese neuen Einwanderer bewirkten. 1959 befand sich dort ein heruntergekommenes Viertel mit billigen Appartementhäusern, Billigläden und vielen Leerständen. Durch die Kubaner erlebte das Viertel dann ab 1960 einen enormen ökonomischen und kulturellen Aufschwung (García 1996: 86-99). Als die wohlhabenderen Kubaner Ende der 70er Jahre begannen, in bessere Stadtteile und die Vorstädte zu ziehen, verlor das Viertel zunehmend an Attraktivität. Der Niedergang wurde dadurch beschleunigt, dass zunächst viele mittellose *marielitos*, später andere Neueinwanderer vor allem aus Nicaragua zuzogen (Pérez 1992: 88-89; Portes/Stepick 1993: 154). Heute machen viele Straßenzüge einen eher heruntergekommenen Eindruck, neben sozial schwachen kubanischen Familien und Alten wohnen dort heute vorwiegend Nicaraguaner. Gleichwohl hat das Viertel für die kubanische Diaspora noch große symbolische Bedeutung, es ist so etwas wie das "sentimentale Herz Miamis" (Rieff 1993: 35); man trifft sich immer noch in den bekannten kubanischen Restaurants, im "Parque Maceo" spielen wie eh und je alte Kubaner Domino, das Denkmal für die bei der Invasion in der Schweinebucht Getöteten ist immer noch der Ort für Gedenkfeiern und gelegentliche Demonstrationen (Suro 1999: 163).

Auch wenn die *marielitos* – von denen trotz aller Versuche, sie woanders anzusiedeln, etwa 80% in der Region Miami blieben (Olsen/Olsen 1995: 91) – sehr viel größere Schwierigkeiten hatten, in Miami Fuß zu fassen und Arbeit zu finden, halfen die Netzwerke der kubanischen Enklave letztlich doch den meisten, einen ersten Job zu finden, auch wenn es vor allem nur Hilfsarbeitertätigkeiten waren, die oft unter dem Satz des Mindestlohns bezahlt wurden (Portes/Clark/Manning 1985: 49). Die Neuankömmlinge waren aber in der Regel bereit, geringe Entlohnung und schlechte Arbeitsbedingungen zu akzeptieren, da sie erkennen mussten, dass sie aufgrund fehlender fachlicher und sprachlicher Qualifikation auf dem offenen Arbeitsmarkt keinerlei Chancen gehabt hätten, zumal sich Florida Anfang der 80er Jahre in einer Phase ökonomischer Rezession befand.

Die ökonomischen Auswirkungen des Zusammenbruchs der sozialistischen Länder ließen den Migrationsdruck in Kuba nach 1990 wiederum enorm ansteigen. Da die legalen Ausreisemöglichkeiten sehr begrenzt blieben, stieg die Zahl der Bootsflüchtlinge wieder massiv an, im Zeitraum von 1990 bis 1994 standen 3.982 von den USA erteilten Einreisevisa 13.275 illegal ausgereiste Bootsflüchtlinge gegenüber (Masud-Piloto 1996: 135).[4] Im August 1994 kam es zu einer neuen Migrationswelle, nachdem Castro angesichts von Botschaftsbesetzungen und massenhaften Versuchen, die Insel illegal zu verlassen, am 5. August 1994 angekündigt hatte, jeder der wolle, könne gehen und auf einer *balsa* sein Leben riskieren. An einem einzigen Tag – dem 23. August – fischte die *US-Coast Guard* 3.000 *balseros* aus dem Wasser, insgesamt wurden während der Zeit der Krise 37.000 Flüchtlinge registriert, die mit irgendeiner Art von schwimmfähigem Gerät die USA erreichten; dagegen wurden im ganzen Jahr 1994 nur 544 Visa erteilt (Masud-Piloto 1996: 139f.). Insgesamt wurden zwischen 1991 und 1994 45.575 *balseros* von der *US-Coast Guard* gerettet (Ackerman 1996: 167).[5]

Anders als Carter während der Mariel-Krise reagierte Clinton sehr schnell auf die Öffnung der kubanischen Grenze. Schon am 19. August 1994 erklärte er, dass alle Flüchtlinge, die auf hoher See aufgegriffen würden, nicht mehr in die USA einreisen dürften, sondern bis auf weiteres in der US-Marinebasis in Guantánamo interniert würden. Nur nach Überprüfung aller Einzelfälle dürften die Internierten hoffen, in die USA einzureisen (Masud-Piloto 1996: 137-140; Ackerman 1998). Das bedeutete eine radikale Änderung der 36-jährigen Politik der offenen Tür gegenüber kubanischen Migranten. Für die geflüchteten Kubaner war diese abrupte Änderung ein Schock, es kam zu Aufständen und massiven Protesten in den Lagern. Die Proteste der Exilkubaner in Miami blieben dagegen recht gemäßigt, zu sehr fürchteten sie, etwas Ähnliches wie weiland Mariel noch einmal zu erleben.

Mit dem Ende der bisherigen Politik verloren die kubanischen Migranten ihren Sonderstatus. Die bevorzugte Behandlung der Kubaner hatte als Teil antikommunistischer Politik ausgedient und auch die angesichts zunehmender illegaler Einwanderung aus Südamerika und Asien in die US-amerikani-

---

[4] Aufgrund der restriktiven Handhabung stellte die Interessenvertretung der USA in Havanna statt der vertraglich festgelegten 20.000 Visa pro Jahr von 1985-1994 nur 11.222 Ausreisevisa aus (Masud-Piloto 1996: 135).
[5] Viele der *balseros* wurden durch die "Hermanos al Rescate" gerettet, eine angesichts der steigenden Zahl von Bootsflüchtlingen 1991 von Exilkubanern gegründete Organisation, die Aufklärungsflüge über den Florida Straits durchführte, um kubanische Flüchtlinge zu lokalisieren und die Rettung zu organisieren.

schen Bevölkerung zunehmend negative Haltung gegenüber weiterer Einwanderung verlangte eine Änderung der bisherigen Politik (Isbiter 1996). Die gerade in Südflorida seit 1980 bestehenden Ressentiments gegenüber den Kubanern ließen eine neue massive Zuwanderung politisch nicht tragbar erscheinen. Nachdem die USA und Kuba im September 1994 Verhandlungen über ein neues Migrationsabkommen aufgenommen hatten, ging die Zahl der Bootsflüchtlinge rasch zurück, zumal die USA auch ihre Drohung, die Flüchtlinge in Guantánamo zu internieren, konsequent umsetzten.

Das im Mai 1995 geschlossene Abkommen zwischen den beiden Ländern sah die allmähliche Auflösung der Flüchtlingslager in Guantánamo vor, die Rücksendung aller auf See aufgegriffener kubanischer Flüchtlinge sowie wiederum eine Quote von 20.000 US-Visa pro Jahr. Kuba verpflichtete sich im Gegenzug, seine Grenzen so zu schützen, dass es nicht zu einer neuen Massenflucht käme, und auf Repression gegenüber Repatriierten und Ausreisewilligen zu verzichten (Masud-Piloto 1996: 142-143). Seitdem bewilligen die USA mehr Visaanträge als vorher, trotzdem gibt es weiterhin Versuche, mit selbstgebauten *balsas* Florida zu erreichen. Nur die, die es schaffen, US-amerikanischen Boden tatsächlich zu betreten, haben eine Chance auf Duldung, den auf See Aufgegriffenen wird von der *US-Coast Guard* die Einreise in die USA verweigert und sie werden nach Kuba zurückgeschickt.

2. Die Erfolgsgeschichte der kubanischen Enklave

"Miami is the capital and meca of US-Cubans" (Pérez 1992: 86). Von den zwei Millionen Einwohnern des *County* Miami-Dade sind etwa 50% Einwanderer aus lateinamerikanischen Ländern, von diesen wiederum sind 70% kubanischer Herkunft. Als größte ethnische Gruppe sind es die Kubaner, die die Stadt am nachhaltigsten prägen. Sie sind die ökonomisch erfolgreichste, politisch einflussreichste, kulturell sichtbarste Gruppe unter den Immigranten. Viele sind überzeugt, dass sie Miami zu dem gemacht haben, was es heute ist, und sie sind stolz darauf. "Cubans are probably the only people who really do feel comfortable in Dade County [...] Miami is their town now", schreibt David Rieff (1987: 224). Anders als andere Migrantengruppen, die dazu tendieren, sich im Laufe der Zeit geographisch zu zerstreuen, hat sich die Konzentration der Kubaner in Miami im Laufe der Jahre noch verstärkt (Pérez 1992: 88; Olsen/Olsen 1996: 76). Lebten 1970 nur 40% aller kubanischen Immigranten in Miami, waren es 1980 schon 52% (Pérez 1985: 3; Portes/Mora 1986: 38), in den 90er Jahren stieg der Prozentsatz auf etwa 60% – und der Trend nach Miami ist ungebrochen (Pérez 1992: 88). Viele

Migranten ziehen nach einem langen Arbeitsleben in anderen Gebieten der USA nach ihrer Pensionierung in den Süden, wo sie Kuba nicht nur geographisch, sondern auch kulturell, klimatisch und kulinarisch am nächsten sind: "Das hier ist am ehesten so, dass ich mich fast wie zu Hause fühlen kann, und da oben in Amerika habe ich außer einer Großnichte, die aber fast eine Amerikanerin ist, keine Familie, hier habe ich Familie und außerdem viele meiner Freundinnen von früher aus Havanna", sagte María Antonia, eine 75-jährige Kubanerin, in einem Interview. Nach einem 25-jährigen Berufsleben in Union City/New Jersey hatte sie sich endlich ihren Traum erfüllen können, nach Hialeah zu ziehen – und näher kann man Kuba nicht kommen. Die Bewohner Hialeahs stammen zu 90% aus Lateinamerika und davon sind 65% Kubaner (*Miami Herald* 7.4.1999).[6]

Dabei haben die US-Behörden zeitweise große Anstrengungen unternommen, Kubaner auch in anderen Regionen der USA anzusiedeln. Das *Cuban Resettlement Program* sah eine Reihe staatlicher Unterstützungsmaßnahmen für diejenigen vor, die bereit waren, sich außerhalb Floridas anzusiedeln, dagegen verloren diejenigen, die sich weigerten, jeden Anspruch auf Hilfe aus öffentlichen Mitteln. Im Rahmen des Programms wurden zwischen 1961 und 1972 knapp 300.000 kubanische Flüchtlinge auf verschiedene Bundesstaaten verteilt (Masud-Piloto 1996: 53). Prohías und Casal stellten, obwohl sie das Programm 1972 als weitgehend erfolgreich einschätzten, schon damals einen beträchtlichen *trickle back effect* fest (Prohías/Casal 1973: 20). Tatsächlich kehrte die Mehrzahl der Umgesiedelten nach Miami zurück, sobald sie ökonomisch auf eigenen Füßen standen und nicht mehr auf öffentliche Hilfe angewiesen waren (Olsen/Olsen 1995: 92f.). Miami wurde so schon früh eine zweite Heimat für die kubanischen Migranten: "Miami was a safe place for my parents to cling to their exile status and for my brother and me to grow up under the umbrella of a group identity. It came with a hyphen that implied some kind of marginality, but it was, after all, an acceptable identity", äußert Olga Santiago, die 1969 als 10-jährige mit ihren Eltern nach Miami kam (Santiago 1997).

Da die räumliche Segregation von *Anglos* und Kubanern längst nicht so rigide ist wie die von Schwarzen und Weißen, wohnen sie eigentlich überall in Miami, auch wenn sie sich in bestimmten Stadtgebieten besonders konzentrieren (Cuban American Policy Center 1992; Portes/Stepick 1993). Ne-

---

[6] Hialeah ist nach Miami-Stadt die zweitgrößte Kommune in Dade County. Laut US-Zensus von 1990 lebten 122.000 Kubaner in Hialeah, in Miami-Stadt 139.000 – nur 39% der Bevölkerung.

ben Hialeah im Norden, dass nach einem Arbeiterviertel in Havanna auch *Little Marianao* genannt wird, leben sie vor allem in South-West Miami, deswegen häufig lautmalerisch auf Kubanisch als *La Sagüesera* bezeichnet. Mehrere Kommunen des *County* haben kubanischstämmige Bürgermeister, darunter die beiden größten Städte Miami und Hialeah, und auch der Bürgermeister des *County* Miami-Dade ist Kubaner, ebenso wie zwei republikanische Kongressabgeordnete aus Miami in Washington. Natürlich führt die Dominanz der Kubaner zu Spannungen mit anderen Bevölkerungsgruppen. Besonders schwierig waren von Anfang an die Beziehungen zwischen Kubanern und Afro-Amerikanern, die sich gegenüber den Kubanern vielfältig benachteiligt fühlten. Seit kubanische Exilgruppen 1990 gegen den Besuch Nelson Mandelas in Miami agitiert hatten, weil dieser vorher Kuba besucht und sich positiv über Fidel Castro geäußert hatte, herrscht Sprachlosigkeit zwischen beiden Gruppen (Croucher 1997: 142-171; Dunn 1997). Diskriminiert und ausgegrenzt fühlen sich auch viele Latinos aus anderen Ländern, insbesondere was ihre Erwerbschancen betrifft. Auch Angehörige der weißen englischsprachigen Bevölkerung wandern seit den 80er Jahren angesichts der wachsenden Übermacht der spanischen Sprache und der anderen Lebensgewohnheiten zunehmend nach Norden in die Region um Fort Lauderdale ab (Martinez 1998).[7] Inzwischen hat der *white flight* dazu geführt, dass die *Anglos* in Miami zu einer Minderheit geworden sind (Boswell 1994a: 5-8).

Die Geschichte der kubanischen Immigranten in Südflorida stellt sich somit als Inbesitznahme und wachsende Einflussnahme dar und sie wird weitgehend als Geschichte eines einzigartigen ökonomischen, sozialen und politischen Erfolgs erzählt. *The success of the Cuban success story* (Croucher 1997: 118) ist trotz zunehmender Unterschiede innerhalb der Exilgemeinde bis heute ein zentraler Bestandteil ihrer Selbstwahrnehmung und auch der Wahrnehmung durch andere. Nach wie vor gilt, dass die Kubaner es von allen lateinamerikanischen Immigranten ökonomisch am weitesten gebracht haben. Sie verfügen über ein höheres Durchschnittseinkommen, haben den höchsten Anteil von Selbständigen, eine geringere Arbeitslosen-

---

[7] Ein Ausdruck dieser Ressentiments war das – mit großer Mehrheit verabschiedete – Referendum *English Only* von 1980 gegen die Verwendung öffentlicher Gelder "for the purpose of utilizing any language other than English or any culture other than that of the United States" (Castro 199: 118), das die bis dahin übliche Politik der Förderung von Zweisprachigkeit beendete und Vorbild für ähnliche Referenden in anderen Bundesstaaten der USA wurde.

rate und weniger Sozialhilfeempfänger als alle anderen hispanischen Einwanderer (Gilbarg/Falcón 1992: 65f.). Die Gründe für die *Cuban Success Story* sind individueller, struktureller und politischer Art.

Die Basis für den Erfolg wurde zweifellos durch die Gruppe der Migranten der frühen 60er Jahre gelegt. Viele Angehörige der Ober- und oberen Mittelschicht verließen schon wenige Wochen nach dem Sieg der Revolution die Insel, weil sie die Enteignung ihrer Unternehmen fürchteten. Die 110.000 Menschen, die bis Ende 1960 Kuba verließen, kamen fast alle aus diesen Schichten (Olsen/Olsen 1995: 55; Pedraza-Bailey 1985: 10). Portes und Bach bezeichnen diesen Prozess als "the successful transplantation of an entrepreneurial class from origin to a new destination" (Portes/Bach 1985: 203). Für den Neubeginn in den USA war es sicher förderlich, dass einige über Kapital und Geschäftsbeziehungen in den USA verfügten, für entscheidender wird jedoch von vielen Autoren gehalten, dass diese *Golden Exiles* ein hohes Bildungsniveau hatten, über die richtigen Qualifikationen verfügten, vor allem aber einen ausgeprägten Unternehmergeist besaßen sowie den festen Willen, ihre verlorene sozioökonomische Position wiederzuerlangen und gleichzeitig zu beweisen, dass sie erfolgreicher waren als die Revolution: "[...] building the barrio became a surrogate for defeating Castro" (Suro 1998: 168; vgl. Portes/Bach 1985: 200-239).

Ein nicht zu unterschätzender Faktor, der zum Erfolg beitrug, war auch die Tatsache, dass das Werte- und Normensystem dieser Schichten sich seit langem an den USA orientierte: "The Cuban middle and upper class did not have a Latin America frame of reference, at least in terms of economic prosperity and the consumer culture. Their model was the United States" (Olsen/Olsen 1996: 51). Dieses Modell wirkte über die Oberschichten hinaus weit in die kubanische Gesellschaft hinein, so dass auch die auf die erste Welle folgenden Migranten aus den Mittelschichten relativ geringe Akkulturationsprobleme hatten. Das galt besonders für die Angehörigen der akademischen Mittelschicht wie Ärzte, Anwälte, Lehrer sowie Manager und höhere Angestellte, von denen viele von der Enteignung der US-Unternehmen, die ihre Arbeitsplätze gefährdete, betroffen waren. Etwa ein Drittel der Migranten kamen aus akademischen oder Managementberufen (Pedraza-Bailey 1985: 11-14). Ihnen waren die Werte und Normen der US-amerikanischen Gesellschaft und der Arbeitsrhythmus der USA weitgehend vertraut, sei es durch vorherige Aufenthalte in den USA, sei es durch Beschäftigung in auf Kuba tätigen US-Unternehmen (Pérez 1995).

Einen neuen Schub von Migranten brachte die Verstaatlichung des gesamten Dienstleistungsbereichs im Jahre 1968. Nun kamen bisher Selbständige aller Art: Laden- und Restaurantbesitzer; Gärtner, Taxifahrer, Friseure, Straßenhändler und Schuhputzer und mit ihnen auch viele der im Dienstleistungsbereich unselbständig Beschäftigten: Verkaufspersonal, Dienstmädchen, Büroangestellte etc. Diese neuen Gruppen verbreiterten die soziale Zusammensetzung der Exilgemeinde beträchtlich, so dass die Diaspora in ihrer Heterogenität mehr einem Querschnitt der kubanischen Bevölkerung zu entsprechen begann. Aber auch wenn diese Migranten schlechter ausgebildet und weniger gebildet als die vorherigen waren (Pedraza 1985a: 18), brachten auch sie eine ausgeprägte ökonomische Aufstiegsmotivation mit und sie konnten darüber hinaus schon die Erwerbsmöglichkeiten der Enklaven-Ökonomie nutzen, mit deren Aufbau die Angehörigen des *Golden Exile* zügig begonnen hatten. Schon in den 60er Jahren waren die ersten Presseberichte über die ökonomische Prosperität der kubanischen Exilanten erschienen (Olsen/Olsen 1995: 65).

Portes und Bach definieren eine ethnische Enklaven-Ökonomie als "a distinctive economic formation, characterized by the spatial concentration of immigrants who organize a variety of enterprise to serve their own ethnic market and the general population" (1985: 203). Die Existenz einer Enklave wurde dann auch ein wichtiger Grund, weshalb Miami immer mehr Kubaner anzog und veranlasste, sich dort auf Dauer niederzulassen. Neben den ökonomischen Implikationen beeinflusste die strukturelle Organisation der Enklave auch die Akkulturationsprozesse, die interethnischen Beziehungen und nicht zuletzt auch die familiären Strukturen und Geschlechterverhältnisse.

Wurde die kubanische Enklaven-Ökonomie zunächst möglich durch die große Zahl von Kubanern, die sich in Miami niederließen, Unternehmen gründeten, als Arbeitskräfte zur Verfügung standen und auch Konsumenten waren, war es für einen dauerhaften Erfolg unerlässlich, dass es gelang, auch außerhalb der Enklave einen Markt zu finden, aber die Basis legte zweifellos die ethnische Solidarität (Rogg 1980). Die vielfältigen unternehmerischen Aktivitäten der Enklave, Pérez bezeichnet es als "institutionelle Vollständigkeit" (Pérez 1992: 91), machen es möglich, sich mit allem Notwendigen zu versorgen, ohne die ethnische Gemeinschaft verlassen zu müssen; ein breit gestreutes Angebot von Gütern und Dienstleistungen deckt alle Bedürfnisse ab – vom Kindergarten bis zum Begräbnisinstitut.

Zweifellos begünstigte auch die internationale politische Situation den Erfolg der kubanischen Diaspora. In Zeiten des Kalten Krieges verlief hier eine wichtige Front im Kampf gegen den Kommunismus, konnte doch der Erfolg der Exilkubaner als Beweis für die Überlegenheit des Kapitalismus gelten. Nicht zuletzt aus diesem Grunde wurde für die kubanischen Migranten ein Hilfsprogramm bewilligt, wie es keiner anderen Immigrantengruppe je zugute gekommen ist, und das sicher einen Beitrag zur Erfolgsgeschichte des Exils geleistet hat, auch wenn Kubaner diesen Umstand selten erwähnen, sondern es vorziehen, allein ihren außerordentlich großen Fleiß und ihre Fähigkeiten dafür verantwortlich zu machen (Olsen/Olsen 1995: 64f.; Pedraza-Bailey 1981).

Das im Dezember 1960 durch die US-amerikanische Einwanderungsbehörde *Immigration and Naturalization Service* (INS) eingerichtete *Cuban Refugee Emergency Center*, das die kubanischen Flüchtlinge erfassen, mit dem Nötigsten versorgen und weiterleiten sollte, wurde durch die Kennedy-Administration zu einem umfassenden Hilfsprogramm ausgebaut (Cortes 1980). Das *Cuban Refugee Program* umfasste ein breites Bündel von Maßnahmen, die mehrfach verändert, erweitert, neuen Erfordernissen angepasst wurden. Neben Hilfen zum Lebensunterhalt und medizinischer Versorgung gehörten dazu Bildungsmaßnahmen für Erwachsene und Kinder, Berufsbildungsprogramme, berufliche Umschulungsmaßnahmen und Zertifizierungskurse für Lehrpersonal, Mediziner, Pharmazeuten, Anwälte etc. (Moncarz 1973); dazu gehörten aber auch Kreditprogramme zur Existenzgründung. Bis 1973 wurde für das Programm fast eine Milliarde Dollar bereitgestellt. Masud-Piloto schätzt, dass für das *Cuban Refugee Program* insgesamt etwa zwei Milliarden US-Dollar ausgegeben wurden (Masud-Piloto 1988: 130).

Auch wenn eine Reihe von Faktoren, darunter auch die konjunkturelle Lage in den USA und besonders in Miami Anfang der 80er Jahre, den Aufbau der kubanischen Enklaven-Ökonomie erleichterten, ist es beeindruckend, wie schnell die kubanischen Migranten Fuß fassten, denn trotz einiger Vorteile, die sie gegenüber anderen hatten, wurde ihnen der Erfolg keineswegs geschenkt. Die Gruppe derjenigen, die Geschäftsbeziehungen oder auch genügend Kapital in den USA hatten, war verschwindend klein, aber sie starteten, gaben anderen eine Chance und begannen, Netzwerke aufzubauen, die es dann Neuankömmlingen ermöglichten, ebenfalls Fuß zu fassen. Die aufeinanderfolgenden Wellen von Migranten erlaubten es dann zum einen, die unternehmerischen Aktivitäten beständig auszuweiten, kamen doch mit jeder Welle neue Konsumenten für ethnische Produkte, zum zweiten aber bedeutete es auch einen kontinuierlichen Nachschub an neuen, billigen Arbeitskräften, die froh waren, zunächst bei Landsleuten unterzukommen.

Anders als Migranten aus anderen Ländern Lateinamerikas wie z.B. die Mexikaner mussten die Kubaner ihre Arbeitskraft daher nicht auf dem offenen Arbeitsmarkt anbieten, sondern konnten auf den geschützten Markt der Enklave zurückgreifen, wodurch ihnen der Prozess der ökonomischen Anpassung wesentlich erleichtert wurde (Portes/Bach 1985). Sie erhielten zwar Löhne, die durchschnittlich unter dem nationalen Niveau lagen, hatten aber eine größere Chance als andere Neuankömmlinge, einen Anfangsjob zu finden und für den US-Arbeitsmarkt verwertbare neue Qualifikationen zu erwerben:

> As workers they readily accepted the modest jobs provided by Cuban-owned firm as a mode of entry into the American economy. [...] Low wages were accepted for preferential access to employment even in the absence of English or formal certification. Modest enclave jobs also provided an informal apprenticeship in how to establish and run an independent business later on (Portes/Stepick 1993: 145).

Laut einer Untersuchung von Portes u.a. von 1979 waren 21,2% der Kubaner selbständig und 49% der abhängig Beschäftigten arbeiteten in Betrieben, die auch Kubanern gehörten (Portes/Clark/Lopez 1981: 18). Nur mit Hilfe dieses ethnischen Netzwerks war es auch möglich, dass die Integration der *marielitos* und späterer Migranten doch noch relativ gut gelang, auch wenn die Konditionen für sie schlechter als für ihre Vorgänger waren:

> The later arrivals have, in a sense, become the working class – lower waged and skilled – for the golden exiles of the 1960s and early 1970s. Thus, there has been a total transplantation of the prerevolutionary social structure to Miami, with all the implications of unequal wealth, power, and prestige. The recent immigrants will add to the lower strata (Bach 1980: 44).

Die Enklavenbeziehungen bieten auch heute noch ein haltbares Netz, wie sich am Beispiel der *balseros* der 90er Jahre aufs Neue zeigt. Um sich in Miami ansiedeln zu dürfen, brauchten die Flüchtlinge Bürgen, die sich verpflichten mussten, für Wohnung, Kleidung und medizinische Versorgung zu garantieren und bei der Suche nach einem Arbeitsplatz zu helfen. 89% aller *balseros* blieben in Miami. Nur bei 39% übernahmen enge Familienangehörige die Bürgschaft, bei den restlichen waren es entfernte Verwandte oder Fremde:

Despite the lack of blood ties, a fraternal system of mutual aid is operating among recent arrivals and within the larger Cuban community. As well, the new exiles benefit from the existence of an enclave economy in South Florida, offering entry-level jobs where English is not always essential (Ackerman 1996: 187-188).

Nach der Untersuchung von Ackerman hatten 90 Tage nach ihrer Ankunft in den USA schon 30% Arbeit gefunden (Ackerman 1996: 188). Ethnische Solidarität ist demnach immer noch ein wichtiger Faktor für die ökonomische Eingliederung, Kubaner kaufen weiterhin bei Kubanern, Kubaner arbeiten bei Kubanern, bei der Einstellung ist in vielen Fällen nicht so sehr die Qualifikation entscheidend, sondern die ethnische Zugehörigkeit – etwas, worüber sich andere Latinos immer wieder beklagen (*Miami Herald* 8.10. 1998).

Eine differenzierte Betrachtung der ökonomischen Entwicklung der kubanischen Enklave zeigt einige Besonderheiten der *Cuban Success Story*. Moncarz-Percal wies schon sehr früh darauf hin, dass der ökonomische Erfolg der kubanischen Migranten nicht auf dem individuellen Einkommen des (männlichen) Haushaltvorstandes beruhte, sondern auf dem kombinierten Familieneinkommen (Moncarz-Percal 1978: 169): In kubanischen Familien tragen in der Regel mehr Familienmitglieder zum Haushaltseinkommen bei als bei anderen Gruppen. Da die Kinderzahl aufgrund der niedrigen Geburtenraten der kubanischen Frauen klein ist,[8] verteilt sich das Einkommen auf weniger Köpfe (Pérez 1986: 9-11; Boswell 1994: 31-33). Auch wenn inzwischen die Zahl der Kleinfamilien und Alleinlebenden zugenommen hat, gehören auch heute noch in vielen Familien drei Generationen zu einem Haushalt und in der Regel tragen auch die Älteren zum Familieneinkommen bei, sei es dass sie noch berufstätig sind, sei es dass sie Sozialhilfe beziehen (Pérez 1986a). Entscheidender für das hohe Haushaltseinkommen war m.E. jedoch die hohe Erwerbsbeteiligung der Frauen. Schon 1979 waren 55,4% der kubanischen Frauen in den USA erwerbstätig, was beträchtlich über dem US-Durchschnitt von 49,9% liegt (Pérez 1986a: 12); diese hohe weibliche Erwerbstätigkeit ist bis in die 90er Jahre unverändert geblieben (Gilbarg/ Falcón 1992: 66).

Eine Erwerbstätigkeit der Ehefrau hätte im vorrevolutionären Kuba für Angehörige der Ober- und Mittelschichten einen immensen Statusverlust

---

[8] Die Geburtenrate der kubanischen Frauen betrug 1980 2,0 pro 1.000 im Vergleich zu 2,7 des US-Durchschnitts (Pérez 1986a: 133); 1990 lag sie für kubanische Frauen nur noch bei 1,48 (Díaz-Briquets/Pérez-López 1992: 421).

bedeutet, nicht nur für den Familienernährer, sondern für die ganze Familie (Henning 1996: 78-84, 145-148). Um den sozialen Status ihrer Familie aufrechtzuerhalten bzw. wiederzugewinnen, waren die Migranten jedoch bereit, bisherige kulturelle Muster über Bord zu werfen. Die Aufnahme einer außerhäuslichen Arbeit entsprang demnach offensichtlich keinem emanzipatorischen Impetus, sondern war eine Neudefinition der angestammten Pflichten der Hausfrau und Mutter (Prieto 1987: 84f.).

Gleichsam in Erweiterung ihrer traditionellen Verpflichtung, alles für das Wohlergehen der Familie zu tun, ließen sich die Frauen in der Migration auf eine für sie neue Art in die Pflicht nehmen: Nicht mehr die Führung eines gepflegten Heims und die Anleitung von Dienstboten war wichtigste Aufgabe, sondern es galt nun, erst einmal die Voraussetzungen dafür zu schaffen, überhaupt wieder ein Heim haben zu können, und das war nur durch Aufnahme einer Erwerbstätigkeit möglich:

> Since the Cuban woman is working for her family, her employment is not seen as an expression of her independence or the loosening of traditional controls and restraints that it would have been in Cuba. [...] the central norm remains the subordination of the woman to the needs of her family (Ferree 1979: 48).

Traditionelle Rollenmuster und die geschlechtsspezifische häusliche Arbeitsteilung änderten sich dadurch nicht, die Frauen weiteten schlicht ihre traditionelle Rolle durch Übernahme der Erwerbsrolle aus, ohne dass das zu Veränderungen geführt hätte, denn "their spouses did not expand their roles to include housework" (García 1991: 23; Prieto 1984). Die hohe weibliche Erwerbsbeteiligung der kubanischen Frauen wurde zudem durch die niedrige Geburtenrate und die erweiterte Familie erleichtert – die Großmütter kümmerten sich um die Kinder der berufstätigen Mütter (García 1991: 23), nahmen oft als Tagesmütter auch noch weitere Kinder auf und erzielten damit ein Zusatzeinkommen. Eine Interviewpartnerin schilderte ihre Situation:

> Ich hatte mir eigentlich nicht vorgestellt, dass ich hier arbeiten müsste. In Kuba hatte ich, seit ich verheiratet war, ja auch nie mehr gearbeitet und nun hatte ich sogar noch ein kleines Kind [...] Aber wir hatten ja nichts, als wir hier ankamen. Gott sei Dank kam bald meine Mutter hinterher und dort habe ich meine Tochter jeden Morgen hingebracht. Mir hat jedesmal das Herz geblutet, obwohl ich sie ja in guten Händen wusste. Bei fremden Leuten hätte ich sie aber nie im Leben gelassen. Obwohl: Wie hätten wir das schaffen sollen, wenn ich nicht gearbeitet hätte [...]?

Erleichtert wurde die weibliche Erwerbsarbeit auch durch die Struktur der Enklaven-Ökonomie. Für die meisten Ehemänner und Väter, aber auch für die Frauen selbst, wäre es kaum denkbar gewesen, in einem Betrieb mit anglo-amerikanischen Vorgesetzten und Kollegen zu arbeiten. Die meist kleinen kubanischen Unternehmen boten dagegen eine kulturell akzeptable Möglichkeit der Frauenerwerbsarbeit. Hier konnten die Frauen zusammen mit anderen Migrantinnen, oft gar mit alten Freunden und Verwandten in einer kubanischen Umgebung arbeiten. Zudem lag der Schwerpunkt der Beschäftigung in der Bekleidungsindustrie und im Dienstleistungsbereich, also typisch weiblichen Tätigkeitsbereichen. Erleichternd kam hinzu, dass viele Dienstleistungen überwiegend für Kubaner erbracht wurden und viele Frauen deshalb auf vorhandene Kenntnisse zurückgreifen konnten, z.B. die Herstellung kubanischen Essens in den zahlreichen *cantinas*, die alle ihre Produkte auch nach Hause lieferten (García 1991: 23), womit die berufstätigen Hausfrauen entlastet wurden, die Familie aber auf das gewohnte, aufwendig zu kochende Essen nicht verzichten musste.

Festzustellen bleibt, dass die kubanische Diaspora aufgrund der Bereitschaft, bestehende kulturelle Muster in einigen Bereichen neu zu interpretieren, aufgrund ihrer ökonomischen Flexibilität und der massiven Hilfe durch die öffentliche Hand zu einer der erfolgreichsten ethnischen Gruppen der USA wurde. Der Erfolg relativiert sich jedoch bei einer genaueren Betrachtung. Zwar haben die Kubaner, verglichen mit anderen lateinamerikanischen Einwanderergruppen, das höchste Durchschnittseinkommen, die niedrigste Arbeitslosenrate (1993 7,3%) und das höchste Bildungsniveau (*Miami Herald* 29.12.1998), vergleicht man jedoch das Einkommen und andere sozialökonomische Indikatoren mit den Durchschnittswerten der USA, so sind die Kubaner in allen Bereichen schlechter gestellt. So lebten 1990 in den USA nur 14,9% der Kubaner unter der Armutsgrenze, verglichen mit 26,9% der Mexikaner und 31,0% der Puertoricaner, der Durchschnittswert für die USA betrug jedoch nur 9,6% (Boswell 1994: 28). Eine Differenzierung der Daten nach dem Zeitpunkt der Einwanderung macht darüber hinaus deutlich, wie groß die Unterschiede zwischen den Migranten sind und wie sehr die kubanische Erfolgsgeschichte auf dem ökonomischen Erfolg der ersten Migrantengeneration gründet. Von den vor 1980 eingewanderten Kubanern lebten 1990 nur 8,6% unter der Armutsgrenze, verglichen mit 23,2 derer, die nach 1980 eingewandert sind. Das Pro-Kopf-Einkommen der zwischen 1980 und 1990 Eingewanderten betrug 8.789 US-Dollar, während die vor 1980 Eingewanderten über 18.868 US-Dollar verfügten (Díaz-Briquets/Pérez-López 1997: 421), 11% derer, die vor Mariel kamen, verdienen jährlich sogar über 75.000 US-Dollar, während nur 9% der gesamten US-Bevölkerung ein so hohes Einkommen haben (Suro 1998: 172).

Die Untersuchungen Boswells zum sozioökonomischen Status von Kubanern in Miami differenzieren das Bild weiter und zeigen – anders als es der Diskurs des Exils vermittelt –, dass gerade die Situation der Kubaner in Miami im Vergleich zu Kubanern in anderen Teilen der USA eher schlechter ist: Die Einkommen sind niedriger, Arbeitslosen- und Armutsrate sind höher (Boswell 1994; Boswell/Skop 1995). Leben von allen Kubanern in den USA 14,6% unter der Armutsgrenze, sind es in Miami über 16% (Boswell 1985: 28; Boswell 1995: 37), ein höherer Prozentsatz hat hier keinen *High School*-Abschluss. Das hängt zwar zum einen damit zusammen, dass das Lohnniveau in Miami generell niedriger, die Arbeitslosen und Armutsquoten höher als in anderen Teilen der USA sind, zeigt aber doch, dass Kubaner außerhalb Miamis "enjoy a higher socioeconomic status than those residing in Miami" (Boswell 1995: 48). Zwar gibt es in Miami eine beeindruckend hohe Zahl von Selbständigen, aber die meisten Betriebe der Enklave sind klein – typisch sind z.B. kleine Familienbetriebe im Einzelhandel – und haben eine schmale Kapitalbasis, die erwirtschafteten Einkommen sind entsprechend gering. Die großen Unternehmen und Banken, die auch international tätig sind, sind auch in Miami weitgehend in der Hand von *Anglos* (Grenier/Pérez 1996: 366f.). Wenn die Kubaner ihren relativen Erfolg längerfristig erhalten wollen, müssen sie expandieren – und dazu wäre eine Öffnung der Enklave für Investitionen und qualifizierte Arbeitskräfte nötig. Das Aufgeben der Insularität würde jedoch zweifellos eine Gefahr für die bisherige Geschlossenheit mit sich bringen, die sich für den Zusammenhalt der kubanischen Gemeinschaft bisher so vorteilhaft ausgewirkt hat.

Obwohl der Umzug in andere Regionen der USA also ökonomisch für viele durchaus Vorteile bringen könnte, gibt es offensichtlich für die Mehrzahl der Kubaner gute Gründe, die für Miami sprechen. Die Existenz der Enklave bietet die Möglichkeit, unter Landsleuten zu leben, spanisch zu sprechen, kubanisch zu essen – Kubaner unter Kubanern zu bleiben. Mag die Enklave auch die Anpassung an die US-Gesellschaft verlangsamen, bietet sie doch ein Kissen, das Neuankömmlingen den Anfang erleichtert, den Älteren das Leben lebenswerter macht, denn Miami suggeriert ein Stück Heimat und auch Arme werden von dieser Gemeinschaft eher aufgefangen als von der anonymen Gesellschaft.

Wie wichtig dieses Aufgehobensein in der ethnischen Gemeinschaft ist, macht die Untersuchung von Patricia Fernandez-Kelly deutlich, über die der *Miami Herald* berichtete. Aufgrund des hohen Anteils von Armen in Hialeah – das mittlere Haushaltseinkommen liegt mit knapp 28.000 US-Dollar um

10.000 unter dem des *County* – hatte sie das übliche Bild von Obdachlosen, herumlungernden Schulabbrechern, Drogenabhängigen, verkommenen Häusern und Schmutz erwartet, fand aber nichts dergleichen. Zwar gab es einen hohen Anteil von Schulabbrechern, aber die kubanischen Jugendlichen hatten die Schule abgebrochen, weil sie eine Arbeit gefunden hatten. Die Häuser sahen, wenn auch sehr einfach, doch gepflegt aus: Sie wurden mit Hilfe von Nachbarn und Schwarzarbeit instand gehalten und verschönert. Sie fand "one of the meccas of informal economies, a city thriving on the entrepreneurial skills of its residents and clearly not operating by the standards of bureaucratic society" (*Miami Herald* 7.4.1999).

3. Ethnische Identität und die Ideologie des Exils

Die Kubaner, die während der 60er Jahre die Insel auf der Flucht vor den gesellschaftlichen Veränderungen verließen, kamen in ein Land, das sich ebenfalls in einem grundlegenden Transformationsprozess befand: Es war die Zeit beginnender Proteste gegen den Vietnamkrieg, der Formierung der Frauen- und Bürgerrechtsbewegung. In dieser Umbruchssituation mussten die Neuankömmlinge versuchen, ihre Position zu definieren und eine Antwort auf die Frage zu finden: Was macht eine Kubanerin oder einen Kubaner aus? Was bedeutet es, Kubaner außerhalb Kubas zu sein? (García 1996: 83) Je fester sich das revolutionäre Regime in Kuba etablierte, je länger sich die erträumte Rückkehr demzufolge verzögerte, desto drängender stellte sich darüber hinaus die Frage: Wie kann man beides vereinbaren, Kubaner zu sein und gleichzeitig Bürger der USA? Wie die Kubaner auf Kuba ihre nationale Identität im Kontext der Revolution neu bestimmen mussten, mussten auch die Kubaner in den USA ihre Identität im Kontext des Exils neu bestimmen. Diese neue Identität war zwar historisch begründet und an der Vergangenheit orientiert, aber dennoch etwas Neues und keine Rückkehr in direktem Sinne, denn "the past is not waiting for us back there to recoup our identities against. It is always retold, rediscovered, reinvented. [...] We go to our past through history, through memory, through desire, not as a literal fact" (Hall 1991: 58). Identitäten werden demnach selektiv konstruiert und unterliegen – wie alles Historische – einem ständigen Veränderungsprozess, sie dienen der Selbstvergewisserung und der Abgrenzung von anderen (Duany 1989).

Die Identität im Exil wurde in Anknüpfung an die Kubanität – die *cubanidad*, dem traditionellen historischen Konzept nationaler kubanischer Identität (Ortiz 1964) – rekonstruiert. Inhaltlich bedeutet *cubanidad* in der Fremde das Gefühl, trotz aller Unterschiede untereinander etwas gemeinsam zu haben, das Bewusstsein einer Gemeinsamkeit der historischen Wurzeln und davon, anders zu sein als andere Migranten und Exilierte, anders als Migranten aus anderen Ländern Lateinamerikas und der Karibik, anders aber auch als die anglo-amerikanische Kultur (Hall 1998). Die *cubanidad* als Grundlage der Identität ermöglicht es, in der Diaspora das Bewusstsein der Besonderheit aufrechtzuerhalten und gleichzeitig den Wunsch und den Anspruch auf Rückkehr lebendig zu halten. Der Begriff hat demnach sowohl einen politischen als auch einen kulturellen Aspekt.

Kulturell bedeutet es – neben der Bewahrung der spanischen Sprache als Grundlage (Castellanos 1990; Castro 1992) – zunächst einmal, die Werte, Traditionen, Sitten und Gebräuche aufrechtzuerhalten, die mit Kuba verbunden werden, wobei die Auswahl durchaus selektiv und veränderbar ist. Dazu gehört z.B., der kubanischen Nationalheiligen "Virgen de la Caridad del Cobre" auch in Miami einen Schrein zu errichten; dazu gehört das Feiern kubanischer Feste, wie den 10. Oktober, den Beginn des Unabhängigkeitskrieges gegen Spanien 1868 oder eine Parade zum Geburtstag José Martís. Dazu gehört bis heute, ein großes Fest aus Anlass des *quince*, des 15. Geburtstags der Töchter, zu feiern; dagegen musste die Institution der "Anstandsdame", ohne deren Begleitung kein "anständiges" Mädchen zu einem Fest gehen durfte, in dem neuen Umfeld Mitte der 80er Jahre endgültig aufgegeben werden.

Es gehören dazu weiterhin kulturelle Aktivitäten aller Art, Vorträge über Kultur, Geschichte und Literatur Kubas, *tertulias*, literarische Clubs von Intellektuellen und Schriftstellern, kubanisches Theater, Kunstausstellungen und Dichterlesungen, aber auch die Neugründungen kubanischer Restaurants, Schulen, Geschäfte und Vereine. Die teuren Yacht- und *Country-Clubs* der kubanischen Oberschicht gibt es zwar nicht mehr in Kuba, dafür aber in Miami, auch die Mitglieder sind größtenteils dieselben geblieben (Pedraza-Bailey 1985: 18); die Restaurants heißen wie in Havanna "La Carreta" oder "La Esquina de Tejas"; den Buchladen "La Moderna Poesía" gibt es sowohl in Havanna als auch in Miami; am "Caballero Funeral House" steht: *Since 1857* – in Miami allerdings, denn das "Caballero Funeral House" wurde 1896 gegründet.

Eine Wiedergeburt erlebten auch die renommierten kubanischen Privatschulen Havannas. Im "Colegio La Salle", "Loyola, Jesuitas de Belén", ebenso wie in der privaten "Universidad Villanueva", studieren heute vorwiegend die Kinder der kubanischen Ober- und Mittelschicht. Eltern können sicher sein, dass ihre Kinder dort eine so genannte kubanische Erziehung erhalten, die sie gleichermaßen für ein eventuelles Leben in einem Kuba ohne Fidel Castro als auch für eine Karriere in den USA vorbereitet.

Viele Organisationen wurden mit dem Zusatz *en el exilio* neu gegründet: z.B. die "Asociación Nacional de Industrialistas Cubanos en el Exilio", das "Colegio Nacional de Abogados Cubanos en el Exilio" oder auch Gewerkschaften wie die "Federación de Trabajadores Telefónicos de Cuba en el Exilio" (Grenier 1992). Daneben entstanden neue Organisationen, die unter den Bedingungen der Diaspora wichtige soziale und politische Funktionen erfüllten. Ein Beispiel sind die 112 *Municipios en el Exilio*. Zu vergleichen sind sie am ehesten mit den Landsmannschaften der deutschen Vertriebenen. Dort treffen sich die Migranten, die aus denselben Ortschaften in Kuba stammen und schaffen neue Netzwerke auf der Basis erinnerter lokaler Verbundenheit (Boswell/Curtis 1984: 175-180). Sie tauschen Erinnerungen und Informationen aus, feiern die alten lokalen Feste, organisieren aber auch soziale Dienstleistungen für Neuankömmlinge, Bedürftige und Alte (Hoobler 1996: 115f.). Gleichzeitig verfolgen sie auch eine politische Aufgabe, gehört doch der Kampf gegen den Kommunismus und für die Befreiung Kubas erklärtermaßen ebenfalls zu den zentralen Aufgaben der Vereine; in Wahlzeiten sorgen sie für die Wahlteilnahme und dafür, dass für den in ihrem Sinne "richtigen" Kandidaten gestimmt wird (García 1996: 91-93).

Auf der politischen Ebene ermöglichte die Rekonstruktion der *cubanidad*, dem Dasein in den USA einen tieferen Sinn verleihen zu können. Gerade die Flüchtlinge, die in Kuba zur Oberschicht gehört hatten und nun gleichsam bei Null anfangen mussten, konnten so den Härten der Migration eine besondere Bedeutung geben. Sie sahen sich als Protagonisten in dem weltweiten Kampf zwischen Kommunismus und Demokratie, zwischen Planwirtschaft und freiem Unternehmertum. Folglich weigerten sie sich, sich als Immigranten zu sehen, sie waren Exilierte, Märtyrer für eine politische Mission, die moralisch Überlegenen. Sich als "Exilierte" zu bezeichnen war eine politische Aussage, denn anders als bei Immigranten implizierte es, keine Wahl gehabt zu haben, vertrieben worden zu sein. Seine Kubanität zu bewahren, ist damit nicht ein nostalgisches Sich-Erinnern an heimatliche Gebräuche und Gewohnheiten, sondern das *Cuba de ayer* – das Kuba, wie es war und das Kuba, das hätte sein können – zu repräsentieren, ist politische Verantwortung und Auftrag (García 1996: 83-85; vgl. auch Hettlage 1993: 89).

Zur Erfüllung dieser Mission ist es von zentraler Bedeutung, darauf zu bestehen, dass alle Kubaner, die Kuba verlassen, ohne Ausnahme politische Flüchtlinge sind, auch wenn die Motive der Migranten ganz offensichtlich schon seit Ende der 60er Jahre stärker ökonomischer statt politischer Art sind (Castro 1995; del Aguila 1998: 6; Croucher 1997: 120f.). Dieser Diskurs hat auch eine zentrale Funktion für die Abgrenzung von anderen Migranten und die Absicherung des Anspruchs auf Rückkehr.

Dabei geht es auf allen Ebenen letztlich um dasselbe Anliegen: Auf außenpolitischer Ebene soll im Namen des Kampfes für Freiheit und Demokratie eine Normalisierung der Beziehungen zwischen den USA und Kuba verhindert werden.[9] Und auch auf kommunaler Ebene geht es nicht in erster Linie darum, mögliche spezifische Belange der kubanischen Gemeinschaft durchzusetzen, sondern um die Bestätigung von Antikommunismus bzw. – wohl treffender – Anti-Castrismus auch auf lokaler Ebene. "Miami is likely the only city in the United States where anti-Communism is a municipal issue" (*Miami Herald*, zitiert nach Stack/Warren 1990: 18). Wo es wenig programmatische Unterschiede zwischen den Kandidaten gibt und weitgehend entlang ethnischer Grenzen gewählt wird, wird die Wahlentscheidung in erster Linie von der Haltung gegenüber Kuba abhängig gemacht, insbesondere, wenn wie bei den Bürgermeisterwahlen 1997 in Miami zwei *Cuban-Americans* gegeneinander antreten. Alle kubanischstämmigen Kandidaten und Amtsinhaber müssen sich folglich zunächst einmal in anti-kommunistischer Rhetorik üben, bevor andere Inhalte eine Rolle spielen.

Obwohl die Migranten der ersten Stunde inzwischen nicht mehr die Mehrheit bilden, sind sie es, die weiterhin den offiziellen politischen Diskurs des kubanischen Miami bestimmen. Sie leben im *Cuba de ayer* und träumen davon zurückzugehen. Selbst wenn sie in den USA erfolgreich Karriere gemacht haben, sitzen sie – metaphorisch gesprochen – weiterhin auf gepackten Koffern. Sie sind Kubaner geblieben, ihre Erinnerungen sind fest gefügt und durch kein Argument zu beeinflussen. Pérez-Firmat schreibt über seinen Vater:

> My father [...] has no choice but to be Cuban. The thirty years of living and working in the Unites States seem to have little impact on his Cuban ways. [...] He will never be an *americano*, either legally or in spirit (Pérez-Firmat 1995: 11).

---

[9] Erinnert sei hier nur an den *Cuban Democracy Act* – besser bekannt als Torricelli-Gesetz – von 1992 und seine Verschärfung im Helms-Burton-Gesetz 1996. Beide Gesetze dehnen unter Androhung von Sanktionen die Embargo-Bestimmungen auf Drittländer aus.

In der Erinnerung wird die Heimat immer stärker verklärt. Die Großmutter behauptet in dem Theaterstück *Rum and Coke* der kubanisch-amerikanischen Schriftstellerin Carmen Pelaez ihrer Enkelin gegenüber: "In Cuba, it only rained when we wanted it to!" Kuba wird zum imaginierten Paradies, aus dem man vertrieben wurde. In der Rekonstruktion entsteht eine "organische Gemeinschaft", in der alles homogener, konfliktfreier erscheint als es je war (Hall 1991: 46).

Unter den Migranten der frühen Jahre besteht ein absoluter Konsens darüber, dass alle eine wunderbare Kindheit hatten, in der es eigentlich allen gut ging. Sie bestehen darauf, dass sie die wahren Kubaner sind und die richtigen Erinnerungen haben. Ihr Kuba war ein reiches, geordnetes, sittenstrenges, katholisches Kuba. Eine Erinnerung daran, dass Havanna vor der Revolution eine weltoffene, liberale und nicht gerade prüde Stadt war, macht einen als *Fidelista* verdächtig. Die Diaspora hat erfolgreich daran gearbeitet, dieses Kuba zu rekreieren und eine Umgebung zu schaffen, in der sich diese Vorstellungen halten konnten (Rieff 1987: 152; Didion 1987). Ihre Mitglieder leben wie in einer Zeitkapsel und "they made it a virtual certainty that *la Cuba de ayer* would go on existing, if only in this re-created form, north of the Florida Strait and South of Fort Lauderdale" (Rieff 1993: 126). Dieser Verherrlichung des vorrevolutionären Kubas entspricht auf der anderen Seite die Verteufelung des heutigen, symbolisiert durch Castro, der als das personifizierte Böse erscheint, und den Kommunismus.

Dieses durch die frühe Generation der Migranten fest etablierte Bild bestimmt auch in den 90er Jahren noch den Diskurs. Abweichende Meinungen haben es unverändert schwer sich dagegen durchzusetzen; wenn sie auch nicht mehr mit Bombendrohungen und Attentaten bekämpft werden, wird doch massiver Druck ausgeübt. "Dissent is not tolerated in Cuban Miami. Even in the 1990s, [...] anyone who speaks out for accomodation with Castro faces the danger of public denunciation and ostracism" (Suro 1999: 167). Aber Gruppen wie die 1992 gegründete "Cuban American Defense League", die sich für das Recht auf Meinungsfreiheit im Dade *County* – nicht etwa in Kuba – und für freien Reiseverkehr und Dialog mit Kuba einsetzt, sind immer wieder heftigen Angriffen ausgesetzt. Die kubanisch-amerikanische Anwältin Magda Montiel, die 1994 während eines Besuchs in Kuba in einer Videoaufzeichnung zu sehen war, wie sie Fidel Castro auf die Wange küsste, ist seitdem in Miami *persona non grata*. Das sonst sehr populäre Musikerehepaar Gloria und Emilio Estefan sah sich massiven Angriffen und dem Vorwurf des Verrats ausgesetzt, als es sich dafür aussprach, im Rahmen eines Kongresses auch kubanische Musiker, die in Kuba leben, auftreten zu lassen (*Miami Herald* 8.12.1997). Warnend wurde auf das Schicksal des Restaurants "Centro Vasco" hingewiesen, das 1996 abbrannte, nachdem die Besitzer sich geweigert hatten, das Gastspiel mit der auf der Insel lebenden Bolero-Sängerin Rosita Fornés abzusagen.

Dieser Versuch der ersten Exilgeneration, ihre politische Linie durchzusetzen, führt zum Teil zu schwer nachvollziehbaren Aktionen. Obwohl sich die kubanische Gemeinschaft in ihrer überwältigenden Mehrheit zum katholischen Glauben bekennt und der sonntägliche Messebesuch bei Angehörigen der Oberschicht durchaus üblich ist, war die Haltung gegenüber dem Papstbesuch in Kuba recht ambivalent, da eine Aufwertung Fidel Castros durch diesen Besuch befürchtet wurde. Deshalb wurde seitens der Exilgemeinde massiv gegen das von der Diözese Miami gecharterte Schiff agitiert, das Pilger direkt von Miami nach Havanna bringen sollte. Die Reise wurde nach massivem Druck abgesagt – dazu gehörte die Drohung reicher kubanischer Geschäftsleute, keine Spenden mehr zu leisten, sowie eine Massendemonstration in Little-Havanna, die noch einmal beeindruckend die Mobilisierungskraft der alten Männer zeigte. Der Politikwissenschaftler Max Castro schreibt in einer Kolumne des *Nuevo Herald* (12.12.1998):

> Ich gestehe, dass ich manchmal Angst gehabt habe, obwohl ich eigentlich nicht gerade eine ängstliche Person bin. Aber ich habe sie gefühlt, wenn ich etwas geschrieben oder gesagt oder getan habe, das nicht dem falschen Konsens entsprach, den in dieser Stadt diejenigen, die es wagen, im Namen aller Kubaner zu sprechen, uns aufzuzwingen versuchen, als ob wir eine monolithische Masse wären und als ob die, die nicht wie sie denken, ihre Nationalität damit aufgäben (Castro 1998: 15).

Als der Politikwissenschaftler Dario Moreno, Professor an der Florida International University, nach dem erwiesenen Wahlbetrug und den Korruptionsfällen anlässlich der Bürgermeisterwahlen 1997 in Miami, bei denen zwei kubanisch-amerikanische Kandidaten gegeneinander antraten, in einer Radiosendung bemerkte, Miami sei eine Art Bananenrepublik und die Miami-Kubaner hätten die politische Korruption zu einer "hohen Kunst verfeinert", schlugen in allen Medien die Wellen hoch. Osvaldo Soto, Präsident der Spanisch-Amerikanischen Liga gegen Diskriminierung (SALAD) nannte ihn einen *cubano arrepentido*, sprach ihm damit ab, überhaupt noch Kubaner zu sein. Ein kubanisch-amerikanischer republikanischer Kongressabgeordneter verlangte vom Präsidenten der Universität, ebenfalls Kubaner, Moreno zu relegieren (*Miami Herald* 20.01.; 22.1.; 26.1.1998).

Es ließen sich zahlreiche weitere Beispiele nennen. Meines Erachtens deuten diese Ereignisse auf zweierlei hin: zum einen darauf, dass die Kultur der Einschüchterung zwar immer noch funktioniert, zum anderen zeigen sie aber, dass die Divergenzen innerhalb der Enklave zugenommen haben. Zwar war das kubanische Miami dem Einheits-Diskurs zum Trotz nie eine homogene Gruppe, sondern es waren von Anfang unterschiedliche Interessen vorhanden (Croucher 1997: 102-141), die zu heftigen Auseinandersetzungen, massiven Drohungen bis hin zu Attentaten und Morden führten (Azicri 1981: 64f.) Schon 1978 konnte zum Beispiel die Aufnahme des Dialogs zwischen Teilen der kubanischen Diaspora und der kubanischen Regierung und das Abkommen, das wechselseitige Familienbesuche erlaubte, trotz der Ermordung zweier *dialogueros*, wie die Befürworter des Dialogs apostrophiert wurden (Pérez 1992: 100), nicht verhindert werden, ebenso wenig, dass viele Miami-Kubaner diese Reisemöglichkeit auch wahrnehmen; aber die Bedrohungen des Diskurses der Einheit sind inzwischen wesentlich vielschichtiger geworden.

Eine wichtige Rolle in diesem Prozess der Differenzierung spielte der Zuzug der *marielitos*, nicht nur wegen ihrer anderen sozialen und ethnischen Zusammensetzung, sondern vor allem wegen einer anderen Haltung zu Kuba. Alle nach 1980 gekommenen Migranten bis hin zu den *balseros* der 90er Jahre brachten mehrheitlich ein sehr viel differenzierteres und realistischeres Bild von Kuba mit, sowohl dem vorrevolutionären als auch von dem Kuba nach 1959. Sie verteufelten nicht alles im revolutionären Kuba, sondern sahen durchaus die Errungenschaften der Revolution. Die meisten mussten allerdings schnell lernen, darüber besser zu schweigen, denn fast alle Neuankömmlinge waren zunächst auf Hilfe der Enklave bei der Suche nach einem Arbeitsplatz oder einer Wohnung angewiesen und diejenigen, die aufgrund ihrer politischen und ökonomischen Macht über den Zugang dazu bestimmen, sind die Migranten der ersten Stunde. Also schweigt die Mehrheit lieber und legt zur Not öffentliche Lippenbekenntnisse ab, anstatt berufliche Risiken einzugehen oder in den Verdacht zu geraten, Agent Fidel Castros zu sein. Aber die Neuankömmlinge veränderten trotzdem das Klima. Diese Generation von Migranten will kubanische Musik hören, auch wenn die Musiker auf Kuba leben, sie interessiert sich für die Baseball-Ergebnisse ihrer alten Vereine in Kuba, auch wenn sie gleichzeitig die Erfolge der kubanisch-amerikanischen Sportstars bejubelt. Vor allem aber wollen diese Migranten engen Kontakt zu ihren Familien in Kuba aufrechterhalten und sie ökonomisch unterstützen. So schicken alle, die es irgendwie können, Geld und Konsumgüter nach Kuba und besuchen so oft wie möglich ihre Familien. Experten der CEPAL schätzen die jährlichen Überweisungen der Exilkubaner auf ca. 800 Millionen US-Dollar (*El Nuevo Herald* 10.9.1997; Díaz-Briquets/Pérez-López 1997). Gleichzeitig befürwortet nach offiziellen Umfragen immer noch eine Mehrheit das Handelsembargo, allerdings mit abnehmender Tendenz: Je kürzer die Migranten in den USA sind, desto eher lehnen sie das Embargo ab.[10]

Es besteht eine offensichtliche Diskrepanz zwischen Öffentlichem und Privatem, zwischen dem Gesagten und dem Gedachten, und das Handeln ist widersprüchlich. Gina, eine 28-jährige Interviewpartnerin, seit drei Jahren in Miami, meinte über ihren Arbeitgeber:

> Wir haben ein Sprichwort: Zwischen Sagen und Tun besteht eine tiefe Kluft. Was soll ich mir Probleme suchen? Meinen Chef werde ich sowieso nicht ändern. Also bin ich still, höre mir seine Tiraden gegen Kuba an und mache, was ich will.

Trotz des Anpassungsdrucks ist der ständige Zustrom von Neueinwanderern ein wichtiger Faktor des Wandels in der kubanischen Gemeinschaft (Díaz 1994). Sollte das Migrationsabkommen zwischen Kuba und den USA, das jährlich 20.000 Zuwanderer aus Kuba vorsieht, erfüllt werden, ist zu erwarten, dass sich der Einfluss dieser Einstellungen verstärken und der Übergang von *exiles to immigrants* beschleunigen wird.

Stärker jedoch als durch die Zuwanderung werden die Veränderungen in der kubanischen Diaspora durch die Ablösung der Generationen vorangetrieben. Die "1,5-Generation" (Pérez Firmat 1994: 4), die im Kindesalter in die USA gekommen und dort sozialisiert worden ist, und die zweite Generation, die als Kinder kubanischer Eltern in den USA geboren wurde, sind dabei, diese Generation abzulösen. Duany beschreibt diesen Prozess als eine Bewegung "from the Cuban *ajiaco* to the Cuban-American Hyphen" (Duany 1997).

Pérez-Firmat, selbst ein Angehöriger der 1,5-Generation, unterscheidet in Anlehnung an Fernando Ortiz drei Aspekte von Kubanität (Pérez-Firmat 1997: 2-8): *Cubanidad* hat demnach vorwiegend mit der Nation zu tun, mit Staatsbürgerschaft und Einheitlichkeit. *Cubanidad* kann man jemandem absprechen; selbst wenn jemand in Kuba geboren ist, kann man ihn beschuldigen, kein Kubaner mehr zu sein, was nichts anderes heißt, als dass er anders denkt bzw. das Falsche denkt. *Cubaneo* dagegen ist etwas Äußerliches,

---

[10] Vgl. www.fiu.edu/orgs/ipor/cubapoll/Q10.H

das sind Gesten, Sprache, Essen, Musik, im Ausland das beste Mittel gegen Fremdheit. Der Begriff, den Pérez-Firmat als umfassenderen daneben setzt, ist *cubanía*. *Cubanía* hat mit Gefühl, mit Innerlichkeit zu tun und deshalb kann man sie niemandem absprechen, was für die Identität der 1,5-Generation bestimmend ist. Man fühlt sich als Kubaner, muss es aber nicht unbedingt nach außen zeigen: "It is not an afterthought but a decision." *Cubanía* ist die Haltung derer, die nie Gelegenheit hatten, ein patriotisches Bewusstsein auf der Insel zu entwickeln. Während eines Vortrags in spanischer Sprache im Rahmen der Buchmesse in Miami im November 1997 sagte er: "*Cubanía* ist für mich eine Nationalität, für meine Kinder eine Ethnizität." Und die Journalistin Liz Balmaseda, ebenfalls dieser Generation angehörig, schreibt:

> It is the inner rush that moves us to play old Havana music, to find the South Beach charm in our grandpa's guayaberas, to infuse our vocabulary with Cuban food analogies, to believe, there is a particular truth to be found in the elusive smoke of Cuban cigars. Inevitably, we discover the substance beneath the surface. This identity hunt is not about finding who we are in Miami. It is [...] about finding who we could have been had we stayed in the other world. We discover we have parallel lives, the one here and the one we might have had in Cuba (*Miami Herald* 24.12.1997).

Die Angehörigen dieser Generation fühlen sich nostalgisch überwiegend noch als Kubaner, aber für die jüngeren unter ihnen gilt schon, dass ihre kubanische Identität weitgehend auf den Erinnerungen ihrer Eltern basiert, nicht auf eigener Erfahrung. "They acquire their attitudes like an infection, through contact", formulierte die kubanisch-amerikanische Schriftstellerin Achy Obejas auf einer Konferenz der Florida International University im Oktober 1997. Sie sind aufgewachsen mit zwei nahezu biblischen Geschichten, aus der Zeit im Paradies und der von der Vertreibung aus dem Paradies. Viele dieser Generation lehnen es ab, nach Kuba zu reisen, solange Fidel Castro noch lebt (Pérez-Firmat 1995), viele versuchen jedoch auch, sich ein Bild vor Ort zu machen. "Mein Vater hatte mir immer wieder von der Heimat erzählt, alles war absolut perfekt. Ich war dann regelrecht geschockt über die Zustände dort. Da gehöre ich mit Sicherheit nicht hin. Ich könnte mir wirklich nicht vorstellen, dort je zu leben", beschreibt Elena in einem Interview die in Kuba erfahrene Fremdheit. Auch wenn sie die Häuser ihrer Eltern besuchen und sie heruntergekommen und von anderen besetzt vorfinden, erweckt das kaum Rachegefühle oder die unbändige Wut, die viele der Älteren noch spüren (Ojito 1998). Meinungsumfragen zeigen, dass sie mehrheitlich für den Dialog mit denen auf der Insel eintreten und an einem friedlichen Übergang zu einem neuen Kuba mitwirken wollen – wenn sie sich überhaupt noch dafür interessieren. Laut einer Umfrage der Florida International University aus dem Jahre 1997 befürworten 74% der jüngeren Kubaner den Dialog, gegenüber 33% der über 65-jährigen.[11]

Die Angehörigen der zweiten Generation sind endgültig zu *Cuban-Americans* geworden.[12] Sie wollen stärker als ihre Eltern ausgehend vor beiden Identitäten sprechen, sie wollen einen Unterschied machen, gegenüber den *Anglos* und auch gegenüber den anderen Latinos. Und es gibt in der Tat einen Unterschied in der Art wie sie handeln, wie sie schreiben, Musik, Theater und Filme machen. Vor allem in kreativer und künstlerischer Arbeit zeigt sich der Unterschied – und die *Cuban Americans* nutzen ihn als Ressource, als eine Art "ethnisches Kapital" für ihre Arbeit. Die Musik von Willy Chirino oder Gloria Estefan ist nicht die von Benny Moré, das kubanische Essen wird verändert, die traditionellen Feste werden neu interpretiert oder die Jüngeren bleiben weg; die YUCAs, die *Young Urban Cuban-Americans*, haben dezidiert andere Interessen als die Generation ihrer Eltern und vor allem Großeltern. In dieser Generation wird zweifellos der endgültige Übergang von der Identität des Exils zu der einer ethnischen Minderheit vollzogen werden, als ethnische Gemeinschaft aber werden die Kubaner in den USA auf absehbare Zeit bestehen bleiben.

Der Generationswechsel vollzieht sich allerdings keineswegs ohne Konflikte und die erste Migrantengeneration versucht, auf allen Ebenen durch massive Einflussnahme die Identität des Exils und die ideologische Disziplin in ihrem Sinne aufrechtzuerhalten. Eine wichtige Rolle kommt dabei den Medien zu (Soruco 1996), allen voran den zahlreichen Radiostationen wie "Radio Mambí" oder "La Cubanísima", die sich in der Hand der ersten Migrantengeneration befinden und unermüdlich daran arbeiten, das *Cuba de ayer* wach zu halten, und gleichzeitig versuchen, ihrer anti-kommunistischen Botschaft auch in der Lokalpolitik weiterhin Gehör zu verschaffen.

Die politische Absicherung der Interessen der kubanischen Diaspora über die eigene ethnische Gruppe hinaus erfolgt auf lokaler und nationaler Ebene durch breite Beteiligung und Einflussnahme über Wahlen und Lobbygruppen, allen voran die 1981 gegründete einflussreiche *Cuban-American National Foundation* (CANF), deren Gründer und Präsidenten Jorge Mas Canosa bis zu seinem Tode im November 1997 Ambitionen auf die Prä-

---

[11] Vgl. www.fiu.edu/orgs/ipor/cubapoll/Q7.H
[12] In einer Umfrage gaben 1994 59,3% an, sich als *Cuban-Americans* zu fühlen, 33,1% als Amerikaner (Portes/Rumbaut 1996: Table 35).

sidentschaft Kubas nachgesagt wurden. Ihren politischen Einfluss haben die Kubaner vor allem dadurch gesichert, dass sie in sehr viel höherem Maße als andere Latinos die US-Staatsbürgerschaft angenommen haben und das dadurch erworbene Wahlrecht auch häufiger und gezielter ausüben (Portes/ Mozo 1986). Offensichtlich wurde nie ein Widerspruch darin gesehen, den Anspruch zu erheben, die "wahren Kubaner" zu sein und gleichzeitig US-Bürger zu werden. Es wurde im Gegenteil als Möglichkeit interpretiert, im Interesse Kubas, wie es die Diaspora definiert, Einfluss auf nationale und lokale Politik zu nehmen.

Eine zentrale Funktion kommt, sowohl was den Einfluss innerhalb der kubanischen Gemeinschaft als auch auf die Außenpolitik der USA betrifft, außerdem der "symbolischen Politik" (Stack/Warren 1990) des Exils zu, die ebenfalls von der frühen Migrantengeneration orchestriert wird. Die Auseinandersetzungen um den kubanischen Jungen Elián González, die seit Ende 1999 die politische Diskussion in Miami bestimmt und die internationalen Medien erreicht hatten, zeigen, wie erfolgreich diese Politik und wie groß der Einfluss dieser Generation noch ist. Der Junge, dessen Mutter bei dem Versuch, Kuba in einer *balsa* aus zusammengezurrten Traktorreifen zu verlassen, umgekommen ist, wurde nach seiner Rettung von einem Onkel zweiten Grades aufgenommen. Nach US-amerikanischem und internationalem Recht gehörte das Kind ohne Zweifel zu seinem Vater nach Kuba statt zu unbekannten Verwandten nach Miami, auch die US-Einwanderungsbehörde INS, Präsident Clinton sowie die Mehrheit der Bevölkerung waren dieser Ansicht. Die kubanischen Exilgruppen waren jedoch imstande, ihre Anhänger so effektiv zu mobilisieren, dass die Rückkehr des Jungen durch das Ausschöpfen aller juristischen Tricks auf der einen Seite und massive politische Einflussnahme durch kubanische Lobbygruppen, insbesondere die CANF, verzögert werden konnte und die kubanisch-amerikanischen Kongressabgeordneten in Washington in der Lage waren, nicht nur die Miami-Kubaner zu mobilisieren, sondern sich auch auf der Ebene der nationalen Politik Gehör zu verschaffen.

Selbst die Präsidentschaftskandidaten beider Parteien sahen sich veranlasst, Stellung zu beziehen. Nachdem sich der Kandidat der Republikaner George Bush auf die Seite der Exilkubaner gestellt hatte, sah sich auch der demokratische Bewerber Al Gore bemüßigt, sich ebenfalls für einen Verbleib des Jungen "in der Freiheit" auszusprechen, statt ihn in das kommunistische Unterdrückungsregime zurückzuschicken. Hier scheint die letzte Schlacht gegen den Kommunismus geschlagen zu sein. Das Befinden und der Wille des Kindes spielten in der Auseinandersetzung keine Rolle (*Miami Herald* täglich seit dem 26.11.1999).

Die Ereignisse zeigen, wie groß der Einfluss der Generation der Verbitterten noch ist, wie sehr sie noch die öffentliche Meinung bestimmen und dazu zwingen können, abweichende Meinungen zu verschweigen und zu verschleiern. Trotzdem ist nicht zu übersehen, dass diese Gruppe an Einfluss verliert. Es ist nur eine kleine Gruppe, die an den Protestaktionen wirklich teilnimmt, es sind nur sehr wenige, die sich öffentlich äußern, und der Ton einflussreicher kubanisch-amerikanischer Politiker wie Alex Penelas, Bürgermeister von Miami-Dade, Joe Carollo, Bürgermeister der Stadt Miami, oder der Kongressabgeordneten Ileana Ros-Lehtinen ist anders, als es der von Mas Canosa war. Selbst viele der Älteren, die weiterhin vom *Cuba de ayer* träumen, geben zu, dass sie wohl auch nicht in ein Kuba ohne Fidel zurückgehen werden. Miami ist auch für diese Generation so etwas wie Heimat geworden, in Miami steht das eigene Haus, die medizinische Versorgung ist gesichert, aber vor allem leben die Kinder und Enkel dort. Laut einer Umfrage sagten selbst von den in Kuba Geborenen nur 39%, dass sie nach dem Sturz Fidel Castros zurück wollten (Portes/Stepick 1993: 219). Wahrscheinlicher, als dass nach einem politischen Wechsel Kubaner aus den USA massenhaft nach Kuba zurückkehren, ist, dass viele Inselkubaner nichts anderes wollen, als 40 Jahre sozialistische Mangelwirtschaft hinter sich zu lassen und ein neues Leben in Florida zu suchen, wo es schon fast eine Million Landsleute gibt, die ihnen den Start erleichtern könnten.

Literaturverzeichnis

Ackerman, Holly (1996): "The Balsero Phenomen, 1991-1994". In: *Cuban Studies/Estudios Cubanos*, 26, S. 169-200.

Aguila, Juan M. del (1998): *Exiles or Immigrants? The Politics of National Identity, Occasional Papers Series*. Coral Gables: University of Miami, vol. 3, no. 7.

Alfonso, Pablo (1997): "$800 milliones del exilio son la 1ra. fuente de divisas en Cuba". In: *El Nuevo Herald*, 10.9.

Balmaseda, Liz (1997): "Play's a toast to who we are here, who we'd be there". In: *Miami Herald*, 24.12.

Behar, Ruth (Hrsg.) (1995): *Bridges to Cuba – Puentes a Cuba*. Ann Arbor: University of Michigan Press.

Benigno E. Aguirre (1975): "The Differential Migration of Cuban Social Races". In: *Latin American Research Review*, 11, S. 103-124.

Boswell, Thomas D. (1994): *A Demographic Profile of Cuban Americans*. Miami: Cuban American National Council.

Boswell, Thomas D./Curtis, James R. (1983): *The Cuban Experience: Culture, Images; and Perspectives*. Montclair/New Jersey: Rowman and Allanheld.

Boswell, Thomas D./Skop, Emily (1995): *Hispanic National Groups in Metropolitan Miami*. Miami: Cuban American National Council.

Castro, Max (1992): "The Politics of Language in Miami". In: Grenier, Guillermo J./Stepick, Alex (Hrsg.): *Miami now! Immigration, Ethnicity, and Social Change*. Gainesville etc.: University of Florida Press, S. 109-132.

— (1995): Cuba: *The Continuing Crisis*. Coral Gables: University of Miami, North-South Center Agenda Paper 13.

Clark, Juan M. (1975): *The Exodus from Revolutionary Cuba (1959-1974): A Sociological Analysis*. Miami: University of Florida, Ph.D. Dissertation.

Cortes, Carlos (1980): *Cuban Refugee Programs*. New York: Arno Press.

Conde, Yvonne M. (1999): *Operation Pedro Pan. The Untold Exodus of 14.000 Cuban Children*. New York: Routledge.

Croucher, Sheila L. (1997): *Imagining Miami. Ethnic Politics in a Postmodern World*. Charlottesville/London: University Press of Virginia.

Cuban American Policy Center (Hrsg.) (1992): *Ethnic Segregation in Greater Miami 1980-1999*. Miami: Cuban American National Council.

Díaz, Jesús (1994): "Die Zeichen des Wandels – Blick nach Miami I"; "Die Rückkehr in die Zukunft – Blick nach Miami II". In: *Frankfurter Rundschau*, 20.8.1994 und 27.8.1994.

Díaz-Briquets, Sergio/Pérez-López, Jorge (1997): "Refugee Remittances: Conceptual Issues and the Cuban and Nicaraguan Experiences". In: *International Migration Review*, 31, S. 411-437.

Didion, Joan (1987): *Miami*. New York etc.: Simon and Schuster.

Duany, Jorge (1989): "Hispanics in the United States: Cultural Diversity and Identity". In: *Caribbean Studies*, 22, S. 1-25.

— (1997): *From the Cuban ajiaco to the Cuban-American Hyphen*. Coral Gables: University of Miami, Cuban Studies Association Miami, Occasional Paper Series, vol. 2, no 8.

Fagen, Richard R./Brody, Richard M./O'Leary, Thomas J. (1968): *Cubans in Exile: Disaffection and Revolution.* Stanford: Stanford University Press.

Ferree, Myra Marx (1979): "Employment without Liberation: Cuban Women in the United States". In: *Social Science Quarterly.* Vol. 60, no. 1, S. 34-50.

García, María Cristina (1991): "Adapting to Exile: Cuban Women in the United States, 1959-1973". In: *Latino Studies Journal,* 2, S. 17-33.

— (1996): *Havana USA. Cuban Exiles and Cuban Americans in South Florida 1959-1994.* Berkeley/Los Angeles/London: University of California Press.

Geldorf, Lynn (1991): *Cubans.* London: Bloomsbury Publishing.

Gilbarg, Dan/Falcón, Luis M. (1992): "Latinos in the Labor Market: Mexicans, Puerto Ricans and Cubans". In: *Latino Studies Jounal,* vol. 3, no. 3, S. 60-87.

Greenbaum, Susan D. (1985): "Afro-Cubans in Exile: Tampa, Florida, 1886-1984". In: *Cuban Studies/Estudios Cubanos,* 15, S. 59-72.

Grenier, Guillermo J. (1992): "The Cuban-American Labor Movement in Dade County". In: Grenier, Guillermo J./Stepick, Alex, 1992: 133-159.

Grenier, Guillermo/Pérez, Lisandro (1996): "Miami Sice: The Ethnic Cauldron Simmers". In: Pedraza, Silvia/Rumbaut, Ruben G. (1996): *Origins and destinies. Immigration, race, and Ethnicity in America.* Belmont etc.: Wadsworth Publishing Company, S. 360-372.

Grenier, Guillermo J./Stepick, Alex (Hrsg.) (1992): *Miami Now! Immigration, Ethnicity, and Social Change.* Gainesville etc.: University of Florida Press.

Hall, Stuart (1991): "Old and New Identities, Old and New Ethnicities". In: King, Anthony D. (Hrsg.): *Culture, Globalization and the World System. Contemporary Conditions for the Representation of Identity.* New York, S. 41-68.

— (1998): "Cultural Identity and Diaspora". In: Rutherford, Jonathan (Hrsg.): *Identity, Community, Culture, Difference.* London: Lawrence and Wishart, S. 222-237.

Henning, Doris (1996): *Frauen in der kubanischen Geschichte. Zur Rolle der Frau im gesellschaftlichen Entwicklungsprozess Kubas.* Frankfurt/Berlin etc.: Peter Lang Verlag.

Hettlage, Robert (1993): "Diaspora: Umrisse zu einer soziologischen Theorie". In: Dabag, Mirahn/Platt, Kristin (Hrsg.): *Identität in der Fremde.* Bochum, S. 75-105.

Hoobler, Dorothy/Hoobler, Thomas (1996): *The Cuban-American Family Album.* New York/Oxford: Oxford University Press.

Isbiter, John (1996): *The Immigration Debate: Remaking America.* West Hartford/Con.: Kumarian Press.

Martinez, Anne (1998): "Hispanic non-Cubans say most friction is with Cuban Americans". In: *Miami Herald,* 8.10.1998.

Masud-Piloto, Felix Roberto (1988): *With Open Arms: Cuban Migration to the US.* Totowa NJ: Rowman and Littlefield.

— (1996): *From Welcomed Exiles to Illegal Immigrants. Cuban Migration to the US 1959-1995.* Lanham: Rowman and Littlefield.

Mesa-Lago, Carmelo (1978): *Cuba in the 1970s: Pragmatism and Institutionalization.* Albuquerque: University of New Mexico Press.

Moncarz-Percal, Raúl (1978): "The Golden Cage – Cubans in Miami". In: *International Migration Review,* 16, 160-173.

Moreno, Dario/Rae, Nicol (1992): "Ethnicity and Partnership: The Eighteenth Congressional District in Miami". In: Grenier, Guillermo J./Stepick, Alex, 1992: 186-203.

Morgan, Curtis (1998): "Language Barriers Frustrate Residents". In: *Miami Herald*, 8.10.

Ortiz, Fernando (1964): "Cubanidad y cubanía". In: *Islas*, 6: 2, S. 91-96.

Pedraza-Bailey, Silvia (1981): "Cubans and Mexicans in the United States: The Function of Political and Economic Migration". In: *Cuban Studies/Estudios Cubanos*. 11, S. 79-97.

— (1985): "Cuba's Exiles: Portrait of a Refugee Migration". In: *International Migration Review*, 19, S. 4-34.

Pérez Jr., Louis A. (1995): "The Circle of Connections: One Hundred Years of Cuba-U.S. Relations". In: Behar, 1995: 161-179.

Pérez, Lisandro (1985): "The Cuban Population in the United States: The Results of the 1980 U.S. Census of population". In: *Cuban Studies/Estudios Cubanos*, 15, S. 1-18.

— (1986a): "Immigrant Economic Adjustment and Family Organization: The Cuban Success Story Reexamined". In: *International Migration Review*, 20, S. 4-20.

— (1986b): "Cubans in the United States". In: *Annals of the American Academy of Political and Social Science*, 487, S. 126-137.

— (1992): "Cuban Miami". In: Grenier, Guillermo J./Stepick, Alex, 1992: 83-108.

Pérez-Firmat, Gustavo (1994): *Life on the Hyphen*. Austin: University of Texas Press.

— (1995): *Next Year in Cuba. A Cubano's Coming-of-Age in America*. New York: Anchor Books.

— (1997): *A Willingness of the heart: Cubanidad, Cubaneo, Cubania*. Coral Gables: University of Miami, Occasional Papers Series, vol. 2, no. 7.

Portes, Alejandro/Bach, Robert L. (1985): *Latin Journey: Cuban and Mexican Immigrants in the United States*. Berkeley: University of California Press.

Portes, Alejandro/Curtis, John W. (1987): "Changing Flags: Naturalization Patterns and its Determinants among mexican Immigrants". In: *International Migration Review*, 21, S. 352-371.

Portes, Alejandro/Mozo, Rafael (1986): "The Political Adaptation Process of Cubans and Other Ethnic Minorities in the United States: a Preliminary Analysis". In: *International Migration Review*, 19, S. 35-63.

Portes, Alejandro/Rumbaut, Ruben G. (1996): *Immigrant America. A Portrait*. Berkeley/Los Angeles/London: University of California Press.

Portes, Alejandro/Stepick, Alex (1993): *City on the Edge. The Transformation of Miami*. Berkeley: University of California Press.

Portes, Alejandro/Clark, Juan M./Lopez, Manuel M. (1981): "Six years Later: The Process of Incorporation of Cuban Exiles in The United States: 1973-1979". In: *Cuban Studies/ Estudios Cubanos*, 11, S. 1-24.

Portes, Alejandro/Clark, Juan M./Manning, Robert D. (1985): "After Mariel: A Survey of the Resettlement Experiences of 1980 Cuban Refugees in Miami". In: *Cuban Studies/Estudios Cubanos*, 15: 2, S. 37-59.

Poyo, Gerald I. (1991): "The Cuban Experience in the United States, 1865-1940: Migration, Community, and Identity". In: *Cuban Studies/Estudios Cubanos*, 21, S. 19-36.

Prieto, Yolanda (1984): *Reinterpreting an Immigration Success Story: Cuban Women, Work, and Change in a New Jersey Community*. New Brunswick/New Jersey: Rutgers University, Ph.D. Dissertation.

— (1987): "Cuban Women in the U.S. Labor Force: Perspectives on the nature of Change". In: *Cuban Studies/Estudios Cubanos*, 17, S. 73-91.

Rieff, David (1987): *Going to Miami. Exiles; Tourists, and Refugees in the New America*. Boston/Toronto: Little, Brown.

— (1993): *The Exile. Cuba in the Heart of Miami*. New York etc.: Simon und Schuster.

Rogg, Eleanor Meyer (1980): "The Influence of a Strong Refugee Community on the Economic Adjustment of its Members". In: Cortés, Carlos E. (Hrsg.): *Cuban Exiles in The United States*. New York: Arno Press.

Santiago, Fabiola (1998): "Embracing Miami as Home". In: *Miami Herald*, 15.02.

Soruco, Gonzalo (1996): *Cubans and the Mass Media in South Florida*. Gainesville: University of Florida Press.

Stack Jr., John F./Warren, Warren L. (1990): "Ethnicity and the Politics of Symbolism in Miami's Cuban Community". In: *Cuban Studies/Estudios Cubanos*, 20/1990, S.11-28.

Suro, Roberto (1999): *Strangers among Us. Latino Lives in a Changing America*. New York: Vintage Books.

Triay, Victor Andres (1998): *Fleeing Castro. Operation Pedro Pan and the Cuban Children's Program*. Gainesville: University Press of Florida.

Matthias Perl

Die Sprachsituation in Kuba

1. Die externe Sprachgeschichte des Spanischen auf Kuba

Kuba gilt als spanischsprachiges Land ohne Minderheitensprachen.[1] Während die Verfassung von 1940 noch einen Hinweis auf die offizielle Sprache enthält ("El idioma oficial de la República es el español"), wurde diese Information in den Verfassungen von 1959 und 1976 getilgt (vgl. Berschin 1982: 202f.).

Die Spanier betraten am 28. Oktober 1492 die Nordostküste Kubas und trafen im Laufe der Kolonialisierung der einheimischen Indianerbevölkerung auf unterschiedliche Gruppen, die in relativer kurzer Zeit ausgerottet wurden, obwohl deren Versklavung offiziell untersagt war. Als älteste indianische Bevölkerungsgruppe auf Kuba werden die *guanahatabeyes* angesehen, die als Fischer und Sammler die Küstengebiete bewohnten. Von den einige Jahrhunderte vor der Entdeckung durch die Spanier vorgedrungenen arawakischen *siboneyes* waren die *guanahatabeyes* in den Westteil der Insel abgedrängt worden. Die *siboneyes* kannten bereits den Ackerbau und die Töpferei und unterhielten einen lebhaften Tauschverkehr mit den benachbarten Inseln.

Bei Ankunft der Spanier soll es auf Kuba eine indianische Urbevölkerung von ca. 60.000 bis 200.000 Personen gegeben haben, die aber bereits im Jahre 1532 auf 5.000 reduziert war. Die Zwangsarbeit in den Goldminen und die grausame Ausbeutung, das Einschleppen bis dahin auf Kuba unbekannter Krankheiten und die Ermordung geflohener Indianer führte zu dieser drastischen Reduzierung der einheimischen Bevölkerung. Zwar gibt es heute noch im kubanischen Osten Einwohner mit indianischen Merkmalen, die Sprachen der kubanischen Ureinwohner starben jedoch in kürzester Zeit aus.[2] Später wurden aus benachbarten Regionen indianische Arbeitskräfte nach Kuba geholt (z.B. aus Florida, von den Bahamas und aus Yucatán).

---

[1] Vgl. Berschin/Fernández-Sevilla/Felixberger (1987: 18). Die Autoren nehmen für Kuba einen Anteil von 95% Spanischsprechenden an. Damit gehört die Insel zu denjenigen hispanophonen Ländern, die Spanisch als Nationalsprache ansehen.

[2] Vgl. Foner (1962); Valdés (1964); Zeuske (1979); Goldammer (1994); Valdés Bernal (1978; 1984; 1986; 1991).

Diese dürfen aber nicht mit der ursprünglichen Bevölkerung verwechselt werden.

Bereits im Jahre 1503 wird über die Ankunft von afrikanischen Sklaven in Kuba berichtet (De la Riva 1961). Diese mussten zunächst noch über ein katholisches Land gebracht werden, um die von der Krone geforderte entsprechende religiöse Erziehung erhalten zu haben. 1511 beginnt dann der direkte Sklavenhandel zwischen der Guineaküste und der Insel Hispaniola. 1526 kommen die ersten Negersklaven von den portugiesischen Kap Verde Inseln nach Kuba.[3] Am 25. Januar 1870 soll das letzte Sklavenschiff bei Jibacoa (Havanna) mit 600 Sklaven an Bord gelandet sein (vgl. Luciano Franco 1980: 389). Für die Zeit von 1512 bis 1763 schätzt man die legale Einfuhr von Negersklaven auf 60.000 (vgl. Luciano Franco 1986: 4), von 1762 bis 1789 kamen 37.000 (vgl. López Valdés 1986: 29), von 1790 bis 1817 ca. 250.000 und von 1817 bis 1842 ca. 300.000 (vgl. López Valdés 1936: 32 und 35) Sklaven nach Kuba. Erst 1886 wird die Sklaverei in Kuba abgeschafft.

Wenn man die illegale Einfuhr von Sklaven mit einbezieht, kann durchaus allein für Kuba eine Zahl von 800.000 angenommen werden. In der Zeit von 1810 bis 1855 gab es somit ein deutliches Übergewicht der farbigen Bevölkerung in Kuba (vgl. López Valdés 1986: 38; Perl 1991: 171).

Die Feststellung von Sidney W. Mintz (1968: 481), "generally speaking, the Hispano-Caribbean colonies were never dominated demographically by inhabitants of African origin; moreover, in these colonies movement from the social category of 'slaves' to that of 'freemen' was always relatively rapid and relatively continuous", kann für Kuba somit nicht bestätigt werden.[4]

Als Ausgleich für die Verluste aus dem zu Ende gehenden Sklavenhandel werden ab Mitte des 19. Jahrhunderts Kontraktarbeiter nach Kuba gebracht. Das weitaus größte Kontingent stellen dabei ab 1847 Chinesen. Man nimmt an, dass zwischen 150.000 und 250.000 Chinesen nach Kuba kamen. Weitere Arbeiter, besonders für die Landwirtschaft, kamen aus Indien, jedoch viel weniger als in anderen Gebieten der Karibik. Von 1899 an werden auch verstärkt Einwanderer aus dem arabischen Raum, aus Puerto Rico und Südamerika gezählt. 1920 kamen allein 35.971 Kontraktarbeiter aus Haiti, 27.088 aus Jamaika sowie 637 Einwanderer aus Syrien, 572 aus der Türkei,

---

[3] Vgl. de la Riva (1961); Mannix (1962); Curtin (1969); Perl/Schwegler (Madrid 1998).
[4] Vgl. hierzu die Auswertung umfangreicher kubanischer und US-amerikanischer Quellen in Perl (1991).

1.046 aus Indien, 2.439 aus Palästina und 9.203 aus China (vgl. Perl 1991: 172-173). Obwohl die meisten Kontraktarbeiter verpflichtet waren, Kuba nach Ablauf ihres Vertrages wieder zu verlassen, blieben doch viele im Lande.

Bemerkenswert war die massive Einwanderung von französischen Siedlern mit ihren Sklaven in die kubanischen Ostprovinzen, besonders in die Gegend um Santiago de Cuba, ab 1791. Besonders in den Jahren 1802 und 1803 kamen viele Franzosen nach Kuba. Die Gründung der kubanischen Stadt Cienfuegos erfolgte durch französische Siedler aus Louisiana. In die von Franzosen und deren Sklaven besiedelten Gebiete in Ostkuba gelangten später auch kreolophone Kontraktarbeiter aus Haiti, die nicht in ihre Heimat zurückgingen.[5]

Obwohl Kuba bereits 1492 von den Spaniern entdeckt worden war, gab es im Jahre 1518 lediglich 2.000 bis 3.000 Spanier auf Kuba. 1544 waren davon nur noch 600 bis 700 auf der Insel, da die Mehrzahl in ökonomisch attraktivere Gebiete auf dem Festland abgewandert war (vgl. Guanche Pérez 1983). Erst ab 1861 lässt sich ein sprunghafter Anstieg der weißen Bevölkerung in Kuba konstatieren, die nun aus allen Regionen Spaniens einwandert, besonders von den Kanarischen Inseln. Gab es 1827 eine weiße (aus Spanien kommende) Gesamtbevölkerung von 311.051 Personen, waren es 1899 1.052.397 (vgl. Perl 1991: 172-174).

Kuba hat heute ca. 10,7 Millionen Einwohner. Für die Sprachentwicklung war es nicht unbedeutend, dass von den ca. eine Million im Ausland lebenden Kubanern der größte Teil der früheren kubanischen Mittel- bzw. Oberschicht angehörte.

2. Die Herausbildung des kubanischen Spanisch

Das Spanische auf den drei großen Antilleninseln (Kuba, Puerto Rico, Dominikanische Republik) sowie in den karibischen Küstengebieten Kolumbiens und Venezuelas kann heute als eine der regionalen amerikanischen Varietäten angesehen werden. Während noch Henríquez Ureña (1921) das amerikanische Spanisch aufgrund der indianischen Substrateinflüsse in Dialektzonen aufteilt und für die Karibik einen aruakisch-karibischen Einfluss auf die dortige Sprachvarietät annimmt, gilt diese Auffassung heute als überholt, da die Indianersprachen auf den Großen Antillen in kürzester Zeit mit der Eliminierung ihrer Sprecher erloschen sind und praktisch keinen

---

[5] Zur französischen Präsenz in Ostkuba vgl. Badura (1971); Perl (1981; 1994).

Einfluss auf das Spanische ausüben konnten, wenn man von einigen wenigen noch heute vorhandenen lexikalischen Einheiten absieht.

Viel wichtiger scheint die Besiedlung durch Spanier aus allen Regionen Spaniens zu sein. Obwohl es in der Frühphase der Besiedlung eine Dominanz von Südspaniern gegeben hat, kamen später Einwanderer aus allen Gebieten in die Karibik. Es erscheint daher plausibel, wenn der spanische Romanist Germán de Granda von einem Prozess der *koineización* ausgeht, d.h. im Kontakt von verschiedenen Sprachen und Dialekten Spaniens untereinander wurden stark markierte sprachliche Phänomene abgebaut, so dass sich eine Spanischvarietät entwickelte, die nicht auf eine einzige Region Spaniens zurückgeführt werden kann.[6] Besonders wichtig für die Sprachentwicklung in Kuba waren die massiven Einwanderungen im 19. Jahrhundert und die starke Präsenz von Afroamerikanern, die zeitweise mehr als 50% der Bevölkerung ausmachten.

Während es bis zum 18. Jahrhundert keine Hinweise auf Besonderheiten des kubanischen Spanisch gibt, lassen metalinguistische Aussagen der Mönche Fray Pedro Espínola ("Memoria sobre los defectos de pronunciación de nuestro idioma y medios de corregirlos") und Fray José María Peñalver ("Memoria que promueve la edición de un diccionario de la Isla de Cuba") im Jahre 1795 darauf schließen, dass man sich nun der Eigenentwicklung des Kubaspanischen bewusst wird (vgl. Perl 1993).

Mit der regelmäßigen Publikation des *Papel periódico de La Habana* (ab 1790) beginnt eine Einflussnahme auf die Sprachentwicklung über die Presse und durch Gründung der "Real Sociedad Patriótica de Amigos del País" (1793) über kulturelle Institutionen. Während das puristische Sprachideal in der Grammatikographie fortgeführt wurde, trug man der sich nun selbständig entwickelnden kubanischen Sprachvarietät auf lexikographischem Gebiet Rechnung. Esteban Pichardo y Tapia legte 1836 sein *Diccionario provincial casi razonado de vozes y frases cubanas* vor und schuf damit ein Modell für

---

[6] Vgl. de Granda (1994). Die von Choy López geäußerte Vermutung, "Aunque la disminución de los aruacos fue muy abrupta en el siglo XVI cubano, estos pobladores no desaparecieron del todo en este período, por lo cual desempeñaron un importante papel en el mestizaje inicial de la Isla y dejaron una importante huella en [sic] léxico del país, sobre todo en la toponimia", steht bisher außerhalb der akzeptierten Meinung der Historiker. Wenn man bedenkt, dass im brasilianischen Portugiesisch ca. 10.000 Wörter indianischen Ursprungs sind, kann man bei weniger als 500 im kubanischen Spanisch wohl nicht von einem wichtigen Einfluss sprechen. Vgl. Choy López (1999: 153). Zur Einwanderung von den Kanarischen Inseln vgl. u.a. Jesús Guanche Pérez (1992) und Pérez Vidal (1991).

die Beschreibung anderer Varietäten des Amerikaspanischen (vgl. Perl 1993: 272). Die stärker werdenden Bestrebungen nach politischer Unabhängigkeit führen nun auch zu zahlreichen Publikationen, die die Vorbildwirkung des iberischen Spanisch nicht mehr anerkennen. Der Nationalstolz zeigt sich auch in der konsequenten Entwicklung einer kreolischen Sprachvarietät, worunter man zu dieser Zeit die eigenständige kubanische Varietät des Spanischen verstand. Juan I. de Armas stellt hierzu fest: "No puede el esfuerzo humano contener la formación, el enriquecimiento i el gradual perfeccionamiento del lenguaje criollo" (Armas 1977: 186).

Der prominenteste kubanische Intellektuelle und Schriftsteller, José Martí, sieht die Arbeit der "Real Academia Española" als Behinderung der Sprachentwicklung in Kuba an und wendet sich auch gegen die spanische Missachtung der indigenen Kulturen und Sprachen. Obwohl Martí die Eigenentwicklungen des Spanischen in Amerika positiv bewertet, warnt er gleichzeitig vor einem Zerfall des einheitlichen Sprachgebietes.

Die USA intervenierten in Kuba unmittelbar vor Ende der siegreichen Beendigung des Unabhängigkeitskrieges der Kubaner gegen Spanien. Am 1. Januar 1899 verließ die spanische Armee Kuba und der Generalkapitän übergab das Land an den ersten US-amerikanischen Gouverneur. Neben zahlreichen politischen Konsequenzen hatte die Entwicklung Kubas zur US-amerikanischen Halbkolonie auch sprachliche Konsequenzen, da zum Beispiel ab September 1900 der obligatorische Englischunterricht in allen Schulen eingeführt wurde. Zwar gab es in Kuba (im Unterschied zu Puerto Rico und den Philippinen) keine Maßnahmen, das Spanische als Nationalsprache zurückzudrängen, die Einflussnahme auf das Bildungswesen und den Fremdsprachenunterricht war jedoch erheblich. Der Prozess der kulturellen und damit auch sprachlichen Assimilierung Kubas führte nicht zum Erfolg.

Mit dem Weggang eines großen Teils der kubanischen intellektuellen Elite nach 1959 wurde ein Prozess der sprachlichen Demokratisierung in Gang gesetzt. Bisher von der Kommunikation weitestgehend ausgeschlossene Gruppen der Bevölkerung erhielten Positionen in der Gesellschaft, die ihnen bis dahin nicht zugänglich waren. Das hatte zur Folge, dass es zwar einerseits durch die Einführung einer zehnjährigen Schulpflicht eine starke Anhebung des durchschnittlichen Bildungsniveaus gab – auch bedingt durch die fast vollständige Beseitigung des Analphabetentums –, die sich andererseits aber nicht in einer Verbesserung der Sprachkultur niederschlug. Mit Sorge wurde daher in den 80er Jahren beobachtet, dass die Wegentwicklung des kubanischen Spanisch von Varietäten anderer Länder erheblich war.

Diese Situation war Anlass für eine umfangreiche Sprachdiskussion in den kubanischen Medien, in Schulen und in den Universitäten.[7]

Aktuelle Umfragen zeigen, dass es zum Teil erhebliche Probleme beim Verstehen anderer Spanischvarietäten in Kuba gibt.[8] Diese Situation hat sich in den letzten Jahren noch weiter verschärft, da weder der Zugriff zur internationalen noch zur nationalen Presse gewährleistet ist. Die sprachliche Beeinflussung erfolgt somit fast ausschließlich über lokale und nationale Rundfunksender und über das im Umfang erheblich reduzierte Fernsehprogramm.

3. Merkmale des kubanischen Spanisch

Für das kubanische Spanisch werden folgende Phänomene im Bereich Phonetik/Phonologie als besonders typisch angesehen:

1) Existenz des *Seseo* und *Yeísmo* bei allen Sprechern.
2) Abschwächung des [r] am Silben- bzw. Wortende bzw. Neutralisierung der Phoneme [l] und [r].
3) Ausfall des intervokalischen [d] und des [d] am Wortende.
4) Aspiration des [s], die auf einer Abschwächung in der Aussprache beruht und den Lautcharakter des *-s* vollständig verschwinden lässt. Dabei ist oft eine Öffnung des vorangehenden Vokals zu beobachten.
5) [b] wird am Wortanfang als Okklusivlaut, intervokalisch als Frikativlaut [b] gesprochen.

---

[7] Vgl. hierzu die zahlreichen Diskussionsbeiträge in der kubanischen Tageszeitung *Granma* im Februar 1984. Die Diskussion zeigte, dass die Eigenentwicklung des Kubaspanischen bereits sehr weit fortgeschritten ist und besonders die Jugendsprache nicht mehr ohne weiteres verstanden wird. Auch wurde deutlich, dass ein hohes Maß an Alphabetisierung sich nicht in einer besseren Beherrschung der *norma culta* niederschlägt (vgl. hierzu Rodríguez Calderón 1985).

[8] Vgl. García González/Perl (1986). Bereits im Jahre 1976 stellte der kubanische Intelektuelle Salvador Bueno in der Tageszeitung *Granma* (8.5.1976) fest: "Todos vivimos en la inquietud de comprobar a cada instante como nuestros niños y jóvenes desprecian toda vigilancia y corrección en el lenguaje. No hablamos de elegancia o singularidad, que sería pedir mangos al guayacán. Si no se detiene el declive por el que nos deslizamos, al paso de pocos años estaremos hablando una jerga elemental, un dialecto primario que tendrá, entre otros pecados, el de cerrarnos a la necesaria comunicación con los pueblos que en América Latina y el Caribe usan nuestro mismo idioma. Ante este hecho inquietador se compruebe lo que supone el valor social de la palabra ..."

6) [r] wird apikal-alveolar realisiert. In der *norma culta* ist die bewusste Aussprache als mehrfacher alveolarer Vibrant bei gebildeten Sprechern zu konstatieren.[9]

Die Morphosyntax des kubanischen Spanisch ist bisher kaum exakt beschrieben worden, da Felduntersuchungen immer noch ausstehen.
Als typische Phänomene werden angesehen:

1) Die Bevorzugung der maskulinen Form bei Substantiven, die auch als Femininum angesehen werden können *(el calor, el hambre, el mar, el azúcar).*
2) Jedoch wird bei Tier- und Berufsbezeichnungen die feminine Form bewusst gebildet *(la tigra, la jefa, la clienta, la jueza).*
3) In der Wortbildung werden folgende Präfixe bevorzugt verwendet: *de-, des-, di-* und *a-* sowie die Suffixe *-ado, -ería, -ero, -oso, -udo* und *-ada.* Typische Diminutivsuffixe sind *-ico, -illo, -ín* und *-ito.* Augmentativsuffixe sind weniger häufig. Am meisten werden *-ón, -ote* und *-azo* benutzt.
4) Der Zeitengebrauch entspricht den im System des amerikanischen Spanisch vorhandenen Möglichkeiten. Es fällt jedoch auf, dass das *Perfecto Simple* in der gesprochenen Sprache die bevorzugte Zeit der Vergangenheit ist. Das periphrastische Futur (Bildung mit *ir*) setzt sich immer mehr durch. Das Hilfsverb *haber* wird meist in Konkordanz mit dem Prädikat verwendet: *habrán palomas, habían personas.* Die Sprecher des kubanischen Spanisch sehen diese Konkordanz nicht mehr als Normverstoß an.
5) Adjektive werden in der Umgangssprache oft auch adverbial verwendet: *cantan lindo.*
6) Das Relativpronomen *que* setzt sich immer mehr in der Umgangssprache gegen die beschreibenden Formen durch (z.B. *al cual, del cual, quien, cuyo, a quienes*).
7) Die Personalpronomen werden in Kuba häufiger verwendet als in anderen Spanischvarietäten. Wie in allen anderen Ländern Lateinamerikas bleibt *vosotros* nur noch der Anrede in religiösen Texten vorbehalten. Die Verbformen der 2. Person Plural sind unbekannt. In der Region um Camagüey sowie in Teilen der Provinz Granma (früher Oriente) hat sich der *voseo* erhalten. Ältere Sprecher verwenden dort in der vertraulichen Anrede *vos* anstatt *tú.* Der kubanische *voseo* entspricht dem Typ I der

---

[9] Zu weiteren Phänomenen vgl. Perl (1992: 553), vgl. auch Ruiz Hernández/Miyares Bermúdez (1985: 219-233).

von Rona vorgenommenen Klassifizierung und wird auch als "chilenischer Voseo" bezeichnet. Die Endungen für diesen Typ sind:

-aí(s)   -eí(s)   -í(s)
(vos cantaí)   (vos bebeí)   (vos viví) (vgl. Blanco Botta 1979).

(Das -s fällt in der gesprochenen Sprache üblicherweise aus.)

Die Lexik des kubanischen Spanisch ist gut beschrieben, wenn auch noch computerbasierte Corpora fehlen. Bereits im Jahre 1836 erscheint das erste Wörterbuch zum Kubaspanischen von Esteban Pichardo. Weitere wichtige Wörterbücher publizieren Fernando Ortiz (1923) und Esteban Rodríguez Herrera (1958/1959). Außerhalb Kubas erschienen später die Wörterbücher von Espina Pérez (1974) und Sánchez-Boudy (1978). Als neuere Werke können Alvero Francés 1976, ein zweibändiges einsprachiges Wörterbuch, das besonders den in Kuba verwendeten Wortschatz erfasst und Santiesteban 1982, ein Wörterbuch der kubanischen Umgangssprache, genannt werden.

Seit 1989 gibt es auch ein zweisprachiges Wörterbuch Kubaspanisch-Deutsch von Florian/Martínez (1989). Zum Wortschatz des Kubaspanischen gibt es auch mehrere Untersuchungen von Teilbereichen, zum Bestand an Indoamerikanismen und Afrikanismen sowie zur Präsenz von lexikalischen Einheiten aus dem Englischen und Französischen (vgl. hierzu die Angaben in Perl 1992). Hervorzuheben ist die exakte Feldstudie von Josef Dubsky zum Wortschatz des Spanischen in Santiago de Cuba (Dubsky 1977). Auch zur umgangssprachlichen Lexik und zum Slang gibt es Untersuchungen (vgl. Santiesteban 1982 und besonders Paz Pérez 1988). Eine Untersuchung aller Quellen des kubanischen Wortschatzes findet man in Perl 1980.

4. Sprachminderheiten/Minderheitensprachen in Kuba

Die verschiedenen Einwanderergruppen aus den spanischen Regionen pflegten in Kuba ihre Traditionen und gründeten Kulturzentren. Hierbei ist die starke Präsenz von Galiciern und von Einwanderern von den Kanarischen Inseln zu nennen. Im Volkstheater des 19. Jahrhunderts wurden die verschiedenen Sprachen auch zur Charakterisierung der im Stück vorkommenden Rollen benutzt.

Kuba war zu keiner Zeit ein wichtiges Auswanderungsland für nichtspanische Europäer. Lediglich die verstärkte Einwanderung von Franzosen im 19. Jahrhundert hatte sprachliche Konsequenzen, da besonders im kubanischen Osten Französisch und Haiti-Créole gesprochen wurde und beide Sprachen Einfluss auf das regionale Spanisch ausgeübt haben.[10]

Für alle anderen Europäer war Kuba meist nur das Sprungbrett, um von dort in die USA gelangen zu können. Zwar gab es Sprecher des Polnischen, Jiddischen und Portugiesischen (Kontraktarbeiter von den Azoren und Madeira). Keine dieser Sprachen wird heute noch von monolingualen Sprechern benutzt. Lediglich das Englische hatte bis 1959 eine gewisse Bedeutung, da viele US-Amerikaner in Kuba lebten und kein Spanisch sprachen. – Nach der Revolution von 1959 änderte sich diese Situation schnell.

Die Zuwanderung von Arbeitern von den umliegenden Inseln war in Kuba immer bedeutend. Obwohl nach Ablauf einer Zuckerrohrernte die meisten wieder nach Jamaika, Haiti, Curaçao oder auf andere Inseln zurückgingen, blieben Sprecher des Haiti-Créole und der englischen Kreolsprachen in Kuba. Wohl nur im Ausnahmefall blieben diese Sprecher monolingual. Kleinere Gruppen gibt es noch heute in verschiedenen Gebieten Kubas, besonders auf der Isla de la Juventud (Isla de Pinos).

Anders ist die Situation der in Kuba gebliebenen Chinesen, da noch zu Beginn der 90er Jahre ca. 3.200 Chinesen allein in Havanna wohnten und Mitglieder des dortigen Kulturvereins *Casino Chung Wah* waren (vgl. Perl/Valdés 1991: 1308 und Valdés Bernal 1987).

Die intensiven wirtschaftlichen und politischen Kontakte zur Sowjetunion führten nicht zu einer nennenswerten sprachlichen Beeinflussung. Aufgrund ihres Studiums oder eines längeren Aufenthaltes in den osteuropäischen Ländern und in der DDR gibt es noch heute viele Kubaner, die über Kenntnisse der jeweiligen Sprachen verfügen. Auch gibt es Bürger dieser Länder, die sich in Kuba niedergelassen haben. Ein nennenswerter sprachlicher Einfluss auf das Kubaspanische war jedoch damit nicht verbunden.

5. Der spanisch-afrikanische Sprachkontakt

Die Rolle der afrikanischen Sklaven und der freien Farbigen bei der Herausbildung des Kubaspanischen gehört zu den am meisten diskutierten Themen der hispanoamerikanischen Dialektologie. Für Kuba kann man annehmen, dass mindestens 800.000 afrikanische Sklaven auf die Insel gebracht worden sind, davon der Großteil in der Zeit von Ende des 18. Jahrhunderts bis Mitte des 19. Jahrhunderts. In dieser Zeit war der Anteil der farbigen Bevölkerung höher als der der europäischen. Die Sprache der Schwarzen wurde in Kuba

---

[10] Die umfangreichste Studie hierzu von Ortiz López (1998) liegt jetzt vor.

sowohl in religiösen Texten als auch in Theatertexten im 19. Jahrhundert imitiert (vgl. Perl/Schwegler 1998: 8-11).

Das folgende Textfragment ist dem Theaterstück *El Negro Cheche o Veinte Años Después* von Pedro N. Pequeño und F. Fernández entnommen, das 1868 in Havanna gedruckt und aufgeführt wurde (vgl. Perl/Schwegler 1998: 8f.).

ESCENA II.
DICHO y JOSÉ (de casaca y bomba).
José. Aquí tá yo ma mojao con sudor que agua lo rio.
Anic. Yo no le he pedido á V. cuenta de su ensopamiento sudorífico.
José. Yo tá bucando Hécule. Ese dimonio muchacho ma vá vové loco.
Anic. Y yo me alegraría con toda mi alma.
José. V. me permitirá preguntálo poque só ese alegramiento suyo, eh?
Anic. Porque es V. la causa de estos trastornamientos de familia; porque es V. un ignorante *tópico*: porque si sus *bémbicos* lábios no hubieran conquistado el *virgíneo* corazon del fruto de mis amores conyugales, no sufriría yo estos bochornos en medio de las frecuentadas calles de esta populosa capital. V. tiene la culpa de estos escándalos escandalosos. V. es la llave que ha dado cuerda á esa máquina horrísona é infernal. V. no tiene mas que sebo y manteca, dentro de su voluminoso cuerpo. V. es un indígeno ingrato y desagradecido, que no ha sabido apreciar en lo que vale el honorífico honor que se le concediera, ligando sus acuáticos sentimientos con los glóbulos homehopáticos de las bóvedas incógnitas y sensibles de mi desgraciada hija. V. es un pusilánime. A V. le falta lo que me sobra á mí. V. no tiene carácter para gobernar á ese *cheche*, vergüenza y mengua de mi prosápia. Me retiro altamente avergonzado, confiando en que mi predicamento surtirá el debido efecto. *(Vase por la puerta derecha).*

Die im Stück vorkommenden Farbigen José (ein aus Afrika gekommener, noch nicht adaptierter Negersklave) und Aniceto (ein bereits in der zweiten Generation in Kuba befindlicher akkulturierter *negro ladino*) werden durch ihre benutzte Spanischvarietät stigmatisiert.

Der zweite Text ist dem *Catecismo* des Paters Nicolás Duque de Estrada entnommen *(Doctrina para Negros. Explicación de la doctrina cristiana acomodada a la capacidad de los negros bozales)*. Dieser Katechismus erschien in erster Auflage im Jahre 1797 in Havanna.[11]

No Señor: Dios no fabla mentiroso ninguno: cosa q. Dios fabla son verdad verdad.

Dios quiere una cosa? El manda, y lo q el manda se face aprisa, aprisa: ni pasa tpô, ni cuesta trabajo, y a esto se llama ser todopoderoso, q face todo lo q quiere, como quiere, y quando quiere, sin buscar quien lo ayude, ... (Laviña 1989: 78).

---

[11] Vgl. den in Spanien von Javier Laviña edierten Nachdruck (Laviña 1989).

Para explicar q. son 900as. se puede hacer por los dedos, así: 900as. es nueve veces, ó nueve viajes pasa dies años. Cien años son dies veces pasa dies años: un dies, dos dies, ... (Laviña 1989: 84).

La otra confesión para perdonar es, quando uno mismo (sin q lo confiesen por fuerza) viene con cara triste, y dice a su amo, ô á su mayoral: *Señor yo he fecho cosa malo es verdad, perdoneme su merced, pr. amor de Ds., q yo no volveré a facerlo nunca, nunca* ... (Laviña 1989: 98).

Cielo es cosa mas bueno q todo esto: ninguna gente, mas q sabe mucho, puede fablar cosa q hai en el cielo: mas q fabla cosa q nadie puede pensar (Laviña 1989: 102).

Ustedes no miran negro bozal? (Laviña 1989: 103).

Ustedes mismos no dicen ese Hombre, esa Muger esta loco? Si, porq solo una gente q tiene enfermo de loco puede facer así; Pues ustedes tambien estan locos, porq cuidan al cuerpo no mas; y no cuida el Alma.

Como Hijo son mejor q Perro, Alma mejor q Cuerpo (Laviña 1989: 109).

Aora puede ser q diga algun negro: *gente face malo y el otro rompe mi bujio lleva todo q yo tiene, el otro mata mi animal; el otro me furta mis gallinas, mis pollos, mis huevos; el otro embustero me levanta testimonio, el otro tiene malo corazon para mi*: Como yo quiero mucho gente q me face malo a mi? Como? Por q Dios quiere por q Dios manda q le faga bueno a su proximo, mas q su proximo le faga malo a el (Laviña 1989: 117).

Un negro Carabalí, q por q un Congo le furtó sus Ñames, o su Gallina, dice: "Congo furta, yo, yo también va a furtar Congo, mas q ese Congo no tiene culpa, mas q no son mismo q furtó sus ñames, ese face como Dios manda? Ese acaba su tarea?" (Laviña 1989: 118).

In den 40er Jahren dieses Jahrhunderts sammelte die kubanische Ethnologin Lydia Cabrera umfangreiche Daten über das Leben der afrokubanischen Bevölkerung. In ihren zahlreichen Publikationen finden sich immer auch zum Teil längere Textpassagen (Cabrera 1954).

Elegguá está en todas partes acechando. "El Eleggua de mi padre", me cuenta Calazán, "tenía mucho dinero para que le empinaran papalotes", es decir, los empinaran en su honor, para satisfacción del orisha, pues Elegguá es dueño de los "papalotes" — como se llama en Cuba a las cometas — "y yo se lo robaba. Elegguá se lo dice al viejo; *¿porqué tu coge owo Elégbara?* me pregunta un día que le iba a matar un gallo a Elegguá. *Si, e mimo dicí tu tá olé (robando) y é te vá agarrá pinándo su papalote. Vé gallinero: trae akukó* (un gallo). Fuí y le traje el gallo" (Cabrera 1954: 76f.).

Dice la anciana del antiguo ingenio Santa Rosa: "Ese Olóru, ese Dúddua viejo, Papa Dió del Cielo, no pasa a ori de gente. El dice tu me saluda y deja quieto yá; tu pide bendició, sigue tu camino, yo tá pá riba, riba cielo, tu ta bajo, tu son bruto, bwóbwó!" (Cabrera 1954: 77f.).

Olofi, que era el viejo más resabioso del mundo, quiso confundir a Ifá: –"Yo va sabé si su boca no jabla mentira. Yo fémma. Tu dicí viejo Olofi yá tá ñangando. Yo va sé un mueca y pone como éggun (muerto). Dícin que tá morío yo." Cada

vez que el Supremo toma la palabra en uno de estos relatos, el narrador remeda el dejo, la manera de expresarse de los negros bozales (Cabrera 1954: 86.)
"Eshu", dice Salakó, que cuando está en cátedra exagera su habla de negro bozal, "e mejó carabela de Oggú, Oggú li hace forivale. Bariga Oggú no llena, e llama Eshu. Eshu Bí tá lo quina, viene un cameó, Eshu mete en cerebro maquinero, ¡brán kráo! é mata, y Oggú come sangre derramao" (Cabrera 1954: 95f.).
Como su nganga es mixta, –buena y mala o malísima cuando le hace falta– éste es el discurso que acostumbra dirigirle S. B.

– Buenos días pa tó basura monte. Con permiso tuyo, de Dió, la Vínge santísima y con permiso Táta Fúmbe, yo vengo a buscá pa bueno, pa malo. Tó mundo quiere viví bajo la orden del sol que tá alumbrado pa tó y de Santa Bárbara bendito. Aquí le pongo Papa, su vela, su malafo, su nsunga, su simbo: mire bien su simbo ... Ya yo le pagué lo que le debo: Papá, mírelo bien, que ya yo pagué y pué recoger (Cabrera 1954: 114).

Aufgrund dieser unterschiedlichen Texte wurde erst in den letzten Jahren versucht, die Spanischvarietät der Afrokubaner zu rekonstruieren. Während es Hispanisten gibt, die von der Existenz einer sozial determinierten semikreolischen Sprachvarietät *(habla bozal)* ausgehen (Perl/Schwegler 1998; Ortiz López 1998), nehmen andere an, dass es eine solche nie gegeben hat, wie etwa López Morales 1980, Valdés Bernal 1987b und Choy Lopez 1999. Der Anteil der Farbigen an der Sprachentwicklung des Kubaspanischen wird von einigen Linguisten ausschließlich im Wortschatz gesehen. Hierbei muss jedoch betont werden, dass soziolinguistische Untersuchungen zur Sprache der afrokubanischen Bevölkerung bis vor einigen Jahren praktisch inexistent waren, wenn man von Studien zu den Resten von afrikanischen Sprachen absieht. Diese Feldstudien waren besonders für die Universidad de las Villas in Santa Clara typisch, wo unter Leitung von Ruth Goodgall de Pruna eine große Anzahl von Arbeiten in der Zeitschrift *Islas* veröffentlicht worden sind. Bereits Fernando Ortiz stellte 1924 ein *Glosario de afronegrismos* zusammen (Ortiz 1924).

6. Die linguistische Forschung zum Kubaspanischen

Obwohl es bereits Ende des 18. Jahrhunderts erste Überlegungen zur Eigenentwicklung des Kubaspanischen gab und die nationale Linguistik – im Vergleich mit anderen Ländern – gut entwickelt ist, kann man dennoch für viele Teilgebiete immer noch keine befriedigenden Untersuchungen finden. Während der Wortschatz und die Phonetik und Phonologie des Kubaspanischen vergleichsweise gut beschrieben sind, fehlen umfassende Arbeiten zur Morphosyntax und zur soziolinguistischen Variation fast völlig. Hierfür gibt es unterschiedliche Gründe. Feldstudien haben in Kuba keine Tradition. Die meisten linguistischen Arbeiten basieren daher auf Untersuchungen von schriftlichen Texten oder widmen sich Teilproblemen der allgemeinen Linguistik mit einem Bezug zum Spanischen. Wenn man weiß, dass sowohl die Untersuchungen zum Voseo in Kuba als auch zu Varietäten des Haiti-Créole in Ostkuba aus der Korrespondenz mit Schullehrern entnommen wurden, die Feldarbeiten der Universidad de las Villas in Santa Clara nicht mehr durchgeführt werden und die Arbeiten am Kubanischen Sprachatlas wegen ökonomischer und personeller Probleme eingestellt worden sind und mehrere kubanische Linguisten das Land verlassen haben, sind die Aussichten auf weitere wichtige Studien schlecht. Viele Kubaner im Ausland haben keine wissenschaftlichen Kontakte mehr zur Heimat. Die zahlreichen unveröffentlichten Graduierungsarbeiten an den kubanischen Universitäten sind meist nicht zugänglich. Selbst Kubaner im Ausland lesen die internationale Fachliteratur nur selektiv und meist nur in spanischer oder englischer Sprache (vgl. die wenigen aktuellen Angaben im neuen Buch zum Kubaspanischen von Choy López 1999). Die internationale Diskussion zum Kubaspanischen, so zum Beispiel zur Problematik eines *semi-créole*, wurde in Kuba kaum rezipiert,[12] da der Zugang zu den Fachzeitschriften fehlt. Mittlerweile gibt es jedoch auch ausländische Fachkollegen, die in Kuba Feldforschungen durchführen. Die exakte Studie zu afroamerikanischen Sprachvarietäten und zum Créole in Ostkuba von Luis Ortiz López (1998) ist hierfür ein gutes Beispiel.

Auch die kubanischen Universitäten müssen Devisen erwirtschaften. Es gab somit in den letzten Jahren eine Fülle von Tagungen und Kongressen, meist mit sehr hohen Einschreibgebühren. Die internationale Resonanz darauf blieb jedoch überschaubar. Auch die Teilnahme von kubanischen Fachkollegen an internationalen Kongressen ist immer weiter zurückgegangen. Die Gründe hierfür sind bekannt.

---

[12] Eine Ausnahme stellen die Arbeiten von Vicente Jesús Figueroa Arencibia dar, der die internationale Diskussion nicht nur verfolgt, sondern auch eigene bemerkenswerte Ergebnisse in Feldstudien in Ostkuba erzielen konnte (vgl. u.a. Figueroa Arencibia 1999).

Literaturverzeichnis

Alvero Francés, Francisco (1976): *Diccionario Manual de la Lengua Española*. Havanna: Editorial Pueblo y Educación.

Armas, Juan I. de (1977): "Orígenes del lenguaje criollo". In: Alonso, Gladys/Fernández, Angel L. (Hrsg.): *Antología de lingüística cubana*. Havanna: Editorial de Ciencias Sociales, vol. I, S. 115-186.

Badura, Bohumil (1971): "Los franceses en Santiago de Cuba a mediados del año de 1808". In: *Iberoamericana Pragensia*, 5, S. 157-160.

Berschin, Helmut (1982): "Dos problemas de denominación: ¿Español o castellano? ¿Hispanoamérica o Latinoamérica?". In: Perl 1982: 202-203.

Berschin, Helmut/Fernández-Sevilla, Julio/Felixberger, Josef (1987): *Die spanische Sprache*. München: Hueber-Verlag.

Blanco Botta, Ivonne (1979): "Der Voseo in Kuba". In: *Linguistische Arbeitsberichte*, 25, S. 27-33.

Cabrera, Lydia (1954): *El Monte. Igbo Finda*. Havanna: Ediciones C. R.

Choy López, Luis Roberto (1985): "El consonantismo actual de Cuba". In: *Anuario L/L*, 16, S. 219-233.

— (1999): *Periodización y orígenes en la historia del español de Cuba*. València: Universitat de València.

Curtin, Philip D. (1969): *The Atlantic slave trade: A census*. Madison: The University of Wisconsin Press.

Dubsky, Josef (1977): *Observaciones sobre el léxico santiaguero*. Praha: Univerzitá Karlova.

Espina Pérez, Dario (1974): *Diccionario de cubanismos*. Barcelona.

Figueroa Arencibia, Vicente J. (1999): "Rasgos semicriollos en el español no estándar de la región suroriental cubana". In: Perl, Matthias/Pörtl, Klaus (Hrsg.): *Identidad cultural y lingüística en Colombia, Venezuela y en el Caribe hispánico*. Tübingen: Niemeyer, S. 249-270.

Florian, Ulrich/Martínez, Fernando (1989): *Wörterbuch Kubaspanisch-Deutsch*. Leipzig: Enzyklopädie-Verlag.

Foner, Philip S. (1962): *A history of Cuba and its relations with the United States*. New York: International Publishers.

Franco, José Luciano (1980): *Comercio clandestino de esclavos*. Havanna: Editorial de Ciencias Sociales.

— (1986): "Esquema histórico sobre la trata negrera y la esclavitud". In: *La esclavitud en Cuba*. Havanna: Academia de Ciencias de Cuba, S. 1-10.

García González, José/Perl, Matthias (1986): "La conciencia lingüística en Cuba. Resultados de una encuesta realizada en Santa Clara". In: *Revista de Filología Románica*, IV, S. 323-327.

Goldammer, Klaus (1994): *Studien zu den Indoamerikanismen aus dem Insel-Aruak und ihrer Produktivität in der kubanischen Variante der spanischen Sprache*. Leipzig: Diss.

Granda, Germán de (1994): "El proceso de koineización en el período inicial de desarrollo del español de América". In: Lüdtke, Jens (Hrsg.): *El español de América en el siglo XVI*. Frankfurt/M./Madrid: Vervuert/Iberoamericana, S. 87-108.

Guanche Pérez, Jesús (1983): *Procesos etnoculturales de Cuba*. Havanna: Editorial Letras Cubanas.

— (1992): *Significación canaria en el poblamiento hispánico de Cuba*. La Laguna: Centro de la Cultura Popular Canaria.

Henríquez Ureña, Pedro (1921): "Observaciones sobre el español de América". In: *Revista de Filología Española*, 8, S. 357-390.

Laviña, Javier (Hrsg.) (1989): *Doctrina para negros de Nicolás Duque de Estrada. Explicación de la doctrina cristiana acomodada a la capacidad de los negros bozales*. Barcelona: Sendai.

Lipski, John M. (1994): *Latin American Spanish*. London/New York: Longman.

López Morales, Humberto (1971): *Estudios sobre el español de Cuba*. New York: Las Américas.

— (1980): "Sobre la pretendida existencia y pervivencia del 'criollo' cubano". In: *Anuario de Letras*, 18, S. 85-116.

López Valdés, Rafael L. (1986): "Hacia una periodización de la historia de la esclavitud en Cuba". In: *La esclavitud en Cuba*. Havanna: Academia de Ciencias de Cuba, S. 11-41.

Mannix, Daniel P. (1962): *Black cargoes: a history of the Atlantic slave trade*. New York: Viking Press.

Mintz, Sidney W. (1968): "The Socio-Historical Background of Pidginization and Creolization". In: Hymes, Dell (Hrsg.): *Pidginization and Creolization of Languages. Proceedings of a Conference held at the University of the West Indies, Mona/Jamaica, April 1968*. Cambridge: Cambridge University Press, S. 481-496.

Ortiz, Fernando (1923): *Nuevo Catauro de Cubanismos*. Havanna: Editorial de Ciencias Sociales.

— (1924): *Glosario de afronegrismos*. Havanna: Impr. El Siglo XX.

Ortiz López, Luis A. (1998): *Huellas etno-sociolingüísticas bozales y afrocubanas*. Frankfurt/M./Madrid: Vervuert/Iberoamericana.

Paz Pérez, Carlos (1988): *De lo popular y lo vulgar en el habla cubana*. Havanna: Editorial de Ciencias Sociales.

Pérez Vidal, José (1991): *Aportación de Canarias a la población de América*. Las Palmas: Cabildo Insular de Gran Canaria.

Perl, Matthias (1981): "La influencia del francés y del francés criollo en el español del Caribe". In: *Islas* (Santa Clara), 68, S. 163-176.

— (1991): "Gedanken zur Herausbildung der nichteuropäischen Sprachminderheiten in Kuba". In: Dow, James R./Stolz, Thomas (Hrsg.): *Akten des 7. Essener Kolloquiums über "Minoritätensprachen/Sprachminoritäten" vom 14.-17.6. 1990 an der Universität Essen*. Bochum: Brockmeyer, S. 169-188.

— (1992): "Spanisch: Areallinguistik VI. Karibik (Inselwelt)". In: Holtus, Günter/Metzeltin, Michael/Schmitt, Christian (Hrsg.): *Lexikon der Romanistischen Linguistik (LRL)*. Band/Volume VI, 1. Tübingen: Niemeyer, S. 540-558.

— (1993): "Sprachpolitik und Sprachbewusstsein in Kuba im 19. Jahrhundert". In: Strosetzki, Christoph (Hrsg.): *Akten des Deutschen Hispanistentages Göttingen 28.2.-3.3. 1991*. Frankfurt/M.: Vervuert, S. 270-276.

— (1994): "Sobre la presencia francesa y francocriolla en Cuba". In: Lüdtke, Jens/Perl, Matthias (Hrsg.): *Lengua y cultura en el Caribe hispánico*. Tübingen, Niemeyer, S. 99-108.

Perl, Matthias (Hrsg.) (1982): *Estudios sobre el léxico del español en América*. Leipzig: Enzyklopädie-Verlag.

Perl, Matthias/Schwegler, Armin (Hrsg.) (1998): *América negra: panorámica actual de los estudios lingüísticos sobre variedades hispanas, portuguesas y criollas*. Frankfurt/M./Madrid: Vervuert/Iberoamericana.

Perl, Matthias/Valdés, Sergio (1991): "Español vestigial y minorías lingüísticas en Cuba". In: Hernández, César et al.: *El Español de América*. Valladolid: Junta de Castilla y León, S. 1305-1309.

Perl, Matthias et al. (1980): *Studien zur Herausbildung der kubanischen Variante der spanischen Sprache (unter besonderer Berücksichtigung der nichtspanischen Einflüsse)*. Leipzig: Karl-Marx-Universität.

Pichardo, Esteban (1836): *Diccionario provincial casi razonado de vozes y frases cubanas*. Havanna: Imprenta El Trabajo.

Riva, Juan de la (1985): "Cuadro sinóptico de la esclavitud en Cuba y de la cultura occidental". In: *Actas del Folklore 1*, 5 Suplemento Mayo, Havanna 1961.

Rodríguez Calderón, Mirta (Hrsg.): *Hablar sobre el hablar*. Havanna: Editorial de Ciencias Sociales.

Rodríguez Herrera, Esteban (1958/59): *Léxico mayor de Cuba*. Havanna: Editorial Lex.

Ruiz Hernández, J. Vitelio/Miyares Bermúdez, Eloína (1984): *El consonantismo en Cuba*. Havanna: Editorial de Ciencias Sociales.

Sánchez-Boudy, José (1978): *Diccionario de cubanismos más usuales*. Miami: Ediciones Universal.

Santiesteban, Argelio (1982): *El habla popular cubana de hoy*. Havanna: Editorial de Ciencias Sociales.

Valdés, Antonio J. (1964): *Historia de la Isla de Cuba y en especial de La Habana*. Havanna: Comisión Nacional Cubana de la UNESCO.

Valdés Bernal, Sergio (1978): *Indoamericanismos no aruacos en el español de Cuba*. Havanna: Editorial de Ciencias Sociales.

— (1984): *Los indoamericanismos en la poesia cubana de los siglos XVII, XVIII y XIX*. Havanna: Editorial de Ciencias Sociales.

— (1986): *La evolución de los indoamericanismos en el español hablado en Cuba*. Havanna: Editorial de Ciencias Sociales.

— (1987a): *Las lenguas de Asia y el español de Cuba*. Havanna: Editorial de Ciencias Sociales.

— (1987b): *Las lenguas del Africa subsaharana y el español de Cuba*. Havanna: Editorial Academia.

— (1991): *Las lenguas indígenas de América y el español de Cuba*, tomo I. Havanna: Editorial Academia.

Zeuske, Max (1979): "Kuba". In: Markov, Walter et al. (Hrsg.): *Kleine Enzyklopädie. Weltgeschichte*, Band 1. Leipzig: Enzyklopädie-Verlag, S. 624-632.

Peter B. Schumann

Der kubanische Film im Kontext der Kulturpolitik

"Film ist Kunst" (zitiert nach Schumann 1980: 22) – das proklamierte vor ziemlich genau vierzig Jahren, am 20. März 1959, ein Gesetz, mit dem die kubanische Revolutionsregierung eine der ersten kulturpolitischen Maßnahmen realisierte. Es war ein administrativer Akt von weitreichender filmischer und kultureller Bedeutung, denn er setzte ein einzigartiges Filmgesetz in Kraft – einzigartig, weil es meines Erachtens kein anderes gibt, das den Kunstcharakter dieses Mediums derart betont. Es bildete die Voraussetzung dafür, dass aus einer bis dahin sporadischen und kolonisierten Filmproduktion sich eine eigenständige Kinematografie entwickeln konnte.

Hinzu kam – als zweites konstitutives Element – die Gründung des *Instituto Cubano del Arte e Industria Cinematográficos*, des berühmten ICAIC. Auch dies war eine singuläre Einrichtung, weil sie nicht dem beschränkten Willen von Parteifunktionären ausgesetzt war, sondern eine Art Selbstbestimmungsorgan darstellte: Die Filmemacher hatten darin weitgehend die Macht (so weit das eben in einer zentralistisch verfassten Gesellschaft möglich ist). Es war von Regisseuren und Intellektuellen gegründet worden, Regisseure übten die wichtigsten Funktionen aus (auch die der Zensur bzw. der Selbstzensur), wurden zeitweise Funktionäre, bis sie sich dann wieder in Macher verwandelten. Ein weitgehend autonomes Institut, denn an seiner Spitze befand sich mit Alfredo Guevara einer der einflussreichsten Intellektuellen des Landes, ein enger Mitstreiter Fidel Castros beim Kampf gegen die Diktatur. Er machte aus diesem Filminstitut eine Art Kulturministerium (das erst 1976 eingerichtet wurde), aber auch ein Auffangbecken für manche in Schwierigkeiten mit den Dogmatikern geratenen Künstler und Schriftsteller. Es war – über lange Jahre – eine "Insel der Seligen" – wenn dieser für eine revolutionäre Institution nicht ganz angemessene Ausdruck gestattet ist.

Ein drittes, für die filmische Entwicklung essentielles Element bleibt zu erwähnen: die erste kulturpolitische Debatte zwischen der Staatsführung und den durch den gerade proklamierten, sozialistischen Charakter der Revolution verunsicherten Künstlern und Intellektuellen. Sie fand in drei Runden zwischen dem 16. und dem 30. Juni 1961 statt, zwei Monate nach der CIA-

geführten Invasion in der Schweinebucht. Die künstlerische Elite befürchtete
– zu Recht – Eingriffe in die Ausdrucksfreiheit. Aber Fidel Castro erklärte in
seinen berühmten *Palabras a los intelectuales*: "Dentro de la revolución
todo, contra la revolución nada" (zitiert nach Schumann 1980: 39f.). Damit
war der Primat der Revolution in kulturellen und geistigen Angelegenheiten
festgeschrieben.

Das war für viele Filmemacher, Künstler, Schriftsteller auch kein Problem, denn die meisten von ihnen wollten diese Revolution, wenn auch die
wenigsten für sie persönlich gekämpft hatten. Sie verstanden sich sogar als
Avantgarde, wollten sich aber nicht von der "Retrogarde" der kommunistischen Parteidogmatiker Vorschriften über den richtigen Weg zum Realismus
machen lassen.

Das sind die drei kulturpolitischen Voraussetzungen für das, was wir bis
weit in die 70er Jahre hinein als "revolutionäres Kino Kubas" bewunderten.
Filme, die erste Erstarrungsformen dieser Revolution thematisierten wie *La
muerte de un burócrata* von Tomás Gutiérrez Alea; die auch die Schwierigkeiten mancher Intellektueller mit den gesellschaftlichen Umwälzungen zum
Ausdruck brachten wie *Memorias del subdesarrollo* von demselben Regisseur; oder die den Emanzipationsprozess der Frau als Beispiel für die notwendige Emanzipation der Gesellschaft begriffen und dafür eine kohärente
Ästhetik fanden wie *Lucía* von Humberto Solás; oder die den revolutionären
Gestus Filmsprache werden ließen wie die Kurz- und Dokumentarfilme von
Santiago Álvarez, dem ersten Internationalisten unter den Filmemachern
Lateinamerikas. Kuba, das filmische Niemandsland, zeigte der erstaunten
Filmwelt, dass eine adäquate Kulturpolitik eine nationale Kinematografie
schaffen konnte, die den filmischen Erneuerungsschub, der damals – in den
60er Jahren – in Lateinamerika einsetzte, wesentlich mit vorantreiben sollte.

In diesem ersten Jahrzehnt, in dem die kubanische Revolution von den
Bergen der Euphorie in die Mühen der Ebene finden musste, gelang jedoch
nicht nur der entscheidende Durchbruch im gesellschaftlichen Transformationsprozess der Insel, die Sicherung der sozialpolitischen Errungenschaften
trotz der sinnlosen und menschenverachtenden Blockade-Politik der USA. In
diesen Jahren des Umbruchs wurden auch die Weichen für jene politische
Entwicklung gestellt, die die Revolution deformierte und zu einem System
der Intoleranz werden ließ. Am Beispiel des Films soll dies belegt werden.

Am Anfang stand nämlich nicht nur ein vorbildliches Filmgesetz, ein
beispielloses Filminstitut und ein Credo, das einen gewissen Spielraum für
die intellektuelle Produktion schuf, sondern auch ein Verbot, das den wei-

teren kulturpolitischen Prozess schwer belastete. Im Mai 1961 wurde der 15-minütige Dokumentarfilm *P. M.* von Saba Cabrera Infante durch die Filmbewertungskommission des ICAIC für die Kinoverwertung verboten, weil man ihn als unverantwortlich und unvereinbar mit den Zielen der Revolution betrachtete. Es war eine unabhängige Produktion – so etwas gab es in dieser Anfangsphase noch –, die mit Hilfe des Fernsehkanals der Zeitung *Revolución* hergestellt und bereits ausgestrahlt worden war. Der Film zeigte ohne besondere künstlerische Ambition das nächtliche Havanna der billigen Clubs und Kneipen, der Betrunkenen und der Tagediebe, vorwiegend Schwarze und eher das Gegenbild derer, die den sozialistischen Aufbau beförderten. Mit nüchternem Blick hatte Saba Cabrera Infante, der eigentlich Maler war, hier einen Ausschnitt der Gesellschaft registriert, der so gar nicht zu der revolutionären Solidargemeinschaft und ihrer Kampfstimmung wenige Wochen nach der Invasion in der Schweinebucht passte.

Damit wurde zugleich ein Schlag gegen die Gruppe von Intellektuellen geführt, die die vielgelesene Zeitung *Revolución* und vor allem ihre wöchentliche Kulturbeilage *Lunes de Revolución* herausgab: Carlos Franqui, Guillermo Cabrera Infante, Heberto Padilla, Pablo Armando Fernández u.a. Eine Gruppe liberaler Schöngeister, die sich mehr für avantgardistische Kunst und die politischen Debatten der internationalen Linken interessierte als für die praktischen Probleme der Revolution und ihrer Kultur. Sie galt als elitär und war Dogmatikern wie Revolutionären ein Dorn im Auge.

Dieser erste Akt von Filmzensur schreckte Künstler und Intellektuelle auf. Die Gruppe von *Lunes de Revolución* sah den Stalinismus ausbrechen, und auch Revolutionäre fragten sich, ob nicht andere Möglichkeiten politischer Auseinandersetzung angemessener gewesen wären. Viele Intellektuelle empfanden dieses Verbot als einen tiefen Vertrauensbruch und befürchteten, dass die orthodoxen Kommunisten der alten PSP sich im Vormarsch befanden.

Die Regierung sah sich zum Handeln gezwungen und so kam es im Juni 1961 zu der bereits erwähnten, ersten großen kulturpolitischen Debatte. Sie führte zu einer Klärung der Verhältnisse. Fidel Castro betonte: "Die Revolution kann nicht darauf verzichten, dass alle aufrichtigen Männer und Frauen [...] sich ihr anschließen [...], auch wenn sie keine Revolutionäre sind, also auch wenn sie keine revolutionäre Haltung zum Leben haben" (zitiert nach Schumann 1980: 41f.). Es erhob sich die Frage: Was heißt "aufrichtig"?

Fidel Castro beantwortete sie damit, dass er *Lunes de Revolución* verbot. Denn keine einzelne intellektuelle Gruppe sollte über ein einflussreiches

Publikationsorgan verfügen, sondern nur die organisierte Gemeinschaft von Künstlern und Intellektuellen. Also wurde die *Unión de Escritores y Artistas de Cuba* (UNEAC) gegründet, eine Vereinigung, die nie zu einer eigenständigen Vertretung der Interessen ihrer Mitglieder werden durfte, sondern in allen kommenden Konfliktsituationen Handlangerin der Regierungspolitik blieb.

Bereits zu diesem frühen Zeitpunkt, im Jahr 1961, begann die revolutionäre Kulturpolitik zu einer Politik der Ausgrenzung all jener zu werden, deren Meinung nicht dem verordneten Dogma entsprach. Ein Krebsübel staatssozialistischer Systeme, von dem sich auch Kuba infizieren ließ. Das Credo Fidel Castros – "Dentro de la revolución todo, contra la revolución nada" – markierte einerseits einen gewissen Spielraum, wurde aber auch als Handlungsanweisung benützt, um Vertreter unerwünschter oder abweichender Haltungen mundtot zu machen oder auszuschalten.

Die Gruppe um *Lunes de Revolución* war keineswegs konterrevolutionär, sondern wurde erst durch das Verbot in die Opposition getrieben. Guillermo Cabrera Infante hat später daraus seinen maßlosen Hass entwickelt. Als dann 1966 Jesús Díaz den *Caimán Barbudo* gründete, eine Art marxistisches Nachfolgeorgan von *Lunes de Revolución*, und nun keine "schöngeistigen", sondern allzu unorthodoxe Meinungen vertrat, wurde auch er samt Redaktion entlassen und der *Caimán* für einige Zeit eingestellt. Intellektuelle Auseinandersetzungen sollten möglichst keine öffentlichen Kreise ziehen.

Bereits Mitte der 60er Jahre hatte die Revolution damit begonnen, ihre Reihen zu schließen. So wurde z.B. der Hochschulbereich ideologisch gesäubert und zwar von den so genannten Liberalen wie von den so genannten Linksradikalen, genauer gesagt: von den unorthodoxen Denkern. Die Revolution gewöhnte sich allmählich daran, ideologische Widersprüche nicht mehr auszudiskutieren, sondern stattdessen die Vertreter unerwünschter Positionen zu eliminieren. Einen besonderen Exzess an Ausgrenzung leistete sich die Regierung zwischen 1965 und 1967, als sie die so genannten UMAPs *(Unidades Militares de Ayuda a la Producción)* schuf, militärische Umerziehungslager für "sozial auffällige" Personen wie Hippies, Zeugen Jehovas und vor allem Schwule. Gerade die Homosexuellen passten den Eiferern nicht in ihr Weltbild vom klinisch reinen "Neuen Menschen". Also mussten sie aus dem Erscheinungsbild der staatlichen Institutionen verschwinden, darunter eine ganze Reihe von Schriftstellern und Künstlern. Auch Pablo Milanés, heute einer der bedeutendsten Sänger Kubas, landete damals in einem der UMAPs.

Von diesem Ausbruch machistischen Wahns und anderer Säuberungen blieb der Filmbereich so gut wie verschont. Die Filmemacher besaßen so etwas wie einen *modus vivendi*, ein politisches Selbstverständnis, mit dessen Hilfe sie die auch hier auftretenden Auseinandersetzungen innerhalb des ICAIC klärten. Natürlich lief das nicht ohne Verluste ab. Die wenigen, die sich hier nicht einfügen mochten, verließen das Filminstitut im Laufe dieser Jahre, darunter der Mitbegründer und Kameramann Néstor Almendros. Ansonsten waren sich Leitung und Regisseure darin einig, ein Bollwerk gegen die immer wieder aufflammende Diskussion um den Sozialistischen Realismus zu bilden und einen ästhetischen Pluralismus zu pflegen, zumindest in diesem Jahrzehnt der Suche.

Als die Regierung 1968 die Rock-Musik als besonderen "Ausdruck des US-Imperialismus" aus Radio und Fernsehen verbannte, bildete das ICAIC eine eigene *Grupo de Experimentación Sonora,* in der einige der besten jungen Musiker wie Leo Brouwer, Silvio Rodríguez, Pablo Milanés und Sergio Vitier sich zusammenfanden und an einem eigenen Sound experimentierten. Aus dieser Gruppe entstand die *Nueva Trova,* das "neue kubanische Lied".

Große Zensurprobleme gab es im Filminstitut nicht. Darin unterscheidet sich Kuba wohltuend von anderen staatssozialistischen Ländern. Aber der relativ bescheidene Umfang der Produktion abendfüllender Filme bot auch numerisch nicht allzu viel Konfliktstoff. Außerdem basiert die Herstellung eines Films – anders als die eines Buches, eines Bildes oder eines Liedes – auf einem kollektiven Schaffensprozess, der ständige Diskussionen erfordert, bei denen Konflikte frühzeitig geklärt werden können. Trotzdem hat es im ICAIC in allen Jahrzehnten heftige Debatten über Form und Inhalt gegeben, die auch Spuren bei manchen Filmen hinterließen wie z.B. bei *Hasta cierto punto* von Tomás Gutiérrez Alea (1984). Aus politisch-ideologischen Gründen ist meines Wissens kein Spielfilm von der Verbreitung ausgeschlossen worden. Ein brutaler Akt der Filmzensur geschah erst in jüngster Zeit, als die Betonfraktion gegen *Alicia en el pueblo de Maravillas* von Daniel Díaz Torres operierte.

Auch der nächste kulturpolitische Konflikt berührte den Filmbereich nur indirekt, aber er muss erwähnt werden, weil er das Ende des ersten Jahrzehnts markiert, in dem ideologische Debatten und kulturpolitische Auseinandersetzungen immerhin noch möglich waren, in dem die Revolution – trotz aller dogmatischer Knebelungsversuche – noch etwas Experimentelles, oft auch Improvisiertes besaß und damit einzelne Freiräume ließ. Der Fall Padilla beendete 1971 diese "romantische Phase" – wie der Schriftsteller

Lisandro Otero, der damals eine zwiespältige Rolle spielte, gern diese Zeit der frühen Fehler bezeichnet.

Heberto Padilla, Poet, der einzige der "Schöngeister" von *Lunes de Revolución*, der Kuba nicht verlassen hatte; seit 1968 ein Störfaktor, weil er sich damals mit seinem Gedichtband *Außerhalb des Spiels* zu weit von der Tugend des revolutionären Optimismus entfernt hatte; ein unbotmäßiger Bohemien, der der Revolution nicht den Rücken kehren, aber sich auch nicht einfach einordnen wollte; die Galionsfigur intellektuellen Widerstands, zu der ihn westeuropäische Linke stilisiert hatten. Im März 1971 wurde Padilla vom Staatssicherheitsapparat aus dem Verkehr gezogen, d.h. wegen angeblicher konspirativer Kontakte als "Konterrevolutionär" verhaftet. Erst auf internationalen Druck und nach einer jener obskuren "Selbstkritiken" wurde Heberto Padilla freigelassen.

Sein Fall war der Auftakt für das so genannte *quinquenio gris*, das "graue Jahrfünft" – wie die nun beginnende Zeit schlimmster Verfolgungen später euphemistisch hieß. Fidel Castros Wirtschaftspolitik war gescheitert, die Hardliner der Moskau-Front innerhalb der Partei zwangen ihn zur Selbstkritik und nutzten die Stunde, um ideologisch in allen Bereichen Tabula rasa zu machen. Kuba igelte sich für einige Jahre ein und etablierte ein neues System – oder besser gesagt ein altes, denn es stammte aus dem sowjetischen Arsenal der Staatsführung –, ein zentralistisches System staatlicher Administration. Die Revolution wurde in ein Korsett gezwängt und damit institutionalisiert. Das bedeutete das vorläufige Ende jeglicher Debatte über den weiteren Verlauf des sozialistischen Aufbaus.

1976 wurde das Kulturministerium gegründet und alle kulturellen Institutionen darin vereint. Auch das ICAIC verlor *de jure* seine Autonomie und firmierte von nun an als Teil des Kulturministeriums. Aber die äußere Kosmetik änderte *de facto* so gut wie nichts. Der Präsident des ICAIC war nun stellvertretender Kulturminister. Und sein Chef war ein alter Vertrauter: Armando Hart, früher Erziehungsminister und wie Alfredo Guevara ein treuer Fidelist. Hart bemühte sich, die schwer angeschlagene Kultur zu revitalisieren, und warb unter den Künstlern und Intellektuellen um Vertrauen in seine neue, offenere Kulturpolitik.

Aus dem Themenkatalog filmischer Produktion verschwanden während des *quinquenio gris* die konfliktträchtigen Gegenwartsstoffe und es erschienen die revolutionären Bewährungsproben der 60er Jahre wie die Invasion in der Schweinebucht (*Girón*, Manuel Herrera 1972), der Kampf gegen die konterrevolutionären Banden im Escambray (*El hombre de Maisinicú*, Manuel Pérez 1973) oder die Auseinandersetzung mit Sabotageakten (*Ustedes tienen la palabra*, Manuel Octavio Gómez 1973) und Santiago Álvarez' Filmepen über die Reisen Fidel Castros durch Lateinamerika, Afrika und Osteuropa (*De América soy hijo ...*, 1972 usw.) – Einverständnis fördernde Stoffe in durchaus bemerkenswerten Filmen.

Auf eine Ausnahmeerscheinung ist hier aufmerksam zu machen: auf Sara Gómez, die einzige Frau, eine Farbige noch dazu, der es in Kuba gelang, einen Spielfilm zu realisieren: *De cierta manera* von 1974, ein ungewöhnliches, emanzipatorisches Werk, das Tomás Gutiérrez Alea fertig stellen musste, weil sie zuvor an Asthma starb.

Armando Harts kulturpolitische Vitalisierungsstöße kurbelten ab 1976 zwar die kulturellen Aktivitäten wieder an, aber die von der Verfolgungswelle traumatisierten Künstler schienen der verordneten Harmonie nicht zu trauen. Jedenfalls wagten sie sich nur zögernd an Werke, die aus dem vorgegebenen Rahmen fielen. Der Spielfilm, der mit *Cecilia* und *Amada* von Humberto Solás eine fatale Wende zum teuren, gefälligen Historienspektakel nahm, geriet Anfang der 80er Jahre in die Krise, die sogar einen Wechsel an der Spitze des ICAIC zur Folge hatte: Auf Alfredo Guevara folgte Julio García Espinosa, einer der namhaftesten Regisseure aus der Gründer-Generation. Eine Politik verstärkter Produktion von kostengünstigen, gegenwartsbezogenen Filmen und die Suche nach neuen Talenten machte das kubanische Kino beim Publikum wieder attraktiv und populär. Die kulturelle Avantgarde der 60er Jahre blieb jedoch weit hinter den innovativen Möglichkeiten zurück, die sich in der zweiten Hälfte der 80er Jahre in anderen Bereichen der kubanischen Kultur unter dem Eindruck der politischen Öffnung in der Sowjetunion zeigten, vor allem in der bildenden Kunst, in der Musik, auf dem Theater, in der Literatur und selbst im Ballett.

Es waren künstlerische Reaktionen auf die Unbeweglichkeit staatlicher Institutionen, auf die Erstarrung der Kulturpolitik, die nicht wahrnehmen konnte oder wollte, dass eine junge Generation nach neuen Ausdrucksformen, aber auch nach neuen Organisationsmöglichkeiten drängte. Durch Provokation, allen voran durch bildende Künstler, wurde versucht, die etablierten Kader – "diese Hundertjährigen", wie man sie nannte –, in Unruhe zu versetzen. Die Kunstrebellen unternahmen Straßenaktionen und stellten dabei vieles in Frage, aber nicht die Revolution. Die Gruppe *Straßenkunst-Experiment* brach mit Rockmusik in eine Grundsatzdebatte der ehrenwerten UNEAC ein. Die Mitglieder hatten sich Gasmasken über die Köpfe gezogen und teilten auf Schildern mit: "Wir wollen uns nicht vergiften lassen, nicht vergiften von dem alten Scheiß!" (zitiert nach Schumann 1989).

Diese Zusammenhänge lassen sich hier leider nicht weiter ausführen, die Darstellung der kubanischen Kultur in den späten 80er Jahren wäre eine eigene Untersuchung wert. Zusammengefasst nur so viel: Es war eine Kultur des Protestes gegen den Apparat, die sich hier als Straßenkunst manifestierte, Kunstausstellungen in privaten Hinterzimmern und Theater im Wohnzimmer durchführte, Körpertheater, Tanz-Theater als Abspaltung von Alonsos verstaubtem Ballett; die sich endlich auch mit jener Rock-Musik äußerte, die in Lateinamerika längst als nationale Musikbewegungen gefeiert wurden; und die sogar in der Lage war, experimentelle 16-mm-Filme zu drehen im Rahmen der *Brigada Hermanos Saíz*. Diese "Kultur von unten" spielte sich weitgehend außerhalb und oft gegen den Widerstand der Kulturfunktionäre und staatlichen Kulturinstitutionen ab, ängstlich beäugt von den einen, kräftig observiert von den anderen. Dies war eine in ihrer Breite und ihrem Potential an Widerspruch für Kuba neue Erfahrung.

Sie geschah vor dem Hintergrund der so genannten *rectificación*, einer "Begradigung von Abwegen", wie sich vielleicht übersetzen ließe. Sie war ab 1986 eine typisch kubanische Antwort auf Glasnost und Perestroika in der Sowjetunion. Die "Fehlerberichtigung" bestand nämlich darin, dass die Regierung vorsichtige wirtschaftliche Reformen wie die Zulassung der Bauernmärkte wieder zurücknahm und auch in anderen Bereichen einen Weg der Rezentralisierung einschlug. Gleichzeitig wagten es die Kubaner, sich von den fremden Schablonen zu befreien und zu den eigenen ideologischen Wurzeln zurückzufinden: Che Guevara und José Martí hießen die wieder stärker gefragten Leitbilder.

In diesem Zusammenhang – der Rückbesinnung auf die eigenen Kräfte und der Wiederentdeckung eigenständiger, nationaler Werte – wird auch die kulturelle Blüte am Ende der 80er Jahre begreifbar und von den staatlichen Autoritäten zunächst zugelassen. Der Spielraum für vielfältige kulturelle Experimente blieb relativ weit offen. Repressive Maßnahmen richteten sich meist gegen Kunstaktionen im öffentlichen Raum oder gegen künstlerische Objekte und Bilder, die sich ein allzu befremdliches Bild von gewissen Ikonen der Revolution wie Che Guevara oder Fidel Castro erlaubten.

Es ist den 90er Jahren vorbehalten, als das Jahrzehnt besonderer kulturpolitischer Intoleranz in die Kulturgeschichte Kubas einzugehen. Die endgültige Abnabelung von osteuropäischer Versorgung, die verzweifelte Suche nach westlicher Unterstützung, die allmähliche Aufweichung des ökonomischen Zentralismus und das dogmatische Festhalten am autoritären

schen Zentralismus und das dogmatische Festhalten am autoritären Machtsystem führten zu einer höchst disparaten Politik in allen Bereichen, die sich geradezu dramatisch auf die Kultur auswirkte. Es ist eine Politik der Willkür und Unberechenbarkeit, wie sie Kuba bis dahin nicht kannte.

Sie begann im Juni 1991. Zehn Intellektuelle, Schriftsteller und Journalisten, forderten in einem offenen Brief an die Staatsführung einen nationalen Dialog zur Vermeidung der drohenden wirtschaftlichen und sozialen Katastrophe sowie direkte und freie Parlamentswahlen. Die Reaktion: Verhaftung der meisten Unterzeichner und Verurteilung zu Gefängnisstrafen zwischen einem und zwei Jahren wegen "unerlaubter Vereinigung und Diffamierung der Regierung" (zitiert nach Schumann 1992).

Im selben Monat wurde in Havanna der Film *Alicia en el pueblo de Maravillas* von Daniel Díaz Torres aufgeführt, eine Gesellschaftssatire, die ein Panorama umfassender Systemkritik entfaltet wie kein anderes künstlerisches Werk zuvor. Nach tumultuösen Vorführungen, die offensichtlich von Agenten des Staatssicherheitsapparats ausgingen, wurde der Film verboten. Die Parteipresse entfesselte eine geradezu stalinistische Verleumdungskampagne gegen das Parteimitglied Díaz Torres. Der Präsident des Filminstituts wurde entlassen und eigentlich sollte das ICAIC, das den Hardlinern im Apparat stets ein Dorn im Auge war, mit dem Institut für Rundfunk und Fernsehen, einem Propagandainstrument entsprechender Qualität, zusammengelegt, d.h. beseitigt werden. Doch das schien selbst Fidel Castro zu weit zu gehen: Er setzte seinen alten Vertrauten Alfredo Guevara, der bei der letzten Krise des ICAIC zehn Jahre zuvor gehen musste, wieder in sein altes Amt ein. Dem gelang es, die Wogen zu glätten. *Alicia* wurde ein halbes Jahr später, beim Filmfestival von Havanna, noch einmal vor Delegierten aufgeführt. Danach war das Werk nur noch gelegentlich in der Kinemathek sehen. Eine reguläre Verbreitung hat es auf der Insel nie gefunden, aber die erfindungsreichen Kubaner kennen es besser als jeden anderen kubanischen Film: Sie haben sich mit Raubkopien auf Video versorgt.

Zwei Jahre nach dem Skandal wurde im Dezember 1993 mit *Fresa y chocolate* von Tomás Gutiérrez Alea und Juan Carlos Tabío das wichtigste internationale Kulturereignis, das Filmfestival von Havanna, eröffnet: mit einem weiteren erstaunlich kritischen Gegenwartsfilm, einem bewegenden Appell an die Toleranz in einem System, das seit langem von geistiger Unduldsamkeit gezeichnet ist. Der Film wurde zum ersten Welterfolg des kubanischen Kinos und stärkte die Position des ICAIC.

Im Dezember 1995 wurde *Guantanamera*, der letzte Film von Tomás Gutiérrez Alea (wieder zusammen mit Juan Carlos Tabío), beim Festival uraufgeführt, eine bemerkenswert offene Auseinandersetzung mit dem Bürokratismus. Die Kritik lobte und Fidel Castro kritisierte ihn, allerdings erst drei Jahre später, im Februar 1998, und nach dem Tod seines Regisseurs. In einer mehrstündigen Rede vor der Nationalversammlung teilte er auch einige Seitenhiebe gegen die Kultur aus, weil sie zu wenig vom gewünschten Optimismus verbreitete. Die Gemeinde der Kulturschaffenden befürchtete Schlimmstes. Wieder war von der Abschaffung des ICAIC die Rede. Sein Präsident Guevara bekundete auf einer Pressekonferenz die Treue der Filmemacher zur Revolution. Staatspräsident Castro relativierte kurz darauf in einem Gespräch mit dem Präsidium der UNEAC seine Kritik. Hinter seinen Auslassungen war keine zielgerichtete Politik zu erkennen, wohl aber die Taktik der Einschüchterung: Jeden kann jederzeit der Bannstrahl treffen, selbst Helden der Revolution wie Ochoa oder Chefideologen wie Aldana.

Wer sich gar als Dissident outete und früher ein prominenter Intellektueller war, den konnten auch Spielarten des Rufmords als neue Qualität in der politischen Auseinandersetzung treffen. Am 10. März 1992 schickte Kulturminister Armando Hart dem Schriftsteller und Filmregisseur Jesús Díaz einen offenen Brief, in dem er ihn des Verrats an der Revolution bezichtigte und schrieb: "Die Gesetze sehen für Deine Niedertracht keine Todesstrafe vor; aber die Moral und die Ethik der kubanischen Kultur werden Dich noch härter strafen" (Schumann 1992). Eine beispiellose Tirade eines Mannes, der seit 1976 für die kubanische Kulturpolitik verantwortlich war und erst 1997 abgelöst wurde.

Bis dahin war es dem Staatspräsidenten oder dem Kulturminister oder dem Chef-Ideologen vorbehalten, die Intellektuellen und Künstler, die auf "Abwege" gerieten, mit einem Arsenal von Drohungen zur Räson zu bringen. Im März 1996 mischte sich erstmals Verteidigungsminister Raúl Castro vor dem V. Plenum des Zentralkomitees mit einem "Bericht des Politbüros" in die geistigen Angelegenheiten ein: einer ideologischen Abrechnung von seltener Schärfe mit den akademischen Reformkräften. Exemplarisch abgestraft wurde eine Denkfabrik der Partei, die inzwischen als NGO firmierte, das *Centro de Estudios de América* (CEA). Hier entstanden viel diskutierte Modelle für weitreichende Wirtschaftsreformen und für die Demokratisierung von Partei und Gesellschaft. Für Raúl Castro jedoch waren die Genossen dabei, "in das Spinnennetz ausländischer Kubanologen zu geraten, die den USA und ihrer Politik der Fünften Kolonne dienen" (zitiert nach Schumann 1996).

Die Brandrede, als Rundumschlag angelegt, verstörte die Intellektuellen, denn solche Argumente waren zuletzt vor zwanzig Jahren, während des *quinquenio gris*, benutzt worden, um Institute zu säubern und die geistige Elite mundtot zu machen. Sogar die UNEAC und selbst Hart zeigten sich betroffen. Die praktischen Folgen nach dem Paukenschlag blieben merkwürdig begrenzt. Das CEA wurde wieder unter Parteikuratel gestellt, sein Direktor entlassen, einige Wissenschaftler an Institute versetzt, wo sie sich nicht weiter mit Reformen um Kuba beschäftigen mussten. Ein Brand wurde entfacht und verpuffte, hinterließ aber ein Klima der Verunsicherung.

Von einer durchdachten Kulturpolitik war in diesem Jahrzehnt der Dollarisierung der Revolution wenig zu erkennen. Der Staat zog sich aus der Kulturförderung immer weiter zurück, sorgte lediglich für eine Grundversorgung auf Peso-Basis (damit sind aber allenfalls Personalkosten zu bezahlen) und erwartete von den kulturellen Institutionen im übrigen Selbstfinanzierung, d.h. die Beschaffung der nötigen Devisen.

Im Filmbereich führte diese Sparpolitik dazu, dass der beliebte *Noticiero Latinoamericano* abgeschafft und die Dokumentar- und Kurzfilmproduktion so gut wie eingestellt wurde. Dutzende von Filmregisseuren und Hunderte von Technikern wurden arbeitslos, die meisten erhielten aber weiterhin vom ICAIC einen monatlichen Grundlohn. Das Filminstitut finanzierte sich hauptsächlich über Serviceleistungen für ausländische Gesellschaften: Aus einer Produktionsstätte wurde ein Dienstleistungsbetrieb. Nur durch Co-Produktion mit ausländischen Partnern ist es hin und wieder möglich, einen Spielfilm zu drehen wie im letzten Jahr *La vida es silbar* von Fernando Pérez, ein ästhetisch ungewöhnliches Werk und ein entschiedenes Plädoyer für ein selbstbestimmtes Leben. Dieser Verweis auf das Individuum fand sich auch in anderen kulturellen Ausdrucksformen, vor allem in der Literatur, in der bildenden Kunst und in der Pop-Musik, zum Teil auch auf dem Theater – ein Phänomen der 90er Jahre und der vorsichtigen Systemöffnung, die selbst Privatinitiative reklamiert.

Andererseits zeigte sich am Ende dieses Jahrzehnts die kulturpolitische Lage durchaus gespannt. Vor allem der Druck auf die Dissidenten, die ihren Aktionsradius etwas vergrößern konnten, stieg. So gab es eine zunehmende Zahl unabhängig von staatlicher Bevormundung arbeitender Journalisten wie z.B. die Gruppe *Cuba Press* des Schriftstellers Raúl Rivero, die versuchten, ihre regime-kritischen Meldungen und Kommentare über ausländische Medien der kubanischen Bevölkerung zugänglich zu machen. Rivero und andere Journalisten wurden deshalb mehrfach verwarnt und kurzfristig verhaftet. Drei von ihnen wurden im Mai 1999 zu Haftstrafen zwischen eineinhalb und zweieinhalb Jahren verurteilt.

Ein peinlicher Schauprozess gegen vier Dissidenten, darunter Vladimiro Roca, der Sohn des KP-Mitbegründers Blas Roca, ging Mitte März 1999 sogar *via* Fernsehen über die Bühne. Die Argumente der Anklage waren allerdings so dürftig, dass sich selbst Spitzenfunktionäre die Haare rauften. Das änderte aber nichts an den Gefängnisstrafen zwischen drei und fünf Jahren, zu denen die Angeklagten verurteilt wurden, weil sie 1997 die Regierungspolitik einer rückhaltlosen Analyse unterzogen und als Konsequenz daraus zum Wahlboykott aufgerufen hatten. Die Appelle des Papstes und der Europäischen Union verhallten zunächst ungehört, was dazu führte, dass ein neuerlicher Akt außenpolitischer Imagepflege, der Besuch des spanischen Königs, verschoben wurde. Im Frühjahr 2000 wurden dann drei der Inhaftierten "auf Bewährung" freigelassen. Nur Vladimiro Roca, der prominenteste, blieb weiter in Haft.

Dann wurde ein neues Informationsgesetz erlassen, das eigentlich zur Bekämpfung der Kriminalität dienen sollte, aber tatsächlich der Kriminalisierung der Dissidenz diente. Es hat zur Folge, dass jeder mit einem Bein im Gefängnis steht, der kritische Informationen über den Zustand Kubas sammelt und an US-amerikanische Medien oder Regierungsstellen weiterleitet. Es werden Haftstrafen von bis zu 20 Jahren angedroht, wenn solche Informationen den "kubafeindlichen Interessen der USA" dienen: Das Gesetz betrifft auch die Auslandskorrespondenten, die bisher für eine gewisse Transparenz der kubanischen Verhältnisse sorgen konnten.

Dafür wurde 1999 die Kultur weitgehend von Sanktionen verschont. Der Staat investierte sogar: Das Anwesen von Dulce María Loynaz, das nach ihrem Tod zu verfallen drohte, wurde restauriert und in ein Kulturzentrum mit Sitz der erlauchten Kubanischen Sprach-Akademie verwandelt. Die notleidende Buchproduktion wurde allmählich wieder erhöht: So sollen 1999 372 statt zuletzt 275 Titel gedruckt worden sein, insgesamt zehn Millionen Bücher und trotzdem nur ein Siebtel von dem, was in besseren Zeiten herausgebracht wurde. Und schließlich soll die Spielfilm-Produktion angekurbelt werden. Aber das ist wohl eher ein frommer Wunsch, der vor allem von der Lösung der Finanzierungsprobleme abhängt.

Am 22. März 2000 ging dagegen eine Ära zu Ende: Alfredo Guevara legte sein Amt als Präsident des ICAIC nieder, um sich "internationalen

Aufgaben der Kultur" zu widmen. Der Rücktritt war lange erwartet worden. Guevara, der das Filminstitut mitbegründet und mit einer erzwungenen Unterbrechung rund drei Jahrzehnte geleitet hat, wollte sich schon seit längerer Zeit zurückziehen, um seine Memoiren zu schreiben, wie er immer wieder betonte. Tatsächlich sah er wohl keine Entwicklungsmöglichkeiten für den kubanischen Film mehr, dem kulturellen und ideologischen Aushängeschild revolutionärer Jahre. Auch war sein Gestaltungsspielraum auf ökonomische Fragen geschrumpft, seit das ICAIC, von dem einst kulturpolitische Signale ausgingen, sich zunehmend in ein Dienstleistungsunternehmen verwandelte hatte.

Alfredo Guevara, trotz seiner autoritären Gebärden ein Liberaler unter der alten Garde, der viele Angriffe der Dogmatiker auf die Kultur des Landes abwehren half, suchte nur noch nach einem günstigen, d.h. politisch opportunen Moment für seinen Rücktritt, damit Staatspräsident Fidel Castro den alten Weggefährten "auf dessen Bitte hin von seinen Funktionen entbinden" konnte – wie *Granma* in einer kurzen Notiz auf der ersten Seite meldete. Gleichzeitig erklärte er sich jedoch bereit, weiterhin als Präsident dem Filmfestival dienen zu wollen. Zu seinem Nachfolger wurde Omar González ernannt, bis dahin Direktor des *Instituto del Libro*, des wichtigsten staatlichen Buchverlags. Damit steht zum erstenmal ein Funktionär und kein Cineast an der Spitze dieser renommierten Institution. Kurz nach Guevara quittierte auch der Direktor der Kinemathek, der Romancier Reynaldo González, seinen Dienst.

Der Niedergang des ICAIC ist evident. In den 90er Jahren – diesem Jahrzehnt existentieller Schwierigkeiten und eines geistigen Klimas immer wieder erschreckender Intoleranz – konnten hier im Schutz von einem der namhaftesten Intellektuellen der Insel zwar mehr kritische und ästhetisch relevante Gegenwartsfilme gedreht werden als je zuvor. Aber gleichzeitig büßte das Filminstitut seinen kulturpolitischen Einfluss auf Lateinamerika ein: Es hatte materiell und ideologisch nichts mehr zu bieten, war selbst zum Bittsteller geworden.

Das vom ICAIC veranstaltete *Festival des Neuen Lateinamerikanischen Films* büßte ebenfalls seine Bedeutung ein, denn es blieb nicht länger einzigartiger Treffpunkt des Film- und Videoschaffens in Lateinamerika und der Karibik, sondern wurde von seinen Verantwortlichen zu einer verwechselbaren internationalen Angelegenheit aufgeblasen, bei der ausländische Botschaften die Kubaner mit den filmischen Schätzen ihrer Länder beglücken und dabei auch lateinamerikanische Filme gezeigt werden.

Wenn die neue Leitung des Kubanischen Filminstituts nicht überhaupt nur als Nachlassverwalter berufen wurde, um es über kurz oder lang mit dem Fernsehinstitut zu fusionieren und also abzuschaffen (ein oft diskutiertes Projekt), dann dürfte es ihr kaum gelingen, das frühere Renommee wieder herzustellen. An ästhetischer Innovation haben die internationalen Co-Produzenten kein Interesse, die heute bei der Stoffentwicklung das entscheidende Wort mitreden. Und vor gesellschaftskritischen Themen wird der neue Leiter zurückschrecken, denn er hat nicht die Rückendeckung eines Guevara, sondern gilt eher als konfliktscheu. So bleibt vor allem die Erinnerung ...

Literaturverzeichnis

Schumann, Peter B. (1980): *Kino in Cuba 1959-1979*. Frankfurt/M.: Vervuert 1980.

— (1989): "'Kunst oder Tod – Wir werden siegen!' Vom Aufbruch der Kultur in Cuba". In: *Der Tagesspiegel*, Berlin: 5.11.1989, Sonntagsbeilage.

— (1992): *"Eiszeit in der Karibik. Die kubanische Regierung macht gegen die Intellektuellen mobil"*. In: *Der Tagesspiegel*, Berlin: 19.7.1992, Sonntagsbeilage.

— (1996): "Scharfmacherei und Schadensbegrenzung. Die kulturpolitische Situation in Cuba nach der Brandrede Raúl Castros". In: *Frankfurter Rundschau*, 24.5.1996.

Torsten Eßer/Patrick Frölicher

Von der Schlitztrommel zum Synthesizer: 500 Jahre Musik auf Kuba

> "Diktatoren, Imperialisten, Revolutionen, Embargos, Kapitalismus, Sozialismus, Tod, nichts und niemand kann diese Musik aufhalten"
>
> Enrique Fernández

"Geschichte basiert auf Leistung und Schöpfungskraft und auf den Westindischen Inseln wurde nichts erschaffen."[1] Zumindest was die Musik betrifft, würde heute wohl kaum jemand dieser Aussage von 1962 zustimmen. Hält man sich die Größe Kubas im Verhältnis zu seinem Einfluss auf die internationale Musikwirtschaft vor Augen, so wird es kaum eine zweite Region in der Welt geben, die ein derartiges Maß an Kreativität und Schöpfungskraft hervorgebracht hat. Bis 1959 bereicherte die kubanische Musik den internationalen Musikmarkt. Mit der Revolution endete diese fruchtbare Ära. Seit Ende der 60er Jahre füllten die internationalen *salsa*-Bands die durch die Isolation der Insel entstandene Lücke. Doch bis heute ist der Rhythmus des *son* ein zentrales Element dieser Musik. Die Welt nimmt die Musik Kubas aber erst seit dem *Buena Vista Social Club*-Phänomen wieder richtig wahr. Dass dabei die tatsächliche Vielfalt der musikalischen Schöpfungskraft ungerechtfertiger Weise zu kurz kommt, dagegen wendet sich dieser Beitrag. Nach einem Abriss der Musikgeschichte werden die Musikrichtungen in einzelnen Abschnitten behandelt. Diese Aufteilung bleibt jedoch künstlich, denn Gruppen wie die *Vieja Trova Santiaguera* oder *Los Van Van* sind Beispiele dafür, dass die Grenzen zwischen den Genres der kubanischen Musik, besonders zwischen *trova*, *bolero* und *son*, fließend sind.

1. 1492-1959

Zwei große Ströme sind es im Wesentlichen, die das Bild der gegenwärtigen musikalischen Landschaft Kubas prägen: zum einen die vielfältigen Musik-

---

[1] Vgl. S. Naipaul: *The Middle Passage* (zitiert nach Manuel 1995: 1).

traditionen der europäischen, vor allem spanischen Einwanderer und zum anderen die Kulturen der aus verschiedenen Teilen Afrikas auf die Insel verschleppten Sklaven. So leicht sich diese grundsätzliche Aussage treffen lässt, so schwierig ist es, zu genaueren Bestimmungen der Herkunft einzelner kultureller Merkmale zu gelangen. Die nach Kuba eingewanderten spanischen Siedler kamen aus den verschiedensten Regionen und sozialen Schichten: Bauern aus Kastilien, Soldaten aus Andalusien, Matrosen von den Kanarischen Inseln, Adelige aus Aragonien. Sie alle brachten verschiedene Formen von kirchlicher, militärischer und Volksmusik mit auf die Insel.

Es liegt auf der Hand, dass auch die große Gruppe der Sklaven erheblich heterogener war, als es die pauschale Bezeichnung "Afrikaner" suggeriert. Aussagen zu diesem Punkt erweisen sich jedoch als höchst kompliziert, da die von den Sklavenhändlern verwendeten Bezeichnungen für ihre Gefangenen in der Regel nicht deren Eigenbezeichnungen entsprachen, sondern häufig den Namen der Häfen, von denen sie in die Kolonien gebracht wurden (vgl. Kubik 1991: 17-21). Seinen traurigen Höhepunkt erreichte der Sklavenhandel in Kuba zu einem Zeitpunkt, da in den britischen Kolonien die Sklaverei bereits verboten war.

Mit der Revolution in Haiti verlor die Insel ihren Status als weltweit bedeutendster Zuckerproduzent an Kuba, was dort zu einem enormen Anstieg der Sklavenimporte führte. Viele aus Haiti geflohene Grundbesitzer ließen sich mitsamt ihren Sklaven im Osten Kubas nieder, da dieser der haitianischen Küste am nächsten gelegen war. Der Einfluss der Musik, die beide Gruppen mitbrachten, hat auch in der Musikkultur Kubas einen nachhaltigen Eindruck hinterlassen (vgl. Alén 1986: 9-21; Linares 1974: 25). Offiziell wurde die Sklaverei in Kuba 1886 abgeschafft, jedoch dauerte die illegale Einfuhr billiger Arbeitskräfte noch bis in die 1890er Jahre an. Hierin dürfte einer der Hauptgründe für die "ungewöhnlich starke kulturelle afrikanische Präsenz in Kuba" (vgl. Moore 1997: 16) liegen.

1.1 Die verlorenen Spuren: Die Indianer Kubas

Durch die Kämpfe mit den Konquistadoren, die Versklavung sowie durch die eingeschleppten Krankheiten sank die Zahl der indianischen Ureinwohner in weniger als hundert Jahren so rapide, dass sie bald ganz verschwanden. Ihr Einfluss auf die Kultur des heutigen Kubas ist nur noch vereinzelt zu erkennen: Die Verwendung von Yukka-Wurzel und Mais zur Ernährung ist ebenso Teil des indianischen Erbes wie das Rauchen der zusammengerollten Blätter der Tabakpflanze. Wörter wie *areíto*, ursprünglich die Bezeichnung für die religiösen Feste der Indianer und heute der Name eines staatlichen Labels, oder *Hatuey*, der Name eines für seinen Mut berühmten Indianerhäuptlings, der heute eine Biersorte bezeichnet, sind ein weiterer Beleg für die vorkolumbianischen Kulturen Kubas. Wegen des frühen Verschwindens der Indianer ist aus heutiger Sicht nicht mehr nachzuvollziehen, inwiefern ihre Musik hörbare Spuren hinterlassen hat.[2] Tatsächlich beschränkt sich das Wenige, was sich aus archäologischen, ikonographischen und historiographischen Arbeiten zusammentragen lässt, auf Beschreibungen von Musikinstrumenten. Vor allem Schneckentrompeten und aus Knochen und Keramik gefertigte Flöten sowie eine aus einem ausgehöhlten Baum gefertigte Schlitztrommel, wohl ähnlich dem aztekischen Teponaztli, sind belegt (vgl. Olsen 1998: 8-24; Ortiz 1965: 15-19). Auch die noch heute vor allem in der Populärmusik häufig benutzten Gefäßrasseln *(maracas)* und die mit einem kleinen Stab gespielten, aus einem getrockneten und ausgehöhlten Kürbis gefertigten Schrapinstrumente *(güiros)* sollen indianischer Herkunft sein. Da sich derartige Instrumente jedoch auch in nahezu allen Teilen des subsaharischen Afrikas finden lassen, ist es ebenso gut möglich, dass sie von Sklaven mit nach Amerika gebracht wurden (vgl. Olsen 1998: 8-10).

Die erste musikalische Aktivität eines Europäers auf kubanischem Boden, die überliefert ist, stammt von einem Schiffbrüchigen, der im Jahre 1509 auf die Insel kam. Von den Indianern freundlich aufgenommen, brachte er ihnen Kirchenlieder zu Ehren der heiligen Jungfrau Maria bei (vgl. Carpentier 1972: 19f.; Linares 1974: 195). Diese Fußnote der Musikgeschichte kann als symptomatisch bezeichnet werden, denn bis zum Beginn des 19. Jahrhunderts blieben die Kirchen Zentren sowohl geistlicher als auch weltlicher Musik. Da die spanische Besiedlung der Insel von Osten her erfolgte, waren es zunächst vor allem die Kathedralen in Santiago de Cuba und Bayamo, die größere regionale Bedeutung erlangten. Der 1544 zum Kapellmeister ernannte Miguel Velázquez, Sohn eines spanischen Vaters und einer indianischen Mutter, ist der erste Musiker, der in die kubanischen Geschichtsbücher einging (vgl. Carpentier 1972: 25f.). Der mit Abstand bekannteste in der langen Reihe seiner Nachfolger war Esteban Salas y Castro (1725-1803), der von 1764 bis zu seinem Tod Kapellmeister in Santiago war (vgl. Bimberg 1989: 42). In dieser Eigenschaft bemühte er sich auch um die Aufführung weltlicher Werke, vor allem von europäischen Komponisten wie

---

[2] Der berühmte kubanische Anthropologe und Literat Fernando Ortiz verneint die Existenz indianischer Elemente in der Musik (vgl. Ortiz 1965: 92).

Haydn, Pleyel oder Gossec.³ Salas selbst tat sich auch als Komponist zahlloser Hymnen, Psalmen, Weihnachtslieder *(villancicos)*, Messen und Motetten hervor. Von vielen dieser Werke liegen die Originalhandschriften Salas' noch immer im Archiv der Kathedrale von Santiago de Cuba (vgl. Bimberg 1989: 78).

Obwohl Havanna bereits 1607 per königlicher Weisung zur Hauptstadt Kubas geworden war, erhielt es erst vergleichsweise spät, 1787, eine eigene Kathedrale. Dies ist einer der Gründe, warum sich dort eine blühende Konzertszene erst sehr spät entwickelte, im Gegensatz zu anderen großen Städten der spanischen Kolonien. Erst ab 1812 erschien die erste musikalische Zeitschrift der Insel, *El filarmónico mensual*. In dieser Zeit entstanden in den Straßen und den Salons verschiedene Musikstile, von denen die *contradanza criolla* am deutlichsten den Weg in einen beginnenden musikalischen Nationalismus wies. Die von den französischen Immigranten mitgebrachten *contredanses* wurden schnell in den Salons und Theatern wie auch bei Volksfesten beliebt. Der bekannteste unter zahlreichen Komponisten, die diesen Einfluss aufgriffen, um ihn mit als "afrikanisch" empfundenen Elementen anzureichern, war Manuel Saumell (1817-1870). Die kubanische Musikwissenschaftlerin María Teresa Linares bezeichnet ihn als den "Vater des musikalischen Nationalismus in Kuba". Saumell, der in Guanabacoa lebte, einem heute zu Havanna gehörenden Ort mit hohem schwarzen Bevölkerungsanteil, komponierte jedoch vor allem Kammermusik für die Salons der weißen Oberschicht (vgl. Linares 1974: 32). Selbst in erhaltenen gedruckten Ausgaben seiner Werke finden sich nur selten explizite Anspielungen auf afrokubanische Kulturelemente, dennoch sind seine Kompositionen "eng verbunden mit Konzeptionen und Interpretationen von 'schwarzer Identität'" (Moore 1997: 21).

Zu den Genres, die einen deutlichen Einfluss der *contradanzas* Saumell'scher Prägung aufweisen, gehört die *canción habanera* oder kurz *habanera* genannt. Das bekannteste Stück dieses Stiles, das weltweite Berühmtheit erlangte, ist das von dem Spanier Sebastian Yradier 1859 in Havanna komponierte "La Paloma" (vgl. Stevenson 1980: 318).

Doch nicht nur in den Salons, auch auf den Volksfesten waren *contradanzas* zu hören. Häufig von "gemischten", d.h. aus Musikern aller Hautfarben bestehenden Orchestern gespielt, entstand bald der *danzón*. Bei diesem

---

[3] Im allgemeinen war es bis in das 19. Jahrhundert hinein üblich, in den Kirchen Lateinamerikas Konzerte mit gemischtem geistlichem und weltlichem Programm zu veranstalten.

handelte es sich um eine Variante der *contradanza*, die durch stärkere Rhythmisierung ein "kreolisches", also afrikanisches Flair bekam. Da ihm nachgesagt wurde, in den Schwarzen-Ghettos der Hafenstadt Matanzas entstanden zu sein, haftete dem *danzón* zunächst ein Ruf von "Rückständigkeit" und "Primitivität" an. Dies änderte sich grundlegend mit dem Beginn der Unabhängigkeitskriege gegen die spanische Kolonialmacht.

1.2 Afrocubanismo: *Musikalischer Nationalismus*

Das erwachende Nationalbewusstsein vor allem der kubanischen Plantagenbesitzer fand seinen musikalischen Ausdruck am deutlichsten in den Werken von Ignacio Cervantes (1847-1905). Seine Klavierkompositionen, etwa die *21 Danzas Cubanas* (1875-1995), verbanden afrokubanische, hispanokubanische und europäisch-romantische Elemente.

Zu Beginn des 20. Jahrhunderts galt der *danzón* als nahezu frei von afrikanischen Einflüssen, was ihn im Diskurs der hispano-kubanischen Oberschicht als Symbol nationaler Identität geeignet erscheinen ließ. Dieses galt nicht für Genres wie die *comparsas*, die Karnevalsvereinigungen der Afrokubaner, die *rumba* oder die *coros de clave*, in denen die rhythmischen Strukturen afrikanischer Musik deutlicher zu erkennen waren (vgl. Martínez Furé 1991: 33; Moore 1997: 25).

Die *comparsas*, die *rumba*, der *son* und andere Formen afrokubanischer Musik galten nun als Zeichen der kulturellen Rückständigkeit und Unterentwicklung der schwarzen Bevölkerung, weshalb sie in den ersten Jahrzehnten verboten waren. Zwar hatten die Afrokubaner durch ihre maßgebliche Beteiligung am Unabhängigkeitskrieg ihre nominelle Gleichstellung erlangt, für den größten Teil der zumeist auf dem Land angesiedelten schwarzen Arbeiter blieb dies jedoch blanke Utopie. Rassistische Diskriminierungen und Versuche, die als "unterentwickelt" und "zurückgeblieben" angesehenen afrokubanischen kulturellen Praktiken zu eliminieren, blieben an der Tagesordnung. Höhepunkt dieser Phase war das als "Kleiner Krieg von 1912" *(guerrita de doce)* bekannte Massaker an über viertausend für ihre Gleichberechtigung demonstrierenden Schwarzen und Mulatten in der Provinz Oriente.

Unter dem Eindruck der Abhängigkeit von den USA wuchs jedoch das Bedürfnis nach zumindest kultureller Eigenständigkeit. Zwar war es zunächst der Wunsch, die kulturelle "Umerziehung" der Afrokubaner hin zu europäischen Traditionen zu dokumentieren, der Autoren wie Fernando Ortiz und Ramón Vasconcelos bewog, sich mit den kulturellen Ausdrucksformen der Afrokubaner zu beschäftigen. Beide jedoch, Vasconcelos und vor allem Ortiz, änderten im Laufe ihrer Forschungen ihre Meinung. Besonders Ortiz ist heute dank zahlreicher Veröffentlichungen als führender Verfechter der sogenannten *afrocubanismo*-Bewegung bekannt. Ihre musikalische Gestalt fand diese Bewegung in den Kompositionen Gonzalo Roigs (1890-1970), Amadeo Roldáns (1900-1939) und Alejandro García Caturlas (1906-1940).[4] Roldáns sechs *Ritmicas* (1930) brachten zum ersten Mal die mit der Hand geschlagenen *bongóes*, die typischen Paar-Trommeln der *son*-Gruppen, auf die Bühnen der Konzertsäle.

Die Bewegung des *afrocubanismo*[5] sowie wirtschaftliche Gründe waren es schließlich, die 1937 die kubanische Regierung veranlassten, die Verbote gegen jede Form afrokubanischer Musik aufzuheben. Die Umzüge der *comparsas* mit ihren bunten Kostümen und mitreißenden Rhythmen erwiesen sich als ungemein attraktiv für ausländische, vor allem US-amerikanische Touristen (vgl. Moore 1997: 83-84). Bemerkenswert bleibt, dass der Widerstand gegen die Legalisierung afrokubanischer Musik in den Kreisen gebildeter Afrokubaner am stärksten war. Gerade in diesen assimilierten Zirkeln galt die angenommene europäische Kultur als der Kultur der Schwarzen überlegen (Moore 1997: 39). Die Diskriminierung von Schwarzen hielt auch nach Wiederzulassung der *comparsas* bis in die 50er Jahre an. Schwarze hatten in vielen Clubs, Hotels und Casinos – wenn überhaupt – nur als Musiker oder Bedienstete Zutritt.

2. Kulturpolitik und ein neues Menschenbild: Die erste Phase der Revolution (1959-1968)

Mit der Revolution von 1959 änderte sich auch die Kulturpolitik in Kuba, genauer gesagt es wurde zum ersten Mal überhaupt eine solche betrieben. Nach dem Motto "todo lo que pasa en Cuba es un problema político", so der kubanische Schriftsteller Heberto Padilla, nahm sich der Staat der Kultur an. Aus sozialistischer Sicht waren die Künstler vor der Revolution zwar "frei" im bürgerlichen Sinne gewesen, aber Sklaven des Marktes (vgl. Manuel 1987: 162). Das änderte sich nun. Die Radio- und Fernsehsender wurden

---

[4] Für ein Werkverzeichnis der genannten Komponisten vgl. die jeweiligen Einträge in Orovio (1992).

[5] Getragen wurde die Bewegung von zahlreichen Intellektuellen: Zum Beispiel den Dichtern Nicolás Guillén oder Emilio Ballagas, den Malern Eduardo Abela oder Wifredo Lam und dem Schriftsteller Alejo Carpentier (vgl. Moore 1995: 166).

verstaatlicht und ihre Zahl (damals die höchste in Lateinamerika) reduziert.[6] Auch die Unterhaltungsindustrie wurde verstaatlicht. Die großen US-Firmen verließen die Insel, und ihre Hinterlassenschaft wurde 1962 mit den kleinen kubanischen Labels in einer staatlichen Gesellschaft – EGREM – zusammengefasst.[7] Ein große Anzahl von Vergnügungsbetrieben wurde geschlossen. Viele Musiker verließen daraufhin das Land, da sich ihre Auftritts- und Verdienstmöglichkeiten zunächst einmal radikal verschlechtert hatten (vgl. Díaz Ayala 1993: 269, 274). Hinzu kam, dass es ab 1960 wegen des von der US-Regierung verhängten Embargos auch kaum noch einen ausländischen Markt für die kubanischen Musiker gab. Die Weiterentwicklung der kubanischen Musik verlief von nun an in beiden Ländern getrennt, das Meer zwischen ihnen verwandelte sich in eine Mauer (vgl. Venegas 1999: 82).

Eine Neuerung der Revolution war es, einen ständigen Wandel der Menschen durch Lernen erreichen zu wollen, mit dem Ziel der Schaffung des "neuen Menschen". Daraus entstand ein kreativer Prozess, vor allem in der Bildungs- und Sozialpolitik, in Kunst und Kultur (vgl. Zeuske 2000: 191). Auf dem Bildungs- und Kulturkongress von 1961 wurde u.a. festgelegt, dass "das Musikalisch-Schöpferische vom revolutionären Gesamtprozess nicht zu trennen ist". Es wurde weiterhin "die absolute Freiheit der künstlerischen Ausdrucksmittel unter Berücksichtigung der nationalen Traditionen und einer angemessenen Einbeziehung der Kulturwerte anderer Völker" (Eli Rodríguez 1986: 192) festgelegt. Eine Formulierung, die Interpretationsspielraum bietet und von einigen Funktionären zeitweise gegen bestimmte Musikrichtungen (Jazz, Rock) negativ ausgelegt wurde, wie der Musikwissenschaftler Helio Orovio zu berichten weiß: "Dem Jazz passierte es, dass viele Funktionäre ihn mit der Politik der USA gegenüber Kuba gleichsetzten. Sie identifizierten ihn mit der politisch-ökonomischen Situation, die zwischen den beiden Regierungen herrschte. Fast hätten sie ihn verboten, aber nur fast. Sie behinderten ihn dann unterschwellig. Und als der Rock nach Kuba kam, geschah wieder das Gleiche."[8]

Das System ergriff verschiedene Maßnahmen zur Erreichung der vorgegebenen Ziele:

---

[6] 1959 gab es nach Robbins (1991: 224) auf Kuba 156 Stationen, 1962 waren es noch 51.
[7] Von staatlicher Seite wurde festgelegt, dass EGREM ihr Hauptaugenmerk auf folkloristische Musik, Musik für Kinder, Musik mit politischem Inhalt, Reden (mit historischer Bedeutung) und einige Produktionen internationaler Musik legen sollte (Ministerium für Kultur 1983).
[8] Interview der Verf. mit Helio Orovio, Havanna, Mai 1999.

- Die Musikausbildung war nun allen Bevölkerungsschichten zugänglich, da sie gratis war. Ein System von Bezirksmusikschulen und Musikgymnasien sowie die Gründung der nationalen Kunsthochschule ermöglichte es allen Kindern, eine solide Musikausbildung zu erhalten.
- Eine Musikinstrumentenfabrik wurde errichtet, welche die Massenproduktion kubanischer Instrumente übernahm, die bis dahin nur in kleinen Handwerksbetrieben hergestellt worden waren.
- Die "Bewegung der Amateure", eine Massenbewegung, wurde ins Leben gerufen. Sie bietet jedem Bürger die Möglichkeit, seine musikalische Leidenschaft zu leben und eventuell zum Beruf zu machen. Diese Bewegung betreibt in den einzelnen Stadtvierteln auch die *Casas de cultura*.
- Der neu geschaffene Nationalrat für Kultur – 1976 zum Kulturministerium erhoben – entwickelte ein nationales System von Festivals der verschiedenen Musikformen, u.a. das *Festival Nacional del Son* oder das *Festival de Música Electroacústica*, auf denen sich Nachwuchstalente der Öffentlichkeit präsentieren konnten (vgl. Alén Rodríguez 1998: 805f.).

Die Entwicklung im Bereich der Musik darf nicht isoliert gesehen werden. Zu ihren Triebkräften gehören auch die Auswirkungen der bald nach dem Sieg der Revolutionäre eingeleiteten Alphabetisierungskampagne, die bei weiten Teilen der Bevölkerung überhaupt erst die Voraussetzungen schuf, am Kulturleben teilnehmen zu können.

Ein weiteres Verdienst der Revolution war die Gründung wichtiger Kulturinstitutionen.[9] Viele von ihnen befassten sich (wissenschaftlich) mit Musik, wie z.B. die Schriftsteller- und Künstlervereinigung (UNEAC, gegründet 1961). Das hatte es zuvor noch nicht gegeben. Später kamen weitere Institutionen hinzu (CIDMUC, gegründet 1978; Nationalmuseum für Musik, gegründet 1971). Auch ein Institut für Musikrechte – vergleichbar der GEMA in Deutschland – wurde geschaffen, das den Musikern geringe Gelder für ihre in Kuba verkauften und gespielten Tonträger bezahlte. Aber durch die Blockade konnten kubanische Musiker keine Tantiemen für ihre Musik im Ausland mehr einfordern, ein Umstand, der besonders von US-Musikunternehmen ausgenutzt wurde. So entgingen den Künstlern viele Millionen US-Dollar. Oberstes Ziel aller Institutionen war die Erhaltung und

---

[9] Gegründet wurden u.a. die *Casa de las Américas* (1959), das Nationalballett (1959), das kubanische Filminstitut ICAIC (1959), das Nationale Sinfonieorchester (1960) und die Nationale Kunsthochschule (1962) (vgl. Eli Rodríguez 1986: 189).

Förderung der eigenen Musik, der nationalen Folklore, in Abgrenzung zur Musik des kapitalistischen Westens.

1962 wurde die Idee geboren, Musiker unter Vertrag zu nehmen, sie zu "dauerhaften Künstlern des Volkes" zu machen. Das betraf zunächst nur klassische Musiker, ab 1968 aber auch alle anderen. Gleichzeitig übernahm der Staat auch die Verantwortung für die Touren der Musiker im Ausland. Das Musikwesen Kubas besteht seitdem aus sogenannten *empresas*, welche die Angelegenheiten der Musiker wahrnehmen. Sie sind relativ autonom und sollen ähnlich funktionieren, wie kapitalistische Firmen, so dass sie idealer weise kein Geld aus dem Staatsbudget erhalten (vgl. Robbins 1991: 218). Die meisten Musiker gehören einer solchen *empresa* an oder sind per Zeitvertrag an sie gebunden und bekommen ein festes Grundgehalt.[10]

Besonders negative Auswirkungen für Musiker, Künstler und Intellektuelle hatte das Jahr 1968. Einhergehend mit zunehmenden Versorgungsschwierigkeiten und einer gescheiterten Internationalisierung der Revolution (Tod Ché Guevaras in Bolivien), wuchs die Unzufriedenheit der Bevölkerung. Castro löste eine revolutionäre Offensive aus, die einherging mit einer Verurteilung altkommunistischer Gruppen innerhalb der Partei, einer Disziplinierung der "arbeitsscheuen" Künstler und Intellektuellen (die teilweise in Arbeitslager gesteckt wurden) und einer Beseitigung fast des gesamten Privateigentums (vgl. Zeuske 2000: 197). Auch Restaurants, Bars usw. wurden verstaatlicht und/oder geschlossen. Es gehe nicht an, hieß es, dass sich die Stadtbevölkerung vergnüge, während die Landbevölkerung schufte. Die Zehn-Millionen-Tonnen-Ernte Zuckerrohr für 1970 wurde zum Hauptziel erklärt.[11] All das hatte beträchtliche Auswirkungen auf das Leben der Musiker: "Es gab einen Moment, in dem rund die Hälfte der kubanischen Musiker zu Hause saß mit ihrem Grundlohn, aber ohne Auftrittsmöglichkeit. Sie hatten zwar das Geld, aber ein Musiker will auftreten und sich verwirklichen. Über 40% der Musiker waren ohne Arbeit. Man kann sagen, dass die Jahre bis 1967 für die Musiker positiv waren, aber durch diese Maßnahmen gegen das Nachtleben wurde es für uns sehr schwer. Das hielt so bis in die Mitte

---

[10] Es gibt zwei Möglichkeiten, Musiker an die *empresas* zu binden: Über die so genannte *plantilla* (Festanstellung bei einer Firma) oder per bestimmtem bzw. unbestimmtem Vertrag. Die festangestellten Musiker werden in ein *Ratingsystem* einsortiert, welches von "A" bis "F" reicht. Danach richtet sich ihre Bezahlung. Über Verträge arbeitende Musiker können von jeder Firma engagiert werden und werden in der Regel schlechter bezahlt als Festangestellte (vgl. Robbins 1991: 231).

[11] Von dieser Kampagne hat die Gruppe "Los Van Van" ihren Namen (*"¡van, van!"*; "es geht voran!").

der 80er Jahre an", erklärt der Musiker und Musikwissenschaftler Leonardo Acosta.[12]

Die Revolution begann sich zu institutionalisieren und die Annäherung an die Sowjetunion hatte für viele Intellektuelle und Künstler nur negative Folgen. Doch die Musiker ließen sich nicht entmutigen. Die Musik diente ihnen als akustisches Bollwerk eines Freiheitsgefühls, dem auch der stärkste Staat und die schwerste Krise nichts anhaben können: Verneinung der Ordnung zugunsten der Improvisation. Bis 1974 herrschte die restriktivste Politik bezüglich der Musik auf Kuba, die 1973 im Ausstrahlungsverbot jeglicher angloamerikanischer Musik für Radio- und TV-Sender gipfelte. Nicht einmal Protestlieder durften gesendet werden (vgl. Manuel 1987: 164). Immer aber war die Beziehung zwischen Kunst und Musik auf der einen und Politik auf der andern Seite entspannter als in anderen kommunistischen Staaten, wo Jazz und Rock teilweise verboten waren.

Insgesamt kam es in der ersten Phase der Revolution (1959-1968) zu einer quantitativen Steigerung im Musikschaffen im Zusammenhang mit wachsender Nachfrage nach Theater, Tanz- und Filmveranstaltungen. Vor allem die Vokalgenres in der Musik griffen die neuen Verhältnisse auf und vermittelten sie dem Volk. Auch Hymnen und Marschlieder standen besonders hoch im Kurs. Sie besangen "patriotische Opferbereitschaft und Alltagsheldentum der neuen Gesellschaft", wie Eli Rodríguez es ausdrückt (vgl. Eli Rodríguez 1986: 190). Ziel war die Aktivierung der revolutionären Kräfte. Besonders produktive Autoren jener Zeit waren Agustín Díaz Cartaya und Tania Castellanos. Letztlich zeigte sich jedoch, dass sich die Synkopen der afrokubanischen Musik nicht mit der Marschmusik sozialistischer Militärparaden vertragen, auch wenn Ché Guevara die Revolution einmal einen *socialismo con pachanga* (Sozialismus mit Rhythmus) genannte hatte und Lunacarskij schon 1926 schrieb, dass Musik und Revolution miteinander verwandt und jede Revolution eine grandiose Sinfonie sei.[13]

3. Im Schatten von Rumba und *Son*: Klassische Musik

Auch nach dem Sieg der Revolution nach 1959 kam der Förderung der Kunstmusik europäischer Tradition in Kuba nach wie vor große Bedeutung zu. Verschiedene Institutionen wie das *Ballet Nacional de Cuba* (1959) oder

---

[12] Interview der Verf. mit Leonardo Acosta, Havanna, Mai 1999.
[13] Anatolij Lunacarskij (1985): *Musik und Revolution*, Leipzig, S. 243-245 (Originaltext von 1926).

das *Orquesta Sinfónica Nacional* (1960) wurden gegründet. Trotz anfänglicher Debatten, ob die eng mit der Entstehung des europäischen Bürgertums verbundene Kunstmusik in einer klassenlosen Gesellschaft noch eine Existenzberechtigung habe, setzte sich die Meinung durch, die in dieser Tradition einen "integralen und wertvollen Teil der nationalen Kultur" sah (vgl. Manuel 1991: 298f.). Dabei wurde und wird noch immer von der Prämisse ausgegangen, dass keine Musik von sich aus eine feststehende Bedeutung besitzt oder gar einer bestimmten Ideologie zugehörig ist, wodurch ideologische Argumente gegen eine Ausübung europäischer Kunstmusik überflüssig wurden (vgl. Manuel 1991: 299f.).

Die kompositorischen Prinzipien der kubanischen Komponisten, die bereits in den ersten Jahren nach der Revolution den Austausch mit Komponisten aus anderen – vorwiegend sozialistischen – Ländern suchten, folgten dabei vor allem den aus Europa kommenden Strömungen wie Serialismus, Aleatorik, elektroakustischen Techniken, Stochastik, etc. (vgl. Eli Rodríguez 1989: 295).

Die wichtigsten Vorbilder waren dabei zunächst ältere Musiker wie der 1911 in Barcelona geborene José Ardévol, der bereits im Jahr 1942 in Havanna die *Grupo de Renovación Musical* gegründet hatte, sowie Juan Blanco (*1918), Argeliers León (1918-1991) und Harold Gramatges (*1918). Blancos 1964 uraufgeführtes Werk *Música para Danza* gilt als das erste von einem Kubaner komponierte Stück elektroakustischer Musik (vgl. Leonard 1997: 10), während León mit verschiedenen Veröffentlichungen zur Geschichte der kubanischen Musik auch als Musikwissenschaftler in Erscheinung trat. Gramatges hatte bereits 1945 als Mitglied von Ardévols Gruppe das Konservatorium in Havanna mitbegründet und war 1959 im Auftrag der *Dirección General de Cultura* maßgeblich an der Schaffung einer Infrastruktur für die Kunstmusik beteiligt (vgl. Orovio 1992: 223).

Die ersten Komponisten, die nach der Revolution in Erscheinung traten, waren neben Leo Brouwer und dem Dirigenten des Nationalen Sinfonieorchesters, Manuel Duchesne Cuzán, vor allem José Loyola, Roberto Valera, Carlos Fariñas, Calixto Alvarez oder Jorge López Marín. Neben Werken für den Konzertsaal schufen sie auch Musik für Theater- oder Filmproduktionen (vgl. Eli Rodríguez 1986: 197). Im wesentlichen blieben diese Komponisten bis in die Gegenwart bestimmend: So bekam Harold Gramatges 1998 in Madrid den von verschiedenen spanischen Kulturinstituten in Kooperation ausgeschriebenen iberoamerikanischen Musikpreis *Tomás Luis de Victoria* verliehen (vgl. De la Hoz 1998: 4).

Die Ausbildung des Nachwuchses im Bereich der Kunstmusik leidet in Kuba stark daran, dass die meisten der in der Regel sehr gut ausgebildeten jungen Musiker lieber im Bereich der Tanzmusik tätig werden, weil dies einen größeren Erfolg und damit bessere Verdienstmöglichkeiten verspricht. Die Kunstmusik europäischer Prägung steht heute klar im Schatten der populären Musik, wie eine der Vertreterinnen der jüngeren Generation, die Dirigentin Zenaida Castro Romeu, Leiterin des Frauen-Kammerensembles Romeu, beklagt (vgl. Padrón 1997: 51). Daran konnten und können auch nach wie vor die regelmäßigen Konzerte und Festivals – wie das alle zwei Jahre statt findende Festival zeitgenössischer Musik – nichts ändern, wenngleich der Eintritt zu diesen Veranstaltungen in der Regel frei ist.

4. Eine fruchtbare Beziehung: Musik und Film

Auf Kuba dauerte die Stummfilmperiode bis 1930. In dieser Zeit spielten die *trovadores* in den Kinos. Das Kino *Esmeralda* in Havanna galt als "das Mekka der kubanischen *trova*". Aber auch Pianisten begleiteten die Filme. Einer der ersten war Ernesto Lecuona, der nach dem Ende des Stummfilms dazu überging, auch Filmmusiken zu komponieren. 1938 komponierte er die Musik zu *La última melodía* von Jaime Salvador und trat ein Jahr später sogar in einem Film desselben Regisseurs auf. In den 40er Jahren entdeckte Hollywood seine Musik und verarbeitete sie in einigen Filmen. Die beiden folgenden Jahrzehnte war es Mode, der Musik in Spielfilmen viel Platz einzuräumen. Interpreten und Orchester trugen ihre Stücke in voller Länge vor. Kubanische Orchester und Sänger wie Benny Moré oder Rita Montaner wirkten in vielen nordamerikanischen und mexikanischen Filmproduktionen mit (vgl. Calderón González 1999: 26-28).

Mit der Revolution änderte sich auch im Filmgeschäft vieles. Die staatliche Förderung des Films kurbelte die Produktion an und hatte auch positive Auswirkungen auf die Musik, denn der Film war eine ständige Bedarfsquelle für Musik. Regisseure und Musiker befruchteten sich gegenseitig. Komponisten wie Harold Gramatges, Leo Brouwer, Carlos Fariñas oder Juan Blanco lieferten in den folgenden Jahrzehnten die Musik zu Dokumentar- und Spielfilmen wie *Amada, La Canción del Turista* oder der Reihe *Historias de la Revolución*. 1970 wurde unter der Leitung von Leo Brouwer die Gruppe für Klangexperimente beim kubanischen Filminstitut ICAIC gegründet. Sie schuf neben vielen anderen Kompositionen die Musik für mehr als 30 Filme. Auch die elektroakustische Musik fand nun Eingang in die Welt des Films, denn "das Kino war eine wichtige Experimentierwerkstatt für die Suche nach moderner, praxisbezogener Klanglichkeit" (Eli Rodríguez 1986: 198).

Eine zweite Generation von Komponisten ging aus dieser Gruppe hervor oder wurde von ihr inspiriert, die Gebrüder Sergio und José María Vitier zum Beispiel. Beide haben jeweils bis heute die Musik zu mehr als 50 Spiel- und Dokumentarfilmen, TV-Serien und Bühnenstücken geschrieben, darunter zu den auch in Deutschland bekannten Filmen *Fresa y Chocolate* (1993) und *El Elefante y la Bicicleta* (1994), und internationale Preise gewonnen. Edesio Alejandro ist ein weiterer Vertreter dieser Generation. Er schrieb die Musik zu *La Vida es silbar* (1999) (vgl. Calderón González 1999: 31f.; Acosta 1993: 102).

5. Afrokubanische Musikstile

Unter "afrokubanischer Musik" werden im allgemeinen diejenigen Stile innerhalb der kubanischen Musik verstanden, die vermeintlich besonders starke afrikanische Einflüsse aufweisen. In der musikalischen Realität sind das die Stile, die vom Zusammenspiel von Perkussionsinstrumenten und Gesang geprägt sind. Den größten Teil dieses Bereiches der kubanischen Musik macht dabei die religiöse Musik aus.[14]

Die in Kuba verwendeten Ethnienbezeichnungen stimmen dabei in der Regel nicht mehr mit denen in Afrika überein, sondern beziehen sich auf eine meist größere Zahl west- und zentralafrikanischer Volksgruppen. So steht die in Kuba gebräuchliche Bezeichnung *lucumí* für nicht weniger als 137 verschiedene ethnische Herkunftsbezeichnungen, darunter die Yoruba, die wahrscheinlich den zahlenmäßig größten Anteil hatten.[15]

Eines der Werkzeuge, die Sklavenaufstände verhindern sollten, waren die sogenannten *cabildos de nación,* in denen sich Gruppen von Sklaven gleicher ethnischer Herkunft unter der Schirmherrschaft der katholischen

---

[14] Unter den afrokubanischen Religionen lassen sich neben verschiedenen kleineren vor allem drei größere Gruppen ausmachen, die in der Literatur meist nach ihrer Herkunft auf dem afrikanischen Kontinent charakterisiert werden: 1. Die Religion der nach Kuba gebrachten Yoruba, deren Lebensraum im heutigen Nigeria liegt, die sogenannte *regla de ocho* oder *santería.* 2. Die Religion der aus Zentralafrika stammenden, bantu-sprachigen Ethnien, die sogenannte *regla de conga,* sowie 3. die Geheimbünde der *abakuá,* denen ebenfalls ein westafrikanischer Ursprung nachgesagt wird (vgl. León 1990; Ortiz 1965).

[15] Aus diesem Grund wird die Bezeichnung *lucumí* von vielen Autoren mit "Yoruba" gleichgesetzt, was jedoch ungenau erscheint, da auch andere, mit den Yoruba kulturell nur marginal verwandte Ethnien wie die Ashanti, Ibo oder Malinke unter dieser Bezeichnung subsumiert wurden (vgl. Eli Rodríguez 1995: 94).

Kirche zusammenschließen konnten, um den neu angenommenen Glauben zu praktizieren. Einerseits sollte so unter Betonung ethnischer Unterschiede die Herausbildung eines gemeinsamen Bewusstseins zwischen den verschiedenen Gruppen, das sich in den Aufständen hätte äußern können, verhindert werden, andererseits sollten die *cabildos* den neu eingetroffenen Sklaven die Gewöhnung an die neue Arbeitsumgebung erleichtern. Dass diese Zusammenschlüsse darüber hinaus der Bewahrung etlicher kultureller Praktiken afrikanischer Herkunft dienten, war zwar nicht im Interesse der Herrschenden, insbesondere nicht der Missionare. Da dies jedoch unter dem äußeren Anschein katholischer Heiligenverehrung geschah, wurde es zumindest geduldet (vgl. Moore 1997: 16).

Die prominenteste unter den genannten religiösen Formen ist sicherlich die *santería*, mit ihrem meist als synkretistisch bezeichneten System der *orishas* oder *santos*, der Yoruba-Gottheiten, denen in Kuba jeweils bestimmte katholische Heilige zugeordnet werden (vgl. Ortiz 1965).

Im Zentrum aller genannten Religionsformen stehen die von Musik und Tanz geprägten Zeremonien, die *toques de santo*. Bei der *santería* sind es vor allem die rhythmischen Muster der sanduhrförmigen, zweifelligen *batá*-Trommeln, die jeweils einem bestimmten *orisha* gewidmet sind und dazu dienen, diesen anzurufen (vgl. Ortiz 1965: 251-258).

Neben den *santería*-Gemeinschaften gibt es eine Vielzahl anderer Gruppierungen, wie die bereits genannten *regla de conga* und *abakuá*-Gesellschaften, aber noch etliche weitere. Allen gemein sind das synkretistische Weltbild und die Zeremonien, deren musikalische Formen starke afrikanische Einflüsse aufweisen, von den Instrumenten – in der Regel Trommeln – bis zu den Gesängen, die meist eine antiphonale Gestaltung von Solosänger und Chor (*call and response*-Schema) besitzen.

Andere exponierte Formen afrokubanischer Musik sind die *comparsas*, die Karnevalsumzüge, die vor allem in Havanna und Santiago bis heute ein Spektakel darstellen, das Touristen anlockt. Der Karneval hat in Kuba verschiedene religiöse Hintergründe. Zu verschiedenen Anlässen gab es in der Kolonialzeit Prozessionen, meist zu Ehren bestimmter Heiliger. In Santiago de Cuba beispielsweise findet der Karneval bis heute um den 25. Juli statt, dem Tag des Heiligen Jakobus (span. Santiago), des Namenspatrons der Stadt. Dieser wurde auch in den *cabildos* der Sklaven verehrt, aus denen die *comparsas* hervorgingen. Mit Masken und bunten, fantasievollen Kostümen ziehen die einzelnen Gruppen, mit lauter musikalischer Untermalung verschiedener Trommel- und sonstiger Perkussionsinstrumente sowie der *corne-*

ta china, ein von chinesischen Arbeitern nach Kuba mitgebrachtes Oboeninstrument,[16] durch die Straßen der Stadt. Als Klangerzeuger können dabei auch schon mal metallene Traktorfelgen dienen. Der für die *comparsas* typische musikalische Stil ist die sogenannte *conga*, die auf den erwähnten Instrumenten während der Umzüge gespielt wird. Mit dem unter dem gleichen Namen bekannten Trommelinstrument hat dieses Genre jedoch nichts zu tun. Das international als *conga* bekannte Instrument wird in Kuba selbst meist mit dem Begriff *tumbadora* bezeichnet und findet vor allem in den verschiedenen Stilen der *rumba* Verwendung.

Bei der *rumba* handelt es sich um das wichtigste säkulare Genre afrokubanischer Musik, die, so Leonardo Acosta, lange Zeit als "soziale Chronik der Besitzlosen" diente (vgl. Acosta 1991: 54). Der Begriff bezeichnet einen ganzen Komplex von Trommel- und Perkussionsinstrumenten, *call and response*-Gesang und Tanz.[17] Entstanden sein soll die *rumba*, die Argeliers León zu den Genres urbaner Folklore rechnet (vgl. León 1991: 4), in den Vororten von Havanna und Matanzas (vgl. Moore 1997: 168). Typisch für die *rumba* ist die Begleitung von drei *tumbadoras* unterschiedlicher Größe und Tonhöhe, einem kleinen, an einem Ständer befestigten ausgehöhlten Baumstamm, *guagua* oder *catá* genannt[18] sowie den beiden kleinen Klanghölzern, den *claves*. Der von diesen markierte Rhythmus liefert das Fundament für das gesamte Ensemble.

Gegenwärtig lassen sich vier *rumba*-Stile unterscheiden: Der *yambú*, der *guaguancó* und die *columbia* sind ältere Stile,[19] die etwa seit dem Ende des neunzehnten Jahrhunderts bekannt sein dürften (vgl. Moore 1997: 168-171). Die sogenannte *batarrumba* ist eine neuere Variante, die vor allem im Raum Matanzas praktiziert wird. Wie der Name bereits andeutet, werden dazu die in diesem neuen Kontext aus ihren rituellen Bezügen herausgelösten *batá*-Trommeln verwendet.

---

[16] Wenngleich die größte chinesische Gemeinschaft Kubas in Havanna lebt, so ist die *corneta china* erstaunlicherweise das typische Instrument des Karnevals in Santiago (vgl. Orovio 1992: 119).
[17] Dabei zeigt die musikalische Struktur der Begleitung eindeutig afrikanische Züge, während die Struktur des Sologesangs exakt den spanischen *décimas* entspricht (vgl. Crook 1982).
[18] Dieses Instrument wird heute meist aus Kunststoff gefertigt statt aus Holz.
[19] *Yambú* und *guaguancó* sind Paartänze, vor allem der zweite mit explizit sexuellen Bezügen. Höhepunkt ist eine als *vacunao* bekannte Beckenbewegung des Mannes. Die *columbia* dagegen ist eine Art Wettstreit zwischen dem Spieler der am höchsten gestimmten *tumbadora*, die *quinto* genannt wird, und dem Tänzer. Im musikalisch-tänzerischen Wettkampf versuchen beide, ihre Virtuosität unter Beweis zu stellen.

Seit der Revolution gibt es für alle Bereiche afrokubanischer Musik professionelle Gruppen, die die Musik in einem neuen Kontext als Bühnenshow präsentieren. Dies gilt sowohl für die religiöse als auch die säkulare Musik der *rumbas* und *comparsas*. Gruppen wie das "Conjunto Folclórico Nacional, Clave y Guaguancó" oder "Los Muñequitos de Matanzas" geben regelmäßig Vorstellungen und gehen auf internationale Tourneen (vgl. Daniel 1995).

Vor allem die religiöse Musik wird auch im Privaten nach wie vor ausgiebig praktiziert. Aber auch die *rumba* gehört für viele Kubaner noch immer zum Alltag. Wann immer sich eine Gruppe von Menschen trifft, ist die Chance groß, dass daraus eine *rumba* entsteht. Sind dafür gerade keine Instrumente zur Hand, so erfüllen auch leere Kisten oder Tischplatten den Zweck, gegebenenfalls kann sich die Instrumentalbegleitung auch auf Händeklatschen reduzieren.

Eine regionale Variante afrokubanischer Musizierpraxis sind die sogenannten *sociedades de tumba francesa* im Osten der Insel. Sie sind ein Überbleibsel der nach der haitianischen Revolution mit ihren Sklaven eingewanderten französischen Grundbesitzern, die sich um Santiago de Cuba niederließen. Die Feste ihrer Sklaven wurden *tumbas francesas* genannt. In den Jahren bis zum Unabhängigkeitskrieg bildeten sich verschiedene *sociedades* nach Vorbild der *cabildos*, jedoch ohne religiöse Bezüge. Nachdem diese Gesellschaften zeitweise in ganz Kuba zu finden waren, gibt es heute nur noch zwei, je eine in Santiago und Guantánamo. Ihre von Trommel- und Perkussionsinstrumenten begleiteten Tänze sind Stilisierungen französischer höfischer Tänze des achtzehnten und neunzehnten Jahrhunderts.[20]

6. Könige und schlurfende Tänzer: *danzón – mambo – chachachá*

Bis in die 50er Jahre des zwanzigsten Jahrhunderts waren die verschiedenen Stile kubanischer Populärmusik mit bestimmten instrumentalen Besetzungen verbunden und definierten sich über festgelegte rhythmische Muster. So waren die typischen *danzón*-Gruppen die als *charangas francesas* bekannten Ensembles, deren Klangbild geprägt wurde von Instrumenten wie Geige, Querflöte, Klavier und Kontrabass, ergänzt um ein Paar *timbales*[21] sowie ein

---

[20] Eine ausführliche Beschreibung der Feste der *tumba francesa* findet sich in Alén Rodríguez (1986).
[21] Kleine, paarweise gespielte Trommeln, in Kuba häufig auch als *pailas* bezeichnet, die mit Stöcken gespielt werden (vgl. Eli 1997: 403).

güiro.[22] Eine der ersten *charangas* war die Gruppe des Pianisten Antonio María Romeu (1876-1955) – Komponist des Klassikers *Tres lindas cubanas* –, die zu Beginn des vorigen Jahrhunderts in den Cafés und Salons Havannas zum Tanz der kreolischen Oberschicht spielte (vgl. Orovio 1992: 419f.).

Der Pianist der Gruppe "Arcaño y sus Maravillas", Orestes López, war es, der 1938 einen *danzón* mit dem Titel "Mambo" schrieb. An den bekannten Ablauf des *danzón* hatte er einen zusätzlichen, vom *son*-Rhythmus beeinflussten Teil angehängt. Der Stil der Gruppe wurde zunächst als *danzón de nuevo ritmo* und später als *mambo* bekannt (vgl. Linares 1974: 159; Orovio 1992: 278). In den 50er Jahren beanspruchte der selbsternannte "König des Mambo", Dámaso Pérez Prado, für sich, diesen Rhythmus erfunden zu haben.[23]

Bei einem anderen populären Stil der 40er und 50er Jahre, der zum Repertoire der *charangas* gerechnet wird, ist der Fall eindeutiger: Der Bandleader Enrique Jorrín hatte schon seit etlichen Jahren *danzones* und *danzones de nuevo ritmo* komponiert. Zu Beginn der 50er Jahre bemerkte er die wachsende Schwierigkeit der meisten Tänzer, mit den synkopierten Rhythmen und schnellen Tempi dieser Stile zurechtzukommen. Seine Komposition *La Engañadora* trug diesem Umstand Rechnung: Sie gilt heute allgemein als erster *chachachá* (vgl. Orovio 1992: 130-132). Den Namen leitete Jorrín übrigens von dem schlurfenden Geräusch ab, dass die Schuhe der Tänzer bei der charakteristischen Schrittfolge dieses Tanzes produzierten (vgl. Hernández 1986: 73).

Gegenwärtig existieren in Kuba noch etliche *charangas*, wie etwa das seit den 30er Jahren bestehende *Orquesta Aragón* – inzwischen allerdings mit jüngeren Musikern besetzt – oder das *Orquesta Sublime*, die neben den hier beschriebenen Stilen auch *sones* und Lieder anderer Genres spielen. Im Laufe der Zeit wurde auch das Instrumentarium der *charangas* um verschiedene Blas- und Perkussionsinstrumente wie Trompeten und Posaunen bzw. *tumbadoras* erweitert, allerdings blieb der vor allem von den Geigen und

---

[22] Aus einem Kürbis gefertigtes Schrapinstrument, das mit einem dünnen Stab gespielt wird (vgl. Linares 1974: 113; Rodríguez Patterson 1998: 20).
[23] Er löste damit eine Debatte aus, die bis in die 80er Jahre des zwanzigsten Jahrhunderts aktuell blieb (vgl. Acosta 1987: 38). Heute herrscht weitgehende Einigkeit, dass Pérez Prado zwar wichtig für die Verbreitung kubanischer Musik war, seine Rolle als musikalischer Innovator jedoch eher als marginal gesehen werden kann (vgl. Waxer 1994: 153).

Flöten geprägte Klangcharakter erhalten (vgl. Rodríguez Patterson 1998: 19).

Auch im Repertoire der jüngeren *salsa-* und *timba*-Gruppen – wie etwa *NG La Banda*[24] oder *La Charanga Habanera* – spielen *danzón, mambo* und *chachachá* noch immer eine, wenn auch untergeordnete, Rolle. Bei letzterer lässt bereits der Name die Anknüpfung an die beschriebenen Traditionen erkennen, obwohl die Besetzung mit der traditionellen *charanga* nicht mehr viel gemein hat (vgl. Rios Vega 2000: 3-5).

Die Besetzung der wahrscheinlich beliebtesten kubanischen Gruppe, "Los Van Van", verrät ebenfalls die Bezüge zur *charanga*-Tradition: Erweitert um Schlagzeug *(drum set),* Synthesizer und dreiköpfigen Posaunensatz wird der Klang von "Los Van Van" auch nach dreißig Jahren Bandgeschichte noch immer wesentlich von den beiden Geigen – bei "Van Van" in elektrischer Version – geprägt (vgl. Padrón 1999: 33). Den Kern des Repertoires bildet jedoch ein Stil, den die Mitglieder selbst geschaffen haben, der *songo*, der eine Melange verschiedenster kubanischer, aber auch ausländischer Stile wie Rock und Jazz darstellt (vgl. Padrón 1999: 29). Die Bindung bestimmter Genres an feste Instrumentalbesetzungen hat sich also heute weitgehend aufgelöst, wenngleich die unterschiedlichen Besetzungen mit ihren typischen Klangcharakteristika weiterhin existieren, ebenso wie verschiedenste Mischformen.

7. Von den Bergen in die Stadt: *son* und *guaracha*

Die nach Kuba gebrachten Sklaven waren für die Kolonialherren keine Menschen, sondern eine Ware, billige Arbeitskräfte, die benötigt wurden, um den eigenen Wohlstand zu vermehren. Dies ist der Grund dafür, dass Musiker, die von den nach Kuba gebrachten Sklaven abstammten, nur dann Erwähnung in den Aufzeichnungen von Hispano-Kubanern fanden, wenn sie in Bereichen europäischer Musik, Volks- wie Kunstmusik, auf sich aufmerksam machten.

Die ersten in dieser Hinsicht überlieferten Namen sind die der Schwestern Micaela und Teodora Ginés, die zunächst in Santiago, später in Havanna bekannt wurden. Eines ihrer Lieder, der *Són de la Má Teodora* gilt einigen Autoren heute als der erste *son*, laut Carpentier dürfte es sich aber eher um eine adaptierte Form der spanischen *romance* gehandelt haben (vgl. Carpentier 1972: 44-49).

---

[24] Das Stück *Murakami Mambo* auf der CD "Lo mejor de...NG La Banda" ist ein Beispiel.

Der *son* gilt heute als "kubanisches Genre *par excellence*". Damit ergeben sich erstaunliche Parallelen zum *danzón*, denn ebenso wie dieser galt auch der *son* in den ersten Jahren nach seinem Auftauchen in Havanna zunächst als "afrikanisch", d.h. minderwertig und rückständig. Entstanden ist der *son* in den ländlichen Teilen der östlichen Provinzen Kubas, in den Bergen um Santiago und Guantánamo, vermutlich in den letzten Jahrzehnten des neunzehnten Jahrhunderts (vgl. Moore 1997: 89). Anfang des zwanzigsten Jahrhunderts kam er nach Havanna, wo in den 20er Jahren die bis heute als "typisch" geltenden Sextette und Septette entstanden (vgl. Orovio 1992: 456; Moore 1997: 91). Es kam zu einem wahren *Boom*, der von der sich schnell entwickelnden Tonträgerindustrie gefördert wurde (vgl. Moore 1997: 112).

Einer der ersten großen Hits und bis heute ein Klassiker ist das Stück *Son de la loma* des *Trio Matamoros*. Miguel Matamoros, der die Gruppe 1925 in Santiago de Cuba gründete, hielt an der ländlichen Trio-Besetzung fest, auch als die Gruppe Ende der 20er Jahre in Havanna erfolgreich wurde (vgl. Orovio 1992: 287-290).

In den folgenden Jahrzehnten erfuhr der *son* eine stetige Entwicklung, Bandleader wie Arsenio Rodríguez oder Benny Moré erweiterten die typische Septett-Besetzung aus Gitarre *(tres)*, der kleinen, mit drei Doppelsaiten versehenen Gitarrenvariante, Kontrabass, *claves*, *bongóes*, *maracas* und Trompete. Rodríguez beispielsweise gilt als der erste, der die *tumbadoras* der *rumba* und ein Piano in seinem *conjunto* verwendete (vgl. Orovio 1992: 110). Benny Moré fügte schließlich in den 50er Jahren seinem *conjunto* – nach dem Vorbild der US-amerikanischen Jazz-Big-Bands – mehrstimmige Saxofon-, Trompeten- und Posaunensätze hinzu und machte es so zu einer *banda gigante* (vgl. Martínez Rodríguez 1993: 18f.).

In der gegenwärtigen Musikszene Kubas finden sich noch immer Gruppen, die die Tradition der 20er und 30er Jahre beschwören, wie das "Septeto Nacional Ignacio Piñeiro" und das "Septeto Habanero", auch wenn die Musiker natürlich nicht mehr dieselben sind. Moderne Gruppen wie "Adalberto Alvarez y su Son" verwenden neben einem mehrstimmigen Bläsersatz auch elektrische Instrumente wie E-Bass und Synthesizer (vgl. Pérez 1998: 18f.).

Der *son* besitzt in der Regel eine zweiteilige Struktur. Dem ersten Teil, dem *largo* oder *tema*, der über eine meist elaboriertere harmonische Struktur und Melodie verfügt, folgt ein zweiter, vor allem rhythmisch geprägter Teil, der *montuno*. Dieser dient Sängern und Instrumentalisten zu Improvisationen. Der Gesang wird üblicherweise im *call and response*-Wechselspiel von Solist und Chor gestaltet. In einigen Stücken kann der *largo* auch entfallen, diese beginnen dann gleich mit dem *montuno*. Sie heißen dementsprechend *son-montunos* (vgl. Robbins 1990: 190).

Dem *son* verwandt ist ein weiteres Genre, die *guaracha*. Sie ähnelt dem *son* rhythmisch, doch trotz ihrer Tanzbarkeit besitzen die meist sehr kunstvollen und satirischen Texte mehr Gewicht als beim *son* (vgl. Orovio 1994: 18-20). Die *guaracha* spielte bereits im neunzehnten Jahrhundert in den Aufführungen der in Kuba äußerst beliebten *teatro vernáculo*-Gruppen eine wichtige Rolle, mit der heutigen, schnellen *guaracha* sind diese Revuelieder aber nicht verwandt (vgl. Moore 1997: 54f.). Heute gehört dieses Genre, ebenso wie *son*, *bolero* und *chachachá*, zum Standardrepertoire der Populärmusikgruppen.

8. Das kubanische Lied: *trova*, *bolero*, *filin*

Das Lied hat Tradition in der Geschichte Kubas. Schon in den ersten Jahrhunderten waren sehr wahrscheinlich mit den *conquistadores* Gitarren zur Begleitung von Sängern auf die Insel gekommen, doch belegt sind sie erst seit Anfang des 18. Jahrhunderts (vgl. Giro 1986: 19). Im 19. Jahrhundert dann tauchte als Vorläuferin des heutigen kubanischen Liedes die *habanera* auf. Sie entstand in den 40er Jahren in den Cafés in der Nähe der Plaza de Armas in Havanna aus *contradanzas*, die zum ersten Mal mit Versen, die exakt auf den Takt der Musik zugeschnitten waren, gesungen wurden (vgl. Lapique 1995: 155). Einige bekannte Stücke sind ins Volksgut eingegangen, so zum Beispiel *Tú* (1892) von Eduardo Sánchez de Fuentes oder *La Bayamesa* (1851) von Carlos Manuel de Céspedes (vgl. Ruíz et al. 1995: 260). Weltruhm erlangte die *habanera*, als berühmte Komponisten wie Georges Bizet *(Carmen)* sie in ihren Werken einsetzten.

Die *trova* entstand erst im letzten Drittel des 19. Jahrhunderts in Santiago de Cuba als gesungene Dichtung über Themen des Alltags (vgl. Cañizares 1992: 29). In ihr vereinte sich der afrikanisch beeinflusste *man of words* mit dem mediterranen Troubadour (vgl. Davis 1998: 796). Politische und soziale Inhalte auf der einen und schnulzige Liebesoden auf der anderen Seite bestimmen die Texte. Das anschwellende Nationalgefühl der Kubaner im 19. Jahrhundert beflügelte dieses Genre stark. Musiker wie Pepe Sánchez (1856-1918), Sindo Garay (1867-1968), Rosendo Ruiz (1895-1983) oder in Havanna die Sängerin María Teresa Vera (1895-1965) sind die Gründer und "Stars" der *trova*. Noel Nicola zufolge, einem der Begründer der *nueva trova*, ist "ein *trovador* in Kuba ein Interpret seiner eigenen Lieder oder der von anderen *trovadores*, die wie er Interpreten sind. Er begleitet seine Lieder mit der Gitarre und versucht, seinen Gesang zu poetisieren".[25] In den ersten Jahrzehnten des vorigen Jahrhunderts entwickelte sich die *trova* weiter und schlug so eine Brücke zum *filin* (s.u.). Gleichzeitig vermischte sie sich auch mit dem aufkommenden *son*, wie in den Liedern des berühmten "Trio Matamoros" *(bolero-son: Lágrimas negras)*, und mit anderen Genres.

Die *trova* bildete die Grundlage für eine neue Musik, die durch die Revolution von 1959 und die damit verbundenen neuen Lebensumstände inspiriert wurde, die *nueva trova*.[26] Viele Musiker waren auf der Suche nach neuen Ausdrucksformen. Sie wollten mit einer Mischung aus Tradition und Neuerung auf die veränderte Situation reagieren. Durch (traditionelle) Merkmale wie die poetische Sprache und die Benutzung akustischer Gitarren knüpften sie an die Tradition der *trovadores* an. Neu war die Gewichtung der Themen: Ihre Lieder handelten zwar nach wie vor auch von der Liebe, aber mehr denn je von gesellschaftlichen Problemen, Politik und der Revolution. Neu war auch die sehr persönliche Sichtweise in den Texten und die Verwendung vieler Metaphern. Eine Sonderstellung nimmt in diesem Zusammenhang Carlos Puebla – der Sänger der Revolution – ein. Er gehörte nicht der *nueva trova*-Bewegung an, schuf aber u.a. mit *Hasta Siempre* oder *Llegó el Comandante* Klassiker der Revolution, die viele andere Sänger inspirierten.

Neben der Revolution trug auch eine kontinentale Erscheinung zum Entstehen der *nueva trova* bei: Die Bewegung des neuen lateinamerikanischen Liedes, beeinflusst von den sozialkritischen Liedern Bob Dylans, Joan Báez' und Pete Seegers in den USA (vgl. Díaz 1994: 12), entstand aus der sozialen und wirtschaftlichen Not sowie der politischen Unterdrückung der meisten lateinamerikanischen Völker. Denn in den 60er Jahren herrschten in fast allen Staaten des Kontinents Militärdiktaturen und miserable Lebensbedingungen. In vielen Ländern hatten die Liedermacher sich der sozialen Probleme angenommen, Atahualpa Yupanqui in Argentinien, Violeta Parra und Victor Jara in Chile, Chico Buarque in Brasilien u.v.a. Ein Schrei des Protestes erhob sich auf dem Kontinent, gestärkt durch die gelungene kubanische Revolution.

Einen großen Einfluss auf die Entwicklung der *nueva trova* hatte die romantische *filin*-Bewegung, die in den 40er Jahren in Havanna ihren Anfang

---

[25] Vgl. Noel Nicola (1975): "¿Por qué nueva trova?" In: *El Caimán Barbudo*. No. 92, S. 10-12.
[26] Die Bezeichnung stellt gleichermaßen den Bezug zur musikalischen Tradition der *trova* wie zur *nueva canción*, einer pan-amerikanischen Liederbewegung, her.

nahm.[27] Sie wurde initiiert von einer anfangs kleinen Gruppe von Sängern, darunter César Portillo de la Luz, Ñico Rojas, Rosendo Ruiz Quevedo und Ángel Díaz, in dessen Haus am Callejón de Hammel man sich traf. José Antonio Méndez erzählt in einem Interview, wie er später zu ihnen stieß:

> Ich traf Ñico Rojas und er spielte mir etwas vor. Ich dachte, so gut wie der spielt, muss er verrückt sein. Er lud mich ein, eine Gruppe weiterer Verrückter zu sehen und zu hören, die ähnliche Sachen machten wie ich. Und so kam ich zum berühmten Callejón de Hammel in das Haus des berühmten Komponisten Ángel Díaz (Contreras 1989: 8).

Die Geburt des *filin* war auch eine Reaktion auf die Überkommerzialisierung der Musik in den 40er und 50er Jahren durch die – vor allem quantitativ – steigenden Ansprüche des Radios und der Musikindustrie sowie die Einführung des Fernsehens. Dies führte zu einer Verflachung der Texte und der Arrangements der traditionellen kubanischen Musik (vgl. Díaz 1994: 10; Roy 2000: 115). Im *filin* vereinten sich Neuerungen in der Musik wie Nonenakkorde, Terzschichtungen oder verminderte Quinten, vermittelt über die nordamerikanischen Jazz-Kompositionen, an denen sich die Sänger orientierten, mit der traditionellen kubanischen Musik, die solche Elemente nicht kannte (vgl. Eli 1986: 191). Die *filin*-Bewegung erlebte ihren Höhepunkt in den ersten Jahren nach der Revolution, da auch ihre Vertreter aufgrund der veränderten Situation nun optimistischere Texte schrieben und gleichzeitig die Gelegenheit erhielten, in den Massenmedien aufzutreten.[28] In den Texten entdeckt man erste Anzeichen der *nueva trova*, durch die sie in den 60er Jahren abgelöst wurde: "Der *filin* war eine starke dynamische Kraft im kubanischen Liedschaffen durch die Bereicherung der harmonischen, melodischen und rhythmischen Mittel, aber nach 1965 waren seine Möglichkeiten erschöpft" (Eli Rodríguez 1986: 191). Nichtsdestoweniger überlebte dieser Gesangsstil. Noch heute können Besucher Havannas *filin-Sessions* besuchen. Entweder im "Gato Tuerto", wo Elena Burke – inzwischen im Rollstuhl sitzend – auftritt, oder im legendären "Pico Blanco", der Terrasse des Hotels Saint-John. Dort sang in den 60er Jahren eine weitere große Stimme des *filin*: Omara Portuondo (vgl. Mießgang 2000: 50; Roy 2000: 117).

Die enge Zusammengehörigkeit von *filin* und *nueva trova* spiegelt sich in der Überschrift eines Artikels über Pablo Milanés: "Pablo Milanés, der letzte *filinista* oder der erste *trovador*?" Ihm wird auch gemeinhin das erste

---

[27] Ihren Namen erhielt sie vom englischen Wort *feeling* (vgl. Orovio 1992: 165f.).
[28] Gleichzeitig brach aber auch eine Diskussion darüber los, ob diese Musik nicht eine nordamerikanische Penetration bedeute (vgl. Contreras 1999: 171).

Lied der *nueva trova* zugeschrieben, *Mis 22 Años* aus dem Jahre 1964. Er, Silvio Rodríguez, Noel Nicola, Vicente Feliú und andere Sänger orientierten sich aber nicht nur an den Vorbildern des *filin* oder der *trova*, sondern sie nahmen auch Anregungen von Bob Dylan oder den Beatles auf. Anfangs wurden die jungen Sänger deswegen von den offiziellen Kulturverantwortlichen sehr kritisch beobachtet, weswegen sie in den Medien kaum präsent waren. Konzerte fanden fast nur in kleinen Sälen, Fabrikhallen oder in Bibliotheken statt. Nur die *Casa de las Américas* unterstützte die Bewegung von Beginn an (vgl. Polzer 1998/1999: 31). Sie war es auch, die im Juli 1967 die kulturelle Blockade durchbrach und in Havanna das *1. Internationale Treffen des Protestliedes* veranstaltete. Die kubanischen Liedermacher lernten dort Folkloretraditionen aus anderen lateinamerikanischen Ländern kennen und entdeckten so zum erstenmal die "wahre Folklore unseres Amerika", um auf einen Gedanken José Martís zurückzugreifen (vgl. Díaz 1994: 13; Eli 1986: 192). Es spielten Liedermacher aus 16 Ländern. Alle hatten durch dieses "wichtigste Ereignis für das Genre des Protestliedes" bemerkt, dass sie "nicht alleine waren", wie der Uruguayer Daniel Viglietti in einem Interview anmerkte (zitiert nach Díaz 1994: 22).

Durch das zwischen 1967 und 1969 existierende *Centro de la Canción Protesta* wurde die Wandlung des Protestliedes zum politischen Lied Kubas gefestigt. Zusammen mit einer großen Gruppe von Instrumentalisten unter der Leitung von Leo Brouwer gründeten einige *trovadores* 1969 die "Grupo de Experimentación Sonora" (Gruppe für Klangexperimente) beim kubanischen Filminstitut ICAIC.[29] Durch den Einsatz elektronischer Instrumente und Techniken erweiterte sich das Schaffensspektrum der Sänger. Ziel der Gruppe war es nicht nur, die rasant wachsende Filmproduktion mit Musik zu versorgen, sondern auch eine experimentelle Bestandsaufnahme der kubanischen Musik zu machen.

Nach dem Bildungs- und Kulturkongress von 1971 wuchs die Akzeptanz der *trovadores* von staatlicher Seite. 1972 wurde schließlich die *Bewegung der Nueva Trova* (MNT) gegründet, womit die staatliche Akzeptanz und damit auch die finanzielle Unterstützung wuchs. Die Bezeichnung *nueva trova* wurde offiziell. Nun hatten die Sänger auch Zugang zu den Massenmedien und Aufnahmestudios und infolgedessen kam es Mitte der 70er Jahre zu einer regelrechten *nueva trova*-Euphorie. Besonders die Jugendlichen identifizierten sich mit den modernen Texten. Die Lieder der kubanischen

---

[29] Mitglieder waren u.a. Leonardo Acosta, Emiliano Salvador, Pablo Milanés, Silvio Rodríguez, Eduardo Ramos, Sergio Vitier und Sara González.

trovadores wurden über die Grenzen hinaus bekannt, sie wurden zu Symbolfiguren für den Kampf der Völker gegen Unterdrückung und kulturellen Imperialismus (vgl. Faya 1995: 359f.). Heute sitzen Pablo und Silvio als Abgeordnete im kubanischen Parlament und treten aus kommerziellen Gründen in Kuba kaum noch auf.

Ende der 70er Jahre wurde die MNT immer heterogener, bis sie schließlich 1987 aufgelöst wurde. Die nächste Generation von *trovadores*, Carlos Varela, Frank Delgado, Gerardo Alfonso, Santiago Feliú u.a., hielt unter der Bezeichnung *novísima trova* die *nueva trova* am Leben. Sie hatte mit ähnlichen Schwierigkeiten zu kämpfen wie ihre Vorgänger und wurde teilweise sogar mit Auftrittsverboten belegt, wie zum Beispiel Varela. Seine Texte beschäftigen sich mit der aktuellen Situation in Kuba und werden vom Publikum sehr geschätzt. Neben neuen Inhalten bereicherten auch neue musikalische Einflüsse die *nueva trova*, von Rockmusik bis zu Elementen aus dem Jazz. Eine dritte Generation von *trovadores*, die heutzutage unter dem Label *cantores de la rosa y la espina* firmieren, versucht die Tradition fortzuführen. Ariel Díaz, Carlos Lage u.a. betonen die Bedeutung sozialkritischer Lieder und nehmen aktuelle Entwicklungen in ihren Texten aufs Korn (Prostitution, Tourismus etc.). Athanai Castro vermischt die *trova* mit Rap- und Rockmusik. Aber die Rezeption durch das Publikum ist nicht mehr die gleiche wie in den 70er und 80er Jahren. Die *nueva trova* wurde – neben anderen – vom Salsa- und Discoboom abgelöst. "Jetzt will man sich unterhalten, Geld verdienen und der harten Realität entfliehen", betont Gerardo Alfonso (zitiert nach Polzer 1998/99: 32).

Bestens kann der Zuhörer der Realität entkommen und sich in romantische Träume flüchten, wenn er einem *bolero* lauscht. Dieses Vokalgenre hat sich bis heute gehalten, nicht zuletzt durch seine erstaunliche Anpassungsfähigkeit an viele Stile der tanzbaren Musik, auch an moderne Discobeats (vgl. Loyola Fernández 1997: 257). Zum Leben erweckt wurde diese Musik 1885. Einer der ersten *trovadores* gilt gemeinhin auch als Vater des ersten kubanischen *bolero*: Pepe Sánchez schrieb in diesem Jahr *Tristeza*. Mit dem gleichnamigen spanischen Genre hat der kubanische *bolero* übrigens nur den Namen gemeinsam.[30] Von Santiago aus eroberte er bald Havanna und schließlich ganz Lateinamerika. Überall nahm er regionale Eigenarten an,

---

[30] Der spanische Bolero besteht aus drei Teilen im 3/4-Takt und ist ein beliebter Tanz in Andalusien. Der kubanische *bolero* ist ein Paartanz im 2/4- oder 4/4-Takt, dessen Melodie vom *cinquillo* (Notengruppe mit einer Synkope vor dem zweiten Schlag) bestimmt wird (vgl. Roy 2000: 109).

blieb aber eine Musik, deren einziger Zweck die Verherrlichung der Liebe ist, eine Mischung aus Gefühl und Kitsch (vgl. Acosta 1995: 245).

Ein Meister dieses Genres war Benny Moré, bekannt als *el bárbaro del ritmo*. Seine Geschichte ist "die Verdichtung des Glanzes der kubanischen Musik in einer Stimme [...]" (Mießgang 2000: 132). Er beherrschte alle Vokalgenres meisterhaft und gründete schließlich 1953 seine *banda gigante*, ein 23-köpfiges Orchester, mit dem er bis zu seinem Tod 1963 sensationelle Erfolge feierte. Aber geliebt wurde er für seine gefühlvollen *boleros*. Diese Tradition führt sein ehemaliger Chorsänger Ibrahim Ferrer heute fort. Er, der eigentlich schon in Rente war, konnte durch das Projekt *Buena Vista Social Club* auf die Bühne zurückkehren und verhalf so dem *bolero (Dos Gardenias para Ti)* zu neuem weltweiten Ruhm.

9. Die perfekte Hochzeit: Jazz auf Kuba

Auch der kubanische Jazz profitiert vom *Buena-Vista*-Erfolg. Der Jazz hatte es auf Kuba nie so leicht wie heute. Er musste lange um seine gesellschaftliche Stellung kämpfen. Den wichtigsten Impuls bekam der kubanische Jazz von außen. Zwar waren es Kubaner, die ihn gaben, aber das geschah in New York zwischen 1943 und 1947. Mario Bauzá, ein 1930 nach New York emigrierter Trompeter, spielte dabei eine wichtige Rolle (vgl. Acosta 1993: 45). Er wurde nach kurzer Zeit Arrangeur und Komponist in den einflussreichen Jazzbands von Chick Webb und Cab Calloway. Dort besorgte er einem jungen Trompeter ein Engagement: Dizzy Gillespie. Es entstand eine Freundschaft, die dazu führte, dass Gillespie sich für kubanische Rhythmen zu interessieren begann. Als er 1946 für seine eigene Band einen Percussionisten suchte, empfahl ihm Bauzá den gerade in New York angekommenen Chano Pozo.

Der US-Jazz befand sich zu dieser Zeit in einer Aufbruchstimmung. Dizzy Gillespie, Charlie Parker und andere schwarze Jazzer hatten gerade die sogenannte "Bebop-Revolution" eingeleitet. Sie suchten nach neuen, freieren Rhythmen, abseits vom Swing, denn dieser folgte noch sehr den rhythmischen Mustern der Marschmusik. Sie fanden sie in der afrokubanischen Musik und schufen einen neuen Stil: *Bebop a la cubana*, genannt "Cubop". Gillespie und Pozo komponierten Klassiker wie Afrocuban Drum Suite, Cubana Be, Cubana Bop oder Manteca. Ihre Zusammenarbeit gilt gemeinhin als die Geburtsstunde des Latin Jazz, dessen Kern der kubanische Jazz ist.[31] Gillespie erzählt in seiner Biographie, dass es zunächst sehr schwer war, die beiden Rhythmen – den der Congas und den des Schlagzeugs – einander anzunähern. Nachdem ihm Pozo im Tournee-Bus das Congaspielen beigebracht hatte, funktionierte es aber (vgl. Gillespie/Fraser 1979: 260). Nach nur einem Jahr – dann wurde Pozo aus bis heute ungeklärten Gründen in einem Nachtclub erschossen – endete diese fruchtbare Zusammenarbeit abrupt. Bauzá hatte zu dieser Zeit mit seinem Schwager Frank Grillo, genannt "Machito", die Gruppe "Machito y sus Afrocubanos" gegründet. Sie experimentierten solange, bis die Fusion zwischen kubanischem *Son* und Jazz perfekt war (vgl. Acosta 1993: 48-50; Ubeda Garrido 1997: 47).

Die Entstehung des "Cubop" markiert den Höhepunkt einer Entwicklung, die schon Anfang des Jahrhunderts in New Orleans eingeleitet worden war. Freigelassene Sklaven aus der Karibik – viele aus Kuba – hinterließen im frühen Jazz karibische und kreolische Einflüsse, zu hören z.B. in vielen Stücken des Pianisten Jelly Roll Morton (vgl. Roberts 1979: 38f.). Sowohl die kubanische Musik als auch der Jazz in den USA erhielten einen wesentlichen Teil ihrer Einflüsse aus der Musik der schwarzen Sklaven aus Westafrika, die ab dem 16. Jahrhundert zu Millionen in die Neue Welt verschleppt wurden. Helio Orovio erklärt:

> In ihrer Musik dominiert der Rhythmus über die Melodie und die Harmonie, die bestimmenden Größen europäischer Musik und des damaligen US-Jazz. Denn die protestantischen Sklavenhalter in den USA verboten im Gegensatz zu den katholischen Spaniern die Benutzung der afrikanischen Instrumente. Darum wird in der US-Folklore afrikanischen Ursprungs (Gospel) soviel geklatscht und gesungen.[32]

1902, nach dem Ende des spanisch-amerikanischen Krieges, konnte Kuba die spanische Kolonialherrschaft abwerfen, geriet aber sofort in die Abhängigkeit der USA. Bei den US-Soldaten, die mit den Kubanern gegen die Spanier kämpften, handelte es sich mehrheitlich um Freiwillige. Ganze Regimenter schwarzer Soldaten und Exilkubaner kamen zum Einsatz. Von diesen blieben viele nach Kriegsende auf der Insel und brachten auch die ersten Formen des Jazz – Ragtime und Dixieland – mit. Alten Berichten zufolge soll es in Havanna um 1915 herum schon private *jam sessions* gege-

---

[31] Die Diskussion über die Abgrenzung der Begriffe Latin Jazz und Cuban Jazz dauert an (vgl. Vernon W. Boggs (1993): "Latin Jazz, Afro-Cuban Jazz or Just Plain ol' Jazz?", in: *Annual Review of Jazz Studies* 6, S. 203-209).
[32] Interview der Verf. mit Helio Orovio, Havanna, Mai 1999.

ben haben. Ab den 20er Jahren tauchten dann die ersten Jazzbands auf: das Orchester von Armando Romeu oder das Orchester *Casino de la Playa*. Sie imitierten den US-amerikanischen Swing, jedoch ohne ihm kubanische Elemente hinzuzufügen. Ab den 30er Jahren gab es einen weltweiten *Boom* kubanischer Musik. Sie füllte die Tanzsäle der USA und Europas und der US-Jazzer Stan Kenton erzielte mit seiner Version des *son El Manisero* Millionenverkäufe. Als erster hatte der Kubaner Don Azpiazú mit seinem Orchester dieses Stück Anfang 1930 in New York gespielt (vgl. Roberts 1999: 40). Der sogenannte *rhumba-craze* gründete aber nicht nur auf den eingängigen Rhythmen, sondern auch auf einer erstarkenden US-Musikindustrie. Verbesserte Aufnahmetechniken und das Radio sorgten für eine größere Verbreitung der Musik. Zur selben Zeit begannen auch die ersten nordamerikanischen Bands in Havanna zu spielen und mit Kubanern zu "jammen". Doch trotz dieser gemeinsamen Auftritte und der Adaption kubanischer *sones* durch US-Bands entstand noch nicht das Bewusstsein, etwas Neues, nämlich Latin Jazz, zu spielen.

Erst die "sehr glückliche Hochzeit"[33] des Jazz und der afrokubanischen Rhythmen in New York war für die auf Kuba arbeitenden Musiker wie Bebo Valdés oder Armando Romeu die Initialzündung. Nun fühlten sie sich freier in ihrer Art zu komponieren und zu spielen. Jetzt erst wurde der kubanische Jazz geboren. Auch *soneros* wie der Trompeter Félix Chappotín oder der Sänger Benny Moré begannen jetzt, Jazz zu interpretieren. Helio Orovio erklärt dazu:

> Die Fusion zwischen der populären kubanischen Musik und dem Jazz ist eine sehr organische Verbindung, denn beide haben die gleichen Wurzeln. Im kubanischen *son* sind europäische Elemente wie die Harmonie, die Melodie oder die Struktur mit dem afrikanischen Rhythmus vereint. Weil auch der Jazz diese Elemente vereint, ist es einfach, einen *son* zu nehmen und ihn zu jazzen.[34]

In den 50er Jahren etabliert sich der Jazz als Musik auch in den bekannten Hotels und Tanzlokalen Havannas: Im "Las Vegas", im "Zombie Club", im "Montmartre" oder im "Cabaret Tropicana", das unter der Leitung von Armando Romeu über 20 Jahre hinweg eines der besten (Jazz-)Orchester in Kuba unterhielt. Nach ihren Auftritten trafen sich die Musiker zu sogenannten *descargas* (Entladungen), d.h. sie "jammten" in kleinen Clubs oder Privathäusern bis zum frühen Morgen. "Diese *descargas* hatten einen sehr spontanen Charakter, sie waren überhaupt nicht organisiert. Wir trafen uns

---

[33] Machito zitiert nach Joachim Ernst Berendt (1953): *Das Jazzbuch*, Frankfurt/M., S. 79.
[34] Interview der Verf. mit Helio Orovio, Havanna, Mai 1999.

und suchten uns einen Ort, wo wir zusammen spielen konnten und spielten", erzählt der Pianist Frank Emilio Flynn, der 1959 u.a. mit Tata Güines die legendäre Gruppe "Los Amigos" gründete.[35] Für die Musiker waren die 50er "goldene Jahre". Unter dem Einfluss steigender Touristenzahlen und der US-Mafia, die Glücksspiel, Hotels und Bars kontrollierte, wandelte sich Havanna in ein Vergnügungsparadies. TV- und Radiosender hatten einen großen Bedarf an Musikern (vgl. Díaz Ayala 1993: 203-215). 1958 gründeten einige Musiker und Jazzfans den "Club Cubano de Jazz". Jeden Sonntag trafen sie sich und "jammten" und tanzten zusammen (bis 1960). Doch Ende der 50er Jahre wurde der Jazz schon wieder aus den Tanzsälen verdrängt: *chachachá* und *mambo* kamen in Mode.

Mitte der 60er Jahre begannen in Havanna verschiedene Orchester mit neuen Rhythmen und Ideen zu experimentieren. Aus den drei wichtigsten, dem "Orquesta Cubana de la Música Moderna", dem "Grupo de Experimentación Sonora" und dem "Orquesta del Teatro Musical de Habana" gingen fast alle zukünftigen Jazzer der Insel hervor. Die Erneuerung des kubanischen Jazz gelang aber erst 1973 mit der Gründung der Gruppe "Irakere" durch den Pianisten Chucho Valdés. Sie wird auch als "Schule des kubanischen Jazz" bezeichnet. Das Besondere an der Musik von "Irakere" war ein neuer Rhythmus. Valdés holte die Trommeln und Rhythmen der afrokubanischen Kulte aus der Folklore und baute sie in seine Musik ein. 1979 – während einer Gutwetterperiode zwischen den USA und Kuba – gewann "Irakere" einen Grammy.[36] Ein weiterer Meilenstein in der Entwicklung des Jazz war die Musik des 1992 verstorbenen Pianisten Emiliano Salvador. Seine Platte *Visión* beeinflusste viele Latin Jazz-Pianisten von der Karibik bis nach New York in ihrer Spielweise.

Der internationale Erfolg des kubanischen Jazz trug dazu bei, dass sich die Einstellung einiger Funktionäre ihm gegenüber änderte. Zu dieser Zeit fing der Trompeter und Multi-Instrumentalist Bobby Carcassés an, ein Jazzfestival zu planen. Um die Funktionäre von dieser Idee zu überzeugen, musste er ihnen erklären, "dass der Jazz keine imperialistische Musik, sondern in den USA hauptsächlich die Musik der unterdrückten Schwarzen"[37] sei. 1980 fand dann das erste *Jazz Plaza Festival* statt. Schon ab dem zweiten Jahr

---

[35] Interview der Verf. mit Frank Emilio Flynn, Havanna, Mai 1999.
[36] Vgl. Acosta (1993: 74-82) sowie Zoe Armenteros (1998): "El Rey Midas del Piano. Entrevista con Chucho Valdés". In: *La Gaceta de Cuba*, 1, S. 22-25; ebenso auch Dos Santos (1991: 69).
[37] Interview der Verf. mit Bobby Carcassés, Havanna, Mai 1999.

spielten auch internationale Stars wie Charlie Haden oder Roy Hargrove in Havanna. 1985 und 1986 spielte auch Dizzy Gillespie dort und erfüllte sich so einen 40 Jahre alten Wunsch.[38]

Heute gehört der Jazz in Kuba genauso selbstverständlich zum Musikspektrum wie die Salsa oder der Rock. In Havanna gibt es zwei Jazzclubs – das "Jazzcafé" und "La Zorra y el Cuervo" – in denen jeden Abend Gruppen auftreten oder spontane *descargas* stattfinden. Die Jazzszene ist klein und viele Musiker treten immer wieder in verschiedenen Formationen miteinander auf. Regelmäßig zu sehen sind Julio Padrón, Trompeter bei "Irakere", und seine Gruppe oder der Trompeter El Greco, der schon viele internationale Preise gewonnen hat, mit seiner Band "Top Secret". Auch Orlando Valle, der den Spitznamen "Maraca" trägt, weil der schlanke Musiker in den 70ern mit seiner Afrolookfrisur aussah wie eine Rassel *(maraca)*, tritt häufig mit seiner Band "Otra Visión" in diesen beiden Clubs auf. 1998 gewann auch er in den USA einen Grammy für sein Album *Sonando*.[39]

Viele Musiker verlassen aus diesen Gründen auch ihre Heimat, wie der Starpianist Gonzalo Rubalcaba. Der Jazzmusiker lebt heute in den USA, sein Bassist Felipe Cabrera in Paris. Bei anderen kommen auch politische Gründe hinzu, wie bei Arturo Sandoval, der 1990 ins Exil in die USA ging. Er folgte Paquito D'Rivera, der sich schon 1980 auf einer Europatournee von "Irakere" abgesetzt hatte. Beide Musiker machten dann in den USA eine steile Karriere und gewannen mehrere Grammys. Andere Musiker – wie Valdés oder Carcassés – blieben auf der Insel. Sie brauchen Kuba, um ihre Musik machen zu können, wie Carcassés erklärt: "In Kuba zu leben gibt einem die Möglichkeit, sich direkt von Kubas Lebensquelle zu speisen, von seiner Energie und seiner Spannung."[40]

Vielversprechende junge Jazzer "jammen" bei jeder Gelegenheit in den beiden o.g. Clubs, wie der Pianist Roberto Fonseca oder die Gruppe "Habana Sax". Seit 1998 werden auf dem Jazzfestival Preise für die besten Nachwuchsmusiker verliehen. Gewinner waren im ersten Jahr u.a. der 18-jährige Gitarrist der Gruppe "Habana Ensemble", Norberto Rodriguez, und der

---

[38] Interview der Verf. mit Bobby Carcassés, Havanna, Mai 1999. Gillespie war schon 1977 in Havanna gewesen und hatte dort gespielt. Aber dabei handelte es sich nur um einen kleinen Auftritt von US-Jazzern und "Irakere" im Hotel Habana Libre, organisiert vom kubanischen Kulturministerium (vgl. Wolf J. Stock (1984): "Jazz in Cuba". In: *Jazzpodium*, 3, S. 12f.).

[39] Vgl. Eßer (2000: 8) sowie Luis Tamargo (1999): "Maraca's Divine Mission: The Liberation of the Cuban Flute". In: *Latin Beat*, 4, S. 32-34.

[40] Interview der Verf. mit Bobby Carcassés, Havanna, Mai 1999.

Trompeter Yasek Manzano, zwei Jazzer, die der Musikjournalist José Dos Santos als "Sterne des 21. Jahrhunderts" bezeichnet.[41]

10. Rock: Die Musik des Klassenfeindes

Rockmusik wurde in den USA aus dem Blues und dem Rhythm & Blues geboren. Zunächst als Rock'n'Roll, dann unter vielen Namen eroberte sie die ganze Welt. Sie entstand aus der umfassenden Aufbruchsstimmung der 60er Jahre heraus, die sich am deutlichsten in der Studentenbewegung manifestierte, und wurde zu einem zentralen Lebensinhalt der damaligen Jugend. Rockmusik sollte eine kulturelle Revolution sein und endete als "Transformation einer sozialen Revolte in einen kulturellen Stil".[42] Sie war die erste wirkliche Musikform, die globale Dimensionen annahm. Es bildeten sich regionale, nationale oder sogar lokale Formen heraus, die ihrerseits wieder auf den globalen Zusammenhang zurückwirkten.

In Kuba tickten die Uhren etwas anders. Dort, wie auch in den anderen sozialistischen Staaten, wurde der Versuch unternommen, die als bedrohlich empfundenen kulturellen Differenzierungsprozesse abzuwehren, unter anderem mit Verboten und Kampagnen gegen die "westliche" Musik, doch ohne Erfolg. Der Rock setzte seinen weltweiten Siegeszug auch im sozialistischen Lager fort.[43] Im Gegensatz zu anderen sozialistischen Ländern war es in Kuba nie offiziell verboten, Rockmusik zu spielen. Aber sie wurde auch nicht gefördert oder gesendet, oft wurde sie sogar behindert, manchmal auch zensiert.

> Es geschah, dass einzelne Radio- oder Fernsehdirektoren verboten, in ihren Sendern Rock und Jazz zu spielen. Aber es war völlig nutzlos, denn während der Staat diese Musik in seinen Massenmedien ignorierte, hörte man sie schon in jedem Haus: "Beatles", "Rolling Stones" oder Jazz, alles.[44]

Dabei hatte der bekannte Musikwissenschaftler Argeliers León verneint, dass Rockmusik auf Kuba einen kommerziellen oder kapitalistischen Charakter habe. Solche Kontexte würden auf Kuba verloren gehen, sie bestünden nur in entsprechenden Umfeldern (zitiert nach Manuel 1987: 164).

---

[41] Einen guten Überblick über die jüngere Jazzer-Generation gibt die Ausgabe No. 6/1997 der Zeitschrift *Tropicana Internacional*.
[42] G. Melly (1970): *Revolt into Style*, London, S. 12.
[43] Vgl. Peter Wicke (1998): "Rock around Socialism. Jugend und ihre Musik in einer gescheiterten Gesellschaft". In: Baacke, D.: *Handbuch Jugend und Musik*, Opladen, S. 293-305.
[44] Interview der Verf. mit Helio Orovio, Havanna, Mai 1999.

Rock'n' Roll erreichte Kuba Ende der 50er Jahre mit dem weltweiten Elvisfieber. Elvis-Imitatoren sangen in den Nachtclubs und Bars in Havanna. Bands wie "Los Llopys" oder die "Hot Rockers" begeisterten das Publikum. Zu Beginn der 60er Jahre gründeten sich viele Bands, die aber fast alle nur Stücke von internationalen Stars nachspielten (z.B. "Los Astros", "Los Bucaneros", "Los Atómicos" oder "Los Vampiros"). Zwischen 1965 und 1975 erfolgte dann ein *Boom* in der Rockszene, obwohl diese "US-Musik" seit dem gescheiterten Invasionsversuch in der Schweinebucht einen noch schwereren Stand hatte als zuvor. Bands wie "Los Gnomos" oder "Almas Vertiginosas" spielten nicht mehr nur Stücke nach, sondern schrieben auch eigene Songs. Die staatliche Zensur griff nun immer öfter ein, mit der Begründung, Rock sei das Sprachrohr des Imperialismus. Die "softe" Musik von Gruppen wie den "Los Zafiros" war davon allerdings nicht betroffen. Bis in die 80er Jahre stagnierte deshalb die Rockszene (vgl. Manduley López 1997: 136; Ruíz 1998: 44). 1981 gab es dann das erste Rockfestival *(Invierno Caliente)*. Zu dieser Zeit traten zwei Gruppen ins Rampenlicht, die neue Wege wiesen, "Arte Vivo" und "Síntesis". Sie spielten nicht nur den in den 80ern üblichen Hardrock, sondern experimentierten mit vielen Stilen, insbesondere mit der Kombination von Rockmusik und kubanischen Rhythmen. Für die Platte *Ancestros* von *Síntesis* schuf man 1987 einen eigenen Schallplattenpreis, den es zuvor für Rockmusik nie gegeben hatte. Die offizielle Rockgeschichte Kubas beginnt somit im Jahr 1987 (vgl. Mir 1997: 5). Im selben Jahr bekamen die *rockeros* in der "Casa Comunal de Cultura" in Havanna (außerhalb der Hauptstadt gibt es keine nennenswerte Rockszene) ein vorübergehendes Asyl, den "Patio de María". Dort spielten Bands wie "Hojo por Oja" oder "Futuro Muerto".[45]

Seitdem lockerte sich die staatliche Repressionspolitik und Rockmusik wurde in den 90er Jahren akzeptiert (abgesehen von Punk), aber weiterhin nicht gefördert. Es kam zu einem zweiten *Boom* von Bands, die seither unter dem Label *rock nacional* firmieren. "Zeus", "Metal Oscuro", "Neurosis", "Alto Mando" und andere Gruppen entwickelten den kubanischen Rock weiter und spielten ihn gesellschafts- bzw. duldungsfähig.[46] Nun war es vereinzelt auch möglich, im Radio oder Fernsehen und in öffentlichen Sälen aufzutreten, und die *empresas* nahmen auch Rockmusiker unter Vertrag, so

---

[45] Vgl. Iván Fariñas (1997): "De lo Nacional a lo Cubano". In: *Revolución y Cultura*, 4, S. 7-9, sowie Prieto González (1996: 68).
[46] 1992 erschien auch die erste Rock-Fanzeitschrift auf Kuba, *Cruzade*, mit einer Auflage von 20 handgemachten Exemplaren.

geschehen mit den Bands "Viento Solar", "Alta Tensión" oder "Superavit". Einige Bands konnten auch CD's produzieren. Trotzdem blieb die Ignoranz ihrer Kunst gegenüber für viele Musiker frustrierend.[47]

Mit Beginn der "Spezialperiode zu Friedenszeiten", nach dem Zusammenbruch des sozialistischen Blocks, begannen auch für die Rockmusiker schwere Zeiten: Die Gitarrenseiten wurden durch Telefonkabel ersetzt, das Schlagzeug aus zerbeulten Metallfässern zusammengestellt. Und die Rockmusik wurde härter: Viele Gruppen wandten sich dem Hard Rock ("Havana", "Sonido Ylegal") oder Heavy Metal ("Combat Noise") zu. Andere experimentierten mit Jazzrock oder Fusion ("Exodo", "Libre Acceso"). Insgesamt nahm die Vielfalt der Stile in den 90er Jahren internationales Niveau an (vgl. Manduley López 1997: 140).

Ob es sich dabei um kubanischen Rock handelt, darüber wird stark diskutiert: "Im Gegensatz zum Rest Lateinamerikas ist der kubanische Rock vom Konzept her eher nordamerikanisch. Von dort kommt der größte Einfluss. Die anderen lateinamerikanischen Bands haben stärkere Popeinflüsse", meint Eduardo Mena, Bassist der Heavy Metal-Band "Cosa Nostra". "Aber keiner, der hier geboren ist, kann die Rhythmen verneinen, die er im Blut hat. Also wenn man hier eine Death-Metal-Band anschaut, findet man auf einmal eine *Tumbao* auf der Bühne. Das geschieht automatisch, unterbewusst sozusagen", hält er dem Vorwurf, keine kubanische Musik zu machen, entgegen.[48]

---

[47] Vgl. Galindo (1998: 52). Das Verhältnis von Massenmedien und Rock ist immer noch problematisch, wie folgende Aussagen zeigen: René Arencibia (Regisseur ICRT): "Der Rock war schon immer eine Gegenkultur, darum ist er im kubanischen Fernsehen gar nicht und im Radio kaum vertreten. Wenn Leute über die Programme entscheiden, die von Musik keine Ahnung haben, kann man nichts Gutes erwarten." Ähnlich äußert sich Eduardo Mena (Bassist von "Cosa Nostra"): "Im Fernsehen gibt es Zensur. Zum Beispiel haben wir 1995 einen Videoclip produziert. Der Text handelte von Erotik und ein Mädchen in dem Clip machte Posen dazu, aber nur in kitschiger Form, nichts Anstößiges. Sie zeigten den Clip einmal und nahmen ihn dann aus dem Programm. In vielen Clips von Salsagruppen aber gibt es damit keine Probleme" (Interviews der Verf., geführt in Havanna im Mai 1999).

[48] Eduardo Mena in "Rock gegen Links. Interview mit Eduardo Mena von Cosa Nostra". In: *Matices*, No. 25/2000, S. 46.

11. ¡Que sigue imperando el son![49] Der Streit um *salsa* und *timba*

Heute lässt sich ein schizophrenes Verhältnis vieler Kubaner zu den USA beobachten. Während Elemente US-amerikanischer Lebensart wie der Dollar, Baseball oder *hip hop* Teil des kubanischen Alltags sind, läuft die offizielle Linie dem exakt entgegen.

Die Anfänge der engen Wechselbeziehung zwischen den beiden Nationen sieht Lise Waxer in der Mitte des neunzehnten Jahrhunderts, als der Komponist Louis Moreau Gottschalk die Insel bereiste.[50] Dass auch der Ragtime und der Jazz in seiner frühen Phase in New Orleans karibische Einflüsse aufnahmen, ist hinreichend belegt.[51]

Die Rolle der USA als kulturelle und wirtschaftliche Kraft für Kuba Anfang des 20. Jahrhunderts kann kaum überbewertet werden (vgl. Moore 1995: 167). Der Anstieg des Nationalismus war zum großen Teil auf die Abhängigkeit vom nördlichen Nachbarn zurückzuführen und auch die Neubewertung afrokubanischer Kultur ist in diesem Zusammenhang als Ausdruck des Strebens nach einer eigenen kulturellen Identität zu sehen (vgl. Moore 1997: 125).

In den 30er und 40er Jahren sorgte der so genannte *rhumba craze* für eine massenhafte Verbreitung kubanischer Musik in den USA.[52] Da der US-amerikanische Markt bessere Verdienstmöglichkeiten versprach als der kleine kubanische, ließen sich viele Musiker ganz oder zeitweise in den Metropolen der Ost- und Westküste nieder. Die verschiedenen Modewellen, von *rhumba* über *mambo* bis *chachachá*, die zwischen 1930 und 1959 die USA überschwemmten, zogen eine Flut von Aufnahmen und Tourneen vor allem

---

[49] Aus dem Refrain des Liedes *Póngase para las cosas* der Gruppe "Estrellas de Areíto", erschienen auf der CD *Los Héroes*. Die Gruppe war eine Vereinigung der *crème de la crème* der kubanischen Populärmusikszene der 70er Jahre und war als Antwort auf eine der bekanntesten New Yorker *salsa*-Gruppen, die "Fania All-Stars", gedacht.

[50] Vgl. Waxer (1994: 141). Ruft man sich jedoch in Erinnerung, dass auch heute zu den USA gehörende Bundesstaaten wie Florida, New Mexico, Texas und vor allem Kalifornien über lange Zeit auch spanische Kolonien waren, so drängt sich zumindest die Vermutung auf, dass auch schon zu einem früheren Zeitpunkt wie auch immer geartete kulturelle Beziehungen zwischen dem nordamerikanischen Festland und der Insel Kuba bestanden haben dürften. Ob diese Kontakte jedoch auch noch heute sichtbare Spuren hinterlassen haben, wäre noch zu untersuchen.

[51] Der Pianist Jelly Roll Morton sprach von einem *spanish tinge*, der den Jazz charakterisiere (vgl. Roberts 1999: 38).

[52] Trotz der Bezeichnung *rhumba craze* war vor allem der *son* erfolgreich, da er eher dem bürgerlichen Mittelstandsgeschmack des US-amerikanischen Publikums entsprach (vgl. Moore 1995: 177-178).

kubanischer Musiker nach sich. Aber auch etliche Musiker aus Puerto Rico, wie der *timbales*-Spieler Tito Puente oder der Sänger Tito Rodríguez, trugen ihren Teil zum *Boom* karibischer Musik bei. Mit der kubanischen Revolution endete auch der musikalische Austausch zwischen den beiden Ländern fast ganz.

Eine neue Qualität bekam die abgekühlte Beziehung zu Beginn der 70er Jahre durch die aufkommende *salsa*-Musik. *Salsa* (wörtl. "Soße") entstand in den späten 60er Jahren im überwiegend von Lateinamerikanern, vor allem Puerto Ricanern, bewohnten New Yorker Stadtteil Spanish Harlem, auch "El Barrio" genannt. Inspiriert von der Bürgerrechtsbewegung der US-Afroamerikaner entwickelten auch die Latinos ein neues Selbstbewusstsein. Dessen klingender Ausdruck war die *salsa*, die sich vor allem verschiedener kubanischer Stile, insbesondere des *son*, bediente. Was sich zunächst als ein kommerzielles Etikett der Schallplattenfirma Fania-Records darstellte, die den größten Teil der Musik aus dem "Barrio" vertrieb, verbreitete sich bald über die gesamte Karibik und Lateinamerika und wurde schnell zu einem Ausdruck pan-lateinamerikanischer Identität (vgl. Manuel 1994: 22f.). Vor allem Sänger und Songschreiber wie Rubén Blades oder Willie Colón machten mit ihren politisch ambitionierten Texten, in denen sie die raue Realität der Barrio-Bevölkerung schilderten, die *salsa* zur "Chronik der urbanen spanischsprachigen Karibik" (vgl. Manuel 1995: 78).

Da es sich jedoch nicht um einen neuen Rhythmus handelte, der die *salsa* als Stil charakterisierte, ist es aus Sicht der kubanischen Musiker verständlich, dass sie den Begriff nahezu einmütig ablehnten. Es handele sich, so wurde argumentiert, ausschließlich um die kommerzielle Ausbeutung kubanischer Musik (vgl. Acosta 1997: 27-29). Kubanische Musikwissenschaftlerinnen wie Martha Castellón oder Dora Ileana Torres argumentierten, dass durch das neue Label, das der Musik aufgeklebt worden sei, dem Publikum die kubanische Herkunft der Musik verschleiert werden solle. Der Begriff sei ein Mittel kulturimperialistischer Ausbeutung, das dazu diene, Musik aus einem unterentwickelten Land als US-amerikanisches Produkt zu verkaufen (vgl. Manuel 1987: 170). Interessanterweise bewiesen die Kubaner in Miami und auf der Insel in ihrer Ablehnung des Begriffes *salsa* eine seltene Einmütigkeit (vgl. Acosta 1997: 27). Doch auch Tito Puente, der im Zuge der *salsa*-Welle zu neuer Popularität gelangte, wurde nicht müde zu betonen: "Die einzige *salsa*, die ich kenne, kommt aus Flaschen. Ich spiele kubanische Musik" (zitiert nach Manuel 1995: 74).

In der Tat war es vor allem die Vermarktung von schon seit längerem aktiven Musikern, wie der kubanischen Sängerin Celia Cruz, als "*salsa*-Stars", die den Kritikern des Begriffes als Argument diente, wie der kubanische Musikwissenschaftler Radamés Giro feststellt (vgl. Padura Fuentes 1997: 225). Für etliche Jahre bestand in Kuba ein "ungeschriebenes Verbot" der *salsa*. Die Bezeichnung nicht zu verwenden "war gleichsam eine Angelegenheit nationaler Ehre" (Acosta 1997: 28). Viele Lieder wurden geschrieben, deren Texte darauf verwiesen, dass alles, was *salsa* genannt werde, eigentlich *son* sei.[53]

In den 80er Jahren nahm die Popularität der *salsa* in den USA ab und auch international traten andere Stile in den Vordergrund: Die von der Dominikanischen Republik ausgehende "*merengue*-Invasion" sowie die romantischen *baladas* liefen der *salsa* ihren Rang ab. "Selbst im Heimatland der *salsa* schien Julio Iglesias über Rubén Blades zu herrschen" (Manuel 1994: 26). Hinzu kam, dass die Sprachbarriere – der größte Teil der Lieder wurde in Spanisch gesungen – sowie die Konkurrenz von Disco- und Rockmusik den Einzug in den europäisch-amerikanischen *Mainstream* verhindert hatten (vgl. Manuel 1995: 79). Seit Beginn der 90er Jahre lässt sich jedoch international eine neue Welle der Popularität konstatieren[54] und auch in Kuba hat sich die Einstellung vor allem vieler junger Leute geändert. Zumindest der Begriff *salsa* wird mittlerweile akzeptiert, wie die seit 1995 erscheinende Zeitschrift *Salsa Cubana* beweist.[55] Auch Musikwissenschaftler wie Leonardo Acosta (vgl. Acosta 1997: 29) oder Radamés Giro (vgl. Padura Fuentes 1997: 222f.) erkennen mittlerweile an, dass es sich bei der *salsa* um mehr handelt als um eine bloße Kopie kubanischer Musik. Dennoch herrscht Einigkeit, sowohl bei kubanischen wie US-amerikanischen Musikwissenschaftlern,[56] dass die meisten *salsa*-Stücke auf dem *son* basieren.

---

[53] Als Beispiel sei das Lied *Póngase para las cosas* der Gruppe "Estrellas de Areíto" genannt. Der von einem Chor gesungene Refrain des Liedes lautet wie folgt: "Póngase para las cosas, que sigue imperando el son. Si te hablan de la salsa, ¡mentira!, se llama son!" ("Leg' los, damit der *son* weiter regiert. Wenn sie dir etwas von *salsa* erzählen, Lüge!, es heißt *son*!")

[54] Damit geht auch eine wachsende Aufmerksamkeit sowohl von sozialwissenschaftlicher als auch musikethnologischer Seite einher, wie eine große Zahl neuerer Publikationen zu diesem Thema beweist.

[55] In dieser Zeitschrift werden allerdings Beiträge zu nahezu allen Teilbereichen der gegenwärtigen Musiklandschaft Kubas veröffentlicht, Rockmusik, *rap* und Klassik bzw. zeitgenössische Kunstmusik eingeschlossen.

[56] Insbesondere der Musikethnologe Peter Manuel vertritt diese These.

Junge Musiker wie Isaac Delgado oder Manolín zeigen keinerlei Berührungsängste mehr, wie ihre Spitznamen – *el cheveré de la salsa* (Delgado) oder *el médico de la salsa* (Manolín) – zeigen. Inwiefern auch kommerzielle Überlegungen dabei eine Rolle spielen, bleibt zu untersuchen. Nicht auszuschließen ist jedenfalls, dass auch die zunehmende Zahl der Touristen, deren häufig stereotypes Bild des Landes eben auch die *salsa* mit einschließt, einige Musiker animiert haben könnte, die vielleicht eher ungeliebte Bezeichnung zu gebrauchen. Als ein Hinweis könnte die Debatte um die *timba* gesehen werden, die sich erneut um die Frage dreht, ob der Terminus wirklich einen neuen Stil bezeichnet, oder ob es sich bloß um "alten Wein in neuen Schläuchen" handelt. Musiker wie José Luis Cortés, Direktor der Gruppe "NG La Banda", oder David Calzado, Leiter der "Charanga Habanera", verteidigen den Begriff mit den gleichen Argumenten, wie dies die Vertreter der *salsa* zuvor getan haben. Und in der Tat weist ihre Musik – ebenso wie die von "Paulito y su Elite", "Manolito y su Trabuco" oder "Juan Carlos y los Dan Den" – deutliche Elemente US-amerikanischer Stile wie *funk* und *rap* auf, die der *salsa* bisher weitgehend fremd waren. Die diskursive Abgrenzung von der US-amerikanischen Szene in terminologischer Hinsicht – *timba* statt *salsa* – wird also kurioserweise musikalisch begründet durch die Verarbeitung verschiedener neuerer Einflüsse aus den USA. Das Verhältnis zwischen beiden Staaten bleibt also auch in musikalischer Hinsicht widersprüchlich.

12. Neueste Trends: *disco* und *rap "a lo cubano"*

Trotz aller offiziellen Richtlinien und Verbote: Rock- und Popmusik angloamerikanischer Prägung steht bei den meisten Jugendlichen hoch im Kurs. Vor allem der US-amerikanische *rap* ist bei vielen nicht nur jungen Leuten in Kuba äußerst beliebt (vgl. Fernández Díaz 1998 und 2000; Frölicher 2000b). Schon seit Mitte der 80er Jahre sind *hip hop* und *rap* zu einem internationalen Phänomen geworden und seit etwa zehn Jahren wird in Nord- und Südamerika der sogenannte *Latin rap* immer beliebter (vgl. Manuel 1995: 92-94). Angesichts dessen fällt Kuba die Rolle des Nachzüglers zu, denn erst seit Mitte der 90er Jahre ist die langsame Formierung einer lokalen Szene zu beobachten.[57] Eine Art Initialzündung stellte das erste Festival des *rap cuba-*

---

[57] Interessanterweise dienen den kubanischen *raperos* dabei fast ausschließlich die US-amerikanischen, englisch singenden *rap*-Gruppen als Vorbilder. Der *latin rap* ist, wie mir verschiedene Interviewpartner aus der *rap*-Szene in Havanna bestätigten, praktisch unbekannt.

no dar, das 1995 in Alamar, einem Vorort von Havanna, stattfand. Sieger dieses seitdem jährlich im August ausgerichteten Festivals war die Gruppe "S.B.S." (vgl. Rios Vega et al. 2000: 35), die 1998 mit *Chupa Pirulí* in Kuba den Hit des Jahres landete. Ihre Mischung aus *reggae*-Rhythmen, *salsa*-Piano und gerappten Texten voller sexueller Anspielungen treffen den Geschmack eines großen Teils der kubanischen Bevölkerung (vgl. Frölicher 2000: 33). Viele in der kubanischen *rap*-Szene erkennen zwar die Originalität des Stils von "S.B.S." an, halten ihn jedoch nicht für repräsentativ für den *rap cubano*, wie Yanet Díaz[58] und Pablo Herreira,[59] zwei Protagonisten der Szene in Havanna, übereinstimmend erklären.

Nicht allein die Versorgung mit adäquatem Equipment, die seit Beginn der "Spezialperiode in Friedenszeiten" noch schwieriger geworden ist, macht den Rappern zu schaffen. Vor allem Vorbehalte von offizieller Seite gegen die aus den USA stammende Musik – die wie zuvor *salsa* und Rock als Musik des Klassenfeindes gilt – sind der Grund dafür, dass der ständig wachsenden Szene kaum Auftrittsmöglichkeiten gewährt werden. Auch der Zugang zu den staatlichen Aufnahmestudios bleibt ihnen häufig verwehrt. Im Frühjahr 2000 war in den Studios von EGREM erst die zweite CD kubanischer *raperos* in Produktion.[60] "S.B.S." sowie die Rapper der Gruppe "Orishas", die mit ihrer Debüt-CD international sehr erfolgreich sind, produzierten ihre CD's im Ausland.[61] Ohne Zweifel wird der *rap* in Kuba aufgrund seiner großen Beliebtheit gerade bei einem jungen Publikum in Zukunft eine wachsende Bedeutung innerhalb der kubanischen Musiklandschaft einnehmen. Und auch die offizielle Anerkennung stellt sich allmählich ein: Die erste CD der Gruppe *Primera Base* wurde mit dem staatlichen Musikpreis für das beste Popalbum ausgezeichnet und im März 2000 fand im Gebäude der Künstler- und Schriftstellervereinigung (UNEAC) das erste Symposion zu kubanischem *rap* statt. Langsam setzt sich auch bei den Funktionären die Ansicht durch, dass Kultur, also auch Musik, kein statisches, unveränderliches Gebilde ist, sondern sich in stetem Wandel befindet. Davon

---

[58] Interview der Verf. mit Yanet Díaz im April 2000. Díaz ist Leiterin der Frauengruppe "Instinto".
[59] Interview der Verf. mit Pablo Herreira im März 2000. Herreira ist DJ, Komponist, Produzent verschiedener Rapgruppen und eine der wenigen Personen in Havanna, die über einen digitalen *Sampler* verfügt.
[60] Hierbei handelt es sich um die von dem Jazzpianisten Roberto Fonseca produzierte Debüt-CD der Gruppe "Obsesión". Die erste war die CD *Igual que tú* der Gruppe "Primera Base".
[61] "S.B.S." in Spanien, "Orishas" in Frankreich.

ausgehend werden von außen übernommene Einflüsse nicht als Zeichen der Beeinflussung gesehen, sondern im Gegenteil als Fähigkeit der eigenen Kultur, fremde Einflüsse aufzugreifen und zu etwas Eigenem zu machen.

Gleiches gilt auch für den *techno*. Die Häufigkeit, mit der die internationalen *techno*-Hits aus den Lautsprechern der *Ghettoblaster* in Havanna erklingen, scheint zu beweisen, dass meist die Art von Musik zu den beliebtesten gehört, die am schwierigsten zu bekommen ist. In nationalen CD-Geschäften gibt es ausländische Popmusik nicht zu kaufen, die einzige Möglichkeit, ihrer habhaft zu werden, ist, die von Freunden oder Verwandten aus dem Ausland mitgebrachten CD's oder Kassetten zu kopieren. Entsprechend blühend ist der Handel mit illegalen Kopien in Kuba. Ein ausgefallenes Projekt, dass eindeutig auf den internationalen Markt zielt, ist in dieser Hinsicht die Musik der Gruppe "Sin Palabras" des französischen Produzenten Jean-Claude Gué. Die Mischung aus verschiedenen Arten kubanischer Perkussion mit elektronischen *techno*-Rhythmen richtet sich an ein tanzwilliges Discotheken-Publikum. Obwohl von staatlicher Seite unterstützt und mit hochkarätigen Musikern wie dem ehemaligen Perkussionisten der Gruppe "Charanga Habanera", Eduardo Lazaga, besetzt (vgl. Alén 1999: 12), spielt die Gruppe dennoch selten in Kuba selbst. Zumindest außerhalb von Havanna gibt es kaum geeignete Auftrittsorte, da meist den Anforderungen der Musik entsprechendes Equipment fehlt.[62] Ihre zweite CD mit dem Titel *Orisha dreams* (Globe Music 1999) haben "Sin Palabras" von Edesio Alejandro produzieren lassen, der selbst verschiedene Projekte im Bereich der elektronischen Populärmusik[63] realisiert hat.

Auch die beliebtesten Gruppen der zeitgenössischen kubanischen Populärmusik haben die Zeichen der Zeit erkannt: Die *timba*, im Jahr 2000 beliebtester Stil, weist deutliche Einflüsse aus US-amerikanischem Funk und *hip hop* auf. Beispielsweise ist die Gruppe "Charanga Habanera", ebenso

---

[62] Interview der Verf. mit Jean-Claude Gué im Juli 2000. Gué ist ein in Havanna lebender DJ und Produzent.

[63] Nur zwei Beispiele seien angeführt: Die CD *CoraSón de Son*, eine Zusammenarbeit mit dem 74-jährigen *son*-Sänger Adriano Rodríguez, auf der unter die "traditionellen" *son*-Instrumente wie *tres*, Gitarre und *bongóes* Synthesizerklänge und *drum* Computer-Rhythmen gelegt sind, und ein sogenanntes *Latin pop*-Stück mit dem Titel *Blen Blen*, angelehnt an eine Komposition des Perkussionisten Chano Pozo. Der Video-Clip zu diesem Lied wurde im Winter 1999/2000 wiederholt von dem Musiksender MTV ausgestrahlt.

wie etliche andere, dazu übergegangen, die mehrstimmigen *Background*-Chöre häufig nicht mehr zu singen, sondern zu rappen.[64]

So lassen sich heute stark gegenläufige Entwicklungen beobachten: Auf der einen Seite gibt es das Bild der *salsa*- oder *timba*-Gruppen, die für die Touristen, denen das Bild eines tropischen Exotismus geboten werden soll, jeden Abend in den Discotheken und Clubs, besonders der großen Hotels, auftreten (vgl. Frölicher 2000a: 30). In diesem Zusammenhang muss auch die Pflege der *Buena Vista Social Club*-Nostalgie gesehen werden, die vor allem in touristischen Zentren mit kolonialer Vergangenheit – wie der Altstadt von Havanna, in Trinidad oder Santiago de Cuba – betrieben wird.[65]

Auf der anderen Seite gibt es eine sehr breite Musiklandschaft außerhalb der offiziellen "touristischen" Szene. Diese hat jedoch vor allem in Zeiten wachsender wirtschaftlicher Not mit dem Problem der fehlenden Unterstützung von offizieller Seite zu kämpfen. Da fast alle Auftrittsorte staatlich betrieben werden oder in touristischen Einrichtungen angesiedelt sind, haben Musiker, die vermeintlich kommerziell uninteressante Musik spielen, nur geringe Chancen, sich einem breiten Publikum zu präsentieren. So bekommen auch in erster Linie diejenigen Musiker ein Ausreisevisum, die in der Lage sind, Devisen ins Land zu holen.

13. Internationaler Erfolg trotz innerer Hemmnisse

Der weltweite Erfolg, den die kubanische Musik momentan erlebt und der in seinem Ausmaß an die 30er und 40er Jahre erinnert, als schon einmal kubanische Musiker rund um den Globus auftraten, begann nach Aussage des Musikers Rey Caney ("Vieja Trova Santiaguera") Mitte der 90er Jahre, als seine Gruppe von einem spanischen Produzenten entdeckt und auf Tournee durch Spanien geschickt wurde.[66] Aber erst durch das *Buena Vista Social Club*-Projekt des Londoner World Circuit Labels und Ry Cooders und die nachfolgenden Solo-Projekte entstand der richtige *Boom*. Die Musiker des Projekts – Compay Segundo, Ibrahim Ferrer, Rubén González, Omara Portuondo u.a. – wurden auf ihre alten Tage zu gefeierten Bühnenstars und schließlich durch den gleichnamigen Musikfilm von Wim Wenders auch zu Filmstars.

---

[64] Gut zu hören auf der CD *Tremendo Delirio* (Universal Music 1997).
[65] Die mit Eifer betriebene Restaurierung der Altstadt von Havanna gehört ebenfalls dazu (vgl. Widderich 2000: 13-15).
[66] Vgl. Torsten Eßer (2000): "Das Gute ist niemals alt. *La Vieja Trova Santiaguera* auf Deutschlandtournee". In: *Matices*, 26, S. 62f.

Neben dem unbestrittenen Verdienst, die Musik Kubas wieder international bekannt zu machen und den Musikern ihren lange vorenthaltenen internationalen Ruhm zukommen zu lassen, hat dieser *Boom* auch Kritiker auf den Plan gerufen. Die jüngere Generation kubanischer Musiker bemängelt das einseitige Bild, das von kubanischer Musik entstehe: Ein Großteil der Menschheit glaube nun, dass alle kubanischen Musiker Rentner seien und nur *son* spielten. Auch handfeste geschäftliche Interessen stehen natürlich hinter der Kritik, denn dadurch, dass Konzertveranstalter fast nur noch alte, *tres*-spielende Herren verpflichten wollen, verringern sich ihre Auftrittsmöglichkeiten. Auch spiegele das Bild, das von den internationalen Medien vermittelt werde, nicht die realen Verhältnisse der Musiker auf Kuba wider (vgl. Roy 2000: 186).

Auf dem Sektor der Musikindustrie und für die Musiker hat sich zwar im Gegensatz zu früher einiges verbessert, aber ein befriedigender Standard ist aufgrund der ökonomischen und politischen Situation immer noch nicht erreicht. Was Peter Manuel Anfang der 90er Jahre kritisierte, trifft auch heute noch weitestgehend zu:

- Das Produktionsbudget ist zu gering.
- Die Anzahl der Produktionen reicht bei weitem nicht aus.
- Der Apparat ist überbürokratisiert.
- Es gibt kaum Reaktionen auf Marktnachfrage oder neue musikalische Strömungen.
- Die Distribution funktioniert nicht gut.
- Das Equipment ist schlecht und veraltet.
- Auslandsreisen für Musiker sind schwierig zu organisieren (vgl. Manuel 1991: 289).

Viele Musiker müssen sich durch Touren im Ausland finanzieren[67] sowie ihre Platten dort produzieren, da die Produktionsmöglichkeiten in Kuba für den kreativen *Output* der Musiker nicht ausreichen, wie die Aussage von EGREM-Direktor Julio Ballester Gúzman untermauert: "Im Schnitt bringen wir jährlich 40 bis 50 Neuaufnahmen auf den Markt, 1998 haben wir fünf oder sechs Jazz-CD's produziert. Jazz ist wichtig für uns".[68] EGREM war nie daran gebunden, hohe Verkaufszahlen zu erzielen, da "EGREM die historische Mission hat, alle Varianten der kubanischen Musik zu erhalten.

---

[67] 1998 machten mehr als 6.000 kubanische Musiker 900 Tourneen durch 52 Staaten (vgl. Mauricio Vincent: "Cuba Descubre el Negocio de su Música". In: *El País*, 7.5.2000).
[68] Interview der Verf. mit Julio Ballester Gúzman in Havanna, Mai 1999.

Geschmack und Bevorzugung [der Kunden] können nicht ausschlaggebend für die Produktion sein" (Zoila Gómez García zitiert nach Robbins 1991: 223). Durch die nicht vorhandene Ausrichtung auf Kundenbedürfnisse und (kapitalistische) Marktpolitik sowie durch eine kaum funktionierende Distribution konnten kaum Umsätze erzielt werden, so dass weder viele Künstler produziert noch neue Aufnahmestudios eingerichtet werden konnten.[69] Der Vorteil dieser Politik bestand darin, dass auch Musik produziert werden konnte, die nicht versprach, verkaufsträchtig zu sein, sozusagen die Befreiung der Kunst vom Kommerz. Große Absatzzahlen wären auf Kuba aber ohnehin nicht erreicht worden. Nur Touristen können 15 US-Dollar für CD's bezahlen, da der Durchschnittslohn in Kuba bei zehn US-Dollar liegt. Auch Besuche in den Musikclubs oder Hifi-Anlagen und Instrumente können sich nur die Kubaner leisten, die genug Dollars besitzen. Die Touristen kaufen seit dem *Boom* viele CD's, da er auch dazu geführt hat, dass EGREM seine Archive durchforstet und uralte Aufnahmen wiederauflegt. Immerhin wird die Produktion von Musikkassetten subventioniert, die sich auch Kubaner leisten können.

Bis die Künstler zu einer Aufnahme kommen, durchlaufen sie einen institutionalisierten Selektionsprozess. Ein Jahr im voraus schlagen die Produzenten von EGREM den 30 Mitgliedern des so genannten *Evaluation Council* oder einem Subkomitee Projekte vor. Der Rat setzt sich aus Musikwissenschaftlern und anderen Fachleuten zusammen. Die Projekte werden von allen diskutiert und angenommen oder abgelehnt. Nach Auskunft der Musikwissenschaftlerin María Teresa Linares, einem Mitglied des Rates, wurden 1987 aus rund 300 vorgeschlagenen Projekten 30 zur Produktion angenommen.[70]

---

[69] Vgl. Acosta (1987: 104-106). Bis 1980 gab es nur ein EGREM-Aufnahmestudio auf Kuba, in Havanna. Dann wurde ein zweites in Santiago de Cuba eingerichtet und Mitte der 90er Jahre ein weiteres hochmodernes Studio in Havanna. Heutzutage gibt es einige neue Studios in Havanna. Das Unternehmen ARTEX und das Instituto Cubano de Radio y Televisión (ICRT) haben eigene Studios und auf Initiative von Silvio Rodríguez investierte der kubanische Staat sechs Millionen US-Dollar in das hochmoderne Abdala-Studio. Auch einige (reiche) Musiker haben eigene Studios (z.B. José Luis Cortes) (vgl. Mauricio Vincent "Cuba Descubre el Negocio de su Música". In: *El País*, 7.5.2000).

[70] Vgl. Robbins (1991: 236). An dem Verfahren wird kritisiert, dass viele der Funktionäre, die dem *Evaluation Council* zuarbeiten, keine große Ahnung von ihrem Job haben. Außerdem spielen persönliche Neigungen und Korruption eine Rolle. Amateure werden aus den *Casas de Cultura* heraus rekrutiert. Dort ist das System der persönlichen Seilschaften noch ausgeprägter als im professionellen Verfahren. Kriterien wie Parteizugehörigkeit oder politisches Engagement fließen in die Bewertungen mit ein.

Aber es gibt auch positive Entwicklungen im Musiksektor. Heutzutage wird das offizielle Musikleben vom Kulturministerium und darin vom kubanischen Institut für Musik (gegründet 1989) verwaltet. Ihm unterstellt sind z.B. das Nationale Zentrum für Konzertmusik oder das Nationale Zentrum für Populärmusik. Im Zuge der kulturellen Öffnung, die nur teilweise gewollt war,[71] ist die staatliche Kulturpolitik – nach einer sehr restriktiven Phase bis Mitte der 70er Jahre – bezüglich der Musik seit den 80er Jahren sehr tolerant geworden, auch weil man erkannt hat, dass mit Musik Devisen zu erwirtschaften sind. Auch die Verdienste der Revolution kommen nun zum Tragen: Es gibt eine große Zahl von hervorragend ausgebildeten Musikern – rund 12.000 sollen es sein, die sich mehrheitlich im Land selbst nicht um Vermarktung, Werbung und Verkaufszahlen kümmern müssen, da sie die staatliche Grundfinanzierung erhalten, die über dem nationalen Durchschnittslohn liegt. Außerdem gibt es keinen (ökonomischen) Wettbewerb zwischen einzelnen Künstlern und wenn es zu einer Produktion kommt, sind die Kosten gering. Die Musikausbildung ist nach wie vor kostenlos. In Havanna gibt es drei Konservatorien, an denen die Schüler neben den normalen Schulfächern mehrere Instrumente und Harmonielehre lernen, um nach dem Abitur in die Musikabteilung einer der beiden Kunst-/Musikhochschulen zu wechseln.[72]

Seit 1991 sind auch wieder andere Unternehmen im Musikgeschäft tätig, die sich selbst finanzieren müssen *(Bis Music)* sowie *joint ventures* mit ausländischen Firmen, deren *Talentscouts* auf der Insel nach neuen Stars suchen ("Magic Music", "Caribe Productions"). Auch die Majors – EMI, BMG – strecken ihre Fühler vorsichtig aus. Investitionen aus dem Ausland wurden mit dem neuen Investitionsgesetz von 1995 erleichtert. Aufgehoben wurde die Begrenzung des ausländischen Anteils auf 49% an einem *joint venture*. Denkbar sind nun auch 100%ige Direktinvestitionen, wenn dies im Sinne

---

[71] Die Öffnung wurde auch von der kulturellen Globalisierung erzwungen, die ohne Rücksicht auf ideologische Grenzen voranschreitet (vgl. Torsten Eßer (2000): *music-and-sound-de. Musik im Internet*, Köln, S. 16-27). Denn obwohl das Internet und der Empfang ausländischer Radio- und Fernsehstationen nur eine sehr begrenzte Verbreitung in Kuba haben, gelangen über sie genug Informationen und vor allem Musik zu den Kubanern.

[72] Entweder gehen sie auf die *Escuela Nacional de Arte* (ENA, gegr. 1962) oder das *Instituto Superior de Arte* (ISA, gegr. 1976). Acosta (1987: S. 118-119) kritisiert, dass nur klassische und zeitgenössische Kunstmusik unterrichtet werden, die volkstümliche Musik aber außen vor bleibt.

des kubanischen Volkes für gut befunden wird.[73] Die jährliche Musikmesse *Cubadisco* gibt Anlass zur Hoffnung, obwohl sie noch sehr klein ist. Auch die kubanischen Medien haben sich der modernen Musik geöffnet, wobei die Situation immer noch eher bedauernswert ist. In den wenigen Radioprogrammen, die ausländische Rockmusik spielen, hört man "Iron Maiden", "Saxon" oder "AC/DC", so als sei die Rockmusik außerhalb Kubas in den 80er Jahren stehen geblieben (vgl. Eser 2000: 200). Die meisten Radiostationen senden entweder westliche Pophits, ihre kubanischen Pendants ("Thaomi", "Yordi") oder traditionelle Musik, die den Touristen gefallen soll. Die Kubaner hören wie der Rest der Welt eben auch am liebsten romantische Balladen und Discomusik von Ricky Martin, Jennifer Lopez oder Madonna, Michael Jackson und Co. Der Sommerhit 1999 war auch auf Kuba *Mambo No. 5* des deutschen Sängers Lou Bega. Nur wenige der jungen Kubaner wussten, dass es sich dabei teilweise um einen Reimport handelte, da die Originalfassung des Stückes von Dámaso Pérez Prado stammt. Viele Jugendliche hören ohnehin fast nur das in Miami stationierte *Radio Martí* der Exilkubaner oder schauen – über Freunde in die Touristenzonen eingeschmuggelt – ausländisches Fernsehen, vor allem die Musikkanäle MTV oder VH1. Im staatlichen Fernsehen – zwei Kanäle – wird zwar nicht wenig Musik gespielt, aber ähnlich wie im Radio fast nur Tanzmusik oder Protestlieder. Jazz, Rock oder Elektronik haben dort kaum Platz. Immerhin erscheinen seit Mitte der 90er Jahre mehr oder weniger regelmäßig drei Musikzeitschriften, die thematisch ein breites Spektrum kubanischer Musik behandeln.[74]

International betrachtet sind die kubanischen Musiker durch das US-Embargo immer noch sehr benachteiligt. Zwar kontrollieren Kubaner einen großen Teil der Produktion und Distribution spanischsprachiger Populärmusik in der Karibik und den USA, nur leben die in Miami, der heimlichen Hauptstadt der Latino-Musik (vgl. Yúdice 1999: 213-217). Die Musiker von der Insel dürfen offiziell in den USA keine Gage annehmen und bekommen keine Tantiemen von dort, obwohl viele von ihnen international inzwischen von der spanischen *Sociedad General de Autores y Escritores* (SGAE) ver-

---

[73] Vgl. Knut Henkel (1997): "Kubas Gratwanderung zwischen Kollaps und Strukturwandel". In: *Das Argument*, 218, S. 79; Yúdice (1999: 232). Dazu ein passendes Zitat Fidel Castros: "In Kuba kann man bedenkenlos investieren – es ist das einzige Land ohne das Risiko einer kommunistischen Revolution."

[74] *Salsa Cubana*, *Música Cubana* und *Tropicana Internacional*, die auch international vertrieben wird.

treten werden.[75] Kuba ist auch nicht Mitglied der *International Federation of Phonographic Industries* (IFPI) und der *International Intellectual Property Alliance* (IIPA), so dass internationale Urheberrechtsverletzungen nicht geahndet werden.

Eine Gefahr droht der kubanischen Musik eher durch die Globalisierung der Kultur und die Anpassung an internationale Bedürfnisse.[76] Von Bands wie "Klimax" wird im Ausland fast immer erwartet, dass sie *salsa* oder *son* spielen, obwohl sie ein viel breiteres Repertoire haben. Trotz oder gerade wegen dieser zunehmenden Abhängigkeit ist und bleibt die Musik für die Menschen in Kuba ein wesentliches Element ihrer Identität, gemäß dem Satz von Fernando Ortiz: "In Kuba, mehr als bei anderen Völkern, bedeutet die Verteidigung der Kultur die Rettung der Freiheit."[77]

Literaturverzeichnis

Acosta, Leonardo (1987): *From the Drum to the Synthesizer*. Havanna.
— (1993): *Elige Tú, que Canto Yo*. Havanna.
— (1995): "El Bolero y el Kitsch". In: Giro, Radamés: *Panorama de la Música Popular Cubana*. Havanna, S. 245-258.
— (1997): "¿Terminó la Polémica Sobre la Salsa?". In: *Música Cubana*, 0, S. 26-29.
— (1998): "La Timba y sus Antecedentes en la Música Bailable Cubana". In: *Salsa Cubana*, 2/6, S. 9-11.
Alén Rodríguez, Olavo (1986): *La Música de las Sociedades de Tumba Francesa en Cuba*. Havanna.
— (1996): "Kuba". In: Ludwig Fischer: *Die Musik in Geschichte und Gegenwart*. Kassel, vol. 5, S. 801-810.
— (1998a): "Cuba". In: Olsen, Dale A./Sheehy, Daniel E.: *South America, Mexico, Central America, and the Caribbean. The Garland Encyclopedia of World Music*. New York, vol. 2, S. 822-839.
— (1998b): *From Afrocuban Music to Salsa*. Berlin (mit CD).
— (1999): "Una Nueva Música Disco Nos ha Dejado Sin Palabras". In: *Salsa Cubana*, 3/9, S. 12-13.
Bimberg, Guido (1989): "Katholische Kirchenmusik von Esteban Salas y Castro im 18. Jahrhundert auf Cuba". In: *Kirchenmusikalisches Jahrbuch*, 71, S. 41-50.

---

[75] Rund 800 kubanische Künstler, zu 90% Musiker, waren 1999 bei der SGAE eingeschrieben. 1998 investierte sie rund 900.000 US-Dollar, um die kubanische Musik zu promoten (vgl. Mauricio Vincent: "Cuba Descubre el Negocio de su Música". In: *El País*, 7.5. 2000).
[76] Vgl. Alfred Smudits (1998): "Musik und Globalisierung: die Phonographischen Industrien". In: *Österreichische Zeitschrift für Soziologie*, 2, S. 23-52.
[77] Zitiert nach Zeuske (2000: 224).

Calderón González, Jorge (1999): "La Música en el Cine Cubano". In: *Música Cubana*, 3, S. 26-33.

Cañizares, Dulcila (1992): *La Trova Tradicional Cubana*. Havanna.

Carpentier, Alejo (1972): *La Música en Cuba*. México [1946].

Chediak, Nat (1998): *Diccionario de Jazz Latino*. Madrid.

Contreras, Félix (1989): *Porque Tienen Filin*. Santiago de Cuba.

— (1999): *La Música Cubana. Una Cuestión Personal*. Havanna.

Crook, Larry (1992): "The Form and Formation of the Rumba in Cuba". In: Boggs, Vernon W.: *Salsiology: Afro-Cuban Music and the Evolution of Salsa in New York City*. New York [u.a.], S. 31-42 (Contributions to the Study of Music and Dance; 26).

Davis, Martha Ellen (1998): "The Music of the Caribbean". In: Olsen, Dale A./Sheehy, Daniel E.: *South America, Mexico, Central America, and the Caribbean. The Garland Encyclopedia of World Music*. New York, vol. 2, S. 789-797.

De la Hoz, Pedro (1998): "No os Asombréis...de Harold!". In: *Salsa Cubana*, 4 (1998), S. 4-6.

Díaz, Clara (1994): *La Nueva Trova*. Havanna.

Díaz Ayala, Cristobal (1993): *Música Cubana. Del Areyto a la Nueva Trova*. Miami.

Dos Santos, José (1991): *Jazzeando (1-7)*. Havanna.

Eli Rodríguez, Victoria (1986): "Das Musikschaffen in der kubanischen Revolution". In: *Beiträge zur Musikwissenschaft*, 4, S. 189-198.

— (1989): "Apuntes Sobre la Creación Musical Actual en Cuba". In: *Latin American Music Review*, 10/2, S. 287-297.

— (1995): "Cuban Music and Ethnicity: Historical Considerations". In: Béhague, Gérard: *Music and Black Ethnicity: The Caribbean and South America*. New Brunswick, S. 91-108.

Eli Rodríguez, Victoria/Casanova Oliva, Ana Victoria/Guanche Pérez, Jesús/Ramos Venereo, Zobeyda/Saénz Coopat, Carmen María/Vilar Álvarez, Laura Delia/Vinueza González, María Elena (Hrsg.) (1997): *Instrumentos de la Música Folclórico-Popular de Cuba*. 2 Bde., Havanna.

Eser, Arno Frank (2000): "Eine faszinierende Melange. Die Hintergründe des Kuba-Booms". In: Roy, Maya: *Buena Vista. Die Musik Kubas*. Heidelberg, S. 192-208.

Eßer, Torsten (2000): "Von der Tumbadora zum Synthesizer. Die Geschichte des kubanischen Jazz". In: *Jazzpodium*, Juli/August, S. 6-8.

Faya, Alberto (1995): "Nueva Trova y Cultura de la Rebeldía". In: Giro, Radamés: *Panorama de la Música Popular Cubana*. Havanna, S. 351-361.

Fernández, Nohema (1989) "La Contradanza Cubana y Manuel Saumell". In: *Latin American Music Review*, 10/1, S. 116-133.

Fernández Díaz, Ariel (1998): "Delirio Rapero". In: *Salsa Cubana*, 2/6, S. 41.

— (2000): "Rap Cubano: ¿Poesía urbana? o la Nueva Trova de los Noventa". In: *El Caimán Barbudo*, 33/296, S. 4-14.

Frölicher, Patrick (2000a): "CubaHop: Rap 'a lo cubano' beschreitet neue Wege". In: *ILA: Zeitschrift der Informationsstelle Lateinamerika*, Nr. 237 (Juli 2000), S. 32-33.

— (2000b): "Immer wieder 'La Bamba' in Habana Vieja". In: *ILA: Zeitschrift der Informationsstelle Lateinamerika*. Nr. 237 (Juli 2000), S. 30-32.

Galindo, Bruno (1998): "Cuba". In: *Zona de Obras*. Zaragoza, Especial No. 5 (Calaveras y Diablitos), S. 48-65.

Gillespie, Dizzy/Fraser, Al (1979): *To be or not ... to bop*. New York.

Giro, Radamés (1986): *Leo Brouwer y la Guitarra en Cuba*. Havanna.

Giro, Radamés (Hrsg.) (1995): *Panorama de la Música Popular Cubana*. Havanna.

Hernández, Erena (1986): *La Música en Persona*. Havanna.

Hosiasson, José (1988): "El Jazz e Hispanoamérica: Interesante Caso de Retroalimentación". In: *Revista Musical Chilena*. 169, S. 37-42.

Kubik, Gerhard (1991): *Extensionen afrikanischer Kulturen in Brasilien*. Aachen (Forum; 13).

Lapique, Zoila (1995): "Presencia de la Habanera". In: Giro, Radamés: *Panorama de la Música Popular Cubana*. Havanna, S. 155-172.

León, Argeliers (⁴1990): *Del Canto y el Tiempo*. Havanna [1974].

— (1991): "Notes Towards a Panorama of Popular and Folk Musics". In: Manuel, Peter (Hrsg.): *Essays on Cuban Music: North American and Cuban Perspectives*. Lanham, S. 3-23.

Leonard, Neil (1997): "Juan Blanco: Cuba's Pioneer of Electroacoustic Music". In: *Computer Music Journal*. 21/2, S. 10-20.

Linares, Maria Teresa (1974): *La Música y el Pueblo*. Havanna.

Loyola Fernández, José (1997): *En Ritmo de Bolero*. Havanna.

Manduley López, Humberto (1997): "Rock in Cuba: History of a Wayward Son". In: *The South Atlantic Quarterly*, 96/1, S. 135-141.

Manuel, Peter (1987): "Marxism, Nationalism and Popular Music in Revolutionary Cuba". In: *Popular Music*, 6/2, S. 161-178.

— (1991): "Musical Pluralism in Revolutionary Cuba". In: Manuel, Peter: *Essays on Cuban Music: North American and Cuban Perspectives*. Lanham, S. 285-311.

— (1994): "The Soul of the Barrio. 30 Years of Salsa". In: *NACLA. Report on the Americas*, 28/2, S. 22-29.

Manuel, Peter/Bilby, Kenneth/Largey, Kenneth (1995): *Caribbean Currents: Caribbean Music from Rumba to Reggae*. Philadelphia.

Martínez Furé, Rogelio (1991): "Tambor". In: Manuel, Peter: *Essays on Cuban Music: North American and Cuban Perspectives*. Lanham, S. 27-47.

Martínez Rodríguez, Raúl (1999): *Benny Moré*. Havanna.

Mießgang, Thomas (2000): *Der Gesang der Sehnsucht. Die Geschichte des Buena Vista Social Club und der kubanischen Musik*. Köln.

Mir, Andrés (1997): "Otra Tabla para el Rey Arturo: El Rock en Cuba: ¿Una Alternativa?". In: *Revolución y Cultura*, 4, S. 4-11.

Moore, Robin D. (1995): "The Commercial Rumba: Afrocuban Arts as International Popular Culture". In: *Latin American Music Review*, 16/2, S. 165-198.

— (1997): *Nationalizing Blackness: Afrocubanismo and Artistic Revolution in Havana, 1920-1940*. Pittsburgh.

Olsen, Dale A. (1998): "Approaches to Musical Scholarship". In: Olsen, Dale A./Sheehey, Daniel (Hrsg.): *South America, Mexico, Central America and the Caribbean*. New York: The Garland Encyclopedia of World Music 2, S. 6-25.

Orovio, Helio (^{2}1992): *Diccionario de la Música Cubana*. Havanna.

— (1994): *El Son, la Guaracha y la Salsa*. Santiago de Cuba.

Ortiz, Fernando (1965): *La Africanía de la Música Folklórica de Cuba*. Havanna [1950].

Padrón, Frank (1997): "Belleza y Cubanía Valga la Redundancia: Diálogo con Zenaida Castro, Directora de la Camerata Romeu". In: *Tropicana Internacional*, 5, S. 50-51.

— (1999): "Te Pone la Cabeza Buena...y los Pies También". In: *Salsa Cubana*, 2/7-8, S. 27-34.

Padura Fuentes, Leonardo (1997): *Los Rostros de la Salsa*. Havanna.

Pérez, Jorge Ignacio (1998): "20 Años Después: Adalberto Sigue Montado en el Coche". In: *Salsa Cubana*, 6, S. 18-22.

Polzer, Christiane (1998/99): "Man muss den Finger in die Wunde legen. Die Nueva Trova-Liedermacher in Kuba". In: *Matices*, 20, S. 31-32.

Prieto González, Alfredo (1996): "Huellas Norteamericanas en la Cultura Contemporánea". In: *Temas*, 8, S. 59-72.

Rios Vega, Luis (2000): "No es una Nueva Charanga Habanera". In: *Tropicana Internacional*, 9, S. 2-5.

Robbins, James (1990): "The Cuban son as Form, Genre, and Symbol". In: *Latin American Music Review*, 11/2, S. 182-200.

— (1991): "Institutions, Incentives and Evaluation in Cuban Music-Making". In: Manuel, Peter: *Essays on Cuban Music: North American and Cuban Perspectives*. Lanham, S. 215-247.

Roberts, John Storm (1979): *The Latin Tinge. The Impact of Latin American Music on the United States*. New York.

— (1999): *Latin Jazz. The First of the Fusions – 1880s to today*. New York.

Rodríguez Patterson, Jumara (1998): "Las Orquestas Charangas: un Cubanísimo Patrimonio". In: *Salsa Cubana*, 4, S. 18-23.

Roy, Maya (2000): *Buena Vista. Die Musik Kubas*. Heidelberg.

Ruíz, Maggie (1998): "Abriendo Espacio para un Sueño. Rock Nacional". In: *Salsa Cubana*, 5, S. 42-45.

Ruíz, Rosendo/González-Rubiera, Vicente/Estrada, Abelardo (1995): "Canción contra 'Canción'". In: Giro, Radamés: *Panorama de la Música Popular Cubana*. Havanna, S. 259-267.

Sánchez Oliva, Iraida/Moreaux Jardines, Santiago (1999): *La Guantanamera*. Havanna.

Stevenson, Robert (1980): "Havanna". In: Sadie, Stanley (Hrsg.): *The New Grove Dictionary of Music and Musicians*, London (u.a.), Bd. 8, S. 317-318.

Ubeda Garrido, Luis (1997): "Chano Pozo o la Revolución del Jazz". In: *Tropicana Internacional*, 6, S. 46-47.

Venegas, Camilo (1999): "Die Reise. Soße für die Sohlen". In: *Lettre Internationale*, 45, S. 82-85.

Waxer, Lise (1994): "Of Mambo Kings and Songs of Love: Dance Music in Havana and New York from the 1930s to the 1950s". In: *Latin American Music Review*, 15, No. 2, S. 139-176.

Widderich, Sönke/Wehrhahn, Rainer (2000): "Stadtsanierung und Tourismus: Ein Historiker dollarisiert die Altstadt". In: ILA: *Zeitschrift der Informationsstelle Lateinamerika*, Nr. 237 (Juli), S. 13-15.

Yúdice, George (1999): "La Industria de la Música en la Integración América Latina-Estados Unidos". In: García Canclini, Néstor/Moneta, Carlos Juan: *Las Industrias Culturales en la Integración Latinoamericana*. México D.F., S. 181-244.

Zeuske, Michael (2000): *Kleine Geschichte Kubas*. München.

CD-Verzeichnis:

Afro Cuban All Stars: *A Toda Cuba Le Gusta* (1997), World Circuit.

Afrocuban Jazz Project: *Afrocuban Jazz Project* (1999), Caribe Productions.

Alemany, Jesús: *Cubanismo!* (1996), Rykodisc.

Alfonso, Gerardo: *Sábanas Blancas* (1996), Bis Music.

Amigos, Los: *Instrumentales Cubanos* (1992), EGREM.

Julio Baretto Cuban Quartet: *Iyabó* (2000), Connector Music.

Bauzá, Mario: *Tanga* (1992), Messidor.

Carcassés, Bobby: *Jazz Timbero* (1998), Tumi Music.

Cosa Nostra: *Invisible Bridges* (1999), EGREM.

D'Rivera, Paquito: *Portraits of Cuba* (1996), Chesky.

Diverse: *Buena Vista Social Club* (1997), World Circuit.

Diverse: *Cuba – El Camino de la Salsa* (1995), World Network

Diverse: *Cuba – I am Time* (1997), Blue Jackel (4 CD-Box zu kubanischer Musik).

Diverse: *Cuba: Rock, Pop Joven* (1998), Artcolor.

Diverse: *Nu Yorica! Culture clash in New York City: Experiments in Latin music 1970-77* (1996), Soul Jazz Records.

Diverse: *Pasaporte* (1995), Enja.

Estefan, Gloria: *Mi Tierra* (1993), Epic/Sony Music.

Estrellas de Areíto: *Los Héroes* (1998), World Circuit

Flynn, Frank Emilio y sus Amigos: *Barbarísimo* (1998), Milan Music.

Fonseca, Roberto: *Tiene que Ver* (1999), EGREM.

Gillespie, Dizzy y Machito: *Afro-Cuban Jazz Moods* (1976), Pablo Records.

González, Rubén: *Introducing...* (1997), World Circuit.

Greco, El y Top Secret: *El Greco y Top Secret* (1995), Caribe Productions.

Grupo de Experimentación Sonora del ICAIC: *Vol. 1-4* (1998), EGREM.

Habana Sax: *Métamorfosis* (1997), Eigenverlag.

Irakere: *Misa Negra* (1987), Messidor.
López-Nussa, Ernán: *Figuraciones* (1994), Magic Music.
Manolín: *El Médico de la Salsa. Grandes Exitos* (1996), Caribe Productions.
Maraca y Otra Visión: *Habana Mía* (1998), Caribe Productions.
Milanés, Pablo: *Orígenes* (1994), Spartacus.
NG La Banda: *Simplemente lo Mejor de...* (1994), Caribe Productions.
Orishas: *A lo Cubano* (1999), EMI.
Paulito F. G.: *Con la Conciencia Tranquila* (1997), Nueva Fania.
Portabales, Guillermo: *El Carretero* (1996), World Circuit Records.
Primera Base: *Igual que tú* (1997), Caribe Productions.
Carlos Puebla y sus Tradicionales: *La Caimanera* (2000), Westwind.
Reyes, Jorge: *Tributo a Chano Pozo* (1999), Bis Music.
Rodríguez, Silvio: *Greatest Hits/Los Clásicos de Cuba 1* (1991), Luaka Bop.
Rubalcaba, Gonzalo: *Inner Voyage* (1999), Blue Note.
Rubalcaba, Gonzalo: *Mi Gran Pasión* (1988), Messidor.
S.B.S.: *Mami, dame carne* (1998), Magic Music.
Salas, Esteban: *Les Grandes Heures du Baroque Cubain* (1996), Jade.
Salvador, Emiliano: *Visión* (1995), EGREM.
Sierra Maestra: *Dundunbanza* (1994), World Circuit.
Sin Palabras: *Orisha Dreams* (1999), Globe Music.
Son Damas: *Llegó Son Damas* (1998), Eurotropical.
Temperamento: *En el Comienzo* (1998), EGREM.
Valdés, Chucho: *Briyumba Palo Congo* (1999), Blue Note.
Varela, Carlos: *Como los Peces* (1999), EGREM.
La Vieja Trova Santiaguera: *Dominó* (2000), Virgin Records.
Viento Solar: *Memorias de Iván Fariñas* (1999), EGREM.
Vitier, José Maria: *Antología de Música para Cine No. 1* (1994), EGREM.
Zafiros, Los: *Bossa Cuba* (1999), World Circuit.

Filme zu kubanischer Musik

Como Quiera Canto Yo (1979), Kuba.
Música de Ayer, de Hoy, de Siempre (1983), Kuba.
Lágrimas Negras (1997), Holland.
Buena Vista Social Club (1999), Deutschland.
Cuba – Wiege des Latin Jazz (2000), Deutschland.

Ineke Phaf-Rheinberger

Avantgardistische Strömungen in der kubanischen Malerei des 20. Jahrhunderts

Das Talent für visuelle Gestaltung ist den Kubanern scheinbar angeboren. Sie haben in verschiedenen Epochen mit ihren kulturellen Produkten internationales Aufsehen erregt. Im 19. Jahrhundert wurden die kolorierten Stiche von Víctor Patricio de Landaluze (1828-1889) und Eduardo Laplante (1818-?) für die Tabakreklame verwendet. Die Power der Werbegraphik in den 60er Jahren des 20. Jahrhunderts sowie ihr Flirt mit dem Pop-Zeitalter ist oft dokumentiert worden. Und das berühmte Photo von Che Guevara, das "Korda" (Künstlername für Alberto Díaz Gutiérrez) am 5. März 1960 aufgenommen hat, ist in Kunst und Kommerz omnipräsent.

1. Die 80er und 90er Jahre

Heute wird ständig auf solche Bilder zurückgegriffen. Dies zeigt sich sofort beim Blättern im Katalog der Ausstellung *Contemporary Art from Cuba/Arte Contemporáneo de Cuba* (Zeitlin 1999). Es werden 17 Künstler vorgestellt, die in den 80ern oder am Anfang der 90er Jahre in Havanna ihre Ausbildung abgeschlossen haben.[1] Ihr Leitmotiv wird mit dem Zusatztitel "Ironie und Überleben auf der utopischen Insel" charakterisiert, die von Antonio Eleigio alias "Tonel" als ein "Baum von vielen Stränden", als eine Kunst in Bewegung vorgestellt wird ("Tonel" 1999). In seinem Artikel ist 1990 ein wichtiges Datum. Es war das Jahr, in dem Peter Harten, Direktor der Städtischen Kunsthalle Düsseldorf, eine Einladung nach Kuba bekam und anschließend innerhalb von sechs Wochen in seinem Haus die Ausstellung *Kuba O.K.*

---

[1] Es handelt sich um Pedro Alvarez (*1967); Alexander Jesús Arrechea Zambrano (*1970); Belkis Ayón (1967-1999); Abel Barroso (*1971); Jacqueline Brito (*1973); Yamilys Brito (*1972); "Los Carpinteros" (Marcos Antonio Castillo Valdés, *1971); Carlos Estévez (*1969); René Francisco (1960*); Carlos Garaicoa (*1967); Luis Gómez (*1968); "Kcho" (Alexis Leyva Machado, *1970); Sandra Ramos (*1969); Fernando Rodríguez (*1970); Dagoberto Rodríguez Sánchez (*1969); Esterio Segura (*1969); "Tonel" (Antonio Eleigio 1958); Osvaldo Yero (*1969); José Angel Toirac (*1966). Die Ausstellung lief vom 26.9.1998 bis zum 1.4.2001 in Arizona, Kalifornien, Michigan, Texas, Kansas.

organisierte. Die Tatsache, dass Peter Ludwig zwei Drittel der Objekte ankaufte, ist legendär und wird allgemein als Beginn der Öffnung des kubanischen Nachwuchses auf internationale Schauplätze gewertet.[2]

In einer Sondernummer der Zeitschrift *Temas* (1998) wird im Gespräch zwischen den Kunstkritikern Magaly Espinosa, Janet Batet und David Mateo, der Kuratorin des Nationalmuseums Corina Matamoros und Lázaro Saavedra und José Toirac ein Fazit der letzten zwei Dezennien gezogen. Übereinstimmend wird die Gründung des Kulturministeriums 1976 als Schlüsselereignis gewertet. Seine Abteilung zur Entwicklung der bildenden Künste (CDAV) organisiert seit 1979 regelmäßig Ausstellungen, die sich zu einem wichtigen Forum auswuchsen. Außerdem gibt es die Aktivitäten des Nationalmuseums, die seit 1984 regelmäßig stattfindende Biennale und das Centro Wifredo Lam, 1985 eröffnet, die alle den Austausch der Erfahrungen und die internationalen Kontakte fördern.[3]

Der Organisator der ersten drei Biennalen, Gerardo Mosquera, ist heute einer der angesehensten Kuratoren und Kunstkritiker Amerikas. Anhand seiner Schriften lässt sich nachvollziehen, wie die anfängliche Trennung zwischen Lateinamerika und Nordamerika allmählich durch eine gemeinsame Strategie durchkreuzt wird. Diese betont den Synkretismus und die Mestizierung und taktiert mit experimentellen Momenten und deren jeweiliger Authentizität als zeitgenössischem Konflikt (Mosquera 1995). Mosquera selbst ist Schrittmacher dieser Entwicklung. Er bekam 1980 für sein Manuskript *Trece Artistas Jóvenes* (1981), in dem er die Ausstellung *Volumen I*

---

[2] Die Ausstellung fand vom 1.4. bis zum 13.5.1990 statt. Es nahmen teil: Alejandro Aguilera (*1964), Tanya Angulo (*1968), Juan Pablo Ballester (*1966), Ileana Villazón (*1969), José Bedia (*1959), Maria Magdalena Campos (*1959), Ana Albertina Delgado (*1963), Lázaro García (*1968), Flavio Garciandía (*1954), Ibrahím Miranda (*1969), Glexis Novoa (*1964), Marta María Pérez (*1959), Segundo Planes (*1965), Ciro Quintana (*1964), Ricardo Rodríguez Brey (*1965), Carlos Rodríguez Cárdenas (*1962), Lázaro Saavedra (*1964), José Angel Toirac (*1966), Rubén Torres Llorca (*1957) (vgl. Harten/"Tonel" 1990). Etwas später wurden sechs ausgewählte Künstler und Künstlerinnen in Stuttgart vorgestellt, organisiert vom Institut für Auslandsbeziehungen: Aguilera, Bedia, Campos, Tomás Esson (*1963), Garciandía, Pérez. Siehe Monika Winkler in der Bibliographie. Vom 12.3. bis zum 31.5.1992 gab es eine Ausstellung des Ludwig Forums in Aachen. Jetzt nahmen teil: Aguilera, Angulo, Ayón, Ricardo Brey (*1965), Adrián Buergo (*1965), Campos, Carlos Alberto Rodríguez (*1962), Esson, García, Garciandía, Kcho, Torres Llorca, Israel Matos Ramírez, Novoa, Pérez, Eduardo Ponjuán Gonzáles (*1956), Quintana, Saavedra, Toirac (vgl. Becker 1992).

[3] Die Biennale fand 1984, 1987, 1989, 1991, 1994, 1997 statt. Die 1. Biennale zeigte nur Künstler aus Lateinamerika. Seit 1987 werden Künstler mit Wurzeln in der Dritten Welt eingeladen und ab 1989 stellt man die Biennale in einen thematischen Zusammenhang.

(Januar 1981) vorwegnahm, den Preis der Kritik von der Universität von Havanna. Diese Ausstellung war ein Aufschrei gegen dogmatische Einmauerung und ein Ereignis für Beteiligte und Publikum.[4] Innerhalb von zwei Wochen kamen 8.000 Besucher und in der Öffentlichkeit entbrannte eine Kontroverse über die Qualität und Relevanz der gezeigten Werke. Im gleichen Jahr besuchte auch Ana Mendieta (1948-1985) Kuba und kam mit diesen Künstlern in engeren Kontakt. Mendieta stammte aus einer kubanischen Familie, die einen Präsidenten gestellt hat, und war 1961 von ihren Eltern in die USA geschickt worden. Dort absolvierte sie ihre Ausbildung und wurde eine bekannte Performance-Künstlerin in der New Yorker Latino-Kultur. In Kuba verwirklichte sie ein vielbeachtetes Projekt im Jaruco-Park, teilweise im Austausch und durch Gespräche mit Kubaner/Innen (Moure 1996).

Solche Kontroversen und Begegnungen ziehen sich wie ein roter Faden durch die Kette der Ereignisse der letzten zwei Jahrzehnte und werden explizit als Bereicherung der Kunstszene gewertet. Sie inspirierten die Generation der 80er Jahre, deren Bezeichnung es erst gab, als die 90er sich selbst als 90er-Generation bezeichneten, um den Unterschied zur vorangegangenen Epoche hervorzuheben. Die Diskussion in *Temas* hebt zwei wichtige Tendenzen hervor. Zunächst verbreitete sich eine konzeptuelle und anthropologische Zielsetzung, die sich als Ideenkunst mit einer tiefgreifenden kritischen Reflexion manifestierte, oft unter Verwendung von Texten. Ab 1985 setzte sich eine parodistische und karnevaleske Tendenz im Sinne Bachtins durch, die sich durch eine ausgefallene "Praxis der kulturellen Aneignung" *(práctica de la apropiación cultural)* auszeichnete. Nach der Meinung von Saavedra ist sie besonders typisch für die peripheren Länder, die sich auf diese Art und Weise mit einer Kunstszene identifizieren, an der sie selbst nicht persönlich beteiligt sein können. Er nennt die Methodik der Gruppe "Puré" hierfür paradigmatisch;[5] sie versetzte ausgewählte Themen absichtlich aus ihrem eigentlichen Kontext und konstruierte mit deren Elementen einen expressionistischen und persönlichen Stil. Der Alltag wurde durch Allegorien, Metaphern oder Simulationen angesprochen, die dem Publikum ohne weitere Erklärungen verständlich waren.

Keine Manifeste dieser heutigen Avantgarde also, obwohl sie häufig als Gruppe auftritt, um bestimmte Projekte durchzuführen. Matamoros erklärt in

---

[4] Es nahmen teil: Bedia, Brey, Juan Francisco Elso (1956-88), José M. Fors (*1956), Garciandía, Israel León (*1957), Rogelio López Marín (Gory, 1953), Torres Llorca, Gustavo Pérez Monzón (*1956), Tomás Sánchez (*1948), Leandro Soto (*1956).
[5] Mitglieder waren Delgado, Buergo, Quintana, Ermy Taño (*1964), Sáavedra.

Temas, dass der Verkauf für diese Künstler zunächst eine untergeordnete Rolle spielte. Das Nationalmuseum kaufte keine Werke an, sondern vertraute auf Schenkungen, Leihgaben oder Spenden. Diese Politik änderte sich am Ende der 80er Jahre jedoch rapide. Waren 1989 noch 10% des Museumsetats dem Ankauf von Kubanern gewidmet, waren dies 1995 schon 71%. Es ist bis heute kaum erkennbar, welcher Fundus sich hier ansammelt. Es gibt keinen Gesamtkatalog[6] und das Museum wird schon seit einiger Zeit umgebaut und ist geschlossen.

Matamoros bezeichnet die Ernennung von "Kcho" zum Künstler des Monats im Jahr 1992 als einschneidendes Ereignis. "Kcho" ist der Künstlername von Alexis Leyva Machado, geboren auf der Isla de la Juventud an der Südostküste Kubas. Er gilt heute als erfolgreichster Künstler Kubas. Das herausragende Thema seiner Werke ist die so genannte Migrations-Mentalität, die aus Mangel an Bewegungsfreiheit und Zukunftsperspektive entsteht und zur Auswanderung führt. Diese Auswanderung geschieht unter den schwierigsten Bedingungen. Seit 1992, als gerade wieder eine große Zahl von Kubanern die Insel verlassen hatte, inszeniert "Kcho" diese Bewegung der Migration. Das erste, was ihm dazu einfiel, war die Verwendung eines kubanischen Nationalsymbols, der Palme, "doch diese Palme hatte anstelle von Wurzeln Ruder. Ich verband also zwei gegensätzliche Dinge miteinander, die verschiedenen Welten angehörten. Das Ruder als solches gehört zum Wasser, die Palme als Baum gehört zur Erde" (Anselmi 1999: 109). Das Schicksal der *balseros*, der Flüchtlinge, die Kuba auf illegale Weise auf primitiven, oft selbstgebauten Flößen verlassen, um in die Vereinigten Staaten zu gelangen, geht den Kubanern sehr nahe.[7] Während der Biennale von 1992, die unter dem Thema Kolonisierung und Dekolonisierung stand, gelang "Kcho" der internationale Durchbruch mit seiner Installation *Regata*. Diese Darstellung modifiziert er seither unentwegt. In "Keine Spiele" *(No juegos)* von 1995 sehen wir einen Korkenboden mit Autoreifen, dem Aluminiumrumpf eines Schiffes und einer Schaukel aus Seilen. 1996 konstruiert

---

[6] Der umfangreichste Katalog über die Bestände des Nationalmuseums stammt von 1978: Museo Nacional de Cuba. Pintura, herausgegeben in Zusammenarbeit mit dem Museum in Leningrad.

[7] Viele haben auf diese Weise Verwandte, Freunde oder Bekannte gehen sehen. In einem Artikel über Julián González, der seine Mutter und seinen Stiefvater verlor und selbst gerade noch überlebte, illustriert Gabriel García Márquez die menschliche und politische Dimension dieser Konsequenz der politischen und ökonomischen Blockade (vgl. García Márquez, Gabriel: "Náufrago en tierra firme". In: El País, 19.3.2000, S. 6-7).

"Kcho" einen hölzernen Laufsteg, als Symbol für den "Gang der Nostalgie" *(El camino de la nostalgia)*.

Boat people ist ein universeller Begriff in Presse und Fernsehen und "Kchos" Kunst gestaltet die brüchige Verbindung zwischen Land und Wasser als Alltagserfahrung der zeitgenössischen Moderne. Das breite Spektrum einer solchen Erfahrung wurde beim 1. Salon für Gegenwartskunst in Havanna deutlich. Aus den Kurzbiografien der Ausstellenden konnte man ersehen, dass die Geburtsjahre von 1916 bis zu 1975 reichen.[8] Stil und Material waren ebenfalls unterschiedlich. Von denjenigen dieser Künstler, die am Wettbewerb teilnahmen, gewann Carlos Alberto Estévez den großen Preis. In einer Installation aus vielfarbigem Holz und Leinwand konzipierte er eine kleine Theaterbühne als Holzkästchen mit schwarzem Vorhang und einem Bühnenbild, das eine Stadt im Verfall zeigt. Vor diesem Bühnenbild, das den bröckelnden römischen Fresken in Italien ähnelt, befinden sich drei Holzfiguren in Löchern hochgesteckt, von denen Christus mit seinem sichtbaren Herzen im Mittelpunkt steht. Die übrigen Figuren liegen unten auf dem Boden oder sind halb aufrecht gegen die Wand gelehnt. Mehrere sind erkennbar, u.a. José Martí, Charles Chaplin, ein Indianerhäuptling, Napoleon, ein Ritter, Che Guevara usw. Estévez gab seiner Installation den Titel "Die wirkliche Universalgeschichte" *(La verdadera historia universal)* und thematisiert damit sowohl die Vergänglichkeit ihrer statisch anmutenden Dynamik als auch die Vielfalt der beteiligten Personen. Diese Analogie tritt auch in anderen Werken von Estévez immer wieder hervor. Marilyn Zeitlin beschreibt seine Serie von Zeichnungen über die menschliche Anatomie und sieht in diesen Entwürfen eine Gleichsetzung mit der Anatomie einer Stadt oder mit anderen Mechanismen (Zeitlin 1999: 128).

Die Vertreter der heutigen Avantgarde, zu der "Kcho" und Estévez gerechnet werden, schaffen natürlich nicht nur Installationen, sondern die Palette ihrer Ausdrucksmittel scheint unerschöpflich. Der "Bildersturm" wurde maßgeblich durch solche Künstler angezettelt, die im *Instituto Superior de Arte* (ISA) ihre Ausbildung bekamen. Dieses Institut ist in der Schule für bildende Künste angesiedelt, die nach dem Entwurf des kubanischen Architekten Ricardo Porro um 1964 fertiggestellt wurde. "Tonel" spricht sogar von einem ISA-Zentrismus, fügt aber hinzu, dass heute "the institution (the faculty of visual arts) is stuck between stagnation and a marked decadence

---

[8] Leonel López-Nussa Carrión und Tito Alvarez wurden 1916 geboren. Von 1975 sind Danis Marrero Pérez und Ervelio Olazábal Alvarez. Eine zusätzliche Information für die Statistik: Von den 208 vertretenen Künstlern sind 35 Frauen (Pino-Santos 1995).

not only in the deterioration of its sinuous architecture – the work of Ricardo Porro and an emblem of the utopian energy of the newborn revolution – but also in its increasing loss of magnetism" ("Tonel" 1999: 43).

2. Die 1. Avantgarde

Diese Bemerkung von "Tonel" ist relevant, weil sie den Bezug auf das utopische Potential der Revolution während der Entstehung dieser Schule ins Gedächtnis ruft (Loomis 1999). "Tonel" würde diesen Ausdruck der utopischen Energie jedoch lieber modifizieren im Sinne einer Energie zur Verwirklichung des Schwierigen, nach einer berühmten Formulierung von José Lezama Lima (1910-1976). In vielen Publikationen der 90er Jahre wird Lezama als Quelle eines komplexen kubanischen Kunstverständnisses der Moderne zitiert. Lezama arbeitete zu jener Zeit, als Porro das Kunstschule-Projekt leitete, im gleichen Gebäude und er hat Schritt für Schritt die Überlegungen und Entwürfe miterlebt und kommentiert. Lezamas Spur führt zu den bewegten 40er Jahren, als die Akademie San Alejandro die zentrale Institution für die Ausbildung war. In *Cuban Art & National Identity. The Vanguardia Painters 1927-1950* (1994) beschreibt Juan Martínez (1994: 2-3) ihre damalige Rolle.[9] Die Akademie galt als Hochburg des Konservatismus für solche Maler, die in Paris oder Mexiko gearbeitet hatten und von den dortigen neuen Ideen angesteckt worden waren. In einer ersten Phase, von 1927 bis 1938, stellten diese Künstler ihre Interpretation des französischen Modernismus zur Schau. Berühmt ist die *Exposición de Arte Nuevo*, die von der Zeitschrift *Revista de Avance* 1927 organisiert wurde. Zu ihrer Redaktion gehörte die intellektuelle Elite der jungen Republik und eine ihrer wichtigsten Persönlichkeiten war Juan Marinello (1898-1977), ein Organisator und Ideenträger, beeinflusst durch die damalige Studentenbewegung in Lateinamerika, die 1918 in Córdoba (Argentinien) ihren Anfang nahm. Als zweite Phase der Avantgarde nennt Martínez die klassische Periode in den 40er und 50er Jahren.

---

[9] Die Akademie war 1818 vom Spanischen Superintendanten für Kultur gegründet worden und ihr erster Direktor war ein neoklassischer französischer Maler, Juan Bautista Vermay. Martínez nennt als prominenteste Maler der Avantgarde: Jorge Arche (1905-1956); Eduardo Abela (1891-1965); Carlos Enríquez (1900-1957); Aristides Fernández (1904-1934); Antonio Gattorno (1904-1980); Wifredo Lam (1902-1982); Victor Manuel García (1897-1969); Amelia Peláez del Casal (1895-1968); Marcelo Pogolotti (1902-1988); Fidelio Ponce de León (1895-1949); Domingo Ravenet (1905-1969).

Es ist diese Zeit, an der sich die heutige Kulturkritik in Kuba orientiert. Sowohl in *Temas* wie in Ausstellungskatalogen und Artikeln wird an sie erinnert. Der 1. Salon der kubanischen Gegenwartskunst etwa sieht sich 1995 in der Tradition des 1. Nationalen Salons für Malerei und Skulptur, 1935 von José María Chacón y Calvo organisiert im Namen der Kulturabteilung des Erziehungsministeriums. Martínez erwähnt, dass damals Werke von Manuel, Gattorno, Arche, Enríquez, Peláez, Ravenet und Abela angekauft wurden, die sich heute überwiegend im Besitz des Nationalmuseums befinden. Abela wurde durch seine Karikaturen von *El Bobo* ("Der Blöde") in der Presse berühmt, in denen er von 1926 bis 1934 die politische Situation auf verdeckte Weise anprangerte. Mehrere Maler waren gezwungen, sich ihr Geld mit Illustrationen in Zeitschriften oder Büchern zu verdienen, da das Kunstpublikum kaum Werke aus dem eigenen Lande kaufte. Als Reaktion auf die Starrheit der Akademie gründete Abela 1936 das *Estudio Libre*, das, obwohl es nur kurz existierte, trotzdem zu einem Begriff wurde.

Erst ab 1940, als mehrere Künstler aus Europa nach Kuba zurückkehrten, wurde kubanische Kunst in Havanna publikumswirksam. Mehrere Galerien öffneten ihre Tore, Ausstellungen wurden konzipiert und die schon genannten avantgardistischen Maler konnten sich jetzt einen Namen machen. Obwohl es schon länger Kontakte nach New York gegeben hatte, wurden diese jetzt konkretisiert. Der Kunsthistoriker und Kurator Alfred H. Barr organisierte 1944 eine Ausstellung mit modernen kubanischen Malern im Museum of Modern Art (Moma). Gerade diese Ausstellung zeigte einen inneren Konflikt unter den Kubanern selbst, der sich an der Person von Wifredo Lam (1902-1982) festmachen lässt. Während diese Moma-Ausstellung einen ersten internationalen Erfolg für die moderne kubanische Kunst als solche bedeutete, war Lam nicht an ihr beteiligt. Er hatte eine eigenwillige Interpretation der Modernität entwickelt, die sich zwar dem Surrealismus verpflichtet fühlte, jedoch durch den Ausbruch aus der kreolisch-christlichen Hemisphäre gekennzeichnet ist (Ortiz 1993). Die Lithographie *Quetzal*, publiziert im *Portfolio I* (1947) des Brunidor-Verlags, ist emblematisch für die Explosion dieses neuen Empfindens und erklärt einiges über die Distanz von Lam zu der Kunstlandschaft, die er bei seiner Rückkehr nach Kuba vorfand (Phaf 1998).

Lams *La Jungla* (1942-1943), seit 1945 im Besitz des Momas in New York, ist eines der wichtigsten Bilder ihrer Avantgarde-Kollektion. Es zeigt einen Blick nach innen, worin die Welt der Bambu-Zuckerrohr-Felder eine eigene Energie und Schöpfungskraft gewinnt. Mosquera erwähnt die Präsenz der *orishas* und bezeichnet die offene Schere in der Hand rechts oben auf dem Bild als einen antikolonialen Schnitt, der eine Synthese mit einer nichtwestlichen Raumvorstellung einleitet (1996a: 130). Mehrmals wurde auf den Einfluss von afrokubanischen Ansichten und Überzeugungen in diesem Bild hingewiesen. In Anbetracht seines Charakters einer *naturaleza viva* (Ortiz 1993: 15) kontrastiert *La Jungla* mit der Tradition des Stilllebens, die Robert Altmann analysiert hat. In seinem vielbeachteten Artikel *Ornamento y naturaleza muerta en la pintura de Amelia Peláez* (1945) schreibt Altmann, dass die exquisiten Eigenschaften der Innendekoration der Häuser des 18. und 19. Jahrhunderts in Peláez' Stillleben festgehalten und als Ausdruck einer typisch kubanischen Barocktradition verarbeitet werden. Statt der Ausdehnung zum Außenraum richtet dieser Barock seine Expansion nach innen. Auch Lam hat mit diesem Gedanken experimentiert, wie aus dem *Catalogue Raisonné of the Painted Work* (Lourin-Lam 1996) hervorgeht. Lam platziert *La silla* (1943), einen geschnitzten Stuhl, im Raum seiner vegetativen Animationen. Ihm geht es um eine Darstellung, in der Linien und Flächen eine konkrete Wirklichkeit ahnen lassen, jedoch nicht vorgeben. Hiermit wird Lam zum Pionier einer Kunst, in der die synkretistische Spiritualität – oder was wir heute hybrides Raumbildverfahren nennen – eine Schlüsselrolle spielt.

Selbstverständlich gab es auch abstrakte Kunst in einem Land, das sich seit den 40er Jahren an den Nordamerikanern orientierte. 1953 schlossen sich elf Maler und Bildhauer zusammen und nannten sich "Grupo de los Once".[10] Sie vertraten damals die Meinung, dass Kunst mit Politik nichts zu tun haben sollte, agierten jedoch gerade in diesem Sinne politisch, als sie sich 1954 kollektiv weigerten, an der von der Batista-Regierung und vom Franco-Regime organisierten Hispanoamerikanischen Biennale teilzunehmen. Die von "Los Once" organisierte Anti-Biennale war sehr erfolgreich. Nur diese sogenannte unpolitische Kunst überstand die Zeit der Diktatur und noch im November/Dezember 1959 fand die Ausstellung *Diez pintores concretos* statt, die fast als Vorzeichen des zukünftigen Wandels aufgefasst werden könnte.[11]

---

[10] René Avila, Francisco Antigua, José I. Bermúdez, Agustín Cárdenas, Hugo Consuegra, Fayad Jamís, José Antonio, Guido Llinás, Antonio Vidal, Tomás Oliva, Viredo Espinosa. Nach der ersten Ausstellung hat sich dann auch Raúl Martínez (1927-1995) der Gruppe angeschlossen.

[11] Arcay, Salvador Corratgé, Loló Soldevilla, Luis Martínez Pedro (1910-1989), Armando Menocal, José Mijares, Pedro de Oráa, Pedro Alvarez, Sandú Darié, Rafael Soriano.

3. Neue Zeiten – Alte Zeiten

In den 60er Jahren, nach Mosquera die romantische Periode der Revolution, wurde der enorme Impuls der neuen materiellen und institutionellen Möglichkeiten vor allem im Design der Film- und Veranstaltungsplakate oder an Buchillustrationen sichtbar. Große Namen wie Wifredo Lam, Mariano Rodríguez und René Portocarrero stellten sich der veränderten Situation. Dank einer Initiative von Lam fand der Mai-Salon 1967 statt in Paris in Havanna statt. Mariano gesellte sich zum Personal von "Casa de las Américas", der er bis 1986 angehörte. Und Portocarrero arbeitete in der UNEAC. Der kulturelle Kongress vom 4. bis zum 11. Januar 1968 war sicher ein Höhepunkt des kulturellen Aufbruchs aus der Sicht der internationalen Beobachter. Innerhalb von Kuba selbst wurde der Druck, sich unmittelbar mit den Gegebenheiten auseinander zu setzen, inzwischen jedoch immer größer. Statt zu malen, wendeten sich deshalb mehrere Künstler anderen Medien zu. Aus diesem Grund wurde Umberto Peña (1937) zum Beispiel zum Logo von "Casa de las Américas", für deren Zeitschrift und Bücher er von 1963 bis 1984 das Layout besorgte. Portocarrero zeichnete den Kopf mit üppigem Obstkorb für den Film *Soy Cuba* (1964); Raúl Martínez das Filmplakat für *Lucía*, mit dem charakteristischen Hut (1968); Servando Cabrera Moreno entwarf mit seinen fließenden Linien die Konturen von *Teresa* für das Plakat des gleichnamigen Films (1978).

Der Band *Massenkunst in Kuba. Agitprop und Massenfeste* (1978) bezieht sich hauptsächlich auf jene Periode, die von Mosquera als die dunkle bezeichnet wird, da sich alle romantischen Illusionen des vorangegangenen Jahrzehnts in Luft aufzulösen schienen. Aldo Menéndez erwähnt im Artikel "Zu einer immer revolutionäreren Malerei", dass die Maler der ersten Stunde – Servando Cabrera Moreno (1923-1981), Adagio Benítez (1924), Acosta León (1932-1964) und Orlando Yañes (1926) – sich zunächst "trotz ihrer formalen Verschiedenartigkeit auf eine sichtlich epische Gestaltung der herrschenden Realität" (1978: 94) konzentrierten. Anschließend, im *Salon 70*, gab es dann eine wahre Explosion von Malerei und Plastik, in der sich dieser epische Ton zugunsten einer größeren Sachlichkeit auflöste.[12] Andererseits jedoch – und Menéndez erwähnt dies nicht – war diese "dunkle" Periode gerade die Zeit des Durchbruchs eines Künstlers wie Manuel Mendive

---

[12] Menéndez nennt Raul Santos Zerpa, Mario Gallardo, Juan Moreira, Juan Vázquez Martín, César Leal, Isabel Giménez, Ever Fonseca, Alberto Jorge Carol, Waldo Luis, Juan Milo, Oswaldo García und Aldo Menéndez.

(1944), der sich am Universum der *Santería* orientiert und eine narrative Kraft entwickelt, in der Ochún, Oggún, Iñó, Ikú, Oyá, Yemayá, Elegguá oder Obatalá mit ihren Attributen eine Rolle spielen. Am 11. Februar 1968 hatte Mendive einen schweren Unfall und kam lange Zeit vom Eindruck, den die Farbe des Blutes auf ihn gemacht hatte, nicht mehr los. Farbe erhielt eine herausragende Bedeutung in seinen Bildern und damit setzte eine sehr erfolgreiche Phase ein, in der Mendive zeitweilig der Künstler in Havanna war, der am meisten verkaufte.[13] Bei der Biennale in Havanna von 1986 experimentierte Mendive mit einem anderen Medium und entwarf Bühnenbilder, auf denen eine Gruppe von ihm bemalter Tänzer und Musiker mit Tieren ein Ritual durchführte.

Eine andere wichtige Persönlichkeit ist Antonia Eiriz (1929-1995). Das Thema ihrer Malerei war der Zweite Weltkrieg, nach dem die Welt für sie nicht mehr ohne die Erinnerung an Holocaust, Hiroshima und Nagasaki vorstellbar ist. Eiriz wurde mit ihren düsteren Bildern bekannt, deren Figuren mit Goya und Bacon verwandt scheinen. Diese waren jedoch nicht nach dem Geschmack der Kulturfunktionäre, die sich in den 60er Jahren am gängigen epischen Ton orientierten. Ihre Zensur war so einschneidend, dass Eiriz aufhörte zu malen. Sie widmete sich dem Kunstunterricht und anschließend ihrem Nachbarschaftskomitee (CDR), mit dem sie imaginäre Gestalten aus Papier-Maché anfertigte und spielerische Gruppenaktionen durchführte. Auf diese Art und Weise übte sie trotzdem großen Einfluss aus. Heute gibt es ein Museum in Havanna, in dem diese Papiermaché-Figuren zu sehen sind. Sie selbst begann wieder zu malen, als sie in die Vereinigten Staaten ausgewandert war; sie starb, während sie eine große Ausstellung ihrer Werke vorbereitete.

Umberto Peña traf ein ähnliches Schicksal wie Eiriz. Auch Servando Cabrera ereilte das gleiche Los, dem wir seine herausragende Plakatserie für das ICAIC zu verdanken haben. Die Sensibilität für die Beschränkungen der Freiheit der Kunst kam in einer Ausstellung während der VI. Biennale 1997 in Havanna zum Tragen. Unter dem Titel *Pinturas del silencio* zeigte die Galerie La Acacia abstrakte Werke von 18 Künstlern, von denen manche der Gruppe von "Los Once" angehörten und andere der neuen Avantgarde.[14] In

---

[13] Er hatte auch in der BRD zwei Einzelausstellungen, vom 1. bis zum 28. Oktober 1982 in der Galerie Orth in Nürnberg und vom 5. bis zum 30. November 1982 im Iwalewa Haus in Bayreuth.

[14] Hugo Consuegra, Salvador Corratgé, Roberto Diago, José Franco, Carlos García, Flavio Garciandía, Julio Girona, Ismael Gómez, Ronald Guillén, Raul Martínez, Glexis Novoa,

ihrem einführenden Essay, *Catacumbas del arte cubano*, erwähnt Janet Batet, dass Antonia Eiriz sich an das Atelier von Guido Llinás zu erinnern pflegte. Eiriz bezeichnete diesen Raum, seit 20 Jahren abgeschlossen und vergessen, als die Katakomben der abstrakten Kunst Kubas. Für Batet sind die *Pinturas del silencio* ein Aufwachen aus diesem Vergessen und verweisen auf die Aktion *Es solo lo que ves* (1988), Vorläuferin dieses Unternehmens. Die 50 Künstler, die sich damals daran beteiligten, wollten die abstrakte Sprache zur einzigen Sprache deklarieren, die der Zensur noch standhalten konnte. Eine Ausstellung fand nicht statt, aber mehrere Künstler verweisen noch heute in ihrem Curriculum auf diese Aktion, um ihr Einvernehmen diesbezüglich kenntlich zu machen (Camnitzer 1994: 195).

Seit Lam ist die Spiritualität synkretistischer Kulturen aus der Malerei und der Plastik Kubas nicht mehr wegzudenken. Lam ist natürlich nicht der Einzige. Im Artikel *Hacia una postmodernidad 'otra': Africa en el arte cubano* (1996b), nennt Mosquera außer Roberto Diago (1920-1957) und Santiago Rodríguez Olazábal (1955) den Bildhauer Agustín Cárdenas (1927-1996), Mitglied der Gruppe "Los Once", der sich seit 1955 in Paris einen Namen machte. Juan Francisco Elso (1956-1988) gilt als Prophet der heutigen Avantgarde und war Anhänger der *Santería*. José Bedia (*1959) arbeitet bewusst am Schnittpunkt der "primitiven" Kunst mit dem *Mainstream* und bezieht sich auf afrokubanische und indokubanische Zeichen. Ricardo Rodriguez Brey (*1955) hat mit *Elegguá*, dem *orisha* des Schicksals, seine konzeptuelle Idee gefunden. Und Marta María Pérez konzentriert sich in ihren Werken auf ihren eigenen Körper, den sie mit den Attributen der *Santería* umgibt. Eine ihrer bekanntesten Photoarbeiten weckt sofort einen Bezug zu *La Jungla* von Wifredo Lam. Sie zeigt den Bauch der Künstlerin in der Periode, als sie mit Zwillingen schwanger war. In ihrer Hand hält sie eine offene Schere, neben der die angeschwollene Bauchwand sehr verletzlich wirkt. Der postkoloniale Schnitt könnte hier im Verhältnis von Zwillingen und Schere gesucht werden, da Zwillinge in vielen Traditionen afroamerikanischer und präkolumbianischer Herkunft eine ganz spezifische – und oft ambivalente – Deutung erfahren.

Mit Pérez und auch Mendive sind wir wieder bei der Körpersprache angelangt, die auch Mendieta so viel bedeutete. Sie hat sich als eine der ersten Latina-Künstlerinnen von den Bildern Frida Kahlos inspirieren lassen, in denen diese ihre eigene Zerbrechlichkeit in den Mittelpunkt stellte. Heute

---

Pedro de Oráa, Luis Martínez Pedro, Eduardo Rubén, Ramón Serrano, Juan Vázquez, Antonio Vidal, José A. Vincench.

setzt Tania Bruguera sich mit diesem Erbe sehr intensiv auseinander und manchmal wird ihr Werk als eine neue Lektüre von Mendieta interpretiert. Belkis Ayón indessen, die sich 1999 das Leben genommen hat, konzentrierte sich ganz auf die Darstellung der afrokubanischen *ñáñigo*-Tradition. Sie malte auf Karton oder Papier und ihr *Abendmahl*, ganz im Rahmen der Renaissance, macht Diskussionen über die Trennung zwischen westlichen oder nicht-westlichen Kulturen auf provokative Weise obsolet.

Es gibt kein Standardwerk über die bildende Kunst Kubas im 20. Jahrhundert. Das Interesse hierfür wächst jedoch spürbar, auch im deutschsprachigen Raum. Im Frühling 2000 gab es in Vaduz (Liechtenstein) eine Ausstellung der bibliophilen Ausgaben des Brunidor-Verlags, geleitet von Robert Altmann (*1915). Altmann war Anfang des zweiten Weltkriegs nach Havanna ausgewandert und freundete sich dort mit Lam, Carpentier, Lezama, Portocarrero und vielen anderen Künstlern an. Seine Sammlung und seine *Memoiren* (2000) geben hierüber Aufschluss. Hier finden wir zum Beispiel Guido Llinás wieder, der unter anderem die bibliophile Ausgabe eines unbekannten französischen Textes von Julio Cortázar mit Radierungen illustriert hat (Paris 1966). Andere Projekte wenden sich der heutigen Entwicklung in Kuba selbst zu. *La dirección de la mirada* (1999) fasst die zwei Ausstellungen in Zürich und La Chaux-de-Fonds zusammen, die im Herbst 1998 in der Schweiz realisiert wurden.[15] Im Vorwort schreibt Yvette Jaggi, dass die neue Kunst aus Kuba zur Parabel für Situationen wird, "in denen auch wir in der Schweiz, dieser 'Insel inmitten Europas', uns wiedererkennen können, über alle offenkundigen und feinen Unterschiede hinweg" (Jaggi: 1999: 7). Der in Berlin lebende Raúl de Zarate (*1969) stellte im Frühling 1999 im Foyer der Humboldt-Universität in Berlin seine Acryl-Bilder vor, die von Ottmar Ette als *Locomociones* (Ette 2000) eingestuft werden. Und Gerhard Matt organisierte die Ausstellung *Los mapas del deseo* (1999) in der Kunsthalle Wien, in der in- und außerhalb von Kuba lebende Künstler gleichermaßen vertreten waren.[16] Edward Sullivan beschreibt im Katalog eine raumfüllende Arbeit von Ernesto Pujol, zuerst gezeigt während der Biennale 1997 in Havanna, folgendermaßen:

---

[15] Bruguera, Los Carpinteros, Sandra Ceballos (*1961), Rene Francisco, Gómez, "Kcho", Rodolfo Llópiz (*1966), Miranda, Antonio Núñez (*1971), Ramos, Fernando Rodríguez, Saavedra, Ezequiel Suárez (*1967), "Tonel".

[16] Eduardo Aparicio (*1956), Bruguera, Garaicoa, Abigaíl Gonzáles (*1964), González Torres, "Kcho", Mendieta, Pérez, Manuel Piña (*1958), Ernesto Pujol (*1957).

Pujols Anwesenheit bei der Biennale war ein Ausnahmefall und aus einer Reihe von Gründen bemerkenswert. Zunächst und vor allem, weil Pujol der erste Kubano-Amerikaner war, der je an der Biennale teilnahm. Zum zweiten, weil seine fesselnde Installation mit dem Titel *El Vacío* eine antinostalgische Erinnerungsarbeit war, die sich nicht in verschwommener oder kitschiger Vergangenheitsseligkeit erging, sondern ein Schlaglicht auf die Dilemmata des Exils und die Erwartungen dreier grundverschiedener Gesellschaften warf. Es war auch ein Werk, das sich offen mit der Verwirrung und den Zwängen einer von Vorurteilen geprägten Einstellung gegenüber Frauen und homosexuellen Männern in einer Machogesellschaft befasste. Auf überaus beziehungsreiche und persönliche Weise werden darin viele Begriffe angeblicher Rassenreinheit und "Harmonie" durch die Problematisierung des Konstruktes "Weiß-Sein" in der karibischen und der nordamerikanischen Gesellschaft dekonstruiert (Matt 1999: 98).

Vielleicht ist nirgendwo so sehr wie in der Malerei und Plastik Kubas die Problematik des amerikanischen Alltags aufgegriffen und dokumentiert worden. Der an Edvard Munch erinnernde Schrei des Malers auf einem Bild von Luis E. Camejo (*1971), das während der Biennale 1997 ausgestellt war, gibt einen allgemeinen Gemütszustand wieder. Mit seiner an Van Gogh orientierten Maltechnik zeigt Camejo einen Künstler, der an seiner rechten Seite auf einer Staffelei das Bild der Schule Porros zeigt, während diese Schule sich an seiner linken Seite befindet. Der Maler, aufgerieben zwischen Bild und Realität! Es ist kein Wunder, dass in Kuba heute die Namen von Hans Haacke und Joseph Beuys eine wegweisende Funktion haben. Sie stehen dafür, dass Kunst an Schnittstellen des gesellschaftlichen Selbstverständnisses ansetzt und dadurch Reaktionen provoziert, die ihre Beschränkungen problematisieren und damit eine selbstkritische Betrachtung hervorrufen. Der internationale Erfolg zeigt, dass die Kubaner hiermit nicht ausschließlich ihre lokalen Konflikte berühren, sondern dass diese über alle Grenzen hinweg den Sehnerv eines internationalen Kunstpublikums treffen.

Literaturverzeichnis

Altmann, Robert (1945): "Ornamento y naturaleza muerta en la pintura de Amelia Peláez". In: *Orígenes*, 2, 7, S. 65-72.

— (2000): *Memoiren*. Mit Evi Kliemand. Mailand: Skira Editore.

Anselmi, Ines/Valdés Figueroa, Eugenio (Hrsg.) (1999): *La dirección de la mirada. Neue Kunst aus Kuba/Art Actuel de Cuba/Arte cubano contemporáneo*. Springer: Wien/New York: Ed. Voldemeer.

Balderrama, Maria R. (Hrsg.) (1992): *Wifredo Lam and his Contemporaries 1938-1952*. New York: The Studio Museum in Harlem.

Batet, Janet (1997): "Catacumbas del arte cubano". In: *Pinturas del silencio*. Havanna: Galería La Acacia, S. 4-6.

Becker, Wolfgang (Hrsg.) (1992): *Von dort aus: Kuba*. Aachen: Ludwig Forum für internationale Kunst.

Camnitzer, Luis (1994): *New Art of Cuba*. Austin: Texas University Press.

Cortázar, Julio (1966): *On déplore là*. Mit Radierungen von Guido Llinás. Paris: Brunidor Verlag.

Cuba Siglo XX (1996): *Cuba Siglo XX. Modernidad y sincretismo*. Fundació la Caixa, Centro Atlántico de Arte moderno, Centre d'Art Santa Monica.

Ette, Ottmar (2000): "Locomociones". In: Reinstädler, Janett/Ette, Ottmar, 2000: 113-116.

Harten, Jürgen/Eligio, Antonio (alias "Tonel") (Hrsg.) (1990): *Kuba o k. Aktuelle Kunst aus Kuba/Arte actual de Cuba*. Düsseldorf: Städtische Kunsthalle Düsseldorf.

Loomis, John A. (1999): *Cuba's Forgotten Art Schools. Revolution of Forms*. Foreword by Gerardo Mosquera. Princeton: Princeton Architectural Press.

Lourin-Lam, Lou (1996): *Lam. Catalogue Raisonné of the Painted Work. Volume I. 1923-1960*. Paris: Acatos.

Martínez, Juan A. (1994): *Cuban Art & National Identity. The Vanguardia Painters 1927-1950*. Gainesville: University Press of Florida.

Matt, Gerhart (Hrsg.) (1999): *Cuba. Los mapas del Deseo/Landkarten der Sehnsucht/Maps of Desire*. Wien: Folio Verlag Wien-Bozen.

Menéndez, Aldo (1978): "Zu einer immer revolutionäreren Malerei". In: Bach, Ines/Bach, Jochen (Hrsg.): *Massenkunst in Kuba. Agitprop und Massenfeste*. Berlin: Elefanten Press, S. 94-97.

Mosquera, Gerardo (1981): *Trece artistas jóvenes*. La Habana: Universidad de La Habana.

— (1995): *Contracandela. Ensayos sobre Kitsch, identidad, arte abstracto y otros temas candientes*. Caracas: Monte Avila.

— (1996a): "Modernism from Afro-America. Wifredo Lam". In: Mosquera, Gerardo (Hrsg.): *Beyond the Fantastic. Contemporary Art Criticism from Latin America*. Cambridge, Massachusetts: MIT Press, S. 121-135.

— (1996b): "Hacia una postmodernidad 'otra': Africa en el arte cubano". In: *Cuba Siglo XX. Modernidad y sincretismo*. 1996: 229-251.

— (1998): *Servando Cabrera Moreno. Dibujo*. Havanna: Editorial Letras Cubanas.

Moure, Gloria (Hrsg.) (1996): *Ana Mendieta*. Santiago de Compostela: Centro Galego de Arte Contemporánea.

Ortiz, Fernando [1950] (1993): *Wifredo Lam y su obra*. Havanna: Publicigraf.

Phaf, Ineke (1998): "Kurzschlüsse: Robert Altmann, Wifredo Lam". In: Haas, Norbert/Nägele, Rainer (Hrsg.): *Liechtensteiner Exkurse III. Aufmerksamkeit*. Eggingen: Edition Isele, S. 295-313.

Pino-Santos, Carina (Hrsg.) (1995): *1er Salón de Arte Cubano Contemporáneo*. Havanna: Centro de Desarrollo de las Artes Visuales.

Pogolotti, Graziella (1997): *Lam*. Havanna: Editorial José Martí.

Reinstädler, Janett/Ette, Ottmar (Hrsg.) (2000): *Todas las islas la isla. Nuevas y novísimas tendencias en la literatura y cultura de Cuba*. Frankfurt/M./Madrid: Editorial Vervuert.

Temas (1998): "¿Algo nuevo en la plástica de los 90?" Mit Magaly Espinosa, Janet Batet, Corina Matamoros, David Mateo, Lázaro Saavedra, José Toirac". In: *Temas*. 12-13, S. 163-176.

"Tonel" (1999): "Tree of Many Beaches: Cuban Art in Motion (1980s-1990s)". In: Zeitlin, Marilyn A. 1999, S. 39-52.

Winkler, Monika (Hrsg.) (1990): *Aktuelle Kunst aus Kuba*. Stuttgart: Das Institut für Auslandsbeziehungen.

Zeitlin, Marilyn A. (Hrsg.) (1999): *Contemporary Art from Cuba/Arte Contemporáneo de Cuba. Irony and Survival on the Utopian Island/Ironía y sobrevivencia en la isla utópica*. New York: Delano Greenwidge Editions.

Raúl Fornet-Betancourt

Probleme und Themenfelder der kubanischen Philosophie der Gegenwart

1. Vorbemerkung

Mit Argentinien und Mexiko gehört Kuba zweifellos zu den wenigen Ländern in Lateinamerika, die nicht nur auf eine alte, sondern auch auf eine starke und lebendige philosophische Tradition zurückblicken können. Geht man von dieser Erkenntnis aus, die philosophiegeschichtlich wohl als eine fundierte Erkenntnis betrachtet werden darf,[1] so dürfte die Verwendung des Begriffes "kubanische Philosophie" als gerechtfertigt erscheinen, und zwar vor allem dann, wenn man diesen Begriff dazu gebraucht, um eben die Entwicklung einer eigenen (im breiteren Sinne des Wortes wohlgemerkt) philosophischen Tradition auf Kuba zu benennen.

Allerdings kann der Begriff "kubanische Philosophie" in einer anderen, genaueren Bedeutung verstanden werden, bei der die Verwendung dieses Begriffes insofern problematischer sein kann, als damit eine konkrete Form von kontextueller Philosophie gemeint wird, also die Artikulation eines spezifischen Philosophietyps aus der kritisch-kreativen Auseinandersetzung mit der jeweiligen historischen Kontextualität heraus, und nicht nur die Herausbildung einer auf der Aneignung bzw. Rezeption fremder Philosophien basierenden "eigenen" philosophischen Tradition.[2] Wollte man also den Begriff "kubanische Philosophie" in diesem genaueren Sinn verwenden, würde dies bedeuten, dass man zunächst zu prüfen hätte, ob in Kuba die Philosophie derart kontextualisiert worden ist, dass man in der Tat in der kubanischen philosophischen Tradition eine von den Kontexten der kubanischen Geschichte und Kultur her herausgearbeitete Neubestimmung der Philosophie finden kann. Dabei müsste man noch auf die Frage des Selbstverständnisses der Philosophie und insbesondere auf das Problem des Uni-

---

[1] Vgl. Hollhuber (1967); Insua (1945); Gerstenberg (1985); Guadarrama (1986; 1995); Kempf (1958); Mestre (1952); Piñera Llera (1960); Riepe (1989); Sánchez de Bustamante (1984); Sarti (1976); Ternevoi (1981); Vitier (1938; 1948).
[2] Bereits 1946 hatte Jorge Mañach den Terminus *filosofía cubana* genau in der oben angesprochenen Bedeutung problematisiert (vgl. Mañach 1946: 26-31; 1951: 49-50).

versalitätsanspruchs der philosophischen Vernunft in der (nicht nur für die Entwicklung der Philosophie auf Kuba doch maßgeblichen) abendländischen Tradition eingehen.[3] Es liegt aber auf der Hand, dass die Behandlung dieser mit der Verwendung des Begriffes "kubanische Philosophie" verbundenen Vorfragen den Rahmen dieses Beitrags sprengen würde. Deshalb werde ich hier darauf verzichten, den Begriff "kubanische Philosophie" im Sinne einer kontextuellen Philosophie zu problematisieren, um ihn in der zuerst angesprochenen breiteren Bedeutung zu verwenden.

Die zweite Vorbemerkung bezieht sich auf den Zeitraum, der im Titel des Beitrags mit dem Wort "Gegenwart" angegeben wird. Hierzu ist anzumerken, dass meine Ausführungen die Zeit von 1959 bis heute berücksichtigen werden. Gegenstand meiner Betrachtungen wird also die Entwicklung der kubanischen Philosophie nach dem Sieg der kubanischen Revolution sein.

2. Zur Wende in der Entwicklung der kubanischen Philosophie nach dem Sieg der Revolution von 1959

Wie für alle anderen Bereiche des kubanischen öffentlichen Lebens bedeutete die Revolution von Fidel Castro auch für die Entwicklung der Philosophie auf Kuba einen entscheidenden Wendepunkt. Also: Auch für die Philosophie gilt die berühmt gewordene Zeiteinteilung von "vor und nach der Revolution". Für den Bereich der Philosophie – worunter hier vor allem die akademische bzw. "professionelle" Philosophie verstanden wird – war diese Wende um so entscheidender, als sie nicht nur eine grundlegende Veränderung der Bedingungen, unter denen die Philosophie ihr Amt auszuüben hatte, sondern darüber hinaus eine radikale Umorientierung der Inhalte bedeutete. Diese Bedeutung erklärt sich im Wesentlichen daraus, dass die angesprochene Wende im Zusammenhang mit einer Entwicklung steht, die sowohl inhaltlicher bzw. ideologischer Natur als auch struktureller bzw. institutioneller, genauer, wissenschaftsorganisatorischer Art war, nämlich die von Castro selbst in seiner berühmten Rede in der Nacht vom 1. zum 2.12.1961 proklamierte Bestimmung der Revolution als eine marxistisch-leninistische Revolution[4] einerseits und andererseits die mit dieser ideologischen Fest-

---

[3] Vgl. exemplarisch: Sociedad Cubana de Filosofía (1953); Gracia/Jaksic (1983); Guadarrama/Pereidguin (1988); Salazar Bondy (1968); Zea (1969) sowie Fornet-Betancourt (1992).

[4] Vgl. Castro (1961; 1967); Oficina de Publicaciones del Consejo de Estado (1985, insbes. S. 226ff.).

legung einhergehende Universitätsreform, die Anfang der 60er Jahre durchgeführt wurde (Fung Riverón 1999: 44; Guadarrama o.J.: 5). Für die Entwicklung der Philosophie auf Kuba – um es noch deutlicher zu sagen – bedeutete diese Veränderung ihre ideologische Festlegung, da sie dadurch Teil der offiziellen Ideologie der Revolution wurde. Sie musste sich im Theoriegebäude des Marxismus-Leninismus erkennen und ihre Entwicklung als Assimilation und Applikation dieser theoretischen Vorgabe verstehen. Gravierend wirkt sich dabei der Umstand aus, dass der Marxismus-Leninismus, der zur Staatsideologie erklärt wurde, nicht nur zum in der Verfassung des Landes sanktionierten wissenschaftlichen Fundament der Erziehungs- und Kulturpolitik erhoben wurde,[5] sondern auch, dass es sich um einen Marxismus-Leninismus handelte, der eindeutig aus der Tradition des Handbuch-Marxismus der Sowjetunion kam und dessen Durchsetzung für die Philosophie zwei unmittelbare Folgen hatte: Sie sollte sich auf die Ausbildung von Lehrern und Professoren für das Pflichtfach "Marxismus-Leninismus" konzentrieren und das Feld ihrer Probleme und Themen nach der in den philosophischen Fakultäten der Ostblockländer gängigen Triade der Abteilungen für Dialektischen Materialismus, Historischen Materialismus und Wissenschaftlichen Atheismus unterteilen. Eine weitere wichtige Folge, die die Wende in der Entwicklung der Philosophie entscheidend beeinflusst hat, ist natürlich die aus dieser ideologischen Ausrichtung resultierende Publikationspolitik: Ab 1962 begann man mit der systematischen Veröffentlichung und Verbreitung der Werke von offiziellen Hauptvertretern des sowjetischen Marxismus-Leninismus, wie z.B. V. Kelle, F. Konstantinov, M. Kovalzon, T. Oizermann, M. Rosental, A. F. Shishkin oder S. Utkin (Fornet-Betancourt 1994).

Es liegt daher in der Logik der Ereignisse, dass die mit dem Sieg der Revolution von 1959 eingeleitete Wende in der Entwicklung der kubanischen Philosophie sich zunächst als Bruch oder Neuanfang präsentiert. Und sie ist in der Tat beides, weil sie einerseits mit der von da an so genannten "bürgerlichen Philosophie" des Landes bricht (Sánchez Pupo 1999), was zugleich allerdings einen Bruch mit den nationalen Denktraditionen insofern bedeutete, als viele Vertreter der "bürgerlichen Philosophie" gerade diejenigen waren, die das philosophische Erbe Kubas pflegten, wie exemplarisch an der Arbeit von Roberto Agramonte (1904-1995), der 1961 ins Exil ging, gezeigt werden kann. Er war z.B. der Gründer und Leiter der bedeutenden "Bibliote-

---

[5] Departamento de Orientación Revolucionaria del Comité Central del Partido Comunista de Cuba (1976, Kap. IV, Art. 38).

ca de Autores Cubanos", die sich zur Aufgabe gemacht hatte, die gesammelten Werke der kubanischen philosophischen "Klassiker" herauszugeben, und in der bis 1962 – das Jahr, in dem ihre Tätigkeit eingestellt wurde – die Werke von José A. Caballero, Félix Varela und José de la Luz y Caballero in insgesamt 26 Bänden veröffentlicht werden konnten. Aber man könnte auch auf das Werk des bereits zitierten Jorge Mañach (1898-1961) sowie auf die Arbeit von Humberto Piñera Llera (1911-1996) hinweisen, der Mitbegründer der "Sociedad Cubana de Filosofía" war und wichtige Studien zur Situation der Philosophie in Kuba vorgelegt hat.[6]

Andererseits setzt mit dieser Wende ein Neuanfang ein, weil sie den Versuch darstellt, Gegenstand und Funktion der Philosophie in der Gesellschaft neu zu definieren, wobei nicht nur an die Verbindung zu den Sozialwissenschaften, sondern ebenso an die Artikulation mit der sozialen Praxis der Volksmassen gedacht wird. Mit anderen Worten: Der Neuanfang besteht eben darin, Philosophie nach der Lehre des Dialektischen Materialismus als eine spezifische Form des sozialen Bewusstseins zu definieren und sie dann in ihrer wissenschaftlichen Ausdrucksform mit dem theoretischen Corpus des Marxismus-Leninismus zu identifizieren.

In der eben angesprochenen doppelten Dimension wird jedoch diese Wende in der Entwicklung der kubanischen Philosophie ihren eindeutig uniformen marxistisch-leninistischen Charakter erst ab 1970 gewinnen. Denn es muss doch auch dies berücksichtigt werden: Die ideologische Festlegung der Revolution und insbesondere der kubanischen Kulturpolitik führte zwar – wie eben aufgeführt – zur Veränderung der Bedingungen des philosophischen Forschungs- und Lehrbetriebes sowie zum Exil wichtiger Philosophen – Agramonte, Mañach, Piñera etc. –, aber sie bedeutete zunächst keine Reduktion der philosophischen marxistischen Kultur auf den sowjetischen Marxismus. Bis 1969 kann man eher das Gegenteil feststellen, weil die philosophische Debatte um den Marxismus nicht nur offen ist, sondern auch und vor allem deshalb, weil sie noch durch die Rezeption der heterodoxen Marxismusvarianten westlicher Herkunft (Althusser, Bloch, Gramsci, Sartre etc.) wesentlich geprägt wird. Aufschlussreich für diese Phase einer (einmaligen?) breiten Streitkultur innerhalb des Marxismus sind sicherlich die Zeitschriften *Pensamiento Crítico, El Caimán Barbudo, Unión, Universidad de La Habana* und *Casa de las Américas*, in denen Texte westlicher

---

[6] Von diesen Autoren seien hier exemplarisch genannt: Agramonte (1952; 1971) und Piñera Llera (1954; 1960). Zur Bedeutung dieser Autoren sowie zur Situation der Philosophie in Kuba in der Zeit vor der Revolution vgl. ferner Delgado (1999).

marxistischer Philosophen sowie Analysen über die Debatte um den sogenannten "westlichen Marxismus" regelmäßig veröffentlicht wurden.[7]

Zu dieser Streitkultur gehört auch die Debatte, die 1966 Carlos Manuel de Céspedes, damals Rektor des "Seminario San Carlos y San Ambrosio" in Havanna, und Aurelio Alonso, damals Professor für marxistische Philosophie an der Universität von Havanna, führten und die bedauerlicherweise bis heute das einzige kubanische Beispiel für einen (nach dem Vorbild des von der Paulus-Gesellschaft in den 60er Jahren initiierten Dialogprogramms zwischen Christentum und Marxismus)[8] theoretischen Dialog zwischen beiden Positionen darstellt. Der unmittelbare Anlass für diese Debatte war die Aufführung des ungarischen Dokumentarfilms ¿En seis días? in wichtigen Kinos von Havanna, in dem die christliche Schöpfungstheorie einer scharfen marxistischen Kritik unterzogen wird. Carlos Manuel de Céspedes reagierte darauf mit einer Reihe von Artikeln, die in der 1967 von der Zensur geschlossenen Sonntagsrubrik "El Mundo Católico" der Zeitung *El Mundo* (1968 ebenfalls geschlossen) zwischen dem 20.3. und dem 29.5.1966 veröffentlicht wurden und die sich schwerpunktmäßig mit der Erörterung des Verhältnisses zwischen Glauben und Wissenschaft im neueren christlichen Denken beschäftigen, wobei der Darstellung des innovativen evolutionstheoretischen Ansatzes des Jesuiten Pierre Teilhard de Chardin besondere Beachtung geschenkt wird. Auf diese Darstellung der neueren Entwicklung in der christlichen Philosophie und Theologie antwortete seinerseits Aurelio Alonso zunächst mit dem Beitrag "Mundo Católico y Teilhard de Chardin", der in *El Caimán Barbudo* erschien (vgl. Suplemento 7/1966), und dann mit dem Artikel "Ustedes, nosotros y la fe", der ebenfalls in *El Caimán Barbudo* (13.12.1966) veröffentlicht wurde und der die Reaktion auf die in *El Mundo* (vgl. die Nummern vom 30.10.1966; 6.11.1966; 13.11.1966 und 20.11.1966) erschienene Antwort von Carlos Manuel de Céspedes auf seinen ersten Beitrag war.[9] Bei seiner Antwort ging es Aurelio Alonso darum, die marxisti-

---

[7] Exemplarisch darf ich auf folgende Arbeiten hinweisen: Sartre (1968a; 1968b); Fischer (1968); Garaudy (1968; 1969); Luporini (1969). Zur Bedeutung von *Pensamiento Crítico* kann man heute insbesondere dieses Interview des ehemaligen Chefredakteurs lesen: Martínez (1995); und für die nähere Charakterisierung der oben zitierten Zeitschriften vgl. ferner Fuentes (1999).

[8] Vgl. Paulus-Gesellschaft (1966). Diese Gespräche zwischen marxistischen und christlichen Intellektuellen waren in Kuba durch die Berichte von Carlos Manuel de Céspedes bekannt (vgl. *El Mundo* 18.7.1965; 25.7.1965; 1.8.1965; 10.7.1966; 17.7.1966 und 24.7. 1966).

[9] Carlos Manuel de Céspedes konnte wiederum noch auf die Reaktion von Alonso antworten (vgl. *El Mundo* 31.12.1966 und 8.1.1967). Aber die Debatte wurde – aus dem oben

sche Religionskritik an die neuen Positionen des christlichen Denkens anzupassen und sie auf diese Weise zu aktualisieren. Und es spricht weiter für seine Offenheit, dass er in dieser Debatte durchaus Teilhard de Chardin als einen der großen Philosophen der Gegenwart anerkennt und für eine respektvolle Auseinandersetzung mit solchen Positionen der christlichen Philosophie eintritt.

Der Höhepunkt dieses kubanischen Frühlings war zweifellos aber der Kulturkongress, der vom 4.1. bis 11.1.1968 in Havanna stattfand. Intellektuelle aus mehr als siebzig Ländern nahmen daran teil und große Namen der Weltphilosophie – da sie zur Teilnahme verhindert waren, z.B. Jean-Paul Sartre und Bertrand Russell – sandten ihre Botschaften.[10] Und es war auch im Rahmen dieses Kongresses, wo Fidel Castro die Rede hielt, die von vielen als eindeutiges Plädoyer für die kreative, freie Weiterführung der marxistischen Theorie verstanden wurde, da er dem Dogmatismus im Marxismus eine klare Absage erteilte und sich für einen lebendigen, an der Idee des neuen Menschen von Che Guevara orientierten Marxismus einsetzte. So erklärte Castro damals:

> Zweifellos befinden wir uns vor neuen Tatsachen, vor neuen Phänomenen; zweifellos sind die Revolutionäre [...] wir, die wir uns für Marxisten-Leninisten halten, in der Verpflichtung, diese neuen Phänomene zu analysieren. Denn es kann nichts Antimarxistischeres geben als die Versteinerung der Gedanken. [...] Der Marxismus muss sich entwickeln, eine gewisse Versteifung überwinden; mit objektivem und wissenschaftlichem Sinne die Wirklichkeit von heute interpretieren, sich wie eine revolutionäre Kraft und nicht wie eine pseudorevolutionäre Kirche verhalten.[11]

Wie der Prager Frühling war jedoch auch der kubanische Frühling von kurzer Dauer. Und man darf sich fragen, ob ohne die Nachwirkung der Vision von Che Guevara dieser kurze Frühling noch kürzer ausgefallen wäre. Denn obwohl Che Guevara kein Philosoph war, muss für die Entwicklung der Philosophie auf Kuba in den 60er Jahren festgehalten werden, dass Guevara es war, der nachhaltig eine Streitkultur im Marxismus forderte, und zwar in Bereichen, die von besonderer Bedeutung für die philosophische Reflexion waren, wie z.B. der ethischen Frage nach einem neuen Wertbe-

---

erwähnten Grund – abgebrochen (vgl. ferner Manuel de Céspedes 1994, wo der Verlauf der Debatte sowie die Hintergründe des Abbruchs ausführlich dargelegt werden).

[10] Vgl. das Sonderheft mit den Akten des Kongresses von *Casa de las Américas* 47 (1968). Für einen Bericht aus philosophischer Sicht vgl. ferner die Analyse des spanisch-mexikanischen Philosophen Sánchez Vázquez (1968).

[11] Castro (1968: 211), Übersetzung vom Verf.

wusstsein im Sozialismus oder der Problematik der Subjektwerdung der Menschen in den sozialen Prozessen (Guevara 1969). Guevara verdankt man auch den wichtigen Essay *El socialismo y el hombre en Cuba* (Guevara 1968: 638-639), den er 1965 veröffentlichte und in dem am Leitfaden der Vision des im Sozialismus zu schaffenden neuen Menschen für einen schöpferischen (frei von jeder Dogmatik und von der "kalten Scholastik"[12] des handbuchmäßigen Marxismus) neuen Typus marxistischer Theorie argumentiert wird. Wohl deshalb kam gerade aus diesem Text ein mächtiger Impuls zur Erneuerung der philosophischen Denkart im Marxismus; ein Impuls, der nach meiner Beurteilung das Gegengewicht zu den dogmatischen Kräften darstellt und der so zu den Faktoren gehört, die die erwähnte pluralistische Diskussionskultur Ende der 60er Jahre ermöglichten.

Guevaras Impuls, der – wie ich andeutete – noch bei Castros Abschlussrede beim Kulturkongress in Havanna präsent ist, setzt sich aber nicht durch. Ab 1970 gewinnen die Altkommunisten und Befürworter des sowjetischen Modells endgültig die Oberhand. Damit wird das Bekenntnis zum Marxismus-Leninismus zur ideologischen Vorherrschaft eines dogmatisch verstandenen Denksystems, dessen Diktate verteidigt und verbreitet werden müssen. Die Konsequenz für die Philosophie ist eine zunehmende Dogmatisierung, die vor allem dadurch zum Ausdruck kommt, dass bei der philosophischen Arbeit vom Bewusstsein ausgegangen wird, dass der Marxismus-Leninismus sowjetischer Prägung das System der Wahrheit darstellt. In der Philosophie wird also der Marxismus-Leninismus nicht als heuristische Rahmentheorie, sondern eben als das System übernommen, das allein fähig ist, die wissenschaftliche (sprich: "wahre") Auslegung der Geschichte, des Menschen und der Welt kohärent zu artikulieren. Gerade diese ideologische Hypothek ist es, die die Entwicklung der Philosophie in Kuba in eine Richtung lenkt, bei der sie die Funktion hat, die bereits feststehenden wahren Erkenntnisse zu assimilieren und zu verteidigen, so dass man von einer ideologisch finalisierten Entwicklung sprechen kann. Das gilt besonders für die Zeit zwischen 1970 und 1990, also bis zur Zeit, an der die internationale Krise der marxistisch-leninistischen Philosophie auch in Kuba reflektiert und eine neue Umorientierung versucht wird.[13]

---

[12] Zur philosophischen Bedeutung der Marxismusinterpretation von Guevara vgl. Fornet-Betancourt (1994: 244-252 sowie die dort angegebene Literatur).

[13] Damit will ich natürlich nicht behaupten, dass die Vorherrschaft der marxistisch-leninistischen Orientierung der kubanischen Philosophie 1990 gebrochen wird. Die Fakten zeigen doch, dass bis heute "eine offizielle Erklärung über die marxistisch-leninisti-

Zur Verdeutlichung der Entwicklung zwischen 1970 und 1990 darf ich nun einige wichtige Autoren anführen, die – auch wenn ich im Rahmen dieser Arbeit auf die Analyse ihrer Werke verzichten muss – mir deshalb repräsentativ erscheinen, weil sich in ihren Werken gerade der dominante "Zeitgeist" dieser Periode widerspiegelt. Sie sind in der Tat ein Beweis dafür, dass der Marxismus-Leninismus die Entwicklung der kubanischen Philosophie dieser Zeit völlig bestimmt. Als Dokumentation für diese Entwicklung sollen also hier diese Autoren erwähnt werden, und zwar – wie ich betonen darf – als repräsentative Beispiele einer Phase der kubanischen Philosophie, die recht zahlreiche Vertreter hat, von denen allerdings einige noch heute im Exil leben, wie z.B. Jorge Luis Villate Díaz und Lourdes Rensoli-Laliga.

Zunächst soll Zayra Rodríguez Ugidos (1941-1985) erwähnt werden, die an der Lomonosov-Universität in Moskau studierte und in Kuba u.a. Direktorin der Abteilung "Dialektischer Materialismus" an der Philosophischen Fakultät der Universität von Havanna war. Aus der Sicht des orthodoxen Marxismus hat sie vor allem Probleme der dialektischen Logik und der philosophischen Erkenntnis behandelt, aber auch die Kritik an neomarxistischen Strömungen und an der "bürgerlichen" Philosophie gehörten zu den Schwerpunkten ihrer Arbeit. Von ihren Werken seien hier zitiert: *Conferencias de lógica dialéctica. Apuntes para un libro de texto*, Havanna 1983; *El problema de la naturaleza específica del conocimiento filosófico*, Havanna 1984; *Filosofía, ciencia y valor*, Havanna 1985; *Problemas de lógica dialéctica*, Havanna 1986; und *Obras*, Havanna 1988.

Isabel Monal, Professorin am Institut für Philosophie der Kubanischen Akademie der Wissenschaften in Havanna, ist eine weitere wichtige Autorin, die Arbeiten zu Marx, Engels und Lenin, aber auch zu Problemen der Periodisierung der Philosophie in Kuba sowie zur Geschichte der kubanischen und lateinamerikanischen Philosophie vorgelegt hat. Aus ihren Arbeiten sind zu erwähnen: *Lecturas de Filosofía*, Havanna 1968; *Cuatro intentos interpretativos*, Havanna 1974; und *Las ideas en la América Latina. Una antología del pensamiento filosófico, político y social*, Havanna 1985; und "Auf dem Wege zu einer Weltgesellschaft?", in: *Dialektik* 2 (1993), S. 9-16. Seit

---

sche Orientierung im Philosophieunterricht auf den verschiedenen Stufen des kubanischen Bildungswesens" vorherrscht (vgl. Guadarrama o.J.: 7). Eindeutig kann man diese Dominanz des Anspruchs des Marxismus-Leninismus in den noch verbindlichen Programmen für den Philosophieunterricht an Universitäten und Schulen des Landes feststellen (vgl. Universidad de la Habana 1991, Ministerio de Educación Superior 1992a und 1992b). Dennoch kann man ab 1990 – wie ich später darlege – gewisse innovative Veränderungen in der kubanischen Philosophie beobachten.

1996 ist Isabel Monal die Schriftleiterin der Zeitschrift *Marx ahora*, die von der Kubanischen Akademie der Wissenschaften in Havanna herausgegeben wird.

Weiter ist auf Pablo Guadarrama hinzuweisen, der 1980 an der Universität Leipzig in Philosophie promovierte und zahlreiche Studien zur Geschichte und Rezeption des Marxismus in Lateinamerika sowie zur marxistischen Interpretation kubanischer Philosophen verfasst hat. Auf ihn werde ich noch zurückkommen; aber von seinen Werken sind in diesem Zusammenhang zu nennen: *Valoraciones sobre el pensamiento filosófico cubano y latinoamericano*, Havanna 1984; *El pensamiento filosófico de Enrique José Varona*, Havanna 1986; und *Marxismo y antimarxismo en América Latina*, Bogotá 1990.

Zu erwähnen ist ferner Gaspar Jorge García Galló, der vor allem im Bereich der Textinterpretation und des Kommentars zu Grundwerken des Marxismus-Leninismus gearbeitet hat, so z.B. in: *Algunas conferencias de filosofía*, Havanna 1979; *Glosas sobre el libro de Lenin "Materialismo y empiriocriticismo"*, Havanna 1979; *Filosofía, ciencia e ideología*, Havanna 1980; und *Filosofía y economía política en el Anti-Dühring*, Havanna 1982. Er ist aber auch der Autor einer marxistischen Interpretation von José Martí: *Martí, americano y universal*, Havanna 1971.

Auch Thalía Fung Riverón, Professorin für Philosophie an der Universität von Havanna und Präsidentin der Kubanischen Gesellschaft für philosophische Forschung, ist zu erwähnen. Sie hat sich vor allem mit Fragen der Artikulation zwischen Philosophie und Politik im Kontext der Prozesse der Kubanischen Revolution, aber auch mit der Problematik der Universalität und Partikularität der Geschichte sowie mit der Entwicklung des Marxismus-Leninismus in Kuba beschäftigt. Vgl. *En torno a las regularidades y particularidades de la revolución socialista en Cuba*, Havanna 1982; *La revolución socialista en Cuba*, Buenos Aires 1987; (zusammen mit Pablo Guadarrama) "El desarrollo del pensamiento filosófico en Cuba", in: *Islas* 87 (1987), S. 34-47; "En torno a la dialéctica de lo humano singular y lo humano universal", in: *Islas* 96 (1990), S. 177-182; "Ciencias políticas y marxismo en Cuba", in: *Marx ahora* 1 (1996), S. 138-150; und *Reflexiones y metareflexiones Políticas*, Havanna 1992.

Abschließend sei noch auf zwei weitere Autoren verwiesen: Olga Fernández Ríos, die am Institut für Philosophie in Havanna tätig ist und die sich insbesondere Fragen der marxistischen Sozialphilosophie gewidmet hat (vgl. ihr Werk: *Formación y desarrollo del estado socialista en Cuba*, Havanna

1988). Und José Ramón Fabelo vom Institut für Philosophie des Ministeriums für Wissenschaft, Technologie und Umwelt in Havanna, der 1984 in Moskau promovierte und der zahlreiche Studien zur Thematik der marxistischen Wertlehre vorgelegt hat: "El problema de la veracidad de la valoración", in: *Vaprosi filosofii* 7 (1984), S. 131-158; "El factor valorativo en el conocimiento científico", in: *Revista Cubana de Ciencias Sociales* 11 (1986), S. 108-125; "El problema de la existencia de los valores en la concepción axiológica de Eduardo García Maynez", in: *Islas* 87 (1987), S. 18-33; und *Práctica, conocimiento y valoración*, Havanna 1989; von diesem Buch sagt der Verfasser, dass es das erste marxistische Buch ist, das man in Lateinamerika der Frage der Wertlehre gewidmet hat. Vgl. José Ramón Fabelo, "La problemática axiológica en la filosofía latinoamericana", in: Colectivo de autores, *Filosofía en América Latina*, Havanna 1998, S. 406.

Als wichtige Publikationsorgane für die philosophische Literatur dieser Zeit darf ich noch die *Revista Cubana de Ciencias Sociales* erwähnen, die von der Kubanischen Akademie der Wissenschaften herausgegeben wird, und die Zeitschrift *Islas* von der Universidad Central de Las Villas, die zwar keine fachspezifischen Zeitschriften für Philosophie sind, wohl aber der Ort, an dem kubanische Philosophen regelmäßig ihre Beiträge publizieren, da es in Kuba bis heute noch keine Fachzeitschrift für Philosophie gibt.[14]

Ich darf aber nun zur Umorientierung der kubanischen Philosophie um 1990 kommen. Wie bereits angedeutet wurde, steht diese Umorientierung in der Entwicklung der kubanischen Philosophie im direkten Zusammenhang mit der durch den Zusammenbruch des realexistierenden Sozialismus im Ostblock verschärften Krise des Marxismus; eine Krise, die jedoch auch als Ergebnis der postmodernen Kritik an den "Großerzählungen" der Moderne – zu denen eben auch der orthodoxe Marxismus gerechnet wird – gesehen werden muss. Dieser Aspekt – so sei hier nebenbei bemerkt – ist für die Entwicklung der kubanischen Philosophie insofern von Bedeutung, als die

---

[14] Aber gerade aus diesem Grund sind andere Zeitschriften ebenfalls wichtig, wie etwa die *Revista de la Biblioteca Nacional José Martí*, in der z.B. ein aus dem Rahmen der vorherrschenden Tendenz fallender wichtiger Beitrag von Antonio Sánchez de Bustamente zur philosophischen Tradition Kubas veröffentlicht wurde: "La 'Polémica Filosófica' de 1838-1840 en Cuba" (Sánchez de Bustamente 1981b); oder der *Anuario del Centro de Estudios Martianos*, wo philosophisch relevante Beiträge zur Interpretation von José Martí erschienen sind.

Kritik des Postmodernismus ein bevorzugtes Arbeitsfeld der marxistischen Philosophie im Kuba der 90er Jahre darstellt.[15]

Charakteristisch für die Entwicklung in Kuba ist aber die Tatsache, dass die veränderte Weltlage bzw. die internationale Krise des Marxismus – wie übrigens die kubanische marxistische Kritik am Postmodernismus geradezu exemplarisch zeigt – nicht wie in vielen Ostblockländern zur pauschalen Abkehr vom Marxismus führt –, sondern zum Versuch der Erneuerung der marxistischen Theorie. So werden im kubanischen Marxismus Stimmen laut, die die Homogenität der Interpretation in Frage stellen und für die Pluralität im Marxismus plädieren. Ein besonderes Verdienst kommt dabei Jorge Luis Acanda zu, der 1988 in Leipzig promovierte und eine der ersten philosophischen Analysen der Krise des Marxismus in Kuba veröffentlichte.[16] Acanda verdankt man zudem entscheidende Impulse für die Rückbesinnung auf die undogmatische Tradition des Marxismus von Antonio Gramsci; er gehört mit Sicherheit nicht nur zu den Pionieren der Gramsci-Rezeption in Kuba, sondern auch zu denen, die als Erste versucht haben, diesen Marxismustyp im Hinblick auf die Erneuerung der kubanischen Gesellschaft weiterzuentwickeln.[17]

Neben diesem Versuch, den Marxismus in Kuba plural zu schreiben, gehört zu der Umorientierung der kubanischen Philosophie in den 90er Jahren außerdem die systematisch verstärkte Beschäftigung mit der eigenen philosophischen Tradition des Landes und insbesondere mit deren Leitgestalten im 19. Jahrhundert: José de la Luz y Caballero, Félix Varela, José Martí. Für diese erneuernde Hinwendung zum Eigenen, die unter anderem von dem bereits zitierten Antonio Sánchez de Bustamente (1910-1984)[18] sowie auch

---

[15] Vgl. Guadarrama (1993; 1994); García/Cano (1994); Ravelo (1994; 1995; 1996; 1998). Das Interesse der kubanischen Philosophen an dieser Thematik dürfte allerdings der Beitrag "Posmodernidad, posmodernismo y socialismo" des spanisch-mexikanischen Marxisten Adolfo Sánchez Vázquez in *Casa de las Américas* 1989 (vgl. Nr. 175, S. 137ff.) geweckt haben.

[16] Vgl. Luis Acanda (1990). Für eine etwas anders gelagerte Perspektive vgl. Guadarrama (1994b).

[17] Vgl. Luis Acanda (1997a sowie 1997b). Nicht unerwähnt bleiben darf allerdings – weil es die Ambivalenz der Entwicklung verdeutlicht –, dass die von Acanda aus Anlass des 100. Geburtstages von Gramsci für November 1991 mitorganisierte wissenschaftliche Tagung "Antonio Gramsci: Marxismo y cultura ante los desafíos de los 90" abgesagt werden musste. 1996 durfte Acanda eine *Mesa redonda* zum Thema "Releyendo a Gramsci: hegemonía y sociedad civil" mitorganisieren (vgl. die Dokumentation in: *Temas* 10 (1997) S. 75-86).

[18] Vgl. Sánchez de Bustamante (1981a, 1981b, 1984 sowie o.J.).

von Cintio Vitier[19] vorbereitet wurde,[20] kann man mehrere Gründe annehmen (Krise des Marxismus, Probleme des nationalen Selbstbewusstseins und der nationalen Identität im Kontext der Krise der Revolution, Verstärkung der Kontakte mit den lateinamerikanischen Ländern und insbesondere mit den Vertretern der lateinamerikanischen Philosophie, etc.) und darüber streiten, welche Gründe die wirklich entscheidenden waren. Ohne diese Frage entscheiden zu wollen, möchte ich hier jedoch die Bedeutung der "Normalisierung" der Beziehung zwischen der kubanischen und der lateinamerikanischen Philosophie betonen, und zwar deshalb, weil dadurch die kubanische Philosophie in die Lage versetzt wird, an dem allgemeinen Entwicklungsprozess der lateinamerikanischen Philosophie teilzunehmen und sich an der Debatte der für diesen Prozess fundamentalen Fragen wie etwa die Fragen des Verhältnisses zwischen nationaler Kultur und Philosophie oder der Inkulturation der Philosophie zu beteiligen.[21]

Es ist daher kein Zufall, dass diese Wende in der Entwicklung der kubanischen Philosophie gerade im Rahmen der von Pablo Guadarrama seit 1987 an der Universität von Las Villas organisierten "Simposios internacionales sobre pensamiento filosófico latinoamericano" zur Entfaltung und Konsolidierung kommt, und zwar nicht nur deswegen, weil diese Kongresse zum Ort

---

[19] Vgl. Vitier (1970, 1975, 1989).

[20] Hier kann man z.B. auf die Arbeiten von Olivia Miranda hinweisen: Miranda (1978, 1984, 1987); aber auch auf die von Joaquín Santana, der u.a. die *Escritos Políticos* von Félix Varela herausgegeben hat (Santana 1978) und Verfasser einer wichtigen Monographie über Varela ist (Santana 1982). In neueren Arbeiten beschäftigt sich Santana mit Fragen der Weiterentwicklung des Marxismus in Kuba und Lateinamerika (Santana 1995 und 1996). Für einen Überblick aus philosophischer Sicht – auf den ich mich hier beschränken muss und daher die Werke anderer bedeutender Autoren wie etwa den Historiker Eduardo Torres-Cuevas nicht erwähne – über die Studien in Kuba zur eigenen Denktradition heute kann man ferner in Deutsch folgende Arbeiten vergleichen: Pablo Rodríguez (1999) und Cartaya (1999).

[21] Der Austausch mit der lateinamerikanischen Philosophie, der durch den Besuch bedeutender Philosophen der Gegenwart aus Lateinamerika wie etwa Leopoldo Zea, Arturo Andrés Roig, Enrique Dussel oder Alejandro Serrano Caldera intensiviert wird, gewinnt an Bedeutung, wenn man bedenkt, dass als Folge des politischen Systems die kubanischen Philosophen bis 1989 eigentlich nur zur Sowjetunion und der DDR regelmäßige und intensive Beziehungen unterhielten, wie u.a. die Studienorte vieler kubanischer Philosophen dokumentieren. In diesem Zusammenhang ist weiter zu bemerken, dass die Beziehung zu US-amerikanischen (marxistischen) Philosophen auch erst in den 90er Jahren entfaltet wird, wie die seit 1989 von Cliff DuRand (Morgan State University, Baltimore) alljährlich organisierten "Conferencias de filósofos y cienciastas sociales norteamericanos y cubanos/Conferences of North American and Cuban Philosophers and Social Scientists" zeigen.

der Begegnung zwischen der kubanischen und der lateinamerikanischen Philosophie geworden sind,[22] sondern auch deshalb, weil aus diesem Austausch die Idee entstanden ist, regelmäßige Tagungen zur ideengeschichtlichen Forschung der kubanischen philosophischen Tradition zu organisieren. So werden seit 1994 "Talleres de Pensamiento Cubano", die in der Regel vor den erwähnten Symposien über lateinamerikanische Philosophie abgehalten werden, durchgeführt.[23] Es ist zudem das Verdienst von Pablo Guadarrama, der – dies sei hier als Verdeutlichung der Umorientierung angeführt – zuerst Professor für Marxistisch-Leninistische Philosophie war, jedoch den 1991 gegründeten Lehrstuhl "Enrique José Varona" für lateinamerikanische Philosophie an der Universität von Las Villas innehat und seit Ende der 80er Jahre an seiner Universität eine Forschergruppe koordiniert, die sich bis heute kontinuierlich mit Fragen der Geschichte und Entwicklung der Philosophie in Kuba beschäftigt, die aber auch den Dialog mit der lateinamerikanischen Philosophie zu ihren Forschungsschwerpunkten zählt.[24]

In Verbindung mit dieser Wende zur eigenen bzw. zur lateinamerikanischen philosophischen Tradition steht für mich eine weitere Frage, die die Umorientierung in den 90er Jahren ebenfalls charakterisiert: Ich meine die Frage der nationalen Identität bzw. der Identität der kubanischen Kultur. Dass kubanische Philosophen sich heute zunehmend mit dieser Frage auseinandersetzen, zeigt sich nicht nur an vielen der Beiträge in den zitierten "Talleres de Pensamiento Cubano" oder an deren Beteiligung an Tagungen über diese Frage (wie z.B. an der im Juni 1995 in Havanna veranstalteten Konferenz "Cuba: Cultura e identidad nacional"),[25] aber auch nicht nur an

---

[22] Vgl. die Dokumentation der Symposien in: *Islas* 90 (1988); *Islas* 96 (1990); *Islas* 102 (1992); *Islas* 108 (1994) und *Islas* 111 (1995).

[23] Vgl. die Dokumentation der Referate und Kurzbeiträge in: *Memoria del Taller de Pensamiento Cubano. Historia y Destino* (Havanna 1994); und *Memorias del II. Taller de Pensamiento Cubano* (Havanna 1996).

[24] Vgl. die Arbeiten dieser Gruppe, zu der u.a. Mirta Casaña, Xiomara García, Carmen Guerra, Rafael Plá, Ileana Rojas, Miguel Rojas, etc. gehören, in: Guadarrama (1995; 1999); Colectivo de autores (1998) (vgl. außerdem Guadarrama/Tusell 1987; Pérez Leyva 1987). In diesem Zusammenhang muss auch erwähnt werden, dass Mitte der 80er Jahre am Institut für Philosophie der Kubanischen Akademie der Wissenschaften in Havanna ebenfalls eine Gruppe zur Erforschung der kubanischen und lateinamerikanischen Philosophie entsteht, die allerdings weder die Identität noch die Kontinuität noch die Leistungsfähigkeit der Gruppe von Las Villas hat erreichen können. Diese Gruppe organisierte 1986 in Havanna eine Tagung zum Thema "La filosofía en Cuba y en América Latina", von der ausgewählte Beiträge in der *Revista de Ciencias Sociales* 13 (1987) veröffentlicht wurden.

[25] Vgl. UNEAC/Universidad de La Habana (1995).

einzelnen Werken anerkannter Philosophen.²⁶ Es zeigt sich darüber hinaus – und meiner Meinung nach vor allem – daran, dass die Frage der nationalen Identität von vielen kubanischen Philosophen heute als die Frage anerkannt wird, an deren Leitfaden sie die Aufgabe der Rekontextualisierung ihrer Reflexion bzw. der neuen Standortbestimmung der kubanischen Philosophie in Angriff nehmen und so auch die Funktion derselben im Kontext der breiteren Debatte um die kubanische Kulturidentität bestimmen können.²⁷

In diesem Zusammenhang darf andererseits folgender Aspekt nicht übersehen werden: Ähnlich wie in den Bereichen der Literatur und der Politik, so hat auch in der Philosophie die verstärkte Auseinandersetzung mit der Frage der nationalen Identität dazu geführt, das Gespräch mit Autoren aus dem Exil zu suchen, um sie als Teil der Debatte bzw. ihre Beiträge als Momente zu berücksichtigen, die zur komplexen Entwicklung der kubanischen Kultur nach der Revolution von 1959 gehören und die genau deshalb für das stehen, was man die Bipolarität der kubanischen Kultur der Gegenwart genannt hat.²⁸ Für die Philosophie wurde dieser schwierige Versuch der Annäherung zwischen den beiden kubanischen philosophischen Kulturen im Rahmen eines kubanisch-kubanischen Dialogprogramms unternommen, das 1994 vom Verfasser dieses Beitrags initiiert wurde und dessen erste Ergebnisse als Buch vorliegen.²⁹

Zur veränderten Situation der kubanischen Philosophie in den 90er Jahren gehört weiter das Aufkommen der öffentlichen Präsenz christlichen

---

[26] Vgl. exemplarisch: Luis Acanda (1995, S. 69ff.), wo ausdrücklich die Frage der Kulturidentität als eine der zentralen Aufgaben des kubanischen Marxismus heute genannt wird; Fabelo (1999); Martínez Heredia (1990; 1995); Miranda (1995); Monal (1995); Plá (1992); Ubieta (1993; 1996).

[27] Beispiele für diese Entwicklung sind die Beiträge kubanischer Philosophen in folgenden Debatten: "Nación e identidad" (vgl. *Temas* 1/1995, S. 95-117); "En busca de la cubanidad" (vgl. *Debates Americanos* 1/1995, S. 1-17); "El socialismo y la cultura" (vgl. *Contracorriente* 4/1996, S. 113-127); "Las ciencias sociales, la política y la crisis de los paradigmas" (vgl. *Contracorriente* 3/1996, S. 122-147; "Historia oficial" (vgl. *Contracorriente* 5/1996, S. 105-126); und "El 98" (vgl. die Sondernummer von *Temas* 12/13 (1998)). Aber auch die Beteiligung an der mit Unterstützung der UNESCO vom 17.-20.12.1997 in Havanna organisierten internationalen Tagung "Etica y emancipación en el pensamiento emancipador de Félix Varela" ist ein weiteres Beispiel für die Bedeutung der Frage der nationalen Identität in der kubanischen Philosophie der Gegenwart.

[28] Vgl. Vázquez Díaz (1994). Es handelt sich um die Dokumentation des vom Internationalen Zentrum Olof Palme organisierten Treffens zwischen Schriftstellern aus Kuba und aus dem Exil, das vom 25.-27.5.1994 in Stockholm stattfand.

[29] Vgl. Fornet-Betancourt (1999: 17-127); vgl. ferner Cristobal (1995); Rodríquez Chávez (1995); de la Torre (1995) und Uriarte (1995).

Denkens in der Kulturlandschaft des Landes. Diese Entwicklung kann man auch im Zusammenhang mit der erwähnten Rückbesinnung auf das nationale Erbe der "Väter der Nation" im 19. Jahrhundert sehen und sie daher als eine Reaktion auf die marxistische bzw. laizistische Lesart der kubanischen Denktradition interpretieren, denn sie äußert sich in Arbeiten, deren Grundanliegen durchaus darin liegt, die christliche Herkunft und Zugehörigkeit der großen Gestalten der kubanischen Kulturidentität hervorzuheben. Exemplarisch hierfür sind u.a. folgende Arbeiten und/oder Dokumente: Comisión Católica para la Cultura (Hrsg.) (1996): *Biografía del Padre Varela*, Pinar del Río; Omar Gúzman (1997): "Ideología de la Unidad Martiana: una propuesta de Reconciliación y de Paz", in: *Vitral* 21 (1997), S. 79-82; Fidel de Jesús (1998): "Vinculación de la Doctrina Sanjuanista con el Siervo de Dios Presbitero Félix Varela Morales", in: *Vitral* 24 (1998), S. 7-11; Manuel H. de Céspedes (1998): "Espiritualidad del P. Varela", in: *Vitral* 24 (1998), S. 73-75; Perla Cartaya (1998): *El legado del Padre Varela*, Havanna; und José M. Hernández (1997): "Félix Varela: El primer cubano", in: *Comisión Episcopal para la Cultura* (Hrsg.) (1997): *Primer Encuentro Nacional de Historia. Memorias*, Camagüey, S. 73-82.[30]

Eine besondere Bedeutung kommt dabei natürlich der philosophischtheologischen Rezeption von José Martí zu, die den alten Streit um die Religiosität bzw. Christlichkeit des "Apostels" wiederaufleben lässt (Cairo 1993) und so eine Debatte über die Permanenz und Aktualität christlichen Gedankenguts in der kubanischen Kultur einleitet, die deshalb von besonderer Bedeutung ist, weil sie eben um die Figur kreist, die nach wie vor die Referenz schlechthin für die Bestimmung der Authentizität dessen darstellt, was man kubanische Kulturidentität nennt. Wichtige Werke aus diesem Bereich sind: Reinerio Arce (1996): *Religión: Poesía del mundo venidero. Implicaciones teológicas en la obra de José Martí*, Havanna/Quito;[31] Rafael Cepeda (1988): "José Martí, profeta de la teología de la liberación", in: *Pasos* (1988), S. 1-5; ders. (1991): *José Martí. Perspectivas éticas de la fe cristiana*, San José; ders. (1993): *Lo ético-cristiano en la obra de José Martí*, Ma-

---

[30] Bezeichnenderweise lautete das Rahmenthema dieses nationalen Treffens über Geschichte: "Iglesia católica y nacionalidad cubana". Der Band dokumentiert zudem die Referate einer Sektion, die sich ausdrücklich mit dem Beitrag der katholischen Kultur zur nationalen Kultur in Kuba befasste (vgl. S. 99-118).

[31] Dieses Werk, das einen wichtigen Teil über die Philosophie von Martí enthält (vgl. insbesondere S. 29-86), erschien zuerst in Deutsch (Arce 1993).

tanzas; und Mario Rosillo (1995): "Hacia una posible ontología martiana", in: *Vivarium* XII (1995), S. 22-25.

Von entscheidender Bedeutung für die öffentliche Präsenz des christlichen Denkens in der kubanischen Kulturlandschaft der 90er Jahre ist aber die Zeitschrift *Vivarium*, die 1990 gegründet wurde und vom "Centro de Estudios del Arzobispado de La Habana" herausgegeben wird. Denn sie will nicht nur Sprachrohr christlicher Positionen, sondern darüber hinaus Ort des Dialogs mit der kubanischen Kultur sein. Deshalb ist es für mich kein Zufall, dass im ersten Heft von *Vivarium*, erschienen im November 1990, die philosophischen Hauptbeiträge Teilhard de Chardin gewidmet wurden.[32] Damit wollte man doch offenbar wieder an die 1967 abgebrochene dialogische Debatte zwischen Marxismus und christlicher Philosophie in Kuba erinnern und so zugleich die eigene Bereitschaft zum Gespräch dokumentieren. Im Laufe der 90er Jahre wird *Vivarium* diesen Willen zum Dialog mit der kubanischen Kultur vor allem anhand von zwei Schwerpunkten dokumentieren und konkretisieren: Forschungen zum Werke von Lezama Lima und zur kubanischen Denktradition des 19. Jahrhunderts. Exemplarisch sei hier auf folgende Arbeiten hingewiesen: *Vivarium* II (1991), Themenheft über Lezama Lima; Jorge Domingo (1993): "Sobre Lezama Lima: una cosmología poética", in: *Vivarium* VI (1993), S. 43-45; Mario Rosillo (1995): "Hacia una posible ontología martiana", in: *Vivarium* XII (1995), S. 22-24; Juan Ernesto Montoro (1998): "Breve reflexión sobre Félix Varela", in: *Vivarium* XVI (1998), S. 13-15; Alina Camacho-Gingerich (1998): "Varela, Hostos y Martí", in: *Vivarium* XVI (1998), S. 16-19; und Carlos Manuel de Céspedes (1998): "Vigencia actual del pensamiento filosófico, teológico y 'existencial cristiano' (o espiritual) del Padre Félix Varela en Cuba", in: *Vivarium* XVI (1998), S. 20-26. Und aus der von *Vivarium* seit 1997 herausgegebenen Reihe Monographien sei hier zitiert: Rosa Marina González-Quevedo (o.J.): *Teilhard y Lezama: Teología poética*, Havanna.

An dieser Stelle darf ich aber meine dokumentarische Analyse abbrechen. Die angeführte Literatur möge ausreichen, um dem Leser einen Überblick über die Probleme und Themenfelder der kubanischen Philosophie der Gegenwart zu ermöglichen. Als Fazit meiner Ausführungen möchte ich die Erkenntnis festhalten, dass die Frage nach der kubanischen National- bzw. Kulturidentität sich als die (philosophische) Frage herausstellt, an deren

---

[32] Vgl. David (1990); Luis Sotolongo (1990). Da *Vivarium* eine Kulturzeitschrift und keine nur fachphilosophische ist, soll ausdrücklich bemerkt werden, dass ich mich hier auf den philosophischen Teil dieser Zeitschrift beschränke.

Leitfaden eine Rekontextualisierung der marxistischen Philosophie in Kuba, aber auch die Erneuerung der ethischen Werte der nationalen Tradition aus dem 19. Jahrhundert – sowohl aus marxistischer als auch aus christlicher Sicht – versucht wird. Daher kann die Frage nach der Identität zugleich als die Frage betrachtet werden, deren pluralistische Erörterung eine Perspektive für die Verständigung der verschiedenen Positionen der kubanischen Philosophie der Gegenwart bedeuten könnte. Und ich darf abschließend hinzufügen, dass zu diesem Prozess der Verständigung auch das Gespräch mit der kubanischen Philosophie außerhalb Kubas gehört. Aus Platzgründen habe ich zwar diese Dimension der kubanischen Philosophie der Gegenwart hier nicht berücksichtigen können, aber sie dürfte aus dem möglichen Dialog kubanischer philosophischer Positionen nicht ausgeschlossen werden, weil sie in der Tat das kubanische philosophische Erbe auf ihre Weise interpretiert bzw. weiterentwickelt und somit ebenfalls zur gesamten Entwicklung der "kubanischen" Philosophie der Gegenwart gehört.[33]

Literaturverzeichnis

Acanda, Jorge Luis (1990): "¿Existe una crisis del marxismo?". In: *Casa de las Américas*, 178, S. 15-21.
— (1995): "¿Qué marxismo está en crisis?". In: *Debates Americanos*, 1, S. 62-79.
— (1997a): *La contemporaneidad de Antonio Gramsci*. Havanna.
— (1997b): "Sociedad civil y revolución. La idea de sociedad civil y la interpretación del comunismo como proyecto moral". In: *ARA. Análisis de la Realidad Actual*, 2, S. 3-24.
Agramonte, Roberto (1952): *José Agustín Caballero y los orígenes de la conciencia cubana*. Havanna.
— (1971): *Martí y su concepción del mundo*. San Juan.
Arce, Reinerio (1993): *Religion: Poesie der kommenden Welt. Theologische Implikationen im Werk José Martís*. Aachen.
Céspedes, Carlos Manuel de (1994): *Recuento*. Miami.
Cairo, Ana (1993): "Lo ético-cristiano en la obra de José Martí: un nuevo aporte a una polémica cincuentenaria". In: *Anuario del Centro de Estudios Martianos*, 16, S. 272-277.
Cartaya, Perla (1999): "Rezeption der philosophischen Traditionen Kubas aus einer nichtmarxistischen Sicht". In: Fornet-Betancourt, Raúl, 1999: 58-61.
Castro, Fidel (1961): "Discurso". In: *Revolución*, 3.12.1961.
— (1967): *Aniversarios del triunfo de la revolución*. Havanna.
— (1968): "Discurso pronunciado en el acto de clausura del Congreso Cultural de La Habana". In: Castro, Fidel: *Discursos (1965-1968)*. Havanna, S. 211.

---

[33] Einen dokumentierten Überblick über die Entwicklung der kubanischen Philosophie außerhalb Kubas findet man in Martí (1999).

Colectivo de autores (1998): *Filosofía en América Latina*. Havanna.

Cristóbal, Armando (1995): "Precisiones sobre nación e identidad". In: *Temas*, 2, S. 103-110.

David, René (1990): "El humanismo de Teilhard de Chardin". In: *Vivarium*, I, S. 41-56.

Delgado, Ignacio (1999): "Die kubanische Philosophie am Vorabend der Revolution von 1959". In: Fornet-Betancourt, Raúl, 1999: 28-40.

Departamento de Orientación Revolucionaria del Comité Central del Partido Comunista de Cuba (Hrsg.) (1976): *Constitución de la República de Cuba*. Havanna.

Fabelo, José Ramón (1999): *Retos al pensamiento en una época de tránsito*. Havanna.

Fischer, Ernst (1968): "El caos y la forma". In: *Unión*, 2, S. 13-21.

Fornet-Betancourt, Raúl (1992): "Vernunft und Kontext. Überlegungen zu einer Vorfrage im Dialog lateinamerikanischer und europäischer Philosophie". In: Fornet-Betancourt, Raúl (Hrsg.): *Ethik und Befreiung*. Aachen, S. 108-115.

— (1994): *Ein anderer Marxismus? Die philosophische Rezeption des Marxismus in Lateinamerika*. Mainz.

Fornet-Betancourt, Raúl (Hrsg.) (1999): *Philosophie, Theologie, Literatur: Kubanische Beiträge aus den letzten 50 Jahren*. Aachen.

Fuentes, Ivette (1999): "Die literarischen Zeitschriften als Zeugnis der Entwicklung der Literaturkritik und des Essays in Kuba". In: Fornet-Betancourt, Raúl, 1999: 332-354.

Fung Riverón, Thalía (1999): "Rezeptionsprobleme des Marxismus nach 1959. Der Marxismus in Kuba: eine Forschungsperspektive". In: Fornet-Betancourt, Raúl, 1999: 41-49.

Garaudy, Roger (1968): "Estructuralismo y 'muerte del hombre'". In: *Unión*, 2, S. 112-131.

— (1969): "La rebelión y la revolución". In: *Pensamiento Crítico*, 25/26, S. 264-277.

García, Xiomara/Cano, Lidia (1994): *El postmodernismo, esa fachada de vidrio*. Havanna.

Gerstenberg, Birgit (1985): "El inicio de la ilustración filosófica cubana, José Agustín Caballero". In: *Islas*, 82, S. 135-154.

Gracia, Jorge E. J./Jaksic, Iván (Hrsg.) (1983): *Filosofía e identidad cultural en América Latina*. Caracas.

Guadarrama, Pablo (1986): *Valoraciones sobre el pensamiento filosófico cubano y latinoamericano*. Havanna.

— (1993): "América Latina: ¿Rescate postmodernista o rescate del postmodernismo?". In: *Islas*, 107, S. 68-79.

— (1994a): *América latina: marxismo y postmodernidad*. Bogotá.

— (1994b): "El 'núcleo duro' de la teoría marxista y su afectación por la crisis del socialismo". In: *Islas*, 108, S. 6-34.

— (o.J.): "El estudio de la filosofía en Cuba", Manuskript S. 5.

Guadarrama, Pablo (Hrsg.) (1995): *El pensamiento filosófico en Cuba en el siglo XX*. Santa Clara.

— (1999): *Despojado de todo fetiche. Autenticidad del pensamiento marxista en América Latina*. Bogotá.

Guadarrama, Pablo/Perediguin, Nikolai (1988): *Lo universal y lo específico en la cultura*. Bogotá.

Guadarrama, Pablo/Tusell, Edel (1987): "Principales corrientes y representantes del pensamento filosófico burgués cubano durante la república mediatizada". In: *Revista de Ciencias Sociales*, 13, S. 27-39.

Guevara, Ernesto Che (1968): "El socialismo y el hombre en Cuba". In: Guevara, Ernesto Che: *Obra Revolucionaria*. Mexiko, S. 638-639.

— (1969): *Ökonomie und neues Bewusstsein*. Berlin.

— (o.J.): "El estudio de la filosofía en Cuba". Manuskript S. 5.

Hollhuber, Ivo (1967): *Geschichte der Philosophie im spanischen Kulturbereich*. München/Basel.

Insua, Ramón (1945): *Historia de la Filosofía en Hispanoamérica*. Guayaquil.

Kempf, Manfredo (1958): *Historia de la filosofía en Latinoamérica*. Santiago de Chile.

Luporini, Romano (1969): "Las aporías del estructuralismo y la crítica marxista". In: *Casa de las Américas*, 55, S. 19-30.

Mañach, Jorge (1946): "El problema de los valores". In: *Bohemia*, 29, S. 26-31.

— (1951): *Para una filosofía de la vida y otros ensayos*. Havanna.

Martí, Oscar (1999): "Der Beitrag der Kubaner außerhalb Kubas zur Philosophie der Gegenwart". In: Fornet-Betancourt, Raúl, 1999: 99-127.

Martínez, Fernando (1995): "Pensar es un ejercicio indispensable. Entrevista". In: *Debates Americanos*, 1, S. 36-51.

Martínez Heredia, Fernando (1990): "Transición socialista y cultura. Problemas actuales". In: *Casa de las Américas*, 178, S. 22-30.

— (1995): "Nación y sociedad en Cuba". In: *Contracorriente*, 2, S. 25-33.

Mestre, José Manuel (1952): *De la filosofía en La Habana*, editado con introducción de H. Piñera Llera. Havanna.

Ministerio de Educación Superior (Hrsg.) (1992a): *Lecciones de Filosofía Marxista-Leninista*. Havanna.

— (1992b): *Programa de Filosofía marxista-leninista. Cursos dirigidos*. Havanna.

Miranda, Olivia (1978): "Política, moral y religión en la obra de Félix Varela". In: *Revista de la Biblioteca Nacional*, 2, S. 85-94.

— (1984): *Félix Varela. Su pensamiento político y su época*. Havanna.

— (1987): "El ideario filosófico, social y político de Félix Varela". In: *Revista de Ciencias Sociales*, 15, S. 85-96.

— (1995): "El marxismo en el ideal emanzipador cubano durante la República neocolonial". In: *Temas*, 3, S. 44-57.

Monal, Isabel (1995): "La huella y la fragua: el marxismo, Cuba y el fin de siglo". In: *Temas*, 3, S. 5-15.

Oficina de Publicaciones del Consejo de Estado (Hrsg.) (1985): *Fidel y la religión. Conversaciones con Frei Betto*. Havanna.

Pablo Rodríguez, Pedro (1999): "Rezeption der philosophischen Traditionen Kubas aus marxistischer Sicht: Marxismus und kubanische Kultur". In: Fornet-Betancourt, Raúl, 1999: 50-57.

Paulus-Gesellschaft (Hrsg.) (1966): *Christentum und Marxismus heute*. 2 Bde., München.

Pérez Leyva, Leonardo (1987): "La filosofía de la liberación en Enrique Dussel". In: *Revista de Ciencias Sociales*, 13, S. 121-130.

Piñera Llera, Humberto (1954): *La enseñanza de la filosofía en Cuba*. Havanna.

— (1960): *Panorama histórico de la filosofía cubana*. Washington.

Plá, Rafael (1992):"Para una valoración de nuestros orígenes históricos". In: *Islas*, 102, S. 98-113.

Ravelo, Paul (1988): "Modernidad, posmodernidad y posmodernismo en América Latina". In: Colectivo de autores, S. 420-458.

— (1994): "Once tesis sobre modernidad-posmodernidad en América Latina". In: *Islas*, 108, S. 156-164.

— (1995): "Marxismo y postmodernismo en Cuba". In: *Temas*, 3, S. 58-58.

— (1996): *El debate de lo moderno-posmoderno (La posmodernidad de J. F. Lyotard)*. Havanna.

Riepe, Dale (1989): "Philosophy in Cuba: then and now". In: Ane Knutson, April (Hrsg.): *Ideology and independence in the Americas*. Minneapolis, S. 156-181.

Rodríquez Chávez, Ernesto (1995): "El debate cubano sobre la cubanología". In: *Temas*, 2, S. 79-85.

Salazar Bondy, Augusto (1968): *¿Existe una filosofía de nuestra America?* Mexiko.

Sánchez de Bustamente, Antonio (1981a): *Selección y textos de José de la Luz y Caballero*. Havanna.

— (1981b): "La 'Polémica Filosófica' de 1838-1840 en Cuba". In: *Revista de la Biblioteca Nacional José Martí*, 72, S. 17-34.

— (1984): *La filosofía clásica alemana en Cuba*. Havanna.

— (o.J.): *Bachiller: sus ideas económico-sociales y filosóficas*. Manuskript.

Sánchez Pupo, Miralys (1999): "Schnittstellen der kubanischen philosophischen Reflexion". In: Fornet-Betancourt, Raúl, 1999: 17-27.

Sánchez Vázquez, Adolfo (1968): "Dos impresiones sobre el Congreso Cultural de Havanna". In: *Cuadernos Americanos*, 3, S. 112-117.

— (1989): "Posmodernidad, posmodernismo y socialismo". In: *Casa de las Américas*, 175, S. 137-145.

Santana, Joaquín (Hrsg.) (1977): *Escritos políticos. Félix Varela*. Havanna: Editorial de Ciencias Sociales.

— (1982): *Félix Varela*. Havanna.

— (1995): "Algunos problemas de la filosofía marxista y su enseñanza en Cuba". In: *Temas*, 3, S. 28-33.

— (1996): "Utopía, mito y realidad en el marxismo de José Carlos Mariátegui". In: *Contracorriente*, 4, S. 73-76.

Sarti, Sergio (1976): *Panorama della filosofia ispanoamericana contemporanea*. Mailand.

Sartre, Jean-Paul (1968a): "El genocidio". In: Universidad de La Habana, Havanna, 190, S. 123-136.

— (1968b): "El intelectual y la revolución". In: *Pensamiento Crítico*, 21, S. 191-206.

Sociedad Cubana de Filosofía (Hrsg.) (1953): *Conversaciones Filosóficas Interamericanas.* Havanna.

Sotolongo, Pedro Luis (1990): "Razón y espiritualidad en Teilhard de Chardin". In: *Vivarium,* I, S. 57-68.

Ternevoi, Oleg (1981): *La filosofía en Cuba.* Havanna.

Torre, Carolina de la (1995): "Conciencia de mismidad: identidad y cultura cubana". In: *Temas,* 2, S. 111-115.

Ubieta, Enrique (1996): "Yo hablo del subsuelo". In: *Contracorriente,* 3, S. 11-14.

— (1993): *Ensayos de identidad.* Havanna/Madrid.

UNEAC/Universidad de La Habana (Hrsg.) (1995): *Cuba: Cultura e identidad nacional.* Havanna.

Universidad de La Habana. Facultad de Filosofía (Hrsg.) (1991): *Orientaciones teóricometodológicas sobre filosofía marxista para las ciencias sociales.* Havanna.

Uriarte, Miren (1995): "Los cubanos en su contexto: teorías y debates sobre la inmigración cubana en los Estados Unidos". In: *Temas,* 2, S. 64-78.

Vázquez Díaz, René (Hrsg.) (1994): *Bipolaridad de la cultura cubana.* Stockholm.

Vitier, Cintio (1970): *La crítica literaria y estética en el siglo XIX cubano (compilación).* Havanna.

— (1975): *Ese sol del mundo moral. Para una historia de la eticidad cubana.* Mexiko.

— (1989): "El Padre Varela: en el bicentenario de su nacimiento". In: Secretariado General de la Conferencia Episcopal Cubana (Hrsg.): *Notas.* Havanna, S. 29-36.

Vitier, Medardo (1938): *Las ideas en Cuba.* Havanna.

— (1948): *La filosofía en Cuba.* Mexiko.

Zea, Leopoldo (1969): *La filosofía americana como filosofía sin más.* Mexiko.

V

Deutschland und Kuba

Ralf E. Breuer

Die deutsche Kuba-Politik nach der Wiedervereinigung*

1. Einleitung

Während in den letzten 40 Jahren das angespannte Verhältnis Kubas zu den Vereinigten Staaten sowie die einstigen engen Beziehungen zur Sowjetunion eine kaum überschaubare Literaturfülle hervorgebracht haben, blieben die Beziehungen des sozialistischen Kubas zu den westeuropäischen Staaten weitestgehend unbeachtet. Diese "eigenartige Auslassung" (Alistair Hennessy) änderte sich erst mit der Überwindung des Ost-West-Konfliktes und der nun einsetzenden Intensivierung der wirtschaftlichen und politischen Kontakte, die den europäisch-kubanischen Beziehungen ein eigenständigeres Profil verlieh. Der seit den 90er Jahren zu verzeichnende Annäherungsprozess zwischen Europa und Kuba findet auch in der Literatur stärkere Beachtung; neben zahlreichen Untersuchungen zu aktuellen Entwicklungen[1] liegen nun auch Arbeiten zu den Beziehungen während des Kalten Krieges vor, in denen das vorherrschende Bild einer Blockdisziplin gegenüber Kuba relativiert wurde (Hennessy/Lambie 1993, MacDonald 1990). Hierbei wurde deutlich, dass die westeuropäischen Staaten in ihren Beziehungen zu Kuba eine direkte Konfrontation mit den USA vermieden, ihre zum Teil engen Kontakte zu Kuba aus jeweils unterschiedlichen Motivlagen heraus jedoch fortsetzten und durch die Aufrechterhaltung des bilateralen Handels einen wesentlichen Beitrag für das Überleben des Karibikstaates leisteten.

Während innerhalb der Gruppe der größeren westeuropäischen Staaten vor allem Frankreich, Spanien, Italien und trotz seiner Vorbehalte auch Großbritannien engere Beziehungen zum sozialistischen Kuba unterhalten,

---

* Dieser Beitrag beruht auf einem Bericht des Verfassers zur deutschen Kuba-Politik, der als Teil eines 1999 realisierten Projekts des Instituts für Europäisch-Lateinamerikanische Beziehungen (IRELA) über die EU-Politik gegenüber Kuba verfasst wurde.
[1] Seit Ende der 80er Jahre widmet sich verstärkt das in Madrid ansässige Institut IRELA den Beziehungen zwischen Europa und Kuba, siehe hierzu die im Literaturverzeichnis unter IRELA aufgeführten Titel; außerdem Grabendorff (1992); zu den Auswirkungen der US-Sanktionspolitik auf die transatlantischen Beziehungen siehe Nuccio (1999) sowie Roy (1999).

gehörte die Bundesrepublik traditionell zu den "nordischen Hardlinern" und lehnte eine Zusammenarbeit seit den Anfängen der kubanischen Revolution strikt ab. In der Literatur spiegelt sich diese im Verdacht einer vornehmlich im Schatten der USA stehende deutsche Kuba-Politik in einer konsequenten Nichtbeachtung der deutsch-kubanischen Beziehungen wider.[2]

Erst neuerdings ist Bewegung in die bisherige bundesdeutsche Haltung zu Kuba gekommen, die nun zunehmend in den europäischen Reigen einer Politik der Normalisierung einschwenkt. In dieser Neugestaltung der deutschen Kuba-Politik zeigt sich neben der grundsätzlichen Kuba-Affinität der neuen Regierungskoalition die mit den 90er Jahren wachsende Bedeutung einer gesamteuropäisch gestalteten Außenpolitik. Wenngleich die Beziehungen zu Kuba trotz der wachsenden Brüsseler Komponente weiterhin vorrangig bilateral geprägt sind, lässt sich für die vergangenen Jahre eine zögerliche Angleichung bislang divergierender nationaler Positionen an eine europäische Politik der Annäherung feststellen.

Im Falle Kubas vollzog die neue Bundesregierung damit die Abkehr von einer Politik, die für die bundesdeutschen Außenbeziehungen gleichermaßen Sonderfall wie auch Ausdruck tiefverankerter außenpolitischer Grundsätze war. Wesentliche Bestimmungsgrößen der bisherigen bundesdeutschen Kuba-Politik haben ihren Ursprung in der Zeit des Kalten Krieges, prägten jedoch bis weit in die 90er Jahre hinein die deutsch-kubanischen Beziehungen. In einer kurzen Rückschau sollen daher zunächst die bilateralen Beziehungen bis zum Ende der 80er Jahre unter Berücksichtigung des ostdeutsch-kubanischen Verhältnisses dargelegt und nach jenen "Erblasten" gefragt werden, die auf die Gestaltung der deutschen Kuba-Politik der 90er Jahre nachwirkten.

2. Die Kuba-Politik der Bundesrepublik während des Kalten Krieges: Die Maxime der Westbindung und die deutsch-deutsche Teilung

Mit der Revolution unter Fidel Castro erhielten die internationalen Beziehungen Kubas eine grundsätzlich neue Qualität und wurden in der Folgezeit in entscheidendem Maße von den Rahmenbedingungen des Ost-West-Konfliktes geprägt. Die unmittelbar nach der Machtübernahme Castros einsetzende und bis heute andauernde "Eiszeit" zwischen Kuba und den Vereinigten Staaten belastete auch die Beziehungen Kubas zu den westeuropäischen

---

[2] Eine Ausnahme bilden die beiden aus kubanischer Perspektive verfassten Aufsätze von Florentino Graupera (1992; 1997).

Staaten, die zwar grundsätzlich der ablehnenden Haltung der USA gegenüber Kuba folgten, eine im Vergleich zur US-Blockadepolitik jedoch deutlich gemäßigtere Position einnahmen. Eine Ausnahme bildete die Bundesrepublik Deutschland, die eine verglichen zur Mehrzahl der westeuropäischen Länder restriktive Politik verfolgte und ihre Beziehungen zu Kuba auf ein Minimum reduzierte.

In ihrem Kern spiegelten die angespannten bilateralen Beziehungen zwischen der Bundesrepublik und dem revolutionären Kuba die außergewöhnliche weltpolitische Grenzlage wider, die beide Länder innerhalb der Strukturen des Ost-West-Konfliktes einnahmen und die zum konstitutiven Element der jeweiligen außenpolitischen Beziehungen wurde. Aus deutscher Sicht war diese Grenzsituation zweifacher Natur und umfasste neben der weltpolitischen eine nationale Trennungslinie in Form der innerdeutschen Teilung. Beide Trennungslinien und die hieraus resultierenden außenpolitischen Implikationen kamen in den Beziehungen der Bundesrepublik zu Kuba in besonderem Maße zum Ausdruck und bildeten, auch angesichts fehlender historischer Bindungen, den wichtigsten Bezugsrahmen für die deutsche Kuba-Politik.

Die in den 50er Jahren zunächst konfliktfreien bilateralen Beziehungen veränderten sich mit der Zuspitzung des US-amerikanisch-kubanischen Verhältnisses schlagartig. Der seitens der US-Regierung auf die westeuropäischen Länder ausgeübte Druck, die Beziehungen zu Kuba einzuschränken, wurde von der Bundesregierung äußerst bereitwillig befolgt und führte zu einer Reihe von Maßnahmen, die die US-amerikanische Isolationspolitik unterstützten (vgl. Lambie 1993). Die grundsätzliche außenpolitische Nähe der Bundesrepublik zu den Vereinigten Staaten – Ausdruck der zur Staatsräson erhobenen Westbindung – zeigte sich damit auch in der deutschen Haltung zu Kuba, die in der Folgezeit weitestgehend im Einklang mit US-amerikanischen Interessen stand.[3]

Die restriktive Haltung der Bundesregierung war jedoch keineswegs ein ausschließlicher Akt der Gefolgschaft, sondern spiegelte auch die eigene Besorgnis wider, mit der die auf Kuba stattfindenden Entwicklungen verfolgt wurden: Die Sicherheit der Bundesrepublik war in solch überragendem Maße mit der Führungsrolle der USA, dem "einzig glaubwürdigen Sicherheits-

---

[3] Diese außenpolitische Nähe zu den USA führte innerhalb der lateinamerikanischen Öffentlichkeit zu deutlichen Ressentiments gegen die Bundesrepublik, die anfänglich als Erfüllungsgehilfe US-amerikanischer Hegemonialbestrebungen wahrgenommen wurde (vgl. Oberndörfer 1975: 349).

garanten" der Bundesrepublik (Joffe 1996: 119), verbunden, dass jede gegen die Vereinigten Staaten gerichtete Entwicklung – und als solche wurden die revolutionären Vorgänge auf Kuba durchaus gesehen – indirekt als eigene Gefährdung wahrgenommen wurde (vgl. Heilman 1973: 130). Dieser Besorgnis lag zudem die Einschätzung zugrunde, dass sich jedwede Konfrontation an einem Ende der weltpolitischen Trennungslinie zwangsläufig konfliktschürend auf das andere Ende dieser Linie auswirken müsste. Diese Verknüpfung der Krisenherde zeigte sich besonders deutlich im Kontext der Kuba-Krise von 1962, die sich auf die ungeklärte Berlin-Frage auszuweiten drohte. Der damalige Bundeskanzler Konrad Adenauer wertete die Entwicklungen auf Kuba in einer an die deutsche Öffentlichkeit gerichteten Ansprache als einen gezielten Anschlag, "um dadurch die Vereinigten Staaten bei Verhandlungen gefügig zu machen" und auch die Berlin-Frage zugunsten der Sowjetunion zu entscheiden.[4] Die von Adenauer gewählte Ausdrucksweise, der "kubanische Diktator" handle einzig als "Werkzeug Sowjetrusslands", verdeutlicht zudem die bis zum Ende des Kalten Krieges anhaltende Sichtweise der Bundesregierung, der zufolge die auf Kuba stattfindenden Umwälzungen ausschließlich in den Kategorien des Ost-West-Konfliktes wahrgenommen wurden, die Eigengewichtigkeit der kubanischen Revolution hingegen unbeachtet blieb. Wenngleich eine solche Unmittelbarkeit der Zusammenhänge, wie sie zwischen Kuba-Krise und Berlin-Frage auftrat, in der Folgezeit nicht mehr gegeben war, blieb diese Wahrnehmung eines mit der kubanischen Revolution verbundenen Bedrohungspotentials latent bestehen (Auswärtiges Amt 1972: 518). Diese Einschätzung der Bundesregierung wurde von der Mehrzahl der westeuropäischen Staaten jedoch nicht geteilt; statt der ausschließlichen Wahrnehmung als Bedrohungsfaktor und brodelndem Konfliktherd des Kalten Krieges wurde die kubanische Revolution meist im regionalen Kontext und als eine Reaktion auf die Vormachtstellung der USA wahrgenommen und stieß insbesondere in Ländern mit anti-amerikanischen Tendenzen, hier vor allem Frankreich, durchaus auf Verständnis (vgl. Lambie 1995: 1ff.; Grabendorff 1982: 204).

Eine weitere Belastung der Beziehungen zwischen der Bundesrepublik und Kuba hatte ihren Ursprung in der Problematik der innerdeutschen Tei-

---

[4] Auswärtiges Amt (1972: 482f.); zu den Ansichten Adenauers zur Kuba-Krise siehe auch die Tagebuchaufzeichnungen von Horst Oderheld, einem außenpolitischen Berater Adenauers, abgedruckt in *Der Spiegel*, Nr. 45/1987, S. 203; den Aussagen Oderhelds zufolge befürwortete Adenauer eine militärische Lösung der Kuba-Krise (Bombardierung und Invasion).

lung. Die Bundesrepublik, die der DDR zunächst die Anerkennung als eigenständigen Staat verweigerte und den Alleinvertretungsanspruch für die gesamte deutsche Nation erhob, versuchte, diesen Anspruch auch gegenüber Drittstaaten durchzusetzen. Wichtigstes Instrument dieser Politik wurde die so genannte Hallstein-Doktrin, die all jenen Staaten Sanktionen androhte, die offizielle Beziehungen zur DDR aufnahmen. Die DDR versuchte ihrerseits, ihre diplomatischen Kontakte auf möglichst viele Länder auszudehnen und sich so als völkerrechtlich legitimierter Staat zu etablieren. Der Alleinvertretungsanspruch der Bundesrepublik, der noch in den 50er Jahren von allen lateinamerikanischen Staaten anerkannt worden war, wurde innerhalb Lateinamerikas mit der Aufnahme der diplomatischen Beziehungen Kubas zur DDR im Januar 1963 erstmals in Frage gestellt. Die Hallstein-Doktrin kam bereits zwei Tage darauf zur Anwendung und führte zum Abbruch der zwischenstaatlichen Beziehungen.[5]

Zeitgleich zu dieser Verschlechterung der westdeutsch-kubanischen Beziehungen vollzog sich im Rahmen der Anlehnung Kubas an die kommunistischen Staaten eine Annäherung an die DDR, zu der in der Folgezeit weitreichende Kontakte auf politischer, wirtschaftlicher und gesellschaftlich-kultureller Ebene aufgebaut wurden.[6] Wenngleich die Beziehungen in den 60er Jahren noch von kritischer Distanz geprägt waren, kam es mit Beginn der 70er Jahre, begünstigt durch die neuerliche Annäherung Kubas an die Sowjetunion, zu jenen intensiven bilateralen Beziehungen, wie sie zwischen "sozialistischen Bruderländern" üblich waren (Krämer 1994: 87). Diese bestanden neben regelmäßigen Kontakten ranghoher Politiker[7] in dem Abschluss eines Freundschaftsvertrages (1980), zahlreicher Abkommen (u.a. über wirtschaftliche, technische und kulturelle Zusammenarbeit) und der Koordinierung der Volkswirtschaftspläne. Nach der Überwindung zunächst unterschiedlicher Anschauungen verfestigte sich die ideologische Übereinstimmung zwischen beiden Ländern zunehmend und gipfelte in der gemeinsamen Ablehnung der Reform-Politik Gorbatschows Ende der 80er Jahre, die von beiden Seiten mit einer Verhärtung der innenpolitischen Strukturen beantwortet wurde (Krämer 1994: 87). Auch in wirtschaftlicher Hinsicht gewannen die Beziehungen zwischen der DDR und Kuba zunehmend an Be-

---

[5] Die französische Botschaft in Havanna wurde daraufhin mit der Wahrung bundesdeutscher Interessen beauftragt.
[6] Zu den Kontakten auf Parteiebene aus Sicht der DDR siehe Bieß (1985).
[7] Höhepunkte der beiderseitigen Besuchstätigkeit bildeten die Staatsbesuche Honeckers in Kuba 1974 sowie Castros in der DDR 1977.

deutung: So verzeichnete das bilaterale Handelsvolumen seit den 60er Jahren einen kontinuierlichen Anstieg und machte die DDR zum zweitwichtigsten Handelspartner der Karibikinsel; umgekehrt wurde Kuba zum wichtigsten Abnehmer ostdeutscher Industrieerzeugnisse innerhalb Lateinamerikas.[8] Allerdings darf der Stellenwert des bilateralen Handels für die DDR mit einem Anteil von lediglich 1% am Gesamtaußenhandel nicht überschätzt werden. Die Bedeutung der Wirtschaftsbeziehungen war für Kuba ungleich größer. Die Handelsverträge waren aus kubanischer Sicht oftmals vorteilhaft gestaltet und beinhalteten neben unter dem Weltmarktpreis liegenden Konditionen günstige Kreditvereinbarungen; darüber hinaus wurden zahlreiche Projekte der Zusammenarbeit vereinbart, in deren Rahmen technische und wirtschaftliche Entwicklungshilfe geleistet wurde.[9]

Mit der sich in den 70er Jahren abzeichnenden Entspannung zwischen den Supermächten und der Annäherung der beiden deutschen Staaten verzeichneten auch die Beziehungen zwischen der Bundesrepublik und Kuba eine Verbesserung. Diese bestand in der Wiederaufnahme diplomatischer Beziehungen im Jahre 1975 und einer begrenzten Zusammenarbeit auf entwicklungspolitischer Ebene. Der noch im selben Jahr durchgeführte Einsatz kubanischer Militärs in Angola führte jedoch zu einer erneuten Belastung des bilateralen Verhältnisses und veranlasste die Bundesregierung, die entwicklungspolitische Zusammenarbeit mit Kuba wieder einzustellen (Grabendorff 1992: 73). Die wirtschaftlichen Beziehungen zwischen der Bundesrepublik und Kuba blieben von diesen Schwankungen auf politischer Ebene zwar vergleichsweise unbeschadet und verzeichneten während der 70er und

---

[8] Krämer (1994: 88ff.); zu den Wirtschaftsbeziehungen während der 60er und 70er Jahre siehe auch Blasier (1979: 240ff.).

[9] Handelspolitische und rohstoffsichernde Abkommen zu Präferenzpreisen bildeten die Hauptsäule innerhalb der entwicklungspolitischen Konzeption der DDR. Neben entwicklungspolitischen Kriterien diente diese Praxis dem Aufbau langfristig angelegter Wirtschaftsbeziehungen, die aus Sicht der DDR den auf dem Weltmarkt nur bedingt konkurrenzfähigen Industrieerzeugnissen einen dauerhaften Absatzmarkt sichern sollten. Die für Kuba zunächst günstigen Vertragskonditionen veranlassten die kubanische Regierung zum Abbau eigener Produktionsbereiche, was sich nach dem Niedergang des RGW als Bumerang erweisen sollte. Dass diese strukturelle Abhängigkeit weit über den Industriesektor hinaus reichte, zeigte sich auch am Beispiel der Milchproduktion, die weitestgehend durch Milchpulverlieferungen aus der DDR abgedeckt wurde. Nach dem Zusammenbruch der DDR konnte selbst die Grundversorgung von Kleinkindern mit Milch, einst vielgepriesenes Aushängeschild der kubanischen Regierung, kaum mehr gewährleistet werden (vgl. Hamann 1994: 151ff.; Florentino Graupera 1992: 149f.).

80er Jahre sogar ein leichtes Wachstum, nahmen allerdings zu keinem Zeitpunkt nennenswerte Ausmaße an.[10]

Dass sich die Bundesrepublik weiterhin im Schatten der US-amerikanischen Kuba-Politik bewegte, zeigte sich erneut, als Kuba in den 80er Jahren gegenüber den westlichen Staaten in Zahlungsschwierigkeiten geriet und im Rahmen des Pariser Clubs Umschuldungsmaßnahmen aushandelte. Die US-Regierung, als Gläubiger bei den Verhandlungen selbst nicht beteiligt, versuchte ihrerseits, Einfluss auf die Verhandlungen zu nehmen und eine Einigung zwischen den Gläubigerländern und der kubanischen Regierung zu verhindern: Kubas Zugang zu westlichen Krediten sollte hierdurch erschwert und die kubanische Wirtschaft damit destabilisiert werden. Als besonders empfänglich für den US-amerikanischen Druck erwies sich schließlich die Bundesrepublik, die zusammen mit den Vereinigten Staaten die Mehrheit an einem in die Umschuldungsverhandlungen einbezogenen englischen Bankhaus erwarb und so die Verhandlungen zu erschweren suchte. Wenngleich dieser Schritt zunächst nicht den erwünschten Erfolg brachte, konnte Kuba zwischen 1983 und 1985 mit dem Pariser Club drei Abkommen unterzeichnen, die allerdings mit der Zahlungsunfähigkeitserklärung Kubas im Jahre 1986 obsolet wurden, was einmal mehr zeigte, dass das US-amerikanisch-bundesdeutsche Tandem mit Blick auf Kuba auch in den 80er Jahren funktionierte und die Bundesrepublik innerhalb Westeuropas weiterhin der verlässlichste Partner der Vereinigten Staaten zur Umsetzung einer restriktiven Kuba-Politik war (Domínguez 1989: 215).

Grundsätzlich blieb damit das Verhältnis zwischen der Bundesrepublik und Kuba auch in den Entspannungsphasen des Kalten Krieges unterkühlt und die Bundesregierung zeigte wenig Interesse an einer Normalisierung der bilateralen Beziehungen (vgl. auch Drekonja 1974). Diese waren durch die engen Beziehungen der Bundesrepublik zu den Vereinigten Staaten und der intensiven Zusammenarbeit zwischen Kuba und der DDR zu sehr belastet.

3. Die deutsche Kuba-Politik nach der Wiedervereinigung

Die Beziehungen zwischen der Bundesrepublik und Kuba erfuhren mit dem Ende des Ost-West-Konfliktes zunächst keine Trendwende, sondern standen auch weiterhin unter dem Einfluss der fortgesetzten und im Laufe der 90er Jahre verschärften US-Sanktionspolitik. Darüber hinaus erhielt die bilaterale

---

[10] Zu den Handelsbeziehungen der westeuropäischen Länder zu Kuba siehe Rodríguez (1993).

Agenda durch die Abwicklung des außenpolitischen Erbes der DDR neue Konfliktthemen und wurde hierdurch zusätzlich belastet. Für das wiedervereinte Deutschland stellte sich dabei die grundsätzliche Frage, ob man die außenpolitischen Beziehungen der DDR fortsetzen wollte. Als Rechtsnachfolgerin der DDR hatte die Bundesrepublik nicht nur deren vertragliche Bindungen mit Drittstaaten übernommen, sondern sah sich zudem mit oftmals jahrzehntelang gewachsenen außenpolitischen Traditionen und Kontakten konfrontiert, die nun nach dem Ende der DDR einer Neuregelung bedurften. Grundsätzlich entschloss sich die Bundesregierung, die Beziehungen der DDR, auch im Bereich der wirtschaftlichen und entwicklungspolitischen Zusammenarbeit, fortzuführen, mit einer Ausnahme: Kuba. In diesem Falle lehnte man das außenpolitische Erbe der DDR ab und erklärte alle noch laufenden Kooperationsabkommen für nichtig bzw. setzte die gemäß den fünfjährigen Planungsmechanismen kurz nach der Wiedervereinigung auslaufenden Projekte nicht fort (Grabendorff 1992: 72).

Folgt man dem Blickwinkel der kubanischen Regierung, so müssen die weltpolitischen Umbrüche, die Ende der 80er Jahre mit dem symbolträchtigen Fall der Berliner Mauer einhergingen, für den Karibikstaat als katastrophal eingestuft werden. Wenngleich die kubanische Revolution vor allem aus der historischen Entwicklung der Insel hervorgegangen ist und damit eine gewisse Unabhängigkeit vom Ost-West-Konflikt beanspruchen kann, ist ihre konkrete Entwicklungsrichtung und Ausformung aufs engste mit dem Ost-West-Gegensatz verbunden.[11] Mit dem Zusammenbruch des Ostblocks sah sich Kuba daher quasi "über Nacht" international isoliert und war als eine der letzten "Bastionen des Sozialismus" nicht nur ideologisch ausgegrenzt, sondern hatte auch seine mit Abstand wichtigsten Handelspartner verloren (Kuba wickelte Ende der 80er Jahre 85% seines Außenhandels mit den RGW-Staaten ab).

Angesichts dieser insgesamt äußerst angespannten Krisenlage hatte die Einstellung der DDR-Entwicklungshilfe und der Verlust der im ostdeutsch-kubanischen Handel gewährten Vorzugskonditionen spürbare Auswirkungen auf die kubanische Wirtschaft und verfestigte die außenwirtschaftliche Isolation des Landes (Florentino Graupera 1997: 23ff.). Dies veranlasste die kubanische Regierung im September 1990 zu einer Protestnote vor der Europäischen Kommission mit der Aufforderung, die Vorgehensweise der Bundesregierung auf ihre Rechtmäßigkeit hin zu überprüfen; zudem wurde die

---

[11] Zur Geschichte Kubas im 20. Jahrhundert siehe Zeuske (2000).

Kommission aufgefordert, kubanischen Produkten einen bevorzugten Zugang zum europäischen Markt zu gewähren, um so die durch den Abbruch der Wirtschaftsbeziehungen zur DDR verursachten Einbußen überbrücken zu können. Die Europäische Kommission sicherte der kubanischen Regierung eine Prüfung der Angelegenheit zu, eine abschließende Stellungnahme blieb jedoch aus (Grabendorff 1992: 72).

Die Nichtfortsetzung der wirtschaftlichen und entwicklungspolitischen Zusammenarbeit wurde seitens des damaligen Bundesministers für wirtschaftliche Zusammenarbeit und Entwicklung, Jürgen Warnke, mit der fehlenden Reformbereitschaft der kubanischen Regierung begründet. Zudem wurde angeführt, dass die auf Kuba herrschende Planwirtschaft zu Ineffizienz, Mangel und bürokratischer Erstarrung, zu Verschwendung von Arbeitskraft und Rohstoffen sowie zu weitgehender Abtötung von Eigeninitiative und Kreativität geführt habe (vgl. Krugmann-Randolf 1990). In der Stellungnahme des Bundesministeriums für wirtschaftliche Zusammenarbeit und Entwicklung (BMZ) wurden somit vorrangig das System, weniger jedoch die innenpolitische Praxis bzw. konkrete Menschenrechtsverstöße als Begründung für die Einstellung der entwicklungspolitischen Zusammenarbeit angeführt. Dass in der Einschätzung des BMZ weniger die aktuelle Situation auf Kuba als vielmehr die tradierten Vorstellungen von sozialistischen Systemen im allgemeinen zum Tragen kamen, zeigt sich auch darin, dass dem BMZ der Abschlußbericht des Bundestagsausschusses für wirtschaftliche Zusammenarbeit vorlag, der zu einem zu Warnkes Einschätzung diametral entgegengesetzten Ergebnis kam: Darin wurde die kubanische Seite für den besonders verantwortungsvollen Umgang mit Entwicklungshilfegeldern, das meist vorzeitige Erreichen der Projektziele und die "peinlich genaue" Überwachung der Vorhaben gelobt und als ein in hohem Maße geeigneter Partner für eine entwicklungspolitische Zusammenarbeit eingestuft.[12] Der Bericht blieb jedoch ohne erkennbaren Einfluss auf die Entscheidung des BMZ. Das innerhalb der Regierung aus CDU und FDP vorherrschende Perzeptionsmuster, demzufolge jede sozialistische Staatsordnung quasi per definitionem einzig als dauerhaftes Terrorsystem vorstellbar war, zeigt sich auch in der Gleichsetzung Castros mit Stalin, wie sie in einer 1990 getroffenen Äußerung des damaligen Staatssekretärs im BMZ, Hans-

---

[12] Dieser Abschlußbericht war das Ergebnis einer im Februar 1990 durchgeführten entwicklungspolitischen Informationsreise nach Kuba, an der die beiden Bundestagsabgeordneten Prof. Dr. Uwe Holtz (SPD) und Heinrich Pohlmeier (CDU), Vorsitzender und stellvertretender Vorsitzender des AwZ, teilnahmen (vgl. Meyer 1990).

Peter Repnik, erfolgte (Meyer 1990b). Dass dies bei aller berechtigen Kritik am politischen System Kubas in dieser Form nicht zutraf, bestätigen selbst Regimekritiker. Die an der Formel "Politische Reformen als Voraussetzung für Kooperation" ausgerichtete und in einem parlamentarischen Beschluss von 1993 ausformulierte Haltung blieb bis zum Ende der CDU-FDP-Regierungen für die deutsche Kuba-Politik maßgebend und zeigte sich auch in der bundesdeutschen Position auf EU-Ebene: Als 1995 die spanische Regierung den Antrag einbrachte, Verhandlungen über ein Kooperationsabkommen zwischen der Europäischen Union und Kuba aufzunehmen, erwies sich insbesondere die deutsche Seite zusammen mit den Vertretern anderer EU-Regierungen als ein Gegner dieses Vorhabens und stellte sich den spanischen Plänen energisch entgegen.[13]

Trotz der insgesamt restriktiven Haltung der Bundesregierung gegenüber Kuba und der Entscheidung, die bilaterale staatliche Zusammenarbeit nicht fortzusetzen, kamen die Beziehungen zwischen Kuba und Deutschland im Bereich der Entwicklungshilfe jedoch keineswegs zum Erliegen; so ließ die Bundesregierung der kubanischen Seite auch weiterhin finanzielle Mittel zukommen, die über Nichtregierungsorganisationen und im Rahmen von EU-Entwicklungshilfefonds abgewickelt wurden. Darüber hinaus unterhalten seit Ende der 80er Jahre zahlreiche karitative Hilfsorganisationen, deutsche Parteienstiftungen[14] und die PDS-nahe "Cuba Sí" eigene Förderprojekte, die aus überwiegend privaten Mitteln bestritten werden. Wenngleich dies die durch die Einstellung der DDR-Entwicklungshilfe verursachten Einbußen nicht ausgleichen konnte, blieb Deutschland damit auch nach der Wiedervereinigung ein Kooperationspartner im Bereich der Entwicklungshilfe.

Das wiedervereinte Deutschland sah sich jedoch nicht nur mit dem entwicklungspolitischen Erbe der DDR konfrontiert, sondern übernahm als deren Rechtsnachfolgerin auch die DDR-Außenstände gegenüber Drittstaaten. Im Falle Kubas beliefen sich die Forderungen auf 800 Mio. Transferrubel, die nun zu den bereits vorhandenen Forderungen der alten Bundesrepu-

---

[13] Vgl. *El País* 11.12.1995.
[14] Die intensivsten Beziehungen zu Kuba unterhält die Friedrich-Ebert-Stiftung (FES). Darüber hinaus sind die Hanns-Seidel-Stiftung mit den Themenschwerpunkten Wirtschaft, Tourismus und Bildung und neuerdings die Heinrich-Böll-Stiftung mit dem Schwerpunkt Umweltpolitik auf Kuba engagiert. Während die FES die Zusammenarbeit mit der kubanischen Regierung in den Vordergrund ihrer Arbeit stellt, legen die beiden anderen Stiftungen besonderes Gewicht auf die Stärkung der kubanischen Zivilgesellschaft und bevorzugen die Zusammenarbeit mit von direktem staatlichen Einfluss vergleichsweise unabhängigen Institutionen.

blik gegenüber Kuba in Höhe von annähernd 30 Mio. DM Handelsschulden traten und der Altschuldenproblematik angesichts des nun beträchtlich angestiegenen Gesamtvolumens eine deutlich höhere Brisanz verliehen. Die kubanische Regierung erkannte die Existenz der aus Warengeschäften resultierenden Verbindlichkeiten gegenüber der DDR grundsätzlich an, lehnte den von der Bundesregierung errechneten Transferrubelbetrag jedoch mit dem Hinweis ab, dass nicht alle mit der DDR vertraglich vereinbarten Warenlieferungen tatsächlich erfolgt seien; strittig blieben auch die Zahlungsmodalitäten, hier vor allem die Umbewertung der Transferrubel-Außenstände in D-Mark. Der von der Bundesregierung geforderte Wechselkurs wurde von der kubanischen Seite als überhöht abgelehnt. Auch hinsichtlich des Rückzahlungszeitraums konnte keine Einigung erzielt werden. Die von der deutschen Seite geforderte Wiederaufnahme des Schuldendienstes wurde von der kubanischen Regierung unter Verweis auf die angespannte Wirtschaftslage abgelehnt.

Während die Bundesrepublik mit allen anderen ehemaligen RGW-Staaten bis zur Mitte der 90er Jahre Umschuldungsabkommen abschloss – im Falle Russlands wurde vereinbart, die DDR-Altschuldenfrage zunächst ruhen zu lassen und die Verhandlungen erst im neuen Jahrtausend aufzunehmen –, blieb damit die Altschuldenproblematik mit Kuba als einzigem RGW-Land ungelöst. Eine Lösung des Schuldenproblems zwischen Kuba und Deutschland wurde auch dadurch erschwert – und hierin zeigt sich einmal mehr die Dominanz externer Faktoren für die bilateralen Beziehungen –, dass die deutsch-kubanischen Schuldenverhandlungen aufs engste mit der ebenfalls ungelösten Altschuldenfrage Kubas gegenüber Russland verbunden waren. Jedwede Einigung zwischen der kubanischen und deutschen Seite hätte sich angesichts der Präzedenzfunktion unweigerlich auf die Verhandlungen Kubas mit Russland auswirken müssen.

Die seit 1986 ungelöste und mit der Wiedervereinigung erschwerte Schuldenproblematik belastete jedoch nicht nur die politische Agenda, sondern hatte darüber hinaus weitreichende Auswirkungen für die wirtschaftlichen Beziehungen, da die Bundesregierung den Einsatz von staatlichen Instrumenten zur Außenhandelsförderung im Falle Kubas aussetzte. Der Einsatz dieser Instrumente, die für die Wirtschaftsbeziehungen mit kapitalschwachen Ländern von fundamentaler Bedeutung sind, setzt vielmehr deren risikomäßige Vertretbarkeit voraus, die aufgrund der ungeklärten Altschuldenfrage im Falle Kubas jedoch nicht gegeben war. Deutsche Unternehmen haben daher, ganz im Gegensatz zur europäischen und kanadischen Konkurrenz, nicht die Möglichkeit, das Risiko eines Kuba-Engagements durch staatlich eingeräumte Bürgschaften abzusichern. Die Aussetzung insbesondere von Hermes-Krediten wird seitens der deutschen Wirtschaft als eines der Haupthindernisse zur Vertiefung der bilateralen Wirtschaftsbeziehungen angeführt (Bundesverband der Deutschen Industrie 1999: 4f.) und ist mitverantwortlich für die Unterrepräsentanz deutscher Unternehmen im kubanischen Außenhandel und im Bereich der Direktinvestitionen.[15] Appelle der deutschen Wirtschaft, diese Benachteiligung deutscher Unternehmen zu beenden, wurden von der Bundesregierung lange zurückgewiesen.

Während mit dem Ende des Ost-West-Konfliktes die Mehrzahl der westeuropäischen Länder die Beziehungen zu Kuba trotz einzelner "Verstimmungen" intensivieren konnte, blieb eine Annäherung zwischen der Bundesrepublik und Kuba sowohl auf politischer als auch auf wirtschaftlicher Ebene aus (Roy 1999: 33ff.). Die bundesdeutsche Haltung zu Kuba erwies sich jedoch nicht nur im Vergleich zur Politik der europäischen Nachbarn, sondern auch zur eigenen außenpolitischen Praxis in anderen Fällen als besonders restriktiv. So wurden die von der Bundesregierung im Falle Kubas als Begründung für den Abbruch der entwicklungspolitischen Zusammenarbeit angeführten Demokratiedefizite und Menschenrechtsverletzungen nicht nur im Falle Chinas, sondern auch bei strategisch weniger bedeutsamen Ländern wesentlich nachsichtiger ausgelegt und führten selbst bei offensichtlichen Verstößen keineswegs zu einer vergleichbaren restriktiven Haltung (Florentino Graupera 1997: 26f.). Im Falle Äthiopiens, sicherlich kein Musterland in Fragen der Demokratie und Menschenrechte, wurden die entwicklungspolitischen Projekte der DDR nicht nur fortgesetzt, sondern auf eine Rückzahlung der gegenüber der DDR angefallenen Schulden, annähernd die Hälfte des von Kuba geforderten Betrages, gänzlich verzichtet. Ähnliches gilt für Mosambik, Angola und Vietnam, mit denen die Kooperationsprojekte der DDR fortgeführt wurden. Auch die außer Kuba allen RGW-Staaten angebotenen Umschuldungsmaßnahmen bzw. im Falle Russlands vereinbarte Aussetzung der Verhandlungen zeigt, dass die Bundesregierung in den Schuldenverhand-

---

[15] Auf Kuba tätige deutsche Unternehmen sind u.a. Mercedes-Benz (mit einer Niederlassung ihrer ägyptischen Tochterfirma!!), das Chemie-Unternehmen Messer-Griessheim (Tochterunternehmen des Hoechst-Konzerns) und die Chartergesellschaft LTU. Deutsche Unternehmen waren 1998 mit lediglich 0,3% an den auf Kuba getätigten Direktinvestitionen aus dem EU-Raum beteiligt. Der deutsche Anteil an den kubanischen Exporten in die EU lag 1998 bei 5,1% (Spanien 25,5%, Frankreich 10,8%), an den kubanischen Importen aus der EU bei 6,1% (Spanien 43,1%, Frankreich 21,5%) (vgl. IRELA 2000: 80f.).

lungen durchaus Gestaltungsspielräume gewährte, die sie gegenüber Kuba jedoch nicht auszuschöpfen bereit war. In der Abwicklung des außenpolitischen Erbes der DDR durch die Bundesregierung nahm Kuba damit sowohl im Bereich der Entwicklungspolitik als auch der Altschuldenfrage eine Sonderstellung ein, die, wenngleich von Regierungsvertretern verneint, eine Normalisierung der Beziehungen als unerwünscht erscheinen lässt. Die im Gegensatz zum einhelligen internationalen Protest (Petras/Morley 1996: 270ff.) äußerst verhaltene Reaktion der Bundesregierung auf die extraterritoriale Ausdehnung der Embargo-Bestimmungen im Rahmen des 1992 ratifizierten *Cuban Democracy Act* (besser bekannt als "Torricelli-Gesetz"), die sich im wesentlichen auf einen Hinweis auf den Protest der EG und anderer EG-Mitgliedstaaten beschränkte,[16] sowie die weitest gehende Entsprechung der deutschen Politik mit den extraterritorialen Bestimmungen dieses Gesetzes lässt vielmehr den Schluss zu, dass die Bundesregierung in der Kursbestimmung ihrer Politik neben ihrer grundsätzlich ablehnenden Haltung zum sozialistischen Kuba vorrangig um Konfliktvermeidung im transatlantischen Verhältnis bedacht war.

4. Der Gemeinsame Standpunkt der Europäischen Union zu Kuba

Im Rahmen des fortschreitenden Integrationsprozesses innerhalb der Europäischen Gemeinschaft/Europäischen Union gewann auch die politische Zusammenarbeit der EU-Mitgliedstaaten in Fragen der internationalen Politik zunehmend an Bedeutung und erhielt in Gestalt der Gemeinsamen Außen- und Sicherheitspolitik (GASP) einen institutionellen Rahmen, der mittels eines erweiterten Instrumentariums die Möglichkeit zur Formulierung und Umsetzung einer kohärenten Außenpolitik der EU-Staaten grundsätzlich verstärkte. Im Falle Kubas entschieden die Mitgliedstaaten, von dieser Möglichkeit Gebrauch zu machen und die nationalen Positionen aufeinander abzustimmen. Zentrales Instrument der gemeinsamen Außenpolitik gegenüber Kuba bildet der 1996 beschlossene und seitdem halbjährlich bestätigte Gemeinsame Standpunkt, der für die außenpolitischen Aktivitäten der Mitgliedstaaten einen übergreifenden Gestaltungsrahmen darstellt.[17] Damit erhielt die deutsche Kuba-Politik erstmals ein ausformuliertes Konzept.

---

[16] Vgl. die Antwort der Bundesregierung auf die Kleine Anfrage der PDS-Bundestagsfraktion, Deutscher Bundestag, Drucksache 12/3873 vom 26.11.1992.
[17] Gemeinsamer Standpunkt 96/697/GASP [ABl.C 322 vom 12.12.1996], Bulletin EU 12-1996.

Wenngleich die Initiative zur Formulierung eines Gemeinsamen Standpunktes zu Kuba von Spanien ausging, zählte die Bundesregierung zu einem der Hauptbetreiber während der Vorbereitungsphase und trug wesentlich zur Gestaltung und zum Zustandekommen des Standpunktes bei.[18] Das Interesse der Bundesregierung an einer koordinierten Außenpolitik gegenüber Kuba war jedoch weniger von dem Wunsch geprägt, der bisherigen deutschen Kuba-Politik eine neue Ausrichtung zu geben,[19] sondern gründete vornehmlich in Überlegungen strategischen Ursprungs, die über die Beziehungen zu Kuba weit hinausreichten:

1. Mit der verschärften Ausweitung der US-Sanktionspolitik auf Drittstaaten durch das im März 1996 verabschiedete Helms-Burton-Gesetz wurde Kuba zu einem bis dahin einzigartigen Streitfall zwischen der Europäischen Union und den Vereinigten Staaten, der in den Folgemonaten in einem Handelskrieg zu eskalieren drohte und die erst kurz zuvor errichtete Welthandelsorganisation (WTO) an den Rand des Scheiterns führte.[20] Die Bundesrepublik, wichtigste Handelsmacht innerhalb der Europäischen Union mit engsten Wirtschaftsbeziehungen zu den USA, wäre von einer Krise der WTO und einem Handelskrieg mit seinem zweitwichtigsten Wirtschaftspartner in höchstem Maße in Mitleidenschaft gezogen worden; die Bundesregierung war daher, wenngleich sie sich uneingeschränkt den Gegenmaßnahmen der EU-Mitgliedstaaten anschloss, an einer Beilegung des Konfliktes sehr interessiert.[21] Das Zustandekommen eines Gemeinsamen Standpunktes zu Kuba, in dem eine künftige Zusammenarbeit an Demokratie- und Menschenrechtsstandards konditioniert wurde, sollte aus Sicht der Bundesregierung die Außenpolitik der EU-Staaten der US-Haltung annähern und damit eine grundsätzliche Verständigung mit den USA erleichtern.[22]

---

[18] Zur Entstehungsgeschichte des Gemeinsamen Standpunktes siehe IRELA (1996b).
[19] Vgl. die Antwort der Bundesregierung auf die Kleine Anfrage der Abgeordneten Dr. Willibald Jacob, Steffen Tippach, Dr. Winfried Wolf und der Gruppe der PDS, Deutscher Bundestag, Drucksache 13/6606 vom 18.12.1996.
[20] Eine Darstellung des Konfliktes unter besonderer Berücksichtigung der spanischen Perspektive findet sich bei Roy (1998) (vgl. auch Hoffmann 1996).
[21] Interview mit Vertretern des Bundesministeriums für Wirtschaft und Technologie, 15.9.1999.
[22] Tatsächlich wurde der Gemeinsame Standpunkt von US-amerikanischen Regierungsvertretern als Schritt in die richtige Richtung gewertet. Der Konflikt konnte schließlich im April 1997 entschärft werden. In dem im Mai 1998 in London unterzeichneten *Understanding* verpflichtete sich der US-Präsident zur Aussetzung des umstrittenen Artikels III des Helms-Burton-Gesetzes; die EU-Mitgliedstaaten verzichteten ihrerseits auf eine Kla-

2. Innerhalb der Staaten der Europäischen Union zählt die Bundesrepublik zu den klaren Befürwortern einer gestärkten gemeinsamen Außenpolitik. Das Zustandekommen eines Gemeinsamen Standpunktes zu Kuba, dem bis heute einzigen zu Lateinamerika, wurde seitens der Bundesregierung als ein weiterer Schritt gewertet, den nationalen Außenpolitiken der einzelnen Mitgliedstaaten ein gemeinsames außenpolitisches Profil zu verleihen und damit die GASP grundsätzlich zu stärken.[23] Zudem sollte mit der Aufnahme der im Gemeinsamen Standpunkt enthaltenen Leitideen – Konditionierung einer Zusammenarbeit an Menschenrechts- und Demokratiestandards, Fortführung des politischen Dialogs, Verzicht auf Zwangsmaßnahmen – eine als idealtypisch erachtete außenpolitische Strategie gefestigt werden, der nach Ansicht der Bundesregierung für das künftige internationale Profil der Europäischen Union insbesondere im Umgang mit "Problemländern" besonderes Gewicht zukommen sollte.[24] Aus deutscher Sicht wurde dem Gemeinsamen Standpunkt zu Kuba damit auch eine Modellfunktion eingeräumt.

Inhaltlich basiert der im Dezember 1996 beschlossene Gemeinsame Standpunkt zu Kuba auf einer Doppelstrategie: Zum einen sollen durch eine Intensivierung des politischen Dialogs mit der kubanischen Regierung sowie regierungsunabhängigen Gruppen ein friedlicher Übergang zu einer pluralistischen Demokratie und die Einhaltung der Menschenrechte gefördert werden; zum anderen werden für den Fall, dass die kubanische Regierung einen Demokratisierungsprozess einleitet, eine engere wirtschaftliche Zusammenarbeit und verstärkte Entwicklungshilfe in Aussicht gestellt. Im Umkehrschluss bedeutet dies die Ablehnung einer engeren Kooperation mit Kuba unter den gegebenen Systemverhältnissen. Mit dieser Doppelstrategie stand der Gemeinsame Standpunkt durchaus im Einklang mit der damaligen Kuba-Politik der Bundesregierung. Allerdings erlaubt der Zusatz, dass die Europäische Union auch ohne erkennbare Anzeichen für einen politischen Wandel "falls erforderlich [...] humanitäre Hilfe leisten sowie gezielte Maßnahmen wirtschaftlicher Zusammenarbeit unterstützen" werde, eine durchaus groß-

---

ge vor der WTO und sicherten zu, keine Investitionen in enteigneten US-Besitz zu fördern.

[23] Interview mit Vertretern der deutschen Botschaft in Havanna, 30.7.1999.
[24] Der im Vorfeld der Beratungen zum Gemeinsamen Standpunkt eingebrachte Vorschlag der spanischen Seite, der auf eine konfrontative Strategie im Umgang mit Kuba abzielte und die Möglichkeiten des politischen Dialogs beeinträchtigt hätte, wurde von der deutschen ebenso wie von der Mehrzahl der anderen EU-Regierungen daher abgelehnt.

zügige Auslegung des Standpunktes und damit hinsichtlich der praktischen Durchführung breiten Gestaltungsspielraum. Tatsächlich weisen die bilateralen Beziehungen der einzelnen EU-Staaten zu Kuba auch nach Verabschiedung des Gemeinsamen Standpunktes ein hinsichtlich der Quantität und Qualität der Zusammenarbeit breitgefächertes Spektrum auf.

Die bis 1998 amtierende CDU-FDP-Regierung legte ihrerseits die im Gemeinsamen Standpunkt erwogene Möglichkeit einer begrenzten wirtschaftlichen und entwicklungspolitischen Zusammenarbeit im Vergleich zur Mehrzahl der EU-Staaten eindeutig restriktiv aus und folgte damit ihrer bisherigen außenpolitischen Praxis gegenüber Kuba. Der von der Mehrheit der EU-Länder vertretene und angewandte Grundsatz, eine Intensivierung der Zusammenarbeit könne zu einem Demokratisierungsprozess beitragen, wurde seitens der deutschen Regierung mit der Begründung abgelehnt, dass eine engere Zusammenarbeit ohne erkennbare Reformbereitschaft der kubanischen Regierung die erwünschte politische Öffnung hinauszögern und den Status quo der Castro-Regierung vielmehr festigen würde.

Das Festhalten der Bundesregierung an den bisherigen Positionen zeigte sich auch am unveränderten Abstimmungsverhalten im Rahmen der UNO-Generalversammlungen, in denen sich die Bundesregierung traditionell einer Verurteilung der US-Sanktionspolitik verweigerte.[25] Der im Zuge der internationalen Ablehnung der Helms-Burton-Gesetzgebung auch in konservativen Kreisen zu verzeichnende Trend einer Solidarisierung mit Kuba, der sich in einer Verurteilung der US-Isolationspolitik durch eine wachsende Zahl westlicher Länder zeigte, fand zumindest in bezug auf die offizielle Haltung der Bundesregierung keine Entsprechung (vgl. IRELA 1998: 1; Roy 1998: 233, 240).

Der Stellenwert des Gemeinsamen Standpunktes für die Beziehungen der EU-Mitgliedstaaten zu Kuba darf angesichts des Festhaltens an den bisherigen nationalen Positionen sicherlich nicht überbewertet werden (vgl. IRELA 2000: 47f.). Trotz der realpolitisch zunächst kaum erkennbaren Auswirkungen besteht die Bedeutung des Standpunktes jedoch vor allem in der damit verbundenen strategischen Neuausrichtung der Beziehungen, der

---

[25] In der offiziellen Regierungsrhetorik wurde die wirtschaftliche Krise Kubas ausschließlich auf die inneren Strukturdefizite der Planwirtschaft zurückgeführt; der US-Sanktionspolitik wurde in ihren Auswirkungen für die kubanische Volkswirtschaft hingegen keine weitreichende Relevanz zugesprochen; vgl. hierzu die Antwort der Bundesregierung auf die Kleine Anfrage der PDS, Deutscher Bundestag, Drucksache 13/6606 vom 18.12.1996.

zufolge einer gesamteuropäisch definierten Kuba-Politik größeres Gewicht eingeräumt wurde, womit die bislang ausschließlich auf nationaler Ebene erfolgte Positionsbestimmung eine zusätzliche europäische Dimension erhielt. Vor diesem Hintergrund muss jeder nationale Alleingang, der aus dem Reigen der mehrheitlich praktizierten Politik ausschert, als Gefährdung des selbst gesteckten Ziels eines gesamteuropäischen Profils der Kuba-Politik erscheinen, wodurch der grundsätzliche Druck erhöht wurde, Extrempositionen anzupassen. Umgekehrt bietet das Zusammenrücken der EU-Länder gegenüber Kuba den einzelnen Mitgliedstaaten, und damit auch der Bundesrepublik, durchaus erweiterte Gestaltungsspielräume gegenüber den USA, da angesichts des gestiegenen Gewichts der Europäischen Union die politischen Kosten einer von den USA differierenden Kuba-Politik deutlich sanken. Die von einer wachsenden Zahl der Mitgliedstaaten vollzogene Intensivierung der bilateralen Beziehungen zu Kuba, die sich u.a. in einer zunehmenden Dichte unterschiedlichster Abkommen zeigt, wie auch die gestiegene Bereitschaft der EU-Länder, den Annäherungsprozess zwischen Kuba und der Europäischen Union im Rahmen der Lomé-Nachfolgeverhandlungen zu unterstützen (im März 2000 hat die kubanische Regierung jedoch überraschend den Antrag auf Mitgliedschaft zurückgezogen; siehe hierzu Fußnote 30), können als Hinweise gewertet werden, dass die Mitgliedstaaten von ihrer bisherigen Politik des kleinsten gemeinsamen Nenners zu einer mehrheitlich getragenen Politik der Annäherung übergehen.

5. Der Regierungswechsel von 1998: Eine neue deutsche Kuba-Politik?

Die von Beobachtern vielzitierte Kontinuität der deutschen Außenpolitik nach der Regierungsübernahme durch SPD und Bündnis 90/Die Grünen lässt sich für die deutsche Politik gegenüber Kuba nicht feststellen. Hier kam es zu einer deutlichen Revision der bislang restriktiven Haltung und einer Anpassung an eine bereits von der Mehrzahl der westlichen Länder praktizierte Außenpolitik gegenüber Kuba. Besonders deutlich zeigt sich dies im Bereich der Entwicklungshilfe: So beschloss die neue Bundesministerin für wirtschaftliche Zusammenarbeit und Entwicklung, Heidemarie Wieczorek-Zeul, im Dezember 1999 die Aufnahme einer erstmaligen Zusammenarbeit mit der kubanischen Regierung auf entwicklungspolitischer Ebene, die im Rahmen eines Umweltschutzprojektes eine finanzielle Förderung in einem Gesamtvolumen von elf Millionen DM vorsieht.[26] Diesem Projekt kommt trotz der

---

[26] Pressemitteilung des BMZ vom 17.12.1999.

eher geringen finanziellen Ausstattung angesichts seiner Initialfunktion besondere Bedeutung zu, verdeutlicht es doch die Abkehr vom bisherigen entwicklungspolitischen Konzept für Kuba (Wandel als Voraussetzung für Kooperation) und die grundsätzliche Bereitschaft der neuen Bundesregierung, von der im Gemeinsamen Standpunkt vorgesehenen Möglichkeit einer engeren Kooperation stärkeren Gebrauch zu machen. Mit dieser auf die Formel "Wandel durch Zusammenarbeit" gebrachten Neuausrichtung der deutschen Entwicklungshilfe gegenüber Kuba verbindet das BMZ die Erwartung, die Reformbereitschaft der kubanischen Regierung grundsätzlich zu erhöhen und durch die Inaussichtstellung einer Intensivierung der Beziehungen künftige Menschenrechtsverstöße zu verhindern.

Die Bereitschaft der neuen Bundesregierung, die Beziehungen zu Kuba zu normalisieren, zeigt sich auch in der Frage der Altschulden. Hatte die Vorgängerregierung eine Umschuldung noch kategorisch abgelehnt, konnte bei einem im März 2000 in Berlin stattfindenden Gespräch zwischen Bundeswirtschaftsminister Müller und dem kubanischen Vizepräsidenten Lage eine grundsätzliche Verständigung hinsichtlich der Altschuldenfrage erreicht werden, deren Kern in einer langfristig angelegten Umschuldungsmaßnahme besteht.[27] Damit konnte nicht nur ein die bilaterale Agenda besonders belastender Konfliktpunkt überwunden, sondern durch die damit verbundene Möglichkeit zur Gewährung von Wirtschaftsförderinstrumenten, insbesondere Hermes-Bürgschaften, eine wesentliche Voraussetzung für den Ausbau der wirtschaftlichen Beziehungen geschaffen werden.

Die Revision der bisherigen deutschen Positionen zu Kuba zeigte sich auch in der veränderten Haltung der neuen Bundesregierung zur Kuba-Politik der USA: Gehörte die Bundesrepublik traditionell zum Kreis derjenigen Staaten, die in den innerhalb der UN-Generalversammlungen ausgetragenen Auseinandersetzungen zwischen den USA und Kuba eine grundsätzlich US-freundliche Haltung einnahm, bedeutete das jüngst von deutscher Seite abgegebene Votum zur Verurteilung der US-Blockade gegen Kuba einen klaren Bruch mit der bisherigen außenpolitischen Praxis und verdeut-

---

[27] Das Umschuldungsabkommen umfasst sowohl die gegenüber der DDR angefallenen Transferrubelverbindlichkeiten als auch die aus den 80er Jahren stammenden Handelsschulden gegenüber der Bundesrepublik. Für diese auf insgesamt 230 Mio. DM festgelegten Schulden wurde ein Rückzahlungszeitraum von 21 Jahren vereinbart. Damit ist die Bundesregierung der kubanischen Seite sowohl hinsichtlich des zugrundegelegten Transferrubelkurses als auch des Rückzahlungszeitraumes deutlich entgegengekommen. Vereinbarungsgemäß stellt die Bundesregierung nach dem inzwischen erfolgten Eingang der ersten Rate wieder Hermes-Bürgschaften zur Verfügung.

licht die Bereitschaft, hinsichtlich der Beziehungen zu Kuba aus dem Schatten der US-Politik herauszutreten. Sicherlich darf dieser Schritt nicht überbewertet werden – auch die neue Regierung hat die traditionell engen Beziehungen zwischen der Bundesrepublik und den USA fortgesetzt und entgegen allen Unkenrufen bereits mehrfach bewiesen, dass sie der deutsch-US-amerikanischen Partnerschaft größte Bedeutung beimisst; dennoch zeigt sich hier sehr deutlich, dass die Bundesregierung der deutschen Kuba-Politik ein eigenständigeres Profil verleiht und bilateralen Themen eine größere Eigengewichtigkeit einräumt. Auch der Umstand, dass die politischen Zusammenkünfte von deutscher Seite nicht mehr ausschließlich auf nachgelagerte Instanzen beschränkt bleiben, sondern unter zunehmender Beteiligung höchster Regierungsstellen erfolgen, unterstreicht den gestiegenen Stellenwert, der Kuba in den Außenbeziehungen der Bundesrepublik beigemessen wird.[28] Damit hat die neue Bundesregierung deutlich gemacht, dass sie im Gegensatz zu den USA die kubanische Regierung als wichtigsten und legitimen Ansprechpartner betrachtet und mittels des politischen Dialogs Reformkräfte innerhalb des Regimes zu stärken sucht. Gespräche mit oppositionellen Kräften in und außerhalb Kubas werden zwar geführt, sind in ihrer Bedeutung jedoch nur zweitrangig.

Welches sind die Gründe für diese zu beobachtende Revision der deutschen Kuba-Politik?

Eine wesentliche Ursache für diese außenpolitische Trendwende ist sicherlich in der grundsätzlich positiveren Grundhaltung innerhalb der SPD gegenüber Kuba und der kubanischen Revolution zu sehen, die, ganz im Gegensatz zur tief verwurzelten antisozialistischen Haltung innerhalb der CDU, einen wesentlich pragmatischeren Umgang mit Kuba pflegte und seit den frühen 80er Jahren in einem regelmäßigen Austausch mit kubanischen Regierungs- und Parteivertretern steht. Die auf Kuba stattgefundenen Treffen zwischen Fidel Castro und Heidemarie Wieczorek-Zeul (1982), Willy Brandt (1984), Oskar Lafontaine (1988), Gerhard Schröder (1996) und Manfred Stolpe (1997), die Existenz eines Kuba-Arbeitskreises innerhalb der SPD-Bundestagsfraktion sowie das intensive Kuba-Engagement der SPD-

---

[28] Anzuführen sind das Treffen von Bundeskanzler Schröder und Außenminister Fischer mit dem kubanischen Staats- und Regierungschef Castro in Rio de Janeiro (Juni 1999), die Gespräche zwischen Bundeswirtschaftsminister Müller, der Bundesministerin für wirtschaftliche Zusammenarbeit und Entwicklung Wieczorek-Zeul und dem kubanischen Vizepräsidenten Lage in Berlin (März 2000) und die im Mai 2000 realisierte Reise von Wieczorek-Zeul nach Kuba, dem ersten offiziellen Besuch eines bundesdeutschen Regierungsmitgliedes nach 1959.

nahen Friedrich-Ebert-Stiftung geben hiervon ein beredtes Zeugnis. Auch innerhalb der Grünen überwiegt ein positiver Grundtenor gegenüber Kuba, der vor allem auf den bundesdeutschen linken Parteiflügel zurückgeht; durch den Zusammenschluss der Grünen mit der gegenüber sozialistischen Staatsformen wesentlich kritischer eingestellten Bürgerrechtsbewegungen des Bündnis '90 hat sich das bis in die 80er Jahre hinein durchweg positive Kuba-Bild innerhalb der Partei jedoch deutlich zugunsten einer stärkeren Betonung der Menschenrechtslage auf Kuba verlagert.[29] Wenngleich damit die Grünen sicherlich keine treibende Kraft zur Intensivierung der deutsch-kubanischen Beziehungen darstellten, steht die Parteispitze dem gegenwärtigen Annäherungsprozess jedoch grundsätzlich positiv gegenüber.

Ein weiterer, wenngleich hinsichtlich seiner Wirksamkeit kaum nachzuweisender Anlass für eine Revision der deutschen Kuba-Politik ergab sich aus der zunehmend isolierten Rolle, die die außenpolitische Praxis der Bundesregierung innerhalb der EU-Staaten eingenommen hatte und die die Glaubwürdigkeit einer gemeinsamen europäischen Außenpolitik gegenüber Kuba in Frage stellen musste. Eine Anpassung der deutschen Kuba-Politik an die außenpolitische Praxis der EU-Staaten in der oben beschriebenen Form wurde daher als längst überfälliger Schritt gewertet, der Kuba-Politik der EU ein einheitlicheres Profil zu verleihen. Aber vor allem der neuerliche Annäherungsprozess zwischen der Europäischen Union und Kuba, der sich durch die Teilnahme Kubas an den Nachfolgeverhandlungen der Lomé-Verträge vollzog und eine künftige enge Zusammenarbeit in Aussicht stellte, legte eine Anpassung der bislang restriktiven Politik nahe. Im Falle einer Aufnahme Kubas in den Kreis der AKP-Staaten hätte eine fortgesetzte Distanzierungspolitik der Bundesregierung einmal mehr im deutlichen Widerspruch zur außenpolitischen Praxis der Europäischen Union gestanden. Bis zur überraschenden Rücknahme des Antrags seitens der kubanischen Regierung Mitte März 2000 hatten die EU-Mitgliedstaaten eine zunehmende Bereitschaft zur Aufnahme Kubas signalisiert.[30]

---

[29] Auch der jetzige Menschenrechtsbeauftragte des Auswärtigen Amtes stammt aus der ostdeutschen Bürgerrechtsbewegung und dürfte in nicht unerheblichem Maße zur kritischeren Haltung des Grünen-Außenministers Joschka Fischer gegenüber Kuba beigetragen haben. Zur Haltung der Grünen in den 80er Jahren siehe den Abschlussbericht von Bott/Dittfurth/Zieran 1988.

[30] Die kubanische Regierung begründete diesen Schritt mit dem im Rahmen der UN-Menschenrechtskommission abgegebenen Votum der EU-Staaten, die sich mehrheitlich einer Verurteilung Kubas anschlossen. Trotz des gegen Kuba gerichteten Votums haben zahlreiche Beobachter der Verhandlungen den meisten EU-Staaten bis zuletzt eine

Forderungen nach einer Normalisierung der Beziehungen kamen zudem von Seiten der deutschen Wirtschaft, die seit der zweiten Hälfte der 90er Jahre ein reges Interesse an einer Intensivierung der wirtschaftlichen Beziehungen zu Kuba zeigte und die Bundesregierung wiederholt aufgefordert hatte, bessere Rahmenbedingungen für ein Kuba-Engagement zu schaffen (Bundesstelle für Außenhandelsinformation 1999). Auch die steigende Zahl deutscher Kuba-Touristen – für die nächsten Jahre wird erwartet, dass Deutschland die größte Touristengruppe auf Kuba stellen wird – hat längst das Interesse der deutschen Tourismusindustrie an Kuba als einem der wichtigsten Fernreiseziele geweckt. Zudem bieten die von der kubanischen Regierung im Bereich des Tourismus vorgesehenen Infrastrukturvorhaben, aber auch die Existenz von ca. 30.000 in der DDR aus- bzw. weitergebildeten Kubanern mit Deutschkenntnissen[31] attraktive Geschäftsmöglichkeiten für deutsche Unternehmen, die jedoch ohne geeignete politische und wirtschaftliche Rahmenbedingungen gegenüber der ausländischen Konkurrenz deutlich benachteiligt werden. Hierdurch hat sich ein zunehmender politischer Handlungsbedarf ergeben, der bereits die CDU-FDP-Regierung 1996 gegen anfänglichen Widerstand aus den eigenen Reihen zur Unterzeichnung eines Investitionsschutzabkommens mit der kubanischen Regierung veranlasst hatte. Das Festhalten an einer Distanzierungspolitik, dies zeigt auch das verstärkte Engagement des BDI-Präsidenten Henkel gegenüber Bundeskanzler Schröder und Finanzminister Eichel,[32] stieß innenpolitisch auf zunehmendes Unverständnis (Pressezentrum des Deutschen Bundestages 1997).

---

grundsätzlich hohe Bereitschaft zur Aufnahme Kubas bei den Lomé-Nachfolgeverträgen attestiert. Das von der kubanischen Seite vorgebrachte Argument, der Rückzug Kubas stelle lediglich die Vorwegnahme einer zu erwartenden negativen Entscheidung der EU-Staaten bei der für Juni 2000 angesetzten Vertragsunterzeichnung dar, muss daher angezweifelt werden.

[31] Wenngleich diese Episode der deutsch-kubanischen Beziehungen noch der weiteren Aufarbeitung bedarf, scheint, wie jüngere Untersuchungen vermuten lassen, die vielgepriesene Weiterbildung kubanischer Facharbeiter in der DDR jedoch nur bedingt zutreffend gewesen zu sein. Vielmehr scheint der Austausch billiger Arbeitskräfte im Vordergrund gestanden zu haben, die der kubanischen Regierung im Gegenzug zusätzliche, von der DDR verrichtete Lohnzahlungen einbrachte. Bei den in die DDR geschickten Kubanern handelte es sich offenbar meist um ungelernte Arbeiter, die, von DDR-Bürgern weitestgehend abgeschottet, einfache Tätigkeiten ausübten. Von weitreichender beruflicher Qualifikation und der Aneignung umfangreicher Deutschkenntnisse kann demzufolge nur bedingt gesprochen werden (vgl. Franzbach 1995).

[32] *Der Spiegel*: "Der Fundi und das Fossil", 17.5.1999; *Handelsblatt*: "Wachstumsmärkte in Lateinamerika", 18.5.1999.

Die Neugestaltung der außenpolitischen Beziehungen zu Kuba ist somit gleichermaßen Ausdruck einer parteiinternen Affinität der neuen Regierung wie externer Entwicklungen, die eine Revision der bisherigen Positionen nahe legten. Trotz der grundsätzlichen Bereitschaft zu einer Intensivierung der bilateralen Beziehungen gestaltet sich das Verhältnis der neuen Bundesregierung zu Kuba jedoch keineswegs konfliktfrei: Besonders die seit geraumer Zeit zu beobachtende innenpolitische Verhärtung und wiederholte Repressalien gegen kubanische Oppositionelle werden mit großer Besorgnis verfolgt und haben zu einer deutlich distanzierteren Haltung gegenüber der kubanischen Regierung geführt.[33] Diese kritische Haltung zeigt sich auch in den beiden, in zeitlich dichter Folge unter deutscher EU-Ratspräsidentschaft ausgesprochenen Erklärungen zu Kuba, in denen die innenpolitische Verhärtung und die damit verbundene Strafrechtsverschärfung verurteilt werden.[34]

Im Umgang mit Kuba, der sich durch eine grundsätzliche Annäherung bei gleichzeitiger verstärkter Beachtung einzelner Menschenrechtsverstöße auszeichnet, zeigt sich ein Trend, der allgemein für die außenpolitische Praxis der neuen Regierung kennzeichnend ist: Wurden die politischen Systembedingungen zur Beurteilung der Menschenrechtslage seitens der Vorgängerregierung wesentlich stärker gewichtet, rückt die jetzige rot-grüne Regierung die innenpolitische Praxis und konkrete Fälle von Menschenrechtsverstößen stärker in den Vordergrund. Systemdefizite hingegen können nach Ansicht der neuen Regierung nicht durch Blockade, sondern nur durch Einbindung überwunden werden. Die Aussage von Bundeskanzler Schröder am Rande des Rio-Gipfels von 1999, man wisse, dass Kuba eine Diktatur sei, verdeutlicht diese Haltung; mit der "Erfahrung, die wir in Deutschland mit autoritären Regimes gemacht haben, wissen wir aber, dass die beste Methode ihre Integration ist", fügte er hinzu.[35] Nicht das politische System, sondern die tatsächliche Einhaltung von Menschenrechten werden – zumindest in der außenpolitischen Programmatik – zum Hauptkriterium einer Zusammenarbeit und wären bei verstärkter Nichtbeachtung Anlass für eine restriktivere Haltung. Sollte sich der gegenwärtig zu verzeichnende Verhärtungskurs der kubanischen Regierung daher fortsetzen, könnte sich die bislang

---

[33] Zur Verschärfung des innenpolitischen Kurses der kubanischen Regierung siehe Gratius (1999).
[34] Erklärung der Präsidentschaft im Namen der Europäischen Union zur Verurteilung der vier Mitglieder der "Internen Dissidentengruppe" in Havanna, Kuba, vom 17.3.1999 sowie Erklärung des Vorsitzes im Namen der Europäischen Union zu Kuba, vom 25.6.1999.
[35] Vgl. Agence Europe, No. 7495, Brüssel, 26.06.1999.

überwiegend positive Einstellung der Bundesregierung hinsichtlich einer Zusammenarbeit mit Kuba deutlich abschwächen. Der Bonus der Kuba-Affinität wäre im Falle fortgesetzter Menschenrechtsverstöße rasch erschöpft.

Dass der gegenwärtige Annäherungsprozess keineswegs frei von Skepsis und Unbehagen ist, zeigt sich auch in der jüngst aufgenommenen entwicklungspolitischen Zusammenarbeit: Mit der Entscheidung des BMZ, die Wüstenbildung auf Kuba zu bekämpfen, wurde sicherlich nicht ohne Absicht ein Projekt gewählt, das sich durch ein hohes Maß an Unverfänglichkeit auszeichnet und weder in Deutschland noch international, hier vor allem seitens der USA, auf Protest stoßen dürfte. Tatsächlich hat sich das BMZ noch vor Aufnahme der entwicklungspolitischen Zusammenarbeit davon überzeugt, dass seitens oppositioneller Kreise kein Widerstand gegen das Kooperationsvorhaben zu erwarten sei. Dies zeigt, dass die deutsche Seite nicht ohne vorherige Absicherung agieren wollte. Die Annäherung fand zudem zu einem Zeitpunkt statt, zu dem der internationale Druck auf Kuba deutlich abgenommen hatte und selbst in den USA Entspannungstendenzen zu erkennen waren. Diese Umstände lassen vermuten, dass die deutsche Kuba-Politik auch weiterhin keineswegs losgelöst vom internationalen "Klima" erfolgt und für internationalen Druck durchaus empfänglich bleibt. Für die deutsche Position zu Kuba dürfte jedoch nunmehr weniger die Haltung der USA als vielmehr das grundsätzliche Bemühen um eine kohärente Außenpolitik der Europäer gegenüber Kuba von Bedeutung sein.

Gerade auf europäischer Ebene hat sich indes die Rolle der Bundesrepublik für die Kuba-Politik der Europäischen Union deutlich gewandelt: Während die CDU-FDP-Regierung die bisherigen Bemühungen um eine Annäherung zwischen der EU und Kuba noch zu verhindern suchte, erweist sich die neue Regierung auch auf europäischer Ebene als ein klarer Befürworter einer verstärkten Zusammenarbeit mit Kuba. Dies zeigt sich sowohl in der Bereitschaft Schröders und Fischers, am Rande des 1999 in Rio de Janeiro abgehaltenen EU-Lateinamerika-Gipfels noch vor Beginn der offiziellen Verhandlungen ein intensives Gespräch mit Castro zu führen,[36] als auch in dem Engagement Wieczorek-Zeuls für die Aufnahme Kubas in den Kreis der AKP-Staaten, auch nach dem Rückzug Kubas aus den Lomé-Nachfolgeverhandlungen. Diese neue Rolle der Bundesrepublik auf EU-Ebene könnte

---

[36] Bei diesem Treffen kam es allerdings angesichts der unterschiedlichen Bewertung des Nato-Einsatzes im Kosovo zu einer zeitweiligen Verstimmung (vgl. *Frankfurter Allgemeine Zeitung* 29.6.1999).

dazu beitragen, einer dauerhaften Annäherung zwischen Europa und Kuba den Weg zu ebnen und der stärkeren Ausrichtung Kubas auf die europäischen Staaten, wie sie in der gestiegenen Bedeutung Europas als wichtigster Handelspartner Kubas zum Ausdruck kommt, durch eine institutionalisierte politische Zusammenarbeit zu entsprechen. Zumindest auf Seiten der Europäer scheint mit dem Einlenken eines der bislang gewichtigsten Gegner innerhalb der EU die Bereitschaft hierzu durchaus vorhanden zu sein.

Chronologie

1953 Errichtung der Botschaft der Bundesrepublik Deutschland in Havanna.
1959 Sieg der Truppen Fidel Castros über das Batista-Regime.
1960 Verhängung einer Wirtschaftsblockade Kubas durch die US-Regierung.
1962 Kuba-Krise; Bundeskanzler Konrad Adenauer verweist in einer an die deutsche Öffentlichkeit gerichteten Ansprache auf die von der kubanischen Revolution ausgehende Bedrohung für die Sicherheit der Bundesrepublik Deutschland.
1963 Kuba nimmt als erstes lateinamerikanisches Land offizielle diplomatische Beziehungen zur DDR auf; die Bundesregierung bricht daraufhin ihre diplomatischen Beziehungen zu Kuba ab.
1974 Staatsbesuch Erich Honeckers in Kuba.
1975 Die Bundesrepublik nimmt nach zwölfjähriger Unterbrechung ihre diplomatischen Beziehungen zu Kuba erneut auf.
1977 Staatsbesuch Fidel Castros in der DDR.
1978 Die DDR und Kuba schließen ein Abkommen über den Austausch und Ausbildung von Facharbeitern; bis 1989 kommen ca. 30.000 Kubaner für meist mehrere Monate oder Jahre in die DDR.
1980 Die DDR und Kuba unterzeichnen einen Vertrag über Freundschaft und Zusammenarbeit.
1982 Besuch der Europaparlamentarierin Wieczorek-Zeul (SPD) auf Kuba.
1983 Zusammentreffen zwischen Castro und Hans-Jürgen Wischnewski, Präsidiumsmitglied der SPD.
1984 Der ehemalige Bundeskanzler Willy Brandt reist in seiner Funktion als Vorsitzender der Sozialistischen Internationale nach Kuba; Zusammentreffen mit Castro.
1986 Kuba erklärt sich zahlungsunfähig und stellt alle Rückzahlungen gegenüber den westlichen Gläubigern ein; die Bundesregierung setzt daraufhin die Gewährung von Außenhandelsförderinstrumenten aus.

1988 Oskar Lafontaine, zum damaligen Zeitpunkt Ministerpräsident des Saarlands, nimmt im Rahmen einer Veranstaltung der Friedrich-Ebert-Stiftung an einer Delegationsreise nach Kuba teil.
1988 Reise einer Delegation der Grünen nach Kuba, Treffen mit Castro.
1990 Deutsche Wiedervereinigung; die Bundesregierung verweigert die Fortführung der Entwicklungszusammenarbeit der DDR mit Kuba.
1995 Der ehemalige Finanzsenator Hamburgs, Horst Gobrecht (SPD), berät die kubanische Regierung bei der Einführung eines Steuersystems.
1996 Die USA erlassen das Helms-Burton-Gesetz, das u.a. Sanktionen gegen ausländische Unternehmen vorsieht, die in von der kubanischen Regierung enteignetes Kapital investieren. Die Europäische Union droht daraufhin mit einer Klage vor der Welthandelsorganisation (WTO).
1996 1. Deutsch-Kubanischer Wirtschaftskongress in Köln.
1996 Der Rat der Europäischen Union beschließt einen Gemeinsamen Standpunkt zu Kuba.
1996 Gerhard Schröder unternimmt in seiner Funktion als Ministerpräsident von Niedersachsen eine Besuchsreise nach Kuba; Gespräch mit Castro.
1996 Vertreter der deutschen und kubanischen Regierung unterzeichnen ein Investitionsschutzabkommen, das 1998 in Kraft tritt.
1997 Manfred Stolpe (SPD) besucht als Ministerpräsident von Brandenburg Kuba; Gespräch mit Castro.
1998 Die Europäische Union gewährt Kuba einen Beobachter-Status bei den Neuverhandlungen der Lomé-Verträge; hierdurch erhält Kuba die Aussicht auf eine Mitgliedschaft in der Gruppe der AKP-Staaten, einem mit der EU assoziiertem Zusammenschluss.
1999 Der Bundesverband der Deutschen Industrie (BDI) unternimmt zusammen mit hochrangigen Vertretern der deutschen Wirtschaft eine fünftägige Reise nach Kuba.
1999 2. Deutsch-Kubanischer Wirtschaftskongress in Berlin.
1999 Die Europäische Union unter Vorsitz der deutschen Ratspräsidentschaft spricht zwei Verurteilungen wegen Menschenrechtsverletzungen gegen die kubanische Regierung aus.
1999 Gespräch zwischen Bundeskanzler Schröder, Außenminister Fischer und dem kubanischen Regierungschef Castro am Rande des Rio-Gipfels.

1999 Das Bundesministerium für wirtschaftliche Zusammenarbeit und Entwicklung beschließt eine entwicklungspolitische Zusammenarbeit mit der kubanischen Regierung.

2000 Treffen zwischen Bundeswirtschaftsminister Müller und dem kubanischen Vizepräsident Lage in Berlin; beide Seiten verständigen sich auf eine Regelung der Altschuldenproblematik.

2000 Die kubanische Regierung zieht ihren Antrag auf Mitgliedschaft in der AKP-Gruppe zurück.

2000 Wieczorek-Zeul reist als erstes bundesdeutsches Regierungsmitglied seit 1959 zu einem offiziellen Besuch nach Kuba.

Literaturverzeichnis

Auswärtiges Amt (Hrsg.) (1972): *Die Auswärtige Politik der Bundesrepublik Deutschland.* Köln.

Bieß, Marita (1985): *Die politisch-ideologische Zusammenarbeit zwischen der Sozialistischen Einheitspartei Deutschlands und der Kommunistischen Partei Kubas in den siebziger Jahren.* Berlin: Institut für Marxismus-Leninismus beim Zentralkomitee der SED, Dissertation.

Blasier, Cole (1979a): "Comecon in Cuban Development". In: Blasier, Cole/Mesa-Lago, Carmelo (Hrsg.): *Cuba in the World.* Pittsburgh, S. 225-256.

Blasier, Cole/Mesa-Lago, Carmelo (Hrsg.) (1979b): *Cuba in the World.* Pittsburgh.

Bott, Regula/Dittfurth, Jutta/Zieran, Manfred (1998): *Kuba öffnet sich: Für alternative Energien, in der Frage der Menschenrechte... Bericht von der Reise der GRÜNEN-Delegation nach Kuba, 15.5.-3.6.88.* Bundesgeschäftsstelle der GRÜNEN 1988. Bonn.

Bundesstelle für Außenhandelsinformation (BfAI) (1999): *Interesse am Standort Kuba wächst.* Dokumenten-Nr. 66-19990520, Köln.

Bundesverband der Deutschen Industrie (BDI) (1999): *Dokumentation BDI/IAV-Delegation nach Kuba und Jamaika.* Köln.

Domínguez, Jorge (1989): *To make a world safe for revolution. Cuba's foreign policy.* Cambrigde/Mass.

Drekonja, Gerhard 1974): "Kuba: Jenseits der Unterentwicklung". In: *E+Z*, 15, 3, S. 19.

Florentino Graupera, Francisco (1992): "Cuba y la política alemana de ayuda al desarrollo tras la unificación". In: *Revista de Estudios Europeos*, 21-22, S. 143-157.

— (1997): "Cuba y Alemania en los noventa. ¿Hacia nuevas aperturas?". In: *Revista de Estudios Europeos*, 41, S. 22-56.

Franzbach, Martin (1995): "Brüderliche Hilfe. Die Unterstützung der DDR-Stasi für den cubanischen Geheimdienst". In: *ila*, 191, S. 39-42.

Grabendorff, Wolf (1982): "Western European Perceptions of the Turmoil in Central America". In: Feinberg, Richard E. (Hrsg.): *Central America: International Dimensions of the Crisis.* New York, S. 201-212.

— (1992): "Die Beziehungen zwischen der Europäischen Gemeinschaft und Kuba". In: *Lateinamerika. Analysen–Daten–Dokumentation*, Hamburg: Institut für Iberoamerika-Kunde, Nr. 20, S. 61-80.

Gratius, Susanne (1999): *Kuba 1999: Zwischen Repression und Agonie*. (Institut für Iberoamerika-Kunde (Hrsg.): *Brennpunkt Lateinamerika. Politik, Wirtschaft und Gesellschaft*, Nr. 10.)

Haass, Richard N. (Hrsg.) (1999): *Transatlantic Tensions. The United States, Europe, and Problem Countries*. Washington, D.C.

Hamann, Claudia (1992): "Lateinamerika in der deutschen Entwicklungspolitik". In: Mols, Manfred/Wagner, Christoph, 1994: S. 101-166.

Heilman, John G. (1997): *Ideological Conflict and Institutional Differentiation in West German Relations with Latin America*. New York.

Hennessy, Alistair/Lambie, George (Hrsg.) (1993): *The Fractured Blockade. West European-Cuban Relations during the Revolution*. London/Basingstoke.

Hoffmann, Bert (1996): "Helms-Burton und kein Ende? Auswirkungen und Perspektiven für Kuba, die USA und Europa". In: *Lateinamerika. Analysen–Daten–Dokumentation*, Hamburg: Institut für Iberoamerika-Kunde, Nr. 33, S. 35-50.

IRELA (1996a): *Cuba y la Unión Europea: las dificultades del diálogo*. Madrid.

— (1996b): *La Posición Común de la UE sobre Cuba: debate interno, reacciones y repercusiones*. Madrid.

— (1998): *El mundo se abre a Cuba: Avances hacia su plena inserción internacional*. Madrid.

— (2000): *Revision der Europäischen Kuba-Politik: Perzeptionen und Interessen der EU-Mitgliedstaaten*. Madrid.

Joffe, Josef (1996): "Amerika und Deutschland: Die Weltmacht, der 'sanfte Hegemon' und die natürliche Partnerschaft". In: Kaiser, Karl/Krause, Joachim (Hrsg.): *Deutschlands neue Außenpolitik*. Band 3: Interessen und Strategien, München, S. 117-122.

Krämer, Raimund (1994): "Archäologische Grabungen in einer verschwundenen Diplomatie. Zu den Beziehungen der DDR mit Lateinamerika". In: Mols, Manfred/Wagner, Christoph, 1994: 79-99.

— (1998): "Der alte Mann und die Insel: Von den anfänglichen Hürden, dem Alltag und abrupten Ende einer engen deutsch-kubanischen Liaison. Kuba, Che Guevara und die DDR". In: Krämer, Raimund: *Der alte Mann und die Insel. Essays zu Politik und Gesellschaft in Kuba*. Berlin, S. 139-159.

Krugmann-Randolf, Inga (1990): "Entwicklungspolitik auf dem Weg zur deutschen Einheit". In: *E+Z*, 31, 5, S. 6.

Lambie, George (1993): "Anglo-Cuban commercial relations in the 1960s: A case study of the Leyland Motor company contracts with Cuba". In: Hennessy, Alistair/Lambie, George, 1993: 163-196.

— (1995): The Blockade on Cuba: *West European-Cuban Relations during the Revolution*. Working Paper of the Caribbean Institute and Study Center for Latin America, Puerto Rico.

MacDonald, Scott B. (1990): "Cuba's Relations with Europe and Canada: Accomodation and Challenges". In: Fauriol, Georges/Looser, Eva (Hrsg.): *Cuba and the International Dimension*. London, S. 233-254.

Meyer, Petra (1990a): "Kuba ist ein vertrauenswürdiger Partner". In: *E+Z*, 31, 5, S. 21.
— (1990b): "Zukunft ehemaliger DDR-Projekte". In: *E+Z*, 31, 12, S. 19.
Mols, Manfred/Wagner, Christoph (Hrsg.) (1994): *Deutschland – Lateinamerika. Geschichte, Gegenwart und Perspektiven*. Frankfurt/M.
Nuccio, Richard A.: Cuba (1999): "A U.S. Perspective". In: Haass, Richard N. (Hrsg.): *Transatlantic Tensions. The United States, Europe, and Problem Countries*. Washington, D.C., S. 7-28.
Oberndörfer, Dieter (1975): "Lateinamerika als Bezugsfeld westdeutscher Außenpolitik". In: Schwarz, Hans-Peter (Hrsg.): *Handbuch der deutschen Außenpolitik*. München/Zürich, S. 348-354.
Petras, James/Morley, Morris (1996): "Clinton's Cuba policy: two steps backward, one step forward". In: *Third World Quarterly*, 17/2, S. 296-287.
Pressezentrum des Deutschen Bundestages (Hrsg.) (1996): *Haushaltsausschuss: "Ideologische Verklemmtheit" bald abstreifen*. Bonn: Bundestag, Heft 3.
— (1997): *Auswärtiges: Im Rahmen der Europäischen Union Beziehungen zu Kuba intensivieren*. Bonn: Bundestag, Heft 5.
Rodríguez, José Luís (1993): "Economic relations between Western Europe and Cuba since 1959". In: Hennessy, Alistair/Lambie, George, 1993: 100-115.
Roy, Joaquín (1998): "La Unión Europea y España ante la ley Helms-Burton". In: *Ibero-Amerikanisches Archiv*, 24, 3-4, S. 213-245.
— (1999): "Cuba, the U.S. Embargo, and the Helms-Burton Law". In: Haass, Richard N. (Hrsg.): *Transatlantic Tensions. The United States, Europe, and Problem Countries*. Washington, D.C., S. 29-47.
Zeuske, Michael (2000): *Insel der Extreme. Kuba im 20. Jahrhundert*. Zürich.

Matthias Hucke

"Wir sind wahre Nationalsozialisten."
Die deutsche Kolonie auf Kuba 1933-1944[1]

Die Rolle der Deutschen auf Kuba in den dreißiger Jahren ist bisher kaum beziehungsweise nur am Rande untersucht worden. So hat sich die israelische Historikerin Margalit Bejerano in ihrem informativen Artikel[2] in erster Linie mit den Mitgliedern der Falange Española und ihren Aktivitäten auf Kuba, weniger mit den Mitgliedern der deutschen Gemeinschaft auseinander gesetzt. Auch die spärlich dokumentierte Untersuchung des kubanischen Journalisten Juan Chongo Leiva beschäftigt sich nur am Rande mit der deutschen Kolonie.[3] Wenig ergiebig ist auch die Arbeit von Manfred Scharbius.[4] Martin Franzbach räumt dagegen in einem Aufsatz zur Geschichte des Deutschtums auf Kuba der Schilderung der deutschen Kolonie in der Zeit von 1933 bis 1945 breiten Raum ein.[5]

Der Begriff der "deutschen Kolonie" wird von den Autoren wissenschaftlicher Arbeiten jüngeren Datums kritisch beurteilt, da er eine Einheit der Auslandsdeutschen suggeriert, die speziell seit den zwanziger Jahren des 20. Jahrhunderts in vielen lateinamerikanischen Staaten durch die Spaltung der dort lebenden Deutschen in ein linksliberal-demokratisches und ein konservativ-nationalistisches Lager nicht gegeben war.[6] In Kuba allerdings bil-

---

[1] Der Autor bedankt sich bei Prof. Martin Franzbach, Universität Bremen, für die Überlassung seiner Materialsammlung.
[2] Bejerano, Margalit (1994): "La quinta columna en Cuba (1936-1942)". In: *Reflejos. Revista de Estudios Españoles y Latinoamericanos*, No. 3 (Diciembre de 1994), Universidad Hebrea de Jerusalén, S. 49-62.
[3] Chongo Leiva, Juan (1989): *El fracaso de Hitler en Cuba*. Havanna.
[4] Scharbius, Manfred (1966): Zur Politik des deutschen Faschismus in Mittelamerika und Westindien". In: Sanke, Heinz (Hrsg.): *Der deutsche Faschismus in Lateinamerika 1933-1943*. Berlin, S. 145-157.
[5] Franzbach, Martin (1990): "Die beiden Deutschlands auf Kuba. Ein Beitrag zur Geschichte der Auslandsdeutschen in der Karibik". In: *Iberoamericana. Lateinamerika. Spanien. Portugal*, 17. Jg., 1990, Nr. 2 (50), S. 5-15.
[6] Vgl. Rinke, Stefan (1966): *"Der letzte freie Kontinent": Deutsche Lateinamerikapolitik im Zeichen transnationaler Beziehungen*. 2 Bde., Stuttgart, S. 23, Fn. 27; sowie Meding, Holger (1997): *"Der Weg". Eine deutsche Zeitschrift in Buenos Aires 1947-1957*. Berlin, S. 14f.

dete die deutsche Gemeinschaft bis in die dreißiger Jahre des 20. Jahrhunderts eine relativ homogene Gruppe. Es kam nicht zu einer starken Polarisierung wie in anderen Ländern. Eine Einwanderung von Deutschen, die eher dem linken Spektrum zuzurechnen waren, scheint erst im Rahmen der politischen Emigration nach Kuba ab Anfang der vierziger Jahre erfolgt zu sein.[7]

1. Nach dem Ersten Weltkrieg

Nach der Ratifizierung des Versailler Vertrages durch die kubanische Regierung im März 1920 normalisierte sich das Leben in der deutschen Kolonie relativ schnell. In der Folge der kubanischen Kriegserklärung an das Deutsche Reich vom 7. April 1917 waren die Deutschen überwacht und teilweise interniert worden. Das Dekret No. 539 vom 9. April 1920 hob die Kriegsmaßnahmen gegen deutsche Reichsangehörige auf Kuba auf. Ihnen wurden "ihre Bewegungsfreiheit und ihr ungeschmälertes Eigentum zurückgegeben".[8]

Im Sommer 1921 lebten nach Angaben des deutschen Gesandten Franz Carl Zitelmann 139 Deutsche auf Kuba, davon waren 133 Männer und nur sechs Frauen.[9] Die große Mehrheit lebte in Havanna, 23 Personen über den Rest des Landes verteilt. Der Großteil dieser Gruppe war bereits um die Jahrhundertwende in die Karibik gekommen und sollte bis in die vierziger Jahre hinein das Leben der deutschen Kolonie bestimmen.

Im Verlauf der zwanziger Jahre kamen mehrere hundert neue deutsche Einwanderer auf die Antilleninsel,[10] wenn auch Kuba im Rahmen der deutschen Auswanderung nach Lateinamerika als Ziel eine eher marginale Rolle

---

[7] Zur politischen Emigration nach Kuba, die hier nicht behandelt wird, und ihren Aktivitäten vgl. von zur Mühlen, Patrick (1998): *Fluchtziel Lateinamerika. Die deutsche Emigration 1933-1945: politische Aktivitäten und soziokulturelle Integration.* Bonn, S. 261ff.; Caden, Gert (1963): "Das Komitee deutscher Antifaschisten in Habana, Kuba (1942-1947)". In: *Beiträge zur Geschichte der deutschen Arbeiterbewegung,* V/VI (1963), S. 933-941; Röhler, Petra (1997): "El Círculo Alejandro de Humboldt. Asociación cultural de demócratas de habla alemana". In: Auswärtiges Amt der Bundesrepublik Deutschland (Hrsg.): *Alejandro de Humboldt en Cuba* (Catálogo para la exposición en la casa Humboldt, Habana Vieja, octubre 1997-enero 1998), Augsburg, S. 111-118; und besonders Brunner, Detlev (1994): "Fritz Lamm – Exil in Kuba". In: Grebing, Helga/ Wickert, Christian (Hrsg.): *Das "andere Deutschland" im Widerstand gegen den Nationalsozialismus. Beiträge zur politischen Überwindung der nationalsozialistischen Diktatur im Exil und im Dritten Reich.* S. 146-172.
[8] PA AA, R 79344, Zitelmann an AA, 28.10.1920.
[9] Vgl. PA AA, R 79334, Zitelmann an AA, 26.8.1921.
[10] Vgl. zu den Zahlen der deutschen Einwanderer nach Kuba: PA AA, R 67186, dt. Ges. Hav. an AA, 19.2.1925, 2.2.1927, 21.10.1929 u. 23.7.1930.

spielte.[11] Ein Teil der Einwanderer erhoffte sich, von Kuba aus leichter in die USA zu gelangen.[12] Im Jahre 1928 wurden in Havanna etwa 300 Deutsche, darunter etwa 40 bis 45 Familien, gezählt.[13] In der Weltwirtschaftskrise 1929 ging die deutsche Einwanderung nach Kuba zurück. Viele Deutsche kehrten der Insel wegen wirtschaftlicher Probleme den Rücken, wozu auch die Maßnahmen zur Nationalisierung der kubanischen Wirtschaft im Jahre 1934 beitrugen.[14]

Sein Zentrum hatte das gesellschaftliche Leben in der deutschen Gemeinschaft in den Räumen des Deutschen Vereins (DV), der schon am 15. Dezember 1861 gegründet worden war.[15] Nach der Wiedereröffnung des Vereinslokals zählte er im November 1922 fast 100 Mitglieder. In seinen Reihen waren alle angesehenen Deutschen Havannas vertreten, die zum Großteil nach Kriegsende durch ihre gewachsenen Verbindungen auf der Insel rasch wieder Anschluss an die wirtschaftliche Entwicklung gefunden hatten.

Die Mitglieder des Vereins hielten deutliche Distanz zur Weimarer Republik und begegneten dem neu ernannten Gesandten Zitelmann mit "einer gewissen Voreingenommenheit".[16] Im März 1923 änderte man zwar die Vereinsstatuten und strich, um politische Diskussionen zu vermeiden, die Bestimmung, der zufolge die Vereinsfarben "schwarz-weiß-rot" waren.[17] Die republikfeindliche Haltung des Vereins und der deutschen Kolonie insgesamt blieb aber die nächsten Jahre bestehen. Exemplarisch ist die Einschätzung des Gesandten, bei einer Schließung der Gesandtschaft in Havan-

---

[11] Zur deutschen Auswanderung nach Lateinamerika, ihren Ursachen und ihren Umfang von 1919 bis 1933 vgl. Rinke (1966: 291ff.).
[12] Grothe, Hugo (1932): *Grothes kleines Handwörterbuch des Grenz- und Auslandsdeutschtums*. München/Berlin, S. 369.
[13] Vgl. EZA 5/2808, Aufzeichnung einer Besprechung über die kirchlichen und schulischen Verhältnisse in Havanna v. Hr. Heckel, 4.7.1928.
[14] Vgl. PA AA, R 99270, dt. Ges. Hav. an AA, 9.8.1935. Am 8. November 1934 wurde ein kubanisches Gesetz zur Nationalisierung der Arbeit beschlossen. Demnach mussten 50% der Angestellten einer Firma Kubaner sein. Neue Arbeitsplätze durften nur an Kubaner bzw. später auch an eingebürgerte Personen vergeben werden, was viele Immigranten in die illegale Heimarbeit trieb. Vgl. Levine, Robert M. (1993): *Tropical Diaspora. The Jewish Experience in Cuba*. University Press of Florida, S. 55f.
[15] Zur Geschichte des Vereins vgl. DV (Hrsg.) (1936): *Der Deutsche Verein Habana. Festschrift zur Feier des 75-jährigen Bestehens*. Havanna, S. 4ff.
[16] PA, R 79334, dt. Ges. Hav. an AA, 30.12.1920.
[17] PA, R 79334, dt. Ges. Hav. an AA, 19.10.1922.

na – Anfang der zwanziger Jahre gab es im AA solche Überlegungen[18] – werde sich die deutsche Kolonie zersplittern und gegen die Republik stellen.[19] Wirklichen Zugang zur ersten Republik auf deutschem Boden fand die Elite der Deutschen auf Kuba nie.

Anlass zu gesellschaftlichen Treffen boten neben dem Deutschen Verein auch die Feste der am 1. April 1924 gegründeten deutschen Privatschule. Die Leiterin und Gründerin dieser Schule, Frau Doktor Käthe Heidrich, der "Angelpunkt des Deutschtums in Havanna",[20] engagierte sich außerdem stark für die Wiederbelebung des deutschen evangelischen Gemeindelebens in Havanna. Die Aktivitäten der deutschen Schule, aber auch die nun stattfindenden Gottesdienste förderten die Kontakte zwischen den Gruppen der etablierten und der neuen Einwanderer.[21]

Am 10. Dezember 1932 wurde in Havanna eine weitere deutsche Vereinigung gegründet, der Deutsche Bund (DB). Die Initiatoren wollten mit dieser Neugründung der verstärkten Einwanderung von Deutschen nach Kuba in den zwanziger Jahren, aber auch der veränderten Sozialstruktur der deutschen Kolonie Rechnung tragen. Während sich im Deutschen Verein eher das Establishment der deutschen Kolonie traf, wollte man im Deutschen Bund die weniger bemittelten Einwanderer versammeln.[22] Der DB hatte von seiner Gründung an starken Zulauf.

2. Reaktionen auf die "Machtergreifung" Hitlers

Die Mehrheit der Deutschen auf Kuba begrüßte die "Machtergreifung" Hitlers am 30. Januar 1933.[23] Man sah in ihm den starken Kanzler, der die alte schwarz-weiß-rote Flagge wiederbrachte und die "Schmach von Versailles" tilgte.[24]

Widerstand gegen die neue Regierung gab es wenig: Ein deutscher Fabrikbesitzer schaltete in zwei ortsansässigen jüdischen Zeitungen Anzeigen, in

---

[18] Vgl. ADAP, Serie A, Bd. VIII, Dok. 249, Aufzeichnung v. Ministerialdirektor Gneist, November 1923, S. 637-640; und PA AA, R 79321, Zitelmann an AA, 28.5.1923.
[19] Vgl. PA, R 79323, dt. Ges. Hav. an AA, 24.12.1923.
[20] EZA 5/2808, Bericht über die Bedienung der evangelischen Deutschsprechenden in Havanna v. Pfarrer Fraustadt, 14.1.1936.
[21] Vgl. BDC NSLB Listen, Bericht über die Lage des Deutschtums in Cuba v. Frau Dr. Heidrich, o.D. [Dez. 1933].
[22] PA AA, dt. Ges. Hav. Bd. 9, Bericht über die Gründungsversammlung d. DB am 10. Dezember 1932, o.D.
[23] Vgl. PA AA, 82-02 A, Erythropel an AA, 27.4.1934.
[24] Ibid. sowie DV (1936: 38).

denen er die Verfolgung der Juden in Deutschland verurteilte.[25] Die Minderheit der Deutschen, die nicht mit der neuen Regierung der Nationalsozialisten einverstanden waren, hielt sich in den folgenden Jahren von den Aktivitäten der deutschen Vereine fern.[26]

In der kubanischen Öffentlichkeit hatte man sich zunächst nur am Rande mit der neuen deutschen Regierung beschäftigt.[27] Dies änderte sich nach den Reichstagswahlen vom 5. März 1933. Einflussreiche bürgerliche Zeitungen protestierten gegen die Entwicklungen in Deutschland[28] und es kam zu Solidaritätsbekundungen der kommunistischen Jugend Kubas für die in Deutschland inhaftierten Kommunisten, bei denen das deutsche Konsulat in Havanna unter polizeiliche Bewachung gestellt werden musste.[29]

Die jüdische Gemeinde in Havanna war anders als die kubanische Öffentlichkeit schon nach der Machtübernahme der Nationalsozialisten über die jüngsten Entwicklungen in Deutschland beunruhigt. Verschiedene jüdische Organisationen sprachen sich in einer geheimen Abstimmung dafür aus, keine deutschen Waren mehr zu kaufen.[30] Zu einem Boykott deutscher Erzeugnisse und zum Widerruf von Aufträgen an deutsche Kaufleute kam es aber nur vereinzelt.[31]

Am 3. April 1933 sprach der Rabbiner David Rafalin auf einer Versammlung von 3.000 Menschen in Havanna über die Verfolgung der Juden in Deutschland. Wenn selbst seine Ausführungen zu diesem Zeitpunkt noch übertrieben waren,[32] lenkte er doch die Aufmerksamkeit auf das verbrecherische Regime in Deutschland.

Die Aufregung in der deutschen Kolonie über die Äußerungen Rafalins war beträchtlich. Am 4. April 1933 trafen sich Mitglieder des Deutschen Vereins in ihrem Vereinsgebäude, um "Maßnahmen gegen die andauernden Hetzereien und Verleumdungen [...] zu ergreifen".[33] Man wollte den Bund der Auslandsdeutschen über die Vorkommnisse informieren, Geschäfts-

---

[25] Vgl. Bejerano (1994: 53).
[26] Vgl. Franzbach (1990: 9).
[27] Vgl. PA AA, R 79321, Bürger an AA, 19.3.1933.
[28] Ibid.
[29] Vgl. PA AA, R 79321, Bürger an AA, 16.3.1933, sowie dt. Ges. Hav. an AA, 17.3.1933.
[30] Vgl. PA AA, R 79321, Bürger an AA, 23.3.1933.
[31] Vgl. PA AA, R 79321, Erythropel an AA, 1.4.1933.
[32] So griff er US-amerikanische Pressemeldungen auf und sprach von Tausenden von ermordeten Juden in Hamburg und Berlin in den Wochen nach der Machtübernahme durch die Nationalsozialisten. Vgl. PA AA, R 79321, dt. Ges. Hav. an AA, 5.4.1933; sowie Fa. Pinks y Loredo, Havanna, an die Fa. Gustav Winkler, Textilwerke, Berlin, 5.4.1933.
[33] DV (1936: 38f.).

freunde und befreundete kubanische Konsuln in Deutschland sollten aufgefordert werden, bei der kubanischen Gesandtschaft in Berlin zu intervenieren, um "aufklärend zu wirken".[34] Trotz dieser Aktivitäten hatten manche deutsche Kaufleute in Havanna Angst vor finanziellen Einbußen und baten ihre Geschäftspartner in Deutschland, jeden Hinweis auf den Waren zu vermeiden, der auf einen deutschen Ursprung schließen ließ.[35]

Ungeachtet dieses Aufruhrs fand eine Maifeier der deutschen Kolonie statt. Der deutsche Gesandte Erythropel hatte sich von einem Mitglied der NSDAP zwei Hakenkreuzflaggen ausgeliehen und es wurde "zum ersten Mal neben der schwarz-weiß-roten Fahne auf Gesandtschaft und Konsulat"[36] das Hakenkreuz gehisst. Etwa 120 Mitglieder der deutschen Kolonie besuchten das Fest. Bei dieser Veranstaltung erklang in den Räumen des Deutschen Vereins zum ersten Mal neben dem Deutschland- auch das Horst-Wessel-Lied.[37]

3. Die Ortsgruppe Havanna der NSDAP

Im Sommer 1933 wurde von der Obersten Leitung der NSDAP die Ortsgruppe Havanna gegründet und der Parteigenosse Herbert Behnke zum Ortsgruppenleiter ernannt.[38] Nach seinem Eintritt in die NSDAP im April 1932 war Behnke zu einem überzeugten Nationalsozialisten geworden, der die Verbreitung der nationalsozialistischen Idee in der deutschen Gemeinschaft Kubas "mit tiefer Überzeugung, fast fanatisch durchzusetzen"[39] versuchte. Er galt aus diesem Grunde bei der Auslandsorganisation (AO) der NSDAP in Hamburg als einer ihrer "besten Auslandsvertreter".[40]

Im Spätsommer 1933 hatte die Ortsgruppe Havanna sieben Mitglieder, von denen vier im Innern der Insel wohnten, ein halbes Jahr später zählte sie allein in Havanna 17 Parteimitglieder.[41] Im Frühjahr 1935 gab es 33 Parteimitglieder bzw. -anwärter in Havanna und zwölf im Innern der Insel bei einer Gesamtzahl von 410 Reichs- und 800 Volksdeutschen auf der Insel.[42]

---

[34] Ibid. sowie PA AA, R 79321, dt. Ges. Hav. an AA, 5.4.1933.
[35] Vgl. PA AA, R 79321, Reis- und Exportgesellschaft mbH, Hamburg, an AA, 5.4.1933.
[36] PA AA, R 98420, Erythropel an AA, 3.5.1933.
[37] Vgl. DV (1936: 39).
[38] Vgl. PA AA, dt. Ges. Hav. Bd. 11, Ortsgruppe Havanna der NSDAP an den DV, 17.7.1933.
[39] PA AA, 82-02 A, Erythropel an AA, 27.4.1934.
[40] Ibid.
[41] Vgl. PA AA, 82-02 A, Erythropel an AA, 7.5.1934.
[42] Vgl. PA AA, R 99270, Müller an AA, 9.8.1935.

Nach der statistischen Erhebung der AO aus dem Jahr 1937 gab es in Kuba 42 Mitglieder der NSDAP.[43] Im Jahr 1939 umfasste die deutsche Kolonie in Havanna etwa 350 Menschen.[44] Die Ortsgruppe der NSDAP zählte auf Kuba 58 Mitglieder, die Deutsche Arbeitsfront 135 Mitglieder. Daneben gab es sechs weibliche Mitglieder im Nationalsozialistischen Lehrerbund. Die HJ hatte zehn Mitglieder und zwei Gäste, der BdM acht Mitglieder und drei Gäste. Auch wenn es Doppelmitgliedschaften gab, kann davon ausgegangen werden, dass am Ende der dreißiger Jahre mehr als ein Drittel der Reichsdeutschen in Kuba nationalsozialistischen Organisationen angehörte.[45]

Während Behnke die Ortsgruppe in Havanna mit Deutschen aufbaute, "die sich wegen ihrer wirtschaftlichen Lage dem Vereinsleben fernhalten"[46] mussten, traten einige "sehr geachtete Deutsche"[47] in die Partei ein, die im Landesinnern lebten. Zu ihnen gehörte der deutsche Vizekonsul in Matanzas, Clemens Landmann, der am 1. Juli 1933 Mitglied der NSDAP wurde. Er war schon seit 1908 in Kuba ansässig und Direktor einer Hanfbearbeitungsfabrik.

Nach 1935 erhielt die Partei auch Zustrom von Personen, die sich bis dahin von ihr ferngehalten hatten, in Havanna ansässig waren und zum Establishment der deutschen Kolonie gehörten, wie etwa die Brüder und Besitzer eines Industrieunternehmens Eberhard und Hans Biederlack, die im August 1935 bzw. Juli 1937 in die NSDAP eintraten.

Die Kaufleute bildeten die stärkste Gruppe in der Ortsgruppe. Sie stellten fast ein Drittel der Parteimitglieder. Das Durchschnittsalter der Parteimitglieder in Havanna war im Gegensatz zu anderen Landesgruppen relativ hoch. So waren 18 Parteimitglieder über 45 Jahre, elf älter als 50 und nur zehn in der Altersgruppe bis 32 Jahren. Weltweit waren 54% in der Altersgruppe jünger als 38 Jahre, in Havanna dagegen nur 38%.[48]

---

[43] PA AA, R 27267, Statistik der AO der NSDAP, Stand 30.6.1937. Auf die methodischen Mängel dieser statistischen Auswertung weist Müller, Jürgen (1997) hin: *Nationalsozialismus in Lateinamerika: Die Auslandsorganisation der NSDAP in Argentinien, Brasilien, Chile und Mexiko 1931-1945*. Stuttgart, S. 117f.
[44] Zu den folgenden Zahlen vgl. PA AA, R 101971 Bericht des Schiffspfarrers Nagel der "Schlesien", o.D. [Jan. 1939].
[45] Daneben gab es noch eine ganze Reihe von auf Kuba lebenden Sympathisanten des Nationalsozialismus. Levine (1993: 93) beziffert sie auf 5.000 Personen.
[46] PA AA, 82-02 A, Erythropel an AA, 27.4.1934.
[47] Ibid.
[48] Vgl. PA AA, R 27267, Statistik der AO der NSDAP, Stand 30.6.1937.

4. Die "Ära Behnke"

In der zweiten Hälfte des Jahres 1933 kam es in der deutschen Kolonie zu Auseinandersetzungen um die Person Behnkes. Dabei taten sich unüberbrückbare Meinungsgegensätze zwischen der Ortsgruppe der NSDAP auf der einen und den deutschen Vereinen und der Deutschen Schule auf der anderen Seite auf.

Die Ortsgruppe versuchte immer wieder, ihren Einfluss in der deutschen Kolonie Havannas auszuweiten und sie zu kontrollieren. So warf der Ortsgruppenleiter den Vertretern des Norddeutschen Lloyd in Havanna Bestechlichkeit vor.[49] Sie hatten im August 1933 nach dem Sturz Präsident Machados auf Bitten der neuen Regierung Céspedes drei ehemalige Ministerialbeamte auf einem deutschen Schiff außer Landes bringen sollen und stellten ihnen dafür Reisepassagen aus. Behnke kannte die Hintergründe nicht und erhob schwere Anschuldigungen der Korruption gegen die Lloyd-Repräsentanten in der Nationalsozialistischen Seemannszeitung.[50] Sein Verhalten löste in der deutschen Kolonie Verärgerung aus. Viele Deutsche, die beabsichtigt hatten, der NSDAP beizutreten, wollten nun ihre Mitgliedschaftsanträge nicht mehr einreichen. Der deutsche Gesandte entließ Behnke am 1. Dezember 1933 aufgrund des Vorfalls von seinem Posten als Sekretär des Konsulates in Havanna.[51]

Ein anderer Konflikt entwickelte sich Ende September 1933, als die Ortsgruppe die deutschen Vereine aufforderte, ihre reichsdeutschen und österreichischen Mitglieder zu veranlassen, sich in Unterstützerlisten für die NSDAP einzutragen.[52] Wie der Propagandaleiter der Partei, Fritsche, gegenüber dem stellvertretenden Vorsitzenden des Deutschen Bundes, Römer, offen betonte, wollte man feststellen, wer diese Listen nicht unterschreibt und veranlassen, dass "diese etwaigen Nichtunterschreiber bei einer Reise nach Deutschland drüben festgenommen und einem Konzentrationslager zugeführt würden".[53] Der DV richtete daraufhin einen ersten Beschwerdebrief an die Auslandsabteilung der Partei in Hamburg.[54]

---

[49] Vgl. PA AA, dt. Ges. Hav. Bd. 10, DV an die Auslandsabteilung der NSDAP, 14.10. 1933.
[50] Vgl. ibid.
[51] Vgl. PA AA, 82-02 A, Erythropel an AA, 27.4.1934. Vgl. auch BDC NSLB Listen, Bericht über die Lage des Deutschtums in Cuba v. Frau Dr. Heidrich, o.D. [Dez. 1933].
[52] Vgl. Franzbach (1990: 9).
[53] PA AA, dt. Ges. Hav. Bd. 11, DV an die Auslandsabteilung der NSDAP, 28.9.1933.
[54] Vgl. ibid.

Während sich die Auseinandersetzungen zwischen dem Deutschen Verein und der Ortsgruppe Havanna der NSDAP zuspitzten, versuchte der Deutsche Bund, sich aus diesen Streitigkeiten herauszuhalten und allen Seiten gerecht zu werden.[55] Eine Erklärung des Vorstandes vom 13. September 1933 legte Verhaltensregeln für die Mitglieder des DB fest. Danach sollte der Deutsche Bund allen Deutschen, aber auch deutschstämmigen Kubanern und US-Amerikanern offen stehen, "ohne nach politischer oder religiöser Einstellung zu fragen".[56] In völliger Verkennung der neuen Situation in Deutschland betonte der Vorstand, dass die "Ideale, welche dieser Einstellung zugrunde liegen, [...] sich vollständig mit den Idealen [decken], die die neue deutsche Regierung verkörpert."[57] Auch wenn fast 10% der Mitglieder des Deutschen Bundes Juden waren,[58] erbat sich der Vorstand Respekt vor den 20% seiner Mitglieder, die der NSDAP angehörten und sich mit dem Hitlergruß begrüßten. Spöttische und anzügliche Bemerkungen über den Gruß wollte der Bund ebenso wenig dulden wie Beleidigungen oder Angriffe gegenüber Mitgliedern, die der neuen Regierung gleichgültig oder feindselig gegenüberstanden.[59] "Störenfrieden" und Gegnern der NSDAP legte man nahe, den Verein zu verlassen.[60]

Diese Richtlinien waren bezeichnend für die Haltung und das Denken im Verein. Man war durchaus stolz auf die neue nationalsozialistische Regierung in Deutschland, die die patriotischen und deutschnationalen Gefühle der Mehrheit der "Bundesbrüder" zu befriedigen schien, überblickte aber die tatsächlichen Entwicklungen in der alten Heimat nicht. Der Versuch, allen Seiten gerecht zu werden, führte zu nicht auflösbaren Widersprüchen. Mehr und mehr zogen sich die Mitglieder des Bundes aus dem Vereinsleben zurück.[61] Für diese Entwicklung wurde eine kleine Gruppe von DB-Mitgliedern verantwortlich gemacht, die zugleich der NSDAP-Ortsgruppe angehörten und es "nicht unterlassen, beständig und bei jeder Gelegenheit, die Ziele der Ortsgruppe über die Ziele des Bundes zu stellen".[62] Die daraus resultie-

---

[55] Vgl. den Vorstandsbeschluss d. DB in PA AA, dt. Ges. Hav. Bd. 9, Bericht über die Vorstandssitzung d. DB vom 27.10.1933.
[56] PA AA, dt. Ges. Hav. Bd. 9, Richtlinien für die Mitglieder des DB, o. D. [Sept. 1933].
[57] Ibid.
[58] Vgl. Bejerano (1994: 53).
[59] Vgl. PA AA, dt. Ges. Hav. Bd. 9, Richtlinien für die Mitglieder des DB, o. D. [Sept. 1933].
[60] Vgl. ibid.
[61] Vgl. PA AA, dt. Ges. Hav. Bd. 9, Brief von Prof. Josef Heider, o.D. [Jan. 1934].
[62] Ibid.

renden Meinungsverschiedenheiten und "Streitereien, welche einige male auch bis zum Handgemeinwerden ausarteten",[63] waren kaum beizulegen.

Ende 1933 intensivierte die Ortsgruppe der NSDAP die Versuche, den DB zu übernehmen. Auf der Vorstandssitzung vom 29. Dezember 1933 konnte sich eine kleine Gruppe mit dem Vorschlag durchsetzen, die bevorstehenden Vorstandswahlen den Mitgliedern zu "erleichtern", indem man vier Kandidatenlisten aufstellte, über die die Mitglieder *en bloc* abstimmen sollten. Der Name Behnkes stand auf allen vier Listen: einmal als Vorsitzender, zweimal als stellvertretender Vorsitzender und einmal als Schriftführer.[64]

Gegen diese Art der Übernahme formierte sich eine Opposition um den amtierenden Schriftführer Professor Josef Heider. Durch einen Brief an ausgewählte Mitglieder des DB wollte er "den Bund vor dem Zerfalle [...] retten"[65] und die Wahl Behnkes zum Vorsitzenden verhindern.

Heider warf Behnke vor, er habe "in seiner Tätigkeit als Konsulatsbeamter [... und] in seiner Arbeit zur Gründung und Erweiterung der Ortsgruppe [...] wenig diplomatisches Talent gezeigt und taktische Fehler gemacht, was zur Folge hatte, dass fast die gesamte deutsche Kolonie sich offen gegen ihn auflehnte und gegen ihn Front machte".[66] Der Schriftführer äußerte Bedenken, dass sich bei einer Wahl Behnkes zum Vorsitzenden die gesamte deutsche Kolonie gegen den Verein stelle und dies der "Selbstmord des Bundes"[67] wäre. Er machte den Vorschlag, einen anderen Vorsitzenden zu wählen. Nach den Mehrheitsverhältnissen im Deutschen Bund war dies bei einer Mobilisierung aller Mitglieder ebenso möglich wie zu verhindern war, dass der Bund "ins politische Fahrwasser"[68] geriete.

Heider sah im DB eine eher unpolitische Vereinigung und Anlaufstelle für alle deutschen Landsleute in Kuba. Auch wenn er seinen Brief ausdrücklich nicht als "ein feindliches Vorgehen gegen die Ortsgruppe Habana der NSDAP"[69] verstanden wissen wollte, da die meisten Bundesbrüder "mit Herz und Hand für das neue nationale Leben in der Heimat"[70] waren, konnte

---

[63] Ibid.
[64] Vgl. die vier Kandidatenlisten in PA AA, dt. Ges. Hav. Bd. 9, Verhandlungsschrift über die am 29. Dezember 1933 stattgefundene Vorstandssitzung d. DB.
[65] Vgl. PA AA, dt. Ges. Hav. Bd. 9, Brief von Prof. Josef Heider, o.D. [Jan. 1934].
[66] Ibid.
[67] Ibid.
[68] Ibid.
[69] Ibid.
[70] Ibid.

seiner Meinung nach nur der DB zur "Sammelstelle aller Deutschen in Havanna"[71] werden. Heiders Meinung setzte sich im DB durch. Behnke wurde nicht in den Vorstand gewählt. Man war zunächst außerdem darauf bedacht, wichtige Posten im DB keinen Mitgliedern der Ortsgruppe Havanna der NSDAP zu überlassen.[72]

Anfang des Jahres 1934 war Ortsgruppenleiter Behnke bereits stark isoliert.[73] Der Deutsche Verein stellte der Ortsgruppe seine Vereinsräume nicht mehr zur Verfügung und boykottierte ihre Veranstaltungen.[74] Die Deutsche Schule und die Eltern der dort unterrichteten Kinder waren massiven Vorwürfen und Anschuldigungen Behnkes ausgesetzt und stellten ihre Kontakte zu ihm ein.[75] Der Deutsche Bund, der Behnke ebenfalls nicht in seinen Vorstand gewählt hatte, wehrte sich dagegen, dass er in der deutschen Kolonie häufig mit der Ortsgruppe der NSDAP verwechselt wurde.[76]

Die Ortsgruppe der NSDAP gewann kaum noch neue Mitglieder, obwohl viele Deutsche durchaus Interesse an der nationalsozialistischen Bewegung hatten. Die deutsche Schule hatte bereits seit Sommer 1932 Propagandamaterial der NSDAP gesammelt und ihre deutschen Schüler das Horst-Wessel-Lied singen lassen.[77] Im Vereinshaus des Deutschen Vereins war schon im Sommer 1933 eine Bibliothek mit nationalsozialistischen Schriften angelegt worden, die dazu beitrug, dass sich die Mehrheit der Vereinsmitglieder bald als "aufrichtige Bekenner und Bewunderer Hitlers"[78] bezeichnete.

Da man eine Zusammenarbeit mit Behnke wegen seines Auftretens ablehnte,[79] trotzdem aber seine nationale Gesinnung ausdrücken wollte, traten

---

[71] Ibid.
[72] Vgl. PA AA, dt. Ges. Hav. Bd. 9, Protokoll der Vorstandssitzung des DB v. 21.3.1934.
[73] Vgl. PA AA, Bd. 11 dt. Ges. Hav., DV an die Auslandsabteilung der NSDAP, 15.2.1934.
[74] So beispielsweise zur "Feier der Machtergreifung" am 30.1.1934. Vgl. PA AA, dt. Ges. Hav. Bd. 11, DV an Behnke, 18.1.1934.
[75] Vgl. PA AA, dt. Ges. Hav. Bd. 11, Karl Kuhler an Herbert Behnke, 27.1.1934. Zu den Vorwürfen Behnkes vgl. BDC NSLB Listen, Bericht über die Lage des Deutschtums in Cuba v. Frau Dr. Heidrich, o.D. [Dez. 1933].
[76] Vgl. StHH Quellensammlung Will, 15a, DB an Theodor Will, 30.1.1934, S. 429f.
[77] Vgl. BDC NSLB Listen, Bericht über die Lage des Deutschtums in Cuba v. Frau Dr. Heidrich, o.D. [Dez. 1933].
[78] PA AA, dt. Ges. Hav. Bd. 11, DV an Behnke, 6.3.1934.
[79] Vgl. ibid. Franzbach (1990: 8) führt die Ablehnung der Zusammenarbeit darauf zurück, dass "durch das plumpe, brutale und ungebildete Auftreten der Nazi-Schergen [...] das liberale, durchweg hansestädtische Handelsbürgertum [des Deutschen Vereins – M. H.] in seinem Klassenstolz" beleidigt wurde.

vor allem die Mitglieder des Deutschen Vereins in die Ortsgruppe des Stahlhelms ein, die sich Ende 1933 in Havanna gegründet hatte.

Behnke focht diese Situation nicht an. Er verfolgte weiterhin mit Nachdruck die Gleichschaltung der deutschen Vereine in Kuba. Trotz der Auseinandersetzungen, vor allem mit der im DV zusammengeschlossenen Elite der deutschen Kolonie auf Kuba, rief er seine Landsleute immer wieder dazu auf, unter seiner Führung bei der Verbreitung der nationalsozialistischen Idee auf Kuba mitzuwirken.[80]

Der DV fühlte sich brüskiert und sah seine Führungsrolle in der deutschen Kolonie Kubas bedroht. Gleichwohl war das Bekenntnis zur nationalsozialistischen Gesinnung für den Verein eine Frage der Opportunität. Beleidigt warf man dem Ortsgruppenleiter vor, er hätte die Informationen über die nationalsozialistische Bewegung, die er in seiner Eigenschaft als Konsulatssekretär durch seinen Kontakt mit deutschen Schiffen erhalten habe, nicht unter seinen Landsleuten weiter verbreitet, so dass "die nationalsozialistische Überzeugung bei einem Teil unserer Mitglieder [des Deutschen Vereins – M. H.] erst jüngeren Datums ist",[81] da sie keine Kontakte mit Nationalsozialisten hatten und so auch nichts von der Bewegung wussten. Den Vorwürfen Behnkes zu ihrer fehlenden nationalen Haltung erwiderten die Mitglieder des DV in einem Brief: "Wir sind wahre Nationalsozialisten".[82]

Aber auch zwischen Behnke und dem deutschen Gesandten kam es nach der Entlassung des Ortsgruppenleiters von seinem Posten als Konsulatssekretär immer wieder zu Machtkämpfen. Im April 1934 ließ Behnke verbreiten, dass Erythropel von seinem Posten abberufen wäre und ein neuer Gesandter ihn wieder in seine Ämter einsetzen werde, was bei einer Mehrheit der Deutschen Beunruhigung hervorrief.[83]

Der Konflikt zwischen dem diplomatischen Vertreter des Reichs und dem Ortsgruppenleiter verhinderte eine gemeinsame Feier zum Geburtstag des Führers am 20. April 1934. Es kam zu zwei konkurrierenden Veranstaltungen.

Die von der deutschen Gesandtschaft ausgerichtete Feier fand in den Räumen des DV statt. Etwa 120 Männer mit ihren Frauen und Kindern nahmen an ihr teil und sangen vor einem grün umrankten Hitlerbild das

---

[80] So beispielsweise in PA AA, dt. Ges. Hav. Bd. 11, Behnke an DV, 22.2.1934.
[81] PA AA, dt. Ges. Hav. Bd. 11, DV an Behnke, 6.3.1934.
[82] Vgl. ibid.
[83] Vgl. PA AA, 82-02 A, Erythropel an AA, 27.4.1934.

Deutschland- und Horst-Wessel-Lied.[84] Auf der Feier der Ortsgruppe waren neben dreißig Parteimitgliedern in Uniformen auch viele Kubaner anwesend,[85] u.a. der Adjutant eines höheren Offiziers als Vertreter des Präsidenten der Republik. Dass nur so wenige Deutsche zugegen waren, lag zum einen an der Einstellung weiter Teile der deutschen Gemeinschaft der Person Behnkes gegenüber. Die geringe Teilnahme dokumentiert aber auch die konservative, ja sogar rassistische Haltung vieler auf Kuba lebender Deutscher. Man wollte ausgerechnet die Feier der Ortsgruppe der NSDAP wegen der Anwesenheit der vielen Kubaner nicht besuchen, da "wohl vielen, besonders auch den deutschen Frauen, solche Veranstaltungen deutscher Nationalfeste zusammen mit zahlreichen gemischtrassigen Elementen, gegen das Gefühl"[86] gingen. Viele NSDAP-Mitglieder, Deutsche einfachen Standes, waren mit Kubanerinnen verheiratet.

Nach den andauernden Querelen zwischen Behnke und dem DB trat der Ortsgruppenleiter mit zehn seiner Kameraden im Mai 1934 aus dem Verein aus.[87] Danach verlief die Entwicklung des Vereins positiv, da nun verstärkt Leute in den DB eintraten, die mit Behnke und seinen Kameraden nichts zu tun haben wollten.[88] Gleichzeitig verbot ein Ortsgruppenbefehl Mitgliedern der NSDAP, dem DB anzugehören oder an seinen Veranstaltungen teilzunehmen, was dazu führte, dass die Bundesbrüder ebenfalls die Veranstaltungen der Ortsgruppe weitestgehend mieden.[89]

Im Sommer 1934 hatte sich Behnke mit der gesamten deutschen Gemeinschaft überworfen. Durch dieses Zerwürfnis wollte ihm auch die zentrale Weiterleitung der Spenden für das Winterhilfswerk 1934/35 nicht gelingen. Die Vereine, die ihre eigenen Sammlungen veranstalteten und die Spenden getrennt nach Deutschland schicken wollten, machten seiner Meinung nach "die NSDAP in Habana lächerlich".[90] Erst jetzt erkannte der Ortsgruppenleiter die isolierte Lage, in die er sich hineinmanövriert hatte, und versuchte, zur Jahreswende 1934/35 eine vorsichtige Annäherung an die

---

[84] Vgl. ibid.
[85] Auf Kuba gab es auch eine nationalsozialistische Partei. Vgl. zur "Asociación Partido Nazi Cubano", die sich im September 1938 gründete, Bejerano (1994: 54f.). Levine (1993: 93) gibt als Gründungsmonat den Juli 1936 an.
[86] PA AA, 82-02 A, Erythropel an AA, 27.4.1934.
[87] PA AA, dt. Ges. Hav. Bd. 9, Bericht des Bundeswartes d. DB bei der Jahresversammlung am 26.1.1935.
[88] Vgl. ibid.
[89] Vgl. PA AA, dt. Ges. Hav. Bd. 9, Bericht über die Vorstandssitzung d. DB am 24.4.1935.
[90] PA AA, dt. Ges. Hav. Bd. 11, Behnke an DV, 24.10.1934.

anderen Mitglieder der deutschen Kolonie zu erreichen. Die Beziehungen schienen sich kurzfristig zu bessern; zumindest gelang es, die Spenden für das Winterhilfswerk doch noch gemeinsam nach Deutschland zu überweisen.[91]

Die Versöhnungsversuche Behnkes kamen aber zu spät. Durch seine ungehobelte und ruppige Art hatte er den Missmut der gesamten deutschen Kolonie Havannas auf sich gezogen, so dass schon seit dem Frühjahr 1934 "weite Kreise des Deutschtums jedes Vertrauen zu seiner Aufrichtigkeit verloren"[92] hatten. Außerdem war er nicht bereit, seine ablehnende Haltung zum deutschen Gesandten zu ändern. Die Differenzen mit Erythropel führten schließlich zur Abberufung Behnkes aus Kuba.[93] Auf Druck der Leitung der AO, die die Auseinandersetzungen zwischen ihrem ehemaligen Ortsgruppenleiter und dem diplomatischen Vertreter nicht vergessen hatte, wurde auch Erythropel im nächsten Jahr von seinem Posten abberufen.[94] Mit seinem Nachfolger Dr. Hans-Hermann Völckers kam am 15. Mai 1937 der erste Nationalsozialist auf den Gesandtenposten in Havanna.

Nachdem Behnke nicht mehr im Lande war, schien ein deutliches Aufatmen durch die Kolonie zu gehen. Der neue Leiter der Ortsgruppe der NSDAP, Clemens Landmann, besuchte die einzelnen deutschen Vereine und versuchte, das Verhältnis zwischen ihnen zu verbessern. Der Ortsgruppenbefehl, der eine Doppelmitgliedschaft zwischen NSDAP und DB und die Teilnahme an Veranstaltungen des DB verbot, wurde aufgehoben.[95] Landmann ging bei der Verbreitung der nationalsozialistischen Ideologie auf Kuba nicht mehr aggressiv zu Werke, so dass die Leitung der AO mit seiner Arbeit alles andere als zufrieden war.[96] In der deutschen Kolonie war aber wieder bis zum Frühjahr 1935 Ruhe eingekehrt. In Havanna hingen Hakenkreuzflaggen

---

[91] Vgl. PA AA, dt. Ges. Hav. Bd. 11, Kassenleiter der Ortsgruppe Havanna, O. W. Fritsche an DV, 22.2.1935.
[92] PA AA, 82-02 A, Erythropel an AA, 27.4.1934.
[93] Behnke muss im Februar oder März die Leitung der Ortsgruppe aufgegeben haben. Kurze Zeit später ging er nach Berlin (vgl. BDC Behnke. Zur Abberufung Behnkes vgl. Müller, Auslandsorganisation, S. 143).
[94] Vgl. Jacobsen, Hans-Adolf (1968): *Nationalsozialistische Außenpolitik*. Berlin, S. 471. Er gibt das Jahr der Abberufung Erythropels mit 1937 an. Der deutsche Gesandte verließ aber schon am 16.9.1936 die Insel. Zur Einschätzung Erythropels durch die AO vgl. auch Pommerin, Rainer (1977): *Das Dritte Reich und Lateinamerika. Die deutsche Politik gegenüber Süd- und Mittelamerika 1939-1942*. Düsseldorf, S. 37.
[95] Vgl. PA AA, dt. Ges. Hav. Bd. 9, Protokoll über die Vorstandssitzung am 24.4.1935.
[96] Man sprach Landmann und seinem späteren Stellvertreter Reimann die nötigen Qualitäten zum Führen einer Ortsgruppe ab (vgl. PA AA, R 101971, Bericht der "Schlesien", o.D. [Jan. 1939]).

aus deutschen Geschäften und Büros sowie aus den Wohnungen von Sympathisanten des nationalsozialistischen Deutschland.[97]

5. Besuch deutscher Kriegsschiffe

Die Aktivitäten der deutschen Vereine hatten sich seit 1933 nicht wesentlich geändert. So zeigte der DB Propagandafilme aus Deutschland wie *Hitlerjunge Quex*, feierte Hitlers Geburtstag und Sonnenwendfeiern, organisierte Eintopfessen für das Winterhilfswerk und Ausflüge auf die Isla de Pinos oder an einen Badestrand nach Cojímar.[98] Ihre Unternehmungen und die Entwicklung im nationalsozialistischen Deutschland wurden von der kubanischen Presse kritisch begleitet, wenn sie auch von den kubanischen Behörden nicht weiter belangt wurden.

Die Abstimmung über den Anschluss Österreichs fand statt am 14. April 1938 in internationalen Gewässern vor der Küste Kubas auf dem deutschen Dampfer "Orinoco".[99] Dazu waren alle Reichsdeutschen und bisherigen Staatsangehörigen Österreichs "deutschen oder artverwandten Blutes",[100] aber auch alle sich vorübergehend auf Kuba aufhaltenden und durchreisenden Deutschen aufgerufen. Insgesamt nahmen 285 Personen an der Abstimmung teil, für die viele jüdische Emigranten, die auf dem Weg nach Mexiko waren, das Schiff kurzfristig verlassen mussten. Für den institutionellen Rahmen der Abstimmung sorgte die Ortsgruppe der NSDAP und ein Kampfbund.[101]

Nach dem Einmarsch der Wehrmacht in das Sudetenland am 1. Oktober 1938 verstärkte sich die Kritik der kubanischen Öffentlichkeit an der Politik des Deutschen Reichs.[102] Gleichzeitig wurde von der Presse die Angst vor der "Fünften Kolonne" der Deutschen auf der Insel geschürt. Man richtete seine Angriffe "gegen die deutsche Gefahr in Kuba, deutsche Geheimagenten und Spione".[103] Aufgrund des kubanischen Drucks rückte die deutsche Kolonie enger zusammen. Der Deutsche Bund verlegte seine Treffen und Aktivitäten ins Vereinshaus des DV.[104]

---

[97] Vgl. Levine (1993: 79).
[98] Vgl. Franzbach (1990: 9).
[99] Vgl. ibid., S. 10.
[100] StHH, Quellensammlung Will, 15a, Aufruf der dt. Ges. Hav., 28.3.1938, S. 434.
[101] Vgl. Franzbach (1990: 10).
[102] Vgl. Pommerin (1977: 52).
[103] Vgl. PA AA, R 114481, Völckers an AA, 13.4.1939.
[104] Vgl. PA AA, R 101971, Bericht der "Schlesien", o.D. [Jan. 1939]. Auch die Verkaufszahlen der deutschen Kaufleute in Havanna schienen von der antideutschen Haltung be-

Trotz der starken antideutschen Tendenzen in der kubanischen Öffentlichkeit besuchten um die Jahreswende 1938/39 zwei deutsche Kriegsschiffe die Insel. Die "Schleswig-Holstein" lief Santiago de Cuba vom 19. Dezember bis 30. Dezember 1938 an, während die "Schlesien" Havanna vom 12. bis 18. Januar 1939 besuchte. Der Besuch der "Schleswig-Holstein" wurde vom deutschen Gesandten als "Kraftprobe"[105] mit den USA angesehen. Die kubanischen Behörden, die den Besuch der beiden Schiffe nicht als politische, sondern als militärische Angelegenheit betrachteten, unterdrückten in dieser Zeit jegliche kritischen Artikel in der Presse gegen Deutschland.[106] Durch den Einsatz eines äußerst "starken uniformierten und zivilen Polizeiaufgebotes"[107] kam es beim Besuch der "Schleswig-Holstein" in Santiago de Cuba nur zu vereinzelten Beschimpfungen der deutschen Matrosen. Daneben blieb auch "der angekündigte Streik der Autoführer, Wirtshaus- und Kinoangestellten"[108] aus. Da "der Empfang weit über das übliche Maß entgegenkommend war",[109] wurde der Besuch der "Schleswig-Holstein" als "voller Erfolg"[110] gewertet.

War der Besuch der "Schleswig-Holstein" in Santiago de Cuba noch erfolgreich verlaufen, wurde die Besatzung der "Schlesien" bei ihrem Besuch in Havanna stärker gestört.[111] So wurden die Matrosen nach der Kranzniederlegung am Denkmal José Martís aus der Menge mit Apfelsinen und faulen Eiern beworfen, auch wurde am Kranz die Schleife trotz polizeilicher Bewachung abgerissen, was zu scharfem Protest Völckers' führte.[112] Die kubanischen Behörden verhafteten daraufhin 30 Mitglieder der kommunistischen Jugend und mehrere Juden, die zu bis zu 100 Tagen Gefängnis verurteilt wurden.[113] Das kubanische Polizeiaufgebot wurde verstärkt, so dass es zu keinen weiteren Zwischenfällen kam.

---

troffen zu sein. Vgl. den Bericht eines Firmenvertreters der Pelikan-Werke, Hannover, über seine Reise nach Kuba im Dezember 1938, in PA AA, R 114488, Außenhandelsstelle für die Niedersachsen-Kasse der IHK an die Reichstelle für den Außenhandel, 11.2.1939.
[105] PA AA, R 101979, Völckers an AA, 10.1.1939
[106] Vgl. ibid.
[107] PA AA, R 101979, Bericht der "Schleswig-Holstein", 2.1.1939.
[108] Ibid.
[109] Ibid.
[110] Ibid.
[111] Vgl. zum Besuch der "Schlesien" in Havanna Franzbach (1990: 11).
[112] Vgl. PA AA, R 101971, Völckers an AA, 27.1.1939; und PA AA, R 101971, Bericht der "Schlesien", o.D. [Jan. 1939].
[113] Vgl. ibid.

6. Die Gleichschaltung des Deutschen Bundes

Die Entwicklungen im nationalsozialistischen Deutschland schlugen sich nun auch mehr und mehr im DB auf Kuba nieder. Nachdem man sich in den Jahren 1934 und 1935 noch erfolgreich gegen eine Gleichschaltung zur Wehr gesetzt hatte, hatten sich die Dinge inzwischen grundlegend geändert. Der langjährig amtierende Vorsitzende des DB, Walter Köhler, Angestellter der deutschen Gesandtschaft und Mitglied in der NSDAP, wies bei der Jahreshauptversammlung des Vereins im Januar 1940 auf die völlig veralteten Statuten des Vereins hin. Die Statuten des DB von 1935 waren vergleichsweise liberal und duldeten bei den Veranstaltungen des Vereins "keine Erörterung ausgesprochen parteipolitischer oder religiöser Fragen".[114] Köhler wollte der neuen Entwicklung in Deutschland Rechnung tragen und das Führerprinzip einführen.[115] Außerdem sollte ein Passus in den Satzungen eingefügt werden, demzufolge "nur Leute mit arischer Abstammung dem Bunde beitreten können".[116] Der DB hatte seine alten Grundsätze über Bord geworfen und sich dem nationalsozialistischen Deutschland mit seinem staatlich verordneten Rassenwahn untergeordnet.

Dies kam auch bei einer Feierstunde im Dezember 1940 zum Ausdruck. Man gedachte der Gründung des Bundes vor acht Jahren und dankte in einer Rede dem Vorsitzenden Köhler für seine Arbeit, bei der er es "in meisterhafter Weise verstanden [hat], die Geschicke des Bundes zu leiten und den Bund zu einer festen auf dem Boden des Nationalsozialismus stehenden Vereinigung zu verankern".[117] Der Redner gab die Meinung vieler Bundesbrüder wieder, die ihr Vaterland "in einem von [seinen] Gegnern aufgezwungenen Krieg"[118] sahen, gleichwohl aber ihrem "geliebten Führer Adolf Hitler"[119] vertrauten, dem auch die Deutschen Kubas "die großen Siege, die unsere einzig dastehende Armee zu Wasser, zu Lande und in der Luft errungen hat",[120] zu verdanken hätten. Die Verehrung für den Führer war ebenso groß wie der Glaube an den Sieg.

---

[114] PA AA, dt. Ges. Hav. Bd. 9, Satzungen des DB, genehmigt in der ordentlichen Jahresversammlung am 26.1.1935, S. 1.
[115] Vgl. PA AA, dt. Ges. Hav. Bd. 9, Verhandlungsbericht über die am 27.1.1940 stattgefundene ordentliche Jahreshauptversammlung d. DB.
[116] Vgl. ibid.
[117] PA AA, dt. Ges. Hav. Bd. 9, Abschrift einer Rede zum achtjährigen Bestehen d. DB, o.D. [Dezember 1940]. Der Name des Redners ist unbekannt.
[118] Ibid.
[119] Ibid.
[120] Ibid.

7. Die Selbstauflösung der Ortsgruppe Havanna

Seit dem Frühjahr 1939 wurde die Ortsgruppe Havanna der NSDAP von den Kubanern überwacht. Informationen konnten nur noch mündlich und nicht mehr schriftlich weitergegeben werden, was ihre Arbeit so gut wie unmöglich machte.[121] Die kubanischen Behörden verboten sie aber nicht.

Nachdem der deutsche Staatsangehörige Joachim Birkenstädt, ein früheres NSDAP-Mitglied, im März 1940 in Havanna erschossen wurde, vermutete die kubanische Öffentlichkeit die deutsche "Fünfte Kolonne" am Werk und glaubte, dass der Täter im Kreis seiner ehemaligen Parteigenossen zu suchen sei.[122] Ortsgruppenleiter Landmann bat aus Angst vor kompromittierendem Material im Nachlass des Ermordeten um die Erlaubnis, die Ortsgruppe zu suspendieren, was ihm auch vom Chef der AO genehmigt wurde.[123]

Die kubanischen Behörden verboten nach den Pressemeldungen über eine mögliche Beteiligung von Parteigenossen an dem Mord an Birkenstädt kurzfristig deutschsprachige Radiosendungen auf Kuba[124] und verlangten, dass in Zukunft keine Propaganda der NSDAP mehr mit der Post transportiert werden dürfe.[125] Einige Monate nach dem Vorfall wurde ein kubanischer Marinesoldat als möglicher Mörder verhaftet.[126]

8. Kriegsausbruch

Die Vertreter verschiedener deutscher Firmen auf Kuba versuchten sich noch vor dem Überfall der deutschen Wehrmacht auf Polen abzusichern, indem sie auch Vertretungen von Firmen aus den USA übernahmen.[127] Während dies vor Kriegsbeginn noch möglich war, blieben alle deutschen Versuche,

---

[121] Vgl. PA AA, R 29894, Aufzeichnung des AA über Kuba, 15.5.1939.
[122] Vgl. PA AA, R 27209, Landmann an Bohle, 12.3.1940.
[123] Vgl. PA AA, R 27209, Bohle an Landmann, 14.5.1940.
[124] Ab April 1936 wurde von einem örtlichen Sender auch nationalsozialistische Propaganda in spanischer Sprache verbreitet (vgl. Bejerano 1994: 54).
[125] Vgl. PA AA, R 27209, Tauchnitz an Bohle, 25.5.1940. Dabei handelte es sich wohl vor allem um das Propagandamaterial in spanischer Sprache, das im Verlaufe der dreißiger Jahre von Nationalsozialisten an kubanische Politiker, Militärs und an Intellektuelle verteilt worden war (vgl. Bejerano 1994: 54).
[126] Vgl. PA AA, R 114485, dt. Ges. Hav. an AA, 13.7.1940. Die bei Levine (1993: 168) geäußerte Vermutung, dass Birkenstädt ein enttäuschter Anhänger der NS-Bewegung war, der eng mit deutschen Juden in Kuba zusammenarbeitete und deswegen von deutschen Spionen umgebracht wurde, erscheint wenig glaubwürdig.
[127] Vgl. PA AA, R 114485, dt. Ges. Hav. an AA, 27.3.1940.

nach dem 1. September 1939 US-amerikanische oder neutrale Firmenvertretungen zu übernehmen, zum Scheitern verurteilt. Die Unterbrechung der Geschäftsverbindungen nach Deutschland bedeutete für die 22 Firmenvertretungen einen schweren Schlag. Außerdem wurden sie auf englische schwarze Listen gesetzt. Einige deutsche Geschäftsleute versuchten, sich zu tarnen, indem sie ihre Firmen in anonyme Gesellschaften umwandelten, die nach außen hin einem Kubaner gehörten, in denen sie aber nach wie vor die Fäden in der Hand hielten.[128] Man wollte seine Firmen vor der möglichen Liquidierung durch die kubanischen Behörden nach einem möglichen Kriegseintritt Kubas schützen und so über den Krieg retten.

Dagegen waren Firmen oder Firmenvertreter, die ausschließlich deutsche Produkte vertrieben hatten, stark in ihrer Existenz bedroht.[129] Den meisten gelang es jedoch, "sich bei sehr eingeschränkten Unkosten durch außerdeutsche Vertretungen – teils bestehende, teils neuerworbene – über Wasser zu halten".[130] Sie lebten von ihren eigenen Ersparnissen und so manchem Geschäft "unter der Hand".[131]

Die Kubaner hatten zwar im September 1939 ihre Neutralität erklärt, wollten sich aber bei einem Kriegseintritt der USA als eines der ersten Länder auf die US-amerikanische Seite stellen, wie der kubanische Außenminister gegenüber dem Geschäftsträger der deutschen Gesandtschaft, Tauchnitz, betonte.[132]

Das Klima für die im Land lebenden Deutschen verschlechterte sich rapide. Im Februar 1941 unterlag der Deutsche Bund einem Untersuchungsverfahren der kubanischen Geheimpolizei.[133] Im April kam es zu einem Bombenattentat auf das deutsche Konsulat in Havanna[134] und im Juni zu einem Überfall auf einen Botschaftsangehörigen.[135]

Die gesamte deutsche Gemeinschaft stand nun unter Überwachung der kubanischen Behörden. Es kam immer wieder zu Verhaftungen deutscher Reichsangehöriger.[136] Die Angst vor einer neuen Kriegsbeteiligung Kubas

---

[128] Vgl. PA AA, R 114486, Moritz Hansch AG, Pforzheim, an AA, 12.11.1941, sowie Eppinger an Erythropel, 24.8.1941.
[129] Vgl. PA, R 114485, dt. Ges. Hav. an AA, 27.3.1940.
[130] PA AA, R 114486, dt. Ges. Hav. an AA, 19.11.1941.
[131] PA AA, R 114485, dt. Ges. Hav. an AA, 27.3.1940.
[132] Vgl. PA AA, R 29677, dt. Ges. Hav. an AA, 17.2.1941.
[133] Vgl. ibid.
[134] Vgl. PA AA, R 29677, dt. Ges. Hav. an AA, 8.4.1941.
[135] Vgl. PA AA, R 29677, dt. Ges. Hav. an AA, 15.6.1941.
[136] Vgl. PA AA, R 29677, Berichte der dt. Ges. Hav. an AA v. 7.8.1941, 8.8.1941, 10.8.1941, 12.8.1941; sowie PA AA, R 29939, Aufzeichnung des AA, 14.1.1942.

trieb viele Mitglieder der deutschen Kolonie um. Dabei fürchteten sie nicht um ihr Leben, sondern um ihren Besitz, der nach ihrer eigenen Schätzung etwa eine Milliarde US-Dollar umfasste.[137] Der deutsche Geschäftsträger beruhigte die Mitglieder der deutschen Gemeinschaft und stellte ihnen im Falle eines Krieges Schadenersatz durch kubanisches Vermögen in Deutschland und in den von Deutschen besetzten Gebieten in Aussicht. Daraufhin wurde eine vorläufige Liste mit kubanischen Besitztümern in Europa zusammengestellt.[138] Um einen Teil ihres Vermögens zu retten und vermeintlich in Sicherheit zu bringen, ließen viele deutsche Reichsangehörige ihre Wertpapiere durch Tauchnitz an die Deutsche Bank in Berlin übermitteln.[139]

In den Sommermonaten des Jahres 1941 wurde ein Großteil der deutschen Firmen, im ganzen 16 Unternehmen, auf US-amerikanische schwarze Listen gesetzt. Der Botschaft der USA in Havanna wurde die Absicht unterstellt, ihre wirtschaftlichen Konkurrenten ausschalten zu wollen und "alles, was deutsch ist, [...] endgültig auszurotten".[140] Hatten die schwarzen Listen der Engländer den Deutschen zwar manche Einschränkung abverlangt, ihnen aber keine große Angst gemacht, führten die Listen der US-Amerikaner zu weit empfindlicheren Einbußen, da nun die Kubaner ihren Geschäftsverkehr abbrachen.[141] Viele Deutsche mussten ab Oktober 1941 durch Zahlungen des deutschen Hilfsvereins unterstützt werden.[142]

Am 14. Dezember 1941 überreichte der kubanische Geschäftsträger in Berlin die Kriegserklärung seines Landes an Deutschland.[143]

9. Internierung und Heimschaffungstransporte

Nach einer Aufzeichnung der spanischen Botschaft in Havanna, der Schutzmachtvertretung der Deutschen auf Kuba, bestand die von ihr zu vertretende

---

[137] Vgl. PA AA, R 114502, dt. Ges. Hav. an AA, 3.3.1941.
[138] Vgl. Anhang in PA AA, R 114450, dt. Ges. Hav. an AA, 1.3.1941. Zu diesem aufgelisteten Vermögen kubanischer Staatsangehöriger gehörten u.a. ein Haus des ehemaligen Präsidenten José Barnet in Paris, ein Schloss der Erben von Rosalia Abreu und Häuser in Paris und an der Riviera des ehemaligen Außenministers Cosme de la Torriente. Bei allen dreien wurden auch größere Mengen an Bargeld und Wertpapieren auf französischen Banken vermutet.
[139] Vgl. PA AA, R 114450, Tauchnitz an AA, 17.7.1941.
[140] PA AA, R 114486, dt. Ges. Hav. an AA, 19.11.1941.
[141] Vgl. PA AA, R 114450, VLR Davidsen an Reichswirtschaftsministerium, 31.7.1941; Aufzeichnung des AA v. VLR Rüter, 11.8.1941; sowie dt. Ges. Hav. an AA, 24.11.1941.
[142] Vgl. das Kassenbuch des Deutschen Hilfsvereins von 1941 in PA AA, dt. Ges. Hav. Bd. 8.
[143] Vgl. PA AA, R 29677, Note der Gesandtschaft Kubas an AA, 14.12.1942.

deutsche Gemeinschaft im Dezember 1941 aus 379 Personen (169 Männer, 117 Frauen und 93 Kinder).[144]

Im April 1942 waren etwa 50 Deutsche interniert und wurden auf die Isla de Pinos in ein Lager verlegt.[145] Ihre Zahl stieg bis zum Sommer 1943 auf 120 Personen.[146] Die Zahl der Internierten schwankte wegen neuer Verhaftungen, Freilassungen und Heimschaffungen in den Jahren nach Kriegsausbruch ständig, scheint aber nicht mehr als 120 Deutsche umfasst zu haben.[147] Im Juni 1944 waren nach den Informationen des Auswärtigen Amtes noch 105 Deutsche auf Kuba interniert.[148]

Nach der Verhaftung wurden die Deutschen, die interniert werden sollten, zunächst in die alte spanische Festung "Príncipe" in Havanna überstellt. Hier waren sie gemeinsam mit Strafgefangenen untergebracht, was ihre besondere Empörung hervorrief, da sie "neben Negern und französischen Flüchtlingen von der Teufelsinsel [...] schlafen, [... sich von ihnen] rasieren lassen [... und eine] für Europäer unmögliche Negerkost"[149] zu sich nehmen mussten. Danach wurden sie zum Großteil in die Zellen eines Lagers auf die Isla de Pinos gebracht. In diesem Lager saßen neben japanischen und italienischen Internierten auch 1.500 kubanische Sträflinge ein.[150]

Die erste Heimkehrergruppe aus Kuba sprach im Juni 1943 von unwürdigen Verhältnissen und unzureichender Versorgung in dem Lager.[151] So mussten Möbel für die Zellen und Lebensmittel zum Großteil von den Internierten bezahlt werden. Pakete von Angehörigen bekamen sie nur gegen die

---

[144] Vgl. PA AA, dt. Ges. Hav. Bd. 8, Aufzeichnung der spanischen Botschaft Hav., o.D. [Dez. 1941].
[145] Vgl. PA AA, R 41500, Gustav Hömerlein an die I.G. Farbenindustrie AG, 17.8.1943.
[146] Vgl. PA AA, R 29677, dt. Botschaft Paris an AA, 23.6.1943.
[147] Die Schätzungen über deutsche Internierte auf Kuba gehen in der wissenschaftlichen Literatur weit auseinander. Von zur Mühlen (1988: 267) geht von 135 deutschen Internierten aus, der Präsident des "Freundeskreises Alexander von Humboldt", Heinz Geggel, spricht in einem Interview im April 1997 von 1.000 bis 1.500 deutschen Internierten (vgl. Röhler 1997: 111, Fn. 1). Hell, Jürgen (1989): *Geschichte Kubas*. Berlin, S. 174, zählt 3.000 deutsche Internierte. Diese Zahl nennt auch Phillips, Ruby Hart (1959): *Cuba. Island of Paradox*, New York, S. 212, während Levine (1993: 168) von 4.000 deutschen Internierten ausgeht.
[148] Vgl. PA AA, R 127694, AA an die Reichsstelle für Auswanderungswesen, 13.6.1944.
[149] PA AA, R 29677, dt. Botschaft Paris an AA, 23.6.1943.
[150] Vgl. PA AA, R 41500, Gustav Hömerlein an die I.G. Farbenindustrie AG, 17.8.1943.
[151] PA AA, R 29677, dt. Botschaft Paris an AA, 23.6.1943. Zu den Verhältnissen im Lager vgl. auch PA AA, R 42016, Textauszüge von Briefen v. Victor Rabe, Austauschgefangener aus Kuba, an Carl Biederlack, Greven/Westf. im Zeitraum v. 14.10.1943 bis 22.10.1943.

Zahlung hoher Bestechungssummen ausgehändigt. Pakete des Internationalen Roten Kreuzes wurden im Hafen von Havanna zurückgehalten, bis die Zollgebühren in Höhe von 120 US-Dollar entrichtet waren. Durch die Lage der Isla de Pinos und die große Entfernung nach Havanna waren Besuche von Familienangehörigen nur selten möglich. Der Antrag vieler Deutscher, zurück nach Havanna überstellt zu werden, um ihren Familien näher zu sein, wurde abgelehnt.[152] Nachdem die spanische Botschaft in Havanna auf Drängen des Auswärtigen Amtes bei den kubanischen Behörden interveniert hatte, besserten sich die Verhältnisse im Lager auf der Isla de Pinos.[153]

Auch wenn es Klagen der Deutschen über die Lager gab, scheint es ihnen nicht besonders schlecht gegangen zu sein. Dies zeigt die Tatsache, dass sich von den im Dezember 1941 registrierten 379 Deutschen nur wenige bereit erklärten, gegen in Europa festgehaltene Kubaner ausgetauscht und nach Deutschland zurückgebracht zu werden.

Die Verhandlungen über einen Austausch kubanischer und deutscher Staatsangehöriger hatten bereits im November 1942 begonnen. Bei zwei Austauschfahrten im Juni und August 1943 kamen insgesamt 14 Deutsche nach Deutschland.[154] Danach kamen die Austauschfahrten ins Stocken. Es gab zwischen der deutschen und der kubanischen Seite Meinungsverschiedenheiten über die Austauschmodalitäten.[155] Diese Auseinandersetzungen konnten zwar beigelegt werden, doch fanden bis zum Ende des Krieges keine weiteren Austauschfahrten mehr statt. Dies lag nicht zuletzt daran, dass die spanische Botschaft in Havanna Probleme hatte, Deutsche zu finden, die sich austauschen lassen wollten. Viele reagierten gar nicht auf die Anfragen der spanischen Schutzmachtvertretung.[156] Erst im Frühjahr 1944 konnten die Spanier nach Deutschland vermelden, dass sich 108 Deutsche (33 Männer, 32 Frauen, 43 Kinder) bereit erklärt hätten, sich austauschen zu lassen.[157] Ein weiteres Problem bestand darin, dass die kubanischen Behörden für Deutsche, die sich austauschen lassen wollten, keine alliierten Geleitscheine be-

---

[152] Vgl. PA AA, R 127694, Übersetzung eines Briefes der span. Botschaft Hav. an das span. Außenministerium, 26.1.1944.
[153] Vgl. PA AA, R 127694, AA an die Reichsstelle für das Auswanderungswesen, 13.6.1944.
[154] Vgl. PA AA, R 41499, AA an AO der NSDAP, 25.6.1943, R 29677, dt. Botschaft Paris an AA, 23.6.1943; sowie R 41500, dt. Botschaft Madrid an AA, 20.8.1943.
[155] Vgl. PA AA, R 41500, dt. Botschaft Madrid an AA, 20.8.1943, und Konzept v. Referent Sakowsy im AA, 8.9.1943.
[156] Vgl. PA AA, 41500, dt. Botschaft Madrid an AA, 4.2.1944.
[157] Vgl. PA AA, R 127694, AA an die Reichsstelle für das Auswanderungswesen, 13.6.1944.

kamen, da es sich in der Mehrzahl um Männer im militärpflichtigen Alter handelte.[158]

10. Schlussbetrachtungen

Zu den Schauplätzen spektakulärer nationalsozialistischer Aktivitäten in den Kreisen der im Ausland lebenden Deutschen zählte Kuba zweifellos nicht.

Dennoch, vielleicht sogar gerade deshalb, geben die Geschehnisse auf Kuba exemplarisch Aufschluss über die Rezeption des nationalsozialistischen Regimes und seiner Ideologie in einer kleinen deutschen Kolonie im Ausland. Interessant ist dabei nicht zuletzt ihre innere Sozialstruktur und deren Zusammenprall mit der offensiven, lauten nationalsozialistischen Profilierungsstrategie und ihren polarisierenden Effekten. Interessant sind aber auch die Prioritäten, die man in einer Auslandskolonie wie der auf Kuba unter der Oberfläche verbaler Sympathie mit der nationalsozialistischen Diktatur wirklich setzte.

Die nach dem Ersten Weltkrieg in Havanna lebenden Deutschen waren zum Teil bereits um die Jahrhundertwende nach Kuba gekommen. Aus diesem Personenkreis rekrutierte sich ein Establishment, das in der deutschen Kolonie bis in die vierziger Jahre eine bestimmende Rolle spielte. Ungeachtet der Internierungen während des Ersten Weltkrieges bekam diese Gruppe mit ihren auf der Insel gewachsenen Verbindungen auf der Insel nach Kriegsende rasch wieder Anschluss an die wirtschaftliche Entwicklung. Wirklichen Zugang zur ersten Republik auf deutschem Boden fand diese konservative Elite, die im Deutschen Verein ihr Forum hatte, nie.

Auch die Einwanderungswelle aus Deutschland in den zwanziger Jahren brachte wenig Vertreter republikanischen Gedankengutes nach Kuba. Viele der Einwanderer versuchten im Gegenteil, der wirtschaftlichen Misere in der Weimarer Republik zu entkommen und in Übersee ihr Glück zu machen. Ein Teil zog weiter in die USA, ein anderer Teil musste schließlich nach Europa zurückkehren, ohne den Traum vom besseren Leben verwirklicht zu haben. Von jenem Teil dieser Gruppe, der auf Kuba blieb, wurde im Jahr 1932 der Deutsche Bund gegründet.

Die konservativen, nationalistisch geprägten Deutschen auf Kuba begrüßten die Machtübernahme der Nationalsozialisten. Dabei dokumentiert die Art, wie sie sich, ohne die nationalsozialistische Ideologie genauer zu hinterfragen, auf die Seite der neuen Machthaber in Deutschland stellten,

---

[158] Vgl. ibid.

eine charakteristische Form des Opportunismus. Ebenso aufschlussreich ist, dass die teils heftigen Auseinandersetzungen um die NSDAP-Ortsgruppe in der Kolonie sich weniger an ideologisch-politischen Inhalten entzündeten als an Stilfragen. Ressentiments weckte das ungeschickte, undiplomatische Vorgehen des Ortsgruppenleiters Behnke bei seinen Versuchen, die deutsche Kolonie gleichzuschalten, nicht seine kompromisslose nationalsozialistische Überzeugung.

Zu den Hauptauslösern des Konflikts zählte, dass sich die im Deutschen Verein versammelte Elite der deutschen Kolonie in Havanna durch den Ortsgruppenleiter und seine Gleichschaltungsversuche in ihrem Führungsanspruch bedroht sah. Weitere Gründe waren, dass man weder angesichts der eigenen exponierten Position als kleiner Minderheit auf Kuba, noch unter wirtschaftlichem Aspekt, noch in Anbetracht der mit dem Geschäftsverkehr verbundenen gesellschaftlichen Etikette Interesse an den von Behnke geschürten Auseinandersetzungen hatte. Dass solche Motive mit der Ideologie des Nationalsozialismus wenig konform waren, wurde dagegen ignoriert. So scheiterte Behnke lediglich als Person an der Aufgabe, die deutsche Gemeinschaft gleichzuschalten und wurde nach seinen Auseinandersetzungen mit dem deutschen Gesandten Wilhelm Erythropel aus Kuba abberufen.

In der Folge fand der Nationalsozialismus wachsende Akzeptanz und durchdrang mehr und mehr das gesellschaftliche Leben in der deutschen Gemeinschaft. Nachdem Deutschland mit dem Überfall auf Polen im September 1939 den Zweiten Weltkrieg ausgelöst hatte, übernahmen die Mitglieder der deutschen Kolonie auf Kuba fraglos die deutsche Position. Man betonte wenigstens während der ersten Zeit des Krieges den Glauben an den Sieg und den Führer. Als aber die sich verschlechternden Beziehungen zwischen Kuba und Deutschland in der Kolonie zu Einschränkungen führten, löste dies lediglich Verärgerung über die kubanische Seite aus. Selbst angesichts der Internierungen wollten nur wenige Deutsche auf Kuba Gebrauch von Möglichkeit machen, mit einem Heimschaffungstransport nach Deutschland zurückzukehren.

Die deutsche Kolonie auf Kuba zeigte damit während der NS-Zeit eine Mischung aus Opportunismus und konservativ geprägter Oberflächlichkeit im Hinblick auf die politische Entwicklung im nationalsozialistischen Deutschland mit einer gewissen inneren Distanz zu der in Lippenbekenntnissen hochgehaltenen Heimat.

Quellen- und Literaturverzeichnis
Quellen

Politisches Archiv des Auswärtigen Amtes, Bonn

R 27267	Statistik
R 29677	Cuba, Februar 1941-Juni 1943
R 29894	Lateinamerika, 1939
R 41499	Zivilgefangenenaustausch (Cuba), Bd. 1, 1942-1944
R 41500	dito, Bd. 2, 1942-1944
R 42016	Deutsche Zivilgefangene in Cuba, Bd. 1, 1943
R 79321	Diplomatische Vertretungen Cubas, März 1920-November 1935
R 79323	Deutsche diplomatische und konsularische Vertretungen in der Republik Kuba, April 1920-Januar 1936
R 79334	Deutschtum im Ausland, Cuba, Februar 1921-Juni 1930
R 79344	Beschlagnahme deutschen Eigentums in Cuba, anlässlich des Weltkrieges, April 1920-Mai 1928
R 98420	Maifeier, April 1933-Mai 1933
R 99270	Sammlung der Berichte auf Runderlass vom 31. Mai 1935 betr. Mitglieder der NSDAP usw.
R 101971	Kriegsschiffbewegungen Linienschiff "Schlesien", Dezember 1938-April 1939
R 101979	Kriegsschiffbewegungen Linienschiff "Schleswig-Holstein", Dezember 1938-Mai 1939
R 114450	Anleihen und Wertpapiere, 1. August 1941-10. März 1942
R 114481	Handelsvertragsverhältnis zu Deutschland, 19. August 1936-16. September 1939
R 114485	Vertretungen deutscher Firmen im Ausland, Bd. 1, 15. Mai 1936-15. Juni 1941
R 114486	dito, Bd. 2, 16. Juni 1941-8. April 1942
R 114488	Boykott (Cuba), 15. Mai. 1936-18. Juni 1939
R 114502	Wirtschaftliche Beziehungen zu Deutschland, 1. März 1941-24. November 1941
R 127694	Deutsche in Feindesland, 1939-1945
82-02 A	Nationalsozialistische Ortsgruppen im Ausland, 18. Juni 1935-23. Juli 1938

Akten der Gesandtschaft Havanna

Bd. 8	Verschiedenes, 1933-1941
Bd. 9	Deutscher Bund, Havanna, 1930-1941
Bd. 10	Deutscher Verein, Havanna, 1933-1938
Bd. 11	Auslandsorganisation der NSDAP, 1933-1938

Bundesarchiv, Abt. R (ehemalige Bestände des BDC)
Behnke, Herbert NSLB Listen

Evangelisches Zentralarchiv, Berlin
EZA 5/2808   Cuba (Havanna), Bd. I, Juli 1928-Juli 1939

Staatsarchiv Hamburg
B743-2   Will, Theodor: "Quellensammlung zur Geschichte des Deutschtums auf der Insel Kuba", 1947 abgeliefert

Literatur

Bejerano, Margalit (1994): "La quinta columna en Cuba (1936-1942)". In: *Reflejos. Revista de Estudios Españoles y Latinoamericanos*, No. 3 (Diciembre de 1994), Universidad Hebrea de Jerusalén, S. 49-62.

Brunner, Detlev (1994): "Fritz Lamm – Exil in Kuba". In: Grebing, Helga/Wickert, Christian (Hrsg.) (1994): *Das "andere Deutschland" im Widerstand gegen den Nationalsozialismus. Beiträge zur politischen Überwindung der nationalsozialistischen Diktatur im Exil und im Dritten Reich*. Essen, S. 146-172.

Caden, Gert (1963): "Das Komitee deutscher Antifaschisten in Habana, Kuba (1942-1947)". In: *Beiträge zur Geschichte der deutschen Arbeiterbewegung*, V/VI (1963), S. 933-941.

Chongo Leiva, Juan (1989): *El fracaso de Hitler en Cuba*. Havanna.

DV (Hrsg.) (1936): *Der Deutsche Verein Habana. Festschrift zur Feier des 75-jährigen Bestehens*. Havanna.

Franzbach, Martin (1990): "Die beiden Deutschlands auf Kuba. Ein Beitrag zur Geschichte der Auslandsdeutschen in der Karibik". In: *Iberoamericana. Lateinamerika. Spanien. Portugal*. Frankfurt/M.: Vervuert, 17. Jg., 1990, Nr. 2 (50), S. 5-15.

Grothe, Hugo (1932): *Grothes kleines Handwörterbuch des Grenz- und Auslandsdeutschtums*. München/Berlin.

Hell, Jürgen (1989): *Geschichte Kubas*. Berlin.

Jacobsen, Hans-Adolf (1968): *Nationalsozialistische Außenpolitik*. Berlin.

Levine, Robert M. (1993): *Tropical Diaspora. The Jewish Experience in Cuba*. University Press of Florida.

Meding, Holger (1975): *"Der Weg". Eine deutsche Zeitschrift in Buenos Aires 1947-1957*. Berlin.

Mühlen, Patrick von zur (1988): *Fluchtziel Lateinamerika. Die deutsche Emigration 1933-1945: politische Aktivitäten und soziokulturelle Integration*. Bonn.

Müller, Jürgen (1997): *Nationalsozialismus in Lateinamerika: Die Auslandsorganisation der NSDAP in Argentinien, Brasilien, Chile und Mexiko 1931-1945*. Stuttgart.

Phillips, Ruby Hart (1959): *Cuba. Island of Paradox*. New York.

Pommerin, Rainer (1977): *Das Dritte Reich und Lateinamerika. Die deutsche Politik gegenüber Süd- und Mittelamerika 1939-1942*. Düsseldorf.

Rinke, Stefan (1996): *"Der letzte freie Kontinent": Deutsche Lateinamerikapolitik im Zeichen transnationaler Beziehungen*. 2 Bde., Stuttgart.

Röhler, Petra (1997): "El Círculo Alejandro de Humboldt. Asociación cultural de demócratas de habla alemana". In: Auswärtiges Amt der Bundesrepublik Deutschland (Hrsg.) (1997): *Alejandro de Humboldt en Cuba (Catálogo para la exposición en la casa Humboldt, Habana Vieja, octubre 1997- enero 1998)*. Augsburg.

Scharbius, Manfred (1966): "Zur Politik des deutschen Faschismus in Mittelamerika und Westindien". In: Sanke, Heinz (Hrsg.): *Der deutsche Faschismus in Lateinamerika 1933-1943*. Berlin.

Chronologie zur Geschichte Kubas[1]

ca. 2000 v. Chr.	Beginn der Besiedlung Kubas durch die Guanahatabeys, die wahrscheinlich als Nomaden in küstennahen Höhlen wohnten. Später kamen aus dem heutigen Venezuela die Ciboneys hinzu, Jäger und Sammler. Seit ca. 300 n. Chr. mischten sie sich mit den Taínos, die als Jäger, Fischer, Handwerker und Agrarvolk auch religiöse Kulte pflegten und soziale Strukturen hatten.
1492	27.10. Die Schiffe des Kolumbus nähern sich der kubanischen Ostküste. Landung am folgenden Tage in der Bahía de Bariay (Punto de Gato), 40 Kilometer westlich vom heutigen Guardalavaca. Aus dem Bordbuch des Kolumbus: "Diese Insel ist wohl die schönste, die Menschenaugen je gesehen, reich an ausgezeichneten Ankerplätzen und tiefen Flüssen". Die spätere Bezeichnung Kuba geht auf Colba (= Garten, grün, bebautes Land) in der Sprache der Aruaks zurück.
ab 1511	Eroberung und Besiedlung der Insel. Trotz erbitterten Widerstands Ausrottung der rund 200.000 Indios aus den Völkern der Taínos, Subtaínos und Ciboneys in der ersten Hälfte des 16. Jahrhunderts. Hauptquelle: Padre Las Casas, *Kurzgefasste Beschreibung der westindischen Länder* (1552). Erster Gouverneur Diego de Velázquez. Städtegründungen (heutige Bezeichnungen): Baracoa (1511), Bayamo (1513), Trinidad (1514), Sancti Spíritus (1514), La Habana (1514), Camagüey (1515) und Santiago (1515).
seit 1526	Sklavenimporte aus Afrika unter grausamsten Umständen.
1529	Kupferbergbau bei Santiago (El Cobre).

---

[1] Zusammengestellt von Martin Franzbach. Hauptquellen: Michael Zeuske, *Kleine Geschichte Kubas*. München: Beck 2000 (Beck'sche Reihe, 1371) und Bert Hoffmann, *Cuba*. München: Beck 2000 (Reihe "Länder").

1545-71	Kupferhüttenwerk des Nürnbergers Hans Tetzel mit Sklavenarbeit in den Minen der Sierra de Cobre bei Santiago.
1548	Beginn des Anbaus von Zuckerrohr.
seit 1613	Marienkult um die Virgen de la Caridad del Cobre bei Santiago.
1693	Gründung von Matanzas.
1728	Gründung der Universität Havanna durch die Dominikaner.
1740	Gründung der Real Compañía de Tabaco, einer Handelsgesellschaft mit großen Profiten für die spanische Krone.
1754	Einrichtung des Postwesens.
1762	Eroberung Havannas durch die britische Flotte und Marineinfanterie. Wirtschaftlicher Aufschwung der Insel.
1763	Im Frieden von Paris Rücktausch von Havanna gegen Florida.
1791-1804	Flucht von rund 30.000 französischen Pflanzern vor der Sklavenrevolution auf Haiti, vornehmlich in den Ostteil der Insel Kuba. Aufschwung von Kaffeeplantagen, Kultur- und Gesellschaftsleben. Beginn des Zuckerbooms mit horrenden Exportprofiten.
1800/01 und 1804	Alexander von Humboldt drei bzw. anderthalb Monate auf Kuba zu Forschungszwecken ("zweiter Entdecker Kubas"). A. v. Humboldt, *Essai politique sur l'île de Cuba* (Paris 1826), dt. unter dem Titel *Cuba-Werk*, hrsg. und kommentiert von Hanno Beck, Darmstadt: Wissenschaftliche Buchgesellschaft 1992.
1838	Erste Eisenbahnlinie in Lateinamerika: La Habana – Güines (zum Vergleich in Deutschland: Nürnberg – Fürth 1835).
1844	Inhaftierung, Hinrichtung und Verbannung von Hunderten von aufständischen Schwarzen ("Verschwörung der Leiter"), an der Schwarze und Weiße (darunter der Dichter Plácido) beteiligt waren.
1848/49	Import von Kantonchinesen und Kulis als Arbeitssklaven.

1852	Landeunternehmen des Narciso López zum Zwecke der Annexion (Anschluss an USA) unter Beteiligung deutscher Söldner scheitert.
1868	10.10. Carlos Manuel de Céspedes' *(Grito de Yara)* Signal zum Bürgerkrieg gegen das spanische Kolonialregime. Freilassung der Sklaven auf der Plantage Demajagua (bei Manzanillo).
1868-78	1. Unabhängigkeitskrieg zwischen einer Kolonialarmee von ¼ Million Soldaten und rund 20.000 Befreiungskämpfern *(Ejército Mambí)*. Waffenstillstand nach allgemeiner Erschöpfung. Friedenspakt von Zanjón (östlich von Camagüey): Reformpaket, Generalamnestie, Vertretung im Madrider Parlament.
1880	Gesetz zur Abschaffung der Sklaverei.
1886	Endgültige Abschaffung der Sklaverei (in Brasilien 1888).
1895-98	2. Unabhängigkeitskrieg 19.5. Tod des führenden Befreiungskämpfers José Martí (1853-1895) ("Kuba muss frei sein von Spanien und den USA"). Máximo Gómez, Antonio Maceo und Calixto García mit der Befreiungsarmee gegen den Terror der spanischen Kolonialmacht (Gettoisierung der Zivilbevölkerung in *Reconcentraciones*).
1898	Kriegseintritt der USA im April. Vorwand: Explosion des Schlachtschiffs *Maine* auf der Reede vor Havanna am 15.2. Am 10.12. Frieden von Paris zwischen Spanien und den USA. Die kubanischen Freiheitskämpfer bleiben ausgeschlossen.
1901	21.2. Verfassung mit *Platt-Amendment* (Zusatzklausel mit jederzeitigem Interventionsrecht der USA, gültig bis 1934).
1902	Tomás Estrada Palma erster Präsident der Republik.
1902-06	Erste Okkupation durch die USA.
1903	Guantánamo Militärbasis der USA auf Pachtebene (2.000 US-Dollar jährlich auf Schweizer Konto gezahlt, von der kubanischen Regierung seit 1960 nicht abgerufen). Pachtvertrag auf 99 Jahre, der jedoch nur in gegenseitigem Einverständnis gekündigt werden kann.

1906-09	Zweite Besetzung durch die USA nach Unruhen.
1920	"Tanz der Millionen." Zuckerboom aufgrund überhöhter Weltmarktpreise.
1929	10.1. Ermordung von Julio Antonio Mella, einem der führenden Köpfe der Kommunistischen Partei Kubas im mexikanischen Exil.
1933	12.8. Revolutionsbewegung führt zum Sturz des Diktators Gerardo Machado ("Tropenmussolini") nach Generalstreik.
1940-44	Kleine Volksfront (Parteienbündnis) mit bürgerlicher Verfassung unter Batista. Kriegseintritt gegen Nazi-Deutschland (1941).
1952	Putsch Batistas.
1953	26.7. Sturm Fidel Castros auf die Moncada-Kaserne in Santiago scheitert, ist aber Fanal zum Widerstand. Verteidigungsrede Castros "Die Geschichte wird mich freisprechen" als politisches Zukunftsprogramm.
1955	Amnestie der Verhafteten. Exil Castros und der Revolutionäre in Mexiko, wo sich Che Guevara der Invasionsexpedition anschließt.
1956	2.12. Landung der *Granma* im Oriente. Nur wenige Überlebende bilden den Kern der Guerilla in der Sierra Maestra.
1956-58	Der Terror des Batista-Regimes (20.000 politische Morde) und der Widerstand immer breiterer Teile der Bevölkerung beschleunigen das Ende und die Flucht des Diktators in der Silvesternacht 1958/59 in die Dominikanische Republik.
1959	8.1. Einzug Castros und der Guerilleros *(barbudos)* in Havanna.
1960	Erste Agrarreform. Verstaatlichung von Latifundien über 400 ha. Verleihung der Besitztitel an 100.000 Kleinbauern und Genossenschaften. Konfrontation mit den US-Agrarmultis und Erdölkonzernen. Beginn des US-Wirtschaftsboykotts. Anlehnung an Sowjetunion. Konterguerilla in der Sierra del Escambray bis 1965.

1961	Alphabetisierungskampagne. 16.4. Castro erklärt den sozialistischen Charakter der Revolution. 17.-19. April Invasion von rund 1.500 Söldnern, initiiert vom CIA mit Wissen Kennedys, scheitert nach drei Tagen in den Sümpfen der Schweinebucht. Gründung und Ausbau der Massenorganisationen.
1962	Beginn der US-Blockade. Einführung des Lebensmittelheftes *(libreta)*. Im Oktober Raketenkrise. In letzter Minute nach Ultimatum Kennedys Abzug der sowjetischen atomaren Mittelstreckenraketen, ohne die kubanische Regierung zu konsultieren.
1963	Aufnahme diplomatischer Beziehungen zur DDR (12.1.). Abbruch der diplomatischen Beziehungen der BRD zu Kuba (13.1.) ("Hallstein-Doktrin"). Zweites Agrarreformgesetz: Verstaatlichung von Grundbesitz über 67 ha.
1964	Guevara als Wirtschaftsminister. Beginn der Planungsdebatte. Diskussionspunkte: ideelle oder materielle Anreize, Priorität Landwirtschaft oder Industrialisierung u.a.
1965	Abschiedsbrief Che Guevaras, der nach Afrika und später nach Bolivien geht ("Schaffen wir zwei, drei, viele Vietnams"). Legale Ausreise von rund 90.000 Kubanern in die USA. Kampagne gegen Homosexuelle u.a. "Außenseiter der Gesellschaft" und "politisch-ideologische Diversionisten" durch "Militärische Einheiten zur Produktionshilfe" (UMAP).
1966	Bruch mit China, engere Anlehnung an die Sowjetunion.
1967	9.10. Ermordung Che Guevaras in Bolivien.
1968	Prozess gegen die altkommunistische "Mikrofraktion" unter Aníbal Escalante wegen Konspiration. Die kubanische Regierung rechtfertigt und stützt den Einmarsch der Truppen des Warschauer Pakts in Prag.
1970	Jahr der angestrebten Zehn-Mio.-Zuckerrohrernte *(Gran Zafra)*. Ertrag 8,35 Mio. t, aber durch Mobilisierung aller Kräfte Zusammenbruch anderer Wirtschaftszweige mit langfristigen Konsequenzen. Selbstkritik Castros.
1971	Gesetz gegen Bummelei am Arbeitsplatz mit angedrohter Zwangsarbeit. Padilla-Affäre. Protestschreiben europäischer

und lateinamerikanischer Intellektueller und scharfe kubanische Regierungsantwort. Beginn einer dogmatischen Kulturpolitik ("Graues Jahrfünft" 1971-75).

1972 Kuba Vollmitglied des Rats für gegenseitige Wirtschaftshilfe (RGW, Comecon).

1975 18.1. Wiederaufnahme der diplomatischen Beziehungen zwischen Kuba und der BRD. Erster Kongress der neuformierten Kommunistischen Partei Kubas. Entsendung von Truppen zur Unterstützung der MPLA in Angola. Längster Krieg in der kubanischen Geschichte bis 1989 (Vorwurf: Stellvertreterkrieg für die Sowjetunion).

1976 Kubanische Unterstützung für die äthiopische Regierung gegen die Unabhängigkeitsbewegungen in Ogaden und Eritrea. System des *Poder Popular* (Volksmacht) wird nach Erprobung in der Provinz Matanzas auf das ganze Land ausgedehnt. Alle zweieinhalb Jahre dezentrale Wahlen von rund 10.000 Delegierten für Gemeinde- und Provinzversammlungen, aus denen heraus die "Basisdelegierten" für die gesetzgebende (in der Praxis rein akklamatorische) Nationalversammlung gewählt werden. Gründung des Kultusministeriums unter Armando Hart Dávalos (im Amt bis 1997!).

1979 20.000 Lehrer und Lehrerinnen melden sich für die Solidaritätsbrigaden in Nicaragua. Castro wird auf dem Gipfeltreffen der Blockfreien Staaten in Havanna zum Präsidenten gewählt (mit Verlängerung von 1979 bis 1985 im Amt).

1980 Hauptsächlich wegen der schlechten Wirtschaftslage und politischer Repression besetzen über 10.000 Kubaner im April das Gelände der peruanischen Botschaft in Havanna, um ihre Ausreise zu erzwingen. Staatsoffizielle Öffnung des Seewegs nach Florida über den Jachthafen von Mariel *(marielitos)*. Rund 120.000 Kubaner verlassen die Insel auf Booten ("Freiheitsflotille").

1981 Aufbau der territorialen Zivilmilizen zur Landesverteidigung nach Reagans Amtsantritt.

Chronologie zur Geschichte Kubas 835

1982 Entspannung der Wirtschaftslage durch Einrichtung freier Bauernmärkte.

1983 Invasion von 6.000 US-Marines in Grenada, um 800 Kubaner zu vertreiben, die als Entwicklungshelfer und Arbeiter u.a. für den Bau eines Flughafens auf der Insel sind. Vorwurf eines "kommunistischen Brückenkopfs" in der Karibik.

1985 Beginn der Agitation des exilkubanischen Propagandasenders "José Martí" aus Miami ("Ätherkrieg").

1986 Auf dem 3. Parteikongress wird der "Prozess für die Berichtigung von Irrtümern" ausgerufen. Verbot der freien Bauernmärkte "wegen Verformung der Gesellschaftsstruktur".

1988 Die Gorbatschow-Ära mit ihren zentralen Forderungen nach Glasnost und Perestroika führt zu Spannungen und zum Verbot sowjetischer Zeitschriften in Kuba.

1989 Besuch Gorbatschows in Havanna. Schauprozess gegen den Angola-General Arnaldo Ochoa und drei weitere Angeklagte endet mit Hinrichtungen. Vorwürfe: Aufbau eines geheimen Netzes mit Kontakten zum kolumbianischen Medellín-Kartell und Handel mit Kokain und Devisen. Zusammenbruch des sozialistischen Staatenbunds und des RGW. Außenhandelsverlust: 85%. Parole: *Socialismo o Muerte*.

1991 Beginn des "Notzustands in Friedenszeiten". Anspruch der Selbstversorgung *(Plan Alimentario)*. Drastische Energiekürzungen. Ausrüstung der Bevölkerung mit Fahrrädern. Motto des 4. Parteikongresses: "Unsere geheiligste Pflicht ist die Rettung des Vaterlands, der Revolution, des Sozialismus".

1992 Wachsende Unzufriedenheit in der Bevölkerung. Regierungslinie: Öffnung der Wirtschaft für das internationale Kapital, ohne die sozialen und politischen Errungenschaften zu schmälern. Verschärfung der US-Blockade durch das Torricelli-Gesetz *(Cuban Democracy Act)*: Ausdehnung des Handelsembargos auf ausländische Tochterunternehmen nordamerikanischer Firmen.

1993	Freigabe des Dollarbesitzes. Einrichtung von *Joint Ventures* und anonymen Gesellschaften mehrheitlich unter Staatskontrolle. Begrenzte Zulassung privatwirtschaftlicher Initiativen auf dem Dienstleistungssektor.
1994	Die UN-Vollversammlung verurteilt zum dritten Mal das antikubanische US-Embargo mit überwältigender Mehrheit (nur USA und Israel dafür). Fluchtbewegung der *balseros (boat-people)* in die USA; geschätzte Zahl: 35.000 Menschen bei hoher Todesrate. Abkommen mit den USA auf Konsularsebene, dass jährlich 20.000 Kubaner legal ausreisen dürfen. Die kubanische Regierung verpflichtet sich dafür, jegliche illegale Ausreise zu verhindern. Am 5. August Volksunruhen in der Altstadt von Havanna wegen Austeritätspolitik der Regierung blutig niedergeschlagen.
1995	Wiederzulassung der privaten Bauernmärkte mit allerdings hohen Produktpreisen. Das restriktive Helms-Burton-Gesetz passiert das Repräsentantenhaus in Washington: Es bedroht ausländische Firmen, die in Kuba investieren und ehemaliges US-amerikanisches Eigentum erwerben, mit Gerichtsverfahren in den USA.
1996	Abschuss zweier exilkubanischer Cessna-Maschinen (vier Tote) der "Rettungsbrüder", die, wie schon zuvor, am 24.2. provozierend in den kubanischen Luftraum eingedrungen waren und nach Vorwarnung von kubanischen MIG-Abfangjägern liquidiert wurden. Der nordamerikanische Kongress billigt Anfang März trotz internationaler Proteste das Helms-Burton-Gesetz, das zu einer Verschärfung des Wirtschaftsembargos gegen Kuba beiträgt.
1997	Migrationsgesetz schränkt Zuzug nach Havanna ein. Besteuerung der Privatvermietung an Touristen und anderer Dienstleistungen "auf eigene Rechnung". Abel Prieto, der Präsident der UNEAC, wird Kultusminister.
1998	Papstbesuch als Medienspektakel gibt katholischer Kirche für kurze Zeit etwas mehr Spielraum.

1999	Tourismusboom mit satter Wachstumsrate von 20%: 1,7 Millionen Touristen, darunter 250.000 Deutsche. Iberoamerikanischer Gipfel in Havanna und Besuch von Juan Carlos. Der "Öffnung zur Welt" steht eine Verhärtung im Innern gegenüber. Verhaftungs- und Verurteilungswellen gegen Oppositionelle.
2000	Seit dem 25. November 1999 beschäftigte die Weltöffentlichkeit das Schicksal des fünfjährigen Elián, einer der drei Überlebenden einer Gruppe von 16 Floßflüchtlingen, von denen auch Eliáns Mutter vor der Küste der USA ertrank. Im Machtkampf zwischen Miami-Kubanern und nordamerikanischer Justiz siegte das internationale Recht. Der Junge kehrte mit seinem aus Kuba nachgereisten Vater am 28.6.2000 auf die Insel zurück. Nationalistische Welle der inszenierten Massendemonstrationen auf Kuba; hysterische Reaktionen der alten Exilkämpfer in Miami. Verurteilung Kubas wegen Verletzung der Menschenrechte durch die Genfer Kommission der UN. Daraufhin Verzicht Kubas auf Eintritt in die Gemeinschaft der AKP-Staaten (Afrika, Karibik, Pazifik) im Verbund mit der EU. Einfrieren des Verkaufs von Immobilien an Ausländer. Scharfes Vorgehen gegen illegale Dienstleistungen auf dem Tourismussektor. Spannungen mit dem Klerus. Verhaftungen und Einschüchterungen von Oppositionellen. Aus- und Einreiseverbote. Im März 2000 nahm der Auswärtige Ausschuss des US-Senats eine Gesetzesvorlage an, die einen jährlichen Import von Lebensmitteln im Wert von 700 Millionen Dollar und pharmazeutischer Produkte nach Kuba vorsah. Außerdem sollte mittelfristig das Reiseverbot für US-Bürger nach Kuba aufgehoben werden. Dieser Gesetzesvorlage haben Senat und Präsident bisher nicht zugestimmt.
2001	Der 75. Geburtstag von Fidel Castro wurde am 13. August von zahlreichen Medien im In- und Ausland mit einer Bilanz der kubanischen Revolution verknüpft, die je nach politischer Richtung sehr kontrovers ausfiel.

Sachregister

A

abakuá 695
Actos de repudio 457
Afrika 159f., 211, 447
Afrikaner 401
afrikanisch 403
"Afrikanität" 402
Afrocubanismo 688
Afrokubaner 563, 664
afrokubanisch 470, 483, 495, 695, 715, 743f.
AIDS 264, 353, 356f.
AKP-EU Abkommen 198, 200
AKP-Staaten (Afrika, Karibik, Pazifik) 182, 195ff., 201, 216
Alphabetisierung 465
Alphabetisierungs-Kampagne 447, 833
Angola 834
Arbeitslosigkeit 229
Areíto 573, 574, 684
asambleas 112
ausentismo 284

B

balsero/s 506, 599, 625, 632, 643, 736, 836
Balsero-Krise 231
barbacoa/s 74, 126, 136, 140
barbudos 20, 276
Boat people 737

bolero/s 20, 474, 683, 702f., 706f.
Bozal 396, 406
"Brigada Antonio Maceo" 573
Brigada Hermanos Saíz 676
brigadistas sanitarias 253
Buena Vista Social Club 19, 90, 683, 707, 721
Büro des *Historiador* 132f.

C

cabildos 695f., 698
Caimán barbudo 474f., 672, 752f.
Campismo Popular 379
Casa de las Américas (Zeitschrift) 454, 484, 524, 536, 543, 690, 705, 741, 752
"Casa de las Américas" 454, 523f., 527, 532, 546f.
charanga/s 698, 700, 720
CIA 165
círculo infantil 258
Concilio Cubano 170, 203, 237, 307
Consejo Popular 114
Consejos
 – *de Poderes Populares* 118
 – *Municipales* 118
 – *Populares* 117, 125f., 145, 147
 – *Populares de Barrios* 118
Criterio Alternativo 303
Cuba Press 457, 679
Cuban American 608

Cuban American National Foundation 165, 186
Cuban Americans 21, 165, 463, 574f., 583, 585, 640, 646
Cubaneo 644
cubanía 534, 645
cubanidad 552, 571, 573, 580, 600, 606, 637, 639, 644
Cubano Americano 552

D

Danzón 20, 687, 698f., 700f.
Diaspora 454, 510, 512, 551, 567, 600, 602, 606, 618, 622, 624, 630, 643f., 647
Disidencia 238
Dissident/en 180, 229, 291, 293, 298, 308, 608, 679f.
Dissidentenbewegung 309
Dissidenz 293, 306, 308

E

Ehe 257
El Caimán barbudo 472f.
Embargo/s 188, 205
Embargo-Politik 170
Emigration 33, 174
empresas mixtas 229, 321
entwicklungspolitisch 210f.
Entwicklungszusammenarbeit 209
Exil 14, 18, 21, 623
Exilgemeinde 184
exilio 506
Exilkubaner/Exil-Kubaner 167, 174, 185, 196, 580, 622
exilkubanisch 175, 330, 600
Exilliteratur 487, 552f., 574

F

Familie 257
Familienärzte 262f.
filín 474, 703ff.
Frauen 251f., 254
Frauenföderation 265
"Frauenföderation Kubas" 251
Frauenliteratur 482, 490

G

"Gender-Diskurs" 514
Gender-Studien/*Gender Studies* 455, 490, 509
Gesundheitsdienst 282
– system 321
– tourismus 365, 367, 380
– versorgung 317
– wesen 253, 258f., 266, 366
Girón 674
Globalisierung 15f., 23
Gran Zafra 224, 833
"Graues Jahrfünft" 834
Grupo Areíto 573
Guantánamo 505, 626, 831
guaracha/s 460, 474, 700, 702

H

habla bozal 664
Harlem Renaissance 401
Helms-Burton-Frage 207
Helms-Burton-Gesetz 154, 166, 168f., 170, 172ff., 176, 181, 188, 195, 203, 205f., 215, 235, 238, 242, 640, 786, 788, 836
Hermanos al Rescate 168f., 625
Historiador 133
hogares maternos 253

Sachregister

hombre nuevo 20
Homosexualität 261, 589
Homosexuelle 262, 461, 588, 592, 672

I

ingenio/s 77
insilio 506
Investitionsgesetz 376

J

jineter/o/as 381
Joint-Ventures 121, 131, 163, 211, 316, 321, 349, 361, 375f., 724
joint-venture-Unternehmen 229

K

Kinder- und Jugendbuchliteratur 446, 456
koineización 656
"Komitees zur Verteidigung der Revolution" 225
Krimi 446
Kriminalgeschichten 499
Kriminalität 230
Kriminalliteratur 426, 452, 513
Kriminalroman 450f., 604
Kubanität 608

L

Lebenserwartung 32
libreta 122, 229, 339, 833
literatura de campaña 413

M

machismo 247, 249, 257, 462f.
machistisch 673
Macho-Attitüden 275
Macho-Einstellungen 263
Mack-Amendment 166
Mambí/ses 156, 175, 222, 235
Mambo 715
"Manifest der Zehn" 303
Mariel 160
marielitos 451, 588f., 595, 622ff., 632, 643, 834
médico de la familia 126
Medien 265
Menschenrecht/e 199, 787, 790, 792, 794f., 837
Menschenrechtsorganisation 294
– fundamentalisten 215
– gruppen 306
– kommission 178, 198
– situation 209
– verfechter 210
– verletzungen 193, 200
mercados agropecuarios 41, 342
merengue 717
microbrigadas 68
Microbrigaden 83, 91, 121, 124f., 147
Migranten 621, 631f., 640
Migration 618
Mikrofraktion 224
mixed enterprises 147
Modernismo 15
Müttersterblichkeit 254

N

NGO/NRO (Nicht-Regierungs-Organisation 86, 95f., 98, 118, 126, 130, 146, 148, 177, 214
Nicaragua 159, 161, 172, 180, 366
novela testimonio 387ff., 445f., 449
nueva trova 419, 474, 482, 673, 702ff., 706

O

Oficina del Historiador 130f.
Ökotourismus 378
ökotouristisch 378
"Operation Peter Pan" 620
Organisation Amerikanischer Staaten (OAS) 181
"Orígenes" 447, 456f., 467f., 529, 601
orisha/s 399, 403, 597, 696, 740, 743

P

paladares 38, 123, 381
palenques 395
palo monte 393, 405f.
Papst-Besuch 180
pedraplen/es 382
periodo especial 84f., 89, 123f., 127, 130, 145, 163, 419, 492
periodo especial en tiempos de paz 103, 121, 227, 315
permuta/s 93,139
plan alimentario 229, 316, 320, 340, 835
Platt-Amendment 156, 173, 831

Playa Girón 472, 498, 556, 578
Poder Popular 112, 834
poesía negra 466, 468
Prostitution 230

Q

quinquenio gris 295, 414, 674, 679

R

Radio Martí 725
"Raketen-Krise" 157
"Rat für gegenseitige Wirtschaftshilfe" (RGW) 162, 163, 201, 226, 286, 360f., 367
Rectificación de errores 116, 120, 160f., 226, 286, 314f., 676
Regla de Ocha 76
remesas 322, 326
rhumba 715
Rumba 483, 687, 692, 697f.

S

salsa 20, 683, 711, 715ff., 721, 726
santería 76, 393, 462, 597, 696f., 742ff.
santero 406
Säuglingssterblichkeitsraten 32, 45
Schwangerschaftsabbruch 254, 266
Schweinebucht 232, 423, 674
Science-fiction 446, 499, 583
Science-Fiction-Roman 452
Sender "José Martí" 835
Sexualberatung 260, 266

Sexualerziehung 259, 263, 267ff.,
Sexualität 264
Sexualstörungen 266
Shantytowns 103, 107, 144
Sklavenhandel 684
– importe 829
son/es 20, 474, 483, 683, 690, 692, 700f., 708, 726
"Sonderperiode" 123
Sozialistischer Realismus 462, 673
"Spezielle Periode" 120
"Stadtteilwerkstätten" 115, 117, 121

T

teatro bufo 577
Teatro Escambray 462
testimonial 517
testimonio/s 411ff., 416, 448ff., 454, 468, 516, 529, 533, 591, 594, 599, 601
timba 720
timbales 716
Tojosismo 476f., 482
Torricelli-Gesetz 166f., 640, 785, 835
Tourismus 11, 35, 123, 146, 148, 163, 229, 316, 321, 326, 371, 373ff., 376ff., 381f.
Tourismussektor 837
Touristen 11, 147, 282f, 372, 688, 723
Touristengruppe 793
touristisch 131
trabajo por cuenta propia 123
trova 474, 694, 702f., 705f.
tumba francesa 698

U

UMAP, "Militärische Einheiten zur Unterstützung der Produktion" 294, 833
UMAP-Arbeitslager 262
Unidades Militares de Ayuda a la Producción 672

V

"Virgen de la Caridad del Cobre" 638
Villa Marista 305

W

Wirtschaftsblockade 285

Z

zafra 317
Zusammenarbeit 210

Personenregister

A

Abela, Eduardo 688, 738f.
Abrantes, José 161
Abreu, Juan 589f.
Abreu Felippe, José 590
Abreu Felippe, Nicolás 590
Acanda, Jorge Luis 759
Aguirre, Isidora 413
Aguirre, Mirta 466, 485
Alberto, Eliseo 448, 455, 598, 600f., 607f.
Aldana, Carlos 230, 678
Allende, Salvador 276
Almeida, Juan 424
Almendros, Néstor 673
Alonso, Dora 417, 496
Alonso, Nancy 501, 505f., 508
Álvarez, Santiago 670, 675
Arche, Jorge 738f.
Arcocha, Juan 566
Arenal, Humberto 461
Arenas, Reinaldo 446f., 453f., 494, 589, 589, 593, 595, 600, 603
Aristide, Jean-Bertrand 178, 181
Arrufat, Antón 461, 529, 534, 536, 562
Augier, Angel 466
Aznar, José María 213

B

Ballagas, Emilio 401, 465, 688
Baquero, Gaston 301, 456, 563f.
Barnet, Miguel 262, 396, 411f., 414ff., 418, 420, 422, 427f., 430, 432, 436f., 448ff., 457, 459, 471ff., 480f., 483
Batista, Fulgencio 67, 73, 222, 273, 279, 465, 554ff., 568, 619, 740, 832
Batista Reyes, Alberto 417
Bauzá, Mario 707
Beauvoir, Simone de 284
Benedetti, Mario 433
Benítez Rojo, Antonio 22, 415, 453, 596
Betto, Frei 274
Bobes, Marilyn 454f., 457, 482, 492, 508f., 515
"Bola de Nieve" 262
Borrero, Juana 15
Branly, Roberto 474
Brene, José Manuel 462
Brouwer, Leo 673, 693, 694, 705
Brull, Mariano 465
Bush, George 166
Bush, George W. 187

C

Caballero, José A. 752
Cabrera, Lydia 394, 399ff., 403ff., 419, 449, 495, 563
Cabrera Infante, Guillermo 19, 446ff., 453f., 467, 491, 494, 531f, 536, 562, 565, 567, 568ff., 591, 671f.
Cabrera Infante, Saba 671
Campuzano, Luisa 421, 526
Cardoso, Onelio Jorge 453, 456
Carpentier, Alejo 389, 401, 411, 418, 446f., 449, 453f., 491, 494, 508, 525, 541, 685, 688, 744
Casal, Julián del 15, 511
Casal, Lourdes 511, 572ff.
Casas, Bartolomé de las 9, 77f.
Casaus, Víctor 414ff., 418, 423f., 426, 473f., 479
Casey, Carvert 453, 566
Castro, Fidel 16f., 19, 30, 64, 73, 75f., 117, 153ff., 157f., 160f., 162, 164, 166, 169, 172f., 176, 179f., 182ff., 186, 194ff., 198, 200, 202, 204, 210f., 221ff., 225ff., 230ff., 233ff., 236f., 239ff, 243, 264, 271, 273f., 275, 278, 280f., 283, 285, 287f., 292, 294, 297, 303, 306f., 341, 350, 362, 423, 466, 470f., 484, 526, 529ff., 533, 535, 537ff., 544, 546, 555ff., 561f., 565, 568ff., 572, 578ff., 583, 587ff., 597, 607, 617, 619, 622, 624, 628f., 641ff., 645, 648, 670ff., 674ff., 678, 691, 725, 750, 754f., 774, 777, 788, 791, 796f., 832f., 834, 837
Castro, Raúl 161, 172, 175, 186, 207, 231, 233ff., 242, 678
Céspedes, Carlos Manuel de 702, 753, 764, 831
Chacón y Calvo, José María 739
Chamorro, Violeta 172
Chavarría, Daniel 451
Chávez, Hugo 178f.
Chaviano, Daína 448, 452, 499, 597
Cheysson, Claude 211
Chibás, Eduardo 239
Chinea, Hugo 498
Chruschtschow, Nikita 222
Cienfuegos, Camilo 424, 466
Cirules, Enrique 415, 417, 431
Clavijo, Uva A. 454
Clinton, Bill 166, 169, 174, 187, 206f.
Cobo Sausa, Manuel 557, 560
Cofiño, Manuel 498
Columbus, Christoph 9f., 12f., 14f., 24, 60
Conte, Antonio 475
Cook, Robin 200
Cortázar, Julio 415, 433
Cos Causse, Jesús 477
Cosa, Juan de la 10
Cruz Varela, María Elena 303f.,
Cruz, Celia 717
Cuadra, Angel 592
Cuza Malé, Belkis 301, 471f., 562

D

D'Rivera, Paquito 711
Delgado, Ángel 300
Delgado, Frank 706
Delgado, Isaac 718

Desnoes, Edmundo 544, 554, 596, 602
Díaz, Jesús 23, 242, 295ff., 415, 448, 453, 472, 498, 538, 545, 598f., 602, 607f., 672, 678
Díaz Martínez, Manuel 301, 457, 470, 473, 479, 545
Díaz Torres, Daniel 673, 677
Diego, Eliseo 446, 455, 467, 473, 478f., 482, 564, 601
Dorfman, Ariel 417

E

Eagleburger, Lawrence 183
Eco, Umberto 19
Eguren, Gustavo 450
Enzensberger, Hans Magnus 283, 413
Espín, Vilma 424
Estévez, Abilio 463, 603f.
Estrada Palma, Tomás 831

F

Fariñas, Carlos 693f.
Feijóo, Samuel 450
Feria, Lina de 301ff., 482
Fernández de Juan, Adelaida 514f.
Fernández, Pablo Armando 456, 467, 469, 480, 483, 536, 554, 671
Fernández, Roberto G. 581
Fernández Retamar, Roberto 22, 448, 454, 456f., 459, 465, 469, 471, 476, 523, 525, 534, 536ff., 541ff., 545, 547, 554
Fernández Robaina, Tomás 427

Ferrer, Ibrahim 20, 707, 721
Ferrer, Pedro Luis 291ff., 460
Florit, Eugenio 456, 465, 471
Fornet, Ambrosio 413
Fornés, Rosita 642
Franqui, Carlos 424, 565, 671
Freund, Sigmund 23
Fuentes, Norberto 453, 498, 601
Fujimori, Alberto 181
Fung Riverón, Thalía 757

G

Galich, Manuel 413
Gálvez, William 431
García, Cristina 583ff.
García, Luis Manuel 173, 430, 450
García, Victor Manuel 738
García Alonso, Aida 421
García Galló, Gaspar Jorge 757
García Márquez, Gabriel 239, 284, 430, 600
García Marruz, Fina 468, 486, 601
Gaztelu, Padre Angel 468
Ghaddafi, Muhamed 196
Gil, Lourdes 577
Gillespie, Dizzy 707, 711
Gómez de Avellaneda, Gertrudis 14, 489
Gómez, Sara 675
González de Cascorro, Raúl 424
González, Elián 154, 182ff, 185, 198, 204, 647, 836
González, Felipe 213
González, Omar 681
González, Reynaldo 681
González, Rubén 721

Gorbatschow, Michail 308
Gramatges, Harol 693f.
Guadarrama, Pablo 757, 760ff.
Guevara, Alfredo 669, 674f., 677, 680f.
Guevara, Ernesto "Che" 16, 222, 224, 226, 273, 276ff., 282, 285, 349, 360, 362, 422, 424, 427, 431, 433f., 447, 449, 468, 471, 481, 484f., 535, 539, 546, 565, 676, 678, 691f., 733, 737, 754f., 832f.
Guillén, Nicolás 24, 401, 418, 448, 456f, 465f., 473, 475, 479, 480ff., 485, 494, 563, 688
Gutiérrez, Pedro Juan 602f.
Gutiérrez Alea, Tomás 670, 673, 675, 677f.

H

Hart Dávalos, Armando 526f., 530, 533, 539, 544, 674f., 678
Havel, Vaclav 306
Helms, Jesse 186
Henkel, Hans-Olaf 210
Henze, Heinz Werner 418
Heras León, Eduardo 498
Heredia, José María 14, 554
Hernández Novás, Raul 481
Hijuelos, Oscar 585
Hussein, Sadam 196

J

Jamís, Fayad 465, 469, 480
Jesús, Carolina María de 421, 433
Jitrik, Noé 413
Jospin, Lionel 211

K

"Kcho" 736f.
Kissinger, Henry 183
"Korda" 733
Kozer, José 577

L

Lachatañeré, Rómulo 394, 399ff.
Lage Dávila, Carlos 200, 209, 232, 288, 321
Lam, Wilfredo 688, 734, 739ff., 743f.
Landaluze, Víctor Patricio de 733
Laplante, Eduardo 733
Leal, Eusebio 130f., 145ff.
Leante, César 424, 595f.
Lewis, Oscar 412, 414
Lezama Lima, José 446f., 453ff., 465, 467f., 469f., 473, 476, 478, 481, 482, 491, 494, 525, 529, 532, 598, 601, 738, 744, 764
Llana, María Elena 515
López, César 457, 474
López, Narciso 831
López Sacha, Francisco 416, 491, 497f.
Loynaz, Dulce María 468, 680
Luz y Caballero, José de la 752, 759

M

Machado, Gerardo 67, 222, 554, 618, 832
Manet, Eduardo 567
Marín, Manuel 203, 208
Marinello, Juan 484, 738

Martí, José 14, 22, 68, 155, 164, 276, 281, 434, 448f., 456, 471, 481, 527, 545, 554, 618, 657, 676, 705, 758f., 763, 831
Mas Canosa, Jorge 165, 186, 646, 648
Mas Santos, Jorge 186
Matamoros, Miguel 701
Matos, Huber 287
Matthews, Herbert 280
Medina, Pablo 576, 583f.
Mella, Julio Antonio 832
Menchú, Rigoberta 420, 436f.
Méndez Capote, Renée 417, 448, 456
Mendive, Manuel 742, 744
Mercado, Manuel 15
Mesa-Lago, Carlos 227
Milanés, Pablo 262, 291, 419, 460, 474, 672f., 704f.
Milosevic, Slobodan 196
Mitterrand, François 211
Montaner, Carlos Alberto 560f., 601
Montaner, Rita 431, 694
Montero, Mayra 448, 598
Montero, Reinaldo 463
Montes Huidobro, Matías 578f.
Moré, Benny 432, 646, 694, 701, 709
Morejón, Nancy 457, 471ff., 480, 483
Mosquera, Gerardo 300
Muñoz, Elías Miguel 586

N

Navarro Luna, Manuel 466
Navarro, Desiderio 542

Navarro, Noel 417
Navarro, Osvaldo 416, 427, 477
Neruda, Pablo 414
Nielson, Poul 208
Nogueras, Luis Rogelio 451, 457, 473f., 478f.
Nono, Luigi 284
Novás Calvo, Lino 453, 563
Nuez, Iván de la 22, 552

O

Obejas, Achy 454, 585, 645
Ochoa, Arnaldo 161, 233, 287, 297, 678, 835
Oliver Labra, Carilda 456f., 482
Oraá, Francisco 479
Ortega, Manuel 366
Ortiz, Fernando 9, 17, 22, 394, 397, 399ff., 402f., 405, 407, 419, 449, 660, 685, 696, 726, 739
Otero, Lisandro 415, 417, 432, 448, 536, 562, 601, 674

P

Padilla, Heberto 224, 284, 287, 294ff., 301, 451, 457, 471, 475f., 485, 487, 536f., 540f., 545, 562, 568, 596, 601, 671, 673f., 688, 833
Padura Fuentes, Leonardo 451f., 494, 604f.
País, Frank 76
Paz, Senel 453, 492, 504, 524, 544f.
Peláez del Casal, Amelia 738ff.
Pereira, Manuel 448, 605

Perera, Hilda 560f.
Pérez, Fernando 679
Pérez Firmat, Gustavo 22, 551, 552, 600, 607f., 644f.
Pérez Roque, Felípe 198, 208, 231
Pino, Rafael 424
Pinochet, Augusto 180
Piñera, Virgilio 446, 461, 476, 485, 491, 536
Pita Rodríguez, Félix 453, 465f., 485
Plácido 830
Pogolotti, Marcelo 738
Polo, Marco 10
Poniatowska, Elena 421
Ponte, José 484
Portocarrero, René 262, 741, 744
Portuondo, José Antonio 484f., 536
Portuondo, Omara 721
Potela, Ena Lucía 499f., 511ff.
Pozas, Ricardo 414
Prada Oropeza, Renato 417
Prendes, Álvaro 307, 417, 423
Préval, René 178
Prida, Dolores 580
Prieto, Abel 232, 236, 448, 530, 544, 836
Puebla, Carlos 474, 703

Q

Quinteros, Héctor 462

R

Rama, Angel 413
Reno, Janet 184
Rensoli-Laliga, Lourdes 756

Rincón, Carlos 415f., 419f.
Rivero, Raúl 302f., 305, 457, 475, 487, 679
Roa, Raúl 414
Robaina, Roberto 202, 230, 232, 236
Roca, Blas 238, 680
Roca, Vladimiro 238, 308, 680
Rocasolano, Alberto 480
Rodríguez Rivera, Guillermo 457, 475
Rodríguez, Mariano 741
Rodríguez, Reina María 457, 481f.
Rodríguez, Silvio 291, 474, 480, 510, 673, 705, 723
Rojas, Marta 415, 417, 424
Rojas, Rafael 445
Roldáns, Amadeo 688
Rosales, Guillermo 594
Rubalcaba, Gonzalo 711
Rubiera Castillo, Daisy 431, 433

S

Sánchez, Celia 424
Sánchez, Elizardo 226, 238, 306
Sánchez-Boudy, José 560f., 578, 660
Sánchez de Bustamente, Antonio 758f.
Sánchez Mejías, Rolando 293, 485f.
Sánchez Santa Cruz, Elizardo 294
Sandoval, Arturo 711
Santamaría, Abel 76
Santamaría, Haydée 413, 423f., 527f., 529
Santana, Joaquín G. 480

Sarduy, Severo 492, 494, 532, 534, 562, 567, 568ff., 606
Sartre, Jean-Paul 262, 282, 284
Sarusky, Jaime 415f., 434f., 525, 528f.
Saumell, Manuel 686
Schröder, Gerhard 208, 210
Segundo, Compay 721
Smith, Octavio 468
Solana, Javier 208
Solás, Humberto 670
Suardíaz, Luis 470, 480
Suárez y Romero, Anselmo 394, 396f.
Suárez, Adolfo 213

T

Tabío, Juan Carlos 677f.
Tallet, José Zacarías 471, 483
Tejera, Nivaria 601
Torres, Omar 583
Torriente Brau, Pablo de la 415
Travieso, Julio 498
Triana, José 461, 463, 595

V

Valdés, Chucho 710
Valdés, Zoé 23, 448, 452, 454, 482, 596ff., 603, 605
Valero, Roberto 589, 591
Valladares, Armando 592
Varela, Carlos 298, 460, 706
Varela, Félix 239, 752, 759f., 764
Varona, Enrique José 761
Vasco, Justo 451
Vázquez Díaz, René 545, 605, 762

Victoria, Carlos 448, 589, 591f., 595
Viera, Félix Luis 450
Villaverde, Cirilo 554
Vitier, Cintio 455, 457, 468, 478, 601, 760

W

Walsh, Rodolfo 414
Wieczorek-Zeul, Heidemarie 210
Wilde, Oscar 432

Y

Yáñez, Mirta 454ff., 490, 492, 498

Z

Zarate, Raúl de 744

Abkürzungen

AG	Arbeitsgemeinschaft
AIDS	Acquired Immune Deficiency Syndrome
AKP-Staaten	Afrika, Karibik, Pazifik
ALADI	Asociación Latinoamericana de Integración
ANAP	Asociación Nacional de Agricultores Pequeños
AO	Auslandsorganisation
ap	Associated Press
ARTEX	Arte y Exportación
ASC	Assocation of Caribbean States
AwZ	Arbeitskreis für wirtschaftliche Zusammenarbeit
BDI	Bund deutscher Industrie
BDM	Bund deutscher Mädchen
BfAI	Bundesstelle für Außenhandelsinformation
BIOCEN	Centro Nacional de Biopreparados
BIP	Bruttoinlandsprodukt
BMZ	Bundesministerium für wirtschaftliche Zusammenarbeit
BNC	Banco Nacional de Cuba
BRD	Bundesrepublik Deutschland
CANF	Cuban-American National Foundation
CARICOM	Caribbean Community
CD	Compact disc
CDR	Comité de Defensa de la Revolución
CEA	Centro de Estudios sobre América
CEDEM	Centro de Estudios Demográficos
CEEC	Centro de Estudios de la Economía Cubana
CENCREM	Centro Nacional de Conservación, Restauración y Museología
CEPAL	Comisión Económica para América Latina y el Caribe
CIB	Centro de Investigación Biológico
CIE	Centro de Imunoensayo
CIGB	Centro de Ingeniería Genética y Biotecnología

CIM	Centro de Imunología Molecular
CNE	Comisión Nacional de Energía
CNIC	Centro Nacional de Investigaciones Científicas
COMECON	Council for Mutual Economic Assistance, spanisch: CAME
COPEXTEL	Combinado de Producción y Exportación de Tecnología Electrónica
CTC	Confederación de Trabajadores de Cuba
DAU	Direcciones de Arquitectura y Urbanismo
DB	Deutscher Bund
DDR	Deutsche Demokratische Republik
DJ	Disc Jockey
DPPF	Direcciones Provinciales de Planificación Física
DPPFAU	Direcciones Provinciales de Planificación Física, Arquitectura y Urbanismo
DV	Deutscher Verein
EER	Equipo de Estudios Rurales
EEUU	Estados Unidos
EG	Europäische Gemeinschaft
EGREM	Empresa de Grabaciones y Ediciones Musicales
EMCO	Empresa de Computarización
ENA	Escuela Nacional de Arte
EU	Europäische Union
FAO	Food and Agricultural Organization
FARC	Fuerzas Armadas Revolucionarias de Colombia
FES	Friedrich-Ebert-Stiftung
FMC	Federación de Mujeres Cubanas
FSP	Forschungsschwerpunkt
GASP	Gemeinsame Außen- und Sicherheitspolitik (der EU)
GDIC	Grupo para el Desarrollo Integral de la Capital
GEMA	Gesellschaft für musikalische Aufführungs- und mechanische Vervielfältigungsrechte
GRENA	Groupe de Recherche et d'Etudes Nord-Américaines
HIC	Habitat International Coalition
HIV	Human Immunodeficiency Virus
HJ	Hitlerjugend

Abkürzungen

ICAIC	Instituto Cubano de Arte e Industria Cinematográficos
ICIDCA	Instituto Cubano de Investigaciones de Derivados de la Caña de Azúcar
ICRT	Instituto Cubano de Radio y Televisión
IFPI	International Federation of Phonographic Industries
IIPA	International Intellectual Property Alliance
ILA	Informationsstelle Lateinamerika (Zeitschrift)
INS	Immigration and Naturalization Service
INSAC	Instituto Nacional de Sistemas Automatizados y Computarización
INV	Instituto Nacional de Vivienda
IPF	Instituto de Planificación Física
IPS	International Press Service
IQF	Instituto de Química Farmaceútica
IRELA	Instituto de Relaciones Europeo-Latinoamericanas
ISA	Instituto Superior de Arte
ISO	International Sugar Organization
ISPJAE/FA	Instituto Superior Politécnico José Antonio Echevarría/Facultad de Arquitectura
IWF	Internationaler Währungsfonds
JUCEPLAN	Junta Central de Planificación
KPK	Kommunistische Partei Kubas
LRL	Lexikon der Romanistischen Linguistik
MAU/PP	Medio ambiente urbano y participación popular
MINAGRI	Ministerio de Agricultura
MINCON	Ministerio de Construcción
MINTUR	Ministerio de Turismo
MNV	Movimiento de Nueva Trova
MOMA	Museum of Modern Art
MPLA	Movimento Popular de Libertação de Angola
MTT	Milicias de Tropas Territoriales
NGO/NRO	Nicht-Regierungs-Organisation
NSDAP	Nationalsozialistische deutsche Arbeiterpartei
OAS	Organization of American States
OLADE	Organización Latinoamericana de Energía
PAC	Programa para Arquitectos de la Comunidad

PC	Personal Computer
PCC	Partido Comunista de Cuba
P.M.	Pasado Meridiano
PT	Partido do Trabalho
RGW	Rat für gegenseitige Wirtschaftshilfe
SERVIMED	Servicio de Medicina
SGAE	Sociedad General de Autores y Escritores
SUMA	Sistema Ultramicroanalítico
taz	Die Tageszeitung
UBPC	Unidades Básicas de Producción Cooperativa
UJC	Unión de Jóvenes Comunistas
UMAP	Unidad Militar de Apoyo a la Producción
UNCED	United Nations Conference on Ecology and Development
UNDP	United Nations Development Program
UNEAC	Unión de Escritores y Artistas de Cuba
UNESCO	United Nations Educational, Scientific and Cultural Organization
UNFPA	United Nations Fonds for Population Activities
UNIDO	United Nations Industrial Development Organization
UNO	United Nations Organization
UPC	Unidades de Producción Cooperativa
USA	United States of America
WAS	World Association for Sexology
WHO	World Health Organization
WTO	World Trade Organization
YUCA	Young Urban Cuban-Americans
ZK	Zentralkomitee

Autorinnen und Autoren

Birgit Beier (geb. 1965) lebt in Berlin und unterrichtet Französisch, Geographie und Spanisch an einem Brandenburger Gymnasium. Sie befasste sich im Rahmen ihrer Ersten Staatsexamensarbeit 1995 mit Tourismus und Naturschutz in Kuba und verfolgt seitdem aufmerksam die touristische Entwicklung auf der Karibikinsel.

Axel Borsdorf, Professor am Institut für Geographie der Universität Innsbruck (seit 1991) und Geschäftsführender Direktor des Instituts für Stadt- und Regionalforschung der Österreichischen Akademie der Wissenschaften, Wien (seit 1999). Mitglied u.a. der Österreichischen UNESCO-Kommission und der Kommission für Entwicklungsfragen bei der ÖAW. Mitherausgeber *Innsbrucker Geographische Studien, Die ERDE, Peripherie, Historische Sozialkunde/Internationale Entwicklung, atention, investigaciones, Revue de Géographie Alpine*. Thematische Schwerpunkte mit zahlreichen Veröffentlichungen in Kulturgeografie, Stadtgeografie, Sozialgeografie, Entwicklungstheorien.

Ralf E. Breuer, Diplom-Regionalwissenschaftler Lateinamerika. Forschungen zu den deutsch-kubanischen Beziehungen. Promotionsvorhaben zur Geschichte Kubas im 20. Jahrhundert. Mitarbeiter am Institut für Iberische und Lateinamerikanische Geschichte der Universität Köln bei Professor Dr. Michael Zeuske.

Hans-Jürgen Burchardt (geb. 1962) ist promovierter Wirtschafts- und Sozialwissenschaftler und arbeitet zum Thema Transformationsprozesse und Globalisierung am Institut für Soziologie der Universität Hannover. Er begleitet den kubanischen Reformprozess seit mehr als zehn Jahren und hat mehrere Forschungsprojekte in Kuba durchgeführt. Neben zahlreichen internationalen Veröffentlichungen sind von ihm bisher zwei Monographien erschienen: *Kuba – Der lange Abschied von einem Mythos*, Stuttgart 1996 und *Kuba – Im Herbst des Patriarchen*, Stuttgart 1999. Auf Spanisch hat er herausgegeben: *La última reforma agraria del siglo. La agricultura cubana* *entre el cambio y el estancamiento*, Caracas 2000 sowie *Mercados globales y gobernabilidad local: nuevos retos para América Latina y el Caribe*, Caracas 2001.

Hans-Otto Dill (geb. 1935), Prof. em., Dr. phil. habil. Professor für lateinamerikanische Literaturen an der Humboldt-Universität Berlin (1982-1992). Träger des "Premio Casa de las Américas" (1975) mit einer Untersuchung über José Martí. Monographien zu Alejo Carpentier (1993), García Márquez (1993). *Lateinamerikanische Literatur im Überblick* (1999). Mitherausgeber eines Projektbandes: *Apropiaciones de realidad en la novela hispanoamericana de los siglos XIX y XX* (1994).

Diony Durán war als Literaturwissenschaftlerin Professorin an der Philosophischen Fakultät der Universität Havanna (1972-1999). Nach ihrer Promotion an der Berliner Humboldt-Universität entwickelte sie einen Forschungsschwerpunkt über *Gender Studies*. Gastprofessorin an den Universitäten Salamanca, Rio de Janeiro, Warschau und Rostock, wo sie heute lebt. Unter ihren zahlreichen Veröffentlichungen: *La flecha de anhelo* (über das Werk von Pedro Henríquez Ureña, 1992, 2. Auflage 1995).

Torsten Eßer (geb. 1966), Politologe, Geograph und Romanist, ist seit vielen Jahren regelmäßiger Gast in Kuba. Als freier Journalist und Redakteur beschäftigt er sich hauptsächlich mit den Themen "Lateinamerika/Kuba", "Musik" und "Internet". Im Jahre 1999 drehte er den 90-minütigen Dokumentarfilm "Cuba – Wiege des Latin Jazz" über die Geschichte des Jazz in Kuba. Letzte Veröffentlichung: *music-and-sound.de. Musik im Internet*, Köln 2000.

Ottmar Ette (geb. 1956), seit 1995 Lehrstuhl für Romanische Literaturwissenschaft an der Universität Potsdam. Buchpublikationen u.a.: A. v. Humboldt: *Reise in die Äquinoktial-Gegenden* (Hrsg., 2 Bde., Insel 1991; Heinz-Maier-Leibnitz-Preis); *José Martí* (Niemeyer 1991, Übers. México: UNAM 1995; Nachwuchswissenschaftler-Preis für Romanische Literaturwissenschaft der Universität Freiburg); *Roland Barthes* (Suhrkamp 1998; Hugo Friedrich/Erich Köhler-Forschungspreis für Romanische Literaturwissenschaft); *Literatur in Bewegung* (Velbrück Wissenschaft 2001). Sammelbände im Bereich der französischen, frankophonen und hispanoamerikanischen Literatur, darunter *La escritura de la memoria: Reinaldo Arenas* (Vervuert 1992), *José*

Martí 1895/ 1995 (mit T. Heydenreich, Vervuert 1994), *Todas las islas la isla* (mit J. Reinstädler, Vervuert 2000). Begründer und Mitherausgeber der elektronischen Zeitschrift *HiN – Alexander von Humboldt im Netz* sowie Mitherausgeber der Zeitschrift *Iberoamericana*.

Raúl Fornet-Betancourt (geb. in Kuba) ist Doktor der Philosophie an den Universitäten Salamanca und Aachen. Habilitation an der Universität Bremen, wo er derzeit Professor der Philosophie ist. Leiter des Lateinamerika-Referats des Missionswissenschaftlichen Instituts Missio e.V. in Aachen. Herausgeber von *Concordia. Internationale Zeitschrift für Philosophie*. Publikationen in Auswahl: *Ein anderer Marxismus. Die philosophische Rezeption des Marxismus in Lateinamerika*, Mainz 1994; *José Martí (1853-1895)*, Madrid 1998; (Hrsg:) *Philosophie, Theologie, Literatur: Kubanische Beiträge aus den letzten 50 Jahren*, Aachen 1999 (auch in spanischer Auflage); *Transformación Intercultural de la Filosofía*, Bilbao 2001.

Martin Franzbach (geb. 1936), Professor für Literatur- und Sozialgeschichte Spaniens und Lateinamerikas an der Universität Bremen. Präsident der Deutsch-Cubanischen Gesellschaft für Solidarität mit Cuba e.V. Verfasser einer *Historia social de la literatura cubana (1959-2000)*, Madrid 2002.

Patrick Frölicher (geb. 1974), Musikethnologe und Musiker, besucht seit vielen Jahren Kuba. Sein Spezialgebiet in der Musik: Das Phänomen *Salsa* und seine weltweite Verbreitung sowie die musikalischen Wechselbeziehungen zwischen Kuba und den USA. Veröffentlichung verschiedener Artikel zur kubanischen Populärmusik.

Frauke Gewecke (geb. 1943), Professorin für Romanische Philologie/ Literaturwissenschaft an der Universität Heidelberg. Ihr Forschungsschwerpunkt sind die lateinamerikanischen und insbesondere die karibischen Literaturen spanischer und französischer Sprache sowie die Literatur der *Hispanics* in den USA. Buchpublikationen u.a.: *Die Karibik. Zur Geschichte, Politik und Kultur einer Region* (2. Auflage 1988, eine aktualisierte Neuauflage ist in Vorbereitung); *Wie die neue Welt in die alte kam* (2. Auflage 1992); *Der Wille zur Nation. Nationsbildung und Entwürfe nationaler Identität in der Dominikanischen Republik* (1996); *Puerto Rico zwischen beiden Amerika. Bd. 1: Zu Politik, Wirtschaft, Gesellschaft und Kultur einer Nation im terri-*

torialen Niemandsland (1898-1998); Bd. 2: *Konfliktive Wirklichkeit im Spiegel der puertoricanischen Literatur (1898-1998)* (1998).

Susanne Gratius, Diplompolitologin, wissenschaftliche Mitarbeiterin am Institut für Iberoamerika-Kunde in Hamburg, von 1990 bis 1999 am Instituto de Relaciones Europeo-Latinoamericanas (IRELA) in Madrid tätig. Zahlreiche Publikationen zu Kuba, den europäisch-lateinamerikanischen Beziehungen und dem MERCOSUR.

Hans Harms (geb. 1931), Dipl. Ing., M. Arch. und Prof. em. für Städtebau und Wohnungswesen an der TU Hamburg-Harburg. External Examiner an der Development Planning Unit, University College of London. Veröffentlichungen zu Stadterneuerung, Selbsthilfe und Partizipation, Wohnungswesen, Planen und Bauen in Entwicklungsländern, besonders in Lateinamerika.

Knut Henkel lebt und arbeitet als freier Autor in Hamburg und reist regelmäßig nach Kuba. Im Jahre 1995 schloss er sein Studium der Politischen Wissenschaft an der Hamburger Universität mit einer Diplomarbeit über den kubanischen Transformationsprozess ab. Danach publizierte er *Kuba zwischen Plan und Markt – Die Transformation zur "dualen Wirtschaft" seit 1985* (Münster 1996). Seine Beiträge zu Kuba erschienen u.a. im *Argument*, in der *Neuen Zürcher Zeitung* und in der *Tageszeitung*.

Doris Henning (geb. 1945), Dozentin für Soziologie, Schwerpunkt Politische Soziologie an der Hochschule für Wirtschaft und Politik in Hamburg. Längere Forschungsaufenthalte in Kuba und in den USA. Forschungsschwerpunkte: Geschlechtersoziologie und Migration. Dissertationstitel (Bremen 1989): *Frauen in der kubanischen Geschichte. Zur Rolle der Frau im gesellschaftlichen Entwicklungsprozess Kubas von der Kolonialzeit bis zur Revolution* (Frankfurt/Berlin/Bern 1996).

Bert Hoffmann ist Politikwissenschaftler am Lateinamerika-Institut der FU Berlin. Publikationen u.a.: *Kuba* (München: C. H. Beck, Reihe "Länder" 2000); (Hrsg.): *Wirtschaftsreformen in Kuba. Konturen einer Debatte* (Frankfurt/M.: Vervuert 1994, 2. Auflage 1996). Mitherausgeber des Jahrbuchs *Lateinamerika – Analysen und Berichte* (Münster: Westfälisches Dampfboot).

Matthias Hucke (geb. 1969), Diplom-Regionalwissenschaftler, arbeitet heute als Familien- und Unternehmensarchivar für das Rheinisch-Westfälische Wirtschaftsarchiv in Köln. Nach dem Studium der Geschichte, Politikwissenschaften und der Volkswirtschaft in Bonn schloss er sein Studium im Studiengang Regionalwissenschaften an der Universität Köln mit einer Arbeit über die deutsche Kolonie auf Kuba (1933-1943) ab. Auf ausgedehnten Reisen in Mittel- und Südamerika war er im Kultur- und Wirtschaftsbereich tätig.

Raimund Krämer (geb. 1952), Hochschuldozent für internationale und vergleichende Politik an der Universität Potsdam, Chefredakteur der Vierteljahresschrift *WeltTrends*, langjährige Arbeits- und Forschungsaufenthalte in Kuba, umfangreiche Publikationen zum politischen System und zu den Außenbeziehungen Kubas (*Der alte Mann und die Insel. Essays zu Politik und Gesellschaft in Kuba*, Berliner Debatte, Berlin 1998).

Monika Krause-Fuchs (geb. 1941) war nach ihrem Studium der Lateinamerikanistik an der Universität Rostock von 1962 bis 1990 in Havanna in leitender Position bei der Frauenföderation Kubas (FMC) und als Direktorin des späteren Nationalen Zentrums für Sexualerziehung tätig. Auf diesem Gebiet hat sie als Professorin am Institut für Medizinische Wissenschaften und in Entwicklungsprojekten in engem Zusammenhang von Forschung und Lehre zahlreiche Publikationen vorgelegt, darunter eine Dissertation über Sexualpädagogik und Sexualpsychologie (Rostock 1983). Eine Bilanz ihrer Tätigkeit ist das Buchmanuskript (im Erscheinen) *¿Machismo? ¡No, gracias! Cuba: Sexualidad en la Revolución*.

Martin Lienhard (geb. 1946), doctorat ès lettres Genf 1981, ist seit 1989 Professor für spanische und portugiesische Literatur an der Universität Zürich. Forschungsschwerpunkte: interkulturelle Literaturen der Kolonialzeit und der Moderne in Lateinamerika, indianische und afroamerikanische "Diskurse", Kulturkonflikte in Lateinamerika und in Afrika. Wichtigste Publikationen: *Cultura andina y forma novelesca. Zorros y danzantes en la última novela de Arguedas* (Lima 1981 und 1990, Mexiko 1998); *La voz y su huella. Escritura y conflicto étnico-social en América Latina (1492-1988)*, Premio Casa de las Américas (Havanna 1990, Hannover 1991, Lima 1992); *Testimonios, cartas y manifiestos indígenas* (Caracas 1992); *O mar e o mato. Histórias da escravidão: Congo-Angola, Brasil, Caribe* (Salvador da Bahia

1998). *Le discours des esclaves – de l'Afrique à l'Amérique latine* (Paris, im Druck).

Kosta Mathéy, Stadtplaner und Soziologe, ist Professor an der Architektur-Fakultät der TU Havanna (ISPJAE). Zahlreiche Experteneinsätze für die deutsche und internationale Entwicklungszusammenarbeit in Lateinamerika und Afrika. Gegenwärtige Arbeitsschwerpunkte sind *Slum-Upgradung* (Ägypten), Umweltmanagement (Tunesien) und die Planung einer ökologischen Siedlung (Mexiko). Er ist Vorsitzender der Vereinigung zur Erforschung des Planens und Bauens in Entwicklungsländern e.V. und Mitbegründer der Zeitschrift *TRIALOG*. Seine Publikationen umfassen vier Monographien, sieben herausgegebene Bände, 21 Buchbeiträge und über 50 Zeitschriftenartikel.

Günter Mertins (geb. 1936) ist Professor am Fachbereich Geographie an der Universität Marburg. Forschungsschwerpunkte und -regionen: Bevölkerungsgeographie (besonders Migrationen), Stadtgeographie (besonders Großstadt-/Metropolenforschung, Altstadtsanierung, -renovierung), Regional- und Stadtplanung; Iberische Halbinsel und Lateinamerika mit den Schwerpunkten Kolumbien, Kuba, Argentinien und Nordost-Brasilien.

Frank Niess (geb. 1942) ist Historiker und arbeitet als Wissenschaftsredakteur beim Südwest-Rundfunk. Publikationen in Auswahl: *Der Koloss im Norden. Geschichte der Lateinamerikapolitik der USA* (2. Auflage Köln 1986); *Das Erbe der Conquista. Geschichte Nicaraguas* (2. Auflage Köln 1989); *Sandino. Der General der Unterdrückten. Eine politische Biographie* (Köln 1989); *20mal Kuba* (München, Zürich 1991); *Am Anfang war Kolumbus. Geschichte einer Unterentwicklung. Lateinamerika 1492 bis heute* (2. Auflage München/Zürich 1992).

Matthias Perl (geb. 1948), seit 1992 Professor für Romanistik an der Universität Mainz (-Germersheim), vorher Universitätsdozent an der Universität Leipzig. Forschungs- und Lehrgebiete: Spanische und portugiesische Sprachwissenschaft, Kreolistik, Lateinamerikanistik. Gastprofessor in Europa, Lateinamerika und in den USA. Unter den zahlreichen Buchpublikationen zuletzt (als Hrsg. in Zusammenarbeit mit A. Schwegler:) *América negra, panorámica actual de los estudios lingüísticos sobre variedades hispanas, portuguesas y criollas* (Frankfurt/ Madrid: Vervuert 1998).

Ineke Phaf promovierte nach dem Studium der Hispanistik und Soziologie in Leiden, Amsterdam und Berlin mit einer Arbeit über *Havanna als Fiktion. Standortgebundenheit und städtische Perspektive im kubanischen Roman 1959-80* (München 1986, spanische Ausgabe Madrid 1992). Professorin an der Universität von Maryland in College Park, USA (1990 bis 1998). Mitarbeit an der *History of Literature in the Caribbean* (3 Bde., Amsterdam 1994-2001). Vorstandsmitglied der Gesellschaft für Karibikforschung und Dozentin am Lateinamerika-Institut der FU Berlin.

Svend Plesch (geb. 1957) promovierte nach dem Studium der Lateinamerika-Wissenschaften und der Germanistik an der Universität Rostock mit einer Arbeit zum lyrischen Werk Pablo Nerudas. Als wissenschaftlicher Mitarbeiter am LAI und Institut für Romanistik lehrt und forscht er über die hispanophonen und lusophonen Literaturen Europas und Afrikas. Schwerpunkte: Gegenwartsliteratur, Lyrik, Prosa, z.B. Kriminal- und Abenteuerliteratur, Frauen- und Reiseliteratur. Zahlreiche Publikationen zur kubanischen Literatur.

Peter B. Schumann (geb. 1941) lebt als Publizist in Berlin. Seit 1968 Schwerpunkt Kultur und Kulturpolitik in Lateinamerika. Zahlreiche Rundfunkfeatures, Zeitungsbeiträge und Fernsehsendungen. Buchveröffentlichungen u.a.: *Kino und Kampf in Lateinamerika* (München 1976), *Kino in Cuba 1959-1979* (Frankfurt 1980), *Handbuch des lateinamerikanischen Films* (Frankfurt 1982), *Historia del cine latinoamericano* (Buenos Aires 1987), *Handbuch des brasilianischen Films* (Frankfurt 1988); als Herausgeber u.a. *Einige Indizien oder Der letzte Ausweg. Erzählungen aus Chile* (Berlin 1994), *Der Morgen ist die letzte Flucht. Kubanische Literatur zwischen den Zeiten* (zusammen mit Thomas Brovot, Berlin 1995).

Monika Walter (geb. 1941), Professorin für Romanische Literaturen an der TU Berlin. Herausgeberin von *Posmodernidad en la Periferia* (1994, zusammen mit Hermann Herlinghaus). Arbeitsgebiete: Spanischsprachige Literaturen und Kulturen des 16. und 20. Jahrhunderts; peripheres Kulturdenken in Spanien und Lateinamerika. Zahlreiche Publikationen insbesondere zur Gattung des *testimonio,* zum Chronikdiskurs und zu aktuellen Moderne-Debatten in Lateinamerika.